Deutschsprachige Literatur des Mittelalters

Deutschsprachige Literatur des Mittelalters

Studienauswahl aus dem
'Verfasserlexikon' (Band 1–10)

besorgt von Burghart Wachinger

Die deutsche Literatur des Mittelalters
Verfasserlexikon

Begründet von Wolfgang Stammler
fortgeführt von Karl Langosch

Zweite, völlig neu bearbeitete Auflage
unter Mitarbeit zahlreicher Fachgelehrter
herausgegeben von Kurt Ruh (Bd. 1–8)
und Burghart Wachinger (Bd. 9 ff.)
zusammen mit Gundolf Keil, Kurt Ruh (Bd. 9 ff.),
Werner Schröder, Burghart Wachinger (Bd. 1–8),
Franz Josef Worstbrock

Redaktion
Christine Stöllinger-Löser

Walter de Gruyter · Berlin · New York
2001

∞ Gedruckt auf säurefreiem Papier,
das die US-ANSI-Norm über Haltbarkeit erfüllt.

Die Deutsche Bibliothek – CIP-Einheitsaufnahme

Die deutsche Literatur des Mittelalters : Verfasserlexikon /
begr. von Wolfgang Stammler. Fortgef. von Karl Langosch. Hrsg.
von Burghart Wachinger. Zusammen mit Gundolf Keil ... Red.
Christine Stöllinger-Löser. – [Neubearb.]. – Berlin ; New York :
de Gruyter
Deutschprachige Literatur des Mittelalters : Studienauswahl aus
dem "Verfasserlexikon" (Band 1–10) / besorgt von Burghart
Wachinger. – 2., völlig neu bearb. Aufl.. – 2001
  ISBN 3-11-016911-8

© Copyright 2000 by Walter de Gruyter GmbH & Co. KG, 10785 Berlin.
Dieses Werk einschließlich aller seiner Teile ist urheberrechtlich geschützt. Jede Verwertung außerhalb
der engen Grenzen des Urheberrechtsgesetzes ist ohne Zustimmung des Verlages unzulässig und strafbar.
Das gilt insbesondere für Vervielfältigungen, Übersetzungen, Mikroverfilmungen und die Einspeicherung
und Verarbeitung in elektronischen Systemen.
Printed in Germany
Einbandgestaltung: Hansbernd Lindemann, Berlin
Druck: Werner Hildebrand, Berlin
Buchbinderische Verarbeitung: Lüderitz & Bauer-GmbH, Berlin

Vorwort

Der Anregung des Verlags, eine einbändige Auswahl aus dem 'Verfasserlexikon' für einen breiteren Leserkreis, insbesondere für Studierende, herauszugeben, bin ich einerseits gern gefolgt. Denn ich sehe darin die Chance, dem Gesamtwerk noch mehr Benutzer zu gewinnen. Wer sich daran gewöhnt hat, im handlichen Auswahlband nachzulesen, wird, wo dieser versagt, vielleicht den Weg in eine Bibliothek, in der das Gesamtwerk steht, weniger scheuen.

Auf der anderen Seite ist eine Auswahl nur bei einem Verzicht auf wesentliche Vorzüge des 'Verfasserlexikons' möglich. Das Gesamtwerk informiert umfassend über das volkssprachliche und breit über das lateinische Schrifttum des Mittelalters im deutschsprachigen Raum. Solchen Anspruch muß eine Auswahl, die nur etwa acht Prozent des Gesamtumfangs bietet, von vornherein aufgeben. Darüber hinaus aber sind im vorliegenden Band die Akzente so gesetzt, daß das Prinzip schon des ersten Herausgebers Wolfgang Stammler, nicht nur die sogenannte schöne Literatur aufzunehmen, sondern auch theologische, juristische, historische, medizinische und technische Schriften, auch Erbauungsliteratur und lebenspraktische Texte vom Zauberspruch bis zum Rechnungsbuch, daß dieses seinerzeit in die Zukunft weisende Prinzip erheblich eingeschränkt werden mußte. Ich sah mich nämlich bei der Auswahl vor die Alternative gestellt, entweder in möglichst gleichmäßiger Streuung für die verschiedenen Sachgebiete und Texttypen nur Proben zu bieten, die dann ganz isoliert stünden, oder aber ein in der Praxis nützliches Buch anzustreben, in dem große Bereiche ganz fehlen, damit andere dichter besetzt werden können. Ich habe mich für die zweite Möglichkeit entschieden. Im einzelnen ließ ich mich von folgenden Grundsätzen leiten:

Ganz ausgeklammert wurden rein lateinische Œuvres, da der Verlag für sie einen eigenen Auswahlband plant. Die enge Verflechtung von lateinischer und deutscher Schriftkultur bleibt dennoch an vielen Stellen sichtbar, vgl. etwa die Artikel Notker, 'Physiologus', Meister Eckhart, 'Granum sinapis', Heinrich von Mügeln, 'In dulci iubilo', 'Resonet in laudibus', Sebastian Brant.

Sehr weitgehend fehlt die nicht-mystische geistliche Literatur mit katechetischen Texten, Bibelübersetzungen, Predigten, Traktaten, Liedern und Gebeten in großer Fülle. Fast gänzlich ausgeschieden wurde ferner die Rechts- und die Geschichtsliteratur sowie die medizinische und technische Sachliteratur. Sehr wenige einzelne Beispiele mußten genügen, um zu markieren, daß auch diese Bereiche zur deutschen Literatur des Mittelalters gehören. Bei der medizinisch-lebenspraktischen Sachprosa sind es Beispiele, die dem Spezialisten nicht so zentral erscheinen mögen wie manche nicht berücksichtigten; hier habe ich mich für zwei möglichst farbige Beispiele entschieden, von denen ich hoffe, daß sie auch den ferner stehenden Benutzer ansprechen könnten. Im Fall von 'Gart der Gesundheit' kam es mir zudem darauf an, ein verlegerisches Großunternehmen der frühen Druckzeit vorzustellen.

Bevorzugt wurden diejenigen Bereiche, die — vielleicht ja nicht ganz zu Unrecht — im akademischen Unterricht der germanistischen Institute am ehesten vorkommen: neben den ganz berühmten Autoren und Werken vor allem das 9. Jahrhundert, die Zeit von 1150 bis 1250, die Mystik des 13. und 14. Jahrhunderts, Kleinepik und Fastnachtspiel. Vollständigkeit war auch für diese Bereiche nicht möglich. Durch Aussparungen im einzelnen — vernachlässigt habe ich z. B. die höfische Didaktik und den nicht-klassischen Artusroman — wurde dichtere Besetzung andernorts ermöglicht.

Am Übergewicht von Repräsentanten der hochdeutschen, vor allem der oberdeutschen Literatursprache war nicht vorbeizukommen. Doch habe ich Wert darauf gelegt, daß wenigstens einige niederdeutsche oder im niederdeutschen Raum entstandene Texte und auch eine altjiddische Erzählung ('Dukus Horant') in der Auswahl enthalten sind.

Selbstverständlich sind diese Grundsätze und viele Einzelentscheidungen nicht unproblematisch, und man mag meiner Auswahl insgesamt vorwerfen, sie leiste der Verfestigung eines Kanons bevorzugter Lehr- und Forschungsgegenstände Vorschub. Immerhin — das spricht für unser Fach — ist dieser Kanon bereits recht weit und nicht auf die schöne Literatur begrenzt. Durch die häufigen Verweise auf andere Artikel, auch solche, die in der Auswahl keinen Platz fanden, wird überdies die Offenheit der Ränder hinreichend bewußt gehalten.

Zwei Vorzüge des 'Verfasserlexikons' kommen, so scheint mir, auch in dieser Auswahl zur Geltung. Ich meine zum einen die lexikalische Anordnung monographischer Artikel. Nur sie erlaubt es, dem einzelnen Text sein ihm zukommendes Gewicht zu geben und dennoch der Vielfalt der Bezüge zu anderen Texten gerecht zu werden. Literaturgeschichten haben als Ordnungsentwürfe der jeweiligen Verfasser ihre unleugbaren Vorzüge. Aber für eine knappe umfassende Darstellung der einzelnen Texte, die den Zugang zu den Materialien eröffnet und die literarhistorischen Zusammenhänge nicht präjudiziert, ist die lexikalische Form geeigneter. Daß diese Form hier, wo immer möglich, vom Autor ausgeht, ist auch durch die aktuellen Diskussionen um Autor und Autorschaft keineswegs überholt. Vielmehr hat das 'Verfasserlexikon' mitgeholfen, das Bewußtsein für die Probleme und Grenzen des Autorbegriffs zu schärfen, ja es bietet erst die Basis für eine Diskussion historisch adäquater Autorschaftskonzepte.

Die andere große Stärke des 'Verfasserlexikons' ist, zumindest in der zweiten, von Kurt Ruh konzipierten Auflage, die Betonung der Überlieferung. Die Kenntnis der Überlieferung ist nicht nur die Basis für jede philologisch verantwortbare Beschäftigung mit den Texten. Sie ist der neueren Forschung darüber hinaus ein zentraler Zugang zu Fragen nach dem literarischen und kulturellen Leben geworden. Um diesem Aspekt über das in jedem Autor- und Werkartikel Enthaltene hinaus Geltung zu verschaffen, habe ich auch einige Artikel zu wichtigen Sammelhandschriften aufgenommen; und die Tatsache, daß Überlieferung auch jenseits der erhaltenen handschriftlichen und gedruckten Textzeugen stattgefunden hat, teilweise gewiß in mündlichen Traditionen, habe ich an mehreren Artikelpaaren zu zeigen versucht: 'Hildebrandslied' und 'Jüngeres Hildebrandslied', 'Kudrun' und 'Dukus Horant', Heinrich von Morungen und 'Moringer', Heinrich, Verfasser des 'Reinhart Fuchs', und 'Reynke de Vos'.

Abschließend einige Hinweise zur technischen Gestaltung:

1. Die Alphabetisierungsregeln sind dieselben wie im Gesamtwerk. Da bei der kleineren Zahl von Artikeln das Auffinden leichter ist, wiederhole ich nur, was für den vorliegenden Band relevant ist:

a. Verfasser mit festem Familiennamen stehen unter diesem (Tauler, Johannes).

b. Der Taufname ist Ordnungswort, wenn ein Beiname mit ‚von' oder ‚der' folgt; bei gleichen Taufnamen wird nach dem Beinamen geordnet (Heinrich von Morungen, Heinrich von Mügeln).

c. Titel, Berufs- und Standesbezeichnungen werden, der Konvention entsprechend, dem Namen vorangestellt, haben aber keine Ordnungsfunktion (Meister Eckhart).

d. Bei Werktiteln entscheidet das erste sinntragende Wort ('König Rother').

e. Funktionswörter (Artikel, Präpositionen) und 'St.' bleiben bei der Alphabetisierung unberücksichtigt.

2. Damit die Artikel zitierbar bleiben, wird am Rande die ursprüngliche Band- und Spaltenzahl angegeben.

3. Die Verweise auf andere Artikel sind stehen geblieben, da die Auswahl immer auch zum Gesamtwerk hinführen soll. Diejenigen Verweise aber, die im vorliegenden Band selbst eine Antwort finden, sind durch einen besonderen Pfeil (→) hervorgehoben.

4. Die zehn Bände des Gesamtwerks, aus denen die Artikel ausgewählt wurden, sind in einem Zeitraum von über zwanzig Jahren entstanden. Eine Aktualisierung war nicht möglich und wird auch im Nachtragsband zum Gesamtwerk, der zur Zeit in Arbeit ist, nicht stattfinden. Auch die älteren Artikel bieten jedoch noch immer einen geeigneten Einstieg in die Forschungsdiskussion. Damit dem Benutzer vor allem für Literaturrecherchen der Stand deutlich wird, auf dem der Artikel abgeschlossen wurde, ist bei jedem Artikel angegeben, wann die Lieferung, die ihn enthält, erschienen ist.

Tübingen, im Februar 2000   BURGHART WACHINGER

Übersicht

Die folgende Liste der ausgewählten Artikel ist grob sachlich und historisch geordnet; innerhalb der Gruppen überschneiden sich chronologische und typologische Ordnungskriterien. Die Aufstellung beansprucht nicht, literarhistorische Zusammenhänge adäquat darzustellen. Mehrere der unter 4. genannten Epiker wären auch als Liederdichter unter 5. zu nennen; 'Granum sinapis' (6.) steht nahe bei Meister Eckhart (8.) und wurde seither von Kurt Ruh geradezu Eckhart zugeschrieben; Hans Folz (7.) ist auch Verfasser von Liedern (6.), Fastnachtspielen (11.) und Sachprosa (9.) usw. Der ersten Orientierung mag die Übersicht gleichwohl dienen.

1. Althochdeutsche und altsächsische Literatur

'Hildebrandslied'
'Wessobrunner Gebet'
'Muspilli'
'Heliand'
Otfrid von Weißenburg
'Ludwigslied'
Notker III. von St. Gallen
'Merseburger Zaubersprüche'

2. Geistliche und historische Literatur des 11. und 12. Jahrhunderts

Ezzo
'Annolied'
Ava
'Die Hochzeit'
'Kaiserchronik'
'Physiologus'
'Vorauer Handschrift 276'
'Das St. Trudperter Hohelied'
Priester Wernher

3. Heldenepik, Brautwerbungsepik, Chanson de geste

'König Rother'
Pfaffe Konrad
'Nibelungenlied' und 'Klage'
'Kudrun'
'Dukus Horant'
'Eckenlied'
'Jüngeres Hildebrandslied'

4. Roman und Kleinepik bis ca. 1300

Heinrich von Veldeke
Eilhart von Oberg
Hartmann von Aue
Wolfram von Eschenbach
Gottfried von Straßburg
Rudolf von Ems
Konrad von Würzburg
'Lancelot'
Der Stricker
Heinrich, Verfasser des 'Reinhart Fuchs'
'Moriz von Craûn'
Ulrich von Liechtenstein
Wernher der Gärtner
'Ambraser Heldenbuch'

5. Lieddichtung bis ca. 1300

Kürenberg
Friedrich von Hausen
Heinrich von Morungen
Reinmar der Alte
Walther von der Vogelweide
Neidhart und Neidhartianer
Reinmar von Zweter
Frauenlob
'Heidelberger Liederhandschrift A'
'Heidelberger Liederhandschrift C'
'Weingartner Liederhandschrift'

6. Lieddichtung des 14. und 15. Jahrhunderts

Heinrich von Mügeln
Oswald von Wolkenstein
'Granum sinapis'
'Geißlerlieder'
'In dulci iubilo'
'Resonet in laudibus'
'Moringer'

7. Versliteratur des 14. und 15. Jahrhunderts

Kaufringer, Heinrich

Rosenplüt, Hans
Folz, Hans
Wittenwiler, Heinrich
'Reynke de Vos'
Brant, Sebastian

8. Geistliche Prosa des 13. und 14. Jahrhunderts

Berthold von Regensburg
Mechthild von Magdeburg
Meister Eckhart
Seuse, Heinrich
Tauler, Johannes
'Paradisus anime intelligentis'
'Der Frankfurter'

9. Sachprosa

'Lucidarius'
Eike von Repgow
'Schwabenspiegel'
'Traumbücher'
'Gart der Gesundheit'

10. 'Literarische' Prosa des 15. Jahrhunderts

Johannes von Tepl
Niklas von Wyle
Steinhöwel, Heinrich
Thüring von Ringoltingen
'Ulenspiegel'

11. Drama

'Donaueschinger Passionsspiel'
'Innsbrucker (thüringisches) Osterspiel'
'Osterspiel von Muri'
'Rosenplütsche Fastnachtspiele'

Abkürzungsverzeichnis

*a.	anno	am.	american, amerikanisch
AARNE/THOMPSON, Märchentypen	The Types of the Folktale. A. AARNE's Verzeichnis der Märchentypen translated and enlarged by ST. THOMPSON (FFC 184), Helsinki ²1964	Anal.Boll.	Analecta Bollandiana, Brüssel 1882 ff.
		Anal.Franc.	Analecta Franciscana, Quaracchi-Florenz 1885 ff.
		Anal.hymn.	Analecta hymnica medii aevi, Bd. 1–55, 1886–1922
AASF	Annales Academiae Scientiarum Fennicae, Ser. B., Helsinki 1909 ff.	Anal.Praemon.	Analecta Praemonstratensia, Tongerloo 1925 ff.
AASS	Acta Sanctorum, begr. v. J. BOLLAND, Antwerpen (Verlagsort wechselt) 1643 ff.	and.	altniederdeutsch
		Anm.	Anmerkung
		anord.	altnordisch
*Abb.	Abbildung	Anz.	Anzeiger
Abh(h).	Abhandlung(en)	AnzfKdVz	Anzeiger für Kunde der deutschen Vorzeit, Organ des Germanischen Museums, NF 1853 ff., hg. v. FRH. VON UND ZU AUFSESS und F. J. MONE. Mit der gleichen Sigle werden abgekürzt: Anzeiger für Kunde des deutschen Mittelalters, 1832 ff.; Anzeiger für Kunde der teutschen Vorzeit, 1835 ff.; Anzeiger des Germanischen Nationalmuseums Nürnberg, 1884 ff.
Ac.	Academia, Academy, Academie		
ADB	Allgemeine Deutsche Biographie, Bd. 1–55 (+ Reg.bd.), 1875–1912		
ae.	altenglisch		
AfdA	Anzeiger für deutsches Altertum und deutsche Literatur, 1875 ff.		
AFH	Archivum Franciscanum Historicum, Quaracchi-Florenz 1908 ff.		
AfMF	Archiv für Musikforschung, 1936 ff.		
		Arch.	Archiv
AfMW	Archiv für Musikwissenschaft, 1918–1926, 1954 ff.	ARETIN, Beyträge	Beyträge zur Geschichte und Literatur, vorzüglich aus den Schätzen der pfalz-baierischen Centralbibliothek (ab Bd. 8: der Königl. Hof- und Centralbibliothek) zu München, hg. v. J. CH. FREIHERRN V. ARETIN, Bd. 1–9, München 1803–1807
AFP	Archivum Fratrum Praedicatorum, Rom 1931 ff.		
afrz.	altfranzösisch		
agerm.	altgermanisch		
ags.	angelsächsisch		
ahd.	althochdeutsch		
Ahd.Gll.	E. STEINMEYER/E. SIEVERS, Die althochdeutschen Glossen, gesammelt und bearbeitet von E. S. u. E. S., Bd. 1–5, 1879–1922	*Art.	Artikel
		as.	altsächsisch
		*AT	Altes Testament
		ATB	Altdeutsche Textbibliothek, 1882 ff., 1959 ff.
AJPh	The American Journal of Philology, Baltimore 1880 ff.	*atl.	alttestamentlich
		Ausg.(n)	Ausgabe(n)
Ak.	Akademie		
AKG	Archiv für Kulturgeschichte, 1903 ff.	bair.	bairisch
		BARTSCH, Erlösung	K. BARTSCH (Hg.), Die Erlösung mit einer Auswahl geistlicher Dichtungen (Bibl. d. ges. dt. Nat.-Lit. 37), 1858
alem.	alemannisch		
Alem.Franc.Ant.	Alemania Franciscana Antiqua, 1956 ff.		

Bartsch, Meisterlieder	K. Bartsch (Hg.), Meisterlieder der Kolmarer Handschrift (StLV 68), 1862 (Nachdr. 1962)	de Boor, LG	H. de Boor, Die deutsche Literatur von Karl dem Großen bis zum Beginn der höfischen Dichtung. 770–1170 (Gesch. d. dt. Lit. v. d. Anfängen bis z. Gegenwart, hg. v. H. de Boor u. R. Newald, Bd. 1), ⁸1971 = I; ders., Die höfische Literatur. Vorbereitung, Blüte, Ausklang. 1170–1250 (Gesch. d. dt. Lit.... [s.o.], Bd. 2), ⁹1974 = II; ders., Die deutsche Literatur im späten Mittelalter. Zerfall und Neubeginn, 1. 1250–1350 (Gesch. d. dt. Lit.... [s.o.], Bd. 3, 1), ³1967 = III 1.
Bartsch, SM	K. Bartsch (Hg.), Die Schweizerischen Minnesänger, Frauenfeld 1886 (Nachdr. u. d. T. Die Schweizer Minnesänger 1964)		
Bartsch/Golther, Liederdichter	K. Bartsch, Deutsche Liederdichter des zwölften bis vierzehnten Jahrhunderts. Eine Auswahl, ⁴1906, besorgt v. W. Golther (Nachdr. 1966)		
Bäumker, Kl	W. Bäumker, Das katholische deutsche Kirchenlied in seinen Singweisen, Bd. 1–4, 1883–1911 (Nachdr. 1962)		
Bav. Franc. Ant.	Bavaria Franciscana Antiqua, 1955 ff.	de Boor, Texte	H. de Boor (Hg.), Die deutsche Literatur. Texte und Zeugnisse, Bd. 1 (2 Teilbde), 1965
Bd., Bde	Band, Bände		
BdK	Bibel und deutsche Kultur. Veröffentlichungen des deutschen Bibelarchivs in Hamburg, Bd. 1–11; als Neue Folge der 'Materialien zur Bibelgeschichte und religiösen Volkskunde des Mittelalters' Bd. 5 ff., 1931–1941 (→ Vollmer, Materialien)	de Boor, Sprachstil	H. de Boor, Frühmittelhochdeutscher Sprachstil I, ZfdPh 51 (1926) 244–274; II, ZfdPh 52 (1927) 31–76 (auch: H. de B., Kl. Schr.n I, 1964, S. 21–96)
		Borchling, Mnd. Hss.	C. Borchling, Mittelniederdeutsche Handschriften, 4 Reiseberichte = Bd. 1–4 (GGN, Geschäftl. Mitt. 1898; Phil.-hist. Kl. 1900, 1902, 1913)
Beih(h).	Beiheft(e)		
Beitr.	Beiträge		
Ber(r).	Bericht(e)		
Berlin, mgf (mgq, mgo)	Berlin, Staatsbibliothek Preußischer Kulturbesitz, Ms.germ. fol. (Ms.germ. qu., Ms.germ. oct.)	Borchling/Claussen, Nd. Bibliogr.	C. Borchling/B. Claussen, Niederdeutsche Bibliographie. Gesamtverzeichnis der niederdeutschen Drucke bis zum Jahre 1800, Bd. 1: 1473–1600, 1931; Bd. 3, 1: Nachtr., Erg., Verbesserungen zu Bd. 1 u. 2, 1957
BHL	Bibliotheca hagiographica latina, Bd. 1–2 (Subsidia hagiographica), Brüssel 1898–1901; Suppl.bd. ²1911		
*Bibl. (-bibl.)	Bibliothek (-bibliothek)		
Bibl.d.ges.dt. Nat.-Lit.	Bibliothek der gesammten deutschen National-Literatur von der ältesten bis auf die neuere Zeit, Quedlinburg-Leipzig 1835–1872	Brandis, Minnereden	T. Brandis, Mittelhochdeutsche, mittelniederdeutsche und mittelniederländische Minnereden. Verzeichnis der Handschriften und Drucke (MTU 25), 1968
Binz, Basel	G. Binz, Die deutschen Handschriften der Öffentlichen Bibliothek der Universität Basel, Bd. 1: Die Handschriften der Abteilung A, Basel 1907	Braune, Leseb.	W. Braune, Althochdeutsches Lesebuch zusammengestellt von W. B., ¹⁵1969, bearb. v. A. Ebbinghaus
Bischoff, Schreibschulen	B. Bischoff, Die südostdeutschen Schreibschulen und Bibliotheken in der Karolingerzeit, Teil 1: Die bayerischen Diözesen, ²1960	Brauns/Thiele, Minnereden	W. Brauns/G. Thiele (Hgg.), Mittelhochdeutsche Minnereden. II. Die Heidelberger Handschriften 313 und 355; die Berliner Handschrift Ms.Germ. Fol. 922 (DTM 41), 1938 (DN [mit einem Nachwort von I. Glier] Dublin–Zürich 1967)
*Bl(l).	Blatt (Blätter)		
Böhme, Ad.Ldb.	F. M. Böhme, Altdeutsches Liederbuch, 1877 (Nachdr. 1966)	Brunhölzl, LG	F. Brunhölzl, Geschichte der lateinischen Literatur des Mittelalters, Bd. 1: Von Cassiodor

	bis zum Ausklang der karolingischen Erneuerung, 1975	d.	der, die, das, des, dem, den
BSB	Sitzungsberichte der Akademie der Wissenschaften zu Berlin, Phil.-hist. Klasse, 1836 ff.	DA	Deutsches Archiv für Erforschung des Mittelalters, 1937 ff.
Bulletin Arth.	Bulletin Bibliographique de la Société Internationale Arthurienne. Bibliographical Bulletin of the International Arthurian Society, Paris 1949 ff.	DEGERING, Germ. Hss.	H. DEGERING, Kurzes Verzeichnis der germanischen Handschriften der Preußischen Staatsbibliothek, Bd. 1–3, 1925–1932 (= Mitteilungen aus d. Preuß. SB, Bd. 7–9)
*c.	caput, Kapitel	DEGERING, Neue Erwerbungen	H. DEGERING, Neue Erwerbungen der Handschriften-Abteilung I, II (I: DEGERING und E. JAKOBS, Lateinische und deutsche Handschriften erworben 1911, 1914; II: DEGERING, Die Schenkung Sir Max Wächters 1912, 1917) (= Mitteilungen aus d. Preuß. SB, Bd. 2 u. 3)
CAMPBELL, Annales	M.F.A.G. CAMPBELL, Annales de la typographie néerlandaise, La Haye 1876		
CAPLAN, Artes Praed.	H. CAPLAN, Mediaeval Artes Praedicandi. A Hand-List, Ithaca–New York 1934		
CAPLAN, Suppl.	H. CAPLAN, Mediaeval Artes Praedicandi. A Supplementary Hand-List, Ithaca–New York 1936		
		Denkm.	Denkmäler
		DHGE	Dictionnaire d'histoire et de géographie ecclésiastique, Paris 1912 ff.
CB	A. HILKA / O. SCHUMANN / B. BISCHOFF (Hgg.), Carmina Burana, Bd. 1, 1–3: Text; Bd. 2: Kommentar, 1930–1970	Dicht.(n)	Dichtung(en)
		Dict.Spir.	Dictionnaire de Spiritualité ascétique et mystique, Paris 1937 ff.
CC	Corpus Christianorum, Series Latina, Tournholt 1954 ff.	DIEMER, Dt. Ged.	J. DIEMER (Hg.), Deutsche Gedichte des XI. und XII. Jahrhunderts, Wien 1849 (Nachdr. 1968)
CGL	Corpus glossariorum latinorum, begr. v. G. LOEWE, hg. v. G. GOETZ, Bd. 1–7, 1888–1901		
CHARLAND, Artes Praed.	TH.-M. CHARLAND, Artes Praedicandi, Contribution a l'histoire de la rhétorique au moyen âge, Paris–Ottawa 1936	Diss. Abstr.	Dissertation Abstracts. Abstracts of Dissertations and Monographs Available in Microfilm or as Xerographic Reproductions; Ann Arbor–London 1938 ff.
CHEVALIER	U. CHEVALIER, Repertorium hymnologicum, Bd. 1–6, Löwen 1892–1921		
Chron.	Chronik	DLE	Deutsche Literatur. Sammlung literarischer Kunst- und Kulturdenkmäler in Entwicklungsreihen, 1928–1950
Chron.dt.St.	Die Chroniken der deutschen Städte, hg. v. d. Historischen Kommission bei der Bayerischen Akademie der Wissenschaften, 1862–1931 (Nachdr. 1961–1968)		
		DLZ	Deutsche Literaturzeitung für Kritik der Internationalen Wissenschaft (bis 1920: Deutsche Literaturzeitung Berlin), 1880 ff.
*cod.	codex	DN	Deutsche Neudrucke. Reihe Texte des Mittelalters, 1963 ff.
COP.	W.A. COPINGER, Supplement to Hains Repertorium Bibliographicum, Part II (2 vol.): A list with numerous collations and bibliographical particulars of nearly 6000 volumes printed in the 15th century, not referred to by Hain, London 1898–1902 (→ HAIN)	DNL	J. KÜRSCHNER (Hg.), Deutsche National-Literatur, Bd. 1–164 (+ Reg.bd.), 1882–1899
		Donaueschingen, cod.	Donaueschingen, Fürstlich Fürstenbergische Hofbibliothek, cod. (+ Nr.)
		DPhiA	W. STAMMLER (Hg.), Deutsche Philologie im Aufriß, Bd. 1–3, ²1957–1962
CSEL	Corpus scriptorum ecclesiasticorum latinorum, Wien (u.a.) 1866 ff.	DRONKE, Med. Lat.	P. DRONKE, Medieval Latin and the Rise of European

	Love-Lyric, Bd. 1–2, Oxford ²1968		Märendichtung des 15. Jahrhunderts (MTU 12), 1966
dt.	deutsch	FISCHER, Stud.	H. FISCHER, Studien zur deutschen Märendichtung, 1968
DThC	Dictionnaire de théologie catholique, Bd. 1–15, Paris 1903–1950	franzisk.	franziskanisch
		Franzisk. Stud.	Franziskanische Studien, 1914 ff.
DTM	Deutsche Texte des Mittelalters, 1904 ff.	Frgm., frgm.	Fragment, fragmentarisch
DU	Der Deutschunterricht, 1947 ff.	frk.	fränkisch
DuV	Dichtung und Volkstum, 1934–1944/45 (sonst → Euph.)	frnhd.	frühneuhochdeutsch
		frz.	französisch
DV	Deutsche Volkslieder mit ihren Melodien, Balladen, hg. v. Deutschen Volksliederarchiv, Bd. 1–5, 1935–1967	Fs.	Festschrift
		FuF	Forschungen und Fortschritte. Nachrichtenblatt der deutschen Wissenschaft und Technik, 1925–1967
DVjs	Deutsche Vierteljahresschrift für Literaturwissenschaft und Geistesgeschichte, 1923 ff.		
		GA	F. H. V. D. HAGEN, Gesamtabenteuer, Bd. 1–3, 1850 (Neudr. 1961)
EHRISMANN, LG	G. EHRISMANN, Geschichte der deutschen Literatur bis zum Ausgang des Mittelalters, Bd. 1–4, 1918–1935; Bd. 1 ²1932	GAG	Göppinger Arbeiten zur Germanistik, 1960 ff.
		GALLÉE, Sprachdenkm.	J. H. GALLÉE (Hg.), Altsächsische Sprachdenkmäler, Leiden 1894
Einblattdrucke	Einblattdrucke des XV. Jahrhunderts. Ein bibliographisches Verzeichnis, hg. v. d. Kommission für den Gesamtkatalog der Wiegendrucke (Sammlung bibliothekswissenschaftlicher Arbeiten 35/36), 1914 (Nachdr. 1968)	GdV	Die Geschichtsschreiber der deutschen Vorzeit nach den Texten der MGH in deutscher Bearbeitung. 1. Gesamtausgabe hg. v. G. H. PERTZ u. a., Bd. 1–98, Leipzig 1847–92; 2. Gesamtausgabe hg. v. W. WATTENBACH u. a., Bd. 1–98, 1884–1914; weitere Erg.-Bde., fortges. v. K. BRANDI, 1924 ff.; 3. Gesamtausgabe hg. v. K. LANGOSCH, 1944 ff.
engl.	englisch		
Erg.	Ergänzung(s)		
¹,²ERK/BÖHME	L. ERK/F. M. BÖHME, Deutscher Liederhort, Bd. 1–3, ¹1893/94, ²1925		
Et. Germ.	Etudes Germaniques, Paris 1946 ff.		
Euph.	Euphorion. Zeitschrift für Literaturgeschichte, 1894–1933, 1950 ff. (von 1934–1944/45 als → DuV)	Ged.	Gedicht(e)
		*gedr.	gedruckt
		*gegr.	gegründet
		geistl.	geistlich
*expl.	explicit	GERBERT, SS de mus.	M. GERBERT, Scriptores de musica, Bd. 1–3, St. Blasien 1784
f.	für, folio	germ.	germanisch
FELLER/BONJOUR, Geschichtsschreibung	R. FELLER/E. BONJOUR, Geschichtsschreibung der Schweiz. Vom Spätmittelalter zur Neuzeit. Bd. 1, Basel–Stuttgart 1962	Germ.	Germania. Vierteljahresschrift für deutsche Altertumskunde, hg. v. F. PFEIFFER u. a., 1856–1892
FF	Forschungen und Funde, hg. v. F. JOSTES, Bd. 1, Heft 1 – Bd. 4, Heft 5 (Nr. 1–20), 1908–1917; Nr. 21 u. 22, 1928, hg. v. A. HÜBNER	Germ. Qu.	The German Quarterly, Appleton (Wis.) 1928 ff.
		german.	germanistisch
		GERVINUS, LG	G. G. GERVINUS, Geschichte der deutschen Dichtung, Bd. 1–5, ⁵1871–1874
FFC	Folklore Fellows Communications, Helsinki 1910 ff.		
		Ges.	Gesellschaft
Fg.	Festgabe	Gesch. (-gesch.)	Geschichte (-geschichte)
FISCHER, Märendicht.	H. FISCHER (Hg.), Die deutsche	GGA	Göttinger Anzeigen von Ge-

	lehrten Sachen, Göttingen 1753–1801. Göttingische Gelehrte Anzeigen, 1802 ff.		Staatsbibliothek zu Berlin; bis 1976: 4 Lieferungen des 8. Bandes erschienen
GGN	Göttinger (Göttingische) Gelehrte Nachrichten. Nachrichten von der Universität und der (Königlichen) Gesellschaft (Akademie) der Wissenschaften zu Göttingen, 1840 ff.	H.	Hälfte, Heft
		Hagens Germ.	Germania. Neues Jahrbuch der Berliner Gesellschaft für deutsche Sprache und Altertumskunde, hg. v. F.H. v. d. Hagen (v. d. Hagens Germania), Berlin 1836–1853
Glier, Artes amandi	I. Glier, Artes amandi. Untersuchungen zu Geschichte, Überlieferung und Typologie der deutschen Minnereden (MTU 34), 1971	Hagen/Büsching, Dt. Ged.	F. H. v. d. Hagen/J. G. Büsching (Hgg.), Deutsche Gedichte des Mittelalters, Bd. 1–2, Berlin 1808/1825
Goedeke, Grundriß	K. Goedeke, Grundriß zur Geschichte der deutschen Dichtung aus den Quellen, Bd. 1: Das Mittelalter, ²1884; Bd. 2: Das Reformationszeitalter, ²1886	Hahn, Ged.	K.A. Hahn (Hg.), Gedichte des XII. und XIII. Jahrhunderts (Bibl. d. ges. dt. Nat.-Lit. 20), 1840
gr.	groß	Hain	L. Hain, Repertorium bibliographicum, in quo libro omnes ab arte typographica inventa usque ad annum MD. typis expressi..., Bd. 1–4, Stuttgart–Tübingen–Paris 1826–1838
Grabmann, Mal. Geistesl.	M. Grabmann, Mittelalterliches Geistesleben, Bd. 1–3, 1926–1956		
Graesse, Leg.aur.	Th. Graesse (Hg.), Jacobi a Voragine Legenda Aurea vulgo Historia Lombardica dicta, ³1890 (Nachdr. 1965)	Haltaus, Hätzlerin	C. Haltaus (Hg.), Liederbuch der Clara Hätzlerin (Bibl. d. ges. dt. Nat.-Lit. 8), 1840 (DN 1966 mit einem Nachwort von H. Fischer)
Graff, Diutiska	E.G. Graff, Diutiska. Denkmäler deutscher Sprache und Literatur aus alten Handschriften, Bd. 1–3, Stuttgart–Tübingen 1826–1829		
griech.	griechisch	HC	Hain (s.o.) + W.A. Copinger, Supplement to Hains Repertorium Bibliographicum, Part I: Corrections and additions to the collations of works described or mentioned by Hain, London 1895
Grimm, Heldensage	W. Grimm, Die deutsche Heldensage, ³1889 (Nachdr. [unter Hinzufügung der Nachträge von K. Müllenhoff und O. Jänicke aus der ZfdA] 1957)		
Grimm, Reim	W. Grimm, Zur Geschichte des Reims, Kleinere Schriften, Bd. 4, 1887, S. 125–341	hd.	hochdeutsch
		Hdb.	Handbuch
		Heidelberg, cpg	Heidelberg, Universitätsbibliothek, codex palatinus germanicus (+ Nr.)
GRM	Germanisch-romanische Monatsschrift, 1909 ff.	Henschel/Pretzel, Vor. Denkm.	E. Henschel/U. Pretzel (Hgg.), Die kleinen Denkmäler der Vorauer Hs., 1963
Grünewald, Lat. Einschiebsel	A. Grünewald, Die lateinischen Einschiebsel in den deutschen Gedichten von der Mitte des 11. bis gegen Ende des 12. Jahrhunderts, Diss. Göttingen 1908	Herrigs Archiv	Archiv für das Studium der neueren Sprachen und Literaturen, begründet v. L. Herrig, Braunschweig 1846 ff.
		Hg(g)., hg. v.	Herausgeber, herausgegeben von
GW	Gesamtkatalog der Wiegendrucke, hg. v. der Kommission für den Gesamtkatalog der Wiegendrucke, Bd. 1–7, 1925–1938 und 1. Lieferung des 8. Bandes, 1940; neue 1. Lieferung des 8. Bandes 1972, hg v. der Deutschen	hist.	historisch
		HMS	F.H. v. d. Hagen, Minnesinger. Deutsche Liederdichter des zwölften, dreizehnten und vierzehnten Jahrhunderts, Teil 1–4, Leipzig 1838 (Neudr. 1963)

Hoffmann, Fundgr.	A. H. Hoffmann von Fallersleben, Fundgruben für Geschichte deutscher Sprache und Literatur, Teil 1–2, Breslau 1830/1837	Keller, Erz.	A. v. Keller (Hg.), Erzählungen aus altdeutschen Handschriften (StLV 35), 1855
		Keller, Fsp.	A. v. Keller (Hg.), Fastnachtspiele aus dem fünfzehnten Jahrhundert, Teil 1–3 (StLV 28–30), 1853, Nachlese (StLV 46), 1858 (Nachdr. 1965. 1966)
Hoffmann, KL	A. H. Hoffmann von Fallersleben, Geschichte des deutschen Kirchenliedes bis auf Luthers Zeit, ³1861 (Nachdr. 1965)		
		Keller, Ged.	A. v. Keller (Hg.), Altdeutsche Gedichte, Tübingen 1846
Homeyer, Rechtsbücher	G. Homeyer, Die deutschen Rechtsbücher des Mittelalters und ihre Handschriften. Neubearb. v. C. Borchling, K. A. Eckhardt u. J. v. Gierke, Bd. 1–2, 1931/1934	kgl.	königlich
		kl.	klein
		Kl.	Klasse
		KLD	C. v. Kraus (Hg.), Deutsche Liederdichter des 13. Jahrhunderts, Bd. 1–2, 1952/1958
*Hs(s).	Handschrift(en)	Kl. Schr.n	Kleine Schriften
HSB	Sitzungsberichte der Akademie der Wissenschaften zu Heidelberg, Phil.-hist. Klasse, 1909 ff.	KmJb	Kirchenmusikalisches Jahrbuch, 1876–1885 (= Cäcilienkalender), NF 1886 ff.
Hurter, Nomenclator	H. Hurter, Nomenclator literarius theologicae catholicae, Bd. 1–5, Innsbruck ³1903–1913	Koegel, LG	R. Koegel, Geschichte der deutschen Literatur bis zum Ausgange des Mittelalters, Bd. 1: Bis zur Mitte des 11. Jahrhunderts, 1894
Hwb.	Handwörterbuch		
HZ	Historische Zeitschrift, 1859 ff.		
		Kornrumpf/ Völker, München	G. Kornrumpf/P.-G. Völker, Die deutschen mittelalterlichen Handschriften der Universitätsbibliothek München (Die Hss. d. UB München, Bd. 1), 1969
ICL	Initia carminum latinorum saeculo undecimo antiquiorum. Bibliographisches Repertorium für die lateinische Dichtung der Antike und des frühen Mittelalters. Bearbeitet von D. Schaller und E. Könsgen unter Mitwirkung von J. Tagliabue, 1977		
		Kraus, Dt. Ged.	C. Kraus (Hg.), Deutsche Gedichte des 12. Jahrhunderts, 1894
		Kriedte, Bibelfrgm.	H. Kriedte, Deutsche Bibelfragmente in Prosa des 12. Jahrhunderts, 1930
*i.F.	in Folge, im folgenden		
*i.J.	im Jahr	krit.	kritisch
*inc.	incipit	Kusch, Einf.	H. Kusch, Einführung in das lateinische Mittelalter, Bd. 1: Dichtung, 1957
Inst.	Institut(um)		
JB(e)	Jahresbericht(e)		
Jb(b).	Jahrbuch (Jahrbücher)	La(a).	Lesart(en)
JbLH	Jahrbuch für Liturgik und Hymnologie, 1955 ff.	Landesk.	Landeskunde
Jb. Volkslied	Jahrbuch für Volksliedforschung, 1928 ff.	lat.	lateinisch
		LB	Landesbibliothek
JEGP	The Journal of English and Germanic Philology, Urbana (Ill.) 1901 ff.	Ldb.	Liederbuch
		Lehmann, Erf.	P. Lehmann, Erforschung des Mittelalters, Bd. 1–5, 1941–62
*Jh.(s)	Jahrhundert(s)	Lehmann, Mitt.	P. Lehmann, Mitteilungen aus Handschriften I–IX, MSB 1929/1 (I), 1930/2 (II), 1931.32/6 (III), 1933/9 (IV), 1938/4 (V), 1939/4 (VI), 1942/10 (VII), 1944/2 (VIII), 1950/2 (IX)
Kaeppeli, Scriptores	Th. Kaeppeli O.P., Scriptores Ordinis Praedicatorum Medii Aevi, Rom 1970 ff.		
Kelle, LG	J. Kelle, Geschichte der deutschen Literatur. Von der ältesten Zeit bis zum 13. Jahrhundert, Bd. 1–2, 1892/1896		
		Leitzmann, Ged.	A. Leitzmann (Hg.), Kleine geistliche Gedichte des 12. Jahrhunderts, ²1929

Leitzmann, Erz.	A. Leitzmann (Hg.), Kleinere mittelhochdeutsche Erzählungen, Fabeln und Lehrgedichte. I. Die Melker Handschrift (DTM 4), 1904	Maurer, Rel.Dicht.	F. Maurer (Hg.), Die religiösen Dichtungen des 11. und 12. Jahrhunderts, Bd. 1–3, 1964–1970
Leseb.	Lesebuch	md.	mitteldeutsch
Leuv.Bijdr.	Leuvense Bijdragen, den Haag 1896 ff.	Medium Aevum	Medium Aevum, Philologische Studien, 1963 ff.
LG	Literaturgeschichte	Med.Mschr.	Medizinische Monatsschrift, 1947 ff.
Lhotsky, Quellenkunde	A. Lhotsky, Quellenkunde zur mittelalterlichen Geschichte Österreichs (MIÖG Erg.bd. 19), 1963	Menhardt, Hss.	H. Menhardt, Verzeichnis der altdeutschen literarischen Handschriften der österreichischen Nationalbibliothek, Bd. 1–3, 1960–1961
Lhs.	Liederhandschrift		
Liedersaal	J. v. Lassberg: Lieder Saal. Das ist: Sammelung altteutscher Gedichte, hg. aus ungedrukten Quellen, Bd. 1–3, Privatdruck o. O. 1820–1825, Buchhandelsausgabe St. Gallen und Konstanz 1846, 4 Bde. (Nachdr. nur Bd. 1–3, 1968)	Meyer, Ges. Abhh.	W. Meyer, Gesammelte Abhandlungen zur mittellateinischen Rhythmik, Bd. 1–3, 1905–1936
		MF	C. v. Kraus (Hg.), Des Minnesangs Frühling. Nach Lachmann, Haupt und Vogt neu bearb., ^{31}1954 (= letzte Ausg. mit Anm.n)
Liliencron, Hist. Volkslieder	R. v. Liliencron, Die historischen Volkslieder der Deutschen vom 13.–16. Jahrhundert, Bd. 1–4 u. ein Nachtragsbd., 1865–1869 (Nachdr. 1966)	mfrk.	mittelfränkisch
		MFU	C. v. Kraus, Des Minnesangs Frühling. Untersuchungen, 1939
Lit.	Literatur	MGG	Die Musik in Geschichte und Gegenwart, Bd. 1–14, 1949–1968; ab Bd. 15, 1973, Suppl.
lit.	literarisch		
lit.gesch.	literaturgeschichtlich		
Lit.wiss.	Literaturwissenschaft	MGH	Monumenta Germaniae Historica, Hannover–Leipzig 1826 ff.
Lorenz, Geschichtsquellen	O. Lorenz, Deutschlands Geschichtsquellen im Mittelalter seit der Mitte des 13. Jh.s, Bd. 1–2, ^{3}1886/1887	(dazu:)	
		Auct. ant.	Auctores antiquissimi
		Capit.	Capitularia regum Francorum
LThK	Lexikon für Theologie und Kirche, Bd. 1–10 (+ Reg.bd.), ^{2}1957–1967	Conc.	Concilia
		Const.	Constitutiones et acta publica imperatorum et regum
		DD	Diplomata
Ma(a).	Mundart(en)	Ep. (sel.)	Epistolae (selectae)
*MA(s)	Mittelalter(s)	Lib. de lite	Libelli de lite
*mal.	mittelalterlich	Necr.	Necrologia
Mal.Bibl.Kat.	Mittelalterliche Bibliothekskataloge Deutschlands und der Schweiz, hg. v. d. Bayerischen Akademie der Wissenschaften in München, 1918 ff.	Poetae	Poetae latini medii aevi
		SS	Scriptores
		SS rer. Germ.	Scriptores rerum Germanicarum in usum scholarum separatim editi
Manitius, LG	M. Manitius, Geschichte der lateinischen Literatur des Mittelalters, Bd. 1–3 (Handbuch d. Altertumswissenschaft, Abt. 9, 2, 1.2.3), 1911–1931	SS rer. Germ. NS	Scriptores rerum Germanicarum, Nova series
		SS rer. Merov.	Scriptores rerum Merowingicarum
		mhd.	mittelhochdeutsch
Matthaei, Minnereden	K. Matthaei (Hg.), Mittelhochdeutsche Minnereden. I. Die Heidelberger Handschriften 344, 358, 376 und 393 (DTM 24), 1913 (Neudr. Dublin–Zürich 1967)	Miller, Charms	C.L. Miller, The Old High German and Old Saxon Charms. Text, Commentary and Critical Bibliography, Diss. Washington University, St. Louis 1963 (DA 24 [1963/64])

Millst.Hs.Faks.	A. Kracher, Millstätter Genesis und Physiologus Handschrift. Vollständige Faksimileausgabe der Sammelhandschrift 6/19 des Geschichtsvereins für Kärnten im Kärntner Landesarchiv Klagenfurt (Codices selecti 10), Graz 1967		schen Mittelalters (GAG 55/56), 1974
		München, cgm (clm)	München, Bayerische Staatsbibliothek, codex germanicus Monacensis (codex latinus Monacensis) (+ Nr.)
MIÖG	Mitteilungen des Instituts für Österreichische Geschichtsforschung, Innsbruck (Verlagsort wechselt) 1880 ff. (aber 1923–1942: → MÖIG)	NA	Neues Archiv der Gesellschaft für ältere deutsche Geschichtskunde zur Beförderung einer Gesamtausgabe der Quellenschriften deutscher Geschichte des Mittelalters, 1876 ff. (ab 1937: → DA)
Misc.Mediaev.	Miscellanea Mediaevalia. Veröffentlichungen des Thomas-Instituts der Universität zu Köln, 1960 ff.	Nachdr.	Nachdruck(e)
		nd.	niederdeutsch
Mitt.	Mitteilungen	NDB	Neue Deutsche Biographie, 1953 ff.
mlat.	mittellateinisch		
Mlat.Jb.	Mittellateinisches Jahrbuch, 1964 ff.	NdJb	Jahrbuch des Vereins für niederdeutsche Sprachforschung. Niederdeutsches Jahrbuch, 1876 ff.
MLR	Modern Language Review, London 1905 ff.	NDL	Neudrucke deutscher Literaturwerke des XVI. und XVII. Jahrhunderts, Halle 1876 ff.; NF Tübingen 1961 ff.
mnd.	mittelniederdeutsch		
mndl.	mittelniederländisch		
MÖIG	Mitteilungen des Österreichischen Instituts für Geschichtsforschung, 1923–1942 (sonst → MIÖG)	ndl.	niederländisch
		Nd.Mitt.	Niederdeutsche Mitteilungen, Lund 1945 ff.
Mone, Hymnen	F. J. Mone, Lateinische Hymnen des Mittelalters, Bd. 1–3, 1853–1855 (Nachdr. 1964)	Neoph.	Neophilologus, Groningen 1916 ff.
		Neudr.	Neudruck
Morvay/Grube, Predigtbibliogr.	K. Morvay/D. Grube, Bibliographie der deutschen Predigt des Mittelalters. Veröffentlichte Predigten (MTU 47), 1974	Neuphil.Mitt.	Neuphilologische Mitteilungen, Helsinki 1899 ff.
		NF	Neue Folge
		NGA	H. Niewöhner, Neues Gesamtabenteuer, Bd. 1, Dublin–Zürich ²1967, hg. v. W. Simon mit den Lesarten besorgt v. M. Boeters und K. Schacks
MOT	St. Thompson, Motiv-Index of Folk-Literature, Bd. 1–6, Kopenhagen ²1955–1958		
*Ms(s).	Manuskript(e), manuscriptus, manuscrit, manuscript	nhd.	neuhochdeutsch
MSB	Sitzungsberichte der Bayerischen Akademie der Wissenschaften, München, Phil.-hist. Klasse, 1860 ff.	*NT	Neues Testament
		*ntl.	neutestamentlich
		obd.	oberdeutsch
MSD	K. Müllenhoff/W. Scherer (Hgg.), Denkmäler deutscher Poesie und Prosa aus dem 8. bis 12. Jahrhundert, ³1892	OGE	Ons Geestelijk Erf, Antwerpen 1927 ff.
		österr.	österreichisch
MTU	Münchener Texte und Untersuchungen zur deutschen Literatur des Mittelalters, hg. v. d. Kommission für deutsche Literatur des Mittelalters der Bayerischen Akademie der Wissenschaften, 1960 ff.	Panzer, Annalen	G. W. Panzer, Annalen der älteren deutschen Litteratur, Bd. 1–3, Nürnberg–Leipzig 1788–1885 (Neudr. 1961 f.)
		PBB ab 1955: PBB (Tüb.) PBB (Halle)	Beiträge zur Geschichte der deutschen Sprache und Literatur, 1874 ff. bzw. 1955 ff.
Müller, Unters.	U. Müller, Untersuchungen zur politischen Lyrik des deut-	Pez, Bibl.Asc.	B. Pez, Bibl.Ascetica antiquo-

	nova, Bd. 1–12, Regensburg 1723–1740 (Nachdr. Farnborough 1967 in 3 Bdn)	Reichling, Suppl.	D. Reichling, Appendices ad Hainii-Copingeri Repertorium Bibliographicum. Additiones et emendationes Fasc. 1–6 [u.] Indices, 1905–1911 (Nachdr. in 2 Bdn 1953) (→ Hain; → HC; → Cop.)
Pez, Thes.	B. Pez, Thesaurus anecdotorum novissimus, Bd. 1–6, Augsburg 1721–1729		
PG	Patrologia Graeca, hg. v. J.P. Migne, Bd. 1–161, Paris 1857–1866		
		RDK	Reallexikon zur deutschen Kunstgeschichte, 1937 ff.
Piper, Geistl. Dicht.	P. Piper (Hg.), Die geistliche Dichtung des Mittelalters, Teil 1–2 (DNL 3, 1.2), 1888	Reg.	Register
		rel.	religiös
		Rep.font.	Repertorium Fontium Historiae Medii Aevi, Rom 1962 ff.
PL	Patrologia Latina, hg. v. J.P. Migne, Bd. 1–217 (+ 4 Reg.-bde), Paris 1844–1864	Rev.	Revue, Review
		Rev.Bén.	Revue bénédictine (Bd. 1–6: Le messager des fidèles), Maredsous 1884 ff.
PMLA	Publications of the Modern Language Association of America, New York 1884 ff.		
		*Rez.	Rezension
Phil.Stud.u.Qu.	Philologische Studien und Quellen, 1950 ff.	RF	Romanische Forschungen, 1883 ff.
Preger, Mystik	W. Preger, Geschichte der deutschen Mystik im Mittelalter, Teil 1–3, 1874–1893	^{1,2}RGA	Reallexikon der germanischen Altertumskunde, hg. v. J. Hoops, Bd. 1–4, ^{1}1911–1919; ^{2}1973 ff., völlig neu bearb., hg. v. H. Beck, H. Jankuhn, H. Kuhn, K. Ranke, R. Wenskus
Progr.	Programm		
Quétif/Echard, SS	J. Quétif/J. Echard, Scriptores Ordinis Praedicatorum, Bd. 1–2, Paris 1719/1721; 3 Suppl.Bde, 1721–1723 (Nachdr. Turin 1960)		
		^{2,3}RGG	Die Religion in Geschichte und Gegenwart, Bd. 1–5 (+ Reg.-bd.), ^{2}1927–1932; Bd. 1–6 (+ Reg.bd.), ^{3}1957–1965
QF	Quellen und Forschungen zur Sprach- und Kulturgeschichte der germanischen Völker, 1874–1918, NF 1958 ff.	rhfrk.	rheinfränkisch
		^{1,2}RL	Reallexikon der deutschen Literaturgeschichte, hg. v. P. Merker u. W. Stammler, Bd. 1–4, ^{1}1925–1931; ^{2}1958 ff., hg. v. W. Kohlschmidt u. W. Mohr
Quint, Hss.funde	J. Quint, Neue Handschriftenfunde zur Überlieferung der deutschen Werke Meister Eckharts und seiner Schule (Meister Eckhart. Die deutschen und lateinischen Werke. Untersuchungen, Bd. 1), 1940 = I; ders., Fundbericht zur handschriftlichen Überlieferung der deutschen Werke Meister Eckharts und anderer Mystiktexte (Meister Eckhart. Die deutschen und lateinischen Werke. Untersuchungen, Bd. 2), 1969 = II		
		^{1,2}Röhricht, Bibl.geogr. Palaest.	R. Röhricht, Bibliotheca geographica Palaestinae – chronologisches Verzeichnis der auf die Geographie des Heiligen Landes bezüglichen Literatur von 333 bis 1878, 1890; Jerusalem ^{2}1963, verbesserte und vermehrte Neuausg. mit einem Vorwort v. D.H.K. Amiran
		Röhricht, Pilgerreisen	R. Röhricht, Deutsche Pilgerreisen nach dem heiligen Lande, Innsbruck 1900 (Neudr. 1967)
		Röhricht/Meisner, Pilgerreisen	R. Röhricht / H. Meisner, Deutsche Pilgerreisen nach dem heiligen Lande, 1880
Raby, Chr.-Lat. Poetry	F.J.E. Raby, A History of Christian-Latin Poetry from the Beginnings to the Close of the Middle Ages, Oxford ^{2}1953		
		rom.	romanisch
		röm.	römisch
		roman.	romanistisch
Raby, Sec.Lat.Poetry	F.J.E. Raby, A History of Secular Latin Poetry in the Middle Ages, Bd. 1–2, Oxford ^{2}1957	Ruh, Bonav.dt.	K. Ruh, Bonaventura deutsch (Bibliotheca Germanica 7), 1956

Ruh, Franzisk. Schrifttum	K. Ruh, Franziskanisches Schrifttum im deutschen Mittelalter, Bd. 1: Texte (MTU 11), 1965		Gesch. d. Philos. u. Theol. d. MAs 43), 1969–1974
		Schr.(n)	Schrift(en)
		schwäb.	schwäbisch
Runge, Sangesweisen	P. Runge, Die Sangesweisen der Colmarer Handschrift und die Liederhandschrift Donaueschingen, 1896 (Nachdr. 1965)	Schwietering, LG	J. Schwietering, Die deutsche Dichtung des Mittelalters, o. J. (1941)
		Slg.	Sammlung
		Spec.	Speculum, Journal of Medieval Studies, Cambridge (Mass.) 1926 ff.
Rupprich, LG	H. Rupprich, Die deutsche Literatur vom späten Mittelalter bis zum Barock, Teil 1: Das ausgehende Mittelalter, Humanismus und Renaissance 1370–1520 (Gesch. d. dt. Lit. v. d. Anfängen bis zur Gegenwart, hg. v. H. de Boor u. R. Newald, Bd. 4,1), 1970	SS	Scriptores
		Stammler-Nachlaß (+ Nr.)	Nachlaß von Prof. Dr. Wolfgang Stammler, aufgestellt in der Forschungsstelle für deutsche Prosa des Mittelalters am Institut für deutsche Philologie der Universität Würzburg
Rychner, Fabliaux	J. Rychner, Contribution à l'étude des fabliaux: variantes, remaniements, dégradations, Bd. 1–2, Genf 1960	Stammler, Prosa	W. Stammler, Mittelalterliche Prosa in deutscher Sprache, in: DPhiA II, ²1960, Sp. 749–1102
		StB	Stadtbibliothek
SA	Sonderabdruck	Stegmüller, Rep.	F. Stegmüller, Repertorium biblicum medii aevi, Bd. 1–5, Madrid 1940–1955
SB	Sitzungsberichte, Staatsbibliothek		
Schmid, Cod.408	U. Schmid, Codex Karlsruhe 408 (Bibliotheca Germanica 16), 1974	*-stg.	-stimmig (z. B. 3 stg. = dreistimmig)
		Steinmeyer, Sprachdenkm.	E. v. Steinmeyer (Hg.), Die kleineren althochdeutschen Sprachdenkmäler, 1916
Schneider, Heldensage	H. Schneider, Germanische Heldensage (Grundriß d. germ. Philologie 10), Bd. 1 1928, ²1962, Bd. 2, 1.2 1933/1934	StLV	Bibliothek des Stuttgarter Litterarischen Vereins, 1842 ff.
Schneider, München II	K. Schneider, Die deutschen Handschriften der Bayerischen Staatsbibliothek München. Cgm 201–350 (Catalogus codicum manu scriptorum Bibliothecae Monacensis, Tomus 5 Editio altera, Pars II), 1970	StN	Studia Neophilologica, Uppsala 1928 ff.
		*Str(r).	Strophe(n) (z. B. Str. 1–4, aber: in den Strr. 5, 7)
		*-str.	-strophig (z. B. 3 str. = dreistrophig)
		Stud.	Studien
Schneider, München III	K. Schneider, Die deutschen Handschriften der Bayerischen Staatsbibliothek München. Cgm 351–500 (Catalogus codicum manu scriptorum Bibliothecae Monacensis, Tomus 5 Editio altera, Pars III), 1973	Stud.Mitt.OSB	Studien und Mitteilungen zur Geschichte des Benediktinerordens und seiner Zweige, 1880 ff.
		Sudhoffs Arch.	Sudhoffs Archiv für Geschichte der Medizin (ab Bd. 27: und der Naturwissenschaften; Bd. 1–20: Archiv für Geschichte der Medizin), 1908 ff.
Schneider, Nürnberg	K. Schneider, Die Handschriften der Stadtbibliothek Nürnberg, Bd. 1: Die deutschen mittelalterlichen Handschriften, Beschreibung des Buchschmucks v. H. Zirnbauer, 1965	Szövérffy, Hymnendicht.	J. Szövérffy, Die Annalen der lateinischen Hymnendichtung, Bd. 1–2 (Die lyrische Dichtung d. MAs), 1964/1965
		Szövérffy, Weltl.Dicht.	J. Szövérffy, Weltliche Dichtungen des lateinischen Mittelalters, Bd. 1: Von den Anfängen bis zum Ende der Karolingerzeit (Die lyrische Dichtung d. MAs), 1970
Schneyer, Rep.	J.B. Schneyer, Repertorium der lateinischen Sermones des Mittelalters. Für die Zeit von 1150–1350, Bd. 1–5 (Beitr. z.		

Tervooren, Bibliogr.	H. Tervooren, Bibliographie zum Minnesang und zu den Dichtern aus Minnesangs Frühling (Bibliographien z. dt. Lit. d. MAs 3), 1969	Var.(n)	Variante(n)
		Ver.	Verein
		Verf.	Verfasser
		Verh.	Verhandlungen
		Veröff.	Veröffentlichungen
Thomsen, Palästina-Lit.	P. Thomsen, Die Palästina-Literatur. Eine internationale Bibliographie in systematischer Ordnung ... Bd. 1–7, 1911–1972 (= Bibliogr. 1895–1945); Bd. A, 1960 (= Ergänzungsband für die Jahre 1878–1894)	Vetter, Lehrhafte Lit.	F. Vetter (Hg.), Lehrhafte Litteratur des 14. und 15. Jahrhunderts, Teil 1: Weltliches (DNL 12,1), Teil 2: Geistliches (DNL 12,2), 1889
		Vizkelety, Altdt.Hss.	A. Vizkelety, Beschreibendes Verzeichnis der altdeutschen Handschriften in ungarischen Bibliotheken, Bd. 1: Széchényi-Nationalbibliothek, 1969; Bd. 2: Budapest, Debrecen, Eger, Esztergom, Győr, Kalocsa, Pannonhalma, Pápa, Pécs, Szomlathely, 1973
Thorndike/Kibre, Inc.	L. Thorndike/P. Kibre, A Catalogue of Incipits of Medieval Scientific Writings in Latin (The Medieval Academy of America, Publ. 29), London 1963		
TNTL	Tijdschrift voor nederlandsche taal en letterkunde, Leiden 1881 ff.	v.J.	vom Jahr
		Vjbll.	Vierteljahr(e)sblätter
Tobler, Bibliogr. geogr. Palaest.	T. Tobler, Bibliographia geographica Palaestinae. Zunächst kritische Übersicht gedruckter und ungedruckter Beschreibungen der Reisen ins Heilige Land, 1867	Vjs.	Vierteljahr(e)sschrift
		Vk.	Volkskunde
		¹VL	Die deutsche Literatur des Mittelalters. Verfasserlexikon, hg. v. W. Stammler und (ab Bd. 3) K. Langosch, Bd. 1–5, ¹1933–1955
TspMA	Texte des späten Mittelalters, 1956 ff.		
Tubach, Ind.ex.	F.C. Tubach, Index exemplorum, A Handbook of Medieval Religious Tales (FFC 204), Helsinki 1969	VMKVA	Verslagen en mededelingen der Koninklijke Vlaamsche academie foor taal- en letterkunde, Gent 1887 ff. (ab 1972: Verslagen en mededelingen der Koninklijke Academie voor Nederlandse Taal- en Letterkunde)
UB	Universitätsbibliothek		
Überl.	Überlieferung		
Übers.	Übersetzung	Vollmer, Materialien	H. Vollmer, Materialien zur Bibelgeschichte und religiösen Volkskunde, Bd. 1–4, 1912–1931 (Fortsetzung als → BdK)
übers.	übersetzt		
übertr.	übertragen		
Überweg/Geyer, Philosophie	B. Geyer (Hg.), Die patristische und scholastische Philosophie, in: F. Überweg, Grundriß der Geschichte der Philosophie, Teil 2, ¹¹1928 (Neudr. 1961)	Vorauer Hs.Faks.	K.K. Polheim, Die deutschen Gedichte der Vorauer Handschrift (Kodex 276 – II. Teil). Faksimile-Ausgabe des Chorherrenstiftes Vorau, Graz 1958
*u.d.T.	unter dem Titel	Vortr(r).	Vortrag (Vorträge)
Uhland, Volkslieder	L. Uhland, Alte hoch- und niederdeutsche Volkslieder, Bd. 1–2, Stuttgart-Tübingen 1844/1845 (nach Nummern zitiert)		
		¹,²Waag, Dt.Ged.	A. Waag (Hg.), Kleinere deutsche Gedichte des XI. und XII. Jahrhunderts (ATB 10), ¹1890, ²1916
*Univ.	Universität		
Unters.	Untersuchungen	Waag/Schröder, Dt.Ged.	A. Waag/W. Schröder (Hgg.), Kleinere deutsche Gedichte des 11. und 12. Jahrhunderts (ATB 71/72), 1972
*urk.	urkundlich		
Urkb.	Urkundenbuch		
*v., *vv.	Vers, Verse (z.B. v. 17–20, aber: in den vv. 22–29)	Wackernagel, Altdt.Pred.	W. Wackernagel (Hg.), Altdeutsche Predigten und Gebete

WACKERNAGEL, Bibliogr.	aus Handschriften, Basel 1876 (Nachdr. 1964) Ph. WACKERNAGEL, Bibliographie zur Geschichte des deutschen Kirchenliedes im 16. Jahrhundert, 1855 (Nachdr. 1961)		Vom Tod Kaiser Heinrichs V. bis zum Ende des Interregnums, bearb. v. F. J. SCHMALE, Bd. 1, 1976
		WdF	Wege der Forschung, 1956 ff.
		WELLER, Rep.typ.	E. WELLER, Repertorium typographicum. Die deutsche Literatur im ersten Viertel des 16. Jahrhunderts (+ Suppl. 1.2) (G.W. PANZERS Annalen der älteren deutschen Litteratur 1500–1526, Teil 3), 1864–1885
WACKERNAGEL, KL	Ph. WACKERNAGEL, Das deutsche Kirchenlied von der ältesten Zeit bis zum Anfang des XVII. Jahrhunderts, Bd. 1–5, 1864–1877 (Nachdr. 1964)		
WACKERNAGEL, Leseb.	W. WACKERNAGEL, Altdeutsches Lesebuch (Deutsches Lesebuch, Teil 1), Basel ⁵1873	WELTER, L'exemplum	J.-T. WELTER, L'exemplum dans la littérature religieuse et didactique du moyen âge (Bibliothèque d'histoire ecclésiastique de France 8), Paris–Toulouse 1927
WALTHER, Bibelübers.	W. WALTHER, Die deutschen Bibelübersetzungen des Mittelalters, 1889–1892 (Nachdr. Nieuwkoop 1966)		
WALTHER, Initia	W. WALTHER, Initia carminum ac versuum medii aevi posterioris latinorum. Alphabetisches Verzeichnis der Versanfänge mittellateinischer Dichtungen, ²1969	Wien, cod.	Wien, Österreichische Nationalbibliothek, cod. (+ Nr.)
		WILHELM, Denkm.	F. WILHELM (Hg.), Denkmäler deutscher Prosa des 11. und 12. Jahrhunderts. A: Text (German. Bücherei 3), o. J.; B: Kommentar (Münchener Texte 8), 1916 (Nachdr. in einem Bd. 1960)
WALTHER, Prov.	H. WALTHER (Hg.), Lateinische Sprichwörter und Sentenzen des Mittelalters in alphabetischer Ordnung, Teil 1–6, 1963–1969		
		Wiss.(n)	Wissenschaft(en)
		WORSTBROCK, Antikerez.	F.J. WORSTBROCK, Deutsche Antikerezeption 1450–1550. Teil 1: Verzeichnis der deutschen Übersetzungen antiker Autoren, mit einer Bibliographie der Übersetzer, 1976
WATTENBACH, Geschichtsquellen	W. WATTENBACH, Deutschlands Geschichtsquellen im Mittelalter bis zur Mitte des 13. Jahrhunderts, Bd. 1 ⁷1904, Bd. 2 ⁶1894		
WATTENBACH/ HOLTZMANN, Geschichtsquellen	W. WATTENBACH, Deutschlands Geschichtsquellen im Mittelalter. Deutsche Kaiserzeit, hg. v. R. HOLTZMANN, Bd. 1, Heft 1–4, 1938–1943; Bd. 1, Heft 1, ³1948; Bd. 1, Heft 2–4, ²1948	WPM	(Würzburger) Kleine deutsche Prosadenkmäler des Mittelalters, 1965 ff.
		WSB	Sitzungsberichte der Österreichischen Akademie der Wissenschaften, Phil.-hist. Klasse, Wien 1848 ff.
WATTENBACH/ HOLTZMANN/ SCHMALE, Geschichtsquellen	W. WATTENBACH, Deutschlands Geschichtsquellen im Mittelalter. Die Zeit der Sachsen und Salier. Neuausg. besorgt v. F. J. SCHMALE, Teil 1–3, 1967–1971	WW	Wirkendes Wort, 1950 ff.
		WZUG	Wissenschaftliche Zeitschrift der Universität Greifswald. B. Gesellschafts- und sprachwissenschaftliche Reihe, 1951 ff.
WATTENBACH/ LEVISON/LÖWE, Geschichtsquellen	W. WATTENBACH/W. LEVISON, Deutschlands Geschichtsquellen im Mittelalter. Vorzeit und Karolinger, bearb. v. W. LEVISON u. H. LÖWE, Heft 1–5 (+ Beiheft: Rechtsquellen, bearb. v. R. BUCHNER), 1952–1973	WZUH	Wissenschaftliche Zeitschrift der Martin-Luther-Universität Halle-Wittenberg. B. Gesellschafts- und sprachwissenschaftliche Reihe, 1951/1952 ff.
		WZUJ	Wissenschaftliche Zeitschrift der Friedrich-Schiller-Universität Jena/Thüringen, 1951/1952 ff. Gesellschafts- und sprachwissenschaftliche Reihe 1952/1953 ff.
WATTENBACH/ SCHMALE, Geschichtsquellen	W. WATTENBACH / F. J. SCHMALE, Deutschlands Geschichtsquellen im Mittelalter.		
		WZUL	Wissenschaftliche Zeitschrift

	der (ab Jg. 2: Karl-Marx-)Universität Leipzig. B. Gesellschafts- und sprachwissenschaftliche Reihe, 1951 ff.	ZGO	Zeitschrift für Geschichte des Oberrheins, 1850 ff.
		*zit.	zitiert; nach Ausgaben: nach dieser Ausgabe wird zitiert
WZUR	Wissenschaftliche Zeitschrift der Universität Rostock. B. Gesellschafts- und sprachwissenschaftliche Reihe, 1951 ff.	ZKG	Zeitschrift für Kirchengeschichte, 1877 ff.
		ZkTh	Zeitschrift für katholische Theologie, Innsbruck (Wien) 1877 ff.
Young, Drama	K. Young, The Drama of the Medieval Church, Bd. 1–2, London 1933 (Nachdr. Oxford 1962)	ZRG	Zeitschrift für Rechtsgeschichte, Bd. 1–13 (1861–1878)
		ZRG German.Abt.	Zeitschrift der Savigny-Stiftung für Rechtsgeschichte, Germanistische Abteilung, 1880 ff.
z.	zu, zur, zum (in Titeln)	ZRG Roman.Abt.	Zeitschrift der Savigny-Stiftung für Rechtsgeschichte, Romanistische Abteilung, 1880 ff.
Z.	Zeile		
ZfB	Zentralblatt für Bibliothekswesen, 1884 ff.	ZRG Kanon.Abt.	Zeitschrift der Savigny-Stiftung für Rechtsgeschichte, Kanonistische Abteilung, 1911 ff.
ZfdA	Zeitschrift für deutsches Altertum und deutsche Literatur, Wiesbaden 1841 ff.	Zs.	Zeitschrift
ZfdPh	Zeitschrift für deutsche Philologie, 1869 ff.	ZSchwG	Zeitschrift für Schweizerische Geschichte, Zürich 1921 ff. (ab 1951: Schweizerische Zeitschrift für Geschichte)
ZfMW	Zeitschrift für Musikwissenschaft, 1918 ff. (ab 1936: → AfMF)		
		ZSchwKG	Zeitschrift für Schweizerische Kirchengeschichte, Freiburg/Schw. 1907 ff.
ZfromPh	Zeitschrift für romanische Philologie, 1877 ff.		
ZfVk	Zeitschrift (bis Bd. 38: des Vereins) für Volkskunde, 1891 ff.		

Hinweise:

1. Die obigen Abkürzungen sind im wesentlichen nur für die Abschnitte 'Überlieferung', 'Ausgaben' und 'Literatur', sowie für Literatur- und Stellenangaben in den übrigen Abschnitten vorgesehen. Im fortlaufenden Text dagegen können verwendet werden
   a) allgemein übliche Abkürzungen nach Duden,
   b) die oben angeführten Abkürzungen für Sprachen (z.B. ae.),
   c) die oben mit Stern (*) versehenen Abkürzungen.
   Großschreibung am Satzanfang gilt auch für Abkürzungen.

2. Für die Bücher des AT und NT werden die Abkürzungen der Stuttgarter Vulgata-Ausgabe (2 Bde, 1969) benützt:

Gn	Genesis	II Par	2. Chronik (Paralipomenon)
Ex	Exodus	I Esr	1. Esdras
Lv	Leviticus	II Esr	2. Esdras (Nehemias)
Nm	Numeri	Tb	Tobias
Dt	Deuteronomium	Idt	Judith
Ios	Josue	Est	Esther
Idc	Richter	Iob	Job
Rt	Ruth	Ps	Psalm(en)
I Sm	1. Samuel (1. Könige)	Prv	Sprüche
II Sm	2. Samuel (2. Könige)	Ec	Prediger (Ecclesiastes)
III Rg	3. Könige	Ct	Hoheslied
IV Rg	4. Könige	Sap	Weisheit
I Par	1. Chronik (Paralipomenon)	Sir	Sirach (Ecclesiasticus)

Is	Isaias	Act	Apostelgeschichte
Ier	Jeremias	Rm	Römerbrief
Lam	Klagelieder	I Cor	1. Korintherbrief
Bar	Baruch	II Cor	2. Korintherbrief
Ez	Ezechiel	Gal	Galaterbrief
Dn	Daniel	Eph	Epheserbrief
Os	Osee	Phil	Philipperbrief
Ioel	Joel	Col	Kolosserbrief
Am	Amos	I Th	1. Thessalonicherbrief
Abd	Abdias	II Th	2. Thessalonicherbrief
Ion	Jonas	I Tim	1. Timotheusbrief
Mi	Michäas	II Tim	2. Timotheusbrief
Na	Nahum	Tit	Titusbrief
Hab	Habakuk	Phlm	Philemonbrief
So	Sophonias	Hbr	Hebräerbrief
Agg	Aggäus	Iac	Jakobusbrief
Za	Zacharias	I Pt	1. Petrusbrief
Mal	Malachias	II Pt	2. Petrusbrief
I Mcc	1. Makkabäer	I Io	1. Johannesbrief
II Mcc	2. Makkabäer	II Io	2. Johannesbrief
Mt	Matthäus-Evangelium	III Io	3. Johannesbrief
Mc	Markus-Evangelium	Iud	Judasbrief
Lc	Lukas-Evangelium	Apo	Geheime Offenbarung (Apokalypse)
Io	Johannes-Evangelium		

3. Für antike und mlat. Autoren und Werke gelten außer dem vorhergehenden das Abkürzungsverzeichnis des 'Thesaurus linguae latinae' und die 'Abkürzungs- und Quellenverzeichnisse' zum Mittellateinischen Wörterbuch, hg. v. d. Bayerischen Akademie der Wissenschaften und der Deutschen Akademie der Wissenschaften zu Berlin, 1959.
4. Ordensbezeichnungen werden nach LThK, 1. Bd., S. 12*–15* abgekürzt.

Ergänzung des Abkürzungsverzeichnisses

Die folgenden Abkürzungen werden von Band 9 an zusätzlich zu den in Band 1 verzeichneten verwendet. Aufgeführt sind Titel, die zu Beginn der Arbeit übersehen wurden oder noch nicht erschienen waren. Um Verwirrungen zu vermeiden, hat die Redaktion Wert darauf gelegt, daß nur solche Abkürzungen neu eingeführt wurden, die den meisten Fachkollegen auch ohne Nachschlagen verständlich sein dürften. Damit im Zweifelsfall der Weg zur Auflösung einer Abkürzung erleichtert wird, empfiehlt es sich, den beiliegenden Hinweiszettel in Band 1 auf S. X einzukleben.

ABäG	Amsterdamer Beiträge zur älteren Germanistik, Amsterdam 1972 ff.	²FISCHER, Stud.	H. FISCHER, Studien zur deutschen Märendichtung. 2., durchgesehene u. erweiterte Auflage besorgt von J. JANOTA, 1983
BERGMANN, Spiele	R. BERGMANN, Katalog der deutschsprachigen geistlichen Spiele und Marienklagen des Mittelalters (Veröffentlichungen der Kommission für Deutsche Literatur des Mittelalters der Bayerischen Akademie der Wissenschaften), 1986	FMSt	Frühmittelalterliche Studien. Jahrbuch des Instituts für Frühmittelalterforschung der Universität Münster, 1967 ff.
		²KLD	C. v. KRAUS (Hg.), Deutsche Liederdichter des 13. Jahrhunderts. Bd. I Text. Bd. II Kommentar, besorgt v. H. KUHN. 2. Auflage, durchgesehen von G. KORNRUMPF, 1978
DE BOOR, LG III 2/ GLIER	I. GLIER (Hg.), Die deutsche Literatur im späten Mittelalter 1250–1370. Zweiter Teil: Reimpaargedichte, Drama, Prosa (= Geschichte der deutschen Literatur von den Anfängen bis zur Gegenwart, hg. v. H. DE BOOR u. R. NEWALD, Bd. 3,2), 1987	LiLi	Zeitschrift für Literaturwissenschaft und Linguistik, 1971 ff.
		LGF	Lunder germanistische Forschungen, Stockholm 1934 ff.
BRUNHÖLZL, LG II	F. BRUNHÖLZL, Geschichte der lateinischen Literatur des Mittelalters, Bd. II: Die Zwischenzeit vom Ausgang des karolingischen Zeitalters bis zur Mitte des 11. Jahrhunderts, 1992	LOO	Lateinische Osterfeiern und Osterspiele, hg. von W. LIPPHARDT (Ausgaben deutscher Literatur des XV.–XVIII. Jahrhunderts, Reihe Drama 5,1–9), Teil 1–6, 1975–1981; Teil 7–9 (Kommentar) aus dem Nachlaß hg. von H.-G. ROLOFF, 1990
CRAMER, Liederdichter	TH. CRAMER (Hg.), Die kleineren Liederdichter des 14. und 15. Jahrhunderts. Bd. 1–4, 1977–1985		
²FELLER/BONJOUR, Geschichtsschreibung	R. FELLER/E. BONJOUR, Geschichtsschreibung der Schweiz. Vom Spätmittelalter zur Neuzeit. Bd. I. Zweite, durchgesehene u. erweiterte Auflage, Basel 1979	MF Neuausg.	Des Minnesangs Frühling. Unter Benutzung der Ausgaben von K. Lachmann u. M. Haupt, F. Vogt u. C. v. Kraus bearbeitet von H. MOSER u. H. TERVOOREN. Bd. 1. Texte. 36., neugestaltete u. erweiterte Auflage,

	1977; 37., revidierte Auflage, 1982; 38., erneut revidierte Auflage, 1988. Bd. 2. Editionsprinzipien, Melodien, Handschriften, Erläuterungen. 36., neugestaltete u. erweiterte Auflage, 1977. Bd. 3. Kommentare [die als Bd. 3,1 u. 3,2 erschienenen Nachdrucke werden weiter zitiert als MFU und MF]	SCHNEIDER, Augsburg	K. SCHNEIDER, Deutsche mittelalterliche Handschriften der Universitätsbibliothek Augsburg: die Signaturgruppen Cod. I.3 und Cod. III.1, 1988
		SCHNEIDER, München IV	K. SCHNEIDER, Die deutschen Handschriften der Bayerischen Staatsbibliothek München. Cgm 501–690 (Catalogus codicum manu scriptorum Bibliothecae Monacensis, Tomus 5, Editio altera, Pars IV), 1978
MLN	Modern Language Notes, Baltimore 1886 ff.		
MLQ	Modern Language Quarterly, Seattle 1940 ff.	SCHNEIDER, München V	K. SCHNEIDER, Die deutschen Handschriften der Bayerischen Staatsbibliothek München. Cgm 691–867 (Catalogus codicum manu scriptorum Bibliothecae Monacensis, Tomus 5, Editio altera, Pars V), 1984
MMS	Münstersche Mittelalter-Schriften, 1970 ff.		
NEUMANN, Schauspiel	B. NEUMANN, Geistliches Schauspiel im Zeugnis der Zeit. Zur Aufführung mittelalterlicher religiöser Dramen im deutschen Sprachgebiet (MTU 84.85), Bd. 1–2, 1987		
		SCHNEIDER, München VI	K. SCHNEIDER, Die deutschen Handschriften der Bayerischen Staatsbibliothek München. Die mittelalterlichen Handschriften aus Cgm 888–4000 (Catalogus codicum manu scriptorum Bibliothecae Monacensis, Tomus 5, Editio altera, Pars VI), 1991
OPPITZ, Rechtsbücher	U.-D. OPPITZ, Deutsche Rechtsbücher des Mittelalters, Bd. I–II, 1990, III/1.2, 1992 (= Neubearb. von HOMEYER, Rechtsbücher)		
RSM	Repertorium der Sangsprüche und Meisterlieder des 12. bis 18. Jahrhunderts, hg. v. H. BRUNNER u. B. WACHINGER, Bd. 3–13: Katalog der Texte, 1986–1990; Bd. 1: Überlieferung (im Druck); Bd. 2: Tönekatalog (in Vorbereitung); Bd. 14–16: Register (in Vorbereitung)		
		TTG	Texte und Textgeschichte. Würzburger Forschungen, 1980 ff.
		VD 16	Verzeichnis der im deutschen Sprachbereich erschienenen Drucke des 16. Jahrhunderts, hg. von der Bayerischen Staatsbibliothek in München. Abt. 1. Verfasser, Körperschaften, Anonyma, Bd. 1 ff., 1983 ff.
RUH, Franzisk. Schrifttum II	K. RUH, zusammen mit D. LADISCH-GRUBE u. J. BRECHT, Franziskanisches Schrifttum im deutschen Mittelalter, Bd. II: Texte (MTU 86), 1985		
		WmF	Würzburger medizinhistorische Forschungen, 1974 ff.
SCHIENDORFER, SM	Die Schweizer Minnesänger. Nach der Ausgabe von K. Bartsch neu bearbeitet u. herausgegeben v. M. SCHIENDORFER. Bd. I. Texte, 1990	ZfBB	Zeitschrift für Bibliothekswesen und Bibliographie, 1954 ff. Ab Jg. 38 (1991) vereinigt mit dem →ZfB

A

'Ackermann aus Böhmen' → Johannes von Tepl

'Ambraser Heldenbuch'

1. Name, Entstehung. Die Hs. Wien, cod. Vind. Ser. nov. 2663 war bis 1806 in der 'Kunst- und Wunderkammer' auf Schloß Ambras bei Innsbruck deponiert; sie wird im ältesten Inventar (1596) dieser Sammlung als *das hölden Puech* bezeichnet, und auch die Hs. selbst nennt sich in der vorgebundenen *Tabula* (Inhaltsverzeichnis) *Heldenpuch*, obwohl nur ihr Hauptteil 51ʳ bis 214ᵛ) den → 'Heldenbüchern' zuzurechnen ist.

In den Urkunden, die das Entstehen der prachtvollen Pergaments. begleiten, wird der Terminus 'Heldenbuch' noch zweimal (darunter einmal für eine Vorlage, s. u.) von → Maximilian I. als dem Auftraggeber der Hs. verwendet; wenn einer seiner Ratgeber, Marschall Paul von Liechtenstein und die Innsbrucker Raitkammer u. a. vom *Riesenpuech* sprechen, dann zielt dieser Ausdruck vielleicht gleichfalls auf den Hauptteil (Riese = Held, Recke: so J. Seemüller, AfdA 27 [1901] 156), oder auf den großen Umfang (5 + 238 Bll., 46 × 36 cm; Unterkircher; Bäuml 1969), sicher jedoch nicht auf die beiden gewappneten Riesen des Titelbildes (so Leitzmann, S. 147), das erst nach Beendigung der Schreibarbeit zur Hs. kam.

Geschrieben wurde die dreispaltige Hs. von dem *furnemen* Hans Ried, der seit 1496 in Maximilians Kanzlei urkundlich bezeugt ist; am 7.2.1500 wurde er Zöllner am Eisack bei Bozen. 1504 betraute ihn Maximilian mit der Schreibarbeit an dem *Puech in pergamen*, nachdem eine 1502 bei Paul von Liechtenstein in Auftrag gegebene Abschrift eines (verlorenen) *helldenpuch (an der Etsch)* offenbar nicht zustande gekommen war. Ried wurde für seine Schreibarbeit zeitweise vom Zolldienst befreit; 1508 trat er das Amt ab, um sich ganz der Hs. widmen zu können; ab 1512 wurde er wieder in der Innsbrucker Kanzlei verwendet, aus deren Diensten er 1514 aber *mengl halben seins gesichts* ausschied, um erneut den Zoll am Eisack zu übernehmen. 1515 arbeitete Ried immer noch am 'A.H.'; vor dem 7.5.1516 (wahrscheinlich Ende Februar oder Anfang März 1516) ist er gestorben. 1517 signierte der Maler der Randdekorationen den Schlußteil der Hs. auf 215ʳ mit VF (nach Unterkircher Ulrich Funk d. Ä., nach Wierschin Valentin/Veit Fiedler).

2. Inhalt, Konzeption. Das 'A.H.' überliefert (teils frgm.) 25 Titel, darunter 15 Werke als Unika (U):

1. Der →Stricker, 'Frauenehre' (Hs. d); 2. →'Moriz von Craûn' (U); 3. →Hartmann von Aue, 'Iwein' (Hs. d); 4. Hartmann von Aue, 'Die Klage' (U); 5. 'Das (zweite) →Büchlein' (U); 6. →Heinrich von dem Türlin, 'Der Mantel' (U); 7. Hartmann von Aue, 'Erec'; 8. und 9. → 'Dietrichs Flucht' und 'Rabenschlacht' (Hs. d); 10. und 11. →'Nibelungenlied' und 'Die Klage' (Hs. d); 12. →'Kudrun' (U); 13. → 'Biterolf' (U); 14. → 'Ortnit' (Hs. A); 15. → 'Wolfdietrich A' (U); 16. 'Die → böse Frau' (U); 17. → Herrand von Wildonie, 'Die treue Gattin' (U); 18. ders., 'Der betrogene Gatte' (U); 19. ders., 'Der nackte Kaiser' (U); 20. ders., 'Die Katze' (U); 21. →Ulrich von Lichtenstein, 'Frauenbuch' (U); 22. →Werner der Gärtner, 'Helmbrecht' (Hs. A); 23. Der Stricker, 'Pfaffe Amis' (Hs. W); 24. →Wolfram von Eschenbach, 'Titurel' (Hs. H); 25. → 'Priesterkönig Johannes' (U).

Eine Grundkonzeption der Sammlung läßt sich erkennen, wenn auch mit störenden Zufällen und kleinen Verschiebungen im Lauf der langen Entstehungszeit gerechnet werden muß (Wierschin). Zwei Intentionen scheinen sich zu verschränken: Zum einen variiert das 'A.H.' den Typ einer mehrteiligen Sammelhs. (Kuhn), die sich hier in die Teile Höfisches (Nr. 1–7), Heldenepisches (Nr. 8–15) und Kleinepisches (außer Strickers 'Pfaffe Amis') österr. Provenienz (Nr. 16–23) gliedern läßt, wobei die fragm. Nrr. 24 und 25 (auch aus anderen Erwägungen, s. JANOTA) als Anhang anzusehen sind (GLIER). Wird diese Sammelintention primär von einem vorgegebenen Hss.typ gelenkt, so steht hinter dem zweiten Sammelprinzip wohl Maximilians mehrfach dokumentierte Geschichtskonzeption, wonach der stetige Rückgriff auf Geschichte als Möglichkeit persönlicher Selbstvergewisserung, der Repräsentation und der prophylaktischen Sicherung des eigenen Gedächtnisses (vgl. Innsbrucker Grabmal) fungiert: Entsprechend findet sich im 'A.H.' keine zeitgenössische Literatur und auch keine modische Rezeption höfischer Romane und Heldenepen, sondern (soweit datierbar) ausschließlich Werke des ausgehenden 12. und des 13. Jh.s (GLIER). Diese Sammelintention, die bewußt nach Altem ausschaute, erklärt auch, warum ausgerechnet eine Sammelhs. des beginnenden 16. Jh.s soviele Unika des 12./13. Jh.s überliefert. Dabei markieren die eindeutig gattungsorientierte Heldenepiksammlung im Mittelteil und der ebenso eindeutig höfisch orientierte, Didaktik und Epik umfassende Eingangsteil die beiden Pole des 'A.H.', die auch mit den Statuen des Theoderich und Artus am Grabmal Maximilians korrespondieren. Im dritten Teil des 'A.H.' darf man hingegen (in Weiterführung der ansprechenden Vermutungen von KUHN und GLIER) eine Sammlung von Texten sehen, die bei Recherchen nach alten Werken für die beiden ersten Teile in heimischen Adelsbibliotheken zutage gefördert wurden, so besonders das Korpus mit Texten Herrands und seines Schwiegervaters Ulrich von Lichtenstein, das auf eine literarische Familientradition weist.

3. Vorlagen. Das 'A.H.' läßt sich weder auf eine einzige Vorlage zurückführen (so ZINGERLE, 1883), noch mit dem 'Heldenbuch an der Etsch' identifizieren (so LEITZMANN, S. 150). Vielmehr zeigt eine paläographische und kodikologische Untersuchung, daß der heldenepische Mittelteil auf eine Vorlage zurückgeht. Diese darf wohl mit dem 1502 urkundlich genannten *helldenpuch (an der Etsch)* gleichgesetzt werden.

Von diesem hat sich vielleicht noch ein Blattfrgm. erhalten (MENHARDT, 1958, S. 320; ZIMMERL). Nach UNTERKIRCHER (Kommentar, S. 9) umfaßte das 'Heldenbuch an der Etsch' auch den ersten Teil des 'A.H.', doch lassen sich hier wie im Schlußteil mehrere Arbeitsschichten erkennen, die auf unterschiedliche Vorlagen deuten (JANOTA); für den Schlußteil gibt MENHARDT (1958, S. 321) Hinweise auf mögliche Vorlagen. Umstritten ist das Alter des 'Heldenbuchs an der Etsch': Die Datierungen schwanken zwischen Anfang 13. Jh.s (K. BARTSCH, Germ. 10 [1865] 49), der 1. Hälfte 14. Jh.s (ZINGERLE, 1883, S. 141) und dem 15. Jh. (BÄUML, 1961, S. 31).

WIERSCHIN bestreitet, daß in der Urkunde von 1502 *an der Etsch* auf *helldenpuch* zu beziehen sei, und vermutet, daß die Vorlagen für den höfischen und heldenepischen Teil sowie für Nr. 24 und 25 aus Maximilians Bücherschätzen stammten (darunter das verlorene 'Reckenbuch', das Nicolaus Schupf für Erzherzog Sigmund geschrieben hatte).

4. Ausgabe. 'A.H.' Vollst. Faksimile-Ausg. im Originalformat. Kommentar F. UNTERKIRCHER (Codices selecti 43), 1973 (Lit.).

Literatur. Vgl. F. UNTERKIRCHER, Kommentar (s. Ausg.) u. d. Lit. zu den unter Punkt 2 genannten Werken. Nachfolgend nur eine Auswahl der wichtigsten Titel zum 'A.H.' als Ganzem; dort gleichfalls weitere Lit. – D. SCHÖNHERR, D. Schreiber d. Heldenbuchs in d. k. k. Ambraser Sammlung, Arch. f. Gesch. u. Alterthumskunde Tirols 1 (1864) 100–106 = Germ. 9 (1864) 381–384; O. ZINGERLE, D. Heldenbuch an d. Etsch, ZfdA 27 (1883) 136–142; ders., Z. Gesch. d. Ambraser Hs., AfdA 14 (1888) 291–293; R. ZIMMERL, Hans Rieds Nibelungenkopie, Diss. (masch.) Wien 1930; A. LEITZMANN, D. Ambraser Erecüberl., PBB 59 (1935) 143–234; UNTERKIRCHER, D. 'A.H.', D. Schlern 28 (1954) 4–5; H. MENHARDT, D. Heldenbuch an d. Etsch, D. Schlern 32 (1958) 318–321; ders., Verzeichnis d. altdt. lit. Hss., 3, 1961, S. 1469–1478; F. H. BÄUML, Some Aspects of Editing the Unique Ms., orbis litterarum 16 (1961) 27–33; TH. P. THORNTON, D. Schreibgewohnheiten Hans Rieds im 'A.H.', ZfdPh 81 (1962) 52–82 (gekürzte Form der Diss. Baltimore 1953); H. KUHN, Minnesangs Wende (Hermaea NF 1), ²1967, S. 185 f.; BÄUML (Hg.), Kudrun. Die Hs., 1969; GLIER, Artes amandi, S. 389–392. – Zwei Aufsätze sind demnächst von J. JANOTA und M. WIERSCHIN zu erwarten.

(1977) JOHANNES JANOTA

'Annolied'

1. Überlieferung. Erhalten nur in Abdrucken d. 16. u. 17. Jh.s: Vollständiger Text bei M. OPITZ, In-

certi Poetae Teutonici Rhythmus de Sancto Annone Colon. Archiepiscopo, Danzig 1639. – Teildruck (AL 2, 1–5, 4) bei B. VULCANIUS, De Literis et Lingua Getarum sive Gothorum, Leiden 1597, S. 61–64.

Die Ausgaben gehen offensichtlich auf zwei Hss. zurück, *O und *V (anders KRAUS 1896): *V hat (was bisher übersehen wurde) andere Abschnittsgrenzen, ferner 3 Plusverse nach AL 2, 7; der Prolog fehlt. Schon OPITZ spricht daher mit Recht von 2 Hss.; 2 verschiedene Redaktionen (so RESKE 1972) wird man jedoch nicht folgern dürfen. – Bezeugt ist eine 'AL'-Hs. in Breslau, die noch im 15. Jh. mit der Williram-Hs. B vereinigt war. Da OPITZ aus der Williram-Hs. zitiert, dürfte auch *O aus der Breslauer Bibl. stammen (ZARNCKE 1887).

2. Ausgaben. M. ROEDIGER, MGH Dt. Chron. I 2, 1895, S. 115–132 (ebd. S. 66–72 über 9 [!] vorausgehende Ausgaben); W. BULST, Das 'AL' (dipl. Abdr. d. Ausg. von Opitz), 1946, ³1974 (zit.); K. MEISEN, Das 'AL', 1946; F. TSCHIRCH, Frühmal. Deutsch, 1955, S. 99–112; MAURER, Rel. Dicht. II 8–45; E. NELLMANN, Das 'AL', mhd. u. nhd., hg., übers. u. komm., 1975.

3. Die Sprache des Textes ist nicht einheitlich. Der Autor galt u.a. als Mittelfranke und als Bayer (letzteres sicher unhaltbar). GIGGLBERGER, 1954, nimmt ein rhfrk. Original an. Hs. *O ist ihrer Meinung nach ostfrk. (12. Jh.) und beruht auf mfrk. Vorlage. – Wahrscheinlichster Abfassungsort ist das Kloster Siegburg, eine Gründung Annos (1064), bevorzugter Aufenthaltsort des Erzbischofs in seinen letzten Lebensjahren, Ruhestätte nach seinem Tode (Dez. 1075). Die Siegburger Mönche dürften besonderes Interesse daran gehabt haben, die Verehrung (nicht: Kanonisation) ihres 'Heiligen' beim weltlichen Adel zu propagieren. Über Köln als immerhin möglichen Abfassungsort s. KNAB, 1962, S. 3. – Datierungsgrundlage ist die Mitteilung AL 30, 13, daß jetzt (nu) die Weihung der Könige in Mainz stattfinde. In Frage kommt demnach nur: a) die Zeit zwischen März 1077 (Krönung Rudolfs von Rheinfelden in Mainz) und Dez. 1081 (Krönung Hermanns von Salm in Goslar); b) die Zeit nach der Mainzer Krönung Heinrichs V. (Jan. 1106). Priorität gebührt dem frühen Termin, seitdem THOMAS 1968 wahrscheinlich gemacht hat, daß das 'AL' von den 'Gesta Treverorum' (1101) benutzt wurde. Demnach muß der Autor (gemäß AL 30, 13) auf der Seite des Gegenkönigs – bzw. auf der Seite des Reichsadels – stehen.

4. Zentrales Thema ist die preisende Würdigung des 'hl.' Anno. Dieses Ziel wird in einem doppelten Anlauf erreicht. Teil I (2–7) gibt – nach einem Prolog – einen Abriß der Heilsgeschichte, der in raschen Schritten bis zu den Heiligen Kölns und zu Annos Episkopat führt. Teil II (8–33) führt über zahlreiche Stationen der Profangeschichte ebenfalls zu diesem Zielpunkt. Im Zentrum steht hier die Abfolge der vier Weltreiche (nach Dn 7). Der Übergang vom (4.) Römischen zum Deutschen Reich vollzieht sich so, daß Caesar die vier dt. Hauptstämme (die je zu einem der Weltreiche in Verbindung gebracht werden) unterwirft und mit ihrer Hilfe die Alleinherrschaft erringt. Von nun an sind die Deutschen *ci Rome lif unti wertsam* (28, 18). Eine *translatio imperii* – ohnehin zur Zeit des 'AL' keine geläufige Vorstellung – erübrigt sich dadurch. Nach Christi Geburt lenkt der Autor auf die Missionsgeschichte über und kommt so wieder zu Anno, dem 33. Kölner Bischof (33). Teil III (34–49) berichtet von Annos geistlichen und weltlichen Qualitäten, von Prüfungen und Visionen, vom Tod des 'Heiligen' und von Wundern nach dem Tode.

Die dreiteilige Anlage gilt heute nicht mehr (wie im 19. Jh.) als verfehlt; doch sind die Deutungen sehr unterschiedlich. Am einleuchtendsten immer noch ITTENBACH, 1937, der die konsequente Verherrlichung Annos als Krönung von Profan- und Heilsgeschichte herausarbeitet. Auf die Schlüsselstellung von AL 2 (der Mensch: eine 'dritte Welt', ein Mikrokosmos, der Geist- und Körperwelt in sich vereint) wies schon SCHWIETERING, 1932, hin; HAAS, 1966, verdeutlicht, daß in AL 2 von Dualismus keine Rede sein kann. Die auf Augustinus aufbauende Deutung EHRISMANNS ist damit abgewiesen (zweifelnd zu Augustinus schon KNOCH, 1964). Der (oft mißverstandene) Prolog fügt sich ein: Heldendichtung wird – in Abwandlung der Topik des Legendenprologs (seit Sulpicius Severus' Martinsvita) – keineswegs abgelehnt. Der Autor rechnet sich selbst zu ihren eifrigen Hörern (*wir horten ie dikke singen* 1,1); er betont aber die Priorität geistlicher Thematik. – Die weltliche Sphäre hat somit einen gewissen Eigenwert. Das gilt auch nach dem Erscheinen Christi: Das röm.-dt. Imperium wird durch das *niuwe künincrichi* (31, 15) nicht abgelöst (so KNOCH), sondern geistlich überhöht.

Die umstrittene Gattungsfrage wurde von KNAB, 1962, geklärt: Das 'AL' wurzelt in der Entwicklung der Historiographie des Rhein-Maas-Gebiets. In Bistums- und Klosterchroniken – z. T. auch in Heiligenviten – beggenen dort ähnliche Formen welt- und heilsgeschichtlicher Verknüpfung (s. aber RESKE, 1972, S. 28–30). Es entstehen Gebrauchstypen neuer Zielsetzung 'zwischen den Gattungen' (KNAB, S. 112). Die konsequente Dreigliederung des 'AL' kann KNAB freilich nirgends nachweisen. Hierin bleibt das 'AL' singulär.

5. Für Einzelheiten sind eine Reihe lat. Quellen nachgewiesen. Die 'griechische' Mikrokosmostheorie (2) beruht auf Johannes Scotus Eriugena (Homilie zum Johannesprolog, s. HAAS, 1966). In AL 11–17 ist Hieronymus' Danielkommentar verwertet. Der Alexanderbericht (14/15) zeigt Berührungen mit der 'Historia de preliis' (HILKA, Der afrz. Prosa-Alexanderroman, 1920, S. XXXVIII–XLI). Die Nachrichten über Griechen und Trojaner (22/23) stammen aus der 'Aeneis', die Schlachtdarstellungen (25–27. 40) sind Lucan verpflichtet. Kommentare zu Vergil und Lucan scheinen ebenfalls benutzt, außerdem Boethius' 'Consolatio'.

Im Annoteil fallen Berührungen mit der 'Vita Annonis' (1105) auf, die sich z. T. über mehrere Abschnitte erstrecken (vgl. Vita II 20f. 23–25 mit AL 38–43). Schon WILMANNS, 1886, postulierte daher eine 'ältere Vita'. Ihre Existenz wurde durch ERDMANN, 1938, gesichert: Das (verlorene) Werk Reginhards (Abt von Siegburg 1076–1105) wurde wohl schon bald nach Annos Tod geschrieben; die 'Annalen' → Lamperts von Hersfeld dürften dabei benutzt worden sein (LÜCK, 1973).

Vieles aus Teil I und II ist Gemeingut mal. Schriftsteller. Vertraut zeigt sich der Verf. auch mit der Historiographie des Rhein-Maas-Gebiets. Insgesamt ist er also ein kenntnisreicher Mann. Für manches (z. B. Schwaben- und Bayernsage) ist er unsere älteste Quelle. Die starke Akzentuierung der Mithilfe der Deutschen bei der Errichtung von Caesars Monarchie ist wohl seine eigene Erfindung.

6. Versbau und Reime zeigen noch große Freiheit. – Doppelte Initialen gliedern den Text in 49 Abschnitte unterschiedlicher Länge (6 bis 28 Verse). Die Abschnitte (OPITZ: *paragraphi*) sind mit römischen Zahlen beziffert, was sonst in frühmhd. Texten selten ist. OPITZ übernahm die Zahlen wohl aus der Hs. (in *V fehlten sie offenbar; dort auch andere Abschnittsgrenzen). Die Zählung korrespondiert in AL 33,9 mit dem Inhalt (Anno 33. Bischof). Eine weitere Korrespondenz (AL 7: Anno 7. hl. Bischof) ist möglich. Die Großgliederung des Textes wäre somit durch Zahlen gestützt (ITTENBACH). Alle sonstigen Spekulationen zur Zahlenkomposition (zuletzt: RESKE, 1972) sind ohne Verbindlichkeit. – Die Abschnitte sind in sich geschlossene Einheiten; es wird – trotz z. T. komplizierter Syntax – noch nicht kontinuierlich erzählt (WOLF, 1972). MAURER faßt die ungleich langen Abschnitte als Strophen auf; kritisch dazu W. SCHRÖDER, PBB (Tüb.) 88 (1967) 281–283.

7. Weit über den Umkreis von Siegburg und Köln hinaus hat das 'AL' kaum gewirkt. Jedoch fand die Darstellung Caesars und der 'Deutschen' (18–30) Verbreitung und lange Nachwirkung in der Bearbeitung durch die →'Kaiserchronik'. Auch der Danieltraum (11–17) wurde übernommen, allerdings durch Umstellungen völlig verändert (hierzu OHLY, 1940). Als Vermittler des Textes wirkte vermutlich Kuno, Abt von Siegburg 1105–26, danach Bischof von Regensburg bis 1132. – Insgesamt sind rund 225 AL-Verse übernommen (vgl. KETTNER, WILMANNS, ROEDIGER). Ein genauer Vergleich wird erschwert durch die Unsicherheit über den ursprünglichen Wortlaut der Kaiserchronik-Passage: Der Heidelberger cpg 361 (H) steht dem 'AL' z. T. näher als die Vorauer Hs. (V). F. VOGT plädierte deshalb für H (Rez. z. E. Schröder, ZfdPh 26 [1894] 551); E. SCHRÖDER (Die Kaiserchronik eines Regensburger Geistlichen, MGH Dt. Chron. I 1, 1892) bietet einen Mischtext aus V und H. Eine Neuuntersuchung wäre nötig. – Die früher vehement verfochtene

These einer 'älteren Reimchronik' als gemeinsamer Quelle von 'AL' und 'Kaiserchronik' dürfte seit OHLY endgültig als erledigt gelten.

Literatur. Bibliogr. bis 1958 bei D. KNAB, D. 'AL'. Probleme seiner lit. Einordnung, 1962, S. VII-XXV; ergänzende bibliogr. Angaben (bis 1975) bei E. NELLMANN (s. o. 2), S. 161-170. – E. KETTNER, Unters. über d. 'AL', ZfdPh 9 (1878) 257-337; W. WILMANNS, Über d. 'AL' (Beitr. z. Gesch. d. älteren dt. Lit. 2), 1886; E. KETTNER, Zum 'AL', ZfdPh 19 (1887) 321-338; F. ZARNCKE, Zum 'AL' (Ber. über d. Verhandlungen d. Sächs. Ges. d. Wiss., phil.-hist. Kl. 39), 1887, S. 283 bis 305; M. ROEDIGER s.o. 2; C. KRAUS, Rez. v. Roediger, Zs. f. d. österr. Gymn. 47 (1896) 226-236; W. WILMANNS, Rez. v. Roediger, AfdA 23 (1897) 346-357; EHRISMANN, LG II 1, S. 144-151; SCHWIETERING, LG, S. 93-95; M. ITTENBACH, Dt. Dicht.n d. sal. Kaiserzeit, 1937, S. 10-12, 62-73; ders., Aus d. Frühzeit rhein. Dicht.: D. 'AL', Euph. 39 (1938) 17-28; C. ERDMANN, Stud. z. Brieflit. Deutschlands im 11.Jh., 1938, S. 46; E. F. OHLY, Sage u. Legende in d. Kaiserchronik, 1940, S. 42-51; F. R. WHITESELL, M. Opitz' edition of the 'AL', JEGP 43 (1944) 16-22; H. KUHN, Gestalten u. Lebenskräfte d. frühmhd. Dicht., DVjs 27 (1953) 1-30; G. GIGGLBERGER, Unters. über d. 'AL', Diss. (masch.) Würzburg 1954; K. FRITSCHI, D. 'AL', 1957; W. WÖHRLE, Z. Stilbestimmung d. frühmhd. Lit., Diss. Zürich 1959, S. 11-29; F. W. OEDIGER, D. Regesten d. Erzbischöfe von Köln im MA, I, 1954-61, S. 242-338; H. EGGERS, Nachlese z. Frühgesch. d. Wortes Deutsch, PBB (Halle) 82, Sonderbd. (1961) 157-173; ders., D. 'AL' – eine Exempeldicht.?, Fs. L. Wolff, 1962, S. 161 bis 172; E. NELLMANN, D. Reichsidee in dt. Dicht.n d. Salier- u. frühen Stauferzeit, 1963, S. 35-81; P. KNOCH, Unters. z. Ideengehalt u. z. Dat. d. 'AL', ZfdPh 83 (1964) 275-301; W. FECHTER, D. 'AL', WW 15 (1965) 300-308; A. HAAS, D. Mensch als dritte *werilt* im 'AL', ZfdA 95 (1966) 271-281; C. GELLINEK, Daniel's vision of four beasts in twelfth-century German literature, Germanic Rev. 41 (1966) 5-26; H. THOMAS, Stud. z. Trierer Gesch.schreibung d. 11.Jh.s, 1968, S. 119-139; M. W. HELLMANN, Fürst, Herrscher u. Fürstengemeinschaft, Diss. Bonn 1969, S. 22-27, 49-57; E. VON REUSNER, D. 'AL': Hist. Situation u. dichter. Antwort, DVjs 45 (1971) 212-236; E. MARSCH, Bibl. Prophetie u. chronograph. Dicht., 1972, S. 10-62; A. WOLF, Strophisches, abschnitthaftes u. fortlaufendes Erzählen in früher dt. Epik des MA, Fs. H. Eggers, PBB (Tüb.) 94, Sonderheft (1972) 519-526; H.-F. RESKE, D. 'AL'. Aufbau, Überl., Gestaltung, Fs. W. Mohr, 1972, S. 27 bis 69; D. LÜCK, D. Vita Annonis u. d. Annalen d. Lampert v. Hersfeld, Rhein. Vjbll. 37 (1973) 117-140; J. WERNER, Das Epos beginnt, Sprachkunst 5 (1974) 11-16; S. SOLF, D. 'AL'. Textübertragung, Interpretation u. krit. Bericht z. Forschungsstand, in: G. BUSCH (Hg.), Sankt Anno u. seine viel liebe statt [!], 1975, S. 230-330; J. RATHOFER, [D. 'AL'], in: Monumenta Annonis Köln u. Siegburg. Weltbild u. Kunst im hohen MA, hg. v. A. LEGNER, 1975, S.75, 86f.

(1977)   EBERHARD NELLMANN

Aue → Hartmann von Aue

Ava

I. Leben. Frau Ava, die erste mit Namen bekannte deutsche Dichterin, nennt sich am Schluß des 'Jüngsten Gerichts' als Mutter zweier Söhne (v. 394), *diu sageten ir disen sin, / michel mandunge was under in* (v. 395f.). Den Tod einer *Ava inclusa* i. J. 1127 vermelden die Melker Annalen und verwandte österr. Klosterchroniken (DIEMER, S. XIVf.; SCHERER, S.76). Die Verbreitung dieser Mitteilung läßt darauf schließen, daß die *inclusa* eine bekannte Persönlichkeit war, und die Forschung zögerte nicht, sie mit der Dichterin Ava zu identifizieren und ihr Wirken in der Umgebung des Klosters Melk anzusiedeln. Aus ihren biographischen Angaben ergibt sich weiter, daß sie einst in der Welt gelebt und sich später in ein Kloster zurückgezogen hat. DIEMERS Zuweisung von weiteren frühmhd. Gedichten zu einer Dichterfamilie der Frau Ava (S. XVI bis XXXVIII), SCHERERS Zerstückelung der Werke in sechs Gedichte von vier verschiedenen Verfassern (S. 64-77) und DE BOORS Unterscheidung zweier ineinanderfließender Stilarten, die auf eine Gemeinschaftsarbeit von Mutter und Sohn hinweisen (S. 151-182), konnten der Kritik nicht standhalten (KIENAST, 1937, S.7-11; WESENICK; GREINEMANN, S. 2-4).

II. Werk. In geschlossenem Korpus (s. u.) sind überliefert: 'Johannes' ('Joh.'), 446 Kurzverse; 'Leben Jesu' ('L. J.'), mit einem abschließenden Teil über 'Die sieben Gaben des Hl. Geistes', 2418 vv.; 'Der Antichrist' ('Ant.'), 118 vv.; 'Jüngstes Gericht' ('J.G.'), 406 vv.

1. Überlieferung. Vorau, Stiftsbibl., cod. 276, 115va–125ra (V) (→'Vorauer Hs. 276'); ohne den 'Joh.'; nach fol. 116 fehlt ein Blatt ('L.J.' v. 405-669 nur in Hs. G); die Autornennung ('J.G.' v. 393-406) nur in V. – Görlitz, Bibl. der Oberlausitzischen Ges. d. Wiss., cod. 10, 1ra–24rb (G), 14.Jh., bair., bebildert; verschollen. Zur Hs. K. HELM, PBB 24 (1899) 90-92; H. MEN-

HARDT, PBB (Tüb.) 78 (1956) 429f.; ders., PBB (Tüb.) 81 (1959) 111–115.

2. Ausgaben. a. Vorauer Hs. Faks., 115va–125ra. – b. Dipl. Textabdruck von V: DIEMER, Dt. Ged., S. 229 bis 292; von G:H. HOFFMANN, Fundgruben I 127–204. – c. Gesamtausgaben: P. PIPER, ZfdPh 19 (1887) 129 bis 196, 275–318; F. MAURER, Rel. Dicht. II 381–513 (mit dipl. Text von G nach HOFFMANN und PIPER) (zit., Verszählung nach PIPER); F. MAURER, D. Dicht.n d. Frau A. (ATB 66), 1966 (mit dem vorigen identisch, aber ohne den dipl. Text).

3. Textkritik. Die jüngere Hs. G paßt den Text den Formprinzipien ihrer Zeit an durch Herstellung des reinen Reims, Auffüllung oder Kürzung der Verse und Umstellungen oder Einfügungen von Flickworten oder -versen. Die nur in G überlieferten Teile lassen sich daher nicht mit Sicherheit herstellen. KIENASTs Studien zum Hss.-Verhältnis mündeten in dem Ergebnis, daß beide Hss. einer bereits interpolierten und zum Teil verderbten Bearbeitung des ursprünglichen Textes angehören und daß sie nicht aus derselben Vorlage abgeschrieben sind (1937, S. 3–5). In Auseinandersetzung mit KIENAST erarbeitete MASSER (S. 126–143) eine neue Textfassung der Verkündigungsszenen in 'Joh.' und 'L.J.'.

4. Quellen. KIENAST hat als erster durch seine Quellenuntersuchungen der Frage der Verfassereinheit neue Argumente hinzugewonnen. In den epischen Werken ('Joh.' und 'L.J.') folge Ava in erster Linie den Evangelien unter Hinzuziehung der gebräuchlichsten Kommentare. Die Quelle der 'Sieben Gaben' sieht KIENAST im 'St. → Trudperter Hohenlied' (1940, S. 93–97), die des 'Ant.' in der → 'Altdt. Genesis' und in Adsos 'Libellus de Antichristo', die des 'J.G.' in geläufigem Predigtgut und in einer dem → Petrus Damiani nahestehenden Fassung des Gedichts von den → 'Fünfzehn Vorzeichen des Jüngsten Gerichts' (1937, S. 27–34). Das Auswahlprinzip in 'Joh.' und 'L.J.' sei das äußere Wachstum der Kirche. Daß weder die einzelnen Evangelien noch eine Evangelienharmonie die direkten Quellen des 'L.J.' sind, stellten GREINEMANN und MASSER fest und wiesen nach, daß sich Avas Auswahl und Anordnung bis zu den Angaben über die zeitliche Distanz der Geschehnisse mit wenigen Ausnahmen nach den Perikopen der Sonn- und Festtage des Weihnachts- und Osterfestkreises richten (GREINEMANN, S. 129–135; MASSER, S. 32 bis 46). MASSER denkt an ein Lektionar oder Brevier als Leitfaden.

5. Die Einheit der Dichtungen der Frau Ava beruht auf ihrer Überlieferung und ihrem Inhalt. Das in beiden Hss. zusammenhängend überlieferte Werk (mit der Sonderstellung des 'Joh.') überspannt die Pole Heilsankündigung durch Johannes und Christus als Richter in der Parusie, d. h. Anfang und Ende der christlichen Kirche. Diese Geschichte der Kirche spiegelt sich für Frau Ava wider im Ablauf des Kirchenjahres, das wie ihre Gedichte in der Spannung zwischen Heilserwartung und Endzeiterwartung steht.

III. Die einzelnen Dichtungen
1. 'Johannes'. In Anlehnung an Lc 1.5 wird die kurze Zeitangabe zu einem Prooemium für den ganzen Zyklus erweitert, das als Thema ankündigt: *wie die zit aneviench / daz die alte e zergiench* (v. 3f.) und damit einen heilsgeschichtlichen Orientierungspunkt setzt. Die Geschichte des Johannes ist nicht mit derjenigen Jesu verknüpft, sondern eine in sich abgeschlossene Darstellung auf der Basis der Evangelien. Zu einer Wiederholung im 'L.J.' kommt es nur in der Verkündigungsszene, die im 'Joh.' stärker unter biblisch-historischem Aspekt steht, im 'L.J.' mehr die heilsgeschichtliche Bedeutung von Menschwerdung und jungfräulicher Empfängnis betont (MASSER, S. 126–143).

2. 'Leben Jesu' und 'Sieben Gaben des Hl. Geistes'. Berichte über Christi Wunder und Lehrtätigkeit treten ganz zurück. Im Vordergrund stehen die biblischen Tatsachenberichte in Anlehnung an die Perikopen der Sonntage und Feste. Vermeintliche Rückschritte im Kirchenjahr bei der Perikopenauswahl erklärt MASSER damit, daß Frau Ava jeweils auch die Lebensjahre Christi berücksichtigt und die Perikopen auf drei Lebensjahre verteilt, dabei aber immer die Perikopen der Zeitspanne von Pfingsten bis zum Ende des Kirchenjahres ausläßt. Man kann aus diesem Befund und aus der Konzentrierung der Erzählung auf den Passionsbericht folgern, daß entspre-

chend der Thematik der Perikopen das besondere Anliegen Frau Avas in der Darstellung der Göttlichkeit Christi und seines Heilsauftrages liegt. Allegorische Ausdeutung schimmert nur an wenigen Stellen durch, z.B. in der Ausdeutung der Geschenke und des Weges der hl. drei Könige (v. 262–272), in der Deutung des Kreuzes (v. 1595–1600) und des Blutes (v. 1649 bis 1658). Die verkürzende, an den Stil von →Ezzos 'Cantilena' erinnernde Reihung von Wundertaten begegnet nur einmal in v. 923–936. Sonst liebt die Dichterin die breitere Auffächerung der Erzählabschnitte. Ihre besondere Aufmerksamkeit gilt den Frauengestalten, vor allem den Büßerinnen. Erweiterungen gegenüber den Evangelien stammen aus Predigt und Kommentar. Ob eine Osterfeier in der Passionsszene und das Nikodemus-Evangelium für den Descensus benutzt wurden, ist umstritten.

In dem Gedicht über den Hl. Geist (v. 2269–2418) verbindet Frau Ava, an augustinische Tradition anknüpfend, die sieben Gaben des Hl. Geistes mit den sieben Seligpreisungen der Bergpredigt. Das Stück wächst organisch aus dem Pfingstbericht des 'L.J.' (v. 2137–2164), in dem schon die Gaben erwähnt werden, und aus dem Predigtauftrag an die Jünger und der Berufung der Evangelisten (v. 2193–2268) heraus. Die beiden Septenare sind verbunden mit den vier Elementen (v. 2279–2336), den drei Seelenkräften *gehuht, wille, vernunst* (v. 2337–2398) und den *proprietates*-Bezeichnungen *gewalt* (v. 2355), *wistuom* (v. 2364), *guote* (v. 2370) und einer Anzahl von (klösterlichen?) Tugenden. Eine überzeugende Strukturuntersuchung steht noch aus.

3. 'Antichrist'. Der Eingang des Gedichts (v. 1–62) entspricht weitgehend der Parusierede Jesu Mt 24.1ff. Die Perikope Mt 24.15–35 ist die des letzten Sonntags im Kirchenjahr, ein weiterer Hinweis auf die im Ablauf des Kirchenjahrs begründete Struktur des Gedichtzyklus. Zusammenhang mit dem Segen über Dan und der Ausdeutung auf den Antichrist in der 'Altdt. Genesis' (v. 5668–5741) ist nicht von der Hand zu weisen. Adso scheint Ava ferner zu stehen (s. GREINEMANN, S. 163–165).

4. 'Das Jüngste Gericht'. Jüngster Tag und Krone des ewigen Lebens sind die Themen, die im Eingang angekündigt werden. Der Darstellung der 15 Vorzeichen des Jüngsten Gerichts (v. 19–162) folgt der Gerichtstag selbst mit dem Jubel der Erwählten. Das katechetische Anliegen der Dichterin und der Bezug auf die eigene Lebensgestaltung und Tugendhaltung treten hier besonders hervor; die gedankliche Nähe zum vierten Kapitel der 'Benediktinerregel' (*Qua sunt instrumenta bonorum operum*) ist auffallend. Mystische Wendungen finden sich gelegentlich in v. 327–392. Die Anspielungen auf die sieben Eigenschaften des verklärten Leibes (v. 327–366; ob auch die sieben Eigenschaften der verklärten Seele dort vorkommen, ist unsicher) lassen vermuten, daß Zahlensymbolik im Spiel ist.

IV. Zur Form

Die von MAURER postulierte Gliederung in 'ungleichzeilige Langzeilenstrophen', die sich auf die Initialensetzung beruft, bedarf kritischer Überprüfung durch eine Analyse der Gliederungsprinzipien der Hss. (s. SCHRÖDER, 1967, S. 279f. und 1971, S. 114 bis 116). Der behauptete Langzeilencharakter der Gedichte Frau Avas wird häufig erst durch die Interpunktion MAURERS erzeugt (z.B. 'Joh.' v. 19ff., 'L.J.' v. 1619ff., 'J.G.' v. 179ff.). Brechungssysteme sind in den deutlich zum Vierhebigkeitsprinzip mit geregelter Alternation tendierenden Versen keine Ausnahme, besonders in den dogmatischen Partien des Werks. In den erzählenden Teilen herrscht der für das Frühmhd. typische blockartig-parataktische Bau von kurzen Hauptsätzen, der, häufig durch anaphorische Partikel oder Pronomina fortgeführt (DE BOOR), mit seinem Kolonbogen oft das Reimpaar überspannt.

Eine genauere Untersuchung der Reime, besonders der dialektalen Eigenheiten (md. Formen?, z.B. 'L.J.' v. 443f., 1615f.), fehlt ebenso wie eine genaue metrische Analyse beider Textzeugen.

Im Vergleich mit ihren biblischen Vorlagen gibt Frau Ava veranschaulichenden Erweiterungen breiteren Raum, was nicht allein auf den Gesetzen metrischer Umformung, sondern auf bewußtem Stilwillen beruht: Verstärkung des Gebärdenausdrucks und der Bewegungstätigkeit, tautologische Variationen, Häufung von Zeitangaben, stärkere Bildhaftigkeit durch Einfügung von beschreibenden Elementen, häufige *propter-nos*-Formeln zur Verdeutlichung heilsgeschichtlicher Gehalte sind die augenfälligsten Zeichen.

V. Literatur. W. Scherer, Geistl. Poeten d. dt. Kaiserzeit, 2. Heft (QF 7), 1875, S. 64–77; H. de Boor, Frühmhd. Stud., 1926, S. 151–182; R. Kienast, A.-Stud. I, ZfdA 74 (1937) 1–36, II, 277–308 u. A.-Stud. III, ZfdA 77 (1940) 85–104; B. Tillmanns, D. sieben Gaben d. hl. Geistes in d. dt. Lit. d. MAs, Diss. (masch.) Kiel 1962, S. 49–56; R. Woelfert, Wandel d. rel. Epik zwischen 1100 u. 1200 dargestellt an Frau A.s 'L. J.' u. d. Kindheit Jesu d. Konrad v. Fussesbrunnen, Diss. Tübingen 1963; G. Wesenick, Frühmhd. Dicht. d. 12. Jh.s aus d. Wachau: Frau A.s Ged., Diss. (masch.) Wien 1963; M. Wehrli, Sacra poesis. Bibelepik als europ. Tradition, Fs. F. Maurer, 1963, S. 262–283, wieder in: M. W., Formen mal. Erzählung, 1969, S. 51–71; F. Maurer, Rel. Dicht. I 27–30 und II 371–380 (mit weiterer Lit. bis ca. 1964) (kritisch z. Maurers 'binnengereimter Langzeile' u. z. d. 'ungleichzeiligen Strophen' W. Schröder, PBB [Tüb.] 87 [1965] 150 bis 165, 88 [1967] 249–284, 93 [1971] 109–138); E. Greinemann OSB, Die Ged. d. Frau A. Unters. z. Quellenfrage, Diss. Freiburg i. Br. 1967; A. Masser, Bibel, Apokryphen u. Legenden. Geburt u. Kindheit Jesu in d. rel. Epik d. dt. MAs, 1969; D. Walch, Caritas. Z. Rezeption d. 'mandatum novum' in altdt. Texten (GAG 62), 1973, S. 69–71; B. Naumann, Ein- u. Ausgänge frühmhd. Ged. u. d. Predigt d. 12. Jh.s, in: Stud. z. frühmhd. Lit. (Cambridger Colloquium), 1974, S. 37 bis 57.

(1977)   Edgar Papp

B

Berthold von Regensburg

1. Leben. B. wurde ca. 1210 geboren. Über Geburtsort und -datum, Familie und Ausbildung wissen wir nichts Sicheres.

Spätere Chronisten (z.B. → Andreas von Regensburg, Sämtliche Werke, ²1969, S. 62) behaupten, er sei in Regensburg geboren, aber die Aussage seines zuverlässigen Zeitgenossen → Hermann von Altaich *de domo Ratisponensi* (MGH SS 17, S. 395) ist zweideutig. Die Todestage einer angeblichen Schwester und ihres Mannes stehen in demselben Necrologium Minoritarum Ratisponensium (früher München, clm 13030, jetzt clm 1004), in dem sein eigener Todestag eingetragen ist: *6. Jd. Junij O. Elisabet sechsin* [nicht *lechsin*] *soror fratris perchtoldi a°. d. 1.2.93. ... D. V. J. Oct. Item obitus fratris Merkelini Saxonis qui habuit sororem fratris Perchtoldi magni predicatoris a.d. 1.2.82.* Der Eintrag seines eigenen Todestages unter dem Datum 1272 lautet: *XIX. K. J.* [= 14. Dez.] *O. fr. perhtoldus magnus predicator.*

Möglicherweise studierte B. in Magdeburg: SCHÖNBACH, 1907/1908, S. 14f., macht darauf aufmerksam, daß seine naturwissenschaftlichen Kenntnisse hauptsächlich 'De proprietatibus rerum' von → Bartholomaeus Anglicus entstammen, der Lektor in der 1228 geschaffenen Studienanstalt war. → David von Augsburg war B.s *socius*, sein Assistent; die Vermutung, daß er sein Lehrer gewesen sei, entstammt einem Begleitbrief, den David mit seiner 'Compositio exterioris hominis' an B. geschickt haben soll. RIEDER, 1901, S. 11–15 hat aber gezeigt, daß nur 20 der 370 bekannten Hss. der 'Compositio', und zwar späte, den in Frage kommenden Begleitbrief enthalten, zuerst mit der Inscriptio *B^s*, dann *Berth* oder *Bernardo*, endlich *Bertholdo*.

Zuverlässigere Auskunft über B.s Leben erhalten wir erst ab 1240, als er nach verschiedenen Chronisten in Augsburg predigte. Vor 1253 predigte er in Böhmen, im Nov. 1253 in Landshut, im Jan. 1254 und wieder im Jan. 1255 in Speyer, 1255 in Colmar. In demselben Jahr zog er zum ersten Mal durch die Schweiz, wo wir von seinen Tätigkeiten in Konstanz, Winterthur, Zug, Thun, Zürich hören, und reiste dann in die Steiermark. Überall predigte er vor Menschenmengen, deren Größe sicher übertreibend bis auf 200000 Menschen geschätzt wurde. Er ließ oft eine Kanzel vor der Kirche oder sogar auf offenem Feld aufbauen, stellte mit einer kleinen Fahne fest, aus welcher Richtung der Wind wehte, und bat seine Hörer, sich nach dem Wind zu setzen. Eine 1447 datierte kolorierte Federzeichnung soll B. auf solch einer Kanzel darstellen (Vorderblatt von Wien, cod. 2829). Urban IV. bestimmte ihn und → Albertus Magnus 1263 als Kreuzprediger gegen die Häretiker, worauf B. Deutschland (1263/64), Frankreich (wo er mit König Ludwig IX. sprach) und die Schweiz durchwanderte. Näher datierte Nachrichten hören wir erst wieder 1271, als ihm die Todesstunde Davids von Augsburg geoffenbart worden sein soll. Er starb 1272 und wurde in Regensburg begraben (WADDING, 1931, S. 407).

B. war nicht nur als Prediger bekannt. Man rief ihn auch, um Familien-, Kirchen- oder Regierungsstreitigkeiten zu schlichten. In dieser Rolle tritt er in der ältesten seinen Namen erwähnenden Urkunde auf, als er, David und zwei andere mit der Visitation des Frauenklosters Niedermünster in Regensburg beauftragt wurden (PS I, S. XX; SCHÖNBACH, 1907/1908, S. 7–9). Im Auftrag Alexanders IV. predigten B. und drei andere Geistliche 1257–1258 das Kreuz gegen Herzog Boleslav von Schlesien, der Bischof Thomas von Breslau gefangengenommen hatte, und bewegten den Herzog, barfuß von Goldberg nach Breslau zu wandern, um den Bischof um Vergebung anzuflehen (RIEDER, S. 19–22). Inwiefern diese Berichte wahr sind, ist nicht immer genau festzustellen. Sicher bleibt aber, daß B. während und lange nach seinem Leben hohen Ruhm genoß. Sogar Wunder sagte man ihm nach.

2. Überlieferung. Von den verschiedenen Schriften B.s, die ältere Kirchenhistoriker erwähnen (s. Jakob, 1880, S. 12), kennen wir heute nur seine lat. und dt. Predigten. Die lat. Predigten bestehen aus 5 Sammlungen: 'Rusticanus de Dominicis' = 'RdD', 'Rusticanus de Sanctis' = 'RdS', 'Commune Sanctorum Rusticani' = 'CSR', 'Sermones ad Religiosos et quosdam alios' = 'SR' und 'Sermones speciales et extravagantes' = 'SS'. Die ersten 3 Sammlungen sind authentisch und wurden 1250–1255 in der angegebenen Reihenfolge zusammengestellt. Aus Rückverweisen wird klar, daß sie eine Sammlung bilden; einige Hss. des 'RdD' enthalten eine Vorrede B.s, in der er erklärt, daß er die Sermone aufschreiben mußte, ... *quod, cum predicarem eos in populo, quidam simplices clerici religiosi... voluerunt notari sibi illa, que poterant capere, et sic multa falsa notaverunt* ... Die Echtheit der Predigten in 'SR' und 'SS' dagegen ist oft fraglich und die Anzahl variiert von Hs. zu Hs. (Schönbach, 1906, Studie 5). Hinzu kommen verstreut Sermone in anderen Hss., teils B. zugeschrieben, aber sicher unecht, teils anonym oder anderen zugeschrieben, aber aus inneren Gründen als bertholdisch anzuerkennen.

Casutt zählt 55, 124, 75, 87 und 48 Predigten in den 5 Sammlungen und registriert in seiner Monographie 259 erhaltene Hss. mit lat. Sermonen von B (Casutt, 1961, s. auch Jakob, Teil V). Einige Monate vor Casutts Tod 1967 war die Zahl auf 302 gestiegen (briefliche Mitteilung des Verstorbenen).

Die deutschen Predigten sind nicht authentisch, wie schon Grimm erkannte (s. S.248 = S.352). Sie wurden wohl ca. 1275 als Lesestücke von demselben Minoritenkreis redigiert wie der → 'Deutschenspiegel' und der → 'Schwabenspiegel' (Schönbach, 1906, Studie 6, S. 1; Hübner, S. 100; Ruh, Bonav. dt., S. 97). Wir kennen 8 Haupthss. sowie etwa 18–20 mit einzelnen Predigten. Dazu kommen die Meßpredigt (s. u.) und kürzere, B. zugeschriebene, aber meist unechte Stücke. Die genaueste Liste bringt Ruh im Anhang zum Nachdr. der PS-Ausgabe (S. 700–712).

Mehrere Sermone sind in einer kürzeren und einer längeren Fassung erhalten, z.B. PS VIII: XLVIII, XIX: LVI. Richter, 1968, teilt die dt. Predigten in 3 Gruppen: *X enthält die längeren Predigten; *Y bringt die kürzeren Stücke; *Z besteht aus den 'Klosterpredigten' (PS LXVI–LXXI) und erscheint u. a. in München, cgm 176, in 3 der 6 Hss. des → 'Baumgartens geistlicher Herzen', in Frgm. cgm 5250 und in vollständigem Umfang in der Teilsammlung Y^{IV}, die somit eine Mischsammlung bildet (Z-1 = Y-113, Z-2 = Y-114 usw.). *Z bietet die ältesten dt. Zeugnisse B.s. Richter nennt auch eine 'Streuüberlieferung', Predigten, die z. T. mit Stücken der *X-, *Y- oder *Z-Gruppe und z. T. vereinzelt in meist jüngeren Sammelhss. erscheinen und von dem Nachleben bertholdischen Gutes zeugen.

Ein Beispiel ist 'Vom geistlichen Wege', das in wenigstens 10 verschiedenen Fassungen als X-45, Y-6a, Z-7 = PS LXX, Nr. 4 beim → Schweizer Prediger (= K. Rieder, Der sog. St. Georgener Prediger [DTM 10], 1908, Nr. 1–35, 76–86) und sonst vereinzelt auftritt; die 10 Texte vertreten 4 verschiedene dt. Bearbeitungen des lat. 'SR' 11 (s. Richter, 1968, S. 166–169). Zu der Streuüberl. gehört auch 'Von den Zeichen der Messe' = PS II, Anhang A 18, das in mehrfachen Fassungen in ca. 35 Hss. zu finden ist, u. a. in der Sammlung des Schweizer Predigers und in den → 'Weingartner Predigten'. Die dt. Predigten sind Bearbeitungen lat. Stoffes; keine ist die direkte Übers. einer bekannten lat. Predigt B.s. Erst wenn Geschichte und Echtheit der lat. Sermone feststehen und ein Sachindex vorliegt, werden wir Entstehung und Anzahl der dt. Predigten bestimmen können.

3. Ausgaben. P. Hoetzl gab 1882 den ersten und bis jetzt einzigen Band von B.s lat. Predigten heraus. Dieser enthält den 4. Sermon aus 'RdS' und 20 Predigten aus 'SS' nach Erlangen, UB, Hs. 407. Zwei lat. Stücke erschienen bei A. Franz, Die Messe im dt. MA., 1902, S. 741–750, und weitere, auch Auszüge, verstreut in Schönbachs Studien; aber das meiste authentische lat. Gut B.s ruht noch in den Hss. Aus Casutts Nachlaß, jetzt in München, ediert Th. Payr den ersten Band.

1824 veröffentlichte C. Kling 12 dt. Predigten im Original und Teile von 28 in nhd. Übers. aus Heidelberg, cpg 24, und zwar eher nach modernen Methoden als normalisiert. Die 'vollständige' Ausg. von B.s dt. Predigten erschien in zwei Bänden, I 1862 von F. Pfeiffer mit 36 drastisch sprachlich normalisierten Sermonen und II 1880 von J. Strobl mit den Predigten XXXVII–LXXI, Lesarten zu beiden Bänden (S. 300 bis 670) und 3 Anhängen mit teils echten bertholdischen Stücken (Nachdr. m. Vorwort u. Anhang von K. Ruh,

1965; zit. als PS); STROBL normalisierte wenig, wofür man ihn stark rügte (z. B. K. BARTSCH, GGA [1881] 140–182 u. Beitr. z. Quellenkunde d. altdt. Lit. [1886] 107–156). Zwischen 1880 und 1968 erschienen nur verstreute Stücke und Frgm.e (vgl. RICHTER, 1969, S. 287f.). 1968 brachte RICHTER eine Neuausg. der 6 'Klosterpredigten' nebst 2 anderen Stücken, die er dazu rechnet, heraus, das eine bessere Fassung von Z-1 = PS II, Anhang A 3^{1-19} und das andere Z-2 = PS II, Anhang C 2 ohne das nicht dazugehörige Gleichnis *Der tievel tuot sam diu spinne*; 1969 bot er ein Dutzend Stücke der Streuüberl. Druckbereit, aber noch nicht erschienen sind K. RUH, Franzisk. Stud. II mit 3 neuen bertholdischen Predigten und ein Band TspMA von F. BANTA mit Überlieferungsgruppe Y^{III}, die 6–9 bisher unveröffentlichte Berthold-Stücke enthält.

Es gibt 2 nhd. Übertragungen von dt. Predigten: 'Die Predigten d. Franziskaners B. v. R.' (F. GÖBEL, ^{5}1929) und eine altertümelnde 'Umsetzung' von 19 Stücken, 'B.s v. R. dt. Predigten' (O. BRANDT, 1924).

4. **Aufbau, Stil, Sprache.** Die lat. Predigten bestehen gewöhnlich aus Textspruch, Satz aus der Epistel zum Tage, *historia* und Disposition. Zitate sind genau. Wir hören weniger aus dem Alltag, viel über kanonisches Recht und kirchliche Tradition, wobei 19 Kirchenväter erwähnt werden (SCHÖNBACH, 1906, Studie 5, S. 9f.). Die Sprache ist ein ungeziertes Mlat. mit dt. Einfluß, die Gedanken aber sind klar ausgedrückt. Man spürt die Hand eines Verfassers.

Der Aufbau der meisten dt. Predigten zeigt eine Art Zahlenstruktur, die gewöhnlich leicht zu verfolgen ist, doch manchmal unklar bzw. unvollständig bleibt; vgl. PS 4 'Die siben planeten', die 7 Tugenden darstellen, PS 13 'Von zwelf scharn hern Josue', die auszogen, um Gott an 7 sündigen Stämmen zu rächen, oder den komplizierten und nicht ganz geglückten Aufbau in PS 21 'Von der e'. Bibel, Kirchenväter und klassische Schriftsteller werden frei zitiert, besonders Augustin, Gregorius, Bernhard von Clairvaux, Seneca, Aristoteles. B.s Stil ist einfach, aber lebendig; er verwendet Mären und Beispiele aus dem Alltag und der Natur, seltener rhetorische Mittel. Das Satzgefüge ist locker, die Gedanken nicht immer logisch ausgeführt. Eine allen verständliche Sprache wird erstrebt; wir lesen verschiedene Ausdrücke für denselben Begriff (vgl. PS I 546^{16-18}) und stoßen oft auf die Frage: *Verstet ir min tiutsche?* Bei den lat. Predigten haben wir den Eindruck, daß der Bibelfeste, der Belesene, andere Geistliche und Prediger angesprochen werden, bei den dt. Predigten (außer den 'Klosterpredigten') eher die einfachen Menschen.

Literatur. Ausführliche Bibliographie bei RICHTER, 1969, S. 286–292. Die folgende Liste beschränkt sich auf die wichtigsten Publikationen und Ergänzungen zu Richter. – C. KLING, B.s d. Franziskaners dt. Predigten, Berlin 1824; J. GRIMM, Wiener Jbb. d. Lit. 32 (1824) 194–257 = Kl. Schr.n IV, 1869, S. 296–360 [Rez. von KLING, der die Germanistik auf B. aufmerksam gemacht hat]; F. PFEIFFER (Bd. I) u. J. STROBL (Bd. II), B. v. R. Vollst. Ausg. seiner dt. Predigten, 1862 u. 1880, Nachdr. von K. RUH, 1965 [mit Vorwort u. Anhang] (zit. als PS); C. HOFMANN, Neue Zeugnisse über B. v. R., MSB, 1867, II 374–394, 459; G. JAKOB, Die lat. Reden d. seligen B. v. R., 1880; A. SCHÖNBACH, AfdA 7 (1881) 337–401 [Rez. von PS II u. von JAKOB]; ders., Stud. z. Gesch. d. altdt. Predigt: 2. Zeugnisse B.s v. R. zur Vk., WSB 142, 1900, VII; 3. Das Wirken B.s v. R. gegen d. Ketzer, WSB 147, 1904, V; 4–6. Die Überl. d. Werke B.s v. R. I–III, WSB 151/152/153, 1905/1906/1906, II/VII/IV; 7–8. Über Leben, Bildung u. Persönlichkeit B.s v. R. I–II, WSB 154/155, 1907/1908, I/V, Nachdr. in 2 Bänden 1968 [alle weitschweifig aber grundlegend]; K. RIEDER, Das Leben B.s v. R., 1901 [beste Biographie]; L. WADDING, Bertholdus Ratisponensis, in: Annales minorum IV, ^{3}1931, S. 402–407 [Sammlung von Berichten u. Legenden aus Chronisten u. älteren Kirchenhistorikern]; A. HÜBNER, Vorstud. z. Ausg. d. Buches d. Könige (GGA, phil.-hist. Kl., 3. Folge, Nr. 2), 1932 [eingehende stilist. u. sprachl. Unters. d. Beziehungen zw. d. Schwabenspiegel u. B.s dt. Predigten]; F.-M. HENQUINET, B. d. R., DHGE VIII 980 bis 987 [bündige Bewertung von B. u. seinen Predigten, gute Bibliographie]; L. CASUTT, Die Hss. mit lat. Predigten B.s v. R. O. Min., 1961; ders., ZSchwKG 56 (1962) 73–112, 215–261 [Freiburger/Ue. Hs. 117/I + II wurde erst nach B.s Tod redigiert, war nicht seine Reise-Kollektion]; D. RICHTER, B. v. R.: Dt. Predigten (WPM 5), 1968; ders., Die dt. Überl. d. Predigten B.s v. R. (MTU 21), 1969; F. BANTA, Traditio 25 (1969) 472 bis 479 [Forschungsbericht]; S. DIETRICH, Zur Echtheit d. dt. Predigten B.s v. R. Versuch u. formkrit. Studie, Diss. (masch.) Freiburg/Ue. 1970; H. RAGOTZKY, Stud. z. Wolfram-Rezeption (Stud. z. Poetik u. Gesch. d. Lit. 20), 1971, S. 146–148 [Verhältnis von → Albrechts 'Jüngerem Titurel' 6249–6254 zu PS XI 157f.]; H. STAHLEDER, Arbeit in d. mal. Gesellschaft, 1972, S. 158–317; F. BANTA, AfdA 83 (1972) 29–35 [Rez. von Richter 1969]; S. DIETRICH, ZSchwKG 67 (1973) 169–257 [gliedert d. Predigten nach Incipit und Explicit in Sonntagspredigten, Heiligenpredigten, allg. Heiligenpredigten u. Varia, vermag aber nichts Neues über ihr Verhältnis zu den lat. Predigten festzustellen]; K. RUH, ZfdA 103 (1974) 140–144 [Frgm. einer bisher unbekannten, jetzt verschollenen bertholdischen Hs., die zur X-Gruppe gehört, aber zu einem andern Zweig als AB oder Ha].

(1977)   FRANK G. BANTA

Bote, Hermen → 'Ulenspiegel'

Brant, Sebastian (latinisiert: Titio)

I. Leben.

Quellen der Biographie sind vor allem Briefe, Archivalien, gelehrtengeschichtliche Werke, Vorreden zu Drucken. Darstellung des Lebens bes. durch A. W. STROBEL, 1827, S. 1–16; ders. (II 8, Ausg.), 1839, S. 1–39; CH. SCHMIDT, 1879, Bd. 1, S. 191–237; E. H. ZEYDEL, 1967, S. 15–63.

Geboren wurde B. 1457 als erstes Kind des Straßburger Ratsherren und Gastwirts der 'Großen Herberge zum goldenen Löwen' Diebolt Brant d. J. und seiner Gattin Barbara, geb. Picker. Über seine Kindheit und Jugend sind wir nur spärlich unterrichtet. 1468 wurde er durch den Tod des Vaters Halbwaise. Hinsichtlich B.s Schulbildung sind wir auf Vermutungen angewiesen. Er dürfte zunächst die Parochialschule von St. Thomas (Straßburg), später eine Schule in Baden besucht haben. Daneben genoß er wohl Privatunterricht. Im Herbst 1475 bezog er die Universität Basel. Nach dem Studium der Artes und bes. der klassischen Sprachen wählte er die Rechtswissenschaft, erlangte darin 1477 das Baccalaureat, 1483 (1484) das Lizentiat und wurde Dozent. Er lehrte vor allem kanonisches Recht, zuweilen Zivilrecht und seit 1484 regelmäßig Poesie. 1489 wurde er zum Dr. utriusque iuris promoviert, 1492 war er Dekan der juristischen Fakultät. Erst 1496 erhielt er eine besoldete Professur für römisches und kanonisches Recht. Außer in seinem Lehramt wirkte er als praktizierender Jurist.

1485 heiratete B. Elisabeth Burg (Burgis, Bürgi), die Tochter des Zunftmeisters der Baseler Messerschmiede. Aus der Ehe gingen sieben Kinder hervor, von denen der Sohn Onophrius später als Jurist, Gelegenheitsdichter und Straßburger Ratsherr bekannt geworden ist. Im Jahre 1500 verließ B. Basel und trat zum 14. 1. 1501 die Stelle eines Rechtskonsulenten (Syndikus) in Straßburg an. Daß sein Weggang aus Basel mit dem Abfall der Stadt vom Reich im Zusammenhang gestanden habe, scheint eher patriotische Legende als wahres Motiv.

In Straßburg wurde B. 1503 Stadtschreiber (Kanzler, Erzkanzler). In dieser Stellung lebte er bis zu seinem Tode am 10. Mai 1521. Um seine Vaterstadt hat er sich mannigfach verdient gemacht, u. a. als geschickter Führer von Gesandtschaften, durch Neuordnung des Stadtarchivs und Begründung eines Armenpflegewesens. In hoher Gunst stand B. bei Kaiser Maximilian I.; dieser ernannte ihn zum kaiserlichen Rat, zum Comes palatinus und Beisitzer des kaiserlichen Hofgerichtes. B. war ferner Rat des Kurfürsten von Mainz. Straßburg hat seinem berühmten Sohn eine Gedenktafel gestiftet, die bis zum heutigen Tage erhalten ist (vgl. ZEYDEL, 1966, S. 319).

B.s geistige Physiognomie ist durch Basel entscheidend geprägt worden. Hat ihn in seinen staatspolitischen Auffassungen → Peter von Andlau beeinflußt, so wirkte Johann → Heynlin (vom Stein) noch nachhaltiger auf ihn. Dieser hatte 1473, von Paris kommend, den Realismus an der 1460 (neu) gegründeten Universität Basel eingeführt. Er vertrat eine Richtung, die scholastisches Weltbild mit frühhumanistischer Betätigung verband. Der Heynlin-Kreis, dem → Geiler, Brant, Bergmann von Olpe, Schott, Wimpfeling, Trithemius, (anfangs) Locher u. a. angehörten oder innerlich nahestanden, hatte sich freilich allmählich von frischer Kampfstimmung zu müder Resignation hin entwickelt (Verzicht auf alle philosophische Spekulation, Nichtigkeitsgefühl, Ideal monastischer Zurückgezogenheit). In einer Zeit religiöser Gärung war er auf Erhaltung der Kirche und der alten Ordnung bedacht, trat lediglich für die Abstellung gewisser Mißstände im kirchlichen Leben ein, war in kirchenpolitischen Fragen zurückhaltend bis zaghaft, noch weitgehend autoritätsgläubig, dabei auf moralischem Gebiet streng, ja engherzig, bei alledem aber stark pädagogisch ausgerichtet. B.s Schriften sind ein ziemlich getreuer Spiegel dieser Haltungen. Ein Verdienst des Kreises ist die Einführung eines neuen Bildungselements, des Studiums der klassischen Sprachen. Indes bedeutete dies noch keinen ästhetischen Humanismus; verbesserte Verwendung der alten Sprachen wurde begriffen als Mittel zur Verbesserung des Denkens. Dennoch wuchs auf diesem Grunde bereits eine Art philologischen Geistes. B. hat vor allem während seiner Baseler Zeit den umrissenen Auffassungen auf mannigfache Weise gedient.

II. Werk.

Überlieferung und Ausgaben. Überlieferungs- und Druckgeschichte insbesondere der Briefe und Gedichte harren noch der Aufarbeitung.

Werkverzeichnisse und ältere Ausgaben bei GOEDECKE, Grundriß I 381–392, u. CH. SCHMIDT, 1879, Bd. 2, S. 340–373.

Drucke bis 1500: GW 5019–5072. Drucke des 16. Jh.s: Index Aureliensis, Prima pars, Bd. 5, 1974, Nr. 123.659–123.755.

Ein immer noch unentbehrliches Corpus Brantscher Schriften bietet F. ZARNCKE (Hg.), S. B., Narrenschiff, 1854 (Nachdr. 1964).

B.s gesamte literarische Tätigkeit ist unter dem Aspekt der Breitenwirkung zu sehen. Was ihn bewegte und er für richtig und notwendig erkannte, wollte er Gelehrten wie Ungelehrten unter Einsatz der jeweils förderlichsten Mittel nahebringen (vgl. II 6). Meist hat er sich dabei der Unterstützung durch den Holzschnitt versichert.

1. B. begann seine literarische Arbeit als Berater (Corrector) der Baseler Drukker. Sie bestand in der Auswahl der zu druckenden Bücher, in der Wahl der Vorlagen, der Abfassung von Vorreden, Widmungs- und Empfehlungsbeiträgen, z. T. in der Annotierung und Kommentierung, der Mitwirkung an der Illustrierung, der Überwachung der Drucke u. a. Auf diese Weise soll B. ein Drittel aller im letzten Viertel des 15. Jh.s in Basel gedruckten Bücher betreut haben. Die Titel dieser Drucke verraten viel über B.s geistige Welt. Unter den Editionen sind Werke religiös-kirchlichen Charakters, solche zur Kirchen- und Reichspolitik, zahlreiche juristische Schriften, Bücher für den akademischen Unterricht, Werke antiker und humanistischer Autoren. Diese in Basel ausgeübte Tätigkeit setzte B. in Straßburg fort: Ausgabe des Vergil 1502, des Terenz 1503, von Peutingers 'Sermones' 1506; von → 'Der Heiligen Leben' 1502, 1510, 1513 (vgl. W. WILLIAMS-KRAPP, Stud. z. 'Der Heiligen Leben', ZfdA 105 [1976] 298–300); noch kurz vor seinem Tode wirkte B. an der erst 1532 veröffentlichten dt. Ausgabe von Petrarcas 'Artzney beyder Glück' mit.

2. B.s Ruhm als 'Narrenschiff'-Dichter hat seinen Ruf als Jurist zumindest seit dem 17. Jh. verdunkelt. Als juristischer Schriftsteller und Editor war er jedoch bis dahin hochgeachtet. Er war zwar kein selbständiger juristischer Kopf oder Neuerer, aber er propagierte und popularisierte mit Hingabe das römische Recht, von dem er sich eine geistig-sittlich-soziale Erneuerung und Besserung des Rechtszustandes im Reich erhoffte.

Seine erste juristische Arbeit (1490) sind die 'Expositiones sive declarationes omnium titulorum iuris ...', ein aus Vorlesungsskripten über die Dekretalen und das Corpus iuris erwachsenes Übersichtslehrbuch zum römischen Recht (bis 1632 36 Auflagen). Quellen römischen Rechts wollte B. zugänglich machen durch seine Editionen des 'Decretum Gratiani' (1493), der Dekretalen Gregors (1494), der 'Margarita decretalium' (um 1494), der 'Panormia' des Ivo von Chartres (1499), des 'Liber sextus' (1499) oder der Baseler Konzilsdekrete (1499). Um das römische Recht auch ungelehrten Richtern und Schöffen der Untergerichte nahezubringen, gab er zwei volkstümliche Sammlungen heraus: 1509 den 'Layenspiegel' Ulrich → Tenglers, eine 'Real-Enzyklopädie der populären Jurisprudenz für die Praxis' (STINTZING), und 1516 den 'Richterlichen Klagspiegel', ein zivil- und strafrechtliches Werk eines anonymen Stadtschreibers aus Schwäbisch-Hall (um 1440), das schon mehrmals im Druck erschienen war. Mit B.s Edition begann eine neue Wirksamkeit dieses Buches, in dem römisches Recht auf deutsche Verhältnisse und Bedürfnisse zugeschnitten war. Ausgaben davon erschienen bis zum Jahre 1612.

3. Als Straßburger Stadtschreiber hat B. eine Reihe von Arbeiten historischen und geographischen Charakters geschaffen. Sehr wahrscheinlich wirkte er an der Straßburger Archivchronik (seit 1510) mit. Nur mittelbare Beziehungen hat er zu den sog. 'Annalen Brants'. Sie sind in Wahrheit eine Kompilation Jacob Wenckers (1590–1659), der dazu die 'Memorialia oder Gedenckbüchlein' verwertete, die B. (substantieller freilich als seine Amtsvorgänger)

als Stadtschreiber angelegt hat.

Aus B.s Nachlaß stammt eine Torso gebliebene 'Chronik über Deutschland, zuvor des lands Elsaß und der löblichen statt Straßburg', deren Vorbild in den römischen Itinerarien zu sehen ist; Caspar Hedio hat sie seiner 'Außerlesenen Chronick...' (1539), allerdings nicht vollständig, beigegeben. Diese Arbeit zeugt nicht nur von B.s geographischen Interessen, sondern auch von entwickeltem Nationalstolz.

Ein zeitgeschichtliches Dokument aus B.s Feder ist 'Bischoff Wilhelms von Hoensteins waal und Einrit anno 1506 und 1507', eine Prosadarstellung von Wahl und feierlichem Einzug des neuen Straßburger Bischofs, die durch eine große Zahl kulturgeschichtlicher Details und eine gewisse Freimütigkeit ihres Autors besonderen Wert besitzt.

Ausgabe. A. W. STROBEL/L. SCHNEEGANS (Hgg.), Code hist. et diplomat. de la ville de Strasbourg I 2, Straßburg 1843, S. 239–299. Auszug bei ZARNCKE, S. 199–204.

Kurz vor B.s Tod entstand eine Arbeit auf der Grenze zwischen Historie und Recht, der 'Uszugk einer Stadt Straszburg alt harchomen und bestetigten freyheiten' (1520), in dem die in Jahrhunderten verliehenen kaiserlichen Privilegien und Papstbriefe an Straßburg zusammengestellt und nach ihrer historischen wie rechtlichen Problematik erläutert sind. Obgleich ohne literarischen Anspruch, zeugt diese Arbeit für den auf das Wohl seiner Vaterstadt bedachten gelehrten Stadtschreiber (zu B.s Jerusalem-Werk s. II 6).

4. Seine dichterische Laufbahn begann B. als gelehrter Poet. Die Zahl seiner lyrischen Gedichte ist groß. Eine erste Sammlung erschien um 1494 unter dem Titel 'In laudem gloriose virginis Mariae multorumque sanctorum varii generis carmina'. Dieser Ausgabe folgte 1498 die wesentlich erweiterte Sammlung 'Varia carmina'. Neben den Marien- und Heiligengedichten treten darin besonders solche vaterländischen Charakters hervor. Nicht müde wird B., seine Idealgestalt Maximilian I. zu feiern, von dem er eine Stärkung des deutschen Kaisertums gegen welsche Ansprüche und die Niederwerfung der Türken erhoffte. Darüber hinaus enthalten die 'Varia carmina' Lobgedichte auf Persönlichkeiten der Vergangenheit wie Gegenwart, auf Institutionen und Gegenstände, ferner Empfehlungs- und Gelegenheitsgedichte unterschiedlicher Thematik; auch Flugblattgedichte (s. u. II 6) wurden aufgenommen. Die zahlreichen nach 1498 entstandenen Gedichte sind gesammelt nicht mehr erschienen. B. war ein talentierter lat. Poet. Er verrät antike Schulung im Gebrauch der Sprache, der Metren und der rhetorischen Mittel, und wo ihm vom Thema her, besonders religiösen und nationalen, das Herz voll war, wußte er seinen Versen kräftigen dichterischen Schwung zu verleihen.

Ausgabe. Teilabdruck der 'Varia carmina' bei ZARNCKE, S. 174–195; Abdrucke einer Anzahl späterer Gedichte ebd., S. 195–199.

5. B.s Weg zum deutschen Dichter beginnt mit Übersetzungen lat. Dichtungen. Am Anfang dürfte die Verdeutschung der Mariensequenz → 'Ave praeclara maris stella' (ZARNCKE, S. 163 f.) stehen; ihr folgen die des 'Verbum bonum' (CH. SCHMIDT, 1875, S. 61) und des Hymnus → 'Pange lingua gloriosi'. Neben diesen Übertragungen steht die Übersetzung 'Sant Bernarts Rosenkrantz' (um 1496 gedruckt; CH. SCHMIDT, 1875, S. 65–67) und die des Gebetbuchs → '(H)Ortulus anime' (1502 u. ö.). Sie alle zeugen von der anfänglichen Schwierigkeit und den allmählichen Fortschritten eines lat. Dichters, der bestrebt ist, sich die eigene Muttersprache poetisch zu erobern.

Größere Bedeutung als diesen Versuchen kommt B.s Übersetzungen einer Reihe gnomisch-moraldidaktischer Werke zu, die praktische Lebensregeln vermitteln und bereits mal. Tradition entstammen: → 'Cato' ('Disticha Catonis', gedr. zuerst 1498), → 'Facetus' (gedr. 1496 u. ö.), → 'Moretus' (gedr. 1499 u. ö.), 'Thesmophagia' (auch 'Phagifacetus', gedr. 1490; → Reinerus Alemannicus). Obgleich die drei erstgenannten nach dem 'Narrenschiff' erschienen sind, dürften sie (nach der Übersetzungsleistung in der genannten Reihenfolge) bereits Ende der 80er Jahre entstanden sein. Sie alle zeugen nicht nur erstmals von B.s volkspädagogischen Neigungen, sondern sind in formaler wie thematischer Hinsicht von großer Bedeutung für das 'Narrenschiff' selbst. Ein

Nachzügler in diesem Bereich, ebenfalls dem 'Narrenschiff' innerlich verwandt, ist B.s Bearbeitung von →Freidanks 'Bescheidenheit' (gedr. 1508 u.ö.). Diese Neufassung hat dem Freidank zu neuem Leben verholfen; er wurde in B.s Version bis ins 19. Jh. hinein gelesen.

Ausgaben. Drucke des dt. 'Cato' bei WORSTBROCK, Antikerez., Nr. 88–112. Text des 'Cato', 'Facetus', 'Moretus' und der 'Thesmophagia' bei ZARNCKE, S. 131–153. Zur Anlage und zu den Zusätzen der Freidank-Bearbeitung vgl. ZARNCKE, S. 164–169.

6. Als Publizist wirkte B. zwischen 1488 und 1504 vornehmlich durch das illustrierte Flugblatt; oft stehen lat. und dt. Fassungen davon nebeneinander. Sie unterscheiden sich im Blick auf die Adressaten nicht nur in formaler Hinsicht und im Gebrauch anderer sprachlich-stilistischer Mittel, sondern auch von der Intention und der Akzentuierung her. Bei den dt. Blättern steht das religiös-ethisch-erzieherische Moment, bei den lat. das politisch-institutionell-juristische im Vordergrund. B. nimmt in diesen Gedichten zu politischen Ereignissen und sonstigen Zeiterscheinungen (Syphilis u.a.) das Wort und verkündet seine Auffassungen, Sorgen und Hoffnungen; viele Gedichte lassen sein historisch-politisches Wunschdenken erkennen. Sie knüpfen oft an außergewöhnliche Naturerscheinungen an (Mißgeburten, Meteorfälle, Überschwemmungen, Vogelschwärme), die B. als Anhänger des Prodigienglaubens als eine Zeichensprache des Übersinnlichen seinen Zeitgenossen (in seinem Sinne) interpretiert. Auch religiöse Gedichte hat er in Flugblattform veröffentlicht. Rund 20 seiner Flugblätter sind erhalten; es waren vermutlich mehr.

Ausgabe d. Flugblätter: P. HEITZ (Hg.), Flugblätter des S. B., mit Nachw. v. F. SCHULTZ, 1915. Ein neuentdecktes Flugblatt (Ged. an den hl. Sebastian) bei WACKERNAGEL/SACK/LANDOLT.

Eine letztlich publizistisch gemeinte Arbeit B.s ist das als Suasoria konzipierte Prosawerk 'De origine et conversatione bonorum regum et laude civitatis Hierosolymae' (1495). Es stellt, wohl im Blick auf Kaiser Maximilian verfaßt, einen Aufruf zum Kreuzzug gegen die Türken und zur Rückeroberung des heiligen Landes dar, den B. durch eine aufwendige gelehrt-historische Abhandlung zu begründen versuchte. Das Werk erschien 1518 in einer dt. Übersetzung von Caspar Frey.

Auch als religiöser Publizist ist B. hervorgetreten, z.B. in der Frage der Conceptio immaculata und im Zusammenhang mit dem Jetzer-Prozeß.

7. Aus drei vagen Äußerungen Wimpfelings geht hervor, daß B. in Straßburg auch mit einem Theaterstück über Herkules am Scheidewege zu tun hatte, das, nicht lange vor Herbst 1512, unter seiner Leitung aufgeführt worden sein soll. Als Autor des Dramas wird B. nicht genannt, seit CH. SCHMIDT aber als solcher betrachtet.

Finden konnte man indes das gesuchte Drama lange Zeit nicht. Mutmaßungen früherer Forscher aufgreifend, hat D. WUTTKE 1964 mit gelehrtem Aufwand den Nachweis zu führen versucht, in der 'Historia Herculis' (1515) des Pangratz Bernhaubt gen. Schwenter liege die dt. Version eines lat. Dramas vor, hinter dessen Verfasser Gregorius Arvianotorfes B. selbst zu erkennen sei. Eine völlig neue Wendung erhielt die Frage, als 1967 H.-G. ROLOFF in Wolfenbüttel ein 'Tugent-Spyl... Durch Doctor Sebastianum Brand in Reimens weiß ... gestellet' entdeckte, das 1554 der Straßburger Magister Johann Winckel herausgegeben hat; in seiner Widmungsvorrede weist Winckel zweimal ausdrücklich auf B. als Autor hin. Dieser Text hat jedoch neue Fragen aufgeworfen. Die einleitenden Worte des Herolds enthalten Hinweise, daß in Straßburg *vor manchen tagen* eine andere dramatische Bearbeitung des Herkulesstoffes aufgeführt worden ist. Das aufgefundene Spiel aber greift das Herkulesthema zugunsten von *etlich new matery* nur rahmenbildend auf. Es wäre zu fragen: War B. der Verfasser des (noch nicht gefundenen) Straßburger Spiels I oder des von ROLOFF entdeckten Spiels II oder beider; oder ist Spiel II B. irrtümlich zugeschrieben worden, weil man von einer Herkulesdramatisierung B.s (in Spiel I?) wußte, oder gab es in Straßburg gar eine dritte Spielfassung, auf die Wimpfelings Angabe *historijsque et gestis herculeis* (vgl. ZfdA 97 [1968] 237) zielen könnte? Daß B. am Drama interessiert war, steht außer Zweifel; welcher Art aber sein eigener Beitrag zur dramatischen Gattung gewesen ist, läßt sich im gegenwärtigen Thesenstadium der Forschung noch nicht sicher beurteilen.

8. Zum gefeiertsten deutschen Dichter seiner Zeit wurde B. durch seine große Moralsatire, das 'Narrenschiff' ('NSch') von 1494. Es sollte der bedeutendste Erfolg in der deutschen Literatur bis zu Goethes

'Werther' werden. Lochers lat. Version ('Stultifera navis') von 1497 vermittelte ihm die europäische Wirkung.

Ausgaben. A. W. STROBEL (Bibl. d. ges. dt. Nat. Lit. 17), Quedlinburg-Leipzig 1839; F. ZARNCKE (s. o. II), immer noch grundlegend; K. GOEDEKE, 1872; F. BOBERTAG (DNL 16), 1889, mit den Holzschnitten; M. LEMMER, ²1968, mit den Holzschnitten. Faksimile-Ausg.n: H. KÖGLER, 1913; mit Nachw. v. F. SCHULTZ, 1913. – Ausg.n von Lochers 'Stultifera Navis': HEIDLOFF, S. 34–42.

B. läßt in einer Art Revue 112 Narrengestalten vorüberziehen, typisch gezeichnete Gestalten, an denen er menschliches Fehlverhalten konkretisiert. Dabei spannt sich der Bogen von den sieben Hauptsünden (samt deren Unterklassen) bis hin zu mehr oder minder großen allgemein-menschlichen Schwächen oder Verstößen gegen Anstand und Sitte: Aberglauben, Reliquienhandel und Pfründenjägerei, Quacksalbertum, Prozeßsucht und Pseudogelehrsamkeit, falsche Kindererziehung, Geldheirat und törichtes Planen, Modenarrheiten, nächtliches Ständchenbringen und Reiselust werden neben vielem anderen in bunter Folge aufs Korn genommen. Kaum ein Mensch, der sich nicht in dieser oder jener Gestalt des 'NSch' wiedererkennen könnte. Dieser Narrenreigen vermittelt zugleich ein plastisches Bild des Lebens um 1500, da B. kaum einen Stand oder eine soziale Gruppe ausspart.

Die beispiellose Wirkung des 'NSch', das dem 16. Jh. eine Art 'Weltbibel' (F. SCHULTZ) wurde, hat der Kritik lange nur Achselzucken und Kopfschütteln abgenötigt. Seit ZARNCKE galt es als poetisch schwache Leistung, bloße Kompilation, bar jeder Originalität. Erst seit jüngerer Zeit scheint sich eine historisch angemessenere Beurteilung von B.s Leistung anzubahnen. Gewiß ist das 'NSch' ein Sammelbecken vielfältiger Traditionen. Es lebt auf weite Strecken von Zitaten aus Bibel, klassischen Autoren, Corpus iuris, deutschsprachiger Didaktik des späten MAs und vielen anderen Quellen. Auch die Gestalt des Narren ist nicht neu, die Schiffsmetapher abgeborgt, moralische Belehrung mit Zeitkritik und Satire verquickt, seit alters geläufig. Worauf beruhte also der Erfolg?

R. GRUENTER sieht einen 'epochemachenden Kunstgriff' B.s darin, daß es ihm gelungen sei, die Vielfalt menschlicher Verkehrtheiten unter den allgemeinen Gesichtspunkt der Narrheit zu zwingen. Dabei ist für B. der Narr nicht mehr Gegenstand derber Komik und possenhafter Belustigung, sondern Symbolfigur für alle, die von der *wißheyt* abgewichen sind. B.s Narr ist durch moralisch-geistige Insuffizienz geprägt; Selbsterkenntnis soll ihn zur Weisheit zurückführen. Nicht Narr zu sein gilt als verwerflich, sondern Narr zu bleiben. Diese Grundauffassung verband B. mit einer Reihe gängiger und wirkungsstarker Vorstellungen: mit dem zeitgenössischen oberrheinischen Fastnachtsnarren, dessen Kostüm ihm in satirischer Umkehrung als das Alltagskleid des Menschen erscheint – und damit das ganze Leben als ein Narrenzug, an dem jeder teilhat. Diesem Bereich entlehnte B. auch die Narrenattribute Kappe, Schelle und Kolben. Dazu treten einprägsame Bildkreise wie Glücksrad, Schiffahrt und Narrenreigen (als verkappte Form des Totentanzes). Mit diesen Mitteln ist es B. in seinem Bestreben, 'das aus den Fugen gehende Volksleben durch die Satire wieder ins Lot zu bringen' (P. BÖCKMANN), gelungen, eine eingängige Narrenkonzeption zu entwickeln und zu einer allumfassenden Möglichkeit der Weltsicht zu machen. Die durchschlagende Wirkung des 'NSch' erweckt den Eindruck, als habe die Zeit auf ein solches erlösendes Wort geradezu gewartet. Zwar sind B.s Ideale weitgehend retrospektiv; er sucht das Heil der Welt in der Rückkehr zu den göttlichen Geboten und der Wiederherstellung der Autorität von Kirche und Kaisertum. Aber neben dieser mal. Grundkomponente gibt es im 'NSch' auch vorwärtsweisende Elemente. So ist schon seit langem darauf hingewiesen worden, daß sich in ihm bürgerlich-städtischer Geist des 14./15. Jh.s artikuliere und das 'NSch' das eigentlich erste große bürgerliche Literaturwerk in Deutschland sei. In der Tat erweist sich B. als Anwalt bürgerlich-patriotischer Tugenden; gegen bürgerlichen Gemeinsinn zu verstoßen, tadelt er z. B. ebenso hart wie das Handeln gegen göttliche Gebote, beides ist ihm mit dem Stigma des Närrischen behaftet. Auch sein Bekenntnis zur Vernunft, die ihm höchster Maßstab und sicherstes Mittel zur Überwindung der Narrheit ist, entspricht durchaus dem bürgerlichen Sinn des 15./16. Jh.s. So erscheint das 'NSch' als das literarische Produkt einer Umbruchs- und Übergangszeit.

Von Bedeutung für seine Wirkung war nicht zuletzt seine Sprache, die volkstümlich-einfach, sentenzen-, bilder- und exempelreich ist und damit auf ein ungelehrtes Publikum passend zugeschnitten. Aber hinter dieser äußeren Erscheinungsform verbirgt sich eine hohe gestalterische Leistung, von der Hutten und andere Zeitgenossen höchst angetan waren und die erst in unseren Tagen (bes. durch U. GAIERS Strukturanalysen) wieder erkannt worden ist. Danach hat B. sein 'NSch' als erste deutschsprachige Satire in der römischen Tradition verstanden und mit entsprechenden Mitteln aus der antiken Rhetorik gedanklich und formal durchgestaltet. In dieser Ambivalenz des Werkes liegt zweifellos ein Gutteil seiner Wirkung. Das im Grunde gelehrt befrachtete 'NSch' war zugleich 'Volksbuch', weil es jedem etwas gab, 'dem oberflächlichen Leser vor allem die Holzschnitte und die schlagenden Narrenbeschreibungen, dem tiefgründigen schwierige theologische und philosophische Erörterungen, dem ungebildeten einfachen Manne die einzeln merkbaren Sprüche der Lehre und Kritik in allen Situationen seines Lebens, und dem gelehrten Humanisten die durch alle Register geführte Formung und den umspannenden Gedankengang' (U. GAIER, 1966, S. 6).

Geschickt erwies sich B. auch darin, daß er die Stunde des holzschnittbebilderten Buches zu nutzen wußte. Daß er zur Illustrierung seines Werkes in dem sog. Hauptmeister – die Kunstgeschichte sieht in ihm heute Albrecht Dürer – einen Künstler von höchstem Rang fand, war ein Glücksumstand, der zum Erfolg des 'NSch' nicht wenig beigetragen hat.

Die literarische Wirkung des 'NSch' war immens. Sie läßt sich schon an der Druckgeschichte ablesen. Zwischen 1494 und 1512 erlebte das 'NSch' 6 rechtmäßige Ausgaben. Doch schon unmittelbar nach seinem ersten Erscheinen begann das Nachdrucken. Noch i. J. 1494 erschienen in Nürnberg, Augsburg und Reutlingen Nachdrucke, dazu eine dreist interpolierte Ausgabe ('Das nüv Schiff von Narragonia') in Straßburg. In der Folgezeit hörte das Nachdrucken nicht mehr auf (vgl. dazu ZARNCKE, S. LXXXI–CXVI). Dazu kamen Überarbeitungen (u. a. eine protestantische Fassung, 1553) und Nachahmungen; das Werk wurde von Schriftstellern verse- und abschnittsweise zitiert, nicht selten schamlos geplündert. Die Literaturgeschichte des 16. Jh.s ist zu keinem geringen Grade Wirkungsgeschichte des 'NSch'. Es hat eine bis ins 18. Jh. hinein blühende Narrenliteratur hervorgerufen. Geiler (der darüber in Straßburg predigte), Murner, Erasmus, Johann Adelphus Müling, Hermann → Bote, Johann von Morsheim, Hans Sachs – von zahllosen inferioren Geistern zu schweigen –, sie alle stehen unter dem Einfluß und Eindruck des 'NSch'. Die grobianische Literatur des 16. Jh.s beruft sich auf dessen 72. Kapitel.

Groß ist auch die Zahl der 'NSch'-Übersetzungen; zwei nd. (1497, 1509) öffneten dem Werk den norddt. Raum, der lat. Fassung Lochers (1497) trat die raffende des Jodocus Badius (Ascensius) zur Seite (1505), dazu kamen drei frz. Versionen (1497, 1498, 1499), zwei engl. (beide 1509) und eine ndl. (1500). Dadurch wirkte das 'NSch' auch stark in fremde Nationalliteraturen hinein. Erwähnung verdient schließlich, daß die 'NSch'-Holzschnitte vor allem in der Buchillustration bis ins 18. Jh. eine Rolle gespielt haben.

III. Die B.-Forschung setzt 1827 mit A. W. STROBELS 'Beiträgen' und seiner 'NSch'-Ausgabe (1839) ein. ZARNCKES Edition (1854) gab ihr ein solides Fundament. Im Mittelpunkt des Forschungsinteresses an B. hat seither sein Hauptwerk gestanden. Neue Richtungen der Analyse und des Verständnisses wurden freilich erst nach dem 2. Weltkrieg eröffnet.

Zahlreiche Aufgaben der B.-Forschung sind noch gänzlich unerledigt. Dazu zählen u. a. eine Edition seiner Briefe und anderer Materialien aus seinem Nachlaß, eine vollständige Ausgabe der (z. T. verstreuten) Gedichte einschließlich der Flugblätter, eine kritische Neuausgabe des 'NSch' wie anderer Werke (wenn nicht gar eine Gesamtausgabe), eine geschlossene Darstellung der Wirkung des 'NSch', eine moderne Würdigung B.s als Jurist, schließlich eine erschöpfende Bibliographie und eine Gesamtdarstellung B.s und seines vielfältigen literarischen Wirkens.

Literatur. Auswahlbibliographie: ZEYDEL, 1967, S. 157–162. Die hier verzeichnete Lit. wird im Folgenden in der Regel nicht nochmals genannt.

Biographisches u. Allgemeines: A.W. STROBEL, Einige Nachrichten über S.B.s Lebensumstände u. Schr.n, in: A.W. STROBEL, Beitr. z. dt. Lit. u. Literärgesch., Straßburg 1827, S. 1–35; F. ZARNCKE (s. II, Ausg.n), S. IX–XXV; CH. SCHMIDT, Histoire littéraire de l'Alsace I, Paris 1879, S. 189–333; R. NEWALD, Elsässische Charakterköpfe aus d. Zeitalter d. Humanismus, Colmar 1944, S. 85–110; H. ROSENFELD, in: NDB II 534–536; W. GILBERT, S.B.: Conservative Humanist, Arch. f. Reformationsgesch. 46 (1955) 145–167; L.W. SPITZ, The Religious Renaissance of the German Humanists, Cambridge (Mass.) 1963, S. 43 ff. u.ö.; E.H. ZEYDEL, Wann wurde S. B. geboren?, ZfdA 95 (1966) 319 f.; ders., S. B., New York 1967; RUPPRICH, LG I 580–585.

Zu II 2: R. STINTZING, Gesch. d. populären Lit. d. röm.-kanon. Rechts in Deutschland, 1867, S. 45–47, 337–340, 411–417, 451–462; ders., Gesch. d. dt. Rechtswiss., I. Abt., 1880, S. 93 u.ö.; G. KISCH, Die Anfänge d. Jurist. Fakultät d. Univ. Basel 1459–1529, 1962, S. 77–81; B. PAHLMANN, S. B., in: Dt. Juristen aus fünf Jh.en, hg. v. G. KLEINBERGER/J. SCHRÖDER, 1976, S. 47–49.

Zu II 3: K. VARRENTRAPP, S. B.s Beschreibung von Deutschland ..., ZGO N.F. 11 (1896) 288–308; J. KNEPPER, Nationaler Gedanke u. Kaiseridee bei d. elsäss. Humanisten, 1898, bes. S. 79–106; P. JOACHIMSEN, Geschichtsauffassung u. Geschichtsschreibung in Deutschland ..., 1910, S. 64–79.

Zu II 4: C. SCHMIDT, Einige dt. Ged. von S. B., Alsatia (1875) 43–82; G. ELLINGER, Gesch. d. neulat. Lit. Deutschlands I, 1929, S. 374–380; C.F. BÜHLER, The Publications of S. B.s 'Varia Carmina', Gutenberg-Jb. 37 (1962) 179–182.

Zu II 5: F. ZARNCKE, Der dt. Cato, 1852, S. 1–11; A. TIEDGE, S. B.s Freidank-Bearbeitung in ihrem Verhältnis z. Original, Diss. Halle 1903; C. SCHRÖDER, Der dt. Facetus, 1911, bes. S. 242 f.

Zu II 6: K. SCHOTTENLOHER, Flublatt u. Zeitung, 1922, S. 56–58; D. WUTTKE, S. B.s Verhältnis zu Wunderdeutung u. Astrologie, in: Stud. z. dt. Lit. u. Spr. d. MAs, Fs. H. Moser, 1974, S. 272–286; W. D. WACKERNAGEL/V. SACK/H. LANDOLT, S. B.s Gedicht an d. hl. Sebastian. Ein neuentdecktes Flugblatt, Basler Zs. f. Gesch. u. Altertumskde. 75 (1975) 7–50; D. WUTTKE, S.B. u. Maximilian I. Eine Studie zu B.s Donnerstein-Flugblatt des Jahres 1492, in: Die Humanisten in ihrer politischen u. sozialen Umwelt, hg. v. O. HERDING/ R. STUPPERICH, 1976, S. 141–176.

Zu II 7: D. WUTTKE, Die Histori Herculis d. Nürnberger Humanisten u. Freundes d. Gebrüder Vischer Pangratz Bernhaubt gen. Schwenter, 1964; dazu: H.-G. ROLOFF, Euph. 61 (1967) 203–225; ders. (Hg.), S.B., Tugent-Spyl, 1968; D. WUTTKE, Zu den Tugendspielen S. B.s, ZfdA 97 (1968) 235–240.

Zu II 8: Lit. bis 1966 bei LEMMER (Ausg.), S. XXI–XXVII; P. BÖCKMANN, Formgesch. d. dt. Dichtung, 1949, ³1967, S. 227–239; R. GRUENTER, Die Narrheit in S. B.s 'Narrenschiff', Neoph. 43 (1959) 207–221; U. GAIER, Stud. z. S. B.s 'Narrenschiff', 1966; B. KÖNNEKER, S. B., Das 'Narrenschiff', 1966; dies., Wesen u. Wandlung d. Narrenidee im Zeitalter des Humanismus, 1966, bes. S. 1–132; R. GRUENTER, Das Schiff, Ein Beitr. z. hist. Metaphorik, in: Tradition u. Ursprünglichkeit, Akten d. III. Internat. Germanistenkongr. 1965 in Amsterdam, 1966, S. 86–101; U. GAIER, Satire. Stud. zu Neidhart, Wittenweiler, Brant u. z. satir. Schreibart, 1967, bes. S. 215–238; K. SINGER, Vanitas u. Memento mori im 'Narrenschiff' S. B.s, Diss. Würzburg 1968; W.G. HEBERER, S.B.s 'Narrenschiff' in seinem Verhältnis z. spätmal. Didaktik, Diss. (masch.) Göttingen 1968; J. LEFEBVRE, Les fols et la folie, Paris 1968, S. 77–169; P. SKRINE, The Destination of the Ship of Fools, MLR 64 (1969) 576–596; H. ROSENFELD, Die Narrenbilderbogen u. S. B., Gutenberg-Jb. 45 (1970) 298–307; H. HOMANN, Stud. z. Emblematik d. 16. Jh.s, 1971, S. 13–23; J. CHARIER, Le sabre et le grelot. Où est l'homme de guerre dans le 'Narren-Schyff' de S. B.?, Recherches Germaniques 2 (1972) 130–133; B. KÖNNEKER, Neue Narrenschiff-Forschungen, Euph. 66 (1972) 288–298; B. QUILLIET, Le 'Narrenschiff' de S. B., ses traducteurs et ses traductions aux XVᵉ et XVIᵉ siècles, in: Culture et marginalités au XVIᵉ siècle I, Paris 1973, S. 111–124; B. TIEMANN, S. B. u. d. frühe Emblem in Frankreich, DVjS 47 (1973) 598–644; M. LEMMER, *Ich hab ettwan gewacht zů nacht*. Zum 'Narrenschiff'-Prolog, Vers 90, in: Kritische Bewahrung, Fs. W. Schröder, 1974, S. 357–370; G. HEIDLOFF, Unters. zu Leben u. Werk des Humanisten Jakob Locher Philomusus, 1975; U. GAIER, Zur Pragmatik d. Zeichen in S.B.s 'Narrenschiff', in: Akten d. XVIII. Internat. Kongr. des Centre d'Études Superieures de la Renaissance: L'Humanisme allemand 1480–1540, 1978 (in Druck).

Zu den Holzschnitten des 'Narrenschiffs': F. WINKLER, Dürer u. d. Illustrationen z. 'Narrenschiff', 1951; E.-M. MARXER, Text u. Illustration bei S. B. u. Conrad Celtis, Diss. (masch.) Wien 1960; H. ROSENFELD, S. B. u. A. Dürer, Gutenberg-Jb. 47 (1972) 328–336.

(1978)   MANFRED LEMMER

D

'Donaueschinger Passionsspiel'

1. Überlieferung. Donaueschingen, cod. 137, 88 Bll. im Heberegisterformat, von einer Hand, zwischen 1470 und 1500. Beigefügt ist der Hs. ein Bühnenplan des 16. Jh.s. An drei Stellen sind Zettel mit späteren Textänderungen und -erweiterungen eingeheftet.

2. Ausgaben. F. J. MONE, Schauspiele d. MAs II, Karlsruhe 1846, S. 150–350; E. HARTL, Das Drama d. MAs, Passionsspiele II (Dt. Lit., Reihe: Drama d. MAs 4), 1942 (Neudr. 1966) (zit.).

3. Text. Das Spiel, das dem alem. Sprachraum unter Ausschluß von Schwaben und Elsaß zugehört, stellt die Bearbeitung einer ebenfalls alem. Vorlage dar und hat seine Heimat in der Umgebung von Villingen. Text und Regieanweisungen zeigen sehr enge, z. T. wörtliche Verbindungen mit dem 'Luzerner' (1545) und → 'Villinger Passionsspiel' (vgl. dazu A. KNORR, Villinger Passion. Literarhist. Einordnung u. erstmalige Herausgabe d. Urtextes, Diss. München 1975). DINGES (S. 108, 123) nimmt als Quelle ein verlorenes frühes Spiel aus Luzern an.

Der für zwei Aufführungstage konzipierte Text mit 4177 überlieferten Versen gliedert sich in drei Handlungsteile: 1. Christi Lehre und Wunder, Judasverrat (= 1. Tag), 2. das eigentliche Passionsgeschehen (Abendmahl bis Grablegung), 3. das Ostergeschehen (beides = 2. Tag). Auswahl wie Anordnung der Szenen des 1. Tages sind an den Evangelienperikopen der Fastenzeit orientiert (DINGES, S. 95). Dialog und Textgestaltung zeigen intensiven Einfluß von NT und Liturgie, z. T. in direkter Übertragung des lat. Vorbilds. Die vorgegebene Handlung wird mehrfach in Einzelhandlungen aufgegliedert, wobei der Bearbeiter darauf achtet, nur quellenmäßig Belegbares, bzw. dogmatisch Korrektes aufzunehmen und Widersprüche zu eliminieren. Diese Haltung schlägt sich selbst in den Regieanweisungen nieder, in denen neben die Orientierung am NT die Intention tritt, das Dargestellte in einer dem Gegenstand adäquaten feierlichen Form vorzuführen, um auch so die theologische Bedeutung des Geschehens zu unterstreichen.

Der erste Spieltag beginnt nach einer sorgsam konzipierten Einleitung (Eingangsprozession, Gesang der Engel, Judengesang) mit der Darstellung der sündigen Maria Magdalena nach den Passionsperikopen (DINGES, S. 57). In der eigenwilligen Behandlung des Stoffs ist das 'D. P.' nur dem 'Luzerner Passionsspiel' verwandt. Die folgenden Szenen führen Christi Lehre und Wunder vor und stellen diesen die verstockte Haltung der Juden gegenüber.

Der 2. Spieltag beginnt mit der Darstellung des Abendmahls in einer dem 'D. P.' eigenen Abfolge der Ereignisse. Großes Gewicht legt der Text auf die Kreuzigung, deren Wichtigkeit auch musikalisch unterstrichen wird (Hornbläser). Im Zentrum stehen nicht Klage und Verzweiflung der Anhänger Christi, sondern das grausame Verhalten der Juden.

Der letzte Handlungsteil – das Ostergeschehen – bricht mit der Botschaft der drei Marien an Petrus ab. Der vermutliche Schluß läßt sich jedoch aufgrund der Abhängigkeit von einer gemeinsamen Quelle relativ sicher nach dem 'Luzerner Passionsspiel' ergänzen (Rekonstruktion bei DINGES, S. 144–153).

Die Umformung des epischen Stils der ntl. Vorlagen in den dramatischen Stil des Spiels führt den Bearbeiter zu einer realistischen Sicht und im Ansatz zu einer Charakterzeichnung der Einzelfiguren. Bislang anonyme chorische Gruppen werden von ihm aufgelöst; an ihrer Stelle nehmen nun Einzelpersonen mit eigenen Namen aktiv an der Handlung teil. Wenigstens im gestalterischen Bereich wird so eine gewisse Lösung aus den selbstgewählten Bindungen an ein dogmatisch bestimmtes Vorbild erreicht.

4. Aufführung. Bühne und Requisiten lassen sich aus dem Verzeichnis der Bühnenorte, den Regieanweisungen und dem Text selbst wenigstens partiell erschließen. Die festen Bühnenstände der Simultanbühne, wie in Luzern in *hüsser* und *hoff* gesondert, sind am Anfang der Hs. (1ʳ) in der Reihenfolge ihres Vorkommens im Spiel notiert, entsprechen aber nicht dem beiliegenden Bühnenplan. Diese Skizze des 16. Jh.s wiesen MONE (S. 155), WILKEN (S. 228), EVANS (S. 283) und HARTL (S. 12f.) dem zweiten Spieltag oder einer verkürzten Aufführung des 'D. P.' zu, während FRONING (S. 265) die Zugehörigkeit hierzu als erster bestritt. DINGES (S. 135) und NAGLER konnten den Plan dem 'Villinger Passionsspiel' zuordnen.

Das Verzeichnis der Bühnenorte nennt 22 Stände, von denen jedoch nur 6 am ersten und zweiten Spieltag benötigt werden. Nicht angegeben sind der Aufenthaltsort des Proclamators sowie der Standort Christi, den HARTL (S. 12) im Hause der Jünger annimmt. Eine wesentliche Funktion erfüllt der als *gemeine burge* bezeichnete Bühnenort, auf den personenreiche sowie theologisch und didaktisch bedeutsame Szenen verlegt werden. Die Mindestzahl der erforderlichen Darsteller hat HARTL (S. 20) mit 142 berechnet, doch treten nur 62 von ihnen an beiden Tagen auf. Ein Drittel wird für die Rollen der Juden benötigt, die durch mal. Judenkleidung gekennzeichnet sind.

Die Regieanweisungen, deren Umfang und durchdachte Konzeption immer wieder erkennen lassen, in welchem Maß der Bearbeiter alle für eine Inszenierung wichtigen Fakten zu berücksichtigen sucht, zeichnen sich vor allem durch die ständig wiederholte Ermahnung aus, der jeweilige Darsteller solle 'als ob' spielen, sich der zu verkörpernden Rolle demnach immer bewußt sein.

Literatur. MONE (s. o. 2.); E. H. WILKEN, Gesch. d. geistl. Spiele in Deutschland, 1872, S. 228; R. FRONING, Das Drama d. MAs (DNL 14,2), 1891/92 (Neudr. 1964), S. 265; G. DINGES, Unters. z. 'D. P.' (German. Abhh. 35), Breslau 1910 (zugleich Diss. Marburg 1910); dazu Rez. v. H. LEGBAND, Arch. f. Stud. d. neueren Sprachen u. Lit.n 130 (1913) 392–399; M. B. EVANS, The Staging of the Donaueschingen Passion Play, MLR 15 (1920) 65–76, 279–297; W. MÜLLER, Der schauspielerische Stil im Passionsspiel d. MAs (Form u. Geist 1), 1927; J. W. KURTZ, An Interpretation of the Stage Plan of the Donaueschingen Passion Play, Germanic Review 10 (1935) 219–222; HARTL (s. o. 2.); A. M. NAGLER, Der Villinger Bühnenplan, JEGP 54 (1955) 318–331; B. THORAN, Stud. zu d. österlichen Spielen d. dt. MAs, Diss. Bochum 1969; R. STEINBACH, Die dt. Oster- und Passionsspiele d. MAs (Kölner german. Stud. 4), 1970, S. 215–222; W. F. MICHAEL, Das dt. Drama d. MAs (Grundriß d. germ. Philologie 20), 1971, S. 166–176.

(1978)

BERND NEUMANN

'Dukus Horant'

Fragmentarisches Brautwerbungsepos (rd. 280 erhaltene 4zeilige Strophen) eines unbekannten Verfassers (i. F. 'DH').

1. Überlieferung. → 'Cambridger Hs. von 1382/3 (in hebräischer Schrift).

Ausgaben. P. F. GANZ / F. NORMAN / W. SCHWARZ (ATB, Ergänzungsreihe 2) 1964 [Synoptischer Abdruck in Antiquatransliteration und Konstruktion einer Antiquafassung in Strophen], dazu: U. RAUH, Euph. 60 (1966) 154–164; Gesamtausg.n der Hs. → 'Cambridger Hs. von 1382/3'.

2. Die Sprache des 'DH' weist ins Md. Genauere Lokalisierung ist schwierig, da das zugrundeliegende Phonemsystem aus dem defektiven Graphemsystem der Hs. (hebr. Schriftcharaktere) erschlossen werden muß. Es gibt Anhaltspunkte grammatischer und sprachsoziologischer Art, die darauf schließen lassen, daß der überlieferte Text eine frühe Stufe des Jiddischen repräsentiert. Die Entstehungszeit läßt sich an Hand der für das späte 13. Jh. charakteristischen Mischung von 'spielmännischen' und höfischen Zügen mit Elementen der Dietrichepik sowie von Zitaten aus anderen Dichtungen der Zeit mit ca. 1300 angeben.

3. Das Kurzepos erzählt von der Werbungsfahrt des Dänenherzogs Horant, die

dieser im Auftrag des elternlosen, gerade heiratsfähig gewordenen Königs Etene unternimmt, welcher über Deutschland und eine Reihe von benachbarten Ländern herrscht. Nach langer Beratung um eine standesgemäße Gemahlin für den jungen König ist die Wahl auf die schöne Prinzessin Hilde von Griechenland gefallen, obwohl man weiß, daß ihr Vater, der wilde Hagen, nicht willens ist, sie einem Freier zu überlassen. Nach anfänglicher Ablehnung übernimmt der wegen seiner zauberkräftigen Sangeskunst berühmte Horant den Auftrag und begibt sich mit einer prächtig ausgestatteten Gesandtschaft, zu der auch 3 Riesen (Asprian, Wate, Witold) gehören, zu Schiff nach Griechenland. In Hagens Hauptstadt nimmt man, sich als von Etene vertrieben ausgebend, bei einem reichen Kaufmann Unterkunft, dessen überaus prächtiger Palast ausführlich beschrieben wird. Horant nimmt mit Hilde während ihres Pfingstkirchganges Kontakt auf und veranlaßt sie mit Hilfe seines Gesanges, zu ihm in den Kaufmannspalast zu kommen, wo er seinen Werbungsauftrag erfolgreich ausführt. Mit der Einwilligung Hildes zu Heirat und Entführung während des folgenden Hoffestes bricht der Text ab. Der Fortgang der Handlung läßt sich aus dem Hildeteil der → 'Kudrun' rekonstruieren. Danach dürfte das Epos mit der Entführung und der anschließenden Verfolgung durch den Vater der Prinzessin enden.

4. Dem Epos liegt ein 6teiliges Handlungsschema zugrunde, das für die Komposition von Brautwerbungshandlungen typisch ist (CALIEBE): Auslösung und Vorbereitung: Beratung zur Namhaftmachung einer standesgemäßen Gemahlin (Gefährliche Werbung) – Botenfahrt – Gesandtschaft am Ziel der Reise: Spektakulärer Auftritt am Königshof – Gewinnung der Erwählten durch eine Werbungslist – Entführung mit Einverständnis der Entführten – Verfolgung durch den geprellten Vater. Dasselbe überindividuelle Erzählschema prägt den Hildeteil der 'Kudrun'. Auch die Gestalten (Etene, Horant, Hilde, Wate u.a.) gehören dem Hilde-Kudrun-Sagenkreis an. Dabei braucht der Verfasser des 'DH' nicht das Epos in der uns heute bekannten Form gekannt zu haben. Es kann sich bei seiner Quelle durchaus auch um eine sehr ähnlich gebaute Vorlage, evtl. um ein mündlich tradiertes Hildelied gehandelt haben. Die Gestalten der Riesen Asprian und Witold dürfte der Verfasser einer Rotherdichtung (→ 'König Rother') entnommen haben; auch einzelne Motive (z.B. die Tötung eines zahmen Löwen durch Witold) könnte der Dichter einem Rotherlied verdanken, jedoch erlauben Motivparallelen zu anderen Dichtungen eine eindeutige Zuweisung in der Regel nicht. In der Struktur des Handlungsschemas ist eine Übereinstimmung zwischen 'DH' und 'König Rother' ebenfalls nicht nachweisbar. Andere sog. Spielmannsepen (→ 'Salman und Morolf', → 'Oswald', → 'Orendel') benutzen in großem Umfang Motive, die wir aus dem 'DH' kennen. Daneben hatte der Verfasser offenbar Kenntnis von einigen Dichtungen der klassisch-höfischen und nachhöfischen Zeit, aus denen einzelne Episoden in den Text eingeflossen sind.

5. Die 'DH'-Strophe stellt eine besondere, bislang nicht überlieferte Ausprägung der 4zeiligen, für die Heldenepik charakteristischen epischen Strophenform dar. Sie besteht aus je 2 paarweise gereimten Lang- und Kurzversen. Der 1. Halbvers der Langzeilen ist jeweils 4hebig mit klingender Kadenz, der 2. Halbvers besitzt 3 Hebungen; die folgenden Kurzverse sind 4hebig. Die Zahl der unbetonten Silben zwischen den Hebungen beträgt 1 bis 2, wobei mit einer beträchtlichen Zahl von Verschleifungen zu rechnen ist. Die 'DH'-Strophe ähnelt in ihrem Bau der 'Rabenschlacht'-Strophe (→ 'Dietrichs Flucht und Rabenschlacht'). Unterschiede bestehen vor allem darin, daß die 'Rabenschlacht'-Strophe im Gegensatz zum 'DH' in den ersten beiden Versen Zäsurreim aufweist und in den folgenden beiden Kurzversen stets mit klingender Kadenz endet; im 'DH' ist klingende und stumpfe Kadenz möglich, wobei stumpfer Ausgang überwiegt.

6. Stilistisch steht das Epos der sog. Spielmanns- und der späten Heldenepik

nahe. Eine große Zahl von Motiven und das Schema der Handlung ebenso wie viele sprachliche Formeln sind durchaus traditionell. Neben dem formelhaften Stil und der auffallend geringen Variabilität in den Reimtypen ist eine bemerkenswerte Fülle von Wiederholungen zu verzeichnen. Diese sind wohl weniger Zeichen poetischer Armut (GANZ/NORMAN/SCHWARZ, S. 87), sondern sie erfüllten möglicherweise eine Funktion bei der Bewältigung der Erzählaufgabe durch den Dichter. Man kann annehmen, daß der Text, wie er uns vorliegt, der Tradition mündlich komponierter Dichtungen recht nahesteht. Die Gestaltung eines traditionellen Themas (Brautwerbung) mit Hilfe eines vorgeprägten Handlungsschemas unter Verwendung von bekannten Motiven und sprachlichen Formeln läßt auf ursprünglich mündliche Komposition durch einen Volkssänger schließen. Von dieser Grundschicht hat sich der überlieferte Text jedoch entfernt. Vielleicht ist der 'DH' gegen Ende des 13. Jh.s aus einem mündlich umlaufenden Lied in die Ebene der Schriftlichkeit transponiert worden. In dieser Form wurde das Gedicht dann vom Kompilator der Cambridger Hs. benutzt.

Literatur. → 'Cambridger Hs. von 1382/3'; Belegkartei zum 'DH' [Hamburg, Univ., Germanisches Seminar, Arch. d. Mhd. Wörterbuchs; vollst. alphabet. geordn. Belegkartei; unveröff.]; S. COLDITZ, Stud. z. hebräisch-mhd. Fragment von 'DH', Diss. (masch.) Leipzig 1964; W. RÖLL/CH. GERHARDT, Zur literarhist. Einordnung des sog. 'DH', DVjs 41 (1967) 517–527; M. CURSCHMANN, 'Spielmannsepik'. Wege u. Ergebnisse der Forschung von 1907–1965 (Referate aus d. DVjs), 1968, S. 41–45, 102 ff. u. ö. (Reg. S. 116); M. CALIEBE, 'DH', Stud. zu seiner lit. Tradition (Phil. Stud. u. Qu. 70), 1973.

(1978) MANFRED CALIEBE

E

'Eckenlied'

1. *Überlieferung.* Die Dietrichdichtung 'E.' ist in 7 Hss. (1. H. d. 13.– 2. H. d. 15. Jh.s) und in (mindestens) 11 Drucken (zw. 1491 und ca. 1590) überliefert (Übersicht bei HEINZLE, 1978). Die Überlieferung geht in Textbestand und Textgestalt stark auseinander (Versuche, ein Stemma aufzustellen [s. bes. v. KRAUS], bleiben problematisch). Mindestens 3 Versionen zeichnen sich ab, repräsentiert durch

I. Hs. L = Donaueschingen, cod. 74, p. 132–148, 13./14. Jh., etwas über 244 Strr. (Schluß fehlt);

II. Hs. d = 'Dresdner Heldenbuch' (→ 'Heldenbücher'), Dresden, LB, cod. M 201, 92ʳ–150ᵛ, v. J. 1472, 311 Strr.;

III. die Drucke, 284 Strr., sowie 3 hsl. Bruchstücke (15. Jh.): h = Nürnberg, Germ. Nat. Mus., cod. 42546; m = München, cgm 252, 105ʳ–126ᵛ (mit einer Szene zusätzlich nach I); š = Schlierbach, Stiftsbibl. (in cod. I 25).

Eine weitere Version liegt möglicherweise in Bruchstück A vor (ehem. Ansbach, jetzt verschollen; 13./14. Jh.). Abseits steht die älteste Überlieferung B, 1 Str. in München, clm 4660, 90ᵛ (Hs. der → 'Carmina Burana', 1. H. d. 13. Jh.s). Verwiesen sei schließlich noch auf das u. d. T. → 'Dietrich und Fasold' behandelte Fragment, bei dem nicht auszuschließen ist, daß es in den Umkreis der 'E.'-Überlieferung gehört.

2. *Ausgaben.* L Abdr.: S. v. EPPISHUSEN [i.e. J. v. LASSBERG], 'Eggen-Liet', [Konstanz] 1832; O.F.H. SCHÖNHUTH, Die 'Klage' sammt 'Sigenot' u. 'Eggenliet', Tübingen 1839, ²1847; F.H. V.D. HAGEN, Heldenbuch II, 1855, S. 19–102; krit. Bearb.: J. ZUPITZA, Dt. Heldenbuch V, 1870 (Neudr. 1968), S. 217–264; M. WIERSCHIN, 'E.' (ATB 78), 1974, dazu AfdA 86 (1975) 147–154. – d: F.H. V.D. HAGEN / A. PRIMISSER, Der Helden Buch in d. Ursprache II, Berlin 1825. – Druck Augsburg 1491 (a): K. SCHORBACH, 'Ecken auszfart' (Seltene Drucke in Nachbildungen 3), 1897; Straßburg 1559 (s¹): O. SCHADE, 'Ecken Auszfart', 1854. – h: J. ZACHER, ZfdPh 9 (1878) 416–420. – š: K. SCHIFFMANN, ZfdA 42 (1898) 227f. – A: C. v. KRAUS, Bruchstücke einer neuen Fassung d. 'E.', MSB 32/3.4, 1926. – B: B. BISCHOFF, 'Carmina Burana' I 3, 1970, S. 47f. (mit Verz. der älteren Ausg.n).

3. Das 'E.' ist nach Ausweis der Überlieferung B und der 'Thidrekssaga' (s. u. 6.) vor der Mitte des 13. Jh.s, nach Ausweis der detaillierten tirolischen Topographie wohl im bairisch-österreichischen Raum (woher auch B), vielleicht in Tirol selbst, entstanden.

Der Verfasser ist unbekannt. Seit F. VOGTS Versuch, die B-Str. als Eingangsstrophe einer älteren Fassung des Textes zu erweisen, findet die Annahme stärkere Beachtung, derzufolge v. 1 dieser Strophe (*Vns seit uon lutringen Helfrich*; entsprechend L 69 [*von Lune H.*], d 78 [*von Lon H.*]; in den Drucken [63] neutrale Quellenberufung) eine Autornennung enthält oder auf eine solche zurückgeht.

Die Gestalt des Helferich von L. spielt als Warner Eckes vor Dietrich im Text selbst eine Rolle (s. u. 4. – die Dietrichepik kennt mehrere Träger dieses Namens). Es wird vermutet, daß sie erst sekundär – nach Mißverständnis der mutmaßlichen Autornennung – eingeführt wurde.

Nur noch forschungsgeschichtlich von Interesse sind ältere Zuschreibungen an →Konrad von Würzburg und → Heinrich von Leinau (s. ZUPITZA, Ausg., S. XL Anm.) sowie an → Albrecht von Kemenaten.

4. Der Inhalt ist folgender: Der junge Riese Ecke will sich mit Dietrich von Bern im Kampf messen. Von Seburg – der vornehmsten von drei Königinnen, die auf Burg Jochgrimm residieren – beauftragt und prächtig gerüstet, macht er sich (zu Fuß, denn kein Pferd kann ihn tragen) auf den Weg. Nach längerer Suche und Verfolgung trifft er auf Dietrich und fordert ihn zum Kampf (trotz eindringlicher Warnungen des – wie er *durch willen schœner wibe* ausgezogenen – Helferich von L. [s. o. 3.], den er – von Dietrich schwer verwundet – im Wald gefunden hatte). Dietrich lehnt es zunächst hartnäckig ab, die Herausforderung anzunehmen, deren Berechtigung er nicht einsieht, läßt sich dann aber doch zum Kampf reizen, der mit Eckes Tod endet. Dietrich beklagt Eckes Schicksal und

macht sich selbst heftige Vorwürfe. Dann reitet er in des Riesen Rüstung und mit dessen Waffen davon, rettet ein Mädchen vor der Verfolgung durch Eckes Bruder Fasold und unterwirft diesen. In Begleitung Fasolds (der versucht, seinen Bruder zu rächen, und wegen wiederholter Treulosigkeit schließlich erschlagen wird) hat er – in den drei Versionen stark abweichend berichtet – eine Reihe von Abenteuern zu bestehen (namentlich wilde Kämpfe mit Riesen und Riesenweibern aus Eckes Verwandtschaft). Am Ende gelangt er nach Jochgrimm. In d macht er Seburg Vorwürfe, daß sie Ecke in den Tod gesandt hat, und wirft ihr dessen Kopf, den er am Sattel mit sich geführt hat, vor die Füße (dieser Schluß wird auch für L angenommen). In den Drucken (und in m) wird er als Befreier der Damen von der Zwangsherrschaft Eckes und Fasolds gefeiert.

5. Die ältere Forschung hat den Stoff auf einen naturmythischen Kern zurückgeführt (Lit. bei FREIBERG, S. 77–79). Seit FREIBERG nimmt man ätiologischen Ursprung an: um den Namen von Dietrichs Schwert Eckesachs (eigentl. 'Schwert mit scharfer Schneide'?) zu erklären, den schon →Heinrich von Veldeke kennt ('Eneide' 5728), sei ein ehemaliger Besitzer mit Namen Ecke erfunden worden.

6. Im Mittelpunkt der Versuche, die Entwicklungsgeschichte des Textes zu erhellen, stand die Auseinandersetzung mit dem Nachweis FREIBERGS (nach einer Entdeckung SARANs), daß die Handlung im ganzen und in vielen Einzelheiten Ähnlichkeit zeigt mit der einer Episode des afrz. Prosaromans vom 'Chevalier du Papegau' (überliefert in einer Hs. des 15. Jh.s, entstanden vielleicht im 14. Jh.; Ausg. von F. HEUCKENKAMP, 1897, S. 44–54). Nach FREIBERG schöpften das 'E.' und die Prosa aus einem (verlorenen) frz. Artusroman des 12. Jh.s. Versuche, demgegenüber das 'E.' als den gebenden Teil zu erweisen (LASSBIEGLER, BOER, BOOS), blieben ohne Erfolg (s. jedoch neuerdings CORMEAU). Durchgesetzt hat sich eine Kompromißlösung (SCHNEIDER, DE BOOR), derzufolge am Anfang ein genuin dt. (tirolisches) Urlied stand, das von einem rheinischen Dichter unter Benutzung des vorauszusetzenden frz. Romans umgestaltet wurde. Auf diese (verlorene) rheinische Bearbeitung sollen die vorliegenden Fassungen und die Nacherzählung in der 'Thidrekssaga' (Ausg. von H. BERTELSEN I, 1905–11, S. 174–192; Übers. von F. ERICHSEN [Thule 22], ²1967, S. 160–167) zurückgehen.

Für die gegenüber dem frz. Roman ursprünglich dt. Tradition des Stoffes stehen eine tirolische Lokalsage von drei (Wetter-)Hexen auf dem Berge Jochgrimm (s. ZINGERLE) und ein Wettersegen (15./16. Jh.) in der Münchener Hs. cgm 734 (!), 198ʳ (!), deren Zeugniswert jedoch sehr fragwürdig ist. Die rhein. Fassung wird vor allem daraus erschlossen, daß die Handlung – im Widerspruch zur sonstigen Lokalisierung in Tirol – z. T. im Rheinland zu spielen scheint (Str. 1). Ihre Existenz kann indessen ebensowenig als hinreichend gesichert gelten wie die einer liedhaften Vorstufe. Im übrigen ist zu fragen, ob die Parallelen zum Papageienroman überhaupt aus genetischer Verwandtschaft erklärt werden müssen.

7. Eine große Zahl zeitgenössischer Äußerungen (s. GRIMM, Heldensage, passim; A. WALLNER, ZfdA 65 [1928] 224) bezeugt die außerordentliche Beliebtheit des Textes, dem auch die Forschung ihre Gunst nicht versagt hat (hervorgehoben werden namentlich die Lebendigkeit der Darstellungsweise und die Intensität der Stimmungsschilderungen).

Literarhistorisch steht das 'E.' in vielfältigen Beziehungen: mit dem 'Goldemar' (→ Albrecht von Kemenaten), dem → 'Sigenot' und der → 'Virginal' teilt es die Strophenform des Bernertons, mit diesen und dem → 'Laurin' den Schauplatz der Südtiroler Bergwelt mit ihren Fabelwesen (wobei der Anteil 'volkstümlichen' Erzählguts unklar bleibt); der → 'Ortnit'/'Wolfdietrich'- und der Herbort-/→ 'Ruodlieb'-Komplex sind präsent, auf den Stoff der 'Rabenschlacht' (→ 'Dietrichs Flucht' und 'Rabenschlacht') und anderes wird angespielt; der Einfluß der höfischen Literatur ist greifbar in inhaltlich-thematischen Elementen (Frauendienst u. a.) und in der Darstellungsweise.

Die konkurrierenden Fassungen der Schlußszene demonstrieren beispielhaft die Flexibilität eines Textes, der nicht als unveränderliches Originalkunstwerk tradiert wurde, sondern in 'lebender' Überlieferung unter dem Einfluß verschiedenster literarischer Traditionen (und in Auseinandersetzung mit ihnen) ständiger Um- und Weiterbildung unterlag: d (L) nutzt die Konfrontierung des kampfgierigen Ecke mit dem traditionell maßvoll-besonnenen Dietrich in gewisser Weise zu einer Kritik am Frauendienst (wie im → 'Rosengarten zu Worms' steht am Ende die Demütigung der höfischen Dame, die den Kampf veranlaßt hat); die Drucke wenden die Geschichte nach dem Muster der traditionellen Befreiungsfabel, wie sie auch im 'Goldemar', im 'Laurin', in der 'Virginal' und im → 'Wunderer' vorliegt.

Literatur. I. V. ZINGERLE, Die Heimat d. Eckensage, Germ. 1 (1856) 120–123; J. ZUPITZA, Ausg., S. XXXV–XLVI; W. WILMANNS, Zur Gesch. d. 'E.', in: O. JÄNICKE/E. STEINMEYER/W. WILMANNS, Altdt. Stud., 1871, S. 95–140; F. VOGT, Zum 'E.', ZfdPh 25 (1893) 1–28; O. FREIBERG, Die Quelle d. 'E.', PBB 29 (1904) 1–79; R. C. BOER, Das 'E.' u. seine Quellen, PBB 32 (1907) 155–259; H. LASSBIEGLER, Beitr. z. Gesch. d. Eckendicht.n, Diss. Bonn 1907; H. SCHNEIDER, Stud. z. Heldensage, ZfdA 54 (1913) 339–369 (354–359); G. BOOS, Stud. über d. 'E.', PBB 39 (1914) 153–174; H. DE BOOR, Zur Eckensage, Mitt. d. Schles. Ges. f. Vk. 23 (1922) 29–43 (wieder in Kl. Schr.n II, 1966, S. 1–12); C. VON KRAUS, Ausg.; SCHNEIDER, Heldensage I 255–263; CH. CORMEAU, 'Wigalois' u. 'Diu Crône' (MTU 57), 1977, S. 78–81; J. HEINZLE, Mhd. Dietrichepik (MTU 62), 1978. – Weitere Lit. bei WIERSCHIN, Ausg., S. XXX–XXXIV, dazu Korrekturen u. Ergänzungen bei HEINZLE, AfdA 86 (1975) 151 f.

(1978)   JOACHIM HEINZLE

Meister Eckhart

I. Leben und Prozeß. – II. Schriften und deren Überlieferung. – III. Lehre. – IV. Sprache und Stil. – V. Nachwirkung. – VI. Zur Forschungsgeschichte. – VII. Literatur.

I. Leben und Prozeß.

1. Um 1260 in Hochheim (bei Gotha oder bei Erfurt) geboren, trat E. als Jüngling ins Dominikanerkloster zu Erfurt ein und erhielt dort die übliche Ausbildung. Am Studium generale in Köln lernte er wohl noch → Albertus Magnus († 1280) kennen. Nach einem dreijährigen Lektorat schickte ihn die Ordensleitung 1293 an das dominikanische Studium generale an der Univ. Paris, wo er als Baccalaureus die Sentenzen des Petrus Lombardus erklärte. Unsicher bleibt, ob der Sentenzenkommentar im cod. Brügge 491 der E.sche ist (Kontroverse KOCH, 1943 – MEERSSEMANN, 1948). Die 'Collatio' (Antrittsrede) zur Sentenzenerklärung in der Erfurter Hs. Amplon. 2° 321 gilt als echt (LW V 1–26). Nach dem ersten Pariser Aufenthalt wirkte E. als Prior von Erfurt und als Vicarius von Thüringen, d.h. als Stellvertreter des Provinzials → Dietrich von Freiberg. Der Erfurter Zeit gehören die 'Rede der unterscheidunge' (Tischlesungen für die Angehörigen seines Konvents) an. 1302 wirkte E. als Magister der Theologie in Paris. Zeugnis dieser Lehrtätigkeit sind zwei Quaestiones, wobei der einen, *Utrum in Deo sit idem esse et intelligere* (1927 entdeckt; LW V 37–48), zentrale Bedeutung zukommt: weniger freilich, wie eine 30jährige Diskussion meint, innerhalb des Gesamtwerks E.s als im Bemühen der Forschung um dieses Gesamtwerk. 1303 übernahm E. die Leitung der neugeschaffenen sächsischen Ordensprovinz; 1307 wurde er zusätzlich Generalvikar der böhmischen Provinz. 1310 wählte das Kapitel der Teutonia in Speyer E. zu ihrem Provinzial. Doch bestätigte das Generalkapitel in Neapel (1311) die Wahl nicht, sondern schickte E. ein weiteres Mal an die Univ. Paris, wo er in den akademischen Jahren 1311/12 und 1312/13 eine rastlose wissenschaftliche Tätigkeit entfaltete (Entwurf des 'Opus tripartitum'). Von 1314 an finden wir E. in Straßburg, und zwar in einer Stellung, die sich nicht mit einem bestimmten Amt umschreiben läßt. Seine Hauptaufgabe scheint Seelsorge und Predigt im Rahmen der Cura monialium gewesen zu sein. Frühestens von 1323 an war E. in Köln, trotz schwachem Zeugnis doch wohl als Magister am dortigen Studium generale.

2. 1326 leitete der Erzbischof von Köln, Heinrich von Virneburg, ein Inquisitionsverfahren gegen E. ein, nachdem der päpstliche Visitator der Teutonia, → Nikolaus von Straßburg O. P., wohl um dem Erzbischof zuvorzukommen, E.s Schriften auf ihre Rechtgläubigkeit untersucht und sie von Häresie frei gesprochen hatte. Der Anlaß mochten Berufungen von Begarden und Brüdern vom freien Geiste auf E.s Lehre gewesen sein, wie aus Äußerungen

von Michael Cesena und Wilhelm von Ockham hervorgeht. Trotzdem bleibt es schwer verständlich, daß gegen einen Mann, dem sein Orden ein 'heiligmäßiges Leben' attestierte, die Waffe der Inquisition, die im MA gegenüber führenden Theologen und Ordensmännern äußerst selten und zurückhaltend geführt wurde, zur Anwendung kam. Die zwei Franziskaner, die mit der Untersuchung beauftragt waren, stellten zwei Listen mit 49 bzw. 59 Sätzen zusammen, denen nach dem Zeugnis des → Nikolaus von Kues und auf Grund von Rückschlüssen, die die päpstliche Bulle gestattet, noch 2–3 weitere folgten. Die diskriminierten Sätze sind überwiegend den dt. Traktaten und Predigten E.s entnommen. Der Meister nahm in seiner 'Rechtfertigungsschrift' dazu Stellung. Es ist ein unschätzbares Dokument für unsere Kenntnis des Menschen E. und vorzüglichstes Echtheitskriterium für die dt. Predigten und Traktate. E. hat in der Verteidigung seine Lehre nicht, wie man früher meinte, abgeschwächt, sondern in der Sicherheit eines Menschen, der sich in der Wahrheit weiß, zu erklären versucht. Als der Prozeß sich hinzog und E., zusammen mit Nikolaus von Straßburg, welcher der Begünstigung der Häresie angeklagt wurde, im Januar 1327 vor die Kölner Kommission zitiert wurde, antworteten E. und Nikolaus mit Protest und Appellation an den Papst. Die päpstliche Kommission in Avignon, vor der E. sich zu verteidigen Gelegenheit hatte, strich die vorliegenden diskriminierten Sätze auf 26 zusammen, von denen die ersten 15 und die (nicht gezählten) beiden letzten als häretisch, die restlichen 11 als 'übel klingend, sehr kühn und der Häresie verdächtigt' erklärt wurden. Als die Bulle ('In agro dominico') mit der Verurteilung am 27.3.1329 erschien, war E. nicht mehr am Leben. Er muß anfangs 1328 in Avignon gestorben sein.

II. Schriften und deren Überlieferung.

Textausgaben. Krit. Gesamtausg.: M. E. Die dt. u. lat. Werke, hg. im Auftrag d. Deutschen Forschungsgemeinschaft. Die dt. Werke, hg. v. J. Quint [DW], 1936ff. Die lat. Werke, hg. v. J. Koch u.a. [LW], 1936ff. Bis 1976 sind von 5 geplanten Bänden der dt. Werke erschienen: Bd. I (1958) Predigten Nr. 1–24; Bd. II (1971) Predigten Nr. 25–59; Bd. III (1976) Predigten Nr. 60–86; Bd. V (1963) Traktate (Liber 'Benedictus'; 'Die rede der underscheidunge'; 'Von abegescheidenheit'). – Vom gleichfalls auf 5 Bände berechneten lat. Werk liegen vor: Bd. I (1964) mit 'Prologi', 'Expositio libri Genesis', 'Liber parabolarum Genesis'; Bd. II, 10 Lieferungen (1954–75) mit 'Expositio Libri Exodi', 'Sermones et lectiones super Ecclesiastici c. 24, 23–31', 'Expositio Libri Sapientiae'; Bd. III, 4 Lieferungen (1936–53) mit 'Expositio S. Evangelii sec. Iohannem' (unabgeschlossen); Bd. IV (1956) mit den 'Sermones'; Bd. V, 2 Lieferungen (1936) mit 'Collatio, 'Quaestiones Parisienses', 'Sermo die B. Augustini Parisius habitus', 'Tractatus super Oratione Dominica'.

F. Pfeiffer, Dt. Mystiker d. 14. Jh.s II: M. E., 1857 (Neudr. 1962); F. Jostes, M. E. u. seine Jünger. Ungedruckte Texte z. Gesch. d. dt. Mystik (Collectanea Friburgensia 4), Freiburg/Schw. 1895 (Neudr. mit einem Wörterverzeichnis von P. Schmitt u. einem Nachwort von K. Ruh, 1972); E. Diederichs, M. E.s Reden d. Unterweisung (Lietzmanns Kleine Texte f. Vorlesungen u. Übungen 117), 1913, ²1925; Ph. Strauch, Paradisus anime intelligentis (DTM 30), 1918; J. Quint, M. E.s Buch d. göttlichen Tröstung u. Von d. edlen Menschen (Liber 'Benedictus') (Alands Kleine Texte f. Vorlesungen u. Übungen 55), 1952.

Übersetzungen. J. Molitor / F. Aubier, Maître E. Traités et Sermons, avec une introduction de M. de Gandillac, Paris 1942; J. Quint, M. Ekkehart. Dt. Predigten u. Traktate, 1955, ²1963; J. Clark, M. E. An Introduction to the Study of his Works with an Anthology of his Sermons, London 1957.

1. Die Echtheit des lateinischen Werks ist bis auf den Sentenzenkommentar gesichert. Die erhaltenen Schriften werden zum überwiegenden Teil vom 'Opus tripartitum' umgriffen. Dieses groß geplante Werk – E. selbst spricht von einem *pelagus scripturae* – gliedert sich in das 'Opus propositionum' mit 1000 Thesen, das 'Opus quaestionum' und das 'Opus expositionum' mit Schriftkommentaren und Sermones. Ausgeführt bzw. überliefert sind verschiedene Prologe, darunter derjenige zum Gesamtwerk, Kommentare zu Genesis, Exodus, Sapientia und Johannesevangelium, und das 'Opus sermonum' mit Predigtentwürfen. Die Auslegungen bezeichnet E. im Hauptprolog als 'ungewöhnlich', manches im Gesamtwerk *primo aspectu monstruosa, dubia aut falsa*: Er weiß um

die Kühnheit seiner Thesen und das Schokkierende der Formulierungen.

Die Überlieferung der lat. Schriften ist äußerst schmal, konnte aber noch in jüngster Zeit mit einer bedeutenden Exzerptsammlung aus dem Kölner Dominikanerkloster erweitert werden (KAEPPELI, 1961). Im wesentlichen beruht sie auf 4 Hss. (Kues, Hospitalbibl., cod. 21; Erfurt, Wiss. Bibl., cod. Ampl. 2° 181; Trier, StB, cod. 72/1036; Berlin, cod. lat. 4° 724), wovon die Kusaner, das Handexemplar des Kardinals, die umfangreichste und wertvollste ist.

2. Die deutschen Werke sind reicher überliefert, am breitesten die *Rede der unterscheidunge* und *Von abegescheidenheit* (dessen Echtheit nicht von allen anerkannt wird). Der 'Liber benedictus' mit dem 'Buch der göttlichen Tröstung' und dem 'Sermon vom edlen Menschen', der Königin-Witwe Agnes von Ungarn gewidmet, gilt als sprachlich und gedanklich reifstes Werk; es ist zugleich das Buch, dem die Kölner Inquisitoren die meisten diskriminierten Stellen (15) entnommen haben. Die übrigen in PFEIFFERS Ausgabe veröffentlichten Traktate dürften nicht oder nur partiell von E. sein. Doch fehlen gründliche Untersuchungen.

Das dt. Predigtwerk, ungleich demjenigen →Taulers, liegt nicht in zeitgenössischen Sammlungen vor. Sofern Predigten, wie anzunehmen ist, von E. selbst oder von andern geordnet und redigiert worden sind, gingen diese 'Ausgaben' verloren: die kirchliche Verurteilung E.scher Lehrsätze dürfte dafür verantwortlich gemacht werden. Wo größere Komplexe von E.-Predigten überliefert sind – u. a. in den Einsiedler Hss. 277/278, in der 'Jostes'-Hs. (Nürnberg, StB, cod. Cent. IV 40) oder im → 'Paradisus anime intelligentis' –, handelt es sich um nachträgliche Corpora frühestens aus der Mitte des 14. Jh.s. Es sind so grundsätzlich E.s dt. Predigten als Streugut tradiert. Aus diesem Grunde erfordert auch jede Einzelpredigt ihren besondern Echtheitsnachweis. Von der Masse der ca. 150 Predigten, die für E. in Anspruch genommen werden, dürften zumindest Zweidrittel die Echtheitsprobe bestehen; die noch nicht abgeschlossene Ausgabe QUINTs zählt bereits 86. Als Hauptkriterien haben zu gelten: Bezeugung durch die 'Rechtfertigungsschrift', Übereinstimmungen mit Predigten des 'Opus sermonum' und Rückverweise sowie beachtliche Textparallelen mit als echt erwiesenen E.-Texten. Nach diesen (absteigenden) Echtheitskriterien hat QUINT die Ausgabe der dt. Predigten angelegt.

Die opinio communis will, daß die dt. Predigten durch (unkontrollierte) Nachschriften von Klosterfrauen überliefert worden sind. Dieser Meinung ist mit P.-G. VÖLKER entgegenzutreten. E. hat sich (zum Erstaunen moderner Forscher!) nicht grundsätzlich gegen die Verwendung von Predigtzitaten in der Anklageschrift gewandt, nur den Wortlaut der rückübersetzten Stellen als mißverständlich und falsch bezeichnet. Darnach galten ihm selbst, nicht nur seinen Zensoren, dt. Predigttexte als authentische Schriften. Das bestätigt die hohe Wertschätzung der lat. Predigt im ganzen MA. Auch der dt. Prediger konnte und durfte es nicht zulassen, daß sein Verkündigungswort unkontrolliert in die Hände der Laien fiel. Daß E. seine Predigten in irgendeiner Form, sei es durch Diktat oder Redaktion, autorisierte, erhellt das Verhältnis der einzigen mit Sicherheit von ihm selbst niedergeschriebenen Predigt, des 'Sermon vom edlen Menschen', zu den übrigen Predigten: diese unterscheiden sich in der Textqualität in keiner Weise von jener einen. Ebenso wenig lassen sich im Rahmen der als echt erkannten Predigten sprachlich-stilistische Anzeichen verschiedener 'Redaktionen' erkennen, wie sie zu erwarten sind, wenn die Texte von verschiedenen Händen (z.B. in Straßburg und in Köln) nachgeschrieben worden wären. Glücklicherweise hat die E.-Philologie eh und je mit Kriterien gearbeitet, die nur bei Voraussetzung der vollen Authentizität des Textes angewandt werden dürfen. Die dt. Predigten E.s sind zwar in der Tradierung durch viele Hände verderbt worden, gehen aber mit Sicherheit auf Texte zurück, die Anspruch auf Authentizität erheben dürfen.

Die textkritischen Prinzipien QUINTs sind allgemein anerkannt worden. Nur PAHNCKE ist ihnen mit Versuchen entgegengetreten (1959, 1961), die über die faßbare Überlieferung hinaus zu Erstredaktionen vorstoßen möchten. Dies geschah indes ohne ausreichende Methode und unter weitgehender Ausklammerung gesicherter textkritischer Resultate.

Über die Breite der Überlieferung der dt. Werke E.s herrschen bis in die Spezialliteratur hinein völlig irrige Vorstellungen. Sie rühren daher, daß schlichtweg von 200, nach dem jüngsten Verzeichnis sogar von 302 E.-Hss. gesprochen wird, ohne zu bedenken, daß 90 und mehr Prozent dieser Hss. nur Splitter und

Splitterchen (wenige Zeilen!) von E.-Texten enthalten. Ein objektives Bild kann nur die Textzeugenzahl der einzelnen Schriften vermitteln: 'Buch der göttlichen Tröstung': 4; 'Sermo vom edlen Menschen': 3; *'Rede der unterscheidunge'*: 44; *'Von abegescheidenheit'*: 32; von den bisher von QUINT edierten 86 Predigten haben Nr. 2 und 45 die breiteste Überlieferung mit 22 und 21 Textzeugen, 33 Predigten weisen zwischen 10 und 20, alle übrigen weniger als 10 Textzeugen auf. Am Maßstab geistlicher Prosadenkmäler des SpätMAs gemessen, die nicht selten in über 100 Hss. überliefert sind, haben so die Traktate *'Rede der unterscheidunge'* und *'Von abegescheidenheit'* eine mittelbreite, die Predigten generell eine schmale Überlieferung; sehr viel breiter ist z.B. Taulers Predigtwerk tradiert.

Die Überlieferungsgeschichte der E.-texte ist noch weitgehend Desiderat. Für die *'Rede der unterscheidunge'* und *'Von abegescheidenheit'* sollte sie auf Grund eines umfassenden hsl. Materials möglich sein. Drucke des 17. und 18. Jh.s (bis zur Schwelle des 19. Jh.s: 1799) des *abegescheidenheit*-Traktats unter fremden Namen deuten an, in welcher Weise und in welchen Kreisen die Mystik E.s das MA überlebt hat (RUH, ZfdPh 78 [1959] 104f.).

III. Lehre.

1. Das Verständnis von E.s Lehre verlangt, daß wir uns in die Wahrheit hineinstellen, aus der heraus E. der Prediger gesprochen hat: *wan als lange der mensche niht gelîch ist dirre wârheit, alsô lange wird er dise rede niht verstân* (DW II 501,1f.). Dieses Modell von 'Kommunikation' hebt sich selbst auf, indem es die Beziehung von Wahrheit und dem Vernehmen dieser Wahrheit im göttlichen Esse verankert, und entspricht der mystischen Seinsform, von allem, was nicht Gott ist, freizusein, eingeschlossen die persönliche Gotteserfahrung. Wenn es vielen Hörern E.s, wie wiederholte Bemerkungen des Predigers verraten, nicht möglich gewesen ist, sich dieser Wahrheit zu überantworten, so dürfte es dem modernen Leser vollends verwehrt sein, eine aus der (göttlichen) Einheit formulierte Botschaft auf kerygmatischem Wege zu verstehen. Wir bedürfen so der Hilfe der lat. Schriften, wo E. 'das die Ordnung der Dinge aufweisende Denken' (KOPPER, 1955) übt, m. a. W. systematisiert, definiert, argumentiert. Daraus ergibt sich, daß zwar den dt. Werken, die durch 'Verkündigung' den Menschen unmittelbar aus der göttlichen Wahrheit heraus verstehen wollen, der Primat zukommt, die lat. Schriften jedoch zur Klärung dieser Verkündigung durch systematische 'Lehre' unentbehrlich sind. Ein als schwierig oder gar dunkel geltender Text wie z.B. der erste Abschnitt des 'Trostbüchleins' wird höchst durchsichtig, wenn lat. Kernstellen über die Analogie daneben gehalten werden.

2. Eine entscheidende Wendung erfuhr die Standortsbestimmung des E.schen Denkens durch die Klärung des Analogiebegriffes durch KOCH, 1959 (vorweggenommen ¹VL V [1955] 169f. und durch HOF, 1952, der seinen Ansatz KOCH verdankt), sowie durch LOSSKY, 1960. E. lehrt (Hauptstelle im Ecclesiastes-Kommentar, LW II 280ff.) – im Unterschied zu Thomas, der ein allem inhaerentes Sein lehrt, das Gott als Ursache und Prinzip, der Kreatur durch bloße Partizipation zukommt – ein einziges, absolutes Sein, das, zusammen mit den Transzendentalien (*verum, bonum, sapientia, iustitia* u. s. f.), einzig Gott zukommt, dem Geschaffenen jedoch zugeströmt wird. Die Kreatur ist infolgedessen nur, sofern sie dauernd Sein empfängt, so wie der Spiegel das Bild empfängt, ohne dieses Bild zu sein ('Analogie des Spiegelbildes'). Damit ist der Standort E.s von Thomas wie vom Monismus abgehoben: der analogische Ansatz als solcher stellt E. zu Thomas, das einzige, göttliche Sein, außer dem *purum nihil* ist, zum Monismus. Daß dies keine eklektizistische Lösung ist, beweist die Konsequenz, mit der dieser transzendentale Ansatz, der von der 'Struktur' Gottes ausgeht, für alle theologischen Fragen durchgeführt ist.

3. Durch den Analogiebegriff hellt sich E.s Unterscheidung von Zeit und Ewigkeit (MIETH, 1969) auf. Die Ereignisse der Offenbarung in der Zeit sind in der Ewigkeit eine Einheit, Heilsgeschichte eine einzige Heilszuwendung Gottes. So ist die Schöpfung ewig als Werk Gottes (*creatio conti-*

nua) und zeitlich, indem durch sie erst Zeit konstituiert ist; so ist die Inkarnation des göttlichen Logos als Akt Gottes ewig (*incarnatio continua*), als Menschwerdung Christi Projektion des ewigen Ereignisses in die Zeit. Diesen doppelten Aspekt gilt es zu beachten: insofern die Heilstaten von Gott sind, sind sie ewig, insofern sie Kreatur sind, zeitlich. Dieses 'insofern' (*inquantum*) bezeichnet präzis das E.sche Analogieverhältnis und bestimmt alle Aussagen E.s über das Verhältnis des Geschaffenen zum Ungeschaffenen.

4. Analogon Gottes und damit der Transzendentalien ist das 'Seelenfünklein' (dessen Verwurzelung in der Tradition VON IVÁNKA, 1950, vorbildlich entwickelt hat). Die alte Streitfrage, ob E. die Geschaffenheit oder Ungeschaffenheit der *scintilla animae* gelehrt habe – zugleich die zentrale Frage nach E.s Rechtgläubigkeit –, ist heute geklärt: als *intellectus inquantum intellectus* (*divinus*) ist das Seelenfünklein ungeschaffen und eins mit Gott, als *potentia animae* mit dem Signum des *hoc et hoc* geschaffen. Es ist somit das Analogon des ungeschaffenen Intellekts im geschaffenen Intellekt, und es bezeichnet nicht ein erkennendes Organ, sondern einen ontologischen Bezug, der die schöpfungs- und heilsgeschichtlichen Ereignisse zwischen Gott und Mensch integriert.

5. Dieser ontologische Bezug ist die Gottesgeburt. Auch diese Vorstellung hat eine lange Tradition, die sich bis zum μορφωθῇ Χριστὸς ἐν ὑμῖν Gal 4,19 zurückverfolgen läßt. RAHNER hat sie vorbildlich aufgearbeitet (1935). Die Gottesgeburt besagt 1., daß der Vater mich als Sohn in das 'Höchste meiner Seele' (*supremum animae* = Seelenfünklein) gebiert; 2. daß ich, indem Gott seinen Sohn in mich gebiert, zugleich ihn wiederum in den Vater gebäre. Nicht viel anders formulierte dies die Väter-Tradition, zumal die östliche. Aber sie verstand diese Geburt und Wiedergeburt ethisch. E. versteht sie ontologisch – sie ist Seinsbegabung in der *creatio* und *incarnatio continua* –, und doch nicht nur ontologisch: E.s Lehre will nämlich eine Lebenslehre sein.

6. Diese fordert den Vollzug der Gottesgeburt im Leben als Empfängnis und als Fruchtbarkeit. Als Empfängnis in der *abegescheidenheit* (Gelassenheit, Ledigsein, Armut des Geistes), die das Freiwerden von alle dem bedeutet, was nicht in Gott ist; als Fruchtbarkeit im Leben des 'Gerechten' in der Gerechtigkeit, die Gott ist. *Iustus inquantum iustus* ist der Mensch, der am innergöttlichen Leben teilnimmt, ist der gerechtfertigte Mensch. An dieser Stelle hat die nie explizit behandelte Gnadenlehre E.s ihren Platz. Das *inquantum* kommt dem Menschen nicht aus eigener Vollkommenheit zu. Sie ist Heilsgnade, wie die *creatio continua* Seinsgnade ist. Nur Gott ist 'von Natur', der Mensch im Vollzug der Gottesgeburt ist in der Gnade. Systematisch nimmt die Gottesgeburt bei E. die Stelle ein, die in der abendländischen Mystik bislang der Kontemplationslehre mit ihren Stufen zur Vollkommenheit zukam (vgl. wenige Jahrzehnte vor E. → Bonaventuras 'De triplici via').

7. Den Ansatz der 'negativen Theologie' bei E., als solcher nie verkannt, hat LOSSKY (1960) aus des Meisters Widerstreben, das göttliche Mysterium durch Definitionen zu fassen, begründet und in all seinen Konsequenzen zur Darstellung gebracht. Gottes Verborgenheit ist eine absolute, eine *negatio negationis* (*versagen des versagennes*) in dem Sinne, daß Gott als das Eine, außer dem nichts ist, alle Aussagen dieses 'nichts' über ihn verneint (vgl. DW I 361,10ff.). Gott schließt alle Distinktionen aus, auch die der Zahl der göttlichen Personen in der Einheit (UEDA, 1965). Wenn E. jedoch verschiedentlich die 'Gottheit' vom (trinitarischen) 'Gott' abhebt (*got unde gotheit hât underscheit als verre als himel und erde*, PFEIFFER, S. 180,15 f.), so handelt es sich um keine reallogische Distinktion im Sinne des Gilbert Porreta, sondern um einen Ausdruck der Unzugänglichkeit Gottes. – Was für Gott zutrifft, gilt gleichermaßen vom Seelengrund als dessen 'Bild': er ist 'von allen Namen frei und aller Formen bloß' (DW I 40,2).

IV. Sprache und Stil.

Wer wie E. das *esse absconditum* der Seele in Gott zum hauptsächlichsten

Thema hat, wer als Prediger diesen Grund im Grunde verkünden will, bedarf besonderer sprachlicher Ausdrucksmittel, die eine *inswebende bekantnisse* ermöglichen. Die schöpferische Sprachgewalt E.s wurde nie bestritten, und es liegen zahlreiche Versuche vor, sie zu charakterisieren (s. Bibliographie 7.). Doch erwies es sich als schwierig, etwa im Bereich der Terminologie E.s originale Leistung herauszustellen. Man tut E. jedenfalls keine besondere Ehre an, wenn man ihm möglichst viele Abstraktbildungen auf *-heit/keit* und *-unge* zuschreibt: ihnen liegen zur Hauptsache längst bekannte Modelle von Lehnübersetzungen zugrunde, derer sich jeder gebildete Schreiber bedienen konnte. Wichtiger ist die Ausbildung apophatischer Elemente der Sprache: *un-*, *ent-*, *abe-*, *über-*Bildungen, die durch E. eine außerordentliche Bereicherung erfahren haben, der Tautologie (der man noch zu wenig Aufmerksamkeit geschenkt hat), des Paradox. Apophatischen Charakter kann aber auch das Bild haben, indem es das Geistig-Bildlose vom Sinnlichen abhebt ('Bilder mit Bildern austreiben', wie →Seuse diesen Vorgang nannte). E. beherrscht die Bildsprache wie wenige vor und nach ihm, als Apophase, aber auch als Gleichnis im Sinne des Thomas von Aquin (*per sensibilia ad intelligibilia*, S.th. I, q. 1, a. 9) und zwecks Begriffserhellung (z. B. Spiegel- und Echobild für den Analogiebegriff). Die Bildsprache E.s systematisch und exakt zu beschreiben, ist immer noch Desiderat. Das wichtigste Material dazu erschließen heute die erschöpfenden Wörterverzeichnisse der DW.

E.s Sprachstil wurde zunächst nur unter rhetorischen Kategorien untersucht, wobei die dt. von der lat. Sprachform her verstanden wurde (BRETHAUER, 1931). Erst neueste Studien gehen von der Satzstruktur aus (STÖTZEL, MARGETTS), am erfolgreichsten VON SIEGROTH, die mit Hilfe eines allgemeinen Sprachmodells zu einer präzisen Stilbeschreibung unter formalen und funktionalen Gesichtspunkten gelangt. Es zeigt sich, daß M. E.s 'Diktion' eine von andern nicht erreichte Lucidität und Linearität auszeichnet. Wer in der 'Mystik' das Dunkle und Unbestimmte sucht, das sprachlich nur gestammelt werden kann, muß an E. vorbei gehen.

V. Nachwirkung.

1. Die Überlieferung der dt. Schriften E.s läßt erkennen, daß diese bis um 1500 im ganzen dt.-ndl. Sprachgebiet bekannt blieben, freilich – mit Ausnahme der '*Rede der unterscheidunge*' – fast durchwegs anonym oder unter anderer Signatur. So hat → Nikolaus von Landau um die Mitte des 14. Jh.s eine dem →'Paradisus anime intelligentis' nahestehende Hs. mit vielen E.-Predigten in seiner Sermonensammlung verwertet (ZUCHHOLD, 1905). In gleicher Weise gingen Stücke von E.schen Predigten und Traktaten in den → 'Traktat des unbekannten deutschen Mystikers' und in die 'Mosaiktraktate' der Karlsruher Hss. St. Peter perg. 85 u. 102 ein, die SPAMER (1910) unter dem Gesichtspunkt der 'Zersetzung und Vererbung' von Mystikertexten beispielhaft analysiert hat. An der Drucküberlieferung hat E. nur am Rande und unter fremden Namen teil: eine größere Anzahl von Predigten ist als Anhang in den Tauler-Druck Basel 1521/22, nur zwei sind in den Tauler-Druck Köln 1543 eingegangen; '*Von abegescheidenheit*' erschien 1670, 1701 (in Gottfried Arnolds 'Leben der Gläubigen'), 1733/1786 (in Gerhard Tersteegens 'Auserlesenen Lebensbeschreibungen'), 1799 (in Leonard Meisters 'Helvetiens berühmte Männer in Bildnissen') als Schrift des → Nikolaus von Flüe (s. RUH, ZfdPh 78 [1959] 104 f.; QUINT, DW V 386 f., 397 f.).

Was die Textgeschichte der lat. Schriften betrifft, so ist bis jetzt kaum registriert worden, daß diese eine nicht ganz unbedeutende deutschsprachige Tradierung haben. J. KOCH hat sie zusammengestellt ('M. E.s Weiterwirken', 1963) und abschließend vermerkt: 'mit Ausnahme der ersten Genesisauslegung sind von den lateinischen Schriften E.s größere oder kleinere Stücke in die Volkssprache übersetzt worden' (S. 149). Zu diesen Übersetzungen gehören eine größere Anzahl von 'Sprüchen' der PFEIFFERschen Ausgabe, zur Hauptsache dem Sapientia-Kommentar (LW II) entnommen. Die weiteste volkssprachliche Adaptation fand die Auslegung des Johannes-Evangeliums (LW III): durch → Marquard von Lindau und → Jordan von Sachsen (Quedlinburg).

2. Die ungewöhnliche Wirkung E.s als Prediger, Lehrer und Seelsorger spiegelt sich in zahlreichen literarischen Zeugnissen. Nonnen wie Elsbeth von Beckenhofen in Ötenbach/Zürich und Anna Ramschwag in Katharinental/Dießenhofen berichten von Begegnungen mit ihm am Beichtfenster; Nonnenverse preisen ihn als unvergleichlichen Meister, der *von wesen bloz* spricht (→ 'Die Sprüche der zwölf Meister'). Wie sich E.sche Spekulation und Sprache in traditioneller Leidens- und Visionenmystik brechen, zeigen die 'Offenbarungen' der Ötentaler Dominikanerin → Elsbeth von Oye. Heinrich → Seuse, der in Köln Schüler E.s war, erzählt, wie ihm *der selig meister Eghart* in einer Vision Antwort auf zwei Fragen gegeben habe ('Vita', c. 6). Wichtiger ist die zwar indirekte, aber für Eingeweihte unverkennbare Verteidigung E.scher Lehrsätze im 'Büchlein der Wahrheit' (c. 6). Da sie offensichtlich erst nach der Verurteilung E.s erfolgt ist, erforderte sie Überzeugung und Mut.

Verschiedene 'Legenden' (→ 'Eckhart-Legenden') halten Begegnungen von Laien mit E. fest, die dialogisch verlaufen und eindrucksvolle Lebenslehren des Meisters zumeist in spruchartiger Zuspitzung festhalten. Sind diese exempel- und mirakelhaften Geschichten Zeugnisse der staunenden Verehrung, die E. von der Mitwelt zuteil wurde, aber z. T. auch schon tendenziöse Verherrlichung des begnadeten Laien, so dokumentiert der ndl. Traktat → 'Eckhart und der Laie' die Einbeziehung E.s in die 'antihierarchische' Bewegung (DE VOOYS, 1905).

3. Scharfe Ablehnung erfuhr E. von ndl. Mystikern und Devoten. → Ruusbroec polemisiert ohne Namensnennung, aber mit wörtlicher Zitation gegen E.s Predigt 'Beati pauperes spiritu' (QUINT, Pr. Nr. 52); → Jan van Leeuwen verurteilt wiederholt in stärksten Ausdrücken und beschimpfendem Ton E.s Lehre und bringt sie mit der heterodoxen Bewegung der Freien Geister in Zusammenhang ('Bœxken van Meester Eckaerts leere daer hi in doelde'; 'Van vyfterhande bruederscap' c. 30; 'Van den tien gheboden' c. 26): er nennt E. 'Antichrist' und einen 'teuflischen Menschen', der mit seiner Ketzerei nicht nur das einfache Volk, sondern selbst hochstehende Persönlichkeiten (*hoeftheren*) verführt hätte (ausführliches Referat bei DEGENHARDT, S. 35–44). Gleichfalls gegen E. wenden sich die Fraterherren. Geert → Groote droht den Frauen seiner 'Meester-Geerts-huus'-Stiftung, die diskriminierte E.-Sätze der päpstlichen Bulle äußerten oder entsprechende Schriften aufbewahrten, mit Ausschluß. Gerhard → Zerbolt van Zutphen warnt in seiner lat. und ndl. verbreiteten Schrift 'De libris teutonicalibus' vor dt. Büchern, die eine neue, selbst wissenschaftlich geschulten Männern unbekannte Begriffssprache gebrauchten und zumeist E. zugeschrieben würden.

Trotz dieser Verdammungen und Warnungen ist der positive Einfluß E.s auf die niederländische Spiritualität nicht unbeträchtlich. Er ist selbst bei denen zu beobachten, die E. bekämpften. Ein Mitglied Groenendaels, des Klosters Ruusbroecs und Jans van Leeuwen, ein Freund Grootes, → Godeverd van Wefele, schrieb um 1382/83 im Kloster Eemsteyn einen aszetisch-mystischen Traktat '*Van den XII dogheden*', der vom 5. Kapitel an in stärkster Weise E.s '*Rede der unterscheidunge*' verpflichtet ist. Die Schrift hatte Erfolg (35 Textzeugen) und vermochte so weiten Kreisen authentische Lehre E.s zu vermitteln.

4. Die denkerischen Ansätze E.s, dessen 'Metaphysik von oben' (J. KOCH), hat am umfassendsten → Nikolaus von Kues aufgenommen. Er ließ sich 1444 eine Hs. mit lat. Schriften E.s anfertigen (Kues, Hospitalbibl., cod. 21) und versah sie mit Randglossen. Der intime Umgang mit E.s Werk kam ihm zugute, als ihm der Heidelberger Theologe Johannes → Wenck mit einer Streitschrift 'De ignota litteratura' (1442) entgegentrat, worin er Nikolaus u.a. des Pantheismus im Geiste und in der Nachfolge E.s bezichtigte. In der 'Apologia doctæ ignorantiæ' (1448) wies Cusanus diese

Angriffe auf ihn und Meister E. souverän zurück. Er betont die Originalität E.s und rühmt dessen Schriften als *multa subtilia et utilia* – freilich nur für die *intelligentes*.

5. Die Wirkungsgeschichte E.s im 16. bis 18. Jh. ist noch zu schreiben. Die Verhülltheit der Überlieferung (s. o. 1.) macht es schwer, unmittelbare Einflüsse nachzuweisen; solche konnten praktisch nur über die Tauler-Drucke erfolgen. Fest steht, daß Valentin Weigel (1533–1588) die Predigt QUINT Nr. 52 ('Beati pauperes spiritus') gekannt hat; dasselbe gilt vom Niederländer Pelgrim Pullen (1550–1608) (s. QUINT, DW II 483); beide dürften über den Basler Tauler-Druck verfügt haben. Die breiteste Kenntnis von E.-Texten hatte zweifelsohne Daniel Suderman (1550–1631). Er hat unermüdlich Mystikerhss. gesichtet und erworben, vor allem aus Straßburger Klosterbibliotheken, kopiert und auch zum Druck gebracht; seine reich mit Randglossen versehenen Hss. sind heute im Besitz der Berliner ehem. Preuß. Staatsbibl. und eine der wichtigsten Grundlagen der Überlieferungskritik E.scher Texte. Sudermann hatte vor allem ein praktisch-erbauliches Interesse an seinen Mystikerhss. Vieles von dem, was er sich lesend aneignete, ließ er in seine zahlreichen Lieder einfließen.

VI. Zur Forschungsgeschichte.

1. Die frühwissenschaftliche Beschäftigung mit E. beginnt mit Johannes Trithemius (1462–1516). Der gelehrte Abt nennt E. *suo tempore doctissimus*, erklärt dessen Irrtümer als durch neuartige Terminologie bedingt und stellt erstmals eine Liste von 11 Titeln seiner Schriften zusammen. In der Mitte des 17. Jh.s erweist sich der italienische Kirchengeschichtsschreiber Oderich Raynaldus als verhältnismäßig gut über E. informiert. Die durchaus negative Darstellung E.s in seinen 'Annales Ecclesiastici' (*Echardus haeresiarcha*) wurde von vielen katholischen Kirchenhistorikern weiter tradiert. Grundlegend für die spätere Forschung ist das E.-Bild der Dominikaner Jacques QUÉTIF und Jacques ECHARD in den 'Scriptores Ordinis Prædicatorum' (Paris 1719/21). Es beruht auf sorgfältiger historischer Forschung und ist zugleich eine Ehrenrettung des vielfach verketzerten Meisters. Doch eine Generation später kehrte der protestantische Professor und Kanzler der Univ. Göttingen, Johann Lorenz MOSHEIM (1694–1755), nochmals zum Verdikt des Raynaldus zurück. Seine Forschungen über mal. Häresien ('De Beghardis et Beguinabus commentarius') ließen ihn zum Urteil kommen, E. sei das Oberhaupt der Begarden gewesen. MOSHEIMS hauptsächliches Quellenmaterial bot der Helmstädter cod. 311 der Wolfenbütteler Herzog-August-Bibl., heute erneut Gegenstand kirchenhistorischer Forschung (PATSCHOVSKY, DA 30 [1974] 56–198.

2. Die erste E.-Monographie stammt vom Straßburger evangelischen Theologen CARL SCHMIDT ('M. E. Ein Beitrag z. Gesch. d. Theologie u. Philosophie d. MAs', 1839) und ist bereits eine negative Reaktion auf die Aktualisierung E.s im Sinne einer spezifisch deutschen Spiritualität durch FRANZ VON BAADER, HEGEL ('da haben wir es ja, was wir wollen') und K. ROSENKRANZ. Der Theologe fühlte sich herausgefordert durch die gleichzeitige Abwertung der gegenwärtigen Gottesgelehrsamkeit und ließ keinen Zweifel daran, daß er E.s Lehre als unkirchlich und unchristlich betrachtete. Der Grundtenor der ersten und weitgehend noch der zweiten Forschergeneration, der Theologen wie der Philologen, ist indes Bewunderung. Sie galt vor allem dem deutschen, und das hieß damals dem antischolastischen Denker, dem 'Erzvater der deutschen Philosophie'. F. PEIFFER nennt E. 'einen der tiefsten Denker aller Zeiten', W. SCHERER 'Centralgeist der Mystik des Mittelalters'; W. PREGER vergleicht E.s Mystik 'der Morgenröthe: sie kündigt einen neuen Tag in der Geschichte des Geistes an'. Der entscheidende Ertrag der wissenschaftlichen E.-Forschung der 'Entdeckerzeit' liegt vor in der Edition der dt. Werke durch PFEIFFER (1857), in J. BACHS 'M. E., der Vater der deutschen Speculation' (1864) und in PREGERS E.-Darstellung im 1. Bd. seiner 'Geschichte der deutschen Mystik im MA' (1874).

3. Die zweite Phase der modernen E.-Forschung setzt ein mit dem Gerichtstag, den der Dominikaner H. S. DENIFLE über seinen Ordensbruder M. E. verhängte ('M. E.s lat. Schriften u. die Grundanschauung seiner Lehre', 1886). Der positive Ertrag bedeutender handschriftlicher Funde, der lat. Schriften E.s, wird für DENIFLE zum Anlaß, den Denker E. als höchst mittelmäßigen Scholastiker abzuwerten, der, wo er originell sein wollte, unklar, verschwommen und darüber hinaus häretisch sei. Dieses Urteil teilt heute niemand mehr. O. KARRER ('M. E. Das System seiner religiösen Lehre und Lebensweisheit', 1927) versuchte gegen DENIFLE E.s unverfälschten Thomismus nachzuweisen. Aber E. als Thomas-Schüler konnte nicht mehr viel bedeuten: E. schied aus der Reihe der großen Denker aus. So sah sich die Forschung auf den dt. Prediger zurückgeworfen, dem, was selbst DENIFLE nicht bestritten hatte, das Verdienst zuzuschreiben sei, scholastische Spekulation zum ersten Mal auf den deutschen Begriff gebracht zu haben. E. kam so vorwiegend in die Hut der Philologen; der Überlieferung, der Textkritik, der Begriffssprache galten nunmehr die wichtigsten Untersuchungen.

4. Die dritte Phase der E.-Forschung setzte mit dem Erscheinen der Gesamtausgabe QUINT/KOCH 1936 ein. Obschon sie nur langsam voran kam und auch heute noch nicht abgeschlossen ist, führte sie Schritt um Schritt zu einer neuen Wertung E.s. Vor allem begann man, an der Spitze J. KOCH, die gelehrten lat. Schriften in ihrer Originalität zu erkennen. Die Stellung E.s zu Thomas, zur neuplatonischen Philosophie, zum Monismus erfuhr eine weitgehende Klärung. Dabei wird das lat. und dt. Werk als Einheit gesehen. Das Erstaunlichste aber ist, daß das Urteil über den Denker E. wiederum zusammenklingt mit den Wertungen der ersten Forschergeneration und daß der Zauber, den von Anfang an Werk und Person E.s ausstrahlten, eine Rechtfertigung mit Hilfe von Waffen erfuhr, die einst, von DENIFLE, geschmiedet wurden, um diesen Zauber zu zerstören.

VII. Literatur.

1. Allgemeine Literatur. H. PIESCH, M. E. Eine Einführung, Wien 1946; R.-L. ŒCHSLIN, in: Dict. spir. IV (1958) 93–116; A. DEMPF, M.E. (Herder-Bücherei 71), 1960; M.E. der Prediger, Fs. zum E.-Gedenkjahr, hg. im Auftrag d. Dominikaner-Provinz 'Teutonia' von U.M. NIX O.P. u. R.-L. ÖCHSLIN O.P., 1960; La mystique rhénane. Colloque de Strasbourg 16–19 mai 1961 (Travaux du Centre d'études supérieures spécialisé d'histoire des religions de Strasbourg), Paris 1963; J. QUINT, in: ²RL II (1965) 556–561; D. MIETH, Christus, das Soziale im Menschen. Texterschließungen zu M.E., 1972; E. VON BRACKEN, M.E., Legende u. Wirklichkeit. Beitr. zu einem neuen E.bild, 1972; E. SOUDEK, M.E. (Slg. Metzler), 1973; K. RUH, in: Dizionario critico della letteratura tedesca, Torino 1976, S. 256–261.

2. Leben und Prozeß. A. DANIELS O.S.B. (Hg.), Eine lat. Rechtfertigungsschrift d. M.s E. (Beitr. z. Gesch. d. Phil. u. Theol. d. MAs XXIII 5), 1923; G. THÉRY O.P., Edition critique des pièces relatives au procès d'E. contenues dans le ms. 33 b de la bibliothèque de Soest, Arch. d'hist. doctrinale et littéraire du moyen âge 1 (1926/27) 129–268; O. KARRER / H. PIESCH, M.E.s Rechtfertigungsschrift v. J. 1326, Einleitungen, Übers. u. Anmerkungen, 1927; F. PELSTER S. J., Ein Gutachten aus d. E.-Prozeß in Avignon, in: Fs. M. Grabmann (Beitr. z. Gesch. d. Phil. u. Theol. d. MAs, Supplementbd. III 2), 1935, S. 1099–1124; M.-H. LAURENT, Autour du procès de Maître E. Les documents des Archives Vaticanes, Divus Thomas (Piacenza) 39 (1936) 331–348, 430–447; J. KOCH, Krit. Stud. z. Leben M.E.s, AFP 29 (1959) 5–51; 30 (1960) 5–52 [grundlegend]; A. PATSCHOVSKY, Straßburger Beginenverfolgungen im 14. Jh., DA 30 (1974) 118–125, 195–198 [mhd. Übertragung der Bulle 'In agro dominico'].

3. Überlieferung, Textkritik und Textgeschichte.

a) Lateinische Schriften. J. KOCH, Ein neuer E.-Fund: der Sentenzenkommentar, FuF 19 (1943) 20–23; G. MEERSSEMANN, De Sententienkommentar (Cod. Brug. 491) van de Gentse lektor Philip O.P. (1302–04), Studia Mediaevalia in hon. R. J. Martin O.P., 1948, S. 383–407; TH. KAEPPELI O.P., Eine Kölner Hs. mit lat. E.exzerpten, AFP 31 (1961) 204–212.

b) Deutsche Schriften. C.G.N. DE VOOYS, M.E. en de nederlandse mystiek, Nederl. Arch. v. Kerkgeschiedenis NS 3 (1905) 50–92, 176–194, 265–290; H. ZUCHHOLD, Des Nikolaus v. Landau Sermone als Quelle für d. Predigt M.E.s u. seines Kreises, 1905; M. PAHNCKE, Unters. zu d. dt. Predigten M.E.s, Diss. Halle 1905; F. VON DER LEYEN, Über einige bisher unbekannte lat. Fassungen von Predigten d. M.s E., ZfdPh 38 (1906) 177–197, 334–358;

A. Lotze, Krit. Beitr. zu M.E., Diss. Halle 1907; W. Dolch, Die Verbreitung oberländischer Mystikerwerke im Niederländischen I, Diss. Leipzig 1909, S. 39–61; A. Spamer, Zur Überl. d. Pfeifferschen E.-Texte, PBB 34 (1909) 307–420; ders., Über d. Zersetzung u. Vererbung in d. dt. Mystikertexten, Diss. Gießen 1910; W. Stammler, M.E. in Norddeutschland, ZfdA 59 (1922) 181–216; Ph. Strauch, Zur Überl. M.E.s I, PBB 49 (1925) 355–402; II 50 (1927) 214–241; F. Skutella, Beitr. z. E.-Text, ZfdA 67 (1930) 97–107; ders., Beitr. z. krit. Ausg. d. dt. Predigten M.E.s, ZfdA 68 (1931) 69–78; J. Quint, Die Überl. d. dt. Predigten M.E.s, 1932; K. Brethauer, Neue E.texte u. Mystikerhss., ZfdA 92 (1932) 241–276; J. H. A. Beuken, Rondom een middelnederlandsche Eckeharttekst, OGE 8 (1934) 310–337; Quint, Hss.funde I, II; P.-G. Völker, Die Überlieferungsformen mal. dt. Predigten, ZfdA 92 (1963) 212–227; M. Pahncke, M.E.s Predigt über Luc. 10, 38 Intravit Jesus in quoddam castellum (Nachrichten d. Ak. d. Wiss. in Göttingen 1959/9), S. 169–206; ders., Neue textkrit. E.-Stud., ZfdPh 80 (1961) 2–39; J. Quint, Zu Max Pahnckes neuen Editionsversuchen an M.E., ZfdPh 80 (1961) 272–287; ders., Neue Funde zur hsl. Überl. M.E.s, PBB (Tüb.) 82 (1960) 352–384; ders., Textverständnis u. Textkritik in d. M.-E.-Forschung, in: Fs. F. Tschirch 1972, S. 170–186; Morvay / Grube, Predigtbibliogr., S. 69–92.

4. Zu einzelnen Schriften.

E. Diederichs, M.E.s 'Reden der Unterscheidung', Diss. Halle 1912; L.L. Hammerich, Das Trostbuch M.E.s, ZfdPh 56 (1931) 69–98; H. Roos, Zur Datierung von M.E.s Trostbuch, ZfdPh 57 (1932) 224–233; G. Théry, Le 'Benedictus Deus' de M.E., in: Mélanges de Ghellinek II, Gembloux 1951, S. 905–935; E. Schaefer, M.E.s Traktat 'Von Abgeschiedenheit', 1956; H. Piesch, Der Aufstieg d. Menschen zu Gott nach d. Predigt 'Vom edeln Menschen', in: M.E. der Prediger, 1960, S. 167–199; W. Frühwald, Formzwang u. Gestaltungsfreiheit in M.E.s Predigt 'Von dem edeln menschen", in: Fs. H. Kunisch, 1961, S. 132–146; M. Bindschedler, Die Trostgründe M.E.s für d. Königin Agnes v. Ungarn, in: Fs. F. von der Leyen, 1963, S. 401–407; J. Quint, Das Echtheitsproblem d. Traktats 'Von abegescheidenheit', in: La mystique rhénane (s. o. 1.), 1963, S. 39–58; ders., M.E.s Traktat 'von abegescheidenheit', in: L. Reypens-Album, Antwerpen 1964, S. 303–322.

5. Philosophie- u. theologiegeschichtliche Beziehungen.

J. Koch, M.E. u. d. jüdische Religionsphilosophie d. MAs, JBe d. schles. Ges. f. vaterländ. Kultur 161 (1928) 134–148; J. Bernhard, Bernhardische u. E.sche Mystik in ihren Beziehungen u. Gegensätzen, 1932; H. Rahner, Die Gottesgeburt. Die Lehre von d. Geburt Christi im Herzen d. Gläubigen, ZkTh 59 (1935) 333–418; E. von Ivánka, Apex mentis. Wanderung u. Wandlung eines stoischen Terminus, ZkTh 72 (1950) 129–176; K. Weiss, M.E.s Stellung innerhalb d. theol. Entwicklung d. SpätMAs (Stud. d. Luther-Ak. NF 1), 1953, S. 29–47; B. Geyer, Albertus Magnus u. M.E., in: Fs. J. Quint, 1964, S. 121–126; H. Liebeschütz, M.E. u. Moses Maimonides, AKG 54 (1972) 64–96.

6. Lehre.

H.S. Denifle, M.E.s lat. Schriften u. d. Grundanschauung seiner Lehre, Arch. f. Lit.- u. Kirchengesch. d. MAs 2 (1886) 417–652; M. Grabmann, Neuaufgefundene Pariser Quästionen M.E.s u. ihre Stellung in seinem geistigen Entwicklungsgang. Unters. u. Texte (Abhh. d. Bayer. Ak. d. Wissensch., Philos.-philol. u. hist. Kl. 32/7), 1927; O. Karrer, Das Göttliche in d. Seele bei M.E. (Abhh. z. Phil. u. Psychologie d. Religion 19), 1928; W. Bange, M.E.s Lehre vom göttlichen u. geschöpflichen Sein, 1937; H. Ebeling, M.E.s Mystik, 1941; H. Hof, Scintilla animae. Eine Studie zu einem Grundbegriff in M.E.s Philosophie, Lund–Bonn 1952; M. Bindschedler, M.E.s Lehre v. d. Gerechtigkeit, Studia philosophica 13 (1953) 58–71; J. Kopper, Die Metaphysik M.E.s, eingeleitet durch eine Erörterung d. Interpretation (Schriften d. Univ. d. Saarlandes), 1955; A. Auer, E.-Probleme, Salzburger Jb. f. Phil. u. Psychol. 2 (1958) 7–82; K.G. Kertz S.J., M.E.s Teaching on the Birth of the Divine Word in the Soul, Traditio 15 (1959) 327–363; J. Koch, Zur Analogielehre M.E.s, in: Mélanges offerts à Étienne Gilson, Toronto–Paris 1959, S. 327–350; Neudr. in: Altdt. u. altndl. Mystik, hg. v. K. Ruh, 1964, S. 275–308; ders., Sinn u. Struktur d. Schriftauslegungen, in: M.E. der Prediger. Fs. zum E.-Gedenkjahr, 1960, S. 73–103; V. Lossky, Théologie négative et connaissance de Dieu chez Maître E. (Études de philosophie médiévale 48), Paris 1960; L. Hödl, Metaphysik u. Mystik im Denken des M.E., ZkTh 82 (1960) 257–274; M. de Gandillac, La 'dialectique' de Maître E., in: La mystique rhénane (s.o. 1.), 1963, S. 59–94; B. Weiss, Die Heilsgeschichte bei M.E., 1965; E. Winkler, Exeget. Methoden bei M.E. (Beitr. z. Gesch. d. biblischen Hermeneutik 6), 1965; Sh. Ueda, Die Gottesgeburt in d. Seele u. d. Durchbruch z. Gottheit. Die mystische Anthropologie M.E.s u. ihre Konfrontation mit d. Mystik d. Zen-Buddhismus (Stud. z. Religion, Gesch. u. Geisteswiss. 3), 1965; A. Haas, Zur Frage d. Selbsterkenntnis bei M.E., Freiburger Zs. f. Phil. u. Theol. 15 (1968) 190–261; D. Mieth, Die Einheit von vita activa u. vita contemplativa in d. dt. Predigten u. Traktaten M.E.s u. bei Johannes Tauler, 1969; K. Flasch, Die Intention E.s, in: H. Röttge (Hg.) u.a., Sprache u. Begriff. Fs. B. Liebrucks, 1974, S. 292–318; K. Albert, M.E.s These vom Sein. Unters. z. Metaphysik d. Opus tripartitum, 1976; R.

IMBACH, Deus est intellegere. Das Verhältnis von Sein u. Denken in seiner Bedeutung f. d. Gottesverständnis bei Thomas v. Aquin u. in d. Pariser Quaestionen M.E.s (Studia Friburgensia NF 53), Freiburg/Schw. 1976.

7. Sprache und Stil.

J. QUINT, Die Sprache M.E.s als Ausdruck seiner myst. Geisteswelt, DVjs 6 (1928) 671–701; K. BRETHAUER, Die Sprache M.E.s im 'Buch der göttlichen Tröstung', Diss. Göttingen 1931; TH. SCHNEIDER, Der intellektuelle Wortschatz M.E.s, 1935; H.S. DENIFLE, Die dt. Mystiker d. 14. Jh.s. Aus d. lit. Nachlaß hg. v. O. SPIESS O.P. (Studia Friburgensia NF 4), Freiburg/Schw. 1951 [im wesentlichen eine 'Hermeneutik der mystischen Sprache']; J. QUINT, Mystik u. Sprache. Ihr Verhältnis zueinander insbes. in d. spekulativen Mystik M.E.s, DVjs 27 (1953) 48–76 (Neudr. in: Altdt. u. altndl. Mystik, hg. v. K. RUH, 1964, S. 113–151); B. SCHMOLDT, Die dt. Begriffssprache M.E.s. Stud. z. philos. Terminologie d. Mhd., 1954; M.ST. MORARD, ist, istic, istikeit bei M.E., Freiburger Zs. f. Phil. 3 (1956) 169–186; L. SEPPÄNEN, Stud. z. Terminologie d. Paradisus anime intelligentis. Beitr. z. Erforschung d. Sprache d. mhd. Mystik u. Scholastik, Helsinki 1964; L. VÖLKER, Die Terminologie d. myst. Bereitschaft in M.E.s dt. Predigten u. Traktaten, Diss. Tübingen 1964; G. STÖTZEL, Zum Nominalstil M.E.s. Die syntaktischen Funktionen grammatischer Verbalabstrakta, WW 16 (1966) 289–309; J. ZAPF, Die Funktion d. Paradoxie im Denken u. sprachlichen Ausdruck bei M.E., Diss. Köln 1966; J.E. CREAN, bilden/beelden in the Writings of E. and Ruusbroec, Zs. f. dt. Sprache 25 (1969) 65–95; J. MARGETTS, Die Satzstruktur bei M.E. (Stud. z. Poetik u. Gesch. d. Lit. 8), 1969; L. VÖLKER, 'Gelassenheit'. Zur Entstehung d. Wortes in d. Sprache M.E.s u. seiner Überl. in d. nacheckhartschen Mystik bis Jacob Böhme, in: Fs. W. Mohr, 1972, S. 281–312; R. SCHMITT-FIACK, wise u. wisheit bei E., Tauler, Seuse u. Ruusbroec, 1972; A.M. HAAS, Das Verhältnis von Sprache u. Erfahrung in d. dt. Mystik, in: Dt. Lit. d. späten MAs. Hamburger Colloquium, 1975, S. 240–265; H. BAYER, Mystische Ethik u. empraktische Denkform. Zur Begriffswelt M.E.s, DVjs 50 (1976) 377–413; G. VON SIEGROTH, Versuch einer exakten Stilistik für M.E., Johannes Tauler u. Heinrich Seuse, Diss. Würzburg 1978.

8. Wirkungsgeschichte.

J. KOCH, Vier Predigten d. Nikolaus v. Cues im Geiste E.s, HSB, Abh. 2, 1936/37; W. ZELLER, M.E. bei Valentin Weigel, ZKG 57 (1938) 309–355; M.A. LÜCKER, M.E. u. d. Devotio moderna, Leiden 1950; H. WACKERZAPP, Der Einfluß M.E.s auf d. ersten philosophischen Schriften d. Nikolaus v. Kues (1440–1450) (Beitr. z. Gesch. d. Phil. u. Theol. im MA 39/4), 1962; J. KOCH, M.E.s Weiterwirken im dt.-ndl. Raum im 14. u. 15. Jh., in: La mystique rhé-

nane (s. o. 1.), 1963, S. 133–156; A. AMPE, Een vernieuwd onderzoek omtrent enkele 'onechte' sermoenen van Jordanus van Quedlinburg, Handelingen van de Koninkl. Zuidnederl. Maatschappij voor Taal- en Letterkunde en Geschiedenis 17 (1963) 13–46; J.-P. MASSAUT, Mystique rhénane et humanisme chrétien d'E. à Erasme. Continuité ou rupture? (Mediavalia Lovaniensia ser. I, studia I),1972, S. 112–130; TH. B. W. KOK S.M., Jan van Leeuwen en zijn werkje tegen E., OGE 47 (1973) 129–172; R.A. UBBINK, De receptie van Meister Eckhart in de Nederlanden gedurende de middeleeuwen. Een studie op basis van middelnederlandse handschriften, Proefschrift Leiden 1978.

9. Forschungsgeschichte und Forschungsbericht.

O. KARRER, Eigenbericht über neue E.forschungen, Lit. Berichte aus d. Gebiete d. Philosophie, 1926, H. 8, S. 16–27; 1927, H. 13/14, S. 20–36; J. QUINT, Die gegenwärtige Problemstellung d. E.forschung, ZfdPh 52 (1927) 271–288; J. KOCH, Neue Forschungen über M.E., Theol. Rev. 26 (1927) 414–422; G. FISCHER, Gesch. d. Entdeckung d. dt. Mystiker E., Tauler u. Seuse im 19. Jh., Diss. Freiburg/Schw. 1931; A. SPAMER, Die Mystik, in: Fs. O. Behagel, 1934, S. 331–379, bes. S. 336–357; E. BENZ, Eckhartiana VI. Zur neuesten Forschung über M.E., ZKG 57 (1938) 566–596; G. THÉRY, Le développement historique des études eckhartiennes, Vie spirituelle, Suppl. 2 (1948/49) 304–337; K. RUH, Altdt. Mystik. Ein Forschungsbericht, WW 7 (1957) 135–146, 212–231, bes. 136f., 144–146, 217–220; B. SPAAPEN S.J., Bijde zevende eeuwfeestviering van E.s geboorte, OGE 36 (1962) 1–25, 241–281; I. DEGENHARDT, Stud. z. Wandel d. E.bildes, Leiden 1967; T. SCHALLER, Die M.E. Forschung von d. Jahrhundertwende bis z. Gegenwart, Freiburger Zs. f. Phil. u. Theol. 15 (1968) 262–314, 403–426; J. QUINT, M.E. Editionsbericht, Jb. f. int. Germanistik 1 (1969) 152–158. (1978)   K. RUH

Eike von Repgow

I. Leben. E. gehörte einem edelfreien Geschlecht an, das seinen Namen nach dem Dorf Reppichau bei Dessau führte. Er dürfte mit dem *Eike von Reppichowe, Heico von Repechowe* u. ä. identisch sein, der zwischen 1209 und 1233 in sechs Urkunden unter den Zeugen aufgeführt wird. Die Urkunden führen in die Umgebung des Grafen Heinrich von Anhalt, des Markgrafen Dietrich von Meißen, des Landgrafen Ludwig von Thüringen. E. war Lehensmann des Grafen Hoyer von Valkenstein, des Stiftvogts von Quedlinburg. Es ist nicht nachzuweisen, daß er einen Schöffenstuhl inne hatte, doch zeugt sein Werk für Erfahrung in der Rechtspraxis. Für einen Laien besaß E. eine gute Bildung (Latein- und Bibelkenntnisse, eine gewisse Kenntnis der kanonistischen Literatur, des lat. Schrifttums, der dt. Dichtung). Wo er sie erworben hat (in Halberstadt oder Magdeburg?), läßt sich nicht sagen.

II. Werke. E. v. R. ist der Verfasser des 'Sachsenspiegels' ('Ssp'), eines der ältesten Rechtsbücher in dt. Sprache und zweifellos desjenigen, das die größte Wirkung hatte.

1. Überlieferung. Verzeichnis d. Hss. bei HOMEYER, Rechtsbücher (zit. HOMEYER); Nachträge bei G. KISCH, 'Ssp'-Bibliogr. (s. u. Lit.), Nr. 4, 5, 11, 12, 13, 14. Bemerkenswerte Hss.: 1. Schloß Harff, Gräflich Mirbachsches Arch., kölnische Übertragung eines nd. Originals aus d. J. 1295, älteste datierte Hs. d. 'Ssp', HOMEYER Nr. 521; 2. Quedlinburg, Stifts- u. Gymn. Bibl., cod. 81 (seit 1938 Halle, UB), Ende d. 13. Jh.s, md., Abschrift einer nd. Vorlage, HOMEYER Nr. 1006; 3. Bremen, SB, Mscr. a. 30 a, v. J. 1342, nordniedersächs., HOMEYER Nr. 175; 4. Berlin, Öffentl.-Wissenschaftl. Bibl. (ehem. Preuß. SB), Frgm. 22, 13. Jh., elbostfäl., HOMEYER Nr. 145; 5. Braunschweig, StB, Frgm., 1. H. d. 14. Jh.s, elbostfäl., HOMEYER Nr. 168. – Bilder-Hss.: 1. Heidelberg, cpg 164, 13./14. Jh., md., HOMEYER Nr. 527; 2. Schloß Rastede, Großherzogl. Privatbibl., Hs. Nr. A1,1 (sog. Oldenburger Bilderhs.), v. J. 1336, nd., HOMEYER Nr. 917; 3. Dresden, LB, cod. M 32 (stark beschädigt), 3. Viertel d. 14. Jh.s, md., HOMEYER Nr. 315; 4. Wolfenbüttel, Hzg.-Aug.-Bibl., cod. Aug. 3.1 fol., nicht nach 1375, Herkunft unbekannt, HOMEYER Nr. 1210. Die Bilder bieten eine fortlaufende Interpretation des Textes. Der gemeinsame Archetypus ist nach v. AMIRA zwischen 1291 und 1295 in der Mark Meißen, nach KÖTZSCHKE im Bistum Halberstadt entstanden.

2. Ausgaben. C. G. HOMEYER, Des 'Ssp' erster Theil oder d. Sächs. Landrecht, nach d. Berliner Hs. v. J. 1369, 3. umgearb. Ausg. 1861 (hierin Verz. d. älteren Ausg.n); ders., Des 'Ssp' zweiter Theil, nebst verwandten Rechtsbüchern I: Das Sächs. Lehnrecht u. d. Richtsteig Lehnrechts, Berlin 1842; II: Der Auctor vetus de benificiis, d. Görlitzer Rechtsbuch u. d. System d. Lehnrechts, Berlin 1844; C. BORCHLING, Das Landrecht d. 'Ssp' nach d. Bremer Hs. von 1342 (Hamburgische Texte u. Unters. z. dt. Philol. Reihe I: Texte 1), 1925; K. A. ECKHARDT, 'Ssp' (Germanenrechte. NF. Land- u. Lehnrechtsbücher I), 1955–1966: I Landrecht, 1955; II Lehnrecht, 1956; III Quedlinburger Hs., 1966; dazu Rez.n von K. BISCHOFF, AfdA 69 (1956/57) 153–160; ebd. 71 (1958/59) 22–26; E. ROOTH, Nd. Mitt. 13 (1957) 50–59; G. KISCH, GGA 211 (1957) 179–188; M. ÅSDAHL HOLMBERG, Der Harffer 'Ssp' v. J. 1295. Landrecht (Lunder German. Forschungen 32), 1957; dazu Rez. v. E. ROOTH, Nd. Mitt. 13 (1957) 59–73; O. ZU HOENE, Codex Quakenbrugensis. Der Quakenbrücker 'Ssp' von 1422, San Francisco 1969. – K. v. AMIRA, Die Dresdener Bilderhs. d. 'Ssp', I Ausgabe, 1902; II Erläuterungen, 1925/1926; W. KOSCHORRECK, Die Heidelberger Bilderhs. d. 'Ssp', Kommentar u. Anmerkungen, 2 Bde, 1970; dazu Rez. v. H. THIEME, ZRG German. Abt. 89 (1972) 416–418.

3. Vorreden. Dem 'Ssp' sind vier Vorreden beigegeben, von denen zwei auf E. zurückgehen. In der zweiten Vorrede in Reimpaaren (Praefatio rhythmica v. 97–280) äußert sich E. über Anlaß und Absicht seiner Arbeit. Er will im *Spegel der Sassen* (v. 178) das ererbte Recht zusammenstellen, um es zu bewahren (v. 151). Der Aussage, daß das Rechtsbuch zunächst lat. abgefaßt worden ist (v. 274), wird man Glauben schenken können; die These, der 'Auctor vetus de beneficiis' (eine Bearbeitung des Lehnrechts in lat. Reimprosa) sei mit diesem Urtext identisch, hat sich bisher nicht erhärten lassen. Die Behauptung E.s, er habe sich nur widerwillig, *ane helpe unde lere,* auf Drängen Graf Hoyers zur Übertragung ins Deutsche entschlossen (v. 271–280), ist Bescheidenheitsformel. Doch wird Hoyer, dem E. den 'Ssp' widmet, von dem Plan gewußt und ihn unterstützt haben. In der dritten Vorrede (Prologus und Textus Prologi), die mit einer Anrufung Gottes in Versform beginnt, sonst aber in rhythmischer Prosa abgefaßt ist, entwickelt E. seine Gedanken über den Ursprung des Rechts: *Got is selve recht, dar umme is em recht lef.* Alles Recht ist göttlichen Ursprungs. Das geistliche, verkörpert durch die Kirche und ihre Institutionen, regiert die Seele; das weltliche, verkörpert durch den Kaiser, regiert den Leib. Diese Auffassung durchzieht den 'Ssp' in allen seinen Teilen. E. hat damit erstmals in der weltlichen Rechtsliteratur des MAs eine metaphysische Begründung des Rechts gegeben. Den Selbstzeugnissen E.s ist wohl auch der Epilog des Lehnrechts (78 §§ 1–3) zuzurechnen, in dem er sich gegen Widersacher wendet, die er offenbar

schon früh gefunden hat. Der Verfasser der ersten Vorrede in Strophen (Praefatio rhythmica v. 1–96), wohl ein späterer Bearbeiter des 'Ssp', hat diese Gedanken aufgenommen. Die vierte Vorrede *Von der herren geburt*, in der verschiedene sächsische Geschlechter aufgezählt werden, ist ebenfalls jüngere Zutat.

4. Rechts- und Zeitgeschichtliches. Der 'Ssp' behandelt die bäuerlichen und ritterlichen Verhältnisse des Landes. Die besonderen Rechtsverhältnisse der Stadt, das Kirchenrecht und das Recht der Dienstleute werden nicht berücksichtigt. Der Stoff ist in das Landrecht (Ldr) und das Lehnrecht (Lnr) gegliedert. Dieses ist knapp und verstandesmäßig, jenes archaisierend und ausmalend dargestellt. Den Geltungsbereich gibt E. Ldr III 62 an: das Herzogtum Sachsen, die Markgrafschaft Brandenburg, die Landgrafschaft Thüringen, die Marken Meißen und Lausitz, die Pfalzstädte und Bistümer des Landes Sachsen. Die Zeit der Niederschrift ergibt sich von verschiedenen Reichs- und Landfriedensgesetzen aus: Die 'Confoederatio cum principibus ecclesiasticis' von 1220, die 'Treuga Heinrici' von 1224 sind berücksichtigt, der 'Mainzer Reichslandfriede' von 1235 nicht mehr. Die Entstehung des 'Ssp' hat sich wohl über mehr als ein Jahrzehnt erstreckt. E. hat sein Werk mehrmals überarbeitet und laufend ergänzt. Er ließ sich von Wort- und Gedankenassoziationen und von Zahlensymbolik leiten, darin der Praxis der Gesetzessprecher verwandt. Hierher gehört auch die Verwendung von rhythmischen Sätzen, von reimenden Versen und stabenden Formeln. Der Gedankengang des 'Ssp' läßt Systematik vermissen, auch darin der mündlichen Tradition verpflichtet. Mit einzelnen Rechtssätzen, wie der Formalisierung von Wahl und Kür bei der Königserhebung und einer damit verbundenen Kurfürstentheorie (Ldr III 52,1 u. 57,2) oder der Heerschildordnung (Ldr I 3,2), dem Abbild der lehnrechtlichen Gliederung im Reich, hat E. die Entwicklung normativ beeinflußt. In der Auseinandersetzung zwischen *regnum* und *sacerdotium* steht er auf kaiserlicher Seite. Von seiner Auffassung des Rechts aus (s. o. 3.) tritt er für die Gewaltenteilung ein, symbolisiert durch die beiden Schwerter (Ldr I 1,1), das geistliche und das weltliche, die von Gott dem Papst und dem Kaiser unmittelbar übergeben sind.

5. Ideengeschichtliches. Die Zweischwertertheorie ist ein Beispiel für die Wirkung der allegorischen Bibelauslegung (Lc 22, 35–38), die – wie schon der metaphorische Titel des 'Ssp' zeigt – E. vertraut war. Schriften wie die 'Historia Scholastica' des → Petrus Comestor und wohl auch das 'Speculum ecclesiae' des → Honorius Augustodunensis gehören zu den Quellen des 'Ssp'. Unabhängig davon hat E. auch auf die Bibel zurückgegriffen, auf die er sich wiederholt bezieht. Dies zeigen die allgemein gehaltenen Ausführungen über die Dauer der Welt (Ldr I 3, 1), die Entstehung der Knechtschaft (Ldr III 42, 1–6) und den Schatz des Wissens (Praefatio rhythmica v. 159–174). Letztere legen Bekanntschaft mit → Wernher von Elmendorf nahe. Im übrigen zeichnen sich gerade diese Partien durch Eigenständigkeit aus. Für die Weltalterlehre beruft sich E. auf Origenes, unterscheidet sich aber durch die Siebenzahl der *aetates* völlig vom üblichen Schema der Geschichtsgliederung. Mit den Ausführungen über die persönliche Unfreiheit (*egenscap*) des Menschen wendet sich E. leidenschaftlich gegen die Theorien, die die Knechtschaft aus verschiedenen Stellen des AT, wie dem Fluch Noes über seinen unedlen Sohn Cham, ableiten wollen. Unter Berufung auf das Gleichnis vom Zinsgroschen (Mt 22, 19) lehnt er alle Knechtschaft ab und führt aus, daß der Mensch frei sei, weil er Gott gehöre und deshalb nicht Eigentum eines anderen sein könne. Diese Anschauung ist über den → 'Schwabenspiegel', die obd. Entsprechung zum 'Ssp', in die jüngeren Rechtsbücher gedrungen und mit ihnen weit verbreitet worden.

6. Sprache. E. hat den 'Ssp' aus dem Lat. *an dudesch gewant* (Praefatio rhythmica v. 264), d. i. in das Elbostfälische. Der Vergleich mit der frühen urkundlichen Überlieferung des Elbe-Saale-Gebietes hat deutlich gemacht, daß der Wortschatz E.s dem Sprachgebrauch in einer Landschaft

entspricht, die, am Südrand des Nd. gelegen, schon früh dem Hd. geöffnet gewesen ist. Die md. Bezeichnungen des 'Ssp' sind also von E. nicht im Blick auf die Breitenwirkung des Rechtsbuches gewählt, sondern entsprechen der Mundart seiner Heimat. Diese war nd., aber vom Ostfälischen deutlich abgesetzt, wie der Rechtswortschatz (*voremunde* für *momber* 'Vormund') und der Wortschatz des täglichen Lebens (*bornen* statt *soot* 'Brunnen') zeigen. Die Umsetzung des nd. Textes in das Md. konnte, wie bei Ldr I 24, 3, zu Mißverständnissen und zu einer Veränderung des geltenden Rechts führen: Hier hat die Bremer Hs. den ursprünglichen Text bewahrt, während die md. Hss. mit *alle schap und gense und kasten* einen um *gense* erweiterten Text bieten, der die Umdeutung von nd. *scap* 'Schrank' zu 'Schaf' zur Voraussetzung hat. Diese Erweiterung hat sich später auf die Zusammensetzung der *gerade* (d.i. das Frauengut) ausgewirkt. Obwohl die Hss. zunächst für die Schreiber und Schreibschulen aufschlußreich sind, enthalten sie genug, das für die elbostfälische Grundlage zeugt. Das gilt auch für die Quedlinburger und die Harffer Hss. Die Rückgewinnung des authentischen Textes (auf der Grundlage von Q?) ist nach wie vor eine Aufgabe der nd. Philologie. Hierfür dürfte den elbostfälischen Fragmenten aus Berlin, Braunschweig und Magdeburg eine Schlüsselstellung zukommen.

7. Volks- und Altertumskundliches. Der 'Ssp' vermittelt ein Bild von Land und Leuten, Haus und Hof im Elbe-Saale-Gebiet der Zeit um 1225. Die Siedler stammten aus verschiedenen Gegenden des Altlandes (Ostfalen, Westfalen, Thüringen, Schwaben) und aus den Niederlanden. Sie hatten teilweise *sunderlik dorprecht*. Die wendische Vorbevölkerung war im Land verblieben. Der sog. Sprachenartikel des 'Ssp' (Ldr III 71, 1), nach welchem der Angeklagte die Antwort verweigern konnte, wenn er nicht in seiner Sprache beschuldigt wurde und kein Deutsch verstand, dürfte auf sie zu beziehen sein. Die bäuerliche Bevölkerung wohnte in Dörfern, die von Graben und Zaun umgeben waren. Sie war sozial stark differenziert. Die oberste Schicht der Schöffenbarfreien, die noch zu den Leuten von *ridders art* gehörten, besaßen ein zinsfreies Gut von mindestens drei Hufen, das sog. *Handgemal*. Sie waren zum Schöffenamt befähigt, aber nicht verpflichtet. Die *Pfleghaften*, aus deren Kreis der Fronbote gewählt wurde, so genannt nach dem Zins (*plege*), den sie von ihrem Grundeigentum zu leisten hatten, waren Freigelassene; ihnen gleichgestellt die sog. *Biergelden*. Die *Landseten*, freizügige Pachtbauern, besaßen kein Eigentum im Lande. Die *Laten*, minderfreie Bauern, sind nach E. Nachkommen der unterworfenen Thüringer. Aus dem Stand der *Laten* sind die *Dagewerchten* 'Tagelöhner' hervorgegangen. Im bäuerlichen Betrieb spielte das Gesinde eine bedeutende Rolle, wobei zwischen den gedungenen Leuten und dem unfreien, veräußerbaren Gesinde zu unterscheiden ist.

8. Nachwirkung. Der 'Ssp' fand weitere Verbreitung. In Süddeutschland entstanden der → 'Spiegel deutscher Leute' (zwischen 1265 und 1275) und der 'Schwabenspiegel' (1275 abgeschlossen) auf der Grundlage des 'Ssp'. Wie die hsl. Überlieferung zeigt, gelangte er früh an den Niederrhein, während der sog. Holländische 'Ssp' erst dem 15. Jh. angehört. Deutsche Siedler nahmen den 'Ssp' als *ius Saxonicum* oder *ius Theutonicorum* nach Ostmitteleuropa mit. Die Schöffen des Magdeburger Oberhofs und anderer Oberhöfe (Halle, Leipzig, Dohna, Breslau) bedienten sich seiner. Einzelne Bestimmungen wurden in die nord- und ostdeutschen Stadtrechte übernommen. Dies wie die Übersetzung ins Lat. und Polnische trugen zu seiner Ausbreitung bei. Um 1325 verfaßte der märkische Hofrichter → Johann von Buch die erste Glosse, die Übereinstimmung des 'Ssp' mit dem römischen Recht bezeugen sollte. Sie wurde Grundlage anderer Bearbeitungen dieser Art. Der 'Ssp' blieb in Preußen bis zum Erlaß des Allgemeinen Landrechts 1794, in Sachsen bis 1863, in Anhalt, Thüringen, Holstein und Lauenburg bis zum Inkrafttreten des BGB am 1.1.1900 als subsidiäre Rechtsquelle in Kraft.

III. E. wird auch die → 'Sächsische Weltchronik' ('SW') zugeschrieben. Dazu ist unter E. nur das Verfasserschaftsproblem aufzugreifen.

E.s Verfasserschaft scheinen Anklänge der Reimvorrede an die Praefatio rhythmica des 'Ssp' und das (Selbst-)Zitat *daz ist des van Repegouwe rat* nahezulegen. Die 'SW' war wie der 'Ssp' weit verbreitet, wurde obd. überarbeitet und ins Lat. übersetzt und verschiedenen Orts, z. T. bis ins 14. Jh., fortgesetzt. Von den drei Fassungen gehört A, die kürzeste, in den Raum Magdeburg-Obersachsen, B nach Bremen-Hamburg, C (eine welfenfreundliche Überarbeitung) wahrscheinlich nach Lüneburg. Die Rezensionen unterscheiden sich in Inhalt und Umfang erheblich voneinander. A endet mit dem Jahr 1225, B mit 1235 oder 1248, C mit 1260. Die C-Fassung zeichnet sich durch besonders viele Einschübe aus, die meist der →'Kaiserchronik', → Martin von Troppau oder anderen historischen und legendären Werken entnommen sind.

War bisher die Reihenfolge der Fassungen A-B-C unbestritten, wobei jede Rezension als Erweiterung der vorangehenden angesehen wurde, so hat die Beschäftigung mit den Einschüben aus der 'Kaiserchronik' jüngst HERKOMMER zu einer Umkehrung des Hss.-stemmas geführt. Danach stünde am Anfang das sog. Prosimetrum der Fassung C (C^1), bei dem die Einschübe noch Versform haben, während die Prosaauflösung dieser Verse (C^2) bereits als weitere Stufe der Textentwicklung anzusehen sei. Auf C^2 sollen dann A und B fußen.

Sollte sich diese Auffassung durchsetzen, so wäre der communis opinio, daß der Verfasser des 'Ssp' auch der Autor der 'SW' ist, der Boden entzogen. Indessen sprechen gegen eine Ableitung der kürzeren Rezensionen AB aus der längeren C gewichtige Gründe. Die Kürze der Fassungen AB beruht zu einem erheblichen Teil auf dem Fehlen der 'Kaiserchronik'-Prosa: Der Redaktor von AB müßte also gezielt gerade diese Partien seiner Vorlage ausgelassen haben. Umgekehrt handelt es sich bei den Abschnitten in C, die ausführlicher gestaltet sind, in jedem Fall um Erweiterungen knapperer Angaben in AB durch Beiziehung zusätzlicher Quellen. Die These, daß C als älteste Fassung anzusehen ist, läßt sich deshalb nicht halten. Indessen ist deutlich geworden, daß die C-Hss. der 'SW' keine Einheit bilden, sondern im Grunde zwei Fassungen repräsentieren.

Gegen E. v. R. als Autor spricht vielleicht die Überlegung, daß ein Praktiker wie er neben dem 'Ssp' kaum ein so umfängliches Werk wie die 'SW' verfaßt haben dürfte. Auf der anderen Seite enthält auch der 'Ssp' Rückgriffe auf die Geschichte der Sachsen (z.B. Ldr III 44,2). Bildungshorizont, politische Haltung und Sprache entsprechen sich in beiden Werken weitgehend, geht man von A als dem Grundtext der 'SW' aus. Auch der Verfasser der 'SW' hat dem Geschehen eigene Akzente verliehen, wie seine Beurteilung des Ungarnsiegs Heinrichs I., der Konstantinischen Schenkung, der Persönlichkeit Heinrichs IV. zeigen. Sein Geschichtsdenken ist pragmatisch.

Literatur (bis 1972): G. KISCH, 'Ssp'-Bibliogr., ZRG German. Abt. 90 (1973) 73–100.

Zu I. W. MÖLLENBERG, E. v. R. u. seine Zeit, 1934; H. THIEME, E. v. R., in: Die großen Deutschen, Dt. Biographie, hg. v. H. HEIMPEL/TH. HEUSS/B. REIFENBERG, I, 1956, S. 187–200; K. A. ECKHARDT, E. v. R. u. Hoyer v. Valkenstein, 1967; H. SCHLOSSER, E. v. R., in: Handwörterbuch z. dt. Rechtsgesch. 1, 1971, Sp. 896–899.

Zu II. 1. C. G. HOMEYER, Die Genealogie d. Hss. d. 'Ssp', Philol. u. hist. Abhh. d. kgl. Ak. d. Wiss.n zu Berlin aus d. J. en 1859/60, S. 83–204; K. v. AMIRA, Die Genealogie d. Bilderhss. d. 'Ssp', Abhh. d. Bayer. Ak. d. Wiss.n, philos.-philol. Cl. 22, 2. Abt., 1902; ders., Die Handgebärden in d. Bilderhss. d. 'Ssp', ebd. 23, 2. Abt., 1905; R. KÖTZSCHKE, Die Heimat d. md. Bilderhss. d. 'Ssp', Berichte über d. Verhandlungen d. Sächs. Ak. d. Wiss.n zu Leipzig 95, 2.H., 1943.

Zu II.3. G. ROETHE, Die Reimvorreden d. 'Ssp', Abhh. d. Kgl. Ges. d. Wiss.n zu Göttingen, Phil.-hist. Kl. NF 2, Nr. 8, 1899; G. KISCH, Biblische Einflüsse in d. Reimvorrede d. 'Ssp', PMLA 54 (1939) 189–192; ders., Über Reimvorreden dt. Rechtsbücher, Nd. Mitt. 6 (1950) 61–83; C. ERDMANN, Der Entschluß zur dt. Abfassung d. 'Ssp', DA 9 (1951/52) 189–192.

Zu II.4. E. MOLITOR, Der Gedankengang des 'Ssp', ZRG German. Abt. 65 (1947) 15–69; F. MESS, Wartburgkrieg u. 'Ssp', ebd. 74 (1957) 241–256; E. BOSHOF, Erstkurrecht u. Erzämtertheorie im 'Ssp', HZ, Beiheft 2 NF (1972) 84–121.

Zu II.5. H. v. VOLTELINI, Der Gedanke d. allgemeinen Freiheit in d. dt. Rechtsbüchern, ZRG German. Abt. 56 (1937) 189–209; G. KISCH, 'Ssp' and Bible. Researches in the Source History of the 'Ssp' and the Influence of the Bible on Mediaeval German Law (Publicatiòns in the Mediaeval Studies. The University of Notre Dame, Vol. 5), Notre Dame (Indiana) 1941; W. LEVISON, Die mal. Lehre von d. beiden Schwertern, DA 9 (1951/52) 14–42; R. SCHMIDT, Stud. über E. v. R. u. d. 'Ssp', Diss. (masch.) Greifswald 1951; ders., Aetates mundi. Die Weltalter als Gliederungsprinzip d. Gesch., ZKG 67 (1955/56) 288–317; H. KOLB, Über d. Ursprung d. Unfreiheit. Eine Quaestio im 'Ssp', ZfdA 103 (1974) 289–311.

Zu II.6. H. TESKE, Ein falscher Text wird Grundlage geltenden Rechtes, Wörter u. Sachen 14 (1932) 85 f.; K. BISCHOFF, 'schap und gense' ('Ssp' I 24,3), in: Zur Gesch. u. Kultur d. Elb-Saale-Raumes, Fs. W. Möllenberg, 1939, S. 79–86; ders., Zur Sprache d. 'Ssp' E.s v. R., Zs. f. Ma. forsch. 19 (1944) 1–80; E. ROOTH, Saxonica. Beitr. z. niedersächs. Sprachgesch., Lund 1949, insbes. S. 182–255; W. KROGMANN, Verderbnisse im Archetypus d. 'Ssp'-Überl., PBB 77 (1955) 279–315; W. SPIEWOK, Die Sprache d. Quedlinburger Hs. d. 'Ssp' aus d. 13. Jh., Diss. (masch.) Halle 1958; ders., WZH VIII (1958/59) 719–723.

Zu II.7. G. MOLITOR, Die Stände d. Freien in Westfalen u. der 'Ssp', Jur. Diss. Münster 1910; ders., Die Pfleghaften d. 'Ssp' im sächsischen Stammesgebiet (Forschungen z. dt. Recht 4, H.2), 1941; G. BUCHDA, Archäologisches zum 'Ssp', ZRG German. Abt. 72 (1955) 205–215; ders., Die Dorfgemeinde im 'Ssp', in: Die Anfänge d. Landgemeinde u. ihr Wesen II (Vorträge u. Forschungen 8), 1964, S.7–24; K. BISCHOFF, Land u. Leute, Haus u. Hof im 'Ssp', NdJb 91 (1968) 43–68.

Zu II.8. G. SCHUBART-FIKENTSCHER, Die Verbreitung d. dt. Stadtrechte in Osteuropa (Forschungen z. dt. Recht IV 3), 1942; E. NOWAK, Die Verbreitung u. Anwendung d. 'Ssp' nach d. überlieferten Hss., Diss. (masch.) Hamburg 1967; dazu Rez.: W. A. ECKHARDT, HZ 206 (1968) 197f., H. SCHLOSSER, DA 23 (1967) 199; K. KASPERS, Vom 'Ssp' zum Code Napoléon. Kleine Rechtsgesch. im Spiegel alter Rechtsbücher (Zeugnisse d. Buchkunst, 2. Buch), ³1972; K. KROESCHELL, Rechtsaufzeichnung u. Rechtswirklichkeit. Das Beispiel des 'Ssp', in: Recht u. Schrift im MA (Vorträge u. Forschungen 23), 1977, S. 349–380.

Zu III. H. HERKOMMER, Überlieferungsgesch. d. 'SW'. Ein Beitr. z. Geschichtsschreibung d. MAs (MTU 38), 1972 (mit Lit.); dazu Rez. n.: G. CORDES, NdJb 96 (1973) 181–190; K. E. GEITH, Zur Überlieferungsgesch. u. Textgestalt der 'SW', PBB (Tüb.) 96 (1974) 103–119; R. SCHMIDT-WIEGAND, ZfdPh 94 (1975) 440–442.
(1978)   RUTH SCHMIDT-WIEGAND

Eilhart von Oberg

I. *von hobergin her eylhart* nennt sich in v. 9446 der Dresdner Hs. der Verfasser des 'Tristrant'. E. SCHRÖDER hat ihn zuversichtlich mit dem zwischen 1189 und 1209 mehrfach urkundlich bezeugten *Eilhardus de Oberch* identifiziert, der einem in dem Dorfe Oberg westlich von Braunschweig ansässigen Ministerialengeschlecht angehörte. Das ist zwar möglich, aber nicht wahrscheinlich. Im östlichen Sachsen könnte der Dichter schwerlich mit der frz. Tristan-Dichtung bekannt geworden sein. Nach allem, was wir von den eher geistlich gerichteten literarischen Interessen Heinrichs des Löwen wissen, kommt der herzogliche Hof in Braunschweig als Entstehungsort der ersten dt. Bearbeitung des hochmodernen Stoffes nicht in Betracht. Dazu stimmt, daß eine greifbare Wirkung von E.s Werk in seiner Heimat erst reichlich ein Jahrhundert später mit dem ältesten Tristan-Teppich Wienhausen A erkennbar wird. Einem Ostfalen, der an der aufblühenden frühhöfischen Literatur teilhaben wollte, blieb nichts anderes übrig, als sich in deren rheinische Zentren zu begeben. Der E. v. O., der das getan hat, müßte – auch aus chronologischen Gründen – zur älteren, der des urkundlich erwähnten Namensvetters vorausgehenden, Generation der Oberge gehört haben, und er ist deshalb nicht nachweisbar, weil er zu Rechtsgeschäften im heimischen Umkreis keine Gelegenheit mehr hatte.

WAGNER hat den literaturgeschichtlichen Ort des 'Tristrant' mit Hilfe der Sprache der alten Fragmente und der frühesten Rezeption der charakteristischen Namengruppe *Isalde/Tristrant/Walwan* zu bestimmen versucht. Die für 1217 bezeugte *Isalda von Heinsberg*, Tochter des Herzogs Heinrich III. von Limburg, führte ihn im Verein mit der am Mittelrhein lokalisierten Hs. St an dessen Hof oder an den der Gräfin Agnes von Looz, der Gönnerin → Heinrichs von Veldeke, deren gleichnamige Tochter 1169 den ersten Wittelsbacher Otto V. von Scheyern heiratete und den 'Tristrant' nach Niederbayern vermittelt haben könnte, wo noch im vorletzten

Jahrzehnt des 12. Jh.s in Regensburg die Hs. R geschrieben wurde.

Schwierigkeiten erwachsen der These WAGNERS aus dem kontrovers beurteilten Abhängigkeitsverhältnis zwischen E.s 'Tristrant' und Veldekes 'Eneit'. Denn daß überhaupt 'kein Band zwischen beiden erkennbar' sei, wie er im Vertrauen auf KNIESCHEK behauptete (S. 20), ist seit VAN DAMS Nachweis, daß der Isalde-Monolog ursprünglich ist, unhaltbar geworden. Gerade die von WAGNER betonte räumliche Nähe der beiden Dichter hätte eine solche Annahme von vornherein ausschließen sollen. Der literarisch aufgeschlossene Niederrhein bleibt der vorgegebene Ort für E.s Schaffen. Von dem Braunschweiger abgesehen, bot auch der thüringische Hof, für den CORDES aus sprachlichen und anderen Gründen plädiert hat, zu dieser Zeit noch keinerlei Voraussetzungen für eine den neuen gesteigerten Ansprüchen genügende literarische Produktion. Die hat erst die durch den Clever Diebstahl erzwungene Übersiedlung Veldekes nach dort geschaffen.

II. Überlieferung. Von der ursprünglichen 'Tristrant'-Dichtung E.s sind nur Pergament-Bruchstücke von drei Hss. erhalten:

1. R aus dem Stift Obermünster in Regensburg, vorletztes Jahrzehnt d. 12. Jh.s, obd., zerschnitten in: Rm = München, cgm 5249/31, Querstreifen eines Bl.s, Inhalt (Verszahlen nach LICHTENSTEINS Ausg.): 1608–1623. 1655–1679; – Rd = Donaueschingen, Hs. Nr. 69, ein Bl., Inhalt: 1726–1843; – Rr = Regensburg, Proske'sche Musikbibl. beim bischöfl. Generalvikariat, zwei Bll., unauffindbar, Inhalt: 3028–3131. 3449–3559.

2. M = Berlin, mgq 661, aus Magdeburg, letztes Jahrzehnt d. 12. Jh.s, md. mit nd. Einschlag, zwei Doppelbll., verschollen, Inhalt: 2809–3005. 3404–3601.

3. St = Berlin, mgq 1418, Stargarder Sammelbd., vermutlich aus Köln, Ende 12./Anf. 13. Jh., rip., verschollen, Inhalt: 7064–7524.

Den vollständigen Text bieten nur Papier-Hss. des 15. Jh.s, die auf eine Bearbeitung (13. Jh.s?) zurückgehen, und zwar:

4. D = Dresden, LB, Ms. M 42, v. J. 1433, md.

5. H = Heidelberg, cpg 346 (mit 91 Federzeichnungen), zwischen 1460 u. 1475 entstanden, schwäb.; vielleicht aus dem Besitz der Gemahlin Ludwigs IV. von der Pfalz, Margarete von Savoyen (Beschreibung d. Hs. durch G. JUNGBLUTH im Hss.-Arch. d. Zentralinstituts f. Sprachwiss. d. Ak. d. Wiss.n der DDR, Berlin).

6. B = Berlin, mgf 640, v.J. 1461, enthält E.s 'Tristrant' ab v.6103 als Fortsetzung des 'Tristan' →Gottfrieds von Straßburg, schwäb.

Dazu kommen:

7. C = tschech. 'Tristram', überliefert in zwei Hss. in Strahov (1449) und Stockholm (1483), dessen Verf. außer E. auch Gottfried und → Heinrich von Freiberg benutzt hat; sein 'Tristrant'-Text stand der ursprünglichen Fassung E.s nahe.

8. P = Prosaroman 'Hystori von Tristrant und Ysalden' (→ 'Tristrant und Ysalde'), älteste Drucke bei Anton Sorg, Augsburg 1484, und bei Hanns Schönsperger, Augsburg 1498.

III. Ausgaben. E. v. O., hg. v. F. LICHTENSTEIN (QF 19), 1877; E. v. O., 'Tristrant'. I. Die alten Bruchstücke, hg. v. K. WAGNER (Rhein. Beitr. 5), 1924; E. v. O., 'Tristrant'. Synopt. Druck der ergänzten Frgm.e mit d. ges. Parallelüberl., hg. v. H. BUSSMANN (ATB 70), 1969; E. v. O., 'Tristrant'. Edition diplomatique des manuscrits et traduction en français moderne par D. BUSCHINGER (GAG 202), 1976 (Abdr. d. Hss. H, D, B). – A. BRANDSTETTER, Tristrant u. Isalde, Prosaroman (ATB, Ergänzungsreihe 3), 1966; U. BAMBORSCHKE, Das altčechische Tristan-Epos, unter Beifügung d. mhd. Paralleltexte hg. u. übers., 2 Teile, 1968/69.

IV. Die Dichtung E.s, dessen Darstellung mit den wirkungsvollen Doppelungen dem märchenhaften Schicksalsdenken noch nahe bleibt, beginnt mit den Eltern Tristrants, hat noch die zweimalige Fahrt *nâch wâne*, die seinem Wirklichkeitssinn freilich nicht entspricht (1473–1475), und schließt an das Waldleben – bei ihm eine Zeit härtester Entbehrungen – den zweiten, abenteuerreichen Teil mit der anderen Isalde und dem Tod der Liebenden. Die Quelle war die sog. 'Estoire' (wahrscheinlich von dem Nordfranzosen Li Kièvres), die dem 'Tristran' des Thomas vorausgehende Dichtung. Sie ist nicht überliefert, aber inhaltlich zu erschließen. Von der ihr großenteils folgenden, in der Datierung umstrittenen Dichtung des Nordfranzosen Béroul ist unglücklicherweise nur ein großes Bruchstück überliefert, weswegen bloß vom belauschten Stelldichein bis zur Trennung nach dem Waldleben, nach welcher er andere Wege einschlägt, ein Vergleich seiner Darstellung mit E. möglich ist.

Offenbar hat dieser sich sachlich ganz an seine Vorlage gehalten. Es war ein moderner Stoff; die Liebe als Leitgedanke bestimmte Sinn und Inhalt des Geschehens. Die in Frankreich von der Kenntnis Ovids ausgelöste neue Vorstellung, wie sie als wunderhafte Macht den Menschen ohne seinen Willen geradezu wie eine Krankheit überwältigt, fand auch im Motiv vom Minnetrank ihren Ausdruck. E. aber nennt bei der Ankündigung, wovon er handeln will, die Liebe erst an dritter Stelle (51 f.). Der Minnetrank bedeutet für ihn, wie für Béroul, einen zauberhaften Zwang, der den beiden den freien Willen nimmt (4725; 9471–9473; 9490 f.) und ihr unrechtes Tun entschuldigt. Als nach seiner Darstellung die Wirkung nachläßt (bei Béroul aufhört), sucht Tristrant unverzüglich den Beichtiger auf, versichert, daß ihn die Sünde reue, und ist bereit, Isalde zurückzugeben (4755–4763). Auch vorher ist für E. das Vorgehen Tristrants, als er um der Liebe willen das Leben aufs Spiel setzt, *eine grôze tumheit*, zu der ihn der Trank getrieben hat (3909–3919); und ebenso später etwas Unerhörtes, daß er, als ein Irrtum ein Zerwürfnis mit Isalde verursacht hat, solche Anstrengungen macht, um ihre Huld zurückzugewinnen (7020–7023). Das schöne Schlußmotiv, wie eine Weinrebe und eine Rose aus dem Grab der beiden wachsen und sich verflechten, bringt er nur entstellt und mit Vorbehalt. Wie er ihn schon zu Anfang *bôse* genannt hat (2349), spricht er noch zuletzt von dem *unsêligen trang* (9489).

Wieder und wieder rückt er so von solcher Liebe ab. Tristrant ist ihm zuvörderst ein Held alten Stils. Er will erzählen, *swaz he wundirs î beging* (39), wie er mit Klugheit, List und Mannhaftigkeit alle Schwierigkeiten und Gefahren überwindet. Auch als Kämpfer ist der *chuone wîgant* ohnegleichen. Eingehend verweilt E. bei der Schlacht von Karahez. Ausdrucksweise und Motive wie die leichenfressenden Vögel, die da reiche Nahrung finden (6046 f.), zeigen, daß er sich an die Kampfschilderungen der dt. Heldendichtung und mit deutlichen Anklängen an den → 'Straßburger Alexander' anschließt. Es wurde, sagt er, der *herteste strît / den mannes ouge î gesach* (5964 f.); mit ihren furchtbaren Kampfesleistungen übertrafen Kehenis und Tristrant selbst Dietrich und Hildebrand (5973–5977). Bis an die Knie wateten die Kämpfenden im Blut (6034–6037). Zu Übertreibungen und Derbheiten greift er ohne Scheu. Gefühle sollen möglichst kräftig zum Ausdruck kommen. Selbst bei Isalde sind wir von höfischer *mâze* weit entfernt (6869–6876). Statt beim Innern zu verweilen, gibt er lieber die typische sichtbare Äußerung (4036 f., 7410 f.).

Eine Sonderstellung haben, als der Liebestrank zur Wirkung kommt, die eingehende Schilderung der Gefühle und Gedanken, die sie bewegen, und der große Liebesmonolog Isaldens (2353–2610). Es ist die modernste Partie des Werkes, die man eben deshalb E. nicht recht zutrauen wollte, um so weniger, als sich in ihr eine lange Reihe z. T. wörtlicher Übereinstimmungen mit der Schilderung der Liebe und dem Liebesmonolog der Lavinia in der 'Eneit' Heinrichs von Veldeke findet.

V. Der Streit um die Priorität des einen oder des anderen Autors dauert nun schon hundert Jahre. Der Herausgeber LICHTENSTEIN erklärte (1877) – nach dem Vorgange LACHMANNS (Zu den Nibelungen und zur Klage, Berlin 1836, S. 290) – E. für den Gebenden; VAN DAM (1923), RANKE (1925), GOMBERT (1927) schlossen sich ihm an. Die gegenteilige Auffassung, die ihn für den Nehmenden hält, begründete BEHAGHEL (1882), gefolgt von WOLFF (seit 1924), EHRISMANN (1927), VAN MIERLO (1928), CORDES (1939). KNIESCHEK (1882) – und unter seinem Einfluß auch GIERACH (1908) – wollte jedwede Beziehung zwischen E. und Veldeke leugnen, da seiner Ansicht nach die mit der 'Eneit' teilweise übereinstimmenden Partien des 'Tristrant' erst von dem Bearbeiter des 13. Jh.s herrührten. Diese Interpolationstheorie, die dem tschechischen 'Tristram' eine Schlüsselstellung in der 'Tristrant'-Überlieferung zuwies, hat VAN DAM schlüssig widerlegt. Die Häufigkeit, Zusammenstellung, Reihenfolge und der oft gleiche Wortlaut der Parallelstellen lassen sich auch nicht dadurch aus der Welt schaffen, daß man, wie BUSSMANN (1969), in den beiden Liebesmonologen nur modifizierte Adaptationen desselben, in der afrz. Literatur verbreiteten, literarischen Typs sieht.

Ihr Vergleich wird dadurch erschwert, daß wir E.s Vorlage nicht kennen. Was Veldeke, VAN DAM zufolge, E. verdanken soll, könnte auch schon in der 'Estoire' gestanden haben. Nur würde sich damit an dem (postulierten) kunstvollen Zusammensetzspiel beim Lavinia-Monolog nicht viel ändern. Daß E. aus ihm bloß Verspartien entlehnt haben sollte, die im 'Roman d'Eneas' kein Gegenstück haben, ist schwer zu glauben. Und vollends unwahrscheinlich wäre, daß die formalen Errungenschaften Veldekes, der reine Reim zumal, auf ihn nicht den geringsten Eindruck gemacht hätten. Das 1174 nach Thüringen entführte Ms. der unfertigen 'Eneit' war neun Jahre lang sogar dem Autor unzugänglich. Wir wissen nicht, wie es beschaffen war und wieviel an formaler Feile an ihm noch zu tun blieb. Lavinias Liebesmonolog war schon in dem Torso von 1174 enthalten. Wenn WAGNER Ort und Zeit von E.s Schaffen richtig bestimmt hat, war der 'Tristrant' zu Anfang der siebziger Jahre am Niederrhein verfügbar, so daß Veldeke den der Isalde bei der Ausarbeitung heranziehen konnte. Das Umgekehrte, daß irgendein Dichter, der bei den literarisch Gebildeten Gehör finden wollte, nach dem Abschluß und der Publikation der 'Eneit' in Thüringen (ab 1183) noch in der Manier E.s zu schreiben unternommen haben sollte, erscheint kaum vorstellbar.

VI. Obgleich für E. noch nicht die Forderung des reinen Reimes galt, folgen seine Assonanzen mit verschwindenden Ausnahmen doch bestimmten Regeln. Er bindet intervokalisch entweder stimmhafte Konsonanten oder stimmlose Reibelaute und im Auslaut entweder Verschluß- oder Reibelaute miteinander. Dazu kommen überschüssiges *n* im Auslaut und die vokalischen Ungleichheiten (beides fehlt auch bei Veldeke nicht). Am Vergleich der Fragmente hat WAGNER 1921 (S. 129) festgestellt, daß die Assonanzen im Fortgang der Dichtung abgenommen haben, von R zu St um ein volles Drittel. Auch der Versbau hat sich verbessert: die klingenden Kadenzen sind seltener geworden und die beschwerten Hebungen ebenfalls. Fortschrittlich zeigt sich E. in der Brechungstechnik und in den ausgedehnten Hemistichien.

VII. Die trümmerhafte Überlieferung des originalen Gedichts spricht nicht gegen seine weit verbreitete Kenntnis. Die literarischen Erwähnungen und Entlehnungen aus dem 'Tristrant' hat LICHTENSTEIN (S. CXCII–CCIV) gesammelt und auch schon auf den Zeugniswert der Namen hingewiesen, die WAGNER (S. 8*–23*) ausgewertet hat. Dazu kommen die drei Wienhäuser Tristanteppiche, deren ältester um 1300 anscheinend für das Herzogshaus bestimmt war; ein weiterer aus der Dorfkirche Emern bei Ülzen im Lüneburger Museum; ein Rücklaken aus einem norddeutschen Nonnenkloster im Victoria- und Albert-Museum in London; und ein vermutlich aus Würzburg stammender Teppich im Erfurter Dommuseum: sämtlich aus dem 14. Jh. Gottfrieds unvollendeter 'Tristan'-Roman hat seinen dt. Vorgänger nur vorübergehend verdrängt. Wie der tschechische 'Tristram'-Dichter mußten auch → Ulrich von Türheim und → Heinrich von Freiberg für ihre Fortsetzungen wieder auf E. zurückgreifen. Die Hauptzeit seiner Wirkung kam im SpätMA, als der zunehmenden Zahl der Leser vorzugsweise das Stoffliche wichtig war. Von der Prosaauflösung des 'Tristrant' sind bis 1664 vierzehn Drucke nachgewiesen. Ein auf 1539 datierter Wandbehang aus der Kirche von Schwarzenberg im Erzgebirge hat sich an sie gehalten. Hans Sachs hat sie 1551 und 1553 für fünf Meisterlieder und eine Tragedia benutzt.

VIII. Literatur. Bibliographie bis 1968 bei BUSSMANN, Ausg., S. 33–38. – O. BEHAGHEL, Heinrich v. Veldeke, 'Eneide', 1882, S. CLXXXVIII-CXCVII; I. KNIESCHEK, Der čechische 'Tristan' u. E. v. O., WSB 101, 1882, S. 319–348; E. MURET, Eilhard d'Oberge et sa source française, Romania 16 (1887) 288–363; J. BEDIER, Le roman de Tristan par Thomas, T.II, Paris 1905; E. GIERACH, Zur Sprache v. E.s Tristrant. Mit einem Anhang: Zur lit. Stellung E.s, 1908; K. WAGNER, Die E.frage, Zs. f. dt. Maa. 16 (1921)

124–143; J. van Dam, Zur Vorgesch. d. höf. Epos. Lamprecht, E., Veldeke (Rhein. Beitr. 8), 1923 (dazu L. Wolff, DLZ 45 [1924] 2531–2537; E. Gierach, AfdA 48 [1929] 110–118); F. Ranke, Tristan u. Isold, 1925; Ehrismann, LG II 2,1 (1927), S. 65–78; J. Gombert, E. v. O. u. Gottfried v. Straßburg, 1927; J. van Mierlo, Veldekes onafhanklijkheid tegenover E. v. O. en den straatburgschen 'Alexander' gehandhaaft, VMKVA (1928) 885–937; A. Witte, Der Aufbau d. ältesten Tristandicht., ZfdA 70 (1933) 161–195; K. Wagner, Wirklichkeit u. Schicksal im Epos d. E. v. O., Herrigs Archiv 170 (1936) 161–184; G. Cordes, Zur Sprache E.s v. O., 1939; L. Wolff, Welfisch-Braunschweigische Dicht. d. Ritterzeit, NdJb 71/73 (1948/50) 73–78; H. Eggers, Der Liebesmonolog in E.s 'Tristrant', Euph. 45 (1950) 275–304; ders., Lit. Beziehungen d. 'Parzival' z. 'Tristrant' E.s v. O., PBB 72 (1950) 39–51; L. Wolff, Die mytholog. Motive in d. Liebesdarstellung d. höf. Romans, ZfdA 84 (1952/53) 47–70; J. van Mierlo, Oude en nieuwe bijdragen tot het Veldeke-probleem, 1957, S. 7–48; G. Cordes, Norddt. Rittertum in d. dt. Dicht. d. MAs, Niedersächs. Jb. 33 (1961) 149f.; J. Ricklefs, Der Tristanroman d. niedersächs. u. mitteldt. Tristanteppiche, NdJb 86 (1963) 33–48; R. L. Curtis, Tristan Studies, 1969 (dazu W. Haug, AfdA 81 [1970] 57–69); H. Bussmann, Der Liebesmonolog im frühhöf. Epos, in: Werk, Typ, Situation, Fs. f. H. Kuhn, 1969, S. 45–63; D. Buschinger, Une nouvelle contribution à l'étude d'E. v. O., Et. Germ. 26 (1971) 221–228; D. Fouquet, Wort u. Bild in d. mal. Tristantradition (Phil. Stud. u. Qu. 62), 1971 (dazu W. Schröder, PBB [Tüb.] 95 [1973] 467–471); G. Schindele, Tristan. Metamorphose and Tradition (Stud. z. Poetik u. Gesch. d. Lit. 12), 1971; D. Buschinger, La structure du *Tristrant* d'E. v. O., Et. Germ. 27 (1972) 1–26; M. Last, E. v. O., in: Niedersächs. Lebensbilder 8, 1973, S. 19–43; L. Wolff, Heinrich v. Veldeke u. E. v. O., in: Kritische Bewahrung, Fs. W. Schröder, 1974, S. 241–249; D. Buschinger, Le *Tristrant* d'E. v. O., Bd. 1 u. 2, Lille 1974; W. Mohr, Tristan u. Isolde, GRM 57, NF 26 (1976) 54–83.

(1978) Ludwig Wolff † (IV. VI.–VII.) W. Schröder (I.–III. V. VIII.)

Ems → Rudolf von Ems

Eschenbach → Wolfram von Eschenbach

Ezzo

Verfasser eines frühmhd. Hymnus.

1. Überlieferung. a) Straßburg, Bibl. Nat. et Univ., cod. germ. 278, 74ᵛ [S]: 23 fortlaufend geschriebene Zeilen = 76 vv. in 7 Strr., zw. dem 3. u. 4. Buch der 'Moralia in Job' Gregors des Großen, von einer jüngeren Hand eingetragen (wie das 154ᵛ und 155ʳ stehende → 'Memento mori'). Der frühmhd. Eintrag in die Hs. des 11. Jh.s wurde von Barack auf Ende des 11./Anfang des 12. Jh.s, von Menhardt auf 'wenig später' als 1130 datiert und erstmals 1879 von Barack veröffentlicht. Die 1878 für die Straßburger Bibl. erworbene Hs. befand sich bis 1825 im Benediktinerkloster Ochsenhausen/Schwaben, danach in wechselndem Antiquar- und Privatbesitz.

b) Vorau/Steiermark, Augustiner-Chorherrenstift, cod. 276 (→'Vorauer Handschrift'), 128ʳᵇ–129ᵛᵇ [V]: 305 fortlaufend geschriebene Zeilen = 420 vv. in 34 durch Initialen gekennzeichneten Abschnitten zw. → 'Vorauer Sündenklage' und Priester → Arnolts 'Gedicht von der Siebenzahl'.

2. Ausgaben. a) E.s Gesang von d. Wundern Christi u. Memento Mori, in phototyp. Facsimile d. Straßburger Hs., hg. v. K. A. Barack, 1879; b) Vorauer Hs. Faks.; Diemer, Dt. Ged., S. 317–330; MSD Nr. XXXI; ²Waag, Dt. Ged., S. 1–16; Henschel/Pretzel, Vor. Denkm., S. 2–27, Beilage, S. 2–6; Maurer, Rel. Dicht. I 284–303; H. J. Gernentz, Kl. dt. Ged. d. 11. u. 12. Jh.s, 1970, S. 59–72; Waag/Schröder, Dt. Ged. I 10–26 (zit.).

3. Die 7strophige Fassung von E.s *liet* (S) ist wohl unvollständig, die spätere 34strophige (V) bearbeitet. In der einem Titelblatt vergleichbaren 1. Str. der Fassung V werden E. als Dichter, Wille als Komponist und Bischof Gunther von Bamberg als Auftraggeber genannt.

Die Amtszeit des Auftraggebers, 1057–1065, ermöglicht eine ziemlich genaue Datierung und Lokalisierung des Liedes. Der Name E. findet sich mehrfach in gleichzeitigen Bamberger Urkunden (Waag). Ob damit immer der Dichter E. gemeint war, ist nicht gesichert. Die um 1130 im Kloster Göttweig im Auftrag des Abtes Chadalhoh (1125–1141) verfaßte 'Vita Altmanni' (des Passauer Bischofs und Stiftsgründers, gest. 1091) berichtet von einem berühmten Pilgerzug (1064–65) unter der Führung des Bamberger Bischofs Gunther (und des Mainzer Erzbischofs Siegfried), an dem auch Altmann teilnahm. Auf dieser Fahrt habe ein *canonicus* und *scholasticus* Ezzo eine *cantilena de miraculis Christi* in seiner Muttersprache gedichtet (*patria lingua nobiliter composuit*). Daß dieser E. mit dem Dichter identisch ist, gilt als sicher; sofern unter *miracula Christi* alle göttlichen Wunder von der

Schöpfung bis zur Erlösung verstanden werden, setzt man das erhaltene Lied mit dem bezeugten gleich (SCHRÖDER, 1972).

Kontrovers sind die Meinungen über seine Entstehung: War es von Anfang an für eine Pilgerfahrt bestimmt (KUHN) oder wurde es nur auf ihr gesungen, vielleicht in gekürzter Fassung (WILMANNS)? Besagt V 1, v. 10 (*duo ilten si sich alle munechen*), daß sie aus Anlaß einer Reform des Domkapitels (Durchführung einer geregelten *vita communis* zw. 1057 und 1061) als Festkantate verfaßt wurde (ERDMANN; SCHRÖDER, 1955) oder 1063 für die Einweihung des regulierten Kollegiatsstiftes St. Gangolf in Bamberg als eine dem ahd. → 'Georgslied' vergleichbare Festhymne (DE BOOR, dagegen GUTTENBERG)? Hatte das Lied außerdem einen ähnlichen Zweck, wie ihn → Otfrid in der Vorrede *Ad Liutbertum* für sein Werk bezeugt, den offenbar auch von E.s Bischof geschätzten (s. unten) *cantus obscenus laicorum* zurückzudrängen (RUPP, S. 83)?

In dem in der Vorsatzstrophe genannten Komponisten Wille vermutet man seit DIEMER den gleichnamigen späteren Abt des Bamberger Klosters Michelsberg (1082–85), in dessen Totengedenkbuch auch ein Ezzo (15. Nov. 1100, *presbyter Ezzo*) aufgeführt ist.

Der Auftraggeber, Gunther von Bamberg, war seit 1057 Bischof in Bamberg und starb auf der Rückkehr von einer Pilgerfahrt ins Heilige Land 1065 in Ödenburg (Ungarn). Vor seiner Berufung zum Bischof war er, seit 1054, unter Kaiser Heinrich III. und danach der Kaiserinwitwe Agnes Kanzler von Italien. Er entstammte dem mitteldeutschen Hochadel. Aus allen Zeugnissen tritt er als ein weltgewandter, hochgebildeter Mann entgegen, der für die geistigen Strömungen seiner Zeit aufgeschlossen war und dem – den an ihn gerichteten Briefen des Bamberger Domscholastikus Meinhard (zu dessen Vorgängern der Kölner Erzbischof Anno und Williram von Ebersberg zählten) zufolge – auch eine gewisse Vorliebe für Wohlleben (*pulvilli*) und höfische Geschichten (*fabulae curiales*) nachgesagt wurde. E. gehörte als Kanonikus, Mitglied des Domkapitels, offenbar zu einem Bamberger Gelehrtenkreis, der, St. Gallen um das Jahr 1000 vergleichbar, für lat. und dt. literarische Traditionen gleichermaßen aufgeschlossen war (SCHRÖDER, 1955, S. 242).

Die starke Wirkung dieses ältesten frühmhd. Liedes ist in Str. V 1 bezeugt; sie wird auch in vielen Anklängen in späteren frühmhd. Werken greifbar (bei Frau → Ava, in der 'Vorauer Genesis' [→ 'Altdeutsche Genesis'], der → 'Summa Theologiae' u. a.).

4. a) Die Straßburger Fassung (S) besteht aus 2 achtzeiligen und 5 zwölfzeiligen Strr.

Die beiden ersten sind formal als Prologstrophen abgesetzt. S I beginnt mit einer Apostrophe ans Publikum (*iu herron*) und gibt Thema und Quellen der folgenden *reda* an: *von dem angenge von alem manchunne* und *von dem wistuom*, den Lehren des ATs, genauer der Genesis und des Buches der Könige. S II, gleichgebaut, enthält im Unterschied zu I keine ausdrücklichen Programm- und Quellenangaben, sie wendet sich vielmehr als Gebetsanruf an Christus als *lux in tenebris*, als *verbum* Gottes (Io 1). Die Schlußwörter der beiden Strr. (*era* und *gnada*) kennzeichnen die in ihnen beschworenen Sphären: die Zeit des Alten Bundes und die des Neuen.

Die Reihe der 5 zwölfzeiligen Strr. ist ebenfalls in Zweierformation geordnet. Sie wird mit einem Lobpreis auf Gottes Schöpfungsstat eröffnet, handelt unter dem Leitwort *era* von der Erschaffung des Menschen (III/IV), dem Sündenfall (V), der darauffolgenden Sündennacht mit den ihr Ende ankündigenden Sternen (VI) und den Verheißungen und Lehren der Patriarchen Abel, Enoch, Noah, Abraham, David (VII). Damit bricht die in alem. Dialekt geschriebene Straßburger Fassung ab.

b) Die Vorauer Fassung (V) weicht nicht nur im Umfang, sondern z. T. auch in der thematischen Pointierung wesentlich von S ab:

Den 76 vv. (in 7 Strr.) von S stehen in V 132 vv. (in 12 Strr.) gegenüber; insgesamt ist V auf 420 vv. (= 34 verschieden lange Abschnitte) erweitert. Str. V 2 (= S I) wendet sich an *alle*; beachtenswert ist auch v. 3/4 *von dem minen sinne von dem rehten anegenge*. Die bereits V 1, v. 12 angerufene Gnade Gottes wird auch in v. 17 (statt *wistuom* S) und v. 20 (statt *era* S) beschworen. Diese und spätere Änderungen zeigen, wie sehr in V 'der Gott der Gnade und des Trostes in den Vordergrund' tritt (RUPP, S. 38). V 3 setzt neu ein: *Die rede di ich nu sol tuon* (*nu*= dann) und erweitert die Programmangaben von V 2 durch den Hinweis auf die 4 Evangelien. Teil 2 dieser 3. Str. entspricht Teil 2 von S II, deren 1. Teil den Anfang von Str. V 4 bildet, durch eine Eingangsinterjektion (O), die Apostrophe in v. 28 und die Zusatzverse als Gebetsanruf verdeutlicht. Zusatz ist auch V 5 (Erschaffung des Menschen); V 6 und V 7 entsprechen S III und IV. V 8, der letzte Einschub, malt das Paradies aus.

Mit V 12 beginnt der nur in der Vorauer Fassung überlieferte Teil. V 12 setzt die in S abgebrochene Reihe der Vorboten mit Johannes dem Täufer fort; V 13 feiert das Erscheinen Christi als Sonne, als Tag. Übernimmt man das Zweiersystem, das sich in S abzeichnete (KUHN), auch für V, ergeben sich folgende weitere Themenkreise: Marienlob und Geburt Christi (14/15), Christi Leben bis zur Taufe (16/17), Offenbarung der Göttlichkeit Christi in Wundern (18/19), Kreuzigung (20/21), Kreuzestod, Höllenfahrt und Auferstehung (22/23). Christi Erdenleben sind also in V ebenfalls 12 Strr. gewidmet (14–21) wie der Zeit vor seinem Erscheinen (2–13).

Die Wirkung der Heilstat Christi (24/25) bildet den Auftakt des 9strophigen 3. Teils; es folgen atl. Präfigurationen (26/27), Deutung des Opfertodes (28/29) und ein in doppeltem Kursus gestalteter Schlußhymnus, ein Lobpreis der Erlösungstat, der jeweils in einem Kreuzesanruf gipfelt: der atl. Vorausdeutung (30/31) folgt die ntl. Erfüllung (32/33). Die Schlußstrophe (*Unser urlose ist getan*) gilt dem Preis der Dreifaltigkeit und dem Glaubensbekenntnis. – Die V-Fassung zeigt im großen ganzen bair. Dialektfärbung; einzelne Formen könnten auf eine alem. Vorlage hindeuten (SCHRÖDER, 1955, S. 245).

Für S ist sanglicher Vortrag bezeugt (V 1); V dagegen wird in der Regel nicht zu den gesungenen Gattungen gezählt.

5. Schon vor der Entdeckung des Straßburger Fragments suchte man durch Eliminierung von vermuteten Interpolationen ein v. a. formal einheitlicheres Gedicht herzustellen (MSD, ¹1864: Leich von 28 Strr., SCHADE: 23 zwölfzeilige Strr.). Diese frühen Versuche wurden durch S nur z. T. bestätigt.

Die neuere Ur-Ezzo-Diskussion eröffneten 1931 SCHNEIDER und DE BOOR. Mit der Beantwortung der Fragen nach der Urfassung, der Deutung der Einleitungsstr. in V, der Prologstrr. in S und V hängen Datierung, Einschätzung der Dichterleistung E.s, seiner Formkunst, seiner Vorlagen und Quellen zusammen. Daß S den Text des in V 1 genannten Dichters E. weitgehend, wenn auch in alemannischer Lautung, bewahrt, wird in der Forschung meist vorausgesetzt (Ausnahme PRETZEL, 1963); was ihm darüber hinaus noch von V zugeschlagen werden solle, ist eine offene Frage. Daß von V 12 an der alte Bestand gewahrt sei (EHRISMANN, S. 41), fand keine Zustimmung. Auf der Basis bestimmter thematischer Vorstellungen versuchten mit stilistischen Kriterien SCHNEIDER und DE BOOR, mit programmatischen Fixierungen MOEHL und KUHN, mit inhaltlich-formalen Begründungen MAURER, RUPP, SCHÜTZEICHEL und PRETZEL eine Urfassung aus meist gleichzeiligen Strr. zurückzugewinnen. Als 'echt' gelten bei MOEHL 14, bei KUHN 15, PRETZEL 17, SCHÜTZEICHEL 19, SCHNEIDER 20, DE BOOR 21, RUPP 24, MAURER (1959) 25, (1964) 26 Strr. Jede der nur in V überlieferten Strr. ist irgendeinmal ganz oder teilweise angezweifelt worden. Das überanstrengte 'Vertrauen in die philologische Scheidekunst' (SCHRÖDER, 1972) ging nicht selten so weit, daß selbst einzelne Verse ausgesondert oder umgestellt wurden. Von S als Ausgangsbasis wich nur MERGELL ab, der in V eine Gedichtstruktur in Kreuzesform erblickte (vgl. auch die Übersichtstabellen bei MAURER, 1964 und SCHRÖDER, 1972). Strittig ist bereits, welche Strr. als Programm-Strr. aufzufassen seien: nur S I bzw. V 2/3 oder auch S II (so MOEHL, KUHN, RUPP)? Daß mit S I vergleichbare Programmpunkte in S II fehlen und daß V 3 nach V 2 (= S I) eingeschoben wurde, mit deutlichem Rückbezug auf S I (*nu*), könnte darauf eine Antwort sein, wie auch die erkennbar anders gelagerte Funktion von S II und V 4 als Gebetsanruf.

Auch die Deutung der Programmangaben ist umstritten: Handelt es sich in S I um zwei Programmpunkte (*von dem angenge von alem manchunne* und *von dem wistuom* (so WAAG, SCHNEIDER, MAURER, SCHWEIKLE, BERTAU; *manchunne* als Genitivergänzung, vgl. V, v. 139/140) oder um drei (*angene, manchunne, wistuom,* so KUHN, PRETZEL, SCHRÖDER 1972, RUPP)? Auch darauf scheint das Gedicht eine Antwort zu geben: es enthält weder in S noch in V eine Menschheitsgeschichte, sondern eine an Schöpfung und Sündenfall anschließende Heilsgeschichte. Wenn die Programmangaben auf die jeweiligen Fassungen in S und V bezogen werden, könnte S bis auf eine oder zwei Strr. vollständig sein (SCHWEIKLE): S handelt vom Anfang des Menschengeschlechtes, von Schöpfung und Sündenfall und den Verheißungen, die aus der Sündennacht hinausdeuten, den Lehren des ATs, repräsentiert durch die Patriarchen des Alten Bundes von Adam bis David, also genau entsprechend dem angegebenen Quellenrahmen (*uzer genesi unde uzer libro regum*). Eingespannt ist dieses Programm in den Bildrahmen der Logos-Lux-Vita-Theologie, der durch S II signalisiert wird (*lux, wort*). Wie dieser metaphorische Rahmen ursprünglich geschlossen war, ist offen. Auch KUHN (S. 115) stellte fest, daß mit V 13 das Programm von S I eigentlich erfüllt sei. Mit V 14 beginnt ein Neues (auch formal angezeigt durch die kürzere Str.): das in S auf Christi Praeexistenz beschränkte Programm wird durch das Heilsgeschehen des NTs fortgeführt, genau wie V 3 ankündigt. Das ursprüngliche Ezzolied könnte also durch Strr. wie V 12 und 13 abgerundet gewesen sein, also 2 + 6 oder 7 Strr. umfaßt haben.

Unbekannt ist nicht nur die Person des Bearbeiters, auch sein Anteil an V wird es letztlich wohl bleiben. Sicher gutzuschreiben sind ihm die Str. V 1, teilweise V 3 und 4 und weiter Str. V 5 und 8, ob auch die ganze Ausgestaltung des Straßburger Hymnus zur Vorauer Reimpredigt, ist offen. Nach manchen Hypothesen zum Umfang des Ur-Ezzo wäre der Anteil des Bearbeiters an V größer als der des berühmten Dichters E. (KUHN, SCHWEIKLE). Die Möglichkeit, daß die Umarbeitung von E. selbst stamme, wurde aus zeitlichen und formalen Gründen nicht erwogen: V wird gewöhnlich ins 1. Drittel des 12. Jh.s datiert.

6. Deutung. Die Suche nach Urfassungen drängte bisweilen das Interesse an dem Überlieferten zurück. S stellt sich als ein Hymnus dar, ein 'Loblied auf die Erlösung der Menschheit durch Christi Kreuzestod' (SCHWIETERING, S. 53), V als eine Reimpredigt mit besonderer Betonung der Gnadenhoffnungen. S gehört mit der 'Wiener Genesis' (→ 'Altdeutsche G.'), dem → 'Annolied' und dem 'Memento Mori' zu den frühmhd. Dichtungen des 11. Jh.s, die erstmals seit der ahd. Zeit mit beachtlichem sprachlichem Zugriff wesentliche Themen der damaligen Laienmissionierung in archaische Gattungstypen zwangen. V ordnet sich den Heilsgeschichten der Frau Ava oder der Heilsdogmatik der 'Summa Theologiae' um 1120/30 zu. S steht noch eindeutig außerhalb der vom burgundischen Cluny ausstrahlenden monastischen Reform. Nach KUHN ist S eine zuversichtliche und erhebende Kantate, Ausdruck der Hochgestimmtheit des Kreises um Bischof Gunther, beeinflußt von der Reformsphäre unter Heinrich III. Die vermutete Verbindung zur Abtei St. Maximin in Trier könnte auf eine Zugehörigkeit des Autors zur Gorzer Observanz hinweisen. Der Tendenzwandel in V verrät sich schon in der Programmstrophe: S wendet sich an ein ausgewähltes, aristokratisches Publikum (*herron*, Chorherren?), V ist eine 'Demonstration des neuen demokratischen Heilsideals hirschauischer Richtung' (SCHNEIDER, S. 15). Daß V nicht nur als verzerrende, mißverstehende Bearbeitung, sondern als das Ergebnis einer neuen Konzeption zu betrachten ist, zeigt neben dem erweiterten Programm (V 3), dem Zusatz von V 2 (*von dem minem sinne*) v. a. der zahlensymbolische Umfang (34 Strr. = Lebensjahre Christi, thematisiert in V 20) und in den gleichen Zahlenproportionen der Teile 1 und 2. Hauptthema ist auch in V Gottes Erlösungswerk; demgemäß sind im 2. Teil aus Christi irdischer Existenz nur die Stationen erwähnt, die auf dieses Ziel hinweisen. Das eigentliche Thema von V ist *Unser urlose* (v. 407; so SCHNEIDER, SCHRÖDER).

7. Neben Parallelen zu einzelnen Stellen, wie sie seit DIEMER und MÜLLENHOFF-SCHERER zusammengetragen wurden (vgl. MSD und WAAG, Kommentar), sind eine Vielzahl formaler oder thematischer Vorbilder benannt worden, so a) die Liturgie allgemein (SCHWIETERING), die Perikopenfolge von Weihnachten bis Ostern (WIL-

MANNS), die Meßliturgie (STROPPEL), im bes. östliche Anaphoren, Praefation der Liturgia Basilea (MOEHL), b) mlat. lyrische Traditionen, z.B. Prudentius, 'Da puer plectrum', Sedulius, 'Carmen paschale' (EHRISMANN), Venantius Fortunatus, Kreuzeshymnen (KUHN), → Hrabanus, 'De laudibus sanctae crucis' (KELLE) oder Sequenzen aus den → 'Carmina Cantabrigiensia'; c) Predigten, z.B. des Abtes Berengosus von St. Maximin in Trier (KUHN) oder des → Honorius Augustodunensis (EHRISMANN); d) die johannëische Logos-Lux-Vita-Theologie als Quelle und Gestaltungsprinzip (MOEHL, KUHN).

Alle diese Parallelen decken nur Teilbereiche von S und V ab; eine direkte Quelle konnte nicht ausgemacht werden; S und V schöpfen vielmehr aus dem gesamten geistlichen und theologischen Wissen ihrer Zeit, z.B. auch aus dem Toposschatz der mal. Homiletik (z.B. Welt als Meer, Mensch als Seefahrer, V 33).

8. S besteht aus acht- und zwölfzeiligen Strr., V dagegen aus verschieden langen Abschnitten, so daß von Strophen im eigentlichen Sinne nicht gesprochen werden kann: ev. ein Indiz für die Umarbeitung eines gesungenen Hymnus zur gesprochenen Reimpredigt. Die Mehrzahl ist zwölfzeilig, sechszeilig ist Str. 3, achtzeilig Str. 2, zehnzeilig sind Strr. 4 und 14, vierzehnzeilig Strr. 16, 17, 19, 21, 34, sechzehnzeilig ist Str. 20, achtzehnzeilig Str. 5.

Die Reime reichen in S und V vom ein- und zweisilbigen Vollreim (*gezalt: gewalt* S V, *paren : waren* S VI) über verschiedene Ausprägungen von Halbreim (*gibit : fligit* S II), auch von Hauptsilbe zu Endsilbe (*bechom : gnadon* S II) bis zur bloßen Übereinstimmung der Endkonsonanten (*sun : himelen* S VI). Häufig sind auch metrisch unebene Bindungen wie *herron : tuon* (S I) oder *getate : habete* (S IV). V zeigt insgesamt ein etwas höheres Reimniveau als S und drei reimtechnische Schichten: 1. die S entsprechenden Strr., 2. die Einschübe in S und 3. der auf S folgende Teil (vgl. dazu SCHWEIKLE). Die bestgereimten Strr. von V stehen im 2. Teil (V 14, 15, 16, 18).

Das Paarreimprinzip scheint gelegentlich durch Kreuzreime (*himilis : luftes :*

viern ist : lebentes S III) oder durch Dreireime (etwa V, v. 225–230) durchbrochen; außerdem fallen in V bisweilen Vorreime auf, ev. zur Verbesserung eines schlechten Endreimes, etwa *duo gewan : munechen* (V 1), *cruce : zu ze dir* (V 32). In jeder Str. begegnen mindestens zwei Voll- oder mehrsilbige Halbreime, aber auch mindestens ein sog. primitiver Reim, entsprechend der Reimtechnik der kleineren ahd. Reimgedichte oder der frühmal. lat. Hymnen. Dieses Reimbild konnte durch die Textkritik nur punktuell, nicht grundsätzlich verbessert werden (zur Reimtechnik insgesamt PRETZEL, anders SCHWEIKLE).

Die Verse sind vierhebig, meist alternierend mit freier Auftaktgestaltung (vgl. S I, v.5; v.7), neben Überfüllung (mit z.T. mehrsilbigen Binnentakten, z.B. S III, v.3) findet sich auch Unterfüllung (einsilbige Takte, z.B. I, v.3 *ángéngè*); überlange Verse resultieren wohl aus entsprechender Informationsnotwendigkeit (z.B. V1, v.1). MAURER setzte als Strophenbausteine binnengereimte Langzeilen an (ebenso RUPP, SCHÜTZEICHEL; dagegen SCHRÖDER, Fs. Quint, 1964 und PBB [Tüb.] 87 [1965]).

Bei aller formalen Archaik und Kargheit lassen sich in E.s Lied eine Fülle von formintensivierenden Stil- und Klangmitteln (Anaphern, Alliteration) beobachten, z.T. geradezu in statu nascendi. Ein bes. Kennzeichen ist die formelhafte Prägung der Verse, die fast sprichworthafte Prägnanz der Sprache, die in toposhaft lapidarer Setzung gleichsam Grundwahrheiten in erratischen Blöcken verkündet. Zeugnisse der hieratischen Gedankenfügung sind auch die lat. Zitate, die einen weiterführenden Kontext beschwören, gleichsam als Fingerzeige auf den hinter der deutschsprachigen Gestalt liegenden geistigen und geistlichen Kosmos.

Literatur. Vollst. Bibliogr. bis 1970 in: WAAG/SCHRÖDER, Dt. Ged., S. 1–6; K.A. BARACK, Ahd. Funde, ZfdA 23 (1879) 209–216; W. WILMANNS, Ezzo's Gesang v. d. Wundern Christi, Bonner Univ. Progr., 1887; J. KELLE, Die Quelle v. Ezzos Gesang v. d. Wundern Christi, WSB 129 (1893) 3–35; EHRISMANN, LG II 1, S. 40–53; R. STROPPEL, Liturgie u. geistl. Dichtung zw. 1050 u. 1300, 1927; H. SCHNEIDER, Ezzos Gesang, ZfdA 68 (1931) 1–16; H. DE

BOOR, Ezzos Gesang, ZfdA 68 (1931) 226–232; C. ERDMANN, Fabulae curiales, ZfdA 73 (1936) 87–98; U. PRETZEL, Frühgesch. d. dt. Reims I, 1941; SCHWIETERING, LG, S. 53–56; H. MENHARDT, Zur Überl. d. Memento Mori, ZfdA 80 (1944) 7–8; E. v. GUTTENBERG, Das gelehrte Bamberg im 11. Jh., Frk. Bll. f. Gesch.-Forsch. u. Heimatpflege I, 1 (1948) 2 f.; H. KUHN, Gestalten u. Lebenskräfte d. frühmhd. Dichtung, DVjs 27 (1953) 1–30; I. MOEHL, Die Einflüsse d. Logos-Lux-Vita-Theologie auf d. frühmhd. Dichtung, Diss. (masch.) Tübingen 1953; W. SCHRÖDER, Mönchische Reformbewegungen u. frühdt. Lit. Gesch., WZUH (1954/55) 242–245; B. MERGELL, E.s Gesang, PBB (Halle) 76 (1955) 199–216; G. SCHWEIKLE, E.s Gesang u. Memento Mori, Diss. (masch.) Tübingen 1955; H. RUPP, Dt. rel. Dichtungen d. 11. u. 12. Jh.s, 1958; F. MAURER, Das alte Ezzolied, in: Fs. E. Bender, 1959, S. 6–10; R. SCHÜTZEICHEL, E.s Cantilena de miraculis Christi, Euph. 54 (1960) 121–134; E. E. PLOSS, E., in: Frk. Klassiker, 1971, S. 23–33; K. BERTAU, LG I, 1972, S. 137–140; R. SCHMIDT-WIEGAND, Die Weltalter in E.s Gesang, in: Zeiten u. Formen in Sprache u. Dichtung, Fs. F. Tschirch, 1972, S. 42–51; C. ST. JAEGER, Der Schöpfer d. Welt u. d. Schöpfungswerk als Prologmotiv in d. mhd. Dichtung, ZfdA 107 (1978) 1–18.

(1979) GÜNTHER SCHWEIKLE

F

Fastnachtspiel → Folz, Hans; → Rosenplütsche Fastnachtspiele

Folz, Hans

Inhalt. I. Leben. – II. Überlieferung. – III. Ausgaben. – IV. Chronologie. – V. Werke. 1. Meisterlieder. 2. Fastnachtspiele. 3. Reimpaarsprüche. a) Mären. b) Geistl. Erzählungen. c) Geistl. Reden. d) Weltlich-didaktische Reden. e) Minnereden. f) Komisch-volkstümliche Reden. g) Historisch-politische Sprüche. h) Fachliteratur. 4. Prosa. a) Parodistischer Almanach. b) 'Pestregimen in Prosa'. – VI. Literatur.

I. Leben.

Biographische Daten liefern archivalische und autographe Aufzeichnungen, z.T. auch die Druckgeschichte selbst publizierter Werke. Grundlegend dazu FISCHER, 1966; ergänzend JANOTA, 1977.

H. F. stammt aus Worms und war Barbierer; dies geht vor allem aus Verfassersignatur, Impressum oder Kolophon der frühen Reimpaardichtungen hervor: *hans von wurmß barwirer* (autograph; FISCHER, Ausg., Nr. 1). Er dürfte um 1435–40 geboren sein; nach einer Gesellenwanderzeit, die ihn nach Nordspanien (FISCHER, Ausg., Nr. 43 v. 386–390) und Augsburg (Nr. 30, v. 143–150) führte, erwirbt er als *Hanns Barbirer von wurmms* am 1.11. 1459 mit dem Mindestvermögen von 100 Gulden das Nürnberger Bürgerrecht. Als Meister begegnet er in Urkunden seit 1486 (z.T. zusammen mit → Eislinger), als Geschworener Meister der Wundarznei und des Barbierhandwerks i. J. 1498. Mit seiner Frau Agnes erwirbt er 1493 das Erbrecht an einem Haus 'unter den Schustern'; nach ihrem Tod (1499) bemüht er sich um einen Altersheimplatz bei den Augustinern (1506 vom Rat untersagt) und im Nürnberger Klosterhof der Heilsbronner Zisterzienser (1509 vom Rat geduldet). F. hat sich nochmals verheiratet, im Januar 1513 ist er gestorben.

Auf Irrtümern beruhen die Annahmen, F. habe sich zeitweilig in Würzburg (AfdA 15 [1889] 145–148; 18 [1892] 17f. Anm. 2, S. 146) bzw. in Landshut (MAYER, Ausg., S. VII) aufgehalten; v. 27 in Lied Nr. 9 könnte sich auf → Hans von Landshut beziehen (FISCHER, 1966, S. 235 f. Anm. 5).

Eine Kohlezeichnung des Augsburger Medailleurs Hans Schwarz ist möglicherweise ein Portrait des Autors (Berlin, Staatl. Museen Preuß. Kulturbesitz, Kupferstichkabinett K.d.Z. 6052; vgl. das Titelbild zur Ausg. FISCHER; zur Authentizität ebd., S. 471).

F. besaß einen bemerkenswerten Wissens- und Bildungsgrad.

Zahlreiche Gedichtstellen und Eintragungen im Weimarer Teilautograph beweisen seine Lateinkenntnisse, die den Besuch einer Stadtschule (Worms) vermuten lassen. Wohl als Autodidakt hat er sich umfangreiche Kenntnisse auf dem Gebiet der akademischen Medizin (auch der Alchimie) erworben; damit hob er sich als gelernter, nichtakademischer Wundarzt von den meisten handwerklichen Berufskollegen deutlich ab. Literarische Bildung bezeugen der Besitz einer Hs. von 'Der Meide Kranz' →Heinrichs von Mügeln, eigenhändige Abschriften von vier Minnereden (s. u. V. 3.e) und Reminiszenzen anderer Werke in seinen Gedichten (vgl. FISCHER, Ausg., Nr. 31 v. 61–78); eine umfassende Quellenanalyse fehlt bislang. Beachtlich sind seine Kenntnisse im geistlich-theologischen Bereich.

Diesem weitgespannten Horizont entspricht eine literarische Eigenproduktion, deren Vielseitigkeit innerhalb der mal. dt. Literatur wohl nur mit dem Œuvre →Konrads von Würzburg (die epischen Großformen ausgenommen) vergleichbar ist: Überliefert bzw. ihm zugeschrieben sind an die 100 Meisterlieder, mindestens 12 Fastnachtspiele, 48 Reimpaarsprüche verschiedenster Thematik und zwei Prosaschriften.

Singulär für das SpätMA ist Folzens Publikationsweise: Mit Ausnahme nahezu aller Meisterlieder erschien fast seine gesamte literarische Produktion in eigener Druck-Offizin, die er von 1479–1488 wohl nur für Eigenveröffentlichungen betrieb (zu zwei lat. Werken der Folz-Type 1 s. u. V. 4. a). Dies gestattet neben einer recht genauen Rekonstruktion der Werkchronologie Rückschlüsse auf F.s gesellschaftliche Stellung in Nürnberg.

F. hat die Schriftstellerei wohl nie als Hauptberuf ausgeübt, denn auch nach der (erzwungenen?) Aufgabe seiner Presse und nach dem Versiegen seiner literarischen Produktion in der ersten Hälfte der 90er Jahre ist er noch als praktizierender Wundarzt urkundlich belegt. Mit seiner literarisch-verlegerischen Tätigkeit dürfte er sich aber doch eine ertragreiche Geldquelle erschlossen haben (vgl. seinen Hauskauf), die er mit absatzfördernden Werken speiste: sie sind unverkennbar 'auf das praktische wie das Erbauungs- und Unterhaltungs-Bedürfnis eines städtischen Publikums ausgerichtet' (FISCHER, Stud., S. 161). Sein nüchterner ökonomischer Blick zeigt sich auch bei der unüblichen Forderung nach Zuschauerentgelt für die Aufführung eines Fastnachtspiels (s. u. II. 2.).

Neben den Finanzen förderte F.s emsige literarische Produktivität zudem sein Ansehen als Dichter: Eine vielschichtige, auch postume Rezeption (Neuauflagen, Abschriften) und Wirkung seiner Werke in und außerhalb Nürnbergs lassen das erkennen. Für einen Genannten des Größeren Rats, den Kürschnermeister Jacob Bernhaubt Schwenter, hat F. ein Meisterlied verfaßt. Für einen anderen Freund, den Ehrbaren Anton Haller, schrieb er 1482 das 'Pestregimen in Prosa'; über ihn könnte Folz mit dem bibliophilen Nürnberger Arzt Hartmann → Schedel (seit 1487 Hallers Schwiegersohn) in Verbindung getreten sein, denn aus der Bibliothek beider Männer stammen zahlreiche Folz-Drucke (Weiteres s. Werke und FISCHER, 1966).

Die freundschaftlichen Beziehungen zu Haller und Schwenter zeigen, daß es F. mit seinem literarischen Ansehen auch zur Anerkennung in der gehobeneren Nürnberger Gesellschaft gebracht hat. Dabei wird in seinem Werk ein ratskonformes Verhalten augenfällig. F. meidet Stellungnahmen zu tagespolitischen Ereignissen, und wo er allgemein politische Themen aufgreift (z. B. antijüdische Polemik, Luxusverbot), gibt er die Meinung des Rats wieder. Mit dieser Absicherung gegenüber dem gestrengen Regiment der Stadt konnte F. es dann wagen, erstmals in der Geschichte des Buchdrucks in Deutschland (SPRIEWALD, 1961, S. 252) mit einer kontinuierlichen Reihe von Schwankmären ein offenkundiges und für ihn einträgliches Publikumsinteresse zu befriedigen.

F.s literarische Produktions- und Publikationsweise erschöpft sich jedoch nicht im puren Opportunismus. Diese Einschätzung übersähe, welch enge Grenzen der Nürnberger Rat jeder öffentlichen literarischen Tätigkeit gesetzt hatte. F.s Leistung ist es, die von ihm als Neubürger vorgefundenen literarischen Freiräume (Meistergesang, Fastnachtspiel) gesichert und teilweise (gedruckte Reimpaardichtung) auch erweitert zu haben. Aus diesem Gesichtswinkel erscheint F. als ein Autor, in dessen literarischer Produktion sich traditions- und systemkonforme wie innovatorische Aspekte in aufschlußreicher Form mischen, als ein stadtbürgerlicher Autor, der sich in das soziale Gefüge des spätmal. Nürnberg einfügt, der aber mit seiner literarischen Produktionsweise und Publikationsform den Blick bereits ins 16. Jh. richtet.

II. Überlieferung. Bis auf wenige Ausnahmen sind die Meisterlieder handschriftlich, Fastnachtspiele, Reimpaarsprüche und Prosa im Druck überliefert.

1. Handschriften. Die beiden Hauptzeugen sind Folzsche Teilautographen.

a) Weimar, Zentralbibl. d. dt. Klassik, cod. O 566 (X), Pap., 2. H. d. 15. Jh.s (Beschreibung MAYER, Ausg., S. VIII–XVI). Die Hs. besteht aus 17

Einzelfaszikeln, in denen F. größtenteils durch eigene Abschrift, aber auch durch Erwerb ihm offenkundig wichtige Titel (z. T. Quellen für eigene Werke) gesammelt hat. Daneben hat F. auch eigene Produktionen aufgezeichnet; nach Zusammenbinden dieser kleinen Handbibliothek benützte er Leerseiten des Konvoluts für eigene Gedichtentwürfe (Weiteres s. Chronologie, Werke, FISCHER, 1966, S. 229f. und JANOTA, 1977, S. 77f.). – b) München, cgm 6353 (M), Pap., 2. H. d. 15. Jh.s (nach 1486; Beschreibung MAYER, Ausg., S. V–VII); 18 Einzelfaszikel, davon 13 von F. geschrieben. Diese Haupths. für F.s Meistergesang war im Besitz von Jacob Bernhaubt Schwenter und seinem Sohn Pangratz (FISCHER, 1966, S. 228 Anm. 7). – c) Berlin, mgq 414 (N2), Pap., v. J. 1517/18, Autograph von Hans Sachs (→ 'Meisterliederhss.'). – Weitere Hinweise, auch zur Streuüberlieferung s. Chronologie und Werke.

2. Drucke. In F.s Offizin lassen sich anhand der verwendeten Typen zwei Druckperioden unterscheiden: 1479 bis 1482 und 1483–1488. Nach Aufgabe der Presse läßt F. bei Peter Wagner in Nürnberg drucken. Um 1520 legt Hans Stuchs in Nürnberg eine größere Reihe Folzscher Gedichte neu auf; der letzte bekannte Nachdruck eines Folz-Gedichts stammt von 1593 (Weiteres, auch zur Streuüberlieferung s. FISCHER, Ausg., S. XVI–XXXV, LXIV–LXVIII; FISCHER, 1966, sowie Chronologie und Werke).

III. Ausgaben. Meisterlieder: A. L. MAYER, Die Meisterlieder d. H. F. (DTM 12), 1908, Neudr. 1970; Ergänzungen: F. SCHNORR VON CAROLSFELD, Zur Gesch. d. dt. Meistergesangs, 1872, S. 37–41, 61; F. H. ELLIS, PMLA 67 (1952) 446–472; E. M. BARNES, Georg Wickrams Meisterlied Anthology from Colmar, Ms. cgm 4998, Diss. Los Angeles 1969, Nr. 62; Melodien: K. KRAMER, Die Melodien d. Nürnberger Meistersinger bis Hans Sachs (Monumenta monodica medii aevi) (in Vorbereitung). – Fastnachtspiele: KELLER, Fsp.; eine verläßliche Ausgabe fehlt; neuere Einzelpublikationen von D. HUSCHENBETT, ZfdPh 84 (1965) 369–408 und D. WUTTKE, ZfdA 94 (1965) 141–170 (KELLER, Nr. 60); ders., Fastnachtspiele d. 15. u. 16. Jh.s, ²1978 (KELLER, Nr. 7, [32,] 35, 60). – Reimpaarsprüche und Prosa: H. FISCHER, H. F., Die Reimpaarsprüche (MTU 1), 1961; zum alchimistischen Lehrgedicht s. u. V. 3. h. – Auswahlausgabe: I. SPRIEWALD, H. F. (Stud. ausg. z. neueren dt. Lit. 4), 1960.

IV. Chronologie.
Die literarische Produktion setzt spätestens Anfang der 70er Jahre mit Meisterliedern (ältestes datiertes Lied 1475: Nr. 66) und in der 1. Hälfte der 70er Jahre mit Fastnachtspielen ein. Die Veröffentlichung seiner Reimpaarsprüche beginnt 1479 (Aufzeichnungen schon früher); alle drei Bereiche lassen sich bis in die 1. Hälfte der 90er Jahre verfolgen (FISCHER, 1966). Eine genauere Analyse der Produktions- und Publikationskurve läßt vermuten, daß F. als Neubürger zunächst mit den für Nürnberg konventionellen Formen des Meisterlieds und Fastnachtspiels an die Öffentlichkeit trat, bevor er mit selbst gedruckten Reimpaarsprüchen einen neuen literarischen Freiraum zu erschließen suchte (JANOTA). Seine letzten Dichtungen (FISCHER, Nr. 37, 38, 43: um 1491; Meisterlied ELLIS: 1496) scheinen Auftragsarbeiten gewesen zu sein (Weiteres s. Werke).

V. Werke.
Eine interpretatorische Würdigung fehlt für das Gesamtwerk wie für Teilbereiche. Die Beobachtungen zur Chronologie der literarischen Produktion empfehlen die Abfolge der Gattungsbereiche Meistergesang - Fastnachtspiel - Reimpaarspruch zur Gliederung der weiteren Übersicht.

1. Meisterlieder
Mit wenigen Ausnahmen hat sich die Forschung auf die 'Reformlieder' (MAYER, Nr. 89–94) konzentriert, eine Gesamtwürdigung des bedeutendsten Nürnberger Meistersängers vor H. Sachs steht noch aus; dies gilt auch für die bisher weitgehend unedierten Melodien (MÜNZER; PETZSCH, 1970; SCHUMANN). Es empfiehlt sich ein Überblick nach Überlieferungsgruppen, an denen sich ansatzweise die Entstehungsgeschichte erkennen läßt.

F.s Meisterlieder führen zur ältesten erschließbaren Schicht seines öffentlichen literarischen Schaffens. Vermutlich war im literarischen Leben Nürnbergs der Meistergesang der einzige größere Bereich neben dem Fastnachtspiel, in dem sich F. als Autor zunächst öffentlich betätigen konnte; mit knapp 100 ihm zugeschriebenen Liedern (bei mehreren ist seine Autorschaft nicht gesichert) hat er diese Möglichkeit eifrig ausgeschöpft. Sein Lieddichten läßt sich bis etwa 1496 verfolgen: In diesem Jahr trägt Jacob Bernhaubt

Schwenter *auff der singeschul umb ein klainoth* ein Lied vor, das F. für ihn gedichtet hat (ELLIS).

Im Weimarer Autograph (X), einer Mischung zwischen Reinschrift und Arbeitsmanuskript, liegen F.s früheste Liedaufzeichnungen vor.

Die ältesten datierbaren Lieder (Abschriften) überliefert ein Faszikel mit den Nrn. 23, 63–69; Nr. 23 trägt das Datum 1475, doch deutet ein Vergleich mit dem 'Beichtspiegel' v. J. 1473 (s. u. V. 3. c) und die ausführlichere Fassung in M auf Entstehung vor dieser Zeit. Das Thema des wohl unvollendeten Lieds Nr. 65 zeigt erst in einer späteren Überlieferung (Nr. 75) seine volle Ausformung (MAYER, 1908, S. 325). Ein weiterer Liedfaszikel enthält die Nrn. 14, 34, 36, 52–61 (Datum: 1479). Drei Nrn. (50, 51; 62) sind Separataufzeichnungen; das Liedfragment Nr. 102 hat F. später nachgetragen.

Inhaltlich stehen geistliche Themen im Vordergrund; die beiden Liedfaszikel lassen sich, nach einem einleitenden Disput zwischen göttlicher Weisheit und menschlicher Torheit (Nr. 52), weitgehend auf das Thema Maria und Inkarnation bringen. Daneben fließen auch schon weltliche Themen ein:

Ein Grenzfall ist das moralisch-exemplarische Lied Nr. 23, dessen Apostrophe auf falsch verwendeten Reichtum z. T. in den 'Beichtspiegel' (s. u. V. 3. c) eingegangen ist. Hier und beim Lob des Buchdrucks (Nr. 68) sind Nahtstellen zu F.s späterer Publikationsweise erkennbar. Im Liedœuvre isoliert stehen das Liebeslied Nr. 69 und der Tagelied-Versuch Nr. 50 (PETZSCH, 1962, S. 229–237).

Das Münchner Teilautograph (M) bietet zunächst ein ähnliches Bild; in den Nrn. 1–37 herrscht Geistliches, wiederum mit Marien- und Trinitätsthematik als deutlichen Schwerpunkten. Neben vornehmlich dogmatischen finden sich jetzt auch stärker erbaulich-unterweisende Lieder:

Beispiele sind die Passion (Nr. 1) *duglich zu lesen und zu singen* (vgl. Nr. 27), Erinnerungen an das Jüngste Gericht (Nr. 5 = Nr. 22; Prosaskizze dazu in X, MAYER, Nr. 101) und an den Tod (Nr. 6; PETZSCH, 1962, S. 190–199; Nr. 7), Ratschläge zum gottgefälligen Leben (Nr. 8; PETZSCH, 1962, S. 199–208), aber auch Überlegungen zu Vorsehung und freiem Willen (Nr. 10), Gottes Allmacht (Nr. 18) und Theodizee (Nr. 26).

Die wenigen Beispiele für weltliche Lieder sind wiederum moralisch-exemplarischer Art:

Nr. 32: Treuloser Wirt und Kaufmann; Nr. 38: Der Marschall und sein ungehorsamer Sohn (Sachs-Rezeption: A. L. STIEFEL, ZfdPh 42 [1910] 428–446).

Neu ist die Bearbeitung eines Schwankstoffs (Nr. 20: Weibliche Treulosigkeit); es stellt sich zum Schwanklied Nr. 62 (Geblendeter Pfaffenknecht) in X (Separataufzeichnung).

Die Besonderheit, mit der M aufwartet, ist eine Liedreihe im letzten Faszikel, in der sich F. polemisch mit Sängerkonkurrenten auseinandersetzt (Nr. 39–49). Diese Lieder präsentieren sich als Einheit (Kurzer Ton Heinrichs von Mügeln), mit Rätseln und Auflösung (Nr. 44, 45) als Mittelachse.

F.s Polemik ist ebenso raffiniert inszeniert wie bissig (PETZSCH, 1962, S. 238–247). Das zeigen auch zwei vereinzelt in geistlicher Umgebung stehende polemische Lieder (Nr. 2, 9), deren Thema durch den Fürwurf (Herausforderung zum Liedwettstreit) bestimmt ist (s. Vorrede zu Nr. 2). Kunz → Zorn, dem F. in Nr. 9 mit Kunz → Schneider *gemein leyische art* (v. 25) vorwirft, wird im Trinitätslied Nr. 53 (v. 176) nochmals angegriffen; zusammen mit den auffällig vielen Liedern über die Trinität könnte dies auf reale Kontroversen deuten (vgl. auch Nr. 51 in X).

Im Berliner Sachs-Autograph (N 2) ist die Überlieferung Folzscher Lieder (verteilt zwischen Bl. 89ʳ und 477ʳ) mit M vergleichbar.

Wiederum liegt das Gewicht auf Geistlichem, Weltliches fließt, falls MAYERS Zuweisungen stimmen sollten, nur verstreut ein: 'Das Urteil des Herzogs von Burgund' (Nr. 71; Sachs-Rezeption: J. H. SMITH, Philological Quarterly 51 [1972] 380–393), ein Rätsel (Nr. 83, 85) und eine Warnung vor Hoffart bei den Meistersängern (Nr. 86). Nur die 'Reformlieder' (Nr. 89–94) bilden eine Einheit.

Die Frage nach der Authentizität der Folzschen Lieder stellt sich nur für die Überlieferung in N 2. Die 'Reformlieder' (Nr. 94: Autorsignatur) werden heute als echt angesehen (PETZSCH, 1967; BRUNNER); für die anderen Lieder in N 2 ist die Entscheidung noch weitgehend offen (HENSS, S. 208; HOFMANN, S. 112 f.). Fehlende Bezeugung durch X oder M muß nicht gegen die Echtheit sprechen, denn N 2 hat auch Lieder mit den beiden (ebenfalls melodielosen) Folz-Autographen gemeinsam; andererseits überschneiden sich X und M nur in vier Liedern.

Parallelüberlieferung in X und N 2: Nr. 52–54, 56–59, 63, 64; in M und N 2: Nr. 2, 13, 15–17, 22, 29–31, 33, 35, 37, Lied ELLIS (in M nur Überschrift); in X, M und N 2: Nr. 14, 34, 36; in X und M: Nr. 23. Nur in X: Nr. 50, 51, 55, 60–62, 65–69; nur in M: Nr. 1, 3–12, 18–21, 24–28, 32, 38–49 (zu Drucken und Streuüberlieferung s. u.). Für die Lieder in X gilt die autographe Aufzeichnung als Echtheitskriterium, ebenso für Nr. 1–33 in M (reine Liedsammlung außer gereimtem Tischsegen und Neujahrsgedicht; s. u. V. 3. c und 3. f); die Nrn. 34–49 sind zwar von fremder Hand geschrieben, aber von F. (außer Nr. 35, aber Autorkorrekturen) signiert worden.

Die ältere Forschung hat wegen falscher Interpretation der (undatierten) 'Reformlieder' Nr. 89–94 in F. den Initiator einer 'Meistergesangsreform' gesehen, die darauf abzielte, auch in eigenen Tönen und nicht nur in Tönen der Alten Meister (Sangspruchdichter des 13. bis 15. Jh.s) singen zu dürfen. Diese These und die damit verbundene Annahme, F. habe wegen seiner Reformidee Streit mit den rheinischen Meistersängern bekommen und sei deswegen von Worms nach Nürnberg ausgewandert, ist heute widerlegt (FISCHER, 1966, S. 231–236; PETZSCH, 1967). In einer Neueinschätzung dieser Lieder wird man in ihnen eine Abwehr des Versuchs erkennen dürfen, auch in Nürnberg nach Vorbild der rheinischen und schwäbischen Gesellschaften nurmehr die Töne der Alten Meister zuzulassen (BRUNNER, S. 80–83); dabei setzt F. provozierend →Neidhart über die Alten Meister (Nr. 93).

In diesem Zusammenhang ist bemerkenswert, daß sich gerade F.s frühes Liedschaffen durch zahlreiche eigene Töne auszeichnet. Bei den 23 Liedern in X (Nr. 62 ist spätere Aufzeichnung) finden sich bereits 10 seiner Töne:

Baumton, Blutweise, Feielweise, Hahnenkrat, Hoher Ton, Langer Ton, Schrankweise, Strafweise und zwei unbenannte Töne (Nr. 50, 69); dazu kommen 4 fremde Töne (von 13 verwendeten). M bringt nur zwei weitere Töne von F.: Passional und ein unbenannter Ton (Nr. 31); N 2 bietet noch: Freier Ton und Unser Frauen Korweise. Den Rohrton des → Pfalz von Straßburg, später auch →Frauenlob zugeschrieben, spricht N 2 fälschlich F. zu (Nr. 88; echt?). Keine der drei Haupthss. enthält Melodien. Spätere Überlieferung nennt für ihn noch: Abenteuerweise, Geteilter Ton, Kettenton, Tagweise (echt?); zu einem F. fälschlich zugeschriebenen Paratreihen vgl. BRUNNER, S. 169 Anm. 346.

Bei F.s Meisterliedern lassen sich Beziehungen zu seiner Tätigkeit als Drucker-Verleger erkennen: er preist die Erfindung Gutenbergs (Nr. 68; H.-F. ROSENFELD, ZfB 59 [1942] 135–140) und druckt 1483/88 drei Lieder (Nr. 95–97); es sind – soweit bekannt – die ältesten gedruckten Lieder in Meistertönen (Nr. 96 als Palinodie zur schwankhaften Nr. 95: 'Wider den bösen Rauch').

Vor allem in diesem Zusammenhang ist wohl die Streuüberlieferung (Drucke, Abschriften) zu sehen (MAYER, S. XXI; CH. PETZSCH, Annuaire de Colmar 25 [1975/76] 103; weitere Nachweise verzeichnet das Repertorium des dt. Meistergesangs, Arbeitsstelle Dt. Seminar Tübingen).

F.s Bedeutung für den Meistergesang läßt sich an der Würdigung durch H. Sachs erkennen, der ihn in seiner 'Schulkunst' (1527) als *durchleuchtig deutsch poet* bezeichnet und ihn unter die Zwölf alten Meister der Nürnberger *singschul* einreiht. Sein erfolgreicher Protest gegen Tendenzen zur Festlegung des Tönegebrauchs und die Orientierung der anderen Gesellschaften (um 1520/30) an der Nürnberger Praxis unterstreichen F.s Rang in der Geschichte des Meistergesangs ebenso wie die Überlieferung seiner Töne in Meisterliederhss. des 16. und 17. Jh.s (BRUNNER; weitere Nachweise – auch zur jüngeren Textüberlieferung – im Repertorium der Sangsprüche und Meisterlieder, Arbeitsstelle StB Nürnberg).

2. Fastnachtspiele

Sie waren die zweite literarische Institution, die F. in Nürnberg vorfand; wie beim Meisterlied läßt sich auch hier eine frühe Beschäftigung erkennen.

Darauf deuten ein hsl. Exemplar aus den 70er Jahren von → 'Des Türken Fastnachtspiel' (in X) und Reminiszenzen der →Rosenplüt-Tradition in seinem frühen Spiel KELLER, Fsp., Nr. 120. Ein Ratsverlaß vom 22.8.1474 bezieht sich wohl auf die Aufführung des Folzschen 'Kaiser Constantinus' (Nr. 106) für 1475 (FISCHER, 1966, S. 226).

In einem Ratsverlaß vom 19.1.1486 wird F. mit *anderen seinen mitverwandten* die Aufführung eines Fastnachtspiels gestattet, allerdings mit dem für F. bezeichnenden Zusatz: *nit gelts darum nemen* (FISCHER, 1966, S. 216); F. wirkte also gelegentlich bei der Aufführung von Spielen mit.

Ein Novum in der Geschichte der Spiele sind seine Spieldrucke; sie und die Ableitung einzelner gedruckter Reimpaarsprüche aus seinen Spielen ergänzen das Bild von F.s Drucktätigkeit.

Als Folz-Drucke sind Nr. 38 und 44 erhalten (gleichzeitig 1483/88 erschienen, vgl. die, noch bei KELLER nachwirkende, Vertauschung des Titelblatts von Nr. 38 mit Nr. 44). Seine von anderen Druckern veröffentlichten Spiele (Nr. 7, 60, 112, 120) dürften, wie parallele Vorgänge bei Nr. 38, 44 und bei den Reimpaarsprüchen zeigen, auf (verlorene) Drucke der 80er Jahre zurückgehen.

Sieben Fastnachtspiele (Nr. 1, 7, 38, 43, 44, 60; bei Nr. 112 Name im Titel) sind signiert, fünf weitere können F. aufgrund von Parallelen zu seinen jüngeren gedruckten Reimpaarsprüchen mit Sicherheit zugewiesen werden: Nr. 20, 51, 105 (zur erweiterten Fassung Nr. 50 s. u.), 106, 120.

Dagegen führen metrische, sprachliche, stilistische und kompositorische Parallelen zwischen authentischen und anonymen Spielen wegen der offenen Textgestalt dieser Gattung zu keinen sicheren Ergebnissen. Dies gilt auch für die Zuweisungen von MICHELS, der sich mit der Echtheitsfrage am einläßlichsten befaßt hat (ihm folgt CATHOLY, 1961, weitgehend); er schreibt F. noch zu: Nr. 2–4, 8 (als zwei Spiele), 22, 31 (?), 32, 35, 37, 55, 63, 64 (?). Diese Spiele führen vorerst nur in den Folz-Umkreis und dokumentieren eher F.s Einfluß auf die Nürnberger Fastnachtspielszene in der Zeit nach Rosenplüt; dafür besonders aufschlußreich scheint die Narrenrevue Nr. 32 (WUTTKE, Nr. 10) zu sein, die in 44 von 166 vv. mit F.s gedruckten Spielen Nr. 38 und 44 übereinstimmt.

F. zeigt sich – wie der Rat – dem Fastnachtspiel gegenüber zunächst eher distanziert: Im Lied Nr. 91 empfiehlt er den Meistersängern *history* und *fastnacht spil* (vv. 38, 40) nur als Anfängerübung, im 'Beichtspiegel' v. J. 1473 (s. u. V. 3. c) lehnt er die Spiele zusammen mit *bulnbrief* und *weltlich lid* (v. 287) sogar ab. Es dürfte daher kein Zufall sein, wenn er in dieser Gattung vorwiegend mit geistlichen Themen und antijüdischer Apologetik debütiert (zu den Parallelen bei den Reimpaarsprüchen s. u. V. 3.); er scheint mit dem geistlichen Typ des Fastnachtspiels die bisherige Spieltradition erweitern, vielleicht sogar ersetzen zu wollen (FISCHER, 1966, S. 226).

Diese Anfangsphase repräsentieren die Spiele 'Die alt und neu ee' (Nr. 1) und 'Kaiser Constantinus' (Nr. 106: mit Aufführungsbeleg für 1475; s. o.), aus dem der 1479 publizierte Spruch 'Christ und Jude' abgeleitet ist (LOMNITZER; s. u. V. 3. c). Auf seine Neuerung weist F. im Epilog zu Nr. 106 ausdrücklich hin: *Und haben euch drüm ein geistlichs gemacht/Des pübischen wirt sünst vil verpracht.*

Für den umfangreichen Disput zwischen 'Alter und neuer ee' sind zwei Quellenschriften aus F.s Besitz erhalten (MAYER, Ausg. Nr. 100, 103; ders., 1908, S. 314–325); eine von ihnen (Nr. 103) wurde auf Veranlassung des Ehrbaren Anton Haller geschrieben, in dessen Besitz sich andererseits eine Hs. des thematisch verwandten 'Kaiser Constantinus' befand (FISCHER, 1966, S. 220). Beides deutet auf ein Interesse an der antijüdischen Apologetik in oberen Schichten Nürnbergs, die sich seit 1473 um die Vertreibung der Juden bemühten (s. u. V. 3. c).

Gleichsam auf imperiale Ebene gehoben und nunmehr zur derben Polemik getrieben (Motiv der Judensau) wird die antijüdische Agitation später (um 1486/93) im 'Herzog von Burgund' (= Maximilians Sohn Philipp der Schöne; KELLER, Nr. 20); in all diesen Spielen fallen F.s Detailkenntnisse im jüdischen Kult auf (GÜDEMANN).

Neben einer Wendung ins Geistliche bemüht sich F. auch um eine Literarisierung des Fastnachtspiels (LENK). Mit dem Stück 'Von König Salomon und Markolf' (Nr. 60) liefert er ein Paradebeispiel für die Verarbeitung einer literarischen Vorlage.

Das Spiel liegt in zwei Fassungen vor (Druckfassung: HUSCHENBETT; WUTTKE, 1965; ders., ²1978, Nr. 9). Die Bearbeitung (CATHOLY, 1961, S. 13–138) des verbreiteten → 'Salomon und Markolf'-Stoffs fällt wohl in die Abfassungszeit des 'Herzog von Burgund', mit dem sie (im Druck) den Hofnarren als tragende Spielfigur teilt (Folzsche Erfindung; WUTTKE, 1965, S. 168–170).

Mit den anderen, wesentlich kürzeren Spielen der 80er Jahre nähert sich F. stärker der herkömmlichen Art des Nürnberger Fastnachtspiels, ohne dabei seinen persönlichen Stil preiszugeben.

Nur eine vorläufige Gestalt hat das 'Marktschreierspiel' (Nr. 105) im Weimarer Autograph (Aufzeichnung der 70er Jahre) angenommen; eine erweiterte (aber entstellte?) Fassung bietet Nr. 50 (ebenfalls hsl.).

Beim 'Bauerngericht' (Nr. 112; SPRIEWALD, Nr. X; Rosenplüt-Reminiszenz: MICHELS, S. 220) und beim Spiel 'Von einem Arzt und einem Kranken' (Nr. 120; vollständiger Abdr. KELLER, Fsp., Nachlese Nr. 120) deutet die Motivik (Gerichtsszene, Arztfigur) auf frühe Entstehung (zu beiden Stücken Abschriften Vigil → Rabers). Da sich F.s um 1480/81 publiziertes Märe 'Der witzige Landstreicher' (s. u. V. 3. a) teilweise aus Nr. 120 ableitet, könnte das Spiel in den 70er Jahren entstanden sein. Aus älterer Spieltradition ist auch die Gerichtsszene mit der personifizierten Fastnacht im anonymen Spiel Nr. 51 bekannt (GLIER, S. 561–563), doch erlaubt die hsl. Überlieferung nur eine Datierung vor 1494; sprachliche Parallelen zu Reimpaarsprüchen sichern F.s Autorschaft (FISCHER, 1966, S. 225 Anm. 4).

Die traditionelle Spielform der Narrenrevue greift F. mit 'Frau Venus Urteil' (Nr. 38; SPRIEWALD, Nr. VII; GLIER, S. 575–579) und den 'Neun Weibernarren' (Nr. 44; SPRIEWALD, Nr. IX) auf. Dazu stellen sich – mit traditioneller Bauernthematik – die nur hsl. überlieferten 'Zwölf buhlerischen Bauern' (Nr. 43; SPRIEWALD, Nr. VIII) und (mit zwei Fassungen) 'Die Bauernhochzeit' (Nr. 7; WUTTKE, Nr. 7).

Verläßliche Aussagen über die Bedeutung, die F. in der Geschichte des Fastnachtspiels zukommt, sind vorerst kaum zu machen, weil eine genauere Abgrenzung zwischen älterer (Rosenplüt) und jüngerer (Folz) Spieltradition fehlt; die bisherigen Beobachtungen kranken durchweg an mangelhaften Datierungen und Autorzuweisungen. Dies gilt für die Stichreimtechnik, die öfters für F. reklamiert wurde (nur bei fünf Spielen: KELLER, Nr. 7, 20, 51, 60, 120), für die Ausbildung eines typischen Stückschlusses (Kombination von Ausschreierrede mit Tanz) und für die damit zusammenhängende Hinwendung zum Handlungsspiel und dessen Weiterentwicklung (CATHOLY, 1961; 1966). Am deutlichsten ist F.s Individualität darin zu erkennen, daß er das Fastnachtspiel durch einen geistlichen Spieltyp erweitern (ersetzen?) wollte und diesen für antijüdische Apologetik und Agitation einsetzte (mit gleichzeitiger Wendung gegen Spiele mit politischer Thematik nach Art 'Des Türken Fastnachspiel'?). Ob damit und mit der Einbeziehung schriftlicher und literarischer Stoffvorlagen der Weg für spezifische Ausprägungen des Fastnachtspiels bei Hans Sachs geebnet wurde, bedarf der Untersuchung; Kenntnisse Folzscher Werke bei Spielautoren des 15. und 16. Jh.s (u. a. Hans Sachs) sind bekannt (MICHELS, S. 240–242; CLARK; CATHOLY, 1969).

3. Reimpaarsprüche

Dieser Teil des Œuvres hängt (auch quantitativ) unmittelbar mit F.s Tätigkeit als Drucker-Verleger zusammen. Am Verlagsprogramm läßt sich verfolgen, wie F. für Nürnberg und wohl darüber hinaus (SPRIEWALD, 1961) schrittweise einen neuen literarischen Bereich erschlossen hat.

Die Echtheitsfrage ist bei den Reimpaarsprüchen weitgehend geklärt; Unsicherheit herrscht allerdings bei einigen Anonyma der Wolfenbüttler Hs. 2.4. Aug. 2° (HOFMANN, S. 114–122, problematisch; FISCHER, Ausg., S. LXIIf.).

Zur leichteren Übersicht sind die Texte nach Gattungsgesichtspunkten geordnet und die Mären als umfangreichste Gruppe an den Anfang gestellt.

3. a) Mären.

Mit 18 (Schwank-)Mären und zwei Texten aus dem Grenzbereich dieser Gattung ist F. der produktivste bekannte Märenautor. In der ersten Druckperiode fließt das Schwankmäre jedoch eher beiläufig in sein Verlagsprogramm ein.

Wie umsichtig er dabei vorging, belegen die zwar schwankhaft bearbeiteten, aber deutlich auf Belehrung abzielenden 'Drei törichten Fragen' aus dem ersten Druckjahr 1479 (FISCHER, Ausg., Nr. 8 a; Nr.

8b: geraffte Zweitauflage um 1480/81) und 'Die drei Studenten' (Nr. 3: Folz-Druck 1480), die F. mit einer breiten Didaxe versieht. Bei beiden Mären fällt die Lokalisierung in andere, rheinische Städte (Straßburg, Bonn; vgl. auch andere F.-Mären) auf. Die in der Märendichtung mehrfach behandelten 'Drei listigen Frauen C' (Nr. 10; vgl. FISCHER, Stud., Nr. 36, 67e: Heinrich →Kaufringer) erhalten in der 1. Aufl. (Nr. 10a: um 1480/81; Abschrift Weimar, Hs. O 145) gar ein allegorisches Epimythion (Ständekritik), das F. bei der 2. Aufl. (Nr. 10b: um 1488), dann rückgängig macht (allegorische Ausdeutung auch bei → 'Pfaffe und Ehebrecherin', Fassung B: Nr. 19). Ähnliche Veränderungen lassen sich auch bei zwei motivlich (Beichte, Wortwitz) zusammengehörenden Mären beobachten: 'Der witzige Landstreicher' (Nr. 16: um 1480/81), dem das Fastnachtspiel KELLER, Nr. 120 (s. o.) vorausging, gibt sich als eine Warnung, mit Glaubensdingen keinen Spott zu treiben; in der 'Mißverständlichen Beichte' (Nr. 17: um 1488; ²1495/96) wird daraus eine Mahnung an Beichtiger zum rechten Verhalten; ein Nachdruck des 16. Jh.s (FISCHER, 1966, S. 212f. Anm.) zeigt reformatorische Polemik. Vielleicht hat F. (?) in der anonym überlieferten → 'Umgangenen Buße' das Beichtthema erneut bearbeitet (FISCHER, 1966, S. 213 Anm.).

Aufschlußreich für F.s geschicktes Vorgehen sind auch die beiden Fassungen der 'Wahrsagebeeren' (ein Stoff, der u. a. aus Heinrich Bebels 'Facetien' II 46 und aus der 35. →'Ulenspiegel'-Historie bekannt ist): Die ältere Fassung (Nr. 9a: 1479) richtet sich ähnlich wie die 'Spottrezepte eines griechischen Arztes' (ebenfalls 1479; s. u. V. 3. f) und wohl auch 'Der Quacksalber' (Nr. 14; nur im Nachdruck um 1520 erhalten) gegen das Kurpfuschertum, in der Neubearbeitung (Nr. 9b: um 1485/86; Abschrift Simprecht Krölls v. J. 1517; 2. Auflage um 1520) wird daraus durch Veränderung des Schlusses eine eindeutig antijüdische Polemik, die durch das gleichzeitig aufgelegte Märe 'Der falsche Messias' (Nr. 12: um 1485/86, Nachdruck um 1495/96) noch vertieft wird (s. Bebels 'Facetien' II 104). Im Fastnachtspiel und in Form der gedruckten Rede (s. u. V. 3. c) hatte F. ebenfalls schon antijüdische Themen aufgegriffen (vgl. hierzu auch 'Die Disputation' Hans →Rosenplüts [?]).

In F.s zweiter Druckperiode nimmt das Schwankmäre, darunter 'die besten Gaunermären' des MAs (FISCHER, Stud., S. 98), breiten Raum ein.

Dazu zählen 'Der Schinkendieb als Teufel' (Nr. 11: um 1485/86), → 'Die halbe Birne', Fassung B (Nr. 4: um 1488; eine andere Version wird fälschlich →Konrad von Würzburg zugeschrieben), 'Der Köhler als gedungener Liebhaber' (Nr. 5: um 1488; ²1495/96) und seine Fassung des weitverbreiteten Schwanks vom 'Kuhdieb' (Nr. 13: um 1488; 2. Aufl. um 1520). In die gleiche Schaffenszeit dürften auch zwei, nur in Valentin Holls Hs. ('Die Hose des Buhlers': Nr. 6; 'Der ausgesperrte Ehemann': Nr. 7) und drei, nur im Druck um 1520 überlieferte Schwankmären gehören ('Knecht und Magd': Nr. 18; 'Der Quacksalber' und 'Pfaffe und Ehebrecherin B': s. o.).

Zwei Mären ließ F. unpubliziert, 'Die Wiedervergeltung' (Nr. 1; vgl. Boccaccio, Dec. VIII 8) und 'Der arme Bäcker' (Nr. 2), an dem F. mehrfach gearbeitet hat, der aber Fragment geblieben ist.

Zwei Texte stellen sich nur teilweise zum Märe, das bispelartige 'Dreier Bauern Frage' (Nr. 20: um 1488; 2. Auflage um 1520) und die 'Werbung im Stall' aus dem Umkreis der Minnerede (s. u. V. 3. e). Vereinzelt bearbeitete F. Schwankstoffe auch in Liedform; s. MAYER, Nr. 20; Nr. 62; Nr. 95: 'Der böse Rauch' (Folz?, vgl. Nr. 96: 'Wider den bösen Rauch'; beide Lieder sind in F.-Drucken überliefert).

3. b) Geistliche Erzählungen. Neben den Mären gehören diese Texte zur reizvollsten Gruppe innerhalb der Folzschen Reimpaardichtung, da sie erzählerisches Talent und Gelehrsamkeit in geglückter Weise verbinden. Für F.s Verlagsprogramm ist aufschlußreich, daß es in der Anfangsphase in größerem Umfange mit geistlichen Stoffen aufwartet.

Für die → 'Adam und Eva'-Legende (Nr. 21: 1480) ist eine Quelle aus F.s Besitz bekannt (MURDOCH); die ständekritische Höllenfahrt 'Der Pfarrer im Ätna' (Nr. 23: um 1480/81) erlebte um 1520 und noch 1593 Neuauflagen. Dagegen wird der schwankhaft eingefärbte Bericht über 'Die Herkunft der Affen' (Nr. 24; s. H. LIXFELD, Gott u. Teufel als Weltschöpfer, 1971, S. 100) nur in Valentin Holls Aufzeichnung überliefert.

Im 'Judas der Ketzerapostel' (Nr. 22: 1483), auf den F. die *pehemisch irrung* zurückführt, nennt die Signatur einen Dr. → Günther von Mosbach (v. 320). Er ist entweder als Quelle anzusehen (FISCHER, Ausg., S. LX) oder aber als Pseudonym, hinter dem sich F. wegen der politischen Implikationen des Hussitenthemas verbirgt; der Nachdruck um 1520 tilgt die Signatur.

3. c) Geistliche Reden. Sie führen zum Beginn der Folzschen Drucktätigkeit, die 1479 mit dem 'Beichtspiegel' (Nr. 25) einsetzt (ein Beichtgedicht auch bei Rosenplüt).

Der Erscheinungstermin (18. 3.) zum Zeitpunkt der vorösterlichen Beichtvorbereitung ist für diesen geistlichen Gebrauchstext vom beginnenden Drucker-

Verleger geschickt gewählt, das Manuskript lag allerdings schon länger in der Schublade, wie die veraltete Datierung (v. 668: 1473), aber auch die beiden Versionen des Lieds MAYER, Nr. 23 zeigen. Im Gegensatz zur älteren Liedfassung und in Übereinstimmung mit dem Rat wendet sich F. im Druck gegen das Anbringen von Totenschilden in Kirchen (vv. 499–518; s. JANOTA, S. 81 f.).

Der Beichtspiegel hat über Nürnberg hinaus Resonanz gefunden: 1497 legte ihn → Geiler von Kaysersberg seinen Fastenpredigten zugrunde und besorgte eine Neuauflage (FISCHER, Ausg., S. XXIV; weitere Auflage um 1518).

Das Thema der Totenschilde und Wappen in Kirchen greift 1480 auch die Rede 'Der Arme und der Reiche' (Nr. 26, vv. 89–132) auf; das könnte auf gleiche Entstehungszeit von 'Beichtspiegel' und dieser Disputation weisen.

F.s Bearbeitung des Themas (Quelle: Ps.-Basilius, 'Dialogus divitis et pauperis', dt.; in F.s Besitz, s. SPRIEWALD, 1960, S. 246) hat der Protestant Pangratz Bernhaubt gen. Schwenter (s. o. II.) anläßlich einer Neuausgabe (1534) ausdrücklich gelobt (FISCHER, Ausg., S. 210).

F. erweitert zu Beginn seiner Drucktätigkeit zudem geschickt den geistlichen um den publikumswirksamen antijüdischen Themenkreis: Ein Jahr nach Beginn der Nürnberger Judenmission durch Petrus → Nigri und im ersten Druckjahr (1479) publiziert er das Streitgespräch 'Christ und Jude' (Nr. 27; Abschrift um 1520/30 UB u. LB Dessau, Hs. Georg 150 8°; LOMNITZER, S. 290 f.). F. will laut Vorrede die Glaubensdisputation (Quelle u. a. Silvesterdisputation im → 'Passional'; LOMNITZER) selbst geführt haben.

Der Reimpaarspruch ist aus dem Fastnachtspiel vom 'Kaiser Constantinus' (um 1474; s. o.) geflossen. Hier war F. schon früher mit antijüdischer Apologetik hervorgetreten; vgl. auch seine Märendichtung und die Polemik 'Jüdischer Wucher' (s. u. V. 3. g).

Isoliert in F.s Werk steht der Tischsegen MAYER, Nr. 33 a, den F. für Laien *von latein in teutsch reim gemacht* hat.

3. d) Weltlich-didaktische Reden.

F. stand dieser Gattung trotz seiner deutlich didaktischen Intentionen eher reserviert gegenüber; Berührungspunkte zu anderen literarischen Gattungen belegen dies auch von formaler Seite.

Die Lastertrias 'Der Buhler', 'Der Spieler' und 'Der Trinker' (Nr. 28–30) stammt aus dem letzten Betriebsjahr der Folzschen Presse (1488; Nachdruck um 1495/96). Aus allen drei Texten spricht stadtbürgerliche Ethik, am deutlichsten wohl im 'Buhler', der zu einer Art Antiminnerede gerät; hier und im 'Spieler' mündet die Rede in einen gebethaften Schluß.

Sprachliche Parallelen zu Folzschen Reimpaarsprüchen zeigt eine Fassung des → 'Hurübels', doch ist noch ungeklärt, ob dabei ein Bearbeiter auf Folzsche Texte zurückgegriffen hat oder ob die Bearbeitung von F. selbst stammt (FISCHER, Ausg., S. LX).

3. e) Minnereden.

F.s Beschäftigung mit dieser Gattung scheint in sehr frühe Schichten seines literarischen Schaffens zu führen:

In der 1. Hälfte der 70er Jahre hat er sich vier Minnereden aufgezeichnet, eine mehrfach überlieferte Gruppe (→ 'Die Beichte einer Frau', Peter → Suchenwirts 'Der Widerteil', → 'Der Traum') und 'Das nackte Bild' → Elbelins von Eselberg (BRANDIS, Minnereden, Nr. 340, 403, 247, 359). Sie dienen ihm zum Teil als Quelle für eigene Minnereden.

Im Gesamtwerk spielen die Minnereden eine geringe Rolle, sie sind aber für die Verstädterung dieser Gattung aufschlußreich. Mit der Umschmelzung der höfischen Minnedoktrin in eine generelle Morallehre wird F. in diesem Bereich zum Vorläufer von Hans Sachs.

Dieser Prozeß wird im Vergleich mit den Vorlagen sichtbar, so bei der 'Werbung im Stall' (Nr. 15), die auf die 'Grasmetze' → Hermanns von Sachsenheim zurückgreift. Aufschlußreich dabei ist auch, daß F. die Werbungsszene von der Minnerede weg in Richtung Märe führt. Diesem Versuch aus der ersten Druckperiode (um 1480/81; Abschrift Valentin Holls) folgen später die beiden reinen Minnereden: 'Zweierlei Minne' (Nr. 32: um 1485/86), bei der → 'Wahre und falsche Liebe' (BRANDIS, Minnereden, Nr. 404), aber auch Suchenwirts 'Widerteil' Paten gestanden haben dürften (Neuauflagen um 1520 und 1521) und 'Der Traum' (Nr.

31: um 1488; ²1495/96), an dem sich der Vorlagenvergleich am genauesten durchführen läßt.

Der Umformungsprozeß, dem F. diese Gattung unterwirft, ist auch in seinem (?) Lied MAYER, Nr. 97 wie auch im 'Buhler' (s. o. V. 3. d), einer Art Antiminnerede, augenscheinlich (GLIER, Artes amandi, S. 346–351).

3. f) Komisch-volkstümliche Reden. Die teils sehr unterschiedlichen Texte dieser Gruppe verteilen sich über beide Druckperioden.

(1) 'Spottrezepte eines griechischen Arztes' (Nr. 33: 1479). In parodistischer Stillage, die der nur wenig jüngeren Almanach-Parodie (s. u. V. 4. a) ähnelt, geißelt F. das Kurpfuschertum eines griechischen Arztes, mit dessen marktschreierischem Auftreten und unsinnigen Rezepturen der gelernte Wundarzt wohl vor Quacksalbern und Scharlatanen warnen will (vgl. auch 'Die Wahrsagebeeren I', s. o. V. 3. a).

(2) 'Klopfan' (Nr. 36: 1480/81). Diese spezifisch Nürnberger Kleingattung (vgl. → 'Klopfan') scheint F. auch in der komisch-grobianischen Variante (FISCHER, Stud., S. 47f.) gelegen zu haben; die Erweiterungen in den beiden postumen Ausgaben dürften authentisch sein (FISCHER, Ausg., S. LXVIII).

Ungeklärt ist, ob weitere hsl. überlieferte Klopfan-Sprüche F. zum Autor haben. – Beim Neujahrsgedicht im Münchener Teilautograph (MAYER, Nr. 33 b) läßt die Überlieferung an Folzsches Eigentum denken.

(3) Priamel. Hier ist die Authentizität noch unsicherer und wohl auch kaum zu entscheiden, da dieser Redentyp aus dem Bereich der Kurzgnomik wie der 'Klopfan' in der Regel unsigniert bleibt. Einen priamelartigen Spruch mit Verfassersignatur überliefert die Hs. Wolfenbüttel 2.4. Aug. 2° (Ende d. 15. Jh.s; Abdr. FISCHER, Ausg., S. LXII).

(4) 'Zwei Rätsel' (Nr. 35; um 1488, Abschrift davon in der Hs. Valentin Holls; zu einer weiteren Überlieferung des zweiten Rätsels s. FISCHER, 1966, S. 213 Anm.). Das erste Rätsel verdient wegen der Schilderung eines gerechten Richters im Frageteil Beachtung, das zweite wegen des in der Rätselliteratur mehrfach behandelten Kapaunstoffs.

(5) 'Praktik' (Nr. 34). Das nurmehr in einem postumen Druck (um 1520) überlieferte Gedicht dürfte aus F.s zweiter Druckperiode stammen. Es 'prognostiziert' in parodistischer Überzeichnung regelmäßig wiederkehrende Ereignisse im Nürnberger Jahresablauf (u. a. Fastnacht, Gutleutespeisung, Heiltumsweisung).

(6) In der Weimarer Hs. (X) steht von F.s Hand ein Lügengedicht ('Der Windbeutel') vom Typus der verkehrten Welt, das mit Hans → Kugler signiert ist; KELLER (Erz., S. 494) denkt an F. als Autor. Der Duktus des Gedichts und die autographe Aufzeichnung legen die Autorschaft von F. nahe, der hier (gattungsbedingt) einen nom de plume gewählt haben könnte.

3. g) Historisch-politische Themen hat F. in keinem seiner Gedichte unmittelbar behandelt. Das gilt selbst für seine ausgesprochen antijüdischen Invektiven: Sie gingen zwar mit der Politik des Rats konform, wurden aber von F. durchweg in literarischer Einkleidung vorgebracht, ohne allerdings dadurch etwas von ihrer Schärfe zu verlieren. Bei seinen drei historisch-politischen Reimpaarsprüchen fällt auf, daß sie Anfang- und Endphase seines literarischen Schaffens markieren.

(1) 'Das römische Reich' (Nr. 39: 1479). Die umfangreiche Darstellung über den Ursprung des römischen Reichs vor welthistorischem Hintergrund mündet in eine allgemeine Klage über die Ohnmacht des Reichs: Vorrücken der Türken, Selbstsucht der Fürsten, Einfluß der Juden und allgemeine Unordnung. Diese politisch-didaktische Rede, ein Gespräch des Autors mit einem Unterherold an einem locus amoenus hat in der Reichsstadt Nürnberg wohl größere Resonanz gefunden, denn ein Jahr später druckt F. eine Zweitauflage.

(2) 'König Maximilian in Nürnberg' (Nr. 38) ist ein historischer Ereignisbericht über Maximilians Nürnberger Aufenthalt i. J. 1491.

F. hat eine gedruckte Quelle benutzt, die er zu übertreffen suchte (v. 13–17); vielleicht liegt Auftragsarbeit vor (FISCHER, 1966, S. 224). Die farbige Bilderfolge des Berichts schildert in mehreren Episoden den Zeitvertreib während des Königsaufenthalts (v. 271–307: *fasnachtspil*).

(3) 'Jüdischer Wucher' (Nr. 37). Die gehässige Darstellung jüdischer Wucherpraktiken erschien im gleichen Jahr wie der Bericht über den Aufenthalt von 'König Maximilian in Nürnberg'; der temperierte Ton der Hofberichterstattung ist hier aber in demagogische Polemik umgeschlagen: Die Bamberger Judenvertreibung v. J. 1478 wird dabei als *götlich werck* (v. 240) gepriesen. Dem Rat der Stadt konnte diese Polemik nur gelegen kommen (1493 erschienen in Nürnberg noch zwei Einblattdrucke), da er seit 1473 die Vertreibung der Juden forderte (1498 von Maximilian zugestanden).

3. h) Fachliteratur. Diese Rubrik umfaßt – einschließlich einem alchimistischen Lehrgedicht – sechs Texte, die in ökonomisch-medizinische Bereiche führen. Mit Ausnahme des alchimistischen Werks zielen alle fachliterarischen Gedichte offenkundig auf einen Platz im Bücherschrank stadtbürgerlicher Haushalte. Zeitlich verteilen sich die Werke über die gesamte Drucktätigkeit bis in die 1. Hälfte der 90er Jahre; innerhalb dieser Zeitspanne wird auch der alchimistische Gedichtentwurf anzusetzen sein.

(1) 'Stein der Weisen'. Unvollendeter Entwurf zu einem alchimistischen Lehrgedicht, an dem F. nach Zusammenbinden der Weimarer Hs. mehrfach gearbeitet hat.

Ausg. H. FISCHER, ZfdPh 86 (1967) Sonderh., S. 99–119; in der Hs. W. 4° 321 des Stadtarchivs Köln (Anf. d. 16. Jh.s) hat sich eine ausführlichere, aber fragmentarisch überlieferte Fassung erhalten (H. BUNTZ, ZfdPh 94 [1975] 407–434).

Das Weimarer Konzept und der Vergleich mit der Kölner Fassung vermitteln einen selten genauen Einblick in die Werkstatt eines spätmal. Autors. Zudem belegt das Gedicht F.s nachhaltiges Interesse für die Alchimie, das sich auch in mehreren Alchimistica von fremder und eigener Hand in X dokumentiert, darunter das 'Novum testamentum' des → Arnald von Villanova und eine Liste mit 28 alchimistischen Buchtiteln (FISCHER, BUNTZ).

(2) 'Pestregimen in Versen' (Nr. 44: 1482; Abschrift davon in der Blankenheimer Hs. Berlin, mgf 548, 58vb–61rb, v. J. 1482). Die Pestschrift hat F. noch in seiner ersten Druckperiode *Zu eren der stat Nürmberck* (v. 464) gedichtet. Im Gegensatz zum Prosaregimen des gleichen Jahrs ist mit diesem Gedicht an einen breiteren Adressatenkreis gedacht, denn nach F.s Vorrede wurde die Abhandlung deswegen in Reime gebracht, damit sie *dest leychter gedacht vnd ausswendig gelernt werd*. Die Anweisungen des Nürnberger Wundarztes erfahren bis z. J. 1530 mindestens zwei Neuauflagen (FISCHER, Ausg., S. XXXIV f.).

(3) Diätetische Schriften liegen im 'Konfektbüchlein' (Nr. 41) und im 'Branntweinbüchlein' (Nr. 42) vor, die im rechten Umgang mit Gewürzen und Branntwein unterweisen.

Vom 'Konfektbüchlein' erschien 1485 ein unberechtigter Vorabdruck in Bamberg, der sich wohl auf ein entwendetes Manuskript stützte; dagegen wendet sich F. in seiner eigenen Ausgabe (v. 288–296; FISCHER, Ausg., S. LXVIII); eine weitere Auflage erfolgte 1495/96. Nur aus den 90er Jahren (zwei Ausgaben 1493, darunter ein Einblattdruck) ist das 'Branntweinbüchlein' überliefert; die Aufzeichnung von Claus → Spaun, cgm 407 (1495/96) basiert auf dem Einblattdruck (FISCHER, Ausg., S. XLIII).

(4) Das 'Hausratbüchlein' (Nr. 40: um 1488), das detaillierte Einblicke in einen vorbildlich eingerichteten und geführten Haushalt bemittelterer Schichten vermittelt, erlebte bis 1520 vier Neuauflagen; es wurde auch in einem Meisterlied rezipiert (HAMPE, 1899).

(5) Das 'Bäderbüchlein' (Nr. 43) könnte Auftragsarbeit sein; es ist erst 1491 im Druck erschienen. Die Anerkennung, die diese Anleitung zu Badekuren samt Überblick über bedeutende europäische Thermalbäder fand, zeigen Nachdrucke in Brünn (1495) und Straßburg (1504); der Brünner Druck schreibt das Gedicht einem Clement von Graz zu. Bei der Beschreibung der Bäder hat sich F. auf die balneologische Schrift von Felix → Hemmerlin und auf die verbreiteten Baderegeln des Pietro da Tussignano (1336) gestützt (SPRIEWALD, 1960, S.

254f.); v. 386–390 steuert er eigene Erfahrung bei.

4. Prosa. F. hat zwei Prosawerke veröffentlicht; beide stammen aus der ersten Druckperiode.

a) 'Parodistischer Almanach' (Nr. 46: Folz-Einblattdruck um 1479/80). Mit dieser Parodie scheint sich F. gleich zu Anfang seiner Publikationstätigkeit von der weitverbreiteten sternengläubigen Praktik-Literatur kritisch zu distanzieren. Der Intention nach vergleicht sich das Gedicht mit den 'Spottrezepten eines griechischen Arztes', teilweise auch mit seiner 'Praktik'; zu Textreminiszenzen in Werken des 16. Jh.s vgl. FISCHER, Ausg., S. 469; ders., 1966, S. 213 Anm.

In der Folz-Type 1 sind auch zwei lat. Almanache für 1483 und 1484 (GW 1368 und 1380) erschienen; neben ihrer Autorschaft ist ungeklärt, ob sie noch in F.s Offizin gedruckt wurden (FISCHER, 1966, S. 219 Anm. 1); F.s 'Parodistischer Almanach' scheint eher dagegenzusprechen.

b) 'Pestregimen in Prosa' (Nr. 45: 1482). F. hat diese Pestschrift auf Bitte des Ehrbaren Anton Haller, seinem *besundern guten freunt* (Z. 2), verfaßt, im Gegensatz zum gereimten 'Pestregimen' aber in Prosa, *von etlicher wegen, den das ungereimt pas gewon ist* (Z. 4f.). In Verbindung mit Hallers sozialer Stellung ist dies ein interessanter Hinweis auf das Verhältnis von Vers und Prosa im ausgehenden SpätMA. Mit beiden Pestschriften scheint sich F. als Fachmann wie als Schriftsteller der städtischen Oberschicht empfohlen zu haben (zu den Rezepten s. FISCHER, Ausg., S. LXIXf. Anm. 6).

VI. Literatur.
Allgemeines. Dt. Lit.lexikon 5 (³1977), S. 296–305 (umfassende Bibliographie); J. JANOTA, Neue Forschungen z. dt. Dichtung d. SpätMAs, DVjs 45 (1971), Sonderh., S. *168f. *207f. *224f. (Lit.). – R. HENSS, Stud. zu H.F. (Germ. Stud. 156), 1934, Nachdr. 1967; CH. PETZSCH, in: NDB V 228f.; I. SPRIEWALD, H.F. – Dichter u. Drucker, PBB (Halle) 83 (1961) 242–277; D. WUTTKE, Die Histori Herculis (AKG Beiheft 7), 1964 (zu Schwenter); H. FISCHER, H.F., ZfdA 95 (1966) 212–236; ders., Stud., S. 160–162; W. WAADE, Die Darstellung d. Bauern in d. Nürnberger Dichtung d. 15. Jh.s in ihrer hist. Aussage, Diss. (masch) PH Potsdam 1968, S. 297–368 et passim; J. JANOTA, H.F. in Nürnberg, in: H. RUPP (Hg.), Philologie u. Geschichtswiss. (medium literatur 5), 1977, S. 74–91.

Meisterlied. MGG 16 (1974), Sp. 322–324 (Lit.); RL ²2, S. 292–301 (Lit.). – G. MÜNZER (Hg.), Das Singebuch d. Adam Puschman, 1906, Nachdr. 1970, S. 24f., 67f.; A.L. MAYER, Quellenstud. zu H.F. II, ZfdA 49 (1908) 325–328; H. LÜTCKE, Stud. z. Philosophie d. Meistersänger (Palaestra 107), 1911, Nachdr. 1966; A. LEITZMANN, Zu F.s. Meisterliedern, PBB 43 (1918) 266–275; H. OPPENHEIM, Naturschilderung u. Naturgefühl bei d. frühen Meistersingern (Form u. Geist 22), 1931; W. HOFMANN, Stilgeschichtl. Unters. zu d. Meisterliedern d. H.F. (Germ. Stud. 132), 1933, Nachdr. 1967; F.H. ELLIS, The Solution for the Enigmatic Concluding Lines of the Munich Cod. Germ. 6353, PMLA 67 (1952) 446–472; W. KROGMANN, ZfdPh 72 (1953) 76–104 ('Ackermann'-Reminiszenzen in Lied Nr. 96, 97); CH. PETZSCH, Stud. z. Meistergesang d. H.F., DVjs 36 (1962) 190–247; ders., Zur sog., H.F. zugeschriebenen Meistergesangsreform, PBB (Tüb.) 88 (1967) 110–142; ders., Ein spätes Zeugnis d. Lai-Technik, ZfdA 99 (1970) 310–323 (Melodie d. Kettentons); P. KERN, Trinität, Maria, Inkarnation (Phil. Stud. u. Qu. 55), 1971; E. SCHUMANN, Stilwandel u. Gestaltveränderung im Meistersang (Göttinger musikwiss. Arbeiten 3), 1972; H. BRUNNER, Die alten Meister (MTU 54), 1975; A.H. TOUBER, Dt. Strophenformen d. MAs (Repertorien z. Dt. Lit.gesch. 6), 1975; B. TAYLOR, Der Beitr. v. H. Sachs u. seiner Nürnberger Vorgänger zu d. Entwicklung d. Meistersänger-Tabulatur, in: H. BRUNNER u.a. (Hg.), H. Sachs u. Nürnberg (Nürnberger Forschungen 19), 1976, S. 245–274 (S. 258–260: 'Urschulzettel' aus Folz-Umkreis).

Fastnachtspiel. Umfangreiche Bibliographie bei WUTTKE, Fsp., ²1978 (s. o. III.). – M. GÜDEMANN (Hg.), Gesch. d. Erziehungswesens u. d. Cultur d. Juden in Deutschland während d. 14. u. 15. Jh.s, 1888, S. 204–206 (zu KELLER, Nr. 1, 20); L. LIER, Stud. z. Gesch. d. Nürnberger Fastnachtspiels, 1889 (auch Mitt. d. Ver.s f. Gesch. d. Stadt Nürnberg 8 [1889] 87–160); V. MICHELS, Stud. über d. ältesten dt. Fastnachtspiele (QF 77), 1896; TH. HAMPE, Die Entwicklung d. Theaterwesens in Nürnberg, Mitt. d. Ver.s f. Gesch. d. Stadt Nürnberg 12 (1898) 87–306 (Folz: S. 102–114); 13 (1899) 98–237 (Archivalien); A.L. MAYER, Quellenstud. zu H.F. I, ZfdA 49 (1908) 314–325 (zu Nr. 1); H. GATTERMANN, Die dt. Frau in d. Fastnachtspielen, Diss. Greifswald 1911; E.F. CLARK, The Influence of H.F. on H. Sachs, Modern Philology 15 (1917/18) 339–348; H. MOEZER, Die 'Judensau', Frk. Heimat 20 (1941) 18–20 (z. Plastik an St. Sebald); E. CATHOLY, Das Fastnachtspiel d. SpätMAs (Hermaea NF 8), 1961; ders., Fastnachtspiel (Slg. Metzler 56), 1966; ders., Das dt. Lustspiel (Sprache u. Lit. 47),

1969; H. LOMNITZER, Das Verhältnis d. Fastnachtspiels v. 'Kaiser Constantinus' z. Reimpaarspruch 'Christ u. Jude' v. H.F., ZfdA 92 (1963) 277–291; I. GLIER, Personifikationen im dt. Fastnachtspiel d. SpätMAs, DVjs 39 (1965) 542–587; H. HEINEN, Die rhythmisch-metrische Gestaltung d. Knittelverses b. H.F. (Marburger Beitr. z. Germanistik 12), 1966; W. LENK, Das Nürnberger Fastnachtspiel d. 15. Jh.s (DAW Berlin, Reihe C: Beitr. z. Lit. wiss. 33), 1966; W. MICHAEL, Das dt. Drama d. MAs (Grundriß d. germ. Philol. 20), 1971; R. KROHN, Der unanständige Bürger, 1974; D. BRETT-EVANS, Von Hrotsvit bis Folz u. Gengenbach II (Grundlagen d. Germanistik 18), 1975; K. GEISSLER, Die Juden in mal. Texten Deutschlands, Zs. f. bayer. Landesgesch. 38 (1975) 163–226 (S. 217–222: zu Nr. 1, 20, 106).

Reimpaarsprüche. FISCHER, Ausg. (s. o. III.); ders., Stud., S. 309–314 (Lit.). – A.L. STIEFEL, Über d. Quellen d. H. Sachsischen Dramen, Germ. 36 (1891) 1–60; ders., Über d. Quellen d. Fabeln, Märchen u. Schwänke d. H. Sachs, in: A.L. ST., H. Sachs-Forschung, 1894, S. 33–192 (z. Folz-Rezeption b. H. Sachs; vgl. A. v. KELLER/E. GOETZE [Hgg.], H. Sachs 26 [1908] S. 181f.); TH. HAMPE, Gedichte v. Hausrat aus d. XV. u. XVI. Jh., 1899; ders., Über ein Prosatraktätlein H.F.s v. d. Pestilenz, Mitt. aus d. germ. Nat.museum 1896, S. 83–90; U. HELLMANN, Die naturwiss. Lehrged. d. H.F., Diss. (masch.) 1920 (Inhaltsübersicht: Jb. d. Diss. d. Phil. Fakultät Berlin, 1921, S. 153–161); B. MURDOCH, H.F. and the Adam-Legends (Amsterdamer Publikationen z. Sprache u. Lit. 28), 1977.

(1979)   JOHANNES JANOTA

'Der Frankfurter' ('Theologia Deutsch')

1. Der 'F.' ist anonym überliefert. Nach dem Prolog stammt der Verfasser aus dem Kreis der Gottesfreunde und war als Deutscher Herr Priester und Kustos im Deutschherrenhaus zu Frankfurt, bzw. der Ordensniederlassung Sachsenhausen. Die Suche nach dem Verfasser kam bisher über Vermutungen nicht hinaus. Als mögliche Autoren wurden Heinrich von Bergen (WESSENDORFT), urk. erwähnt 1359 (SCHIEL, S. 85), und der Heidelberger Theologieprofessor → Johann (Lagenator) von Frankfurt, eig. Johannes Lägeler, um 1380–1440 (HAUBST, 1958 u. 1973) genannt, wobei jedoch für beide Namen keine stichhaltigen Argumente angeführt werden konnten.

Wie die Identifizierung des Autors ist auch die Datierung unsicher. Gegen eine Einordnung um die Mitte (SIEDEL, 1929, S. 13, 16f.) oder Ende (PFEIFFER, S. XXI) des 14. Jh.s meldete MÜLLER (1930, S. 329f.) Bedenken an und hielt aufgrund sprachlicher Merkmale die Entstehung des 'F.' erst im 15. Jh. nicht für ausgeschlossen. Mit gleichen Argumenten setzte SCHRÖDER, S. 65, die Entstehungszeit des 'F.' um 1400–1430 an. Dem Argument SCHRÖDERS: das Fehlen des Begriffes *minne* und entsprechender Verb- und Adjektivbildungen in den ihm bekannten Textzeugen (Luther-Drucke 1516 und 1518 und Bronnbacher Hs.) wurde durch Auffindung weiterer Textzeugen (RUH, 1959) die Basis entzogen. Die Schrift ist also noch dem 14. Jh. zuzurechnen, zumal der Überlieferungskontext sie in den Umkreis der Schriften →Taulers und →Eckharts verweist.

Der Titel des Traktats, 'Der Franckforter', ist der ehemals Bronnbacher Hs. (jetzt StB u. UB Frankfurt/M.) entnommen, die als einzige einen Titel überliefert. Bestätigt wird dieser durch den Bibliothekskatalog der Erfurter Kartause Salvatorberg, der einen *tractatus profundus, qui intitulatur Franckenfordensis* verzeichnet (P. LEHMANN, Mal. Bibl. Kat. II 308). Luther, der den Traktat ohne Titel- und Verfasserangabe gefunden hatte, betitelte den Druck des Fragments von 1516 mit 'Eyn geystlich edles Buchleynn' und den Druck des Gesamttextes von 1518 mit 'Eyn deutsch Theologia'. Ein Augsburger Nachdruck vom 23. September 1518 bei Silvan Ottmar führte den Titel 'Theologia teütsch', unter dem dann die meisten weiteren Ausgaben erschienen.

2. Überlieferung. Hss.: Dessau, StB, cod. Georg. 8° 44, 4ʳ–71ʳ, v. J. 1477; Eger (Cheb), Bibl. d. Franziskanerklosters, cod. 45/330, 59ʳ–154ᵛ, v. J. 1465 (jetzt Hist. Bibl. Teplá); Frankfurt/M., StB u. UB, Ms. germ. 8°30, 84ᵛ–153ʳ, v. J. 1497 (ehem. Bronnbacher Hs.), Harburg (vormals Maihingen), Fürstl. Oettingen-Wallersteinische Bibl., cod. III 1 8°22, 12ᵛ–18ʳ, v. J. 1453 (QUINT, Hss.funde I 116, nennt fälschlich 1473); München, UB, cod. 4°482, 31ʳ–49ʳ, Ende d. 15. Jh.s; Nürnberg, StB, cod. Cent. VI 61, 115ʳ–126ʳ, v. J. 1490; ebd., cod. Cent. VII 22, 177ʳ–215ᵛ, Ende d. 15. Jh.s; St. Gallen, Stifts-

bibl., cod. 1014, p. 287–298, Ende des 15. Jh.s. – Wien, cod. 4079 (vgl. RUH, 1969, S. 205) und München, cgm 854 (vgl. BARING, 1963, S. 47f.) überliefern, teils verkürzt, Abschriften des Luther-Drucks 1518ff. Erstdrucke: Wittenberg: Johann Rhau-Grunenberg, 4. Dezember 1516. *Eyn geystlich edles Buchleynn. // von rechter vnderscheyd // vnd vorstand, was der // alt vnd new mensche sey. Was Adams // vnd was gottis kind sey. vnd wie Adam // ynn vns sterben vnnd Christus // ersteen sall.* Wittenberg: Johann Rhau-Grunenberg, 1518. *Eyn deutsch Theologia. das ist // Eyn edles Buchleyn / von rechtem vorstand / was // Adam vnd Christus sey / vnd wie Adam yn // vns sterben / vnd Christus ersteen sall.* Beiden Drucken kommt, da sie voneinander unabhängig sind und auf keine der o.g. Hss. unmittelbar zurückgehen, der gleiche textkritische Wert wie der hsl. Überlieferung zu.

Ausgaben. Zuletzt zusammengestellt bei G. BARING, Bibliographie d. Ausg.n d. 'Th. D.' (1516–1961) (Bibliotheca Bibliographica Aureliana VIII), 1963; W. v. HINTEN, 'Der Franckforter' ('Th. D.'). Krit. Textausg., Diss. Würzburg 1977 (demnächst MTU).

3. Dem Prolog nach ist das Anliegen der Schrift die Unterscheidung der wahren 'Freunde Gottes' und der falschen 'freien Geister'. Sie wendet sich damit gegen die Häresie der Freien Geister, die trotz Verurteilung auf dem Konzil von Vienne (1312) in Beginen- und Begardenkreisen weiter verbreitet wurde. Luther hob in seinen beiden Ausgaben von 1516 und 1518 die Frage nach dem alten und neuen Menschen: *was Adam vnd Christus sey / vnd wie Adam yn vns sterben / vnd Christus ersteen sall* (zit. nach Ausg. 1518) als Kerninhalt der Schrift hervor.

Ausgehend vom Wesen des Vollkommenen behandelt die Schrift als zentrales Thema die Frage nach dem vollkommenen Menschen. Zielpunkt menschlichen Vollkommenheitsstrebens ist die völlige Vereinigung mit Gott: die 'Vergottung' des Menschen. Zwar kennt die Schrift die Grade der Reinigung, Erleuchtung und Vereinigung als Stufen zur Vergöttlichung des Menschen, führt diese jedoch nicht aus, sondern betont ein mehr passives Verhalten gegenüber dem Wirken Gottes, das in der Unterwerfung unter den Willen Gottes und in der Selbstentäußerung besteht.

Besonders hervorgehoben wird der Gehorsam, der die Aufgabe des Eigenwillens voraussetzt, da dieser als Ursache des Ungehorsams und als Sünde schlechthin angesehen wird. Erst in der völligen Unterwerfung des Eigenwillens unter den Willen Gottes verwirklicht sich die wahre Freiheit des Menschen und vollzieht sich die Vereinigung mit Gott. Vor- und Leitbild des die Vereinigung mit Gott suchenden Menschen ist das Leben Christi, in dem sich der absolute Gehorsam gegenüber dem Willen Gottes verwirklicht hat. Dabei motiviert sich die wahre Christusnachfolge nicht in der Lohnerwartung, sondern in der Liebe zu Christi Leben. Die Schrift versteht sich jedoch nicht als rein aszetische Erbauungsschrift, sondern zielt gerade in den Gegenüberstellungen von wahrer und falscher Freiheit, wahrem und falschem Licht und wahrer und falscher Liebe auf eine deutliche Abgrenzung zur Haltung der Freien Geister, wie sie der Prolog anspricht.

Gegenüber Eigenliebe, Überheblichkeit und Verachtung der kirchlichen Ordnung seitens der Freien Geister werden selbstlose Liebe, Demut und Bindung an Gesetz und Ordnung der Kirche stark betont.

Die Schrift ist in den Prolog, der wahrscheinlich erst später hinzukam, aber bereits von dem ältesten bekannten Gesamttext (Egerer Hs.) überliefert wird, ein Register und den eigentlichen Traktat eingeteilt. Dieser untergliedert sich in Kapitel, deren Zählung, soweit überliefert, in den einzelnen Textzeugen differiert (Dessauer Hs. 53, Bronnbacher Hs. 54, Luther-Druck von 1518 56 Kapitel). Das Textcorpus selbst bleibt von der unterschiedlichen Kapitelzählung unberührt. Die im Register meist als Frage formulierte Thematik wird in den einzelnen Kapiteln abgehandelt. Dabei orientiert sich die Darlegung an scholastischen Vorbildern nach dem Prinzip von quaestio und responsio.

4. Für den 'F.' steht aufgrund der Zitate die Kenntnis von Eckhart und Tauler fest. Auch in der Terminologie wird die Nähe zur spekulativen Mystik deutlich. Nach Luthers Urteil in der Vorrede zum Druck von 1516 ist *die matery / faßt nach der art / des erleuchten doctors Tauleri / prediger ordens*. Eine einheitliche Beurteilung

durch die Forschung hat die Schrift bislang nicht erfahren. SIEDEL (1929) reiht sie in die dominikanische Mystik ein, während MANDEL mehr die Verbindung zu Luther und der Reformation betont. Allgemein wird jedoch anerkannt, daß es sich beim 'F.' nach und neben Eckharts dt. Werken um das hervorragendste theologische Originalwerk des MAs in dt. Sprache handelt (PAHNCKE, S. 275).

5. Seit Luther 1518 den vollständigen Text des 'F.s' erstmals herausgab, hat die Schrift unter dem Namen 'Theologia Deutsch' weiteste Verbreitung und Beachtung gefunden. Luthers überaus rühmendes Urteil, das die Schrift neben die Bibel und die Werke St. Augustins stellte, sicherte dem Werk nachhaltige Aufnahme innerhalb der Lutherischen Kirche. Kaspar Schwenckfeld, Johann Arndt, Sebastian Franck und Philipp Jakob Spener rühmten sie und trugen zu ihrer Verbreitung bei. Calvin hingegen lehnte die Schrift ab, und mit ihm die Reformierten. Auf Ablehnung stieß die Schrift besonders auch bei der katholischen Kirche. Durch ein Dekret Pauls V. kamen sowohl die lat. Übersetzung von Sebastian Castellio wie auch alle anderssprachigen Ausgaben auf den Index (vgl. BARING, 1963, S. 6f.). Arthur Schopenhauer zählte den 'F.' zu seinen Lieblingsbüchern und verglich ihren unbekannten Verfasser mit Buddha und Plato.

6. Die Wirkungsgeschichte der Schrift reicht, wie die Drucküberlieferung zeigt, bis in die Gegenwart. Bis 1961 konnte BARING (1963) in seiner Bibliographie 190 Ausgaben nachweisen, unter ihnen 124 deutschsprachige. Ihre Hauptzahl geht auf den Luther-Druck von 1518 zurück.

Mit der Auffindung des ersten hsl. Textzeugen i. J. 1843 entstanden auch Ausgaben, denen die Fassung der ehemals Bronnbacher Hs. zugrunde liegt. Schon früh wurde die Schrift in fremde Sprachen übersetzt: 1521 ins Ndl., 1557 ins Lat. von Johannes Theophilus, eig. Sebastian Castellio, 1558 ins Französische. 1617 erschien eine schwedische Ausgabe, 1648 eine englische Übersetzung, nachdem bereits 1628 die lat. Version des J. Theophilus ins Englische übersetzt worden war. Weitere Übersetzungen: 1665 ins Dänische, gegen Ende des 18. Jh.s ins Russische (nur in einer Hs. erhalten), 1908 ins Italienische, 1933 ins Chinesische und 1949 ins Japanische.

7. Ebenfalls zahlreich sind die Ansätze zur Überarbeitung des Textes. Bereits die hsl. Überlieferung zeigt beträchtliche Unterschiede. Die lange Zeit einzig bekannte Hs., die ehemals Bronnbacher, weist gegenüber der Luther-Redaktion von 1518 etwa ein Zehntel mehr Text auf. Die Frage nach der ursprünglichen Fassung ist inzwischen durch Auffindung weiterer Textzeugen zugunsten der Luther-Redaktion beantwortet.

RUH (1959) konnte in einer vergleichenden Untersuchung die schon von SIEDEL (1929 und 1936) vornehmlich theologisch begründete und von SCHRÖDER rein philologisch erarbeitete Ansicht, daß Luther nicht sinnverändernd in seine Vorlage eingegriffen habe, eindeutig bestätigen.

Eine bewußte Überarbeitung des Textes liegt im sogenannten Hätzer-Druck vor, der 1528 bei Peter Schöffer in Worms erschien. Ludwig Hätzer brachte in ihm zahlreiche Änderungen im Sinne seiner antitrinitarischen Denkweise an (vgl. BARING, 1959). Diese Hätzer-Ausgabe wurde jedoch nur selten nachgedruckt. Allerdings beruhen auf ihr die lat. Übersetzung Sebastian Castellios und die von ihr abhängigen Drucke.

Literatur. F. PFEIFFER, 'Th. d.', ³1875 (¹1851), S. IX–XXVI; H. MANDEL, 'Th. D.' (Quellenschr.n z. Gesch. d. Protestantismus 7), 1908, S. I–XLVI; M. WINDSTOSSER, Etude sur la 'Théologie Germanique', Paris 1911; K. MÜLLER, Krit. Beitr. II. Zur 'D. Th.', BSB, Hist. Cl., 1919, S. 631–658; G. SIEDEL, 'Th. D.'. Mit einer Einleitung über d. Lehre v. d. Vergottung in d. dominikanischen Mystik, 1929, S. 1–121; K. MÜLLER, Zum Text d. 'D. Th.'. ZKG 49, NF 12 (1930) 307–335; G. SIEDEL, Nochmals z. Text d. 'Th. D.', ZKG 56, 3. F. 6 (1936) 305–312; E. SCHRÖDER, Die Überl. d. 'F.s' (der 'Th. D.'), GGN, Philol.-Hist. Kl., Fachgruppe IV, NF 2, Nr. 2 (1937) 49–65; E. TEUFEL, Die 'D. Th.' u. Sebastian Franck im Licht d. neueren Forschung, Theol. Rundschau NF 11 (1939) 304–315; K. WESSENDORFT, Ist d. Verfasser d. 'Th. D.' gefunden?, Evangelische Theologie 16 (1956) 188–192; G. BARING, Neues von d. 'Th. D.' u. ihrer weltweiten Bedeutung, Arch. f. Reformationsgesch. 48 (1957) 1–10; R. HAUBST, Johannes v. Frankfurt als d. Verf. von 'Eyn deutsch Theologia', Scholastik 33 (1958) 375–398; G. BA-

RING, Ludwigs Hätzers Bearbeitung d. 'Th. D.' Worms 1528, ZKG 70 (1959) 218–230; M. PAHNCKE, Zur hsl. Überl. d. 'F.s' ('Th. D.'), ZfdA 89 (1959) 275–280; K. RUH, Eine neue Hs. d. 'F.s'. Cod. 482 d. Münchener UB, ebd., S. 280–287; BARING, 1963 (s. o. Ausg.n); K. RUH, Der 'F.' ('Th. D.') in Cod. 45/330 d. Franziskanerklosters Eger (Cheb), ZfdA 98 (1969) 204–209; H. SCHIEL, Heinrich v. Bergen oder Johannes de Frankfordia als Verf. d. 'Th. D.'?, Arch f. Mittelrhein. Kirchengesch. 22 (1970) 85–92; R. HAUBST, Welcher 'Frankfurter' schrieb d. 'Th. d.'?, Theol. u. Philos. 48 (1973) 218–239; A. M. HAAS, Die 'Th. d.', Freiburger Zs. f. Philos. u. Theol. 25 (1979) 304–350.

(1979)   WOLFGANG VON HINTEN

Frauenlob; (Meister) Heinrich Frauenlob; Meister Heinrich von Meißen der Frauenlob

Inhalt. I. Leben. 1. Name. 2. Äußere Lebensumstände. 3. Begräbnis. – II. Chronologie. – III. Werke. 1. Allgemeines zur Überlieferung. 2. Ausgaben. 3. Spruchdichtung. 4. Marienleich. 5. Kreuzleich. 6. Minneleich. 7. *wîp unde vrouwe*. 8. Minne und Welt. 9. Minnelieder. 10. Stil. 11. Wirkungsgeschichte. 12. Forschungsgeschichte. – Literatur.

I. Leben.

1. Name. Der Dichter selbst nennt sich *Frouwenlop* (165, 5), so heißt er gewöhnlich auch in den Verfasserangaben der Hss., so bei den Meistersängern. Daneben ist überliefert: *Meister Heinrich von Missen des frauwenlobs* (~ *der frauwenlob genant*) in der Hs. E; *Meister Heinrich vröwenlop* in der Hs. C, ferner in t, → Ottokars 'Österreichischer Reimchronik' 86 556, und (ohne *meister*-Titel) auf dem Grabstein. Vermutlich ist 'Frauenlob' der Beiname des Sängers (schon von Cyriacus Spangenberg auf sein Eintreten für die Ehre der Frauen zurückgeführt), während 'von Meißen' auf die Herkunft weist. Der Rufname erscheint einhellig als 'Heinrich'; das vereinzelte *Johannes* bei → Johann von Neumarkt (s. III. 11.) wird auf einem Irrtum beruhen.

2. Äußere Lebensumstände. Die Reimsprache macht md. Herkunft F.s wahrscheinlich. – Eine ganze Reihe von Strophen zeigt ihn in Verbindung mit Fürsten und Herren seiner Zeit (MÜLLER, S. 164–177). Er war zugegen bei der Schwertleite eines böhmischen Königs, wohl Wenzels II. (1292), und bei einem Fest Rudolfs von Habsburg, vermutlich in Verbindung mit der Schlacht auf dem Marchfeld (1278). Er hat *ritterschaft* gesehen bei Herzog Heinrich IV. von Breslau (reg. 1270–1290), in Kärnten – vielleicht bei Herzog Meinhard V. oder dessen Sohn Heinrich – und in (Nieder-)Bayern bei Herzog Otto III. (reg. 1290–1312). Das alles erfahren wir aus der zweiten Str. des Huldigungsgedichts (134–138), das F. aus Anlaß des Rostocker Ritterfestes von 1311 an den Markgrafen Waldemar von Brandenburg gerichtet hat. – Aus einer Aufzeichnung des Richters in Thaur (b. Innsbruck) geht hervor, daß er 1299 im Auftrage Herzog Heinrichs von Kärnten F. eine größere Summe zum Kauf eines Pferdes übergab: *ex hiis ystrioni dicto Vrowenlop pro dextrario marc. XV. iussu domini ducis Heinrici ex litteris* (L. SCHÖNACH, ZfdA 31 [1887] 175). – Der Fürstenpreis 370/71 gilt einem dänischen König, vermutlich Erik Menved (reg. 1286–1319); weitere Lobsprüche (128–133) sind gerichtet an: Giselbert, Erzbischof von Bremen (reg. 1273 oder 1274–1306); Graf Otto (III. ?) von Ravensberg (1259–1306); Graf Gerhard von Hoya (vor 1265–1311); Fürst Wizlav (III. ?) von Rügen (ca. 1260–1325); Herzog Heinrich I. (reg. um 1265–1302, durch Kreuzfahrt und Gefangenschaft im Orient von 1271 bis 1298 der Heimat ferngehalten) oder Herzog Heinrich II. (geb. nach 1266, gest. 1329) von Mecklenburg; Graf Otto II. von Oldenburg (-Delmenhorst; reg. 1272–1304). Eine Totenklage F.s auf König Rudolf (gest. 1291) und Herzog Heinrich IV. von Breslau (gest. 1290) ist erhalten (78–80), eine andere auf König Wenzel II. von Böhmen (gest. 1305) durch Ottokars 'Österr. Reimchronik' bezeugt (s. I. 1.).

Ein besonders wichtiger Gönner F.s könnte Peter von Aspelt gewesen sein. Darauf weist BERTAU (1966, S. 186), ältere Überlegungen PFANNMÜLLERS, ILLERTS und E. SCHRÖDERS aufnehmend, mit Nachdruck hin. Peter, zunächst Leibarzt König Rudolfs, war von 1289 bis 1296 Protonotar, dann Kanzler König Wenzels II: 1306 wurde er Erzbischof von Mainz. Auf seine Gunst mag zurückzuführen sein, daß F. ein Grab im Kreuzgang des Doms erhielt (s. I. 3.). Die Überlieferung weiß von einer Beziehung des Dichters zum Erzbischof: In einer begleitenden Notiz zur ersten Str. des Langen Tons (in 2 Hss. überliefert) heißt es, F. habe das Gedicht verfaßt *an sinem leczsten end in der stunde, als im der erczbischoff ze Mencz gotz lichnam mit sinen henden gab* (BERTAU, 1966, S. 199f.). Nimmt man eine Verbindung mit Peter von Aspelt für die letzte Lebenszeit F.s als gegeben an, dann gewinnt auch die Vermutung an Wahrscheinlichkeit, ihre Bekanntschaft gehe bis in die Prager Jahre Peters zurück. Nach BERTAU (1966, S. 192ff.) ist der Marienleich ursprünglich für Wenzel und seinen Kreis bestimmt gewesen.

Über F.s Verhältnis zu anderen Künstlern ist seiner Dichtung nur wenig zu entnehmen. Wir haben von ihm eine Totenklage auf →Konrad von Würzburg (313; s. STACKMANN, 1972), außerdem eine anerkennende Bemerkung über Hermann →Damen (129, 17). Von Damen überliefert J ein vierstrophiges Lehrgedicht für einen Dichter. Die zweite Str. ist an F. gerichtet, die erste, dritte und vierte an ein namentlich nicht genanntes *kint*. Daraus haben V.D. HAGEN und andere geschlossen, F. sei Schüler Damens gewesen. WACHINGER (S. 184–187) erhebt begründete Einwände gegen die Annahme, die F.-Strophe sei von Anfang an für den Zusammenhang mit den drei anderen bestimmt gewesen. KIEPE-WILLMS tritt abermals für die Beziehung aller vier Strophen auf F. ein.

3. Begräbnis. Ein Zusatz zur Chronik des →Matthias von Neuenburg erzählt, F. sei unter außergewöhnlichen Ehren im Kreuzgang des Mainzer Doms beigesetzt worden. Frauen hätten ihn von seinem Quartier (*ab hospicio*) zur Grabstätte getragen und dort eine große Totenklage erhoben *propter laudes infinitas, quas imposuit omni generi femineo in dictaminibus suis*. Eine Menge Wein sei bei seinem Grab ausgeschüttet worden, so daß der Kreuzgang überschwemmt war (HOFMEISTER, S. 312).

Der ursprüngliche Grabstein F.s wurde 1774 bei Bauarbeiten zertrümmert. Neun Jahre später ließ der Domdechant Freiherr von Fechenbach den heute noch vorhandenen Stein anfertigen. Er gibt das Original nur ungenau wieder, jedoch ist die alte Inschrift durch zwei Aufnahmen aus der Zeit vor 1774 gut bezeugt: *Anno Dñi MCCCXVIII o(biit) Henricus Frowenlop in vigilia beati Andree apostoli* (ARENS, S. 35 f.). F. ist also am 29. Nov. 1318 gestorben, nicht 1317, wie die Chronik des Matthias sagt. – Ein zweiter Stein, dessen Relief Frauen mit einer Bahre und einem Sarg darauf zeigt, hat wohl entgegen PFANNMÜLLERS Annahme nicht zu dem mal. Grab gehört, sondern ist erst 1783, vermutlich auf Grund des Chronikberichtes, hinzugefügt worden (ARENS nach WERMINGHOFF und NEEB).

II. Chronologie.

Nur wenige Spruchstrophen – etwa das Gedicht zum Rostocker Fest von 1311 oder die Totenklagen – lassen sich einigermaßen sicher datieren. Die große Mehrzahl erlaubt keine chronologische Festlegung; allenfalls wird man eine relative Chronologie aufstellen können. Einen Versuch dazu hat BERTAU gemacht. Er unterscheidet innerhalb der geistlichen Dichtung drei Stilstufen: eine frühe, 'Marienleichstil' genannt, eine späte, den 'Kreuzleichstil', und dazwischen den 'problematisierenden Stil' (1954, S. 91). F.s Entwicklung, wie sie in den 'Stationen' der drei Leichs ihren Ausdruck findet, stellt sich ihm so dar: Am Anfang steht genialische Bemühung um ein autonomes Kunstwerk; erstes großes Zeugnis ist der am Hof Wenzels entstandene Marienleich. Diese Tendenz setzt sich gesteigert fort im Minneleich aus den ersten Mainzer Jahren Peters von Aspelt. Die Spätzeit dagegen ist gekennzeichnet durch Resignation, wie sie im Kreuzleich zum Ausdruck kommt. Demgegenüber kommt WACHINGER auf Grund vergleichender Beobachtungen zur Gedankenführung im Minneleich und im *wîp-vrouwe*-Streit zu dem

Ergebnis, daß der Minneleich in die Frühzeit F.s gehört, in die Zeit vor 1290 (S. 242f.); dagegen BERTAU, 1978.

III. Werke.

1. Allgemeines zur Überlieferung. Die Gedichte F.s sind nirgends geschlossen überliefert. Wir besitzen nur Teilsammlungen mit sehr unterschiedlichen Beständen. Ein großer Teil der Strophen – weit mehr als die Hälfte der von THOMAS für echt erklärten – liegt nur in einfacher Überlieferung vor. Diese für den Textkritiker recht ungünstige Lage wird weiter dadurch verschlechtert, daß F.s Manier schon früh Nachahmer gefunden hat und in allen Sammlungen fremdes Gut unter seinem Namen mitläuft. THOMAS hat sich bemüht, die tatsächlich von F. herrührenden Texte zu bestimmen. Das sind nach seiner Untersuchung 316 von den 448 Spruchstrophen der ETTMÜLLERschen Ausgabe in folgenden 10 Tönen: Langer T., Kurzer T., Grüner T., Zarter T., Flugt., Würgendrüssel, Neuer T., Vergessener T., Goldener T., Minne-Welt-T., dazu 7 der von ETTMÜLLER abgedruckten 13 Minnelieder und die 3 Leichs. Einzelheiten der Echtheitsbestimmung sind von BERTAU in Frage gestellt worden (1954, S. 79–90). SCHUMANN hat auch gezeigt, daß die überlieferte Melodie eines echten Tons unecht sein kann, während die Melodien zweier unechter Töne sehr wohl auf F. selbst zurückgehen können (S. 118). An dem von THOMAS gezeichneten Gesamtbild wird sich vermutlich aber, auch wenn es diese und jene Korrektur erfährt, nicht sehr viel ändern. Der erhaltene Bestand an echten Stücken dürfte durch sein Verfahren des mehrfach gestuften Urteils ('fraglich' – 'sehr zweifelhaft' – 'unecht') mit der überhaupt erreichbaren Sicherheit eingegrenzt sein.

Die wichtigsten Sammlungen (Siglen nach KLD) sind: →'Heidelberger Liederhs. C' (Marienleich; 28 echte Spruchstrophen in 4 Tönen); → 'Jenaer Liederhs.' J (80 echte Spruchstrophen in 4 Tönen); → 'Weimarer Liederhs.' F (die 3 Leichs, 'Minne und Welt', 242 echte Spruchstrophen in 9 Tönen, 7 Minnelieder mit 34 Str.); → 'Kolmarer Liederhs.' t (Marienleich, Kreuzleich, 32 echte Strophen). – Bei THOMAS eine Gesamtübersicht über die bis 1939 bekannt gewordene Überlieferung. Zu ergänzen: K. BERTAU/R. STEPHAN, ZfdA 86 (1955/56) 302–320 (3 Fragm.e des Marienleichs); K. BERTAU, ZfdA 93 (1964) 215–226; H. LOMNITZER, ZfdPh 90 (1971) Sonderheft S. 210f. (18 Strr. im Kurzen Ton im Liederbuch des Liebhard →Eghenvelder); N. EICKERMANN, Heinrich v. Meißen, 10 Sprüche, in: Westf. Quellen im Bild, 5. Beilage zu: Archivpflege in Westf. u. Lippe 4 (1973) (Frgm. einer Hs. v. Ende des 13. oder Anf. des 14. Jh.s, 10 Strr. im Langen Ton); P. OCHSENBEIN, Amsterdamer Beitr. z. ält. Germanistik 12 (1978) 154 (1 Str. im Langen Ton). – Vorau, Stiftsbibl., Ms 401 (5 Strr. im Kurzen Ton, Lied I; nicht veröffentlicht; mir nachgewiesen durch R. SCHRÖDER). Ein noch unpubliziertes Frgm. mit 3 echten Strr. im Flugton, 6 Strr. im Zarten Ton im Hess. Staatsarch. Marburg (147 Nr. 1, 2; mir nachgewiesen durch H.G. RICHERT, Veröffentlichung durch M. LAST in Vorbereitung), ein Frgm. des Marienleichs in Melk (mir nachgewiesen durch H.G. RICHERT).

Melodieüberlieferung zu den Spruchtönen in J, t, u, W, ferner in der Hs. Vorau 401 (kurzer Ton, Lied I) und im Marburger Frgm. (Flugton). Eine Übersicht über die Melodieüberlieferung zu den Leichs bei BERTAU (1966, S. 16ff.); zu ergänzen: Melker Frgm. (Marienleich).

2. Ausgaben. a. Gesamtausgaben: HMS II 337–352, III 355–405 u. 449–465; Heinrichs v. Meissen des Frauenlobes Leiche, Sprüche, Streitged. u. Lieder, hg. v. L. ETTMÜLLER (Bibl. d. ges. dt. Nat.-Lit. 16), 1843 (Neudr. 1966); K. STACKMANN (in Vorber.). b. Ausgaben einzelner Werke: Marienleich, hg. v. L. PFANNMÜLLER (QF 120), 1913; W. F. KIRSCH, F.s Kreuzleich, Diss. Bonn 1930; H. DE BOOR, F.s Streitgespräch zw. Minne u. Welt, PBB (Tüb.) 85 (1963) 383–409 (auch in: Texte I 497–505). c. Auswahlausgaben: BARTSCH/GOLTHER, Liederdichter, S. 309–321; B. NAGEL, F., 1951; DE BOOR, Texte, Reg.; Gedichte 1300–1500, hg. v. E. u. H. KIEPE (Epochen d. dt. Lyrik 2), 1972, S. 19–38.

3. Spruchdichtung. F. wendet sich vorzugsweise an ein höfisches Publikum. Der Herrenspruch begegnet in mannigfacher Ausprägung; er tritt für die alte ritterliche Lebensart ein, die ethische Unterweisung ist an Begriffen wie *êre, mâze, zuht* orientiert. Unter den politischen Sprüchen finden sich polemische Äußerungen über die geistlichen Kurfürsten (411), die Franziskaner (255), die Geistlichkeit im allgemeinen, kuriale Machtgelüste, aber auch eine Parteinahme für König Ludwig den Bayern (335–343). Die geistlichen Sprüche behandeln Themen wie die Jungfrauengeburt, die Trinität, das Verhältnis Gottes zur Natur.

4. Marienleich. F. spricht zunächst in der Rolle des Johannes auf Patmos, dem die apokalyptischen Visionen zuteil werden. Dann läßt er das Wort an die Gepriesene selbst, an die Gottesmutter, übergehen (8,25). Sie erscheint manchmal als die Sponsa des Hohenliedes (Überschrift in E,

auch in t: *cantica canticorum*). Die Beziehungen Gottes zur Jungfrau konkretisieren sich schließlich in einem mythischen Bilde: *Der smit von oberlande / warf sînen hamer in mîne schôz* (11, 1–3). An andern Stellen rückt Maria in die Nähe eines weltschöpferischen und weltgestaltenden Prinzips. Sie verschmilzt mit der Sapientia Gottes, sie hat teil an der *gotheit*, ja, sie identifiziert sich mit *got* (s. KRAYER, 1960; KOLB, PBB [Tüb.] 83 [1961/62] 383–397).

5. Kreuzleich. Den Rahmen bilden eine hymnische Anrufung Christi (1) und ein an das Kreuz gerichtetes Gebet (22). Er umschließt einen Anfangsteil, der von dem Sohn als einer der drei göttlichen Personen und von der Trinität handelt (2–6,5); einen Mittelteil mit einer Reihung von Rettungstaten des Sohnes vor der Inkarnation (6,6–9), mit der Inkarnation selbst und einem allegorischen Überblick über das Erlösungswerk (10–14); einen Schlußteil mit einem weitausgreifenden Lob des hl. Kreuzes (15–21).

6. Minneleich. Das Thema kommt am besten in der expositio-Ableitung des Wortes *wîp* zum Ausdruck, die F. darin gibt: *wünne, irdisch, paradis* (23, 2–4). Die Ausführung ist ungewöhnlich. Der Anfangsteil wirft eine Reihe von Fragen auf, die bis heute nicht beantwortet sind. Soviel scheint aber klar: Die Frau ist in Analogie zur Allegorie der *Natura* im *Planctus Naturae* des → Alanus ab Insulis gesehen. Sie figuriert in diesem Teil (4–13) ganz abstrakt als lebenschaffendes und formgebendes Prinzip. Dann tritt die Frau als Spenderin höchster Freude (22 f.), als Sänftigerin und Trösterin (24–26) und als Anleiterin zu *êre* und *minne* (27) in den Vordergrund. Schließlich heißt es ausdrücklich, man solle sie auch nach *der alten norme* ehren (30, 2–5). d. h. F. selbst stellt seiner philosophisch-spekulativen Art des Frauenpreises die alte des Minnedienstes gegenüber. Das Lob gipfelt und endet in der Hinwendung an die *guote, durch die man alle frouwen êret* (39).

7. *wîp unde vrouwe*. Unter diesem Titel druckt ETTMÜLLER ein Streitgedicht im Langen Ton (150–172). So, wie er die 23 Strr. aus den Hss. zusammengestellt hat, entsteht der Eindruck, es handle sich um eine fortlaufende Auseinandersetzung zwischen F. auf der einen sowie → Regenbogen und → Rumelant auf der andern Seite. WACHINGER hat jedoch nachgewiesen, daß ETTMÜLLERs Konstruktion in die Irre führt. Er löst 12 Strophen heraus, die wirklich mit dem Thema *wîp / vrouwe* zu tun haben. – F. erklärt, nicht *wîp* (so →Walther 48, 38), sondern *vrouwe* sei der wahre Ehrentitel (150f.). Dagegen wenden sich vier Strr. anderer Dichter (152; 158; 153; 163). Zwei weitere Strr. enthalten zwei unabhängig voneinander entstandene Antworten F.s auf die Gegenstr. 153 (WACHINGER, S. 220). In den letzten vier Strr. (159–162) entwickelt F. seinen Grundgedanken weiter.

Fünf weitere Strophen (164; 166–168; 172) gruppieren sich um einen Spruch (165), in dem F. die eigene *kunst* in maßlosem Selbstbewußtsein gegenüber derjenigen der alten Dichter →Reinmar, →Wolfram, →Walther rühmt. – Die restlichen fünf Strr. (155/56 und 169–171) gehören nach WACHINGER (S. 270–275 u. S. 281 f.) in andere Zusammenhänge.

8. Minne und Welt (424–444). Der Text, nur in F überliefert, scheint vielfach entstellt zu sein. Thema ist ein Rangstreit zwischen *Minne* und *Werlt*. Diese sind einerseits als oberste Prinzipien verstanden: *Werlt* stellt sich in diesem Zusammenhang als Kosmos, als Inbegriff alles Geschaffenen vor, *Minne* als schöpferische Macht, als *bote der êrsten sache* (428, 3f.), ja als die zwischen Gottvater und Gottsohn waltende Kraft (436, 5). Andererseits ist *Minne* aber auch das Prinzip der Anziehung zwischen den Geschlechtern und der Fruchtbarkeit (436, 6f.); die *Werlt* ist zugleich auch das Wesen mit lockendem Antlitz und mit wurmzerfressenem Rücken (440), ihr Lohn sind Schmerz und Tod (442). Die *Minne* dagegen, hier ganz Personifikation der Hohen Minne, rühmt sich, sie sei eins mit *mâze* und *bescheidenheit* (433,1–3) und führe ihre Jünger zu *êre* und *tugent* (438; 440).

9. Minnelieder. F. hält sich mit seiner

Lieddichtung in den Grenzen der klassischen Sehnsuchtsminne. Hauptthema ist das Leid des Minners, der nichts besitzt als das Bild der Geliebten, wie es ihm die Augen ins Herz gesenkt haben.

10. Stil. F. ist einer der bedeutendsten Vertreter des geblümten Stils. Er ist unerschöpflich in der Erfindung immer neuer *redebluomen*, bedient sich aller Möglichkeiten, die ihm die Sprache bietet, um den gemeinten Sinn zu verrätseln. Ungewöhnliche Satzkonstruktionen, ausgefallene Reimklänge, seltene Wörter, namentlich aber die Tropen schaffen den dunklen Stil F.s, der im dt. MA nicht seinesgleichen hat. – F. verwendet nicht ungern sprachliches Material aus der älteren Dichtung; er tut es nie, ohne es so zu verändern, daß es zugleich wie sein ganz persönliches Eigentum erscheint.

11. Wirkungsgeschichte. F. hat zu seinen Lebzeiten großes Ansehen genossen, dafür zeugt schon das Grab im Kreuzgang des Mainzer Doms. Er ist aber auch auf Kritik gestoßen (BERTAU, 1966, S. 189–192; WACHINGER, S. 204–214). Sein Streit mit Regenbogen (s.o. III. 7.) wurde von Späteren fortgesetzt, die an Motive des alten Sängerkriegs anknüpfen, z.T. auch in der Maske der alten Gegner auftreten (WACHINGER, S. 280–298). Ein Beispiel bietet der → 'Krieg von Würzburg' (BARTSCH, S. 351–362, WACHINGER, S. 287f.). Die Kämpfer treten wie bei einem Turnier gegeneinander an. F. verteidigt die Ehre der Frau, Regenbogen dagegen verficht den Vorrang des Mannes. In der Schlußstrophe schlichtet Regenbogen den Streit: man soll *sie êren beide* (v. 294).

Über den Einfluß des F.schen Vorbildes auf Themenwahl und Stilgebung anderer Dichter sind wir nur unzulänglich unterrichtet. Sein Einfluß auf Autoren wie → Peter von Reichenbach, → Heinrich von Mügeln, den → Harder, → Tilo von Kulm, → Johann von Tepl ist gelegentlich angemerkt worden. Eine zusammenfassende Untersuchung fehlt.

Für die Wirkung des Marienleichs zeugen etwa die ganz von F. abhängigen vier Strophen, die nach der Eintragung in einer tirolischen Hs. am Pankratiustag (12.V.) des Jahres 1322 von einem → *Albertus socius inttimus* vorgetragen wurden, dafür zeugt aber vor allem der in t überlieferte 'Taugenhort'. BERTAU nennt ihn eine 'reguläre Paraphrase' des Marienleichs (1966, S. 206). Wie F. setzt der Anonymus mit einer Vision ein, wie F. läßt er später dann das Wort an die Gepriesene selbst übergehen, nur meidet er die esoterische Dunkelheit des Meisters. Sichtlich um Verständlichkeit bemüht, transponiert er F.s Gedanken in eine jedermann zugängliche Sprache.

Die Wirkung F.s auf das 14. und 15.Jh., insbesondere auf den frühen Meistergesang, wird nirgends deutlicher als in der großen Sammlung von Gedichten in seinen Tönen, die uns die 'Kolmarer Liederhs.' bietet. Neben den bereits erwähnten 32 echten Strr. in 7 Tönen enthält sie über 1000 weitere Strr. in diesen 7 und 15 anderen Tönen. (Einer davon – die Briefweise mit fast 300 Strr. – wird F. und Regenbogen gemeinsam zugeschrieben). In ihrer Masse gehören die Strr. zur geistlichen oder zur lehrhaften Dichtung. Mehr als die Hälfte kann man der geistlichen Dichtung zurechnen (vor allem Marien- und Trinitätsgedichte), ein rundes Viertel der Lehr- und Mahndichtung. Die Fürsten- und Herrenlehre spielt nur noch eine geringe Rolle, es dominiert die religiöse und die Sittenlehre, daneben kommt die einfache Belehrung über menschliche Verhältnisse vor; das Memento mori, zwischen geistlicher und Lehrdichtung stehend, ist stark vertreten. – Meist ist der Rahmen des dreistrophigen Bars eingehalten, jedoch gibt es auch erzählende Stücke von größerem Umfang, so eine Judaslegende (BARTSCH, Nr. 129); eine Geschichte der Geburt Jesu bis zur Flucht nach Ägypten (BARTSCH, Nr. 145); ein Marienmirakel (BARTSCH, Nr. 234; vgl. A. WESSELSKI, Mönchslatein, 1909, Nr. 113, u. TUBACH, Ind. ex., Nr. 5133) oder die Geschichte von einer listig bestandenen Keuschheitsprobe (BARTSCH, Nr. 256; vgl. BOLTE zu Pauli, Schimpf u. Ernst, Nr. 206; AARNE/THOMPSON, Märchentypen, Nr. 1418; MOT. H251.1).

Die Meistersänger rechnen F. zu den zwölf alten Meistern, sie berufen sich wohl auch auf ihn als den Urheber ihrer Kunst und legen ihm zuweilen auch den Titel eines Doktors der Theologie zu (HMS IV 882–894; vgl. ELLENBECK; ILLERT, S. 20 f.:). Sein Ruhm überstrahlt bei ihnen den aller andern älteren Dichter. In seinen Tönen oder Tönen, für deren Autor er galt, ist bis ans Ende der Schulen gedichtet worden: Die Nürnberger Meistersinger-Protokolle für die Zeit von 1575 bis 1689 (hg. v. K. DRESCHER, 1897) haben jahraus, jahrein entsprechende Eintragungen.

Die Wirkung F.s blieb nicht auf den engeren Kreis der Spruchdichter und ihrer Nachfahren, der Meistersänger, beschränkt. Die → 'Wiener Leichhs.' bietet das Fragment einer Übersetzung des Marienleichs ins Lateinische (PFANNMÜLLER, QF 120, S. 32; BERTAU, 1966, S. 17). Auch in Kreisen, die sich des Lateinischen bedienten, war man also auf ihn aufmerksam. Ein weiteres Zeugnis dafür ist ein Brief Johanns von Neumarkt, in welchem er dem Prager Erzbischof ein (in dt. Sprache nicht erhaltenes) Gedicht F.s über die Gerechtigkeit in lat. Paraphrase mitteilt. Er führt den Dichter mit den Worten ein: *Vulgaris eloquencie princeps*. Vielleicht zeigt sich darin schon die Wirkung einer F.-Legende; daran ist zu denken, weil hier der falsche Vorname auftaucht: *magister Johannes dictus Frawenlop*.

12. Forschungsgeschichte. Die systematische Beschäftigung mit dem Dichter ist von dem Mainzer G. C. BRAUN angeregt worden. Er gewann ETTMÜLLER für die kritische Ausgabe und lieferte selbst einen ausführlichen Lebensabriß. Die Schwierigkeit der Texte schreckte lange von näherer Beschäftigung mit F. ab. Bis zu PFANNMÜLLERS Ausgabe (1913) des Marienleichs ist nach ETTMÜLLER keine bedeutendere Arbeit zu F. erschienen. Eine wirkliche Wende in der Einstellung zu F. und in der Einschätzung seiner Dichtung brachten erst die 'Untersuchungen' von H. THOMAS aus dem Jahre 1939. Die Zahl der Arbeiten zu F. ist auch nach ihm klein geblieben; sie sind aber um ein wirkliches Verständnis bemüht. Bei weitem die größten Verdienste um eine Revision des F.-Bildes haben sich BERTAU und WACHINGER erworben.

Literatur. Die Titel sind chronologisch geordnet. Spätere Veröffentlichungen eines Autors werden unmittelbar anschließend an die erste Nennung aufgeführt.

a. Allgemeines. C. SPANGENBERG, Von d. Musica u. d. Meistersängern 1598, hg. v. A. v. KELLER (StLV 62), 1861, S. 131 f.; J. CH. WAGENSEIL, Von d. Meister-Singer Holdseligen Kunst, in: De sacri Rom. Imperii libera civitate Noribergensi Commentatio, Altdorf 1697 (Faks. hg. v. H. BRUNNER [Litterae 38], 1975), S. 496–518; B. J. DOCEN, Misc. II, München 1807, S. 268–286; G. C. BRAUN, Heinrich F.s Leben, Quartalbll. d. Ver.s f. Lit. u. Kunst zu Mainz 3 (1832) H. 4, S. 8–33; ETTMÜLLER (s. Ausg.n); K. MÜLLENHOFF, Mennor u. Wippeon, ZfdA 16 (1873) 143–146; PFANNMÜLLER (s. Ausg.n); ders., F.s Begräbnis, PBB 38 (1913) 548–559; F. ILLERT, Beitr. z. Chronologie d. hist. Sprüche F.s, Diss. (masch.) Halle 1923; KIRSCH (s. Ausg.n); O. SÄCHTIG, Über d. Bilder u. Vergleiche in d. Sprüchen u. Liedern Heinrichs v. Meißen, Diss. Marburg 1930; J. KLAPPER, F.frgm.e, in: Fs. Th. Siebs (German. Abhh. 67), 1933, S. 69–88; H. KRETSCHMANN, Der Stil F.s, Jena 1933; J. SIEBERT, Die Astronomie in d. Ged. d. Kanzlers u. F.s, ZfdA 75 (1938) 1–23; ders., Meistergesänge astronomischen Inhalts I, ZfdA 83 (1951/52) 181–235; H. THOMAS, Unters. z. Überl. d. Spruchdicht. F.s (Palästra 217), 1939; K. BERTAU, Unters. z. geistl. Dicht. F.s, Diss. (masch.) Göttingen 1954; ders., Über Themenanordnung u. Bildung inhaltl. Zusammenhänge in d. rel. Leichdichtungen d. 13. Jh.s, ZfdPh 76 (1957) 129–149; ders., Sangverslyrik (Palästra 240), 1966; ders., Genialität u. Resignation im Werk Heinrich F.s, DVjs 40 (1966) 316–327; H. HUSMANN, 'F.', in: MGG 4, 1955, Sp. 850–853; B. PETER, Die theol.-philos. Gedankenwelt des Heinrich F. (Quellen u. Abhh. z. mittelrhein. Kirchengesch. 2), 1957; R. KRAYER, Der Smit von Oberlande, AION 2 (1959) 51–81; ders., F. u. d. Natur-Allegorese, 1960; H. THOMA, John of Neumarkt and Heinrich F., in: Fs. F. Norman, London 1965, S. 247–254; J. SCHAEFER, Walther v. d. Vogelweide u. F. (Hermaea NF 18), 1966; B. VÖLKER, Die Gestalt d. *vrouwe* u. d. Auffassung d. *minne* in d. Dicht.n F.s, Diss. Tübingen 1966; I. GLIER, Der Minneleich im späten 13. Jh., in: Werk-Typ-Situation, Fs. Hugo Kuhn, 1969, S. 161–183; K. NYHOLM, Stud. z. sog. geblümten Stil (Acta. Ac. Aboensis, Ser. A, 39, 4), Åbo 1971; G. M. SCHÄFER, Unters. z. dt.sprachigen Marienlyrik d. 12. u. 13. Jh.s (GAG 48), 1971, S. 81–142; E. SCHUMANN, Stilwandel u. Gestaltveränderung im Meistersang (Göttinger Musikwiss. Arb. 3), 1972; K. STACKMANN, Bild

u. Bedeutung bei F., Frühmal. Stud. 6 (1972) 441–460; ders., *Redebluomen,* in: Verbum et signum, Fs. F. Ohly, Bd. 2, 1975, S. 329–346; ders., Probleme d. F.-Überl., PBB (Tüb.) 98 (1976) 203–230; B. WACHINGER, Sängerkrieg (MTU 42), 1973; U. MÜLLER, Unters., Reg.; H. BRUNNER, Die alten Meister (MTU 54), 1975; CH. HUBER, *Wort sint der dinge zeichen* (MTU 64), 1978; E. KIEPE-WILLMS, *Sus leret Herman Damen,* ZfdA 107 (1978) 33–49; K. BERTAU, Zum *wip-vrowe*-Streit, GRM 59 NF 28 (1978) 225–231; K. STACKMANN, F., Ettmüller u. d. mhd. Wörterbuch, in: Fs. K. Ruh, 1979.

b. Zu einzelnen Abschnitten. Zu I. 1. (Problematik der Benennung *meister*). J. SCHWIETERING, Die Demutsformel mhd. Dichter, Abhh. d. kgl. Ges. d. Wiss. zu Göttingen, phil.-hist. Kl., NF 17, 3, 1921; B. BOESCH, Die Kunstanschauung in d. mhd. Dicht., 1936, S. 173–205; WACHINGER, S. 303–319. – Zu I.3. Chronica Mathiae de Nuwenburg, hg. v. A. HOFMEISTER (MGH SS Nova series 4), 1924/40; A. WERMINGHOFF, Der F.stein im Kreuzgang d. Mainzer Domes, Mainzer Zs. 14 (1919) 39–43; E. NEEB, Heinrich F.s Grab, ebd., S. 43–46; F. V. ARENS, Die Inschriften d. Stadt Mainz, 1958, S. 35 f. – ARENS vertritt die Auffassung, seit dem 14. Jh. habe der Kreuzgang wie in Merseburg auch zur Bestattung von Laien gedient (S. XXXVI Anm. 1; nach PH. HOFMEISTER, Arch. f. kath. Kirchenrecht 111 [1931] 450–487). – ILLERT verweist auf die polemische Äußerung Johanns von Essen über die besonderen Umstände von F.s Beisetzung (S. 106 f.). – Zu III. 11. BARTSCH, Meisterlieder; H. ELLENBECK, Die Sage v. Ursprung d. Dt. Meistergesangs, Diss. Bonn 1911; F. ROSTOCK, Mhd. Dichterheldensage (Hermaea 15), 1925; B. NAGEL, Meistersang, ²1970.

c. Weitere Literatur s. EHRISMANN, LG II 2, Schlußbd., S. 301 f.; A. TAYLOR/ F. H. ELLIS, A Bibliography of Meistergesang (Indiana Univ. Stud. XXIII/113), Bloomington/Ind. 1936, S. 36 f.; G.F. JONES, Spätes MA (Hdb. d. dt. Litgesch., Bibliographien 3), 1971, S. 92 f.

(1979)   KARL STACKMANN

2/935 **Friedrich von Hausen**

Inhalt. I. Hist. Zeugnisse. – II. Überlieferung. Ausgaben. – III. Werk. A. 1. Lit.-hist. Einordnung. 2. Themenkreise. 3. Weltbild u. Minnekonzeption. 4. Darstellung. – B. 1. Reim. 2. Vers. 3. Strophenbau. 4. Syntax. 5. Vers u. Syntax. 6. Liedeinheit. 7. Strophenreihung. Chronologie. – C. 1. Interpretationsprobleme. 2. Originalität. – IV. Text u. Melodie. Kontrafakturen. – Literatur.

I. Historische Zeugnisse.

1. Mhd. Dichtung: F.v.H. wird in der Lyrik des 13. Jh.s erwähnt: in einer → Reinmar von Brennenberg zugeschriebenen Str., einer Totenklage auf Lyriker vom Ende des 12. Jh.s und Anfang des 13. Jh.s (KLD 44, IV 13) und, als Leichdichter, im 3. Leich Des von → Gliers (SM XX 3), ferner in der 'Crône' → Heinrichs von dem Türlin (um 1220), v. 2443 zusammen mit anderen Lyrikern des 12. Jh.s. 2/936

2. Urkunden und Chroniken: Ein zwischen 1171 und 1190 bezeugter *Fridericus de Husen* (*Husa*) wird in der Forschung einhellig mit dem Dichter gleichgesetzt. Dieser ist der Sohn eines *homo liber Waltherus de Husen,* der zwischen 1140 und 1173 über zwanzigmal urkundet. Die Zeugnisse weisen ins rheinpfälzische und rheinhessische Gebiet. Er besaß Güter in Dolgesheim und Dienheim (b. Oppenheim), Genzingen (b. Bingen), die Vogteien über Groß-Rohrheim (b. Bensheim) und Ibersheim (b. Worms). Er machte Schenkungen an die Klöster Schönau b. Heidelberg und Rupertsberg b. Bingen und wird als Zeuge genannt bei Rechtsgeschäften der Erzbischöfe von Mainz und Trier, des Bischofs von Worms, des Abtes von Lorsch (zusammen mit einem Bligger von Steinach *et filius eius,* letzterer wohl der bekannte Minnesänger → Bligger v. St.). Er findet sich weiter in der Umgebung Kaiser Friedrichs I. bei dessen Aufenthalten in Frankfurt 1163, in Worms 1165, in Speyer 1173. Sein Tod wird von Spervogel/→ Herger (MF 25, 21) beklagt. – Der Sohn, Friedrich von Hausen, tritt zunächst mit dem Vater gemeinsam auf in Urkunden des Erzbischofs Christian von Mainz (1171) und des Bischofs Konrad von Worms (1173). In zwei Urkunden des Erzbischofs von Mainz, die 1175 vor Pavia ausgefertigt sind, erscheint dann F.v.H. allein, aber noch als Sohn des Walther apostrophiert. Nach einer Lücke von 11 Jahren begegnet er, nun ohne Vaterbezug, in italienischen Urkunden Heinrichs VI., des Sohnes Kaiser Friedrichs I. (Borgo San Donnino, 30. 4. 1186; Bologna, 6.10.1186; Foligno, 28.1.1187). Danach wird F.v.H. als Lebender noch dreimal im 'Chronicon Hanoniense' des Geschichts-

schreibers Gislebert von Mons (ca. 1150–1225) erwähnt: a) im Gefolge Friedrichs I. bei dem Treffen mit dem französischen König Philipp August am 29.11.1187 bei Mouzon a. d. Maas: unter den *homines domini imperatoris iudicatores*, die auf dem Rückweg eine Rechtsfrage entschieden, ist u. a. (z. B. dem Grafen von Looz, wohl einem Sohn der Gönnerin →Heinrichs von Veldeke) auch *Fridericus de Husa* aufgeführt; b) weiter gehörte der *probissimus miles* F. v. H. im Nov. 1188 zu einer Gesandtschaft des Grafen von Hennegau. c) F. v. H. war im Dezember auch bei der Belehnung dieses Grafen mit der Markgrafschaft Namur durch Heinrich VI. in Worms zugegen. Die letzten Zeugnisse berichten, daß er auf dem 3. Kreuzzug am 6.5.1190, wenige Wochen vor dem Tode Friedrichs I. Barbarossa, bei Philomelium (heute Akschehir, Anatolien) gefallen sei. Nicht weniger als fünf mal. Chroniken beklagen den Tod dieses *vir probus et nobilis* und *miles strenuus et famosus* (vgl. dazu und zu den sonstigen Zeugnissen GRIMME, S. 225–229). Sein mutmaßlich rheinpfälzisches Lehen *Wortwyns* ist (nach der Übersetzung eines lat. Lehensbuches im 15. Jh.) vom Pfalzgrafen nach seinem Tod auf Werner von Brunshorn übertragen worden.

Nach den erhaltenen Zeugnissen war F. v. H. in seinem letzten Lebensjahrzehnt ein hochangesehener Ministeriale des Stauferhofes, der nach dem 'Chronicon Hanoniense' zu den *familiares et secretarii* des Kaisers zählte. Seine Dienstverhältnisse führten ihn mindestens zweimal nach Italien (1175 und 1186/87).

3. Trotz der zahlreichen urkundlichen Belege blieb der Stammsitz F.s v. H. mangels direkter Zeugnisse bis in die jüngste Zeit umstritten. Einigkeit herrschte nur darüber, daß er im Umkreis der in den Urkunden des Vaters genannten Orte zu suchen sei, also etwa im Gebiet zwischen Bingen und Mannheim. Erwogen wurden Ober- und Niederhausen b. Kreuznach (R. KIENAST, Die deutschsprachige Lyrik d. MAs, in: DPhiA II 69 und DE BOOR, LG II 256), Neuhausen b. Worms und Einhausen b. Lorsch (E. HENRICI, Die Heimat d. Dichters F. v. H., Der dt. Herold 11 [1880] 6, neuerdings MAY). Das von HAUPT (MF[H] zu MF 25, 21) benannte und von HENRICI verworfene Rheinhausen b. Mannheim kann jetzt durch die Auswertung einer Erlanger Hs. des → 'Summarium Heinrici' als bestätigt gelten: Eine im Zisterzienserkloster Heilsbronn 1294 verfertigte Abschrift einer um 1200 von einem *notarius Eigilo* im Zisterzienserkloster Schönau b. Heidelberg geschriebenen Hs. dieses ins 10./11. Jh. zurückgehenden Sachglossars, das um 1200 mit erläuternden Zusätzen versehen worden war, bringt zum Neckar den Vermerk: *apud hvsen castrum quondam Waltheri rhenum influit*.

In diesem Eintrag sieht WAGNER ein ausdrückliches Gedenken an den Gönner und Donator des Klosters, an den Vater F.s v. H. Nördlich vom damaligen Dorf Mannheim ist am Zusammenfluß von Rhein und Neckar auch sonst eine abgegangene Burg (Rheinhausen) bezeugt, die diesem Eintrag zufolge der namengebende Stammsitz F.s v. H. gewesen sein dürfte.

II. Überlieferung. 1. Hss.: a) →'Weingartner Liederhs.' (Sigle B, Stuttgart, LB, cod. HB XIII 1), Nr. 3, S. 10–18, 36 Strr.; zwischen der Sammlung des Grafen → Rudolf von Fenis und des Burggrafen von → Riedenburg; weitere 12 Strr. (B 12–23) erweisen sich als fehlerhafter Einschub im Umfang eines Blattes; diese Strr. gehören →Reinmar dem Alten und dem Markgrafen von → Hohenburg. – b) Große →'Heidelberger Liederhs. C' (Sigle C, Heidelberg, cpg 848) in der 11. Lage als Nr. 38 (recte 41), 117^r–119^r, 53 Strr.; zwischen dem Burggrafen von → Lienz und dem Burggrafen von Riedenburg. – c) → 'Weimarer Liederhs.', 15. Jh. (Sigle F, Weimar, Zentralbibl. d. Dt. Klassik, cod. Q 564): 5 Strr. (MF 54,1–55,5), anonym, zwischen gleichfalls unbenannten Strr. →Walthers von der Vogelweide und Rudolfs von Fenis. – d) Berner Hs., 14. Jh. (Sigle p, Bern, StB, Hs. 260): 1 Str. (MF 54,1), anonym.

2. Die Miniaturen zeigen in B (S. 9) und C (116^v) dasselbe Bildmotiv: ein Ritter (Kreuzfahrer) auf einem Schiff; in beiden Hss. fehlt das sonst meist übliche Wappen; die Verfasserangaben entsprechen sich in beiden Hss.: *Her Friderich von Husen*. In C gehören Texteintrag und Miniatur zum Grundstock der Hs.

Ausgaben. MF 42,1–55,5 (zit.); MF Neuausg. v. H. MOSER/H. TERVOOREN, 1977, S. 73–96; Mo-

WATT, S. 106–140; G. SCHWEIKLE, Die mhd. Minnelyrik I: Die frühe Minnelyrik, 1977 (mit nhd. Übers.).

III. Werk.

A. 1. F.v.H. gilt in der Literaturgeschichtsschreibung als Haupt des rheinischen Minnesangs, der sich im Umkreis des staufischen Hofes entwickelte; zu diesem auch als Hausenschule (DE BOOR, LG) bezeichneten Kreis werden neben Kaiser → Heinrich (VI.) → Bernger von Horheim, → Bligger von Steinach, → Ulrich von Gutenburg und Graf → Otto von Botenlauben gezählt.

F.v.H. führte in seinen Liedern zum erstenmal in der Geschichte der mhd. Lyrik das Ritual der hohen Minne, der ebenso ergebenen wie vergeblichen Dienstverpflichtung, konsequent durch, allerdings noch ohne die dann für Reinmar typische läuternde Komponente ausdrücklich zu thematisieren (wie schon in Andeutungen Riedenburg, MF 19,17). Er bildet nicht nur Themen und Formen aus der heimischen Lyrik fort, er nimmt auch bedeutsame formale (Durchreimung, Daktylen), thematische und motivliche Anregungen aus der provenzalischen und altfrz. Minnelyrik auf und schuf aus der Vereinigung beider Traditionen ein durchaus eigenständiges Werk, das die Entwicklung des mhd. Minnesangs entscheidend mitprägte. Neben Heinrich von Veldeke und Rudolf von Fenis war er der wohl wirkungsvollste Vermittler romanischer Liedkunst. Seine Dienste für das staufische Herrscherhaus mögen für solche Beziehungen wichtige Voraussetzungen geschaffen haben.

2. F.s v. H. Lyrik ist Minnesang. Nach dem darin gestalteten Verhältnis zur *frouwe* läßt sie sich gliedern in a) Werbelieder in der Heimat, b) Werbelieder aus der Ferne, c) Kreuzzugslieder (Frauenminne und Gottesminne).

Zu a) Das stilgeschichtlich älteste Lied der 1. Gruppe ist der (einzige) Wechsel (48,32), in welchem Sänger und *frouwe* noch in einem gegen die Gesellschaft gerichteten Einverständnis dargestellt sind. In anderen Liedern wird, und dies ist bereits typisch für F.v.H., die Gesellschaft der *merkære* (43,34; 50,32), der Aufpasser, entpersonalisiert zur abstrakten Instanz der *huote* (das Wort begegnet vor F. v. H. nur bei → Dietmar 32,3). Noch kennzeichnender ist die dialektische Umkehrung des Motivs, wenn an die Stelle der Verwünschung der Preis der *huote* tritt, weil sie ungeachtet der Behinderung des Sängers auch die Rivalen ausschalte (50,19). In 43,28 wird die *huote* gar zum bloßen Beweismittel für die Ergebnislosigkeit des Werbens.

Entscheidender jedoch als die scholastische Dialektik bei der Verwendung dieses Motivs ist die Gestaltung des Frauenbildes. Nicht äußere Hindernisse stehen der Erfüllung im Wege, sondern die *frouwe* selbst (43,28) und das Streben nach zu hoher Minne (49,34, auch 52,7). Trotz dem damit verbundenen Leid wird aber die Minne als Gnade Gottes erfahren (50,19; 51,13), der als Schöpfer der *schœne* und *güete* der *frouwe* (49,37; 44,22) geradezu für deren Wirkung verantwortlich gemacht wird (46,18). Die Minneklage ist so meist kontrapunktisch mit Frauenpreis verknüpft.

Das geduldige Ertragen des Minneleides wird nur einmal, unerwartet, von einer leidenschaftlichen Anklage durchbrochen, die sich indes bezeichnenderweise nicht gegen die *frouwe*, sondern gegen die personifizierte Macht der Minne richtet (53,22). F.s v. H. introvertierter Gedanklichkeit entspricht eher der Rückzug in die verinnerlichende Reflexion (42,1; 51,33, vgl. auch schon → Meinloh 12,27) oder in die Traumvision (48,23).

Zu b) In den Liedern aus der Ferne erhält das Motivgeflecht der Minneklage einen biographischen Hintergrund. Die Ferne übernimmt hier die Funktion der *huote* als äußeres Hindernis: der Anblick der *frouwe* würde jetzt schon zur Linderung des Minneleids genügen (45,1; 43,1); diese Linderung kann ihm aber auch die Flucht in seine Gedankenwelt verschaffen (51,33). – In 51,13 kündigt sich der dritte Themenbereich in F.s Lyrik an, die Konkurrenz von Gottes- und Frauenminne, die ihn trotz Bejahung seines von Gott auferlegten Minneschicksals (51,16f.)

2/941 schließlich räsonieren läßt: *lit ich durch got daz si begât / an mir, der sêle wurde rât* (51,21).

Zu c) Die Minneklage 45,37 bringt dann nach einem erneuten Minnebekenntnis den in den drei letzten Strr. variierten Entschluß: *nu wil ich dienen dem der lônen kan* (46,38). Das in der 2. Str. von 51,13 angeschlagene Thema der Trennung von *lîp* und *herze* bildet das Zentrum in F.s bekanntestem Kreuzzugslied (47,9): Im Konflikt zwischen Minne- und Gottesdienst entscheidet sich der Sänger für die Kreuzzugsverpflichtung des *lîbes*. Hinter ihr treten seine Minnebindungen zurück, wie die Wendung ins Allgemeine in 53,31 (Kreuzzugsmahnung an die Männer) und 48,3 (ethische Ermahnung der Frauen) zeigt, bei der die *frouwe* neben *friunden* allgemein in die Fürbitte eingeschlossen wird.

F.s Kreuzzugslieder, die zu den ältesten in der dt. Lyrik gehören, sind Abschiedsklagen. Der stufenweise Übergang von den beiden ersten Themengruppen (s. 51,13 und 45,37) macht deutlich, wie sehr ihre Problematik F.s existentieller Welterfahrung entspricht.

3. F. v. H. erfährt die Welt grundsätzlich dualistisch, als in sich widersprüchlich, so wenn er sein Minneleid gleichzeitig beklagt und begrüßt (43,17; 51,13), wenn er moniert, daß eben diejenige ihm feindlich gesinnt sei, der er sein ganzes Sein widme (45,26; 52,17). Diese Widersprüche werden aber in der seiner Minneauffassung inhärenten bedingungslosen Dienstergebenheit aufgehoben (vgl. dazu die Kernbegriffe *dienest, untertan, stæte*); Minne wird trotz ihrer Zwiespältigkeit als Gnade Gottes erlebt (50,19; 51,13); die *frouwe* ist für ihn die höchste irdische Instanz, die ihre Anziehungskraft auf den Sänger von Gott erhielt (49,37; 50,19; 44,22). F.s Minnekonzeption steht somit in ihrer introvertierten Ichverhaftung immer in einem dialektischen Spannungsfeld: zur Dame, zur Gesellschaft, zu Gott. Sie läßt sich über den Wortsinn hinaus auch als Allegorie irdischer Verstrickung interpretieren, bei der sich das Ich vornehmlich in eine passiv-resignierende Rolle gedrängt sieht, oder auch, soziologisch, als Stilisierung der Abhängigkeitsverhältnisse ministerialen Dienstes.

Die Kreuzzugsidee erweitert die Dimensionen dieses Welterlebens. Gott wird aus einer transzendenten Macht, die der Sänger nur mittelbar über die *frouwe* erfährt, zu einer den Dichter unmittelbar betreffenden Erfahrung. Die Minne gerät in dieser Konfrontation geradezu in den Verdacht der sündhaften Verfehlung, aus der er sich aber herausargumentiert, indem er ihre Verführungsgewalt Gott zuschiebt (46,18). Die Antinomie zwischen Minne- und Gottesdienst wird verbildlicht in Lied 47,9: der Minnedienst wird zwar nicht revoziert, aber gradualistisch dem Gottesdienst eindeutig nachgeordnet (synchron in 47,9; diachron in 45,37; vgl. dagegen die Kreuzzugsauffassung im 13. Jh. bei →Neidhart oder → Freidank).

4. F.s v. H. Darstellung ist vorwiegend gedanklich, reflektierend; im Unterschied zu Heinrich von Veldeke oder Dietmar fehlen Naturmotive weitgehend: lediglich in 45,15 und 48,6 werden der Rhein und in 45,18 *berge* erwähnt. Der anschauungsferne Rahmen der Darstellung der oft nur pronominal genannten *frouwe* wird nur einmal durchbrochen, wenn von ihrem *rôten munt* die Rede ist (49,19), obwohl der Dichter auffallend häufig von seinen *ougen* spricht. Umso einprägsamer wirken angesichts dieser optischen Reduktion die wenigen bildhaften Motive, die zum großen Teil im späteren Minnesang wieder begegnen, so der Kuß der Dame als Auszeichnung selbst für den Kaiser (49,17), die Liebe von Kindheit an (50,11), die Lieder als Boten (51,27), das Herz als Klause (42,19), die ohne Rute züchtigende Minne (53,14), die Verwechslung der Tageszeiten als Zeichen der Sinnverwirrung (46,4), die Paraphrasen für Christus (49,2), für Unmögliches (49,8), der Vergleich mit Dido und Äneas (42,3) und schließlich der Schöpfergott (49,37; 44,22) und die Wendungen aus der Liebeskriegsterminologie (44,8; 46,9).

B. 1. Reim. Über die Hälfte der Lieder F.s v. H. sind, mutmaßlich unter romanischem Einfluß, ganz oder partiell (Anreimung des Abgesangs an den Aufgesang) durchgereimt. Reimtechnisch stehen sie noch auf der Grenze vom frühen zum hohen Minnesang, mitbedingt wohl durch die Schwierigkeiten der Durchreimung, der evtl. die gelegentlichen konsonantischen Ungenauigkeiten zuzuschreiben sind. Allerdings gibt es hier Unterschiede in der Überlieferung der Hss. B und C: in C sind die meisten der in B überlieferten Halbreime gebessert. Ob dies noch auf den Dichter selbst zurückgeht (etwa auf Grund der von BRINKMANN vermuteten Steigerung der Reimansprüche unter Heinrichs von Veldeke Einfluß) oder auf spätere Bearbeiter, läßt sich kaum entscheiden.

Der Paarreim, die häufigste Reimstellung der Frühzeit (→Kürenberg, Meinloh), ist bei F. v. H. nur noch in 45,37 durchgeführt (in einem thematisch späten Gedicht!). Er wird abgelöst vom Kreuzreim und vom umschließenden Reim; grammatische Reime begegnen in 51,13 und 52,37.

2. Der Grundvers ist auch in F.s Lyrik noch der Vierheber. Daneben finden sich aber auch Zwei-, Drei-, Fünf- und Sechsheber. Die Tendenz zur regelmäßigen Alternation wird besonders deutlich in den Versen mit Reimbesserungen in der Hs. C, in denen sich normierende Eingriffe in den Versgang beobachten lassen (49,15; 50,3). Sog. mhd. Daktylen (dreisilbige Takte) zeigen die Lieder 43,28 und 52,37. An die Langzeile der Frühzeit des Minnesangs schließt sich evtl. 42,1 an.

3. Beim Strophenbau läßt sich ein breites Spektrum an Variationen beobachten. Reimpaar- und Periodenstrophen begegnen nur noch je einmal (45,37; 42,1). Die häufigste Form ist, zum ersten Mal in der Geschichte der mhd. Lyrik, die Stollenstrophe, 51,33 bereits mit dreiteiligen Stollen. Bei Strophen mit doppeltem Kreuzreimkursus ist die stollige Struktur allerdings nicht immer sicher zu bestimmen. Neben isometrischen Strophen (nur Vierheber: 44,13; 45,1; 48,3; 49,37; evtl. auch: 50,19; 51,13, bei nicht klingender Kadenz außerdem nur Dreiheber: 51,33 – nur Fünfheber: 47,9) finden sich heterometrische Strophen, z.B. Kombinationen aus Zwei-, Vier- und Fünfhebern, z.B. 45,37. Der älteste Refrain der mhd. Lyrik steht (neben je einem Beispiel bei Dietmar und Heinrich von Veldeke) in Lied 49,37.

4. Syntax. Mit F. v. H. beginnt in der mhd. Lyrik eine neue Phase der syntaktischen Ausdrucksmöglichkeiten (BURDACH). Vor ihm herrschten Parataxe, einfache Satzverknüpfungen mit *nu, daz* oder *des* (vgl. Dietmar 32,19; 33,21); nur gelegentlich finden sich auch Konsekutivsätze (Kürenberg 9,16). Aus F.s hypothetischer, problematisierender Gedankenführung resultiert folgerichtig der Konditionalsatz (47,25; asyndetisch gereiht: 50,32ff.), die Hypotaxe, z.B. bei der Konfrontation einer Hypothese mit der Realität (45,15ff.), der Erörterung eines Dilemmas (54,19ff.) oder der Begründung einer Einschränkung (44,31ff.). Kompliziertere Perioden ergeben sich aus der Verbindung von Konditional-, Relativ- und Konsekutivsätzen (45,1ff.; 51,5ff. etc).

5. Vers und Syntax. Die Erweiterungen der syntaktischen Ausdrucksformen verändern auch das Verhältnis von Vers- und Satzgefüge: der Zeilenstil wird freier gehandhabt. Erstmals begegnet das expressive Enjambement: 43,2; 44,15; 46,10; 47,13; 48,2; 49,32.

6. Liedeinheit. Der Umfang eines Liedes schwankt zwischen einer Str. (48,23; 53,31) und fünf Strr. (45,37). Ob die Strr. eines Tones ein Lied oder zwei Lieder bilden, ist eine offene Frage bei 42,1 und 43,1 (die zusammen ein sechsstrophiges Lied ergäben), sowie bei 52,37 und 53,15.

7. Strophenreihung. Chronologie. Nur die Kreuzzugsgedichte lassen sich einigermaßen sicher datieren; sie sind den letzten Lebensjahren F.s zuzurechnen, also der Zeit um den 'Hoftag Jesu Christi' (März 1188), auf dem sich Kaiser Friedrich I. mit Gefolge zur Kreuznahme verpflichtete. Von dieser gesicherten Position aus wurde versucht, auch die anderen Gedichte F.s chronologisch oder zyklisch zu gruppieren.

Einen ersten Ansatz dazu unternahm MÜLLENHOFF (1869). Er vermutete hinter der Überlieferung drei Liederbücher: eine ältere Sammlung (B 29–48 = C 31–50) und eine jüngere (B 1–11 u. 24–27 = C 1–3, 18–30); die nur in C überlieferten Strr. (C 4–17) stellte er als zweites Büchlein zwischen diese beiden. VOGT folgte diesem Vorschlag in seiner Neuausgabe von MF (1911) mit geringen Änderungen (s. d. Apparat), ebenso v. KRAUS (1940), der lediglich 54,1 als unecht ausschied. BRINKMANN (1946) versuchte mit Hilfe reimtechnischer Beobachtungen die chronologische Folge zu präzisieren, wobei er eine Begegnung F.s v. H. mit Heinrichs von Veldeke Werk als entscheidenden Umschwung für dessen Reimansprüche ansetzte. Der von MAURER (1952) fortgeführte und durch thematische und gedankliche Parallelen ergänzte Ansatz erbringt z.T. beachtliche Abweichungen von MF; so gerät z.B. die in MF an den Anfang der Hausen-Sammlung gestellte Str. 48,23 nun an deren Ende; andererseits wird Lied 45,37 trotz thematischer Ausrichtung auf die Kreuzzugslieder wesentlich früher als in MF eingereiht.

C. 1. Das Interesse der Forschung konzentrierte sich bes. auf F.s Kreuzzugslied 47,9, das als Ganzes ebenso wie bei einzelnen Stellen kontroverse Deutungen erfuhr. Allein die Forschungsliteratur zum *sumer von triere* (47,38) ist umfangreicher als die zu den übrigen Liedern F.s, wobei das Spektrum der Interpretationsvorschläge – auch forschungsgeschichtlich aufschlußreich – von der wörtlichen über die metaphorische Deutung bis zur freischaltenden Konjektur reicht, vgl. den Überblick über die verschiedenen Vorschläge bei SCHWEIKLE, 1977, S. 493–496.

2. Angesichts der bei F. v. H. vermuteten Kontrafakturen erhält das von MAURER angeschnittene weiterreichende Problem der dichterischen Originalität eine besondere Relevanz: inwieweit nämlich Aufgabe und Leistung eines mal. Künstlers wie F.s v. H. darin bestanden habe, vornehmlich vorgegebene Themen in Wort und Melodie neu zu formen. Allerdings darf bei dieser Frage neben den registrierbaren Gemeinsamkeiten mit vermuteten provenzalisch-frz. Vorbildern das Eigenständige bes. in der gedanklichen und sprachlichen Ausprägung von F.s Lyrik nicht übersehen werden.

IV. Text und Melodie. Kontrafakturen. F.s Lieder sind ohne Melodien überliefert. Mit Hilfe vergleichbarer Strophenstrukturen und Motivparallelen glaubte die Forschung, eine Reihe von Kontrafakturen feststellen zu können, so bei 45,37 (nach Folquet de Marseille), 49,13 (nach einem anonymen Trouvère), 51,33 (nach Guiot de Provins). Neben diesen 'sicheren' (AARBURG) Kontrafakturen gelten als wahrscheinlich: 44,13 (nach Gaucelm Faidit oder Chrétien de Troyes), 45,1 (nach Blondel de Nesle), 48,32 (nach Bernart de Ventadour), 50,19 (nach Gace Brulé), 47,9 (nach Conon de Béthune; vgl. dazu auch → Albrecht von Johannsdorf 87,5).

Literatur. Zur Biographie. F. GRIMME, Gesch. d. Minnesinger, 1897; K.H. MAY, Stammsitz, Rechtsnachfolger u. Erben d. Minnesängers F. v. H. († 1190) Hess. Jb. f. Landesgesch. 2 (1952) 16–23; H.J. RIECKENBERG, Leben u. Stand d. Minnesängers F. v. H., AKG 43 (1961) 163–176; N. WAGNER, zum Wohnsitz des F. v. H., ZfdA 104 (1975) 126–130; HOLTORF, 1976 (s.u.). – Zum Werk. K. MÜLLENHOFF, Zu F. v. H., ZfdA 14 (1869) 133–143; K. BURDACH, Reinmar d. Alte u. Walther v. d. Vogelweide, ²1928; H. SPANKE, Rom. u. mlat. Formen in d. Metrik v. Minnesangs Frühling, ZfromPh 49 (1929) 190ff., Wiederabdr. in: WdF 15, 1961, S. 255–329; H. BRINKMANN, F. v. H., 1948; I. FRANK, Trouvères et Minnesänger (Schr.n d. Univ. d. Saarlandes), 1952; F. MAURER, Zu d. Liedern F.s v. H., Neuphil. Mitt. 53 (1952) 149–170, Wiederabdr. in: F. M., Dichtung u. Sprache d. MAs. Gesammelte Aufsätze (Bibliotheca Germanica 10), ²1971, S. 80–94; U. AARBURG, Melodien z. frühen dt. Minnesang, ZfdA 87 (1956/57) 24ff., überarb. Wiederabdr. in: WdF 15, 1961, S. 378–421; K.H. HALBACH, Die Weingartner Lhs. als Sammlung poetischer Texte, in: Die Weingartner Lhs., 1969, S. 29–132; A.T. HATTO, The earliest extant MHG political songs, in: Mélanges pour J. Fourquet, München 1969, S. 137–145; M.F. RICHEY, Essays on medieval German poetry, Oxford ²1969; M. VOGEL, Der *sumer von triere* bei F. v. H., Die Musikforschung 22 (1969) 149–161; H. DEUSER/K. RYBKA, Kreuzzugs- u. Minnelyrik. Interpretationen zu F. v. H. u. Hartmann v. Aue, WW 21 (1971) 402–411; U. MÜLLER, F. v. H. u. der *sumer von Triere* (MF 47,38), ZfdPh 90 (1971) Sonderh., S. 107–115; H. TERVOOREN/R. WEIDEMEIER, Reimkonjekturen bei Dietmar v. Aist

2/947 u. F. v. H., ebd., S. 46–65; D.G. Mowatt, Friderich von Hûsen. Introduction, Text, Commentary and Glossary (Anglica Germanica Series 2), Cambridge 1971; H. Bekker, F. v. H.: *Lichte ein unwiser man verwüete,* Seminar 8 (1972) 147–159; M. Ittenbach, Minnesprüche Meinlohs v. Sevelingen u. Dietmars v. Eist; Kreuzstrophe F.s. v. H., in: WdF 154, 1972, S. 227–245, Wiederabdr. aus: M. I., Der frühe dt. Minnesang, 1939, S. 89–104; H.-H.S. Räkel, Drei Lieder z. dritten Kreuzzug, DVjs 47 (1973) 508–550; H. Bekker, F. v. H.: *Ich muoz von schulden sîn unfrô,* in: Husbanding the golden grain, Fs. W. Nordmeyer, Ann Arbor 1973, S. 24–45; A. Holtorf, F. v. H. u. d. Trierer Schisma v. 1183–1189. Zu MF 47,9 ff., Rhein. Vjs. 40 (1976) 72–102; V. Mertens, Der 'heiße Sommer' 1187 von Trier. Ein weiterer Erklärungsversuch zu Hausens MF 47,38, ZfdPh 95 (1976) 346–356. – Weitere Lit. s. Tervooren, Bibliogr., Nr. 493–521/1.

(1979)   Günther Schweikle

G

'Gart der Gesundheit'

Inhalt. I. Entstehungsgeschichte. – II. Das Werk. 1. Die Abbildungen. 2. Der Text des 'Gart'. a) Der Verfasser. b) Kompilative Technik und Quellen. c) Groß- u. Kleinstruktur. 3. Beiwerk zum Text. a) Vorwort. b) Register. c) Harnschau. d) Sachweiser. – III. Die Wirkung. 1. Die Bildtradition. 2. Die Textüberlieferung. a) Drucke. b) Handschriften. c) Die Bearbeitung Tallats von Vochenburg. 3. Das typologische Vorbild. – Ausgaben. Literatur.

Der 'G. d. G.', eines der wirkungsmächtigsten Werke des dt. MAs, ist von der Fachgeschichte lange vernachlässigt und von der Germanistik bisher nur gestreift worden.

I. Entstehungsgeschichte.

1. Den 'G. d. G.' als unternehmerische Leistung umrissen zu haben, ist das Verdienst SCHUSTERS (S. 220–224), auch wenn seiner Skizze durch MÜLLER-JAHNCKE noch zahlreiche ergänzende Konturen hinzugefügt wurden:

1481–83 brachte Johannes Philippus de Lignamine in Rom einen Apuleius-Druck heraus, der als erste bebilderte Kräuterbuch-Inkunabel den geschäftstüchtigen Mainzer Drucker Peter → Schöffer zu einem ähnlichen Unternehmen veranlaßte: 1484 – vor der am 11.4. beginnenden Frankfurter Ostermesse – ließ Schöffer ein lat. bebildertes Kräuterbuch erscheinen, das trotz der drei im selben Jahr auf den Markt geworfenen Nachdrucke (Jan → Veldener) guten Absatz fand. Dieser Erfolg seines → 'Herbarius Moguntinus' ermunterte den Verleger, bereits zwölf Monate später ein zweites Kräuterbuch anzubieten:

Dieses zweite Kräuterbuch, der 'Gart', war seit längerer Zeit durch → Bernhard von Breidenbach vorbereitet worden, der – wie eine neu entdeckte Hs., der 'Kodex Berleburg' beweist (MÜLLER-JAHNCKE) – schon 1475 Interesse an deutschsprachiger Materia medica hatte und um naturgetreue Pflanzenabbildungen bemüht war. Mit den Vorarbeiten für sein Projekt des illustrierten Kräuterbuchs begann Breidenbach in den frühen 80er Jahren: Bereits vor seinem Aufbruch zur Pilgerfahrt ins Hl. Land (25. April 1483 bis 2. Febr. 1484) beauftragte er den Mainzer Arzt Johannes → Wonnecke von Kaub (Cuba), einen Kräuterbuch-Text zu kompilieren (Vorwort), und ließ gleichzeitig die Abbildungen für die beschriebenen Pflanzen herstellen, wobei er jedoch auf Schwierigkeiten stieß, da sich zwar für die einheimischen, nicht jedoch für die mediterranen Stammpflanzen geeignete Vorlagen fanden. Er stellte deshalb die Vollendung des Bildteils zurück und nahm auf seine Palästinafahrt den Utrechter Zeichner Erhard Rewich (Reeuwijk) mit, um diesen auf sämtlichen Reisestrecken Pflanzen nach der Natur zeichnen und so die Abbildungslücke schließen zu lassen.

2. Es besteht kaum Zweifel darüber, daß Rewich, der auch Breidenbachs Reisebericht mit Illustrationen schmückte, die Zeichnungen mediterraner Pflanzen aus Palästina mitbrachte. An den Abbildungen des 'Gart' selber ist er indessen nur zu einem Viertel beteiligt, und just diese rund 90 Schnitte bieten einheimische Pflanzen, keineswegs mediterrane Drogen.

SCHUSTER (S. 220f.) hat diesen Widerspruch durch kaufmännische Erwägungen zu lösen versucht, die bis heute unwidersprochen blieben. Er nimmt an, daß der Plan zum 'Gart' erst im Frühjahr 1484 entstanden sei, und sieht die Ursache für den Verzicht auf Rewichs Zeichnungen im Zeitdruck, unter dem Schöffer stand (der Drucker wollte den 'Gart' auf der Frankfurter Ostermesse 1485 anbieten).

Diese Konstruktion eines zeitlich zu engen Korsetts läßt auch dem Verfasser keinen Raum zur Entfaltung: Wonnecke habe 'kein neues Werk schaffen' können und sich 'selbst als Übersetzer beeilen' müssen, er habe einen Ur-'Gart' ins Deutsche übertragen und 'außer seinem Goldtrank der Übersetzung nichts hinzugefügt'.

3. Neufunde der letzten Jahre brachten SCHUSTERS Chronologie zu Fall: Der 'Gart' ist von langer Hand geplant worden, und Wonnecke hat den Kräuterbuch-Text nicht übersetzt, sondern kompiliert.

Der 'Kodex Berleburg', der für die Abbildungen des 'Gart' als Vorbild diente, läßt die Vorstadien der Planung bis in die 70er Jahre zurückverfolgen; und die Entdeckung einer unmittelbaren Vorlage Wonneckes hat dessen kompilative Technik sichtbar gemacht. Die Aussage Breidenbachs im Vorwort, die SCHUSTER angezweifelt hatte, gewinnt so für die Entstehungsgeschichte des 'Garts' entscheidende Bedeutung (FUCHS, S. 85 f.):

Wichtig ist insbesondere die Klärung des Begriffs *angefangen werck*, der den Stand der Arbeiten am Projekt bei Antritt der Palästinareise kennzeichnet. Breidenbach zufolge war zunächst die Texterstellung in Angriff genommen und – wenn man sein *zů samen hait bracht* richtig interpretiert – auch abgeschlossen worden. Die Arbeiten zu den Illustrationen liefen erst während der Textherstellung (*in mitteler arbeit*) an und konnten mangels mediterraner Vorlagen nicht vollendet werden; das Werk war also zu diesem Zeitpunkt *vnfolkomen* lediglich in Bezug auf die mediterranen Pflanzendarstellungen.

Diesen Stand hatte das Projekt keineswegs erst im Frühjahr 1483 erreicht, sondern Breidenbach hatte das Manuskript bereits eine Zeitlang *in der fedder hangen lassen*, es also nicht zum Druck gegeben. Die Wendung *so lange* gibt keinen festen interpretatorischen Anhalt, ist zeitlich aber sicher nicht so stark zu dehnen, wie MÜLLER-JAHNCKE das tut, der Breidenbach bereits vor 1475 seinen Auftrag vergeben läßt und dadurch der Versuchung erliegt, den 'Kodex Berleburg' mit dem *angefangen werck* ineinszusetzen. Er identifiziert auf diese Weise eine zusammengesetzte Hs., den Berleburger Kodex, mit Wonneckes Kompilat, das durch den Terminus *zůsamenbringen* auch von Breidenbach als kompilative Arbeit gekennzeichnet ist.

Breidenbach könnte sein *angefangen werck* zum Zeitpunkt seines Aufbruchs am 25. April 1483 bereits Schöffer ausgehändigt haben. Das würde erklären, daß die noch fehlenden Illustrationen anhand traditioneller Vorlagen ergänzt wurden und daß Schöffer dann nach Breidenbachs Rückkehr darauf verzichtete, die von Rewich neu angefertigten Zeichnungen zu berücksichtigen.

III. Das Werk.
1. Die Abbildungen.

Der Erfolg des 'Gart' ist zu einem wesentlichen Teil ikonographisch bedingt. Obwohl Rewichs Zeichnungen mediterraner Pflanzen keine Aufnahme mehr fanden, stellt das Werk 'in der botanischen Illustrationsgeschichte einen ganz entscheidenden Wendepunkt' dar (NISSEN I 29): es bricht 'zum erstenmal in dem Holzschnitte von Pflanzenbildern den Bann der gotischen Gebundenheit' (FISCHER, S. 123).

Mit SCHUSTER (S. 219) unterscheiden wir drei Typen von Abbildungen im 'Gart', deren primitivster einfache Umrißlinien aufweist, während der zweite 'dicke Umrißlinien und Schattenandeutung durch sparsam verwendete derbe rohe Halbschraffen' zeigt. Am vollendetsten ist der dritte Typ, der 'eigens für den Holzschnitt gezeichnet wurde' (FISCHER, S. 124): er macht durch 'freie Behandlung von Schräg- und Längsschraffen' jede Übermalung überflüssig und zeigt in seiner unmittelbaren Wirklichkeitsnähe die 'Ausdruckswucht' von Erhard Rewichs geübter Hand.

Während von Rewich ein knappes Viertel (65) der insgesamt 379 Abbildungen stammt und meist Frühlings- und Frühsommerpflanzen darstellt, sind weitere 94 Schnitte nach dem Vorbild von → 'Circa-instans'-Illustrationen gerissen worden, wie sie SCHUSTER (S. 206–218) im Berliner Codex Hamilton 407 und andern 'Circa-instans'-Hss. nachweisen konnte: Sie gehören dem primitiven Typ an, sind auf Übermalung angelegt und auf Grund von Hss.miniaturen hergestellt worden. – Interessant sind die Pflanzendarstellungen des zweiten Typs, denen SCHUSTER bereits eine 'morphologisch gute Wiedergabe' bescheinigte, wegen ihres 'gepreßten' Aussehens aber ein unmittelbares Zurückgehn auf lebende Vorlagen absprach. Sie sind, wie MÜLLER-JAHNCKE zeigen konnte, wahrscheinlich nach hsl. Vorlagen gezeichnet worden.

Das läßt sich beweisen für 16–24 (29) Abbildungen, die nach dem Bildbestand von Hs. RT 2/6 der

Berleburger Schloßbibl. hergestellt wurden. Dieser 'Kodex Berleburg', eine zusammengesetzte Hs. aus dem 3. Viertel des 15. Jh.s, gehörte 1475 Bernhard von Breidenbach, der zumindest teilweise den Rezeptbestand bestimmte und vielleicht auch auf den sonstigen Inhalt des Kodex Einfluß nahm: Es ist nicht ausgeschlossen, daß er eine 87-Bilder-Serie in Auftrag gab, die – stellenweise zum Synonymar erweitert – die einheimischen Pflanzen des Pseudo-Apuleius (DAEMS) naturgetreu abbildet. Im übrigen bietet der Kodex Meister → Albrants 'Roßarzneibuch', den 'Älteren deutschen → Macer', den Straßburger 'Schaz der wisheit' sowie ein zweites Pestregiment, dazu → Ortolfs 'Arzneibuch', Auszüge aus dem → 'Bartholomäus' und vielfältige, auch chirurgische Materia medica.

2. Der Text des 'Gart'.

a) Der Verfasser. Nicht minder interessant als die Abbildungen ist der Text, dessen Verfasser sich am Schluß des *Bolus-armenus*-Kapitels (76) als Verordner eines Goldtranks zu erkennen gibt: *dicke mail versuecht an vil enden von mir Meister Johan von Cube.* Neben diesem Selbstzeugnis des Autors wird die Verfasserschaft gesichert durch Eucharius Rößlin d. J., der im Vorwort zu seiner 1533 beim Frankfurter Verleger Christian Egenolff erschienenen 'Gart'-Ausgabe das Werk *Doctor Johan Cuba, weiland Statartzt alhie zu Franckfurt* zuweist. Und als es dann wegen Rößlins 'Gart'-Edition zwischen Egenolff und dessen Konkurrenten Johann Schott zum Rechtsstreit kommt, verteidigt sich 1533 Egenolff vor dem Reichskammergericht mit dem Hinweis, daß er schon deswegen kein Buch von Schott nachgedruckt haben könne, weil 'sein Werk aus einem alten Buch entlehnt sei, welches vor 30 oder 40 Jahren (also 1503 oder 1493) von einem Doctor Johannes Cuba, der Stadt Frankfurt Stadtarzt, zusammengebracht, geschrieben und gemahlt worden sei' (CHOULANT, S. 41; BELKIN, S. 6). Hinzu kommt das Zeugnis der alten Bibliothekskataloge, die den 'Gart' und auch andere Kräuterbücher 'gern unter dem Suchwort *Cuba* führen' (BESSLER 1952, S. 216).

b) Kompilative Technik und Quellen. Seine Tätigkeit am 'Gart' hat Johann Wonnecke von Kaub spätestens 1482 abgeschlossen. Um 1480 durch Breidenbach beauftragt, *vß den bewerten meistern in der artzney Galieno, Auicenna, Serapione, Diascoride, Pandecta [!], Plateario vnd andern viel kreuter krafft vnd naturen in ein bůch zů samen zů bringen,* hat er sich seines Auftrags in einer Weise entledigt, daß er fünf Generationen von Wissenschaftshistorikern in die Irre führte.

Die zahlreichen, mit viel Mühe und Aufwand vorangetriebenen Quellenforschungen stießen deswegen ins Leere, weil sie von der verfehlten Vorstellung ausgingen, der 'Gart' sei auf Grund lat. Vorlagen kompiliert bzw. übersetzt worden und weil sie vor der einschlägigen altdt. Fachprosa die Augen verschlossen.

Wonnecke hat seinen 'Gart' auf altdt. Fachtexte gegründet. Ob er darüber hinaus auch lat. Vorlagen benutzte, wird sich erst im Rahmen der längst fälligen (NISSEN I, S. 31) Quellenuntersuchung klären lassen. Wie stark er indessen vom landessprachigen Fachschrifttum abhängig ist, zeigt sich schon beim Blick auf die beiden gängigsten Vertreter altdt. Drogenkunde, den → 'Macer' und das 'Buch der Natur' → Konrads von Megenberg.

α) Auf den 'Gart' hatte der 'Macer' prägenden Einfluß: Wonnecke übernimmt aus dem md. Kräuterbuch nicht nur die Kapitelfolge, sondern auch Versatzstücke unterschiedlicher Ausdehnung. Sein Vorgehen wird bereits beim Vergleich der Eingangskapitel deutlich (AfdA 76 [1965] 133 f.):

Der 'Ältere dt. Macer' setzt mit dem Beifuß (*artemisia*) ein, den er entsprechend seiner lat. Vorlage als *muoter aller wurze* an die Spitze stellt. Genauso macht es Wonnecke in seinem 'Gart'. Beim Textvergleich springt gleich ein zwölfzeiliges Versatzstück ins Auge, das Wonnecke wortwörtlich aus dem 'Älteren deutschen Macer' entlehnt und seinem *byfůß*-Abschnitt eingefügt hat. Das zweite 'Macer'-Kapitel ist der Eberraute (*abrotanum*) gewidmet. Wonnecke folgt dieser Gliederung, allerdings übernimmt er aus seiner dt. Vorlage nur ein vierzeiliges Exzerpt. Das dritte 'Macer'-Kapitel befaßt sich mit dem Wermut (*absinthium*), den auch Wonnecke an dritter Stelle bringt, doch entlehnt er hier nur ein einzeiliges Zitat.

Schwieriger wird die Lage beim vierten 'Macer'-Kapitel, das die Wirkungen der Nessel darstellt (lat. *urtica*). Hier konnte Wonnecke die Reihenfolge des 'Macer' nicht übernehmen und mußte – entsprechend seinem halbalphabetischen Gliederungsprinzip – das *urtica*-Kapitel nach hinten ziehen und in den *u*-Block seines Kräuterbuchs einordnen. Er gibt ihm indessen im Buchstabenblock den ersten Platz und läßt durch diese Spitzenstellung erkennen, daß er trotz alphabetischen Umordnens die Großgliederung seiner Vorlage einzuhalten sucht. Außerdem beweist er mit einem 14zeiligen Versatzstück die Abhängigkeit von seiner dt. Quelle.

Das fünfte 'Macer'-Kapitel bietet den Knoblauch. Wonnecke kann damit der Reihung wieder folgen: Er bringt das *Allium*-Kapitel an vierter Stelle und fügt seiner Lauch-Darstellung ausgedehnte Exzerpte von insges. 17 Zeilen des 'Macer'-Textes ein.

Selbstverständlich wurde auch der sechste 'Macer'-Abschnitt in den 'Gart' übernommen – diesmal verteilt auf zwei Kapitel (308 f.) –, doch reichen die genannten Beispiele, um die kompilative Technik Wonneckes sichtbar zu machen und seine kleinfeldrige Versatzstückfügung zu belegen.

β) Indessen ging Wonnecke nicht einheitlich vor und entlehnte seinen Vorlagen gelegentlich ganze Kapitel. Das zeigt ein Blick auf → Thomas von Cantimpré, dessen 'Liber de natura rerum' – seit dem 13. Jh. mehrfach eingedeutscht – in der Bearbeitung Konrads von Megenberg ähnliche Verbreitung erzielte, wie sie die 'Ältere deutsche Macer' aufzuweisen hat.

Kennzeichnend ist Wonneckes Vorgehn beim Wacholder (*juniperus*, 218): Er legt Konrads *kranwitpaum*-Abschnitt zugrunde (IV A, 20), erkennt, daß der Abschnitt aus zwei aneinandergehängten Kapiteln besteht (Sudhoffs Arch. 57 [1973] 404–412), löst diese Kapitel in ihre Paragraphen auf und ordnet die Versatzstücke neu (§ a, o, p, [q], d, f–i, [ ], l, m, k, n, [ ], [ ]), so daß er die von ihm angestrebte Binnenstruktur erhält. Dabei läßt er mehrere Paragraphen aus, verändert ein Destillationsverfahren, schießt eine Fremdindikation ein und hängt am Schluß eine Hippokrateslegende aus dem Pestschrifttum an, die er mit einem 'Circa-instans'-Exzerpt garniert.

γ) Wonnecke zeigt Geschick als Redaktor und hantiert souverän mit seinen Vorlagen, die er kleinfeldrig kompiliert, hinsichtlich ihrer Landessprachigkeit aber tarnt:

Er nennt weder Konrad noch 'Macer' und führt auch Thomas von Cantimpré nicht an, begnügt sich indessen keineswegs mit bloßem Verschweigen seiner Quellen, sondern verbirgt die Deutschsprachigkeit seiner Vorlagen zusätzlich hinter Autorenzitaten aus der internationalen lat. Fachliteratur. Die Zitate sind teilweise dem Text selbst entnommen (CHOULANT, S. 44) und dann vielfach korrekt, oft aber auch frei erfunden und dann irreführend: So müssen es sich die 'Macer'-Exzerpte gefallen lassen, unter der Flagge von Platearius, Dioskurides, Pythagoras und anderen *meistern* zu segeln.

Auf diese Weise erweckt Wonnecke den Anschein, als habe er nur jene *bewerten meister in der artzney* benutzt, die auszuziehen Bernhard von Breidenbach ihn geheißen hatte.

c) Groß- und Kleinstruktur. Das Vertuschen seiner Vorlagen hat Wonnecke durch die Wahl der Gliederungsmerkmale weitergeführt: Er zitiert nicht nur 'Plateraius' mit größtem Aufwand, sondern imitiert darüber hinaus das 'Circainstans'-Modell bis in die Binnenstruktur der Kapitel hinein (BESSLER, 1959, S. 11, 13 f.): Klarer Aufbau der Arzneistoffbeschreibungen nach dem Vorbild der berühmten Salerner Drogenkunde und halbalphabetische Großgliederung, die ohne Trennung von pflanzlichen, tierischen und mineralischen Stoffen alle Substanzen nach dem Anfangsbuchstaben ihres lat. Drogennamens reiht, gaben dem 'Macer' das Aussehen eines erweiterten 'Circa instans' und ließen ihn als das erscheinen, wofür er von der Wissenschaftsgeschichte bis in die Gegenwart gehalten wurde.

3. Beiwerk zum Text.

Wonneckes Kräuterbuch ist in der Erstausgabe von mehreren Texten ummantelt, die entweder durch Breidenbach oder durch Schöffer hinzugefügt wurden.

a) Dem Herbar voraus geht das Vorwort, das sich aus zwei Teilen zusammensetzt. Der erste schildert die Entstehungsgeschichte des 'Gart' und stammt aus der Feder Bernhards von Breidenbach. Der zweite Teil dagegen scheint durch Peter → Schöffer nach der Endredaktion verfaßt worden zu sein: Er beginnt mit einer Gliederungsübersicht und schließt mit einem hymnischen Anhang, der streckenweise in rhythmische Prosa übergeht.

b) Dem 'Gart'-Text unmittelbar angefügt ist ein achtteiliges *register*, das den Stoff nach Arzneigruppen aufzuschlüsseln verspricht, in Wirklichkeit aber schlecht zum 'Gart' paßt: den Schöffer aus dem Register seiner Kräuterbuchinkunabel des Vorjahrs entlehnt: der achtteilige Index gehört zum 'Herbarius Moguntinus' von 1484 (CHOULANT, S. 25).

c) Bemerkenswert ist die Harnschau des 'Gart', die – wie sie selbst sagt – aus Avicenna, Isaak Judaeus und Gilles de

Corbeil kompiliert ist, aber gleich mit einer Bearbeitung des 'kurzen Harntraktats' nach der Fassung des 'Bartholomäus' einsetzt (PFEIFFER 127,22 – 128,17), die Harnregionenlehre nach Maurus anschließt, eine vom 'Bartholomäus' (128, 24 f.) angeregte Anweisung einschiebt und dann die Harnfarbenreihe des Theophilus bringt: das alles ist einem Textkern vorgeschaltet, der – nach Gilles kompiliert – ähnlich gedrungen wirkt wie die Kurzfassung der → 'Vlaamschen leringe van orinen' (Nd. Mitt. 24 [1968] 75–125). Der Verfasser des Textes kannte sich anscheinend im niederfrk. Fachschrifttum aus und könnte von seiner kompilativen Technik wie vom Spektrum seiner Quellen her durchaus mit Wonnecke von Kaub identisch sein.

d) Der 'fünfte und letzte Teil des Buches' ist ein Sachweiser, der Kapitelnummer, Paragraphenziffer und die zitierte Autorität auswirft. Er ist im Gegensatz zum Arzneigruppen-Verzeichnis nach dem 'Gart'-Text gearbeitet und bringt die Heilanzeigen in nicht-alphabetischer Reihung: Vorweg stehen anatomisch geordnete Indikationen in der Folge 'vom Scheitel bis zur Sohle'; ihnen schließen sich gynäkologische Heilanzeigen an, dann kommen chirurgische Erkrankungen, und den Schluß bilden Stichwörter, die in regellos gereihten Sachgruppen zusammengefaßt wurden. Das Ganze stammt von kundiger Hand, und es ist nicht ausgeschlossen, daß Wonnecke selbst das Register zu seinem Kräuterbuch entwarf.

Die vorangestellte Benutzungsanleitung ist indessen derart überschwänglich und unbeholfen zugleich, daß es schwerfällt, sie dem Bearbeiter des Sachregisters zuzuschreiben. Wahrscheinlich hatte hier Schöffer seine Hand im Spiel, entweder als Verfasser oder als Bearbeiter einer kurzen, von Breidenbach bzw. Wonnecke entworfenen Textvorgabe.

IV. Die Wirkung.
Zweifellos ist der 'Gart' 'das wichtigste naturhistorische Werk des MAs mit Abbildungen'. Seine Bedeutung erwächst ihm indessen nicht allein aus seinen Illustrationen, sondern sie ergibt sich genauso durch seinen Text (CHOULANT, S. 20 und 44). Mögen im → 'Schwarzwälder Kräuterbuch' oder in → Minners 'Thesaurus' auch gleichartige, vielleicht wertvollere Kompilate vorliegen: der 'Gart' hat sie durch seine Wirkung weit überflügelt.

Das Verständnis für die Wirkung des 'Garts' ergibt sich aus dem Werten mehrerer Komponenten. Die Fähigkeit von Zeichnern und Formschneidern ist genauso zu berücksichtigen wie die kompilative Technik des Autors; die richtungweisende Koordination des Projektleiters fällt ebenso in die Waagschale wie die unternehmerische Leistung des Verlegers. Das, was den 'Gart' von den älteren Texten dt. Literatur unterscheidet, ist sein Projektcharakter, der durch das Zusammenwirken mehrerer Beteiligter gegeben ist. Das, was die Andersartigkeit des 'Gart' bedingt, ist zugleich das Ineinandergreifen von Wort und Bild, ist die Neuartigkeit naturgetreuer Darstellung wie die Vollkommenheit kompilativer Textgestaltung.

Mit 435 Kapiteln lag der 'Gart' am 28. März 1485 abgeschlossen vor. Er beschrieb 382 Pflanzen, 25 tierische Drogen und 28 Mineralien, er schlüsselte seinen Inhalt durch mehrere Register auf und illustrierte ihn durch 379 großformatige Abbildungen (12–17 auf 7–11,5 cm). Getreu dem Leitspruch *Artificem commendat opus* hatte Schöffer ein einzigartiges Werk in beispielhafter Ausstattung herausgebracht.

Die Durchschlagkraft des 'Gart' kam selbst für Schöffer überraschend: Fünf Monate nach der Frankfurter Frühjahrsmesse lag der erste Nachdruck vor (Augsburg: Johann Schönsperger, 22. 8. 1485), ein zweiter folgte zum Jahreswechsel 1485/86 (Straßburg: Johannes Grüninger), 1486 schlossen sich zwei weitere, 1487 sogar drei Editionen an, das Jahr 1488 brachte zusätzliche Neuauflagen, so daß es bis zum Ende des Jh.s 15 'Gart'-Drucke waren, deren Anzahl durch die jüngeren Ausgaben bis auf 60 emporschnellte (KLEBS, 1925; KLEBS, 1938, Nr. 507, 1–13; ROTH, S. 339; SCHREIBER, S. XLV–XLVII; SHAFFER, S. 37–41). Schöffer selbst, von soviel Erfolg und Konkurrenz erdrückt, hat auf eine eigene Neuauflage verzichtet (er starb 1502/03).

1. Die Bildtradition. Als unbeständig und leicht austauschbar erwiesen sich die Illustrationen, wogegen nicht spricht, daß sich in einzelnen Fällen eine gewisse Zählebigkeit von Bildelementen beobachten läßt: Einige von den Abbildungen,

mit denen Eucharius Rößlin 1533 seine Frankfurter Kräuterbuchausgabe schmückte, lassen sich beispielsweise noch im letzten 'Gart'-Druck von 1783 nachweisen (BELKIN, S. 16).

In der Bildausstattung sind alle mal. 'Gart'-Ausgaben dem Mainzer Erstdruck von Peter Schöffer verpflichtet:

Johannes Schönsperger ließ 1485 die Abbildungen in Originalgröße kopieren, 1486 verkleinerte er sie auf 6,9 zu 6 cm und kolorierte sie mittels Schablonen. Johannes Grüninger in Straßburg hatte schon 1485 verkleinerte Schnitte anfertigen lassen und dabei die Abbildungen oft 'unglaublich verunstaltet'. Von seinem Bildbestand führen Verbindungen über Michael Furter und Hans Amerbach in Basel zu Peter Metlinger nach Bisanz (Besançon) sowie zu Konrad Dinckmut nach Ulm. – Von den Bildvorlagen des 'Gart' ist schließlich auch Steffen Arndes in Lübeck abhängig (1492), obwohl er – entsprechend seiner Texterweiterung – auch 150 Abbildungen aus dem → 'Hortus sanitatis' übernimmt (KLEBS, 1925; NISSEN I 31–33, 36; II 216–220). Das gleiche Abhängigkeitsverhältnis gilt schließlich für die Straßburger erweiterte Ausgabe von Johann Prüß (1507/09) sowie für die darauf aufbauenden Drucke von Renatus und Balthasar Beck (1515–30).

Die späteren 'Gart'-Ausgaben zeigen das schon für Schönsperger (Augsburg 1486) kennzeichnende Verschmelzen unterschiedlicher Bildvorlagen, wobei seit der nd. Ausgabe von Steffen Arndes (1492) zunehmend die Bildtradition fremder Kräuterbücher einzufließen beginnt:

Verhältnismäßig gering ist dieser Fremdanteil bei den niederfrk. Drucken (1514–1547), die über Grüninger und Prüß auf den Abbildungen von Schöffers Erstausgabe fußen, während die richtungsweisenden Editionen von Rößlin d. J. (1533/35) und Adam Lonitzer (1550) den Bildbestand ganz neu gestalten und Vorlagen aus Kräuterbüchern (Brunfels; 'Hortus sanitatis') sowie anderen Werken kopieren.

Umgekehrt ist die Bildtradition des 'Gart' in fremde Werke übergegangen:

Peter Metlinger druckte 1486 in Bisanz mit Grüningers Holzstöcken den frz. 'Arbolayre' (KLEBS, 1918, S. 52; KLEBS, 1925, Nr. 54–58) und machte so den Bildbestand des Mainzer Kräuterbuchs auch für die Pariser Nachdrucke von 1498 bis 1548 fruchtbar; dieselben Holzstöcke von Grüningers Erstschnitt verwendete Johann Prüß seit 1497 zur Illustration des 'Hortus sanitatis', während Grüninger seinen zweiten Nachschnitt an 'Gart'-Abbildungen (1489) auch zur Illustration von → Brunschwigs 'Destillierbuch' (1500–31) einsetzte – ein Kunstgriff, den ihm 1538 Jan Bernt in Utrecht nachmachte. Von der Erstgarnitur der Grüningerschen 'Gart'-Holzschnitte ist schließlich über Johann Prüß auch die Bildausstattung der Venediger und Pariser 'Hortus sanitatis'-Drucke abhängig (1511–1538 bzw. 1500–1539), nicht anders als die letzte Ausgabe des 'Herbarius in Dietsche' (1511) und die engl. Übersetzung des frz. 'Arbolayre' (London 1514–1539) (NISSEN I, S. 32–36; II, Nr. 2261–2263, 2266–2294, 2296–2297).

2. Die Textüberlieferung. Im Gegensatz zur Bildtradition mit ihren verwirrenden Linien ist der Text der ruhende Pol in der 'Gart'-Überlieferung. Zwar strahlte er weniger weit aus und blieb aufs dt. Sprachgebiet beschränkt, doch überdauerte er die Bildtradition um ein Vierteljahrtausend.

a) Drucke.

Tragende Säule der Textüberlieferung sind die Drucke. Sie umspannen drei Jahrhunderte (1485–1783), rekrutieren sich aus mehr als 60 Ausgaben, erfassen unter Einschluß des Niederfrk. sämtliche dt. Sprachlandschaften und wurden erst durch die wissenschaftliche Botanik Carl von Linnés (1735/58) außer Kraft gesetzt. – Hauptdruckorte sind im SpätMA Augsburg und Straßburg; zu Beginn des 16. Jh.s konkurrieren Straßburg, Antwerpen und Lübeck, und seit 1533 beherrschen die Frankfurter Ausgaben das Feld, die übers 17. Jh. hinaus maßgebend bleiben.

Der 'Gart' – erstes landessprachiges Kräuterbuch nach der Bämlerschen Megenberg-Ausgabe von 1475 – wurde vor allem in hd. Sprache angeboten. Mit der hd. Fassung konkurrierten 1492–1520 eine niedersächs. und 1511–47 eine brabantisch-holländische Umschrift, doch wird die Klassenteilung des Textes nicht von den mundartlichen Varianten, sondern von den erweiternden Bearbeitungen bestimmt:

α) Klasse a. Sämtliche Ausgaben, die den unveränderten Textkern des Erstdrucks von 1485 bieten, werden unbeschadet ihrer Binnenvarianten und ohne Rücksicht auf zusätzliche Textbeigaben in der Gruppe a zusammengefaßt (BELKIN, S. 18). Hierher gehören mit einer Ausnahme alle Wiegendrucke, die vier ndl. Editionen sowie zwei hd. Postinkunabeln der Jahre 1502 und 1533.

β) **Klasse b.** Alle anderen Ausgaben dagegen, die den Textkern des 'Gart' in seiner Großgliederung verändern und mit Zusätzen aus dem 'Hortus sanitatis' durchschießen, sind in der b-Gruppe der 'Gart'-Überlieferung zusammengeschlossen. Die Klasse umfaßt einen Wiegendruck (Lübeck 1492) und – von sechs Postinkunabeln abgesehen – sämtliche jüngeren 'Gart'-Drucke. Da sie mehrere Redaktionen einbezieht, lassen sich vier Unterklassen ausgliedern.

Die **Klasse b_1** vereint drei nd. 'Gart'-Ausgaben, die 1492, 1510 und 1520 bei Steffen Arndes (→ Nachtragsbd.) in Lübeck erschienen. Arndes hat am halbalphabetischen Gliederungssystem Wonneckes festgehalten: Er bringt – von zwei Ausnahmen abgesehen – sämtliche Kapitel des 'Gart', schiebt zwischen die 'Gart'-Kapitel jedoch alle Pflanzenbeschreibungen, die der 'Hortus sanitatis' überschüssig zum 'Gart' besitzt. Auf diese Weise erzielt er den stattlichen Bestand von 542 illustrierten Pflanzendarstellungen und macht seinen 'vorzüglich' ausgestatteten *Gaerde der suntheit* zum 'reichhaltigsten von allen Kräuterbüchern der Inkunabelzeit'. – Der Text ist zusätzlich erweitert durch das angehängte Steinbuch aus dem 'Hortus' (NISSEN I 36; II, Nr. 2261–2263).

Eine Zwischenstellung zwischen den Überlieferungsgruppen nimmt die **Klasse b_2** ein, die zu Beginn des 16. Jh.s durch Johann → Prüß geschaffen wurde und die Tradition des Großen 'Gart' einleitet. Prüß hatte 1496/99 in Straßburg die zweite bis vierte Auflage des lat. 'Hortus sanitatis' erscheinen lassen und brachte 1507 eine Ausgabe des 'Gart' heraus, die sowohl in Bildausstattung wie in Textgestaltung sich im Rahmen der Mainzer Erstausgabe bewegt, aber gleich von Anfang an auf zwei Bände (*bücher*) angelegt war. Der zweite Band – ebenfalls als 'Gart' vorgestellt – folgte dem ersten 1509 und bringt bei gleichem Format und gleicher Aufmachung diejenigen Traktate des 'Hortus sanitatis', für die der 'Gart' keine Entsprechung bot, nämlich die Abschnitte von den Land-, Luft- und Wassertieren sowie von den Steinen. Prüß hat die Traktate, wie er in der Schlußschrift sagt, *von nüwem vß dem latinischen buch Ortus sanitatis ... gezogen,* wobei er durch den Vermerk 'erneut' auf Steffen Arndes' Parallelübersetzung des Steinbuchs anzuspielen scheint.

Die zweibändige Ausgabe von Prüß bringt den Textkern des 'Gart' zwar unverändert, beraubt ihn aber seiner Eigenständigkeit, indem sie ihn einer übergreifenden Großgliederung unterordnet: Im Rahmen der neuen Konstellation besitzt der 'Gart'-Kern den gleichen Stellenwert wie der *tractatus de herbis* im Gefüge des 'Hortus sanitatis'. Wie Arndes hat Prüß versucht, die Inhalte von 'Gart' und 'Hortus' zu vereinen, wobei er die Aufgabe nur anders löst, indem er von einer 'Hortus-sanitatis'-Übersetzung ausgeht: Er liefert diese Übersetzung bewußt unvollständig, indem er von den sechs Abteilungen des Werks (*tractatus de herbis, de animalibus, de avibus, de piscibus, de lapidibus* und *de urinis*) nur jene vier überträgt, die im 'G. d. G.' thematisch keine Entsprechung fanden (CHOULANT, Nr. 21).

Der von Prüß eingeschlagene Weg wurde von drei Straßburger Druckern fortgesetzt: Renatus Beck und sein Sohn Balthasar brachten von 1515 bis 1530 fünf Ausgaben des Großen 'Gart' heraus, denen sich Johannes Grüninger 1529 mit einer Kurzfassung anschloß. Die Editionen halten an der Zweiteiligkeit fest, bieten die beiden *bücher* oft als bindetechnische Einheit, doch war auch eine Trennung der Verbindung möglich, wie sie der *'Gart der gesundheit'* von Mathias Apiarius zeigt: Matthias Bienenvater hat 1536 in Straßburg als 'Gart' nur den zweiten Band mit den 'Hortus'-Anteilen erscheinen lassen (CHOULANT, Nr. 23–26, 28; NISSEN II, Nr. 2282–2288, 2370–2372).

Das lose Nebeneinander zweier Textteile wurde erst 1535 durch eine Textverschränkung abgelöst. Diese Verbundform der zwei Groß-'Gart'-Anteile geht auf Eucharius Rößlin d. J. zurück und macht die b_3-Klasse aus, zu der sechs spätere 'Gart'-Überlieferungen gehören (ROTH, S. 338f.; RÖTTINGER, S. 9–27; BELKIN, S. 1–28).

Rößlin, der 1528/29 seinem berühmten Vater im Frankfurter Stadtarztamt nachgefolgt war, hat zunächst dessen 'Rosengarten' ins Lat. übertragen (1532), dann den 'G. d. G.' nach dem Urtext überarbeitet und – erweitert durch → Brunschwigs 'Destillierbuch' – 1533 in Frankfurt bei Christian Egenolff erscheinen lassen. Obwohl seine Textredaktion oberflächlich blieb, 30 Kapitel ausschied und im übrigen darauf abzielte, magisch-mantische Praktiken zurückzudrängen, behauptete Rößlin im Vorwort stolz, daß er *vil iåmerlichs vnnutzes dings* beseitigt und *also das gollt auß dem kat gescheyden* habe. Nachschnitte der 'vivae eicones' von Hans Weiditz zu Otto Brunfelsens Kräuterbuch machten Rößlins Erstredaktion zum Gegenstand eines Rechtsstreits und gaben den Anstoß zu erneuter Überarbeitung des 'Gart'-Textes:

Rößlins Zweitredaktion von 1535 wurzelt in der Groß-'Gart'-Tradition und geht von den Straßburger Ausgaben der Jahre 1507–1530 aus: Sie legt, was den 'Gart'-Text betrifft, den überarbeiteten Wortlaut der Erstredaktion (1533) zugrunde und ergänzt ihn durch die vier von Johann Schott übersetzten Traktate des 'Hortus sanitatis'. In Anlehnung an die von Grüninger (1529) getroffene Anordnung setzt Rößlin diesen 'Hortus'-Komplex jedoch nicht an den Schluß des Textgefüges, sondern stellt ihn an den Anfang seines *'Kreutterbůchs'*; hinzu kommt eine Textverschränkung, die sich dadurch ergibt, daß Rößlin alle 'Gart'-Kapitel, die tierische oder mineralische Drogen behandeln, aus dem 'Gart'-Kern herauszieht und den entsprechenden 'Hortus'-Traktaten einverleibt: dies tut er selbst dann, wenn ein gleichsinniges 'Hortus'-Kapitel bereits vorhanden ist, was ihn freilich zwingt, die beiden themengleichen Kapitel in kleinfeldriger Versatzstückfügung ineinanderzuflicken. Im übrigen ergänzt er gelegentlich Material aus anderen Quellen, behält als Vorspann einen Rest von Brunschwigs 'Destillierbuch' bei und eröffnet den systematisierten 'Gart'-Kern durch eine Propf-Anleitung, die dem 'Pelzbuch' → Gottfrieds von Franken verpflichtet ist. Einen entsprechenden Abschnitt über Obstbäume hatten bereits die niederfrk. Drucke dem 'Gart'-Text angehängt.

In der Gestalt der Zweitredaktion ließ Rößlin sein *'Kreutterbůch'* noch fünfmal erscheinen – 1536–1540 erweitert um die Harnschau des 'Gart' –, und nach seinem Tod (1547) übernahm Adam Lonitzer (1528–1586) die Herausgabe der Groß-'Gart'-Fassung (1550), die er erneut modernisierte und umgruppierte:

Rößlins Amtsnachfolger stellte die Prüßsche Reihenfolge wieder her, indem er den 'Gart'-Kern nach vorne zieht und den 'Hortus'-Komplex ans Ende rückt. Zugleich führt er die Textverflechtung weiter, indem er die Nichtedelsteine aus dem Steinbuch ausgliedert und als *Metalle* in einem besonderen Abschnitt zusammenfaßt, genauso wie er das mit den Harzen und *gehärteten Säfften* tut. Darüber hinaus ergänzt er den Kapitelbestand durch zusätzliche Drogenbeschreibungen und präzisiert die systematische Anordnung der Pflanzen, wobei er das neue Gliederungsprinzip weiterführt, das schon Rößlin 1535 bei seiner Zweitredaktion in den 'Gart'-Kern eingebracht hatte.

Adam Lonitzers einschneidende Schlußredaktion gab dem Großen 'Gart' seine letztgültige Gestalt. Die Neufassung erschien erstmals 1557 bei Christian Egenolffs Erben, bot das *Kräuterbuch* in acht Traktaten (1a: 'Destillier'-Rest; 1b: 'Pelzbuch'; 2. 'Gart'-Kern; 3. Landtiere; 4. Vögel; 5. Wassertiere; 6. unedle Mineralien; 7. Edelsteine; 8. Harze und *Säffte*) und lieferte die Grundlage für mindestens 23 Nachdrucke, die keine tiefgreifende Änderung mehr aufweisen und mit der Frankfurter Erstausgabe von 1557 die b_4-Klasse bilden.

Sieben derartiger Nachdrucke hat Lonitzer noch selber herausgebracht (1560–1582); im 17. Jh. übernahm sein Amtsnachfolger Peter Uffenbach (gest. 1635) die Durchsicht einer Neuauflage (Frankfurt 1630 mit Nachdrucken in Frankfurt und Ulm bis 1713), und im 18. Jh. versuchte der Memminger Stadtarzt Balthasar Ehrhardt (1700–1756), durch eine *Zugabe* den Text zeitgemäß zu ergänzen (Ulm 1737–1770). Die letzte Auflage des Großen 'Gart' erschien 1783 in Augsburg (CHOULANT, Nr. 27; ROTH, S. 338 f.; SCHREIBER, S. XLV–XLVII; NISSEN II, Nr. 1227–1228 und 1669).

b) Handschriften.

Gegenüber den Drucken mit ihrer verwirrenden Fülle an Text- und Bildvarianten spielen die 'Gart'-Abschriften nur eine untergeordnete Rolle. Bisher sind zwei Manuskripte bekannt, die beide aus dem frühen 16. Jh. stammen und lediglich die Text-, nicht auch die Bildüberlieferung bieten.

α) Das 'Gart'-Ms., das durch Heinrich → Breyell angelegt wurde, umfaßt 377 Kapitel und bietet den Textkern ohne jedes Beiwerk. Die Eingriffe in den Text halten sich in Grenzen.

β) Das Kräuterbuch aus Pfalzgraf → Ludwigs V. medizinischer Sammlung (Heidelberg, cpg 261–272, entstanden zwischen 1508 und 1545; das Kräuterbuch cpg 261,1^r–262,147^v) baut im wesentlichen auf dem 'G. d. G.' auf.

Ludwig hat nach anderen Gesichtspunkten geordnet, beispielsweise nach dem dt. Drogennamen (I, 71^r ff.) oder nach Klassifizierungsmerkmalen

(Wurzeln: I, 161ʳff.), gelegentlich auch schon nach systematischen Voraussetzungen (*Wilder eppich* I, 96ʳ; *Bauren eppich* I, 96ᵛ, *Eppich* I, 97ʳff., *Feigblatern Eppich* I, 99ʳ). Auf diese Weise nimmt er im Ansatz die systematische Gliederung vorweg, die Rößlin bei seiner Zweitredaktion (1535) in den 'Gart'-Text eingebracht hat.

Den Inhalt des 'Gart' hat Ludwig ausgiebig verändert, indem er Kapitel fremder Herkunft einfügt und auch den Wortlaut der 'Gart'-Kapitel nicht unangetastet läßt: Grundsätzlich verzichtet er auf den terminologischen Vorspann, den er gelegentlich durch landessprachige Synonyme ersetzt; im übrigen unterwirft er den Text einer Redaktion, die unterschiedlich tiefgreift, zu großflächigen Zusammenziehungen neigt, Versatzstücke wechselnden Umfangs einfügt und Wonneckes Aussage mehrfach anhand der Quellen überprüft.

Diese kritische Haltung gegenüber dem 'Gart'-Text wird deutlich am Aloeholz-Kapitel (37 = 261, 111ʳᵛ), das Ludwig anhand von Wonneckes Quelle kontrolliert: Er erkennt das 'Circa instans' als Vorlage, kollationiert dessen *Lignum-aloes*-Abschnitt und unterwirft Wonneckes Bearbeitung einer strengen Rezension, die vielfach die ursprüngliche Aussage wieder herstellt.

Ludwig strebt in seiner 'Sammlung' die Gesamterfassung altdt. Medizinliteratur an und unterwirft dieser enzyklopädischen Absicht nicht zuletzt die Drogenkunde: Sein Kräuterbuch bietet die eigenwilligste und zugleich monumentalste 'Gart'-Bearbeitung, die allerdings – wie die ganze Sammlung – ein Torso geblieben ist.

c) **Die Bearbeitung Johann Tallats von Vochenburg.**

Ähnlich starken Veränderungen unterwarf der Kemptner Artist Johann → Tallat den 'Gart'-Text, wobei er im Gegensatz zu Pfalzgraf Ludwig das Kräuterbuch jedoch nicht erweiterte, sondern auf den Bruchteil seines Umfangs zusammenstauchte (40 Blätter) und dabei gleichzeitig der Gestalt eines Rezeptars anglich:

Tallat verzichtet weitgehend auf botanische, humoralpathologische und kulturhistorische Abschnitte, greift aus dem Textbestand des 'Gart' bevorzugt therapeutische Materia medica heraus und ergänzt die Indikationen durch vereinzelte Standortangaben sowie gelegentliche Exzerpte aus 'einer der zahlrei-

chen meist lat. Rezeptsammlungen', die unter dem Namen Michael → Puffs von Schrick umliefen (WALTHER, S. 285f.), falls ihm nicht ein gleichfalls unter Puffs Namen gestelltes Herbar vorgelegen hat. Obwohl er einige neue, im 'Gart' nicht vertretene Drogen einbezieht, bringt er es nur auf 425 Kapitel, deren Reihenfolge er beibehält, genauso wie er den Wortlaut seiner Quelle unverändert übernimmt und nur gelegentlich paraphrasiert, dafür aber um so häufiger in der Satzfolge abwandelt.

1497 brachte Tallat seinen unbebilderten Schrumpf-'Gart' bei Albrecht Kunne in Memmingen heraus. Er nennt ihn '*Meisterlichez buechlîn der kriuter*' und erzielte mit ihm beachtlichen Erfolg: Bis 1530 erschienen mehr als 20 Nachdrucke (SUDHOFF 1908, Nr. 31–34; WALTHER, S. 279).

3. *Das typologische Vorbild.* Der durchschlagende Erfolg des 'Gart', ablesbar an zahlreichen sofort einsetzenden Nachdrucken, machte Breidenbachs Werk zum illustrierten Kräuterbuch schlechthin und ließ es auch vom Typ her als Vorbild wirken, was neben der Text- und Bildtradition noch einen dritten Traditionsstrang ins Leben rief, der durch gebrochenen Einfluß bedingt ist.

a) Der → 'Hortus sanitatis' des Jakob Meydenbach, sechs Jahre nach dem Erstdruck des 'Gart' entstanden, sucht durch oberflächliche Nachahmung so etwas wie eine 'lat. Ausgabe des G. d. G.' (SCHUSTER, S. 225) darzustellen.

Eine längere Wirkungsgeschichte weisen nur die dt. Teilübersetzungen des 'Hortus' auf, die allesamt 'Hortus'-Anteile wieder in die 'Gart'-Tradition überführen:

Gestützt auf den Erstdruck übertrug Steffen Arndes 1492 das Steinbuch sowie zahlreiche Kräuterbuch-Kapitel; für die vereinzelten 'Hortus'-Anleihen von Breyell ist die genaue Vorlage noch nicht bestimmt; Johann Prüß hat seiner Teilübersetzung den Text der Straßburger Ausgabe von 1497 zugrunde gelegt (CHOULANT, Nr. 14–28; KLEBS, 1925, S. 33; KLEBS, 1938, Nr. 509, 1–5; NISSEN, II, Nr. 2362–2372; BELKIN, S. 18–20).

Dieses Aufgehen der 'Hortus'-Tradition in den 'Gart'-Drucken kennzeichnet den deutschsprachigen Bereich, beeinflußt aber auch die lat. Überlieferung: In charakteristischer Weise ist der letzte lat. 'Hortus'-Druck (1536) der Groß-'Gart'-Fassung verpflichtet, indem er durch Auslassen zweier Texteinheiten die Prüßsche Teilübersetzung nachahmt und sich somit als 'Gart'-Ergänzung zu erkennen gibt.

b) Vom 'Garten' zum 'Ursprung'. Eine eigene Wirkungsgeschichte weist der 'Gart'-Titel auf (SCHUSTER, S. 222f.).

NISSEN (I 30) leitet aus der *h*-losen Form *ortus*, wie sie schon im Erstdruck vorkommt, frz. Ursprung von Wonneckes 'Quelle' ab, wobei er nicht bedenkt, daß der Wegfall des *h*-Graphems keineswegs auf die Romania beschränkt ist, sondern grade auch für dt. Überlieferungen gilt (Dfg. 402ª: *ortus, ortulanus*).

... vnd nennen diß bůch zů latin Ortus sanitatis, vff teutsch ein gart der gesuntheit, sagt Breidenbach hinsichtlich des Titels seines Werks. Zahlreiche Nachdrucke verwenden zwar das lat. Synonym 'Herbarius', das bei den niederfrk. Ausgaben alleinherrschend ist und durch Rößlins Übertragung *Kreutterbůch* auch bei den hd. 'Gart'-Ausgaben durchdringt, doch blieb der (*h*)*ortus sanitatis* als typologische Marke so wirksam, daß Meydenbach sich für den Garten-Titel entschied und ihn durch sein lat. Kräuterbuchkompilat zusätzlich aufwertete.

Eucharius → Rößlin d. Ä. läßt sich vom 'Gart'-Titel für seine Soran-Muscio-Bearbeitung 'Der schwangeren Frauen und Hebammen Rosengarten' anregen. Von der Fernwirkung des 'Gart' zeugt schließlich der berühmte 'Ortus medicinae' (1648) Jan Baptista van Helmonts, wenngleich der Zusammenhang nicht sicher ist und der Titel mit dem älteren landessprachigen *opkomst der geneeskunde* konkurriert (SUDHOFF, 1908, S. 88).

2/1091   Ausgaben. Eucharius Rösslin the Younger, On minerals and mineral products. Chapters on minerals from his 'Kreutterbůch' [1535], hg. v. J.S. BELKIN u. E.R. CALEY (Ars medica IV 1), 1978 [19 Kap. aus dem 'Gart']. – Neudrucke: 1.) des 'Gart': a) von der Erstausgabe (Mainz 1485): München 1924; ebd. 1966 – b) von einem Vertreter des 'Großen Gart', Textklasse b₄ (Ulm 1679): Leipzig 1934; München 1962. – 2.) des 'Hortus' (Venedig 1511): Würzburg 1978 [5. lat. Ausgabe mit der Bildtradition des 'Gart'] – 3.) des 'Rosengartens' (Erstausgabe Straßburg 1513): München 1910; Dietikon/Zürich 1976.

Literatur. L. CHOULANT, Graphische Incunabeln f. Naturgesch. u. Medicin, 1858 (Neudr. 1963); F.W.E. ROTH, Die Botaniker Eucharius Rößlin [d.J.], Theodor Dorsten u. Adam Lonicer 1526–1586, ZfB 19 (1902) 271–286, 338–345; K. SUDHOFF, Dt. med. Inkunabeln (Stud. z. Gesch. d. Med. 2/3), 1908; F.J. PAYNE, On the 'Herbarius' and 'Hortus sanitatis', Trans. bibl. soc. 6 (1901/02 [1903]) 63–126; G. KLEIN, Zur Bio- u. Bibliographie Rößlins u. seines Rosengartens, Sudhoffs Arch. 3 (1910) 304–334; W.K. ZÜLCH, Der 'G.d.G.' von 1485 u. sein Frankfurter Verf., Frankfurter Post v. 2. Juni 1924; W.L. SCHREIBER, Die Kräuterbücher d. XV. u. XVI. Jh.s in: Hortus sanitatis/Deutsch. Peter Schöffer/ Mainz 1485 [Faksimile], 1924, S. I–LXIII; A.C. KLEBS, A catalogue of early herbals, mostly from the well-known library of Dr. Karl Becher, Karlsbad, with an introduction: Herbal facts and thoughts (L'art ancien bulletin 1), Lugano 1925 [grundlegend]; H. AMSLER, Ein hsl. illustrierter Herbarius aus d. Ende d. 15. Jh.s, Diss. Zürich 1925; F. HOMMEL, Zu d. Quellen d. ältesten Kräuterbücher, in: Fs. A. Tschirch, 1926, S. 72–79; dazu: K. SUDHOFF, Mitt. z. Gesch. d. Med. u. d. Naturwiss. 26 (1927) 51 (f.); J. SCHUSTER, Secreta salernitana u. G. d. G., in: Mal. Hss., Fs. H. Degering, 1926 (Neudr. 1973), S. 203–237; H. FISCHER, Mal. Pflanzenkunde (Gesch. d. Wissenschaften. Gesch. d. Botanik, 2), 1929 (Neudr. 1967); H. RÖTTINGER, Der Frankfurter Buchholzschnitt 1530–1550 (Stud. z. dt. Kunstgesch. 293), Straßburg 1933; A.C. KLEBS, Incunabula scientifica et medica, Osiris 4 (1938) 1–359 (Neudr. 1963); A. SCHMID, Über alte Kräuterbücher, Bern 1939; H. MARZELL, Wörterbuch d. dt. Pflanzennamen, Iff., 1941ff.; O. PÄCHT, Early Italian nature studies and the early calendar landscape, Journal of the Warburg Courtauld Inst. 13 (1950) 13–47, hier S. 25–37; O. BESSLER, Das dt. Hortus-Ms. d. Henricus Breyell (Nova acta Leopoldina, NF XV, 107), Halle/S. 1952; J. BENZING/H. PRESSER, Fünfhundert Jahre Mainzer Buchdruck, 1952; C. NISSEN, Die botanische Buchillustration, I–II, 1951 (²Graz 1966); H. DOLEZAL, Cuba [!], in: NDB III, 1957, S. 435f.; O. BESSLER, Prinzipien d. Drogenkunde im MA. Aussage u. Inhalt des Circa instans u. Mainzer Gart, Habil.schr. (masch.) Halle/S. 1959 2/1092 [grundlegend]; R.W. FUCHS, Die Mainzer Frühdrucke mit Buchholzschnitten 1480–1500, Arch. z. Gesch. d. Buchwesen 2 (1960) 1–129 [wertvoll]; A. PFISTER, [Begleittext zu:] De simplici medicina. Kräuterbuch-Hs. aus d. letzten Viertel d. 14. Jh.s, Basel 1961, S. 3–7; J. BENZING, Die Buchdrucker d. 16. u. 17. Jh.s im dt. Sprachgebiet, 1963; K.E. HEILMANN, Kräuterbücher in Bild u. Gesch., 1966 (²1973), S. 88–148 [Vorsicht!]; L. BEHLING, Die Pflanzen in d. mal. Tafelmalerei, 1957 (²1967), S. 88–96; E. SHAFFER, The Garden of Health. An account of two herbals, the Gart der Gesundheit and the Hortus Sanitatis, California 1957; H. PRESSER, Johannes Gutenberg in Zeugnissen u. Bilddokumenten, 1968; H. WALTHER, Johann Tallat v. Vochenberg, Sudhoffs Arch. 54 (1970) 277–293; F. GELD-

NER, Die dt. Inkunabeldrucker, I–II, 1968–1970; C. WEHMER, Dt. Buchdrucker d. 15. Jh.s, 1971; W. D. MÜLLER-JAHNCKE, *Deßhalben ich solichs an gefangen werck vnfolkomen ließ*. Das Herbar [!] des 'Codex Berleburg' als eine Vorlage des 'Gart der Gesundheit', Dt. Apoth.-Ztg. 117 (1977) 1663–1671 [grundlegend]; E. B. MORGAN, Studien z. spätmal. Kräuterbuch 'G. d. G.' Ein Beitrag z. dt. med. Fachprosa d. 15./16. Jh.s, Diss. (masch.) Columbus/Ohio 1977; J. BLOME, Transkription, Übers. u. systemat.-botanische Bearbeitung d. in d. Basler UB aufbewahrten Kräuterbuch-Hs. 'Circa instans' aus d. letzten Viertel d. 14. Jh.s, Diss. (masch.) Basel 1978 [Vorsicht!].
(1979)   G. KEIL

Gartenaere → Wernher der Gärtner

'Geißlerlieder'

1. Überlieferung. Die dt. 'G.' sind nicht wie das Gros des mal. Liedgutes in speziellen Liedersammlungen überliefert, sondern innerhalb der chronikalischen Berichte über das Auftreten der Geißler als literarische und musikalische Zeugnisse des Geißlergesanges. Das Singen von Liedern in der Volkssprache bezeichnen die Chronisten neben dem Geißlungsritual und der zeitlich begrenzten Bußfahrt (33½ Tage) als den hervorstechendsten Zug der Flagellanten: *multa cantantes Theutunis verbis* (Villinger Anniversarienbuch).

Die erste Nachricht eines dt. Geißlerliedes aus dem Jahre 1261 findet sich in einer (lat.) Wiener Chronik: *Ir slacht euch sere in Christes ere. Durch got so lat die sunde mere* (WATTENBACH, MGH SS IX 728; nur diese Anfangsverse). Die Hauptquellen der Lieder des Jahres 1349 sind das 'Chronicon' des Hugo → Spechtshart von Reutlingen (= R, Leningrad, Saltykov-Ščedrin-Bibl., Hs. O. v. XIV Nr. 6, hg. v. RUNGE mit Noten und einer Faksimileprobe), die 'Straßburger Chronik' des Fritsche → Klosener (= C, Chron. dt. St. VIII, S. 105–111), die → 'Magdeburger Schöppenchronik' (Chron. dt. St. VII, S. 204–207), die 'Limburger Chronik' des Tileman → Elhen von Wolfhagen (MGH, Dt. Chron. IV 1, S. 31–34) und eine nd. Hs. des 14. Jh.s (= O, Berlin, mgq 671, vgl. HÜBNER, Ausg., S. 98–104). Dazu kommen noch einige fragmentarisch überlieferte und unsichere Lieder (PFANNENSCHMID, S. 159f.; HÜBNER, Ausg., S. 207–215).

2. Ausgabe. A. HÜBNER, Die dt. Geißlerlieder. Stud. z. geistl. Volksliede d. MAs, 1931.

3. Der Bestand an echten Geißlerliedern ist gering; nur 4 von ihnen sind vollständig erhalten:

a) als eigentliches Geißlerlied im strengen Sinne kann nur die sog. 'Geißlerliturgie' gelten: *Nu tret her zů der bössen welle*, überliefert in unterschiedlichen Fassungen in R, C, O, der Limburger und Magdeburger Chronik (HÜBNER, Ausg., S. 93–164);

b) der Einzugsleis *Nu ist diu betfart so here*, der im 16. Jh. durch Wilhelm Eysengrein, Christian Wurstisen und Bernhard Hertzog tiefgreifende Umdichtungen erfahren hat;

c) das Maria-Ruflied *Maria mûter rainû maît*, das auch in nichtchronikaler Überlieferung bezeugt ist (JANOTA, S. 219 Anm. 1047);

d) das Maria-Prozessionslied *Maria unser frowe*, ein strophenreicher Ruf stark epischen Inhalts.

Einen ähnlichen Charakter wie c) und d) dürften die beiden Leise *O herre vader Jhesu Crist* und *Ez ging sich unse frouwe* gehabt haben, die die 'Limburger Chronik' mit den Eingangsversen zitiert. – Aufgrund einer Erwähnung des geistlichen Tageliedes *O starker got* in der 'Limburger Chronik' im Zusammenhang der Vorkommnisse des Jahres 1356 und vermeintlicher literarischer Parallelen glaubte HÜBNER *Dat dagelyt von der heiligen passien* (sog. 'Große Tageweise' Graf → Peters von Arberg) als kirchlich-orthodoxes Gegenstück zur Geißlerliturgie, 'die deutlich gegenkirchliche Spitzen' (Ausg., S. 171) enthalte, erklären zu können: zu Unrecht, wie die entstehungs- und gebrauchsfunktionale Untersuchung des Liedes ergab.

4. Die dt. Geißlerlieder verdienen nicht nur dadurch Beachtung, daß wir wie sonst selten bei geistlichen Liedern des MAs sehr genau über ihre Gebrauchsfunktion,

ihr Publikum und ihren entstehungsgeschichtlichen und situativen Kontext informiert sind, sondern auch durch den Umstand, daß Hugo von Reutlingen die von den Geißlern gesungenen Melodien aufgezeichnet hat. Deren musikhistorische Analyse erweist sie als paraliturgische Gesänge nach dem Typ der Wallfahrts- und Pilgerlieder. Sie stehen in der Tradition geistlicher Ruf-Formeln, Bittfahrtliedern sowie Passions- und Marienliedern. Anlehnungen an die Karfreitags-Improprien und die *Stabat mater*-Strophe sind offenkundig. Auch ihre Nachwirkung in dem Lied *Nun ist die Himmelfahrt also heilig* (b) in der 'Catholisch Geistlich Nachtigal' von 1666 (BÄUMKER, KL II, Nr. 183) oder in der Parodie der Berner Landsknechte auf das Hauptlied der Geißler (a), berichtet in der Berner Chronik → Justingers auf das Jahr 1350, deutet auf geistlich-kirchennahe Ursprünge. Ihre Erklärung als anonyme geistliche Volkslieder (HÜBNER) ist abwegig.

5. Das Verständnis der dt. Geißlerlieder erschließt sich aus der speziellen Bußtheologie und -praxis der Flagellanten, die ihre literarische Wurzel in der → 'Geißlerpredigt', mit deren wichtigsten Element, dem 'Himmelsbrief' hat: Durch *compassio* mit dem Leiden Christi, durch Maria am vollkommensten verwirklicht, versuchen die Geißler, Christi Zorn, der im 'Himmelsbrief' droht, die Menschheit wegen ihrer Sündhaftigkeit zu vernichten, zu besänftigen und für sich und stellvertretend für die Menschheit Sündenvergebung zu erwirken. Das seitens der Geißler angebotene Leistungsmittel als Ausdruck der *compassio* und *imitatio* Christi ist die 33tägige Bußfahrt und Geißelung nach vollzogener Beichte, die in *biht* (*confessio oris*), *püss* (*contritio cordis*) und *wider geben* (*satisfactio*) besteht. – Während sich die Lieder b, c und d in ihrer Verwendung als Einzugs- und Auszugs-, als Bitt- und Prozessionslieder erschöpfen, kommt Lied a die quasi-sakramentale Bedeutung eines Wortzeichens zu: das Lied ist integraler Bestandteil des Geißler-Rituals; es gliedert sich demnach gemäß dem Ablauf der Zeremonie in eine Einleitungsstrophe, in Gesänge, die die drei Geißelumgänge begleiten, und in gleichbleibende gesangliche Zwischenteile. Trotz der Vielfalt der Bezüge zeigt das Lied eine einfache und klar gegliederte Form, die auf einen planvoll arbeitenden Autor schließen läßt. Es als 'Stück Volksdichtung reinsten Charakters' (HÜBNER, Ausg., S. 163) zu interpretieren, läßt die musikalische, formale, inhaltliche und funktionale Analyse nicht zu.

Literatur. Die Lieder u. Melodien der Geißler d. J. 1349 nach d. Aufzeichnung Hugos v. Reutlingen, hg. v. P. RUNGE, 1900 (Neudr. 1969), S. 1–42; H. PFANNENSCHMID, Die Geißler d. J. 1349 in Deutschland u. den Niederlanden mit bes. Beziehung auf ihre Lieder, ebd., S. 87–221; HÜBNER, s. Ausg.; J. MÜLLER-BLATTAU, Geißlerlieder, in: MGG 4, 1955, Sp. 1620–1627; A. HÜBNER, Geißlerlieder, in: RL I, ²1958, Sp. 536f.; H. MOSER/J. MÜLLER-BLATTAU, Dt. Lieder d. MAs, 1968, S. 186–196; J. JANOTA, Stud. z. Funktion u. Typus des dt. geistl. Liedes im MA (MTU 23), 1968; G. STEER, *Dat dagelyt von der heiligen passien*. Die sog. 'Große Tageweise' Graf Peters von Arberg, in: Beitr. z. weltl. u. geistl. Lyrik d. 13. bis 15. Jh.s, hg. v. K. RUH u. W. SCHRÖDER, 1973, S. 112–204; V. MERTENS, Peter v. Aarberg, Minnesänger, ZfdA 101 (1972) 344–357; ders., Der Ruf – eine Gattung des dt. geistl. Liedes im MA?, ZfdA 104 (1975) 68–89; B. KOELLIKER, Das Geißlerlied '*nu tret her zů der bōssen welle*' u. d. Geißlerritual, in: Philologie u. Geschichtswiss., hg. v. H. RUPP (medium literatur 5), 1977, S. 92–105.

(1979)   GEORG STEER

Glichesaere → Heinrich (Verfasser des 'Reinhart Fuchs')

Gottfried von Straßburg

Inhalt. I. Leben. – II. Werke (Datierung, Echtheit). – III. Überlieferung des 'Tristan', Überlieferungsgeschichte, Textkritik. – IV. Ausgaben. – V. Quellen. – VI. Problemansatz und Strukturprogramm. – VII. Form, Sprache, Stil. – VIII. Wirkungsgeschichte. – IX. Forschungsgeschichte. – X. Literatur.

I. Leben.

Wie fast alles, was wir über Gottfried von Straßburg (G.) und seinen Tristanroman zu wissen glauben, nur indirekt erschlossen ist, sogar vom Dichter selbst wie mit einem Schleier überdeckt scheint, so auch sein Leben. Historisch in keiner Weise bezeugt und auch selbst, trotz zahlreicher Selbstaussagen, alles Persönliche im Dunkeln lassend, lebt er – nach seinem Tod – nur in der volkssprachlich-literarischen Tradition mit dem Namen 'Gottfried', dem Ort 'Straßburg' und dem Titel *meister* als einer festen Größe. Namen und Ort (kein Adelsname!) müssen wir glauben; für Gebrauch und Bedeutung von *meister* kann nur der breite aber nicht eindeutige Kontext in der zeitgenössischen und späteren Literatur-Terminologie in Anspruch genommen werden; erst die →'Heidelberger Lhs. C' gibt ihm durch Ort und Bild die Eindeutigkeit des (vorlesenden) *magisters* (f. 364). Aus den Anspielungen, Reflexionen, Metaphern und der rhetorischen Kunst seiner Erzählung hat man seit je auf eine auch lateinisch-artistische und französische hohe Bildung des Autors geschlossen, auch auf gute Kenntnis des Laienrechts und der höfischen Sachkultur und Musik. Seine Charakterisierung als 'Bürger' ist wegen der Verschwommenheit, mit der der Begriff meist gebraucht wurde, blind; ob er möglicherweise am Bischofshof oder in der städtischen Verwaltung Amt und Rang hatte, wie er zu zeitgenössischen Ereignissen stand, bleibt reine Spekulation.

Die ersten 10 kunstvollen Vierer-Strophen des Tristan-Prologs ergeben das Akrostichon G. DIETERICH. 'Dietrich' ist wohl als Widmung an einen Gönner oder Freund zu verstehen, 'G' als Abkürzung entweder für seinen Titel (Graf?) oder für 'Gottfried'; leider wird auch 'Dietrich' uns in keinem historischen oder literarischen Zusammenhang greifbar. Die folgenden zwei und weitere, die Erzählung (bis v. 12507) gliedernde, ebenso gebaute Strophen ergeben akrostichisch z. T. die sich 'umarmenden' Namensanfänge TRIS und ISOL, andere könnten G.s Namen darstellen. Seinen Tod, ohne daß er den 'Tristan' zu Ende führen konnte, beklagen insbesondere seine Fortsetzer: → Ulrich von Türheim und → Heinrich von Freiberg.

II. Werke (Datierung, Echtheit).

a. Das Werk G.s ist der Versroman von Tristan und Isold. Auch für seine Datierung gibt es nur die indirekten Hinweise, die G. selbst an zwei Stellen seiner Erzählung gibt: auf seine Vorlage (Thomas von Britanje: v. 149–166, Datierung zwischen 1155 und 1190) und vor allem in dem sog. Literaturexkurs, einer kritischen Revue von deutsch dichtenden Vorgängern und Zeitgenossen von höchstem Niveau anläßlich seiner poetologischen Reflexionen über die Darstellung von Tristans Schwertleite (v. 4589–4820). Er nennt hier rühmend →Heinrich von Veldeke (v. 4723 ff.) und den Minnesänger →(Reimar) von Hagenau (v. 4748 ff.) als schon gestorben, an Lebenden →Hartmann von Aue (v. 4621 ff.), → Bligger von Steinach (v. 4681 ff.), den Sänger →(Walther) von der Vogelweide (v. 4792 ff.), dazu einen Ungenannten (v. 4665 ff.), dessen Kunst er scharf verurteilt; obwohl die Wendungen, die er gegen ihn gebraucht, sich für diesen nicht eindeutig präzisieren lassen, sieht man in ihm fast durchweg und wohl mit Recht →Wolfram von Eschenbach.

Die wenigen und meist auch nur indirekten chronologischen Hinweise, die sich mit all dem ergeben, verweisen auf die Jahre zwischen 1200 und 1220. Eine längere polemische Kontroverse zwischen G. und Wolfram hin und her, die man aus Texthinweisen zu belegen suchte, und ihre Chronologie stützen sich auf zu vage Kombinationen.

Das Abbrechen des Gedichts mit v. 19548, mitten in der Exposition zum dritten Teil der anderen Fassungen, hat immer wieder Spekulationen herausgefordert. Die Fortsetzer begründen es mit seinem Tod (s. o. I.). Natürlich wäre auch denkbar, daß er die äußerst anspruchsvolle Arbeit vorzeitig aus der Hand legte. Vor allem schien manchen Erklärern mit dem Abschied des Paares voneinander (v. 18245–18600) G.s Absicht so durch- und zu Ende geführt, daß er den kurzen Neuansatz danach bald abgebrochen hätte. Aber schon mit dem Prolog hat G. jedenfalls die ganze Geschichte bis zum Tod des Paares ins Auge gefaßt, und die Tatsache, daß die akrostisch geschmückte Gliederung schon länger vorher abbrach (mit v. 12507), läßt auf eine geplante Überarbeitung, allerdings nicht sicher auf den geplanten Umfang schließen.

b. Die ältere →'Heidelberger Lhs. A' bringt unter dem Namen Gottfried von Straßburg ein Minnelied (6 zehnzeilige Strr., f. 266, Nr. XXI). Es sollte wohl, wie auch die hier z. T. fragmentarische, z. T. unechte Lied-Überlieferung Hartmanns (Nr. XVI) und Wolframs (Nr. XVII), den berühmten Autor unter den Liederdichtern belegen. In der Lhs. C ist es, vom Grundstock-Schreiber und -Maler, unter dem Namen G.s aufgenommen (s. o. I.) und ein religiöses (Maria und Christus) und ein Spruchgedicht (über Armut) hinzugefügt: dieses (22 siebenzeilige Strr.) nur hier überliefert, jenes (in C 63 vierzehnzeilige Strr.) in seinem ersten Teil anonym (mit 36 Strr.) auch im Nachtrag der →'Weingartner Lhs. B' (S. 229–238) und (mit 11 Strr.) in dem Karlsruher cod. Germ. Perg. XXXVIII aus St. Georgen (120ʳ–124ᵛ). Alle gelten mit Recht als unecht und spät (Lit. KLD Nr. 16; L. WOLF, 1924; STEINHOFF, 1971, Nr. XVII, GANZ, 1978, Einleitung), aber die Namenstradition verdiente neue überlieferungsgeschichtliche Erwägungen.

c. Nicht in seinem Lob G.s in seinen Literatenkatalogen, sondern an späterer Stelle des 'Alexander' inhaltlich motiviert (v. 20621–20631) gibt →Rudolf von Ems den Inhalt eines 'Sangs' des *wisen meister Gotfrit* über *daz glesin gelücke* wieder. Das findet sich z. T. wörtlich wieder in einem 12-zeiligen Spruch, den die 'Heidelberger Lhs. C' in einem Anhang an das authentische Œuvre →Ulrichs von Lichtenstein bringt (Str. 308), zusammen mit einem formgleichen über *mîn unde dîn* (Str. 307, beide abgedruckt KLD 16,I und II unter G.s Namen; zum Thema der *vitrea fortuna* s. dort Bd. 2; Lit. STEINHOFF, 1971, Nr. XVI). Das Zeugnis Rudolfs hat mehr Gewicht, und wenn auch in beiden Sprüchen kaum spezifisch Gottfriedisches zu entdecken ist, so mag das mit an der anderen Gattung liegen. Aber der Zusammenhang ist doch zu vage, um das häufige Urteil der Echtheit zu rechtfertigen.

III. Überlieferung des 'Tristan', Überlieferungsgeschichte, Textkritik.

G.s 'Tristan' ist vollständig (d. h. bis zum Abbrechen mit v. 19548) in 11 Hss. auf uns gekommen (M H F W B N O E R S P), dazu sind bisher 16 Fragmente bekannt (s. MAROLD/SCHRÖDER; dazu Nachtrag: r ist erhalten als Ms. germ. oct. 5 in der StB u. UB Frankfurt am Main: H. BECKERS, ZfdA 105 [1976] 264 Anm. 8). Für die Überlieferung ist charakteristisch, daß a) '9 Fragmente 13. Jahrhunderts (a f m t h s z z¹ l) für 8 vollständige Tristan-Handschriften neben M und H' eine dichte frühe Überlieferung bezeugen (SCHRÖDER), b) von diesen und auch von den späteren Überlieferungszeugen eine erstaunliche Zahl mit alemannisch-elsässischen Sprachmerkmalen auf Herkunft von dort schließen läßt, und c) von den vollständigen Hss. nur W Gottfrieds Text in Alleinüberlieferung gibt, M H B N unmittelbar, R und S nach →'Tristan als Mönch', die Erzählung mit der Fortsetzung von Ulrich von Türheim zu Ende führen, F O E mit der Fortsetzung von Heinrich von Freiberg, P mit der Bearbeitung von →Eilharts 'Tristrant'.

Darüber hinausgehende Mitüberlieferung haben nur H (Heidelberg, cpg 360) mit → Freidank (Forts. als cpg 349 gebunden); F (Florenz, Bibl. Naz. Centrale, cod. B.R. 226) mit Hartmanns 'Iwein'; B (Berlin, mgq 284) nach der →'Sächsischen Weltchronik', Kleinepik, des Markgrafen von → Hohenburg Tagelied KLD V und Walther von der Vogelweide 30,12 + Anm. zu 30,18 (= LACHMANNS O).

Bilder enthalten M, B und R. Die Münchener Hs. M (cgm 51) gehört mit 'Parzival' G (cgm 19) und Rudolfs von Ems 'Willehalm' (cgm 63) zu einer aufwendig ausgestatteten Serie oder Werkstattarbeit in der 1. Hälfte des 13. Jh.s, vielleicht in Straßburg; im 'Parzival' und 'Tr.' sind 2 bzw. 15 Blätter mit Bildstreifen in lavierter Federzeichnung vor stark farbigem Hintergrund nachträglich eingebunden; die erste Schreiberhand des 'Parzival' schrieb auch den 'Tr.'; Rudolfs 'Willehalm' beginnt mit dem ersten profanen Autorenbild in dt. Texten; die 3 Hss. kamen erst spät in der Münchener Bibliothek zusammen, über Entstehung und Vorgeschichte gibt es höchstens Vermutungen. B (Hist. Arch. d. Stadt Köln, Nr. *88), mittelfrk., 14. Jh., zierlich ausgestattet, hat 7 spaltenbreite Miniaturen. R (Brüssel, Bibl. Royale, Ms. 14697), um 1440, hat 92 kolorierte Federzeichnungen aus der Werkstatt Diepold Laubers (H. FRÜHMORGEN-VOSS, Text u. Illustration im MA. Hg. u. eingeleitet v. N. H. OTT [MTU 50], 1975, S. 17–25; zur Ausstattung und Geschichte aller vollständigen 'Tristan'-Hss. s. jetzt P. J. BECKER, Hss. u. Frühdrucke mhd. Epen, 1977, S. 40–62).

Obwohl, nach dem bis heute öfter wiederholten Urteil von MAROLD, 'die Überlieferung viel einheitlicher ist, als man bisher glaubte' (S. LXV), hat doch erst F. RANKES großer Aufsatz (Die Überlieferung zu G.s Tristan, ZfdA 55 [1917] 157–278, 381–438 [Nachdr. 1974] – für eine 'Neubearbeitung der BECHSTEINschen Ausgabe' unternommen) der textkritischen Arbeit bis dahin die im wesentlichen noch heute geltenden methodischen Grundsätze gegeben: im 13. Jh. fast ausschließlich und auch später vorwiegend elsässische Überlieferung, häufige Kontamination von Vorlagen. Aufgegeben wurde erst neuerdings seine, diese Beobachtungen personifizierende, Hypothese, ihr Urheber sei jener *maister Hesse, von Strasburg de scribaere*, den Rudolf von Ems zum Weiterdichten seines 'Willehalm von Orlens' als sachverständigen Beurteiler von *getihten* rhetorisch zu Hilfe ruft (hg. v. JUNK, v. 2279–84); dieser sei insbesondere für die 'iweinisierende' Textredaktion der ältesten Handschrift M (und des Münchener 'Parzival' G, s. o.) verantwortlich und identisch mit einem zwischen 1230 und 1240 bezeugten *notarius burgensium* Hesse in Straßburg. Diese Hypothese RANKES ist seit G. BONATHS anderer Beurteilung von 'Parzival' G und 'Tr.' M (Unters. z. Überl. des Parzival Wolframs v. Eschenbach I [German. Stud. 238], 1970) allgemein aufgegeben; die Hinweise aber, daß im Elsaß (Straßburg?) seit den 1230er Jahren ein Zentrum der Sammlung und Überlieferung deutscher Texte der vorangehenden 'klassischen' Literatur überhaupt wirkte und ausstrahlte, bleiben gültig und wären weiter zu verfolgen.

IV. Ausgaben.
Zu den vielen Rätseln von Gottfrieds 'Tr.' gesellt sich der philologische Befund, daß nicht eine maßgebliche Ausgabe zu zitieren ist, sondern daß drei Ausgaben der letzten hundert Jahre heute erneuert nebeneinander zu haben und je für ihren Zweck zu gebrauchen sind: F. RANKE, G. v. St.: Tristan u. Isold. Text, 1930 (zit.); K. MAROLD, G. v. St.: Tristan, 1906, und R. BECHSTEIN, G. v. St.: Tristan (Dt. Klassiker d. MAs 7/8), 1869/70.

R. BECHSTEINS kommentierte Ausgabe hat 1978 P. GANZ (nach der 3. Ausg. 1890/91 [Dt. Klassiker d. MAs NF 4]) wieder herausgegeben und in Kommentar und Anmerkungen vorsichtig auf den heutigen Forschungsstand erneuert. K. MAROLDs Ausgabe ist bis heute die einzige mit Hss.beschreibungen und kritischem Apparat ausgestattete geblieben. Als solche hat sie W. SCHRÖDER 1969 wieder herausgeben. Die maßgebliche Ausgabe ist die von F. RANKE, von der 1930 der bloße Text ohne Vorwort und Rechenschaft erschien, der dort am Ende für 1931 angekündigte zweite Band ist nie erschienen. Nur in einer knappen Auswahl in den 'Altdt. Übungstexten' hat RANKE (1946) auch seinen Apparat demonstriert.

Da in RANKES († 1950) Basler Nachlaß keine größeren Vorarbeiten für den zweiten Band seiner Ausgabe gefunden wurden, hat es E. STUDER übernommen, ihn neu zu erarbeiten (s. SCHRÖDER, S. 300). Zur Aushilfe bis zum Abschluß dieser großen Aufgabe hat W. SCHRÖDER (1969) die Ausgabe MAROLDs 'mit einem durch F. RANKES Kollationen erweiterten und verbesserten Apparat (eingearbeitet durch E. J. SCHMIDT) besorgt und mit einem Nachwort versehen' nochmals herausgegeben; die Nachweise zu den Hss. von H. H. STEINHOFF hat dieser 1971 ergänzt.

V. Quellen.
G. folgt einerseits im wesentlichen der Handlungsfolge und -Verknüpfung 'des' 'Tristan', d.h. aller in dieser Hinsicht ja erstaunlich übereinstimmenden erschließbaren Gesamt- und Episoden-Erzählungen, die, auch mit einer weiten ikonographischen Ausstrahlung (s. N. H. OTT, Katalog d. Tristan-Bildzeugnisse, in: FRÜHMORGEN-VOSS [s. o. III.], S. 140–171), seit dem späteren 12. Jh. in ganz Europa bekannt wurden. Andererseits durchflicht und überdeckt G. seine Erzählung so intensiv mit einem komplexen Koordinatennetz von Reflexionen, daß jede 'Nacherzählung' die seine bis zur Unkenntlichkeit verfälschen muß. Diese Lage setzt G. selbstbewußt auseinander gleich bei der Quellenberufung im Prolog (v. 91–166): *Ich weiz wol ir ist vil gewesen, / die von Tristande haben gelesen, / und ist ir doch niht vil gewesen, / die von im rehte haben gelesen*. Dennoch will er sie nicht tadeln, denn *si taten ez in guot*. Gleichwohl hat er selbst lange in *walschen und latinen buochen* nach der 'rechten' Fassung gesucht, die er schließlich bei Thomas von Britanje fand und der er folgt.

In der Tat sind die Differenzen in der Anlage der Erzählung sogar zwischen einer sog. spielmännischen Fassung, die am deutlichsten die Fragmente des französischen Romans von Béroul und der deutsche von Eilhart von Oberg repräsentieren, und einer sog. höfischen Fassung, vor allem in den Fragmenten von Thomas und G., abgesehen von Details und von Form, Ton und Stil, relativ gering, so z. B. das Fehlen von Artusauftritten, besonders der Episode von Artus und der Wolfsfalle, die andere Fassung des Waldlebens, der ganzen Vorgeschichte, des Gerichts über Isold, die Einfügung der dort nicht vorhandenen Episoden von Gandin und Petitcreiu (den bei G. nicht mehr ausgeführten Teil übergehe ich); die Konzeption des Erzählten berühren sie nur oberflächlich. Auch die Stellen, wo G. ausdrücklich gegen Fassungen polemisiert, die sich bei Eilhart finden (322 ff. = Eilhart 75 ff.; 5967 ff. = Eilhart 431 ff.; 8605 ff. = Eilhart 1381 ff.; 8621 ff. = Eilhart 1473 ff.; 10875 ff. = Eilhart 2053 ff., 2106 ff., 2115 ff.: nach EHRISMANN, LG II 302), setzen keine direkte Kenntnis Eilharts voraus, sondern könnten sich zum Teil schon bei Thomas gefunden haben. Denn auch was G. von Thomas übernommen hat, bleibt oft hypothetisch: die erhaltenen Thomas-Fragmente überschneiden sich mit dem G.s nur an zwei Stellen: im Fragment Cambridge mit G. v. 18169–313 und im Fragment Sneyd mit G.s Schluß ab v. 19420, und die vergleichende Arbeit mit anderen Thomas-Derivaten, vor allem der norwegischen 'Tristramssaga' und dem englischen 'Sir Tristrem', hat Vieles nicht sichern können; doch wird z. B. sogar die o. a. Quellenberufung G.s auf Thomas eine schon bei Thomas vorhandene Berufung auf *Bréri* (= *Bledhericus* des Giraldus Cambresis und *Bleheris* des 'Elucidation'-Prologs zu Chrétiens 'Conte del Graal'?) voraussetzen. Zu allen Tristan-Texten und zur Stoffgeschichte kann hier nur auf die Forschungsgeschichte verwiesen werden: zuletzt zusammenfassend K. O. BROGSITTER (Artusepik, ²1971, S. 97–116); jährlich fortlaufende Bibliographie: Bulletin Arth. Paris, s. v. Tristan und bei den einzelnen Autoren.

VI. Problemansatz und Struktur-Programm.

G.s Gestaltung 'des' 'Tristan' beruht, wie gesagt, auf einem komplexen Koordinatennetz von Reflexionen, das alle Gesichtspunkte des Inhalts und der Form zusammenhält und sowohl seine Erzählstruktur ganz durchdringt wie in zahlreichen Einwürfen, Kommentaren und Exkursen des Autors sich äußert.

Versucht man, jenseits isolierter Details und jenseits der zahlreichen Forschungs- und Deutungs-Kontroversen, G.s Werk aus diesem Zusammenhang zu klassifizieren, so ergibt sich (freilich in äußerster Verkürzung) folgendes Bild.

a. Problemansatz.

G. will ein *senemaere* schreiben, einen Minneroman. Er bezieht sich in seinen poetologischen Reflexionen (zur Darstellung der Schwertleite Tristans: s. o. II.) auf die dafür wichtigsten deutschen Vorgänger Veldeke, Hartmann und den 'Ungenannten' (Wolfram) und auf die Minnesänger Reimar und Walther (Literaturexkurs), französische Beispiele nennt er nicht außer seiner Vorlage Thomas. Im Gegensatz vor allem zu den gesellschaftlich harmonisierenden Minneromanen Chrétiens will er aber, mit der *liebe-leit*-Formel programmiert, eine 'andere' Minne erzählen: die zwangshafte (Liebestrank) und unharmonisierbare (Ehebruch) *grande passion*. Er greift damit einen Problemansatz der Minne auf, der vor und neben den genannten Romanen den hochmal. Literaturen durchaus bekannt war (auch Chrétien hat ihn mit seinem 'Lancelot' aufgegriffen: s. zuletzt HAUG, 1978). Mit dem Tristanstoff und mit seiner Reflexion setzt er die Minne einer geradezu zerreißenden Dialektik aus, die er als Liebesnorm der 'Gemeinde' der *edelen herzen* (Prolog v. 45–70) vorbehält. Die positive Wirkung dieser *liebe-leit*-Minnegeschichte Tristans und Isolds steigert gleich der Prolog bis zur Evangeliums- und Sakraments-Analogie: *Ir leben ir tot sint unser brot* (v. 257) – deren Deutung immer neue Forschungskontroversen erzeugt.

Die damit untrennbar und in jedem Augenblick verbundene *leit*-Komponente besteht nicht eigentlich in den gesellschaftlichen Komplikationen, sondern in den Auswirkungen der zwangshaften, ins Absolute gesteigerten Liebesbindung selbst, von G. mit einer geradezu bestürzend rationalen Weltweisheit immer wieder herausgehoben, die die Liebenden vom Anfang ihrer Bindung an (Isolds Mordversuch an Brangäne) zugleich ihrer personalen Integrität beraubt zeigt und sie konsequent absteigend in Selbstverlust, Elend und zuletzt in den Tod führt.

Gerade diese Zerreißprobe ist der Gegenstand auch aller Reflexionen G.s über die sakramentale Vorbildlichkeit und den zerstörerischen Weg der irdischen Liebe. Es ist so kein Wunder, daß alle Versuche einer einheitlichen Deutung und zeitgeschichtlichen Einordnung des Werks der Forschung bis heute nicht gelungen sind.

b. Strukturprogramm.

Der Gesamtkonzeption, die allen überlieferten Fassungen zugrundeliegt – 1. Tristans Weg zur Minne mit Isold, 2. und 3. ihre Minne in je einer Sequenz von Ehebruchsepisoden, die sie in ihrem äußeren Schicksal abwärtsführen: in 2. am Markehof im Konflikt-Dreieck Marke-Isold-Tristan bis zum Waldleben und Tristans Abschied, in 3. Tristan in der Fremde nun selbst im Konflikt-Dreieck zwischen Isold und der Ehe mit einer andern Isold (Weißhand), bis zur Vereinigung des Minnepaares erst im Tod und Grab –: dieser Konzeption folgt auch G. in ihrem Verlauf.

1. Jedoch steht bei ihm der erste Teil, Tristans Weg bis zur Minne mit Isold, deutlich unter staatsrechtlichen Aspekten (nicht märchenhaften wie z. B. bei Eilhart). Schon die Geschichte der Eltern und der Geburt Tristans: die rasche Minne und der rasche Tod Riwalins von Parmenie und Blanscheflurs, der Schwester Markes, des Königs von Kurnewal und Engelland, hat als Rahmen eine rechtlich fragwürdige Lehensfehde Riwalins mit *le duc* Morgan; später, als Tristan nach seiner Schwertleite den Tod seines Vaters rächt, läßt sie, wegen Blanscheflurs Flucht von zuhause mit Riwalin (*elopement*), Zweifeln an seiner ehelichen Geburt Raum (COMBRIDGE, Kap. 1). Tristan setzt sich dann – als angebliches Kind des treuen Marschalls Rual dem Zugriff Morgans entzogen, als Wunderkind in allen aristokratischen Künsten von Kaufleuten beim Schachspiel entführt und an der kurnewalischen Küste wieder ausgesetzt – sehr berechnend in die Gunst Markes. Als der treue Rual ihn dort wiederfindet, setzt ihn Marke zum Thronfolger ein (Avunculat) und bereitet ihm die Schwertleite (s. o.). Als dann Morold, Bruder der irischen Königin Isold, der Mutter Isolds, eine schimpfliche Zinsknechtschaft Englands (Kindertribut) erneuert, wagt Tristan als einziger den angebotenen Zweikampf und erschlägt Morold (Holmgang). Markes Länder sind damit rechtlich frei, in Irland erwartet jeden der Tod, der aus ihnen kommt. Aber eine Wunde von Morolds vergiftetem Schwert, die niemand heilen kann als die irische Königin Isold, und ein Splitter aus Tristans Schwert, den ihre Tochter Isold im Kopf des heimgeführten Morold findet und verwahrt, binden Tristan an Irland. Als Spielmann Tantris, unerkannt, läßt er sich von der Königin heilen und lehrt die junge Isold seine musikalischen Künste sowie *moraliteit* (v. 8004 ff.). Als nach seiner Heimkehr die englischen Barone eine exogame Ehe Markes fordern, dieser, um sie abzuwehren, der unmöglichen Werbung um die junge Isold zustimmt, übernimmt sie Tristan (prokuratorische Brautwerbung) – trotz seiner Erbrechte in England und seiner Gefährdung in Irland. Die Befreiung Irlands von öffentlichem Unheil durch einen Drachensieg, für den Isold ausgelobt war, erwirbt ihm ein persönliches Recht auf ihre Hand, und er übersteht ihre Rache, als sie ihn an der Schwertscharte als Mörder ihres Onkels erkennt: sie verzichtet darauf sowohl aus *wipheit* (v. 10277) als auch, weil Tristan von der Königin Isold als wahrer Drachensieger gegen einen falschen Prätendenten, den Truchseß, ausgespielt werden muß. Diese Schlußkomplikation verschiedener widerstreitender Rechte löst sich in einem feierli-

chen Staatsakt, bei dem Tristan für Marke Frieden mit Irland schließt und Isold als Frau für Marke überantwortet erhält. (Eine prokuratorische Eheschließung ist aber nicht erkennbar: COMBRIDGE, Kap. II.) Weil aber diese Frieden und ein neues englisches Erbrecht stiftende Königsehe in der Fremde und geradezu gegen den Willen ihrer beiden Partner zustande kommt, gibt die irische Königin Isold der Vertrauten der jungen Isold, Brangäne, einen Liebeszauber (Minnetrank) mit, der als Trank in der Hochzeitsnacht beide leiblich und seelisch unlösbar binden soll – ein letztes Requisit der irischen schwarzen Magie. (Die junge Isold hält G. davon frei!)

2. Diesen Liebeszauber trinken Isold und Tristan zusammen auf dem Schiff – durch ein Versehen, aber gerade so verursacht er ihren Schicksalsweg: als leiblicher Liebeszwang und als höchster irdischer personaler Wert, bei G. noch uneingeschränkter (ohne Frist!) als in allen anderen Fassungen. Und wie dort sind auch bei ihm nur die Verleumder und Entdecker der Liebeszusammenkünfte Tristans und Isolds moralisch verurteilt, ebenso Markes *zwivel*, der nie die eindeutige öffentliche Überführung des Paares erlaubt (COMBRIDGE, Kap. IV). Dieses *poisun* hatte schon Chrétien einer französischen Fassung der Tristanminne verdacht (s. Chrétiens Lied *Ains del beveraije nebui* [gedr. MF Anm.n. S. 443] und die Kontrafakturen Heinrichs von Veldeke MF 58, 35 und → Berngers von Horheim MF 113, 1), und die Forschung des 19. und 20. Jh.s will sich psychologisch nicht damit zufrieden geben. Aber auch G.s Reflexionskunst spart jede Erklärung dafür aus, so vieldeutig gerade er die Beziehung Tristans und Isoldes zueinander darstellt.

Tristan lebt zunächst in enger Wohngemeinschaft mit dem Königspaar, und das Dreiecksverhältnis, Isold zwischen Marke und Tristan, bestimmt diesen Teil. (Tristan bleibt auch präsumptiver Thronfolger, falls Isold keinen Erben gebiert.) Brangäne vertritt Isold in der Hochzeitsnacht bei Marke, Isolds Mordanschlag gegen sie, weil sie der Mitwisserin mißtraut, bestätigt deren Treue. Die Gandin-Episode – Marke läßt Isold von einem irischen Rottenspieler entführen, weil er sich durch ein voreiliges Versprechen (*rash boon*: s. W. HAUG, 1978, S. 9 Anm. 17) gebunden hat, Tristan, der gerade abwesend war, bringt sie durch eine List Marke zurück (Artus-Parallele?) – bewahrt Isold dem König. Bald aber bringt Beobachtung (Marjodo) der Liebenden eine Episoden-Serie von Listen und Gegenlisten in Gang, bis der im Zweifel bleibende Marke auf Rat eines Konzils von Isold das Gottesurteil des glühenden Eisens verlangt, sie durch eine mit Tristan verabredete Intrige einen nur formal richtigen Eid vorlegt und das Gottesurteil besteht. G.s Kommentar (15733–15750: *daz der vil tugenthafte Crist / wintschaffen alse ein ermel ist* zum *gelüppeten eit*) gehört zu den umstrittensten Deutungsproblemen (zum Rechtsverfahren und zu Deutungsversuchen COMBRIDGE, Kap. III). Tristan, der außer Landes gegangen war, sendet das Hündlein Petitcreiu, ein Feengeschenk, durch einen Riesensieg von Herzog Gilan erworben (nochmals *rash boon*), an Isold, sie aber bricht seine Schelle, die alles Leid vergessen macht, ab. Tristan kann zurückkehren, aber nach kurzer Sicherheit verbannt Marke in neuem Zweifel das Paar friedlos vom Hof (Waldgang?), G. aber verkehrt dieses 'Waldleben' in eine positive Minneallegorie: die Grotte wird durch Allegorese als Minne gedeutet, und die paradiesische Einsamkeit des Paares (*locus amoenus*) in die 'ideale' Irrealität der Allegorie überhöht (sie brauchen nicht Essen und Trinken!), das *leit* der Minne zitieren sie nur herein durch ihre Lieder von antiken Mythen; als Marke sie schließlich entdeckt, schlafen sie auf dem kristallenen Bett der Minne, Tristans Schwert zwischen sich, und Marke, wieder aus dem Zweifel, deckt den Sonnenstrahl ab, der Isold trifft. Nach der Heimkehr entdeckt aber bald Marke selbst ihr erneutes Liebestreffen im Garten; ehe er Zeugen holen kann, verabschiedet sich Tristan von Isold in einem langen Liebesdialog (*lip*- und *leben*-Tausch v. 18344) vor seinem sonst sicheren Tod. Isold bleibt ungefährdet bei Marke.

3. Tristan sucht in der Fremde Kriegsdienste. Dabei gerät er in Arundel seinerseits in ein Dreiecksverhältnis zwischen 'seiner' fernen Isold, der blonden, und der schönen Schwester seines Freundes Kaedin, Isold mit den weißen Händen: sein *leit* um die ferne, sein *ouge ... daz mit ir namen versigelt ist* (19034f.), entzündet sich an dem Namen der nahen, Lust und Lockung der nahen aber vertritt ihm die fehlende Lust der fernen. In diesen ersten, immer neu ansetzenden, dialektischen Reflexionen Tristans bricht G.s Erzählung ab (v. 19548).

VII. Form, Sprache, Stil.

Die gedankliche Arbeit, die G. im Rahmen der zeitgenössischen Minnediskussion – und mehr noch gegen sie – an seine Erzählung des im wesentlichen vorgegebenen Liebesromans gewendet hat, erstreckt sich ebenso auf seine Form. Das *Gedæhte man ir ze guote niht, / von den der werlde guot geschiht...*, mit dem der erste Prolog das 'Gute' von Dichter und Hörer fordert, bezieht sie ebenso ein wie den Inhalt der Liebesproblematik – der Roman ist auch ein 'Roman über den Roman'. Daß G. offenbar souverän über die lat. Poetik und Poetologie seiner Zeit verfügt (jüngste Zusammenstellung bei GANZ, 1978, Einleitung), ist nicht einmal so erstaunlich wie die Steigerung und bewußte Ausdeutung aller Möglichkeiten der zeitgenössischen volkssprachlichen Epik (s. den Literaturexkurs).

Die traditionelle Form der Reimpaar-Vierheber erhält hier eine fast manieristische Geschmeidigkeit, indem sie alle Beweglichkeiten durch Enjambement, Reimbrechung, versetzte Betonung u. a. ausnutzt. Dazu kommt eine Sprachkunst mit allen Mitteln der Wortklänge, -wiederholungen, -variationen, Neologismen, die der Rede so etwas wie die 'unendliche Melodie' der wagnerischen Tristan-Musik verleiht. Daß die Vielzahl der rhetorischen und stilistischen Künste vor allem für ein unaufhörliches dialektisches Begriffspiel eingesetzt wird, verweist unmittelbar auf die inhaltliche Seite des Minneproblems.

VIII. Wirkungsgeschichte.

Als 'Klassiker' bleibt G. sogleich und durchs ganze MA lebendig, ausdrücklich beziehen sich die 'Manieristen' Rudolf von Ems und →Konrad von Würzburg auf ihn, aber auch zahlreiche mehr versteckte Wirkungen sind immer noch zu entdecken (WACHINGER). Dabei tritt aber der wohl von G. selbst (Kritik des 'Ungenannten' im Literaturexkurs) wie wieder von der Forschung herausgehobene Problem- und Stilgegensatz zu Wolfram eher zurück.

IX. Die Forschungsgeschichte
spiegelt immer neu die Tatsache, daß G. seine so bewußt zur Höhe der Reflexion gesteigerte Tristan-Erzählung zugleich in allen Hintergrunds- und Ideen-Beziehungen ebenso bewußt zu verschleiern scheint. Die wissenschaftsgeschichtlich sich ablösenden Ansätze, der stoffgeschichtlich genetische, der begrifflich-geistesgeschichtliche und seit neuestem auch ein funktional-strukturalistischer, haben fast unabsehbar Materialien und Deutungsmöglichkeiten angehäuft. Monokausale Erklärungen in jeder dieser Richtungen treten heute eher zurück; immer neue Kombinationen scheinen sich anzubahnen. Dabei wächst die Literatur sowohl zur Gesamtauffassung des 'Tristan' wie zu den einzelnen besonders strittigen Äußerungen G.s (s. o. VI. b.) immer weiter ins Unabsehbare. Es ist hier nicht möglich, die Kontroversen dieser verschiedenen Forschungsansätze auszubreiten, und auch im Literaturverzeichnis können nur repräsentative Beispiele aufgeführt werden.

X. Literatur.

Eine Gesamtbibliographie zu allen G.s Leben und Werk betreffenden Fragen gab zuletzt H. H. STEINHOFF, Bibliographie zu G. v. St. (Bibliographien z. dt. Lit. d. MAs 5), 1971. Für die Literatur seither s. die jährlichen Bibliographien im Bulletin Arth. und in 'Germanistik'. Literatur bis 1978 in Auswahl bei GANZ, 1978 (s. Ausg.n), Einleitung.

1. Forschungsberichte: H. FROMM, Zum gegenwärtigen Stand der Gottfried-Forschung, DVjs 28 (1954) 115–138; G. WEBER / W. HOFFMANN,

G. v. St. (Slg. Metzler 15), 1962, ³1968, S. 44–76; s. ferner STEINHOFF Nr. 8–23.

2. Sammelband zur Gottfried-Forschung: G. v. St., hg. v. A. WOLF (WdF 320), 1973.

3. Allgemeine Studien und Darstellungen: F. RANKE, Die Allegorie d. Minnegrotte in G.s 'Tristan' (Schr.n d. Königsberger Ges. 2), 1925 (= WdF 320, S. 1–24); H. DE BOOR, Die Grundauffassung v. G.s Tristan, DVjs 18 (1940) 262–306 (= Kl. Schr.n I, 1964, S. 136–172; WdF 320, S. 25–73); J. SCHWIETERING, Der 'Tristan' G.s v. St. u. d. Bernhardische Mystik (Abh. d. Preuß. Ak. d. Wiss. 1943/5) (= J. SCH., Mystik u. höf. Dichtung im HochMA, 1960, S. 1–35; Philol. Schr.n, 1969, S. 339–361); M. WEHRLI, Der Tristan G.s v. St., Trivium 4 (1946) 81–117 (= WdF 320, S. 97–133); G. WEBER, G.s v. St. 'Tristan' u. d. Krise d. hochmal. Weltbildes um 1200, 2 Bde, 1953; dazu die Vorstudien unter (fast) gleichem Titel, in: ZfdA 82 (1948/50) 335–388; W. MOHR, 'Tristan u. Isold' als Künstlerroman, Euph. 53 (1959) 153–174 (= WdF 320, S. 248–279); H. KUHN, Tristan, Nibelungenlied, Artusstruktur (MSB 1973/5), 1973; D. MIETH, Dichtung, Glaube u. Moral. Stud. z. Begründung einer narrativen Ethik mit einer Interpretation zum Tristanroman G.s v. St. (Tübinger Theol. Stud. 7), 1976; dazu K. RUH, AfdA 89 (1978) 117–129; W. HAUG, 'Das Land, von welchem niemand wiederkehrt'. Mythos, Fiktion und Wahrheit in Chrétiens 'Chevalier de la Charrete', im 'Lanzelet' Ulrichs v. Zatzikhoven u. im 'Lancelot'-Prosaroman (Unters. z. dt. Lit.gesch. 21), 1978.

4. Spezielle Abhandlungen: A. SCHÖNE, Zu G.s 'Tristan'-Prolog, DVjs 29 (1955) 447–474 (= WdF 320, S. 147–181); R. GRUENTER, Der vremede hirz, ZfdA 86 (1955/56) 231–237; A. WOLF, Zur Frage d. antiken Geistesgutes im 'Tristan' G.s v. St. (Innsbrucker Beitr. z. Kulturwiss. 4), Innsbruck 1956; R. GRUENTER, Bauformen d. Waldleben-Episode in G.s 'Tristan u. Isold', in: Fs. G. Müller, 1957, S. 21–48; K. KOLB, Der minnen hûs. Zur Allegorie d. Minnegrotte in G.s Tristan, Euph. 56 (1962) 221–247 (= WdF 320, S. 305–333); I. HAHN, Raum u. Landschaft in G.s 'Tristan' (Medium Aevum 3), 1963; R.N. COMBRIDGE, Das Recht im 'Tristan' G.s v. St. (Phil. Stud. u. Qu. 15), ²1964; G. MEISSBURGER, Tristan u. Isold mit d. weißen Händen. Die Auffassung d. Minne, d. Liebe u. d. Ehe bei G. v. St. u. Ulrich v. Türheim, Basel 1964; K. SPECKENBACH, Stud. z. Begriff edelez herze im Tristan G.s v. St. (Medium Aevum 6), 1965; H. FROMM, Tristans Schwertleite, DVjs 41 (1967) 333–350; I. HAHN, Zu G.s v. St. Literaturschau, ZfdA 96 (1967) 218–236 (= WdF 320, S. 424–452); U. SCHWAB, Lex et gratia. Der lit. Exkurs G.s v. St. u. Hartmanns Gregorius, Messina 1967; L. PFEIFFER, Zur Funktion d. Exkurse im 'Tristan' G.s

v. St. (GAG 31), 1971; W. HAUG, Aventiure in G.s v. St. 'Tristan', in: Fs. H. Eggers, 1972, S. 88–125; H. FROMM, G. v. St. u. Abaelard, in: Fs. I. Schröbler, 1973, S. 196–216; W. SCHRÖDER, Die von Tristande hant gelesen. Quellenhinweise u. Quellenkritik im 'Tristan' G.s v. St., ZfdA 104 (1975) 307–338; B. WACHINGER, Zur Rezeption G.s v. St. im 13. Jh., in: Dt. Lit. d. späten MAs. Hamburger Colloquium 1973, 1975, S. 56–82; W. MOHR, Tristan u. Isolde, GRM 57 (1976) 54–83; H. KOLB, Der Hof u. die Höfischen. Bemerkungen zu G. v. St., ZfdA 106 (1977) 236–252.

(1980)   HUGO KUHN †

'Granum sinapis'

Mystisches Gedicht aus dem Umkreis Meister → Eckharts mit lateinischem und deutschem Kommentar.

1. Überlieferung. Neun Hss. überliefern den Liedtext, alle bei RUH, S. 170f. Die mit großer Sicherheit erschließbare Filiation (Schema bei RUH, S. 181) zeigt an, daß der Text im frühen 14. Jh. im Thüringischen entstanden ist (originalnah die Hs. Basel, UB, cod. B IX 24 [B]), sich im Ostmd. verbreitete (Zeitz, Bücherei der Michaeliskirche, Nr. 347 [Z]; Breslau, UB, cod. IV F 88^e [Br]) und im 15. Jh. nach Nürnberg und an den Oberrhein gelangte (Karlsruhe, LB, cod. St. Peter pap. 9 [K1]; ebd., cod. Karlsr. 1222 [K2]; Nürnberg, StB, cod. Cent. VI 54 (2 Texte) [N1^{a,b}]; ebd., cod. Cent. VI 56 [N2]; Berlin, mgq 192 [Be]: K1-Be = Y-Gruppe). Vermittelnd zwischen ostmd. und nürnb.-alem. Überlieferung steht Wien, cod. 4868 [W], v. J. 1413, bair. mit md. Elementen. Der lat. Kommentar hängt an der md. Überlieferung (in B, Z, W), der deutsche an der nürnb.-alem. (in K2, N1^b, Be).

Ausgaben. HMS III 468; WACKERNAGEL, KL II 288f.; F. BECH, G.s, dt. Ged. u. lat. Commentar aus d. Zeitalter d. dt. Mystik, auszugsweise mitgeteilt (Progr. d. Kgl. Stifts-Gymnasiums in Zeitz, Schuljahr 1882/83; BARTSCH, Erlösung, S. 193–195; M. BINDSCHEDLER, Der lat. Kommentar zum G.s. (Basler Stud. z. dt. Sprache u. Lit. 9), Basel 1949 (zit.); K. RUH, Textkritik zum Mystikerlied 'G.s', in: Fs. J. Quint, 1964, S. 183–185 (zit.). Dazu zahlreiche Abdrucke in Anthologien.

Übersetzungen. BINDSCHEDLER, 1949, S. 39/41 (Lied), lat. Kommentar, ebd., S. 33 ff.; weitere Übertragungen des Liedes bei HAAS, S. 303 Anm. 11.

2. Das Lied.

Von einem solchen darf gesprochen werden, weil ein beliebter Sequenzstrophentypus vorliegt, von dem auch die Melodie erhalten ist: s. etwa Adam von St.

Viktor, Anal. hymn. 54, Nr. 120, Str. 14/15 (Genaueres zur Form RUH, S. 180f.).

Der gebräuchlich gewordene Titel stammt vom lat. Kommentator: '*G.s. de divinitate pulcherrima*'. Das Senfkorn, *parvum in substantia, magnum in virtute*, steht symbolisch für das 'Büchlein' (wie erhöhend für das Gedicht steht), 'an Zahl der Worte zwar klein, aber beladen mit der Wunderkraft der überhimmlischen Dinge' (Komm. 2, 1).

In der Y-Überlieferung werden die 8 Strr. als *acht conclusion vnd slosrede von der heilgen drifaltikeit* (N1, 303ʳ) ausgewiesen. Damit wird jede Strophe als abschließende Formulierung eines Beweisverfahrens, d. i. einer Erörterung über Fragen der Gotteslehre und Gotteserfahrung, betrachtet, und zwar, wie es ergänzend heißt, *vs den worten sancti dyonisii in dem buche de mistica theologia* (ebd.).

Die deutsche Sequenz ist von ungewöhnlicher theologischer Substanz und sprachlich-poetischer Qualität; daß schon die Zeitgenossen so urteilten, verrät die Existenz des weitausholenden lat. Kommentars zur Genüge. In der neueren Forschung herrscht Übereinstimmung, daß das Lied in den Umkreis der Mystik Meister Eckharts gehört. Es diesem selbst zuzuschreiben, besteht kein ausreichender Anlaß (zur Verfasserschaftsdiskussion s. BINDSCHEDLER, 1949, S. 12–16).

Das Lied preist in hoher, feierlicher Stillage in den drei ersten Strophen die Dreieinigkeit: den Hervorgang des Wortes aus dem Schoß des Vaters und denjenigen des Hl. Geistes aus *der zcweier bant* (II 3); die Einheit, in der sie beschlossen sind (*reif*, III 3; *rink*, III 8), ist über alles Begreifen. Die Strophen IV und V bringen eine der ältesten Metaphern für den *Deus absconditus* ins Wort: die Wüste, das Nichts, jenseits menschlicher Kategorien (*noch zcît noch stat*, IV 9), *weder diz noch daz* (V 10). Strophe VI versucht Aussagen über die unfaßbare Gottheit im Anschluß an das Wüstenbild und über es hinaus, teils in paradoxaler Form (*licht – vinster*, 1/2), teils per viam negationis (*blôs âne wât*, 7). Die beiden Schlußstrophen haben adhortative Form, die bisher nur angeklungen hat. Der Mensch wird ermahnt, aus seinem Ich herauszutreten (*wirt toup,* *wirt blint; lâ stat, lâ zcît,/ouch bilde mît*, VII 2; 6 f.) und in *gotis nicht* (VIII 4), das zugleich *uberweselîches gût* (VIII 10) ist, zu versinken.

Der spirituellen Höhenlage, ohnegleichen in geistlicher und mystischer Poesie der Zeit, entspricht die makellose Form in Rhythmus und Reim, in der sprachlichen Dichte und Ausgewogenheit, in Bild und Abstraktion.

3. Der lateinische Kommentar.

Er muß fast so alt sein wie das Lied, ist er doch bereits in der Basler Hs., die ca. 1320/30 entstanden ist, überliefert.

Zu einer Identifizierung des Autors gibt es keine Anhaltspunkte. Hat er dem Verfasser des Gedichts nahe gestanden? Man möchte es annehmen. Vielleicht ist auch der Gedanke nicht zu verwegen, der Kommentator sei identisch mit dem Autor des Gedichts.

Einleitend auf Grund des Psalmenwortes *Abissus abissum invocat* (41, 8) meint der Autor, die Tiefe der mystischen Rede erfordere die Tiefe der Auslegung, und zwar auf Grund der 'heiligen Theologen', von denen gleich → Ps. Dionysius Areopagita zitiert wird. Dieser bleibt die Hauptautorität des ganzen Kommentars, ergänzt mit Proclos und dem 'Liber de causis' sowie dem mal. Neuplatonismus (Johannes Scotus Eriugena, Dionysius-Kommentare des Hugo von St. Viktor und des Thomas Gallus, Witelo, 'Liber XXIV philosophorum'). Von den anderen Autoritäten steht Thomas von Aquin im Vordergrund. Was Meister Eckhart betrifft, so scheint ihn der Kommentator zu kennen, zitiert ihn indes nicht (s. BINDSCHEDLER, 1949, S. 17f.).

Trotz des kompilatorischen Charakters der theologischen Erörterungen ist der Bezug zum Liedtext streng gewahrt. Es wird in scholastischer Art Strophe um Strophe ausgelegt und diese je in divisiones, z. T. in subdivisiones aufgegliedert. Allem voran geht eine Gliederung des ganzen 'Buches' (5). Der Verfasser gelangt hier zu einer Zweiteilung (I–II 7/II 8–VIII), wobei der sehr viel umfangreichere zweite Teil nochmals in drei Unterteile zerfällt (II 8–10/III–VI/VII–VIII). Zur Zweiteilung führte die Anwendung von zwei theologischen Ansätzen, der *theologia distinctiva* und der *theologia unitiva,* die 'ein unverhüllteres Reden über die göttliche Dreifaltigkeit und Einheit [ist]' (5, 1).

Wie sehr der Kommentator ein Textverständnis und keine Paraphrase anstrebt, zeigt in 9, 1–3 die Diskussion der Lesart *ist* (I 3 *ist ie daz wort;* Druckfehler in meinem Text!). Hat nicht Johannes (Io 1,1), so fragt der Verfasser, mit *in principio erat* das Bessere gesetzt? Er rechtfertigt indes die *ist*-Lesart mit dem Hinweis, daß 'dem Begriff der Ewigkeit die Zeitform der Gegenwart am nächsten [kommt]'. Wir würden heute sagen: *erat/waz* meint eine heilsgeschichtliche, *est/ist* eine ontologische Aussage. Interessant ist, daß alle überlieferten Texte außer Br die ursprüngliche *ist*-Lesart, wie sie der Kommentator bezeugt, zugunsten der Johannes-Lesart *waz* aufgegeben haben; s. dazu RUH, S. 177f.

In einem Schlußgebet (81) rechtfertigt der Verfasser in der Diktion des Areopagiten seine 'Anmaßung', sich 'tränken' zu lassen 'mit den Strömen der göttlichen Gnadengaben', mit seiner 'frommen Hingabe' (*devotio*).

4. Der deutsche Kommentar (unediert).

Als der sekundären Überlieferungsgruppe Y angehörend, kann er keineswegs mit BARTSCH (S. XXXI) 'nicht viel später als das Lied', sondern erst im 15. Jh. entstanden sein. Vom lat. Kommentar ist er, mit *ein andechtige betrachtung vber die vordren acht conclusion vnd slos rede* betitelt (N 1), unabhängig.

Inc.: *In dem beginn. Daz beginn bedevtet hie nicht den anevang des zeites svnder mer vnd warlicher in der gö̈tlichen gepvrt die ewikeit* (303ʳ). Expl.: *dich zesehen von antlvcz zṽ antlṽcz vnd ewiclichen loben mit allen heiligen vnd avserwelten in der zṵ̊künftigen werlt AMEN* (321ʳ).

Kommentarcharakter im Sinne theologischer Erklärung haben nur wenige Stellen zu den Strophen I und II. Alles übrige ist Lobpreis, Bitte, gelegentlich Paraphrase in schwungvollem Gebetsstil. Es werden keine Autoritäten zitiert, häufig indes Bibelstellen (in der Regel ohne Zitatangabe). Der Verfasser kennt die Tradition des persönlichen Gebets, mutmaßlich hat er ihr manches wörtlich entnommen. Damit ist auch ausgesprochen, daß der Bezug zum Text äußerst locker ist. In der Regel werden, von Str. 4 an konsequent, die Halbstrophen als Bezugseinheit genommen, kleinere Einheiten nur dort, wo erklärt wird (mit einer Ausnahme in Str. III 6–7, 8–10).

Literatur s. Ausg.n; BARTSCH, Erlösung, S. XXXIf.; P. PIETSCH, G.s., ZfdPh 16 (1884) 364f. [zur Hs. Br]; A. SPAMER, Zur Überl. d. Pfeifferschen Eckeharttexte, PBB 34 (1909) 392; M. BINDSCHEDLER, Griechische Gedanken in einem mal. mystischen Ged., (Basler) Theol. Zs. 4 (1948) 192–212; dazu: J. QUINT, AfdA 65 (1951/52) 129–135; A.M. HAAS, Sermo mysticus. Bemerkungen zur 'G.s.'-Sequenz, in: Fs. F. Ohly, 1975, Bd. II, S. 389–412 (= 'G.s.', in: A.M.H., Sermo mysticus. Stud. z. Theol. u. Sprache in d. dt. Mystik, Freiburg/Schweiz 1979, S. 301–329 [zit.].
(1980)

K. RUH

H

Hartmann von Aue

Inhalt. I. Leben. – II. 'Die Klage'. – III. Lieder. – IV. 'Erec'. – V. 'Gregorius'. – VI. 'Der arme Heinrich'. – VII. 'Iwein'. – VIII. Nachwirkung. – IX. Literatur.

I. Leben.

1. Das Wenige, was durch das eigene Werk oder das Zeugnis anderer Literaten über die Person H.s bekannt ist, läßt sich nur zu einem Umriß verbinden, der an vielen Stellen fragwürdig bleibt. Den Namen *H. von Ouwe / ein Ouwære* nennt er selbst in seinen Prologen; er rechnet sich zum unfreien Dienstadel der Ministerialen: *dienstman was er zOuwe* ('Der arme Heinrich' v. 5). Die geringfügigen alem. Spuren im Reim und → Heinrichs von dem Türlin Zeugnis *von der Swâbe lande* ('Crône' v. 2353) grenzen die Herkunftsmöglichkeiten wenigstens auf den Südwesten, das Herzogtum Schwaben, ein. Die Entscheidung für einen der vorwiegend diskutierten Ortsnamen (Obernau bei Rottenburg/N., Owen/Teck, Reichenau, Au bei Freiburg/Br., Eglisau/Rh.) wird aus dem bezeugten Wappen und dem Namen des Helden im 'Armen Heinrich' begründet.

Für den auffälligen Befund, daß H. den fürstengleichen Heinrich *von Ouwe* (v. 49) und *ze Swâben* (v. 31) nennt, wurden zwei Deutungen erwogen: Gegen die ältere, H. habe auf die Familiengeschichte des Dienstherrn angespielt, steht das ständerechtliche Argument der Standesminderung durch die Ehe mit einer Freibäuerin. Aus eben diesem Grund bezieht die jüngere Meinung die Anspielung auf H.s eigene Familie. Erstere sucht zur Lokalisierung einen freiherrlichen Heinrich v. A., letztere eine Ministerialenfamilie möglichst mit freiherrlicher Vergangenheit. Zu Obernau mit einer Ministerialenfamilie der Grafen von Hohenberg und zum zähringischen Owen stimmen die sprachlichen Kriterien am wenigsten. Nach Au bei Freiburg nennt sich ein seit 1112 nachweisbares Ministerialengeschlecht (*Heinricus de Owen/Owon*) der Zähringer. Die →'Weingartner Liederhs.' und die →'Heidelberger Liederhs. C' weisen H. ein Bild zu, das – ein auf Fürstensiegeln vielfach wiederkehrender Bildtyp – einen gewappnet dahersprengenden Ritter zeigt, der weiße Adlerköpfe im dunklen Schilde führt. Das Wappen ist später für die seit 1238 urkundlich belegte Familie der Wespersbühler (*Westerspüll*) im Thurgau, Dienstleute der Grafen von Kiburg, bezeugt. Der Name von Aue ist für sie nicht nachweisbar, Lehen der Reichenau haben sie belegbar erst seit 1317. Von den Freiherren von Tengen im naheliegenden Eglisau urkundet einmal 1238 einer als *Heinricus de Ouwe*. Ihnen des Wappens wegen einen Ministerialen aus der Wespersbühler Familie, der den Namen nach dem Dienstort änderte, zuzuweisen, bleibt rein hypothetisch. Plausibler scheint die Ableitung von H.s Adlern aus dem roten Adler der Zähringer (neuerdings MERTENS, Gregorius, S. 154–162).

Bedeutsamer als die Frage nach der Heimat gilt heute die nach den Gönnern. Das literarische Interesse für H.s Werk läßt sich in erster Linie bei den führenden Geschlechtern der Region, den Staufern, Zähringern oder Welfen vermuten. Für den Hof der Zähringer spricht immerhin der mundartlich umgrenzte Raum, deren enge Beziehungen zum frz. Adel bis in den Wirkungskreis Chrétiens de Troyes und eben die Ministerialenfamilie von Au.

2. Die zeitliche Fixierung baut auf innerliterarischen Relationen auf. Die schon früh vorgeschlagene Reihenfolge von H.s Erzählungen 'Erec' ('Er.') – 'Gregorius' ('Grg.') – 'Der arme Heinrich' ('A.H.') – 'Iwein' ('Iw.') gilt aus stilistischen Gründen als gesichert. Eine früher erwogene Abtrennung der ersten tausend Verse des 'Iw.' beruht nicht auf tragfähigen sprachlichen Argumenten (MERTENS, Laudine, S. 90ff.), sie deshalb vor den 'A.H.' oder gar den 'Grg.' zu rücken, besteht nicht hinreichend Grund. Dem Stil nach stehen sich 'A.H.' und 'Iw.' am nächsten – hier wäre auch die umgekehrte Reihenfolge denkbar (F. NEUMANN) –, 'Grg.' näher beim 'Er.' als beim 'A.H.'. 'Die Klage'

('Kl.') wird ebenfalls aus Stilgründen und der Selbstbezeichnung *jungelinc* (v. 7) wegen vor (oder neben) den 'Er.' gerückt. Die chronologische Einordnung der Lieder bleibt problematisch. Nur wenn man die Kreuzlieder als letztes Wort des Liederdichters versteht und daraus eine Kreuzzugsteilnahme als Zäsur in der Reihe der Erzähltexte gefolgert wird, läßt sich schließen, die Lieder seien neben 'Kl.' und 'Er.' bis nach dem 'Grg.' entstanden.

Den *terminus ante quem* liefern →Wolframs von Eschenbach 'Iw.'-Verweise im 'Parzival' (253, 10–14; 436, 4–10), die auf das Jahr um 1205 datierbar sind. H.s Quellen, Chrétiens 'Erec et Enide' (um 1165) und 'Yvain' (um 1177), sind selbst in der Datierung unsicher. Die Erwähnung von *Connelant* (Ikonium) im 'Er.' (v. 2000 ff.) paßt (nach F. NEUMANN) eher in das Jahrzehnt friedlicher Kontakte (1179/80–88) als in die Nähe kriegerischer Verwicklung (1190). Die Datierung einer Kreuzzugsteilnahme (1189/90 oder 1197/98), ohnehin problematisch, da nur auf Liedaussagen gestützt, blieb umstritten, da kein Konsens darüber erzielt wurde, ob das 3. Kreuzlied (218, 5, s.u.) Saladin († 1193) als lebend oder tot erwähnt. Doch sicher ist das Datum von geringerer Bedeutung, als meist angenommen wird, weil es nur mit Hilfe fragwürdiger Schlüsse auf die 'innere Biographie' H.s oder Annahmen über Abfassungszeiten auf die Folge der epischen Texte beziehbar ist.

Aus den genannten Gründen wird der Beginn von H.s literarischer Aktivität um 1180 oder bald danach, das Ende nach 1200 angenommen (die vermutete Kreuzzugsteilnahme 1189/90 zwischen 'Grg.' und 'A.H.' oder 1197/98 zwischen 'A.H.' und 'Iw.'); die gegenteilige Auffassung (vor allem SPARNAAYS) will sein Werk auf die Spanne von etwa 1190 bis 1205 zusammendrängen (Kreuzzug 1197/98, danach 'A.H.' und 'Iw.'). Ob aber der 'Iw.' knapp vor dem 'Parzival' entstand, ist durchaus offen, er kann auch zehn Jahre früher geschrieben sein (BERTAU, LG: bald nach 1191), was die Fresken von Rodeneck (s. VII. 7.) zu stützen scheinen (anders MERTENS, Laudine, S. 81ff.). Der Literaturkatalog →Gottfrieds von Straßburg im 'Tristan' (um 1210) bezeugt H. (v. 4621–4635 [RANKE]) als Lebenden, Heinrich von dem Türlin widmet ihm in der 'Crône' (nach 1220) einen Nachruf (v. 2372–2437).

3. H.s selbstbewußt formulierter Bildungsstand ('A.H.' v. 1f., 'Iw.' v. 21f.) läßt an einer fundierten Schulbildung kaum zweifeln; 'Kl.', 'Grg.' und 'A.H.' legen nahe, daß dazu auch philosophische und theologische Grundlagen gehörten. An welchem Ort er ausgebildet wurde, kann nur vermutet werden, kaum aber auf der exklusiv adeligen Reichenau. Unbekannt ist uns seine Kenntnis der frz. Sprache und Literatur, doch macht die Art der Übertragung Chrétiens seine eigene Sprachkenntnis sehr wahrscheinlich.

In zwei Liedstrophen (206, 14; 210, 23) beklagt H. den Tod eines Dienstherrn. Wer dieser Tote war, muß Vermutung bleiben (Berthold IV. von Zähringen † 1186?). Daraus den Entschluß zur Kreuzfahrt und im Zusammenhang mit der *revocatio* im 'Grg.' (v. 1–5) eine Lebenskrise abzuleiten, überanstrengt die Texte autorpsychologisch. Eine dritte Erwähnung dieses Herrn (218, 19) ist nur Ergebnis einer problematischen Konjektur.

II. 'Die Klage' ('Das Büchlein')

1. Überlieferung. Wien, cod. ser. nov. 2663, 22^rc–26va (→'Ambraser Heldenbuch').

Ausgaben. H.v.A., Lieder, Kl.-Büchlein, Grg., A.H., hg. v. F. BECH (Dt. Klassiker d. MAs 5), 1868, ³1891 (Nachdr. 1934); Die Kl. – Das zweite Büchlein, hg. v. H. ZUTT, 1968; Das Kl.-Büchlein H.s v.A., hg. v. L. WOLFF (Altdt. Texte in krit. Ausg.n 4), 1972.

2. Aus der Ich-Rolle des Minnenden entwickelt H. in Form eines Streitgesprächs zwischen *herze* und *lîp* in Reimpaarversen und gekonnt rhetorischem Aufbau einen didaktischen Überblick über Erfahrung und Sinn des Minnedienstes. Der *lîp* klagt über Leid und Vergeblichkeit der Minne, das *herze* verweist ihm seinen mangelnden Einsatz, den Hang zu *gemach*, da nur im gemeinsamen Dienst geübte *tugende* Minne verwirklichen kann. In einer Stichomythie werden die Paradoxien der Minne pointiert, ehe die Versöhnungsbereitschaft des Leibs die

Minnelehre des Herzens herausfordert, das im allegorischen Kräuterzauber die Tugenden – *milte, zuht, diemuot* – *triuwe, staete* – *kiuscheit, schame, gewislichiu manheit* – als einzigen Weg zum Glück in der Anerkennung durch die Dame, Gott und die Gesellschaft vorstellt. Der undurchschaubaren Unzugänglichkeit der Umworbenen kann nur Beständigkeit entgegengesetzt werden. Versöhnt sendet das Herz durch den Leib den abschließenden Liebesgruß an die Frau: Ein Minnegeständnis in 15 Strophen (jeweils mit einem Reimpaar durchgereimt und von 32 auf 4 Zeilen abnehmend), in dem das Ich zuversichtlich Erfüllung erhofft.

3. Als programmatische Ausbreitung der Minnethematik und -psychologie ist die 'Kl.' zu H.s Zeit isoliert, weist vielmehr auf die späteren Minnereden voraus (GLIER). Trotz der Angabe, der Kräuterzauber sei *von Kärlingen* (v. 1280) gebracht, blieb die Quellensuche ohne greifbares Ergebnis, eher läßt sich der Einfluß mehrerer literarischer Traditionen aufweisen: Die Thematik ist ganz der romanischen Minnekultur verpflichtet, die im Lied allerdings schon eingebürgert ist; den kürzeren, briefähnlichen *saluts* oder *complaintes d'amour* (um diese Zeit in Nordfrankreich noch nicht belegt) ist eher der strophische Schlußteil als der ganze Text vergleichbar; das allegorische Streitgespräch ist in der lat. Tradition vorgeprägt (Leib-Seele-Gespräch, 'Visio Fulberti'); zudem scheint die Rechtssituation von Klage und Gegenklage hineingewirkt zu haben. Möglich ist, daß H. selbst aus diesen Mustern sein Gattungsexperiment zusammengefügt hat. Sprachliche Gewandtheit und differenzierte Minnedialektik sind jedenfalls schon von erstaunlicher Qualität.

4. Das sogenannte zweite → 'Büchlein' ist kein Werk H.s.

III. Lieder

1. Überlieferung. 60 Strr. im cpg 848, 184ᵛ–187ʳ (→'Heidelberger Lhs. C'); 28 Strr. auch in Stuttgart, LB, cod. HB XIII 1, S. 33–39 (→'Weingartner Lhs.'); 10 im cpg 357, 30ʳ (→'Heidelberger Lhs. A'); davon 7 anderwärts unter den Namen →Walthers und →Reinmars.

Ausgaben. MF 205,1–218,28; s. o. unter 'Klage'.

Von den 18 Tönen werden 4 H. abgesprochen, die auch Walther oder Reinmar zugeschriebenen (214,34; H. Anm. S. 318) und 212,37 wohl zurecht, das Frauenlied 217,14 mit umstrittenen Argumenten.

2. H.s Lieder variieren in selbständig fortentwickelten Kanzonenstrophen (mit nur wenigen roman. Parallelen) das Thema der hohen Minne. Es überwiegt die Klage über den ungelohnten Dienst (209,5), über das Leid des sehnsuchtsvollen Werbens, das notwendig das Singen bedingt (206,19). Der Versuch, sich aus der Minnebindung zu lösen (207,11), ist nur Ausgangspunkt für erneuten Frauenpreis. Eine Eigenart H.s ist, daß er in einem rigorosen ethischen Realismus vom Mißerfolg auf sein eigenes Versagen schließt (211,27; 205,1), weil der Lohn doch dem Verdienst entsprechen muß. Hoffnungsvoller wird die Minne nur aus der räumlichen Distanz (212,13; 213,29) oder im Leid bevorstehender Trennung gesehen. Das gilt auch für 215,14, ein reines (daktylisches) Preislied mehr artistischer als naiver Leichtigkeit.

Die Konventionen des Genres macht H. durch einen vehementen Bruch der Fiktion im sogenannten Unmutslied 216,29 deutlich. Er distanziert sich von dem Minne-Spiel, weniger um die 'niedere Minne' bei den *armen wiben* als die Gegenseitigkeit des Interesses zu postulieren.

3. Drei Lieder (209,25; 211,20; 218,5) reflektieren die Kreuznahme als wahre Erfüllung des ritterlichen Ethos und Resultat ganz persönlicher Weltabkehr. Das dritte spielt dabei raffiniert eine Ambivalenz des Minnebegriffs aus (KUHN, 1968) und stellt dem wortreichen *wân* der Minnesänger die entbehrungsbereite Minne des Kreuzfahrers entgegen, in der sich Minne als Einheit von Wort und Tat und gegenseitige Zuwendung verwirklicht. Die konsequente Gedankenführung des Lieds, in die sich weder die konjizierte Erwähnung des toten Dienstherrn (H. PAUL) noch die

Bedingung vom Tod Saladins adäquat einzufügen scheint, macht eine weitergehende Textbesserung (JUNGBLUTH [1955], KUHN) erwägenswert. Die umstrittenen, für eine historische Fixierung beanspruchten Angaben (*über mer, Vranken*) lassen sich zwanglos aus der Perspektive des Orients lesen.

4. Die Versuche mit Hilfe von Reim- und Motivresponsionen einen Teil (KIENAST) oder alle, auch die sonst als unecht qualifizierten Lieder (BLATTMANN) zu einem narrativen Zyklus wechselnder Minnebeziehung zu verbinden, führten zu keinen überzeugenden Ergebnissen; vor allem deshalb nicht, weil statt mit punktuellen Responsionen, die sich vielfach im Minnesang finden lassen, mit der generellen Pragmatik und Rollenkonstitution des Minnelieds argumentiert werden müßte.

IV. 'Erec'

1. Überlieferung. Wien, cod. ser. nov. 2663, 30rb–50vb (→'Ambraser Heldenbuch'); Frgm.e: Wolfenbüttel, Hzg.-Aug.-Bibl., cod. 19.26.9 Aug. 4°, 13. Jh.; Koblenz, Landeshauptarch., Best. 701 Nr. 759,14, 13. Jh.; Wien, Ndösterr. Landesarch., Nr. 821, 14. Jh. Von den 4 Lücken schon in der Vorlage des 'Ambraser Heldenbuchs' füllt eine teilweise ein Wolfenbütteler Frgm.; die Bedeutung der letztgefundenen Wolfenbütteler Frgm.e aus der oben erwähnten Hs. [MILDE] ist noch nicht geklärt.

Ausgaben. Er., eine Erzählung von H. v. A., hg. v. M. HAUPT, Leipzig 1839; H. v. A., Er., hg. v. F. BECH (Dt. Klassiker d. MAs 4), 1867, ³1888 (Nachdr. 1934); H. v. A., Er., hg. v. A. LEITZMANN (ATB 39), 1939, ⁵1972 v. L. WOLFF.

O. v. HEINEMANN, Wolfenbütteler Bruchstücke d. Er., ZfdA 42 (1898) 259–267; K. VANCSA, Wiener Er.-Bruchstücke, Jb. f. Landesk. v. Ndösterr. NF 29 (1944/48) 411–415; P. BROMMER, Ein unbekanntes Er.-Frgm. in Koblenz, ZfdA 105 (1976) 188–194; W. MILDE, *daz ih minne an uch suche.* Neue Wolfenbütteler Bruchstücke d. Er., Wolfenbütteler Beitr. 3 (1978) 43–58.

2. Der nicht erhaltene Anfang von der Jagd auf den weißen Hirsch muß aus Chrétiens 'Erec et Enide' ergänzt werden. – Der Geiselschlag von Iders' Zwerg treibt Erec vom Gefolge der Königin weg dem Beleidiger nach. Ohne Waffen und Habe ist er in Tulmein auf die Hilfe des verarmten Koralus angewiesen, er bekommt Waffen und die Hand seiner Tochter Enite, besiegt Iders im Kampf und gewinnt den ausgesetzten Sperberpreis für Enite. Der Empfang am Artushof (den ein Ritterkatalog vorstellt) bestätigt Erecs Erfolg, und Artus' Kuß erkennt Enite den Schönheitspreis zu. Nach Hochzeit und Turnier schließt Erec sich mit Enite in Karnant im Liebesgenuß ab. Durch Enites Selbstgespräch, die die Kritik des Hofs wahrnimmt, wird Erec die Verkehrung bewußt, er bricht sofort mit Enite auf, ohne Ziel, und verbietet ihr, mit ihm zu reden. Sie werden nacheinander mit drei, mit fünf Räubern, mit einem Grafen, der Enite begehrt, konfrontiert, jedesmal bleibt Erec, gegen sein Verbot von Enite gewarnt, siegreich. Er überwindet auch den Zwergenkönig Guivreiz, wird aber verwundet. Nach nur einer Nacht in Artus' Lager befreit er einen Ritter aus der Gewalt zweier Riesen, danach sinkt er durch die wieder aufbrechende Wunde scheintot zur Erde. Graf Oringles zwingt die klagende Enite zu neuer Ehe, ihr Aufschrei aber weckt Erec aus der Ohnmacht, und sie fliehen. Nun bittet Erec Enite, die sich als vollkommene Frau erwiesen hat, um Vergebung für seine rauhe Behandlung. Die Niederlage gegen den erneut auftretenden Guivreiz wendet die Erkennung zum Guten; bei ihm bleibt das Paar bis zur Genesung Erecs. In Brandigan stellt Erec gegen den im abgeschlossenen Wundergarten lebenden Mabonagrin in hartem Kampf die *Joie de la curt* wieder her, überlegen durch seine neue Minneauffassung. Er ist damit glücklicher als seine 80 Vorgänger, deren Witwen er an den Artushof mitbringt, ehe er die Krone seines Vaters empfängt.

3. Mit dem 'Er.' begründet H. den höfischen und Artus-Roman in deutscher Sprache. Flexibles Medium für ein nuancierendes Erzählen ist der vierhebige Reimpaarvers; H. gebraucht allerdings noch die Freiheiten in der Versfüllung, auch noch eine Anzahl dreihebiger Verse. Der Struktur nach besteht der Roman aus einer linearen, auf den Helden und seine Partnerin funktional zugeordneten Kette von Einzelepisoden, die märchennah je ei-

ne durch Kampf lösbare Konfliktkonstellation beinhalten. Die Szenerien sind durch deskriptive Teile ausgestaltet. Zur genuinen Großform wird die Aventiurereihung durch den Bezugsort Artushof, die damit zusammenhängende durchgängige Wertbesetzung und die vielfältig wirksame Rolle des souveränen Erzählers. So ordnen sich die Stationen zum doppelten Kursus (Kuhn) um die Mittelzäsur, Analogie- und Differenzbezüge zwischen den Episoden (z. B. Analogien zwischen E.s Minneverhalten in Karnant und Mabonagrin) knüpfen thematische Linien und machen die durchschaubar geordnete Reihung zur Symbolstruktur: Der äußere Weg des Helden erscheint als inneres Fortschreiten von Aufstieg, Krise und endgültig errungenem Status.

4. Der Roman ist eine freie Übertragung von Chrétiens de Troyes 'Erec et Enide', der selbst auf vorliterarischer Erzähltradition bretonischer Stoffe aufbaut. H. nennt Chrétien einmal namentlich (v. 4629[12]). Allerdings ist H.s Fassung um die Hälfte länger (größte Erweiterungen bei der Beschreibung von Enites Pferd v. 7286–7766 und in der Brandiganepisode) und weicht in zahlreichen wichtigen Details von der Vorlage ab. Da die Fabel auch im kymrischen Mabinogi 'Gereint' (überliefert im 14. Jh.) und in der anord. 'Erex-Saga' belegt ist, stellt sich das Problem einer Tradition neben Chrétien (zuletzt Tilvis) und von Nebenquellen für H., zumal H. in einigen Details mit dem Mabinogi gegen Chrétien übereinstimmt. Punktuelle Einflüsse einer vorliterarischen Erzähltradition eventuell durch niederrheinische Vermittlung (*Keii der quâtspreche* v. 4664) sind nicht auszuschließen, doch auch nicht zu beweisen. Für Konzept und Großform aber gilt heute Chrétien allein als Urheber und, da H.s Abweichungen weithin als Verdeutlichung der Formintention, Erläuterungen zu einer noch nicht heimischen höfischen Kultur, Anpassung an andere soziale Gegebenheiten und bewußt gestaltende Motivationsverschiebung erkannt sind, kann seine Version mit nur geringen Einschränkungen als freie Bearbeitung Chrétiens gelten. Die religiöse Perspektive am Schluß ist eine Zufügung H.s.

5. Die farbige Szenenfolge von höfischer Festlichkeit, Kämpfen auf Leben und Tod, Mitleid, verletzendem Sichverschließen und zärtlicher Zuneigung der Liebenden ist auch inhaltlich klar konzipiert. Den Handlungsspielraum begrenzen die Themen Minneehe und ritterlicher Kampf um Ehre. Die aus diesen Wertpolen abgeleiteten Verhaltensmuster bestimmen das ganze Handlungsgefüge, jedes Defizit auf der einen Seite (*verligen* v. 2971) macht auch die andere fragwürdig. Erecs Inaktivität verändert die Gemeinschaft mit Enite, im Kampf festigt sich ihre neue Partnerschaft. So genügt es auch nicht, die ethische Bewährung durch den doppelten Weg auf das Problem der Balance zu reduzieren, Minne dürfe nicht zur Vernachlässigung der Ritterpflicht führen. Eine solch thesenhafte Moral läßt übersehen, daß durch die Zwecksetzung des ritterlichen Handelns zunehmend nuancierter die Einfügung des Helden (mit seiner Partnerin) in die Gesellschaft diskutiert wird. Zwischen Verhaltensentwurf und normgebender Gesellschaft wird ein verantwortlich handelndes Subjekt sichtbar, das flexibel auf die wechselnden Anforderungen der (freilich märchenhaft einfachen) fiktionalen Realität reagiert und darin sich selbst, Normen und Gesellschaft bewährt. (Zur Diskussion um die Reflexe auf hist. Realität s. u. VII. 6.)

V. 'Gregorius'

1. Überlieferung. 6 Hss. und 5 Frgm.e vom 13. bis zur Wende d. 15./16. Jh.s Verzeichnis bei W. Dittmann, H.s Grg. Unters. zur Überl., zum Aufbau u. Gehalt (Phil. Stud. u. Qu.), 1966, S. 16–56; Hj. Linke, Ep. Strukturen in d. Dichtung H.s v. A., 1968, S. 171–173. Dazu W. Milde, Weiteres zu Verbleib unbekannt. Die ehemals Erlauer Hss. d. Grg. u. d. Willehalm, ZfdA 106 (1977) 99–101.

Ausgaben. F. Bech (s. o. II. 1.); Grg. v. H. v. A., hg. v. H. Paul, 1873, [2]1876; H. v. A., Grg., hg. v. H. Paul (ATB), 1882, [12]1973 v. L. Wolff; Grg. der gute Sünder, hg. v. F. Neumann (Dt. Klassiker d. MAs NF 2), 1958, [2]1968; H. v. A. Grg., Die Überl. d. Prologs, der Vaticana-Hs. A u. einer Auswahl d. übrigen Textzeugen. In Abb. hg. v. N. Heinze (Litterae 28), 1974.

2. Im Prolog distanziert sich der Erzähler von eigener Sorglosigkeit und betont wörtlich und figural im allegorisch ausgelegten Samaritergleichnis die Notwendigkeit rechtzeitiger Buße jeder Sünde. Die Eintracht der verwaisten Kinder des Fürsten von Aquitanien verkehrt sich unter teuflischer Einflüsterung zur verbotenen Liebesbeziehung. Als sich die Sünde nicht mehr verheimlichen läßt, entschließt sich der Bruder zur Bußfahrt und stirbt; die Schwester, nun Landesherrin, büßt durch Askese und Eheverzicht. Das Kind aus dem Inzest wird mit Geld und einer Tafel mit der anonymen Geschichte seiner Geburt in einem Fäßchen dem Meer übergeben. Gottes Fügung treibt das Boot an eine Insel, der Herr der Insel, Abt eines Klosters, verwahrt die Tafel, tauft den Findling Gregorius und gibt ihn einem Fischer in Pflege. In der Klosterschule erwirbt sich Gregorius rasch alle Kenntnisse, ein Streit mit dem Ziehbruder aber läßt den Schein zerbrechen. Mit seiner Findelherkunft konfrontiert, begehrt Gregorius vom Abt seinen Abschied, um Ritter zu werden, gegen alle Einwände und das Angebot eines Amtes im Kloster, im Wissen schließlich auch um die Umstände seiner Geburt.

Der ausfahrende Gregorius wird vom Wind in das Land der Mutter getrieben, die von einem Freier mit Krieg bedrängt wird. Gregorius ist als Kampfhelfer siegreich und erhält auf Rat der Vasallen die Hand der Landesherrin. Er regiert vorbildhaft sein Land, bis durch sein tägliches Fürbittgebet für die Eltern die schreckliche Wahrheit zutagekommt, daß seine Frau seine Mutter ist. Nach einem Moment des Aufbegehrens tröstet Gregorius die Mutter und weist sie auf den Weg der Askese in der Welt, er selbst zieht sich zu radikaler Buße auf eine einsame Felseninsel zurück. Nach 17 Jahren veranlassen Wunderzeichen seine Erwählung zum Papst. Die offenbare Begnadung tröstet auch die Mutter, die im Papst den Sohn wiederfindet.

3. Die Verschmelzung von Legendenmotiven und höfisch-romanhaften Zügen (SPARNAAY) verwehrt eine einfache Gattungszuweisung. Figuren, kommentierender Erzähler und die Auseinandersetzung mit höfischen und religiösen Wertprinzipien gehen in ihrer Differenziertheit über eine einfache Form hinaus. In der Struktur überlagern sich statische Momente von Spiegelung und Gegenbild zwischen Vor- und Binnengeschichte und zwischen deren zwei Teilen mit der dynamischen, zielgerichteten Fügung. Mit den zwei durch eine Katastrophe getrennten Teilen und dem harmonischen Ende hat Gregorius' Weg zweifellos Analogien zur Struktur des höfischen Romans, die Raffung des Geschehens auf jeweils wenig mehr als eine Handlungssituation gibt ihm novellistische Pointiertheit.

4. Quelle H.s war die afrz. Verslegende 'La Vie de Saint Grégoire', auf der auch eine mengl. Fassung beruht. Doch wohl keine der beiden differierenden Versionen der handschriftlichen Überlieferung war seine Vorlage, sondern der vorausliegende Archetyp, eine Chanson de saint, die möglicherweise schon im 11. Jh. entstand (B. HERLEM-PREY). Soweit sich das erkennen läßt, überträgt H. wieder frei akzentuierend seine Quelle. Der Held Gregorius ist weder ein anerkannter Heiliger noch gar ein historischer Papst. Die Fabel wurzelt in der seit der Antike breiten, vielfältig variierenden Tradition von Inzestgeschichten. Versuche einer genetischen Rekonstruktion durch Motivvergleich wird man heute zurückhaltend beurteilen. Am nächsten stehen Varianten mit doppeltem Inzest, vor allem die → 'Albanus'-Legende, die → 'Judas'-Legende ('Legenda aurea', → Jacobus de Voragine) und die ital. Vergogna-Legende. Einzelne Motive wie die Buße auf dem Stein kehren in anderem Zusammenhang wieder.

5. Voraussetzung der kontrovers diskutierten Frage nach einer Schuld Gregorius' sind die implizierten, hier religiösen Normen. Eine einhellige Meinung darüber hat sich nicht gebildet. Einerseits scheinen, wie die Beschreibung des ersten Inzests (v. 318–395) zeigt, H. Kategorien der Sündentheologie geläufig; ob er aber andrerseits von einer aus dem Inzest erebten Schuld, von einer Verpflichtung zum Mönchsleben durch Oblation oder als

auferlegte Buße für die Sünde der Eltern oder von einer subjektiven Schuld an der ungewußten Inzestwiederholung ausgeht, blieb umstritten, weil gegen jede dieser Deutungen gewichtige Einwände zu machen sind, keine vor allem ohne interpolierte Motivationen und ohne Rückschlüsse von der Buße her auskommt. G. selbst reflektiert nach der Entdeckung nur seine gute Absicht und entschließt sich zu radikaler Buße, muß allerdings seine Selbstverurteilung (z. B. v. 3596f.) angesichts der Beweise göttlicher Gnade aufgeben. Die Eindeutigkeit einer Verfehlung scheint der Text eher mit Absicht zu umgehen. Setzt man in Rechnung, daß der sündige Heilige ein Typ (DORN) und die bußfertige Weltabwendung eine dem MA vertraute Lebenswendung ist (MERTENS), dann verliert die so oft unterstellte Kausalität, der Buße müsse eine angebbare Schuld vorausgehen, ihre Überzeugungskraft und erscheint als unangemessen. Es bleibt auf jeden Fall die Schrecklichkeit der widernatürlichen Verbindung, die Gregorius' ganze Existenz erschüttern muß. Das Exempel der Unsicherheit menschlichen Daseins und der ungewollten Sündenverstrickung, die nur Gottes Gnade auflösen kann, ist daraus genügend begründet; die Geschichte scheint ohne die kasuistische Eindeutigkeit sogar eindrücklicher.

6. H.s 'Grg.' wirkt auch in Umwandlungen lange nach (s. MERTENS). → Arnold von Lübeck übersetzt ihn vor 1212/13 im Auftrag Herzog Wilhelms von Braunschweig-Lüneburg in lat. Verse. Zu weiteren Bearbeitungen → 'Gregorius'.

VI. 'Der arme Heinrich'

1. Überlieferung. 3 Hss. und 3 Frgm.e, 13. u. 14. Jh. Verzeichnis bei LINKE (s.o. V. 1.), S. 173; dazu H. ROSENFELD, Ein neuaufgefundenes Frgm. v. H.s A. H. aus Benediktbeuren, ZfdA 98 (1969) 40–64 (das Frgm. jetzt in München, cgm 5249 [29^b, 4/5]); dazu L. WOLFF, W. RÖLL u. G. BONATH, ZfdA 99 (1970) 178–186, 187–199, 200–208.

Ausgaben. F. BECH (s.o. II. 1.); Der a.H., hg. v. H. PAUL (ATB), 1882, ^{14}1972 v. L. WOLFF; Der a.H. Herrn H.s v. A. u. zwei jüngere Prosalegenden verwandten Inhalts, hg. v. W. WACKERNAGEL, 1885,

^{3}Basel 1911 v. E. STADLER; Der a. H. v. H.v.A., hg. v. E. GIERACH (Krit. Ausg.n altdt. Texte 3), 1913, ^{2}1925; H.v.A. Der a. H., hg. v. H. METTKE, 1974; H.v.A. Der a. H. Materialien u. Abb. z. gesamten hsl. Überl., hg. v. U. MÜLLER (Litterae 3), 1971; H.v.A. Der a. H. Fassung Bb in Abb. aus d. Kalocsaer Kod., hg. v. C. SOMMER (Litterae 30), 1973.

2. Der Freiherr Heinrich wird durch den Aussatz aus einer höfisch-vorbildlichen Existenz gerissen. Eine Heilung gibt es, wie er in Salerno erfährt, nur durch Gottes Hilfe oder das freiwillig geopferte Leben eines Mädchens. Er zieht sich resignierend auf seinen letzten Meierhof zurück. Die Tochter des Bauern betreut ihn mitleidvoll, schließlich nennt er sie scherzhaft *sîn gemahel*. Nach drei Jahren erzählt er den Meiersleuten auf ihre Frage die Heilungsbedingung, er betrachtet jetzt seine Krankheit selbst als verdiente Strafe für seine Entfernung von Gott. Das Mädchen faßt den Entschluß, sich für Heinrich zu opfern, und setzt seinen Willen gegen die Eltern durch, es sei dies der gerade Weg aus dem irdischen Elend in den Himmel. Nur zögernd geht Heinrich darauf ein, sie reisen nach Salerno. Durch einen Spalt sieht er das Mädchen nackt und gebunden als Opfer, und der Anblick bringt ihn zur Umbesinnung, zu *niuwer güete* (v. 1240); er nimmt sein gottverhängtes Schicksal an und weist das Opfer gegen den heftigen Widerstand des Mädchens zurück. Auf der Heimreise wird Heinrich durch Gottes Fügung geheilt, und die Erzählung endet mit der Hochzeit des Paares.

3. Der Stil, in dem H. die Geschichte inszeniert, ist überlegen und klar. Nach kurzem Prolog berichtet der Erzähler vom Zustand vor und nach der Erkrankung und geht erst mit der ersten Reise nach Salerno zu szenischem Erzählen über, das sich beschleunigt und zuspitzt bis zur Entscheidungssituation. Der kurzen äußeren Handlung steht hier ein Ausbreiten der inneren Motivation gegenüber, vor allem der Wendepunkt wird als Reflexionsakt vorgeführt. Legenden- und Märchenhaftes, Heilungsgeschichte und Utopie vom Gesinnungsadel sind in novellistischer Dramaturgie zur Erzählwelt des Textes verwoben.

4. Trotz H.s Angabe (v. 17) ist keine Quelle bekannt; das lat. Exemplum in zwei Breslauer Hss. des 14. und 15. Jh.s (J. KLAPPER, Lat. Exempla in Erzählungen d. MAs, 1914) ist eher von H. abhängig als umgekehrt. Wahrscheinlicher ist die Annahme, H. habe selbst zwei geläufige Erzählmodelle verschmolzen (RUH). Dem Aussatz wird weithin ein magisch-religiöser Charakter zugeschrieben, und auch der Aberglaube an die Heilung durch Kinderblut ist alt und verbreitet. Darauf bauen zwei Typen von Heilungsgeschichten. Den einen repräsentiert die weitverbreitete Legende vom Papst Sylvester (dt. Fassungen: →'Kaiserchronik', →'Trierer Sylvester', →Konrads von Würzburg 'Silvester', →'Passional', →'Der Heiligen Leben'); der vom Aussatz befallene Kaiser Konstantin weist die Heilung durch Knabenblut aus Mitleid zurück, er wird dann infolge der Taufe durch Sylvester gesund. Der andere Typ gruppiert sich um ein vollzogenes Opfer; einmal sind es in Verbindung mit der Freundschaftssage die Kinder des Freundes (dt. Fassungen: → 'Amicus und Amelius', Kunz → Kisteners 'Jakobsbrüder', Konrads von Würzburg 'Engelhard'), zum andern ist es das in 'La Queste del Saint Graal' (mhd. Übertragung in →'Lancelot' III [DTM 62], hg. v. R. KLUGE, 1974) und in einer aind. Legende des 'Samādhirājasūtra' (überl. im 6./7. Jh.) belegte freiwillige Selbstopfer einer Frau. Jedes Modell hat seine Sinnpointe, die Prüfung im Leid und die selbstlose Hingabe für einen anderen, die allerdings mehr auf dessen Gesundheit als sein jenseitiges Heil zielt.

5. Im Gegenüber der beiden Hauptfiguren nimmt H. beide Sinnpointen auf. Das Mädchen rechtfertigt seinen Entschluß mit jenseitszugewandter Christus-Minne. Heinrichs Position bleibt in einer Ambivalenz, schuldlose Prüfung wie bei Hiob oder strafendes Schicksal wie bei Absalon, das auf den Heilsweg führen soll. Die Forschung hat sich lange um Eindeutigkeit bemüht, auch mit Hilfe wenig zutreffender theologischer Kategorien sakramentaler Buße oder der Sündenkasuistik, ohne zu einem allgemein überzeugenden Ergebnis zu kommen. Die Ambivalenz scheint eher H.s Absicht zu sein, sie wird jedenfalls für den Helden zum Antrieb, sich mit dem Leid auseinanderzusetzen, eine Entscheidung zur Annahme des Opfers zu treffen, die – für ihn – bedenklich sein mag, und schließlich in einem Akt der Erkenntnis seine und des Mädchens Existenz vergleichend, Gott in seiner Verfügungsmacht anzunehmen und das Opfer zu verhindern. Für diesen inneren Prozeß sind Legendenwunder und Eheglück nur Beglaubigung.

VII. 'Iwein'

1. Überlieferung. 15 Hss. und 17 Frgm.e von Anfang d. 13. bis Anfang d. 16. Jh.s Verzeichnis bei LINKE (s. o. V. 1.), S. 173–177; L. WOLFF (s. Ausg.), II 1–11; dazu A. VIZKELETY, Frgm.e mhd. Dichtung aus Ungarn. 3. Iw., ZfdA 102 (1973) 224–226; E. PASCHER / H. GRÖDENIG, *er sprach so erkennet och mich ich binz iban der arme.* Ein neues Iw.frgm. aus d. Stiftsbibl. St. Paul in Kärnten, in: Fs. A. Schmidt, 1976, S. 87–115; P. WIESINGER, ZfdA 107 (1978) 193–203; P. BROMMER, ZfdA 109 (1980), Heft 4.

Ausgaben. Iw. v. H.v.A., hg. v. F. BENECKE/ K. LACHMANN, 1827, ⁷1968 in 2 Bdn v. L. WOLFF; H. v. A., Iw., hg. v. F. BECH (Dt. Klassiker d. MAs 6), 1869, ⁴1902 (Nachdr. 1934); H.v.A. Iw. Hs. B, hg. v. J.M. HEINRICHS (Dt. Texte in Hss. 2), 1964; H.v.A. Iw. Ausgewählte Abb. z. hsl. Überl., hg. v. L. OKKEN (Litterae 24), 1974.

2. Am Artushof erzählt Kalogreant die Geschichte einer erfolglosen Aventiure. Iwein will ihn rächen und bricht heimlich vor Artus auf. Auf dem selben Weg wie Kalogreant gelangt er zum Zauberbrunnen, verursacht durch Begießen des Steins das Unwetter und kämpft mit dem Herrn der Quelle. Iwein siegt, verfolgt den todwunden Ascalon auf seine Burg und tötet ihn, wird aber durch Fallgitter eingeschlossen. Die Dienerin Lunete hilft ihm und überredet die Herrin Laudine, Iwein als neuen Brunnenschützer zu ehelichen. Artus und sein Gefolge treffen ihn als Landesherrn bei Laudine. Auf Gaweins Rat, nicht wie Erec untätig zu sein, erbittet sich Iwein befristeten Urlaub von Laudine und reitet mit der Artusgesellschaft. Er versäumt die Jahresfrist, worauf ihn Lunete vor dem Artushof der Untreue bezichtigt. Er fällt in Wahnsinn und vege-

tiert im Wald dahin, bis ihn die Frau von Narison mit der Zaubersalbe Feimorgans heilt. Dankbar kämpft Iwein für sie gegen den Grafen Alier. Er hilft einem Löwen, der ihn fortan begleitet, so daß man ihn den Ritter mit dem Löwen nennt. In den folgenden paarweise verbundenen Kämpfen hilft er einem Burgherrn gegen den Riesen Harpin, in einem Gerichtskampf Lunete (eingeschoben ist ein Bericht von der Entführung Ginovers), befreit die als Arbeitssklavinnen gehaltenen Geiseln durch den Sieg über zwei Riesen und hilft im Erbstreit der jüngeren Tochter vom Schwarzen Dorn durch den Kampf mit Gawein, den Artus salomonisch entscheidet. Iwein hat als Löwenritter seine Zuverlässigkeit in Absprachen und, auf jede Bindung verzichtend, seine Treue zu Laudine bewiesen. Er kehrt zum Brunnen zurück und erreicht mit Lunetes Hilfe die Versöhnung mit Laudine.

3. Sprache und Versfluß haben hier wie im 'A.H.' die absichtslose Natürlichkeit, die Gottfried rühmt (s.o. I. 2.), Kennzeichen der meisterhaften Handhabung des mittleren Stils. Zwar behält H. Freiheiten der Versfüllung bei, ordnet sie aber der Akzentsetzung im Erzählfluß unter. Zur Struktur gilt das zum 'Er.' Gesagte, doch ist die Schematisierung hier verdeckter, die Tonskala des Erzählers noch genauer abgestimmt; nuancierte Ironie, Gegeneinanderausspielen vorgegebener Bedeutungsmuster vom Märchen bis zu religiöser Symbolik geben der Geschichte spielerische Leichtigkeit und legen in der Distanz die Fiktionalität des Erzählten offen.

4. H. folgt sehr eng Chrétiens 'Le Chevalier au lion', aber wieder mit Rücksicht auf die andere Umwelt und durchaus eigenen Akzenten vor allem in den Kommentaren. In der Episode von Ginovers Entführung ergänzt er Chrétiens knappen Hinweis auf den 'Chevalier de la charrete'. Auch dieser Stoff hat im bretonischen Umkreis eine Vorgeschichte.

5. Den 'Iw.' wie ältere Forschung nur als Umkehrung von Erecs *verligen* zu lesen, reicht nicht aus, auch hier sind, wie der zweite Kursus zeigt, die Verhaltensmuster komplizierter. Aus der Abneigung, Iweins Versäumen des Termins als entscheidendes Versagen anzusehen, suchte man die Krise in einer früheren Schuld, der Tötung Ascalons, zu finden (WAPNEWSKI, CRAMER); eine so eindeutige humane Norm aber verweigert die Fabel mit ihren Notwendigkeiten wie der kommentierende Erzähler. Die Jahresfrist versäumt zu haben ist, wie Iweins Reaktion sehr deutlich zeigt, keine Äußerlichkeit, sondern kennzeichnend für Iweins unverbindlichen Umgang mit den Normen. Gerade die real-rechtlichen Details (MERTENS) seiner Stellung machen Iweins Verpflichtung deutlich. Sie deckt sich nicht mit seiner Treuepflicht zur Minneherrin, die sich getäuscht sieht, so sehr Iwein dann seine ausschließliche Bindung unter Beweis stellt, sondern umfaßt auch den ritterlichen Kampf als Herrenpflicht, dessen Funktion für Friede und Gerechtigkeit Iwein dann ebenso erfüllt. Er erwirbt sich weniger neue Verhaltensmuster als verantwortliches Handeln, das die Normen als Anforderungen aus den ihm gestellten Aufgaben begreift. Eine Entfernung H.s von der Artuswelt aus dem eigenen Bereich der Minneherrin zu folgern, postuliert einen Normgegensatz zum Artushof, den der Text so nicht bietet.

6. Trotz Anerkennung der formalen Meisterschaft H.s vernachlässigte die Forschung den 'Iw.' auffallend lange. Nachdem aus der Struktur für den 'Er.' ein neues Verständnis angebahnt war (SCHEUNEMANN; KUHN, 1948), fand erst mit Abstand der 'Iw.' eigenes Interesse (RUH, 1965). Jetzt werden beide Romane gleich bedeutend gesehen. Neben der weiteren Erhellung ihrer Poetik auch im Anschluß an allgemein erzähltheoretische Arbeiten wird im Blick auf das Publikum und einzelne Schichten diskutiert, welche historisch-sozialen Probleme in den Romanen ihren Niederschlag gefunden haben (KAISER, CRAMER, MERTENS u. a., E. KÖHLERS Ansatz fortführend). Wie aber die unbestritten wirksame historische Realität mit dem Stilisierungswillen einer hochartifiziellen Gattung integriert ist, ist ein noch offenes Problem.

7. Die nachhaltige Wirkung des 'Iw.' dokumentieren die Freskenzyklen auf Burg Rodeneck (bei Brixen) (schon Anfang des 13. Jh.s) und im Hessenhof in Schmalkalden (13. Jh.) sowie die Figurenbilder auf dem Maltererteppich (Freiburg/Br.) und in Burg Runkelstein. Ulrich → Fuetrer fügte eine strophische Bearbeitung 'Yban' in sein 'Buch der Abenteuer' ein.

VIII. Nachwirkung

H. hat für die eine höfische Kultur tragende Schicht ein in Inhalten und vor allem im Stil lang nachwirkendes Vorbild geschaffen. Im Erzählen gewinnt er (mit Chrétien) vor allem über die Erzählerrolle die Freiheit, vorgegebene Bedeutungsmuster jeder Art in autonomer Fiktionalität zu relativieren. In 'Kl.', 'Grg.' und 'A.H.' trägt er zur Erweiterung des Formenrepertoires bei.

Von Gottfried und Wolfram (s.o. I. 2.) an wird in vielen Literaturkatalogen und Einzelverweisen auf H. oder seine Figuren angespielt (s. SCHWEIKLE). Die normhaften Aspekte dieser Zitate in der nächsten Generation lassen H. schon im 13. Jh. als 'Klassiker' erscheinen.

Von den zahlreichen neuzeitlichen Wiederaufnahmen von 'Grg.' und 'A.H.' in Literatur und Musik können als Beispiele nur Th. Manns 'Der Erwählte', H. Pfitzners Oper und G. Hauptmanns Drama 'Der a. H.' genannt werden.

IX. Literatur. Bibliographien: H. SPARNAAY, H.v.A. Stud. zu einer Biographie, 2 Bde, 1933/38 (Nachdr. 1975) (bis 1937); I. KLEMT, H.v.A., 1968; E. NEUBUHR, Bibliographie zu H.v.A. (Bibliogr. z. dt. Lit. d. MAs 6), 1977.

I. Übergreifende Darstellungen und Studien: A.E. SCHÖNBACH, Über H.v.A. Drei Bücher Unters., 1894; H. SPARNAAY (s.o. Bibliogr.); F. NEUMANN, Wann dichtete H.v.A., in: Fs. F. Panzer, 1950, S. 59–72, wieder in: F.N., Kl. Schriften, 1969, S. 42–56; P. TILVIS, Über d. unmittelbaren Vorlagen v. H.s Er. u. Iw., Ulrichs Lanzelet u. Wolframs Parzival, Neuphil. Mitt. 60 (1959) 28–65, 125–144; P. WAPNEWSKI, H.v.A. (Slg. Metzler 17), 1962, ⁷1979 (mit Lit.); CH. CORMEAU, H.s v.A. 'A.H.' u. 'Grg.'. Stud. z. Interpretation mit d. Blick auf d. Theologie z. Zeit H.s (MTU 15), 1966; K. RUH, Höf. Epik d. MAs I. Von d. Anfängen bis zu H.v.A. (Grundlagen d. Germanistik 7), 1967, ²1977; M. HUBY, L'adap-

tation des Romans courtois en Allemagne au XII.et au XIII siècle, Paris 1968; LINKE (s.o. V. 1.); E.M. CARNE, Die Frauengestalten bei H.v.A. (Marburger Beitr. z. Germanistik 31), 1970; G. SCHWEIKLE, Dichter über Dichter in mhd. Lit. (Dt. Texte 12), 1970; H.P. KRAMER, Erzählerbemerkungen u. Erzählerkommentar in Chrétiens u. H.s Er. u. Iw. (GAG 35), 1971; J. SCHRÖDER, Zur Darstellung u. Funktion d. Schauplätze in d. Artusromanen H.s v.A. (GAG 61), 1972; H. KUHN/CH. CORMEAU (Hgg.), H.v.A. (WdF 359), 1973; G. KAISER, Textauslegung u. gesellschaftliche Selbstdeutung. Aspekte einer sozialgesch. Interpretation v. H.s Artusepen, 1973, ²1978; S. RANAWAKE, Mehrschichtigkeit d. Erzählerkommentars bei H.v.A., in: Akten d. 5. Int. Germ. Kongr. Cambridge 1975, 1976, S. 414–424; A. WOLF, Die Adaptation courtoise. Krit. Anm. zu einem neuen Dogma, GRM 27 (1977) 257–283; G. STEINLE, H.v.A. Kennzeichnen durch Bezeichnen. Zur Verwendung d. Personenbezeichnungen in seinem ep. Werk (Stud. z. Germanistik, Anglistik u. Komparatistik 80), 1978; U. KUTTNER, Das Erzählen d. Erzählten. Eine Studie z. Stil in H.s Er. u. Iw., 1978; CH. CORMEAU, Artusroman u. Märchen. Zur Beschreibung u. Genese d. Struktur d. höf. Romans, in: Wolfram-Stud. 5, 1979, S. 63–78.

II. 'Klage': R. WISNIEWSKI, H.s Kl.-Büchlein, Euph. 57 (1963) 341–369, wieder in: WdF 359, S. 217–253; I. GLIER, Artes amandi (MTU 34), 1971, S. 20–24; W. GEWEHR, H.s Kl.-Büchlein im Lichte d. Frühscholastik (GAG 167), 1975.

III. Lieder: G. JUNGBLUTH, Das 3. Kreuzlied H.s, Euph. 49 (1955) 145–162, wieder in: WdF 359, S. 108–134; R. KIENAST, Das H.-Liederbuch C², 1963; E. BLATTMANN, Die Lieder H.s v.A. (Phil. Stud. u. Qu. 44), 1968; H. KUHN, Minnesang als Aufführungsform, in: Fs. K. Ziegler, 1968, S. 1–12, wieder in: H.K., Text u. Theorie, 1969, S. 182–190, u. in: WdF 359, S. 478–490; P. SALMON, The underrated lyrics of H.v.A., MLR 66 (1971) 810–825; W. HAUBRICHS, *reiner muot* und *kiusche site*. Argumentationsmuster u. situative Differenzen in d. stauf. Kreuzzugslyrik zwischen 1188/89 u. 1227/28, in: R. KROHN u.a. (Hgg.), Stauferzeit, 1978, S. 295–324; V. MERTENS, Kritik am Kreuzzug Kaiser Heinrichs? Zu H.s 3. Kreuzlied, in: ebd., S. 325–333.

IV. 'Erec': E. SCHEUNEMANN, Artushof u. Abenteuer, 1937; H. KUHN, Erec, in: Fs. P. Kluckhohn u. H. Schneider, 1948, S. 122–150, wieder in: H.K., Dichtung u. Welt im MA, 1959, S. 133–150, u. in: WdF 359, S. 17–48; W. KELLERMANN, L'adaptation du roman d'Erec et Enide de Chrestien de Troyes par H.v.A., in: Fs. J. Frappier, 1970, S. 509–522, (deutsch) wieder in: WdF 359, S. 511–531; TH. CRAMER, Soziale Motivation in d. Schuld-Sühne-Problematik v. H.s Er., Euph. 66 (1972) 97–112; R. PÉRENNEC, Adaptation et societé: L' adaptation par

H. d'A. du roman de Chrétien de Troyes Erec et Enide, Et. Germ. 28 (1973) 289–303; U. Peters, Artusroman u. Fürstenhof. Darstellung u. Kritik neuerer sozialgesch. Unters. zu H.s Er., Euph. 69 (1975) 175–196; H. Reinitzer, Über Beispielfiguren im Er., DVjs 50 (1976) 597–639.

V. 'Gregorius': Dittmann (s.o. V. 1.); H. Schottmann, Grg. u. Grégoire, ZfdA 94 (1965) 81–108, wieder in: WdF 359, S. 373–407; E. Dorn, Der sündige Heilige in d. Legende d. MAs (Medium Aevum 10), 1967; E. Gössmann, Typus der Heilsgeschichte oder Opfer morbider Gesellschaftsordnung? Ein Forschungsbericht z. Schuldproblem in H.s Grg. (1950–1971), Euph. 68 (1974) 42–80; K.D. Goebel, Unters. z. Aufbau u. Schuldproblem in H.s Grg. (Phil. Stud. u. Qu. 78), 1974; F. Ohly, Der Verfluchte u. d. Erwählte. Vom Leben mit d. Schuld, 1976; B. Herlem-Prey, Neues zur Quelle von H.s Grg., ZfdPh 97 (1978) 414–428; V. Mertens, Gregorius Eremita. Eine Lebensform d. Adels bei H.v.A. in ihrer Problematik u. ihrer Wandlung in d. Rezeption (MTU 67), 1978; D. Hirschberg, Zur Struktur v. H.s Grg., in: Fs. H. Fromm, 1979, S. 240–267.

VI. 'Armer Heinrich': J. Klapper, Lat. Exempla in Erzählungen d. MAs, 1914; F. Neumann, Der a. H. in H.s Werk, ZfdPh 75 (1956) 225–255, wieder in: F.N., Kl. Schriften, 1969, S. 57–84; L. Seiffert, The maiden's heart. Legend and fairy-tale in H.s Der a.H., DVjs 37 (1963) 384–405, (deutsch) wieder in: WdF 359, S. 254–286; Th. Verweyen, Der a.H. H.s v. A., 1970; K. Ruh, H.s 'A.H.'. Erzählmodell u. theol. Implikation, in: Fs. H. de Boor, 1971, S. 315–329; G. Datz, Die Gestalt Hiobs in d. kirchl. Exegese u. der a.H. H.s v.A. (GAG 108), 1973; K.H. Borck, *nû ist si vrî als ich dâ bin*, in: Fs. K. Ruh, 1979, S. 37–50.

VII. 'Iwein': K. Ruh, Zur Interpretation v. H.s Iw., in: Fs. W. Henzen, 1965, S. 39–51, wieder in: WdF 359, S. 408–425; Th. Cramer, *Saelde* u. *êre* in H.s Iw., Euph. 60 (1966) 30–47, wieder in: WdF 359, S. 426–449; W. Mohr, Iweins Wahnsinn, ZfdA 100 (1971) 73–94; A. Wolf, Erzählkunst u. verborgener Schriftsinn. Zur Diskussion um Chrétiens Yvain u. H.s Iw., Sprachkunst 2 (1971) 1–42; M.Th. Nölle, Formen d. Darstellung in H.s Iw., 1974; R. Selbmann, Strukturschema u. Operatoren in H.s Iw., DVjs 50 (1976) 60–83; Th.E. Hart, The structure of Iw. and tectonic research: what evidence, which methods? Coll. Germ. 10 (1976/77) 97–120; V. Mertens, Laudine. Soziale Problematik im Iw. H.s v.A. (ZfdPh Beiheft 3), 1978; N. Ott/W. Walliczek, Bildprogramm u. Textstruktur. Anm.n zu d. Iw.-Zyklen auf Rodeneck u. in Schmalkalden, in: Gedenkschrift H. Kuhn, 1979, S. 473–500.

(1981)   Christoph Cormeau

Hausen → Friedrich von H.

'Heidelberger Liederhandschrift A'

Heidelberg, cpg 357, die älteste und äußerlich anspruchsloseste der drei großen Minnesang-Sammlungen (→ 'Heidelberger Liederhs. C', → 'Weingartner Liederhs.' B). Sie ist ebenso aufschlußreich für die Überlieferungsgeschichte des Minnesangs im 13. Jh. wie bedeutend als Textcorpus. Melodien fehlen wie in B und C.

I. Die Schrift des Grundstocks A (1ʳ–39ᵛ) weist ins Ende des 13.Jh.s; später ergänzt sind Paragraphenzeichen auf dem Rand, die den Beginn eines neuen Tons angeben. Die Nachträge a (40ʳ–45ᵛ) stammen von einer Hand des frühen 14.Jh.s (a 1–46) bzw. mehreren etwas jüngeren Händen (a 47–60). Die Sprache und die Verballhornung einiger Ortsnamen lassen – mit einigem Vorbehalt – Niederschrift des Grundstocks A im Elsaß, und dann am ehesten in Straßburg, vermuten (Regendanz). Der bisher nicht untersuchte Anhang a scheint stärker md. gefärbt (was gegen Weisz' unbelegte These spricht, A sei in Zürich entstanden und verblieben).

Der Auftraggeber ist unbekannt; Plenio dachte an den Straßburger Bischof Konrad von Lichtenberg (1273–99), in dem man einen Mäzen →Konrads von Würzburg sieht. Ein Vorbesitzereintrag nennt das Jahr 1387, unter Federproben des 15.Jh.s ist *Limburg* zu lesen (v. Kraus, S. II). In Heidelberg läßt sich die Hs. zuerst zur Zeit des Pfalzgrafen Ottheinrich nachweisen (Superexlibriseinband von 1558). Der Forschung ist sie 1796, nach C und B, durch F. Adelungs 'Nachrichten von altdeutschen Gedichten' bekanntgeworden.

II. A enthält in 34 Abteilungen unter 29 Namen, von denen 5 (meistens variiert) doppelt vertreten sind, 791 Strophen (Blank, S. 33; darunter 1 Dublette) und 2 Minneleiche. Der Umfang der Abteilungen schwankt zwischen 2 und 151 Strophen. 67 Strophen sind Unica (Blank, S. 189; vgl. v. Kraus, S. XI). 692 Strophen und die 2 Leiche stehen auch in C, und zwar hat C beide Leiche sowie knapp 400 Strophen aus zwei mit A verwandten Quellen geschöpft, deren zweite allerdings nur im Corpus →Walthers von der Vogelweide sicher faßbar wird (s. Wilmanns/Michels). Auffallend ist, daß A nahezu ein Achtel dieser 400 Strophen und 100 weitere anderen Autoren zuschreibt als C (s. IV.4.). Mit B teilt A zwar 12 von 25 Namen des bebilderten Grundstocks, aber nur 154 von 602 Strophen (bzw. 155 Strophen von 858 insgesamt).

III. A ist die im Wortlaut offenbar recht getreue Abschrift einer Sammlung *A und führt zusammen mit den A-ähnlichen Quellen von C über ein oder mehrere Zwischenglieder auf eine Vorstufe *AC. Diese war sicherlich schon eine Liederhs. in der Art von A (mit WISSER; anders z. B. SCHWEIKLE), die wohl größere Vorsammlungen verschiedenen Typs zusammengefügt hat (dazu KUHN; Spuren unterschiedlicher Herkunft der Vorlagen hat REGENDANZ in A entdeckt, doch bedürfen ihre Beobachtungen neuer Interpretation). Bestand, Anordnung und Liedzuweisung müssen auf dem Weg zu A mehrfach Änderungen erfahren haben (s. IV.4.). Wenn es auch unmöglich ist, *AC im Detail zu rekonstruieren, so ist doch ihre Konzeption in wesentlichen Zügen aus A erkennbar oder durch den Vergleich mit C erschließbar. (Zur Datierung von *AC s. IV.5.)

IV. *AC bildet ebenso wie *BC eine wichtige Station in dem wohl sehr früh einsetzenden Prozeß der Kodifizierung volkssprachlicher Autoren-Liedkunst bis ca. 1230 und ihrer Kanonisierung, die etwa gleichzeitig auch durch die Sängerkataloge → Reinmars von Brennenberg (IV 13) und des → Marner (XIV 18) bezeugt wird (vgl. bes. KUHN). Daher wird i.F. mit der Beschreibung von A die von *AC verbunden.

1. In Bestand und Anlage weicht A/*AC auffallend von B/*BC ab: sie wirkt professioneller, dem Berufsliedmeistertum näher, doch keineswegs planlos und disparat; B/*BC erscheint der Auswahl und auch der Ausstattung nach mehr auf höfische Repräsentation bedacht. Der Unterschied der literarischen Konzeption braucht (entgegen JAMMERS) nicht mit einem – aufgrund dieser Divergenz postulierten – verschiedenen sozialen Status der Auftraggeber von A/*AC und B/*BC zusammenzuhängen.

2. Während B/*BC sich auf das höfische Genre par excellence, Minnelied (und Kreuzlied), konzentriert, umfaßt A/*AC – darin C vergleichbar – das Gattungsspektrum nahezu in seiner ganzen Breite. (Offensichtlich war dem Redaktor aber nicht an einer vollständigen Sammlung der ihm zu seiner Zeit und in seinem Umkreis zugänglichen Lieddichtung gelegen.) Neben den Sang von der hohen Minne, der auch hier dominiert, treten Tagelied, neidhartisches Genre, Spruch, Minneleich u. a. und sogar Beispiele 'lokaler Liedproduktion aus anonymer Gebrauchsproduktion' (KUHN), von der nur weniges unter Zufallsnamen in die Hss. gefunden hat; bemerkenswerterweise sind auch Minnesang-Parodien, literarische Polemik, → Ulrichs von Singenberg Nachruf auf Walther aufgenommen (z. T. nur in A überliefert).

Der zeitliche Schwerpunkt ist in A/*AC gegenüber B/*BC von 'Minnesangs Frühling' zur frühen 'Nachklassik' hin verlagert. →Heinrich von Veldeke, → Heinrich von Rugge, →Hartmann von Aue, → Albrecht von Johannsdorf erscheinen nur mit wenigen Liedern. Die übrigen Dichter aus MF vor →Reinmar dem Alten und →Heinrich von Morungen, vor allem die sog. Hausenschule, fehlen ganz, abgesehen vom Burggrafen von → Regensburg (nicht in B) und ein paar Strophen u. a. → Dietmars von Aist unter nicht-authentischen Namen. Dazu kommen noch die älteren 'Spervogel'-Sprüche (→ Herger).

3. A/*AC gliedert sich in eine Gruppe von 5 Autorcorpora und einen (in A) etwa gleich umfangreichen zweiten Teil.

Stellt B/*BC den Kaiser als höchsten Repräsentanten höfischer Liedkunst an die Spitze der *minnesinger*-Schar, so wird A/*AC – was bisher kaum Beachtung fand – eröffnet mit den beiden *sanges meistern*, denen schon →Gottfried von Straßburg höchsten literarischen Rang zuerkannt hatte: Reinmar (Nr. 1, in A begleitet von den Namensvettern → Reinmar dem Fiedler und → Reinmar dem Jungen) und Walther (Nr. 4); ihnen ist, allerdings mit einer schmalen Auswahl, Morungen zugesellt (Nr. 5). Es folgen Singenberg und → Rubin (Nr. 6, 7), beide Walther und Reinmar besonders verpflichtet; Umfang und hervorgehobene Stellung des Singenberg-Corpus, des zweitgrößten in A nach Walther, legen eine wie auch immer geartete Beziehung zwischen dem Dichter und *AC nahe (BLANK, S. 66; KUHN).

Die Beobachtungen von WILMANNS/MICHELS, KOHNLE, BÜTZLER, KAISER und TOUBER zu inhaltlichen und formalen Ordnungsprinzipien in den einzelnen Corpora wären noch zu präzisieren. – REGENDANZ (S. 115) nimmt ohne zwingende Gründe eine Zäsur nach Nr. 6 an und stellt Nr. 7 zu Nr. 8–12. Die bisherige Forschung ist ihr darin gefolgt.

Nr. 8 bis 12 (→ Niune, → Gedrut, →Neidhart, Spervogel / → Junger Spervogel) hatten vermutlich ihren Platz ursprünglich am Ende, nach Nr. 34, was hier nicht im Detail begründet werden kann. Ist diese Hypothese richtig, so schloß in *AC an die Gruppe der 'klassischen' Autorcorpora Nr. 1/4–7 mit Nr. 13ff. unmittelbar eine nicht primär am Œuvre-Begriff orientierte, nicht streng nach Autoren geordnete und z.T. wohl namenlose Sammlung älteren (s.o. IV.2.) und jüngeren Minnesangs an (vor allem: → Rudolf von Rotenburg, →Walther von Metze, Markgraf von → Hohenburg). Dieser 'gemischte Anhang' klang aus mit Liedern Neidharts (Nr. 10, sehr frgm.; ferner in Nr. 8, 9, 12) und von Neidhart-'schülern' (in Nr. 31: → Friedrich der Knecht; Nr. 9: Gedrut) sowie mit dem 'Spervogel'-Spruchcorpus Nr. 11/12.

So zeichnet sich für *AC eine C (und B samt Nachträgen) analoge gattungshierarchische Anordnung ab: Minnesang – Neidhartiana – Spruchdichtung. Die Verbindung einer Gruppe von 'Klassiker'-Œuvres mit einem gemischten Anhang 'kleinerer Dichter' begegnet ähnlich in der Trouvères-Überlieferung.

4. In A beherrscht das Autorprinzip zumindest äußerlich die ganze Sammlung. Es wurde, in Anlehnung an Liederhss. wie B/*BC, von der Gruppe Nr. 1/4–7 auf den Abschnitt Nr. 8–34 ausgedehnt, ohne daß dieser aber völlig neu geordnet worden wäre. (Vgl. KUHN.)

a. Die Änderung der Konzeption ist vermutlich für die meisten Abweichungen von C in der Liedattribution verantwortlich, deretwegen A seit je als unzuverlässig galt (v. KRAUS, S. XIf.; BLANK, S. 33f. u.a.). SCHWEIKLE, der eine sehr detaillierte Interpretation der Zuschreibungsdivergenzen gibt (1965, bes. Kap. V), möchte sie nicht nur, wie herkömmlich, mit Irrtümern der Kopisten und mit der Ersetzung der Autor- durch Reproduzenten- oder Liebhaber-Namen erklären, sondern denkt auch an die 'Adoption' der Lieder durch Sängerkollegen.

In *AC war anscheinend jedem Lied, soweit es nicht überhaupt anonym blieb, ein Autorname beigeschrieben, wie es in romanischen Chansonniers üblich ist. A oder *A führte Autorcorpus-Überschriften ein, die (wie in B und C) für mehrere aufeinanderfolgende Lieder gelten. Dabei wurden alle Lieder, die keine Rubrik (mehr) trugen, einem benachbarten Namen zugeschlagen, was besonders im 'gemischten Anhang' Nr. 8–34 zu Pseudo-Zuschreibungen führte. C muß in ihren A-ähnlichen Quellen öfter noch die alten Namen der A-Tradition vorgefunden haben, z.B. Dietmar von Aist, Friedrich der Knecht, → Waltram/Alram von Gresten.

b. Nr. 8, 9, 31 (Niune, Gedrut, → Leuthold von Seven), in denen sich die Zuschreibungsdivergenzen zu C häufen, beruhen nach allgemeiner Ansicht in ihrem jetzigen Umfang auf eigenständigen Vorsammlungen und werden z.T. als authentische Zeugnisse für Repertoirehefte von Fahrenden in Anspruch genommen. Doch sind sie in dieser Gestalt wohl erst ein Ergebnis der Umwandlung des 'gemischten Anhangs' in eine Reihe von 'Autorcorpora'. Die Existenz des mit dem Autorcorpus konkurrierenden Sammlungstyps als solchen: klassischer und lokaler Minnesang mit oder ohne Namen in 'ungeordneter' Auswahl (vgl. KUHN), ist damit natürlich nicht in Frage gestellt.

Der Umfang, den 'Niune' und 'Gedrut' gewonnen hatten, könnte in A oder *A ihre Versetzung zusammen mit Neidhart und den 'Spervogel'-Sprüchen vom Ende der Sammlung hinter die Gruppe Nr. 1/4–7 veranlaßt haben: das quantitativ-rationale Prinzip, das nach JAMMERS (S. 146) bei der Anlage von *AC im Spiel war, wäre dann immerhin in A oder *A wirksam gewesen.

c. Die Lieder Rotenburgs (Nr. 13/19), Veldekes (Nr. 22/24) und Hohenburgs (Nr. 23/29) brauchen nicht, wie man annimmt, in einer zerrütteten Vorstufe von A auseinandergerissen worden zu sein. Vielmehr ist möglicherweise der alte Zustand des 'gemischten Anhangs' bewahrt, in dem ja auch Lieder anderer Autoren, z. B. Neidharts, auf mehrere Stellen verteilt waren.

5. *AC läßt sich kaum vor dem letzten Drittel des 13. Jh.s ansetzen, wenn Str. 3 des → Hawart-Corpus (AC) zu Recht aufs Interregnum (1256–73) bezogen wird. Nach Kernbestand und Konzeption mutet die Sammlung älter an. Vielleicht ist beides von einer Liederhs. übernommen, die in *AC nur um einige md./elsäss. Sänger erweitert wurde (Nr. 25–27: Hawart, → Günther von dem Forste, 'Herzog' → [Heinrich] von Anhalt; dazu Nr. 21: Gottfried? und evtl. Nr. 5: Morungen?). Die Heimat einer solchen Vorgängerin von *AC könnte im Bairisch-Österreichischen zu suchen sein. Dorthin weisen nicht nur ein Teil des Namenbestands und einzelne Schreibungen (REGENDANZ, S. 111f.), auch der von dem 'gemischten Anhang' repräsentierte Sammlungstyp ist anscheinend vor allem dort zu Hause (Andeutungen bei SCHNEIDER) und schon für ca. 1230 erschließbar (vgl. KUHN zu den → 'Carmina Burana').

V. Die anonymen Nachträge a ergänzen den Bestand von A und ähneln ihm in der Zusammensetzung (vgl. SCHWEIKLE, 1965, S. 75–81). Nur in a überliefert sind 1 Leich und 22 Strophen von insgesamt 61 (einschließlich 39[a]. 39[b]; darunter 3 Dubletten und 1 mit A gemeinsame Strophe). Die übrigen Strophen stehen anderwärts unter Reinmar, Walther, Rubin, → Ulrich von Lichtenstein, → Wissenlo, → Reinmar von Zweter und → Friedrich von Sonnenburg. Offenbleiben muß, ob der erste Nachtrag (a 1–46), der mit einer Gruppe von Rubin-Liedern beginnt und mit dem Leich endet, Kleinsammlungen aneinandergereiht (so SCHWEIKLE) oder ob umfänglichere Liedersammlungen exzerpiert wurden.

Ausgaben. Die alte Heidelberger Lhs., hg. v. F. PFEIFFER (StLV 9,3), 1844, Nachdr. 1962 [Transkription]; Die kl. Heidelberger Lhs. In Nachbildung, mit Geleitwort v. C.v. KRAUS, 1932; Die Kl. Heidelberger Lhs. Cod. Pal. Germ. 357 d. UB Heidelberg [Vollfaksimile.] Einführung v. W. BLANK (Facsimilia Heidelbergensia 2), 1972.

Literatur. W. WILMANNS, Zu Walther v. d. Vogelweide, ZfdA 13 (1867) 217–288, bes. S. 219–224; W. WISSER, Das Verhältnis d. Minneliederhss. A u. C zu ihren gemeinschaftl. Quellen, Beilage z. Progr. Eutin Nr. 692, 1895; M. REGENDANZ, Die Sprache d. kl. Heidelberger Lhs. A (n. 357), Diss. Marburg 1912; K. PLENIO, PBB 41 (1916) 65f.; W. WILMANNS/V. MICHELS, Walther v. d. Vogelweide II, [4]1924, S. 16f., 27–31, 35f.; v. KRAUS 1932 [s. Ausg.n]; E.H. KOHNLE, Stud. zu d. Ordnungsgrundsätzen mhd. Lhss. Die Folge d. Lieder in A u. E (Tüb. german. Arb. 20), 1934; L. WEISZ, Verfassung u. Stände d. alten Zürich, 1938, S. 132; C. BÜTZLER, Die Strophenanordnung in mhd. Lhss., ZfdA 77 (1940) 143–174, hier S. 145–151; E. SCHNEIDER, Spruchdichtung u. Spruchdichter in d. Hss. J u. C, ZfdPh 66 (1941) 16–36, hier S. 27ff.; E. JAMMERS, Das Kgl. Ldb. d. dt. Minnesangs, 1965, bes. S. 141–146; G. SCHWEIKLE, Reinmar d. Alte. I. Hs.liche u. überl.geschichtl. Grundlagen. Habil.schr. (masch.) Tübingen 1965, bes. S. 67–87, 152–186, 203–210; A. H. TOUBER, Formale Ordnungsprinzipien in mhd. Lhss., ZfdA 95 (1966) 187–203, hier S. 192–194; G. KAISER, Beitr. zu d. Liedern d. Minnesängers Rubin, 1969; BLANK, 1972 [s. Ausg.n]; G. SCHWEIKLE, Die mhd. Minnelyrik I, 1977, bes. S. 5f., 14f., 21f.; H. BECKER, Die Neidharte (GAG 255), 1978, S. 20–23; J. BUMKE, Mäzene im MA, 1979, S. 259f.; G.F. JONES / U. MÜLLER / F.V. SPECHTLER, Verskonkordanz z. Kl. Heidelberger Lhs. (GAG 292–294), 1979; H. KUHN, Die Voraussetzungen f. d. Entstehung d. Manesseschen Hs. u. ihre überl.geschichtl. Bedeutung, in: ders., Liebe u. Gesellschaft, 1980, S. 80–105, 188–192, bes. S. 92–94. Weitere Lit. s. BLANK, S. 139f.; H. MOSER / H. TERVOOREN, Des Minnesangs Frühling II, 1977, S. 39f.

(1981) GISELA KORNRUMPF

'Heidelberger Liederhandschrift C'

Heidelberg, cpg 848, Große Heidelberger (früher: Pariser) oder Manessische Liederhs. genannt, die umfassendste Sammlung deutschsprachiger Liedkunst von der 2. Hälfte des 12. bis in die 1. Hälfte des 14. Jh.s (Vgl. u.a. → 'Berliner Liederhs. mgf 922', → 'Haager Liederhs.',

→'Heidelberger Liederhs. A', → 'Heidelberger Liederhs. cpg 350', → 'Jenaer Liederhs.' J, Rudolf → Losse, → Michael de Leone, → Neidhart, → 'Niederrheinische Liederhs.', → 'Weimarer Liederhs.', →'Weingartner Liederhs.' B, → 'Wiener Leichhs.'.)

I. Allgemeines.

1. C ist angelegt als repräsentative Summe 'der edlen Gebrauchskunst des Laienliedes'; *Die hie gesvngen hant. nv ze male Sint ir. C. vnd xxxviiij* (5ᵛ): so schließt stolz das Verzeichnis 'all derer vom Kaiser bis zum Bettelmann, die man als Diener' dieser Kunst 'vorweisen kann' (KUHN, 1980). Die Lieder sind nach Autoren geordnet und mit einem ganzseitigen Bild vor jedem Œuvre geschmückt; Melodien fehlen, wie in den meisten Minnesang-Hss. In der Spätzeit des Minnesangs entstanden und nicht für die Aufführungspraxis bestimmt, ist C doch kein Dokument bloß retrospektiv-antiquarischen Interesses; der Impuls zur umfassenden Dokumentation der Lieddichtung kommt offensichtlich von einer Gruppe, die noch, produktiv und im Nachvollzug, vor allem am *edelen sange* von der Minne teilhat und der diese Teilhabe Bestätigung ihres *edelen sinnes*, Selbstbestätigung bedeutet (vgl. KUHN, 1980).

2. Während aus der Trobador- und der Trouvère-Überlieferung mehrere summenartige Chansonniers bekannt sind, gibt es in der dt. Überlieferung kein Gegenstück zu C; denn die → 'Kolmarer Liederhs.' von ca. 1470 ist als Meisterlieder-Sammlung nur bedingt vergleichbar.

Sammelbecken aller ihr erreichbaren schriftlichen Traditionen, bietet C vielfach wesentliche Ergänzungen zu den in A und B überlieferten Minnesänger-Œuvres (bis ca. 1230). Für den 'nachklassischen' Minnesang bildet die Hs. die Haupt- und weithin die einzige Quelle, ebenso für die Leichdichtung, bes. den Minneleich. Etwa in gleichem Umfang wie J, aber mit ganz anderem Schwerpunkt und entschieden größerer Nähe zum Tönerepertoire des Meistergesangs, überliefert C Spruchdichtung. Nur diese und Neidhart werden im späteren 14. und im 15. Jh. noch in einiger Breite weitertradiert.

II. Entstehung und Geschichte.

1. Der großformatige Pergamentcodex (426 Bll.) enthält keinerlei expliziten Hinweis auf Auftraggeber, Schreiber, Illustratoren, Zeit und Ort der Entstehung noch auf spätere mal. Benutzer und Besitzer.

2. Schon vom Äußeren her stellt sich C als Resultat eines komplexen, nie eigentlich abgeschlossenen Sammelvorgangs dar: Weder die Texte, die rund zwei Drittel der Seiten beanspruchen (mit Textverlust fehlen mindestens 8 Bll.), noch die 138 Bilder sind in einem Zuge eingetragen, und manches ist umgeordnet worden; innerhalb der Autorcorpora sind Lücken geblieben, etwa ein Sechstel der Seiten ist für Nachträge freigelassen (WERNER, 1978).

Die Forschung unterscheidet einen Grundstock und verschiedene Nachtragsschichten. Die Schrift des Grundstocks (mindestens 2 Hände), aus dem sich ein ältester Kern heraushebt (KORNRUMPF, 1981), weist ins beginnende 14. Jh.; die Ergänzungen von mehreren Händen gehören wohl sämtlich noch dem 1. Drittel des Jh.s an (APFELSTEDT, 1881, WERNER, 1980). Ähnliches gilt für den Grundstockmaler (samt Gehilfen) und 3 (?) Nachtragsmaler (RAHN, 1877; VETTER, 1978, 1980). Einen terminus post quem 1314 für den Grundstock wollte man aus dem Buwenburg-Bild herleiten (zuletzt JAMMERS, 1965, mit weitreichenden Folgerungen); doch läßt sich die historisch-biographische Deutung der Szene nicht halten (BUMKE, 1976, S. 24–28; → Ulrich v. Baumburg). Die Schreibweisen sprechen für Zürich (und gegen Konstanz) als Schreibort (VOGT, 1908, 1924; HAACKE, 1964).

3. Unabweisbar erscheint ein – zuerst von BODMER (1748) angenommener, freilich schwer zu konkretisierender – Zusammenhang mit der Sammeltätigkeit der Manesse, der → Hadlaub ein Preislied widmet (BARTSCH, SM XXVII 8, zwischen 1297 und 1304). Die *buoch* bzw. *liederbuoch*, die er erwähnt, waren vielleicht einzelne Lagen (oder Autorcorpo-

ra?) des im Entstehen begriffenen Codex C selbst. Eher scheinen mir Hadlaubs Verse aber doch auf eine Kollektion eigenständiger *liederbuoch* gemünzt zu sein; sie könnte den Anstoß zur Anlage von C oder zur Ausweitung eines ursprünglich begrenzteren Plans gegeben und einen großen Teil der Vorlagen des Grundstocks gestellt haben. In jedem Fall hat man sich aber, wie die Nachträge in C zeigen, noch nach dem Tod des Rüdiger Manesse (1304) um Liedaufzeichnungen bemüht.

4. Wer immer in oder um Zürich den Auftrag gab, am Zustandekommen der Hs. hatte sicherlich eine größere Gruppe Anteil. Zu denken ist v. a. an jene *edel frouwen, hôhe pfaffen, ritter guot*, die Hadlaub in Lied 2 und 5 nennt, darunter wiederum *Rúdge Manesse* (in C 372ʳ besonders hervorgehoben, vgl. KROOS, 1969), Angehörige in C vertretener Geschlechter und der Konstanzer Bischof → Heinrich von Klingenberg († 1306), in dem man den Auftraggeber der Weingartner Liederhs.' vermutet hat. (Vgl. RENK, 1974, zum 'Manessekreis'.) Für habsburgisches Mäzenatentum (JAMMERS, 1965) bietet sich kein überzeugender Anhalt.

Möglicherweise hat Hadlaub maßgeblich an der Vorbereitung und Ausführung des Grundstocks mitgewirkt. Anders ist die Auszeichnung seines Œuvres (von einem besonderen Schreiber auf eigener Lage eingetragen, s. WERNER, 1980) mit Prunkinitiale und Doppelbild nicht leicht zu deuten.

5. Spätestens im 16. Jh. gelangte die Hs. nach Heidelberg. Vielleicht befand sie sich schon in der 1. H. des 15. Jh.s nicht mehr in Zürich. Damals wurde, vermutlich von einem elsäss. Schreiber, die (Gesamt?-)Kopie hergestellt, zu der die Troßschen Bruchstücke gehörten (Berlin, mgq 519; PANZER, 1929, S. 66–69; WERNER, 1980); illustriert worden ist dieses erstaunliche Zeugnis später, nun wohl ganz retrospektiver Minnesang-Faszination von dem Künstler der Straßburger 'Peter von Staufenberg'-Hs. (ca. 1430/40, → Egenolf v. St.), dessen Hand man auch in Heinrich → Laufenbergs beigebundenem 'Spiegel des menschlichen Heils' zu entdecken glaubt, oder doch von einem Vorgänger oder Werkstattkollegen (MARTIN, 1960, S. 13; FISCHEL, 1963; GRUNEWALD, 1978). Direkt oder indirekt hängen

von C → Gasts Strophen in der Hs. eines Uracher Schulrektors von 1436 (Zürich, Zentralbibl., cod. C 31) und der Druck eines Liedes des → Hesso von Rinach ab (BARTSCH, SM, S. 426).

Zu den weiteren Schicksalen der Hs. s. WERNER, 1980. Ihre Rezeption seit M. H. GOLDAST, der u. a. 1604 → 'König Tirol', → Winsbecke und → Winsbeckin herausgab und kommentierte (Paraeneticorum veterum Pars I), ist lange Zeit gleichbedeutend mit der Rezeption des 'Minnesangs' überhaupt; vgl. WEHRLI, 1980. Für die Bilder vgl. HESS, 1979. Die Rückkehr der Hs. von Paris, wo sie seit 1657 aufbewahrt wurde, nach Heidelberg 1888 wurde als nationales Ereignis gefeiert.

III. Sammelprinzip und Bestand.

1. Unter 140 Namen hat C nach BODMERS Schätzung (1748, S. V) über 6000 Strophen zusammengetragen; genauer: 36 Leiche (darunter 1 Dublette) und rund 5400 Strophen, von denen 5240, teils fragmentiert, erhalten blieben (darunter 72 Dubletten). 28 Leiche (80%) und ca. 2780 Strophen (53%, darunter 22 Dubletten) sind nur aus C bekannt. (Für Präzisierungen danke ich H. Salowsky.)

Das Gros der Corpora umfaßt 2 bis 30 Strophen; Œuvres mit mehr als 150 Strophen überliefert C unter → Gottfried von Neifen, → Ulrich von Winterstetten, →Reinmar dem Alten, →Walther von der Vogelweide (1 Leich, 450 Strophen), →Ulrich von Lichtenstein, Neidhart, →Reinmar von Zweter, Hadlaub (Nr. 17, 36, 37, 45, 77, 92, 113, 125). 110 Corpora sind dem Grundstock zuzurechnen, 30 kamen später hinzu (am umfangreichsten: →Frauenlob mit 1 Leich und 30 Strophen). Die Ergänzungen zu Grundstockautoren eingerechnet, haben die Nachtragshände den Bestand um insgesamt 3 Leiche und mindestens 600 Strophen vermehrt, darunter die einzige lat. (→ Marner XV 19). Ein 141. Name (*Der Criger*, 392ʳ) blieb ohne Texteintrag.

2. Unverkennbar ist die Intention, die Liedkunst, auch die zeitgenössische, möglichst vollständig zu sammeln, jedenfalls, soweit sie mit Namen verbunden war oder sich verbinden ließ – mochte deren Autor-Status noch so zweifelhaft sein.

Das Namenspektrum reicht vom adligen Dilettanten höchsten Rangs und weitberühmten Berufsmeister mit großem Œuvre (Reinmar und Walther, Neidhart, Reinmar von Zweter) bis hin zum kleinen Fahrenden. Zeitlich greifen am weitesten zurück das →Kürenberger-Corpus (nur C) und die → Herger-Sprüche im → 'Spervogel'-Corpus (auch A). Frauenlob und → Regenbogen, die später die ersten Plätze in der Reihe der alten Meister einnehmen, sind in C immerhin mit Nachträgen vertreten. Neben Quellen aus dem engeren Umkreis der Sammler standen bair.-österr., md. und sogar nd./ndl. Vorlagen zur Verfügung.

Die Sammlung vereinigt alle bekannten Genres der Lieddichtung vor 1330, während die sonstige Überlieferung zur Spezialisierung neigt (und entsprechende Reduktionen von Autoroeuvres nicht scheut). So präsentiert sich die Gattung nur hier (und, weniger umfassend, in A) als eine allerdings höchst differenzierte Einheit. Die Skala reicht vom Minnelied, das – mit einer Fülle von Varianten – die Physiognomie von C bestimmt, über geistlichen und weltlichen Leich, Spruchdichtung verschiedenster Thematik (samt dem → 'Wartburgkrieg'-Komplex), Neidhartiana, Tagelied, Herbstlied, geistliches Lied usw. bis zum vielstrophigen Marienpreis (→ Eberhard von Sax, → [Pseudo-]Gottfried von Straßburg) und Lehrgedicht ('König Tirol', Winsbecke, Winsbeckin).

3. Direkt aus mündlicher Überlieferung hat C sicher das Wenigste geschöpft. Zahl und Art, Alter und Autornähe oder -ferne der schriftlichen Quellen ist schwer abzuschätzen. Deutlichere Konturen gewinnen sie für uns nur insofern, als sich verwandte Parallelüberlieferungen erhalten haben; zu nennen sind v. a. B, A und E (die Würzburger Hs. des Michael de Leone) sowie das Naglersche Bruchstück (Berlin, mgo 125, illustriert wie B und C) und Fragmente einer Spruchdichterhs. in Basel/Büdingen/Kassel. Vgl. auch 'Heidelberger Liederhs. cpg 350' (D); Ulrich von Lichtenstein.

Eine B-ähnliche Liederhs. lieferte C das Grundgerüst; WISSERS (1889) Nachweis des Sammlungscharakters dieser Vorlage, den u. a. SCHWEIKLE (1965; 1977, S. 9f.) bezweifelt, müßte neu geführt werden. Der Bestand braucht im einzelnen weder *BC noch B entsprochen zu haben; JAMMERS' Skizze einer stufenweisen Erweiterung von *BC (1965, S. 290f.) beruht z.T. auf falschen Prämissen. Zur Ergänzung wird C neben größeren Sammlungen auch Liederhefte und Einzelblätter, mit denen bes. SCHWEIKLE rechnet, benutzt haben.

Den Texten ihrer Vorlagen gegenüber scheint sich C im ganzen ziemlich konservativ zu verhalten, ohne daß bessernde Eingriffe und Kontamination auszuschließen wären. Wieweit in den z.T. beträchtlichen Differenzen zu anderen Hss. eine Umarbeitung der Lieder durch die Autoren selbst (SCHWEIKLE), Aufführungsvarianten oder eine vielgliedrige schriftliche Tradition ihren Niederschlag finden, läßt sich nicht generell beantworten. Auf eine 'schöpferische Rezeption' älterer Lieder (wohl bereits in den Vorstufen von C) weisen Normierungstendenzen formaler Art, die freilich nur im Prinzip, nicht im konkreten Ergebnis mit der zeitgenössischen Aufführungspraxis zu korrespondieren brauchen: Unmoderne Assonanzen einiger Sänger aus MF, z. B. → Friedrichs von Hausen, sind – anscheinend großenteils auf dem Wege von *BC zu C – durch reine Reime ersetzt worden (TERVOOREN/WEIDEMEIER, 1971; künftig WEIDEMEIER); bei Lichtensteins Liedern sind alle 'Geleite' weggelassen; Minnelieder jüngeren Stils, die nicht (mindestens) 3 oder 5 Strophen zählen, gelten als unvollständig, was C häufig durch Freiräume signalisiert und was in anderen Fällen Zudichtungen provoziert haben mag, wie man sie z.B. für Lieder Neifens annimmt (man denke an ähnliche Erscheinungen in der Trouvère-Überlieferung und an die Spruch-Überlieferung im Rahmen der Meisterliedertradition).

4. Wenngleich C weit mehr enthält als das einem Zürcher Kenner um 1300 geläufige Liedrepertoire, so kann sie doch keineswegs als 'objektive', nur etwas lückenhafte Bestandsaufnahme der Lieddichtung bis ca. 1330 gelten.

Das Namenprinzip schloß, selbst bei großzügiger Handhabung, den Verzicht auf zufällig oder aus Desinteresse am Autor namenlos tradierte Texte und auf eine von vornherein anonyme Gebrauchskunst ein, soweit diese überhaupt der Aufzeichnung für wert befunden worden war. E. SCHNEIDER (1941, S. 22) vermutet, daß C im Unterschied zu J 'bewußt die Strophen ausschaltete, in denen die Dichter sich untereinander lobten oder schmähten'; freilich gibt es Gegenbeispiele.

Unwillkürliche Einschränkungen brachte nicht nur die begrenzte Reichweite der Sammler mit sich, sondern auch ihre weitgehende Abhängigkeit von einer Schriftlichkeit, die durchaus nicht gleichmäßig alle Genres und Autoren erfaßt hatte. So sind etwa die jüngeren Sänger breiter vertreten als die älteren, die südwestdeutschen breiter als die aus ferneren Landschaften, der Minnesang breiter als die Spruchdichtung, deren Kanonisierung und Kodifizierung anscheinend relativ spät einsetzte.

5. Die übrigen Liederhss., J und wenige andere ausgenommen, erweitern den Textbestand von C unwesentlich, können also die Lücken in der Hauptquelle unserer Kenntnis der Gattung nur unvollkommen kompensieren. Aber mit den Einseitigkeiten und Verzerrungen, die vor dieser Folie erkennbar werden, wird zugleich etwas sichtbar von den direkt sehr schwach bezeugten, verschiedenartigen Prozessen der Verschriftlichung und Tradierung der Liedkunst während des 13. Jh.s, ohne die es gar nicht möglich gewesen wäre, eine derartige Sammlung zu veranstalten.

IV. Die Anordnung.

1. Die in C gesammelte Lieddichtung ist, mit manchen Irrtümern im einzelnen, nach dem Autorprinzip geordnet, das sich wohl zuerst in der Minnesang-Überlieferung durchsetzte. (Zur Bedeutung dieses Prinzips s. KUHN, 1980.) Bei widersprüchlichen Attributionen eines Lieds entschieden sich die Redaktoren für die Zuschreibung derjenigen Quelle, die in ihrem Plan insgesamt am höchsten rangierte, übten also nicht philologische Einzelkritik und haben Wiederholungen tunlichst vermieden; um so mehr fällt die Wiederkehr von 21 Strophen des Reinmar-Corpus unter → Heinrich von Rugge auf. Zur Zuordnung von Dichtungen, deren Ton von einem anderen Autor stammt als der Text (Kontrafakte, Parodien, Sprüche), s. KORNRUMPF/WACHINGER, 1979, S. 361–365.

2. Die Reihung innerhalb der Corpora orientiert sich wohl zumeist an den Quellen, die eine nach der andern ausgeschöpft wurden. Der Versuch, den kompilierten Bestand neu zu arrangieren, scheint selten gemacht worden zu sein. Doch war man bestrebt, Strophen gleichen Tons zusammenzuführen, und legte Wert auf die Kennzeichnung ihrer Zusammengehörigkeit.

3. In der Anordnung der Œuvres lassen sich zwei – z.T. interferierende – Hauptprinzipien erkennen, ein ständisches und ein gattungshierarchisches. Es sind aber auch diesen Prinzipien widersprechende Gruppierungen aus den Vorlagen übernommen worden. 'Störungen' ergaben sich ferner durch nachträgliche Einschübe und Umordnungen wohl schon während der Entstehung des Grundstocks.

4. Ins Auge gefallen ist seit je die Reihung nach dem Stand, die allerdings nur in der Anfangspartie des Grundstocks streng durchgeführt ist: Kaiser → Heinrich eröffnet die Sammlung, Könige, Herzöge, Grafen und Markgrafen schließen sich an; gegen Ende überwiegen titellose Sänger und *meister*; dazwischen hat die große Masse der *herren* oder von C zu *herren* Erhobenen ihren Platz. Parallelen finden sich in der Trouvère-Überlieferung (PANZER, 1929, S. 86). Adlige und *meister* trennt auch die etwas jüngere Liederhs., die in der 'Zimmernschen Chronik' beschrieben wird (WALTER, 1933, S. 69–74). Eine präzise 'historische Genealogie', die es erlaubt, C als Ausgangsbasis für eine Soziologie der Liederdichter des 12./13. Jh.s zu benutzen, haben die Redaktoren weder herstellen können noch wollen (BUMKE, 1976, S. 14–21 und schon WALLNER, 1908, gegen SCHULTE, 1892). Die ständische Anordnung galt den Sammlern als 'Akzidens, freilich von höchstem Repräsentationswert'; doch nicht, daß Kaiser und Könige diese Liedkunst geübt hatten, machte sie erst wertvoll, sondern das Meistertum des *edelen sanges* selbst verlieh Sängern wie Sammlern *êre* (vgl. KUHN, 1980).

Die Reihung in C entwickelt anscheinend die Konzeption der Minnesänger-Sammlung *BC weiter. Denn Heinrichs Minnelieder leiten auch die 'Weingartner Hs.' ein, und wie in B folgte in C ursprünglich unmittelbar Graf → Rudolf von Fenis-Neuenburg (jetzt Nr. 10; WERNER, 1978), so daß die Spitzenstellung des *imperator et poeta* (in der Nachfolge König Davids?) schon für *BC als gesichert gelten kann. In gleicher Position bringen nordfranzösische Chansonniers gerne den königlichen Sänger Thibaut von Navarra. Figuriert Heinrich in *BC (und B) als vornehmster Repräsentant des vornehmsten Genres der volkssprachlichen Liedkunst, so hat er in C gewissermaßen den Vorsitz in der Versammlung aller, die ihr dienen.

5. Weniger deutlich ausgeprägt erscheint die als Ausdruck des Gattungsbewußtseins der Sammler wichtige gattungshierarchische Anordnung, wie sie auch in B (samt Nachträgen) zu beobachten und für *AC zu vermuten ist: Minnesang – Neidhartiana (gruppiert um Neidhart, Nr. 92) – Spruchdichtung (die Schlußgruppe, angeführt von Reinmar von Zweter, Nr. 113). Sie ließ sich nicht durchweg mit der ständischen Reihung vereinbaren. Außerdem behielt das Autorprinzip Vorrang, im Gegensatz zu vielen romanischen Liederhss., die nach Gattungen und erst innerhalb dieser wieder nach Autoren ordnen. Œuvres wie das Walthers von der Vogelweide hat C also nicht entsprechend den Hauptgenres aufgeteilt. Damit entfiel auch eine eigene Abteilung für die Leichdichtung; als besonders kunstvolles Genre sind die Leiche jedoch meistens an die Spitze der Autorcorpora gestellt. (Hingegen schickt die 'Kolmarer Hs.' ihrer Spruchtonautoren-Reihe eine Sammlung von Prunkformen verschiedener Autoren voraus.)

V. Die Bilder.

1. Die Hs. gilt als bedeutendes Dokument oberrheinischer gotischer Buchmalerei. Ihr reicher Miniaturenschmuck hat sie v. a. in jüngerer Zeit berühmt gemacht und einen großen Teil des Forschungsinteresses auf sich gezogen. Doch bleibt die Illustration Beiwerk, dazu bestimmt, die Kostbarkeit der in C vereinigten Liedkunst ins rechte Licht zu rücken.

137 Œuvres werden mit einem ganzseitigen, gerahmten Bild eingeleitet, dem der Name des Sängers rot übergeschrieben ist; bei den 27 von Nachtragsmalern mit Miniaturen bedachten Autoren steht der Name auch oder nur über der ersten Textseite. Kein Illustrator und Rubrikator fand sich mehr für die 3 Einträge der jüngsten Hand (→ Alter Meißner, Gast, → Walther von Breisach). Die Vorzeichnung zu einem 138. Bild (Nr. 65a, 196ʳ) blieb ohne Namen und Text.

'Nach Stellung und Funktion sind sämtliche 137 Miniaturen der Manessischen Sammlung als Autorenbilder zu verstehen' (FRÜHMORGEN-VOSS, 1969, S. 185 = 1975, S. 58). Sie knüpfen freilich nur z. T. an traditionelle Typen des Autorenbilds an. Fast unerläßlicher Bestandteil sind Wappenschild und Helmzier des Sängers (v. a. ZANGEMEISTER, 1892), der Intention nach individualisierende Attribute, wie immer es im einzelnen um ihre heraldische Richtigkeit bestellt sein mag (vgl. BUMKE, 1976, S. 30–42, der den geringen historischen Zeugniswert der Wappen in C betont).

2. Der Gedanke, die Liedautoren-Sammlung mit einem Zyklus von ganzseitigen Verfasserbildern zu versehen, geht vermutlich auf das Minnesänger-Corpus *BC zurück. (MARTINs Beobachtungen zu C, B und dem Naglerschen Bruchstück [1964, S. 6–8] machen keineswegs seine Annahme notwendig, C habe den Zyklus als Ganzes neu geschaffen und die Bilder der beiden kleineren Hss., die man jetzt etwas später anzusetzen geneigt ist als den C-Grundstock, hingen direkt von C ab.) Das Kaiser-Bild, vielleicht inspiriert von Darstellungen des *rex et propheta* David zu Beginn von Psalterien (STEGER, 1961), könnte die Bildfolge in *BC angeregt haben, die sich mit wenigen Typen begnügte (JAMMERS, 1965). Vergleichbare Folgen begegnen, als 'biographische' oder 'heraldische' Initialen bzw. kleine Titelminiaturen, in der Trobador- und Trouvère-Überlieferung (PANZER, 1929, S. 86; HASELOFF, 1929, S. 118; analoge Funktion haben die *vidas* vor den Liedœuvres der Sän-

ger in einigen prov. Hss.). VETTER (1978, S. 210 u. Abb. 9) verweist auf Urkundensammlungen wie das Kopialbuch von St. Florian von 1276 ff. mit Aussteller-Bildnissen in hierarchischer Reihung (Päpste, Kaiser, Könige usw.).

3. C, deren unmittelbare Vorlage wohl mehr Illustrationen bot als B, hat ausgehend von erzählerisch-szenischen Ansätzen in dem älteren Zyklus ein abwechslungsreiches Bildprogramm entwickelt (FRÜHMORGEN-VOSS, 1969, VETTER, 1980). Die Sänger werden nicht mehr nur als Dichter, Ritter, Minnende gezeigt, sondern bei Tanz, Jagd, Turnier, Schachspiel, Konzert usw. oder auch bei unhöfischer Berufsausübung; Szenen der Belehrung, Marienverehrung oder Schlemmerei fehlen ebensowenig wie Viehraub, Mord und Krieg; auf burleske Elemente ist zu Recht öfter hingewiesen worden.

Die Bilder sind in freiem Anschluß an recht heterogene ikonographische Traditionen formuliert, wobei neben der Buchmalerei (Kalendarien, Epen- und liturgische Hss.) auch Wandmalerei und Teppiche sowie die Kleinkunst, bes. Minnekästchen, Pate gestanden zu haben scheinen.

Dennoch stellt die Hs. keine 'autonome' Bildwelt neben das Textcorpus; sie ist vielmehr durch mehr oder weniger enge, z.T. geradezu verrätselte Bezüge auf Namen und Lieder charakterisiert (zuletzt: KOSCHORRECK, 1980). Manchmal kommt auch ein über C hinausreichendes literarisches oder 'literarhistorisches' Wissen über die Autoren ins Spiel, so, wenn Ulrich von Lichtenstein auf seiner im 'Frauendienst' geschilderten Venusfahrt dargestellt wird, → Boppe als 'starker Boppe' oder Regenbogen als Schmied, im freundschaftlichen Disput mit Frauenlob (zur Fragwürdigkeit biographischer Schlüsse WALLNER, 1908 und bes. BUMKE, 1976, S. 22–30). Am schönsten demonstriert wohl die → Waltram-Miniatur (311ʳ), die die Vorliebe des Minnesangs, bes. des Leichs für berühmte Liebende der Epik zitiert, die Literarizität der Bildinspiration: Unterm Zeichen AMORS lesen die Dame und ihr Diener den 'Lanzelet' → Ulrichs von Zazikhoven (SALOWSKY, 1975) – wie Francesca und Paolo die freilich gefährlichere Geschichte von Lancelot lasen.

Ausgaben. [J.J. BODMER/J.J. BREITINGER], Slg. v. Minnesingern aus d. schwæb. Zeitpuncte I. II, Zürich 1758/59 [nicht ganz vollständig]; HMS I. II; Die gr. Heidelberger Lhs. In getreuem Textabdr. hg. v. F. PFAFF, I, 1909, 2., verb. u. erg. Aufl. v. H. SALOWSKY in Vorber.; Die Manessische Lieder-Hs. [1] Faksimile-Ausg. [Vollfaksimile], 1925–1927, [2] Einl.n v. R. SILLIB, F. PANZER, A. HASELOFF, 1929; Die Gr. Heidelberger ('Manessische') Lhs. In Abb. hg. v. U. MÜLLER (Litterae 1), 1971 [verkleinerte Schwarz-Weiß-Reproduktion]; Codex Manesse. Die Gr. Heidelberger Lhs. [1] Vollfaksimile, mit Interimstexten v. I.F. WALTHER, 1974–1979, [2] Kommentar, hg. v. W. KOSCHORRECK †/W. WERNER, mit Beitr. v. E. JAMMERS, W. KOSCHORRECK, H. KUHN, E.M. VETTER, M. WEHRLI, W. WERNER, 1980. – Sämtl. Miniaturen d. Manesse-Lhs., hg. v. I.F. WALTHER u.a., 1979.

Literatur. Vgl. H. MOSER/H. TERVOOREN, Des Minnesangs Frühling II, 1977, S. 42–47; i. F. wird nur dort nicht genannte u. die o. zit. Lit. angeführt: [J.J. BODMER], Proben d. alten schwäb. Poesie d. 13. Jh.s. Aus d. Maneßischen Slg., Zürich 1748; HMS IV, S. 895–898; J.R. RAHN, Stud. über d. 'Manessische Liederslg.', Anz. f. Schweizer. Alterthumskunde 3, Jg. 10 (1877) 774–781; F. APFELSTEDT, Zur Pariser Lhs., Germ. 26 (1881) 213–229; G. ROETHE, Die Ged. Reinmars v. Zweter, 1887, S. 240 f. [zu C u. J]; W. WISSER, Das Verhältnis d. Minneliederhss. B u. C zu ihrer gemeinschaftl. Quelle, Beilage z. Progr. Eutin Nr. 628, 1889; A. SCHULTE, Die Disposition d. gr. Heidelberger (Manessischen) Lhs., ZGO NF 7 (1892) 542–559; K. ZANGEMEISTER, Die Wappen, Helmzierden u. Standarten d. Gr. Heidelberger Lhs. (Manesse-Codex), 1892; A. WALLNER, Herren u. Spielleute im Heidelberger Liedercodex, PBB 33 (1908) 483–540; F. VOGT, Die Heimat d. gr. Heidelberger Lhs., PBB 33 (1908) 373–381; ders., Noch einmal 'Konstanz oder Zürich?', PBB 48 (1924) 291–302; HASELOFF, PANZER, 1929 [s. Ausg.n]; E. WALTER, Verluste auf d. Gebiet d. mhd. Lyrik (Tüb. german. Arb. 17), 1933; E. SCHNEIDER, Spruchdichtung u. Spruchdichter in d. Hss. J u. C, ZfdPh 66 (1941) 16–36; K. MARTIN, Minnesänger I–III, ²1960, 1964, 1972; H. STEGER, David rex et propheta (Erlanger Beitr. z. Sprach- u. Kunstwiss. 6), 1961, S. 133–138; L. FISCHEL, Bilderfolgen im frühen Buchdruck, 1963, S. 98; D. HAACKE, Nochmals: Zur Heimat d. gr. Heidelberger Lhs., ZfdPh 83 (1964) 301–307; E. JAMMERS, Das Kgl. Ldb. d. dt. Minnesangs, 1965; G. SCHWEIKLE, Reinmar d. Alte. I. Hs.liche u. überl.geschichtl. Grundlagen, Habil.schr. (masch.) Tübingen 1965; H. FRÜHMORGEN-

Voss, Bildtypen in d. Manessischen Lhs., in: Werk-Typ-Situation (Fs. H. Kuhn), hg. v. I. GLIER u. a., 1969, S. 184–216, wieder in: H. F.-V., Text u. Illustration im MA, hg. v. N. H. OTT (MTU 50), 1975, S. 57–88; R. KROOS, Die Miniaturen, in: Die Weingartner Lhs., Textband, 1969, S. 133–172, bes. S. 157–159; H. TERVOOREN/R. WEIDEMEIER, Reimkonjekturen bei Dietmar v. Aist u. Friedrich v. Hausen, ZfdPh 90 (1971), Sonderheft S. 46–65; H.-E. RENK, Der Manessekreis, seine Dichter u. d. Manessische Hs. (Stud. z. Poetik u. Gesch. d. Lit. 33), 1974; H. BRUNNER, Die alten Meister (MTU 54), 1975, Kap. 1; H. SALOWSKY, Ein Hinweis auf d. Lanzelet-Epos Ulrichs v. Zazikhoven in d. Manessischen Lhs., Heidelberger Jbb. 19 (1975) 40–52; J. BUMKE, Ministerialität u. Ritterdichtung, 1976; I. GLIER/I. F. WALTHER, Minnesänger IV, 1977 [darin S. 9–12: I. F. WALTHER, Eine direkte Vorlage d. Manessischen Lhs. (cgm 63)]; G. SCHWEIKLE, Die mhd. Minnelyrik I, 1977; H. BECKER, Die Neidharte (GAG 255), 1978, S. 41–56; K. CLAUSBERG, Die Manessische Lhs. (DuMont Kunst-TB 62), 1978; E. GRUNEWALD, Peter v. Staufenberg (Litterae 53), 1978, S. 7, 10; E. M. VETTER, Probleme d. gr. Heidelberger ('Manessischen') Lhs., Pantheon 36 (1978) 207–218; W. WERNER, Die Gr. Heidelberger ('Manessesche') Lhs., Heidelberger Jbb. 22 (1978) 35–48; E. JAMMERS/H. SALOWSKY, Die sangbaren Melodien zu Dicht.n d. Manessischen Lhs., 1979; G. HESS, Bildersaal d. MAs, in: Dt. Lit. im MA. Kontakte u. Perspektiven. Gedenkschr. H. Kuhn, hg. v. CH. CORMEAU, 1979, S. 501–546; G. KORNRUMPF/B. WACHINGER, Alment, ebd., S. 356–411; H. BRUNNER/I. F. WALTHER, Minnesänger V, 1980; KOSCHORRECK, KUHN, VETTER, WEHRLI, WERNER, 1980 [s. Ausg.n]; H. KUHN, Die Voraussetzungen f. d. Entstehung d. Manesseschen Hs. u. ihre überl.-geschichtl. Bedeutung, in: ders., Liebe u. Gesellschaft, 1980, S. 80–105, 188–192; R. WEIDEMEIER, Reimkonjekturen in d. Lhs. C, Diss. Bonn, in Vorber.; G. KORNRUMPF, Die Anfänge d. Manessischen Lhs., in Vorber.
(1981) GISELA KORNRUMPF

Heinrich, Verfasser des 'Reinhart Fuchs'

1. Leben. Der Autor H. ist nur aus seinem Werk 'Reinhart Fuchs' ('RF') bekannt. Nach den Bearbeitungen P/K heißt der Dichter *der Glichesere her Heinrich* (v. 2250f., vgl. vv. 1786–1788). Der Beiname 'der Gleißner' bezieht sich aber wohl, wie WALLNER (1926, S. 214f.) zuerst gesehen hat, auf den Fuchs (DÜWEL, 1967, S. 235ff.). Die Angabe in P/K dürfte auf einer alten Verderbnis beruhen.

Versuche, H. als 'Fahrenden' (WALLNER, 1926, S. 196f.), 'Spielmann' (REISSENBERGER, Ausg., 1908, S. 27; BAESECKE, 1925, S. XLVIII), 'Mimus' (SCHWAB, 1967, S. 16), 'Kleriker' (NORMAN, in: ¹VL II 273), 'Mönch' (BAESECKE, 1927, S. 10), 'Geistlichen?' (DE BOOR, LG, S. 401) einzuordnen, ermangeln der Grundlage. Von dem ihm seitens des Bearbeiters beigelegten Titel *her* (v. 2251) auf Ritterbürtigkeit H.s zu schließen, empfiehlt sich nicht. Dann sind auch ständische Prädikate wie 'Adliger' (DE BOOR, Texte, S. 1847), 'armer Edelmann' (REISSENBERGER, Ausg., 1908, S. 27) oder von 'niederem Adel' (NORMAN, in: ¹VL II 273) ungesichert.

Die Sprache der Fragmente S deutet darauf hin, daß H. aus dem Elsaß stammte. Dorthin weisen auch die Erwähnungen des urkundlich bezeugten Walther von Horburg (v. 1024) und des Klosters Erstein (v. 2123). H. scheint seinen 'RF' in erster Linie für ein elsässisches Publikum geschrieben zu haben. Hatte man eine zeitlang an Walther von Horburg als Gönner oder Freund H.s gedacht (SCHRÖBLER, Ausg., 1952, S. XVI), so können nach SCHWABS (1967, S. 122ff., 149) überzeugender Erklärung nur die Dagsburger Grafen mit Heinrich in Verbindung gebracht werden, vielleicht sogar seine Auftraggeber sein. Das würde mit der antistaufischen Tendenz von H.s 'RF' zusammenstimmen. Die historischen Anspielungen, satirische Angriffe gegen Geistlichkeit, Klosterleben und Heiligsprechung, parodierende Übernahmen aus Minnesang und Heldendichtung kennzeichnen H. als scharf beobachtenden und belesenen Mann, der zudem über detaillierte juristische Kenntnisse verfügt: in keinem zweiten mal. Werk wird der Prozeßgang so ausführlich und dem realen Ablauf entsprechend geschildert.

2. Datierung. Alle aus diesen Hinweisen zu gewinnenden Daten weisen in die 2. Hälfte des 12. Jh.s. Die Fehde Walthers von Horburg mit Hugo von Dagsburg samt dem Eingreifen Friedrich Barbarossas ereignete sich 1162. Die Belehnung des Elefanten mit Böhmen und seine Vertreibung von dort (v. 2097ff.) erlauben innerhalb des Zeitraumes 1173–1189 mehrere historische Anknüpfungen, ohne daß die Erzählung mit einem der realen

Fälle zusammenstimmt. Als Terminus post quem für die Entstehung von H.s 'RF' haben OCHS (1954, S. 154) und SCHWAB (1967, S. 45 ff.) unabhängig voneinander das Jahr 1192 ermittelt. Die Ernennung des Kamels von *Thuschalan* zur Äbtissin des Klosters Erstein sowie die Verjagung durch die Ersteiner Nonnen findet eine historische Parallele: Heinrich VI. verschenkte 1191 unrechtmäßig das Kloster Erstein an den Straßburger Bischof und mußte 1192 die Schenkung wieder rückgängig machen. Die Vergabe Ersteins geschah in Tusculum, das im 'RF' als *Thuschalan* (v. 1438, vgl. 1995) erscheint; es ist die kaisertreue Stadt, die Heinrich VI. betrügerisch und rechtswidrig preisgegeben hat. Damit werden erneut H.s gute historische Kenntnisse und seine stauferfeindliche Einstellung deutlich.

Weniger wahrscheinlich, aber keineswegs abwegig scheint SCHWABS (1967, S. 93; vgl. S. 150) Versuch, den Gifttod des Löwenkönigs mit dem in Deutschland lange angenommenen angeblichen Gifttod Heinrichs VI. zu verbinden und damit als Entstehungsjahr des 'RF' 1197 anzusetzen.

3. Titel. Daß der Titel von H.s Werk ursprünglich *Isingrines not* (v. 1790 S) gelautet habe, wird immer wieder behauptet, obwohl der Schreiber der Hs. S von den Tiernamen nur *Reinhart* durchgängig abkürzt und ihn damit wohl als Titelfigur erscheinen läßt (GRIMM, Ausg., 1840, S. 11). In der jüngeren Bearbeitung kann die Stelle keinesfalls als Titel verstanden werden. Vermutlich steht schon in S v. 1790 zusammen mit den vv. 662, 245, 2245 f. und 67 ff. in parodistischen Bezügen zur Heldendichtung, besonders zum → 'Nibelungenlied'.

In Editionen und Übersetzungen begegnet der Titel 'Fuchs Reinhart' nach der Überschrift in P/K. Vorzuziehen ist 'Reinhart Fuchs' unter Verweis auf v. 10, in welchem die Haupt- und Titelfigur vorgestellt wird.

4. Überlieferung. a) ältere Fassung, um 1200, frgm.: Kassel, Murhard- u. LB, 8° Ms. poet. et roman. 1 (S) aus dem Anfang d. 13. Jh.s: S_1 = v. 589–660; S_2 = v. 697–980; S_3 = v. 1523–1796 und S_4 = v. 1831–1902; elsäss., mit bair. Einsprengseln.

b) jüngere Bearbeitung, Ende d. 13. Jh.s: 1. Heidelberg, cpg 341 (zwischen 1320–1330), 167va–181vb (P), md.-bair.; zum Inhalt der Sammelhs. vgl. ROSENHAGEN, 1909, S. XXXVIff. – 2. ehemals Kalocsa, Kathedralbibl., Ms. 1; heute Genf-Cologny, Bibliotheca Bodmeriana, cod. Bodmer 72, 162vb–177vb (K); zum Inhalt der Sammelhs. vgl. MAILÁTH/KÖFFINGER, Ausg., 1817, S. XIff. (Abschrift von K: Hamburg, German. Sem. d. Univ., 1904 im Auftrag Otto Lippstreus angefertigt).

Das Verhältnis der Hss. ist noch nicht befriedigend geklärt. S stellt nicht das Original dar und war nicht die Vorlage der Bearbeitung *P/K. Umstritten ist, ob K unmittelbar aus P abgeschrieben ist oder beide auf eine gemeinsame Vorlage zurückgehen. Während ZWIERZINA (1928, S. 225 u.ö.) die besseren Varianten in K für Besserungen des Schreibers hielt, erklärte sie MIHM (1967, S. 54) aus Quellen, über die er neben P verfügte. Die von BAESECKE (1925) nur für die auch in S überlieferten Partien versuchte Rückgewinnung eines originalnahen Textes hat E. SCHRÖDER (1926, S. 22 f.) für das ganze Gedicht gefordert; doch hat sich I. SCHRÖBLER (1952) wieder mit einem parallelen Abdruck von S und P begnügt.

5. Ausgaben. Erstdrucke von S: J. GRIMM, Sendschreiben an Karl Lachmann über 'RF', Leipzig 1840; von P: J. GRIMM, 'RF', Berlin 1834, S. 25–103; von K: J.N. Graf MAILÁTH/J.P. KÖFFINGER, Koloczaer (!) Codex altdt. Gedichte, Pesth 1817, S. 361–420.

K. REISSENBERGER, 'RF' (ATB 7), 1886, ²1908; G. BAESECKE, Heinrichs des Glichezares 'RF', 1925, ²1952 besorgt v. I. SCHRÖBLER u. d. T. 'Das mhd. Gedicht vom Fuchs Reinhart' (zit.); Neuausgabe durch K. DÜWEL in Vorbereitung (ATB).

6. Übersetzungen (von P): G. BAESECKE, 'RF'. Das älteste dt. Tierepos aus d. Sprache d. 12. Jh.s in unsere übertragen, 1926; W. SPIEWOK, Der Fuchs u. die Trauben. Dt. Tierdichtung d. MAs, 1973, S. 211–255; K.-H. GÖTTERT, Heinrich d. Glîchezâre. Reinhart Fuchs. Mhd. u. nhd., 1976; W. SPIEWOK, Heinrich d. Glichesaere. Fuchs Reinhart. Mhd. Nhd., 1977.

7. Inhalt und Aufbau. Der 'RF' erzählt im ersten Teil (v. 11–384) die Begegnung des Fuchses Reinhart mit den kleinen Tieren Hahn, Meise, Rabe und Kater. Sie alle lassen sich von der List und Schmeichelei des Fuchses nicht betören,

sondern entkommen bzw. behaupten sich, indem sie ihrerseits Reinhart überlisten.

Im zweiten Teil (v. 385–1238) geht der Fuchs mit dem Wolf Isengrin eine Gevatterschaft ein, ein Verhältnis gegenseitiger Unterstützung, bei dem sich List und Stärke verbinden (v. 397–399). Das Bündnis ist kaum geschlossen, als sich Reinhart an Isengrins Frau Hersant heranmacht (Minneparodie). Das Schinkenabenteuer (v. 449–498) – Isengrin verschlingt allein den vom Fuchs einem Bauern abgelisteten Schinken – legt dann den Grund für alle nachfolgenden Abenteuer, in die Reinhart den Wolf zu immer größerem Schaden lockt: das Weinabenteuer (v. 499–550) im Klosterkeller endet mit der Verprügelung des trunkenen Isengrin; die anschließende Episode 'Fuchs und Esel Baldewin' (v. 551 ff.) – der Inhalt der Lücke in P/K läßt sich aus einem Spruch des → Marners (XV 7) zurückgewinnen (VORETZSCH, 1891, S. 179; SCHWAB, 1967, S. 68 f.) – erzählte wohl die Entmannung des Wolfes (Schwur auf das Wolfseisen), der der Ehebruch Hersants mit Reinhart korrespondiert; im Fischfangabenteuer (v. 635–822) verliert der Wolf seinen Schwanz, nachdem ihn Reinhart zuvor als Zisterzienser tonsuriert hatte (Zisterziensersatire); das Brunnenabenteuer (v. 823–1069) endet wiederum mit Prügeln nach der Befreiung aus dem von Reinhart vorgegaukelten Brunnenparadies (Parodie der Jenseitsvisionen, vgl. MEINERS, 1967, S. 30 ff.), bis die Mönche 'Tonsur' und 'Beschneidung' entdecken (Mönchssatire). Der Aufkündigung der Gevatterschaft durch Isengrin folgt der vom Luchs angesetzte Gerichtstag (v. 1070–1238), bei dem Reinhart auf des Rüden Zahn einen Reinigungseid schwören soll (Heiligenkultsatire), jedoch, vom Dachs gewarnt, die Flucht ergreift und die bei seiner Verfolgung im Dachsbau eingeklemmte Hersant öffentlich vergewaltigt.

Im dritten Teil (v. 1239–2265) verknüpft H. die Fabel von der Krankheit des Löwen mit der Hoftagsfabel. Der Löwe hielt seine – wie Reinhart beobachtet hat – durch eine in sein Ohr gekrochene Ameise verursachte Krankheit für eine Strafe Gottes wegen versäumten Gerichtes, zu dem nun alle Tiere außer Reinhart an den Hof kommen, wo Isengrin ihn wegen der Schändung Hersants anklagt. Des Hirsches Randolt Verurteilung Reinharts zum Tod durch Hängen widerspricht das Kamel mit dem Hinweis auf die versäumte dreimalige Ladung des Beklagten. Der Hahn fordert Sühne für sein von Reinhart ermordetes Kind: bei der Bestattung hat der Hase Fieberphantasien und sieht das Huhn als Heilige vor Gottes Angesicht (Satire auf die Praxis der Heiligsprechung). Der Bär Brun als erster Gerichtsbote kommt arg geschunden zurück (v. 1511–1646); der zweite, Kater Dieprecht, lahm und halbblind (v. 1647–1775); erst der Dachs Crimel bringt Reinhart im Pilgergewand und mit einer Arzttasche versehen an den Hof (v. 1776–1834). Sein Versprechen, den König zu heilen, macht diesen taub gegen Recht und Gericht. Weil der Fuchs für die Heilung das Fell von Wolf, Bär und Katze, ein gesottenes Huhn mit Eberspeck und einen Riemen aus Hirschleder benötigt, werden alle Tiere geschändet, die sich gegen Reinhart gestellt hatten. Mit der Schwitzkur zwingt Reinhart die Ameise aus des Königs Haupt und heilt damit den Löwen. Die Ameise erkauft ihr Leben gegen die Herrschaft über tausend Burgen, und Reinhart lohnt seinen Freunden: Der Elefant erhält Böhmen zu Lehen (v. 2097–2116), das Kamel wird Äbtissin zu Erstein (v. 2117–2156), aber beide werden bald aus ihren Pfründen verjagt. Bevor sich der Fuchs mit dem Dachs davonmacht, vergiftet er den Löwen mit einem Gifttrank. Dieser erkennt zu spät Reinharts Untaten und stirbt.

8. **Komposition und Interpretation.** Der Aufbau von H.s 'RF' ist zielgerichtet auf das in der Stoffgeschichte einmalige Ende des Königs hin. Im Gegensatz zu den auf Fortsetzung angelegten Branchen des 'Roman de Renart' ('RdR') schreitet H. nach festem Plan fort von der Begegnung des Fuchses mit kleineren Tieren, über die Gemeinschaft und Feindschaft zwischen Fuchs und Wolf bis hin zur Konfrontation des Fuchses mit dem

Löwenkönig und seinen Vasallen am Hof. Alle Episoden im 'RF' stehen im Dienste eines widerspruchslosen, handlungssteigernden Aufbaus (BAESECKE, 1927, S. 1 ff.). SCHWAB (1967, S. 57 ff.) hebt auf 'die Warnfabelstruktur des 'RF'' ab und sieht den Sinn der politischen Parabel des dritten Teils in der satirischen Warnung vor dem 'von der *Perfidia* beratenen' 'staufischen Gewaltherrscher' (S. 90 f.). Allgemeiner hatte bereits JAUSS (1959, S. 289) den 'RF' als pathetische Satire auf die alte *triuwe* interpretiert. Thema und satirischen Sinn sieht GÖTTERT (1971, S. 48 ff.) in der Darstellung der *untriuwe*.

Während man sich seit BAESECKE (1927, S. 10) über die antistaufische Tendenz des 'RF' einig ist, differiert die Identifizierung der handelnden Tierfiguren mit bestimmten Personen bzw. sozialen Gruppen des 12. Jh.s beträchtlich. SCHWAB rechnet daher (1967, S. 93) mit einer 'historischen Mehrschichtigkeit der Anspielungsebenen', so daß sowohl Friedrich I. wie Heinrich VI. im Bilde des Löwen figurieren können wie Reinald von Dassel und Philipp von Köln in dem des Fuchses (SCHWAB, 1967, S. 121). Und bei der Elefantenbelehnung mit Böhmen könnte sowohl auf Sobieslav II. als auch auf Friedrich von Böhmen angespielt sein. Doch sperrt sich der 'RF', der eben nicht wie der 'Pavo' (→ Alexander von Roes) den Schlüssel mitliefert, solchen konkreten Entschlüsselungsversuchen ebenso wie einer ständischen Aufgliederung des hierarchischen Gefüges im Reich des Löwenkönigs, wie sie SPIEWOK (1964, S. 285) unternommen hat.

Lohnender erscheint es, der Figur des Fuchses in allen Erscheinungsweisen und Handlungssituationen nachzugehen. Die Charakterisierungen des Erzählers sind allein beim Fuchs durchweg negativ (v. 217, 325, 333, 753, 823, 986, 1129, 1421, 1463, 1516, 1536, 1688, 1865, 1970, 2037, 2093, 2097, 2172), sie kulminieren am Schluß in der Feststellung: *Reinhart was vbele vnde rot* (v. 2172). Demgegenüber wirkt die legendenhafte Formel vom *gvten Reinharte* (v. 2248) rein ironisch (WALLNER, 1923, S. 219). Der Fuchs tritt in vielerlei Rollen auf: Gevatter, Liebhaber, Mönch, Pilger, Arzt, Ratgeber des Königs.

Sind anfangs noch einige Taten durch Hunger motiviert (v. 211 f., 244 ff.), so spielt schon in der Begegnung mit dem Raben das *ane not*-Motiv (v. 256) hinein, das von da ab Reinharts Handlungsweise bestimmt (v. 1045). Ohne zwingenden Grund bringt Reinhart seine Mit- und Gegenspieler in Not (v. 1280, 1363, 1617, 1646, 1737, 2245). Auch Reinhart selbst gerät in Not (v. 359), aber während Isengrin darin verbleibt (v. 1005), kann Reinhart sie überwinden (v. 385). Er allein lernt aus den Erfahrungen, die er im Umgang mit seinesgleichen macht.

Für den Fuchs des 'RdR' konstatierte JAUSS (1959, S. 214), daß dieser die *nature* der anderen Tiere enthüllt, ihre 'wahre' Natur also sichtbar macht und damit 'zugleich die bestehende Ordnung und Ethik der feudalen Gesellschaft in Frage' stellt. Im 'RF' deutete SCHWAB (1967, S. 87 f.) 'Reinharts Tätigkeit ... durch die ihr innewohnende 'Falschheit'' als 'eine Art Katalysator für die ebenfalls 'falsche' Welt.' Im Spiegel seines Wesens offenbare sich die gesellschaftliche Ordnung 'als (wirkliche) Schein-Ordnung'.

9. Quellen und Stoffgeschichte. Der 'RF' hängt stofflich mit dem altfranzösischen 'Roman de Renart' zusammen, einer Sammlung von Tiergeschichten (Branchen), die, episodisch gereiht, immer neue Abenteuer zwischen Fuchs und Wolf bieten. Gegen die von J. GRIMM (1834, S. VIII; 1840, S. 6) begründete Meinung, dem 'RF' hätten ältere Branchen vorgelegen, von denen die erhaltenen nur Bearbeitungen darstellten (ebenso VORETZSCH, 1890–1941), haben FOULET (1914, S. 393 ff.) und JAUSS (1959) wahrscheinlich gemacht, daß mindestens die ältesten, zwischen 1174 und 1176 datierten Branchen II und Va von Pierre de St. Cloud in schriftlich fixierter Form bzw. in einer mündlichen Vorstufe als Quelle des 'RF' zu gelten haben. Die neue Datierung des 'RF' würde sogar die bis 1190 entstandenen Branchen III, IV, XIV, I, X, VI, VIII einzubeziehen erlauben. Vgl.

die afrz./dt. Editionen der Branchen II, Va, III, IV, I durch H. JAUSS-MEYER (Klassische Texte d. Rom. MAs in zweisprachigen Ausg.n 5), 1965, und X durch RATTUNDE, 1970.

Die Leistung H.s läßt sich mit JAUSS (1959, S. 154) so charakterisieren: Er setzte die episodisch fortschreitende, für den mündlichen Vortrag bestimmte Erzählung des 'RdR' in eine Buchredaktion mit festgelegtem Wortlaut um und hat damit 'das erste Fuchsepos im eigentlichen Sinne geschaffen' (JAUSS, 1959, S. 281).

Das breit erzählte, gelegentlich widersprüchliche und kaum motivierte Geschehen im 'RdR' erfährt durch H. eine überzeugende Motivation der einzelnen Erzählabschnitte, eine Verknappung und Konzentration auf das unwiderrufliche Ende. Die im 'RdR' durchaus sympathisch gezeichnete Schelmenfigur des Fuchses gestaltet H. entscheidend um: Reinhart ist bei ihm der Erzbösewicht, die 'Inkarnation des Bösen' (JAUSS, 1959, S. 295); die Worte des Hirsches Randolt bezeichnen ihn als Lehrling des Teufels (v. 1961). Auch die Erzählhaltung hat sich gegenüber dem 'RdR' gewandelt. Während der 'RdR' in scheinbarer Naivität erzählt ist und der Vortragende einen unmittelbaren, spannungsfördernden Kontakt mit seinen Zuhörern behält, verzichtet der Erzähler des 'RF' auf diese Spannung und wendet sich an einen mitreflektierenden Leser (JAUSS, 1959, S. 142ff.), was einen ursprünglichen mündlichen Vortrag wohl vor einem zweisprachigen Publikum nicht ausschließt.

Im Vergleich mit der Hauptquelle treten auch die eigenen Stoffanteile H.s hervor: es sind dies hauptsächlich die Ameisenepisode, die Elefantenbelehnung und Kameleinsetzung, der Tod des Löwenkönigs und die Anlage des Prozeßgangs nach deutschem Recht (KLIBANSKY, 1925, S. 41ff.).

Mit dem 'Ysengrimus' des Magister → Nivardus hat der 'RF' zwar einige Abenteuer gemeinsam, doch kann eine direkte Benutzung durch H. nicht nachgewiesen werden; ebensowenig die einzelner umlaufender Tiergeschichten und aesopischer Fabeln.

10. Form, Sprache, Stil. Der 'RF' ist in vierhebigen Reimpaaren abgefaßt. In der Fassung S wird das 'viertacterschema gelegentlich bis zum zerreißen gefüllt' (BAESECKE, 1925, S. 253). Es unterlaufen zahlreiche unreine Reime (E. SCHRÖDER, 1926, S. 31ff.). Hier vor allem liegen die Eingriffe des Bearbeiters, der seine Tätigkeit selbst beschreibt (v. 2250-2261): er glättete die Reime nach dem Zeitgeschmack, kürzte zu lange und füllte zu kurze Verse auf, ließ aber die Geschichte (*daz mere* v. 2256) so bestehen, wie er sie vorfand. Auf eine bestimmte Gattung ist damit nicht gezielt (DÜWEL, 1965, S. 69f.). Angesichts seines bescheidenen Umfanges (2266 vv.) zögert man, den 'RF' als 'Epos' zu bezeichnen.

Die Sprache der Bruchstücke S zeigt altertümliche Formen, besonders in den Reimen auf -*ot* (GRIMM, 1840, S. 63; E. SCHRÖDER, 1926, S. 40), desgleichen veraltete Formen wie *scraz* (v. 597), *drie* (v. 626), *cehinzic* (v. 704), *sot* (v. 833 u.ö.), *sicherlinc* (v. 1783) u.a., hinter denen SCHWAB (1967, S. 18) ein parodistisches Stilelement vermutet hat.

Die Sprache der Bruchstücke S hat schon J. GRIMM (1840, S. 64ff.) eindeutig als elsässisch mit gelegentlicher leichter bair. Überfärbung (durch den Schreiber?) bestimmt (ebenso SCHRÖBLER, Ausg., 1952, S.V). Die Diskussion über die Sprache von P (v. BAHDER, 1892, S. 51; ROSENHAGEN, 1909, S. XXIV; BERNT, 1910, S. 245ff.; BAESECKE, 1925, S. XLIf.; E. SCHRÖDER, 1926, S. 46; WALLNER, 1926, S. 177ff., bes. 194; SCHRÖBLER, Ausg., 1952, S. IX) resümiert MIHM (1967, S. 48): 'eine mit bair. Elementen durchsetzte, gemäßigte md. Mundart, wie sie in der Oberpfalz und in Böhmen gesprochen wurde; einige Ortsnamen im Text lassen an eine Entstehung der Hss. in Südböhmen denken'.

Parataxe herrscht vor, Parenthesen begegnen häufiger. Das Verhältnis der Erzählverse zu den Redeversen ist ausgeglichen, die Wechselrede ist am ausgeprägtesten. S weist zahlreiche Alliterationen und

Wortwiederholungen auf. Während Vergleiche selten sind, kommen Formeln häufig vor. Sie dienen der Wahrheitsbeteuerung (v. 1, 854, 1787, 1791) und der Vorausdeutung (v. 132, 191, 274 u.ö.), lassen den Erzähler hervortreten (v. 1, 283, 388 u.ö.) und stellen eine Beziehung zu seiner Gegenwart her (v. 1166, 1483, 1521 u.ö.). Die spielmännischen Heischeformeln (v. 854f., 1791f.) sind als 'literarisch gewordene Stilfigur(en)' (JAUSS, 1959, S. 150) zu betrachten und haben wohl die Funktion, dem 'Fuchsepos spielmännischen Charakter (zu) verleihen, es also künstlich zum Bänkelsängerstück (zu) stempeln' (SCHWAB, 1967, S. 16). Während höfische Formeln selten sind, benutzt H. geistliche recht häufig (MAUSCH, 1921, IIb 3). Einige Sprichwörter und Sentenzen (v. 266f., 298f., 802f., 992ff., 1028f., 1304f., 2025, 2069ff., 2154, 2158ff., 2177ff., 2238f.) dienen sowohl zur Personencharakterisierung (SCHWAB, 1967, S. 57ff.) als auch zur Kommentierung durch den Erzähler.

11. Wirkungsgeschichte. Eine größere Wirkung scheint dem 'RF' nicht beschieden gewesen zu sein. Die Bearbeitung aus dem Ende des 13. Jh.s verleiht dem alten 'RF' den Charakter eines Märe (GÖTTERT, 1971, S. 93ff.). Es gibt Tierschwänke in der Tradition des 'RF' (GRUBMÜLLER, 1969, S. 99ff., einschränkend KOSAK, 1977, S. 39ff.). Auf einen Holzschnitt, der in Bild und Text Reinhart Fuchs als Papst und Antichrist darstellt, hat HARMS (1972, S. 417ff.) hingewiesen. Die Bildzeugnisse zum 'RF'-Thema in Deutschland müssen noch gesammelt werden, wie das bereits für die Ikonographie des 'RdR' (FLINN, 1975, S. 257ff.) und die englische Reynard the Fox-Tradition (VARTY, 1967) geschehen ist.

Literatur. P. PARIS, Les aventures de maître Renart et d'Ysengrin ..., Paris 1861; A. SCHÖNBACH, Die Überlieferung des 'RF', ZfdA 29 (1885) 47–64; E. MARTIN, Observations sur le 'RdR', Straßburg 1887; C. VORETZSCH, Der 'RF' Heinrichs des Glîchezâre u. d. 'RdR', Diss. Halle 1890; H. BÜTTNER, Studien z. dem 'RdR' u. dem 'RF'. II: Der 'RF' u. seine frz. Quelle, Straßburg 1891; C. VORETZSCH, Der 'RF' u.d. 'RdR', ZfromPh 15 (1891) 124–182, 344–374; K. v. BAHDER, Bemerkungen z. 'RF', PBB 16 (1892) 49–63; C. VORETZSCH, Der 'RF' Heinrichs des Glîchezâre u. d. 'RdR', ZfromPh 16 (1892) 1–39; G. ROSENHAGEN (Hg.), Kleinere mhd. Erzählungen, Fabeln u. Lehrgedichte (DTM 17), 1909; A. BERNT, Zur Heidelberger Hs. cpg 341, ZfdA 52 (1910) 245–259; L. FOULET, Le 'RdR' (Bibliothèque de l'École des Hautes Études. Sciences historiques et philologiques 211), Paris 1914, ²1968; A. LEITZMANN, Bemerkungen zum 'RF', PBB 42 (1917) 18–38; G. MAUSCH, Der 'RF' Heinrichs des Glîchezâre, Diss. (masch.) Hamburg 1921; A. WALLNER, 'RF', PBB 47 (1923) 173–220; G. BAESECKE, Der Vers im 'RF', ZfdA 62 (1925) 251–261; E. KLIBANSKY, Gerichtsszene u. Prozeßform in erzählenden dt. Dichtungen d. 12.–14. Jh.s, 1925; A. WALLNER, Reinhartfragen, ZfdA 63 (1926) 177–216; E. SCHRÖDER, Der Text des alten Reinhart, GGN 1926, 1, S. 22–50; A. WALLNER, Die Urfassung d. 'RF', ZfdA 64 (1927) 237–259; G. BAESECKE, Heinrich d. Glichezare, ZfdPh 52 (1927) 1–22; K. ZWIERZINA, Die Kalocsaer Hs., in: Fs. M.H. Jellinek, 1928, S. 209–232; F. NORMAN, Heinrich (d. Glichezare?), in: ¹VL II, 1936, Sp. 267–276; D. LÄMKE, Mal. Tierfabeln u. ihre Beziehungen z. bildenden Kunst in Deutschland, 1937; K. VORETZSCH, Zum mhd. 'RF': Die Krankheit des Löwen, in: Fs. G. Baesecke, 1941, S. 160–175; H. DE BOOR, LG II 399–402; E. OCHS, Eine Hocke mhd. Nüsse, in: Fs. E. Öhmann, 1954, S. 149–154; H.R. JAUSS, Unters. z. mal. Tierdichtung, 1959; J. FLINN, Le 'RdR' dans la littérature francaise et dans les littératures étrangères au Moyen Age, Paris 1963; W. SPIEWOK, 'RF'-Fragen, WZUG 13 (1964) 281–288; K. DÜWEL, Werkbezeichnungen d. mhd. Erzähllit. (1050–1250), Diss. (masch.) Göttingen 1965; U. SCHWAB, Zur Datierung u. Interpretation des 'RF'. Mit einem textkrit. Beitr. v. K. DÜWEL zu d. vv. 1784–1794 des 'RF', S. 235–247 (Quaderni della sezione linguistica degli annali 5), Neapel 1967; I. MEINERS, Schelm u. Dümmling in Erzählungen d. dt. MAs, 1967, S. 7–38; A. MIHM, Überl. u. Verbreitung d. Märendichtung im SpätMA, 1967, S. 47–61; K. VARTY, Reynard the Fox, Leicester 1967; K. GRUBMÜLLER, Dt. Tierschwänke d. 13. Jh.s, in: Werk-Typ-Situation, Fs. H. Kuhn, 1969, S. 99–117; E. CRAMER-PEETERS, Henric die de Reinhart maakte, Wetenschappelijke Tijdingen 2 (1970) 124–130; E. RATTUNDE, Die zehnte Branche des 'RdR', in: U. SCHWAB (Hg.), Das Tier in d. Dichtung, 1970, S. 128–174; K.-H. GÖTTERT, Tugendbegriff u. epische Struktur in höfischen Dichtungen, 1971; K. BERTAU, Dt. Lit. im europ. MA, 1972, I 509–515, 717–723; W. HARMS, 'RF' als Papst u. Antichrist auf dem Rad d. Fortuna, Frühmal. Stud. 6 (1972) 418–440; K.-H. GÖTTERT, Die Spiegelung d. Lesererwartung in den Varianten mal. Texte (am Beispiel d. 'RF'), DVjs 48

(1974) 93–121; S. Krämer, Hss.funde z. Lit. d. MAs, ZfdA 103 (1974) 118–123; H. Linke, Form u. Sinn des 'Fuchs Reinhart', in: Fs. B. Horacek (Philologica Germanica 1), 1974, S. 226–262; J. F. Flinn, L'Iconographie du 'RdR', in: E. Rombauts/A. Welkenhuysen (Hgg.), Aspects of the Medieval Animal Epic (Mediaevalia Lovaniensia Serie I, Stud. III), Leuven 1975, S. 257–264; B. Kosak, Die Reimpaarfabel im SpätMA (GAG 223), 1977; J. Kühnel, Zum 'RF' als antistaufischer Gesellschaftssatire, in: R. Krohn/B. Thum/P. Wapnewski (Hgg.), Stauferzeit. Gesch., Lit., Kunst, 1978, S. 71–86; J. Bumke, Mäzene im MA, 1979, Reg.

(1981)   Klaus Düwel

Heinrich von Morungen

I. Leben.

Die Quellen zur Biographie (Urkunden, Erwähnungen in Liederhss., Gedichten und Chroniken) sind zusammengestellt in den Anmerkungen zu MF und MFU, S. 337 ff., die Literatur bei Tervooren, Ausg., 1975, S. 213 f.

Die genauen Lebensdaten und Lebensumstände H.s v. M. (*Der. von. Morvnge* A, *H. H. von Morungen* B, *Her Heinrich von Morunge* C, *her morung* p) sind nicht bekannt. Die sprachlichen, formalen und inhaltlichen Eigentümlichkeiten seiner Lieder deuten auf die Wende des 12. zum 13. Jh. als Lebenszeit und auf Ostmitteldeutschland als Lebens- und Wirkungsraum. In diesen Raum weisen auch die Wappen der Miniaturen in B und C. Damit könnte der Minnesänger H. v. M. mit jenem *Hendricus de Morungen* identisch sein, den zwei Urkunden des Markgrafen Dietrich von Meißen 1217 bzw. 1218 bezeugen. Von diesem *Hendricus*, der vermutlich von der Burg Morungen bei Sangershausen (Thür.) stammt, wird berichtet, daß er Besitzungen, die er *ob alta suae vitae merita* von Dietrich erhalten hatte, dem Thomaskloster in Leipzig vermacht habe.

Darüber hinaus wissen Urkunden des 16. Jh.s, die aus dem Umkreis des Thomasklosters stammen, von einem *Ericus .... dictus Moring*, der seinen Lebensabend im Thomaskloster verbracht habe, und einem *Heinricus de Morgener* (bzw. *de Morungen*), *qui beatum Thomam in India* (gemeint ist Persien) *visitavit* und 1222 gestorben sei.

Sonstige Einzelheiten zur Biographie (s. v. a. Menhardt) sind erschlossen – sie sollten wie die Quellen des 16. Jh.s mit Zurückhaltung gewertet werden –: Die Beziehungen zu den Staufern aus dem Verkauf der Burg Morungen an Friedrich I. 1157 und aus H.s v. M. Kenntnissen der provenzalischen Dichtung sowie seine Zugehörigkeit zum niederen Rittertum aus der Bezeichnung *miles* der Urkunde von 1218.

Der Dichter H. v. M. wird im 13. Jh. nur noch zweimal namentlich erwähnt, und zwar im 'Renner' des → Hugo von Trimberg (v. 1184 zusammen mit → Otto von Botenlauben) und bei Seifried → Helblinc (I 760). Das 'Losbuch' Konrad → Bollstatters (München, cgm 312, 15. Jh., 142ᵛ) nennt ihn zusammen mit → Wolfram von Eschenbach und → Reinmar von Brennenberg, und zusammen mit dem letzteren kennt ihn dann noch die 'Zimmerische Chronik' (16. Jh.).

Das eigentümlichste Zeugnis für das Nachleben ist die Ballade vom edlen → 'Moringer' (Text DV I 106–121). Ihre älteste Fassung stammt aus dem Jahre 1459, ihr Kern ist jedoch schon um 1220 bei → Caesarius von Heisterbach faßbar. Wieso sich diese Sage mit H. v. M. verbindet, ist trotz intensiver Untersuchungen im einzelnen noch nicht sicher geklärt. Möglichkeiten für eine Übertragung bieten die Hinweise auf die 'Indien'fahrt, die Deutung des Namens Morungen/Moringen auf das 'Mohrenland' (vgl. auch das Wappen der Hs. B) und Morungens Beziehungen zum Thomaskloster (vgl. dazu C. Bützler, ZfdA 79 [1942] 180–209).

II. Überlieferung. Von H. v. M. sind 115 Strr. in 35 Tönen überliefert.

Die → 'Heidelberger Liederhs. C', mit 104 Strr. die reichhaltigste Quelle, ist an der Überlieferung aller Töne außer 147, 17 und Haupt, Anm. zu MF, S. 285 (= 22 B) beteiligt. Sieht man von Cᵃ ab, die anonym 43 Strr. tradiert, sich aber als direkte Abschrift von C erweist, so ist C (Cᵃ) bei 56 Strr. *codex unicus*. In B (→ 'Weingartner Liederhs.') haben sich 28 Strr. (25 unter H.s, 3 unter → Dietmars [von Aist] Namen) erhalten. Bis auf zwei (B 12, 22) finden sie sich in gleicher Folge auch in C und dürften somit auf eine gemeinsame Vorlage zurückgehen. Die

→'Heidelberger Liederhs. A' hat 26 Strr., aber nur eine Plusstrophe (7 A) gegenüber BC. Die Reihenfolge der Strr. deckt sich nicht mit BC, so daß eine eigenständige Rezension angenommen werden darf (3 weitere Strr. von A, nämlich 27–29 A, gehören nach Ausweis von C und der bisherigen Forschung → Ulrich von Singenberg). E überliefert, allerdings unter →Walther von der Vogelweide bzw. →Reinmar, zwei Töne (= 8 Strr.); da auch C (C^a) zwei dieser Strr. (22 = 364E; 42 = 100C) bezeugt, ist zumindest die Zuweisung der Töne an H. v. M. von der Überlieferung her gesichert. p (= Bern, Burgerbibl., cod. 260) bringt auf Bl. 234^r/235^r 4 Strr.: Str. 1p überschreibt die Hs. mit *her morung*, 17–18p sind durch AC für H. v. M. gesichert (17–18 p = 4/6 A, 60/61 C). Ohne Namen bringt die Hs. der → 'Carmina Burana' (München, clm 4660 = M) auf Bl. 61^r eine neumierte Str. (= 87 C).

Ausgaben. U. MÜLLER, H. v. M. Abb. z. gesamten hsl. Überl. (Litterae 2), 1971; MF 122,1–147,27 (zit.); C. v. KRAUS, H. v. M., 1925, ^{2}1950 (mit Übers.); H. BRINKMANN, Liebeslyrik d. dt. Frühe in zeitlicher Folge, 1952, S. 238–267; H. TERVOOREN, H. v. M. Lieder. Text, Übers., Kommentar, 1975; MF Neuausg. v. H. MOSER u. H. TERVOOREN, I: Texte, 1977, S. 236–282; sonstige Sammlungen bei TERVOOREN, Bibliogr., Nr. 14 ff.

III. Unechtes. Es spricht für die Homogenität des lyrischen Schaffens H.s v. M., wenn die Überlieferung weitgehend der philologischen Kritik standgehalten hat. In der letzten von v. KRAUS betreuten Ausgabe von MF gelten (nach der früheren rigoristischen Echtheitskritik von SCHÜTZE und SIEVERS) nur noch 1 (einstr.) Ton, 13 Strr. sowie der Abgesang von 3 Strr. als unecht (122,19; 124,8–124,20; 136,37–137,9^a; 144,24 bis 144,31; 146,11–146,35; HAUPT (s. o. II.), S. 285; die Abgesänge von 143,3 und Ton 147,17). Alles andere beläßt v. KRAUS (wenn auch teilweise mit starken Texteingriffen) H. v. M.

Gesteht man aber auch einem Dichter wie H. v. M. Qualitätsschwankungen zu – Lieder etwa, in denen die persönliche Eigenart (noch) nicht voll ausgeprägt ist –, dürfte selbst diese (verglichen mit Reinmar oder Walther) geringe Zahl unechter Strophen zu hoch gegriffen sein. Mit stichhaltigen Gründen können H. v. M. höchstens 136,37–137,9^a; 146,11–146,35 und HAUPT (s. o. II.), S. 285 abgesprochen werden. Für das Bild der künstlerischen Persönlichkeit H.s ist es (anders als etwa bei Reinmar oder Dietmar) jedenfalls ohne Belang, ob man ihm eine Strophe mehr oder weniger abspricht. Einzig Str. 137,9^a ist von einiger Bedeutung. Sie gilt als Zeugnis einer direkten Ovid-Kenntnis H.s (s. u.).

IV. Werk.
1. Bei dem Versuch, die Töne in eine Ordnung zu bringen, die mehr befriedigt als die Folge der Hss., lassen sich zwei Richtungen beobachten: 1. Kritiker, die eine künstlerisch befriedigende Folge (Zyklus) anstreben und vor allem mit ästhetischen Kriterien arbeiten (KRAUS, Ausg., 1925, SCHWIETERING, neuerdings BRANDES). 2. Kritiker, die eine absolute oder relative zeitliche Folge anstreben (HALBACH, BRINKMANN, KIBELKA). Eine überzeugende Reihung, die eine Basis für die Beschreibung der künstlerischen Entwicklung abgeben könnte, ist bisher nicht gefunden. Auch die jüngeren Versuche von MAURER und SCHWEIGER, welche die Entwicklung der Formkunst als Kriterium benutzen, basieren auf der allgemeinen, letztlich nicht zu beweisenden Prämisse, daß die Formkunst eines Minnesängers sich vom Einfachen zum Kunstvollen entwickele. Wissenschaftliche Editionen werden darum vorerst gut daran tun, v. KRAUS zu folgen, der 1940 zur traditionellen Folge von MF zurückkehrte, nachdem er in seiner Ausgabe von 1925 die Lieder in einer ästhetisch befriedigenden Anordnung vorgelegt hatte.

2. In Form und Gehalt bewegt sich H. v. M. ganz im Rahmen des hohen Minnesangs. Seine Stoffe, Motive und Vergleiche sind Gemeingut der Zeit. Jedoch verrät die Auswahl einen persönlichen Zuschnitt. Breit aufgefächert ist z. B. der Motivkomplex des Liebeskrieges oder das Thema 'singen – schweigen', oft verbunden mit dem Topos vom Verlust der Sprache und Sinne beim Anblick der Geliebten (127,34; 133,13; 135,9; 136,1; 141,15). Seine Bildsprache ist geprägt durch (vergleichende) Wörter des Glanzes (Sonne, Mond, Abendstern, Gold, Edelstein, Spiegel). Sparsam dagegen verwendet er das Botenmotiv (132,3; 139,5), dessen künst-

lerische Möglichkeiten Reinmar voll ausschöpft. Nur einmal (140,32) findet man den Natureingang, obwohl H. v. M. gerne Natur und Naturerscheinungen als Vergleichsobjekte benutzt und in 125,19 ein fast modern anmutendes Naturempfinden verrät. Die Außenwelt ist aber für ihn nur von Bedeutung, wenn sie Bezug zur Geliebten hat und die gemeinsame Beziehung hemmt oder fördert.

Was H. v. M. Vorgängern verdankt, ist gut erforscht (zuletzt besonders durch FRINGS/LEA). Es sind vor allem drei große Traditionsstränge, die seine Lyrik formen:

a) Die klassische Antike (bei H. v. M. auffallend stark ausgeprägt), die sich in den Ovid-Reminiszenzen konkretisiert, vgl. das Narzißmotiv (145,1), die Fabel von Prokne und Philomela (127,34) sowie die von der Nymphe Echo (127,12 sehr unsicher!), die Topoi vom Schwanengesang (139,11), von der verlorenen Sprache (s. o.), die Grabinschrift (129, 36) u. a.

b) Der kirchliche Bereich, faßbar in Anklängen an Hymnen und liturgische Gesänge (etwa der Einfluß des *Magnificat* in 125, 19) und in Entlehnungen aus der marianischen Literatur (vgl. KESTING).

c) Die Lyrik der Troubadours (vorzüglich die Bernarts de Ventadorn, Guilhems de Cabastanh und Peirols), auf die sich einige ausgefallene Motive H.s zurückführen lassen (etwa das der Rache durch den Sohn an der alternden Geliebten, 125, 10, das H. v. M. von Bernart de Ventadorn aufnahm und an Walther weitergab). Auf die Lyrik der Provence deutet auch die relative Zurückhaltung bei der Idealisierung der *vrouwe* (s. u.), die Vorliebe für weit ausgesponnene Bilder, das Spiel mit den Verstecknamen in einem 'Geleit' (falls 137, 9ᵃ echt ist), die Ansätze zu einer *tornada* (137, 17) und das Thema 'Aufkündigung des Dienstes' (142, 9). Die bisher als sicher geltende Annahme, daß das Narzißlied (145, 1) auf eine direkte provenzalische Vorlage zurückgehe, muß aber nach den quellenkritischen Untersuchungen von HÖLZLE bezweifelt werden.

Ein Einfluß von Heimisch-Volkstümlichem wird gelegentlich behauptet. Er ist selten und unsicher, wenn auch die Forschungen von FRINGS gelehrt haben, dieses Problem differenzierter zu sehen. Auf volkstümliche Wurzeln könnten zurückgehen: Die *elben* in 126, 8, die balladesk-erzählende Form in 139, 19 sowie das Verhalten der Liebenden in 143, 20. Daß 139, 19 und 143, 20 zuweilen – sicher zu Unrecht – als Lieder der 'niederen Minne' bezeichnet werden, findet hier seinen Grund.

Umstritten ist der Weg der Vermittlung. Direkte Ovid-Kenntnis läßt sich trotz der antikisierenden Tendenzen an Thüringischen Höfen nicht nachweisen. LEMCKES (S. 59–61) scharfsinniger Beweis übersieht, daß H. v. M. auch aus anderen, heute unbekannten Quellen schöpfen konnte. Zum andern gilt die *Ascholoie*-Strophe (137, 9ᵃ) bei den meisten Kritikern als unecht.

Da auch die Troubadours der lat. Elegie Anregungen entnahmen, könnte H. v. M. antikes Bildungsgut über die Provence empfangen haben. Möglicherweise ist auch einiges aus dem kirchlichen Bereich über die Troubadours zu ihm gekommen. Manches Beiwort Marias haben sie schon vor ihm auf ihre *domna* übertragen. Obwohl der Einfluß der Troubadours sicher ist, sollte nicht jede Übereinstimmung als direkte Abhängigkeit gedeutet werden. Einmal muß man die Vermittlung durch ältere deutsche (romanisch beeinflußte) Minnesänger (→ Heinrich von Veldeke, → Friedrich von Hausen, → Rudolf von Fenis) berücksichtigen, zum anderen, trotz Differenzierungen im einzelnen, die relative Gleichartigkeit der soziokulturellen Verhältnisse und die gemeinsamen Anschauungen von der Minne bei provenzalischen und deutschen Dichtern. Auf diesem Hintergrund verschwimmt (wie FRINGS/LEA richtig betonen) der Einfluß einzelner Troubadours.

3. Das virtuose Spiel mit den Reimen, Signum des späten Minnesangs, ist bei H. v. M. vorgebildet. Erweiterte Reime, Doppel-, Binnen- und Innenreime sind sehr häufig. Für ihn ist der Reim jedoch nicht nur Schmuck, er benutzt ihn auch als tektonisches Prinzip zur Gliederung von Versen und Strophen und, verbunden mit Refrain, Sinn- und Klangresponsionen anderer Art, zur Verbindung der Strophen zum Lied. Glanzstücke sind etwa die Lie-

der 125,19; 139,19; 140,32. Selbst der (seltene) ungenaue oder dialektische Reim in Frauenstrophen (131,7; 21) darf noch als gewolltes Kunstmittel zur Charakterisierung der Dame gelten.

Als Bauform verwendet H.v.M. ausschließlich die Kanzone, teils in sehr schlichten Formen (etwa 125, 19: zweiversige Stollen + 1 Waisenterzine als Abgesang), teils in kunstvollen Formen mit vierzeiligen Stollen (123, 10 Kombination von Kopf- und Schweifreim; zum ersten Mal im dt. Minnesang!) und mehrteilige Abgesänge (oft in der *da-capo*-Form, so in 133,13; 136,1; 141,15; 145,1). Eine eigenwillige Form zeigt 143, 22, wo sich die Kanzonenform mit einem Anfangs- und Schlußrefrain zu einer Kreiskomposition verbindet. Überraschend oft begegnet die Durchreimung der Strophe (133,13; 134, 6; 134, 14; 136, 1; 137, 27; 139, 19; 145,1). Diese Erscheinung verbindet H.v.M. mit Heinrich von Veldeke und Friedrich von Hausen, die ihrerseits auf romanische Formtraditionen zurückgreifen. Auf diese Dichter sowie auf Rudolf von Fenis weisen auch die großen daktylischen Lieder (129,14; 133,13; 135, 9; 140,32; 141,15; 141,37). H.v.M. ist der eigentliche Meister dieser Form. Hervorzuheben ist bei ihm die kunstvolle und planmäßige Verbindung von daktylischen Versen mit alternierenden, Kombinationen, aus denen er nicht nur diffizile und überraschende Klangreize, sondern auch neue Möglichkeiten zur inhaltlichen Gliederung der Strophen gewinnt. H.v.M. pflegt die traditionellen Arten des Minnesangs, aber er entdeckt auch bis dahin nicht gekannte Möglichkeiten in der Verwendung der tradierten Formen. So gelingt es ihm in 143, 20, die gegenläufige Bewegung von Tagelied und Wechsel zu einer neuen Einheit zu verbinden (zuerst RUH). Eine Vorstudie dazu bieten die 'Spiegelungen des Tageliedes', besonders in 130, 31, aber auch in 127, 34; 136, 1; 140, 1 (vgl. MOHR, S. 287–291).

4. Einen Schlüssel zu H.s v. M. Lyrik bieten zwei 'Selbstaussagen': *wan ich wart durch sie und durch anders niht geborn* (134, 33) und *wan ich durch sanc bin zer werlde geborn* (133, 20). Für H. v. M. ist die erste Äußerung nicht ein rasch hingeworfenes galantes Motiv, das schon viele vor ihm verwendet haben, sie ist Kernsatz seines lyrischen Schaffens. Die fast monomanische Zentrierung des lyrischen Ichs auf die Minneherrin sowie seine als existentiell empfundene Abhängigkeit von ihr ist das ausschließliche Thema seiner Lieder. Wenn die lyrische Aussage dennoch nicht in steriler Reflexion oder in monotonen Ergebenheitsversicherungen erstarrt, verdankt H.v.M. dies der leidenschaftlichen Bewegtheit seines Temperaments. Die strenge Form der Kanzone (gelegentlich auch ein Scherz 127, 1; 134, 6; 141, 37) schaffen aber wiederum eine Distanz, die es ihm ermöglicht, trotz seiner Verfallenheit an die glänzende Erscheinung der Geliebten im Einklang mit der Minnedoktrin zu bleiben. Die angebetete Dame ist folglich auch nicht nur Inbegriff des Guten, Reinen und Schönen und damit Gegenstand platonischer Verehrung, sondern eine Persönlichkeit, die auch durch körperlich-sinnenhafte Schönheit den Sänger in ihren Bann zieht. H.v.M. ist der erste im dt. Minnesang, der nicht nur durch Beiwörter und kurze Vergleiche auf weibliche Schönheit hindeutet, sondern sie (aus der Sicht des Betroffenen) in Einzelzügen beschreibt. Seine Frauenpreisstrophen, unverwechselbar durch ihren 'Hymnenschwung' (FRINGS, S. 33) und breiter ausgesponnen als bei früheren Minnesängern, würdigen gerade die körperliche Schönheit (bes. 122,1; 141,1). Aus den mannigfachen Reaktionen des Dichters auf die Reize der Dame gewinnt ihr Bild dann schärfere Konturen: Sie ist zugleich launische Herrin, verklärte Göttin, verspieltes Mädchen oder dämonische Zauberin, aber immer *vrouwe*.

5. H.v.M. liebt das anschauliche, das geschaute Bild, bald statisch, bald aufgelöst in kleine Szenen. Die Ausstrahlung und Faszination der Geliebten konkretisiert sich in ihrem Tun. Er sagt nicht, die Geliebte sei schön und verzaubere ihn, er zeigt es vielmehr in ihren Erscheinungsformen (z.B. als Elfe, Venus, *tôterinne*).

In der Verwendung des Vergleichs zeigt H. v. M. eine eigene poetische Technik, auf die besonders KESTING und LUDWIG aufmerksam gemacht haben. In H.s Vergleichen haben sprachliche Bezüge nur die Aufgabe, die Vergleichsstruktur anzudeuten, die Wirkung des Vergleichs beruht indessen auf den lockeren assoziativen Beziehungen, die durch Konnotationen zum Vergleichsgegenstand gegeben sind. Die so erreichte Verschmelzung verschiedener Bild- und Vorstellungsbereiche zu neuen poetischen Einheiten, die assoziative Vieldeutigkeit der Aussage und die zeichenhafte Bedeutung der Bilder selbst machen die eigenartige dichterische Leistung H.s v. M. aus. Sie geben der lyrischen Aussage eine magisch-poetische Kraft, die besonders spürbar ist in den Liedern, in denen sich Reales und Irreales zu traumhaft visionären Bildern verbinden: Im Narzißlied (145, 1), im Tagelied (143, 22), im Venuslied (138, 17) und in dem großartigen letzten Lied *Vil süeziu senftiu tôterinne* (147, 4). In diesen Liedern erfüllt sich H.s v. M. Glück und Leid, denn nur in *troumes wîs* vermag er das Höchste zu ergreifen, nur dort findet das leidenschaftliche Verlangen nach Vereinigung mit der Geliebten Erfüllung (wenn auch nur für einen kurzen Augenblick des *wânes*).

V. Nachwirkungen. H.s v. M. Einfluß auf Walther ist vielfältig und allgemein anerkannt (vgl. HALBACH, 1965, vorsichtiger v. KRAUS, 1935), wiewohl man direkte Schülerschaft und (mögliche) persönliche Begegnung zurückhaltend beurteilen sollte. Die Fäden zu Reinmar sind dagegen dünn: Reinmars *ôsterlîcher tac* (170, 19) mag von H. v. M. 140, 16 angeregt sein, ebenso das Motiv des Kußraubs (159, 37) von 142, 5 ff. Daß H.s Lyrik in den obd. Sprachraum ausstrahlte, beweisen → Neidhart, der zahlreiche Morungen-Reminiszenzen zeigt (vgl. BIELSCHOWSKI, Gesch. d. dt. Dorfpoesie im 13. Jh., 1891, S. 266–272), → Ulrich von Lichtenstein und → Hiltbolt von Schwangau (die Anklänge bei Lichtenstein s. KLD II 520, 527, 532, 534f., 540, 542f., 544f., 546; bei Hiltbolt ebd. 205, 209 ff.).

In Thüringen selbst hält sich bis zum Ende des 13. Jh.s eine lokale Tradition bei → Christan von Luppin, → Christan von Hamle und Heinrich → Hetzbolt von Weißensee (vgl. die Anm. zu den einzelnen Liedern dieser Dichter in KLD II und F. R. SCHRÖDER, GRM 49 [1968] 344f.). Daß H. v. M. nicht nur auf Kollegen gewirkt hat, zeigt ein Privatbrief aus dem Anfang des 14. Jh.s. Dort zitiert ein Mädchen Elsbeth von Baiersbrunn bei München in einem Brief an eine Klosterverwalterin aus der Strophe 127,1 (vgl. O. BRENNER, Germ. 34 [1889] 389f. und 35 [1890] 413).

H. v. M. ist den Späteren vor allem Vorbild in der Schilderung der Dame. Sein Jubellied 125, 19, besonders die letzte Str. *Sêlic sî diu süeze stunde*, klingt nach bei Ulrich von Lichtenstein (KLD 58, XXXVII, 3, 4f.), Hiltbolt von Schwangau (KLD 24, X, 3 u. XI), Christan von Luppin (KLD 31, III, 2, 3), → Rubin (KLD 47, XVIII, 3, 8) und Ulrich von Singenberg (BARTSCH, SM II, 23, 7). *Gnâde, ein künginne* (141, 7) wurde schnell zu einer griffigen Wendung: Walther 56, 12; 118, 29; Hetzbolt von Weißensee (KLD 20, III, 3, 4); → Johann von Brabant (BARTSCH/ GOLTHER, Liederdichter, S. 324) und → Konrad von Altstetten (BARTSCH, SM XXIV 1, 2). *Vil süeziu senftiu tôterinne* (147, 4) nimmt Reinmar von Brennenberg (KLD 44, IV, 7, 9) auf, auch Christan von Luppin benutzt es (I, 3); einen letzten Nachhall bewahrt die → 'Haager Liederhs.' (hg. v. KOSSMANN, 1940, S. 11).

Literatur. Bibliographie bei TERVOOREN, Bibliogr., Nr. 575–636/4; hier nur zitierte, grundlegende u. neueste Literatur.

K. SCHÜTZE, Die Lieder H.s v. M. auf ihre Echtheit geprüft, Diss. Kiel 1890; C. LEMCKE, Textkrit. Unters. zu d. Liedern H.s v. M., 1897; C. VON KRAUS, Zu den Liedern H.s v. M. (Abhh. d. Kgl. Ges. d. Wiss.n zu Göttingen, Philol.-hist. Klasse, NF 16, 1), 1916; J. SCHWIETERING, Einwirkung d. Antike auf d. Entstehung d. frühen dt. Minnesangs, ZfdA 61 (1924) 61–82; E. SIEVERS, Zu H. v. M., PBB 50 (1927) 331–351; K. H. HALBACH, Ein Zyklus von M., ZfdPh 54 (1929) 401–437; H. MENHARDT, Zur Lebensbeschreibung H.s v. M., ZfdA 70 (1933) 209–234; C. VON KRAUS, Walther v. d. Vogelweide. Unters., 1935, ²1966, vgl. Reg.; H.

SCHNEIDER, M.s Elbenlied, in: Fs. G. Baesecke, 1941, S. 176–189 (= Kl. Schr.n zur germ. Heldensage u. Lit. d. MAs, 1962, S. 222–232); K. RUH, Das Tagelied H.s v. M., Trivium 2 (1944) 173–177; C. GRÜNANGER, H. v. M. e il problema del Minnesang. Parte prima: Il problema del Minnesang, Prefazione di V. Errante, Milano 1948; J. SCHWIETERING, Der Liederzyklus H.s v. M., ZfdA 82 (1948/50) 77–104; J. KIBELKA, H. v. M. Lied u. Liedfolge als Ausdruck mal. Kunstwollens, Diss. (masch.) Tübingen 1949; F. MAURER, Zur Chronologie d. Lieder H.s v. M., in: Fs. J. Trier, 1964, S. 304–312; G. SCHWEIKLE, Textkritik u. Interpretation. H. v. M. *Sît siu herzeliebe heizent minne* (MF 132, 19), ZfdA 93 (1964) 73–107; TH. FRINGS, Erforschung d. Minnesangs, PBB (Halle) 87 (1965) 1–39; ders./E. LEA, Das Lied vom Spiegel u. von Narziss. Morungen 145,1. Kraus 7. Minnelied, Kanzone, Hymnus. Beobachtungen z. Sprache d. Minne. Deutsch, Provenzalisch, Französisch, Lateinisch, ebd., S. 40–200; K. H. HALBACH, Walther v. d. Vogelweide, 1965, S. 51–55 u. ö.; P. KESTING, Maria-Frouwe. Über d. Einfluß d. Marienverehrung auf d. Minnesang bis Walther v. d. Vogelweide (Medium Aevum 5), 1965; P. DRONKE, Medieval Latin And the Rise of European Love-Lyric I, Oxford 1968, S. 125–136; M. HEEDER, Ornamentale Bauformen in hochmal. dt.sprachiger Lyrik, Diss. Tübingen 1966, vgl. Reg.; D. RODEWALD, M.s Lied vom Singen (MF 133, 13), ZfdA 95 (1966) 281–293; A. HRUBÝ, Hist. Semantik in M.s 'Narzissuslied' u. die Interpretation d. Textes, DVjs 42 (1968) 1–22; O. LUDWIG, Komposition u. Bildstruktur. Zur poetischen Form d. Lieder H.s v. M., ZfdPh 87 (1968) Sonderheft, S. 48–71; B. KRATZ, Pulchra ut luna, Arkadia 4 (1969) 300–304; D. SCHLOSSER, H. v. M.: *Von der elbe wirt entsên vil manic man*, in: Interpretationen mhd. Lyrik, hg. v. G. JUNGBLUTH, 1969, S. 121–135; V. SCHWEIGER, Textkrit. u. chronolog. Studien zu d. Liedern H.s v. M., Diss. Freiburg 1970; W. MOHR, Spiegelungen d. Tagesliedes, in: Fs. H. de Boor, 1971, S. 287–304; G. SCHWEIKLE, Eine Morungen-Parodie Walthers? Zu MF 145, 33, in: Fs. H. de Boor, 1971, S. 305–314; A. KIRCHER, Dichter u. Konvention. Zum gesellschaftl. Realitätsproblem d. dt. Lyrik um 1200 (Lit. in d. Gesellschaft 18), 1973, S. 36–48; H. WEIDHASE, Die lit. Beglaubigung. Das Wunderbare u. seine Rezeptionsplanung in Werken von Morungen, Goethe u. Thomas Mann, 1973, S. 27–49; P. FRENZEL, The beginning and end of song of H. v. M., Studies in honor of H. W. Nordmeyer, 1973, S. 97–112; G. A. VOGT, Stud. zur Verseingangsgestaltung in d. dt. Lyrik d. HochMAs (GAG 118) 1974, vgl. Reg.; K. BRANDES, H. v. M. Zyklische Liedgruppen. Rekonstruktion, Forminterpretation, krit. Ausgabe (GAG 155), 1974; P. HÖLZLE, 'Ainsi m'ave cum al enfan petit' eine provenzal. Vorlage des Morungen-Liedes *'Mirst geschên als eime kindelîn'* (MF 145, 1)?, in: Mélange Ch. Rosteing, Liège 1974, S. 447–467; W. T. M. JACKSON, Persona and audience in two medieval love-lyrics, Mosaic 8 (1974/75) 4, S. 147–159; R. SCHNELL, Andreas Capellanus, H. v. M. u. Herbort v. Fritslar, ZfdA 104 (1975) 131–151; G. A. BOND, MF 136, 25 and the Conceptual Space of H. v. M.s Poetry, Euph. 70 (1976) 205–221; H. H. RÄKEL, Das Lied von Spiegel, Traum u. Quelle des H. v. M. (MF 145, 1), Zs. f. Lit.wiss. u. Linguistik 7 (1977) 95–108; A. WOLF, Variation u. Integration. Beobachtungen z. hochmal. Tageliedern (Impulse d. Forschung 29), 1979, S. 95–103; K. SMITS, Das Preislied Walthers v. d. Vogelweide (L 56,14). Eine Reaktion auf Morungens Lied MF 122,1?, ZfdPh 99 (1980) 1–20.

(1981)　　　　　　　　　　HELMUT TERVOOREN

Heinrich von Mügeln

Inhalt. I. Leben. – II. Chronologie. – III. Werke. 1. 'Psalmenkommentar' ('Psk.'). 2. 'Ungarnchroniken' ('UChr/dt.', 'UChr/lat.'). 3. 'Valerius-Maximus-Auslegung' ('VM'). 4. 'Der Meide Kranz' ('MK'). 5. Sangspruchdichtung ('Spr.'). 6. 'Artes liberales' ('AL'), 'Libri tocius biblie' ('B/lat.'). 7. Weitere Zuschreibungen. – IV. Wirkungsgeschichte. – Literatur.

I. Leben.

Die Widmung von 'VM' ist auf 1369 datiert, der Autor nennt sich selbst: *ich Hainreich von Müglein, gesessen pey der Elbe in dem land zü Meissen* (SCHÖNBACH, 1898, S. 9; auch HENNIG, S. 79). Die Herkunftsbezeichnung kann auf drei Orte mit Namen Mügeln (HENNIG, S. 83) bezogen werden. Zwei davon, die Stadt aus der Nähe von Oschatz und das Dorf bei Pirna, sind als Heimatort H.s in Anspruch genommen worden. Eine sichere Entscheidung ist nicht möglich, zumal offen bleibt, wie das *gesessen* der Widmungsvorrede zu verstehen ist.

Empfänger der Widmung ist ein Hertneid von Pettau (a. d. Drau), nach HENNIG (S. 230) der jüngere der beiden i. J. 1369 lebenden Herren dieses Namens, Landesmarschall der Steiermark. – Weitere Widmungen zeigen H. in Verbindung mit Herzog Rudolf IV. von Österreich ('UChr/dt.') und König Ludwig I. von Ungarn ('UChr/lat.'). Auf eine Beziehung zu Karl IV. weist ein Fürstenpreis im Langen Ton ('Spr.' 18–20) sowie die Rolle des Kaisers in 'MK'.

Die auf MÜLLER zurückgehende Annahme, H. habe ein Preisgedicht auf Karls Vater, König Johann von Böhmen († 1346), abgefaßt, beruht auf einem Mißverständnis (LUDWIG, 1966, S. 170): Johann wird lediglich als Vater Karls erwähnt ('Spr.' 19, 2). – LUDWIG (1966, S. 170) und HENNIG (S. 259–271) beziehen die Fürstenlehre 'Spr.' 21–23 auf Karls Sohn, König Wenzel (1378–1400); sie schlagen eine Datierung auf etwa 1393 vor. Mehr als eine Möglichkeit ist das nicht, es fehlt an Anhaltspunkten, die es erlauben würden, H.s Wirkungszeit wesentlich von der Regierungszeit Karls IV. zu unterscheiden.

H. galt für die Forschung als Laie, bis HENNIG Einspruch erhob (S. 144, 271–275, 284f. u. ö.). Ihm ist insofern recht zu geben, als H. über eine Bildung verfügt, die man im 14. Jh. nur bei einem Kleriker zu finden erwartet. Damit ist aber nicht gesagt, daß H. im Besitz eines geistlichen Amtes gewesen sein muß, wie es HENNIG (S. 124) annimmt. Er kann zur Gruppe der Minoristen gehört haben, die ihr Auskommen außerhalb des Priesterstandes suchen mußten. Damit mag zusammenhängen, daß er sich im 'Tum' zweimal betont als *leie* bezeichnet ('Spr.' 111,11; 117,8). HILGERS, ZfdPh 98 (1979) 124–126 erhebt begründeten Einspruch gegen HENNIGS These, H. sei als Kleriker mit einer Pfründe in Mügeln anzusehen.

Gelegentlich wird H. in der Überlieferung *magister* genannt. Es ist nicht zu entscheiden, ob es sich dabei um das lat. Äquivalent eines deutschen *meister* handelt oder um den akademischen Titel (vgl. HENNIG, S. 128–132).

II. Chronologie.

Es sind nur wenige feste Daten, mit denen die Forschung rechnen kann. Die Widmungsvorrede von 'VM' erlaubt es, den Abschluß dieses Werkes auf 1369 festzulegen. – Im Jahre 1372 wurde die Abschrift von 'Psk.' beendet, die im cod. 204 der Stiftsbibl. Rein vorliegt (WALTHER, Sp. 589; HENNIG, S. 144f.), 'Psk.' ist also vor 1372 entstanden; als Terminus post quem für 'Psk.' weist HILGERS, ZfdPh 98 (1979) 128, das Jahr 1355 nach. – Die Entstehung von 'UChr/dt.' kann wegen der Widmung an Rudolf IV. von Österreich auf die wenigen Regierungsjahre dieses Fürsten (1358–65) eingegrenzt werden. Die für Ludwig I. von Ungarn (1342–82) bestimmte lat. Fassung ('UChr/lat.') ist von der deutschen abhängig (ROETHE). Wenn ihre Abfassung in eine Periode engerer politischer Bindungen zwischen Rudolf IV. und Ludwig I. fällt, läßt sie sich auf die Jahre 1359 bis 1362 datieren (DOMANOVSZKY, S. 231f.). – 'MK' bezieht den *keiser* Karl IV. in die allegorische Rahmenhandlung ein, ist also erst nach dem Tag der Kaiserkrönung (5. IV. 1355) abgeschlossen worden. Das gleiche gilt für den Fürstenpreis 'Spr.' 18–20. – Die Strophen 'Spr.' 194–196 handeln von der Ursache des großen Sterbens. Sie könnten unter dem Eindruck der Pest des Jahres 1348 (MÜLLER, S. 3) oder der folgenden Jahre entstanden sein.

III. Werke.

1. 'Psalmenkommentar' ('Psk.')

Überlieferung. RATCLIFFE (1961, S. 430f.) zählt 40 Textzeugen auf, darunter zwei Drucke (1475 und 1504). KIBELKA/HILGERS publizieren ein neu aufgefundenes Frgm. und tragen auf Grund von Nachweisungen in der Forschungsliteratur weitere 5 Hss. nach (S. 378–394). – RATCLIFFE unterscheidet drei Hauptgruppen (1965, S. 48). – Als wichtigste Hs. gilt cod. 204 der Stiftsbibl. in Rein; doch spricht SCHÖNBACH (1899) Graz, UB cod. 194 (Perg., Ende 14. Jh.) als beste Hs. an. Das von KIBELKA/HILGERS aufgefundene Frgm. bietet einen gleich guten, z.T. besseren Text als Rein. – Eine Ausgabe fehlt. Textprobe bei W. STAMMLER, Prosa d. dt. Gotik, 1933, Nr. 16; Vorreden: s. u.

'Psk.' ist eine dt. Bearbeitung des Psalmenkommentars aus der Postilla des Franziskaners → Nikolaus von Lyra († 1340). Die Autorschaft H.s ist nur durch die Subskription im Reiner Codex nachgewiesen: *von dem getrewen Mann Hainreichen vom Mŭgellein In dewczsch gepracht* (HENNIG, S. 145; WALTHER, Sp. 589).

In der Überlieferung treten drei verschiedene Vorreden zu 'Psk.' auf, die RATCLIFFE 1965 ediert hat. Die dritte dieser Vorreden enthält eine Selbstverteidigung des Übersetzers. Er wendet sich darin gegen die Feinde der Bibelverdeutschung. Sie galt bis auf RATCLIFFE als authentische Äußerung H.s und wurde mit dem Edikt von Lucca (1369) in Verbindung gebracht. RATCLIFFE zeigt, daß sie nicht zum ursprünglichen Text von 'Psk.' gehört hat, H. daher auch nicht ohne weiteres zugeschrieben werden kann (1965, S. 71–74).

H. rühmt Nikolaus, weil er den Psalter *nach der Juden mainung leipleich ausgelegt* und *nach der heiligen schrift ... geistleich bedeutt* habe (RATCLIFFE, 1965, S. 50, Z. 13/14). Entsprechend dem Aufbau der lat. Vorlage gibt der dt. Text einen von Vers zu Vers fortschreitenden Kommentar. Er wird von einer Übersetzung des jeweiligen Verses eingeleitet. RATCLIFFE macht es wahrscheinlich, daß in H.s Original dem Kommentar eine Gesamtübersetzung, der sog. 'schlichte Text', voraufging (1965, S. 59–71).

2. Die 'Ungarnchroniken' ('UChr/dt.' und 'UChr/lat.')

Überlieferung. Von 'UChr/dt.' sind neun Hss. bekannt (TRAVNIK, S. 94–98; LUDWIG, 1938, S. 43). – 'UChr/lat.' ist nur in der Hs. Wien, cod. 3352 (15. Jh.) überliefert.

Ausgaben. Beide Chroniken in: SS rerum Hungaricarum, vol. II, Budapest 1938, Nr. III, p. 89–223: Chronicon Henrici de Mügeln Germanice Conscriptum, ed. E. TRAVNIK, und Nr. IV, p. 227–272: Chronicon Rhythmicum Henrici de Mügeln, ed. A. DOMANOVSZKY.

Die dt. Chronik ist in Prosa abgefaßt. Sie beschreibt die ungarische Geschichte von der Sündflut bis zum Jahre 1333 in 73 Kapiteln. Grundlage der Darstellung ist eine nicht erhaltene lat. Chronik, die nach DOMANOVSZKY und TRAVNIK (S. 93 u. 100) zur Familie des 'Chronicon Budense' gehört, nach LUDWIG (1938, S. 37–41) dagegen ihre stemmatisch nächsten Verwandten in der 'Wiener Bilderchronik' v.J. 1358 (hg. v. A. DOMANOVSZKY, in: SS rerum Hungaricarum, vol. I, Budapest 1937, S. 239–505) und der Chronik des Johannes von Thurocz (Druck Brünn 1488 u. Augsburg 1488) hat.

H.s lat. Ungarnchronik ist sehr kunstvoll gebaut, wie WILMANNS im einzelnen gezeigt hat. Man kann vier Teile unterscheiden, die bestimmte formale Responsionen aufweisen. Die Teile I und II zeigen 11 Abschnitte von übereinstimmendem Bau, aber verschiedener Länge. Der erste ist in Prosa abgefaßt, die übrigen 10 bestehen aus gereimten, rhythmischen Versen. Teil III wiederholt dies Grundschema, fügt aber zusätzlich Strophen ein, für die die Töne deutscher Sangspruchdichter verwendet sind. Diese Erweiterung setzt sich in Teil IV fort, jedoch bricht dieser Teil mit dem Abschnitt 49 ab, bevor alle Abschnitte des Teils I wiederholt sind. Da die Erzählung an dieser Stelle erst bis zu den Ereignissen des Jahres 1072 gelangt ist, muß die Chronik als Fragment gelten. Es ist unbekannt, ob das auf einem Fehler der Überlieferung beruht oder ob H. die Chronik unvollendet hinterlassen hat.

Die drei ersten Meisterlingertöne (Abschnitte 25, 27, 29) werden als *nota mensurata auctoris* eingeführt. Es handelt sich um H.s Hofton, seinen Langen und seinen Grünen Ton. Die Zuschreibung der Chronik an H. beruht auf dem Vorkommen dieser drei Töne.

Die übrigen Sangspruchtöne sind: (31) →Frauenlobs Goldener Ton; (33) → Regenbogens *Paratwyse* (Kurzer Ton); (35) →Wolframs Titurelstrophe; (37) → Mülichs von Prag Hofton; (39) der Hofton (*nota curie*; in der Wiltener Hs.: *phluegweis*) des → Ungelehrten (*illiterati rethoris*); (41) → Boppes Hofton; (45) →Neidharts Schwarzer Ton; (47) der Hofton des → Kanzlers; (49) der Ehrenton →Reinmars von Zweter.

3. 'Die Valerius-Maximus-Auslegung' ('VM')

Überlieferung. Bei HILGERS (1973, S. 25–84) sind 21 Textzeugen aufgeführt, darunter zwei Frgm.e und eine Inkunabel (1489); eine Ergänzung bei KLEINSCHMIDT/HILGERS. HILGERS hat die Überlieferungszusammenhänge mustergültig dargestellt. – Eine Ausgabe fehlt.

H. legt seiner dt. Bearbeitung der dem Kaiser Tiberius gewidmeten Schrift des Valerius Maximus ('Factorum et Dictorum Libri Novem') nicht nur den lat. Text des Originals zugrunde, sondern benutzt daneben auch den Kommentar des Dionysius de Burgo (Augustiner-Eremit, ca. 1280–1342). Dies hat HILGERS in Anknüpfung an ältere Vermutungen vor allem der bibliographischen Forschung gezeigt (1970, S. 544–550; 1973, S. 87–89 und S. 394–402; vgl. auch HENNIG, S. 223–226). HILGERS läßt es offen, ob H. außerdem noch die 'Applicatio Valerii Maximi ad Theologiam' des → Konrad von Waldhausen (Augustiner-Chorherr, ca. 1326–1369) benutzt hat (1970, S. 549–552 und 1973, S. 395 f.).

4. 'Der Meide Kranz' ('MK')

Überlieferung. Vier Hss. 1. Göttingen UB, cod. Ms. Philos. 21, 223^v–274^v (auf 1463 datiert). – 2. Heidelberg, cpg 14, 1^r–71^v; mit 16 Miniaturen (auf 1407 datiert). – 3. Weimar, Zentralbibl. d. Dt. Klassik, cod. Q 566, 99^r–122^v (15. Jh., nur vv. 1–864). – 4. Leipzig, UB, cod. 1305, 73^r–84^v; an den Stellen, wo die Heidelberger Hs. Miniaturen hat, Platz frei gelassen (frühes 15. Jh., nur vv. 69–718). – Bei BUNTZ ist Streuüberlieferung zum Abschnitt *Alchimia* nachgewiesen.

Ausgabe. H. v. M. Der Meide Kranz, hg. v. W. JAHR, Diss. Leipzig 1908.

Im Prolog (1–68) wendet sich der Dichter an Gott, dann auch an die Gottesmutter und *künk Karlen* (64). Dann beginnt das Gedicht mit einer ausdrücklichen Nennung des Titels: *Das buch das heißt der meide kranz* (69), es folgt ein *lop* für den *keiser* Karl (83) mit einer Anspielung auf die Kaiserkrönung (96). Sodann werden *wîp* eingeführt, geistige Wesen (99 *in der sele sal*), die gleichwohl ihren Rangstreit vor dem Kaiser austragen wollen. Es sind zwölf *künste* (*Philosophi, Gramatica, Loica, Rethorica, Arismetica, Geometria, Musica, Astronomi, Phisica, Alchimia, Metaphisica, Theologia*). Sie treten der Reihe nach vor und begründen durch eine Beschreibung ihrer besonderen Aufgaben ihren Anspruch auf einen Platz in der Krone der Gottesmutter. Der Kaiser befragt seinen *rat* (719), der aber das Urteil der höheren Einsicht des Herrschers überläßt. Ähnlich äußert sich der anschließend befragte Heinrich von Mügeln. Der Dichter selbst erscheint also als Mitspieler in diesem allegorischen Gedicht. Von ihm unterstützt (KIBELKA, 1963, S. 47) spricht der Kaiser das Urteil. Der zwölften *meit, Theologia*, wird der Sieg zugesprochen, jedoch sollen die andern ebenfalls in der *krone* der Gottesmutter stehen (783–788).

Im Anschluß daran sendet der Kaiser die *Künste* zur *Nature*, damit sie die Krönung der *Theologia* vornimmt. Geleitet vom Ritter *Sitte* und später auch seiner Schwester *Zucht* erscheinen sie vor der *Nature*. Die *Nature* erklärt sich außerstande, den Wunsch des Kaisers zu erfüllen, und läßt daher die *Tugende* zu sich laden. Sie erscheinen auf einem Wagen, zu dessen Bau alle *Tugende* beitragen. Pferde sind die fünf Sinne, die Leitung hat die *Vernunst*. Nachdem *Tugende* und *Künste* zugestimmt haben, nimmt *Nature* die Krönung vor.

An dieser Stelle (1356) heißt es: *hie sal des buches ende sin*. Es beginnt aber sogleich das *ander buch*, in dem *Natura* und *Tugende* einen Rangstreit austragen. Beide Seiten kämpfen unter Berufung auf Aristotiles, die Entscheidung wird der *Theologia* übertragen (1437 ff.). Als *Tugende* treten der Reihe nach auf: *Wisheit, Gerechtikeit, Sterke, Meßikeit, Mildikeit, Demütikeit, Warheit, Barmherzikeit, Fride, Libe, Hoffenung, Geloube*. Jede beschreibt ihr Wesen und ihre Vorzüge. *Theologia* fällt das Urteil, indem sie sagt, jede *tugent* komme von *gott* und nicht *uß der naturen* (2224 f.). Nach ihrer Rede heißt es abermals: *hie sal des buches ende sin* (2288), es folgt aber noch eine Art Epilog. *Nature* will unter Berufung auf die von ihr verwaltete Ordnung des Kosmos, namentlich auf die Macht der im Tierkreis vereinigten Sternbilder, ihren Vorrang vor den *Tugenden* erweisen. Diesen letzten Streit schlichtet der Dichter selbst durch einen Hinweis auf *die tugent, in der got geschuf / die dink* [...], *die selbe tugent* [sc. *caritas*, 2267] *die was Got* (2589–92).

HELM (1897) hat die Herkunft einiger Motive aus dem Gedicht 'Gottes Zukunft' → Heinrichs von Neustadt sowie – teilweise durch Heinrich von Neustadt vermittelt – aus dem 'Anticlaudianus' des → Alanus ab Insulis festgestellt. – GIE-RACH konnte einen Zusammenhang der um Karl IV. gruppierten Rahmenhandlung mit einem Gedicht des Guillaume de Machaut ('Le jugement dou roy de Behaigne') zeigen. Guillaume stand von etwa 1323 an im Dienst König Johanns von Böhmen. H. knüpft also mit seiner Huldigung für Karl IV. an ein Lobgedicht an, das dessen Vater gewidmet war. – KIBELKA (1963, pass.) macht die Gedankengänge, die H.s allegorischem Gedicht zugrundeliegen, durch den Aufweis von Übereinstimmung mit scholastischen Spekulationen verständlich. – Obwohl gute Vorarbeit geleistet ist, fehlt nicht nur eine moderne Ausgabe von 'MK', sondern vor allem auch eine Monographie über das Gedicht.

5. Sangspruchdichtung ('Spr.')

Überlieferung. Bei STACKMANN (1959), S. XVII bis CLV sind 14 erhaltene sowie 3 verlorene oder verschollene Hss. aufgeführt. – Die wichtigste Sammlung, nahezu alle als echt anzusehenden Texte umfassend, bietet der cod. philos. 21 der UB Göttingen auf Bl. 144^r–223^r (datiert auf 1463; 407 Strr.). Eine weitere sehr große Sammlung (mindestens 320 echte Strr.) bietet die → 'Kolmarer Liederhs.' (München, cgm 4997), verhältnismäßig umfangreiche Sammlungen enthalten auch die Wiltener Hs. (München, cgm 5198, vgl. → 'Meisterliederhss.'), die → 'Mondsee-Wiener Liederhs.' (Wien, cod. 2856), ferner die Heidelberger Hss. cpg 356 (15. Jh.) und cpg 693 (um 1400). – In der Kolmarer und der Wiltener Hs. finden sich neben echten Strr. H.s in größerer Zahl auch Strr. anderer Verf., die nur in seinen Tönen abgefaßt sind. – Die übrigen Hss. bieten Streuüberlieferung. Ihre Zahl hat sich durch die im folgenden aufzuführenden Neufunde erhöht.

Zu den Kometenstrophen 263–265 des 11. Buches enthält der cod. Pal. lat. Vat. 1370 (15. Jh.) auf Bl. 136^v eine Parallelüberlieferung. Diese Hs. stammt aus dem Besitz des → Matthias von Kemnat (s. u. IV.; s. HILGERS, ZfdA 108). – Eine Kopie der Hs. ist heute in der Hss.-Abt. der UB Heidelberg zu benutzen.

Zu Buch XII ('Von der Kunst Astronomie'): 'Spr.' 296–313 ist auch überliefert in der Hs. Leipzig, UB, cod. 1289, 103^r–105^v (15. Jh.), vgl. J. ERBEN (Hg.), Ostmitteldt. Chrestomathie, 1961, S. 191 f. (Teilpublikation 'Spr.' 296 und 313) und H. A. HILGERS, Die achtzehn Astronomie-Strophen H.s v.M. in d. Leipziger 'Renner'-Hs., ZfdPh 91 (1972) 352–373 (Gesamtpublikation). – Reinhold SCHRÖDER habe ich für einen Hinweis auf die Hs. Wien, cod. 2862 zu danken, die auf Bl. 127^r–128^v ebenfalls die Strr. 296–313 überliefert.

Zu den Strr. über die Temperamente (329–333) aus dem 13. Buch: Aus E. SIMONS Veröffentlichung über MS Ger 74 der Houghton Library, Harvard University (ZfdA 102 [1973] 115–133) ergibt sich, daß diese Hs. (in dem hier interessierenden Teil zwischen 1458 und 1472 geschrieben) auf Bl. 9^v/10^r die Strr. 329–332 überliefert.

Ausgabe. Die Kleineren Dichtungen H.s v.M. 1. Abt. Die Spruchslg. des Göttinger Cod. philos. 21, hg. von K. STACKMANN, 3 Bde (DTM 50–52), 1959. Auf die Ausgabe wird hier durch die Sigle 'Spr.' verwiesen. – Es fehlen zwei echte Gedichte, die nicht in der Göttinger Hs. überliefert sind (STACKMANN, S. XCIV), eines davon ist ein siebenstrophiges Gedicht über die Freien Künste. Diese Gedichte, dazu einige weitere, deren Echtheit immerhin erwägenswert ist, sind für die 2. Abteilung der Ausgabe vorgesehen, ebenso eine Auswahl der mit Sicherheit nicht von H. herrührenden Stücke.

In der Göttinger Hs. sind die Strr. auf Abschnitte ('Bücher') verteilt, denen kurze Prosa-Überschriften vorangehen. Einige davon können vom Autor selbst stammen. Daraus ist allerdings nicht zu folgern, daß die in der Göttinger Hs. vorliegende Sammlung als ganze auf H. zurückgeht.

Die ersten 15 Bücher enthalten Strophen in Spruchtönen. Sie sind wie folgt verteilt: Langer Ton B. I–IV, Hofton B. V–XII, Grüner Ton B. XIII, Traumton B. XIV/XV. Das 16. Buch besteht aus 8 dreistrophigen Minneliedern mit je eigenem Ton. – Einige Bücher umfassen nur ein einziges, vielstrophiges Gedicht ('Spruchkette', vgl. STACKMANN, 1958, S. 29–32): B. I Kosmologie, 17 Strr.; B. V Übersicht über die Bücher des Alten Testaments, 39 Strr.; B. VI Marienpreis ('Der Tum'), 72 Strr.; B. VII Freie Künste, 15 Strr.; B. VIII Marienpreis, 12 Strr.; B. XII Astronomie, 18 Strr. – Das IV. Buch enthält nur Fabeln (vgl. dazu GRUBMÜLLER).

H. wählt im Formalen wie im Thematischen sehr bewußt den Anschluß an die Sangspruchdichtung der älteren Zeit (STACKMANN, 1958, S. 28–50). Dennoch leistet er mit der starken Betonung philosophisch-systematischer Gesichtspunkte, insbesondere durch seine *zeichen*-Theorie, die sich mit seiner Ausformung des Geblümten Stils in Verbindung setzen läßt, einen unverwechselbar eigenen Beitrag zur Geschichte der Gattung (STACKMANN, 1958, S. 121–171).

KIBELKA (1963, pass.) hat gezeigt, daß H. über breite Kenntnisse auf dem Gebiet der Artes liberales, der Philosophie und der Theologie verfügt. Ein Nachweis STEERS läßt es denkbar erscheinen, daß auch Schriften der deutschen Scholastik an der Vermittlung beteiligt waren.

Als Blümer setzt H. die mit →Konrad von Würzburg und →Frauenlob anhebende Tradition fort (STACKMANN, 1958, S. 32–47; 78; 197). KIBELKA (1963, S. 304–307) hat gezeigt, daß Art und Ausmaß des Blümens mit den 'Funktionstypen der Sprüche' wechselt.

6. 'Artes liberales' ('AL'), 'Libri tocius biblie' ('B/lat.')

Überlieferung. 'AL' in: München, clm 14574, 143^v–147^r. – 'B/lat.' in: Prag, UB, Nr. 1302, VII. E. 13 (vgl. J. TRUHLÁŘ: Catal. Manu Scriptorum Lat. ... I, 1905, S. 501 f.).

Ausgaben. Von 'AL' sind bisher nur zwei Stücke veröffentlicht: STACKMANN, 1955, S. 22 (Nr. 3), KIBELKA, 1963, S. 40 (Nr. 9). – Ein Abdruck von 'B/lat.' bei LUDWIG, 1966, S. 20–41.

'AL' führt 15 *artes* in der gleichen Reihenfolge auf wie 'Spr.', B. VII (KIBELKA, 1963, S. 20). Jede *ars* wird in drei Abschnitten dargestellt: 1. *prosa*, 2. *mensura* (13zeilige Str. in rhythmischen Versen), 3. *metrum* (4 leoninische Hexameter).

'B/lat.' gibt in 39 Prosa-Abschnitten einen Überblick über die Bücher des AT und ihren Inhalt. Die Überschrift der Prager Hs. kündigt eine Darstellung *in utroque lingwagio* an. Der dt. Text fehlt, er liegt aber im Buch V der Göttinger Sammlung vor. Das gegenseitige Verhältnis der beiden Fassungen bedarf noch einer Untersuchung.

7. Weitere Zuschreibungen.

BERGELER hat, ausgehend von 'Psk.', für weitere, anonym überlieferte Texte aus dem Bereich der vorlutherischen dt. Bibel H.s Verfasserschaft zu erweisen gesucht. In seiner Dissertation (BERGELER, 1937) behandelt er: zwei von J. KLAPPER (Im Kampf um die dt. Bibel, 1922) edierte Traktate eines Laien, der seine Übersetzung der Evangelien in die Volkssprache verteidigt; die sog. Schlierbacher Bibel (Teile des AT enthaltend); eine dt. Fassung des Buches Hiob; eine glossierte Evangelienübertragung. Später (BERGELER, 1944) hat er die Liste um etliche Stücke, darunter → 'Vom Antichrist' (anonyme Prosafassung), aus der Wiener Hs. 2846 erweitert. Der Beweis ist nicht überzeugend (HENNIG, S. 276–285; VÖLKER, S. 10–13 und 26), gleichwohl haben BERGELERS Thesen weitergewirkt (PATSCHOVSKY, HAMMANN). – BARTOŠ (S. 33–36) erwägt die Möglichkeit, daß H. Übersetzer der Rotlew-Bibel (→ 'Wenzel-Bibel') sein könnte.

IV. Wirkungsgeschichte.

Zwar haben 'Psk.' und 'VM' die weiteste Verbreitung gefunden, dennoch wird man sagen dürfen, daß H. am stärksten als Sangspruchdichter gewirkt hat. Seine Töne wurden von den Meistersingern rezipiert (BRUNNER, S. 146), sein Name fand Aufnahme in die Liste der Zwölf Alten Meister (TAYLOR/ELLIS, S. 50 f.; TAYLOR, S. 49), sein Langer Ton war einer der vier Gekrönten Töne (TAYLOR/ELLIS, S. 60 f.), zuweilen bezeichnete man ihn als Doktor der Theologie (HMS IV, S. 889^b; 891^b; 893^b; 894^a. – Ein spätes Zeugnis bietet die kritische Äußerung J.C. WAGENSEILS in: Buch v. d. Meister-Singer Holdseliger Kunst, hg. von H. BRUNNER, 1975, S. 503).

Das 5. Buch der Sangsprüche ist für den Bibelauszug des Johannes → Rellach von Resöm verwendet worden (von VOLLMER festgestellt; vgl. STACKMANN, 1959, S. CLIV f.); → Matthias von Kemnat benutzt in seiner Chronik eine Fürstenlehre H.s (STACKMANN, 1971). BUNTZ konnte an einer Reihe von Beispielen zeigen, daß die Verse der *Alchimia* aus 'MK' (v. 569–618) in alchimistischer Literatur zitiert wurden.

K. BURDACH (S. 247) brachte H. als Übersetzer des Valerius Maximus in unmittelbaren Zusammenhang mit den Anfängen des Prager Frühhumanismus. Demgegenüber versteht HÜBNER (S. 201) gerade 'VM' als ein ganz und gar mal-

Werk. Er ist eher geneigt, Ansätze eines neuen Verhältnisses zur Antike in einem Teil der Spruchstrophen zu finden. Für ihn ist H. 'ein großer Zeuge dafür, daß das Neue ... als etwas Äußerliches, als Stoff und Form kommen konnte'. KIBELKA (1969, S. 418) schränkt diese Auffassung auf den Stoff ein: H.s 'Antike ist vor allem eine Antike der Exempel-Literatur'.

Literatur.
Allgemeines: A. TAYLOR/F. H. ELLIS, A Bibliography of Meistergesang (Indiana Univ. Studies 113), Bloomington/Ind. 1936; A TAYLOR, The Literary History of Meistergesang, New York 1937 (Nachdr. 1966).

Zu H. v. M.: Fabeln u. Minnelieder von H. v. M., hg. v. W. MÜLLER, Göttingen 1848; K. J. SCHRÖER, Die Dicht.n H.s v. M., 1867 (WSB 55, S. 451–520); W. WILMANNS, Ein lat. Ged. H.s v. M., ZfdA 14 (1869) 155–162; F. KHULL, Zum mhd. Wörterbuch, Progr. Graz, 1884, S. 3–24 [Wortschatz-Slg. nach der Reiner Psalmenhs.]; G. ROETHE, H.s v. M. Ungarische Reimchron., ZfdA 30 (1886) 345–350; WALTHER, Bibelübers., Sp. 588–600; K. HELM, Zu H.v.M., PBB 21 (1896) 240–247 u. 22 (1897) 135–151; A.E. SCHÖNBACH, Miscellen aus Grazer Hss., Mitt. d. hist. Ver.s f Steiermark 46 (1898) 3–22 u. 47 (1899) 38–48; W. JAHR, 1908 (s. o. Der Meide Kranz, Ausg.); K. BURDACH, Die nationale Aneignung der Bibel [...], in: Fs. E. Mogk, 1924, S. 231–334; A. BERGELER, Das dt. Bibelwerk H.s v.M., Diss. Berlin 1937; H. LUDWIG, H.s v.M. Ungarnchron., Diss. Berlin 1938; E. TRAVNIK u. A. DOMANOVSZKY, 1938 (s. o. Ungarnchroniken, Ausg.); H. VOLLMER, BdK 8, 1938, Anhang II; A. HÜBNER, Kl. Schr.n zur dt. Philologie, 1940, S. 201; A. BERGELER, Kleine Schriften H.s v. M. im cod. Vind. 2846, ZfdA 80 (1944) 177–184; E. GIERACH, Ein Vorbild für Der Meide Kranz H.s v. M., PBB 67 (1945) 243–248; K. STACKMANN, *Rhetoricae artis practica fontalisque medulla*, in: Festgruß H. Pyritz (Sonderheft des Euph.), 1955, S. 21–26; ders., Der Spruchdichter H.v.M., 1958; ders., 1959 (s.o. Sangspruchdichtung, Ausg.); F.W. RATCLIFFE, The Psalm Translation of H.v.M., Bulletin of the John Rylands Library 43 (1961) 426–451; J. KIBELKA, *der ware meister* (Phil. Stud. u. Qu. 13), 1963; F.W. RATCLIFFE, Die Psalmenübers. H.s v.M., ZfdPh 84 (1965) 46–76; H. LUDWIG, H.s v.M. Altes Testament, 1966; Konrad v. Megenberg, *Von der sel*, hg. v. G. STEER, 1966, S. 100–103; K.E. SCHÖNDORF, Die Tradition d. dt. Psalmenübers., 1967, S. 78–83; A. PATSCHOVSKY, Der Passauer Anonymus (Schriften der MGH 22), 1968, S. 13–15, Anm. 54; J. KIBELKA, H.v.M., in: NDB 8, 1969, S. 417f.; F.M. BARTOŠ, Der Schöpfer der Rotlew-Bibel, in: Fs. A. Blaschka, 1970, S. 31–44; J. KIBELKA/H.A. HILGERS, Unbeachtete Frgm.e von Werken H.s v.M. [...], ZfdPh 89 (1970) 369–394; H.A. HILGERS, Das Klagenfurter Frgm. d. Valerius-Maximus-Auslegung H.s v.M., Carinthia I 160 (1970) 536–555; P.-G. VÖLKER (Hg.), Vom Antichrist. Eine mhd. Bearbeitung des Passauer Anonymus (WPM 6), 1970, S. 10–13; K. STACKMANN, Die Fürstenlehre in d. Chronik des Matthias v. Kemnat, in: Fs. H. de Boor, 1971, S. 565–581; G. HAMMANN, Waldensischer Geist in d. mal. Lit. Ungarns u. d. Slowakei, Zs. f. Ostforschung 21 (1972) 697–702; H.A. HILGERS, *und der Romer ein uß banden trante*, Euph. 66 (1972) 405–411; ders., Die 18 Astronomie-Strr. H.s v.M. in der Leipziger 'Renner'-Hs., ZfdPh 91 (1972) 352–373; J. HENNIG, Chronologie der Werke H.s v.M. (Hamburger Philol. Stud. 27), 1972; H.A. HILGERS, Die Überlieferung der Valerius-Maximus-Auslegung H.s v.M. (Kölner German. Stud. 8), 1973; H. BUNTZ, H.v.M. als alchimistische Autorität, ZfdA 103 (1974) 144–152; H. BRUNNER, Die alten Meister (MTU 54), 1975; K. STACKMANN, Redebluomen, in: Fs. F. Ohly, Bd. 2, 1975, S. 329–346; J. KIBELKA, Übers.probleme bei H.v.M., in: Dt. Lit. d. späten MAs. Hamburger Colloquium 1973, 1975, S. 266–281; K. GRUBMÜLLER, Meister Esopus (MTU 56), 1977, S. 280–296; H.A. HILGERS, Rez. Hennig, ZfdPh 98 (1979) 122–128; E. KLEINSCHMIDT/H. A. HILGERS, Eine verlorene Freiburger Hs. d. Valerius-Maximus-Auslegung H.s v.M., ZfdA 108 (1979) 370–374; H.A. HILGERS, Die drei Kometen-Strophen H.s v.M. in einer Hs. d. Matthias v. Kemnat, ZfdA 108 (1979) 414–430; H. HERKOMMER, Kritik u. Panegyrik. Zum lit. Bild Karls IV., Rhein. Vjbll. 44 (1980) 68–116.

(1981)   KARL STACKMANN

Heinrich von Veldeke

I. Biographisches.

1. Heinrich von Veldeke (seine ndl. Namensform war wohl *Heinric*), der große Wegbereiter der höfischen Dichtung, der sich in geistlicher und weltlicher, in Epik und Lyrik betätigte, stammte, wie man im 'Servatius' v. 6172 hört, aus einem Ort *Veldeke* nicht weit von Hasselt im Limburgischen, an den noch die 'Vel(de)ker molen' erinnert. Er ist jedenfalls vor der Mitte des 12. Jh.s geboren und gehörte zu einem seit 1195 vielfach bezeugten Rittergeschlecht, Ministerialen der Grafen von Loon, erhält auch in der →'Heidelberger Liederhs. C' und bei →Wolfram den Titel *her* (in der →'Weingartener Liederhs.' *maister*). An einer Kathedral- oder Klo-

sterschule muß er eine gute gelehrte Bildung erhalten haben. Von selbst versteht es sich, daß er auch das Französische beherrschte. Er hat vielleicht, wenn auch nur vorübergehend, eine Stellung am Hof der Grafen von Loon gehabt. In beiden Teilen des 'Servatius' preist er die Gräfin Agnes von Loon, seine *lieben vrouwen*; es wird die bis 1175 urkundlich bezeugte Gattin Ludwigs I. († 1171) gewesen sein (schwerlich ihre Tochter Agnes, die 1169 Otto von Wittelsbach, Herzog von Bayern, heiratete). Zusammen mit seiner Verehrung für den von ihm zum Patron erwählten Heiligen, habe sie ihn mit ihrer Bitte zu der Dichtung gebracht und dazu *her Hessel*, der Küster an der Servatiuskirche in Maastricht (3228–3245 u. 6172–6182). Mit der Schatzkammer des Doms hatte dieser auch die Servatius-Reliquien zu betreuen. War es der *Hezilo*, den NOTERMANS für 1171 und 1176 als *frater* und *diaconus* nachgewiesen hat? Unter seiner Obhut stand auch das Haus für die Pilger, die zur Kirche des Heiligen wallfahrteten. Der Küster könnte an einer Servatius-Dichtung in der Volkssprache interessiert gewesen sein, dem Dichter die lat. Quelle zur Verfügung gestellt und ihn, wenn wünschenswert, beraten haben.

Die Dichtung von Servatius oder *Servas*, wie sie ihn mit der volksläufigen Namensform meist nennt, wird der Frühzeit H.s angehören. NOTERMANS (1974) meint, sie müsse vor der Heiligsprechung Karls des Gr. (29. 12. 1165 in Aachen) geschrieben sein. Sie an das Ende seines Schaffens, noch nach 1190, zu setzen, wie ernsthaft erwogen wurde, machen schon die Limburger Bindeglieder unglaubhaft, dazu Sprachliches und Stilistisch-Künstlerisches. Seine Entwicklung als Dichter hat H. in einigem sichtlich über dies Werk hinausgeführt. Gehört es aber seinen Anfängen an, so ist es in der Zeit entstanden, als die Maastrichter sich eifrig um den weiteren Ausbau der Kirche mühten und zur Herstellung des kostbaren Schreins anschickten, dessen Anfertigung man zwischen 1170–1180 oder etwas früher ansetzt. Damals konnte man bestrebt sein, seine Verehrer über den engeren Limburger Kreis hinaus von seiner ganz besonderen Bedeutung zu überzeugen und im Hinblick auf die Kosten des Werkes vielleicht auch die Gebefreudigkeit zu beleben. Fraglich ist aber, ob der zweite Teil der Dichtung zu derselben Zeit entstanden ist wie der erste.

Während die Lyrik H.s keine äußeren Anhaltspunkte bietet, kommen wir bei seinem Hauptwerk, der 'Eneit', zu bestimmten Daten. Sie ergeben sich aus einem Abschnitt, der in dem vollendeten Werk vor H.s Abschluß, in der Gothaer Hs. ganz am Ende steht, v. 13429–13460. Obwohl er nicht gut von ihm selbst stammen kann, ist die Verläßlichkeit nicht zu bezweifeln. Da erfahren wir das folgende: Als H. den größten Teil der Dichtung vollendet hatte bis dahin, wo Eneas den Brief Lavines gelesen hat, also bis v. 10934, wurde das Ms. der Gräfin Margarete von Kleve, der er es zu lesen gegeben hatte, bei ihrer Hochzeit mit dem Landgrafen (Ludwig III. von Thüringen), also in Kleve im März 1174, von einem Grafen Heinrich entwendet, der es nach Thüringen mitnahm. Man ist sich einig, daß dies der 1180 gestorbene Bruder Ludwigs war. Die Angabe *von Swarzburg* in den Hss. EGH erweist schon das Metrum als späteren Zusatz, der sicher falsch ist. Erst nach neun Jahren habe der Dichter die Hs. in Thüringen vom Pfalzgrafen Hermann (Pfalzgraf seit 1182, seit 1190 Landgraf) zurückerhalten. Ihm und seinem Bruder Friedrich zuliebe habe er die Dichtung vollendet.

Um hervorzuheben, wie prächtig die Hochzeit von Eneas und Lavinia gewesen sei, vergleicht die Dichtung sie v. 13221–13251 mit dem in seinem Glanz noch unübertroffenen Mainzer Pfingstfest Friedrichs I. von 1184. TH. FRINGS und G. SCHIEB, die den Abschnitt ursprünglich als Interpolation erweisen wollten, haben ihn (ebenso wie die 1. 'Stauferpartie' v. 8375–8408) schließlich doch als von H. stammend anerkannt. Es möchten Vortragszusätze sein, die bei besonderer Gelegenheit eingefügt wären, vielleicht sogar bei einem Vortrag in Anwesenheit Barbarossas, Hermanns Onkel, dem er damals eng verbunden war, oder anderer hoher staufischer Persönlichkeiten. Für Entstehung erst einige Zeit nach dem Fest, aber noch vor dem Tode Friedrichs 1190 sprechen die vv. 13242–13251.

Damit kommen wir vermutlich nahe an das Lebensende H.s heran. Nach Wolframs Klage im 'Parzival' (404, 28 f.) wäre er nicht alt geworden, und nach den preisenden Worten →Gottfrieds im 'Tristan' (4726–4739) scheint es, daß die Lebenstage H.s da schon geraume Zeit zurück lagen. So mag man seinen Tod etwa um 1190 vermuten.

II. Lieder.

1. Überlieferung. A = Heidelberg, cpg 357 (→'Heidelberger Liederhandschrift A'), 32^{rv} und 33^{rv}, 17 Strr. unter: *Heinrich von Veltkilche(n)*; B = Stuttgart, LB, cod. HB XIII, 1 (→'Weingartener Liederhandschrift'), S. 51–59, 48 Strr. unter: *Maister Hainrich von Veldeg*; C = Heidelberg, cpg 848 (→'Heidelberger Liederhandschrift C'), 30^{r}–32^{r}, 61 Strr. unter: *Her Heinrich von Veldig*.

2. Ausgaben. MF Vogt, 1911, S. 59–77, 335 bis 347; MF Kraus, 1940, S. 64–87, 397–413; MFU, S. 160–193; Th. Frings/G. Schieb, H. v. V. Die Lieder, PBB 69 (1947) 1–284; H. Brinkmann, Liebeslyrik d. dt. Frühe in zeitlicher Folge, 1952, S. 113–126, 371–376; Singweisen z. Liebeslyrik der dt. Frühe, hg. v. U. Aarburg, 1956, S. 12–15, 41 f.; MF Neuausg. v. H. Moser/H. Tervooren, 1977, I 97–149; II 79–83.

3. Schon M. Haupt, F. Vogt und C. von Kraus hatten H. in den älteren Auflagen von MF mit gewichtigen Gründen ein paar der unter seinem Namen überlieferten Lieder und Strophen abgesprochen. Nach Frings/Schieb (1947) wären wegen sprachlicher Anstöße außerdem die Strr. 63,28; 66,1 und 67,3 unecht (Einwände bei Tervooren, S. 65–67; Wolff, 1973, S. 19), Brinkmann (1952) zufolge auch die nur in A überlieferte Str. 57,26. Weitere 15 Strr., die nicht die künstlerische Höhe und die höfische Haltung der echten hätten, wollte Thomas (1956) ausscheiden. Das ist sicher unberechtigt. Man wird bei H. mit einer Entwicklung seines Künstlertums und seiner Technik rechnen müssen. Die endgültige Feststellung des Unechten steht also noch aus.

Die Lieder werden meist in H.s Frühzeit bis 1183 gesetzt. Wahrscheinlicher ist, daß sie sein Schaffen durch einen größeren Teil seines Lebens begleitet haben. Offensichtlich nimmt H. in ihnen noch weniger Rücksicht auf das Hd. als im 'Servatius': 4mal reimen ndl. *t*, hd. *t* auf ndl. *t*, hd. *z* (Bindungen zwischen stimmlosem Verschluß- und Reibelaut waren selbst für Dichter wie →Eilhart, die keine lautgleichen Reime fordern, unzulässig), und drei der von Frings/Schieb als echt anerkannten Strr., dazu 63,28 (wohl unecht), 66,1 und 67,3 behandeln Wörter mit altem Kurzvokal in offener Tonsilbe als metrisch gleichwertig mit langsilbigen, in 66,1 und 67,3 mit Reim von *a:â*, was nach Klein (1971) nicht gegen die Echtheit spricht. Unbefangen gebraucht H. den heimischen Wortschatz, der in manchem der hd. Lyrik fremd oder ungeläufig ist, so besonders gern *blîde* (von den Hss. nur im Reim belassen) und *blîtscap*, wie im 'Servatius', aber nicht in der 'Eneit'. Danach gehört die Lyrik wohl doch vornehmlich der ndl. Epoche H.s an und war an heimische Adelskreise gerichtet.

Uneinig ist man über die zeitliche Folge der Lieder und Strophen und bei einigen Strophen, ob sie zusammen ein Lied bilden. Spät anzusetzen ist sicher das Lied 62,11; wenn die grauen Haare auch ein Topos sind, konnte er doch nur aufgenommen werden, wo er nicht als ganz unpassend wirken mußte. Frings/Schieb haben nach ihrer Ordnung die 'Entwicklung eines Lyrikers' gezeichnet; wesentlich anders Brinkmann (1952) und neuerdings de Paepe.

4. In Inhalt und Charakter hebt sich die Minnelyrik H.s, die auch gedanklich lehrhafte, allerlei Bibelstellen verwertende Strophen enthält, von der hd. ab. Die Freude gibt den Grundklang vieler Lieder. Die Verherrlichung der *blîtscap* weckenden Frühlingsschönheit, in die der Vogelsang hineinklingt, geht über den Stimmung weckenden Natureingang des frühen Minnesangs hinaus, gewinnt Eigenwert und kann eine oder sogar zwei Strophen füllen. Auch ein volkstümlich gehaltenes Tanzlied kann da einen Platz erhal-

ten. H. greift zu eigenen kräftigen Bildern und Vergleichen aus Natur und Leben. Neben Lieder von beglückender Liebeserwiderung und fester Zuversicht treten andere vom unerhörten Werben der Hohen Minne. Auf eine Klage, daß er sich die Huld der Herrin verscherzt habe (56,1), läßt er diese in einem Gegenlied (57,10) aussprechen, was sie dazu geführt und was sie dabei empfunden habe. Nach Frings/Schieb wäre darin der abschließende Gipfel von H.s Liedkunst zu sehen, die von einfachen, volkstümlich anmutenden Kleinformen ausgegangen wäre. De Paepe dagegen will in diesen Liedern ironisch-kritische Ablehnung der Hohen Minne finden – in einer Zeit, als deren dichterische Ausgestaltung bei uns noch gar nicht zur höchsten Durchbildung gekommen war. Jedenfalls ist H. nicht ohne Vorbehalte: um seiner Minne willen zu sterben, ginge ihm zu weit (63,9; 66,32). Der Str. 64,10 nimmt die humoristische Ausführung den Ernst.

5. Wie es bei der Limburger Heimat das Natürliche ist, hat H. sich vom frz. Minnesang anregen lassen, die Formen aber sehr selbständig verarbeitet. Für die Str. 58,35, in der er seine nicht durch *poisûn* bewirkte Liebe über die Tristrants erhebt, ist die Vorlage in einem unter dem Namen Chrétiens von Troyes überlieferten Liede erhalten. Anscheinend hat er auch conductus-Formen verwertet (Spanke, Aarburg). Zu dem auffallend für sich stehenden Strophenbau des Liedes 56,1 wäre H. nach Touber von der viktorinischen Stabat-Mater-Form angeregt worden, die er in dem Musikzentrum Lüttich kennenlernen konnte.

6. An H.s Lieddichtung erinnern einige Strophen bei der Brabanter Mystikerin → Hadewijch. Man hat jedoch bezweifelt, daß es sich um direkten Einfluß handele. Unter den hd. Minnesängern ist sein Einfluß anscheinend für → Friedrich von Hausen (Brinkmann, 1948, S. 28–36), vielleicht auch für → Heinrich von Rugge von Bedeutung gewesen. Die Kenntnis der Tristrant-Strophe verrät → Heinrich von dem Türlin ('Crône' 8636–8639). Der → Marner nennt ihn mit einer Reihe anderer Minnesänger in dem Spruch XIV,18.

III. 'Servatius'

1. Überlieferung. Einzige vollständige Hs.: Leiden, UB, BPL cod. Nr. 1215, 2.H. d. 15.Jh.s, geschrieben im Begardenkloster zu Maastricht, junglimburgisch. – Frgm.e einer altlimburg. Perg.-Hs. vom Anf. d. 13.Jh.s: a) in München, cgm 5249 (18,I) und München, UB, im Zweiten Weltkriege vernichtet, jedoch vorher faksimiliert bzw. diplomatisch abgedruckt von L. Scharpé, Leuv. Bijdr. 3 (1899) 20–21 und P. Lehmann/O. Glauning, ZfB, Beih. 72 (1940) 120–124; b) in Leipzig, Bibl. d. (vorm.) Reichsgerichts, heute Obersten Gerichts der DDR.

2. Ausgaben. J.H. Bormans, Sinte Servatius Legende van Heynrijck van Veldeken naer een handschrift uit het midden der XV^{de} eeuw, Maestricht 1858; Sint Servaes Legende, in dutschen dichtede dit Heynrijck die van Veldeke was geboren, naar de Leidse handschrift, hg. von G.A. van Es, Antwerpen 1950; Th. Frings/G. Schieb, H.v.V. I: Die Servatiusbruchstücke, PBB 68 (1945) 1–75; diess., H.v.V. XIII: Die neuen Münchener Servatiusbruchstücke, PBB 74 (1952) 1–43; diess., Die epischen Werke des Henric van Veldeken, I Sente Servas, Sanctus Servatius, 1956.

3. Frings und Schieb haben die Dichtung aus der Hs. des 15.Jh.s ins Altlimburgische umgesetzt, von dem die Bruchstücke eine H. noch nahestehende Form bieten. Die Ausgabe zeugt von gründlicher Kenntnis der limburgischen Sprachverhältnisse in ihrer geschichtlichen Entwicklung und beruht auf sorgfältiger Beobachtung von H.s Sprachgebrauch, ist jedoch nicht ohne Grund auf kritische Bedenken gestoßen. Wiewohl Verderbnisse der späten Überlieferung vielfach glücklich gebessert sind, bleiben die Eingriffe häufig fragwürdig. Wenn der 'Servatius' ein Frühwerk H.s war und er als erster, jedenfalls nach frz. Vorbild, das neue Ideal des reinen Reims, mit gewissen Freiheiten im Vokalismus, einzuführen suchte, so braucht seine Kunst nicht gleich im ersten Anlauf auf der vollen Höhe der 'Eneit' gestanden zu haben.

Anders als in den Liedern werden die Wörter mit von Hause aus kurzem Vokal in offener Silbe metrisch wie im Hd. behandelt; der vierte Iktus fällt auf die Tonsilbe. Folgt dagegen auf den kurzen Vokal *p*, *t* oder *k*, wodurch die Silbe im Hd. lang wird, so erhält sie den dritten Iktus. Das ist eine vom Ndl. her unverständliche Scheidung. Im Reim wird zwischen ndl. *t* gleich hd. *t* und gleich hd. *z* deutlich geschieden. Einige Ausnahmen in der Überlieferung, die den Text den Liedern ähnlicher machen würden, werden gebessert oder sollen Zusätzen angehören. Bemerkenswert ist, daß H., wie in der 'Eneit', *dat* nicht nach dem Sprachstand des benachbarten Mfrk. mit Wörtern auf hd. *t*, sondern mit solchen auf hd. *z* bindet, was bei der vergleichsweise geringen Zahl geeigneter hd. *-at-*Worte eine erhebliche Erschwerung des Reimens bedeutete. Der Text nimmt also auf weiter entfernte Leser Rücksicht (WOLFF, 1973).

4. Auch aus inhaltlichen Gründen (auf Grund des Vergleichs mit der Vita) nehmen FRINGS/SCHIEB zahlreiche Interpolationen an, im Ganzen 846 Verse, so schon gleich im Prolog einen größeren, predigtartig erscheinenden Einschub von v. 35–140 (hierzu VAN MIERLO, 1952; MINIS, 1954; WOESLER). Berechnungen von GOOSSENS, MARGUČ und PETERS an den Fragmenten haben ergeben, daß die alte Hs. nur etwa 22 Verse weniger gehabt haben kann als die Leidener, so daß an größere spätere Interpolationen in dieser nicht zu denken ist. Stärkere Umgestaltungen schon im 12. Jh. sind unwahrscheinlich. WALTER kam in quellenkritischen Untersuchungen (leider auf den ersten Teil beschränkt), die das Verhalten H.s seiner Vorlage gegenüber und seine Stileigentümlichkeiten ins Licht heben, zu dem Schluß, der Prolog bilde eine Einheit von so strengem formalen Aufbau, daß er unmöglich Interpolationen verdankt sein könne; auch die anderen Ausscheidungen seien unglaubhaft.

Seltsam bleibt der zweifache Epilog nach dem Abschluß des 1. Teils mit dem Leben des Heiligen und nach dem 2. Teil mit den Wundern nach seinem Tode. Es ist verständlich, daß die Doppelung mit befremdlichen Wiederholungen FRINGS/SCHIEB zu tieferen Eingriffen veranlaßt hat. Wenn aber nach dem kodikologischen Befund größere Ausscheidungen nicht gut möglich sind, bleibt die einfachste, auch schon von SCHIEB erwogene Erklärung, daß der 2. Teil eine spätere Fortsetzung ist, und versäumt wurde, den 1. Epilog zu streichen. Dieser Teil könnte in die Zeit fallen, als die Arbeit an der 'Eneit' unterbrochen war (SANDERS, 1971). Allerdings kann dann die alte Hs. nicht durch die Tochter Agnes van Loon nach Bayern gekommen sein.

5. H.s Vorlage war laut WALTER eine in nicht ganz entsprechender Gestalt überlieferte Fassung der Vita S. Servatii, vielleicht die Vorlage der aus dem Servatiusstift in Maastricht stammenden Limburger Hs. M. Bei engem Anschluß an das Tatsächliche hat H. aus den dort angehäuften Heiligkeitszeugnissen eine fortlaufende Erzählung geschaffen, die von äußerer Handlung und innerem Erleben erfüllt ist. Für ihn hat auch der nicht-heilige Mensch Bedeutung, dem Servatius sich mitleidvoll zuwendet, und damit die Frage nach freiem Willen, Sünde und Gnade. Die Wunder des 2. Teils nach dem Tode des Heiligen und seiner Erhebung zeigen, wie er kraft der ihm von Petrus verliehenen Macht, zu binden und zu lösen, Sünder vor der Verdammung rettet, aber zugleich eifrig über den Besitz seines Stiftes wacht. Den Stil der Dichtung bezeichnen Wiederholungen und Doppelformen. Erläuterungen bringt der Kommentar von NOTERMANS.

6. Eine Nachwirkung – es liegt nahe, sie auf die Tochter Agnes von Loon zurückzuführen – zeigt sich deutlich im → 'Oberdeutschen Servatius'. 1462 nennt → Püterich von Reichertshausen in seinem 'Ehrenbrief' 114 *Sanndt Servassius Legendt ... hat ... Hainrich von Veldeckh bracht hailigem Ticht.*

IV. 'Eneit'

1. Überlieferung. a) Vollständige Hss.:

B = Berlin, mgf 282, Perg., 70 Text- u. 71 Bildseiten mit 136 Miniaturen, geschrieben u. illustriert im ersten oder zweiten Jahrzehnt des 13. Jh.s, bair. Es fehlen die vv. 9139–9448 und 11492 bis Schluß.

M = München, cgm 57, 53ra–134va, Perg., 13./14. Jh., südbair. Durch Verlust eines Quaternios fehlen die vv. 1–1174. Auf f. 134va–165ra folgt → Ottes 'Eraclius'. → 'Mai und Beaflor' (1ra–52vb) wurde im 16. Jh. vorgebunden.

H = Heidelberg, cpg 368, 120ra–206ra, Perg., 1333 in Würzburg geschrieben (zwei Hände). Voraus geht auf f. 1ra–119vb → Herborts von Fritzlar 'Liet von Troie'.

E = (früher) Eibach, Bibl. d. Grafen von Degenfeld-Schonburg, Pap., 62 Bll., 14. Jh., westmd. Schon zu Anfang d. 20. Jh.s nicht mehr auffindbar und seitdem verschollen.

h = Heidelberg, cpg 403, Pap., 255 Bll., 1419 von dem Schreiber Hans Coler fertiggestellt, mit 38 kolorierten Federzeichnungen geschmückt, alem.-elsässisch. Am Anfang und Ende unvollständig.

G = Gotha, LB, cod. chart. A 584, 2ra–94va, Pap., von zwei Händen in got. Buchkursive des 15. Jh.s geschrieben, thüring. Von jüngerer Hand ist auf f. 95ra–202vb Ottos von Diemeringen Übersetzung der Reisen → Mandevilles angeschlossen.

w = Wien, cod. 2861, 1ra–93rb, Pap., 1474 von dem Schreiber Jorg von Elrbach geschrieben, ostschwäb. Der stellenweise stark gekürzte Text wird durch Bilderseiten mit Federzeichnungen unterbrochen. Auf die 'Eneit' folgt eine bis 1474 reichende prosaische Chronik der Kaiser und Päpste.

b) Fragmente:

R = München, cgm 5249 (19), aus Regensburg, 1 Perg.-Doppelbl. noch des 12. Jh.s, bair.-schwäb., 362 vv. (5879–6057, 6818–7002).

Me = München, cgm 5199, aus Meran, 3 Perg.-Bll., um 1200 geschrieben, obd., schlecht erhalten, ca. 340 vv. zwischen v. 7489 u. v. 9899.

P = Pfeiffers Bruchstücke, Berlin, mgq 1303/3, verschollen, jedoch gedruckt in Denkschriften der Wiener Ak., Phil.-hist. Kl., Bd. 16 (1869), S. 160–171. 6 Perg.-Bll. aus dem Anfang d. 13. Jh.s, südbair. Ca. 742 vv. zwischen v. 6373 und v. 8483.

Wo = Wolfenbüttel, Hzg.-Aug.-Bibl., cod. Guelf. 404.9 Novorum fol. (4), 1 Perg.-Bl., 13./14. Jh., obd., 105 vv. (9951–10056).

Wa = Marburg, Staatsarch., Bestand 147, Mappe A, aus Waldeck, Reste eines zerschnittenen Perg.-Bl.s, noch 13. Jh., md., 16 vv. (3024–3026, 3048 bis 3060).

2. Ausgaben. CH. H. MYLLER, Die Eneidt. Ein Helden-Gedicht aus d. 12. Jh. von Heinrich v. Veldecken, in: Sammlung dt. Ged. aus d. XII, XIII. u. XIV. Jh., Bd. I, o. O. [Berlin 1783], S. 1–102; L. ETTMÜLLER, Die Eneide, in: H. v. V. (Dichtungen d. dt. MAs 8), 1852, S. 15–476 (zit. mit BEHAGHELS Verszählung); O. BEHAGHEL, H. v. V., Eneide. Mit Einleitung u. Anmerkungen hg., 1882; G. SCHIEB/TH. FRINGS, Henric van Veldeken, Eneide. I. Einleitung u. Text (DTM 58), 1964; II. Unters. (DTM 59), 1965; III. Wörterbuch (DTM 62), 1970.

Ausgaben des frz. 'Roman d'Eneas': Texte critique, hg. v. J. SALVERDA DE GRAVE (Bibliotheca Normannica 4), 1891; Le roman d'Eneas, übers. u. eingeleitet v. M. SCHÖLER-BEINHAUER (Klass. Texte d. rom. MAs in zweisprachigen Ausg.n 9), 1972.

3. Textkritische Problematik.
Die gesamte Überlieferung von H.s berühmtem Roman ist hd., sogar überwiegend obd.; thüringisch ist erst die Gothaer Hs. (G) des 15. Jh.s. Daß es ältere ostmd. Hss. gegeben haben muß, bezeugen nicht bloß die beiden Waldecker Streifen, es ergibt sich aus der Entstehungsgeschichte des Werkes in zwei Phasen: vv. 1–10934 vor der Clever Hochzeit 1174, auf der das ausgeliehene Ms. der Gräfin Margarete von einem Bruder des Landgrafen entwendet und nach Thüringen mitgenommen wurde; – Fortsetzung und Fertigstellung auf der Neuenburg nach 1183 auf Einladung des Pfalzgrafen Hermann, der H. das Ms. wieder zur Verfügung stellte.

Der Münchener Hs. M zufolge (B bricht vorher ab) *wart daz mære do geschriben / anders denne ob ez dem maister wer beliben* (13461 f.). Die Angabe hat – trotz differierender Überlieferung – alle Wahrscheinlichkeit für sich. Wenn H. seinen Roman in limburgischer Mundart bzw. in der 'maasländischen Literatursprache' (FRINGS/SCHIEB) vollendet und publiziert hätte, müßte davon in seiner Heimat wenigstens eine Spur geblieben sein. Die gibt es weder von dem unfertigen noch von dem fertigen Werk. Wie immer das 1174 gestohlene Ms. beschaffen war, der Archetypus der erhaltenen Textzeugen ist hd. bzw. md. H. suchte und fand sein Publikum außerhalb der heimischen Literaturprovinz und hat deshalb von vornherein den Erfordernissen der werdenden mhd. Literatursprache Rechnung tragen müssen. Die Argumente, die zuerst C. v. KRAUS (1899 u. 1908) dafür geltend gemacht hat, sind durch FRINGS und SCHIEB nur z. T. entkräftet und durch SCHÜTZEICHEL (1969) und WOLFF (1973) neuerlich vermehrt worden. Daß H., zumal in der ersten Schaffensperiode, auch mundartliche Formen und Wörter unterlaufen, die später stehengelassen sind, kann nicht überraschen. Am Pfalzgrafenhof hätte er nur noch entschiedener fortgesetzt, was er schon zu Hause begonnen hatte.

Alle bisherigen 'Eneit'-Herausgeber haben diesen naheliegenden Befund nicht wahrhaben wollen. ETTMÜLLER hat sich 1852 nur notgedrungen mit der 'thüringischen Übertragung' begnügt, weil ihm das 'niederrheinische' Original unerreichbar erschien. BEHAGHEL hat, von BRAUNE 1873 ermuntert, 1882 die Umschrift in die ursprüngliche Mundart des Dichters gewagt und sich von FRINGS sagen lassen müssen, daß 'sein Eneidetext ... unlesbar' sei (PBB 68, 1945/46, S. 72). Der echte Veldekesche war in den Augen des Kritikers dennoch kein unmögliches Ziel, wenn nur zuvor das Altlimburgische zureichend erforscht war.

Die Aufgabe einer kritischen 'Eneit'-Edition reduzierte sich für FRINGS und SCHIEB auf die Rückgewinnung der limburgischen oder maasländischen Sprache Veldekes, wie sie durch 350 Verse der alten 'Servatius'-Fragmente vom Anfang des 13. Jh.s bezeugt ist und für Lieder und 'Eneit' gleichermaßen gelten soll. Die Leipziger zweifelten nicht an der Richtigkeit von BEHAGHELs Hss.-Stemma, ignorierten es jedoch vollständig. Ihr alleiniges Kriterium war H.s 'unverfälschtes Altlimburgisch in gepflegter maasländischer Schreibtradition' (Ausg., S. LXXIXf.), in dessen Vollbesitz sie sich glaubten. Daran werden die Textzeugen gemessen, und 'die Lesarten sind am besten, die sich ohne Mühe in das Limburgische umsetzen lassen' (Drei Veldeke-Studien, 1949, S. 5).

Die neuen Herausgeber haben für ihr Experiment 'den Wert einer guten maasländisch-limburgischen Handschrift' (Ausg., S. VIII) in Anspruch genommen. Soviel wir sehen, haben 'die Geschlechter an Maas und Niederrhein, in Loon und Kleve' (ebd.) die 'Eneit' überhaupt nicht gelesen, und es wäre sehr merkwürdig, wenn der Dichter für sie vornehmlich und in ihrer Sprache geschrieben und seine hochdeutschen Bewunderer mit zweihändigen Bearbeitungen oder Umschriften gewonnen hätte. Ein literarisches Ereignis war und von literaturgeschichtlichem Interesse ist allein die hochdeutsche 'Eneit', deren thüringischer Archetypus nach wie vor der kritischen Edition harrt.

4. Literaturgeschichtlicher Ort.

Seine Bestimmung hängt an der umstrittenen Beurteilung von H.s Verhältnis zur vorausgehenden oder gleichzeitigen rheinischen Dichtung. Man hat ihm neuerdings wieder deutsche Vorläufer überhaupt absprechen und ihn für einen völligen Neubeginner erklären wollen. Aber der Versuch von CORDES (1939), → Eilharts 'Tristrant' mit sprachlichen Gründen in seine Nachfolge zu verweisen, überzeugt ebensowenig wie die gleiche Behauptung JUNGBLUTHs (1937) für den → 'Straßburger Alexander'. Wer den einzig verläßlichen, weil durch die zeitgenössische Kritik an die Hand gegebenen Maßstab des reinen Reims nicht preisgeben will, wird es bei der Chronologie VAN DAMS (1923) belassen müssen, wonach außer dem Straßburger Anonymus auch Eilhart vor Veldeke anzusetzen ist. Und nachdem die Einwände von MINIS (1963; 1968) der Prüfung DE SMETS (1968) nicht standgehalten haben, bleibt auch VAN DAMS Nachweis in Kraft, daß H. seinen Sprachstil am 'Straßburger Alexander' geschult habe. Die z.T. wörtlichen Parallelen zwischen Isalde- und Lavine-Monolog erklären sich leichter, wenn Veldeke der Nehmende war. Der noch immer recht sorglose Reimgebrauch im 'Tristrant' wie in der stilistisch sonst so gewandten Modernisierung von → Lamprechts 'Alexanderlied' schließt Kenntnis der 'Eneit' doch wohl aus und weist diesen Gedichten ihren Platz vor 1174 an. Die wirklichen Schüler und Nachfolger H.s in Thüringen nach der Vollendung seines Romans zwischen 1183 und 1190, → Herbort von Fritzlar oder → Albrecht von Halberstadt, reimten rein.

5. Römisches Epos und mittelalterlicher Minneroman.

H. hat seinen Eneasroman einer frz. Vorlage nacherzählt, *ûzer welschen bûchen ...,/ da ez von latîne getihtet was*, d.h. nach der 'Aeneis', die *Virgiljus dâ von screib*. So steht es im Epilog (13505–13513). Daß er neben dem vor 1160 entstandenen 'Roman d'Eneas' ('RdE') auch – vom Schulunterricht her – Vergil gekannt und gelegentlich benutzt hat, war zu erwarten. Von einer permanenten vergleichenden Auseinandersetzung mit dem lat. Text, wie sie DITTRICH (1966) ihm unterstellt hat, kann jedoch keine Rede sein, erst recht nicht von einer bewußten 'Umwandlung und Fortführung der vergilschen Rom-(und Reichs-)Idee zur christlichen Rom-(und Reichs-)Idee' (S. 476). Dazu ausführlich W. SCHRÖDER (1969), 'Veldekes Eneit in typologischer Sicht', und die Rez. DE SMETs (1968) und NEUMANNS (1969).

Vielmehr hat H. die von dem altfrz. Autor vollzogene Transformation des national-römischen Epos in einen frühhöfischen Minneroman prinzipiell und in allen wichtigeren Details übernommen.

Das Personal der 'Aeneis' ist ebenso beibehalten wie die als historisch angesehene Ereigniskette und – von der Lavine-Handlung abgesehen – inhaltlich Neues kaum hinzugetan. In Aufbau und Ethos sind die Einbußen beträchtlich. Der epischen Technik Vergils konnten die mal. Nachfahren nicht das Wasser reichen, wie gleich die wenig geschickte Exposition verrät. Die Erzählung beginnt nicht, wie in der 'Aeneis', in Karthago, sondern in Troja, indem Teile des Berichts von seiner Zerstörung aus dem zweiten Buch vorweggenommen werden. Die jahrelangen Irrfahrten des Helden sind fast gänzlich gestrichen. Der Tod seines Vaters Anchises auf Sizilien ist nur daraus zu erschließen, daß Eneas dort sein Grab aufsucht.

Obwohl sich H. gleich seinem altfrz. Vorgänger gehütet hat, die heidnische Götterwelt zu verteufeln, wurde Eneas' Gang in die Unterwelt notwendig zu einer Art Höllenfahrt und die nicht mehr geglaubten Götter zu blasser, halb belächelter Staffage. Sobald Eneas nicht mehr aus frommer Ergebung in die *fata deorum* handelte und sein persönliches Glück der großen, ihm zunächst unbekannten Aufgabe unterordnete, rückten seine Flucht vom trojanischen Schlachtfeld und sein schnöder Abschied von Dido in ein für ritterliche Ohren höchst bedenkliches Licht.

Gerade in der Verritterung des Stoffes liegt die epochemachende Bedeutung des 'RdE' und der Anreiz zu Veldekes dt. Nachgestaltung. Die Wiederanknüpfung an altrömische virtus und religio, die stoische Grundhaltung, die dem Freund des Augustus wichtig waren, treten in den Hintergrund. Eneas bleibt zwar ein Kriegsheld, aber fast noch wichtiger als seine Waffentaten wurde für den höfischen Dichter seine Bewährung in der Minne.

Die Dido-Geschichte, deren tragischer Ausgang vorgegeben war, bot dazu wenig Gelegenheit. In der Ausgestaltung der bei Vergil nur angedeuteten Lavinia-Handlung dagegen waren die mal. Dichter frei. Sie haben die Chance ergriffen und am Leitseil Ovids zu schier endlosen monologischen und dialogischen Reflexionen über das unergründliche Wesen der Minne genutzt. Sie waren es, die dem frz. wie dem dt. Roman zu höchster Aktualität verhalfen. Der Diebstahl von Veldekes unvollendetem Ms. auf der Clevischen Hochzeit ist dafür bezeichnend genug. Dergleichen hatte man in Thüringen noch nie gehört, und davon konnte man nicht genug hören. Als H. die Arbeit dort wieder aufnahm, hat er die an Lavine breit geschilderten Minnequalen auch noch Eneas erleiden und aussprechen lassen und damit gewiß den Wünschen seiner Auftraggeber entsprochen.

MAURERS Entgegensetzung von *unrehter* (Dido) und *rehter minne* (Lavine) bei Veldeke (1950) ist durch den Text nicht gedeckt. Dido scheitert an dem geschichtlichen Auftrag des Geliebten, mit dem Lavine im Einklang ist, so daß ihr das Glück zuteil wird, das Dido versagt blieb (W. SCHRÖDER, 1957/58; RUH, 1967).

Die zur Eroberung Latiums führenden Kämpfe des Helden sind nun zwischen zwei Minneromane eingespannt, und der Umfang des zweiten sprengt die abgewogene Gliederung der zwölf 'Aeneis'-Bücher in zwei annähernd gleichgewichtige Hälften, deren erste die Irrfahrten des Aeneas und deren zweite die Gewinnung der italienischen Heimat umfaßte. Eine Vorstufe für das Doppelwegschema des Artusromans ist die Handlungsdoppelung mit dem Schwergewicht auf der Minne Lavines sicherlich nicht, denn da handelt es sich beidemal um die gleiche Frau und zudem in einer idealen Welt ohne Geschichte. 'Im Eneasroman geht es um die vorbestimmte Frau' (FROMM, 1969, S. 71), und das war Lavine. Auf Dido fällt so wenig ein Schatten wie auf die von Gahmuret verlassene Belakane im 'Parzival'. Ob die Begegnung mit der zweiten die erste überbietet und den Mann rechtfertigt, 'der die leidenschaftlich Liebende, aber leichter Gewonnene verläßt' (ebd.), ist eine andere Frage und so schwerlich Wolframs Meinung gewesen.

6. Vom 'Roman d'Eneas' zur 'Eneit'. Bedeutendere inhaltliche Abweichungen gibt es kaum. Dennoch handelt es sich nicht um eine Übersetzung im heutigen Sinne. Auch HUBYS Begriff der 'adaptation courtoise' wird der Eigenleistung H.s nicht ganz gerecht. Der Überschuß von rund zweieinhalb tausend Versen entspringt nicht durchweg vorsätzlicher Erweiterung. Der metrische Rahmen erwies sich bald als zu eng und bald als zu weit für die deutschsprachige Füllung, und das Gebot des reinen Reims hat zahlreiche Flickverse erzwungen.

Größere Ausführlichkeit und zuweilen Weitschweifigkeit entsprachen aber auch dem anderen Stilwillen des dt. Dichters. Die dramatische, lebhaft voranschreitende, immer auf das Geschehen bedachte Erzählweise des afrz. Autors ist zunehmender epischer Breite gewichen. H. läßt sich Zeit, er verweilt gern und oft auch bei nebensächlichen Dingen, was der Anschaulichkeit eher ab- als zuträglich ist.

Personen und Gegenstände werden umständlich beschrieben. Die Schilderung von Didos Kleidung (1696–1733) z.B. ist eine gewissenhafte, jedoch reichlich schwerfällige Aufzählung ihrer einzelnen Bestandteile, während der Franzose seine Heldin die Kleidungsstücke anlegen läßt und auf diese Weise die ermüdende Beschreibung in Handlung auflöst. Aus den Vorbereitungen zur Jagd hatte er ein lärmendes Schauspiel zusammenströmender Jäger und kläffender Hunde gemacht, wo H. unbeholfen von Didos Auftrag berichtet (1678–1684). Daß der zur Jagd gerüstete Eneas Phoebus glich, während Dido ihm wie Diana erschien, wird nicht, wie in der Quelle, als Eindruck der beiden Hauptgestalten wiedergegeben, sondern matt belehrend angemerkt (1794f., 1800f.). Der Franzose erzählt sinnenfälliger, farbiger, realistischer als der zur Reflexion neigende und idealisierende Deutsche.

H. hat die höfische Verfeinerung der gesellschaftlichen Umgangsformen viel weiter getrieben als sein Vorgänger. Der hatte sich nicht gescheut, auch einmal ein derbes Wort in den Mund zu nehmen, hatte sogar eine kaum verhohlene Freude an Obszönitäten verraten. H. hat die Schimpfwörter größtenteils gestrichen und die seinem Helden angedichteten Perversionen auf handlungsmäßig notwendige Andeutungen beschränkt. Der panische Schrecken, der die Ritter bei Ausbruch des Gewitters ergriff, widersprach seiner Vorstellung von *manheit, zuht* und *mâze*. Das vorlaute Benehmen eines Ritters, der den verliebten Eneas zu frotzeln sucht, wird ausdrücklich als Ausnahme hingestellt (10945f.). Unter ritterlich Erzogenen, sollen wir glauben, kommt dergleichen sonst nicht vor. Affektäußerungen und Schmerzausbrüche in der Quelle sind tunlichst gemildert. Es gibt nur eine Entschuldigung für Verstöße gegen den höfischen Anstand, die Leidenschaft der Liebe, der auch Veldekes gedämpftere Diktion die freie Aussage nicht verwehrt hat.

7. Wirkungen.
Owê daz sô fruo erstarp / von Veldeke der wîse man (P 404,28f.), beklagt Wolfram von Eschenbach im achten 'Parzival'-Buch seinen Tod. Im 'Willehalm' hat er ihn ausdrücklich *mînen meister* (W 76,24) genannt. Gottfried von Straßburg hat dem Toten nachgerühmt, daß er das erste Reis echter Dichtung auf den Baum der deutschen Sprache pfropfte, der seither herrlich geblüht und schöne Früchte getragen habe. Die erfolgreiche Pfropfung bestand nach Ansicht dieses Literaturkritikers vornehmlich in dem neuen Kult der Form: *wie schône er sînen sin besneit* (Tr 4729). → Rudolf von Ems hat das Gemeinte dahingehend präzisiert, daß *der künsterîche Heinrich / rehter rîme alrêrst began* (Alexander 3114f.). Kunstgerecht sind Verse von jetzt an nur, wenn sie rein gereimt sind. H.s vorbildgebende Reimkunst war das Neue und der Grund

seines einhelligen Ruhms bei Zeitgenossen und Nachfolgern.

Wolfram hat ihn auch als Sachverständigen in der Kunst des Liebens zitiert, für die bei ihm, d. h. in seiner 'Eneit', manches zu lernen sei, nur das Wichtigste nicht, wie man die Liebe *süle behalten* (P 292,21): Didos bittere Erfahrung, deren poetische Gestaltung im mal. Eneasroman kaum befriedigend zu nennen war. Aber das Thema war hier in historischer Wirklichkeit ernster gestellt als in Chrétiens Traumfabrik. Daß dies Wolframs Scharfblick nicht entgangen ist, beweist Belakane.

Als die 'Eneit' erschien, war der Antikenroman bereits veraltet und hatte mit →Hartmann von Aue der modernere Artusroman auch in Deutschland seinen Siegeszug schon begonnen.

V. Literatur.
Bibliographie bis ca. 1965 bei G. Schieb, Henric van Veldeken, 1965.

Zum 'Veldeke-Problem':
W. Braune, Unters. über H. v. V., ZfdPh 4 (1873) 249–304; C. Kraus, H. v. V. u. die mhd. Dichtersprache. Mit einem Exkurs von E. Schröder, 1899; ders., Die ursprüngliche Sprachform von V.s Eneide (Prager dt. Stud. 8), 1908; B. Fairley, Die Eneide H.s v. V. u. der Roman d'Enéas, 1910; J. van Dam, Zur Vorgesch. d. höf. Epos. Lamprecht, Eilhart, Veldeke, 1923; G. Jungbluth, Unters. z. H. v. V., 1937; G. Cordes, Zur Sprache Eilharts v. Oberg, 1939; D. Teusink, Das Verhältnis zwischen V.s Eneide u. dem Alexanderlied, 1946; Th. Frings/ G. Schieb, Drei V.-studien. Das Veldekeproblem. Der Eneideepilog. Die beiden Stauferpartien, in: Abhh. d. dt. Ak. d. Wiss. zu Berlin, Phil.-hist. Kl. 1947, 6, 1949; C. Minis, H. v. V.s Eneide u. der Roman d'Enéas. Textkritik, Leuv. Bijdr. 38 (1948) 90–115; Th. Frings/G. Schieb, Das Fremdwort bei H. v. V., in: Miscellanea Academica Berolinensia, 1950, S. 47–88; J. van Mierlo, De Oplossing van het V.-Problem, in: Koningl. Vlaamse Ac. voor Taalen Letterkunde, R. III, Nr. 35, 1957; ders., De Taal van Veldeke, VMKVA 1958, S. 243–271; G. Schieb, Die hs.liche Überl. der Eneide H.s v. V. u. das limburgische Original, BSB 1960, Nr. 3; C. Minis, *Er inpfete daz erste ris*, 1963; Rez.n zu Frings/ Schiebs Ausg.n: W. Schröder, NdJb 88 (1965) 185–189; R. Schützeichel, AfdA 78 (1967) 83–90; J. Goossens, ZfdPh 88 (1969) 27–45; C. Minis, Zum Problem der frühmhd. Langzeilen, ZfdPh 87 (1968) 322–325; G. de Smet, Die Eneide H.s v. V. u. der Straßburger Alexander, Leuv. Bijdr. 57 (1968) 130–149; G. Schieb, Zu einigen Streitpunkten der V.-forschung, VMKVA 1972, 1, S. 45–63; L. Wolff, Überlegungen z. sprachlichen Gestalt der Eneide H.s v. V., in: Dialog. Fs. J. Kunz, 1973, S. 11–21.

Zu den Liedern:
H. Brinkmann, Friedrich v. Hausen, 1948, S. 28–36; F. Maurer, 'Rechte' Minne bei H. v. V., Herrigs Archiv 187 (1950) 1–9; H. Thomas, Zu den Liedern u. Sprüchen H.s v. V., PBB (Halle) 78 (1956) 158–264; Th. Frings/G. Schieb, H. v. V., die Entwicklung eines Lyrikers, in: Fs. P. Kluckhohn u. H. Schneider, 1948, S. 101–121; P. B. Wessels, Zur Sonderstellung d. ndl. Minnesangs im germ.-rom. Raum, Neoph. 37 (1953) 208–218; L. Schneider, H. v. V., Die Strophenpaare MF 60,29 u. 65,5 u. MF 61,18 u. 61,25, in: Interpretationen mhd. Lyrik, hg. v. G. Jungbluth, 1969, S. 83–107; Th. Klein, Gedehntes *a* und altes langes *a* in der Sprache H.s v. V., PBB (Tüb.) 93 (1971) 151–167; H. Tervooren, Maasländisch oder Mittelhochdeutsch, in: Heinric van Veldeken, Symposion Gent 1970, hg. v. G. de Smet, 1971, S. 44–69; A. Touber, V.s Stabat mater, ebd., S. 70–76; N. de Paepe, V.s Lyrik als Gesellschaftskunst, ebd., S. 87–106; C. Minis, Epische Ausdrucksweisen, insbes. mit *sehen* in V.s Liedern, ZfdPh 90 (1971) Sonderheft, S. 80–90.

Zum 'Servatius':
J. Notermans, Her Hessel, de Custenaer, Tijdschr. voor Taal en Letteren 15 (1927) 205–214; Th. Frings/G. Schieb, H. v. V., X Der Eingang des Servatius 1–198; XI Die Ausgänge des Servatius I und II, PBB 70 (1948) 1–294; C. Minis, Dat prologus van Sint Servoes legenden, TNTL 72 (1954) 161–183; W. Woesler, H. v. V., Prolog des Servatius, Leuv. Bijdr. 56 (1967) 101–119; W. Marguč/ R. Peters, Zur Kodikologie der Servatius-Frgm.e, NdJb 93 (1970) 7–15; auch in: H. v. V., Symposion Gent, S. 35–43; W. Sanders, Zu Prolog u. Epilogen der St. Servatiuslegende, ebd., S. 107–126; K. Walter, Quellenkrit. Unters. z. 1. Teil der Servatiuslegende, Diss. Münster 1970; J. Notermans, Commentaren op H. v. V.s Sint Servaaslegende (bis v. 1796), 1974; L. Wolff, Der 'Servatius' H.s v. V. u. der 'Oberdeutsche Servatius', in: *Sagen mit sinne*, Fs. M.-L. Dittrich (GAG 180), 1976, S. 51–62; W. Breuer, Die Genealogie des Servatius. Legendenüberl. in theol. Interpretation, ZfdPh 98 (1979), Sonderheft Fg. Hugo Moser, S. 10–21.

Zur 'Eneit':
F. Maurer, 'Rechte' Minne bei H. v. V., Herrigs Archiv 187 (1950) 1–9; ders., Leid. Stud. z. Bedeutungs- u. Problemgesch. bes. in den großen Epen der Staufischen Zeit, 1951, S. 98–114; R. Zitzmann, Die Didohandlung in d. frühhöf. Eneasdichtung, Euph. 46 (1952) 261–275; L. Wolff, Die mythologischen Motive in d. Liebesdarstellung des höf. Ro-

mans, ZfdA 84 (1952) 47–70; J. QUINT, Der Roman d'Enéas u. V.s Eneit als frühhöf. Umgestaltungen d. Aeneis in d. Renaissance d. 12. Jh.s, ZfdPh 73 (1954) 241–267; W. SCHRÖDER, Dido u. Lavine, ZfdA 88 (1957/58) 161–195; H. SACKER, H. v. V.s Conception of the Aeneid, German Life and Letters 10 (1957) 210–218; M.-L. DITTRICH, *gote* und *got* in H.s v. V. Eneide, ZfdA 90 (1960/61) 85–122, 196–240, 277–302; dies., Die Eneide H.s v. V., I. Quellenkrit. Vergleich mit d. Roman d'Enéas u. Vergils Aeneis, 1966; dazu die Rez.n v. G. DE SMET, PBB (Tüb.) 90 (1968) 337–348; F. NEUMANN, NdJb 92 (1969) 170–173; – G. SCHIEB, Veldekens Grabmalbeschreibung, PBB (Halle) 87 (1965) 201–243; K. RUH, Höfische Epik d. MAs I, ¹1967, ²1977, S. 70–88; M. HUBY, L'adaptation des romans courtois en Allemagne au XIIe et au XIIIe siècle, Paris 1968, S. 124–138; W. BRANDT, Die Erzählkonzeption H.s v. V. in der 'Eneide'. Ein Vergleich mit Vergils 'Aeneis', 1969; H. FROMM, Doppelweg, in: Werk-Typ-Situation, Fs. H. Kuhn, 1969, S. 64–79; W. SCHRÖDER, V.s Eneit in typologischer Sicht, in: ders., Veldeke-Studien (Beih. z. ZfdPh 1), 1969, S. 60–103; F. SHAW, Kaiserchronik u. Eneide, German Life and Letters 24 (1970/71) 295–303; M.G. ANDREOTTI SAIBENE, Rapporti fra l'Eneide di Virgilio e l'Eneide di H. v. V. (Pubblicazioni della Facoltà di Lettere e Filosofia dell'Università di Milano 64), Firenze 1973; C. MINIS, Zur Formelsprache im Roman d'Eneas u. in V.s Eneide, in: Stud. z. dt. Lit. u. Sprache d. MAs, Fs. Hugo Moser, 1974, S. 31–40; L. WOLFF, H. v. V. u. Eilhart v. Oberg, in: Fs. W. Schröder, 1974, S. 241–249; J. GOOSSENS, *Van einen seltsanen stut*. Zu Veldekes 'Eneide' v. 5054 f., in: Verbum et signum, Fs. F. Ohly II, 1975, S. 177–188; G. J. OONK, Eneas, Tristan, Parzival u. die Minne, ZfdPh 95 (1976) 19–39.

(1981)   LUDWIG WOLFF (†) (I–III)
                 W. SCHRÖDER (IV–V)

'Heliand'

1. M. Flacius Illyricus hat 1562 im 'Catalogus testium veritatis' (2. Aufl.) u. a. eine lat. 'Praefatio in librum antiquum lingua Saxonica conscriptum' veröffentlicht, die von der Abfassung eines volkssprachigen *vetus ac novum testamentum* durch einen Dichter *de gente Saxonum* handelt. Eine handschriftliche Überlieferung dieses lat. Textes ist nicht erhalten, der Verfasser unbekannt (zur Herkunft vgl. HANNEMANN).

Die 'Praef.' (samt zugehörigen 'Versus') bezieht sich höchstwahrscheinlich auf 'H.' und → 'Altsächsische Genesis'. Z. T. unklar und in sich uneinheitlich, ist sie freilich immer wieder als interpoliert angesehen worden, doch ohne überzeugenden Erfolg der Athetesen.

Der Dichter, nach der 'Praef.' schon vor seinem Epos *apud suos non ignobilis vates*, bleibt anonym. In sein Bild mischen sich legendäre Züge des ungelehrten, durch Wunder zur Kunst berufenen Sängers, vielleicht ein ferner Reflex der Gestalt Caedmons, nach Beda des Begründers der ags. geistlichen Epik ('Hist. eccl.' IV 24). Die Quellenverarbeitung im 'H.' setzt aber eine gründliche geistliche Bildung des Dichters voraus. Als 'ungelehrt' kann sein Werk gelten, insofern es sich der Volkssprache bedient; der Tradition der (weltlichen) mündlichen Dichtung entspricht auch die Anonymität.

Auftraggeber war nach der 'Praef.' *Ludouicus piissimus Augustus*. Sah man darin zunächst Ludwig den Frommen (814–840), so ist von DRÖGEREIT u. a. auf Ludwig den Deutschen verwiesen worden (843–876), auch wegen dessen weiteren Beziehungen zur volkssprachigen geistlichen Epik (→ 'Muspilli' [?], → Otfrid). Aber im Wortlaut der 'Praef.' bleiben Schwierigkeiten (HAUBRICHS: *imperii tempore* = Zeit der Reichseinheit [bis 840] unter dem Vater – Beauftragung des Dichters durch den Sohn *iussis imperialibus*?!). Da auch die erhaltene, z. T. bereits nachhaltige Veränderungen aufweisende hs.liche Überlieferung schon um 850 einsetzt, muß man wohl bei der Frühdatierung bleiben.

Gar nichts wissen wir über den Entstehungsort des 'H.'. BAESECKE trat, im Zusammenhang seiner hohen Einschätzung der Bedeutung → Hrabans für die dt. Literatur, für Fulda ein, was, bes. wegen dessen ags. Traditionen, lange angenommen wurde. Zusätzlich spielt die Beziehung des 'H.' zum → 'Tatian' eine Rolle, ebenso hinsichtlich der weiteren Quellen des 'H.' die zu Hrabans Mt-Kommentar. Die Bedeutung dieser Beziehungen für die Heimatfrage ist aber ebenso ungewiß wie die des Einflusses der frk. Orthographie auf die der Dichtung (ROOTH). Auch zeigt die handschriftliche Überlieferung des 'H.'

nirgends eine Verbindung mit der fuldischen Ausprägung der karolingischen Schrift. – Ebenso versagen aber auch die paläographischen Argumente DRÖGEREITS für eine Verbindung des 'H.' mit Werden (s. BISCHOFF, 1971, S. 127; KLEIN, S. 333 ff.). Ausschließen kann man in der Heimatfrage weiterhin die Herkunftsgebiete der von der Textgestalt des Archetyps abrückenden Textzeugen M und S. Paläographische Lokalisierungshinweise sind sonst – wegen der großen Überlieferungsverluste in Norddeutschland – nicht vorhanden. Die Stellung von Frgm. P zu M ist trotz gewisser Beziehungen in Minuskel und Initialen unklar.

2. Überlieferung. Von den 2 Hss. und 3 Frgm.en stammen 4 der Zeugen aus der Mitte/2. H. des 9. Jh.s, lediglich der vollständigste Textzeuge, die Hs. C (London, Brit. Library, Cotton Caligula A. VII, Bl. 5–169 [11–175]), aus der 2. H. des 10. Jh.s (vorgebunden 8 Psalter-Illustrationen des 12. Jh.s; am Schluß der Hs. ein ags. Segen: PRIEBSCH, S. 9–11). – M (München, cgm 25) hat größere Lücken (erhalten 74 Bll. und ein vereinzelt nachfolgendes halbes Bl.; s. PETZET, Catalogus codd. mss. bibl. Monacensis ²V 1, S. 42); M ist um 850 in Korvey entstanden (BISCHOFF, 1979). – S (z. Z. [1980] deponiert Bayer. SB München, o. Sign.): äußeres und inneres Doppelbl. einer Lage, um/nach 850. – P (vorm. Prag, UB, jetzt Berlin [Ost], Museum f. dt. Gesch., D 56/446): ein Einzelbl., um/nach 850. – V (Rom, Bibl. Vaticana, cod. Palat. Lat. 1447, 27ʳ und 32ᵛ [Auszug]): etwa 3. Viertel des 9. Jh.s. Über eine im 16. Jh. noch vorhandene Hs., aus der Flacius Illyricus die Präf. vermittelt worden ist, s. HANNEMANN.

Der Text der Dichtung ist am Schluß unvollständig. Die Ausg. von SIEVERS bietet M und C in Paralleldruck, dazu der Anhang der Titelausg. 1935 die Frgm.e P (zuerst bei LAMBEL) und V (zuerst bei ZANGEMEISTER/BRAUNE); Abdruck von S bei BISCHOFF, 1979. Zu den Abb. zur Überl. s. BISCHOFF, 1971.

In der schlicht-repräsentativen Hs. M (aus der Dombibl. Bamberg) zeigt der Text durchgreifende graphematische und sprachliche Umsetzung. Wie in S sind die für das Nd. höchst auffälligen ⟨uo, ie⟩ des Archetyps (für wgerm. ō, ē) in ⟨o, e⟩ umgesetzt, zum kleineren Teil auch die ⟨io, eo⟩ (für wgerm. eu vor a, e, o) zu ⟨ia⟩. Aufgrund von Flexionsbesonderheiten hat FOERSTE (1950) den Dialekt als ostwestfäl. bestimmt. – Durch reichlichere Initialensetzung sind in M die Fittenanfänge (s. u. 4.) z. T. verwischt. (Akzente und) Neumen aus der gleichen Zeit (Abb. TAEGER, 1978) bezeugen musikalischen Vortrag der Dichtung.

In der Graphematik (⟨o, e⟩, konsequenter ⟨ia⟩) der Hs. M am nächsten, in weiteren Zügen dem Archetyp noch ferner steht das 1977 in Straubing (Staatl. Bibl. am J. Turmair-Gymn.) entdeckte Frgm. S. Für den Einband einer zuerst für Stift Millstatt/Kärnten nachweisbaren Weltchronik zerschnitten, überliefert es vv. 351–60, 368–84, 393–400, 492–582, 675–83, 693–706, 715–22; Herkunft/Schreibort sind nicht feststellbar (Abb. BISCHOFF, 1979). Die stemmatisch mit M verwandte Hs. war von wesentlich sparsamerer Ausstattung als jene; doch findet sich ein miniierter Fittenanfang (ein zweiter nicht ausgeführt). Die zahlreichen Akzente von S sind auf die Versrhythmik bezogen, d.h. sie gelten dem Vortrag des Werks als Dichtung. Dies ist auch für die Bewertung der graphematischen Befunde wichtig, die eine starke nordseegerm. Prägung der Sprache anzeigen: Verdumpfung von *a* zu *o* vor Nasal; schwächer die komplementäre Tonerhöhung von *a* zu *e*; Vertretung von germ. *au* als ⟨a⟩; Palatalisierung von *k*; stark dialektal auch die Umsetzung von *ft* zu *cht*. Eine Lokalisierung in den nördlichen Teil des Engrischen ist nach der Gesamtheit der Merkmale, zu denen noch Wortsatz (Formwörter) kommt, am wahrscheinlichsten.

Etwa gleichzeitig mit M und S ist Frgm. P, das 1880 in Prag (UB) auf dem Einband eines 1598 in Rostock gedruckten theologischen Buches entdeckt wurde (bei LAMBEL unzureichende Abb.). Die Vorgesch. dieses Einzelbl., das vv. 958–1006 überliefert, ist unbekannt. Sprachlich/graphematisch scheint es dem Archetyp bes. nahe zu stehen (STEINGER), jedoch ist das wegen der nicht ganz klaren Stellung im Stemma nicht völlig sicher.

Die beiden letzten Textzeugen zeigen größeren Abstand vom primären Gebrauchsbezug der Dichtung. Zu der komputistischen Hs. Palat. Lat. 1447 des Vatikans, die außer dem 'H.'-Auszug V die Frgm.e der 'As. Genesis' überliefert, s. d. Der 'H.'-Auszug V (Abb. ZANGEMEISTER/BRAUNE, Taf. 5 f.) umfaßt vv. 1279–1358 (Bergpredigt; Beginn entspricht Fittenanfang MC). Der Text ist mit zahlreichen Akzenten versehen. Stemmatisch von *SMC unabhängig, steht V sprachlich zwischen M und P.

Hs. C (Abb. PRIEBSCH) gibt, trotz des Abstands, Graphematik und Sprachstand des Archetyps besser wieder als M, hinter dessen Überlieferungs-Qualität C freilich durch zahlreiche Flüchtigkeiten zurücksteht. In England von einem Festländer, der ags. Schreibgewohnheit angenommen hatte, kopiert, zeigt C außer geringen ags. Sprachspuren auch leichte Spuren einer nfrk. Durchgangsstufe. C weist am Beginn und vor Fitte 54 kolorierte Zierschriftzeilen auf und, als einziger Textzeuge und also wohl nach ags. Brauch, eine durchgängige Zählung der Fitten.

Bei der Lösung des Problems der sprachlichen Stellung des Archetyps (und des dahinter stehenden Originals des Dichters) ist nach anderen Versuchen zuletzt die Bedeutung der Graphematik hervorgehoben worden, unter Ansatz einer großenteils frk. Überformung des as. Lautstandes in der Schrift (ROOTH). Wenn auch mit unterschiedlicher Tragweite, haben sich verschiedene Orthographiesysteme innerhalb des As. voneinander absetzen und zu as. Sprachräumen in Beziehung bringen lassen (CORDES, KLEIN; zuvor STEINGER). Für einen der 'H.'-Textzeugen ist eine Lokalisierung gelungen, für einen zweiten kann ebenfalls eine Lösung wahrscheinlich gemacht werden; es sind dies die Textzeugen, die sich durch ihre Umsetzungstendenzen deutlich vom Archetyp absetzen (M, S). Um so weniger ist für die Beurteilung des Archetyps (des Originals) mit seinem Dualismus in Lautbezeichnung und Formenstand (vgl. bes. WOLFF, DAL; Zusammenfassung bei ROOTH) bisher Sicherheit zu gewinnen gewesen. LASCH und FRINGS haben die typologisch gesehen dt. Züge in Verbindung gebracht mit ihrer Lokalisierung des Dichters in das Elbostfälische. Doch ist bis heute keine Einigkeit darüber erzielt, wie man sich in der frühas. Sprachentwicklung insgesamt die Entfaltung/Ausbreitung und die gegenläufige Zurückdrängung der nordseegerm. Merkmale, diachronisch wie diatopisch, vorzustellen hat. Durch den z.T. erstaunlich fortgeschrittenen Entwicklungsstand in dem praktisch gleichzeitigen Frgm. S wird zugleich die Notwendigkeit sichtbar, auch noch den Gegensatz zwischen gesprochener Mundart und einer sich stärker daran orientierenden Schreibsprache, und einer stark konservativen Traditionssprache (LASCH) einzubeziehen. Sie dürfte, zusammen mit der außersächs. Grundlegung der as. Schriftlichkeit (stattdessen dachte MITZKA an eine frk. überformte überdialektale Rechts- und Verhandlungssprache, was so früh aber wohl nicht annehmbar ist) und bei der Spärlichkeit des Vergleichsmaterials, auch in Zukunft eine Lokalisierung von Archetyp/Original aus der Sprache unmöglich machen.

Ausgaben. Zur editio princeps durch J.A. SCHMELLER (1830; 1840) und weiteren hist. Ausg.n s. MEIER, Bibliogr. Nr. 9 ff. – Ausg. in Paralleldruck: E. SIEVERS, 'H.' (German. Handbibl. 4), 1878; Titelaufl., bes. v. E. SCHRÖDER, 1935. Ausg. nach Hs. M: O. BEHAGHEL, 'H.' (ATB 4), 1882 (seit der 2. Aufl. 'H. u. As. Genesis', seit der 6. Aufl. bearb. v. W. MITZKA, [8]1965; zit.). Kommentierte Ausg. (weitgehend überholt): P. PIPER, Die as. Bibeldichtung ('H.' u. 'As. Genesis') I, 1897.

3. Das Epos vom Leben Christi folgt in seinen großen Linien Tatians Evangelienharmonie. Es ist in 'Fitten' eingeteilt, die nach der 'Praefatio' auf den Dichter zurückgehen; nach dem Überlieferungsbefund sowie nach der zweck- und regelmäßigen Gestalt vieler Fittenanfänge/-abschlüsse (Wechsel des Gegenstands, Rückgriffe, Zusammenfassungen, Vordeutungen) ist das gut möglich.

Eine erste Fittensequenz bildet, nach dem Dichtungsprolog (F. 1, 1. H.), die Kindheit Jesu (Geburt Johannes des Täufers – Erzählung vom 12jährigen Jesus im Tempel: F. 1–10, abgeschlossen durch eine Vorschau bis zum 30. Lebensjahr Christi; WEBER). Dem Wirken des Vorläufers (F. 11) schließen sich Taufe und Versuchung Christi an; nach der Jüngerwahl folgt der erste Höhepunkt der Dichtung, die breit ausgeführte Bergpredigt (F. 16–23). Die ersten Wunder (F. 24–28) und Gleichnisse (F. 29–32), durch entschiedene Kürzung und Umstellung zur Wirkung gebracht, zeigen die Macht Christi und die Tiefe seiner Lehre; doch bildet die Feindschaft der Juden jeweils den Schlußpunkt (F. 28. 32). Einen Einschnitt bilden letztes Wirken und Tod des Vorläufers (F. 33), woran sich eine zweite Reihe Wunder und Lehren, wieder in starker Raffung aus Tatian zusammengezogen, anschließt. Gipfelpunkt ist die Verklärung auf Tabor (F. 38). Die Reihe, in der auch die ersten Leidensverkündigungen stark herausgearbeitet sind (F. 38. 43), läuft – vor dem ersten Betreten Jerusalems – in die einzige aus der Bibelexegese in den 'H.' eingegangene Allegorese erzählten Geschehens (F. 44) aus: Die Blindenheilung von Jericho 'bedeutet' die Erlösung der Menschheit durch Christi

Menschwerdung. Der Dichter, der öfter kleinere paränetische Zusammenfassungen gibt, v.a. an Fittenschlüssen, weist hier einmal mit großem predigthaften Nachdruck (v. 3619. 3634. 3661) auf den allegorischen Sinn eines Ereignisses hin ('darstellung des gesamten erlösungsplanes', WEBER, S. 38); er deutet damit (wie zuvor in der Auslegung einiger Gleichnisse) auf über der 'historia' liegende Sinnebenen – weder für ihn noch für seine Zuhörer eigens zu rechtfertigen, aber ohne Bedeutung für Sinn und Funktion des Werkes, das seinen Erkenntnis- und Glaubenswert sonst allein aus den berichteten Lehren und dem erzählten Geschehen schöpft (sogar allegorische Bezüge der Vorlagen in Darstellung oder Paränese umsetzt). So wird auch in der dritten Reihe von Taten und Lehren (F. 45–53) dem größten Wunder, der Erweckung des Lazarus, (nach Io 11/Tat. 135) ausdrücklich die Funktion zugesprochen, den Glauben der Beteiligten an die Gottnatur ihres Herrn zu stärken. Mit Lehren über Weltende und Jüngstes Gericht klingt die Fittenfolge aus, der, in beiden Hss. gekennzeichnet, die 'Passio (Domini)' folgt (F. 54–67). Die Darstellung schließt sich hier viel enger an Tatian an. Trotz dieser 'stärkeren bindung an den kirchlich-festgelegten stoff' ist vor dem Geschehen auf Golgatha breit die legendarisch ausgestaltete Intervention der Frau des Pilatus eingefügt, durch die der Teufel die Erlösung der Menschheit verhindern will. 'Es zeugt von allerhöchstem geschick und seelsorgerisch feinstem psychologischem verständnis, wie hier dem widerstrebenden hörer die zustimmung zum kreuzestode des Gottessohnes abgerungen wird' (WEBER, S. 47, 55). Der Passion folgen die Ereignisse am Grabe; über Bibel und Tatian hinaus wird die Auferstehung selbst ausdrücklich erzählt (F. 68). In der Emmaus-Erzählung bricht wie zuvor schon M auch C ab, doch ist auf einem einzeln nachfolgenden Bl. in M ein Stück der Himmelfahrt erhalten, die anscheinend (entsprechend Tatian) den hoffnungsvollen Abschluß der Dichtung bilden sollte.

Mehrfach wurde eine förmliche Einteilung des Werks versucht, so v.a. in 4 Teile, entsprechend den Evangelien, von FOERSTE, unter Bezug auf Werke → Hrabans und → Otfrids (F. 1–12; 13–31; 32–53; 54 ff.); RATHOFER verweist noch (1973, S. 374) auf Tatianrezensionen in 4 Büchern. Aber nur der Einschnitt bei F. 53/54 ist im 'H.' unumstritten, die von FOERSTES Argumentation losgelöste Bucheinteilung RATHOFERS (1962) teilweise im Widerspruch zu den handschriftlichen Befunden, im übrigen nicht ausreichend begründet (CORDES, AfdA 78, S. 71), alle übrigen Weiterungen (der 'H.' als *figura crucis*) darum ohne Basis.

Auf einer noch zusätzlich angesetzten Strukturebene nahm RATHOFER außerdem eine numerische Zentralstellung der 38. Fitte im Werksganzen an. Die Auszeichnung des Taborgeschehens, die vorweggenommene Überwindung des Leidens in der Verklärung, durch eine (erschlossene) Zentralkomposition ist als solche ein ansprechender Gedanke. Der Versuch zu beweisen, daß eine Zählung der Fitten in den Dienst entsprechender gehalterschließender Formsymbolik gestellt wäre, ist aber gescheitert (W. SCHRÖDER, 1965; TAEGER, 1970). Die behauptete Verschlüsselung zentraler dogmatischer Gehalte in der Zahlform der Dichtung beruht – außer auf der Voraussetzung rationalistischer Formalität und Artistik – auf zusätzlich dem Text aufgelegten hypothetischen Sonderzählungen, auf der Fehlinterpretation eines beigezogenen Quellenwerks in dem einen Fall (angebliche Symbolzahl 28), Interpretation aufgrund einer nicht erkannten fehlerhaften Lesart in dem andern (angebliche Symbolzahl 38). Auch für die zugrundeliegende Segmentierung der Textbasis ist damit in den mehr stofflichen Bezügen keine formalisiert-sinnhaltige Strukturidee nachweisbar geworden.

4. Für eine Interpretation ist von besonderer Bedeutung, was der Dichter, über unbetont-absichtslose Übernahme hinaus, aus dem Stoff seiner Vorlagen besonders hervorhob, v.a. was er als eigenen Beitrag zu seinem Werk beisteuerte. Für die Fest-

stellung des Eigengutes sind aber die Quellen noch immer nicht genau genug bestimmt. So ist für jede Interpretation ein gewisser Vorbehalt zu machen.

Tatian ist die trotz einer Stoffreduzierung auf etwa die Hälfte z. gr. T. treu verfolgte Hauptvorlage; unbekannt ist aber, in welcher Rezension, und d. h. für viele Stellen, mit welchem Wortlaut (vgl. zuletzt FON WERINGHA, der für eine der ndl. eng verwandte, vom ahd. → 'Tatian' verhältnismäßig weit abstehende Rezension plädiert). Die Probleme der Tatianüberlieferung sind aber selbst völlig ungeklärt (RATHOFER, in: Fs. Langosch, 1973), so daß z. Z. eine Lösung für den 'H.' gar nicht möglich ist.

Auch in der Frage der vom Dichter benutzten Bibelkommentare hat die Unsicherheit wieder zugenommen. Der Dichter konnte wohl v. a. über die Konkordanzzahlen in seinem Tatianexemplar ständig Kontakt zur Exegese finden (SIEVERS, HUBER). Vermutlich folgte er streckenweise einem Kommentar als theologischer Hauptrichtschnur (WEBER). Der Dichter hat aber auch mit großer Souveränität ausgewählt, kombiniert und umgeordnet. Er benutzt v. a. die Katenenkommentare seiner Zeit und der vorangehenden Epoche; besonders intensiv sind von der Forschung die Kommentare von Hrabanus Maurus zu Mt und, im wesentlichen unbestritten, von → Beda zu Lc und von → Alkuin zu Io als Quellen erörtert und ausgewertet worden (s. bes. WINDISCH, WEBER). Hinzugekommen sind jüngst Hinweise auf Einflüsse aus dem Bereich der irischen Exegese (HUBER). Daß Hrabans Mt-Kommentar benutzt ist, ist über eine gewisse Wahrscheinlichkeit hinaus nicht völlig gesichert (HUBER, S. 251). Der Kreis der möglichen Quellen ist offenbar auch noch gar nicht ausgeschöpft, wie die Entdeckung eines neuen, in der irischen Tradition stehenden Kommentar-Autors zu Mt (Frigulus, Hs. aus Quedlinburg) erweist. – Apokryphe Traditionen (u. a. Ps.-Mt, Nikodemusev.) werden faßbar besonders im Bericht von der Anbetung der Magier (A. MASSER, Bibel, Apokryphen und Legenden, 1969, S. 219 ff.), der Erzählung von der Frau des Pilatus (PICKERING) sowie der hinzugefügten der Auferstehung (HUBER). Sach- und geographisches Handbuchwissen entstammt wohl dem 'Liber glossarum' und geographischen Schriften (Adamnan oder Beda; HUBER).

Der 'H.' trägt trotz seiner Spitzenstellung in der volkssprachigen Buchepik auf dt. Boden alle Zeichen einer Spätform; HEUSLER hat ihn darum als späten Ableger der (letztlich auf Caedmon zurückverweisenden) ags. geistlichen Buchepik angesehen. Doch lassen sich über allgemeine form- und gattungsgeschichtliche Erwägungen (vgl. zuletzt KARTSCHOKE) hinaus konkrete Anregungen der ags. Epik im 'H.' nicht, oder nicht eindeutig genug fassen. (So hat sich bes. das Verhältnis zwischen 'H.' und ags. 'Crist III' bisher nicht sicher klären lassen. Vgl. zusammenfassend HOFMANN.) Ebensowenig lassen sich im 'H.' konkrete Anregungen von der lat. Epik der Spätantike her nachweisen (zum Literaturkanon der Zeit gehören die Evangeliendichtung des Juvencus und das Heilsgeschichtsepos des Sedulius. Vgl. immerhin z. B. WEBER, S. 23). Die Frage, woher der 'H.'-Dichter die Legitimation zu seinen z. T. weitreichenden Eingriffen in Inhalt und Darstellung seiner Vorlagen und zu z. T. so entschieden eigenständiger Gestaltung in Kolorit und Ethos ableitete, ist von RATHOFER (1962) durch einen Vergleich mit sehr ähnlichen Umgestaltungstendenzen schon im Lc-Evangelium, gegenüber denen von Mc und Mt, sehr gefördert worden. Das Problem, das zuvor als 'Germanisierung des Christentums' weitgehend die 'H.'-Forschung bestimmte, ist dadurch in den übergreifenden Zusammenhang der kirchlichen 'Akkommodation' der christlichen Lehre gehoben. Stoffbereinigung, eine gewisse Idealisierung des Christus- und Jüngerbildes und die Tilgung des palästinensisch/jüdischen Kolorits sind von einer so legitimierten Rücksichtnahme auf das intendierte Publikum wohl zu begründen. Immerhin sind auch analoge poetische Umsetzungsvorgänge in der spätantiken Bibelepik als mögliche Legitimation zu erwägen (vgl. R. HERZOG, Die Bibelepik der lat. Spätantike I, 1975).

Ob der 'H.' vornehmlich für eine Laienzuhörerschaft (so zuletzt noch RUPP) oder zur Erbauung für ein geistliches Publikum bestimmt war, ist von Darstellungsweise und Ethos aus nicht ohne weiteres zu beantworten. Die Angaben der 'Praefatio' geben zu wenig sichere Auskunft. Vielleicht spricht die lange übersehene Notation in M, die Gebrauch im musikalischen Vortrag bezeugt (ggf. zusammen mit den Akzenten in S und V, ähnlich den Befunden in der Otfrid-Überlieferung?), für halbliturgische Verwendung. Der weltlichen Unterhaltung geistlicher Gemeinschaften (vgl. Alkuin, ep. 124) konnte durch eine formal anziehende Dichtung geistlichen Gehalts das Wasser abgegraben werden (KARTSCHOKE). Ob von den Zentren seiner schriftlichen Überlieferung aus, zu denen in Sachsen im 1./2. Drittel des 9. Jh.s v. a. die Domstifter gehören (BISCHOFF, 1971, S. 127), eine weitere Ausstrahlung des 'H.' in eigentlich laikale Kreise anzunehmen ist, ist unsicher. Die *illiterati*, die die 'Praef.' als Adressaten der Dichtung besonders nennt, könnte man sich u. U. auch als Gäste im Refektorium der Kanoniker, vielleicht an hohen kirchlichen Festen, bei der geistlichen Tischlesung vorstellen. Eine faktische Beschränkung auf den Adel ist jedenfalls denkbar ('adlige Standesdichtung', KARTSCHOKE).

5. Wesentlicher Bestandteil der dichterischen Wirkung des 'H.' ist der im Zusammenhang einer traditionsgebundenen Dichtersprache von hoher Formelhaftigkeit (SIEVERS, Ausg., Formelverzeichnis; MANGANELLA) stehende poetische Wortschatz. Wort-, Bild- und Formelschatz besonders aus den Bereichen Kampf, Gefolgschaft und Schicksal sind lange im Sinne einer Germanisierung der christlichen Inhalte mißdeutet worden. Der Wortschatz ist überregional und damit für Ausgleichstendenzen offen. Er kommt durch die Kunstform des Stabreimverses, der die bedeutungsvollen Wörter stark herauswölbt, nachdrücklich zur Geltung. Immerhin kann die größere Füllungsfreiheit des Verses und die Aufwertung des Auftakts und der Senkungen im 'H.' eine fließendere Gewichtung des Wortmaterials und damit eine gewisse Einwirkung des Ideals des 'stilus humilis' bedeuten. Entsprechend legt der 'H.'-Dichter keinen Wert auf neue, im Sinn der Allitterationspoesie auf rhetorische Prachtentfaltung zielende Wortschöpfungen durch kunstvolle Zusammensetzung (E. SCHRÖDER, CARR; Zusammenfassung bei ILKOW). Verbunden mit einer stärkeren Besetzung der untergeordneten Wortklassen (Hilfsverben, Pronomen, Partikeln aller Art) kommt das der gedanklichen Differenzierung zugute. Die oft zu großer Breite ausladende Variationstechnik stützt sich nicht selten auch auf farblose Worte allgemeiner Bedeutung und kann begrifflich tautologisch werden. So ist sie einerseits zum Stilmittel geworden, das im Vor und Zurück eine gewisse Spannung sichert (HEUSLER), andererseits steht sie im Dienst der auf Verinnerlichung zielenden seelsorgerlichen Intention des Dichters: Verlebendigung der Lehre, Vergegenwärtigung des Dargestellten in der Betrachtung ('ruminatio', WEHRLI). Der Eindruck großer Fülle und Bewegtheit ergibt sich durch das häufige Überfluten der Langzeilengrenze vom Satz ('Bogenstil'), durch die starke Füllung der Senkungen und der Auftakte (bis zu 14 Silben) in normalen Versen, und an einzelnen Stellen noch zusätzlich durch das Mittel der gruppenweise auftretenden Schwellverse, einer aus besonderer Ausdrucksspannung (HEUSLER) hervorgehenden Überfüllung des Verses. Syntaktisch liegt oft eine tief gestaffelte Hypotaxe zugrunde, die sich auch in weit durchgeführten indirekten Reden niederschlägt; lebendig und zugleich in der Vermittlung durch den Erzähler verinnerlicht wirken die vielen wörtlichen Reden, die unmittelbar aus der indirekten hervorgehen und zu ihr zurückkehren. In vielen dieser Züge zeigt sich deutlich ein Buchstil; ob auch ein Spätstil, hängt mit von der Beurteilung des Verhältnisses zwischen as. und ags. Dichtung ab, das durch offene Datierungsfragen auf der ags. Seite (HOFMANN), durch die teilweise Eigenständig-

keit der poetischen Formelsprache auf der as. Seite (MANGANELLA) nicht mehr als im Sinne einer gesicherten Abhängigkeit der as. Bibeldichtung von der ags. entschieden gelten kann.

6. Im Erhaltenen geht die Richtung der Nachwirkung jedenfalls zweimal vom As. zum Ags.: außer in Hs. C (s. o., 2.) auch in der 'Ags. Genesis B', der Übersetzung der unter dem Einfluß des 'H.' entstandenen 'As. Genesis'. Sonst sind Wirkungen des 'H.' nicht sicher zu erkennen: eine kritische Auseinandersetzung Otfrids mit ihm hat nicht überzeugend nachgewiesen werden können. Eine Ausstrahlung in den hd. Raum stellen die Auszüge in der Mainzer Hs. V dar; sie hatten aber nur eine abgeleitete Funktion. Hs. M zeigt noch Gebrauchsspuren des 10. Jh.s (lat. Randglossen zu F. 38). So ist die Nachwirkung des 'H.' auf einen recht kurzen historischen Augenblick beschränkt.

Literatur. J. BELKIN/J. MEIER, Bibliographie zu Otfried von Weißenburg u. zur as. Bibeldichtung (Heliand u. Genesis) (Bibliographien z. dt. Lit. d. MAs 7), 1975.

1. K. HANNEMANN, Die Lösung d. Rätsels d. Herkunft d. 'H.'-Praefatio, FuF 15 (1939) 327–329 (Wiederabdr. mit einem Nachtrag in: Der Heliand, hg. v. J. EICHHOFF/I. RAUCH [WdF 321], 1973, S. 1–13); W. KROGMANN, Die Praefatio in librum antiquum lingua Saxonica conscriptum, NdJb 69/70 (1943/47) 141–163 (Wiederabdr. in: WdF 321 [s. o.], S. 20–53) (mit d. ält. Lit.); G. BAESECKE, 1948, R. DRÖGEREIT, 1951, W. HAUBRICHS, 1966: s. Art. 'As. Genesis', Lit.

2. E. SIEVERS, Zum 'H.', ZfdA 19 (1876) 1–76; H. LAMBEL, Ein neuentdecktes Bl. einer 'H.'-Hs., WSB 97, 1880, S. 613–624; K. ZANGEMEISTER/W. BRAUNE, 1894: s. Art. 'As. Genesis', 3.; R. PRIEBSCH, The 'H.' Ms. Cotton Caligula A. VII, Oxford 1925; B. BISCHOFF, Paläographische Fragen dt. Denkm. d. Karolingerzeit, in: Frühmal. Stud. 5, 1971, S. 127–129; B. TAEGER, Ein vergessener hs.licher Befund: Die Neumen im Münchener 'H.', ZfdA 107 (1978) 184–193; B. BISCHOFF, Die Schriftheimat d. Münchener 'H.'-Hs., PBB (Tüb.) 101 (1979) 161–170; ders., Die Straubinger Frgm.e einer 'H.'-Hs., ebd., S. 171–180; B. TAEGER, Das Straubinger 'H.'-Frgm., Philol. Unters. I, ebd., S. 181–228.

Sprache. E. H. SEHRT, Vollständiges Wörterbuch z. 'H.' u. z. as. Genesis (Hesperia 14), 1925, ²1966. – O. BEHAGHEL, Die Syntax d. 'H.', 1897.

W. SCHLÜTER, Unters. z. Gesch. d. as. Sprache I, 1892; H. STEINGER, Die Sprache d. 'H.', NdJb 51 (1925) 1–54; – TH. FRINGS, Germania Romana (Md. Stud. 2 = Theutonista Beih. 4), 1932; 2. Aufl. (Md. Stud. 19,1) 1966 (mit d. ält. Lit.); – A. LASCH, Die as. Psalmenfrgm.e, in: Nd. Stud., Fs. C. Borchling, 1932, S. 229–272; dies., Das as. Taufgelöbnis, Neuphil. Mitt. 36 (1935) 92–133; L. WOLFF, Die Stellung d. As., ZfdA 71 (1934) 129–154, auch in: L. W., Kl. Schr.n, 1967, S. 1–24; W. FOERSTE, Unters. z. westfäl. Sprache d. 9. Jh.s (Münstersche Forschungen 2), 1950; W. MITZKA, Die Sprache d. 'H.' u. die as. Stammesverfassung, NdJb 71/73 (1948/50) 32–39 (Wiederabdr. in: W. M., Kl. Schr.n z. Sprachgesch. u. Sprachgeographie, 1968, S. 83–92; ferner in: WdF 321 [s. o. 1.], S. 132–143); E. ROOTH, Saxonica, 1949; ders., Über die 'H.'-Sprache, in: Fs. Th. Frings, 1956, S. 40–79 (Wiederabdr. in: WdF 321 [s. o. 1.], S. 200–246) (mit ält. Lit.); J. DAL, Zur Stellung des As. u. der 'H.'-Sprache, Norsk. Tidskrift for Sprogvidenskap 17 (1954) 410–424 (Wiederabdr. in: WdF 321 [s. o. 1.], S. 177–190; G. CORDES, Zur Frage d. as. Maa., Zs. f. Ma.forschung 24 (1956) 1–51, 65–78, 124; W. SIMON, Zur Sprachmischung im 'H.' (Phil. Stud. u. Qu. 27), 1965; TH. KLEIN, Stud. z. Wechselbeziehung zw. as. u. ahd. Schreibwesen u. ihrer sprach- u. kulturgesch. Bedeutung (GAG 205), 1977.

3. C. A. WEBER, Der Dichter d. 'H.' im Verhältnis zu seinen Quellen, ZfdA 64 (1927) 1–76; H. RUPP, Der 'H.'. Hauptanliegen seines Dichters, DU 8 (1956), H. 1, S. 28–45 (Wiederabdr. in: WdF 321 [s. o. 1.], S. 247–269); J. RATHOFER, Der 'H.'. Theologischer Sinn als tektonische Form (Nd. Stud. 9), 1962 (dazu Rez. v. W. SCHRÖDER, NdJb 88 [1965] 176–184); W. KROGMANN, Absicht oder Willkür im Aufbau d. 'H.' (Dt. Bibelarchiv. Abhh. u. Vortrr. 1), 1964; J. RATHOFER, Zum Aufbau d. 'H.', ZfdA 93 (1964) 239–272 (Wiederabdr. m. Ergg. in: WdF 321 [s. o. 1.], S. 344–399; hiernach zit.); B. TAEGER, Zahlensymbolik bei Hraban, bei Hincmar – und im 'H.'? (MTU 30), 1970.

4. E. WINDISCH, Der 'H.' u. seine Quellen, 1868; F. P. PICKERING, Christlicher Erzählstoff bei Otfrid u. im 'H.', ZfdA 85 (1954/55) 262–291; G. QUISPEL, Der 'H.' u. d. Thomasevangelium, Vigiliae Christianae 16 (1962) 121–153; J. FON WERINGHA, 'H.' and Diatessaron (Studia Germanica 5), 1965; W. HUBER, 'H.' u. Mt-Exegese (Münchener german. Beitr. 3), 1969 (mit d. ält. Lit.).

Gattung. D. HOFMANN, Die as. Bibelepik ein Ableger d. ags. geistl. Epik?, ZfdA 89 (1958/59) 173–190 (Wiederabdr. mit einem Nachtrag in: WdF 321 [s. o. 1.], S. 315–343; M. WEHRLI, Sacra Poesis. Bibelepik als europäische Tradition, in: Fs. F. Maurer, 1963, S. 262–283 (Wiederabdr. in: M. W., Formen mal. Erzählung, 1969, S. 51–86; D. KARTSCHOKE, Bibeldichtung, 1975.

5. P. ILKOW, Die Nominalkomposita d. as. Bibeldichtung, 1968 (Glossar). – M. OHLY-STEIMER, *huldi* im 'H.', ZfdA 86 (1955/56) 81–119; A. HAGENLOCHER, Schicksal im 'H.'. Verwendung u. Bedeutung d. nominalen Bezeichnungen (Nd. Stud. 21), 1975.

W. PAETZEL, Die Variationen in d. altgerm. Allitterationspoesie (Palaestra 48), 1913; A. HEUSLER, 'H.', Liedstil u. Epenstil, ZfdA 57 (1920) 1–48 (Wiederabdr. in: A. H., Kl. Schr.n I, ²1969, S. 517–565); G. BERRON, Der 'H.' als Kunstwerk, 1940; W.P. LEHMANN, The Allitteration of Old Saxon Poetry (Norsk Tidsskrift for Sprogvidenskap, Suppl.-Bd. 3), 1953 (mit Reimverzeichnis); G. MANGANELLA, Le formule dell'antica poesia sassone, Annali dell'Istituto Orientale di Napoli, Sezione Germanica 5 (1962) 73–94; R. ZANNI, 'H.', Genesis u. das Altenglische (QF 76 [200]), 1980.

6. W. FOERSTE, Otfrids lit. Verhältnis z. 'H.', NdJb 71/73 (1948/50) 40–67 (Wiederabdr. in: WdF 321 [s.o. 1.], S. 93–131); W. KROGMANN, Otfrid u. d. 'H.', NdJb 82 (1959) 39–55. S. Art. 'As. Genesis', Lit.

(1981)   BURKHARD TAEGER

'Helmbrecht' → Wernher der Gärtner

'Hildebrandslied'

Inhalt. 1. Überlieferung. – 2. Editionen. – 3. Editionsprobleme. – 4. Inhalt und Aufbau. – 5. Grundlagen der Fabel. – 6. Sagengeschichte und Entstehung. – 7. Tragik. – 8. Christentum. – 9. Metrik und Vortrag. – 10. Sprache und Stil. – 11. Anlaß zur Aufzeichnung. – 12. Nachwirkungen.

1. Überlieferung. Das 'Hildebrandslied' ('Hl.'), das einzige (erhaltene) Zeugnis germ. Heldendichtung in der dt. Literatur, wurde nach BISCHOFF 'im 4. Jahrzehnt des 9. Jh.s' (FISCHER, 1966, S. 15*; vgl. B. BISCHOFF, Paläograph. Fragen dt. Denkmäler der Karolingerzeit, Frühmal. Stud. 5 [1971] 112f.) von zwei Schreibern (zweite Hand nur v. 30–41) 'in karolingischer Minuskel, aber mit gewissen insularen Reminiszenzen' (FISCHER, 1966, S. 15*) auf den Außenseiten (Bl. 1ʳ und 76ᵛ) der wahrscheinlich in Fulda geschriebenen (PONGS, 1913, S. 13, 204f.) Perg.-Hs. 2° Ms. theol. 54 (Murhardsche Bibl. der Stadt Kassel und LB) eingetragen. Zum Inhalt der Hs. s. STEINMEYER, Sprachdenkm., S. 8; FISCHER, 1966, S. 15*f.

Im Jahre 1943 wurde der Cod. nach Bad Wildungen ausgelagert, wo er 1945 abhanden kam. SELMER (1955, S. 122 ff.) ist die Wiederauffindung der Hs. mit Bl. 76ᵛ in den USA und ihre Rückführung nach Kassel 1955 zu danken. Das Bl. 1ʳ war abgetrennt worden und konnte erst 1972 nach Kassel zurückgebracht werden (HENNIG, 1973, S. 24ff.; TWADDEL, 1974, S. 157ff.). Die beiden Blätter sind jetzt separat gebunden und werden unter derselben Signatur wie der gesamte Cod. geführt.

Die unvollständige Überlieferung des 'Hl.' hat zu Vermutungen über einen Eintrag des Liedendes geführt. Sowohl mit der Möglichkeit eines Einzelblattes, das verlorengegangen ist (DENECKE, 1978, S. 107), wie mit der Fortsetzung des Textes auf dem (später ersetzten) Spiegelblatt des hinteren Deckels (FISCHER, 1966, S. 15*) wurde gerechnet. Eine 'zweite' Hs. des 'Hl.' (SCHOOF, 1940, S. 53ff.) erwies sich als 'Fälschung' (DENECKE, 1972, S. 226ff.).

2. Editionen.
(1) Facsimilia. Zusammenstellung bei BRAUNE, Leseb., ¹²1952, S. 144, dazu: G. BAESECKE, Das 'Hl.', 1945, Taf. I/II; H. FISCHER, Schrifttafeln zum ahd. Leseb., 1966, S. 12f. Eine neue Faksimile-Ausg. wird von D. HENNIG vorbereitet.

(2) Ausgaben. J.G. VON ECKHART, Commentarii de Rebvs Franciae Orientalis ... Tom. I, Würzburg 1729, S. 864–866; J. u. W. GRIMM, Die beiden ältesten dt. Gedichte aus dem achten Jh.: das Lied von Hildebrand u. das Weißenbrunner Gebet zum ersten Mal in ihrem Metrum dargestellt u. hg., Cassel 1812, S. 1–4; MSD. S. 2f.; STEINMEYER, Sprachdenkm., S. 1–8; BRAUNE, Leseb., ¹⁵1969, S. 84f.

(3) Übersetzungen. G. BAESECKE, Das 'Hl.', 1945, S. 11/13, S. 37/39; H.D. SCHLOSSER, Ahd. Lit., 1970, S. 265–267; U. PRETZEL, PBB (Tüb.) 95 (1973) 286–288; H. METTKE, Älteste dt. Dichtung u. Prosa, 1976, S. 78–83; S. GUTENBRUNNER, Von Hildebrand zu Hadubrand, 1976, S. 25–28; W. HÖVER / E. KIEPE, Epochen d. dt. Lyrik I: Ged. v. d. Anfängen bis 1300, 1978, S. 32–34.

3. Editionsprobleme.
Der überlieferte Wortlaut des 'Hl.' ist besonders in der älteren Forschung wiederholt textkritisch behandelt worden (vgl. BRAUNE, Leseb., ¹²1952, S. 145ff.; VAN DER KOLK, 1967, S. 118ff.; zuletzt PRETZEL, 1973, S. 275ff.). Immer wieder wurde versucht, die wahrscheinlichen oder vermuteten unvollständigen Verse 1,

10f., 28f., 32, 38, 46, 68 herzustellen. Neuere Forschung bevorzugt eine konservative Textbehandlung, rechnet kaum noch mit Lücken und beschränkt sich auf geringfügige Umstellungen. Lediglich die Zuschreibung der vv. 46–48 an Hadubrand und ihre Plazierung nach v. 57 wird von zahlreichen Forschern vertreten (vgl. die Zusammenstellung bei W. Schröder, 1963, S. 482f. und van der Kolk, 1967, S. 114ff.). Eine der 'inneren Form' des Liedes folgende Begründung dieses Eingriffes hat Beyschlag (1962, S. 13ff.) gegeben. Dennoch bleiben Hugo Kuhn (1969, S. 132f.), McLintock (1974, S. 61ff.), Gutenbrunner (1976, S. 22f.) u.a. für v. 46–48 bei der überlieferten Anordnung und Redezuweisung an Hildebrand.

Abgesehen von konjekturalen Eingriffen in den Text ergeben sich bei jeder Edition bereits Probleme durch die Einführung moderner Interpunktion. So ist z.B. umstritten, ob am Ende von v. 3 ein Punkt steht und damit *sunufatarungo* (v. 4) als Subjekt des neuen Satzes fungiert – sei es als Nom. Pl. *sunufatarungos* (Lachmann, 1835 = 1876, S. 418 u.v.a.), evtl. als Dual (so Möller, 1888, S. 87 und wieder Pretzel, 1973, S. 276) oder als Dat. Sg. fem. 'eine Vater und Sohn betreffende Sache' (vgl. Schützeichel, 1969, S. 86) –, oder ob es dem vorangehenden Satz zuzurechnen ist, entweder durch Komma abgetrennt als Apposition zu Hildebrand und Hadubrand (MSD 2, S. 13) oder als Gen.obj. zu *heriun tuem* 'den zwei Heeren der Leute von Vater und Sohn' (Grimm, 1831 = 1871, S. 106f.). Dasselbe Dilemma ergibt sich bei v. 12f. Kontrovers ist hier die Zuordnung von *chind in chunincriche*. Je nach der Zeichensetzung ergeben sich unterschiedliche Auffassungen (vgl. Braune, 1896, S. 1). Die Ausgaben (MSD; Steinmeyer, Sprachdenkm.; Braune, Leseb., ¹²1952) entscheiden sich für: *chind, in chunincriche;* während zuletzt Pretzel (1973, S. 277, 285) die Aufteilung *chind in chunincriche;* verteidigte (vgl. Rooth, 1973, S. 126f.), Schwab (1972, S. 8), jedoch *chind* mit *de odre* verbinden möchte.

4. Inhalt und Aufbau.

Zwischen zwei Heeren stehen Hildebrand und Hadubrand, Vater und Sohn, und bereiten sich zum Kampf. Der ältere fragt mit wenigen Worten nach Namen und Herkunft des Gegners. Hadubrand nennt seinen und seines Vaters Namen. Vor Otachers Verfolgung sei der Vater mit Dietrich geflohen und habe Frau und Kind ohne Erbe zurückgelassen, er dürfte kaum noch am Leben sein. Hildebrand ruft den *irmingot* zum Zeugen an, daß jener noch nie einem so nahen Verwandten gegenüberstand. Er bietet Hadubrand versöhnlich Ringe an, die dieser in der Meinung, der alte Hunne wolle ihn betrügen, abweist. Er wisse, sein Vater sei tot. Hildebrand ruft den *waltant got* an und beklagt das Wehgeschick, das sich nun vollziehen muß. Nach dreißig Jahren unbesiegten Kämpfens in der Fremde muß er nun durch den Sohn fallen oder diesen töten. Jener möge versuchen, die Rüstung des Alten zu gewinnen. Feige wäre es, jetzt den Kampf zu weigern. Mitten in der Kampfschilderung bricht das Lied ab. Der Schluß ist nicht überliefert, dürfte aber nach allgemeiner Ansicht unter Verweis auf nordische Quellen mit dem Tode des Sohnes geendet haben. W. Schröder (1963, S. 497) erwägt die Tötung Hildebrands durch seinen Sohn.

Das 'Hl.' zeigt in der überlieferten Fassung, mehr noch bei einer Umstellung der vv. 46–48 nach v. 57, einen einfachen, klaren Aufbau: einem einleitenden erzählenden Teil (v. 1–6) folgt als Hauptteil eine große Dialogpartie, die nach der Redeeinführung in v. 9b mit indirekter Rede beginnt, in v. 11b in direkte übergeht und bis v. 62b reicht. Den Abschluß bildet ein erzählender Teil (v. 63–68). Der dialogische Hauptteil wird verschieden gegliedert:

Zweiteilig: Ehrismann (LG I, ²1932, S. 129f.), dreiteilig: Reiffenstein (1966, S. 245), fünfteilig: McLintock (1974, S. 73). Auf die annähernde Gleichgewichtung der Dialoganteile von Vater und Sohn – sie setzt die Umstellung von v. 46–48 nach v. 57 voraus –, auf die enge Verzahnung von Rede und Antwort, auf die 'chiastische Struktur' der Redeanteile (Hadubrands Anteil nimmt im Verlauf des Dialogs ab, Hildebrands dagegen zu), auf das Prinzip der Doppelung und der Steigerung haben Beyschlag (1962, S. 16f.) und W. Schröder (1963, S. 482ff.) hingewiesen.

Wie immer im einzelnen der Aufbau beurteilt wird, an der bewußten künstlerischen Komposition, an der wohldurchdachten Einarbeitung altepischer Formen, an der absichtsvollen Verwendung bestimmter Stilmittel gibt es keinen Zweifel. Vielmehr konstatiert REIFFENSTEIN (1966, S. 247 im Anschluß an NORMAN, 1963 = 1973, S. 64), das 'Hl.' wachse aufgrund seines hohen Grades an künstlerischer Bewußtheit über die Gattung des Heldenliedes hinaus.

5. Grundlagen der Fabel.

Seit UHLAND (1865, S. 167ff.; 1868, S. 547f.) den im 'Hl.' geschilderten Vater-Sohn-Kampf mit einigen außergermanischen Dichtungen verglich, die dieses Motiv ebenfalls aufweisen, ist die Forschung um eine Klärung der Beziehungen bemüht. Das Material hat BUSSE (1901, S. 10ff.) zusammengestellt. Er sprach sich für 'eine unabhängige entstehung dieser sage bei allen völkern' (S. 43, vgl. S. 90) aus, während andere mit einer (indogerm.) Urverwandtschaft rechnen (vgl. VAN DER KOLK, 1967, S. 88). Als dritte Möglichkeit dachte man an eine Wanderfabel (HEUSLER, 1913/15, S. 525; 1927 = 1969, S. 2). Das aus den irischen, persischen und russischen Versionen des Vater-Sohn-Kampfes erschlossene gemeinsame Handlungsgerüst (BAESECKE, 1940, S. 139ff.; VAN DER KOLK, 1967, S. 82f.) zeigt bedeutsame Unterschiede zum 'Hl.', dem vor allem das Motiv der Vatersuche fehlt, so daß es genetisch nicht mit den indogerm. Dichtungen zusammengehört (HOFFMANN, 1970, S. 26ff.).

Die schon seit langem beobachtete Sonderstellung des 'Hl.' könne nicht aus der Einbettung der alten Fabel in die Dietrich-Sage (HEUSLER, 1927 = 1969, S. 4f.; HUGO KUHN, 1969, S. 134) erklärt werden. Vielmehr handele es sich um eine Verknüpfung der Hildebrandfigur mit dem von den übrigen indogerm. Dichtungen der Vatersuche unabhängigen Motiv des tragischen Kampfes von Vater und Sohn (HOFFMANN [s. o.]).

Die geschichtlichen Grundlagen des 'Hl.' beruhen auf der ostgotischen Geschichte. Theoderich der Große (455 bis 526) traf 488 mit dem oströmischen Kaiser Zeno eine Vereinbarung, aufgrund deren er 489 in das von Odoaker beherrschte Italien einfiel. Den als Usurpator geltenden Odoaker vertrieb Theoderich aus Verona (Bern) und bezwang ihn 493 schließlich vor Ravenna (Raben). Trotz vereinbarter gemeinsamer Regentschaft wurde Odoaker bald darauf von Theoderich selbst getötet. Bereits zu Theoderichs Lebzeiten wurden in der gotischen Hofhistoriographie (BETZ, 1962, Sp. 1469) die Ereignisse zugunsten Theoderichs umgestaltet (Verwandtenrache, Tötung Odoakers, um einem Mordanschlag seinerseits auf Theoderich zuvorzukommen).

Während Theoderich und Odoaker eindeutig mit den im Lied genannten Personen *Otachere* (v. 17) und *Theotrih* (v. 18, vgl. *Detrih* v. 23 und *Deotrih* v. 26) identisch sind, läßt sich ein historisches Vorbild für den aus der Dietrichsage bekannten Hildebrand, den treuen Begleiter Dietrichs im → 'Nibelungenlied', nicht sicher ermitteln (MÜLLENHOFF, 1856, S. 254: der Ostgotenfürst *Gensimund*; MUCH, 1914/15, S. 224: Theoderichs Heerführer *Ibba*). Im *Huneo truhtin* (v. 35) wird zumeist der Hunnenherrscher Attila gesehen (VAN DER KOLK, 1967, S. 65), während die ältere Forschung an den Kaiser Zeno dachte.

Gegenüber einer geschichtlichen Einbettung des Liedinhaltes ist eine märchenhafte Grundlage nur selten behauptet worden (KAUFFMANN, 1896, S. 167), doch hat man eine mythische Herleitung der Fabel seit den Anfängen der Germanistik mehrfach versucht (vgl. zuletzt DE VRIES, 1953 = 1961, S. 248 ff. u. F. R. SCHRÖDER, 1955 = 1961, S. 285ff.), bzw. eine Mythisierung geschichtlicher Ereignisse vermutet: Hildebrand, der als 'mythischer Landeswart' an der Etsch und um den Gardasee weiterlebt (GUTTENBRUNNER, 1976, S. 167).

6. Sagengeschichte und Entstehung.

Das 'Hl.' gehört als Sproßfabel zur historischen Dietrichsage und hat einen der Dietrichmannen zum Helden (SCHNEIDER, 1928, S. 315). Die im Lied vorausgesetzte Dietrichsage hat das historische Geschehen bereits umgedeutet: Odoaker erscheint als Tyrann, vor dessen Haß Theoderich fliehen mußte und sich erst nach dreißigjährigem Exil am Hunnenhof aufmacht, um sein angestammtes Herrschaftsgebiet zurückzuerobern. Das 'Hl.' deutet diese Ereignisse nur an (KUHN, 1969, S. 129f.), erst in der mhd. 'Heldendichtung', v. a. → 'Dietrichs Flucht' (vor seinem Oheim Ermanarich) und 'Rabenschlacht' werden sie ausführlicher dargestellt. Im einzelnen sind die Veränderungen der Sage im Vergleich zum historischen Geschehen nicht klar (vgl. v. SEE, 1971, S. 63 ff.). In der gotischen Dietrichsage (Exilsage) spielt der Waffenmeister Hildebrand als treuer Begleiter Dietrichs eine wichtige Rolle.

HUGO KUHN (1969, S. 113ff.) hält das 'Hl.' für eine Kontrafaktur der Dietrich-Exilfabel, in der Dietrichs Heimkehr aus dem Exil sich im Schicksal des Begleiters spiegele.

Die sagengeschichtliche Situation, in der sich Vater und Sohn zwischen zwei Heeren (Kriegerscharen, größeren Gefolgschaften) treffen, ist wohl die der Rabenschlacht. Das 'Hl.' sagt nichts darüber, ob es die Heere Theoderichs und Odoakers sind, Invasions- und Verteidigungsheer, ob diese sich unmittelbar gegenüberliegen oder weit voneinander entfernt sind, ob die beiden Kämpfer sich als Heerführer oder Vorkämpfer, stellvertretende Kämpfer im Einzelkampf ('Kämpen im Königsdienst', HANS KUHN, 1975 = 1978, S. 161) gegenüberstehen oder sich als Krieger auf der Warte zufällig begegnen. Mithin ist nicht eindeutig zu behaupten, daß es sich um einen Vorentscheid der Schlacht durch Zweikampf handelt (so die gängige Auffassung, vgl. NORMAN, 1963, S. 30 ff.; dagegen bes. SCHWAB, 1972, S. 73 ff.). Zumeist wird der Rechtscharakter (v. 32 dinc, v. 57 reht) der Einzelbegegnung der beiden Herausforderer betont, doch verläuft seine Interpretation unterschiedlich: Gottes-Gericht bzw. Gottes-Urteil, was aber eine nicht unproblematische christliche Sicht des 'Hl.' impliziert; Kampf, der das Recht einer Seite erweisen soll; Kampf um den Besitz der Rüstung, die derjenige erringt, der im Recht ist (KAUFFMANN, 1896, S. 150, 157; EHRISMANN, 1907, S. 291; BEYSCHLAG, 1962, S. 14); dagegen W. SCHRÖDER (1963, S. 489) u. SCHWAB (1972, S. 74). Sie versucht, das 'Hl.' als eine germanische Umformung des Vater-Sohn-Motivs auf einen Rechtsfall hin zu verstehen, in welchem es um die Erbunfähigkeit (*arbeo laosa* v. 22 '*ex heredem*') Hadubrands und die vom Vater in Rede und Symbolhandlung versuchte, aber vom Sohn als feig und hinterlistig mißdeutete rechtsverbindliche Aufnahme in die Sippe (*ættleiðing 'in extremis'*) geht.

Die Entstehung des ursprünglichen 'Hl.' wird in Oberitalien angesetzt. Aus verschiedenen Gründen (SCHNEIDER, 1928, S. 316f.) scheidet immer wieder postulierter (zuletzt GUTENBRUNNER, 1976, S. 183) gotischer Ursprung wohl aus. Bereits HEUSLER (1927 = 1969, S. 4) plädierte wegen der im Gotischen nicht bezeugten, aber im Langobardischen häufigen -*brand*-Namen für langobardische Entstehung. Diese Beobachtung hat BAESECKE (1945, S. 46ff.) unter Beiziehung weiterer langobardischer Sprachmerkmale ausgebaut: Er dachte sich das langobardische 'Hl.' am Hofe Liutprands (gest. 744) entstanden. Am langobardischen Ursprung des 'Hl.' wird wenig gezweifelt. Andere Möglichkeiten der Entstehung in Bayern (SCHNEIDER, 1928, S. 317), Ostfalen (BURGHARDT, 1961), im Bodenseegebiet (ULBRICHT, 1962, S. 376 ff.) oder im Raum um Bonn (RIGGERS, 1966, S. 19f.) haben sich dagegen nicht durchsetzen können. Der weitere Weg des 'Hl.' führt von den Langobarden nach Bayern und von dort nach Fulda.

7. Tragik.

Der tragische Konflikt, den das 'Hl.' thematisiert, wird zumeist in der Person Hildebrands gesehen. Der Vater ist in die unausweichliche Entscheidung gestellt zwischen Rechtsbewußtsein und Pflichtgebot (EHRISMANN, 1907, S. 292), zwischen Sippengefühl und Ehrgebot (HEUSLER, 1913–1915, S. 525), bzw. Vaterliebe und Kriegerehre (vgl. HUGO KUHN, 1969, S. 113). Die Tragik des Liedes läge dann darin, daß der Vater um seiner Kriegerehre willen gezwungen ist, wissentlich seinen eigenen und einzigen Sohn zu töten und damit sein Geschlecht auszulöschen. Demgegenüber hat W. SCHRÖDER (1963, S. 486 ff.) von der 'tragischen Blindheit' Hadubrands gesprochen, dessen Verhalten nicht einseitig als das eines rücksichtslosen und unbesonnenen oder gar habgierigen jungen Mannes zu charakterisieren sei, sondern aus verständlichem Mißtrauen resultiere und aus Unvermögen, die väterlichen Worte des Gegners richtig zu verstehen. Unter der Voraussetzung, daß der Sohn unwissentlich den Vater tötet, wäre dann Hadubrand die eigentlich tragische Gestalt. Wenn jedoch das Ethos germanischer Heldendichtung im Standhalten vor auswegloser Tragik sich erfüllt (REIFFENSTEIN, 1966, S. 510), kommt nur Hildebrand als tragische Gestalt in Betracht (vgl. PRETZEL, 1973, S. 284), weil nur er um die Zusammenhänge weiß, die zum unerlaubten Verwandtenkampf führen. Einen anderen Ansatzpunkt zur Bestimmung der Tragik im 'Hl.' wählte HUGO KUHN (1969, S. 119), für den keine Tragik widerstreitender Pflichten vorliegt. Vielmehr entwickele sich der tragische Konflikt aus der einfachen Tatsache der Heimkehr aus dem Exil und gipfele wie andere 'gotische Heldenstoffe im Kampfsieg um einen Preis, der zugleich den Sieg um seinen Sinn bringt und damit vor die Frage nach dem Gott des Schicksals stellt'.

8. Christentum.

Die Frage, ob das 'Hl.' noch dem Heidentum verhaftet oder schon christlich geprägt sei, läßt sich nicht alternativ beantworten, wie etwa SARANS (1915, S. 163 ff.) untauglicher Versuch zeigt, das Problem der Theodizee in das Lied hineinzutragen. Für die vermutete Entstehungszeit und postulierte Vorstufen sind ohnehin nur Spekulationen möglich. Sinnvoll sind Erwägungen zur Bedeutung heidnischer und christlicher Elemente im Lied nur auf der Grundlage des überlieferten Textes und vor dem geschichtlichen Hintergrund der ersten Hälfte des 9. Jh.s. DE BOOR (LG I 70) hatte gemeint, in seinem Schicksalsbewußtsein sei das Lied heidnisch, die Anrufungen Gottes machten es zu einem christlichen. Den Schicksalsbegriff (v. 49 *wewurt skihit*), der als Kern des heidnisch-germanisch heroischen Denkens verstanden wurde (v. KIENLE, 1933, S. 81 ff.; DE BOOR, LG I 69), hat PICKERING (1966, S. 119) als verchristliches Fatum in der Tradition des Geschichtsverständnisses des Boethius verstanden, und WEBER (1969, S. 145) sieht gerade darin, daß Hildebrand sein Geschick bejaht, das Christliche. Die hier zugrundegelegte spätantik-christliche Tradition des Schicksalsglaubens hat die Vorstellung eines heidnisch-germanischen Schicksalsbegriffs speziell für das 'Hl.' nicht vollständig widerlegen können. HOFFMANN (1976, S. 4 f.) setzt das 'Hl.' in die Nähe von 'synkretistischen Symbiosen' des Missionszeitalters. Zwar sei der Kern des 'Hl.' germanisch-heroisch, doch nicht mehr rein und ungebrochen erhalten, wie das in der Gestalt Hildebrands gezeichnete Menschenbild ausweise (REIFFENSTEIN, 1966, S. 254). Die Gottesanrufungen (*irmingot* v. 30 kann nicht als christlicher Ausdruck gesichert werden, vgl. BRAUNE, 1896, S. 1 ff.) seien untypisch für das germanische Heldenlied, zeigten aber nur Hildebrands 'formale Christlichkeit', wie denn überhaupt das 'Hl.' als eine nur oberflächlich vom Christentum berührte Dichtung angesehen werden könne (vgl. VAN DER KOLK, 1967, S. 104 ff.).

9. Metrik und Vortrag.

Die Brüder Grimm erkannten die Stabreimverse des 'Hl.'. Der Stabreim bindet Anvers und Abvers zu einer Langzeile zusammen. Während der Abvers nur auf der ersten Hebung den Stab (a) trägt (Hauptstab) und der zweite Iktus stablos ist (x), verteilen sich die Ikten im Anvers folgendermaßen: aa (z.B. v. 3): 33%, ax (z.B. v. 37): 58% und xa (z.B. v. 63): 9% (HEUSLER, 1925, S. 101).

Die in der Forschung (SIEVERS, 1893, S. 22 ff.; HEUSLER, 1925, S. 92 ff.; HANS KUHN, 1933 = 1969, S. 18 ff.; 1975 = 1978, S. 154 ff.; zuletzt KABELL, 1978, S. 87 ff.) herausgearbeiteten strengen Regeln des germ. Stabreimverses werden im 'Hl.' vielfach nicht beachtet: Doppelstäbe im Abvers (v. 17), zweifache Stabreime in der gekreuzten Form abab (v. 40), Mißachtung des Satzpartikelgesetzes und des Satzspitzengesetzes (HANS KUHN, 1933 = 1969, S. 35 f., 59), Eindringen der Endreimbindung (v. 67), weiter prosaähnliche Zeilen (v. 29), wozu noch Störungen im Anlaut einiger stabender Wörter aufgrund der Überlieferung kommen (v. 21), vielleicht auch unvollständige Langzeilen gehören. Diese Beobachtungen führten zu einem abwertenden Urteil über die ahd. Stabreimgedichte. Entsprechend wurden metri causa auch zahlreiche Eingriffe in den überlieferten Text gewagt (vgl. VAN DER KOLK, 1967, S. 47 ff.). HEUSLER konstatierte demgegenüber den 'Reichtum der Rhythmen und unbegrenzte Ausdruckskraft' (1925 = 1969, S. 383) und hob die Übereinstimmung von Vers- und Satzton hervor (1938 = 1969, S. 413). Daß die große Füllungsfreiheit zu teilweise gewaltsamen Rhythmisierungen zwang, hat zu einer grundsätzlichen Kritik an HEUSLERS Taktlehre geführt; s. PRETZEL (1962, Sp. 2395).

Während PRETZEL (1962, Sp. 2391 f.) die Freiheit des germanischen Stabreimverses als Kennzeichen einer Blütezeit und das 'Hl.' als letzte und reichste Ausprägung ansieht, möchte LEHMANN (1962, S. 24 ff.) das 'Hl.' als 'Spätzeitwerk' bezeichnen, das dem 'Ende eines Zeitalters' angehört.

In jüngster Zeit ist die Frage nach dem musikalischen Vortrag der altgermanischen Stabreimdichtung wieder aufgenommen worden (HOFMANN/JAMMERS, 1965, S. 185 ff.). Einen solchen hält HOFMANN (1979, S. 191) bei dem ursprünglich in der Mündlichkeit lebenden 'Hl.' für wahrscheinlich. Da sein mündlich vorgetragener Text nicht fest gewesen sein müsse, könnten manche Verse ihre Form auch bei der ersten Niederschrift erhalten haben (HOFMANN, 1971, S. 147 f.; ders., 1979, S. 192), wodurch freilich metrische, textkritische und entstehungsgeschichtliche Fragen noch schwieriger werden.

10. Sprache und Stil.
Die sprachliche Form, in der das 'Hl.' überliefert ist, zeigt eine Mischung hoch- und niederdeutscher Elemente. Solange mit einer Aufzeichnung aus dem Gedächtnis oder nach mündlichem Vortrag gerechnet wurde, richtete sich das Bemühen der älteren Forschung darauf, eine Landschaft zu finden, für die eine derartige Sprachmischung typisch sein könnte. Nachdem HOLTZMANN (1864, S. 289 ff.) nachgewiesen hatte, daß die Niederschrift des 'Hl.' nach einer schriftlichen Vorlage angefertigt worden war, reduzierte sich das Problem auf die Alternative: 1. eine nd. Vorlage wurde ins Hd. umgesetzt, 2. eine hd. Vorlage wurde saxonisiert. Die Entscheidungen beruhen im wesentlichen auf phonologischen, morphologischen, syntaktischen und lexikalischen Beobachtungen. Während auf phonologischer Ebene hd., insbesondere bairische, und nd. Charakteristika nebeneinander stehen, zeigen sich im Bereich der Morphologie überwiegend hd. Typen (MCLINTOCK, 1966, S. 2). SARAN (1915, S. 89) hat den Wortschatz des Liedes analysiert: von 441 Wörtern sind 74 ganz oder teilweise as., die übrigen hingegen rein hd. Freilich dürfen gerade die lexikalischen Beobachtungen in Anbetracht der Einzelstellung des 'Hl.' im Ahd. nicht verallgemeinert werden.

Die von HOLTZMANN begründete Auffassung, 'daß der Schreiber ein Niederdeutscher, seine Vorlage hochdeutsch war' (1864, S. 291), hat in modifizierter Form v. a. durch die gründliche Untersuchung von PONGS (1913) allgemeine Geltung erlangt. Besonders die falschen nd. *-tt-* für hd. *-zz-* < germ. *-t-* (*urhettun* v. 2, *heittu* v. 17 etc.) sprechen dafür.

Im einzelnen freilich lassen sich nicht alle Fragen (Saxonisierung in der Vorlage oder erst durch die beiden Schreiber des 'Hl.'?; war(en) der bzw. die Schreiber hd. oder nd. Herkunft?) endgültig beantworten. Die Untersuchung der Laut- und Graphiegewohnheiten verschiedener ahd., bisher nach Fulda lokalisierter Sprachdenkmäler im Vergleich zu den reichen Personennamenaufzeichnungen der Klostergemeinschaft im 8./9. Jh. zeigt, daß das 'Hl.' nicht in den Jahren 810–850 in Fulda abgefaßt worden sein kann, seine sprachliche Gestalt vielmehr durch ältere Vorlagen geprägt wurde, die im 8. Jh. in Fulda anzusetzen kein Hinweis vorhanden ist (GEUENICH,

1978, S. 119ff.). Da aufgrund der Namenüberlieferung des Klosters Fulda die These, daß der Sprachcharakter der älteren volkssprachigen fuldischen Überlieferung bairisch sei (BAESECKE, Faks., 1945, S. 40, 61), nicht bestätigt werden kann (GEUENICH, 1978, S. 106), bleiben darauf bauende Überlegungen zur Sprach- und Herkunftsgeschichte des 'Hl.' problematisch.

Der Stil des 'Hl.' zeigt zahlreiche Merkmale, die für die germanische Heldendichtung charakteristisch sind (HEINZEL, 1875, S. 3 ff.; HEUSLER, 1941, S. 169 ff.; BRINKMANN, 1963, S. 93 ff.). Der Dialog beherrscht das Lied, der Anteil der Redeverse gegenüber den Erzählversen beträgt 69%. Handelnde Rede findet sich durchgehend, während die beschauliche Rede nicht vorkommt. Unter den vergleichbaren westgermanischen Heldenliedern zeigt nur das 'Hl.' eine 'ausgewachsene Replikfolge' in den Wechselreden (HEUSLER, 1902 = 1969, S. 647). In den formelhaften Redeeinführungen ist *gimahalta* 'das einzige stehende Einführungsverbum', das eingeschobene *quad* steht außerhalb des metrischen Gefüges und übernimmt 'gewissermaßen die Aufgabe des Anführungszeichens' (ebd., S. 658, 669). Weiter finden sich neben der epischen Eingangsformel v.a. Beteuerungsformeln zur Wahrheitsbekräftigung einer Aussage. Zweigliedrige Formeln (Zwillingsformeln) begegnen in den Stilmitteln der Wiederholung und der Variation. Die Variationen konzentrieren sich auf die Themen 'Rüstung' und 'Goldreifen' und verteilen sich wie andere typische Stilmittel der germanischen Heldendichtung im 'Hl.' hauptsächlich auf den letzten Dialogteil, die Reizrede, während die übrigen Partien, in denen die tragische Zuspitzung erfolgt, fast frei davon sind (REIFFENSTEIN, 1966, S. 250, 254). Andere Stilmittel wie die Hyperbel und das Epitheton ornans sind selten, wie denn überhaupt das 'Hl.' auffällig sparsam mit Adjektiven ist. Nur vereinzelt finden sich Beispiele für die sonst in der germanischen Heldendichtung reichlich vorkommende Metaphorik. Nur eine, nicht einmal sichere Kenning (*staimbort*, v. 65) kennt das 'Hl.'. Die sachliche Information rangiert vor dem poetischen Schmuck. Aus den bewußt ausgewählten und eingesetzten stilistischen Mitteln hat REIFFENSTEIN (1966, S. 248 ff., 154) geschlossen, daß hinter dem tragischen Konflikt des 'Hl.' die 'Auseinandersetzung zwischen einem älteren, diesseitig-heroischen Menschenbild' und einem neueren, von christlichem Denken mitgeprägten stehe.

11. Anlaß zur Aufzeichnung.
Der Eintrag des 'Hl.' in einen theologischen Codex hat zu verschiedenen hypothetischen Erklärungen geführt: Historisch-antiquarisches Interesse der Schreiber (NORMAN, 1958 = 1973, S. 33), Zusammenhang mit der von Karl dem Großen veranlaßten Liedersammlung (VON DER LEYEN, 1954, S. 3 ff.), Interesse an Berichten und Erzählungen über Theoderich und Zusammenhang mit dem Versuch einer 'Ansippung' Karls des Großen an Theoderich (SCHÜTZEICHEL, 1969, S. 84; HAUCK, 1960, S. 99), Vorliebe für bestimmte Rechtsfragen (SCHMIDT-WIEGAND, 1978, Sp. 151) und den Kasuscharakter des 'negativen exemplum' als Warnung vor der göttlichen Strafe des Verwandtenmordes (SCHWAB, 1972, S. 69 f. und 122 Anm. 309). Im Kontext der Bekehrungsgeschichte könnte den heidnisch-heroischen Liedern der Sachsen ein Gedicht entgegengestellt worden sein, das heroischen Geistes und dennoch von christlicher Glaubenshaltung war (DE BOOR, LG I 71).
Zuletzt hat SCHLOSSER (1978, S. 217 ff.) die Niederschrift aus den Auseinandersetzungen zwischen Ludwig dem Frommen und seinen Söhnen in den 30er Jahren des 9. Jh.s zu verstehen gesucht.

12. Nachwirkungen.
(Vgl. VAN DER KOLK, 1967, S. 156 ff.). Die sagengeschichtlichen Beziehungen des 'Hl.' zur nordischen Überlieferung werden unterschiedlich beurteilt (KAUFFMANN, 1896, S. 163 ff.; BOER, 1897, S. 342 ff.; DE BOOR, 1923/24 = 1966, S. 58 ff.). Einen unmittelbaren Reflex sieht man in der 'Ásmundar saga kappabana', einer Vorzeitsaga des späten MAs (14. Jh.). In seinem Sterbelied beklagt der

von seinem Halbbruder *Asmundr* tödlich getroffene *Hildibrandr* die Tötung seines eigenen Sohnes (HEUSLER/RANISCH, 1903, Nr. VIII, Str. 4, vgl. GENZMER, 1912, Nr. 13, Str. 4). Die Verse des sterbenden *Hildigerus* in der Erzählung → Saxos aus dem Ende des 12. Jh.s (HOLDER, 1922, S. 244) und die Klage des tödlich verwundeten *Hildebrand* in dem färöischen 'Snjólvskvæði' (DE BOOR, 1923 = 1966, S. 81 f.) bestätigen den Tod des Sohnes von des Vaters Hand. Da in den genannten Quellen der Bruderkampf im Vordergrund steht, nimmt DE BOOR (1924 = 1966, S. 95 f., 107) an, daß der Stoff vom gotisch-hunnischen Bruderkampf, den das Hunnenschlachtlied in der 'Hervarar saga' überliefert, das Vorbild für die nordischen Darstellungen abgegeben habe und mit der alten Dichtung vom Vater-Sohn-Kampf, wie er im 'Hl.' behandelt ist, (oberflächlich) verknüpft wurde. Für eine Tradition vom tragischen Ausgang des Vater-Sohn-Kampfes bis in die Mitte des 13. Jh.s hinein könnte eine La. in der Repertoire-Strophe des → Marners (STRAUCH, 1876, XV, 14, v. 270) *von wittich und von heimen streit von des jungen albrandes tot* sprechen (DE BOOR, 1924 = 1966, S. 115). Etwa gleichzeitig bietet die norwegische Piðreks saga (BERTELSEN, 1905–1911; vgl. ERICHSEN, 1924, S. 424 ff.) den glücklichen Ausgang des Kampfes zwischen Vater und Sohn, Hildebrand und Alebrand, eine Version, die auch im deutschen → 'Jüngeren Hildebrandslied' wiederbegegnet. Unklar ist, ob eine durchgängige Tradition vom alten zum jüngeren 'Hl.' anzunehmen ist oder nicht oder ob beide Versionen längere Zeit nebeneinander bestanden haben (SCHNEIDER, 1928, S. 319).

Literatur. Reichhaltige Bibliographie bis ca. 1966: bei H. VAN DER KOLK, Das 'Hl.'. Eine forschungsgeschichtliche Darstellung, Amsterdam 1967.
J. GRIMM, Rez. z. J. A. Schmeller, Heliand, GGA 1831, 8. Stück, S. 66–79 = Kleinere Schr.n V, 1871, S. 104–111; K. LACHMANN, Über das 'Hl.', Abhh. d. Ak. d. Wiss.n zu Berlin, 1833, Hist.-phil. Kl., Berlin 1835, S. 123–162 = Kl. Schr.n z. dt. Philologie, hg. v. K. MÜLLENHOFF, 1876, S. 407–448; K. MÜLLENHOFF, Zur Gesch. d. Nibelungensage, ZfdA 10 (1856) 146–180; A. HOLTZMANN, Zum 'Hl.', Germ. 9 (1864) 289–293; L. UHLAND, Schr.n z. Gesch. d. Dichtung u. Sage I, 1865; VII, 1868; R. HEINZEL, Über d. Stil d. agerm. Poesie, 1875; PH. STRAUCH, Der Marner, 1876; H. MÖLLER, Zur ahd. Alliterationspoesie, 1888; E. SIEVERS, Altgerm. Metrik, 1893; W. BRAUNE, *Irmindeot* u. *irmingot*, PBB 21 (1896) 1–7; F. KAUFFMANN, Das 'Hl.', in: Fs. E. Sievers, 1896, S. 124–178; R. C. BOER, Zur dän. Heldensage, PBB 22 (1897) 342–390; B. BUSSE, Sagengeschichtliches z. 'Hl.', Diss. Leipzig, Halle 1900 = PBB 26 (1901) 1–92; A. HEUSLER, Der Dialog in d. agerm. erzählenden Dichtung, ZfdA 46 (1902) 189–284 = Kl. Schr.n II, 1969, S. 611–689; A. HEUSLER / W. RANISCH (Hgg.), Eddica Minora, Dichtungen eddischer Art aus den Fornaldarsögur u. anderen Prosawerken, 1903; H. BERTELSEN (Hg.), Þidriks saga af Bern. Samfund til udgivelse af gammel nordisk litteratur. 2 Bde, Kopenhagen 1905–1911; G. EHRISMANN, Zum 'Hl.', PBB 32 (1907) 260–292; F. GENZMER (Hg.), Die Edda, Heldendichtung (Thule, Bd. 1), 1912; A. HEUSLER, Hildebrand u. Hadubrand, in: ¹RGA II, 1913–1915, S. 525 f.; H. PONGS, Das 'Hl.', Überl. u. Lautstand im Rahmen d. ahd. Lit., Diss. Marburg 1913; R. MUCH, Rez. z. M. Schönfeld, Wörterbuch d. altgerm. Personen- u. Völkernamen, Wörter u. Sachen 6 (1914/15) 214–230; F. SARAN, Das 'Hl.', 1915; A. HOLDER (Übers. u. hg. v. P. HERRMANN), Die Heldensagen d. Saxo Grammaticus, 1922; H. DE BOOR, Die nordische u. dt. Hildebrandsage, ZfdPh 49 (1923) 149–181; 50 (1924) 175–210 = ders., Kl. Schr.n II, 1966, S. 58–116; F. ERICHSEN (Hg.), Die Gesch. Thidreks v. Bern (Thule, Bd. 22), 1924; A. HEUSLER, Dt. Versgesch. I, 1925; ders., Dt. Verskunst, in: Grundzüge d. Dt.kunde I, hg. v. W. HOFSTAETTER u. F. PANZER, 1925, S. 134–162, wiederabgedr. in: A. HEUSLER, Kl. Schr.n I, 1943, Neudr. 1969, S. 379–411; ders., Das alte u. d. neue 'Hl.', Preuß. Jbb. 208 (1927) 143–152 = Kl. Schr.n I (s. o.), S. 1–11; SCHNEIDER, Heldensage I, 1928, ²1962; M. VON KIENLE, Der Schicksalsbegriff im Altdeutschen, Wörter u. Sachen 15 (1933) 81–111; HANS KUHN, Zur Wortstellung u. -betonung im Altgermanischen, PBB 57 (1933) 1–109 = Kl. Schr.n I, 1969, S. 18–103; A. HEUSLER, Die Verskunst d. germ. Sprachfamilie (1938), in: Kl. Schr.n (s. o.), S. 412–419; W. SCHOOF, Die verlorene Hs., Wörter u. Sachen 21 NF 3 (1940) 53–60; G. BAESECKE, Die indogerm. Verwandtschaft d. 'Hl.', GGN (1940–41) 139–153; A. HEUSLER, Die agerm. Dichtung, ²1941; J. DE VRIES, Das Motiv d. Vater-Sohn-Kampfes im 'Hl.', GRM 34 (1953) 257–274 = Zur germ.-dt. Heldensage, hg. v. K. HAUCK (WdF XIV), 1961, S. 248–284; F. VON DER LEYEN, Das Heldenliederbuch Karls d. Gr., 1954; C. SELMER, Wie ich d. 'Hl.' in Amerika wiederfand, WW 6 (1955) 122–125; F. R. SCHRÖDER, Mythos u. Heldensage, GRM 36 (1955)

1–21 = Zur germ.-dt. Heldensage, hg. v. K. HAUCK (WdF XIV), 1961, S. 285–315; DE BOOR, LG I, ³1957, S. 65–73; K. HAUCK, Die geschichtliche Bedeutung d. germ. Auffassung v. Königtum u. Adel, in: Extrait des Rapports du XIᵉ Congrès des Sciences Historiques, Stockholm 1960, S. 96–120; H. BURGHARDT, 'Hl.' u. Harz-Saale-Land, 1961; W. BETZ, Die dt. Heldensage, in: DPhiA III, ²1962, Sp. 1459–1548; S. BEYSCHLAG, *Hiltibrant enti Hadubrant untar heriun tuem*, in: Fs. L.L. Hammerich, 1962, S. 13–28; W.P. LEHMANN, Das 'Hl.': Ein Spätzeitwerk, ZfdPh 81 (1962) 24–29; U. PRETZEL, Dt. Verskunst, mit einem Beitrag über d. altdt. Strophik v. H. THOMAS, in: DPhiA III, ²1962, Sp. 2357–2546; E. ULBRICHT, 'Hl.' u. genealogische Forschung, PBB (Halle) 84 (1962) 376–384; H. BRINKMANN, Verwandlung in Dauer, WW Sammelbd. 2 (1963) 92–106; F. NORMAN, Hildebrand and Hadubrand, German Life and Letters 11 (1958) 325–334; ders., Das Lied vom alten Hildebrand, Studi Germanici (1963) 19–44, beide wiederabgedr. in: F. NORMAN, Three Essays on the 'Hl.', Repr. and ed. by A.T. HATTO, London 1973, S. 33–49 bzw. S. 51–82; W. SCHRÖDER, Hadubrands tragische Blindheit u. d. Schluß d. 'Hl.', DVjs 37 (1963) 481–497; D. HOFMANN / E. JAMMERS, Zur Frage d. Vortrags d. altgerm. Stabreimdichtung, ZfdA 94 (1965) 185–195; D.R. MCLINTOCK, The Language of the 'Hl.', Oxford German Studies 1 (1966) 1–9; I. REIFFENSTEIN, Zu Stil u. Aufbau d. 'Hl.', in: Fs. H. Seidler, 1966, S. 229–254; B. RIGGERS, Zusammenfassung seines Vortrages 'Frk.-sächs. Quellen d. Sagenkreises um Hildebrand u. Dietrich v. Bern', Korrespondenzbl. d. Ver.s f. nd. Sprachforschung 73 (1966) 19f.; F.P. PICKERING, Lit. u. darstellende Kunst im MA, 1966; HUGO KUHN, Stoffgesch., Tragik u. formaler Aufbau im 'Hl.', in: ders., Text u. Theorie, 1969, S. 113–125 u. 358–360; ders., Hildebrand, Dietrich v. Bern u. d. Nibelungen, ebd., S. 126–140 u. 360–361; R. SCHÜTZEICHEL, Zum 'Hl.', in: Fs. M. Wehrli, 1969, S. 83–94; ders., Ahd. Wortstud.: Zum 'Hl.', Frühmal. Stud. 3 (1969) 71–77; G.W. WEBER, *Wyrd*, 1969; W. HOFFMANN, Das 'Hl.' u. d. indogerm. Vater-Sohn-Kampf-Dichtungen, PBB (Tüb.) 92 (1970) 26–42; D. HOFMANN, Vers u. Prosa in d. mündlich gepflegten mal. Erzählkunst d. germ. Länder, Frühmal. Stud. 5 (1971) 133–175; K. VON SEE, Germ. Heldensage, 1971; L. DENECKE, Die zweite Hs. d. 'Hl.', ZfdA 101 (1972) 227–229; U. SCHWAB, *Arbeo laosa*. Philol. Studien z. 'Hl.', Bern 1972; D. HENNIG, Zur Rückführung zweier Hss. d. Murhardschen Bibl. d. Stadt Kassel u. Landesbibl., Zs. f. Bibl.wesen u. Bibliographie 20 (1973) 24–27; U. PRETZEL, Zum 'Hl.', PBB (Tüb.) 95 (1973) 272–288; E. ROOTH, 'Hl.' v. 12–13, in: Fs. G. Cordes, Bd. 1, 1973, S. 126–135; D.R. MCLINTOCK, The Politics of the 'Hl', New German Studies 2 (1974) 61–81; W.F. TWADDEL, The Hildebrand Manuscript in the U.S.A. 1945–1972, JEGP 63 (1974) 157–168; HANS KUHN, Dies und das zum 'Hl.', ZfdA 104 (1975) 21–31 = Kl. Schr.n IV, 1978, S. 154–164; S. GUTENBRUNNER, Von Hildebrand u. Hadubrand, 1976; W. HOFFMANN, Zur geschichtl. Stellung des 'Hl.', in: Fs. M.-L. Dittrich, 1976, S. 1–17; L. DENECKE, Die erste Niederschrift des 'Hl.', Neoph. 62 (1978) 106–108; D. GEUENICH, Zur ahd. Lit. aus Fulda (Bibl. d. Buchwesens Bd. 6: Von d. Klosterbibl. z. Landesbibl., Beitr. z. 200jähr. Bestehen d. Hess. Landesbibl. Fulda, hg. v. A. BRALL), 1978; A. KABELL, Metrische Studien I: Der Alliterationsvers, 1978; H.D. SCHLOSSER, Die Aufzeichnung des 'Hl.' im hist. Kontext, GRM 28 (1978) 217–224; R. SCHMIDT-WIEGAND, 'Hl.', in: Hwb. z. dt. Rechtsgesch. 2, 1978, Sp. 150–152; D. HOFMANN, 'Stabreimvers', in: ²RL IV, 1979, S. 183–193; R. LÜHR, Stud. z. Sprache des 'Hl.' (Regensburger Beitr. z. dt. Sprach- u. Lit.wiss.), 1981.

(1981) KLAUS DÜWEL

'Die Hochzeit'

Geistliches allegorisches Gedicht von der mystischen Hochzeit, ca. 1160 entstanden (1089 vv.).

1. Überlieferung. Millstätter Hs., Klagenfurt, Kärntner Landesarch., Sammelhs. 6/19, 142ʳ–154ᵛ. Zweite Hälfte des 12. Jh.s (zwischen 1180–1200; A. KRACHER, Millst. Hs. Faks., S. 29).

Ausgaben. Millst. Hs. Faks., f. 142ʳ–154ᵛ; TH. G. VON KARAJAN, Sprachdenkmale d. 12. Jh.s, Wien 1846, S. 19–44; O. SCHADE, Altdt. Lesebuch, 1862, S. 130–132 (v. 145–235; 245–324); ¹WAAG, Dt. Ged., S. 82–116; ²WAAG, Dt. Ged., S. 87–123; MAURER, Rel. Dicht. II 182–223; WAAG / SCHRÖDER, Dt. Ged. II 132–170 (zit.); A. WAAG / H.J. GERNENTZ, Dt. Ged., 1970, S. 147–176, 252–255.

2. In der Millstätter Hs. steht die 'H.', deren Titel von TH. G. VON KARAJAN stammt, direkt hinter dem Gedicht → 'Vom Rechte'. Beide haben stark unter Moder gelitten, so daß der Text lückenhaft ist und von den Herausgebern ergänzt werden mußte. Sprachlich und stilistisch stehen die beiden einander so nahe, daß C. VON KRAUS versuchte zu zeigen, daß sie von ein und demselben Verfasser stammen (S. 18–38). Allerdings sind die von ihm zitierten Parallelstellen weitgehend formelhaft, und die Identität der Verfasser ist wohl nicht endgültig beweisbar. Alem. Dialekteigentümlichkeiten, die in dem Gedicht neben den bair. Sprach-

formen des Schreibers stehen, haben C. VON KRAUS (S. 6–7, 96–98) und nach ihm E. SCHRÖDER (S. 281–301) veranlaßt, in dem Verfasser einen Alemannen zu sehen, der (vielleicht) in Kärnten dichtete und möglicherweise ein älteres, uns nicht erhaltenes Gedicht bearbeitete und erweiterte. Schon W. SCHERER (S. 14–19) hatte Interpolationen angenommen, und H. LÖBNER versuchte dann, eine 'Ur-Hochzeit' zu rekonstruieren. F. VOGT (S. 145) zufolge könnte die Sonderstellung des erzählenden Teils darauf beruhen, daß er der einzige epische Abschnitt innerhalb des didaktischen Gedichts ist.

Der Dichter war jedenfalls ein Kleriker, der mit Stolz von seinen theologischen Kenntnissen spricht (v. 6–7, 40–42). Für die Datierung gibt der Text selbst keine direkten Anhaltspunkte, aber die Vertrautheit des Dichters mit der Hohelied-Theologie rechtfertigt wohl DE BOORS Ansatz 'etwa 1160' (LG I 261).

3. Die 'H.' beginnt mit einem Prolog, in dem der Dichter sein Programm skizziert. Den Zuhörern wird eine Erzählung *umbe einen chunich richen* versprochen (v. 1–3) und dazu *manich schone zeichen, / da michil sin an stat* (v. 4–5). Um die significatio dieses *spels* zu interpretieren, bedarf es aber der Kunst des geschulten Exegeten (v. 7–8), und wer diese besitzt, hat auch die Pflicht, sein Wissen andern mitzuteilen (v. 59–64). Das Gedicht erzählt dann von der Hochzeit des großen Herrn, der in einem fernen Gebirge lebt, mit einer edlen Jungfrau aus dem tiefen Tal, von der er sich einen Erben erhofft. Die Werbung um die Braut und ihre Heimführung zu *der besten wirtschaft die der ie dehein man ze sinen broutlouf[t]en gewan* (v. 320–322), wird dann allegorisch interpretiert und schließlich in den Zusammenhang der Erlösungsgeschichte von der Inkarnation bis zur Hochzeit des Lamms gestellt.

4. Eine unmittelbare Quelle für die Parabel ist nicht bekannt, aber sie ähnelt Darstellungen der mystischen Hochzeit, wie sie im 12. Jh. als Predigtthemen benutzt und auch Hoheliedkommentaren vorangestellt wurden (EHRISMANN, LG II 205).

Am nächsten steht wohl das Proömium zu den 'Commentaria in Cantica Canticorum' Philipps von Harvengt († 1182) (PL 203, Sp. 181–186). Die allegorischen Deutungen bieten Auslegungen, die im 12. Jh. zum theologischen Gemeingut gehörten (GANZ, S. 64–69), und es ist nicht wahrscheinlich, daß der Dichter eine einzige bestimmte Quelle dafür benutzt hat.

5. Die Intention des Gedichts ist es, die Zuhörer zum christlichen Leben zu führen: sie sollen das *reht* lieben und *unreht* vermeiden (v. 103–108). Die Bedeutung von Taufe (v. 339–358) und Beichte (v. 618–708) werden erklärt, und die Hochmütigen und Mächtigen werden gewarnt, daß sie nur dann ins himmlische Reich kommen können, wenn sie hier ihre christlichen Pflichten erfüllen (v. 741 bis 776, 481–509).

In seinem Gedicht hat der Dichter Elemente homiletischer Technik mit dem Erzählstil weltlicher Unterhaltungsliteratur kombiniert: das Nebeneinander von *spel* und *zeichen* einerseits und Formelhaftigkeit der Sprache sowie Wiederholung von Erzähleinheiten andererseits. Das alte Motiv von der königlichen Brautwerbung und Hochzeit wird dadurch zum Mittel religiöser Unterweisung, vielleicht als geistliche Kontrafaktur zur weltlichen Heldendichtung.

Literatur. Vollständige Bibliographie bis 1972 bei WAAG/SCHRÖDER, Dt. Ged. II 132–33; – W. SCHERER, Geistliche Poeten d. dt. Kaiserzeit II (QF VII), 1875, S. 14–19; H. LÖBNER, Die Hochzeit, Diss. Berlin 1887; C. VON KRAUS, 'Vom Rechte' u. 'Die Hochzeit', WSB 123 (1891); dazu Rez.n von F. VOGT, Lit.bl. f. germ. u. rom. Phil. 13 (1892) 145–147 und E. SCHRÖDER, AfdA 17 (1891) 287–301; P.F. GANZ, 'Die Hochzeit': fabula u. significatio, in: L.P. JOHNSON / H.-H. STEINHOFF / R.A. WISBEY, Stud. z. frühmhd. Lit., 1974, S. 58–73; H.F. RESKE, Jerusalem caelestis, Bildformen u. Gestaltungsmuster (GAG 95), 1973, S. 157–211; H. KUHN, Allegorie u. Erzählstruktur, in: Formen u. Funktionen der Allegorie, hg. v. W. HAUG, 1979, S. 206–218.

(1982) PETER GANZ

'Horant' → 'Dukus Horant'

'In dulci iubilo'

Lat.-dt. Weihnachtslied des 14. Jh.s.

Überlieferung. Über 20 Hss. vom Ende des 14. bis ins 16. Jh., zahlreiche gedruckte Gesangbücher seit dem 16. Jh., zusammengestellt in den Ausg. und bei JANOTA, Anm. 722, und LIPPHARDT (1972). LIPPHARDTs (1970) Datierung von zwei Medinger Hss. auf die 1. Hälfte des 14. Jh.s scheint mir nicht ausreichend gesichert, vgl. zu diesen Hss. BORCHLING, Mnd. Hss. II 48 und AMELN. Faksimiles einiger Hss. bei AMELN und GOTTWALD, 1962 und 1964. Zwei Fassungen:

1. Die ndl.-nd. Fassung: 10zeilige Strophe, Bau der Melodie AABBCCB[1], Schluß der 1. Str.: *Ergo merito, Ergo merito Des sullen alle herten Sweven in gaudio.* (Die beiden letzten Zeilen sind auch als Osterrefrain bezeugt, s. LIPPHARDT, 1972, S. 81.)

In dieser Fassung wird das Lied zuerst bezeugt durch die Vita Heinrich →Seuses (Dt. Schriften, hg. v. K. BIHLMEYER, 1907, S. 21): In einer Trost-Vision des Dieners der ewigen Weisheit dient es dort als Tanzlied himmlischer Jünglinge. Sonst ist diese Fassung nur im ndl.-nd. Raum überliefert. Seit dem Ende des 14. Jh.s finden sich Aufzeichnungen der 2. Strophe (z. T. mit Neumen) in Gebetbüchern des Zisterzienserinnenklosters Medingen bei Lüneburg (vgl. → 'Medinger Lieder und Gedichte'). Weiter verbreitet wurde diese Version vor allem in einem 2stg. organalen Satz (6 Hss., älteste Fassung Darmstadt, Hess. LB, cod. 2276, 43ᵛ, geschrieben um 1440 von dem Kölner Kartäuser → Heinrich von Dissen), aus dem sich z. T. durch Stimmentausch und Bevorzugung des Discants die heute noch in den Niederlanden übliche Melodie entwickelt hat.

2. Die obd. Fassung, Grundlage des heute in Deutschland verbreiteten Lieds: 7- oder 8zeilige Strophe, Bau der Melodie AABBC, Schluß der 1 Str.: *Alpha es et o* (meist wiederholt).

Älteste Aufzeichnung Leipzig, UB, cod. 1305, 116ʳ (um 1420). Verbreitet war diese Fassung im ganzen Südosten von Baiern bis Böhmen und Schlesien; auch nach Ungarn hat sie ausgestrahlt (lat.-ungar. Mischtext). Ein 3stg. Satz in deutlich modernerer Kompositionstechnik, als sie der 2stg. ndl.-nd. Satz zeigt, wurde um 1476 im Bodenseeraum aufgezeichnet.

In beiden Fassungen schwankt der Umfang des Textes von Hs. zu Hs.; in der obd. Tradition erscheinen bis zu 7 Strophen. Den ursprünglichen Kern des Liedes bilden wohl die drei den beiden Fassungen gemeinsamen Strophen, die alle auf Vokal reimen: *In dulci iubilo, O Jesu parvule* und *Ubi sunt gaudia* – Aufforderung zum Weihnachtsjubel, Hoffnung auf Trost vom Christuskind und zeitentrückte Sehnsucht nach ihm und nach der ewigen Freude. Zum relativ festen Bestand gehört ferner in jeder der beiden Fassungen eine marianisch-heilsgeschichtlich akzentuierte Strophe; da die Formulierungen hier durchaus verschieden sind (ndl.-nd. *Maria nostra spes*, obd. *Mater et filia*) dürfte es sich um sekundäre, in ihrer Tendenz naheliegende Erweiterungen handeln. In den nachreformatorischen Fassungen wurde diese Strophe meist ersetzt oder weggelassen.

Der Ursprung des Liedes ist weder bei Petrus Dresdensis noch in der Devotio moderna zu suchen, wie man gemeint hat, sondern ist, wie die Überlieferung zeigt, schon um die Mitte des 14. Jh.s anzusetzen. Am ehesten wird man sich das Lied, entsprechend den ältesten Textzeugen, als Produkt mal. Nonnenfrömmigkeit vielleicht im weiteren Umkreis mystischer Strömungen denken können. Hier ist auch die spezifische Form der Zweisprachigkeit zu Hause, die nicht, wie sonst vielfach üblich, auf satirischen oder komischen Kontrast zwischen Latein und Deutsch zielt, sondern Kleriker- und Laiensprache, Liturgie- und Gefühlssprache als einander ergänzende und durchdringende Elemente einheitlicher Devotion gebraucht.

Lat.-dt. Wechselgesänge, wie sie etwa durch Einschieben dt. Strophen in eine lat. Sequenz entstehen konnten, mögen im allgemeinen mit anregend gewirkt haben. Anschluß an eine bestimmte Sequenz oder einen Hymnus läßt sich hier jedoch nicht feststellen (entgegen A. Kellner, Musikgesch. des Stiftes Kremsmünster, 1956, S. 67, der das Lied als Paraphrase des Adventshymnus 'Conditor alme siderum' erklärt). Die Melodie könnte eher einer Tanzweise entlehnt sein (Salmen).
Erst im 16. Jh. wird die Zweisprachigkeit teilweise beseitigt, einmal zugunsten einer rein lat. Fassung (Liederbuch der Anna von Köln um 1540, Berlin, mgo 280), meist aber zugunsten des Deutschen (vgl. Spitta).

Ausgaben. A.H. Hoffmann von Fallersleben, In dulci iubilo, ²1861 (= Anhang zum Nachdr. von Hoffmann, KL), Nr. 14 (obd.) und 15 (ndl.); Wackernagel, KL II 483–486 (obd.); Bäumker, KL I 308–312 (Melodien, 2stg. Satz, Gesangbuchnachweise); Gottwald, 1964 (Melodien, 2stg. Sätze). Einzelne Überlieferungen (Auswahl): G.M. Dreves, Beitr. z. Gesch. des dt. Kirchenliedes II, KmJb 3 (1888) 29–39, dort S. 38 (Hohenfurt, Hs. 28); P. Alpers, Das Wienhäuser Ldb., NdJb 69/70 (1943/47) 1–40, dort S. 9 f.; B. Rzyttka, Die geistl. Lieder der Klosterneuburger Hs. 1228, Diss. (masch.) Wien 1952, Nr. 29; Ldb. der Anna von Köln, hg. v. W. Salmen u. J. Koepp (Denkm. rhein. Musik 4), 1954, Nr. 3 und 4; E. Bruning, De Middelnederlandse Liederen van het onlangs ontdekte Hs. van Tongeren, Antwerpen–Amsterdam 1955; C. Gottwald, Das Konstanzer Fragment, Acta musicologica 34 (1962) 155–161 (3stg. Satz); Ameln, S. 132; Lipphardt, 1972, S. 95 f.

Literatur. F. Spitta, In dulci iubilo nun singet und seid froh!, Monatsschrift f. Gottesdienst u. kirchl. Kunst 14 (1909) 365–373, 15 (1910) 13–19; Salmen, s. Ausg.; J. Smits van Waesberghe, Das Weihnachtslied I. d. i. und seine ursprüngl. Melodie, in: Fs. H. Osthoff, 1961, S. 27–37; C. Gottwald, 'I. d. i.' Morphogenese eines Weihnachtsliedes, JbLH 9 (1964) 133–143; K. Ameln, Ein vorreformatorisches Gebet- u. Andacht-Buch ..., JbLH 10 (1965) 131–138, bes. S. 132, 136f.; J. Janota, Stud. zu Funktion u. Typus d. dt. geistl. Liedes im MA (MTU 23), 1968 (Reg.); W. Lipphardt, Dt. Kirchenlieder in einem niedersächs. Zisterzienserinnenkloster d. MAs, in: Kerygma u. Melos, Fs. Ch. Mahrenholz, 1970, S. 310–318; ders., Nd. Reimgedichte u. Lieder d. 14. Jh.s in d. mal. Orationalien d. Zisterzienserinnen von Medingen u. Wienhausen, NdJb 95 (1972) 66–131; W. Jungandreas, Das Ms. 1305 der UB Leipzig eine Hs. aus Schlesien, JbLH 17 (1972) 205–212.

(1982)   B. Wachinger

'Innsbrucker (thüringisches) Osterspiel'

1. Überlieferung. Innsbruck, UB, cod. 960, 35ᵛ–37ᵛ, 38ᵛ–50ʳ. Randzusätze (Wiederholung der Rollenbezeichnung, Zeichen bei einer bestimmten Rolle) von anderer Hand (vgl. Moser, S. 185 f.). Zwischen dem 26.8. u. 1.9.1391 verfertigte Abschrift einer thüringischen Vorlage (aus d. Hennebergischen; Schmalkalden?). In der gleichen Hs.: → 'Innsbrucker (thür.) Fronleichnamsspiel' (dort Näheres zur Hs.), → 'Innsbrucker (thür.) Spiel von Mariae Himmelfahrt'.

Ausgaben. Vom 'I.O.' liegt bislang keine zufriedenstellende Ausgabe vor (zahlreiche falsche Lesungen bei Mone, gravierende Textumstellungen und willkürliche Ergänzungen der lat. Gesänge bei Hartl und Meier). – F.J. Mone, Altteütsche Schauspiele (Bibl. d. ges. dt. Nat.-Lit. 21), 1841, S. 107–144 (Text), 175–179 (Apparat) (zit.); E. Hartl, Das Drama d. MAs (DLE, Reihe: Drama d. MAs 2), 1937 (Nachdr. 1964), S. 136–189 (dazu: ders., Textkritisches zum 'I.O.', ZfdA 74 [1937] 213–226); R. Meier, Das 'I.O.', Das Osterspiel von Muri. Mhd. u. nhd. (Reclams Universal-Bibl. 8660–61), 1962 (Nachdr. 1974), S. 3–111. – Auszüge bei: Wackernagel, KL II, 1867, Nr. 519, S. 364–366; Wackernagel, Leseb., Sp. 1167–1178; R. Froning, Das Drama d. MAs (DNL 14,1), 1891 (Nachdr. 1964), S. 94–97; H.J. Koch, Mittelalter II (Die dt. Lit. Ein Abriß in Text u. Darstellung 2 [Reclams Universal-Bibl. 9605]), 1976, S. 276–288. – Vollfaksimile bei E. Thurnher/ W. Neuhauser, Die Neustifter-Innsbrucker Spielhs. von 1391 (Litterae 40), 1975.

2. Das 'I.O.' (1188 vv.), zu dessen Aufführung etwa 40 Darsteller benötigt wurden, beginnt nach dem üblichen, hier vom *expositor ludi* gesprochenen Prolog (v. 1–39) mit dem von Pilatus und den Juden unabhängig voneinander vorgetragenen Entschluß, das Grab Christi bewachen zu lassen. Die Juden, bei ihrem ersten Auftritt bereits durch einen pseudohebräischen Gesang charakterisiert (v. 49a–d; vgl. → 'Bozner Passionsspiele' [B], → 'Künzelsauer Fronleichnamsspiel'), ziehen, erneut singend (v. 65a), zu Pilatus. Die gemeinsamen Beratungen beider Parteien leiten über in ein dreigeteiltes Wächterspiel (v. 100–203), in dessen Verlauf dann auch die Auferstehung selbst vorgeführt wird (v. 157a–167a). Erst nach der Entdeckung der schlafenden vier *milites* und des leeren Grabes durch Pilatus – und somit chronologisch unrichtig –

erfolgt die auf dem vollständigen Gerüst der hierfür vorgesehenen lat. Gesänge aufbauende Höllenfahrt Christi (v. 204–270) mit dem Höllensturm, der Erlösung der Altväter, hier nur vertreten durch Adam und Eva, und, erstmalig in einem mal. Osterspiel, der Zurückweisung einer *anima infelix*. In der sich anschließenden sog. 'Ständesatire' (v. 271–420) fordert Lucifer Sathanas auf, die Hölle mit neuen Seelen zu füllen. Als potentielle Opfer werden dabei nicht nur die Vertreter bürgerlicher Berufe oder unehrliche Leute genannt, sondern auch die Spitzen geistlicher und weltlicher Macht: Der nach Avignon verbannte Papst mit seinen Kardinälen, Patriarchen und Legaten steht neben Kaiser, König, Fürsten und Grafen (v. 299 bis v. 306). Auf ihre Präsentierung verzichtet das 'I.O.' freilich und zeigt stattdessen, offenbar mit Blick auf ein städtisches – und daher unmittelbar betroffenes – Publikum, bei der folgenden Seelenbefragung durch Lucifer wie andere Spiele auch ('Erlauer Magdalenenspiel' [→ 'Erlauer Spiele' III. 3.]; → 'Redentiner Osterspiel') Handwerker mit ihren typischen Berufsverfehlungen, zudem einen Kaplan und einen *helser*. Die ganz auf didaktische Wirkung hin angelegte 'Szene' endet mit einem Monolog Lucifers, in dem dieser die Zuschauer vor der Ursache aller Sünden warnt: der *hoffart*.

3. Mit dem Gang der drei Marien zum Grabe – eröffnet von drei lat. Wegstrophen mit dt. *dicit*-Versen – leitet das Spiel über zur *visitatio sepulchri* und einem damit eng verbundenen, höchst umfangreichen Krämerspiel (v. 455–984). Mit mehr als 500 vv. beansprucht es fast die Hälfte des gesamten Spieltextes und prägt mit seinem Wortwitz, seiner derben Sprache, seinen Obszönitäten, Parodien und inkongruenten Vergleichen und einem ebenso aktions- wie temporeichen Verlauf weitgehend den Charakter des 'I.O.'. Personal, Aufbau und Versbestand weisen deutliche Parallelen zum 'Erlauer Osterspiel' (→ 'Erlauer Spiele' III. 2.), zum → 'Melker (rheinfrk.-hessischen) –' und → 'Wiener (schlesischen) Osterspiel', zur → 'Wiener Rubinrolle' sowie zum → 'Berliner (thüringischen) –' und zum → 'Lübener Osterspielfragment' auf.

4. In weniger als 200 vv. folgen – unter ständigem Rückgriff auf lat.-liturgische Feiertexte – endlich die eigentliche *visitatio*, die Hortulanus- und Thomasszene, die Verkündigung der Auferstehung durch Maria, der Apostellauf und die Vorweisung der *linteamina* durch Petrus und durch Johannes, der in Vertretung eines *conclusor* auch das Schlußwort spricht: Er verheißt allen Zuschauern, die mit einer Gabe zum leiblichen Wohle der Darsteller (*pristere und schulere*, v. 1183) beitragen, das Himmelreich.

Literatur. Bis 1974 umfassend bei THURNHER/NEUHAUSER (s.o. Ausg.n), S. 20–28. – R. WARNING, Funktion u. Struktur. Die Ambivalenzen d. geistl. Spiels (Theorie u. Gesch. d. Lit. u. d. schönen Künste 35), 1974, S. 59f., 66, 71, 80–83, 89, 98, 107; J.O. FICHTE, Expository Voices in Medieval Drama (Erlanger Beitr. z. Sprach- u. Kunstwiss. 53), 1975, S. 93–95; U. HENNIG, Die Klage d. Maria Magdalena in d. dt. Osterspielen, ZfdPh 94 (1975) Sonderheft, S. 108–138; R.H. SCHMID, Raum, Zeit u. Publikum d. geistl. Spiels, 1975, passim; W.F. MICHAEL, Das Neustifter-Innsbrucker Osterspiel u. d. Tiroler Passion, in: Tiroler Volksschauspiel. Beitr. z. Theatergesch. d. Alpenraumes, hg. v. E. KÜHEBACHER (Schriftenreihe d. Südtiroler Kulturinstituts 3), Bozen 1976, S. 167–177; H. MOSER, Die Innsbrucker Spielhs. in d. geistl. Spieltradition Tirols, ebd., S. 178–189; B. THORAN, Das Osterspiel d. Innsbrucker Hs. Cod. 960 – ein Neustifter Osterspiel?, ebd., S. 360–379; dies., Stud. zu d. österl. Spielen d. dt. MAs (GAG 199 [= 2. erw. Auflage d. Diss. Bochum 1969]), 1976, passim; A.M. NAGLER, The Medieval Religious Stage, New Haven–London 1976, S. 7f.; J.H. KUNÉ, Die Auferstehung Christi im dt. relig. Drama d. MAs (Amsterdamer Publikationen z. Sprache u. Lit. 36), 1979, S. 50–55; H. KINDERMANN, Das Theaterpublikum d. MAs, 1980, S. 28, 32, 38, 52, 55, 59f.

(1982)   BERND NEUMANN

Johannes von Saaz → Johannes von Tepl

Johannes von Tepl

A. Leben.

Einige Angaben in seinem Prosastreitgespräch 'Der Ackermann aus Böhmen' ('AaB'), die sich in ihrer Konkretheit von der Darstellungsebene des Streitgesprächs abheben, haben auf die Spur des Verf.s geführt: die Berufsangabe in III 1 *von vogelwat ist mein pflug*, traditionelle Umschreibung für den Mann der Feder, auch den beruflichen Schreiber; die Nennung von Ort und Land, Saaz in Böhmen (IV 5–8; III 2); schließlich die Namensangabe *Johannes* im Akrostichon des Schlußgebets. Saazer und Prager Urkunden, das Saazer Stadtbuch und drei Formularbücher, deren Anlage unmittelbar oder mittelbar auf ihn selbst zurückgeht, bezeugen einen *Johannes (de) Tepla* (Tepl, sein nordböhmischer Geburts-, Schul-, erster Dienstort?), auch *Johannes Henslini de Sitbor* (nach dem Namen des Vaters, Priester in Sitbor = Schüttwa, westböhmischer Bezirk Bischofteinitz, Geburtsort?) bzw. kurz *Johannes de Sitbor* genannt. Der Indizienbeweis für seine Autorschaft (v.a. durch BARTOŠ und BEER) fand seine Bestätigung durch den Fund des (lat.) Widmungsschreibens (1933 durch HEILIG im Freiburger Codex 163, f.96^b, 15. Jh.), das der Verf. des *libellus ackerman* der Übersendung seines Werkes an den Tepler Jugendfreund, jetzigen Prager Bürger Petrus Rothers (Rothirsch) beigegeben hatte. Er zeichnet mit *Johannes de Tepla, ciuis Zacensis*.

Quellen zur Biographie: L. SCHLESINGER, Das Urkb. d. Stadt Saaz, 1892; ders., Zwei Formelbücher d. XIV. Jh.s aus Böhmen, Mitt. d. Ver.s f. Gesch. d. Deutschen in Böhmen 27 (1889) 1–35; W. KATZEROWSKY, Ein Formelbuch aus d. 14. Jh., ebd. 29 (1891) 1–30; K.J. HEILIG, Die lat. Widmung d. 'AaB', MIÖG 47 (1933) 414–426 (auch SCHWARZ, WdF 143, 1968 [s. Lit. Allg.], S. 130–147); H.H. MENGE, Die sog. Formelbücher des 'A'-Dichters Johannes, in: Litterae ignotae, hg. v. U. MÜLLER (Litterae 50), 1977, S. 45–51; der lat. Widmungsbrief in allen neueren Ausg.n. – Quellenzusammenstellung u. -interpretation: W. WOSTRY, Saaz z. Zeit d. 'A'-Dichters, 1951; Ausg. KROGMANN, Einleitung; E. SCHWARZ, WdF 143, 1968, Einleitung.

J. ist spätestens ab 1383, wahrscheinlich schon vor 1378 Notar der Stadt Saaz (*notarius civitatis*, der u.a. das Stadtbuch anlegt und führt); daneben Leiter der örtlichen Lateinschule (*rector scholar[i]um*); weiter öffentlich amtierender Notar (*notarius publicus auctoritate imperiali, tabellio imperialis*), wie ab 1386 bezeugt. Die Amtseinkünfte, ergänzt durch gelegentliche auszeichnende Zuwendungen wie die Berechtigung zum Handel mit Wein, Bier, Met durch den Saazer Rat oder das durch König Wenzel erteilte Recht, von den Schlächtern auf dem Saazer Markt einen Groschen zu erheben, ermöglichen Grund- und Hausbesitz bereits in Saaz, dann in der Prager Neustadt. Dort übernimmt J. 1411, als *illuminatus vir* aus Saaz verabschiedet, das Stadtschreiberamt (*notarius, protonotarius*), und auch diesmal ist mit seinem Wirken die Anlage neuer Stadtbücher verbunden. Er erkrankt bereits 1413 schwer und ist 1415 tot. Er hinterläßt eine Witwe Clara, möglicherweise seine zweite Frau, wenn man eine weitere konkrete Angabe des Streitgesprächs biographisch beziehen darf: den Tod Margrets (III 3–5; XXXIV 69f.) am 1. August 1400 (XIV 14–21). Von (fünf) Kindern sprechen Urkunden und Werk (passim). – Berufliche Laufbahn und belegter Magistertitel weisen auf ein (juristisches?) Studium. In Prag (Univ. gegründet 1348; allerdings Name nicht in den Akten, Römisches Recht erst ab 1390)? Resultieren die Kontakte zur Prager Kanzlei, die das Berufs- und Literatenprofil J.' entscheidend mitbestimmt hat, daraus oder aus einer späteren Ausbildungsstufe? Studium in Paris? Er dürfte um 1350 geboren sein. Seine Nationalität, deutsch oder tschechisch, ist bis heute umstritten. Laufbahnbestimmend war sicher seine Dreisprachigkeit (mit Lat.).

Das Problem der Beziehung von Biographie und literarischem Werk ist bis heute, verengt, v. a. behandelt worden als Frage, ob dem Streitgespräch ein realer Todesfall zugrundeliegt. Es ist umfassender zu untersuchen als Frage nach dem Stellenwert gelehrt-literarischer Betätigung im gesellschaftlichen Selbstverständnis eines Berufsstandes, der, spezialisiert, den Aufbau einer modernen Administration trägt und zu einem der wichtigsten Träger auch volkssprachlicher Literatur im 15. Jh. und 16. Jh. wird.

B. Werk.

I. Schriften, Datierung. Das Widmungsschreiben weist auf umfassendere literarische Tätigkeit des Saazers. Erhalten ist jedoch nur der 'AaB', sieht man von einigen dt. Versen und lat. Passagen in einem St. Hieronymus-Offizium ab, das J. 1404 für einen Altar des Heiligen in Eger gestiftet hat (mit Donator-Bild), sowie von einigen lat. Versen zum Lob der Rhetorik in einem der Formularbücher, Gelegenheits- und Gebrauchsstücken, die, wie eine Reihe von Formularen, J. zugeschrieben werden. Der Todesfall ist im Streitgespräch auf 1400 datiert; es wird nicht lange danach entstanden sein. In zwei Phasen? (HAMMERICH, 1964). Mit einer späteren Überarbeitung? (JUNGBLUTH, 1968). Ungesichert ist die Vermutung, J. habe die → 'Wenzel-Bibel' verfaßt (BARTOŠ, 1970), auch die (u. a. DOSKOČIL, 1961), er sei der Verf. des tschech. Gegenstückes zum 'AaB', des 'Tkadleček' (= Weberlein) ('Tk'): Ein Mann (Ludvík; Weber als Schreiberallegorie, Verfasserhinweis?) klagt das Unglück an, das ihm die Geliebte (Adliczka) untreu werden ließ; das Ereignis ist auf 1407 datiert.

II. Überlieferung. Der 'AaB' ist in 16/17 vollständigen und unvollständigen Hss. (A–Q; hinzukommt aus München, cgm 252, 176ᵛ, ein Anfangsfrgm., eine Titelangabe, nahezu identisch mit D, wie dort nach → Steinhöwels 'Griseldis' und → Niklas' von Wyle 'Guiskard', wie D geschrieben von → Bollstatter) und 17 Drucken (a–n) überliefert. Allgemeine Charakteristik: in Böhmen keine Textzeugen erhalten (Hussitenkriege?) außer dem 'Tk', das stellenweise sehr eng mit dem 'AaB' parallel geht; erhaltene Überlieferung mit Ausnahme zweier Hss. (A, H, in sprachlicher Verbindung mit Eger) auf den obd. (alemannischen, schwäbischen, bairischen) Sprachraum konzentriert, die Drucke mit wenigen Ausnahmen, darunter die Bamberger Pfister-Drucke, auf den Umkreis Basel, Straßburg; Zeitraum der gesamten Überlieferung: erst 2. Hälfte des 15. Jh.s einsetzend, in der 1. Hälfte des 16. Jh.s auslaufend (A 1449, m 1547); gemeinsame Fehler weisen auf einen bereits verderbten Ausgangspunkt der erhaltenen Überlieferung.

Hss. u. Drucke s. Ausg.n; zuletzt Ausg. JUNGBLUTH, 1969, S. 31–33; ausführlicher Ausg. KROGMANN, S. 55–75. – Beschreibung: Ausg. BERNT / BURDACH, S. 1–84, XV–XVIII; Q: L. JUTZ, Herrigs Archiv 154 (1928) 1–17; L₂: W. KROGMANN, ZfdPh 76 (1957) 95–106; e₁: H. H. MENGE, Der 'AaB'. In Abbildung d. Druckes e₁, 1975, Einleitung; cgm 252: SCHNEIDER, München II 139–146; dazu W. RÖLL, PBB (Tüb.) 95 (1973) 491–496; – 'Tk'-Hss. s. Ausg. KROGMANN, S. 76. – Rezeptionsgeschichte: Ausg. BERNT / BURDACH, S. 3 f. u. in d. Beschreibungen; H. H. MENGE, Faks., Einleitung.

Die Überlieferung, zeittypisch im Übergang von Hs. zum Druck (Bamberger 'AaB' um 1460 einer der ältesten Drucke in dt. Sprache), bedarf dringend der rezeptionsgeschichtlichen Aufarbeitung. Hss.-Kontexte, 'Verlagsprogramme' der Drucker sowie vom 'AaB' beeinflußte Werke deuten verschiedenartige, v. a. geistliche, auch frühhumanistische Rezeptionsmotivationen an. Die heutige Einschätzung und Wirkungsbreite des Werkes als eines der bedeutendsten Prosastücke nach stilistischem Anspruch und Bewältigung des Themas zwischen MA und früher Neuzeit wird trotz GOTTSCHEDS Abschrift (1748), LESSINGS Erwähnung (1778), VON DER HAGENS nichtkrit. (1824) und KNIESCHEKS erster krit. Ausg. (1877) erst durch die Ausg. BERNT / BURDACH (1917) aufgebaut.

III. Ausgaben. Die Schwierigkeit der Textherstellung belegt augenfällig die Tatsache, daß seit 1917 nicht weniger als 9 selbständige kritische Ausgaben erschienen sind. Weder stemmatologische noch eklektische Versuche (im Vordergrund die Hss. H, E, A, B; 'Tk') noch das Leiths.-Verfahren haben bei der gegebenen Überlieferungslage trotz aller textkritischen Fortschritte im Einzelnen zu einem allgemein akzeptierten Text geführt. Insbesondere die sprachliche Form läßt sich (unter Berücksichtigung der Egerer und Prager Kanzleisprache; kaum Saazer Zeugnisse; nhd. Diphthongierung und Monophthongierung durchgeführt) nur annähernd herstellen.

Die Ausgaben: A. BERNT / K. BURDACH, Der AaB (Vom MA z. Reformation III.1), 1917 [auf der Grundlage einer stemmatolog. Anordnung d. vollständ. Überl. (außer P, Q); im ganzen überholt; reiche Kommentierung; Text 1929 noch einmal hg. v. BERNT]; A. HÜBNER, Der AaB, 1937, ³1965 [eklekt. nach 'Qualitätsgruppen', Beachtung von Stilkriterien]; E. GIERACH, J.v.S., Der AaB, 1943 [eklekt. Einzelkorrekturen an HÜBNER]; K. SPALDING, J.v.T., Der AaB, Oxford 1950 [HÜBNERs Verfahren mit Einzelkorrekturen, engl. Studienausg. mit Einführung u. Kommentar]; L.L. HAMMERICH / G. JUNGBLUTH, J.v.S., Der AaB, I, København 1951 [neuer stemmatolog. Versuch, lant-Gruppe mit E u. 'Tk' vertritt ältere Überl. u. liefert Kriterien für Wert der leut-Gruppe, Sonderproblem H; Glossar; II: Sachkommentar nicht erschienen; Text nochmals mit wenigen Korrekturen in Studienausg. 1951]; M.O'C. WALSHE, J.v.T., Der AaB, London 1951 [Verbesserungen an BERNT / BURDACH unter bes. Berücksichtigung d. 'Tk'; engl. Studienausg. mit Einführung u. Kommentar]; W. KROGMANN, J.v.T., Der ackerman, 1954, ⁴1978 ['Tk' praktisch mit Urschrift gleichgesetzt; liefert Wertkriterien für die dt., neu stemmatologisch aufgeschlüsselte, aber eklektisch behandelte Überl.; breite Einführung u. Kommentierung, Glossar]; G. JUNGBLUTH, J.v.S., Der AaB, I, 1969 (zit.) [in Anlehnung an HAMMERICH, 1934, korrigierte Wiedergabe der Hs. H, die eine 2. Werkfassung des Autors überliefere; Glossar]; M.O'C. WALSHE, J.v.T., Der AaB, London 1982 [stemmatologische Weiterentwicklung von BERNT/ BURDACH u. HAMMERICH/JUNGBLUTH 1951; Sonderstellung von E, H, 'Tk'; Neudeutung von H; engl. Ausg. mit Einführung; Abdr. von E, H].

Faksimileausgaben, Hss.abdrucke: a: A. BERNT, J.v.S., Der ackermann u. d. tod, Faks., 1919; c: A. SCHRAMM, 'AvB', Faks., 1924; H: A. BERNT / O. KLETZL, Der 'AvB', Abdr., 1925; e₁: H.H. MENGE, Faks. (Litterae 37), 1975; E, H: abgedr. in Ausg. WALSHE 1982; Teilabdr. von m, G in Ausg. BERNT / BURDACH, S. 93–104; Proben in Ausg. SPALDING, S. 106–112.

Übersetzungen: s. Ausg. KROGMANN, S. 251f.; danach selbständig: W. KROGMANN (Inselbücherei 198), 1957; M. VOSSELER (Goldmann-Tb. 2925), 1972; engl.: E.N. KIRRMANN, Death and the Plowman (Studies in the Germanic Languages and Literatures 22), Chapel Hill 1958; A. and E. HENDERSON, The Plowman from Bohemia, New York 1966; ital.: L. QUATTROCCHI, J.v.T., Il villano di Boemia, Roma 1965.

'Tk'-Ausgabe: H. HRUBÝ / F. ŠIMEK, Tkadleček (Sbírka I, I, Nr. 11), Prag 1923.

IV. Werkanalyse des 'Ackermann aus Böhmen'.

1. J. legt seinem Werk die Situation zugrunde, daß eine junge Frau und Mutter stirbt. Der Gatte, ein Mann der Feder, zieht darüber den Tod in ein Streitgespräch, das sich ausweitet zur Frage nach dem Sinn von Tod und Leben in der Ordnung der Welt und streckenweise, bes. ausgeprägt im Eingangsteil, als Prozeß formuliert ist. In 32 Kapiteln ergreifen abwechselnd der Kläger und der Tod das Wort, im 33. Kapitel spricht Gott das Urteil; ein litaneiartiges Fürbittgebet (der Klägerfigur, des Autors?) für die Tote schließt ab.

2. Nahezu alle zentralen Deutungsprobleme sind bis heute umstritten: Handelt es sich um eine Problemdichtung, vielleicht sogar um die Verarbeitung eines biographischen Anlasses, oder um eine musterhafte Stilübung (*dictamen*) an einem herkömmlichen Thema? Ist die Argumentationsstruktur einheitlich und konsequent, oder wird das Streitgespräch, wenigstens streckenweise, beliebig mit pro- und contra-Argumenten aufgefüllt? Ist das Werk, vielleicht unterschiedlich in verschiedenen Schichten, spätmittelalterlich oder frühhumanistisch geprägt?

3. Im Widmungsschreiben stellt J. als seine Leistung heraus, in seiner *jnveccio contra fatum mortis ineuitabile* die wesentlichen rhetorischen Elemente (die in lockerer Folge aufgeführt werden) in der dafür nicht disponierten dt. Sprache zur Wirkung gebracht zu haben, – erschöpfende oder nur partielle, adressatenbezogene Selbstinterpretation? Sie hat dem Bereich der Gestaltung gebührende Aufmerksamkeit verschafft, aber auch dazu geführt, die Leistung des Saazers darauf einzuschränken (v.a. BLASCHKA). Neuere historische Stil- und Rhetorikforschung hat demgegenüber die Vereinbarkeit, ja gegenseitige Bedingtheit von stilistischem Aufwand, Werthöhe des Themas und emotionaler Beteiligung sehen gelehrt.

4. Die rhetorischen Mittel (stilbestimmend vor allem die ständige Drei- und Zweigliedrigkeit von Wörtern, Sprecheinheiten, Satzteilen, Sätzen; die Rhythmisierung bes. der Satzschlüsse: Cursus) sind aufgelistet, z.T. auch in ihrer stilistischen Funktion und Wirkung beschrieben, ebenso weitere bevorzugte Darstellungsmittel (der sorgfältige, meist dreiteilige

Kapitelaufbau; kapitelrahmende und -überbrückende 'Wortbögen'; zahlensymbolische Gliederungen usw.). Im 'AaB' laufen mehrere rhetorische Traditionslinien zusammen (untersucht sind vor allem die Einflüsse der Kanzlei, des *genus iudiciale*, blümender Spruchdichtung; Schulrhetorik ist vorauszusetzen; die Impulse der neuen Latinität Italiens sind schwer zu messen). Abzuklären bleibt ihre Gewichtung und der jeweilige Anspruch (als traditionelle *ars ornandi*, als moderne *ars movendi*, als Bildungs-, Kanzlei- und Rechtselemente), den sie und weitere Darstellungselemente (bewußte Wahl der verbindlicheren Prosa: II 10–13, Prozeßmotive) ins Werk einbringen.

5. BURDACH hatte den 'AaB' als Werk eines Autors beschrieben, der Impulse des italienischen Frühhumanismus und der Renaissance, vermittelt über Cola di Rienzi, → Petrarca, → Johann von Neumarkt, in breitem Umfang aufnimmt und in der weltbejahenden Ackermannfigur kämpferisch, wenn auch noch mit tragischem Ausgang, gegen die lebensfeindliche Haltung des ausgehenden MAs, verkörpert in der Todesfigur, vertreten läßt, dabei auch frühreformatorische Strömungen einbezieht. SCHAFFERUS sah dagegen den zentralen Gehalt des Werkes bereits im Thomismus vorgeprägt. HÜBNER konnte den Hauptbestand an Motiven in mal. dt. Literatur nachweisen und empfahl, diese nicht zuerst als weltanschauliche Bekenntnisse, sondern als Füllsel einer allerdings neuartigen Form (bes. Satzbau) zu werten.

6. Gegenüber den (konträren) geistesgeschichtlichen Globaldeutungen, die den Autor mit ausgewählten Aussagen identifizierten, auch gegenüber isolierter Motiv- und Stilforschung eröffnete BRAND die Analyse der Werkstruktur als eines zielgerichteten Ablaufs, dem die Intention des Autors zu entnehmen sei. Im ganzen unumstritten ist ein erster Teil des Streitgesprächs (bis ca. XXII/XXIII). Kapitel I–V exponieren den Fall, die Gegner, die Entscheidungsinstanz Gott. Das *gerüfte* (Zetergeschrei), eine aufs höchste verschärfte Anklageform, mit der der Witwer den Dialog eröffnet, stellt den Streitfall unter die Dramatik und Rechtsverbindlichkeit des Prozesses. Der Tod, gemeinschädlicher Mörder, soll geächtet und hingerichtet werden. Das Gewicht der rationalen Selbstdarstellung des Todes als allgemeiner Ordnungsmacht im Auftrag Gottes (*lex naturalis*) erzwingt von seiten des Klägers Anerkennung als Faktum, Gesprächsbereitschaft statt affekthafter Klagehaltung, Bitte um Rat statt Mord- und Schadenersatzklage. Bestätigt das Urteil, in dem Gott dem Tod den *sig* zuspricht, diesen Stand des Gesprächs: Urteil auch des Autors (u.a. BRAND, BÄUML)? Oder bringt das letzte Dialogdrittel eine zu berücksichtigende Wende? Der Tod verabsolutiert seine ordnende, lebensbegrenzende Funktion in der Behauptung, er sei Ziel und Sinn des Lebens, und stützt sie in einer (seinerseits emotional-aggressiven) Schelte des nichtigen Lebens, als der Witwer beharrlich sich weigert, die irdische Glücks- und Sinnerfahrung trotz Verlustes zu verleugnen, und aus der Schöpfungsordnung den immanenten Sinn (*ere*) irdischen Lebens ableitet. Das Urteil als Bestätigung der unauflösbaren Verflechtung beidseitigen Unrechts (Verabsolutierung partieller 'Lehensmacht') und beidseitigen Rechts (konsequente Wahrung der eigenen Position) bei der unvermeidlichen Kollision zweier Ordnungen (Leben, Tod); Lösung nur als gläubiger Vertrauensakt (Schlußgebet) (u.a. KUHN, HAHN, BUCHTMANN). Wieweit ist der Argumentationsverlauf (z.B. die anfängliche hochemotionale *lamentatio* des Witwers) stärker als juristisch-rhetorische Strategie der Richter-/Leserbeeinflussung im Rahmen des *genus iudiciale* (BRANDMEYER, STOLT, NATT) denn als Erkenntnisvorgang der Figuren zu sehen? – Der Nachweis durchgeplanter Argumentation hat wahrscheinlicher gemacht, daß J. nicht nur die Form, sondern auch den Inhalt seines Streitgesprächs verantworten will. Dafür einen biographischen Anlaß anzusetzen, ist nach zeitgenössischem poetologischen Stand und Textbefund nicht nötig, aber er ist durchaus möglich; die eingangs angeführten konkreten Angaben können als gattungsbedingt (Berufsangabe) und sym-

bolisch (Margret = Perle) oder als gedächtnisstiftende Hinweise auf einen realen Fall gedeutet werden (zusammenfassend BÄUML, 1970). Der Wahrheitsanspruch, der älteren und jüngeren Argumentationskomplexen zugebilligt ist, kennzeichnen den 'AaB' als Orientierungsversuch in einer Übergangszeit.

7. Quellenfrage: Zusammenhänge zwischen dem 'AaB' und dem 'Tk', das seit KNIESCHEK (1877) allgemein als Bearbeitung des dt. Werkes verstanden wird, versucht HRUBÝ mit der Hypothese einer (spätscholastischen, lat.?) gemeinsamen Vorlage zu erklären, die ROSENFELD als Jugendwerk J.' gilt. Überliefert ist kein Werk, das als maßgebliche Einzelvorlage für den 'AaB' gelten könnte, den lat. 'Tractatus de crudelitate mortis' eines Codex (O LXX der Prager Metropolitan-Kapitelbibl.) aus J.' Besitz eingeschlossen (DOSKOČIL). Gattungsmäßig steht der 'AaB' in der Tradition lat. und dt. Streitgespräche, die Motive auch für das Todesthema bereitstellt und auch die juristische Aufschlüsselung von Streitfällen kennt. Weitere Motivkreise wie Frauenlob, -schelte, gelehrte Welt- und Geschichtsdeutung, menschliche Kunst und Wissenschaft (samt Zitierpraxis und Autoritätsbeweis) sind in spätmal. dt. Gattungen (Gesellschaftslied, Mariendichtung, Meistersang, Spruchdichtung, Fastnachtsspiel) vorgeprägt. Frühhumanistischer italienischer Einfluß ist eher in der Akzentuierung von tradiertem Argumentationsmaterial (bes. Klägerfigur) und dessen stilistischer Umprägung zu sehen. J.' Berufs- und Literatenselbstverständnis ist am unmittelbarsten aus Rolle und Wirken → Johanns von Neumarkt abzuleiten.

V. Literatur.

Allgemeines. Bibliographien: Ausg. JUNGBLUTH [chronolog., bis 1968]; Ausg. KROGMANN [Sachgruppen, bis 1953]. – Forschungsberichte: E.A. PHILIPPSON, Der 'AaB'. A Summary of Recent Research and an Appreciation, Modern Language Quarterly 2 (1941) 263–278; I. BACON, A Survey of the Changes in the Interpretation of 'AaB', Studies in Philology 53 (1956) 101–113; G. JUNGBLUTH, Ergebnisse u. Fragen zum Text des 'AaB', DU 17 (1965) H. 2, S. 48–62; W. BLANK, Aspekte d. 'A'-Interpretation, ebd., S. 63–79; G. JUNGBLUTH, Probleme der 'A'-Dichtung, WW 18 (1968) 145–155; E. SCHWARZ (Hg.), Der 'AaB' d. J.v.T. u. seine Zeit (WdF 143), 1968, Einleitung; G. SICHEL, Der 'AaB', Storia della critica, Firenze 1971. – Kommentare: s. Ausg.n; F.H. BÄUML, Rhetorical Devices and Structure in the 'AaB', Berkeley-Los Angeles 1960. – Glossare: s. Ausg.n; R.R. ANDERSON / J.C. THOMAS, Index Verborum z. 'AaB', 2 Bde, Amsterdam 1973f.

Zu A. Leben.

F.M. BARTOŠ, Prager Presse v. 27.7.1927 (Beilage), 4.2.1931, 25.12.1932; K. BEER, Neue Forschungen über d. Schöpfer d. Dialogs: Der 'AaB', Jb. d. Ver.s f. Gesch. d. Deutschen in Böhmen 3 (1933) 1–56; R. SCHREIBER, Peter Rothirsch v. Prag, Zs. f. Sudetendt. Gesch. 4 (1940) 287–294; K. DOSKOČIL, K pramenům 'Ackermanna' [Zu d. Quellen d. 'A'], Sborník historický 8 (1961) 67–102; dazu A. BLASCHKA, Ist Johannes de Sitbor Verf. des Tkladleček?, Zs. f. Slawistik 7 (1962) 125–130; W. KROGMANN, Neue Funde d. 'A'-Forschung, DVjs 37 (1963) 254–263; E. SCHWARZ, Neue Forschungen z. Person d. 'A'-Dichters, Bohemia 7 (1966) 9–26; H. ROSENFELD, Johannes de Sitbor, der Tkadleček u. die beiden Ackermannfassungen von 1370 u. 1401, Die Welt der Slawen 26 (1981) 102–124.

Zu B. Werk.

Zu I. Schriften, Datierung: A. BLASCHKA, Das St. Hieronymus-Offizium d. 'A'-Dichters, in: Fs. W. Wostry, 1937, S. 107–155; Ausg. KROGMANN, S. 34–38; L.L. HAMMERICH, Der Dichter d. 'AaB' als lat. Schriftsteller, in: Fs. H. Roos, 1964, S. 43–59; G. JUNGBLUTH, 1968 (s.o. Allg.); F.M. BARTOŠ, Der Schöpfer d. Rotlew-Bibel, in: Fs. A. Blaschka, 1970, S. 31–44.

Zu III. Ausgaben. Zur Editionsgeschichte: Ausg. HAMMERICH / JUNGBLUTH, Einleitung; Ausg. HÜBNER, ²1954, Einleitung (H. THOMAS); A. SCHIROKAUER, Die Editionsgesch. des 'AaB', Modern Philology 52 (1954/55) 145–158. – Ausgewählte textkrit. Beitr.: L.L. HAMMERICH, AfdA 53 (1934) 189–206; A. HÜBNER, Zur Überl. d. 'AaB', BSB, 1937, S. 22–41; W. KROGMANN, Zur Textkritik des 'A', ZfdPh 69 (1944/45) 35–96; ders., Unters. zum 'A', I-VII, ebd. 72 (1953) 67–109; 73 (1954) 73–103; 74 (1955) 41–50; 75 (1956) 255–274; 76 (1957) 95–106; ders., Das Akrostichon im 'A', in: Fs. W. Stammler, 1953, S. 130–145; M.O'C. WALSHE, Textkritisches zum 'AaB', ZfdPh 71 (1952) 162–183; ders., Some Notes on 'AaB', in: Fs. K.-W. Maurer, The Hague-Paris 1973, S. 70–76; ders., Der 'AaB': Quellenfrage u. Textgestaltung, in: Dt. Lit. d. späten MAs, Hamburger Colloquium 1973, 1975, S. 282–292; G. JUNGBLUTH, 1965, 1968 (s.o. Allg.). – Sprache: L.L. HAMMERICH, Hochsprache u. Mundart im 'AaB', in: Fs. R. Jakobson, 1956, S. 195–200; E. SKÁLA, Schriftsprache u. Mundart im

'AaB', Leipziger SB 57, 1965, H. 2, S. 63–72; ders., Prager Deutsch, Zs. f. dt. Sprache 22 (1966) 84–91; H. EGGERS, Dt. Sprachgesch. III, Das Frühnhd., 1969, bes. S. 22, 48–62, 80–99.

Zu IV. Werkanalyse: Zu 3.: K. J. HEILIG (s. o. A.); A. HÜBNER, Das Deutsche im 'AaB', BSB, 1935, S. 323–398; ders., Dt. MA u. ital. Renaissance im 'AaB', Zs. f. Deutschkde 51 (1937) 225–239 (auch SCHWARZ, WdF 143, 1968 [s. o. Allg.], S. 368–386); A. BLASCHKA, Ackermannepilog, Mitt. d. Ver.s f. Gesch. d. Deutschen in Böhmen 73 (1935) 73–87 (auch SCHWARZ, WdF 143, 1968, S. 345–367); ders., Ein Brieftopos d. 'A'-Dichters, WZUH 1 (1951/52) 37–40; ders., 550 Jahre 'A', ebd., S. 41–52; ders., Der Topos scribendo solari – Briefschreiben als Trost, ebd. 5 (1955/56) 637f.; A. SCHIROKAUER, 1954/55 (s. o. III.); Ausg. KROGMANN, Einleitung; M. O.'C. WALSHE, Rez. d. Ausg. Hammerich/Jungbluth, 1951, MLR 47 (1952) 211f.; B. STOLT, Rhetorik u. Gefühl im 'AaB', in: dies., Wortkampf. Frnhd. Beispiele z. rhetor. Praxis (Respublica litteraria 8), 1974, S. 11–30; R. NATT, Der 'ackerman a. b.' d. J. v. T. (GAG 235), 1978; F. SCHÜLEIN, Zur Theorie u. Praxis d. Blümens, 1976.

4/773

Zu 4.: F. WENZLAV, Zwei- u. Dreigliedrigkeit in d. dt. Prosa d. 14. u. 15. Jh.s, 1906; K. BURDACH, Der juristische Rahmen, BSB, 1913, S. 561; Ausg. BERNT / BURDACH; A. HÜBNER, 1935 und 1937 (beide s. o. IV. 3.); J. WEBER, Kapitelaufbau u. tektonischer Stil, Diss. (masch.) 1949; A. BLASCHKA, 1951/52 (s. o. IV.3.), bes. S. 48–50; H. SWINBURNE, Word-order and rhythm, MLR 48 (1953) 413–420; J. M. REITZER, Zum Sprachlich-Stilistischen im 'AaB', Diss. (masch.) Colorado 1954; dies., Das zehnte Kap. des 'AaB', Monatshefte f. dt. Unterricht 44 (1952) 229–233; dies., Das XXXIII. Kap. d. 'A', ebd. 47 (1955) 98–104; F. TSCHIRCH, Kapitelverzahnung u. Kapitelrahmung, DVjs 33 (1959) 283–308 (auch SCHWARZ, WdF 143, 1968, S. 490–525); ders., Colores rhetorici, in: Fs. K. Langosch, 1973, S. 364–397; F. H. BÄUML, 1960 (s. o. Allg.); CH. VOGT-HERRMANN, Der 'AaB' u. d. jüngere Spruchdichtung, Diss. (masch.) Hamburg 1962; K. H. BORCK, Juristisches u. Rhetorisches, Zs. f. Ostforschung 12 (1963) 401–420; K. D. THIEME, Zum Problem d. rhythmischen Satzschlusses, 1965; H. O. BURGER, Renaissance, Humanismus, Reformation, 1969, bes. S. 48–53; K. BRANDMEYER, Rhetorisches im 'a', Diss. Hamburg 1970; R. HENNIG, Das erste Kap. im 'AaB', Neoph. 55 (1971) 157–174; W. MIEDER, Streitgespräch u. Sprichwortantithetik, Daphnis 2 (1973) 1–32; B. STOLT (s. o. IV.3.); R. NATT (s. o. IV.3.); S. JAFFE, Des Witwers Verlangen nach Rat, Daphnis 7 (1978) 1–53.

Zu 5.: K. BURDACH, Der Dichter d. 'AaB' u. seine Zeit (Vom MA z. Reformation III 2 u. 3), 1926 u. 1932; ders., Platonische, freireligiöse u. persönliche Züge im 'AaB', BSB, 1933, S. 610–674 (auch SCHWARZ, WdF 143, 1968, S. 148–238); E. SCHAFFERUS, Der 'AaB' u. d. Weltanschauung d. MAs, ZfdA 72 (1935) 209–239; A. HÜBNER, 1935, 1937 (s. o. IV.3.); A. SCHIROKAUER, Der 'AaB' u. d. Renaissanceproblem, Monatshefte 41 (1949) 213–217.

Zu 6.: R. (SOMMERFELD-)BRAND, Zur Interpretation d. 'AaB', Monatshefte f. dt. Unterricht 32 (1940) 387–397; dies., Zur Interpretation d. 'AaB', 1944; L. WOLFF, Der 'AaB', WW 1 (1950/51) 23–31; H. KUHN, Zwei mal. Dichtungen vom Tod, 'Memento mori' u. d. 'AaB', DU 5 (1953) H. 6, S. 84–93; M. O'C. WALSHE, Der 'AaB': A Structural Interpretation, Classica et Mediaevalia 15 (1954) 130–145; E. BUCHTMANN, Die 'A'-Dichtung, Diss. (masch.) Marburg 1960; F. H. BÄUML, 1960 (s. o. Allg.); ders., Tradition, Ursprünglichkeit u. d. Dichtungsbegriff in d. 'A'-Forschung, in: Fs. A. Blaschka, 1970, S. 9–30; H. DEINERT, Der 'AaB', JEGP 61 (1962) 205–216; G. HAHN, Die Einheit d. 'AaB' (MTU 5), 1963; K. BRANDMEYER (s. o. IV. 4.); B. STOLT; NATT (beide s. o. IV.3.); JAFFE (s. o. IV.4.).

Zu 7.: Ausg. BERNT / BURDACH; K. BURDACH, 1933 (s. o. IV.5.); A. HÜBNER, 1935, 1937 (s. o. IV.3.); Ausg. KROGMANN, bes. S. 41–54; F. H. BÄUML, 1960 (s. o. Allg.); K. DOSKOČIL (s. o. A.), dazu A. BLASCHKA, Leipziger SB 57, 1965, H. 2, bes. S. 45–58; CH. VOGT-HERRMANN (s. o. IV.4.); A. HRUBÝ, Der 'A' u. seine Vorlage (MTU 35), 1971; ROSENFELD (s. o. A.).

4/774

(1982)

GERHARD HAHN

'Jüngeres Hildebrandslied'

4/918

Die bei reicher Überlieferung auch im Norden ursprünglich doch wohl hochdeutsche Ballade behandelt in (meist zwanzig) vierzeiligen Langzeilenstrophen ('Hildebrandston') den Zweikampf des Dietrich-Mannen Hildebrand (H.) mit seinem Sohn Alebrand (A. = Hadubrand), ein Heldensagen-Stoff, der schon im frühen MA im → 'Hildebrandslied' auftaucht.

1. Überlieferung. Hd. und nd., ndl., dänisch, jüdisch-dt.; ganz überwiegend im Druck (bis ins 17. Jh.), bei Flugblättern meist mit Titelholzschnitt. – Text: 21 Flugblätter, 7 Ldbb., 1 Einblattdruck (MEIER; danach die Siglen). Zum dän. Zweig s. O. HOLZAPFEL, Folkevise u. Volksballade, 1976, S. 19f. Zwei hs.liche Umschriften ins Hebräische (2. H. d. 16. Jh.s) gehen sicher auf (dt.) Drucke zurück. Von den 4 frühen (hd.) Hss. (2. H. d. 15./Anfang d. 16. Jh.s) sind 2 nur kurze Frgm.e: V (Berlin, mgq 1107; 1459) und X (Wien, Buchdeckelfund, aus dem lat. cod. 4889; 1493). Im 'Dresdner Heldenbuch'

(→ 'Heldenbücher') steht als letztes Stück die mit 29 Strr. umfänglichste Fassung (D). Als 'guter' Text gilt – neben dem Druck des 'Antwerpener Ldb.s' von 1544 (dd) – die derzeit nicht lokalisierbare, ehemals Wernigeroder Hs. W (Zb 4m, 95ᵛ–97ʳ, dazu Bl. 111 eine Federzeichnung, vgl. E. FÖRSTEMANN, Die Gräflich Stolbergische Bibliothek zu Wernigerode, 1866, S. 103 f.), grundsätzlich läßt sich die Überl. jedoch nicht auf den Nenner einer 'Urform' bringen. – Melodie: Als cantus firmus eines 2stg. Satzes (Johannes Stahl) bei Georg Rhaw, Bicinia I, 1545 (Nr. 94), und eines 4stg. von Melchior Franck (Reuterliedlein, 1603, Nr. 4). Außerdem die 1. Singzeile in Quodlibets von Franck (zuerst 1611) und Nicolaus Zangius (zuerst 1597).

2. Ausgaben. Text (Auswahl; nur E. STEINMEYER versuchte, eine archetypische [Druck-]Fassung zu rekonstruieren: MSD II 26–30): F. H. V. D. HAGEN / A. PRIMISSER (Hgg.), Der Helden Buch in der Ursprache, Bd. II, Berlin 1825, S. 219–221 (D), 234 (die Frgm.e V und X); AnzfKdVz 10 (1863) 439 f. (X); DV I, 1 (J. MEIER), Nr. 1 (grundlegend. Hier W, dd, t; Lit.); Das dt. Volkslied I: Balladen, hg. v. J. MEIER (DLE), 1935 (Nachdr. 1964), Nr. 1 (b, dd); W. B. LOCKWOOD, Die Textgestalt d. J. H. in jüdisch-dt. Sprache, PBB (Halle) 85 (1963) 433–447; Dt. Volkslieder, hg. v. L. RÖHRICH u. R. W. BREDNICH, I, 1965, Nr. 13 (u, dd); Het Antwerps Liedboek, hg. v. K. VELLEKOOP u. H. WAGENAAR-NOLTHENIUS, I, 1972, Nr. 40 (dd); SpätMA, Humanismus, Reformation (Die dt. Lit. Texte u. Zeugnisse II 1), hg. v. H. HEGER, 1975, S. 205–209 (D). – Faks. von a (mit Holzschnitt): G. KÖNNECKE, Bilderatlas z. Gesch. d. dt. Nationallit., 1887, S. 68; der Holzschnitt aus k bei RÖHRICH / BREDNICH. – Melodie (Auswahl): cantus firmus isoliert: MEIER, DV, a. a. O., S. 1 (Stahl; dies auch RÖHRICH / BREDNICH und Het Antwerps Liedboek) bzw. S. 18 (Franck). Die ganzen Sätze: H. REICHENBACH, Bicinia Germanica ... von Georg Rhaw, 1926, Nr. 1 (Dies auch R. v. LILIENCRON, Dt. Leben im Volkslied, 1884 [Nachdr. 1966], Nr. 27; Het Antwerps Liedboek, a. a. O., II 56) bzw. Gesellige Zeit, hg. v. W. LIPPHARDT, I, ²1954, Nr. 73 (Franck). Das Zangius-Quodlibet: N. Z., Geistl. u. weltl. Lieder mit fünf Stimmen ... hg. v. F. BOSE, 1960, Nr. 5.

3. Die dargestellte Situation ist dem alten Heldenlied gegenüber vollkommen entspannt. V. a. fehlt die Bindung an einen historischen Hintergrund; Dietrichs (periphere) Funktion ist bei der Vorbereitung H.s (1. Abschnitt) mitzuhelfen. Dieser weiß, auf wen er treffen wird, und der Ausgang des Kampfes (2. Abschnitt) ist versöhnlich. Die anschließende Heimkehr (3. Abschnitt) bleibt ohne feste Kontur: grundsätzlich führt A. den Vater als Gefangenen heim, um die Mutter umso mehr zu überraschen (W, dd). Die hd. Drucke pfropfen aber darauf noch das Motiv vom Ring als Erkennungszeichen, das direkt aus der Möringersage (→ 'Moringer') stammt, mit der sich das 'J. H.' auch in Überlieferung (W) und Bebilderung (a) gelegentlich berührt. In D führen gar die Kämpfer vor alledem unter den Augen Frau Utes noch ein 'wirkliches Scheingefecht' auf. Mit diesem operettenhaft potenzierenden Schluß ist D doch eher ein (fast parodistisch) rationalisierender Ableger und keine ursprünglichere Fassung (ROSENFELD), aber grundsätzlich gilt durchaus für alle Versionen diese geschichtslos heitere Stoffauffassung vor dem literarischen Hintergrund der spätmal. Dietrichepik und verwandter Traditionen (der → 'Wolfdietrich' ist geradezu zitiert). Dem entspricht im Stilistischen der Volksliedton (WOLFF) in formelhafter rhetorischer Frage, Variation, gemütvoller Formulierung (*der liebste vater din*) und stimmungsvoller Symbolik.

4. Es gibt mehrere Anhaltspunkte dafür, daß noch (bzw. schon) im 13. Jh. die Heimkehr/Zweikampf-Erzählung als solche gut bekannt war – vermutlich in konkurrierenden Fassungen mit z. T. tragischem, z. T. untragischem Ausgang: → Wolframs (ironische?) Anspielung auf die Treue der Frau Ute ('Willehalm' 439, 16 ff.); die Variante *von des jüngen albrandes tot* im Repertoirespruch des → Marner (XV, 14, Vers 10); die (versehentliche?) Erwähnung eines *armen ritter albrant* bei → Heinrich von Freiberg ('Die Ritterfahrt des Johann von Michelsberg' 23); und v. a. Kap. 406–409 der 'Thidrekssaga' (H. BERTELSEN [Hg.], II 347 ff.). Mit Recht rechnet man in diesem Zusammenhang mit gewissen höfischen Interferenzen (Namensweigerung mit dem dazugehörigen Komment), und daneben wäre an die Möglichkeit internen strukturellen Wandels zu denken (der positive Ausgang als Pendant auch zur endgültigen Heimkehr Dietrichs, wie sie etwa die 'Klage' [→ 'Nibelungenlied'] andeutet). Im

einzelnen wird dieses 'Heldenzeitlied' (FROMM) jedoch nicht greifbar; was sich erhalten hat, muß im wesentlichen als Produkt des 15./16. Jh.s gelten.

5. Das 'J. H.' ist, wie, abgesehen von der Überlieferung selbst, aus Tonangaben, Kontrafakturen und stofflichen Anspielungen hervorgeht, außerordentlich populär gewesen (MEIER, 1934, S. 1f. Anm.; vgl. weiter Aegidius Tschudi, De prisca ac uera Alpina Rhaetia ..., 1538, S. 1f.: Phantasiecharakter der Erzählungen *de Hildtprando*), z. T. bis ins 18. Jh. und sogar in Puppen- und Volksschauspiel (bibliogr. oft kaum von dem überhaupt nicht verwandten Ehebruchsschwank vom 'Meister Hildebrand' zu unterscheiden).

6. Die Strophe (3-3a, 3-3a, 3-3b, 3-3b; in D mit Zäsurreimen) war in der spätmal. Heldendichtung und darüber hinaus weit verbreitet, und die Melodie, die dazu im Zusammenhang mit dem Text des 'J. H.' auftaucht, ein einfacher Rezitationston, gehört zu der ganz kleinen Gruppe von Musikbeispielen, die sich zu dem umgreifenden Typ der vierzeiligen Langzeilenstrophe erhalten haben, welcher in anderen Variationen etwa auch beim → Kürenberger, im 'Nibelungenlied' oder im 'Titurel' Verwendung gefunden hat (→ Albrecht, Dichter des 'Jüngeren Titurel', III.A.5.; → 'Alsfelder Passionsspiel'; → 'Trierer Marienklage'). Sie ist deshalb immer wieder zur Rekonstruktion einer alten Epenmelodie herangezogen worden. In allgemein struktureller Hinsicht – Erweiterung eines zweizeiligen Grundtyps durch Wiederholung – hat das seine Berechtigung, im übrigen ist jedoch zu bedenken, daß die Überlieferung nicht nur sehr spät, sondern dazu ganz auf mehrstimmige Liedsätze des 16./17. Jh.s beschränkt ist.

Literatur. Zur Stoffgeschichte allgemein s. →'Hildebrandslied'. Forschungsbericht: H. VAN DER KOLK, Das Hildebrandslied. Eine forschungsgeschichtliche Darstellung, Amsterdam 1967, S. 156–181 ('Nachwirkung'). – J. MEIER, Drei alte dt. Balladen. 1. Das J.H., Jb. Volkslied 4 (1934) 1–37; L. WOLFF, Das J.H. u. seine Vorstufe, Hess. Bll. f. Vk. 39 (1941) 54–63 (jetzt in: L.W., Kleinere Schr.n, 1967, S. 350–358); H. FROMM, Das Heldenzeitlied d. dt. HochMAs, Neuphil. Mitt. 62 (1961) 94–118; W. HARMS, Der Kampf mit d. Freund oder Verwandten in d. dt. Lit. bis um 1300 (Medium Aevum 1), 1963, S. 23–29; H. ROSENFELD, Heldenballade, in: Hdb. d. Volksliedes, hg. v. R. W. BREDNICH/L. RÖHRICH/W. SUPPAN, I, 1973, bes. S. 65–72; CH. GERHARDT, Vrou Uotes Triuwe, ZfdA 105 (1976) 1–11. – Melodie: W. LIPPHARDT, Die musikalische Gestalt d. altdt. Heldenliedes, Die Singgemeinde 9 (1933) 180–191, bes. S. 185 ff.; K. BERTAU/R. STEPHAN, Zum sanglichen Vortrag mhd. strophischer Epen, ZfdA 87 (1956/57) 253–270, bes. S. 255–257; E. JAMMERS, Das mal. dt. Epos u. d. Musik, Heidelberger Jbb. 1 (1957) 31–90 (Wiederabdr. in E. J., Schrift, Ordnung, Gestalt, 1969, S. 105–171; hier bes. S. 150–155); S. BEYSCHLAG, Langzeilen-Melodien, ZfdA 93 (1964) 157–176, bes. S. 166–176 (ders., Altdt. Verskunst in Grundzügen, 1969, Anhang, Nr. 14: 'Struktur der Melodie des J.H.'); H. BRUNNER, Epenmelodien, in: Formen mal. Lit. (Fs. S. Beyschlag), hg. v. O. WERNER u. B. NAUMANN, 1970, S. 149–168 (und Melodieanhang), bes. S. 152 u. ö. (Lit.); W. LIPPHARDT, Epische Liedweisen d. MAs in schriftl. Überl., in: Dt. Heldenepik in Tirol, hg. v. E. KÜHEBACHER, Bozen 1979, S. 275–299, bes. S. 292–294; H. BRUNNER, Strukturprobleme der Epenmelodien, ebd., S. 300–328, bes. S. 304–307; G. HOTTENSTEIN, Zur Lokalisierung von 'prut in bure'. Ein Vergleich zwischen altem u. jüngerem H., in: Akten d. 6. Internat. Germanistenkongresses Basel 1980, hg. v. H. RUPP u. H.-G. ROLOFF, Bern–Frankfurt–Las Vegas 1980, Teil 2, S. 237–242.

(1982)   MICHAEL CURSCHMANN

K

'Kaiserchronik'

Frühmhd. Reimchronik; Mitte 12. Jh.s

Inhalt. 1. Überlieferung. 2. Ausgaben. 3. Titel. 4. Abfassungsort, Verfasser. 5. Datierung. 6. Anreger, Auftraggeber. 7. Inhalt u. Aufbau. 8. Quellen. 9. Konzeption. 10. Gattung, Publikum. 11. Sprache, Form, Syntax. 12. Fortsetzungen. 13. Nachwirkung. – Literatur.

1. Überlieferung. Die Überl. ist erstaunlich reichhaltig und lang anhaltend: kein anderer dt. Text des 12. Jh.s war derart erfolgreich. Man unterscheidet 3 Rezensionen (A bis C); hinzu kommen Prosafassungen (D) sowie Überl. von Einzelepisoden (E).

A = der alte Text (Mitte 12. Jh.s); bricht mit v. 17283 (im Bericht über Konrad III.) ab. 15 Textzeugen vom 12. Jh. bis Ende 14. Jh.s: 3 Hss.: V = Vorau (→'Vorauer Hs. 276'); M = München, cgm 37 (endet mit v. 17181); H = Heidelberg, cpg 361 und 12 Fragmente; außerdem gekürzte Versionen: in 3 Hss. der 'Sächsischen Weltchronik' (Fassung C); in 1 Hs. des 'Schwabenspiegels'; einige Verse auch im Münchener Prosafrgm. (s. unten D,b). – E. SCHRÖDER unterscheidet eine bair.-österr. Hss.-Gruppe X (u. a.: V und M) und eine rhein.-norddt. Gruppe Y (u. a.: H und die 3 Weltchronik-Hss.). V hat den besten (E. SCHRÖDER) und vollständigsten Text; der Danieltraum (v. 526–590) ist wohl keine Interpolation (anders VOGT, 1894, S. 551). Text nach H bei MASSMANN, nach V bei DIEMER und E. SCHRÖDER.

B = erste Bearbeitung (wohl Anfang 13. Jh.s); der (bair.-österr.) Autor ist um reine Reime bemüht und kürzt den Text um etwa 1600 Verse. 3 Hss. und 9 Frgm.e (13. und 14. Jh.).

C = zweite Bearbeitung (nach 1250); reine Reime (unabhängig von Rez. B); neuer Prolog (64 Verse) sowie Fortsetzung bis z. J. 1250 (800 Verse, s. u. 12.). Vielleicht in Regensburg entstanden. 5 Hss. und 4 (5) Frgm.e (Ende 13. Jh.s bis Ende 15. Jh.s); außerdem die eigenwillige Fassung des Christof von Tegernsee (1594!).

D = Prosaauflösungen des 13. Jh.s:
a) Fassung C der → 'Sächsischen Weltchronik' mit zahlreichen 'Kchr.'-Partien in Prosa (nach Rez. A). 4 Hss. (13. bis 16. Jh.). Entstanden wohl um 1260 (oder schon um 1248?) auf nd. Gebiet (Lüneburg?).

b) Sog. 'Prosakaiserchronik' (→ 'Buch der Könige alter ê und niuwer ê') (nach Rez. A), nach 1275 in Augsburg – als historische Einleitung zum →'Schwabenspiegel' – entstanden. 11 (13) Hss. (meist 15. Jh.). – E. SCHRÖDERS Hs. Nr. 3 (Wolfenbüttel, Hzg.-Aug.-Bibl., cod. Aug. 15.2. f. 1–23) sowie das Münchener Frgm. (s. ZfB Beih. 72, 1940, S. 144–147) (beide 14. Jh.) scheinen eine eigenständige Prosafassung zu vertreten.

E = separate Überl. einzelner Episoden: → 'Trierer Silvester' (Bearb. nach Rez. A, 12. Jh.); Adelger (nach Rez. B, 13. und 15. Jh.); Crescentia (nach Rez. B, 15. Jh.); Mercur- und Venusbildsage (nach A, 15. Jh.).

Lat. Übersetzungen s. u. 13. Nachwirkung.

Hss.-Nachweise: E. SCHRÖDER, S. 7–26, 438f.; HERKOMMER, 1972, S. 102–127; NELLMANN, ZfdPh 95 (1976) 65–68; ²VL I 1089–1092 (zur 'Prosa-Kchr.'); ferner W. FECHTER, Das Publikum der mhd. Dichtung, 1935, S. 52f. (über mögliche Hss.-Besitzer); BUMKE, 1979, S. 84f. (zur Datierung); HENNEN, 1977 (zu den Initialen). Weitere Hss.: Berlin, SB Preuß. Kulturbes., Grimm-Schränke Nr. 127 (v. 4273–4427, mit Lücken; zu Rez. A) (Hinweis von J. HEINZLE). München, cgm 189 (v. 13525–14113, mit Lücken; zu Rez. B), s. E. PETZET, Die dt. Pergament-Hss. (Cgm) Nr. 1–200, 1920, S. 357f.

2. Ausgaben. H. F. MASSMANN, Der keiser und der kunige buoch oder die sog. 'Kchr.', Bd. 1 u. 2 (Bibl. d. ges. dt. Nat.-Lit. 4), (1848)/1849 (nach Hs. H); J. DIEMER, Die 'Kchr.' nach der ältesten Hs. d. Stiftes Vorau, 1849 (dipl. Abdruck von V); E. SCHRÖDER, Die 'Kchr.' eines Regensburger Geistlichen (MGH Dt. Chron. I,1), 1892 (Neudr. 1964) [krit. Ausg. nach V (zit.); Lesarten der Rez. B und C nur bei MASSMANN]; W. BULST, Die 'Kchr.', Ausgew. Erzählungen. I Faustinianus. II Crescentia (Edit. Heidelbergenses 5 u. 6), 1946 (nach V). – Faks.: Die 'Kchr.' des regul. Chorherrnstifts Vorau (Hs. 276/1), Graz 1953.

3. Titel. Die 'Kchr.' nennt sich selbst 'Cronica' (v. 17); derselbe Titel auch in Quellenberufungen bei → Otte ('Eraclius'

v. 4434. 4545) sowie – häufig – in den (oben unter D,b genannten) Prosafassungen der 'Kchr.'. Der heutige Titel stammt von B. DOCEN (Beyträge z. Gesch. u. Lit. 9 [1807] 1073).

4. Abfassungsort, Verfasser. Seit WELZHOFER, 1874, und E. SCHRÖDER, 1892, gilt Regensburg allgemein als Abfassungsort der Chronik. Man schließt das vor allem aus der bevorzugten Erwähnung dieser Stadt sowie aus Detailkenntnissen über Nachbarorte und Regensburger Persönlichkeiten. Für Regensburg spricht ferner seine Bedeutung als geistiges, politisches und wirtschaftliches Zentrum im 12. Jh. (s. zuletzt WATTENBACH / SCHMALE, 1976, S. 232 ff.; BUMKE, 1979, S. 138 ff.).

Der Verfasser dürfte also ein 'Regensburger Geistlicher' (E. SCHRÖDER) gewesen sein, der allerdings nicht – wie E. SCHRÖDER (und schon WELZHOFER) glaubte – mit dem Pfaffen → Konrad (teil-)identisch ist. SCHRÖDERS These hat die Forschung lange bestimmt und wurde erst durch WESLES detaillierte Wortschatzuntersuchungen (1924) widerlegt.

Strittig (und schwer lösbar) bleibt die Frage, ob die 'Kchr.' einen oder mehrere Verfasser habe. Hauptargument für die Annahme (mindestens) zweier Verfasser ist der Epilog der Silvesterlegende (v. 10619 ff.; wichtig die Varianten zu v. 10626). Nach DEBO, 1877, und E. SCHRÖDER handelt es sich um den Nachruf auf einen Mitarbeiter (ebenso SCHWIETERING, DE BOOR, KARTSCHOKE, 1965); nach KRAUS, 1895, und OHLY, 1940, bittet der Verfasser für sein eigenes Seelenheil (ebenso URBANEK, 1959, und HENNEN, 1977).

Unterschiede in der Erzähltechnik einzelner Episoden (z. B. Lucretia und Adelger) sowie Widersprüche sind immer aufgefallen; z. T. mögen sie im Charakter der unterschiedlichen Quellen (URBANEK), vielleicht auch verlorener mhd. Vorlagen begründet sein. Die bisherigen Versuche, Anteile verschiedener Mitarbeiter abzugrenzen (u. a. DEBO, E. SCHRÖDER, NAUMANN, 1953, NÖTHER, 1970), haben nicht überzeugt (vgl. CROSSLEY, 1939; NELLMANN, 1963, S. 150 f.). SCHWIETERINGS Vorschlag eines Gemeinschaftswerks mit 'führendem Meisterdichter' (S. 99) läßt das Problem der Abgrenzung offen. Eine neue Untersuchung wäre wünschenswert.

5. Datierung. Für die Bestimmung der Abfassungszeit haben wir nur wenige einigermaßen feste Daten (Forschungsbericht: CROSSLEY; zuletzt: BUMKE). Als frühester möglicher Termin für den Arbeitsbeginn wurde das Jahr 1126 erwogen. Damals wurde der Siegburger Abt Kuno Bischof von Regensburg; durch ihn ist vermutlich das → 'Annolied' (benutzt im Cäsarabschnitt der 'Kchr.') nach Regensburg gelangt. Daß unter Bischof Kuno († 1132) wirklich schon mit der Arbeit begonnen wurde, läßt sich nicht nachweisen. – Mindestens bis zum Frühjahr 1147 muß an der 'Kchr.' geschrieben worden sein, da sie mit der Kreuznahme König Konrads III. (Weihnachten 1146) abschließt (nicht unbedingt 'abbricht'; s. HENNEN, 1977, S. 164 f.). Daß der Verfasser die Zeit Barbarossas (ab 1152) noch miterlebt habe, wird neuerdings wieder vertreten (STENGEL, 1958: bis 1164/65; URBANEK, 1959 und 1972: bis 1155). Sichere Belege fehlen (NEUMANN, 1961/62, WATTENBACH / SCHMALE, BUMKE); die Bauernregel Karls des Gr. ist mehrdeutig (zuletzt hierzu SCHNELL, 1980).

Versuche, die Entstehungszeit einzugrenzen mit Hilfe der (jeweils nur vermuteten) Auftraggeber, sind problematisch (s. unten 6.). Wohl kaum dürfte die 'Kchr.' ursprünglich mit Kaiser Lothars III. Tod (v. 17181) geendet haben (so schon E. SCHRÖDER gegen SCHERER): Der Verfasser deutet in v. 16615–17 seine Absicht an, später Näheres über Sangwin/Zengi zu berichten; der versprochene Bericht folgt v. 17248 ff. (Eroberung Edessas, Weihnachten 1144). Überdies setzt v. 16247 ff. (Nachruf auf Heinrich II.) die Heiligsprechung des Kaisers – März 1146 – voraus. Somit sind zumindest die letzten 1000 Verse nach März 1146 – also lange nach Lothars Tod – geschrieben (anders

WESLE, 1924, S. 235f., der in beiden Fällen Interpolation annimmt).

Erwägenswert ist die These NEUMANNS, daß der Chronist 1147 von der Kreuzzugswelle überrollt wurde, 'als er schreibend das Jahresende 1140 erreicht hat' (S. 293). Hierfür spricht, daß er zwar ausführlich vom Ende Heinrichs des Stolzen († 1139) sowie vom Kampf Welfs VI. gegen den Babenberger Leopold IV. und gegen den König (1140) berichtet, dann aber sofort zur Eroberung Edessas (Ende 1144) und zu den Kreuzzugsvorbereitungen überspringt und die für Bayern höchst bedeutsame Versöhnung der Babenberger mit den Welfen (1142/43) nicht erwähnt. Der Verfasser könnte selbst zum Kreuzzug aufgebrochen sein, ebenso wie sämtliche weltlichen und geistlichen Herren, die damals in Regensburg Einfluß hatten (NEUMANN, S. 294; anders BUMKE, S. 84, der für die Schlußpartie die 'Jahre nach 1152' erwägt).

Die Abfassungsdauer muß sich nicht über Jahrzehnte hingezogen haben, zumal wenn Teamarbeit angenommen werden kann; → Otto von Freising diktierte seine (anspruchsvollere und umfangreichere) Weltchronik innerhalb von vier Jahren (1143–46). Einige Jahre dürften auch für die Abfassung der 'Kchr.' genügt haben.

6. Anreger, Auftraggeber. Die Frage nach dem evtl. Auftraggeber ist infolge des überstürzten Endes der 'Kchr.' schwer zu beantworten. Die Forschung erwog bisher vorwiegend eine Abfassung am Herzogshof (SCHERER, SCHWIETERING, DE BOOR) oder am Bischofshof (SCHEUNEMANN, NEUMANN; ausführlich dazu CROSSLEY, URBANEK und BUMKE). Der welfische Herzog Heinrich der Stolze (1126–39) wird in der 'Kchr.' – ebenso wie sein Schwiegervater Kaiser Lothar III. – mit offenkundiger Sympathie geschildert. Bischof Kuno I. (1126–32) dürfte, als ehemaliger Abt von Siegburg, das Annolied nach Regensburg gebracht haben. Bischof wie Herzog kämen also als Anreger oder Auftraggeber in Frage, sind aber beide lange vor 1147 gestorben. Wer einen von ihnen für den Initiator hält, sollte angeben können, wer in den 40er Jahren (in denen doch wohl der Hauptteil der 'Kchr.' entstand) den Verfasser zur Weiterarbeit ermuntert hat. Hier fehlt es an brauchbaren Vorschlägen. Kunos Nachfolger Bischof Heinrich (1132–55) wird in der 'Kchr.' kurz als Gegner Herzog Heinrichs erwähnt; mehrfach genannt wird der Babenberger Leopold IV. (1139–41), Nachfolger des abgesetzten Herzogs Heinrich. Der Verfasser scheint keinem von beiden nahegestanden zu haben; gleiches gilt für Herzog Heinrich Jasomirgott (regiert seit 1143), den er mit Schweigen übergeht. Bleibt noch Welf VI. († 1172), Bruder Heinrichs des Stolzen. Von ihm ist zwar ausführlich die Rede, doch wird er als Empörer gegen das *rîche* charakterisiert. – Es muß also offenbleiben, wo und für wen die 'Kchr.' tatsächlich geschrieben wurde. Die Bindung an den Auftraggeber/Anreger mag freier gewesen sein, als wir uns das gewöhnlich vorstellen. Nicht auszuschließen als Gönner ist im übrigen auch der bayerische Pfalzgraf Otto V. von Wittelsbach (1106–55), für den URBANEK sich einsetzt. Ebenso sollte ein Kloster wie Prüfening (das eine Frutolf-Ekkehard-Hs. besaß) als Abfassungsort zumindest erwogen werden.

7. Inhalt und Aufbau. Thema der 'Kchr.' ist die – reich mit Legenden und Sagen ausgeschmückte – Geschichte des römischen Reichs von Cäsar bis zu Konrad III. Äußeres Erzählgerüst ist die Abfolge der 36 römischen und 19 deutschen Kaiser des Reichs (genaue Inhaltsübersicht bei EHRISMANN). Das Schwergewicht liegt dabei auf dem römischen Teil (v. 43–14281). Jedem Herrscher wird nach Möglichkeit eine exemplarische Erzählung zugeordnet; in diesen Episoden, die sich öfters verselbständigen (z. B. Faustinian und Silvester je ca. 2800 vv., Crescentia 1500 vv.), liegt der eigentliche Reiz des Werks. Nach Karl dem Gr. wird das Erzähltempo rascher und die Darstellung trockener und historischer: für die restlichen 18 Kaiser genügen gut 2000 Verse.

Zum Abschluß jeder Erzählung wird – scheinbar pedantisch genau, in Wahrheit aber oft willkürlich – die Regierungszeit des Herrschers angegeben. Bis zu Trajan orientiert sich die 'Kchr.' an der historischen Reihenfolge (schiebt allerdings zwei unhistorische Kaiser – Faustinian und

Tarquinius – ein); nach Trajan reduziert sie die Herrscherzahl radikal – 11 Kaiser bis Constantin, von da an bis zu Karl dem Gr. nur 8 (!) Kaiser – und erlaubt sich gravierende Umstellungen. Erst von Karl an hält sie sich wieder an die historische Abfolge. Die Gründe für diese 'einmalige Freiheit' (OHLY) der Stoffdarbietung sind bisher nicht aufgedeckt. Die schiefe Proportion von 36 römischen und 19 deutschen Kaisern sieht nicht nach Absicht aus (anders OHLY); das Schema URBANEKS, 1972, (Cäsar + 36 + Karl + 18 + [Barbarossa]) ist unwahrscheinlich. Die These, römische und deutsche Kaiser regieren insgesamt gleich lang (OHLY, URBANEK, 1959 und 1972, mit unterschiedlichen Zahlen) hält einer Nachprüfung nicht stand.

Nicht beachtet ist bisher, daß als letzter rechtmäßiger Kaiser des römischen Teils *Zêno mit samt Dietrîche* (= Theoderich) das Reich regiert (v. 14188 ff.). Die Regierungszeit seines (von den Griechen gewählten!) Nachfolgers Constanti(n)us, nach dessen Vertreibung ein Interregnum folgt, wird nicht gezählt. Das deutet darauf hin, daß der Verfasser – einmalig in der abendländischen Chronistik – nur das weströmische Reich akzeptiert und die gesamte Periode des oström. Imperiums verschweigen will. Die Byzantiner Heraclius und Justinian werden, offenbar dieser Idee zuliebe, um Jahrhunderte vordatiert und zu Weströmern gemacht. All dies fügt sich sehr gut in die von OHLY festgestellte 'antigriechische Tendenz' der 'Kchr.' ein.

8. Quellen. Eine einheitliche Quelle ('ältere dt. Reimchronik') wird heute nicht mehr erwogen; vielmehr gilt (seit OHLY) die selbständige Verarbeitung unterschiedlichster Quellen als eine der Leistungen des 'Kchr.'-Autors. Hauptquellenbereich ist die Legendenliteratur (Heiligenvita, -predigt, -translation), auf die (nach OHLY, S. 234) fast 10 000 Verse des römischen Teils zurückgehen. Etwa 2500 Verse dieses Teils beruhen auf Sagenüberlieferung: in der Mehrzahl auf römischen Überlieferungen vom Typ der → 'Mirabilia Romae' (um 1140/43; direkte Vorlagen für die 'Kchr.' fehlen). Die Chronistik tritt gegenüber Legende und Sage an Bedeutung weit zurück: der Verfasser scheint ihr im römischen Teil wenig mehr als das Gerüst (Abfolge und Regierungszeiten der Kaiser) zu verdanken; erwogen wird auch die Benutzung eines Kaiser/Papst-Katalogs (WELZHOFER, S. 56f.). – Der deutsche Teil der Chronik bietet (zumindest nach Karl dem Gr.) wesentlich mehr historisches Material. Für die Partien von Kaiser Arnulf bis zu Heinrich IV. ist die Benutzung der Chronik von → Frutolf/Ekkehard relativ sicher (vgl. WELZHOFER mit Korrekturen E. SCHRÖDERS). Frutolf/Ekkehard scheint auch die Quelle der vielzitierten Heldensagenkritik zu sein (v. 14176–87: Nachweis, daß Etzel und Dietrich nicht Zeitgenossen waren). Weitere Quellenuntersuchungen für den deutschen Teil wären notwendig.

An Quellen für einzelne Erzählungen sind bemerkenswert: Ovids 'Fasten' für die Lucretiasage (OHLY; Zweifel bei MOHR); die pseudoclementinischen Recognitionen (sowie – nach RÖHRSCHEIDT – die 'Historia Apollonii') für die Faustinianlegende; Cassiodors 'Historia tripartita' für die Tharsillasage (OHLY). Verwendung mhd. Vorlagen läßt sich nur für die Cäsarerzählung nachweisen (→ 'Annolied'), für die → 'Crescentia'-Erzählung wahrscheinlich machen.

Viele Quellen sind sehr frei und eigenwillig behandelt, was sich besonders eindrucksvoll am Danieltraum (nach 'Annolied' v. 179–262) studieren läßt (s. OHLY, GELLINEK, 1971, MARSCH). Nähere Untersuchung verdiente die (mutmaßliche) Beziehung zur 'Imago mundi' des → Honorius Augustodunensis und (für v. 395–454) zu den → 'Gesta Treverorum'; beachtenswert auch die These der Kenntnis mlat. Liebesdichtung (SHAW, 1969). Versuche, auf Grund von kurzen Übereinstimmungen mit einer Reihe frühmhd. Texte deren Benutzung durch die 'Kchr.' zu belegen (E. SCHRÖDER, S. 50 ff.), sind meist nicht überzeugend. Erwägenswert ist die Kenntnis des → 'Himmlischen Jerusalem' (v. 25 f. ≈ 'Kchr.' v. 5621 f.). Für die Versparallelen mit dem → 'Baumgartenberger Johannes Baptista' (v. 1–4) ist evtl. eine gemeinsame Quelle verantwortlich (s. EHRISMANN, S.

124). 'St. → Veit' und Priester → Arnolts 'Siebenzahl' sind wohl eher Nutznießer der 'Kchr.' als umgekehrt (s.u. 13. Nachwirkung).

9. Konzeption. Ein einheitlicher Grundgedanke, der die Organisation des Werkes durchgehend bestimmt, ist bei dem disparaten Erzählstoff der Chronik nicht leicht auszumachen. Immerhin ist der Vorsatz, von *guoten unt ubelen* Herrschern zu erzählen (Prolog!), einigermaßen konsequent durchgehalten. Die einzelnen Episoden dienen nicht der Unterhaltung (so noch E. SCHRÖDER, S. 64), sondern besitzen religiöse und 'ethisch-exemplarische Bedeutsamkeit' (OHLY, S. 195). Hier liegt für den Autor die *wârheit* seines Werkes, die er – obgleich er selbst die Tradition sehr frei verwertet – den *lugen* rein weltlicher Dichtung entgegensetzt (v. 27–41).

Möglichst jede Kaisergeschichte soll den 'heilsgeschichtlichen Kampf der guten und der bösen Mächte' zur Anschauung bringen (OHLY, S. 238); allerdings ist die *civitates*-Lehre Augustins kein Leitgedanke der Chronik. – OHLY sieht das Werk vom Typologiedenken geprägt: Das (unvollkommene) heidnisch-römische Kaisertum finde seine Erfüllung im *imperium christianum* (S. 198). Speziell die Opfertaten der römischen Sagenhelden (Jovinus, Lucretia, Odnatus) stünden in typologischem Bezug zu den Taten der christlichen Heiligen. Diese Deutung hat Widerspruch hervorgerufen (JANTSCH, 1959; W. SCHRÖDER; NÖTHER; JENTZMIK): die Analogie ist im Einzelfall undeutlich, und die Typologie wird nirgends explizit gemacht.

Trotz weitgehender Emanzipation von der Historiographie (s. Quellen) muß die Chronik auch als historisch-politischer Text gewertet werden, wie schon der Prolog (v.15–23) deutlich zeigt. Als erste (und fast einzige) Chronik des MAs beschränkt sich die 'Kchr.' auf die Geschichte des römischen Reichs, wobei sie den auf Cäsar hin ausgelegten Danieltraum – in Fortführung des 'Annolieds' – ins Positive umdeutet. Rom, seit Constantin das *houbet* aller Christen (v. 8082), ist die 'Sinnmitte des Reichs' (OHLY, S. 228). In besonders origineller Form zeigt das die Behandlung des griechischen Kaisertums: Die übliche *translatio imperii ad Graecos* unterbleibt; Kaiser Constantin verläßt Rom nur zeitweilig und läßt sich vom Papst vertreten. Spätere griechische Ansprüche auf das Reich werden abgewehrt (v. 13683–762), der einzige in Ostrom gewählte Kaiser wird nicht anerkannt. Während des folgenden Interregnums, das faktisch von Theoderichs Tod bis zu Karl dem Gr. reicht, liegt die Krone auf dem Altar der Peterskirche. Diese Konstruktion ist möglich dank der gemeinsamen Verantwortung von Kaiser und Papst für das *imperium christianum*, einer der Leitideen der 'Kchr.', die (nach NELLMANN) schon im Prolog als Programm formuliert ist (v.19–23). Gemäß dieser Idee wird z.B. – gegen die gesamte Chronistik – Constantin vom Papst gekrönt; Karl und Papst Leo sind Brüder, und der Investiturstreit wird umgangen.

Die Deutschen (v. 246: *dûtisc volc*) spielen im Römischen Reich schon zu Anfang eine führende Rolle: Noch stärker als im 'Annolied' wird hervorgehoben, daß Cäsar die Alleinherrschaft nur dank deutscher Mithilfe gewinnt. Deutscher Herkunft sind einige Hauptgestalten der Chronik: der Tyrannenmörder Conlatinus, Kaiser Constantin (beide aus Trier), der Bayernherzog Adelger, Karls Bruder Papst Leo. Von daher ergibt sich die *translatio imperii ad Francos* problemlos, zumal die Römer selbst sich immer mehr als ungeeignetes Herrschervolk erweisen (besonders v. 14282–95; dazu NÖTHER, S. 222).

Herrschaftsträger sind neben dem Kaiser (und in Konkurrenz zu ihm) auch die Fürsten, entsprechend der Verfassungsrealität des 12.Jh.s. Vor allem im deutschen Teil wird dieses Zusammen- und Gegeneinanderwirken wichtig; der Verfasser steht dabei (eine Ausnahme bildet die Adelger-Erzählung) mehr auf Seiten der Zentralgewalt (HELLMANN). Dies gilt auch im Falle des Rebellen

Welf VI., trotz deutlicher Sympathie für die Welfen.

Positive wie negative Kaisergeschichten besitzen Fürstenspiegelcharakter, was bei Trajan (v. 6083f.) und Domitian (v. 5679f.) ausdrücklich formuliert wird. Als wichtigster Bewertungsmaßstab gilt immer wieder die Wahrung des Rechts, der höchsten Pflicht jedes Regenten; *rihtaere* ist ein gebräuchlicher Terminus für den Herrscher. Mit gutem Grund wurde die Chronik später als historische Einleitung zum 'Schwabenspiegel' verwendet.

Sonst spielt 'weltliche' Thematik eine geringe Rolle, und es weht keine 'höfische Luft'. Ritterliche Spiele sind für den Autor ein heidnischer Zeitvertreib. Frauen werden fast nur als keusche Dulderinnen dargestellt, *minne* wird nur in der Ehe gebilligt (SHAW, 1969; NORTHCOTT). Totilas oft zitierte Äußerung, daß die *frowen* (Plural!) den Mann *hovesc* machen (v. 4613f.), paßt nicht in dieses Bild. Allerdings ist nicht sicher, ob der Autor *hövesch* (Erstbeleg!) hier wirklich positiv versteht (anders zuletzt WENZEL).

10. Gattung, Publikum. Die Gattung der Reimchronik ist neu in Deutschland; sie ist ein konsequenter Ausdruck der engen Beziehung zwischen volkssprachiger Epik und Historie, wie sie im 12. Jh. besteht (in Frankreich kommt es um dieselbe Zeit zu ähnlichen Entwicklungen: Reimhistorien von Gaimar und Wace). Die Verbindung von Chronikbericht und exemplarischer Kaisererzählung berücksichtigt die beschränkte Fassungskraft eines Hörerpublikums und darf insofern als geglückt bezeichnet werden.

Als intendiertes Publikum kommen Ministerialen oder hohe Feudalherren (KOKOTT) ebenso in Betracht wie die ungebildeteren Mitglieder eines geistlichen Konvents; sicher aber nicht – wie GELLINEK, 1971, meint – das Regensburger Patriziat.

11. Sprache, Form, Syntax. Die Sprache ist bairisch. Genauere Untersuchungen fehlen (E. SCHRÖDERs angekündigte Untersuchung ist nicht erschienen). Der 'Dialekt der Stadt Regensburg' (E. SCHRÖDER, S. 52) dürfte – trotz WESLES Zustimmung (1925, S. 18f.) – kaum zu erweisen sein.

Der Versbau zeigt große Freiheit, ebenso die Reime (WESLE, 1925). ITTENBACH wollte die einzelnen, ungleich langen Abschnitte als Strophen auffassen. SCHERR und MAURER, Rel. Dicht. I, nehmen Langzeilenstrophen an; kritisch dazu W. SCHRÖDER (zuletzt PBB [Tüb.] 93 [1971] 109–138); EILERS; WOLF; HENNEN.

Die Syntax ist einfach: weitgehend herrscht Parataxe, charakteristisch ist der ein Reimverspaar umfassende Satz (nach EILERS 60% aller Sätze).

12. Fortsetzungen. Rez. C enthält – neben einem neuen Prolog – eine Fortsetzung (800 vv.), die bis zum Tod Friedrichs II. (1250) reicht. Nach E. SCHRÖDER ist der Fortsetzer mit dem Bearbeiter von C identisch. Er verwendet öfters →Wolframsche Stilmittel und ist auch vom Stil →Rudolfs von Ems beeinflußt (Bekanntschaft mit dessen 'Weltchronik' ist fraglich). Der Text scheint auf einer guten (verlorenen) Quelle zu beruhen (SCHRÖDER). Der Sprache nach ist er am ehesten im bair.-österr. Raum entstanden; Bevorzugung bayerischer Fürsten und Regensburger Hoftage deutet (nach SCHRÖDER) auf Regensburg.

E. SCHRÖDERs Hs. Nr. 30 führt die Fortsetzung noch weiter; erhalten sind 483 vv. bis z. J. 1274 (sog. 'Schwäbische Fortsetzung'). Terminus post quem ist das Jahr 1310, da in v. 118 der Graf von Henneberg als *gefürster grâf* bezeichnet wird (JÜNEMANN); SCHRÖDER nimmt eine md. Quelle an. – Der Verfasser zitiert (in v. 321 ff.) aus Wolframs 'Willehalm'.

Ausgaben. MASSMANN, Bd. 2, S. 538–587; E. SCHRÖDER, S. 397–408, 411–416 (zit.).

Literatur. MASSMANN, Bd. 3, S. 1110–1178; E. SCHRÖDER, S. 393–396. 409f.; A. JÜNEMANN, Eine lit.gesch. Untersuchung über d. Fortsetzungen d. 'Kchr.', Diss. Straßburg 1909; J. SIEBERT, Graf Hermann v. Henneberg..., ZfdPh 57 (1932) 215–223 (s. auch E. HENNING, Mainfrk. Jb. 24 [1972] 18f.); BUMKE, S. 423 Anm. 21.

13. Nachwirkung. Gemessen an der reichen und weitgestreuten Überlieferung sind die bisher nachgewiesenen Spuren literarischer Rezeption (zuletzt: SCHEUNEMANN; CROSSLEY, S. 98–100) nicht eben zahlreich; eine Ausnahme bildet die Chronikliteratur.

Nachhaltige Wirkung läßt sich zuerst im 'Rolandslied' (WESLE, KARTSCHOKE) und im → 'Trierer Silvester' belegen. Parallelverse im 'St. → Veit' und in Priester → Arnolts 'Siebenzahl' deutet MAURER (Rel. Dicht. III 54 und 615) wohl mit Recht als Entlehnungen aus der 'Kchr.'. Recht unsicher dagegen sind Parallelen im 'Vorauer' (Pfaffe → Lambrecht) und im → 'Straßburger Alexander', in → Heinrichs von Veldeke 'Eneit' und im → 'Graf Rudolf'.

Relativ sicher benutzt ist die Chronik in → Wolframs 'Willehalm' (S. SINGER, Wolframs Willehalm, 1918; evtl. – so zuletzt JOHNSON – auch im 'Parzival'), in Ottes 'Eraclius' sowie bei → Frauenlob (V, 18; s. STACKMANN z. St.); wahrscheinlich bei → Heinrich d. Teichner (→ 'Crescentia'), vielleicht auch in → Strickers 'Karl' (v. 149 ff.) und im Seifried → Helbling (VIII, 417–421). – → 'Kudrun' Str. 343 (Motivparallele zur Frage der Almenia) braucht nicht auf Kenntnis der 'Kchr.' zu beruhen. Gleiches gilt für die Neroerzählung im → 'Moriz von Craun' (RUH, in: Fs. Beyschlag, 1970, S. 78 f.). Sehr auffällig ist die Übereinstimmung der vv. 16162–64 mit → Herger (25, 29–31), der freilich die 'Kchr.' kaum gekannt haben dürfte.

Intensive Benutzung findet sich in einigen Chroniken: zunächst in einer Hs. der Frutolf/Ekkehard-Chronik (Rez. IV) aus Zwiefalten, Ende 12. Jh.s (lat. Übersetzung der vv. 42–234, s. E. SCHRÖDER, S. 65); sodann in der C-Fassung der 'Sächsischen Weltchronik' (nach Rez. A); in Jans → Enikels 'Weltchronik' (nach Rez. B) und bei → Heinrich von München (nach Rez. C); schließlich in der Chronik Jakob → Twingers von Königshofen (nach C). – Eine Hs. aus Millstatt v. J. 1427 (jetzt: Budapest, Széchényi-Bibl., cod. Lat. 519) enthält eine – stark kürzende, bis z. J. 1252 weitergeführte – lat. Prosaübersetzung ('Cronica Regum et Imperatorum') von 'frater Albertus de Constantia' (Mitteilung von A. Vizkelety).

Benutzung der 'Kchr.' in → Ottokars 'Österr. Reimchronik' ist nicht erweislich. MASSMANNs Belege zur Wirkung auf die spätere bayerische Geschichtsschreibung (Bd. 3, S. 472–477. 788–817) müßten überprüft werden. Die Nachwirkung in der Exempelliteratur scheint noch nicht genügend erforscht. PANOFSKYS These von Dürers Kenntnis der vv. 13086 ff. (Münchner Jb. der Bildenden Kunst 8 [1931] 1–17) ist kaum haltbar.

Literatur (Auswahl). Bibliogr. bei EHRISMANN, 1922; SCHEUNEMANN, 1936; CROSSLEY, 1939. – MASSMANN (s. o. 1.), Bd. 3, 1854 (immer noch unentbehrlich); H. WELZHOFER, Unters. über d. dt. 'Kchr.' d. 12. Jh.s, 1874; W. SCHERER, Rolandslied, 'Kchr.', Rother, ZfdA 18 (1875) 298–306; F. DEBO, Über d. Einheit d. 'Kchr.', Diss. Graz 1877; E. SCHRÖDER (s. o. 2. Ausg.n), Einleitung [gedruckt 1885!], Nachträge (S. 438–441), 1892; dazu Rez. v. F. VOGT, ZfdPh 26 (1894) 550–562; C. KRAUS, Der Trierer Silvester (MGH Dt. Chron. II,2), 1895; C. RÖHRSCHEIDT, Stud. z. 'Kchr.', Diss. Göttingen 1907; A. LEITZMANN, Rolandstud., PBB 43 (1918) 26–47; G. EHRISMANN, LG II, 1922, S. 267–284; C. WESLE, 'Kchr.' u. Rolandslied, PBB 48 (1924) 223–258; ders., Frühmhd. Reimstud., 1925 (S. 103–143: Reimgrammatik zu 'Kchr.' u. 'Rolandslied'); L. DENECKE, Ritterdichter u. Heidengötter, 1930, S. 32–52; M. M. HELFF, Stud. z. 'Kchr.', 1930 (Neudr. 1972); G. K. BAUER, 'Kchr.' u. Rolandslied, ZfdPh 56 (1931) 1–14; J. SCHWIETERING, LG, S. 95–99 (erschienen 1934); H. TESKE, Die andere Seite. Der Reichsgedanke d. MAs in welf. Dichtung, Dt. Volkstum 17 (1935) 813–817; E. SCHEUNEMANN, Art. 'Kchr.' in: ¹VL II 732–746; R. G. CROSSLEY, Die 'Kchr.', 1939 (Forschungsbericht); R. KÖSTER, Karl d. Gr. als polit. Gestalt in d. Dichtung d. dt. MAs (Hans. Forschungen 2), 1939, S. 20–31; E. F. OHLY, Sage u. Legende in d. 'Kchr.'. Unters. über Quellen u. Aufbau d. Dichtung, 1940 (Neudr. 1968); E. SITTE, Die Datierung von Lamprechts Alexander, 1940 (Neudr. 1973); M. ITTENBACH, Über d. 'Kchr.' als strophische Dichtung, Euph. 42 (1942) 15–46; E. STUTZ, Frühe dt. Novellenkunst, Diss. (masch.) Heidelberg 1950; W. MOHR, Lucretia in d. 'Kchr.', DVjs 26 (1952) 433–446; H. NAUMANN, Das Reich in d. 'Kchr.', Diss. (masch.) Münster 1953; D. HAACK, Geschichtsauffassungen in dt. Epen d. 12. Jh.s, Diss. (masch.) Heidelberg 1953, S. 132–210; H. VOSWINCKEL, Repräsentation in d. 'Kchr.', Diss. (masch.) Tübingen 1955; DE BOOR, LG ²I, 1955, S. 223–232; E. STUTZ, Art. Chronik, in: ²RL I, 1958, S. 212–220; E. E. STENGEL, Die Entstehung d. 'Kchr.' u. d. Aufgang d. stauf. Zeit, DA 14 (1958) 395–417; Nachtrag dazu DA 16 (1960) 226–228 (Wiederabdr. in: E.E. STENGEL, Abhh. u. Unters. z. mal. Gesch., 1960, S. 360–383); H. MENHARDT, Regensburg ein Mittelpunkt d. dt. Epik d. 12.Jh.s, ZfdA 89 (1958/59) 271–274; H.G. JANTSCH, Stud. z. Symbolischen in frühmhd. Lit., 1959, S. 203–226; dazu W. SCHRÖDER, WW 11 (1961) 379–382; F. URBANEK, Zur Datierung d. 'Kchr.'. Entstehung, Auftraggeber, Chronologie, Euph. 53 (1959) 113–152; R. SCHERR, Unters. z. strophischen Form d. 'Kchr.', Diss. (masch.) Freiburg 1961; F. NEUMANN, Wann entstanden 'Kchr.' u. Rolandslied?, ZfdA 91 (1961/62) 263–329; E. NELLMANN, Die Reichsidee in dt. Dichtungen der Salier- u. frühen Stauferzeit (Phil. Stud. u. Qu. 16), 1963, S. 82–163; D. KARTSCHOKE, Die Datierung d. dt. Rolandsliedes, 1965, S. 74–89; F. SHAW, Die Darstellung d. Gefühls in d. 'Kchr.', Diss. Bonn 1966; M. HELLMANN, Fürst, Herrscher u. Fürstengemeinschaft, Diss. Bonn 1967, S. 33–36, 58–79; K. BAASCH, Die Crescentialegende in d. dt. Dichtung d. MAs (German. Abhh. 20), 1968; F. SHAW, Ovid in d. 'Kchr.', ZfdPh 88 (1969) 378–389; W. SCHULTE, 'Epischer Dialog', Unters. z. Gesprächstechnik in frühmhd. Epik, Diss. Bonn 1970, S. 177–201; I. NÖTHER, Die geistl. Grundgedanken im Rolandslied u. in d. 'Kchr.', 1970; F. SHAW, 'Kchr.' and Eneide, German Life and Letters N.S. 24 (1970/71) 295–303; CH. GELLINEK, Die dt. 'Kchr.', Erzähltechnik u. Kritik, 1971; H.A. MYERS, The concept of kingship in the ... 'Kchr.', Traditio 27 (1971) 205–230; D. OBERMÜLLER, Die Tugendkataloge d. 'Kchr.', Diss. Heidelberg 1971; K.J. NORTHCOTT, Love in the 'Kchr.', Colloquia Germanica 5 (1971) 237–244; CH. GELLINEK, The German Emperor's chronicle, An epic fiction?, ebd., S. 230–236; H. EILERS, Unters. z. frühmhd. Sprachstil am Beispiel d. 'Kchr.' (GAG 76), 1972; H. HERKOMMER, Überlieferungsgesch. d. 'Sächsischen Weltchronik' (MTU 38), 1972; E. MARSCH, Biblische Prophetie u. chronograph. Dichtung, 1972, S. 10–62 (dazu kritisch W. SPEYER, Arcadia 10 [1975] 91–94); R.B. SCHÄFER-MAULBETSCH, Stud. z. Entwicklung d. mhd. Epos: Die Kampfschilderung (GAG 22/23), 1972; dies., Die ungleichen Gegner. Zur Zweikampfschilderung in d. 'Kchr.', in: Fs. K.H. Halbach (GAG 70), 1972, S. 73–83; W.F. TULASIEWICZ, Index verborum z. dt. 'Kchr.' (DTM 68), 1972; F. URBANEK, Herrscherzahl u. Regierungszeiten in d. 'Kchr.', Euph. 66 (1972) 219–237; A. WOLF, Strophisches, abschnitthaftes u. fortlaufendes Erzählen in früher dt. Epik d. MAs, in: Fs. H. Eggers, PBB (Tüb.) 94, Sonderheft (1972) 511–550; P. JENTZMIK, Zu Möglichkeiten u. Grenzen typolog. Exegese in mal. Predigt u. Dichtung (GAG 112), 1973, S. 222–245; K.E. GEITH, Rez. Herkommer, PBB (Tüb.) 96 (1974) 103–119; K.-B. KNAPPE, Repräsentation u. Herrschaftszeichen. Zur Herrscherdarstellung in d. vorhöf. Epik, 1974; U. LESSER-SHERMAN, Rom in d. dt. sprachigen Lit. des MAs, 1974; F. SHAW, Das hist. Epos als Lit.gattung in frühmhd. Zeit, in: Studien z. frühmhd. Lit., hg. v. L.P. JOHNSON u.a., 1974, S. 275–291; L.P. JOHNSON, Silvester u. Anfortas, ebd., S. 344–357; H. WENZEL, Frauendienst u. Gottesdienst, 1974, S. 89–117; WATTENBACH/SCHMALE, Geschichtsquellen, 1976, S. 41–45; K.H. HENNEN, Strukturanalysen u. Interpretationen z. 'Kchr.', Diss. Köln o.J. (1977); F. SHAW, Arles u. Regensburg in d. Entstehung einer Karlssage, GRM 27 (1977) 129–144; K.E. GEITH, Carolus Magnus. Stud. z. Darstellung Karls d.Gr. in d. dt. Lit. d. 12. u. 13. Jh.s, 1977, S. 48–83; H. KOKOTT, Lit. u. Herrschaftsbewußtsein. Werkstrukturen d. vor- u. frühhöf. Lit., 1978, S. 75–106; R. SCHMIDT-WIEGAND, Art. 'Kchr.' in: Hwb. z. dt. Rechtsgesch. 2, 1978, Sp. 548–552; K. SMITS, Zweimal Heraclius. Zu Sprache u. Erzählstil d. Heraclius-Episode..., in: Fs. F. Maurer, 1978, S. 155–167; J. BUMKE, Mäzene im MA, 1979, S. 78–85; R. SCHNELL, Rez. Geith, ZfdPh 99 (1980) 434–436.

(1982)   EBERHARD NELLMANN

Kaufringer, Heinrich

Verfasser von kleineren Reimpaardichtungen.

1. Person. Der Name des Autors ergibt sich aus der Verfassersignatur, die am Schluß eines Teils seiner Werke steht. Für die zeitliche Bestimmung seines Wirkens gibt es zwei wesentliche Anhaltspunkte: Einerseits muß die 1392 gegründete Universität Erfurt im oberdeutschen Raum eine gewisse Bekanntheit gewonnen haben; das Märe 'Bürgermeister und Königssohn' (Nr. 4) spielt in Erfurt, der französische Königssohn hält sich inkognito dort als *student* der *hohen schuol* auf. Terminus ante quem andererseits ist die durch die Nachschrift beglaubigte Fertigstellung der deutlich autornahen wichtigsten Handschrift im Jahre 1464.

Für die Lokalisierung in das östliche Schwaben, genauer die Gegend um Augsburg und Landsberg am Lech, sprechen folgende Indizien: Der Familienname ist Herkunftsname nach dem Ort Kaufering bei Landsberg. Die Herkunft und ostschwäbische Sprache der Haupthandschriften und, wie aus den Reimen hervorgeht, auch die Sprache des Autors weisen in die Gegend. Ferner werden im Märe

Nr. 9 'Chorherr und Schusterin', das in Augsburg spielt, zwei zwischen Landsberg und Mindelheim gelegene kleine Orte genannt: die Planung der Gegenlist wird mit der Wendung eingeleitet, Wiedergeltingen liege nicht weit von Türkheim; daß nur einer der Namen sprechend ist, verstärkt den regionalen Charakter des Ausdrucks.

Der Versuch der historischen Identifizierung innerhalb des genannten zeitlichen und räumlichen Rahmens hat sich auf zwei Landsberger Bürger konzentriert, einen Kirchenpfleger an der Landsberger Pfarrkirche (urkundlich 1369 bis zu seinem Tod gegen 1404), und seinen gleichnamigen Sohn (sicher 1404, danach aber nicht mehr bezeugt). Nicht eine Unverträglichkeit zwischen der Stellung des älteren Heinrich Kaufringer mit der im Werk hervortretenden Geistlichenkritik und -verspottung, sondern daß manches Grobianisch-Direkte weniger gut zu seinem hohen Alter passe, hat HANNS FISCHER, der die Zeugnisse zuletzt durchmustert hat, dann doch eher an den jüngeren denken lassen. Allerdings finden sich vereinzelte weitere Nennungen des vollständigen Namens, die noch nicht aufgearbeitet sind, und auch solche des bloßen Familiennamens, und so ist nicht ausgeschlossen, daß noch weitere Anwärter auftreten.

Ob der Autor Handwerker war wie die Nürnberger →Rosenplüt und →Folz und ob er gar wie diese den Übergang zum Berufsliteratentum anstrebte, ob er Kaufmann war oder der Bildungsschicht angehörte – immerhin zeigt er manchmal einen vielleicht nicht nur laienhaften Einblick in Rechts- und Verwaltungsfragen und -praktiken –, ist unbekannt. Deutlich ist aber sein und seines Publikums städtischer, ja reichsstädtischer Standpunkt, so wenn er die Partei des ewig uneinigen *stettvolks* gegen das *hofgesint* ergreift ('Die uneinigen Kaufleute', Nr. 23) oder wenn er die (herzoglich) bairische Einrichtung, vor Gericht mit bezahlten Anwälten aufzutreten, viel schlechter findet als den Brauch *in ettlichen reichstetten,* wo Ratsmitglieder diese Aufgabe ehrenamtlich übernehmen ('Der bezahlte Anwalt', Nr. 20).

2. Überlieferung, Signaturenfrage. Eine geschlossene Autorsammlung (Nr. 1–17), meist Mären, bildet den Schlußfaszikel (Bl. 234–388) von München, cgm 270 (1464, wohl aus Augsburg oder Landsberg); die Hs. enthält insgesamt Kleinformen der Reimpaardichtung (Mären, Reden, kurze Reimsprüche, →Freidank).

Das Wirken eines Purgators, der im 16. Jh. sexuelle Wendungen und Ausdrücke abgeschwächt hat, hat die Vermutung entstehen lassen, leichte Unregelmäßigkeiten der Lagenordnung zeigten den Verlust ganzer Stücke an; allerdings kommt nur eine einzige Stelle in Frage (nach Nr. 6), und auch hier deutet nichts auf Textverluste. – Alle Stücke des Kaufringerteils sind einfach überliefert, nur zum ersten ('Der Einsiedler und der Engel') gibt es eine vermutlich von diesem Zeugen abhängige weitere Überlieferung: München, cgm 1119, 97vb–100ra (1467 oder später eingetragen; die Hs. stammt aus München).

Die anderen Werke (Nr. 18–27), bispelartige Erzählungen und Reden, sind ausschließlich in Berlin, mgf 564 erhalten (→Heinrich der Teichner, Hs. O, 1472 von Konrad →Bollstatter in Augsburg geschrieben). Die Kaufringerstücke, als solche gesichert durch die Signatur (bei Bollstatter allerdings nicht immer ein entscheidendes Kriterium), sind in die Teichnersammlung so eingelagert, daß der ursprüngliche Zusammenhang einer Autorsammlung teilweise durchschimmert.

Fünf Stücke dieser Hs. mit Teichnersignatur, die teilweise zwischen solchen mit Kaufringersignatur stehen, hat NIEWÖHNER hauptsächlich wegen Reimbesonderheiten dem Teichner abgesprochen (Anhang, Nr. 28–32) und für drei von ihnen (Nr. 28–30) Kaufringers Autorschaft erwogen. Die 'Disputation mit einem Juden über die Eucharistie' (Nr. 28), ein ernsthafter fünfmaliger Austausch von theologischer Frage und analogischem Beweis mittels *natürlicher beispil* in Form einer Ich-Erzählung, paßte durchaus zu Kaufringers geistlichen Reden. Die Minnerede → 'Streit über Liebe und Schönheit' (Nr. 29) gehört ihm wohl nicht, wäre sie doch seine einzige Bearbeitung einer älteren weltlichen Rede (vgl. MIHM, S. 25 Anm. 6). Reime, metrische Technik und Gedankenführung der Rede → 'Neue Modetorheiten' (Nr. 30) schließlich muten nicht kaufringerisch an.

Während im mgf 564 die Signierung nach dem Vorbild des Teichners überall ganz selbstverständlich verwendet wird, findet sie sich im cgm 270 nur bei drei Stücken gegen Ende der Sammlung; die Signaturzeile von Nr. 14 hat die altertümlichere vornamenlose Form und steht als dritter Reimvers hinter einem typischen Schlußvers (vgl. Nr. 7, 9, 12, 15), wohl dessen Variante bildend; erst in den letzten beiden Stücken Nr. 16 und 17 nennt sich Kaufringer in der dann üblichen Weise mit Vor- und Familiennamen. Es sieht so aus, als würde er sich damit seiner eigentümlichen Signierweise erst tastend nähern. Wenn diese Deutung zutrifft, ergeben sich zwei Folgerungen. Zum einen entstehen Zweifel an der zunächst einleuchtenden Annahme, die im mgf 564 überlieferten Gedichte, die großenteils formal, stilistisch und erzählerisch weniger reif wirken als die der anderen Sammlung, seien auch die früheren; die Überlegung, es könnten vor allem Reden signiert worden sein und die Signierung besage deshalb nichts für die zeitliche Priorität der Sammlungen, trifft zumindest bei Nr. 14, einem Märe, nicht zu. Zum anderen ist die Konzentration der im cgm 270 vorkommenden Signaturen auf den Schlußteil ein zusätzliches äußeres Indiz dafür, daß der Aufbau der Sammlung auf Kaufringer selbst zurückgeht, sei es nun, daß er einen Gesamtplan ausgeführt hat, sei es, daß er bei der Ordnung der in zufälliger Reihenfolge entstandenen Einzelgedichte den Text mindestens durch Zufügung der Signaturen redigierend verändert hat.

Dafür, daß die Anordnung der Sammlung, die uns im cgm 270 erhalten ist, auf den Autor zurückgeht, sprechen auch innere Gründe. In ihr drückt sich zunächst die Unterscheidung weltlicher und geistlicher Stücke aus. Die dreizehn Mären werden nämlich von vier geistlichen Stücken gerahmt, zwei Erzählungen zu Beginn und zwei Reden am Ende (die letzte eine Übergangsform zur Erzählung). Unter den Mären sodann steht am Anfang das einzige, in dem Ehebruchsthematik nicht zentral ist (Nr. 3), am Schluß der Sonderfall der 'Unschuldigen Mörderin' (Nr. 14), eines besonders langen Stückes, gefolgt von der kürzesten Erzählung überhaupt, dem auf eine knappe Szene konzentrierten 'Schlafpelz' (Nr. 15). Sonst werden benachbarte Stücke durch gemeinsame strukturwichtige Motive zusammengehalten, so z.B. Nr. 4 und 5 (im weiteren Sinn auch Nr. 6) durch den Verzicht des betrogenen Ehemannes auf Rache.

3. Werke.
Ausgaben. K. EULING, H.K.s Gedichte (StLV 182), 1888 (Nr. 1–17); H. SCHMIDT-WARTENBERG, Inedita des H. K. (Germanic Studies 3), Chicago 1897 (Nr. 18–27); H. NIEWÖHNER, Pseudoteichnerisches in der Hs. Berlin Ms. Germ. Fol. 564, PBB 75 (1953) 391–414 (Nr. 28–32); P. SAPPLER, H. K., Werke. Bd. 1. Text, 1972, Bd. 2. Indices, 1974.

Von den etwa sechs geistlichen Reden Kaufringers sind einige recht vorlagennahe und wörtliche Versifizierungen verschiedenartiger deutscher Prosawerke; Nr. 16 ('Die drei Nachstellungen des Teufels') geht auf eine Predigt →Bertholds von Regensburg zurück, Nr. 26 ('Das zeitliche Leiden') auf ein Kapitel aus Heinrich →Seuses 'Büchlein der ewigen Weisheit', und ähnlich ist Nr. 17 eine Umsetzung der 'dialogisierten Beispielerzählung' → 'Die fromme Müllerin' in Reimpaarverse. Auch wenn für die übrigen geistlichen Reden Vorlagen nicht bekannt sind, stellen sie doch wohl ebenfalls keine selbständigen Leistungen dar. Die einzige eindeutig weltliche Rede (Nr. 24) ist eine Kritik an den Höflingen.

Unter den drei bispelartigen Erzählungen (Nr. 20, 21 [→ 'Die halbe Decke' VI], 23) hebt sich 'Der bezahlte Anwalt' (Nr. 20) durch aktuelle Bezüge heraus. Die Erzählungen mit nicht-menschlichem Personal sind teils schwankhaft leichtgewichtig ('Der Teufel und der fahrende Schüler' Nr. 18), teils wohlausgeführte ernsthafte Exempelerzählungen: 'Der Einsiedler und der Engel' Nr. 1 (eng stoffverwandt mit → 'Engel und Waldbruder') belegt die Undurchschaubarkeit des Wirkens Gottes, 'Der bekehrte Jude' Nr. 2 exemplifiziert die Kraft des Kreuzzeichens bei Anwendung in einer Teufelsversammlung.

Gediegenes Erzählen, das einerseits entschieden funktional bleibt, andererseits aber Einzelmomente und kleinere Zusammenhänge reich ausgestaltet und verdichtet, kennzeichnet nicht nur die geistlichen Erzählungen, sondern noch mehr die Mären. So entsteht etwa im 'Verklagten Bauern' (Nr. 3) im Rahmen des Erzählschemas von den drei Halslösefragen eine lebensecht anmutende dörfliche Welt. Der Held, ein keineswegs dörperlicher oder dümmlicher Bauer, siegt über seine Widersacher, Richter und Pfarrer, indem er paradoxe Behauptungen aufklärt, die ihm den Vorwurf der Ketzerei eingebracht haben. Einleitung und breite Moralisation nennen das Thema: man soll seine Pflichten erfüllen, darüberhinaus aber ungerechten Forderungen der Herren nicht nachgeben, sondern es vor dem höheren Gericht darauf ankommen lassen.

Alle anderen Mären Kaufringers sind erotischer Natur und bieten ein reiches Kompendium der unterschiedlichen Handlungsverläufe, die von dem meist zugrundeliegenden Dreiecksverhältnis Frau – Ehemann – Liebhaber ausgehen können. Wenn auch letztlich nicht jedesmal siegreich, so ist die *gescheidkait* der Frauen, mit der sie die Männer überlisten und betrügen, doch immer wesentlich. Das Stichwort Frauenlist bestimmt insbesondere Einleitungs- und Schlußteile von Nr. 9–11 und von Nr. 15 (das an dieser Stelle des Corpus etwas fremd wirkt) und auch das Prooemium von Nr. 12, der auf die erstgenannte geschlossene Gruppe folgenden einzigen Ausnahme; hier tritt die erotisch naive Bäuerin als Helferin ihres Mannes auf, der sich an seinem ständisch abgesetzten Gegenspieler, dem Pfarrer, mit einem Trunk aus derselben Rebe rächt, aus der dieser vorher den 'Zehnten von der Minne' eingenommen hatte – das beim 'Verklagten Bauern' moralisch-didaktisch behandelte Thema der unbegründeten Forderungen der Herren findet sich hier im Schwank angedeutet (dieser Weingarten *ist aigen und nit lehen*).

Ganz schwankhaft sind die knapp und glänzend gestalteten einphasigen Mären Nr. 10 'Die zurückgelassene Hose' und Nr. 15 'Der Schlafpelz', in denen die Frau sich und ihren Liebhaber vor der Entdeckung durch den Ehemann rettet. Drei einphasige Überlistungen, allerdings nicht zur Rettung aus Not, sondern in grotesker Übertreibung schädigend aus Mutwillen, sind zusammengefügt in Nr. 11 'Drei listige Frauen B' (vgl. → 'Drei listige Frauen A'); die szenische Engführung der drei Stränge am Ende, die vom ursprünglichen Revuecharakter des Erzählschemas wegführt, könnte eine dann von Folz übernommene Errungenschaft Kaufringers sein.

Wenn man von dem exemplarischen Märe 'Die Suche nach dem glücklichen Ehepaar' (Nr. 8) und dem etwas schwächeren Schwank 'Der Mönch als Liebesbote B' (Nr. 7, vgl. Hans → Schneeberger) absieht, deren Mehrteiligkeit anders begründet ist, dann ist für die meisten längeren Schwankmären eine Folge von zwei Aktionen, List und Gegenlist, typisch, an denen zwei Parteien beteiligt sind. Vielfach entsteht Komik gerade aus den Entsprechungen zwischen den beiden Listhandlungen, wie sie Kaufringer oft bewußt ausführt. Obwohl die moralische Beurteilung im allgemeinen keine Rolle spielt und der Ehebruch als solcher nicht verurteilt wird, ist doch überraschend oft der zunächst betrogene und verspottete Ehemann am Ende der Überlegene. So ist es im 'Zehnten von der Minne' und auch in der weniger komischen als kruden 'Rache des Ehemannes' (Nr. 13), wo der ritterliche Ehemann den Verlust zweier gesunder Zähne mit der Entmannung des geistlichen Nebenbuhlers beantwortet und diesen außerdem zwingt, der Frau die Zunge abzubeißen.

Nicht leicht zu erklären ist, daß der überlegene Ehemann in zwei sorgfältig durchmotivierten Mären auf eine mehr als symbolische Rache verzichtet. Es korrespondiert dies mit der Besetzung der Liebhaberrolle mit Gestalten, die im Märe in der Regel erfolgreich sind, mit einem Königssohn, gleichzeitig Studenten, in Nr. 4 'Bürgermeister und Königssohn' und mit einem jungen Ritter, dessen Freund und Gönner der Ehemann ist, in Nr. 5 'Der zurückgegebene Minnelohn' (vgl. Claus → Spaun). Materielle Überlegungen des 'Bürgers' in Nr. 4 sind wohl nur begleitend, und Vergebung aus christlicher Gesinnung kommt nicht in Frage. Eher mag Kaufringer die Aufgabe gereizt haben, die Listhandlungen zwischen zwei positiv gesehenen Parteien stattfinden zu lassen und in dieser Variante des Listablaufs die menschlichen Komplikationen andeutend darzustellen, die sich aus ihrer gegenseitigen Hochschätzung ergeben. Dies muß zu 'weiser Souveränität' (Ruh) beim Einstekken des Schadens und zu Versöhnung führen und paßt zu Kaufringers Bestreben, sich über eine Sympathieverteilung hinwegzusetzen, die allein von der Mechanik des Schwankverlaufs bestimmt wird.

Eine andere kunstvolle Spielart der Überlistung, und zwar wieder 'in Freundschaft', findet sich in 'Chorherr und Schusterin' (Nr. 9). Hier bilden Frau und Liebhaber die Parteien, die sich gegenseitig durch Gefährdung der Liebeszusammenkünfte ängstigen und sich zuerst im Badezuber, dann im Bett ein 'Schweißbad' bereiten; der Streit zwischen den Liebenden überlagert eine weitere, funktional genutzte Listhandlung, bei der der Ehemann – auch er nicht unsympathisch – zweimal dem Paar unterliegt.

In Nr. 6 'Der feige Ehemann' ist die Konstellation gegeben, daß die Frau von Anfang an auf der Seite des Ehemannes steht. Anders als in den 'Drei Mönchen zu Kolmar' (→ Niemand) und in Rosenplüts 'Bildschnitzer von Würzburg' endet ihr gemeinsamer Versuch, den (hier ritterlichen) Liebhaber zu überlisten, damit, daß der Ehemann aus Furcht vor der Stärke des Liebhabers der Vergewaltigung zusieht. Der Ehemann ist schließlich wohl komische Figur, aber die schwankhafte Parteiengegenüberstellung ist insofern aufgelöst, als sich der Blick auf das Leid der braven Frau richtet und auch der gewalttätige Liebhaber im Sieg negative Züge bekommt.

Kein Schwank endlich ist die eigentümlichste Erzählung Kaufringers, 'Die unschuldige Mörderin' (Nr. 14). Eine Gräfin wird kurz vor ihrer Heirat, die sie zur Königin machen soll, durch einen Ritter in der Maske des Königs um ihre Jungfräulichkeit betrogen. Nachdem sie ihn erkannt hat, bleibt ihr nichts anderes übrig, als ihn zu töten; danach muß sie auch den Pförtner der Burg, der als Lohn für seine Hilfe beim Beseitigen der Leiche ihre Hingabe erpreßt hat, umbringen und dann auch noch ihre Kammerjungfrau, die als untergeschobene Braut ins königliche Bett gelangt ist und es nicht mehr verlassen will. Wenn man den bösen Ratgeber des Ritters einrechnet, sind schließlich vier Menschen um ihretwillen zu Tode gekommen. Nach zweiunddreißig Jahren eröffnet sie sich in Reue dem König und erfährt sein liebevolles Mitleid und das Versprechen, sie nichts von dem Geschehenen entgelten zu lassen. Wie Ruh ausgeführt hat, lief das Erzählschema ursprünglich auf einen Kontroversfall hinaus, in dem die Schuld der Gräfin diskutiert wurde; entsprechend stehen am Schluß der stoffverwandten Fassungen Buße und tätige Reue und ein legendenhaftes Wunder, das sie dann freispricht. Kaufringer hat eine andere, novellistische Moral, ihm kommt das moraltheologische Problem der Morde nicht in den Blick. Die Gräfin ist grundsätzlich ohne Schuld und rettet sich mit Gottes Hilfe aus äußerster Gefährdung, während den ungetreuen Gegenspielern mit ihrer Tötung recht geschieht. Die wirkungsvolle Schlußszene braucht nicht mehr Gottes Vergebung zu bestätigen, sondern bringt (mit Anklängen an Nr. 4 und 5) die verzeihende Versöhnung des edelmütigen Königs, der ja geschädigt und von der Frau aus Not betrogen worden war. Erzählerische Reize gehen vom Ungewöhnlichen der Geschichte aus, von ihren makabren Verschlingungen und von der (auch in Nr. 1 thematisierten) Paradoxie, daß Morde gut und notwendig sein können.

Literatur. K. Euling, Über Sprache u. Verskunst H. K.s, Programm Lingen 1892; ders., Studien über H.K. (German. Abhh. 18), 1900; A. Schröder, H.K., ZfdA 65 (1928) 213–217; A. Mihm, Überl. u. Verbreitung d. Märendichtung im SpätMA, 1967, S. 25 f. u.ö.; Fischer, Stud., S. 148–152, 328–330 (B 67, Bibliographie) u.ö.; F. Frosch-

FREIBURG, Schwankmären u. Fabliaux. Ein Stoff- u. Motivvergleich (GAG 49), 1971, S. 129–136 (zu Nr. 15); 177–192 (zu Nr. 11); K. RUH, in: Neues Hdb. d. Lit.wiss. Bd. 8: Europ. SpätMA, 1978, S. 168 f.; ders., K.s Erzählung von der 'Unschuldigen Mörderin', in: Interpretation u. Edition dt. Texte d. MAs. Fs. J. Asher, 1981, S. 164–177.

(1983)   PAUL SAPPLER

'Klage' → 'Nibelungenlied' und 'Klage'

'König Rother'

Mhd. Verserzählung, 12. Jh.

Inhalt. I. Überlieferung. II. Ausgaben. III. Textkritische Problematik. IV. Inhalt. V. Stoff. Entwicklung. VI. Ort. Verfasser. Zeit. VII. Form. Deutung. VIII. Rezeption. – Literatur.

I. Überlieferung.

Das Gedicht liegt in der fast vollständigen Hs. H und in den auf 3 Hss. zurückgehenden 4 Fragmenten M, E/N (B) und B (A) vor:

1. H = Heidelberg, cpg 390, Perg., 73 Bll., Ende 12. Jh., md. mit ndfrk. und obd. (speziell bair.) Elementen. 5181 vv., am Ende unvollständig; für etwa 16 vv. bietet B (A) Ersatz.

2. M = München, cgm 5249, Nr. 1, 1 Perg.-Streifen, 'Ende 12./Anfang 13. Jh.' (K. Schneider, briefl. 1981), bair. 80 vv. zwischen v. 4054 u. v. 4633.

3. E = (zuletzt) Ermlitz (Dr. Apel, noch 1922), ursprünglich Bibl. d. Grafen Waldbott v. Bassenheim auf Schloß (vormals Kartause) Buxheim (bis 1883), 2 Perg.-Doppelbll., 2. H. 13. Jh., bair. 436 vv. (1379–1806), z. T. unvollständig. Von derselben Hs. wie N (B), verschollen.

4. N (B) = Nürnberg, Germ. Nationalmuseum, Hs. 27744, ursprünglich Baden/Aargau (Prof. Federer, 1827), 1 Perg.-Bl., 2. H. 13. Jh., bair. 57 vv. (994–1046). Von derselben Hs. wie E.

5. B (A) = Berlin mgf 923, Nr. 20, ursprünglich Hannover (Frh. v. Arnswaldt, 1821), 1 Perg.-Bl., 14. Jh., obd. mit mfrk. und ndfrk. Elementen. 46 vv. zwischen v. 5134 u. v. 5197.

II. Ausgaben.

TH. FRINGS / J. KUHNT (zit.), König Rother (Rhein. Beitr. u. Hülfsbücher z. germ. Philologie u. Volkskunde 3), 1922 (Nachdr. 1954 ohne die Einleitung, besorgt v. W. FLÄMIG 1961, besorgt v. I. KÖPPE-BENATH 1968 [alle: Altdt. Texte f. d. ak. Unterricht 2]); J. DE VRIES, Rother (Germ. Bibl. 2, 13), 1922 (Nachdr. 1974).

'Osantrixsaga': H. BERTELSEN, 'Þiðriks saga af Bern' (Samfund til udgivelse af gammel nordisk litteratur 34), Kopenhagen 1905–1911; Übersetzung: F. ERICHSEN, 'Die Geschichte Thidreks von Bern' (Thule 22), 1924.

III. Textkritische Problematik.

Die Überlieferung des 'König Rother' ('KR') reicht zwar ins 12. Jh. hinauf, ist jedoch nicht gut und wirft viele Fragen auf; eine kritische Ausgabe fehlt.

Die Heidelberger Hs. (Beschreibung: WEISLEDER, 1914; FRINGS / KUHNT, Ausg., S. 14*–48*; KRAMER, 1960 bis 1962), die einzige nahezu vollständige, ist als Gebrauchshs. anzusehen und bietet trotz mangelnder Konsequenz in der Schreibung und zahlreicher Lese- und Schreibfehler eine treue Wiedergabe ihrer Vorlage. Sie gilt heute als das Werk eines einzigen Schreibers, obwohl sie im zweiten Teil (von f. 42ʳ, etwa v. 2900, an) bisher nicht erklärte graphische wie sprachliche Unterschiede gegenüber dem ersten aufweist. Diese geben im Verein mit inhaltlichen Divergenzen (vgl. V. 3. und VI. 2.) der Frage Raum, ob der von der Hs. H überlieferte Text tatsächlich zur Gänze als poetische Einheit von dem Dichter zu verantworten ist oder ob er vielleicht erst durch nachträgliche Erweiterung seine Gestalt gefunden hat.

Die größten Schwierigkeiten jedoch bereitet dem Verständnis das Dialektgemisch seiner Sprache (grundlegend: WEISLEDER, 1914); der md. Grundcharakter wird von ndfrk. Elementen einerseits, obd. – speziell bair. – andererseits durchbrochen. Auf nicht geklärte Weise spiegelt sich darin die Geschichte des Textes, seiner Entstehung wie seiner Wanderung zwischen den nördlichen Rheinlanden und Bayern (vgl. u. VI.). Die ältere Forschung (Referat FRINGS / KUHNT, Ausg., S. 197 ff.; abschließend DE VRIES, Ausg., S. XVIII ff.) suchte dialektgeographisch sprachliche Schichten zu sondern und aus ihnen eine Abfolge von Vorstufen zu erschließen. Demgegenüber hat zuletzt KRAMER (1958; auch 1960–1962) dafür plädiert, den 'KR' 'als ein einheitliches Werk zu verstehen', und zur Begründung auf den Misch- und Ausgleichscharakter überregionaler Literatur- und Verkehrssprachen im Rheinland hingewiesen (1958, S. 4): Die Sprache der Vorlage sei das Rhfrk. und damit komme Mainz, das Kulturzentrum der südlichen Rheinlande, als Entstehungsort sowie sein Umkreis als Heimat des Dichters in Frage (1960). Letzte Sicherheit über das Verhältnis der Hs. H zu ihrer Vorlage ist damit nicht gewonnen; jede engere Eingrenzung der (jedenfalls wohl mittel- bis niederrheinischen) Heimat des Dichters und seiner Sprache bleibt vorläufig hypothetisch.

Die Fragmente helfen nicht weiter. Abgesehen von der mehr oder weniger konsequenten Durchführung obd., speziell bair. Sprachformen (am konsequentesten M), zeichnen sie sich mit Ausnahme von M durch das in ihrer späteren Zeit nicht überraschende Bemühen aus, die Reime durch Beseitigung der in M und H bewahrten Assonanzen zu verbessern (am konsequentesten B [A]) und durch fast ausschließlich kleinere Textänderungen und Zusätze (nur einmal im Umfang von 10 vv., nach v. 1374, in E) den Sinn zu verdeutlichen (E/N [B] etwas stärker als B [A]). In eine stemmatische Ordnung lassen sie sich nicht mit Sicherheit bringen.

IV. Inhalt.

Auf Drängen seiner um die Sicherung der Erbfolge besorgten Vasallen wirbt der in Bari residierende, in Rom gekrönte König (einmal *keyser*, v. 3099) Rother in Konstantinopel um die Hand der bislang allen Freiern versagten Tochter des Königs Konstantin, zunächst durch Boten (Graf Luppolt, Sohn Herzog Berkers von Meran, und elf weitere Grafen, darunter sechs seiner Brüder), die nach Ausrichtung ihres Auftrages eingekerkert werden; anschließend in eigener Person (begleitet u.a. von den Riesen Asprian, Grimme, *Widolt mit der stangen*), wobei er sich jedoch als ein von seinem König Vertriebener namens Dietrich ausgibt (*in recken wis*, v. 583). Nachdem er sich der (namenlos bleibenden) Königstochter mit List genähert und ihr Einverständnis erlangt hat (Schuhprobe), nutzt er eine sich aus dem Überfall des Heidenkönigs Ymelot von Babylon ergebende Gelegenheit, seine Boten zu befreien und die Braut zu entführen. Konstantin gelingt es, seine Tochter durch einen Spielmann rückentführen zu lassen. Rother muß daher erneut – diesmal mit Heeresmacht – nach Konstantinopel aufbrechen, um seine junge Frau, die mit Basilistium, dem Sohn Ymelots, vermählt werden soll, zurückzuholen. Als Kundschafter kommt er in Pilgertracht in die Stadt, gibt sich seiner Frau durch einen Ring zu erkennen, wird entdeckt und im letzten Augenblick von den durch seine Freigebigkeit während seines ersten Aufenthaltes gewonnenen Freunden (Graf Arnold) und von seinem eigenen, durch einen Hornruf Luppolts aus seinem Versteck herbeigerufenen Heer, die die Heiden besiegen, vor dem Galgen gerettet. Am Tage der Heimkehr nach Bari wird der Thronerbe, Pippin, der Vater der heiligen Gertrud von Nivelles und Karls, geboren; 24 Jahre später empfängt er in Aachen Schwert und Herrschaft, während Rother und die Königin auf Berkers Rat gleich diesem in ein Kloster eintreten. (Nach Pippin regiert Karl das Reich, B [A]).

V. Stoff. Entwicklung.

1. Der Ursprung der Erzählung ist nicht geklärt. Ihr Rückgrat bildet das 'Brautwerbungsschema', das mit seinen vorgeprägten Rollen, Motiven und Handlungsabläufen die Möglichkeit jeweils zeitgenössischer Adaptation gewährte und in der dt. Literatur namentlich im 12. Jh. beliebt war: Beratung des Herrn über die Wahl einer standesgemäßen Frau, gefährliche Werbung durch Boten oder/und in Person (Einkerkerung der Boten, Verwendung eines Decknamens), Gewinnung des Einverständnisses durch eine Werbungslist (Kemenatenszene, hier: Schuhprobe), Entführung durch List, Verfolgung durch den überlisteten Vater. Gegenüber der germanischen Variante (Brautraub) beobachten wir hier in beiden Teilen die auf Listen beruhende mittelmeerische (FRINGS, 1939/40).

2. Die Entstehung ist unterschiedlich gesehen worden. PANZERS (1925) Annahme bewußter Epenschöpfung um den Normannenkönig Roger II. (1105–1154), der 1143/44 erfolglos für seinen Sohn Wilhelm um eine byzantinische Prinzessin warb und

zweimal eine Flotte gegen Byzanz aussandte, wird heute ebenso abgelehnt wie die – auch aus chronologischen Gründen – indiskutable Anknüpfung der literarischen Gestalt Rothers an Kaiser Heinrich VI. (SIEGMUND, 1959).

So werden wir auf den Weg der Entwicklung verwiesen. Für den Kern der Rotherfabel nahm die ältere Forschung Sagenbildung um die langobardischen Könige Authari (584–590) und Rothari (636–652) an (KROGMANN, 1936, Sp. 852f.; aufrechterhalten von CURSCHMANN, 1968, S. 34), obwohl die herangezogene Anekdote aus dem Leben des ersten (Paulus Diaconus, Hist. Langob. 3, 30; bei DE VRIES, Ausg., S. 89f.) kaum echte Vergleichspunkte aufweist, während der zweite wohl allenfalls seinen Namen – als den eines in ferner Vergangenheit in Italien regierenden Königs – hergeliehen hat, wenn tatsächlich Erinnerungen an ihn, vor allem auf Grund seiner Rechtskodifikation (643), und an die Langobarden überhaupt nachhaltig ins hohe MA fortlebten (FRINGS, 1945; MEVES, 1976, S. 56–58). Im 10. Jh. böte die Geschichte Kaiser Ottos II. (973–983) Anknüpfungspunkte (SINGER, 1889).

Konkreter wird unsere Anschauung erst für das 12. Jh., wenn wir mit Recht eine in Norddeutschland zu lokalisierende Brautwerbungsgeschichte voraussetzen dürfen, auf die sich dann vielleicht auch die 'Osantrixsaga' – in engerer Anlehnung – zurückführen ließe. Diese ist in die auf norddt. Erzählungen fußende anord. 'Thidrekssaga' (13. Jh.) integriert und berichtet von der Werbung des Wilzenkönigs Osantrix um die Tochter Oda des Hunenkönigs Milias (zwei Versionen, V^1 und V^2, BERTELSEN, Ausg. 1, S. 49–56; 2, S. 71–83; danach DE VRIES, Ausg., S. 90–100; ERICHSEN, Übers., S. 99–106, nur V^2); sie weist auffallende Übereinstimmungen mit dem ersten Teil des 'KR' auf: Verbindung von Werbung und Botenbefreiung, Auftreten des Helden als angeblich von ihm selber Vertriebener und unter dem Namen Dietrich (V^2; Friedrich V^1), Unterstützung durch Riesen (darunter Aspilian und Widolf mit der Stange), Schuhprobe; der Gedanke an eine gemeinsame Quelle liegt daher nahe. Andererseits ist wiederholt versucht worden, die Gemeinsamkeiten durch die Benutzung des 'KR' in der 'Thidrekssaga' zu erklären (zuletzt VOIGT, 1965).

3. In der uns vorliegenden Erzählung erscheint diese Brautwerbungsgeschichte durch Anleihen bei anderen Sagen und Dichtungen (Wolfdietrichsage: Dienstmannenmotiv, Berker von Meran und seine Söhne; Dietrichsage: Namen und Heldenrollen wie Dietrich als Vertriebener, Wolfrat, Amelger u. a.) angereichert und vor allem um ihren zweiten Teil (Salomosage, vgl. → 'Salman und Morolf'; modifiziert durch die Heimkehrsage, s. DE VRIES, Ausg., S. C–CVII) erweitert und so zu großepischer Gestalt ausgebaut.

Ob dieser auf der rheinischen Stufe der Entwicklung bereits ein dem ersten Teil entsprechendes 'spielmännisches Kurzepos' ('Ur-Rother') vorausgegangen ist, das FRINGS (1939/40) angenommen und in eine Schlüsselstellung innerhalb der Geschichte der sog. Spielmannsepik eingewiesen hat, ist ungewiß. Aus der Annahme, daß der Verfasser des 'KR' für den ersten Teil einer dichterischen Vorstufe verhältnismäßig konservativ gefolgt ist, aber für den zweiten Teil selbständig weitere Stoffe herangezogen und frei in Adaptierung an den ersten bearbeitet hat, ließen sich die mannigfachen Unterschiede (Formeldichte: JÄGER, 1960; Vorausdeutungen: REIFFENSTEIN, 1972; inhaltliche: URBANEK, 1976; MEVES, 1976; dagegen keine in der Redetechnik: GERNENTZ, 1958; SCHULTE, 1970) zwischen den beiden Teilen erklären (vgl. o. III., u. VI. 2.).

VI. Ort. Verfasser. Zeit.

1. Der 'KR' ist anonym überliefert und gewiß auch abgefaßt (kein Prolog; Epilog fragmentarisch überliefert). Dem Gedicht läßt sich mit hoher Wahrscheinlichkeit entnehmen, daß der Verfasser seine Auftraggeber in Kreisen des bayerischen Adels gefunden hat, da ohne in der Erzählung liegende Notwendigkeit bayerische Geschlechter (Berker von Meran [d. i. Meranien an der Adria]; Amelger und Wolfrat von Tengelingen; als Führer eines Aufstandes gegen Rother: Hademar von Dießen) eingeführt, Spannungen zwischen ihnen angedeutet und die Bayern überhaupt gelobt werden; ihre nähere Bestimmung ist ohne bisher allgemein überzeugendes Ergebnis oft versucht worden.

Zuletzt wurden erwogen: der mit einer Nichte des Kaisers Manuel I. seit 1148 vermählte Babenberger Herzog Heinrich Jasomirgott von Bayern (1143–1156) (GELLINEK, 1968); Angehörige des Hauses Tengelingen, das freilich diesen Namen nicht mehr führte, besonders Graf Konrad I. von Peilstein (URBANEK, 1976; MEVES, 1976); schließlich der

Welfenhof in Regensburg (seit 1156) (BUMKE, 1979).

Ein städtisches Zentrum als Entstehungsort anzunehmen legt u. a. die Schilderung Konstantinopels nahe, und ein bayerisches (Regensburg?) wohl eher als Mainz, obwohl hier 1161–1165 mit Konrad von Wittelsbach ein Bayer regierte und die Heimat des Dichters vermutet worden ist (KRAMER, 1960, S. 73).

2. Angesichts möglicher Zweifel an der Einheit des in der Hs. H überlieferten Textes (vgl. o. III.) ist ungewiß, wer als der eigentliche Dichter des 'KR' zu gelten hat. Entweder gehört diesem nur der literarisch höher stehende erste Teil, während der diesem gegenüber schwächere zweite Teil nachträglich hinzugefügt wurde, oder er ist der Verfasser des Ganzen, wobei sich die qualitativen und inhaltlichen (s. u.) Unterschiede zwischen beiden Teilen wohl am ehesten durch die Verwendung verschieden gestalteter Quellen erklären ließen (vgl. o. V. 3.). In jedem Falle dürfen wir in ihm einen Kleriker sehen, wenn auch im engeren Sinne geistliche Partien (s. z.B. die kreuzpredigtartigen Stellen v. 4059 ff., v. 4117 ff.; die christliche Bedeutung Konstantinopels v. 4389 ff.; die Vanitaslehre v. 5113 ff.; den Moniage) oder gelehrte (eher als literarische) Reminiszenzen (v. 1844 *karbulkul*; v. 1862 *blat vuze*; v. 4714 *grecia*; v. 4938 *capelun*; v. 4955 Alexanders Wunderstein *claugestian*) erst im zweiten Teil stärker hervortreten. Für einen clericus sprechen u. a. auch die Konzeption seines Stoffes als eines geschichtlichen überhaupt (z. B. Rother als römischer König, dem 72 Könige dienen, v. 7 ff., wie dem Heidenkönig Ymelot, v. 2555 ff.; Hoftag in Rom, v. 614 ff.) und sein zeitgeschichtlich weiter Horizont im besonderen. Nicht nur die seit dem zweiten Kreuzzug (1147–1149) auch in Deutschland aktuelle Kreuzzugsthematik wird vom Autor – ohne Leidenschaft – aufgegriffen (Heidenkämpfe; Kreuzfahrerhafen Bari; auch Wendenkreuzzug, v. 470 ff.), sondern vornehmlich auch die durch die Kreuzzüge aktualisierte Konfrontation von abendländischem und oströmischem Kaisertum, die ihn als Gegenwelt an vielfältige Traditionen angelehntes, lebensvolles Bild von Byzanz entwerfen läßt (SZKLENAR, 1966; MEVES, 1976).

Auch eine von der Ähnlichkeit der Namen begünstigte assoziative Verknüpfung mit Roger II. wird man bei der Lokalisierung des Geschehens nicht völlig ausschließen dürfen; bayerische Erinnerungen an den Feldzug Kaiser Lothars und seines Schwiegersohnes, Herzog Heinrichs des Stolzen von Bayern, mit der Eroberung von Bari (1137) können hinzugetreten sein. Im zweiten Teil werden die historischen Bezüge besonders durch die Einführung der Karlsgenealogie verstärkt (v. 3476 ff.; v. 4778 ff.; v. 5186 ff.).

3. Als Zeit der Abfassung werden traditionell etwa die Jahre 1150–1160 angesetzt, doch lassen historisch auswertbare Angaben im Text (Verleihung des Meraner Herzogtitels an die Grafen von Dachau 1152, an die Grafen von Andechs-Dießen um 1180; Erwähnung eines offensichtlich von Bayern getrennten, also nach 1156 zu denkenden Österreich) einen weiteren Spielraum: 'Vermutlich ist der 'R' zwischen 1152 und 1180 entstanden' (BUMKE, 1979, S. 92). Die Jahre 1150 bis 1160 erscheinen BUMKE (S. 336) 'sehr früh'; ob man wesentlich über 1165 herabgehen kann, bleibt zu prüfen; Karl wird nicht wie in →Konrads 'Rolandslied' (v. 2861, v. 9001) heilig genannt, obwohl das im zweiten Teil in der Tendenz des Erzählers liegen müßte, der die heilige Gertrud von Nivelles als Karls Schwester ausgibt. (Vgl. auch u. VII.)

VII. Form. Deutung.

1. Der 'KR' ist – bei großer Füllungsfreiheit und starkem Assonanzengebrauch – in vierhebigen Reimpaarversen abgefaßt; ihre Gruppierung zu 'Abschnitten' ist unter Beobachtung der Initialen (in H: 197) wiederholt untersucht worden (zuletzt: DINSER, 1975, die auf Konzipierung eines Erzähl- und Vortragsgerüstes schließt; A. MISSFELDT, 1978, die mit Recht die schon in der Überlieferung bestehenden Unsicherheiten betont), z. T. in dem Bemühen, eine ursprünglich 'strophi-

sche' Gliederung zu erschließen (BACH, 1945; MAURER, 1964). Stilistisch steht das Gedicht 'in der Tradition der frühmhd. Dichtung und auf der Basis ihrer Literatursprache' (BAHR, 1951, S. 267) und daher der Gruppe von → Lambrechts 'Alexander', → 'Kaiserchronik' (s. jedoch URBANEK, 1976, S. 190–215) und Konrads 'Rolandslied' wesensmäßig nahe. Auf beachtlicher Höhe steht im Vergleich mit den anderen sog. Spielmannsgedichten die Erzählkunst des Rother-Dichters. Er versteht es meisterhaft, das vorgegebene Brautwerbungsschema und tradierte Erzählschablonen (z. B. die Figurenkonstellation, stehende Rollen wie die des tyrannischen Brautvaters und Motive wie das Auftreten unter fremdem Namen usw.) durch seine historischen und literarischen Kenntnisse wie durch seine Realitätserfahrung mit individuellem Leben zu erfüllen und damit in 'Analogieschöpfung' (FROMM, 1960) dem Typischen den Schein des Einmaligen zu verleihen. Besondere Beachtung findet die Struktur, nachdem vor allem die auf allen Ebenen der Gestaltung zu beobachtenden Doppelungen (abwandelnde, steigernde, kontrastierende Wiederholungen, s. BACH, 1945; BENATH, 1961; auch DINSER, 1975) nicht länger aus der Genese oder aus 'spielmännischer' Neigung zur kunstlosen Reihung erklärt werden. Das trifft auch den Aufbau des Ganzen, wie er in der Hs. H vorliegt. Hier scheint sich der 'doppelte Kursus' anzudeuten: Scheinharmonie (Entführung gegen Konstantins Willen), Katastrophe (Rückentführung), gesicherte Harmonie (Heimführung mit Konstantins Zustimmung). Es ist schwer, den 'KR' einer bestimmten Gattung zuzuordnen: Züge, die vorwiegend der sog. Spielmannsepik (BAHR/CURSCHMANN, 1979) angehören (Brautwerbung, 'listiger' Held, Komik), mischen sich mit denen der Heldendichtung (Dienstmannenmotiv); die Grenzen zwischen diesen beiden Gattungen werden heute ohnehin weniger scharf gezogen. Die mögliche Auffassung der Erzählung als ein Stück Reichsgeschichte (s. u.) stellt sie in Zusammenhänge, die auch der Stil stützt (s. o.).

2. Die spürbare Freude am Erzählen selber schließt eine darüber hinausgehende Intention nicht aus, wenn man auch nicht gleich von einer 'didaktischen Zielsetzung' (DINSER, 1975) sprechen sollte. Sicherung der Erbfolge im Interesse des Reiches, vorbildliches christliches Herrschertum (*triuwe, milte,* Demut) unter Hervorhebung des Verhältnisses zwischen dem König und dem Adel (in der Opposition Rother – Konstantin/Ymelot), intellektuelle und moralische Überlegenheit des Westens über das byzantinische Kaisertum, Reichsgeschichte und Reichsgedanke: das waren Themen, die ein adliges Publikum im 12. Jh. nicht nur als Elemente 'erzählter', sondern eigener Wirklichkeit interessieren konnten. Einseitige thematische Festlegung verfehlt den Charakter des Gedichts und wird auch von einer eventuellen Zuordnung zu welfischen oder staufischen Kreisen nicht erzwungen. Darin ist noch der Abstand zum höfischen Roman deutlich.

Wie der → 'Herzog Ernst' A steht der 'KR' literarhistorisch zwischen der Geistlichendichtung des frühen 12. Jh.s und der höfischen Ritterdichtung. Noch gibt sich der geistliche Verfasser in seiner Bearbeitung eines weltlichen Stoffes zu erkennen, noch wird dieser durch Anbindung an die Reichsgeschichte legitimiert, noch dominieren, frei verfügbar und souverän gehandhabt, Formeln, Schemata, Motiv- und Strukturschablonen mündlicher und frühschriftlicher Dichtungstradition, so daß sich nur ansatzweise in dem zielstrebigen Bemühen um großepische Form die Tendenz zur Struktur des höfischen Romans verrät. Andererseits: Schon stellt sich zwar das Thema 'Gott und der Welt gefallen', aber es wird noch keineswegs zum Problem. Vorbildliches Rittertum (*riter* neben *helt, degen, recke, wîgant*) erfüllt sich naiv in Fürsten- und Mannentugenden, der Ritter braucht seine Bestimmung noch nicht in der *âventiure* zu suchen. Höfische Züge fehlen nicht, bleiben aber im wesentlichen äußerlich (Prachtentfaltung, Zeremoniell) und lassen (bis auf einen Ansatz in der Kemenatenszene) die Rolle der Frau und das Verständnis von Minne unberührt. Mit dem Bild, das Vers und Reim bieten, ergibt sich so zweckmäßig die zusammenfassende Charakterisierung als vorhöfisch.

VIII. Rezeption.
Die Hss. bezeugen Kenntnis des Gedichts bis ins 14. Jh.; für das 12. Jh. illustriert der 'KR' dabei die bayerisch-rheinischen Wechselbeziehungen (BUMKE, 1979, S. 121 f.). Bis um 1300 reichen auch die direkten Zeugnisse: der → Marner, → 'Reinfried von Braunschweig', → Hugo von Trimberg im 'Renner' (z.T. vielleicht über den Marner), denen sich (sämtlich über den 'Renner') erst im 15. Jh. Konrad → Bollstatters 'Losbuch' und im 16. Jh. Johannes Agricola und Cyriacus Spangenberg anschließen. Indirekte Zeugnisse sind viel erwogen worden, aber nur für → 'Dietrichs Flucht', →'Kudrun' und →'Dukus Horant' verdienen sie wirklich Beachtung (FRINGS/KUHNT, Ausg., S. 223–226; DE VRIES, Ausg., S. LXVII–LXXVII; MEVES, 1976, S. 100 bis 117; CURSCHMANN, 1968, S. 30). – Eine Bearbeitung L. Tiecks ist erst jetzt bekanntgeworden (hg. v. MEVES, 1979; vgl. zur neuzeitlichen Rezeption MEVES, 1976, S. 117–119).

Literatur. Eine Spezialbibliographie fehlt. – Die ältere Lit. bis 1922 bei EHRISMANN, LG II 1, 1922, S. 290–313; bis 1936 bei KROGMANN, 1936, Sp. 861; bis 1945 bei A.E. SCHUSTER, 'KR' im Lichte d. modernen Forschung, Diss. (masch.) Wien 1945; bis 1955 bei K. HANNEMANN, in: ¹VL V, 1955, Sp. 533 f.; bis 1967 bei M. CURSCHMANN, Spielmannsepik, 1968, passim, spez. S. 25–34 u. S. 74–76.
L. SINGER, zur 'R'sage, JB über d. K. K. Ak. Gymnasium in Wien (1889) 1–25; J. WIEGAND, Stilist. Unters. z. 'KR' (German. Abhh. 22), 1904 (Nachdr. 1977); O. WEISLEDER, Die Sprache d. Heidelberger Hs. d. 'KR' (Lautlehre), Diss. Greifswald 1914; F. PANZER, Ital. Normannen in dt. Heldensage (Dt. Forschungen 1), 1925 (Nachdr. 1974); W. KROGMANN, 'KR', in: ¹VL II, 1936, Sp. 847–861; TH. FRINGS, Die Entwicklung d. dt. Spielmannsepen, Zs. f. Geisteswissenschaft 2 (1939/40) 306–321 (auch WdF 385, 1977 [s.u.], S. 191–212 [zit.]); A. BACH, Der Aufbau d. 'KR', Diss. (masch.) Jena 1945; TH. FRINGS, Rothari – Roger – Rothere, PBB 67 (1945) 368–370 (auch WdF 385, S. 245–247); J. BAHR, Der 'KR' u. d. frühmhd. Dichtung, Diss. (masch.) Göttingen 1951; W.J. SCHRÖDER, 'KR', Gehalt u. Struktur, DVjs 29 (1955) 301–322 (auch WdF 385, S. 323–350 [zit.] = ders., rede und meine, 1978, S. 1–22); H.J. GERNENTZ, Formen u. Funktionen d. direkten Reden u. d. Redeszenen in d. dt. epischen Dichtung von 1150 bis 1200, Habil.Schr. (masch.) Rostock 1958, S. 143–178; G. KRAMER, Vorunters. zu einer krit. Ausg. d. 'KR', Diss. (masch.) Leipzig 1958; W.J. SCHRÖDER, Zu 'KR' v. 45–133, PBB (Tüb.) 80 (1958) 67–71 (= ders., rede und meine, 1978, S. 53–58); K. SIEGMUND, Zeitgesch. u. Dichtung im 'KR' (Phil. Stud. u. Qu., o.Nr.), 1959; H. FROMM, Die Erzählkunst d. 'R'-Epikers, Euph. 54 (1960) 347–379 (auch WdF 385, S. 351–396); D. JÄGER, Der Gebrauch formelhafter zweigliedriger Ausdrücke in d. vor-, früh- u. hochhöf. Epik, Diss. (masch.) Kiel 1960, S. 42–48; G. KRAMER, Zum 'KR', das Verhältnis d. Schreibers d. Heidelberger Hs. (H) zu seiner Vorlage, PBB (Halle) 82 (1960) 1–82 u. 84 (1962) 120–172; I. BENATH, Vergleichende Stud. zu d. Spielmannsepen 'KR', 'Orendel' u. 'Salman u. Morolf', Diss. (masch.) Leipzig 1961; W.J. SCHRÖDER, Spielmannsepik (Slg. Metzler 19), 1962, S. 22–35 (verb. ²1967, S. 21–36); MAURER, Rel. Dicht. I, 1964, S. 36–39; H. VOIGT, Zur Rechtssymbolik d. Schuhprobe in d. Piðriks Saga (Viltina Páttr), PBB (Tüb.) 87 (1965) 93–149 u. 474; H. SZKLENAR, Stud. z. Bild d. Orients in vorhöf. dt. Epen (Palästra 243), 1966, S. 113–150; CH. GELLINEK, 'KR', Stud. z. lit. Deutung, 1968; W. SCHULTE, 'Epischer Dialog', Unters. z. Gesprächstechnik in frühmhd. Epik, Diss. Bonn 1970; I. REIFFENSTEIN, Die Erzählervorausdeutungen in d. frühmhd. Dichtung, in: Fs. H. Eggers (= PBB [Tüb.] 94, Sonderh.), 1972, S. 551–576; G. DINSER, Kohärenz u. Struktur (böhlau forum litterarum 3), 1975; U. MEVES, Stud. zu 'KR', 'Herzog Ernst' u. 'Grauer Rock' ('Orendel') (Europäische Hochschulschr.n R. 1, 181), 1976, S. 21–129; F. URBANEK, Kaiser, Grafen u. Mäzene im 'KR' (Phil. Stud. u. Qu. 71), 1976; W.J. SCHRÖDER (Hg.), Spielmannsepik (WdF 385), 1977; A. MISSFELDT, Die Abschnittsgliederung u. ihre Funktion in mhd. Epik (GAG 236), 1978, S. 24–93; F. URBANEK, 'R' u. 'Imperator Rubeus' (Barbarossa) – Typus u. Realität im Epos v. 'KR', in: R. KROHN u.a. (Hgg.), Stauferzeit (Karlsruher kulturwiss. Arbeiten 1), 1978, S. 132–143; J. BAHR/M. CURSCHMANN, Spielmannsdichtung, in: ²RL 4, 1979, S. 105–122; J. BUMKE, Mäzene im MA, 1979 (Reg.); U. MEVES (Hg.), L. Tieck, Alt-Dt. Epische Gedichte 1, 'KR' (GAG 168), 1979; CH. GELLINEK, 'KR' – kein Kaiser Rotherr, ZfdPh 100 (1981) 338–345; R. SCHNELL, Zur Karls-Rezeption im 'KR' u. in Ottes 'Eraclius', PBB (Tüb.) 104 (1982) 345–358.

(1984)   HANS SZKLENAR

Pfaffe Konrad

Dichter des 'Rolandslieds'.

Inhalt. 1. Leben. – 2. Sprache. – 3. Lokalisierung. – 4. Überlieferung. – 5. Ausgaben. – 6. Datierung und Auftraggeber. – 7. Titel. – 8. Inhalt und Aufbau. – 9. Quellen. – 10. Interpretation. – 11. Gattung, Publikum. – 12. Form und Stil. – 13. Kenntnis frühmhd. Literatur. – 14. Bearbeitung und Nachwirkung. – 15. Literatur.

1. Leben. Der Verfasser nennt seinen Namen im (nur in P erhaltenen) Epilog: *ich haize der pfaffe Chunrat* (v. 9079). Er war also ein Weltgeistlicher, vielleicht zur (herzoglichen) Kanzlei gehörend, vielleicht auch Kanoniker in einem Stift (NEUMANN, 1961/62, S. 326f.). Nach heute herrschender (nicht unbestrittener) Auffassung schrieb er das 'RL' um 1170 im Auftrag Herzog Heinrichs des Löwen (s. u. 6.). E. SCHRÖDERS lange geltende These (1883), Konrad sei Mitverfasser der → 'Kaiserchronik' (künftig: 'Kchr.'), ist widerlegt (WESLE, 1924). Versuche, Konrad zu identifizieren, waren nicht erfolgreich (zuletzt dazu: BUMKE, 1979, S. 332 Anm. 89).

2. Sprache. Während BARTSCH (s. Ausg.) Konrad für einen Rheinfranken hielt, gilt er seit E. SCHRÖDER, 1883, als Bayer. Wichtig sind WESLES Reimstudien (1925), nach denen 'Kchr.' und 'RL' 'in vielem gleiche Reimtechnik und gleiche sprachliche Verhältnisse' zeigen (S. 18). Dennoch bleiben Zweifel: WERNER, 1970, rechnet mit der Möglichkeit, daß der (md.) Verfasser 'in einem sekundär erlernten ... Dialekt' schrieb (S. 31); BUMKE erwägt wieder, wie BARTSCH, rheinfränkische Herkunft Konrads.

3. Lokalisierung. Regensburg gilt seit E. SCHRÖDER als Abfassungsort (Lit. bei SCHEUNEMANN, 1936; ferner KARTSCHOKE, 1965, S. 91–94). Hauptargumente sind – neben der bair. Sprache – die vorzügliche Kenntnis der 'Kchr.', die Hervorhebung der Bayern (besonders des Herzogs Naimes), vor allem aber eine Reihe von Namen (E. SCHRÖDER, 1883, S. 71–77).

Bei den wichtigsten Belegen sind Zweifel angebracht: *Tagespurc* (v. 4924) ist sicher eher Dagsburg im Unterelsaß (vgl. FÖRSTEMANN, Altdt. Namenbuch Bd. II, 1, 1913, Sp. 662) als Dachsberg bei Bogen. E. SCHRÖDER fand einen Karl von *Dachesberg* in einer Schenkungsurkunde für Regensburg v. J. 1130 genannt, gemeinsam mit dem bayerischen Ort *Moeringen*. Nach *Moeringen* soll einer der 12 Pairs, Anshelm *uon Moringen* (v. 127), heißen; beim Stricker lautet der Name allerdings *Voringen/Vorringen/Dorringen*. Hier ist alles auf Sand gebaut. – Daß der Bayernherzog sein Schwert aus Regensburg (v. 1602) bezieht, kann leicht mit dem guten Ruf der bayerischen Schwerter erklärt werden, von dem die 'Kchr.' spricht ('Kchr.' v. 313 ff.; dort auch v. 317 ff. die armenische Herkunft der Bayern [vgl. 'RL' v. 7791]; ebd. v. 301 der Name *Ingram* [vgl. 'RL' v. 850]). Übrig bleiben einige in Regensburg belegte Personennamen, die überprüft werden müßten, aber kaum speziell für Regensburg beweisend sein können. – Keinerlei Gewicht hat DE MANDACHS Nachweis (1961) eines *Chuonrat plebanus* in einem Regensburger Stift (KARTSCHOKE, Ausg., S. 34).

Es sprechen also keine zwingenden Gründe für Regensburg, wenngleich eine gewisse Wahrscheinlichkeit nicht geleugnet werden kann. Herzog Heinrich dürfte am ehesten einen Kleriker aus dem geistigen Zentrum seines bayerischen Herzogtums beauftragt haben. Nicht erklärt sind damit Detailkenntnisse K.s über Braunschweiger Blasiusreliquien (s. BERTAU, 1968, zu v. 6875) sowie über den 'Repräsentationsstil' Heinrichs des Löwen (ders.). Insofern ist KELLERS These (1978), Heinrich habe K. nach Braunschweig mitgenommen, immerhin erwägenswert (s. aber die Bemerkungen zur Provenienz der Hss. A und P).

4. Überlieferung. 2 Hss. und 4 Fragmente.

P = Heidelberg, cpg 112. 123 Perg.bll. (Verlust eines Doppelbl. nach f. 41); mit 39 Federzeichnungen geschmückt. Ende 12. Jh.; obd. (WESLE) mit md. Einsprengseln. Vollständig bis auf ca. 150 vv. nach v. 3083.

A = (früher) Straßburg, Johanniterbibl. (1870 verbrannt). Perg.; enthielt – infolge Blattverlusts an 6 Stellen – nur 4521 vv.; war mit Federzeichnungen geschmückt (zwei in Nachzeichnungen erhalten). Datierung der Schrift fehlt; Bilder (nach LENGELSEN, 1972 [s. u.]) letztes Drittel 12. Jh. Ma. nach WESLE nordrhfrk./(bair.); neuerdings wird ostfälische Herkunft der Hs. erwogen (künftig TH. KLEIN; s. auch

H. BECKERS, Nd. Wort 22 [1982] 5). – Gekürzte Version (Vorlage defekt?): v. 839–977 und 8739–8770 fehlen, ebenso der Epilog.

S = Schwerin, Wiss. Allgemeinbibl.; 5 Perg.-Doppelbll. (S^1 = v. 905–1843, S^2 = v. 8599–8805). Raum für Bilder ausgespart. Ende 12. Jh.; obd.-ostmd. (WESLE), mit 'nd. Ingredienzien' (BECKERS, 1982).

T = Sondershausen (Thüringen), LB, vorher Regierungsarch. Arnstadt. Reste eines Perg.bl.s (v. 1769–1869). Ende 12. Jh.; Ma.: z. T. md.

W = (früher) Stuttgart (Kauslersches Frgm.), verschollen. 1 Perg.bl. (v. 4217–4311). Ende 12. Jh.? Ma. bisher unbestimmt (obd.-md., mit nd. Einschlag?).

E = Erfurt, Wiss. Allgemeinbibl. (B), CA 4° 65 (vorher: Bibl. Amploniana). 1 Perg.bl. (v. 3265 bis 3350, mit Lücken); Ende 12. Jh./Anf. 13. Jh. (C. LIERSCH, ZfdPh 10 [1879] 485). Ma.: mfrk. (EHRISMANN, 1922) bzw. rip. (BECKERS, 1982 [s. o.]).

Die Überlieferung scheint (fast) durchweg noch dem 12. Jh. anzugehören (über die Frgm.e fehlen genaue Untersuchungen). Der Reichtum der Überlieferung wird deutlich, wenn man bedenkt, daß Konrads Text schon früh durch die Bearbeitung des →Strickers ersetzt wurde (bezeugte Hss. aus Deutschordensbibliotheken – Titel: 'Rulant' – dürften zu Strickers Text gehören).

Nach WESLE (Ausg.) gehen P, A und S auf eine gemeinsame Quelle (X) zurück. Insgesamt scheint die Überlieferung vortrefflich. Sehr auffällig ist indessen die uneinheitliche Sprache aller Hss. (jeweils Mischung von obd. und md. Charakteristika). WESLE hielt alles 'Unbairische' für sekundär, was bedeuten würde, daß der Text früh weit nach Norden gelangte. Die Forschung hat die Frage der Sprachmischung 'sträflich vernachlässigt' (BUMKE, 1979, S. 90).

Zusätzliche Lokalisierungsmöglichkeiten der Hss. A und P sind durch die Federzeichnungen gegeben. Die Zeichnungen von A gehören wohl zur Regensburg-Prüfeninger Schule (LENGELSEN). P weicht in mehrfacher Hinsicht von diesem Typus ab und ist vielleicht im Freisinger Raum entstanden (LENGELSEN, im Anschluß an W. SCHEIDIG, Der Miniaturenzyklus z. Weltchronik Ottos v. Freising, 1928; LEJEUNE / STIENNON, 1966 [s. u.], u.a. plädieren für Regensburg-Prüfening. Die These eines englischen Einflusses auf die Zeichnungen (zuletzt: KELLER, 1978) ist fraglich (BUMKE, 1979, S. 334 Anm. 104).

– Sehr wahrscheinlich war schon das Original des 'RL' mit Federzeichnungen geschmückt.

Dipl. Abdr. von P, E, S und T bei WESLE (Ausg.). Abdr. von A (wohl zuverlässig) durch J. G. SCHERZ, Anonymi Fragmentum de Bello Caroli M. contra Saracenos, in: J. SCHILTER, Thesaurus Antiquitatum Teutonicarum, Ulm 1727, Bd. 2 (z. T. wiederholt bei WESLE). Varianten von W bei GRIMM (Ausg.), S. 148–152; ebd. im Abbildungsband Hss.-probe von W (v. 4237–42). Faks. von P: Das 'RL' d. Pfaffen Konrad, cpg 112, Einführung von W. WERNER / H. ZIRNBAUER (Facsimilia Heidelbergensia 1), 1970, 2 Bde.

Zu den Bildern in P und A: R. LEJEUNE / J. STIENNON, Die Rolandsage in d. mal. Kunst, übers. v. B. Ronge, 1966, Bd. 1, S. 123–153, Bd. 2, Abb. 84–125; P. KERN, Bildprogramm u. Text, Zur Illustration d. 'RL' ..., ZfdA 101 (1972) 244–270; M. LENGELSEN, Bild u. Wort, Die Federzeichnungen ... in d. Hs. P d. dt. 'RL', Diss. Freiburg 1972; W. WERNER, Das 'RL' in d. Bildern d. Heidelberger Hs., 1977. Weitere Lit. bei BUMKE, 1979, S. 334f.

5. Ausgaben. W. GRIMM, Ruolandes Liet, Mit einem Faksimile u. d. Bildern d. pfälzischen Hs., Göttingen 1838 [dipl. Abdr. von P, mit Varianten von S^1 u. W]; K. BARTSCH, Das 'RL' (Dt. Dichtg.n d. MAs 3), 1874 [Sprachformen d. Hs A überall durchgeführt!]; textkrit. App. zu BARTSCHS Ausg.: BARTSCH, Germ. 19 (1874) 385–418; C. WESLE, Das 'RL' d. Pfaffen K. (Rhein. Beitr. u. Hülfsbücher 15) 1928 (Neudr. – ohne Einleitung – Halle 1955 u. 1963) [dipl. Abdr. von P, S, T u. E]; F. MAURER, Das Alexanderlied ..., Das 'RL' d. Pfaffen K. (DLE Reihe Geistl. Dichtg. d. MAs 5), 1940 (Neudr. 1964) [leicht normalisierende 'Herstellung eines lesbaren Textes']; C. WESLE, Das 'RL' d. Pfaffen K., 2. Aufl. besorgt v. P. WAPNEWSKI (ATB 69), 1967 [zit.]; textkrit. Korrekturen zu WESLES Ausg.: D. KARTSCHOKE, Euph. 63 (1969) 406–420; D. KARTSCHOKE, Das Rolandslied d. Pfaffen K., Mhd. Text mit Übertragung (Fischer Bücherei), 1970; dazu krit.: P. KERN, ZfdPh 90 (1971) 409–428; H. RICHTER, Das 'RL' des Pfaffen K., Text u. Nacherzählung, 1981 [auf der Grundlage von MAURERS Text]. – Eine kritische Ausgabe fehlt.

6. Datierung und Auftraggeber. Die Datierungsfrage, lange Zeit kontrovers, scheint heute weitgehend entschieden. Ausgangspunkt aller Diskussionen ist der Epilog, der einen Herzog Heinrich als Vermittler der *matteria* nennt (v. 9017–21): Heinrich ließ das in Frankreich geschriebene Buch *uor tragen* (= vortragen? herbeibringen?), und zwar auf Wunsch der *herzoginne, aines richen chu-*

niges barn (v. 9022–25); beide hätten den Gedanken gehabt, man solle eine deutsche Übersetzung anfertigen (*fur bringen*; v. 9031–33).

Die Forschung erwog drei Heinriche, die alle in Bayern regieren und alle Frauen von königlicher Abkunft hatten: Heinrich den Stolzen (1126–1138; †1139), Heinrich Jasomirgott (1143–1156; †1177) und Heinrich den Löwen (1155–1180; †1195). Als Abfassungszeit wurde vorgeschlagen: um 1130 (u. a. BARTSCH, Ausg., 1874; E. SCHRÖDER, 1883; EHRISMANN, 1922; ZINK, 1964), um 1150 (u. a. WAPNEWSKI, 1955; NEUMANN, 1961/62; SPEER, 1976), um 1170 (seit W. GRIMM, Ausg., 1838 und LINTZEL, 1926, zahlreiche Forscher; wichtig vor allem: KARTSCHOKE und BERTAU; zuletzt: BUMKE, 1979). Als sicher widerlegt gilt der frühe Termin. Hauptargument ist WESLES Nachweis (1924), daß Konrad nicht mit dem Verfasser der 'Kchr.' identisch ist (so schon LEITZMANN, 1917/18) und daß er die 'Kchr.' benutzt hat (s. auch DENECKE, 1930 und KARTSCHOKE; anders ZINK). Stützend kommt hinzu KARTSCHOKES Hinweis auf die Eroberung Almerias (1147), das im 'RL' genannt wird (v. 1062).

Gegen Heinrich Jasomirgott als Auftraggeber (um 1150? vor 1177?) spricht der Epilog: Seine Mitteilungen passen sehr viel besser zu Heinrich dem Löwen und seiner Frau Mathilde (Tochter König Heinrichs II. von England; Heirat 1168) als zu Heinrich Jasomirgott und dessen – schon 1143 gestorbener – erster Frau (KARTSCHOKE; URBANEK, 1971). Gleiches gilt, wenn man – wie GELLINEK, 1968, ASHCROFT, 1969 und SPEER, 1976 – Jasomirgotts zweite Frau, die byzantinische Kaisernichte Theodora, ins Spiel bringt (s. auch BUMKE, 1979, S. 331).

Ein weiteres Indiz für Heinrich den Löwen ist die Ersetzung der Basilius-Reliquie in Rolands Schwert – so die frz. Quellen – durch Blasius-Reliquien (BERTAU, 1968; s. aber MINIS, GRM 53 [1972] 233 f.): Blasius ist einer der Schutzheiligen des Braunschweiger Burgstifts (schon 1157 'ecclesia S. Blasii' genannt), wird beim Neubau der Kirche (ab 1173) Hauptpatron und ist in Bildzeugnissen als besonderer Schutzpatron des Herzogs nachzuweisen.

Wahrscheinlichster Abfassungstermin ist 1172: die vv. 9066–70 beziehen sich vermutlich direkt auf Heinrichs Jerusalemfahrt (WESLE, Ausg., 1928; KARTSCHOKE, 1965, URBANEK, 1971). Ein wesentlich späterer Termin (LEJEUNE / STIENNON [s. o. 4.]; KELLER, 1978) kann als ausgeschlossen gelten.

Mit den politischen Interessen des Herzogs läßt sich der literarische Auftrag gut verbinden. Kirchliche Auftragskunst im Dienste königsgleicher Repräsentation ist bei Heinrich mehrfach bezeugt (BERTAU, 1968; FRIED, 1973); die prononcierte Nennung der Herzogin und ihrer hohen Abkunft entspricht Heinrichs 'genealogischem Repräsentationsstil' (BERTAU). Von seinem königlichen Schwiegervater, der in großem Stil die historische Literatur förderte, konnte Heinrich lernen, Literatur über die Taten der Vorfahren zur Stärkung des eigenen Ansehens einzusetzen. Er selbst betrachtete sich offenbar als Nachkomme Karls d. Gr.: das Helmarshauser Evangeliar (um 1175) feiert ihn als *nepos Karoli* (FRIED; GEITH, 1977); wohl möglich daher, daß die vv. 9045–47 Heinrich, den Heidenbesieger und -bekehrer, als 'Erben' seines Ahnherrn Karl zeigen sollen (FRIED).

Die singuläre Form der doppelten Übersetzung – zuerst ins Lateinische, 'von da aus' (Konrad unterscheidet *danne* und *denne*) ins Deutsche (v. 9081–83) – läßt sich nicht befriedigend mit dem fürstlichen Auftrag – so LINTZEL – erklären. Der Wortlaut des Textes deutet eher darauf hin, daß Konrad seine Aufgabe nur mit Hilfe eines 'lat. Trittsteins' bewältigen konnte (FISCHER, Fs. H. Kuhn 1969, S. 7; zuletzt: BUMKE, 1979, S. 333). Über evtl. Spuren der lat. Zwischenstufe s. die Lit. bei SCHEUNEMANN.

7. Titel. Der Titel geht auf W. GRIMM (Ausg. 1838) zurück, der sich wohl von F. MICHELS entsprechendem Titel (La chanson de Roland ou de Roncevaux, Paris 1837; s. GRIMM, S. XXXVIII) anregen ließ. Konrad spricht nur von *liet* (v. 9016. 9077), was traditioneller Terminus auch für nicht gesungene Epik ist. GRIMMS Titel rückt Roland gegenüber Karl zu sehr in den Vordergrund (GLATZ, 1949; OHLY, 1974); freilich kommt der Titel 'Rolant' auch für Strickers 'Karl' öfters vor.

8. Inhalt und Aufbau. a) Prolog (v. 1–30) mit Angabe des Themas: Wie Kaiser Karl *daz gotes riche gewan* (v. 10). b) Vorgeschichte (v. 31–360): Karls Gebet um Erlösung der spanischen Heiden führt zum göttlichen Auftrag eines Missionskriegs in Spanien. Kreuznahme der christ-

lichen Ritter, Kreuzzugspredigten; erste Erfolge des Krieges. c) Hauptteil (v. 361–9016): Sieg der Christen, Friedensangebot des Heidenkönigs Marsilie. Nach langer Beratung der christlichen Fürsten, in der sich nur Genelun für Frieden ausspricht, wird dieser – auf Vorschlag Rolands, seines Stiefsohns – beauftragt, in Saragossa die Ernsthaftigkeit des heidnischen Angebots zu prüfen (v. 361–1749). Aus Rache verbündet sich Genelun heimlich mit den Heiden gegen Roland (v. 1750–2760). Karl übergibt – auf Vorschlag Geneluns – seinem Neffen Roland die *huote* über das eroberte Land und zieht selbst ab (v. 2761–3240). In zwei furchtbaren Schlachten wird Rolands Heer vernichtet, die Christen sterben den Märtyrertod (v. 3241–6949). Rolands Hornruf (v. 5994ff.; vor der Schlacht hatte er einen Hornruf abgelehnt) veranlaßt den Kaiser zu rascher Rückkehr. Karl schlägt die Heiden zweimal vernichtend, überführt die 'Heiligen' Roland, Olivir und Turpin nach Frankreich und stellt Genelun vor ein Gericht; ein Gottesurteil überführt den Verräter (v. 6950–9016). d) Epilog (v. 9017 bis 9094): Preis des Auftraggebers, Vorstellung des Autors.

9. Quellen. (Haupt-)quelle ist die frz. 'Chanson de Roland' (zit.: 'ChdR'; Datierung kontrovers: um 1100?); keine der erhaltenen Versionen (7 Hss., 3 Frgm.e) kommt allerdings als direkte Vorlage in Frage. Im Handlungsverlauf entspricht der dt. Text weitgehend der Fassung der Oxforder Hs. (O); in den Details gibt es viele Parallelen zu drei anderen Versionen: zur Hs. V₄ (Venedig); zu den Hss. C (Châteauroux) und V₇ (Venedig); zu der Version, die durch die nordische Karlamagnússaga (Teil VIII) vertreten ist. Gleichzeitige Benutzung mehrerer Chanson-Hss. ist ganz unwahrscheinlich, das 'RL' kann daher als (stark veränderter) Vertreter einer eigenständigen 'ChdR'-Fassung gelten.

Für die 'RL'-Forschung sind diese Ergebnisse der Quellenforschung (vor allem: GOLTHER, 1887, GRAFF, 1944 [s. u.], KELLER, 1965 [s. u.]) bisher relativ fruchtlos geblieben, weil eine übersichtliche Darstellung der Details fehlt und die Versionen V₄, C und V₇ nicht ins Deutsche übersetzt sind.

Kontrovers ist die Herkunft der Eingangspartie (v. 31–360). GOLTHER glaubte an die Benutzung einer Nebenquelle (einer verlorenen 'Entrée d'Espagne'), MINIS, 1955, an Entlehnung aus der lat. Chronik des Pseudo-Turpin (Kritik: KARTSCHOKE, 1965, S. 52–58), DE MANDACH (1961) an eine lat. (!) 'ChdR'-Übersetzung aus Poitiers, in die beide genannten Nebenquellen eingearbeitet seien. Am einleuchtendsten ist das Plädoyer KELLERS (im Anschluß an GRAFF) für eine 'ChdR'-Version, die bereits einige Elemente des 'RL'-Eingangs enthielt.

Auch unabhängig vom Eingangsteil wird die Frage diskutiert, ob Konrad die Chronik des Pseudo-Turpin (Mitte 12. Jh.) kannte. Die verstreuten Parallelen, die GRAFF und MINIS (zuletzt 1965) zusammengetragen haben, sind allerdings nicht zwingend (KARTSCHOKE); hinzu kommt die Schwierigkeit, daß Pseudoturpin-Hss. in Deutschland vor 1171 kaum nachzuweisen sind (s. aber DECKER, 1978).

Deutsche Rolanddichtung vor K. wird von der Forschung kaum erwogen. Undeutlich ist der 'Kchr.'-Vers *Karl hât ouch enderiu liet* (v. 15072), der sich keineswegs auf den Rolandstoff beziehen muß. Von Roland-Liedern dagegen spricht eine Randglosse (3. Viertel 12. Jh.) zu → Einhards Nachricht über Rolands Tod ('Vita Caroli Magni' Kap. 9), die sich in einer Hs. aus Kloster Steinfeld findet und von einem deutschen Glossator stammt (SCHEUNEMANN, 1936; Neubewertung durch GEARY, 1976 [s. u.]): *De hoc* (sc. Roland) *nostri cantores multa in carminibus cantant dicentes eum fuisse filium sororis Karoli regis.* Falls der Glossator nicht etwa das 'RL' meinte, wird man wohl mit mhd. (rheinischen?) (Kurz-?)Liedern über Roland rechnen müssen. Vielleicht hat → Heinrich von Veldeke aus solchen Liedern die Schwertnamen *Haltecleir* und *Durendart* ('Eneit' v. 5731) übernommen, die man sonst auf Kenntnis der 'ChdR' zurückführen müßte (s. URBANEK, 1971, S. 241).

Maßgebende Ausgabe der 'ChdR': C. SEGRE, La 'ChdR', Edizione critica (Documenti di Filologia 16), Milano 1971. – Ausg. einzelner Versionen: A. HILKA/G. ROHLFS, Das altfrz. 'RL' nach d. Oxforder Hs., ⁷1974; G. GASCA QUEIRAZZA, La 'ChdR' [Hs. V₄], Turin 1954; W. FOERSTER, Das altfrz. 'RL' [C und V₇], 1883 (Neudr. 1967). – Dt. Übers. (Text nach Hs. O): H. W. KLEIN, La 'ChdR' (Klass. Texte d.rom. MAs), 1963. – Nordische Version: Karlamagnús saga ok Kappa hans, hg. v. C. R. UNGER, 1860; dt. Übers. von Teil VIII: E. KOSCHWITZ, Rom. Studien (hg. v. E. BOEHMER) 3 (1878) 295–350; frz. Übers. (mit gutem Kommentar): P. AEBISCHER, Rolandiana Borealia, Lausanne 1954.

Zur Vorlagenfrage: W. GOLTHER, Das 'RL' d. Pfaffen Konrad, 1887; J. GRAFF, Le texte de Conrad (R. MORTIER, Les textes de la 'ChdR', t. 10), Paris 1944 [mit fortlaufenden Verweisen auf Parallelverse in O u. V₄]; H. E. KELLER, La place du 'RL' dans la tradition rolandienne, Moyen Age 71 (1965) 215–246, 401–421; K. SCHLYTER, Les énumérations des personnages dans la 'ChdR', Lund 1974 [wichtige Materialsammlung]. – Bibliogr. raisonnée zur 'ChdR': J. J. DUGGAN, A guide to studies on the 'ChdR', London 1976. – Zum Pseudo-Turpin: C. MEREDITH-JONES (Hg.), Historia Karoli Magni et Rotholandi ou Chronique du Pseudo-Turpin, Paris 1936 (Neudr. Genf 1972); A. HÄMEL, Der Pseudo-Turpin von Compostela. Aus d. Nachlaß hg. v. A. DE MANDACH (SB München 1965, 1), 1965. Forschungsbericht: W. DECKER, Über 'RL' u. Pseudo-Turpin, Euph. 72 (1978) 133–142. – Zu den Roland-Liedern: P. GEARY, Songs of Roland in Twelfth Century Germany, ZfdA 105 (1976) 112–115.

10. Interpretation. Jede Deutung muß vom Vergleich mit den 'ChdR'-Fassungen ausgehen. K. hat seine (zumindest in den Grundzügen rekonstruierbare) Vorlage radikal umgestaltet, entgegen seiner eigenen Aussage: *ich nehan der nicht an gemeret, ich nehan dir nicht uberhaben* (v. 9084 f.). Besonders auffallend sind die Änderungen des Umfangs, der Ideologie und (damit verbunden) der Motivation des Konflikts. Der Umfang ist – durch Reden, Beschreibungen, Kommentare – zumeist beträchtlich erweitert, gelegentlich (z. B. in den vv. 4017–5100) bis auf das Siebenfache gesteigert. Der klare Grundriß der 'ChdR' wird dadurch zumindest in der Schlachtdarstellung partiell zerstört.

Hauptursache der Erweiterungen ist die (in der 'ChdR' zwar in Ansätzen vorhandene, den Konflikt aber nicht bestimmende) Kreuzzugsidee, die K. – wie fast allgemein anerkannt – zum ideologischen Fundament der Handlung gemacht hat. Er entfaltet diese Idee schon in der Eingangspartie (v. 31–360): Der Krieg dient nur der Ausbreitung des Glaubens (die nationale Ideologie der 'ChdR' – Betonung der *dulce France* – ist weitgehend getilgt); die christlichen Führer leben in rückhaltloser Martyriumsbereitschaft und verlangen Gleiches vom ganzen Heer (RICHTER, 1972). Rolands Märtyrergesinnung macht eine Neubegründung des Konflikts mit seinem Stiefvater Genelun notwendig (anders OTT-MEIMBERG, 1980). Nicht gegenseitiger Haß, sondern Geneluns Unverständnis der Ideologie der *militia Dei* ist nun Grundlage des Streits. Im Gegensatz zur 'ChdR' ist Genelun isoliert und als einziger unter allen christlichen Fürsten an irdischen Werten (Leben, Besitz, Familie) interessiert.

K. stellt die Außenseiterposition Geneluns (durch völlige Veränderung der Beratungsszene) überzeugend heraus, doch fällt es ihm später entsprechend schwer, Geneluns starke Stellung im Prozeß (vv. 8732–38!) begreiflich zu machen. Schwierig ist für ihn auch die Neudeutung der ersten Hornszene: aus dem Konflikt zwischen Rolands Stolz und Olivirs Verantwortungsbewußtsein wird ein Dialog zweier weithin Gleichgesinnter, die etwas mühsam zu unterschiedlichen Standpunkten finden. – Auch wenn also die Handlungsmotivierung nicht immer überzeugt, bleibt die konsequente geistliche Umformung dennoch eindrucksvoll: Das 'RL' ist die geschlossenste mhd. Darstellung der Kreuzzugsideologie im 12. Jh.

Auffällig ist die Hervorhebung Kaiser Karls: K. akzentuiert Karls ganz besondere Nähe zu Gott und beschreibt ihn wie einen Heiligen, gibt ihm allerdings nicht das Attribut *sante* (OHLY, 1940), was nach Karls Heiligsprechung – 1165 – etwas überrascht. Vielleicht nahm K. Rücksicht darauf, daß Regensburg 'zur alexandrinisch gesinnten Erzdiözese Salzburg gehört' (BERTAU, 1972, S. 463; ältere Lit. bei KARTSCHOKE, 1965). Karl ist mehrfach als *imago* und *figura Christi* dargestellt (RICHTER, 1972 und 1973; skeptisch: KNAPPE, 1974; GEITH, 1977); Versuche, auch die 12 Pairs in Analogie zu den Jüngern Christi zu deuten (GEPPERT, 1956; RICHTER, 1972), überzeugen nicht. Typologische Analogien begegnen ansonsten öfter (z. B. Genelun: Judas, Heinrich d. Löwe: David) oder liegen zumindest nahe (Rolands Tod: Christi Tod, s. GEITH, 1976); doch droht die typologische 'RL'-Interpretation bei allzu freizügigem Gebrauch (RICHTER!) in Mißkredit zu geraten. – Allgemein aufgegeben ist (seit OHLY, 1940) die Gleichsetzung Rolands mit Herzog Heinrich, Karls mit Barbarossa. Zweifelhaft bleiben Identifizierungen des Bischofs St. Johannes mit Personen des 11. Jh.s (KARTSCHOKE) bzw. des 8. Jh.s (BECKMANN, 1973).

Die historische Perspektive ist heilsgeschichtlich orientiert; der Dualismus von *haidenscaft* und *christenhait* beherrscht weitgehend den Text, wobei das negative Heidenbild der Chanson eher noch verstärkt wird. Weltliche Aspekte der Vorlage werden (allerdings nicht konsequent) zurückgedrängt. Politische Ideen der Stauferzeit – *honor imperii*, Weltherrschaftsanspruch – sind nicht sicher nachweisbar, das Fehlen des Papstes ist durch die Quelle vorgegeben (NELLMANN, 1963). Welfische Ambitionen auf den Kaiserthron – ohnehin um 1172 unwahrscheinlich – legt der Text nicht nahe.

Unterschiedlich wird das Herrschaftssystem im 'RL' – Karls freiwillige Bindung an den einmütigen (nicht: einstimmigen!) Rat der Fürsten in den Rat-Szenen – beurteilt: HELLMANN (1969) und STACKMANN (1976) betonen den zumindest moralischen Vorrang des Kaisers; OTT-MEIMBERG (1980) sieht das fürstliche Selbstbewußtsein der Rezipienten unterstützt.

Interessant ist K.s gelegentlich positive Wertung 'höfischer' Elemente bei den Christen: vor allem in der Schilderung von Karls Hoflager (dazu RICHTER, 1973) und von Heinrichs Hofhaltung (v. 9058–63), ferner von Rolands prunkvoller Rüstung (in Parallele zu Genelun!). *hubiscare* (v. 5634) wird allerdings nur für den 'Minneritter' Margariz – in abwertendem Sinne – gebraucht.

11. Gattung, Publikum. Während die 'ChdR' als Prototyp der Chanson de geste gilt, ist die Gattungszugehörigkeit des 'RL' undeutlich. K. vermochte weder eine eigene Gattungstradition zu begründen, noch schloß er sich hinreichend klar an vorhandene Typen an. Die Gattungszuordnung hat insofern nur Annäherungswert. Der Legende steht der Text in Einzelheiten recht nahe (zuletzt OHLY, 1973 und 1974), ohne doch eindeutig Legende zu sein. Termini wie 'weltliche' (EHRISMANN, 1922, S. 234) oder 'historisch-heroische' Epik (KUHN, ²RL I, 1958, S. 505) sind besser fernzuhalten, ebenso der anachronistische Begriff 'Staatsroman' (OTT-MEIMBERG). Am unproblematischsten erscheint die Charakterisierung als Kreuzzugsepos.

Als Primärrezipienten darf man die Mitglieder des Hofes Heinrichs des Löwen – später auch anderer weltlicher Höfe – vermuten. Die reiche Überlieferung vor 1200 legt nahe, daß der Text im Zusammenhang mit den damaligen Kreuzzügen besonders interessierte. – OHLY folgert aus dem 'liturgisch getönten' Schlußvers (v. 9094) eine 'den Lesungen der geistlichen Gemeinde ... sehr nahe ursprüngliche Lebensform' des Textes (1973, S. 62).

12. Form und Stil. Verskunst, Lautstand und Wortschatz des 'RL' gelten weithin als altertümlich, ja sogar als bewußt archaisch. Genaue Untersuchungen fehlen zumeist oder sind problematisch (s. LINTZEL, 1926, S. 30f.). Die Orientierung an der Verskunst der 'Kchr.' dürfte in Bayern um 1170 noch nicht als rückständig gegolten haben (BUMKE, 1979, S. 87); volle Nebensilbenvokale als Reimträger sind überdies im 'RL' viel seltener als in der 'Kchr.' (WESLE, 1924 und 1925). Beanstandungen des Wortschatzes sind nicht genügend fundiert. – Formelhaftigkeit teilt K. mit der 'Kchr.'; im Reichtum

an Bildern und Vergleichen (unabhängig von der 'ChdR') ist er ihr überlegen (WESLE, 1924).

Einfluß der Predigtlehre auf die Gestaltung der geistlichen Ansprachen will BAKKES, 1966, nachweisen (ablehnend P. KESTING, AfdA 80 [1969] 115–120); URBANEK (Euph. 71 [1977] 209–229) plädiert für das Vorbild der Lob- und Heilspredigt. – Die Abschnittsgliederung folgt möglicherweise z. T. den Laissen der 'ChdR' (BESCH, 1968), doch strebt K. eine fließende, auf Sukzession ausgerichtete Erzählweise an (MISSFELDT, 1973). MAURER, 1972, hält die Abschnitte für (kurzzeilige) Strophen.

13. Kenntnis frühmhd. Literatur ist nur in wenigen Fällen sicher nachzuweisen: Verse der 'Kchr.' sind in großer Zahl benutzt (Konkordanz: WESLE, 1924, S. 224–228); aus dem → 'Himmlischen Jerusalem' (v. 291–293) stammt offensichtlich 'RL' v. 3946–48 (OHLY, ZfdA 86 [1955/56] 79f.). Kenntnis des → 'Lob Salomons' (v. 216–218) ist erwägenswert (allerdings meint 'RL' v. 9050–52 etwas anderes). Wenig beweiskräftig scheinen Vers- (oder Reim-)parallelen in → Lambrechts 'Alexander', in → Adelbrechts 'Johannes Baptista', im 'St. → Veit' und im Werk des → Armen Hartmann (Nachweise und Literatur bei SCHEUNEMANN, 1936, Sp. 885; ferner SITTE, 1940). Die oft erörterte Beziehung zum → 'Straßburger Alexander' – bzw. zu dessen Vorstufe (s. SITTE) – stützt sich vor allem auf den nichts beweisenden Reim *heiz : sweiz*; s. dazu BUMKE, 1979, S. 77. – Kenntnis von Heldendichtung (→ 'Kudrun'-Stoff?) ergibt sich aus der Nennung des Namens *Wate* (v. 7801).

14. **Bearbeitung und Nachwirkung.** In überarbeiteter Form lebt das 'RL' sehr lange fort. Eine freie Umarbeitung – unter Verwendung zusätzlicher Quellen für Anfangs- und Schlußteil – bietet (nach 1215? um 1233?) →Strickers 'Karl', der bis zum Ende des 15. Jh.s oft abgeschrieben wurde (über 40 Hss.). K.s Text ist gelegentlich wörtlich bewahrt (Verskonkordanz: AMMANN, 1901, S. 281–323; Lesarten z. T. bei WESLE), doch erschweren die Mängel der 'Karl'-Ausgabe die textkritische Nutzung.

Über 3500 'RL'-Verse (v. 31–566. 585–2017. 7070–8658) sind – teils verändert, teils wörtlich – in die → 'Karlmeinet'-Kompilation (Anf. 14. Jh.) übernommen (v. 394,50–408,59. 426,2–449,3. 460,20–488,67; Lesarten z. T. bei WESLE, Ausg.). Man nimmt heute meist an, daß der Kompilator das 'RL' direkt benutzte, doch fehlen zuverlässige Untersuchungen über das Alter der Roland-Partien des 'Karlmeinet' und eine brauchbare Ausgabe.

Sonst sind sichere Spuren der 'RL'-Kenntnis selten. Starke Beeinflussung zeigt → Wolfram im 'Willehalm' (zuletzt PALGEN, 1920; SCHULZE, 1927): nicht nur durch Übernahme einiger Namen und Motive, sondern durch ausdrückliche Anknüpfung an die 'RL'-Handlung. → Walther von der Vogelweide bezieht sich im Ottenton (L. 12,6) wohl auf die (umgedeutete) imperiale Ideologie des 'RL' (NELLMANN, ZfdPh 98 [1979], Sonderh. S. 55f.). Erwägenswert ist 'RL'-Einfluß auf Strickers 'Daniel' (v. 562–564).

Alle weiteren 'Parallelen' sind höchst zweifelhaft. Dies gilt für Veldekes 'Eneit' (s.o. 9. und URBANEK, 1971, S. 242), für → 'Graf Rudolf' und → 'Herzog Ernst' (s. SCHEUNEMANN, 1936, Sp. 886f.) sowie für →Gottfrieds 'Tristan' (gegen E. SCHRÖDER, ZfdA 61 [1924] 39f.). Im → 'Reinfried von Braunschweig' ist wohl der 'Willehalm' (oder Strickers 'Karl') benutzt. U. KLETZINS These, das → 'Zürcher Buch vom hl. Karl' benutze neben dem 'Karl' auch das 'RL' (PBB 55 [1931] 18–23), bedarf der Überprüfung.

15. Literatur. Gute Bibliogr. bei SCHEUNEMANN, 1936 und WESLE/WAPNEWSKI (s.o. 5.), 1967.

K. BARTSCH (s.o. 5.), 1874; E. SCHRÖDER, Die heimat d. dt. 'RL', ZfdA 27 (1883) 70–82; W. GOLTHER, Das 'RL' d. Pfaffen Konrad, 1887; A. LEITZMANN, Rolandstudien, PBB 43 (1917/18) 26–47; EHRISMANN, LG II, 1922, S. 255–267; C. WESLE, 'Kchr.' u. 'RL', PBB 48 (1924) 223–258; ders., Frühmhd. Reimstudien, 1925; M. LINTZEL, Zur Datierung d. dt. 'RL', ZfdPh 51 (1926) 489–506; C. WESLE, 1928 (s.o. 5.); L. DENECKE, Ritterdichter u. Heidengötter (Form u. Geist 13), 1930, S. 67–86; E. SCHEUNEMANN, Der Pfaffe K., in: ¹VL II, 1936, Sp. 870–887; E.F. OHLY, Zum Reichsgedanken d. dt. 'RL', ZfdA 77 (1940) 189–217; E. SITTE, Die Datierung von Lamprechts Alexander, 1940 (Neudr. 1973), S. 27–38; G. GLATZ, Die Eigenart d. Pfaffen K. in d. Gestaltung seines christl. Heldenbildes [Vergleich mit allen Hss. d. 'ChdR'], Diss. (masch.) Freiburg/Br. 1949; DE BOOR, LG ²I, 1955, S. 240–247; C. MINIS, Der Pfaffe K. (Nachtrag), in: ¹VL V, 1955, Sp. 537–544; P. WAPNEWSKI,

Der Epilog u. d. Datierung d. 'RL', Euph. 49 (1955) 262–282; W.-I. GEPPERT, Christus u. Kaiser Karl im dt. 'RL', PBB (Tüb.) 78 (1956) 349–373; H. HATZFELD, Le 'RL' allemand. Guide pour la compréhension stylistique de la 'ChdR', Cultura Neolat. 21 (1961) 48–65; A. DE MANDACH, Naissance et Développement de la Chanson de geste en Europe: I, Genf–Paris 1961, S. 197–217; F. NEUMANN, Wann entstanden 'Kchr.' u. 'RL'?, ZfdA 91 (1961/62) 263–329; E. NELLMANN, Die Reichsidee in dt. Dichtg.n d. Salier- u. frühen Stauferzeit, 1963, S. 164–192; G. ZINK, 'RL' et 'Kchr.', Et. Germ. 19 (1964) 1–8; D. KARTSCHOKE, Die Datierung d. dt. 'RL' (German. Abhh. 9), 1965 (dazu K. BERTAU, Et. Germ. 23 [1968] 616–620); C. MINIS, Der Pseudo-Turpin u. d. 'RL' ..., Mlat. Jb. 2 (1965) 85–95; E. NELLMANN, Karl d. Gr. u. König David im Epilog d. dt. 'RL', ZfdA 94 (1965) 268–279; H. BACKES, Bibel u. Ars praedicandi im 'RL' ..., 1966; S. HINTERKAUSEN, Die Auffassung von Zeit u. Geschichte in Konrads 'RL', Diss. Bonn 1966; H. BACKES, Dulce France – suoze Karlinge, PBB (Tüb.) 90 (1968) 23–42; K. BERTAU, Das dt. 'RL' u. d. Repräsentationskunst Heinrichs d. Löwen, DU 20 (1968), H. 2, S. 4–30; W. BESCH, Beobachtungen zur Form d. dt. 'RL', in: Fg. F. Maurer, 1968, S. 119–134; CH. GELLINEK, The Epilogue of K's 'RL', Commission and Dating, Modern Language Notes 83 (1968) 390–405; J.R. ASHCROFT, Questions of method, Forum for Modern Language Studies 5 (1969) 262–280; M. HELLMANN, Fürst, Herrscher u. Fürstengemeinschaft, Diss. Bonn 1969, S. 28–32, 80–97; R.A. WISBEY, A complete concordance to the 'RL' [Hs. P], with word indexes to the fragmentary manuscripts by C. HALL, Leeds 1969; I. NÖTHER, Die geistlichen Grundgedanken im 'RL' u. in d. 'Kchr.', Diss. Hamburg 1970 (dazu krit. H. BACKES, ZfdPh 92 [1973] 124–128); W. WERNER, 1970 (s.o. 4.); U. PÖRKSEN, Der Erzähler im mhd. Epos, 1971; H.H. PÜTZ, Die Darstellung d. Schlacht in mhd. Erzähldichtg., Diss. Hamburg 1971, S. 28–62; F. URBANEK, The 'RL' by Pfaffe Conrad [zur Datierung], Euph. 65 (1971) 219–244; K. BERTAU, LG I, 1972, S. 460–470; F. MAURER, Zur Form von K.s 'RL', in: Fs. S. Gutenbrunner, 1972, S. 165–181; H. RICHTER, Kommentar z. 'RL' des Pfaffen K. Teil 1 [v.1–2760], 1972; R.B. SCHÄFER-MAULBETSCH, Stud. z. Entwicklung d. mhd. Epos, Die Kampfschilderung ..., 1972; B. SCHIEHLE, Der Gebrauch von *wellen* in d. Wiener Genesis, im König Rother u. im 'RL', Diss. Göttingen 1972; G.A. BECKMANN, Der Bischof Johannes im dt. 'RL' – eine Schöpfung d. Pfaffen K.?, PBB (Tüb.) 95 (1973) 289–300; J. FRIED, Königsgedanken Heinrichs d. Löwen, AKG 55 (1973) 312–351; A. MISSFELDT, Ein Vergleich d. Laisseneinheiten in d. 'ChdR' (Hs. O) mit d. Abschnittstechnik in K.s 'RL', ZfdPh 92 (1973) 321–338; B. MURDOCH, The Treachery of Ganelon in K's 'RL', Euph. 67 (1973) 372–377; F. OHLY, Zum Dichtungsschluß *Tu autem, domine, miserere nobis*, DVjs 47 (1973) 26–68; H. RICHTER, Das Hoflager Karls, ZfdA 102 (1973) 81–101; K.-B. KNAPPE, Repräsentation u. Herrschaftszeichen. Zur Herrscherdarstellung in d. vorhöf. Epik, 1974; F. OHLY, Die Legende von Karl u. Roland, in: Stud. z. frühmhd. Lit., hg. v. L.P. JOHNSON u.a., 1974, S. 292–343; GEARY, 1976 (s.o. 9.); K.-E. GEITH, Rolands Tod, Zum Verhältnis von 'ChdR' u. dt. 'RL', Amsterdamer Beitr. z. älteren Germanistik 10 (1976) 1–14; B. KÖNECKE, Unters. z. frühmhd. Versbau, 1976; L. SPEER, Zum 'herzog Hainrich' im Epilog d. dt. 'RL', Lit.wiss. Jb. NF 17 (1976) 348–355; K. STACKMANN, Karl u. Genelun. Das Thema d. Verrats im 'RL' ... u. seinen Bearbeitungen, Poetica 8 (1976) 258–280; H. BACKES, Teufel, Götter u. Heiden in geistl. Ritterdichtg., Misc. Mediaev. 11 (1977) 417–441; K.-E. GEITH, Carolus Magnus. Stud. z. Darstellung Karls d.Gr. in d. dt. Lit. d. 12. u. 13. Jh.s, 1977, S. 84–124; C.L. GOTTZMANN, Ordo caritatis im 'RL' ..., Amsterdamer Beitr. z. älteren Germanistik 12 (1977) 71–100; G. WAHLBRINK, Unters. z. 'Spielmannsepik' u. z. dt. 'RL' unter dem Aspekt mündl. Kompositions- u. Vortragstechnik, Diss. Bochum 1977; W. DECKER, 1978 (s.o. 9.); H.-E. KELLER, Der Pfaffe K. am Hofe von Braunschweig, in: Fs. W. Fleischhauer, 1978, S. 143–166; K. KOKOTT, Lit. u. Herrschaftsbewußtsein, 1978; J. BUMKE, Mäzene im MA, 1979, s. Reg.; M. OTT-MEIMBERG, Kreuzzugsepos oder Staatsroman? Strukturen adeliger Heilsversicherung im dt. 'RL' (MTU 70), 1980; J. ASHCROFT, *Miles Dei – gotes ritter:* K's 'RL' and the Evolution of the Concept of Christian Chivalry, Forum for Modern Language Studies 17 (1981) 146–166; H. EGGERS, Zahlenkomposition im 'RL'?, in: Fs. J. Asher, 1981, S. 1–12.

Zu Abschn. 14: K. BARTSCH, Über Karlmeinet, 1861; J.J. AMMANN, Das Verhältnis von Strickers Karl zum 'RL' ..., 1901; R. PALGEN, Willehalm, 'RL' u. Eneide, PBB 44 (1920) 191–241; E. SCHULZE, Wirkung u. Verbreitung d. dt. 'RL', Diss. Hamburg 1927; R. SCHNELL, Strickers 'Karl d.Gr.', Lit. Tradition u. polit. Wirklichkeit, ZfdPh 93 (1974) Sonderheft S. 50–80; U. VON DER BURG, Strickers 'Karl d.Gr.' als Bearbeitung d. 'RL', 1974; ders., Konrads 'RL' u. d. 'RL' d. Karlmeinet, Rhein. Vjbll. 39 (1975) 321–341; R. BRANDT, 'erniuwet'. Stud. zu[r] ... 'RL'-Bearbeitung in Strickers 'Karl' (GAG 327), 1981.

(1984)   EBERHARD NELLMANN

Konrad von Würzburg

Inhalt. I. Leben, Gönner, Werkchronologie. – II. Sangbare Dichtungen. 1. Leichs, 2. Minnelieder, 3. Sangsprüche, 4. 'Die Klage der Kunst'. – III. 'Die goldene Schmiede'. – IV. Legenden. 1. 'Silvester', 2.

'Alexius', 3. 'Pantaleon'. – V. 'Das Turnier von Nantes'. – VI. Erzählungen. 1. 'Der Schwanritter', 2. 'Der Welt Lohn', 3. 'Das Herzmaere', 4. 'Heinrich von Kempten'. – VII. Romane. 1. 'Engelhard', 2. 'Partonopier und Meliur', 3. 'Trojanerkrieg'. – VIII. Unechte Werke. – IX. Zusammenfassende Bemerkungen. – X. Literatur.

I. Leben, Gönner, Werkchronologie.

Der Lebensgang K.s v. W. und die Chronologie seiner Werke lassen sich dank mehrerer archivalischer und chronikalischer Zeugnisse sowie seiner in zahlreichen Gedichten genannten, in einigen Fällen erschließbaren Auftraggeber – die sämtlich urkundlich belegt sind – wenigstens in Umrissen nachzeichnen. K.s Geburtsheimat ergibt sich in der Hauptsache aus seinem Namen (zu ostfrk. Spuren in seiner Sprache vgl. SCHRÖDER, Studien IV, 1917, S. 111), den er außer im 'Turnier von Nantes' (i. F. 'T. v. N.'), im 'Pantaleon' ('P.') (dessen letzte Verse, die die Namensnennung enthalten haben werden, Blattverlust zum Opfer gefallen sind), sowie im religiösen Leich, in den Minneliedern und den Sangsprüchen – Texttypen, in denen die Namensangabe nicht üblich war – überall angebracht hat: *Von Wirzeburc ich Cuonrât* ('Schwanritter' ['Schw.'] v. 1638, 'Der Welt Lohn' ['W. L.'] v. 271, 'Herzmaere' ['H.'] v. 581, 'Heinrich v. Kempten' ['H. v. K.'] v. 766, 'Engelhard' ['E.'] v. 6492, 'Partonopier und Meliur' ['P. u. M.'] v. 192, 'Trojanerkrieg' ['T.'] v. 266), *Cuonze dâ von Wirzeburc* (Minneleich v. 136), *Cuonze* ('Klage der Kunst' ['Kl.'] Str. 31), *mir Cuonrade / von Wirzeburc* ('Goldene Schmiede' ['G. Schm.'] v. 120f.), *ich tumber Cuonrat* (ebd. v. 890), *mich tumben Cuonrâden / von Wirzeburc* ('Silvester' ['S.'] v. 82f.), *ich armer Kuonrât / von Wirzeburc* ('Alexius' ['A.'] v. 1406f.); die Herkunftsangabe findet sich in der Regel auch bei Zeitgenossen und mal. Nachfahren, die K. erwähnen (s. u.), im 'Hausbuch' (Würzburg um 1350) des → Michael de Leone heißt es: *Hie get vz die güldin smitte. die meister Cünrad geborn von wirzeburg tichte ...* (57ᵛ). Geboren sein dürfte K. um oder bald nach 1230.

Sein frühestes datierbares Werk ist das 1257 oder 1258 wahrscheinlich durch Vermittlung oder im Auftrag der niederrheinischen Grafen von Kleve als Lobgedicht auf König Richard von Cornwall entstandene 'T. v. N.' (vgl. DE BOOR, 1967, BRUNNER, Das T. v. N., 1981; andere Datierung, Lokalisierung und Zweckbestimmung bei SCHRÖDER, Studien V, 1917). Etwa gleichzeitig, vermutlich ein wenig früher, dürfte K. den 'Schw.' geschaffen haben, der die Herkunft der Häuser Brabant, Geldern, Kleve und Rieneck von Gottfried von Bouillon und dem Schwanritter feiert: als Auftraggeber kommen in erster Linie die im Spessart sitzenden Grafen von Rieneck in Frage (vgl. WEIDENKOPF, 1979; der Schwan ist als Helmzier eines Rieneckers erstmals 1258 nachweisbar, vgl. RUF, 1983). Der somit wohl noch in Ostfranken gedichtete 'Schw.' könnte ihm den Zugang zu den an der Schwanrittergenealogie besonders interessierten Grafen von Kleve geebnet haben; in ihrem Umkreis entstand vielleicht auch der 'E.'. Der Tod Graf Dietrichs VI. i. J. 1260 markiert möglicherweise das Ende der kurzen niederrheinischen Periode von K.s Schaffen (vgl. BRUNNER, Genealog. Phantasien, 1981; andere Datierungen und Lokalisierungen bei LAUDAN, 1906, GALLE, 1912, SCHRÖDER, Studien, 1912 u. 1917).

Seine weiteren Gönner fand K. in Straßburg und – vor allem – in Basel (vgl. bes. SCHRÖDER, Studien IV, 1917, LEIPOLD, 1976, CRAMER, 1977, BUMKE, 1979, PETERS, 1983). Auftraggeber des 'H. v. K.' war der aus einem einflußreichen elsässischen Freiherrngeschlecht stammende Berthold von Tiersberg (vgl. v. 754–770); in dem von K. ausdrücklich hervorgehobenen Amt des Straßburger Dompropstes ist er urkundlich zwischen 1261 und 1277 nachweisbar – damit ist der Entstehungszeitraum der Erzählung eingegrenzt. Verwandt mit Berthold war der Straßburger Bischof (1273–1299) Konrad III. von Lichtenberg, den K. in der Spruchstrophe 32, 361 rühmt. Ansprechend, wenngleich nicht beweisbar ist SCHRÖDERS Vermutung (Studien IV, S. 115f.), der Bischof habe die 'G. Schm.' in Auftrag gegeben; er habe dadurch den Marienkult und damit die Spendenfreudigkeit für den Straßburger Münsterbau zu beleben gesucht (vgl. dazu BUMKE, 1979, S. 259, kritisch GANZ, 1979, S. 38 ff.).

K.s Basler Gönner gehören allesamt zur politischen und ökonomischen Führungsschicht der Stadt. Auftraggeber des 'S.' war der aus einer Freiherrnfamilie stammende Domherr Liutold von Roeteln (vgl. v. 75–100, 5208–5222); er gehörte dem Domkapitel seit 1260 an, die bei K. noch nicht erwähnte Würde des Archidiakons hatte er wahrscheinlich seit 1274, sicher seit 1277 inne († 1316). Hinter dem 'A.' (vgl. v. 1388–1405) standen die beiden Burger (*cives*), d.h. Angehörige ratsfähiger Familien, Johannes von Bermeswil (urkundlich 1273, † vor Juni 1275?) und Heinrich Isenlin (urkundlich 1265 bis 1294, † vor 1299); den 'P.' veranlaßte der väterlicherseits aus einer Ritterfamilie, mütterlicherseits aus der angesehenen Burgerfamilie Winhart stammende einflußreiche Johannes von Arguel (urkundlich seit 1277, zuletzt 1311 belegt). 'P. u. M.' verdankt seine Entstehung (vgl. v. 168–225) hauptsächlich dem *miles* Peter Schaler, einer der bedeutendsten politischen Persönlichkeiten Basels in jener Zeit, Sproß einer wohlhabenden und mächtigen Ritterfamilie, Führer der Adelspartei der Psitticher (urkundlich seit 1258 bezeugt, † vor dem 8. 5. 1308), daneben den Burgern Heinrich Merschant (bei Konrad: Marschant; urkundlich 1273 bis 1296) und Arnold Fuchs (urkundlich 1237 bis 1255). Das Werk wurde wahrscheinlich 1277 abgeschlossen (vgl. das Nachwort zum Neudruck der Ausgabe, S. 351 f.). Etwa um diese Zeit, zwischen Ende 1276 und Sommer 1278, entstand auch K.s Lobspruch 32, 316 auf den eng mit Basel verbundenen König Rudolf von Habsburg. Mäzen des 'T.' (v. 244–256) schließlich war der Domherr (seit 1255 bezeugt) Dietrich an dem Orte (de Fine), den K. als *singer* bezeichnet – im Amt des Cantors ist er ab 1281 nachweisbar († um 1290; vgl. zu ihm auch → 'Basler Sammlung lateinischer Gedichte').

Die chronologische Einordnung der Werke ohne Gönnernamen ist unsicher. 'W. L.' und 'H.' gelten in der Forschung als Frühwerke, die Leichs, Minnelieder und Sangsprüche als Dichtungen der Basler Zeit, ebenso die 'G. Schm.'. 'E.' und 'Kl.' werden teilweise für Frühwerke (vgl. DE BOOR, 1967, BRUNNER, Genealog. Phantasien, 1981; DE BOOR, LG III, 1, S. 50), teilweise für Schöpfungen der Basler Zeit gehalten (vgl. LAUDAN, 1906, S. 14, 133).

Vermutlich in den 1260er Jahren hatte K. sich in Basel niedergelassen. 1295 ist ein Haus *quondam magistri Cûnradi de Wirzeburg* in der Spiegelgasse (der heutigen Augustinergasse) erwähnt (Urkb. d. Stadt Basel, hg. v. R. WACKERNAGEL / R. THOMMEN, Bd. 3, 1896, Nr. 238); der Dichter wohnte dort neben einem Arzt und in der Nachbarschaft von Domherren und Offizialen des Domstifts (PETERS, 1983). Er war mit einer Berchta verheiratet und hatte zwei Töchter, Gerina und Agnes (A. SCHULTE, Zum Tode K.s v. W., ZGO 40 [1886] 495 f.). Seinen Tod melden die 'Kolmarer Annalen' (→ Colmarer Dominikanerchronist) für 1287: *Obiit Cuonradus de Wirciburch, in Theothonico multorum bonorum dictaminum compilator* (zwischen dem 8. und 22.10.; MGH SS XVII, S. 214). Im Anniversarienbuch des Basler Münsters ist K. als Stifter einer Jahrzeit für sich und seine Angehörigen auf den 31. 8. vermerkt – das Datum gibt nach allgemeiner, jedoch nicht völlig zu sichernder Meinung seinen Todestag an; Begräbnisplatz war die Maria-Magdalenenkapelle des Münsters (vgl. SCHULTE, ebd., SCHRÖDER, Studien IV, S. 111 mit Anm. 3). Zur Mitteilung Michaels de Leone, K. sei in Freiburg i. Br. gestorben, vgl. GANZ, 1979, S. 40.

In Spruch 32, 189 sagt Konrad: *waere ich edel, ich taete ungerne eim iegelichen tôren liep* (vgl. auch Spruch 31, 58). Tatsächlich nennen ihn die mal. Quellen nie *her*, sondern durchweg *magister* bzw. *meister* (das Bild in der → 'Heidelberger Liederhs. C' zeigt Meister Chûnrat von Würzburg ohne Wappen); lediglich die 'Kolmarer Annalen' bezeichnen ihn (unter Verweis auf die 'G. Schm.') in einem

Dichterkatalog als *vagus: Conradus de Wirciburc vagus fecit rhitmos Theutonicos de beata Virgine preciosos* (MGH SS XVII, S. 233). *Magister/meister* ist als Titel zu verstehen, der dem gelehrten Berufsdichter zukam, dessen Kunst durch andere und ihn selbst (vgl. Spruch 32, 301, sowie die Prologe zu 'P. u. M.' und zum 'T.') hoch eingeschätzt wurde (vgl. J. SCHWIETERING, Die Demutsformel d. mhd. Dichter, 1921, S. 51 ff., K. STACKMANN, Der Spruchdichter Heinrich v. Mügeln, 1958, S. 94 ff., vgl. auch → Hadlaub, Johannes).

Die Bezeichnung *vagus* könnte darauf verweisen, daß K. seinen Beruf zeitweise als Fahrender ausgeübt hat – möglicherweise sogar noch in der Basler Zeit. Vielleicht war im Bewußtsein des Verfassers der 'Annalen' aber auch nur die Vorstellung, ein in der Volkssprache dichtender Berufsautor gehe seinem Gewerbe als Fahrender nach, so sehr fixiert, daß er den längst seßhaft gewordenen Dichter mit dem eigentlich unzutreffenden Wort bezeichnete.

K. konnte Latein, beim 'E.' (v. 6493), 'H. v. K.' (v. 759), 'S.' (v. 87), 'A.' (v. 1390), 'P.' (v. 2145) und 'T.' (v. 305) beruft er sich ausdrücklich auf lat. Vorlagen. Französisch scheint er erst spät gelernt zu haben. Im Prolog zu 'P. u. M.' gesteht er: *franzeis ich niht vernemen kan* (v. 212), weshalb er auf den sprachkundigen Heinrich Marschant angewiesen gewesen sei (vgl. jedoch MONECKE, 1968, S. 28, der bezweifelt, daß K.s Geständnis für 'bare Münze' zu nehmen ist); hingegen ist bei der Abfassung des 'T.' – *von welsche und von latîne* (v. 305) – von einem Dolmetscher nicht mehr die Rede.

Der einzige der großen Dichter der Vergangenheit, den K. (zweimal) nennt, ist *von Strâzburc meister Gotfrid* ('H.' v. 9, 'G. Schm.' v. 97). → Gottfried von Straßburg ist sein großes stilistisches Vorbild, im 'E.' und im 'H.' ahmt er auch inhaltliche Züge des 'Tristan' nach (vgl. WACHINGER, 1975). K.s eigenen Ruhm künden zu Lebzeiten Dichterkollegen: Hermann → Damen rühmt ihn neben dem (von Konrad, vgl. WACHINGER, 1973, S. 162 f., in Spruch 32, 286 angegriffenen) → Meißner in einem Dichterkatalog als besten lebenden Sangspruchdichter (hg. v. SCHLUPKOTEN, III, 4); ebenfalls neben den Meißner, vor → Höllefeuer und den → Unverzagten stellt ihn → Rumelant von Sachsen (hg. v. WACHINGER, 1973, S. 177). K.s Tod beklagen → Boppe (hg. v. TOLLE, Nr. 27) und → Frauenlob (hg. v. STACKMANN/BERTAU, VIII, 26). Später preisen ihn → Hugo von Trimberg im 'Renner' (hg. v. EHRISMANN, v. 1202 ff. – nicht ohne kritische Bemerkungen), Lupold → Hornburg (E. u. Hj. KIEPE [Hgg.], Epochen d. dt. Lyrik, Bd. 2, 1972, S. 86–88), → Heinrich von Mügeln (hg. v. STACKMANN, Nr. 118, vgl. dazu CH. GERHARDT, Edelsteinstrophen in H.s v. M. 'Tum', PBB 105 [1983] 80–116, hier S. 103–109), → Suchenwirt (hg. v. PRIMISSER, Nr. XLI, 8 ff.) und → Hermann von Sachsenheim ('Der Goldene Tempel', hg. v. MARTIN, v. 554 ff.). Die Meistersinger verehrten K. als einen der Zwölf alten Meister, dazu s. u. II. 3.

Hinweise auf die vielfältige, jedoch noch nicht befriedigend aufgearbeitete Wirkung K.s auf andere Autoren (vgl. dazu KLUXEN, 1948 u. DE BOOR, LG III, 1, Reg. [unter K. v. W. Nachwirkung]) sind unten bei den einzelnen Werkgruppen bzw. Werken gegeben, vgl. außerdem → Appet, Jakob, → 'Dorothea', Bruder → Hermann I, → Johannes von Frankenstein, → 'Konstanzer Liebesbriefe'.

II. Sangbare Dichtungen.

Ausgaben. A. Texte der Leichs, Minnelieder, Sangsprüche: HMS II 310–335; K. BARTSCH, K.s v. W. 'P. u. M.', 1871, S. 343–402; E. SCHRÖDER, Kleinere Dichtg.n K.s v. W., Bd. 3, ¹1926, ²1959 (unveränderter Nachdr. mit Nachw. v. L. WOLFF; zit.); W. HÖVER / E. KIEPE, Epochen d. dt. Lyrik, Bd. 1, 1978, S. 356–368 (SCHRÖDER Nr. 2; 20; 21; 19, 31; 30; 32, 1, 106, 136, 226, 241, 301, 346 mit nhd. Übers.). – Spruchmelodien: G. HOLZ / F. SARAN / E. BERNOULLI, Die Jenaer Liederhs., 2 Bde, 1901, Nr. XXVI (Ton 32); RUNGE, Sangesweisen, Nr. 70, 71, 74 (Ton 25, 31, 32); R. J. TAYLOR, The Art of the Minnesinger, 2 Bde, Cardiff 1968, Bd. 1, S. 34–38, 115–117 (Melodien), Bd. 2, S. 54–60, 176–179 (Kommentar); H. BRUNNER / J. RETTELBACH, Die Töne d. Meistersinger (Litterae 47), 1980, S. 28.

B. 'Kl.': Museum f. altdt. Lit. u. Kunst 1 (1809) 62–72 (DOCEN); HMS III 334–337; E. JOSEPH, K.s v. W. 'Kl.' (QF 54), 1885, S. 76–83; SCHRÖDER (s. o.; zit.); H. J. GERNENTZ, Der Schwanritter. Dt. Verserzählungen d. 13. u. 14. Jh.s, ²1979, S. 32–47 (mit nhd. Übers.).

1. Leichs.

Überlieferung. Beide Leichs ausschließlich in der →'Heidelberger Liederhs. C'; die Melodien sind nicht erhalten.

Formal besteht K.s religiöser Leich (SCHRÖDER Nr. 1, 244 vv.) aus aneinandergereihten paarigen Versikeln. Wiederholungen größerer metrischer Einheiten sind selten, eine übergreifende Großstruktur ergibt sich – soweit man ohne Kenntnis der Melodie urteilen kann – nicht ('Sequenz-Typ' mit einfachem Kurs, vgl. KUHN, ^{2}1967, S. 136, 140 mit Parallelen, DE BOOR, LG III, 1, S. 358). Die Dichtung präsentiert sich als ein 'in die virtuose Pracht geblümter Rede gekleidete(r)' (DE BOOR, S. 365), strömender Preis Gottes, Marias, vor allem aber Christi. Sie hebt die Heilstatsachen der Menschwerdung und der Erlösung mit traditionellen, doch eindrucksvollen Bildern und Vergleichen aus dem biblisch-typologischen Bereich, der Mariologie, dem 'Physiologus' in das Bewußtsein. K. hält sich dabei im Prinzip an das Schema, das sich auch in fast allen anderen religiösen Leichs des 13. Jh.s (→ Walther von der Vogelweide, → Reinmar von Zweter, Hermann Damen, anders Frauenlob, 'Marienleich') findet (vgl. BERTAU, 1957, S. 147): A. Einleitender Trinitätsteil (bei K. mit Apostrophe Gott-Vaters) – B. Hauptteil: Maria/Christus – C. Schlußgebet. Die Themen Maria und Christus des Hauptteils sind bei K. nicht blockartig gesondert, sondern ineinandergeschlungen. Dabei ist die Marienthematik den gleichfalls ineinander verwobenen Christusthemen Menschwerdung (v. 17 bis 60, 167–194, 212–228) und Erlösung / Kreuzesgeschehen (v. 61–166, 195–211) durchweg untergeordnet. Angeredet wird fast ausschließlich Christus, Maria nur v. 125–132, 149 f. Der 'Gestaltungswille des Dichters zielt nicht auf eine Gedankenfolge, sondern auf ein letztlich statisches Schmücken der Themagestalt Gott-Christus ab' (BERTAU, S. 139).

Charakteristisch für den Minneleich (K. nennt ihn v. 135 *tanz*; SCHRÖDER Nr. 2, 138 vv.) ist die sehr straffe formale Disposition: zwei je dreigeteilte Großstrophen aus nur fünf, mit einer Ausnahme mehrfach auftretenden paarigen Versikeln (1. Teil: v. 1–14 [AB], 15–38 [AABB], 39–66 [AABB]; 2. Teil: 67–98 [CADE], 99–126 [DADE], 127–138 [DA]), deutliche Markierung der Teile auch durch sprachliche Signale ('Estampie-Typ', vgl. KUHN, ^{2}1967, S. 123 f., 141 mit Parallelen, DE BOOR, LG III, 1, S. 358 ff.). Die inhaltliche Gliederung ist entsprechend. 1. Teil: allgemeine Klage über die von Krieg, Raub und Brand erfüllte Miserabilität der Gegenwart, die die Männer absorbiert, während die Minne reiner Frauen nichts gilt; Mars und Discordia stehen Venus und Amor gegenüber, die einstige Herrschaft der Minne verkörpern *Riwalin und Blantschiflur* (v. 20), abschließend Hinweis auf den Brand Trojas und den Tod des Paris (der Gedanke an Entstehung im Umkreis des 'T.' liegt nahe). Im 2. Teil werden Amor und Venus aufgefordert, den herrschenden Zustand zu beenden; am Schluß das Bild künftigen fröhlichen Tanzes samt Verfassersignatur in der Manier → Tannhäusers. Durch die Wendung der 'Minneklage ins Allgemeine und Objektive' berührt K.s Minneleich sich mit keiner anderen Dichtung dieses Typs, 'sehr nahe stehen ... aber Strickers 'Frauenehre', Ulrichs von Lichtenstein 'Frauenbuch' und viele Minnereden, die Zeitklagen enthalten' (GLIER, 1969, S. 169, 171).

2. Minnelieder.

Überlieferung. Hauptquelle ist die 'Heidelberger Liederhs. C'; darüber hinaus Str. 3, 21 auch in der → 'Niederrheinischen Liederhandschrift' (Leipzig, UB, Rep. II fol. 70a; n); Nr. 21 vollständig auch in Bern, Burgerbibl., cod. 260 (p). Melodien nicht erhalten.

Hauptmerkmal der 23 Minnelieder ist die extreme Schematisierung. Mit Ausnahme von Nr. 28 (unvollständig überliefert?) lassen sie sich in drei Typen subsumieren (die beiden ersten mit Natureingang): a) Sommerlieder (Nr. 3, 4, 7, 9, 11, 16, 20, 22, 29; fünf Lieder haben einen Refrain); b) Winterlieder (Nr. 5, 6, 8, 10, 12, 13, 17, 21, 26, 27; sieben Lieder beginnen mit der *jârlanc*-Formel); c) Tagelieder (Nr. 14, 15, dazu Nr. 30, das eine spruchartige Reflexion über die Tageliedsituation enthält). Außer Nr. 22, 26, 28, 30 sind alle Lieder dreistrophig, die Strophenformen weisen außer bei Nr. 3, 6, 9, 16, 28, 30 einen 3. Stollen auf. Auffallend ist fast überall der Reichtum an Reimen, Höhepunkte artistischer Reimkunst bieten insbesondere Nr. 13, 26, 30. K.s Tagelieder entsprechen den üblichen Konventionen des Liedtyps; die übrigen Lieder sind ohne Bezug auf Minnedienstrealität, sie preisen, vielfach lehrhaft, die Frauen und die Minne im allgemeinen (mindestens zum Teil kann man sie sich als Tanzlieder vorstellen). Stärkerer Ich-Bezug findet sich nur in Nr. 6, 13 (an Frau Welt) und 27, 28 (an Maria). Am nächsten steht K.s Minnesang → Gottfried von Neifen und → Ulrich von Winterstetten; gewirkt hat er vor allem auf den → Kanzler. Zu weiteren Zusammenhängen vgl. BRAUNECK, 1965, RENK, 1974, und MERTENS, 1973.

3. Sangsprüche.

Überlieferung. A. Töne und Texte: Von den unter K.s Namen überlieferten Tönen und den in ihnen abgefaßten Texten werden nur die ausschließlich in der 'Heidelberger Liederhs. C' enthaltenen Töne SCHRÖDER Nr. 18 (4 Strr.), 19 (4 Strr.), 23 (3 Strr.), 24 (2 Strr.), sowie die in C und in der → 'Jenaer Liederhs.' (J) enthaltenen Strophen in den weit verbreiteten Tönen Nr. 25 (Aspiston; die 6 Strr. in C auch in der → 'Kolmarer Liederhs.' [t]), Nr. 31 (Morgenweise; 7 Strr. in C, 3 davon auch in t), Nr. 32 (Hofton; 23 Strr. in C, 8 davon auch in J, 2 weitere nur dort; Parallelüberl. einzelner Strophen in 6 weiteren Hss., vgl. SCHRÖDER, Ausg., S. VIIIff.) als echt angesehen. Alle sonstigen Strophen in den Tönen Nr. 25, 31, 32, die sich in großer Zahl hauptsächlich in → Meisterliederhss. finden, vgl. MAYER, 1974, gelten als unecht; ausführliche Bestandsaufnahme künftig im Repertorium der Sangsprüche und Meisterlieder. Zum Neufund des Frgm.s Basel, UB, N I 6 Nr. 50 (um 1300), mit 3 Strr. des Tons Nr. 32 vgl. vorerst Kanzler u. F.H. BÄUML / R.H. ROUSE, Roll and Codex, PBB 105 (1983) 229f. – B. Melodien. Singweisen zu Nr. 25 in t und Berlin, mgf 25 (Nürnberg, Anfang 17.Jh.; Abschrift davon in Nürnberg, StB, Will III.792), zu Nr. 31 ebenfalls in t (Abschrift in Will III.792), zu Nr. 32 in J und t; die Aufzeichnungen (Nr. 25 und 32) im 'Singebuch' Adam Puschmans (1532–1600) sind mit dieser Hs. seit 1945 verschollen. Die Melodien der übrigen Töne sind verloren.

Das formale Hauptmerkmal seiner Spruchtöne – in allen Abgesängen folgt auf einen nichtrepetierten Steg ein 3. Stollen – hat K. mit vielen zeitgenössischen Spruchdichterkollegen gemeinsam, vgl. z.B. Rumelant von Sachsen, Hermann Damen, → Kelin, → Gervelin. Auffallend ist das starke Hervortreten klanglich-rhythmischer Elemente (Reime, häufiger Wechsel der Versarten). Die stilistische Annäherung von Ton 19 an die Sommer- und von Ton 23 (vgl. auch 13, 1) an die Winterlieder stellt ein in der Spruchdichtung des 13. Jh.s singuläres Experiment dar, mit dem K. die (ansonsten in der Regel gewahrte) Grenze zwischen Minnesang und Spruchdichtung spielerisch verwischt.

Geistliche Themen (Trinität, Christus, Eucharistie, Maria; Memento mori) haben lediglich 7 der insgesamt 51 Strophen in SCHRÖDERs Ausg. (32, 1.16.31.46; 256.346). Unter den weltlichen Sprüchen spielt die in der Spruchdichtung sonst verbreitete politische Thematik nur eine geringe Rolle: hierher rechnen kann man lediglich die beiden Strophen auf Rudolf von Habsburg sowie auf Bischof Konrad von Lichtenberg, s. o. I., vgl. MÜLLER, Unters., S. 146f. Mit dem Bereich Kunst befassen sich 4 Sprüche (32, 166.181 gegen nicht namentlich genannte hochstaplerische Dichterkonkurrenten; 32, 286 gegen den Meißner; 32, 301 Lob des Dichtens und Singens). Frauen, die in rechter Weise zu lieben verstehen, werden in 3 Strophen gerühmt (31, 96; 32, 91.106). Die übrigen 35 Sprüche richten sich mit Herrenlehre (Einheit von Geburts- und Tugendadel, Lob der Einigkeit, Warnung vor Schmeichlern usw.) und Lob der Freigebigkeit – des Fundaments der *êre* –, bzw. Tadel der Geizigen an ein adliges Publikum, vgl. z.B. 18, 11: *Merke, ein hôchgeborniu jugent.* Angesichts der Tatsache, daß auch die Prologe zu 'P. u. M.' und zum 'T.' – beide Romane sind sicher in Basel entstanden – ein adlig-höfisches Auditorium apostrophieren, wird man sich auch die Sprüche – entgegen der Annahme DE BOORs, LG III, 1, S. 48 – nicht unbedingt während einer 'Periode des Wanderns' geschaffen denken müssen.

Insgesamt ist K.s Spruchwerk, verglichen mit den Strophen anderer prominenter Sangspruchdichter des 13. Jh.s, in weitem Umfang relativ allgemein gehalten. Aussagen über seine Lebenswirklichkeit lassen sich so gut wie nirgends mit einiger Sicherheit erkennen.

5/283   Hofton und Morgenweise wurden schon früh auch von anderen Dichtern verwendet, vgl. der → Alte Meißner, → Eberhard von Sax, → 'Heidelberger Liederhs. cpg 350' (40strophige 'Ave-Maria'-Paraphrase in Sammlung H), vgl. auch MAYER, 1974, S. 16 ff. Zusammen mit dem Aspiston wurden beide Töne bis in das 17. Jh. im Repertoire der Meistersinger tradiert und für zahlreiche neugedichtete Strophen und Lieder benutzt. K. galt als einer der Zwölf alten Meister, der legendären Begründer der Meisterkunst, vgl. BRUNNER, 1975, und Konrad → Axspitz. In der 'Kolmarer Liederhs.' sind ihm außer den drei echten Tönen ein Blauer Ton (gilt im 16. Jh. stets als von Frauenlob), ein 'Goldenes Reihel' (anderswo glaubhafter unter Albrecht → Lesch tradiert), ein Kurzer oder Werter Ton (gelegentlich auch unter → Ehrenbote, im 16. Jh. als Frauenlobs Hagenblühweise bekannt), eine Nachtweise (auch als → Friedrichs von Sonnenburg Süßer Ton bezeichnet) und ein 'Reihen' zugeschrieben; Hss. des 17. Jh.s kennen einen unechten Langen Ton, vgl. BRUNNER, 1975, S. 322 (Reg.).

4. 'Die Klage der Kunst'

Überlieferung. 'Hausbuch' des Michael de Leone, München, UB, 2° cod. ms. 731, 253ʳ–255ᵛ, überschrieben: *Diz ist meister Conrades von Wirczburg getichte von vnmiltickeit gein klunstrîchen leuten*. Michael hatte die Vorlage vielleicht von Albrecht (V.) von Hohenberg, 1348/49 Anwärter auf den Würzburger Bischofsstuhl, bekommen, dem Dienstherrn → Heinzelins von Konstanz, vgl. SCHRÖDER, 1912, KEYSER, 1966, S. 124 ff. Die Melodie ist nicht erhalten.

Das nicht ganz störungsfrei und vollständig überlieferte Gedicht besteht aus 32 achtzeiligen Strophen (von Str. 23 ist nur der Anfang erhalten) der reimtechnisch anspruchsvollen, an einen Leichversikel erinnernden Form 4a, 3–b, 4a, 3–b, 4a, 3–b, 4a, 3–b. Der auch einigen Sangsprüchen K.s (25, 1; 32, 166.181, vgl. auch JOSEPH, Ausg., 1885, S. 12 ff.) zugrundeliegende Gedanke, die Freigebig-

keit werde in der Gegenwart nur den *künstelôsen* (Str. 16) zuteil, *hôchherren, ritter, cnehte* (Str. 21) verschmähten die Kunst, wird in Form einer Personifikationsallegorie ausgeführt (vgl. BLANK, 1970, S. 68–73). *Frou Wildekeit* (zur Bedeutung von *wilde, wildekeit* vgl. MONECKE, 1968) führt den Erzähler einleitend zu einem locus amoenus, an dem unter dem Vorsitz der gottgesandten, edlen, an Pracht alles übertreffenden Dame *Gerehtekeit* ein sonst aus den Schöffen *Erbarmeherzekeit, Triuwe, Staete, Bescheidenheit, Güete, Êre, Scham, Mâze, Zuht, Wârheit* und *Minne* bestehendes Gericht (Zwölfzahl!) tagt. Die *Kunst*, deren Freudlosigkeit und Ärmlichkeit im Kontrast zum Glanz der übrigen steht, verklagt die *valsche Milte* (Str. 15), sie lasse sie verkommen. Nach kurzer Vorverhandlung, bei der die *Milte* den Vorwurf zurückweist, wird das Verfahren zugelassen. *Wârheit* und *Staete* treten als Zeugen der *Kunst* auf (Lücke!), schließlich verkündet die Richterin das Urteil der Schöffen: der Freigebige, der die *rehte kunst* nicht liebt, soll künftig Schaden erleiden, *Minne*, alle Freuden und die Mitmenschen sollen ihn sich selbst überlassen. Der anwesende *Cuonze* wird beauftragt, das Urteil überall bekanntzumachen.

5/284

Die in der Literaturgeschichte der Folgezeit wichtige Form der Allegorie ist bei K. erstmals als selbständiges Gedicht realisiert (vgl. BLANK, S. 69). Einleitender Gang zum locus amoenus und Gerichtsszene bleiben fortan wichtige Versatzstücke allegorischer Dichtung. Die Wahl der Prozeßform gilt im übrigen, da sich K. auch sonst rechtskundig und an juristischen Verfahren interessiert zeigt (vgl. 'Schw.', 'H. v. K.', 'E.'), als für ihn besonders charakteristisch (vgl. JOSEPH, Ausg., S. 16 ff. – R. SCHRÖDER, ZRG 7 [1868] 132 vermutete, K. sei vielleicht 'Schöffe oder Fürsprecher' gewesen). Direkt gewirkt hat die 'Kl.' auf → Heinzelins von Konstanz 'Von den zwein Sanct Johansen', vgl. SCHRÖDER, 1912, vielleicht auch auf ein anonymes, fragmentarisch erhaltenes lat. Gedicht über den Verfall der Dichtkunst, das J. WERNER (NA 14

[1889] 421–423) Konrad von Mure zuschreiben wollte (vgl. SEEMÜLLER, 1890).

III. 'Die goldene Schmiede'

Überlieferung. Die 'G.Schm.' ist das bei weitem am häufigsten überlieferte Gedicht K.s. BERTAU, 1983, verzeichnet 7 vollst. Perg.-Hss. aus der 1. H. d. 14. Jh.s, 14 weitere des ausgehenden 13. u. d. 14. Jh.s sind durch Frgm.e bezeugt, dazu kommen 13 vollständige Papierhss. d. 2. H. d. 14. u. d. 15. Jh.s, sowie die in 2 brabant.-limburg. Hss. (X: um 1500, p: 2. H. d. 15. Jh.s) erhaltene Teilprosabearbeitung (v. 1–1151, dazu v. 1320) 'Marien Voerspan' (vgl. J. MOSCHALL, 'Marien Voerspan of Sapeel', eine mndl. Bearbeitung der 'G.Schm.' des K. v. W. [Erlanger Stud. 40], 1983). Ihrer Provenienz nach verteilen sich die Hss. über nahezu das gesamte dt. Sprachgebiet. Vgl. zur Überl. auch SCHRÖDER, 1939. – 9 Papierhss. enthalten in unterschiedlichem Umfang um 1300 entstandene Fortsetzungsverse, vgl. BÜTTNER, 1982.

Ausgaben. W. GRIMM, K.s v. W. goldene schmiede, Berlin 1840; E. SCHRÖDER, Die G.Schm. des K. v. W., 1926 (Nachdr. 1969). Neuausg. durch K. BERTAU (dem für mündliche Hinweise zu danken ist) in Vorber.

K.s berühmtes Marienpreisgedicht (in den Ausgaben 2000 Reimpaarverse; dieser Versbestand jedoch nirgends in den Hss., nach KNECHT, 1980, S. 69, sind 1996 vv. authentisch), das vielfältig auf andere Autoren gewirkt hat, Frauenlob, Eberhard von Sax, Konrad → Harder, → Hugo von Langenstein, Suchenwirt, Heinrich von Mügeln, Hermann von Sachsenheim, Bruder → Hans, → 'Jüngeres (ostmitteldeutsches) Marienlob' (jedoch nicht, wie früher angenommen, auf → Franko von Meschede), ist ein Hauptwerk des geblümten Stils. Im Prolog (v. 1–138) formuliert der Dichter (der seinen Namen v. 120 f. und nochmals v. 890, sowie den Marias in symbolischer Korrespondenz dazu v. 139 und 947 nennt) den Wunsch, der Gottesmutter in der Schmiede seines Herzens ein Gedicht aus Gold zu schmelzen und darin klaren Sinn aus Karfunkel zu fassen, zugleich aber seine Unfähigkeit: denn Marias Lob sei unauskündbar. Der kunstreiche Meisterschmied Gottfried von Straßburg hätte die *frouwe* besser rühmen können, doch möge sie den guten Willen anstelle der Ausführung nehmen. Das Folgende läßt sich gliedern in einen 1. Hauptteil (v. 139–858), einen Mittelteil ('Mittelprolog', nach SCHULZE, 1978, S. 262, v. 858–944; nach GANZ, 1979, S. 29, endet der Abschnitt bereits mit v. 893, alternativ mit v. 946), einen 2. Hauptteil (bis v. 1873), der durch eine Darstellung des Fronleichnam-Geheimnisses und durch Judenpolemik ausgezeichnet ist, und ein Schlußgebet. Doch ist diese Grobgliederung vergleichsweise bedeutungslos (zur weiteren Untergliederung vgl. SCHULZE, 1978, S. 261 f.). Dem Prolog zufolge sieht K. die Aufgabe des Marienlobdichters metaphorisch als Blümen, Blumenflechten, Florieren und Zieren, in die Blüte der *süezen rede* seien die Kräuter *wilder* – d. h. wunderbarer, neuer, fremdartig-überraschender – Reime zu mischen (v. 60–73). Demgemäß werden in den Hauptteilen Marias Wesenheit, ihr Rang und ihre heilsgeschichtliche Bedeutung durch eine Fülle kunstvoll formulierter und virtuos gereimter Bilder gerühmt. Als Darstellungsmittel treten Paarformeln, variierte Wiederholungen, Gegensatzpaare, Stichwortverknüpfungen, Bildresponsionen und Vergleiche auf, Paarreim und syntaktische Einschnitte werden überwiegend durch Reimbrechung verkettet. Die Bilder sind hauptsächlich (wenn auch nicht ausnahmslos, vgl. GANZ, 1979, S. 39 m. Anm. 63) übernommen. Sie stammen aus 'der Tradition typologischer und allegorischer Ding-Deutung und Schriftexegese, wie sie sich in Enzyklopädien des MAs, in dt. und lat. Predigten sowie in den Bibelkommentaren der Kirchenväter finden' (GRENZMANN, 1978, S. 117).

IV. Legenden.

K.s Verslegenden 'S.', 'A.' und 'P.' unterscheiden sich von eher romanhaft gestalteter Legendenepik des 13. Jh.s wie → Rudolfs von Ems 'Barlaam und Josaphat' und → Reinbots von Durne 'Der heilige Georg' durch relative Kürze und schlichten Stil (vgl. WYSS, 1973). Entsprechend schmucklos sind auch die Prologe und Epiloge abgefaßt, in denen der Dichter die Vorbildlichkeit der Heiligen und den Nutzen, den es bringt, von ihnen zu hören, hervorhebt und die Verdienste der Auftraggeber würdigt; lediglich der 'A.' beginnt mit einem – freilich ebenfalls wenig aufwendigen – Gebet um Beistand beim Dichten. An die lat. Vorlagen schließt K. sich im ganzen verhältnismäßig eng an. Allerdings läßt er den Erzähler mehr hervortreten, der Sprachstil ist etwas reicher – die verwendeten rhetorischen Mittel (verschiedene Formen von Parallelismus, unkomplizierte Bildlichkeit, reichlicher Gebrauch von Epitheta) sind indes ziemlich einfach –, der Darstellung von Raum, Zeit, Handlungen und Personen wird mehr Aufmerksamkeit zuteil, vor allem aber bemüht der Autor sich darum, Leser und Hörer in höherem Maß zu emotionalisieren (vgl. JACKSON, 1983).

1. 'Silvester'

Überlieferung. Trier, StB, Ms. 1990/17 (13. Jh.; mfrk. Trier?).

Ausgaben. W. GRIMM, K.s v. W. 'S.', Göttingen 1841; P. GEREKE, K. v. W., Die Legenden I. (ATB 19), 1925.

Thema der längsten Legendendichtung K.s (5222 vv.) ist der Triumph des Christentums über Heidentum und Judentum durch Papst Silvester I. (314–335). Vorlage war Fassung B2 der 'Actus Silvestri', in der die Episode, in der Silvester einen Drachen in seinem Berg einschließt, vor der Heilung und Bekehrung des wegen seiner Christenverfolgung von Gott mit Aussatz bestraften Kaisers Konstantin (vgl. zu diesem Motiv → Hartmann von Aue sowie den 'E.') steht; ferner fungiert der Kaiser selbst als Schiedsrichter bei Silvesters Disputation mit den jüdischen Gelehrten. Zur Stoffwahl wird von JACKSON, 1972, S. 200 f., und 1981, S. 41 f., darauf hingewiesen, daß der Auftraggeber Liutold von Roeteln geistlichen Standes war wie der universal verehrte heilige Papst, daß er nähere Beziehungen zu den Basler Zünften hatte (Silvester war Patron der Maurer), ferner daß er zu Beginn der Regierungszeit Rudolfs von Habsburg (1273) vielleicht ein Beispiel für vorbildliche Zusammenarbeit zwischen Imperium und Sacerdotium dargeboten haben wollte.

2. 'Alexius'

Überlieferung. Straßburg, Johanniterbibl., A. 100 (14. Jh.) – über den Text der seit 1819 verschollenen Hs. unterrichten zwei Quellen: Straßburg, StB, cod. 314, 29ʳ–53ᵛ (A; Abschrift des 18. Jh.s), ferner im 18. Jh. gedr. Auszüge, vgl. PALMER (s. u. Ausg.), S. 174; Innsbruck, Ferdinandeum, FB 32034, S. 228–238 (J; 1425 geschr. von Johann Ritter OFM); Engelberg, Stiftsbibl., cod. 240, 58ʳ–63ᵛ (S; 1478 geschr. von Heinrich → Kramer, Lehrmeister in Zürich); Berlin, mgq 188, 3ʳ–11ᵛ (B; Straßburger Prosafassung um 1430).

Ausgaben. H. F. MASSMANN, Sanct A. Leben, Quedlinburg–Leipzig 1843; M. HAUPT, Der hl. A. v. K. v. W., ZfdA 3 (1843) 534–576; R. HENCZYNSKI, Das Leben d. Hl. A. von K. v. W. (Acta Germanica 6/1), 1898; P. GEREKE, K. v. W., Die Legenden II. (ATB 20), 1926 (zit.); N. F. PALMER, Eine Prosabearbeitung d. A.-legende K.s v. W., ZfdA 108 (1979) 158–180 (Fassung B).

Obwohl zahlreiche volkssprachliche Fassungen der Alexiuslegende existieren (→ 'Alexius'), scheint der heilige Asket zu K.s Zeit mindestens in Basel nicht allzu bekannt gewesen zu sein: *sîn hôher name was dâ her / sô vremde gnuogen liuten* (v. 24 f.). K.s Fassung (1412 vv.) – nach MASSMANNs Unterscheidung der 'Alexius D' – basiert auf einer lat. Vorlage, die zur 'päpstlichen' Version (B) gehört; nach PALMER, Ausg., S. 176, hat der Dichter vermutlich 'eine sehr zuverlässige Hs.' von BHL 286 benutzt. Eingewirkt hat K.s Gedicht, das im 15. Jh. auch prosaisiert worden ist, auf den → 'Alexius A'.

3. 'Pantaleon'

Überlieferung. Wien, cod. 2884, 148ʳ–162ᵛ (1380/90).

Ausgaben. M. HAUPT, 'P.' von K. v. W., ZfdA 6 (1848) 193–253; P. GEREKE, K. v. W., Die Legenden III. (ATB 21), 1927; W. WOESLER, 'P.' von K. v. W. (ATB 21), 1974.

Der Märtyrer Pantaleon, der Hauptpatron der Ärzte, wurde lebhaft verehrt, auch in und um Basel, vgl. JACKSON, 1972, S. 202 f. (zur möglichen Verwechslung mit dem ersten Basler Bischof, dem hl. Pantalus, vgl. WOESLER, Ausg., S. XIV f.). Dennoch ist K.s Legende (2158 vv., vermutlich fehlen am Schluß einige Verse durch Blattverlust) der einzige selbständige mhd. Text, der seine Passio darstellt. K.s Version steht nach JANSON, 1902, bes. den lat. Fassungen München, clm 18546 (aus Tegernsee) und clm 9516 (aus Oberaltaich; beide 11. Jh.) nahe, doch gibt es auch Übereinstimmungen mit den Fassungen im 'Sanctuarium' des Boninus Mombritius (1479), II 191–194, und in den AASS Jul. VI 412–420, vgl. JACKSON, 1983, S. 6f.

V. 'Das Turnier von Nantes'

Überlieferung. 'Hausbuch' des Michael de Leone, München, UB, 2° cod. ms. 731, 59ʳ–68ʳ.

Ausgaben. B. J. DOCEN, Das T. zu N. von K. v. W., in: (MASSMANNS) Denkm. dt. Sprache u. Lit. 1 (1828) 138–148; K. BARTSCH, K.s v. W. 'P. u. M.', 1871, S. 313–342; E. SCHRÖDER, Kleinere Dichtg.n K.s v. W., Bd. 2, ¹1925, ³1959 (unveränderter Nachdr. mit Nachw. v. L. WOLFF).

Trotz anonymer Überlieferung hat es an K.s Autorschaft am 'T. v. N.' (1156 vv.) kaum Zweifel gegeben. Thema ist das Lob der Tapferkeit und Freigebigkeit eines Königs Richard in England. Im Hauptteil (v. 96 ff.) wird ein Turnier geschildert, das vor Nantes (*Nantheiz*) stattgefunden haben soll. Zwei Parteien stehen sich gegenüber. Führer der welschen Partei ist der König von Frankreich, weitere herausragende Fürsten sind die Könige von Spanien und von Navarra, die Herzöge von Lothringen und Burgund und die Grafen von Bretagne, Bar, Blois, Artois und Nevers; die deutsche Partei wird von König Richard von England angeführt, er ist umgeben von den Königen von Dänemark und Schottland, dazu den Herzögen von Sachsen, Brabant und Braunschweig, den Markgrafen von Brandenburg und von Meißen, dem Landgrafen von Thüringen und dem Grafen von Kleve. Die deutsche Partei erringt durch Richards Tapferkeit einen glänzenden Sieg.

Die verbreitete Annahme, K.s Gedicht sei ein frühes Beispiel für Wappendichtung, greift zu kurz. Zwar spielen Wappenschilderungen eine große Rolle – sie sind indes nur ein Gestaltungselement unter anderen. Vielmehr dürfte K. das Gedicht verfaßt haben, um in der politischen Situation von 1257/58 für den nur teilweise anerkannten neuen König Richard von Cornwall (gewählt am 13. 1., gekrönt am 17. 5. 1257, Anfang 1259 Rückkehr nach England, von da an nur mehr gelegentliche Aufenthalte in Deutschland, † 1272) zu werben. Angesprochen werden sollten wohl in erster Linie Richards Gegner in Nord- und Mitteldeutschland und die Unentschlossenen (außer dem Grafen von Kleve stand keiner der im Gedicht erscheinenden deutschen Fürsten auf seiner Seite!). Das 'T. v. N.' entwirft ein Gegenbild zur tatsächlichen Situation der Zeit: um König Richard, der nicht nur bewährt freigebig, sondern auch tapfer und im Waffenhandwerk bestens geübt ist, scharen sich die deutschen Fürsten in vorbildlicher Einigkeit; dadurch gelingt es ihnen, die welschen Gegner (König Ludwig IX. von Frankreich protegierte Richards Gegenkönig Alfons X. von Kastilien-León!) niederzukämpfen und dem deutschen Namen zu Ruhm zu verhelfen.

VI. Erzählungen.

1. 'Der Schwanritter'

Überlieferung. Frankfurt a. M., StB u. UB, Ms. germ. 4° 2 (olim Kloss Nr. 6; 2. H. 14. Jh.), 1ʳ–10ᵛ (Anfang fehlt, nach v. 1282 einige Lücken).

Ausgaben. Der Schwan-Ritter v. C. v. W., in: Altdt. Wälder (hg. v. d. Brüdern GRIMM) 3 (1816) 52–96; die übrigen älteren Ausg.n bei FISCHER, Stud., S. 336; E. SCHRÖDER, Kleinere Dichtg.n K.s v. W., Bd. 2, ¹1925, ³1959 (unveränderter Nachdr. mit Nachw. v. L. WOLFF); H. J. GERNENTZ, Der 'Schw.' (s. o. II. Ausg.n), S. 110–201 (mit nhd. Übers.).

K.s Märe (ursprünglicher Umfang nach SCHRÖDER, Ausg., 1642 vv.) greift einen Stoff auf, der zuvor in der afrz. Chanson de geste 'Chevalier au Cygne' (älteste erhaltene Fassung um 1200) und im 'Parzival' (824,1–826,30) → Wolframs von Eschenbach behandelt worden war, vgl. auch → 'Lohengrin'. K.s Dichtung steht der Fassung AD der Chanson nahe, als Richter fungiert jedoch nicht Kaiser Otto, sondern Karl der Große. Der geheimnisvolle Schwanritter, über dessen Herkunft nichts gesagt wird, bleibt namenlos. Entgegen der Chanson ist er nicht Vorfahr

(Großvater) Gottfrieds von Bouillon (bei K. Herzog Gottfried von Brabant), vielmehr ist der im Hl. Land verstorbene berühmte Kreuzfahrer hier der Vater der jungen Herzogin, der Gemahlin des Schwanritters. Das Erscheinen des von Gott gesandten Schwanritters dient der erneuten Bestätigung der auf Gottfrieds Haus ruhenden göttlichen Gnade. Zweck der Erzählung war es ohne Zweifel, den genealogischen Glanz der ihre Abstammung auf Gottfried und den Schwanritter zurückführenden Häuser Brabant, Geldern, Kleve, Rieneck-Loon zu erhöhen (vgl. v. 1596–1611). – Zur Wirkung → 'Göttweiger Trojanerkrieg'.

2. 'Der Welt Lohn'

Überlieferung. 7 vollst. Hss. und 2 Frgm.e d. 13. bis 15.Jh.s, vgl. SCHRÖDER, Ausg., S. XII–XIV (K jetzt Genf-Cologny, Bibl. Bodmeriana, cod. Bodmer 72). Der Textumfang schwankt, der Autor wird nur in MBD genannt.

Ausgaben. B.J. DOCEN, Miscelaneen z. Gesch. d. teutschen Lit. 1 (1809) 56–64; F. ROTH, Der Werlte lôn von K. v. W., Frankfurt 1843; GA Bd. 3, Nr. LXX; E. SCHRÖDER, Kleinere Dichtg.n K.s v. W., Bd. 1, ^{1}1924, ^{4}1962 (mit Nachw. v. L. WOLFF; zit.), vgl. dazu CH. GERHARDT, Zum Lesartenapparat in E. Schröders Ausg. v. K.s v. W. 'Der W. L.', PBB (Tüb.) 94 (1972) 198–201; H. RÖLLEKE, K. v. W. (Reclam), 1968, S. 50–65 (mit nhd. Übers.); H.J. GERNENTZ, Der 'Schw.' (s.o. II. Ausg.n), S. 89–107 (mit nhd. Übers.).

Einem ein glanzvolles Weltleben führenden Ritter, dem K. den Namen des Dichters → Wirnt von Grafenberg gegeben hat (vgl. dazu J. SCHWIETERING, Die Demutsformel d. mhd. Dichter, 1921, S. 84–89), erscheint, als er abends in der Kemenate eine Minneaventiure liest, die wunderschöne Frau Welt. In plötzlicher krasser Wendung zeigt sie ihrem treuen Diener den verheißenen *hôhen lôn* (v. 150): ihren stinkenden, von Ungeziefer und Geschwüren zerstörten Rücken. Um seines Seelenheils willen ändert Wirnt sogleich sein Leben. Er tut Buße, indem er auf Kreuzfahrt geht. Die 'fromme Welterzählung' (FISCHER, Stud., S. 52f.; in SCHRÖDERS Ausg. 274 vv.) – 'eigentlich nur ein lebendes Bild' (DE BOOR, LG ^{1}III 41) – drängt auf die abschließende Lehre hin: *daz ir die werlt lâzet varn, / welt ir die sêle bewarn* (v. 273f.). (Nach BLECK, 1983, entstand 'W.L.', vermutlich 1266, als Kreuzzugsaufruf.) Die Personifikation der Frau Welt wurde in die deutsche Literatur durch Walther von der Vogelweide eingeführt (vgl. Walther 100, 24), doch gilt als K.s Quelle ein seit dem 13.Jh. aufgezeichnet vorliegendes lat. Predigtexempel (vgl. STAMMLER, 1959, S. 46 mit Anm. 141). Benutzt ist Konrads Dichtung in → 'Weltlohn' und in dem Prosatraktat → 'Von der welt valscheit' in Zürich, Zentralbibl., cod. A 131, 89^r–90^r (v. J. 1393; gedr. zuletzt bei RÖLLEKE, s.o. Ausg., S. 105f.), vgl. auch Der → Guter.

3. 'Das Herzmaere'

Überlieferung. 11 Hss. (2 davon nicht ganz vollständig, 1 verbrannt, 1 verschollen), 1 Frgm. d. 14. bis 16.Jh.s, vgl. SCHRÖDER, Ausg., S. XVII bis XIX, u. FISCHER, Stud., S. 335 – hier sind die verschollene Bechsteinsche Hs., deren Laa. bei HALTAUS, Hätzlerin, S. XLVI, gedruckt sind, und Berlin, mgf 488, übersehen, vgl. dazu H.-D. MÜCK, Unters. z. Überl. u. Rezeption spätmal. Lieder u. Spruchdichte im 15. u. 16. Jh., Bd. 1 (GAG 263), 1980, S. 90 u. 131. Auf 2 bezeugte, jedoch verlorene Überl.en weist SCHRÖDER, Ausg., S. XIX, hin. Der Textumfang schwankt, der Autorname ist größtenteils weggelassen; in A (bei FISCHER, Stud., S = St) ist das Märe in der Überschrift Gottfried von Straßburg unterschoben.

Ausgaben. CH. H. MYLLER, Samlung deutscher Ged. ..., Bd. 1, Berlin 1784; weitere ältere Ausg.n vgl. FISCHER, Stud., S. 335; SCHRÖDER (s.o. 2.; zit.); RÖLLEKE (s.o. 2.), S. 66–99 (mit nhd. Übers.); GERNENTZ (s.o. II. Ausg.n), S. 49–87 (mit nhd. Übers.).

K.s (in SCHRÖDERS Ausg. 588 vv. umfassendes) knapp erzähltes 'höfisch-galantes Märe' (FISCHER, Stud., S. 109) greift die weitverbreitete 'Geschichte vom gegessenen Herzen' in einer höfisch abgemilderten Version auf (vgl. SCHULZE, 1971, S. 452 ff.; in der verbreiteteren Fassung des Stoffs tötet der Ehemann den Liebhaber, → 'Bremberger'). Umrahmt von einem Prolog (v. 1–28) und einem Epilog (v. 530–588), in denen der Verlust wahrer Minne in der Gegenwart beklagt und die Gegenbildlichkeit des Märe herausgestellt wird, *wand es von ganzer liebe seit* (v. 7), und der Autor sich auf Gottfried von Straßburg beruft (v. 9), erzählt K.: ein Ritter verläßt seine Dame, um sie vor dem Verdacht des Ehemanns zu schützen; bevor er auf der Reise nach Jerusalem vor Sehnsucht stirbt, beauftragt er seinen Knappen, der Dame sein einbalsamiertes Herz zusammen mit ihrem Liebespfand, einem Ring, zu bringen; der Ehemann reißt beide Gegenstände an sich, er läßt der Dame das Herz als köstliche Speise vorsetzen; als sie erfährt, was sie gegessen hat, stirbt sie dem Geliebten an gebrochenem Herzen nach. Das 'H.' gilt (bei allem, auch gattungsbedingtem Unterschied) als eines der bemerkenswertesten Zeugnisse der Gottfried-Rezeption (vgl. SCHULZE; WACHINGER, 1975). Vgl. zum Erzähltyp auch → 'Frauentreue'; zur Wirkung → 'Hero und Leander', → 'Der Schüler zu Paris, C'.

4. 'Heinrich von Kempten' ('Otte mit dem Barte')

Überlieferung. 6 Hss. und 1 Frgm. d. 14., 15. u. (nach einer Vorlage v. 1402) 17. Jh.s, vgl. SCHRÖDER, Ausg., S. XIX–XXIII, u. FISCHER, Stud., S. 334. Der Textumfang schwankt.

Ausgaben. K. A. HAHN, Otte mit d. Barte v. C. v. W., Quedlinburg–Leipzig 1838; weitere ältere Ausg.n vgl. FISCHER, Stud., S. 334; SCHRÖDER (s. o. 2.); RÖLLEKE (s. o. 2.), S. 6–49 (mit nhd. Übers.); GERNENTZ (s. o. II. Ausg.n), S. 203–253 (mit nhd. Übers.).

Der Epilog der prologlosen Erzählung (in SCHRÖDERS Ausg. 770 vv.) fordert die Ritter auf, durch Tapferkeit und Furchtlosigkeit dem Vorbild des Helden zu folgen. Heinrichs von Kempten reaktionsschnelle, auf die Umstände keinerlei Rücksicht nehmende Kühnheit bewährt sich zweimal: im 1. Teil (v. 1–382) erzwingt er bei einem Bamberger Hoftag durch raschen Angriff auf die Person des 'roten' Kaisers Otto, der ihn wegen Totschlags allzu rasch zum Tod verurteilt hatte, seine Begnadigung; im 2. Teil (v. 383–743), zehn Jahre später, rettet er in Apulien dem Kaiser, als hinterhältige Stadtbürger ihn ermorden wollen, das Leben, indem er nackt aus dem Bad springt und die Meuchelmörder angreift – aufgrund dieser Tat versöhnt Otto sich mit dem Ministerialen des Abts von Kempten. Quelle des Märe 'anekdotischen Charakters' (FISCHER, Stud., S. 100) – die Unterlegung eines politisch-zeitgeschichtlichen Problemgehalts (FISCHER/VÖLKER, 1975) überzeugt nicht – ist eine vor K. im lat. 'Pantheon' → Gottfrieds von Viterbo überlieferte Erzählung, die später auch in dt. Chronistik begegnet (vgl. HAHN, Ausg.; KEMPF, 1922; → Birk, Johannes). Kaiser Otto, in dem sich Züge Ottos I. und Ottos II. verbinden (bei K. dominiert freilich eindeutig letzterer), begegnet in dt. Epik auch im → 'Herzog Ernst' und im 'Guten Gerhard' Rudolfs von Ems.

VII. Romane.
1. 'Engelhard'

Überlieferung. Der 'E.' ist nur durch einen 1573 bei Kilian Han in Frankfurt/M. erschienenen, mit 57 (meist anderen Drucken entlehnten) Holzschnitten versehenen Druck überliefert; die 4 erhaltenen Exemplare befinden sich in Berlin, Göttingen u. Wolfenbüttel (2). Vgl. REIFFENSTEIN, Ausg., S. Vf.

Ausgaben. M. HAUPT, Engelhard, Leipzig 1844, ²1890 bes. v. E. JOSEPH; P. GEREKE, Engelhard (ATB 17), 1912, ²1963 neubearb. v. I. REIFFENSTEIN; dazu G. KEIL, Leuv. Bijdr. 57 (1968) 127–129 (Vergleich mit d. Leprasymptomen → Bernhards v. Gordon); I. REIFFENSTEIN, Engelhard (= 3., neubearb. Aufl. d. Ausg. v. P. GEREKE; ATB 17), 1982 (zit.).

Der stilistisch, teilweise auch inhaltlich an Gottfried von Straßburg orientierte Roman (6504 vv.), der nach dem Vorbild des 'Tristan' mit einem kunstvoll gereimten strophischen Prologteil beginnt, stellt einer als *triuwelôs* beklagten Gegenwart anhand einer Neufassung der weitverbreiteten Freundschaftslegende von → 'Amicus und Amelius' (vgl. auch → Kistener, Kunz, und → Kurzmann, Andreas, zum Aussatzmotiv →Hartmann von Aue), den Wert höchster *triuwe*, die allen Gefährdungen zum Trotz das vollständige, gottgesegnete Glück der Romanhelden herbeiführt, programmatisch vor Augen. Die Personennamen und die geographische Situierung hat K. anscheinend frei gewählt (vielleicht mit Rücksicht auf seine Auftraggeber, vgl. BRUNNER, Genealog. Phantasien, 1981): an die Stelle des Frankenreichs zur Zeit Pippins und Karls und

Italiens in der Quelle treten Burgund, Brabant und, vor allem, Dänemark, unter dem sagenhaften König Fruote; die Freunde heißen Engelhard und Dietrich von Brabant, der Name der Königstochter ist Engeltrud. Die Liebesgeschichte zwischen dem von K. als sozialer Aufsteiger dargestellten Engelhard und der Prinzessin ist zu einem eigenen kleinen Minneroman ausgeweitet – unter dem Eindruck des 'Tristan', aber doch auch "orientiert" "an einem Sondertyp höfischer Epik, auf den sich schon Rudolf von Ems mit dem 'Wilehalm von Orlens' bezogen hatte" (WALLICZEK, 1980, S. 554; für ein Detail bot vielleicht der ebenfalls zu den Minneromanen zählende 'Clîes' Anregung, → Fleck, Konrad, und → Ulrich von Türheim, vgl. HERZOG, 1886). Indes sprengt die Minnehandlung den Roman, für den im übrigen "legendäre(r) Einschlag" (RUH, 1978, S. 140) bestimmend scheint, nicht, sie bringt vielmehr neue Bewährungsmöglichkeiten und Aspekte der *triuwe*, ist mithin in die *triuwe*-Handlung voll integriert (anders, mit Forschungsreferat, REIFFENSTEIN, Ausg., S. XVIII ff.). Gewirkt hat K.s Roman vor allem auf den → 'Reinfried von Braunschweig'.

2. 'Partonopier und Meliur'

Überlieferung. Vollständig nur in Berlin, mgf 1064, 55ʳ–185ʳ (1471 zu Hall am Inn von H. Wincklär für Christoph Ruether geschrieben; voraus geht → Thürings von Ringoltingen 'Melusine'); 2 Frgm.e Zürich, Zentralbibl., C 184, XXVI u. XXVII (Ende 13. Jh.). Vgl. Nachwort z. Nachdr. d. Ausg. (mit Abb.).

Ausgabe. K. BARTSCH, K.s v. W. 'P. u. M.', 1871, S. 3–312, Nachdr. mit Nachw. v. R. GRUENTER (DN), 1970.

Mit 'P. u. M.' (21 784 vv.) griff K. den in der 2. Hälfte des 12. Jh.s (nach 1159; vgl. zur Datierung jetzt EHLERT, 1980, S. 60 Anm. 85) von einem unbekannten Autor (nicht Denis Piramus) zur Verherrlichung des Hauses Blois-Champagne geschaffenen, mehrfach in andere Volkssprachen übertragenen afrz. Roman 'Partonopeus de Blois' auf. K. benutzte eine der erhaltenen Hs. P (Paris, Bibl. Nat., fonds français 368, 14. Jh.) nahestehende Vorlage (*P), der er streckenweise genau folgte, von der er sich aber auch mehrfach löste (vgl. OBST, 1976).

Stofflich handelt es sich um eine Mixtur aus Elementen der Antikenromane, der Matière de Bretagne, der Chansons de geste und von Feenmärchen (mittelbar eingewirkt haben dürfte des Apulejus 'Amor und Psyche', vgl. WERNER, 1977; zum Stoff vgl. auch → Egenolf von Staufenberg, → 'Die Königin vom Brennenden See', → Thüring von Ringoltingen): der Knabe Partonopier, Sohn des Grafen von Bleis, wird von der samt ihrem Hof zunächst unsichtbar bleibenden zauberkundigen byzantinischen Reichserbin Meliur in ihr Inselreich gebracht und zu ihrem Geliebten gemacht; erst nach zweieinhalb Jahren, wenn er Ritter geworden sei, wolle sie ihn heiraten – erst dann dürfe er sie auch sehen. Bei einem Besuch in Frankreich bewährt der junge Held sich glanzvoll im Heidenkampf gegen den edlen Sarazenenkönig Sornagiur. Nach einem zweiten Besuch vergeht er sich, angestiftet von seiner Mutter und dem Erzbischof von Paris, aus Furcht vor möglicher Gaukelei des Teufels gegen Meliurs Gebot: er betrachtet die Schöne nachts mit einer Zauberlaterne. Der Unsichtbarkeitszauber ist damit gebrochen. Meliur verstößt den Geliebten, der nach einjähriger Verzweiflung jedoch von ihrer Schwester Irekel gerettet wird. Auf einem großen Turnier erringt er Meliurs Hand dann endgültig – diesmal durch ritterliche Bewährung – und wird Kaiser von Konstantinopel. Am Ende stehen Kämpfe mit dem unterlegenen Rivalen, dem Sultan von Persien. Ein eigentlicher Schluß fehlt.

Im Prolog wendet K. sich an ein adliges Publikum. Er sieht den Nutzen von Dichtung unter anderem darin, *hovezuht* (v. 12) und *hoveliche site* (v. 22) zu lehren und will den *hübeschen trûren stoere(n)* (v. 157). Die Möglichkeit, sich mit den positiven Figuren zu identifizieren, setzt eigenen angeborenen Adel voraus: das Bild der sozialen Welt in 'P. u. M.' ist das einer internationalen Gesellschaft adlig Geborener, deren oberste gemeinsame Triebkraft der Erwerb und die Bewahrung von *êre* ist. Nach außen ist diese Gesellschaft betont abgeschlossen: an den beiden Schurken Mareis und Phares hat der Autor (noch über die Vorlage hinaus) breit dargestellt, daß der Aufstieg nichtadlig Geborener in sie zu nichts Gutem führe. Die Forschung konnte dies mit der für den Basler Auftraggeber, den *miles* Peter Schaler, rekonstruierbaren repressiven Sicht der sozialen Welt in einer Epoche beginnenden sozialen und politischen Umbruchs in Einklang bringen (vgl. EHLERT, 1980, BRUNNER, Genealog. Phantasien, 1981). – Gewirkt hat 'P. u. M.' besonders auf → 'Der Bussard', → Dietrich von der Glesse, Egenolf von Staufenberg, 'Reinfried von Braunschweig'; abgebildet sind *Partenopyr* und *Melivr* im Garel-Saal des Sommerhauses von Burg Runkelstein bei Bozen, vgl. W. HAUG / J. HEINZLE / D. HUSCHENBETT / N.H. OTT, Runkelstein, 1982, S. 102 Anm. 10.

3. 'Trojanerkrieg'

Überlieferung. 1 Hs. d. 14. Jh.s (verbrannt), 5 d. 15. Jh.s (4 davon illustriert), 9 Frgm. e d. 13. bis 15. Jh.s; 2 Hss. d. 15. Jh.s enthalten für sich überlieferte Teilstücke: in Köln, Hist. Arch., cod. W.* 3, stehen die vv. 19661–20054 ohne Überschrift (hg. bei HILGERS, 1973); in München, cgm 714, mit 4 zusätzlichen Einleitungsversen die vv. 19893–20054 unter der Überschrift *Ein hübsch lob von einer frawen* (BRANDIS, Minnereden, Nr. 2; bei HILGERS, 1973, nicht erwähnt). Zu den genannten Textzeugen kommt eine noch nicht befriedigend erfaßte Überl. von Teilen des Werks in Chroniken (→ 'Christherre-Chronik', → Heinrich von München, → Bollstatter, Konrad). Vgl. zur Überl. zuletzt HILGERS, 1973. – In den 6 vollst. Hss. wird K.s Fragment durch die an Dictys angelehnte Fortsetzung eines Anonymus (→ 'Trojanerkrieg-Fortsetzung') abgeschlossen (Ausg. v. 40425–49836), vgl. KLITSCHER, 1891, u. SIGALL, 1893/1894/1897.

Ausgaben. CH. H. MYLLER, Samlung deutscher Ged. ..., Bd. 3, Berlin 1785 (v. 1–25245 nach Hs. A); A. v. KELLER, Der trojanische Krieg v. K. v. W., nach d. Vorarbeiten K. FROMMANNS u. F. ROTHS (StLV 44), 1858; K. BARTSCH (Hg.), Anmerkungen zu K.s 'T.' (StLV 133), 1877 (Laa. zu KELLERS Ausg.).

Im Prolog seines riesigen Torsos (40424 vv.) sucht K. die Bedeutung von Dichtung in ihr wenig gewogener Gegenwart hervorzuheben. Dabei verweist er auf ihre kostbare Seltenheit (v. 31) und auf die – im Vergleich mit anderen 'Künstlern' – besondere Gottbegnadetheit des Dichters, der außer Zunge und Verstand kein Werkzeug brauche. Quellen des Romans sind Benoîts de Sainte-Maure 'Estoire de Troie', auf die v. 267 ff. ohne nähere Angaben hingewiesen wird (vgl. → Herbort von Fritzlar), ferner Ovids 'Heroides', 'Metamorphosen', 'Amores', die 'Achilleis' des Statius, die 'Ilias latina', das 'Excidium Troiae'; ob Dares, der in v. 296 genannt wird, und Dictys anders als über Benoît benutzt sind, gilt als fraglich (vgl. BASLER, 1910, CORMEAU, 1979; eine ausführliche neuere Unters. fehlt). Erzählt wird folgendes: Geburt des Paris, Aussetzung, Hochzeit der Thetis, Parisurteil, Zweikampf Hector-Peleus, Paris in Troja, Wiedererkennung (325–5763); Erziehung des Achilles durch Schyron (5764–6495); Jason und Medea (6496–11390); erste Zerstörung Trojas durch Hercules (11391–13401); Achilles und Deidamia (13402–17321); Wiederaufbau Trojas, Beschreibung, vergebliche Gesandtschaft Antenors wegen der entführten Esiona, Beratung der Trojaner (17322–19344); Paris und Helena (19345–23393); Rüstung und Versammlung des griechischen Heeres auf Aulida, Effigennia (23394–24661); Rüstung und Versammlung des trojanischen Heeres (4662–25088); Landungsschlacht, Waffenstillstand (25089–27107); Herbeiholung des Achilles (27108–29481); zweite Schlacht (29482–37584); Waffenstillstand, Philotets Erzählung vom Tod des Hercules, Achills Trauer um Patroclus (37585–39133); dritte Schlacht (39134 bis 40424).

Hinsichtlich der Gestaltung des Romans scheint zweierlei besonders charakteristisch zu sein: 1. K. ist erfüllt von dem Bewußtsein, einen 'großen' Roman, ein Werk unerhörter Dimensionen zu schaffen, vgl. die programmatischen Formulierungen des Prologs v. 216 ff. Er versammelt die Fülle der Geschichten, die mit den Ereignissen des trojanischen Kriegs in Verbindung stehen, er verknüpft sie sorgsam und er 'erneuert' (vgl. v. 274) Beschreibungen, Szenen und Reden durch glanzvolle Amplifikation, die sich kaum je durch Zwang zu Kürze beeinträchtigt sieht: "Ein Alterswerk, nicht ganz unähnlich Thomas Manns Joseph-Romanen, schwer zugänglich durch Stoffmasse und Wortfülle, aber – immer noch – berükkend für den, der sich darauf einläßt" (RUH, 1978, S. 144). 2. Der durch eine Reihe von Ereignissen motivierte Untergang Trojas ist letztlich unausweichlich. Anders als die Quellen gestaltet K. den Stoff weder mit pro-trojanischer noch mit pro-griechischer Tendenz, sondern bemüht sich erfolgreich um größtmögliche Objektivität. Der Leser wird veranlaßt, an den Hauptgestalten beider Parteien gleichermaßen Anteil zu nehmen. "Alle namhaften Akteure werden konstant nur mit positiven Attributen belegt ... Konrad macht bei keiner Zentralfigur Abstriche zugunsten der anderen" (CORMEAU, 1979, S. 316). Auch die Szenenregie dient der Absicht nach Ausgewogenheit: wann immer der Leser versucht sein könnte, sich einseitig zu engagieren, wechselt der Autor den Standpunkt und erzählt aus dem Blickwinkel der Gegenpartei (man kann vermuten, daß der Roman nicht mit dem Untergang Trojas geendet, sondern daß K., gewissermaßen zum Ausgleich, noch die Heimkehr griechischer Helden wie Agamemnon und Ulixes berichtet hätte!). Der Autor gewinnt durch diese Erzähltechnik "die Perspektive einer übermächtigen Realität, der das Einzelschicksal unterliegt" (CORMEAU, 1979, S. 318).

Zu den spätmal. Prosabearbeitungen des 'T.' → 'Buch von Troja I', → 'Buch von Troja II'. Zur Frage der Verwendung im 'Buch der Abenteuer' → Fuetrer, Ulrich.

VIII. Unechte Werke.
Die Frage der durch 4 der 5 vollständigen Hss. bezeugten Autorschaft K.s an dem Märe → 'Die halbe Birne A' scheint neuer Klärung bedürftig. Sicher nicht von K. stammen: das Märe → 'Der Mönch als Liebesbote A', obwohl es ihm in der einzigen Hs. zugeschrieben ist; entgegen der jüngeren Überlieferung das Schwankmäre 'Frau Metze' ('Alten Weibes List') des → Armen Konrad; die 'Ave Maria'-Paraphrase in Sammlung H der 'Heidelberger Liederhs. cpg 350' (vgl. SIG, 1903; APPELHANS, 1970, S. 29–31). Allgemein für unberechtigt gehalten wird die Zuschreibung der Frgm.e der → 'Nikolaus'-Legende an K. durch BARTSCH.

IX. Zusammenfassende Bemerkungen.
K. v. W. ist der profilierteste dt. Autor der 2. Hälfte des 13. Jh.s, zugleich – was man sowohl am Umfang der Überlieferung seiner Werke als auch an ihrer Wirkung ablesen kann – der erfolgreichste. An Vielseitigkeit kommt ihm im dt. MA kein anderer Dichter gleich. Dabei bleibt er teilweise außerhalb etablierter Formtypen ('Kl.', 'G.Schm.', 'T. v. N.'), in der Regel greift er jedoch traditionelle Gattungen auf (die verschiedenen Formen der Lyrik, die Verslegende, die Verserzählung, den Roman). Allerdings zeigen K.s Beiträge zu den vorhandenen Gattungen fast durchweg ein hohes Maß an eigener Prägung – ein Sachverhalt, der von der Forschung meist unterschätzt, ja durch den lange Zeit fast topischen Vorwurf der Epigonalität ungerechtfertigt heruntergespielt wurde. Minnesang und Sangspruchdichtung scheinen von K. durch 'Objektivierung' den üblichen, aber möglicherweise für seine literarische Situation eben nicht zutreffenden Verwendungszusammenhängen entzogen. Bei den Legenden wird die im 13. Jh. mehrfach zu beobachtende, ja kennzeichnende Annäherung an den Roman wohl sehr bewußt vermieden. Den Artusroman hat K. (wie vor ihm schon Rudolf von Ems) wahrscheinlich als überholt betrachtet. Er greift im 'E.' auf eine lat. tradierte Freundschaftssage zurück, die er mit spruchdichterhafter Tendenz zur Lehrhaftigkeit ausgestaltet, in 'P. u. M.' und 'T.' bedient er sich älterer, vor- bzw. nichtarturischer frz. Vorlagen: Von den Artusromanen unterscheiden sich alle drei Werke durch stärkere Gebundenheit an historische und geographische Realität (Gleiches läßt sich auch bereits bei den Romanen Rudolfs von Ems beobachten!). Derartige 'Gebunden-

heit' gilt übrigens auch für die Verserzählungen 'Schw.' und 'H. v. K.', ja sogar für 'W. L.' (Bindung an Wirnt von Grafenberg!). In der enzyklopädischen Vielfalt der von K. gepflegten Gattungen drückt sich wohl mehr als in einzelnen inhaltlichen Zügen die für ihn weithin entscheidende Besonderheit der städtischen Situation aus: hier fand er viele Menschen mit vielerlei literarischen Wünschen und Interessen auf engem Raum als Gönner und Auftraggeber vor. Spätere städtische Autoren von einigem Rang und mit umfangreicherem Œuvre sind kaum mit K. vergleichbar, vgl. Johannes Hadlaub, oder → Heinrich von Neustadt; vollends auf ganz anderen Grundlagen entstand das Werk der städtischen 'Großautoren' Hans →Rosenplüt und Hans →Folz.

Die Forschung hat sich mit K. bisher alles in allem relativ schwer getan. In der Regel hat man sich punktuell mit einzelnen Werken oder Werkgruppen befaßt, vorliegende Entwürfe eines Gesamtbildes befriedigen meist wenig (am gelungensten erscheint die Darstellung bei DE BOOR, LG III, 1). Im Mittelpunkt künftiger Arbeit stehen sollte – nachdem Entsprechendes für die 'G.Schm.' durch BERTAU und seine Schüler bereits im Gange ist – die Neuedition und Neubewertung von K.s größtem Werk, dem 'T.'; dringendes Desiderat ist ferner eine auf Vollständigkeit ausgerichtete Darstellung der Rezeption K.s durch andere Autoren. Anzustreben wäre schließlich eine Gesamtdarstellung, die die verschiedenen Aspekte – K.s Vielseitigkeit, seine Formkunst (die in der Geschichte der dt. Literatur kaum ihresgleichen hat), seine literar- und sozialhistorische Situation usw. – zusammenzusehen suchte.

X. Literatur. Angegeben sind nur grundlegende, neueste, sowie im Artikel zitierte Titel. Eine umfassende Bibliographie fehlt.

Zu I. Leben, Gönner, Werkchronologie, dazu übergreifende Darstellungen: A. WODE, Anordnung u. Zeitfolge d. Lieder, Sprüche und Leiche K.s v. W., Diss. Marburg 1902; H. LAUDAN, Die Chronologie d. Werke d. K. v. W., Diss. Göttingen 1906; R. WACKERNAGEL, Gesch. d. Stadt Basel, Bd. 1, 1907; A. GALLÉ, Wappenwesen u. Heraldik bei K. v. W., Diss. Göttingen 1911, auch ZfdA 53 (1912) 209–259; E. SCHRÖDER, Stud. zu K. v. W., GGN 1912, S. 1–47 (I–III), 1917, S. 96–129 (IV, V); H. BRINKMANN, Zu Wesen und Form mal. Dichtung, 1928, passim; A. MORET, Un artiste méconnu: Conrad de Wurzburg, Lille 1932; B. BOESCH, Die Kunstanschauung in d. mhd. Dichtung, 1936; W. KLUXEN, Stud. über die Nachwirkung K.s v. W., Diss. (masch.) Köln 1948; H. DE BOOR, LG III, 1, 1962; ders., Die Chronologie d. Werke K.s v. W., PBB (Tüb.) 89 (1967) 210–269; W. MONECKE, Stud. z. epischen Technik K.s v. W. (German. Abhh. 24), 1968, Reg.; FISCHER, Stud., 1968, ²1983; E. LÄMMERT, Reimsprecherkunst im SpätMA, 1970, Reg.; J. JANOTA, Neue Forschungen z. dt. Dichtg. d. SpätMAs, DVjs 45/Sonderh. (1971) 1*–242* (zu K. 89*–91*, 166* f.); K. SCHULZ, Die Ministerialität in rhein. Bischofsstädten, in: E. MASCHKE / J. SYDOW (Hgg.), Stadt u. Ministerialität, 1973, S. 16–42; B. WACHINGER, Sängerkrieg (MTU 42), 1973, Reg.; ders., Zur Rezeption Gottfrieds v. Straßburg im 13. Jh., in: W. HARMS / L. P. JOHNSON (Hgg.), Dt. Lit. d. späten MAs, 1975, S. 56–82; I. LEIPOLD, Die Auftraggeber u. Gönner K.s v. W. (GAG 176), 1976; TH. CRAMER, Minnesang in d. Stadt, in: G. KAISER (Hg.), Lit. – Publikum – literar. Kontext (Beitr. z. älteren dt. Lit.gesch. 1), 1977, S. 91–108; K. RUH, Epische Lit. d. dt. SpätMAs, in: W. ERZGRÄBER (Hg.), Europäisches SpätMA, 1978, S. 117–188; H. BRUNNER, in: MGG 16, 1979, Sp. 1019–1021; ST. WEIDENKOPF, Poesie u. Recht, in: CH. CORMEAU (Hg.), Dt. Lit. im MA. Kontakte u. Perspektiven, 1979, S. 296–337; P. GANZ, 'Nur eine schöne Kunstfigur'. Zur 'G.Schm.' K.s v. W., GRM 60 (1979) 27–45; J. BUMKE, Mäzene im MA, 1979, Reg.; W. WALLICZEK, in: NDB 12, 1980, Sp. 554–557; H. WERTHMÜLLER, Tausend Jahre Lit. in Basel, 1980; H. BRUNNER, Das 'T. v. N.', in: J. KÜHNEL / H.-D. MÜCK / U. MÜLLER (Hgg.), De Poeticis Medii Aevi Quaestiones (GAG 335), 1981, S. 105–127; ders., Genealogische Phantasien. Zu K.s v. W. 'Schw.' u. 'E.', ZfdA 110 (1981) 274–299; U. PETERS, Lit. in d. Stadt (Stud. u. Texte z. Sozialgesch. d. Lit. 7), 1983; TH. RUF, Die Grafen v. Rieneck, Diss. (masch.) Würzburg 1983.

Zu II. Sangbare Dichtungen: J. SEEMÜLLER, Zu K.s Klage d. Kunst, ZfdA 34 (1890) 223–228; E. SCHRÖDER, Heinzelin v. Konstanz, ZfdA 53 (1912) 395–398; WODE, 1902 (s. o. zu I.); W. STELLER, Der leich Walthers v. d. Vogelweide u. sein verhältnis z. relig. leich, PBB 45 (1921) 307–404; E. ESSEN, Die Lyrik K.s v. W., Diss. Marburg 1938; A. SCHLAGETER, Unters. über d. liedhaften Zusammenhänge in d. nachwaltherschen Spruchlyrik, Diss. (masch.) Freiburg i.Br. 1953, S. 191–269; K.H. BERTAU, Über Themenanordnung u. Bildung inhaltlicher Zusammenhänge in d. rel. Leichdichtg.en d. 13. Jh.s, ZfdPh 76 (1957) 129–149; M. BRAUNECK, Die Lieder K.s v. W., Diss. München 1965; P. KEYSER, Michael de Leone u. seine lit. Sammlung (Veröff. d. Ges. f. frk. Gesch. IX 21), 1966, Reg.; H. TERVOOREN, Einzelstrophe oder Strophenbindung? Diss. Bonn 1967; H. KUHN, Minnesangs Wende, ²1967, Reg.; MONECKE, 1968 (s. o. zu I.); A. GEORGI, Das lat. u. dt. Preisged. d. MAs (Phil. Stud. u. Quellen 48), 1969, Reg.; I. GLIER, Der Minneleich im späten 13. Jh., in: I. GLIER u. a. (Hgg.), Werk-Typ-Situation, 1969, S. 161–183; W. BLANK, Die dt. Minneallegorie (German. Abhh. 34), 1970, Reg.; E. SCHUMANN, Stilwandel u. Gestaltveränderung im Meistersang (Göttinger musikwiss. Arbeiten 3), 1972, vgl. d. Register dazu in: Die Töne d. Meistersinger, hg. v. H. BRUNNER / J. RETTELBACH (Litterae 47), 1980; V. MERTENS, Ein neumiertes Minnelied d. 14. Jh.s aus Kremsmünster, in: K. RUH / W. SCHRÖDER (Hgg.), Beitr. z. weltlichen u. geistl. Lyrik d. 13. bis 15. Jh.s, 1973, S. 68–83; G. MAYER, Probleme d. Sangspruchüberl., Diss. München 1974; H.-E. RENK, Der Manessekreis, seine Dichter u. d. Maness. Hs. (Stud. z. Poetik u. Gesch. d. Lit. 33), 1974, passim; MÜLLER, Unters., 1974, Reg.; E. KLEINSCHMIDT, Herrscherdarstellung (Bibl. Germanica 17), 1974, Reg.; H. BRUNNER, Die alten Meister (MTU 54), 1975, Reg.; E. PICKERODT-UTHLEB, Die Jenaer Liederhs. (GAG 99), 1975, passim; CRAMER, 1977 (s. o. zu I.); O. SAYCE, The Medieval German Lyric 1150–1300, Oxford 1982, Reg.

Zu III. 'G.Schm.': E. SCHRÖDER, Aus d. Buchgesch. d. sog. 'G.Schm.', GGN NF II, 9 (1939) 163–172; G. M. SCHÄFER, Unters. z. deutschsprachigen Marienlyrik d. 12. u. 13. Jh.s (GAG 48), 1971; R. R. GRENZMANN, Stud. z. bildhaften Sprache in d. 'G.Schm.' K.s v. W. (Palaestra 268), 1978; CH. SCHULZE, Parallelen d. ornamentalen Stils in d. 'G.Schm.' K.s v. W. u. in d. gotischen Baukunst, Diss. Göttingen 1978; GANZ, 1979 (s. o. zu I.); P. KNECHT, Zur Überl. d. 'G.Schm.' K.s v. W., Magisterarb. (masch.) Erlangen–Nürnberg 1980; E. BÜTTNER, Unters. zu d. anonymen Fortsetzungsversen d. 'G.Schm.' des K. v. W., Staatsexamensarbeit (masch.) Erlangen 1982; K. BERTAU, Vorläufiges kurzes Verzeichnis d. Hss. d. 'G.Schm.' des K. v. W., in: D. PESCHEL (Hg.), Germanistik in Erlangen (Erlanger Forschg.n Reihe A, 31), 1983, S. 115–126.

Zu IV. Legenden: G. PROCHNOW, Mhd. Silvesterlegenden u. ihre Quellen, Diss. Marburg 1901, auch ZfdPh 33 (1901) 145–212; G. O. JANSON, Stud. über d. Legendendichtg.n K.s v. W., Diss. Marburg 1902; K. BRINKER, Formen d. Heiligkeit, Diss. Bonn 1967; T. R. JACKSON, K. v. W.s Legends, in: P. F. GANZ / W. SCHRÖDER (Hgg.), Probleme mhd. Erzählformen, 1972, S. 197–213; W. WOESLER, Textkritisches zu K.s 'P.', ZfdA 101 (1972) 213–224; U. WYSS, Theorie d. mhd. Legendenepik (Erlanger Stud. 1), 1973; T. R. JACKSON, The Legends of K. v. W. (Erlanger Stud. 42), 1983.

Zu V. 'T. v. N.': H. BRUNNER, Das 'T. v. N.', 1981 (s. o. zu I.).

Zu VI. Erzählungen: die ältere Lit. zu 'Schw.', 'H.', 'H. v. K.' verzeichnet FISCHER, Stud., S. 333–336 (aktualisiert ²1983, S. 366–370); F. SACHSE, Über K.s v. W. Gedicht 'Der W. L.', Progr. Berlin 1857; K. KEMPF, Die Vorgesch. v. C.s v. W. poet. Erzählung 'Otte mit d. Barte', Diss. (masch.) Köln 1922; A. CLOSS, Weltlohn, Teufelsbeichte, Waldbruder (German. Bibl. II, 37), 1934; W. STAMMLER, Frau Welt, 1959; K.-H. SCHIRMER, Stil- u. Motivunters. zur mhd. Versnovelle (Hermaea 26), 1969, Reg.; S. F. L. GRUNWALD, K. v. W.s Realistic Sovereign and Reluctant Servitor, Medieval Studies 32 (1970) 273–281; TH. CRAMER, Lohengrin, 1971; U. SCHULZE, K.s v. W. novellistische Gestaltungskunst im 'H.', in: U. HENNIG / H. KOLB (Hgg.), Medievalia litteraria, 1971, S. 451–484; CH. GERHARDT, Überlegungen z. Überl. v. K.s v. W. 'Der W.L.', PBB (Tüb.) 94 (1972) 379–397; WACHINGER, 1975 (s. o. zu I.); H. FISCHER / P.-G. VÖLKER, K. v. W.: 'H. v. K.', in: D. RICHTER (Hg.), Lit. im Feudalismus, 1975, S. 83–130; K. E. GEITH, Carolus Magnus, 1977, Reg.; WEIDENKOPF, 1979 (s. o. zu I.); BRUNNER, Genealog. Phantasien, 1981 (s. o. zu I.); A. GOUWS, Aufbauprinzipien d. Versnovellen K.s v. W., Acta Germanica 14 (1981) 23–38; R. BLECK, Frô Welt. Unters. zu K.s v. W. Kreuzzugsaufruf 'Der W.L.', Magisterarb. (masch.) Heidelberg 1983.

Zu VII. Romane. 1. Zum 'E.': vgl. d. Bibliographie bei REIFFENSTEIN, Ausg., S. XXVI f.; ferner: H. HERZOG, Zum Clîes v. 'E.', Germ. 31 (1886) 325 f.; RUH, 1978 (s. o. zu I.); WALLICZEK, 1980 (s. o. zu I.); BRUNNER, Genealog. Phantasien, 1981 (s. o. zu I.). – 2. Zu 'P. u. M.': R. GRUENTER, Zum Problem d. Landschaftsdarstellung im höf. Versroman, Euph. 56 (1962) 248–278; I. BÜSCHEN, Sentimentalität (Stud. z. Poetik u. Gesch. d. Lit. 38), 1974, S. 157–164; W. OBST, Der Partonopier-Roman K.s v. W. u. seine frz. Vorlage, Diss. Würzburg 1976; G. WERNER, Stud. zu K.s v. W. 'P. u. M.' (Sprache u. Dichtg. NF 26), 1977; H. W. STEFFEK, Die Feenwelt in K.s v. W. 'P. u. M.' (Europ. Hochschulschr.n I 268), 1978; R. GARSTKA, Unters. z. K.s v. W. Versroman 'P. u. M.', Diss. Tübingen 1978; T. EHLERT, In hominem novum oratio? Der Aufsteiger aus bürgerlicher u. aus feudaler Sicht: Zu K.s v. W. 'P. u. M.' u. z. afrz. 'Partonopeus', ZfdPh 99 (1980) 36–72; BRUNNER, Genealog. Phantasien, 1981 (s. o. zu I.). – 3. Zum 'T.': O. KLITSCHER, Die Fortsetzung zu K.s v. W. 'T.' u. ihr Verhältnis z. Original, Diss. Breslau 1891; M. SIGALL, K. v. W. u. d. Fortsetzer seines 'T.', Progr. Suczawa 1893/1894/1897; K. BASLER, K.s v. W. 'Trojanischer Krieg' u. Benoîts de Ste Maure 'Roman de Troie', Diss. Berlin 1910; MONECKE, 1968 (s. o. zu I.); H. A. HILGERS, Das Kölner Frgm. v. K.s 'T.', Amsterdamer Beitr. z. älteren Germanistik 4 (1973) 129–185; G. P. KNAPP,

Hector u. Achill (Utah Studies in Lit. and Linguistics 1), 1974; R. Schnell, Ovids Ars amatoria u. d. höf. Minnetheorie, Euph. 69 (1975) 132–159; Ruh, 1978 (s.o. zu I.); Ch. Cormeau, Quellenkompendium oder Erzählkonzept? Eine Skizze zu K.s v. W. 'T.', in: K. Grubmüller u. a. (Hgg.), Befund u. Deutung, Fs. H. Fromm, 1979, S. 303–319.

Zu VIII. Unechte Werke. L. Sig, Das K. v. W. zugeschriebene Ave Maria, 1903; P. Appelhans, Unters. zu spätmal. Mariendichtg.n, 1970, S. 29–31.

(1984)　　　　　　　　　　Horst Brunner

'Kudrun'

Heldengedicht in Strophenform (1705 Strophen).

Inhalt: I. Überlieferung. II. Ausgaben, Übersetzungen. III. Verfasser, Datierung, Lokalisierung. IV. Inhalt. V. Quellen. VI. Metrische Form, Sprache, Erzählweise, Gattungszugehörigkeit. VII. Wirkungsgeschichte. VIII. Forschungsgeschichte. IX. Literatur.

I. Überlieferung. Die 'K.' ist nur im →'Ambraser Heldenbuch' (140ʳ–166ʳ) aufgezeichnet. Unter der Überschrift *Ditz puech ist von Chautrůn* steht sie als 12. Stück der Sammlung im zweiten, dem heldenepischen Teil. – Über die Entstehungsgeschichte der im Auftrage Maximilians I. hergestellten Hs., an der Hans Ried zwischen 1504 und 1515 (Weinacht, 1979, S. 478) gearbeitet hat, unterrichten neuerdings Wierschin (1976), Janota (Art. →'Ambraser Heldenbuch') und Weinacht.

II. Ausgaben, Übersetzungen.

1. Kritische Ausgaben: Kudrun, hg. v. K. Bartsch (Dt. Klassiker d. MAs 2), 1865, ⁵1965 (Nachdr. 1980) v. K. Stackmann (zit.); Kudrun, hg. v. E. Martin (German. Handbibl. 2), 1872, ²1902; Kudrun, hg. v. B. Symons (ATB 5), 1883, ⁴1964 v. B. Boesch; Kudrun, hg. v. E. Martin (Slg. german. Hilfsmittel 2), 1883, ³1919 v. E. Schröder; Kudrun, hg. v. P. Piper (DNL 6, 1), 1895; Kudrun (Edition partielle), hg. v. A. Moret (Bibl. de Philol. Germ. 18), 1955; Das Nibelungenlied. Kudrun, hg. v. W. Hoffmann (Ahd. u. mhd. Epik u. Lyrik), 1972.

2. Handschriftengetreue Ausgaben: Kudrun, hg. v. F.H. Bäuml, 1969; Ambraser Heldenbuch, Vollst. Faksimile-Ausg., Kommentar v. F. Unterkircher (Codices selecti 43), 1973.

3. Die kritischen Ausgaben übertragen das Frühnhd. des 'Ambraser Heldenbuchs' in ein normalisiertes Mhd.; außerdem enthalten sie viele Konjekturen. Ihre Benutzung ist daher nicht unproblematisch. Andersseits läßt sich die Vergleichbarkeit der 'K.' mit besser überlieferten Texten des 13. Jh.s aber nur durch die Normalisierung gewährleisten, und ohne erhebliche Eingriffe in den überlieferten Wortlaut kann ein verständlicher Zusammenhang nicht hergestellt werden. So wird die Forschung weiter mit den kritischen Ausgaben arbeiten müssen, obwohl daraus, wie etwa Campbell (1978) sehr nachdrücklich betont, erhebliche Unsicherheiten für die Interpretation folgen.

Bäuml verzeichnet im Apparat zu seinem diplomatischen Abdruck des handschriftlich überlieferten Textes die Varianten aus den Editionen des 19. und 20. Jh.s, dazu auch aus wichtigen Arbeiten zur Textkritik. – Im Text der 5. Aufl. der Ausgabe von Bartsch sind die kritischen Eingriffe in den Wortlaut der Hs., soweit sie über Normalisierungsmaßnahmen hinausgehen, durch graphische Mittel gekennzeichnet.

4. Übersetzungen: Die Übersetzungen des 19. Jh.s verzeichnen Fécamp (1892), Krichenbauer (1900/1901) u. Benedict (1902); Übersichten bei Piper, Ausg., S. LII–LV; Martin, ²Ausg., S. X; Symons, ²Ausg., S. CIVf.; Ehrismann, LG 4, S. 145. Besonders zu erwähnen: A. v. Keller, Stuttgart 1840; Simrock, Stuttgart–Tübingen 1843, ¹⁷1906, bearbeitet v. F. Neumann (Reclam 465), 1958; A. Bacmeister, 1860; H.A. Junghans (Reclam), 1873. Rumänische Übers.: V. Tempeanu, 1931.

III. Verfasser, Datierung, Lokalisierung.

1. Verfasser. Der Verfasser der 'K.' teilt nichts über sich selber, seine Lebensumstände oder seine Ansichten mit. Alles, was über ihn zu sagen ist, beruht auf Rückschlüssen aus seiner Art zu erzählen und aus dem Inhalt seiner Erzählung.

2. Datierung. Der Verfasser der 'K.' hat einige Dichtungen des frühen 13. Jh.s gekannt, insbesondere das →'Nibelungenlied'. Historische Reminiszenzen, die im Text beobachtet wurden, lassen es als denkbar erscheinen, daß die 'K.' frühestens in den dreißiger Jahren des 13. Jh.s entstanden ist. Lachmann datierte das Gedicht einer Mitteilung Schönbachs (1897, S. 204) zufolge auf die fünfziger Jahre. Sicherheit ist in der Datierungsfrage nicht zu erreichen. Über einen sehr allgemein gehaltenen Hinweis auf die Mitte des 13. Jh.s wird man kaum hinausgehen können (s. Stackmann, Ausg., S. VIII–X).

3. Lokalisierung. Aus der Untersuchung der Reime ergibt sich, daß die 'K.' auf bair.-österr. Boden entstanden sein muß (Symons, ²Ausg., S. XCVII–XCIX). Die ältere Forschung neigte dazu, die Heimat des Gedichts in der Steiermark zu suchen; denn die Herbortsage in der Fassung des steiermärkischen → 'Biterolf' (6451–6510) zeigt einige Berührungen mit dem Kudrunteil der 'K.' (Symons, ²Ausg., S. LV–LVIII). Jedoch zwingt nichts zu der Annahme, diese Beziehungen setzten steiermärkische Herkunft auch der 'K.' voraus. Da der 'K.'-Dichter mit dem Kaufmannswesen seiner Zeit und mit städtischem Leben vertraut ist, wird wohl eher an die Entstehung in einer größeren Stadt zu denken sein. Dafür kämen außer Regensburg zumindest auch Passau oder Wien in Frage (vgl. z.B. Martin, ²Ausg., S. XLIII). Wenn Regensburg mit einem gewissen Vorzug genannt wird, so deshalb, weil die Zeugnisse für eine Kenntnis des 'K.'-Stoffes und die Anspielungen auf Zeitgenössisches, die man in der Dichtung zu finden meint, am ehesten auf diese Stadt oder ihr Umland weisen (so v.a. H. Rosenfeld, 1962). Da zwingende Argumente fehlen, wird man aber auch diese Frage letztlich offen lassen müssen.

IV. Inhalt. Man unterscheidet meist drei Hauptteile, die nach den Hauptfiguren der Entführungshandlungen als Hagen-, Hilde- und Kudrunteil benannt werden. Diese Einteilung wird hier zugrundegelegt, jedoch ist darauf hinzuweisen, daß auch eine andere Großgliederung möglich ist. So macht beispielsweise Siefken (1967, S. 42, 163–168) darauf aufmerksam, daß man zu einer Gliederung in vier Teile kommt, wenn man von den Brauterwerbungshandlungen ausgeht; denn dann muß auch die Geschichte von der Verheiratung Sigebands (Str. 7–19) als eigene Teilhandlung gewertet werden. Ebenfalls Siefken betont die Wichtigkeit der Generationenfolge für die Gliederung des Gedichtes. Bezieht man den zu Anfang flüchtig erwähnten Großvater Hagens, den König Gêr (Str. 1, 2) ein, so umspannt die Handlung fünf Generationen.

1. Hagenteil (Str. 1–203, Aventiure 1–4). König Gêr und Königin Ute von Irland haben einen Sohn Sigeband. Nach dem Tode des Vaters läßt Sigeband um Ute, die Tochter des Königs von Norwegen, werben. Sie wird ihm vermählt. Beider Sohn ist Hagen. Während eines höfischen Festes wird der siebenjährige Hagen von einem Greifen auf eine Insel im Meer entführt und den jungen Greifen übergeben. Er entkommt und trifft in einer Höhle drei Prinzessinnen, die ebenfalls vom Greifen entführt worden sind. In der Rüstung und mit den Waffen eines toten schiffbrüchigen Ritters erlegt Hagen die Greifen. Es gelingt ihm, die Besatzung eines vorüberfahrenden Pilgerschiffes aufmerksam zu machen, und mit den Prinzessinnen zusammen wird er an Bord genommen. Das Schiff gehört einem Feind seines Vaters, der ihn als Geisel nehmen will. Dagegen setzt er sich zur Wehr und zwingt die Besatzung, Irland anzusteuern. Dort versöhnt er seinen Vater mit dem Feinde. – Nach seiner Schwertleite heiratet er Hilde, eine der befreiten Prinzessinnen. Ihrer beider Tochter heißt ebenfalls Hilde. Sie wächst zu großer Schönheit heran. Hagen läßt jeden töten, der eine Werbung um seine Tochter vorbringt.

2. Hildeteil (Str. 204–562; Av. 5–8). König Hetel von *Hegelingen* will auf Rat seiner Getreuen um Hilde werben. Seine Verwandten Horand und Frute sollen als Werbungsboten nach Irland fahren. Angesichts der Gefahren, die mit diesem Auftrag verbunden sind, bestehen sie darauf, daß auch Wate, ebenfalls ein Verwandter Hetels, an der Reise teilnimmt. Er wird geholt und willigt ein. – In Irland geben sich die Boten als Kaufleute, dann auch als Vertriebene aus. Der Gesang Horands entzückt die Gesellschaft am Hof Hagens. Er schafft die Voraussetzung dafür, daß sich die Abgesandten Hetels heimlich mit Hilde verständigen können. Sie willigt in eine Entführung ein, die dann mit List ausgeführt wird. – Hagen setzt den Entführern nach. Er erreicht sie in *Wâleis,* wo sie gerade mit Hetel zusammengetroffen sind. Eine große Schlacht entbrennt. Hagen verwundet Hetel und erhält seiner-

seits eine Wunde durch Wates Schwert. Bevor Wate ihn töten kann, beendet Hetel auf Bitte Hildes den Kampf. Die Gegner versöhnen sich miteinander. Hagen nimmt an dem Fest teil, das bei der Eheschließung Hetels mit Hilde gefeiert wird, und kehrt dann nach Irland zurück.

3. Kudrunteil (Str. 563–1705; Av. 9–32). Hetel und Hilde haben einen Sohn, Ortwin, und eine Tochter, Kudrun. Die Schönheit Kudruns übertrifft noch die ihrer Mutter. König Siegfried von *Môrlant* wirbt um sie, wird aber abgewiesen. – Hartmut, Sohn König Ludwigs von *Ormanîe/Normandîe*, entsendet auf Rat seiner Mutter Boten, die seine Werbung um Kudrun bei Hetel vortragen sollen. Hetel weist sie ab. Hilde stellt die Ebenbürtigkeit Hartmuts in Frage, da sein Vater Lehensmann ihres Vaters Hagen sei. – Herwig, König von *Sêlant*, wirbt um Kudrun und wird abgewiesen. – Hartmut sucht unerkannt den Hof Hetels auf; heimlich offenbart er Kudrun seinen Namen und seine Herkunft. Sie rät ihm, den Hof schnellstens zu verlassen, wenn ihm sein Leben lieb sei. Entschlossen, Kudrun mit Gewalt zu erringen, kehrt er in seine Heimat zurück. – Herwig überfällt Hetels Land mit seinem Heer; es kommt zum Kampf vor Hetels Burg, die Feinde dringen in die Burg ein, Kudrun versöhnt die Streitenden. Herwig erneuert seine Werbung; Kudrun wird ihm *zewîbe* gegeben (665, 3), jedoch soll er sie erst ein Jahr später heimführen dürfen. – Vor Ablauf dieser Frist fällt Siegfried von *Môrlant* in Herwigs Reich ein. Hetel eilt Herwig zu Hilfe, gemeinsam schließen sie Siegfrieds Heer bei einem Fluß ein. – In der Zwischenzeit sendet Hartmut abermals Werbungsboten an Hetels Hof. Sie werden abgewiesen. Darauf überfallen Ludwig und Hartmut die Burg Hetels. Sie wird erobert und geplündert. Mit Kudrun zusammen wird ihr *ingesinde* auf den Schiffen der Feinde hinweggeführt. – Hetel erfährt durch Boten von den Geschehnissen. Sogleich wird ein Waffenstillstand geschlossen. Siegfried von *Môrlant* beteiligt sich an der Verfolgung der Entführer Kudruns, zu der Hetel und Herwig aufbrechen. Mit Schiffen, die sie Pilgern wegnehmen, erreichen sie die Feinde auf dem *Wülpensant*. In einer furchtbaren Schlacht fällt Hetel durch die Hand Ludwigs. Die Entführer entkommen. – Wate, Herwig und Siegfried begeben sich zu Hilde. Sie melden ihr den Tod Hetels. Es wird beschlossen, einen Rachezug zu unternehmen, sobald die Heranwachsenden *swertmæzic* (942, 3) geworden sind. –

Ludwig will Kudrun schon während der Seefahrt mit Gewalt dazu bringen, Hartmut zum Mann zu nehmen. Sie fügt sich ihm sowenig wie später in *Ormanîe* seiner Frau Gerlind. Auch die Ankündigung Hartmuts, er werde sich bei fortgesetzter Weigerung ihre Minne mit Gewalt nehmen, vermag ihre Festigkeit nicht zu erschüttern. Als keine Bitten und keine Drohungen fruchten, zwingt Gerlind sie, täglich am Meeresstrand als Wäscherin niedere Dienste zu verrichten. – Dreizehn Jahre nach der Entführung (1088, 2) bricht eine Flotte zur Befreiung Kudruns auf. Sie kommt unter Fährnissen ins Land Ludwigs. – Ortwin und Herwig treffen als Kundschafter Kudrun und ihre Gefährtin Hildeburg beim Waschen am Strand. Nach der Erkennung wirft Kudrun die Wäsche ins Meer. Gerlind will sie hart bestrafen, lenkt aber ein, als Kudrun erklärt, sie sei nun bereit, Hartmut zu heiraten. – Bei Tagesanbruch nähert sich das Heer der Befreier Ludwigs Burg. Eine große Schlacht hebt an. Herwig tötet Ludwig im Kampf. Gerlind will Kudrun umbringen lassen, wird aber durch Hartmut daran gehindert. Kudrun beendet den Zweikampf zwischen Wate und Hartmut, bevor Wate seinen Gegner erschlagen kann. Hartmut wird gefangen genommen; Wate rast in der eroberten Burg. Hartmuts Schwester Ortrun und ihr Gefolge, darunter auch Gerlind, begeben sich unter den Schutz Kudruns. Wate erkennt Gerlind und erschlägt sie. Die Sieger kehren mit reicher Beute heim. – Herwig läßt Kudrun an seiner Seite krönen. Kudrun stiftet Ehen zwischen ihrem Bruder Ortwin und Hartmuts Schwester Ortrun, zwischen Hartmut und ihrer Gefährtin Hildeburg sowie zwischen Siegfried von *Môrlant* und Herwigs Schwester.

V. Quellen. 1. Zwar gibt es Anhaltspunkte dafür, daß Motive aus älteren Erzählzusammenhängen in die 'K.' eingegangen sind. Die Spuren sind aber unsicher und vieldeutig; für eine zuverlässige Rekonstruktion der Vorgeschichte reichen sie nicht aus (s. STACKMANN, Ausg., S. LXXII–LXXIV).

2. Altenglische und skandinavische Zeugnisse (STACKMANN, S. LVI–LXX) rechtfertigen es, von einer Hildesage des frühen MAs zu sprechen. Ihr wesentlicher Inhalt, aus skandinavischer Überlieferung bekannt, war die Entführung Hilds durch Hedin, einen Freund, vielleicht sogar einen Blutsbruder ihres Vaters Högni. Der Entführer handelt im Einvernehmen mit ihr. Auf der Flucht wird er vom Vater des Mädchens gestellt, im Kampf töten sich beide gegenseitig. Diese Sage spielt im Wikingermilieu, sie hat mythischen Einschlag: Der Schlußkampf, auf den Orkney-Inseln, also in der nördlichen Nordsee lokalisiert, wird allnächtlich erneuert (Hjaðningavíg).

Die altenglischen Quellen (STACKMANN, S. LXVI–LXVIII), deren Aussage durch gotländische Bildsteine (STACKMANN, S. LVIIIf.) gestützt wird, scheinen darauf hinzuweisen, daß es vor der nordsee- eine ostseegermanische Fassung der Hildesage gab. Ihre Ursprünge könnten bis in die Zeit vor der Abwanderung der Rugier aus dem Ostseeraum zurückreichen.

3. Deutsche Zeugnisse des 12. Jh.s (STACKMANN, S. LII–LVI) enthalten Anspielungen auf Namen und Orte, die uns aus dem Hilde- und dem Kudrunteil der 'K.' bekannt sind. Am wichtigsten ist eine Stelle aus → Lambrechts 'Alexander' (1321–23): *man saget von dem sturm der ûf Wolfenwerde* (*Wulpinwerde* Straßb. 'Alex.' 1831) *gescach, / dâ Hilten vater tôt gelach, / zewisken Hagenen unde Waten* [...]. Das kann so verstanden werden, als hätte Lambrecht eine Fassung der Hildesage gekannt, in welcher die Schlacht zwischen Hagen und den Entführern Hildes auf dem *Wülpensant* stattgefunden, den die 'K.' als Ort des Kampfes zwischen Hetel und den Entführern Kudruns nennt. In diesem Fall wäre der Name des Schlachtortes aus der Hildesage in den Kudrunteil der 'K.' übertragen worden, gleichzeitig damit vielleicht auch der Tod des Vaters der Entführten. Das alles ist aber nur eine von mehreren Möglichkeiten der Auslegung; denn die Stelle aus Lambrechts 'Alexander' kann auch ganz anders aufgefaßt werden. Das zeigt MINIS (1977), der meint, Lambrecht habe Hagen als Entführer und Hetel als Vater Hildes gekannt. – Noch unsicherer ist das zweite Zeugnis aus Lambrechts 'Alexander'. In dem Satz, der auf den bereits zitierten folgt, erscheint neben einem Helden *Wolfwîn* auch ein *Herewîch*. Wenn es sich um den Herwig der 'K.' handeln sollte, könnte Lambrecht auch Kenntnis von einer Kudrun-Sage gehabt haben.

4. Wie durch MEISSNER (1923) und FRINGS (1924) nachgewiesen, erlauben einige geographische Namen der 'K.', darunter vor allem der *Wülpenwert*, die Annahme, es habe eine niederländisch-flämische Vorstufe der deutschen Hildesage gegeben. Ist man geneigt, mit Sagenwanderung zu rechnen, so ergibt sich daraus die Möglichkeit, daß eine ursprünglich ostgermanische Sage durch Wikinger an die Südgermanen im Mündungsgebiet von Schelde und Rhein vermittelt wurde (STACKMANN, S. LXIIf.). Sicherheit ist aber auch in dieser Frage nicht zu erreichen. Denn im Bereich der nautischen Realien, auch des Namenschatzes könnte einiges auf eine mittelmeerische Vorstufe der 'K.' deuten, wie es neuerdings wieder, in Fortführung SCHÖNBACHscher (1897) Gedanken von MAISACK (1978) behauptet wird, der im übrigen seine These auf sehr gewagte Namendeutungen stützt.

5. Mögen aber auch alle Einzelheiten strittig sein, so kann man doch mit Sicherheit sagen, daß der Hildeteil der 'K.' auf älterer Sage beruht. Beim Kudrunteil ist die Lage noch viel undurchsichtiger. In der Forschung wird sowohl die Meinung vertreten, es habe eine ursprünglich selbständige Kudrunsage gegeben, als auch,

der Kudrunteil sei erst vom Verfasser der 'K.' oder ihrer großepischen Vorlage aus der Hildesage heraus entwickelt worden (STACKMANN, S. LXXVII–LXXXIII). PEETERS (1968) sucht nachzuweisen, daß ein Südniederländer des frühen 13. Jh.s aus Elementen der Normannengeschichte Dudos von St. Quentin und mündlicher Erzähldichtung seiner Heimat eine Hilde-Gudrun-Dichtung geschaffen hat. Er schreibt diesem Niederländer auch die Erfindung der Geschichte von Kudruns Leiden zu, die nach ROSENFELD (1962) gerade auf den bair. Verfasser der 'K.' zurückgehen soll. Das folgert ROSENFELD aus dem Motiv des Waschens im Meereswasser, auf das ein mit dem Meer vertrauter Autor von der Nordseeküste schwerlich verfallen wäre.

6. Die Erzählung von Kudruns Leiden, der eigenartigste und poetisch reizvollste Abschnitt der 'K.', könnte eine eigene Vorgeschichte haben. Jedenfalls gibt es einige Balladentypen, die gewisse stoffliche Ähnlichkeiten aufweisen. Dafür werden genannt: 'Südeli' (Entführtes Mädchen vom Bruder bei Magddiensten in einer Schenke angetroffen und befreit); 'Meererin' (Wäscherin am Meeresstrand von zwei Fremden im Boot mitgenommen, in einigen Versionen die Fremden als Bruder und Mann oder Bräutigam der Wäscherin erkannt); 'Don Bueso' (von Mauren entführte Prinzessin vom unerkannten Bruder beim Wäschewaschen angetroffen und in die Heimat zurückgebracht). In der Frage, wie diese Ähnlichkeiten zu deuten sind, gehen die Meinungen der Forschung weit auseinander. Teils wird die Abkunft der Geschichte von Kudruns Leiden in der 'K.' aus einer Vorform dieser Balladen angenommen, teils aber auch, so vor allem durch MENÉNDEZ-PIDAL (1936), die Entstehung der Balladen aus der 'K.' (s. STACKMANN, S. LXXXIII–LXXXVII). In der neuesten Forschung vertreten BÄUML und WARD die Auffassung, die 'K.' beruhe in diesem Abschnitt auf einem 'Quellenbereich', den sie mit den Balladen gemeinsam hat (WARD, 1972, S. 70). Demgegenüber beharrt I. WILD (1971) auf dem Standpunkt MENÉNDEZ-PIDALS. Bei der weiteren Diskussion der hierher gehörigen Probleme wird auch einzubeziehen sein, was H. STEIN über die Ballade von der 'misshandelten Schwiegertochter' (1979, S. 230 f.) ermittelt hat.

7. Vor einem ähnlichen Problem wie bei den Balladen steht man im Falle des →'Dukus Horant'. Es gibt eine Reihe von Motivparallelen zum Hildeteil der 'K.', und auch die Namen einiger Hauptpersonen stimmen überein. Die Gemeinsamkeiten reichen aber nicht aus, um die Herkunft des 'Dukus Horant' aus der 'K.' zu erweisen. Beide können auf (u.U. mündliche) Dichtungen des gleichen Quellenbereichs zurückgehen.

8. Die Quellenfrage stellt sich ganz anders, wenn man nicht von einer Sagentradition ausgeht, die durch eine Verknüpfung von gleichbleibenden Namen mit gleichen oder ähnlichen Motiven definiert ist, sondern die 'K.' im Zusammenhang der europäisch-vorderasiatischen Brauterwerbungsdichtungen sieht, in den sie jedenfalls auch hineingehört. Darauf hat vor allem FRINGS (1939/40, 1944/48) aufmerksam gemacht, dessen Thesen stark auf die 'K.'-Forschung gewirkt haben (s. STACKMANN, S. XLIII–XLV, LX f., SIEFKEN, 1967, BRÄUER, 1970, u. a.). Von diesem Standpunkt aus gesehen erweist sich die 'K.' als ein Text, der im wesentlichen auf der Variation sehr einfacher Schemata der mündlichen, allen mal. Völkern gemeinsamen Volksepik beruht.

VI. Metrische Form, Sprache, Erzählweise, Gattungszugehörigkeit.

1. Die 'K.'-Strophe ist als eine Erweiterung der Nibelungenstrophe zu erklären: Der 3. und 4. Abvers enden klingend statt stumpf, der vierte Abvers hat 6 statt 4 Hebungen. – 101 Strr. der 'K.' zeigen die normale Bauweise der Nibelungenstrophe (STACKMANN, S. XCI). Der letzte, der sich mit dieser Merkwürdigkeit auseinandergesetzt hat, ist J. CARLES (1963). Seine These, die Nibelungenstrophen in der 'K.' seien einer älteren 'Ur-K.' entnommen, hat sich nicht durchsetzen können (STACKMANN, S. XLVIII–LII). Daher wird

man das Vorkommen von reinen Nibelungen- neben 'K.'-Strophen weiterhin als Zeichen für die Gleichgültigkeit des 'K.'-Dichters gegenüber den Ansprüchen auf Einheitlichkeit und Stimmigkeit einer Dichtung zu werten haben.

2. Die Sprache des 'K.'-Dichters ist wenig originell. Er arbeitet gern mit sprachlichen Prägungen, die sich bereits in älterer Dichtung, insbesondere im 'Nibelungenlied', finden (vgl. u. a. KETTNER, 1891; Literaturhinweise bei STACKMANN, S. XXVII, Anm. 46). An manchen Stellen haftet seinen Formulierungen etwas Vorläufiges oder Unbeholfenes an.

3. Der 'K.'-Dichter folgt bei seinem Erzählen zwei sehr einfachen Prinzipien (s. STACKMANN, S. XIX–XXXI), dem Prinzip der variierenden Wiederholung verhältnismäßig weniger Themen (Brauterwerbung, Rat, Fest, Kampf usw.) sowie dem Prinzip des überraschenden Wechsels (Enttäuschung der Erwartung, die durch die Wahl eines geläufigen Schemas geweckt wird, durch Übergang zu einem andern Schema). Charakteristisch für seine Erzählweise ist das Vorkommen zahlreicher Widersprüche zwischen verschiedenen Teilen der Erzählung (s. PANZER, 1901, S. 90–120; MARTIN, ²1902, S. XXXI–XXXXIV). Manches davon erklärt sich daraus, daß der 'K.'-Dichter die Einzelheiten seiner Erzählung im Blick auf die gerade zu behandelnde Episode und deren Notwendigkeit festlegt, ohne sich über diese einzelne Episode hinaus daran zu binden (s. STACKMANN, S. XV–XIX). HEINZLE (1978, S. 167–174) hat derartige Unstimmigkeiten sehr überzeugend als Stilphänomen erklärt, das in der jüngeren Heldendichtung des dt. MAs allgemein zu beobachten ist. Bei dieser Betrachtungsweise verliert auch eine Unstimmigkeit ihre Bedeutung, die durch die Arbeiten von GRIMM (1971) und LOERZER (1971) kenntlich geworden ist. Beide machen darauf aufmerksam, daß unmittelbar nach Herwigs erfolgreicher Werbung, also noch vor Kudruns Entführung, die Ehe zwischen ihm und Kudrun geschlossen wird (Str. 664 f.). Um ein Jahr verschoben wird lediglich der Vollzug (Str. 666 f.). Es ist also nicht korrekt, von einer 'Verlobung' Kudruns im modernen Sinne zu sprechen. Anderseits setzen aber die Bemühungen des Entführers um den Konsens der Entführten voraus, daß die Entführte prinzipiell frei in ihren Entschlüssen, also nicht etwa durch eine bereits geschlossene Ehe gebunden ist.

4. Die 'K.' weist Eigenarten auf, die als kennzeichnend für mündliche Poesie im Sinne der Theorie von PARRY (1930/32) und LORD (1960) gelten. HAYMES (1975) rechnet sie daher zur mündlichen Dichtung. Jedoch treffen die Einwände, die v. SEE (1978) gegen die Anwendung der 'oral-poetry'-Theorie auf die ältere europäische Heldendichtung formuliert hat, auch auf die 'K.' zu. Daher dürfte es richtiger sein, sie dem von HEINZLE beschriebenen Typ der spätmal. dt. Heldenepik zuzurechnen, die zwar schriftlich, aber durch 'freie' und 'produktive' Überlieferung (HEINZLE, S. 96) weitergegeben wurde.

5. Über der Einbeziehung der 'K.' in die Gruppe der Heldendichtungen darf nicht vergessen werden, daß sie wegen der Bedeutung des Brauterwerbungsthemas (s. o. V. 8.) für den Aufbau der Handlung auch in enger Beziehung zur sog. Spielmannsdichtung steht. Schließlich ist auch eine Bemühung des Dichters um eine Annäherung seiner Erzählung an den Typus des höfischen Romans nicht zu verkennen. Die Frage der Gattungszugehörigkeit ist daher nicht eindeutig zu beantworten (s. STACKMANN, S. XXXVII–XLI).

VII. Wirkungsgeschichte. Sichere Zeugnisse für eine Nachwirkung der 'K.' gibt es aus der dt. Literatur vor der Wiederentdeckung des 'Ambraser Heldenbuchs' nicht. Weder beim 'Dukus Horant' noch bei den Balladen, die stoffliche Berührungen mit der 'K.' zeigen, läßt sich die von manchen angenommene Herleitung aus der uns überlieferten 'K.' ausreichend begründen. In beiden Fällen ist auch die Abkunft von älterer, u. U. mündlicher Dichtung des gleichen Stoffkreises denkbar (s. o. V. 5. u. 6.). Ebensowenig gibt das Vorkommen des Namens *Hôrant* in der Literatur des späteren MAs (Zusammenstellung bei MARTIN, Ausg., S. LVIIIf.) einen vollgültigen Beweis, auch nicht, wenn daneben der Name Hilde erscheint (→ 'Wartburgkrieg', hg. v. ROMPELMAN, Rätselspiel 34; danach auch Lohengrin 30).

Bibliographische Nachweise von Dichtungen zum Stoff der 'K.' aus der Literatur des 19. u. 20. Jh.s bei FÉCAMP, S. 238–260; PIPER, Ausg., S. LVIf.; MARTIN, Ausg., S. X; SYMONS, Ausg., S. CIVf.; Dt. Lit.lex. v. KOSCH, Bd. 2, ²1953, S. 1415f.; F.A. SCHMITT, Stoff- u. Motivgesch. d. dt. Lit., ³1976, S. 121, Nr. 511. – Nachzutragen sind: Ernst Hardt, 'Gudrun' (Drama), 1911; Werner Janssen, 'Das Buch Liebe', 1920; Otto Mueller, 'Gudrun' (Ein deutsches Schauspiel), Duderstadt o.J. (Expl. UB Göttingen, P. Dram. III 10.690).

VIII. Forschungsgeschichte.

1. Ein Hauptthema der Forschung war und ist die Stoffgeschichte (s.o. V.). Das Buch PANZERS, der die 'K.' aus der Hildesage hervorgehen läßt und die Sage selbst aus einem Märchentypus ('Eisenhans') ableitet, bedeutet einen Höhepunkt dieser Forschungsrichtung. – Daneben wurde namentlich in den Anfängen der Forschung versucht, aus dem Text der 'K.' ältere Strophenbestände herauszulösen und eine 'Ur-K.' zu rekonstruieren. MÜLLENHOFF (1845) hat 1290 Strr. der 'K.' als jüngere Zudichtungen erklärt. Die restlichen 415 Strr. weist er im Sinne der LACHMANNschen Liedertheorie einem Hildelied und vier Kudrunliedern zu (MARTIN, Ausg., S. XXXIV–XL).

2. Neben die genetische Betrachtungsweise tritt seit der Abhandlung BECKS (1956) in zunehmendem Maße der Versuch, die 'K.' als Werk eigenen Rechts aus den Bedingungen seiner Zeit heraus zu verstehen. Darum hat sich namentlich HOFFMANN (1964, 1967, 1974) verdient gemacht. Sein Buch v.J. 1967 behandelt die 'K.' als Problemdichtung, deren Verfasser eine Gegenposition zum Nibelungendichter einnimmt, indem er den Geist der Versöhnung an die Stelle des Rachegedankens setzt.

Folgt man I. WILD (1979), dann hat schon derjenige, auf den die Zusammenstellung der Stücke im 'Ambraser Heldenbuch' zurückgeht, diese besondere Beziehung von 'Nibelungenlied' und 'K.' gesehen. Sie vertritt die These, die epischen Dichtungen des ersten und dritten Teils (Nr. 1–7 und 16–23) seien vom Planer der Sammlung als exemplarische Illustrationen den Stücken mit theoretischen Minnereflexionen (→Strickers 'Frauenehre' usw.) hinzugesellt worden. Die Konzeption des mittleren heldenepischen Teils (Nr. 8–15) ist dieser These zufolge analog zu dem der beiden andern zu verstehen, nur fehlt hier ein theoretisch reflektierender Text. Statt dessen, so I. WILD, bietet die Konfrontation von 'Nibelungenlied' und 'K.' im Zentrum dieses Teils einen Beitrag zu der in der ganzen Sammlung geführten 'Normdiskussion': Beide Texte – im 'Ambraser Heldenbuch' nach den weiblichen Hauptpersonen benannt (*Chrimhilt – Chautrûn*) – zeigen gegensätzliche Möglichkeiten, eine durch Unrecht verursachte Leidsituation zu bewältigen.

Am weitesten geht CAMPBELL (1978) in der Betonung von Einheit und Selbständigkeit der 'K.'. Er verhält sich skeptisch gegen die Bemühungen der Philologen um einen kritisch bereinigten Text (s.o. II. 3.) und verficht im Rückgriff auf den Text des 'Ambraser Heldenbuchs' die Auffassung, für die Interpretation sei weder die Bezugnahme auf das 'Nibelungenlied' noch die Betonung des Generationenunterschieds förderlich gewesen. Der eigentliche Reiz der 'K.' liege in der Schilderung der Probleme von Herrschern in Wechselwirkung mit Familie und Gefolgschaft.

3. Die Versuche einer werkimmanenten, figuren- oder problembezogenen Interpretation der 'K.' geraten verhältnismäßig rasch an die Grenze, wo der Text, weil nicht fest genug gefügt, eine bestimmte Auslegung zwar noch als möglich, nicht aber als zwingend nötig erscheinen läßt. Das schränkt die Überzeugungskraft jeder auf Stringenz bedachten Interpretation erheblich ein (vgl. dazu STACKMANN, S. XXXI–XLI). Dennoch hat das Verständnis des Textes in den letzten Jahrzehnten erhebliche Fortschritte gemacht. Wir vermögen heute die im Text selbst angelegten Gründe für die Begrenztheit aller Interpretationsversuche besser zu erkennen, als das früher der Fall war. Das folgt aus der genaueren Bestimmung des Texttyps. Von den verschiedensten Ansatzpunkten her ist deutlich geworden, daß die 'K.' zu demjenigen Typus von volkssprachlichen Texten gehört, für deren Tradierung die von HEINZLE (S. 231) am Beispiel der späten Heldendichtung nachgewiesenen Merkmale gelten: 'Frei-

heit der Tradierenden', 'Schablonenhaftigkeit' und 'Offenheit der Texte'. Weitere Aufschlüsse über Funktion und Bedeutung der 'K.' in der mal. dt. Literatur sind v. a. von Arbeiten über diesen Texttyp zu erwarten.

IX. Literatur. Ergänzende bibliographische Nachweisungen z.B. bei Fécamp, Piper, Ausg., Stackmann, Ausg., Hoffmann (1967), Wisniewski (²1969). – WdF 54 = H. Rupp, Nibelungenlied u. 'K.' (WdF 54), 1976.

a) Allgemeines. K. Lachmann, Über d. ursprüngl. Gestalt d. Gedichtes v. d. Nibelungen Noth, Berlin 1816; K. Müllenhoff, 'K.', Die echten Theile des Gedichtes, Kiel 1845; A. Fécamp, Le poème de Gudrun, Thèse Paris 1892; P. Piper, Einleitung zur Ausg., 1895; A. Schönbach, Das Christentum in der altdt. Heldendichtung, 1897; B. Krichenbauer, Die 'K.'-Übersetzungen I, II, Progr. Arnau 1900/1901; F. Panzer, Hilde – Gudrun, Eine sagen- u. literaturgeschichtl. Unters., 1901; S. Benedict, Die Gudrunsage in d. neueren dt. Lit., Diss. Rostock 1902 (dazu F. Panzer, ZfdPh 35 [1903] 247 f.); E. Martin, Einleitung zur Ausg., ²1902; F.E. Sandbach, The Nibelungenlied and Gudrun in England and America, London 1903; B. Symons, Einleitung zur Ausg., ²1914; Th. Frings, Zur Geographie d. 'K.', ZfdA 61 (1924) 192–196, wiederholt: PBB (Halle) 91 (1971) 342–346; M. Kübel, Das Fortleben d. 'K.'epos (Von dt. Poeterey 5), 1929; L. Wolff, Das 'K.'lied, WW 4 (1953/54) 193–203; A. Beck, Die Rache als Motiv u. Problem in d. 'K.', GRM 37 (1956) 305–338, wiederholt in: ders., Forschung u. Deutung, 1966, S. 26–68, und in: WdF 54, S. 454–501; Hugo Kuhn, 'K.', in: Münchener Universitäts-Woche an d. Sorbonne zu Paris, 1956, S. 135–143, wiederholt in: ders., Text u. Theorie, 1969, S. 206–215 u. 367, und in: WdF 54, S. 502–514; H.-M. Umbreit, Die epischen Vorausdeutungen in d. 'K.', Diss. (masch.), Freiburg i. Br. 1961; R. Janzen, Zum Aufbau d. 'K.'-Epos, WW 12 (1962) 257–273; H. Rosenfeld, Die 'K.': Nordseedichtung oder Donaudichtung, ZfdPh 81 (1962) 289–314; J. Carles, Le poème de 'K.', Étude de sa matière (Publications de la Faculté des Lettres et Sciences Humaines de l'Université de Clermont-Ferrand. 2ᵐᵉ Série 16), Paris 1963; H.B. Willson, Dialectic, 'passio' and 'compassio' in the 'K.', MLR 58 (1963) 364–376; W. Hoffmann, Die Hauptprobleme d. neueren 'K.'-Forschung, WW 14 (1964) 183–196 u. 233–243; H. Zahn, Zur 'K.', [...], Ein Beitr. zum Form- u. Stilgesetz d. 'K.', Diss. Freiburg 1964; K. Stackmann, Einleitung zur Ausg., 1965 (u. 1980), auszugsweise wiederholt in: WdF 54, S. 561–598; M. Curschmann, 'Spielmannsepik', Wege u. Ergebnisse d. Forschung von 1907–1965, DVjs 40 (1966) 434–478 u. 597–647; H. Rosenfeld, Die Namen d. Heldendichtung, insbesondere Nibelung, Hagen, Wate, Hetel, Horand, Gudrun, Beitr. z. Namenforschg. NF 1 (1966) 231–265; W. Hoffmann, 'K.', Ein Beitrag z. Deutung d. nachnibelungischen Heldendichtung (German. Abhh. 17), 1967; H. Siefken, Überindividuelle Formen u. d. Aufbau d. 'K.'-epos (Medium Aevum 11), 1967; R. Wisniewski, 'K.' (Slg. Metzler 32), ²1969; R. Bräuer, Literatursoziologie u. epische Struktur d. dt. 'Spielmanns'- u. Heldendichtung, 1970 (vgl. dazu J. Bumke, Mäzene im MA, 1979, S. 351 Anm. 271); I.R. Campbell, Kudrun's wilder Hagen, Vâlant aller Künige, Seminar 6 (1970) 1–14; F. Debus, Wie suoze Hôrant sanc, in: Zijn akker is de taal, Fs. K. Heeroma, Den Haag 1970, S. 74–113; H. Rosenfeld, Bayern in d. 'K.'-Dichtung von 1233, Bayerland 72, 4 (1970) 28–32; G. Grimm, Die Eheschließungen in d. 'K.', Zur Frage d. Verlobten- oder Gattentreue Kudruns, ZfdPh 90 (1971) 48–70; E. Loerzer, Eheschließung u. Werbung in d. 'K.' (MTU 37), 1971; B. Boesch, Zur Frage d. lit. Schichten in d. 'K.'-dichtung, in: Fs. S. Gutenbrunner, 1972, 15–31; W. Hoffmann, Mhd. Heldendichtung (Grundlagen d. Germanistik 14), 1974; E. Haymes, Mündl. Epos in mhd. Zeit (GAG 164), 1975; W. Hoffmann, Die 'K.', Eine Antwort auf d. Nibelungenlied, in: WdF 54, S. 599–620; M. Wierschin, Das Ambraser Heldenbuch Maximilians I., Der Schlern 50 (1976) 429–441, 493–507 u. 557–570; F.H. Bäuml, The Unmaking of the Hero, some Critical Implications of the Transition from Oral to Written Epic, in: H. Scholler (Hg.), The Epic in Medieval Society, 1977, S. 86–99; ders., Medieval Literacy and Illiteracy, in: Germanic Studies in Honour of O. Springer, Pittsburgh 1978, S. 41–54; I.R. Campbell, 'K.', A Critical Appreciation (Anglica Germanica, Series 2, Bd. 11), Cambridge 1978 (vgl. dazu B. Murdoch, New German Studies 7 [1979] 113–127); J. Heinzle, Mhd. Dietrichepik (MTU 62), 1978; K. v. See, Was ist Heldendichtung, in: ders. (Hg.), Europ. Heldendichtung (WdF 500), 1978, S. 1–38; M.E. Tisdell, Stud. z. Erzählweise einiger mhd. Dichtungen (Europ. Hochschulschr.n, Reihe 1, 217), 1978; H. Weinacht, Archivalien u. Kommentare zu Hans Ried, dem Schreiber d. Ambraser Heldenbuchs, in: E. Kühebacher (Hg.), Dt. Heldenepik in Tirol, 1979, S. 466–489; I. Wild, Zur Überl. u. Rezeption d. 'K.'-Epos (GAG 265), 2 Bd.e, 1979 (dazu W. Hoffmann, AfdA 92 [1981] 30–36); E. Huber, Die 'K.' um 1300, ZfdPh 100 (1981) 357–381.

b) Zu Abschnitt V. E. Kettner, Der Einfluß d. Nibelungenliedes auf d. Gudrun, ZfdPh 23 (1891) 145–217; K. Droege, Zur Gesch. d. 'K.', ZfdA 54 (1913) 121–167; R. Meissner, Gustrate, ZfdA 60 (1923) 129–147; M. Parry, Studies in the Epic Technique of Oral Verse-Making I/II, Cambridge/Mass. 1930 u. 1932; H. Marquardt, Die Hilde-

Gudrunsage in ihrer Beziehung zu d. germ. Brautraubsagen u. d. mhd. Brautfahrtepen, ZfdA 70 (1933) 1–23; I. SCHRÖBLER, Wikingische u. spielmännische Elemente im zweiten Teil d. Gudrunliedes (Rhein. Beitr. u. Hülfsbücher 20), 1934; R. MENÉNDEZ-PIDAL, Das Fortleben d. 'K.'gedichtes, Jb. Volkslied 5 (1936) 85–122; TH. FRINGS, Die Entstehung d. dt. Spielmannsepen, Zs. f. dt. Geisteswiss. 2 (1939/40) 306–321, wiederholt: PBB (Halle) 91 (1971) 296–315; TH. FRINGS / M. BRAUN, Brautwerbung, 1. Teil (Berr. über d. Verhh. d. Sächs. Ak. d. Wiss., Philol.-Hist. Kl. 96, H. 2), 1944/48; F. GEISSLER, Brautwerbung in d. Weltlit., 1955; A. B. LORD, The Singer of Tales, Cambridge/Mass. 1960, dt. Übers. Der Sänger erzählt, 1965; H. ROSENFELD, Die Brautwerbungs-, Meererin- u. Südeli-Volksballaden u. d. 'K.'-Epos von 1233, Jb. Volkslied 12 (1967) 80–92; D. J. WARD, The Rescue of Kudrun, A Dioscuric Myth?, Classica et Mediaevalia 26 (1965) 334–353; L. PEETERS, Hist. u. lit. Stud. z. 3. Teil d. 'K.'-Epos, 1968; D. J. WARD / F. A. BÄUML, Zur 'K.'-Problematik, Ballade u. Epos, ZfdPh 88 (1969) 19–27; W. REGENITER, Sagenschichtung u. Sagenmischung, Unters. z. Hagengestalt u. z. Gesch. d. Hilde- u. Walthersage, Diss. München 1971; I. WILD, Zum Problem d. Vergleichs von Balladen u. Epenmotiven, Ein methodenkrit. Beitr. z. 'K.'forschung, Jb. Volkslied 16 (1971) 42–53; D. J. WARD, Nochmals 'K.', Ballade u. Epos, ebd. 17 (1972) 70–86; L. PEETERS, Walter Map's 'De Gradone milite strenuissimo', Amsterdamer Beitr. z. ält. Germanistik 1 (1972) 51–88; ders., Wade, Hildebrand and Brendan, ebd. 3 (1972) 25–65; C. MINIS, Über d. Hildestelle in Lambrehts 'Alexander', ebd. 12 (1977) 47–70; H. MAISACK, 'K.' zwischen Spanien u. Byzanz (Phil. Stud. u. Qu. 90), 1978; W. MCCONNELL, The Wate Figure in Medieval Tradition (Stanford German Studies 13), 1978; H. STEIN, Zur Herkunft u. Altersbestimmung einer Novellenballade (FFC 224), Helsinki 1979; E. HUBER, Die K. um 1300, ZfdPh 100 (1981) 357–381.
(1984)   KARL STACKMANN

Kürenberg (Der von Kürenberg)

Mhd. Minnesänger, 12. Jh.

1. Überlieferung. Große →'Heidelberger Liederhs. C' (Heidelberg, cpg 848), Nr. XXIII (recte 26) f. 63ᵛ am Anfang der 7., vom Grundstockschreiber und -maler stammenden Lage v. einem anderen Dichter der Frühzeit, → Dietmar von Aist: 15 Strr. – Miniatur (f. 63ʳ: Bildüberschrift Der von Kürenberg): 'Gesprächsbild' Ritter und Dame (mit Krone) einander gegenüberstehend; beide halten ein Schriftband in der Hand (evtl. Grundsituation der Strr. C4/12, so schon VOGT, MF). Redendes Wappen: eine blau-rote Handmühle auf goldenem Grund (mhd. kürn = Mühle).

Ausgaben. MF, bearb. v. C. v. KRAUS, ³¹1954 (zit.); bearb. v. H. MOSER u. H. TERVOOREN (MF [MT]), I (Text), II (Kommentar), 1977; G. SCHWEIKLE, Die mhd. Minnelyrik I: Die frühe Minnelyrik, 1977 (mit Übers.); G. AGLER-BECK, Der von K.: Edition, Notes and Commentary (German Language and Literature Monographs 4), Amsterdam 1978.

2. Eine sichere Zuordnung K.s zu einem bestimmten Herkunftsort oder Geschlecht ist mit den bekannten Daten nicht möglich. Dieses Dilemma könnte auch schon für den Sammler bestanden haben (das Wappen ist für keines der erwogenen Geschlechter bezeugt), so daß K.s Position in der Freiherrenreihe der Lagen 6 und 7 auch keinen Schluß auf seine Standeszugehörigkeit erlaubt. Wie bei dem ebenso schwer zu identifizierenden → Dietmar von Aist könnte die Einordnung in C lediglich auch Ausdruck einer dem Sammler allenfalls bekannten literarhistorischen Ehrwürdigkeit sein (so auch BUMKE, S. 20). Zumindest schlösse die Freiherrenthese nach den bekannten Daten die übliche Zuordnung K.s zum donauländischen Raum aus. Denn ein Freiherrengeschlecht 'K.' ist nur im Breisgau (und nur im 11. Jh.) nachweisbar.

Im bayr.-österr. Salzachgebiet und in der Melker Gegend sind nur Dienstmannen dieses Namens bezeugt, so in Urkunden der oberbayr. Grafen von Burghausen (z. B. vor 1138 ein *Marcwardus de Churinperch*), der Passauer Kirche (1121–38 *Magenes de Churnperch*), der niederösterr. Grafen von Schalah, Verwandten der Burghauser Grafen (1166 *Otto* und *Purchard de Churnperch*) oder der Herren von Wilhering und des gleichnamigen Klosters westl. Linz (1161 z. B. *Gvaltherus de Cúrnberg*) u. a. Auf Grund der gleichzeitig angesetzten Polemik → Heinrichs von Melk gegen *troutliet* ('Erinnerung' v. 612) kämen laut MF(V) und VON KRAUS bes. *Otto* oder *Purchard* aus der Melker Gegend in Betracht (weitere urkundliche Daten s. MF [V] u. MF [K]). – In Frage gestellt wird die Suche nach einem historischen K. durch Überlegungen HAUPTS (MF), der Name des Dichters sei erst aus MF 8,5 von einem Sammler für ein anonymes Liederheft abgeleitet worden.

A. Wallner (¹VL II 991–998) bezweifelte die 'Selbstberühmung' des Autors und vermutete eine Entstehung aus *lûrenberc* (in Analogie zu *albleich*) oder eine Lesung *in küren bergeswîse* ('Die Wissenden würden aus allen Sängern der Welt ihn sich erkiesen'); so neuerdings auch Schützeichel.

3. Die österreichische Herkunft wird v. a. mit Berufung auf die von K. am häufigsten verwendete Strophenform vertreten: 13 der 15 Strr. entsprechen in der Grundstruktur der ebenfalls allgemein mit österreichischem Sigel versehenen Nibelungenstrophe (ein Bezug, der im Extrem dazu führte, daß in K. der Dichter der um 1160 datierten 'Älteren Not' vermutet wurde [Pfeiffer, 1862]; →'Nibelungenlied').

Aus stilgeschichtlichen Gründen (strukturale Einstrophigkeit, Fehlen der Hohe-Minne-Thematik) wird K. allgemein am Beginn der mhd. Lyrik angesetzt (etwa 1150/1160).

Eine offene Frage ist, ob K.s Lieder als ein erster Ansatz einer Nachahmung westlicher höfischer Lyrik zu deuten seien, angestoßen durch die Begegnung mit dem frz. Heer des 2. Kreuzzuges (K. Bertau, Dt. Lit. im europ. MA I 366; Jansen, S. 19 ff.), ob sie einen ins Höfische aufgestiegenen Reflex volkstümlicher Lyriktraditionen darstellen oder ob sie nicht überhaupt Volkslieder seien (Lachmann, MF).

4. K.s Werk besteht aus sog. Mannes- und Frauenstrophen, ist Rollenlyrik; bei einigen Strophen ist allerdings die Zuordnung zu einer der beiden Kategorien strittig. Ist etwa die Reihe C1–10 eine nur durch die Dialogstrophe C5 unterbrochene Folge von Frauenstrophen oder fallen auch C2 und C7 als Mannesstrophen heraus? Auch ein scheinbar naheliegendes Kriterium für Frauenstrophen, die weibliche Kadenz am Ende des ersten Langzeilenpaares, gibt keine Sicherheit (s. auch 8.); sie fehlt bei den (allerdings auch sonst abweichenden) Stegstrophen C1 und C2 (wovon zumindest eine eine Frauenstrophe sein muß), aber auch bei C7, C8 (Mannesstrophe nach Ittenbach, S. 40). Von Kraus erklärte mögliche Abweichungen damit, daß diese Formeigenheit nur einer Tendenz, nicht einem Gesetz entspringe (MFU, S. 26 f.).

Unsicher ist auch die Kombination von Einzelstrophen zu der für die Frühzeit des deutschen Minnesangs typischen Form des Wechsels. So könnten vom Thema her C4 und C12 (der Ritter entzieht sich dem Minneverlangen der Herrin) zusammengehören (nach Ehlert könnte in C4 auch Herrendienst konnotiert sein). Allerdings könnte sich an C4 auf Grund desselben Stropheneinganges auch C5 anschließen – als Parodie (Wilmanns, Leben u. Dichten Walthers v. d. Vogelweide, 1882, S. 26). Ob noch weitere Strophenpaare (C3–C11; C7–C14) 'Romanzen in Wechselform' (Wallner, in: ¹VL) bilden, aber in der Hs. vom Sammler getrennt wurden, ist wiederum nicht schlüssig zu entscheiden. Durch die Überlieferung und formale Anbindungen sind zumindest als Zweierformationen gesichert: C1–C2 (durch Kornassonanz im Steg) und die beiden Falkenliedstrophen.

5. Derlei Fragen hängen auch mit dem Darstellungsstil K.s zusammen: Er malt Situationen nicht aus, sondern deutet sie nur mit wenigen Strichen an, so daß sie als unterschiedliche emotionale Identifikationsmodelle dienen können. Die Farbgebung des Stimmungsbildes und das Weiterspinnen eines Handlungsfadens überläßt er dem Zuhörer.

In den formelhaften, blockartig gefügten Sätzen finden sich im Vergleich mit dem späteren Minnesang relativ häufig Elemente aus der äußeren Realität, z. B. Hinweise auf Räumliches (*zinne*, *bette*), auf Zeit (*nehtint spâte*), auf die Natur (*rôse*, *sterne*), auf Tiere (*ros*, *valke*, *vederspil*), Kleidung (*hemede*, *îsengewant*). Auch die Personen sind bei aller Typik reicher differenziert als später (*frouwe*, *wîp*, *magetin*, *ritter*, *friunt*, *geselle*, *bote*), variiert durch allerdings stereotype Attribute (*liep*, *hübesch*, *edele*, *schoene*, *guot*). Solche Realitätsbezüge und Handlungsansätze verleihen den Liedern einen episch-lyrischen Anstrich.

Für den nach mehreren Verstehensrichtungen hin offenen und andeutenden Stil K.s sind auch Paraphrasen wie *ez ist den liuten gelîch* (MF, 8,32, anstelle einer Personennennung) kennzeichnend; das lyrische Ich erscheint oft erst im Schlußvers, verbirgt sich vorher gleichsam hinter typisierten Figuren; ähnlich könnte die Wendung *in Kürenberges wîse* als Ausdruck einer das Persönliche weitgehend verhüllenden Sprechweise erklärt werden. Charakteristisch ist ferner K.s Vorliebe für Sentenzen, die vor allem Anfang oder Schluß der Strophen beherrschen.

Diese Stileigenheiten resultieren letztlich aus der Komprimierung einer Aussage in vier Langzeilen, die zudem durch freien (bisweilen auch strengen: C 10, 11, 12, 15) Zeilenstil geprägt sind. Kein Enjambement lockert die quaderartigen Satzfolgen.

Der lapidaren Satzfügung und Formensprache entspricht das Typisch-Überpersönliche der Figuren, die jeweils gewisse Grunderfahrungen repräsentieren. Themen sind in den Frauenstrophen die Trennung der Liebenden, vergangenes Glück, gegenwärtiges Leid, Sehnsucht. Nur in ihnen wird Leiderfahrung artikuliert. Der männliche Sprecher setzt sich stolz über die Neigung einer Herrin hinweg (C 12) oder äußert recht selbstbewußt seine Gefühle (C 15), kann aber auch in weicheren Tönen werben (C 11, 13, 14). Das Wort *minne* (C 2, C 12) steht noch nicht für eine einseitige Dienstergebenheit des Mannes wie im späteren hohen Sang. Gestaltet sind unterschiedliche Situationen der Liebe. Als Störfaktor wird immer wieder die Mitwelt angeklagt (*liute, merker, lügenaere*). Eingebettet sind die Kurzszenen in eine ritterlich-höfische Bilderwelt (s. o.). Der Adressat der Frauenstrophen ist der *ritter*; nicht eindeutig fixiert ist dagegen der weibliche Partner: hier finden sich *frouwe, wîp, maget*.

6. Der bekannteste Text K.s ist das zweistrophige Falkenlied, das seiner offenen Sinnkonstellation wegen zu den meistinterpretierten Liedern des Minnesangs zählt. Umstritten ist schon, wer in den Strophen spreche: in beiden Strophen eine Frau (also Frauenlied: VON KRAUS, WAPNEWSKI [1959] u.a.), ein Mann (Botenlied: WALLNER) oder in der 1. Strophe ein Mann, in der 2. Strophe eine Frau (Wechsel: WESLE, ITTENBACH, HATTO)? Umstritten ist weiter, was der Falke symbolisiere: einen Liebesboten (WALLNER, WESLE, HATTO: zugleich Bild für die Sehnsucht der Liebenden), einen ungetreuen Geliebten (VON KRAUS, GRIMMINGER, WAPNEWSKI, – FEUERLICHT: Edelknabe), ein junges Mädchen (Falkenlied als *trûtliet:* JANSEN [1970]) oder ob das Lied als Klage über den Verlust eines Falken wörtlich zu nehmen sei (BRINKMANN; – neuere Forschungsüberblicke geben GRIMMINGER, WAPNEWSKI [1977], AGLER-BECK [Ausg.]).

Beeindruckend ist bei aller formalen Frühzeitlichkeit die strukturale Prägnanz der beiden Strophen: *valke* und *gevidere* werden an derselben Stelle wiederholt, die vv. 3 enthalten eine Motivresponsion, die vv. 4 sind antithetisch angelegt, v. 1 der 2. Strophe greift auf den der 1. Strophe zurück (demnach könnte es sich doch eher um denselben Sprecher handeln?). Die Reime der 1. Strophe sind von a-Klängen beherrscht, die der 2. von i-Klängen. – Das Falkenmotiv steht in breiter literarischer Tradition (Kriemhilds Falkentraum, → Heinrich von Mügeln, serb. Lied, ital. Sonett, 13. Jh., frz. Chanson, 15. Jh. u.a.).

7. *in Kürenberges wîse* (nicht *dône*) MF 8,5 bezieht sich wörtlich genommen allein auf die Melodie; diese Wendung könnte ein Hinweis darauf sein, daß eine meist stillschweigend vorausgesetzte völlige Identität der K.- und der Nibelungenstrophe nicht unbedingt gegeben war.

Das metrische Grundschema, 4 paargereimte Langzeilen (4 k–3 m, letzter Abvers 4 m), wird öfters variiert, z.B. durch Kadenzenwechsel im Anvers (m statt k: MF 7,23; 9,25; 10,5; 10,17) oder jeweils im 1. Abverspaar (k statt m: 7,19; 8,1; 8,9; 8,17; 9,5; 9,14). Während es sich bei den Varianten im Anvers um eine auf einzelne Verse beschränkte Lizenz handelt, vergleichbar den Reimungenauigkeiten, könnte der paarweise auftretende Kadenzenwechsel im Abvers Signalfunktion haben: er begegnet in allen eindeutigen Frauenstrophen, allerdings auch in einigen der meist als Mannesstrophen interpretierten. Der Umkehrschluß, daß die weibliche Kadenz durchweg Frauenstrophen ausweise, ist indes nicht zwingend.

Entsprechend der damaligen Formstufe ist reiner Reim noch nicht die Norm: von 30 Reimpaaren sind nur 17 rein, die anderen zeigen konsonantische oder vokalische Ungenauigkeiten. Der Reimwortschatz ist einfach und begrenzt. – Eine Erweiterung der Grundstrophe ist die Stegstrophe (C1 u. 2), bei der zwischen das letzte Langzeilenpaar ein vierhebiger Kurzvers eingeschoben ist, evtl. mit Kornassonanz.

8. Die Texte sind offenkundig an mehreren Stellen defekt überliefert (v. a. MF 7,1 u. 7,10). Die Art ihrer Restitution wird unterschiedlich beurteilt, ebenso Konjekturen wie die so eingängige wie fragwürdige Lesung *rôse in touwe* (MF [K] 8,22 statt dem handschriftlichen *an dem dorne*, so MF [MT], SCHWEIKLE). Die strukturell und inhaltlich aus dem Rahmen fallende Dialogstrophe wurde in der älteren Forschung für unecht erklärt.

Literatur. s. TERVOOREN, Bibliogr., bes. Nr. 402–439; dazu ergänzend: F. PFEIFFER, Der Dichter des Nibelungenliedes, Wien 1862 (= F. PF., Freie Forschung, Wien 1867, S. 3–52); A. WALLNER, Ich zôch mir einen valken, ZfdA 40 (1896) 290–294; ders., K.s Falkenlied, ebd. 50 (1908) 206–214; H. BRINKMANN, Entstehungsgesch. d. Minnesangs (DVjs Buchreihe 8), 1926; C. WESLE, Das Falkenlied des Kürenbergers, ZfdPh 57 (1932) 209–215; M. ITTENBACH, Der frühe dt. Minnesang (DVjs Buchreihe 25), 1939; I. FEUERLICHT, Vom Ursprung d. Minne, Archivum Romanum 23 (1939) 140–177, wieder in: Der provenzal. Minnesang, hg. v. R. BAEHR, (WdF 6) 1967, S. 263–302; A. TH. HATTO, Das Falkenlied des Kürenbergers, Euph. 53 (1959) 20–23; P. WAPNEWSKI, Des Kürenbergers Falkenlied, ebd., S. 1–19; J. REISNER-LINDNER, Falkenmotiv in d. dt. Lyrik u. verwandten Gattungen v. 12. bis z. 16. Jh., Diss. Würzburg 1963; R. GRIMMINGER, Poetik d. frühen Minnesangs (MTU 27), 1969; R. K. JANSEN, Der von K. u. d. Kreuzzugsidee, Diss. Austin/Texas 1969/70; ders., Das Falkenlied K.s, DVjs 44 (1970) 585–594; ders., Mal. Hochzeitsliturgie u. d. Lyrik K.s (MF 9,23–28 u. 8,33–9,12; Falkenlied), in: Ostbair. Grenzmarken, Passauer Jb. f. Gesch., Kunst u. Volkskunde 12 (1970) 111–117; G. EIS, Zu K.s Falkenlied, GRM 52 (1971) 461–462; F. V. SPECHTLER, Die Stilisierung der Distanz. Zur Rolle d. Boten im Minnesang bis Walther u. bei Ulrich v. Liechtenstein, in: Peripherie u. Zentrum, Fg. Adalbert Schmidt, 1971, S. 285–310; ST. KAPLOWITT, A note on the 'Falcon Song' of Der von K., Germ. Qu. 44 (1971) 519–524; R. K. JANSEN, Randbemerkungen zum ersten Troubadour u. ersten Minnesänger, DVjs 48 (1974) 767–771; D. OHLENROTH, Sprechsituation u. Sprecheridentität. Eine Untersuchung zum Verhältnis von Sprache u. Realität im frühen dt. Minnesang (GAG 96), 1974; J. BUMKE, Ministerialität u. Ritterdichtung, 1976, s. Reg.; P. WAPNEWSKI, Stern u. Blume, Dorn u. Kleid. Zur Bildsprache d. Kürenbergers, in: Geist u. Zeichen, Fs. A. Henkel, 1977, S. 443–451; W. SEIBICKE, Zur K.-Str. MF 10,17ff., ZfdPh 96 (1977) 73–75; W. C. McDONALD, Concerning Ambiguity as the Poetic Principle in K.'s Falcon Song, Euph. 72 (1978) 314–322; R. K. JANSEN, Die Anfänge d. Minnesangs als polit. Zugeständnis, ein frühes dt. Kreuzlied, Germ. Qu. 51 (1978) 320–337; A. GROOS, K.'s 'dark star', Spec. 54 (1979) 469–478; CH. SCHMID, Die Lieder der K.-Sammlung. Einzelstrophen oder zyklische Einheiten? (GAG 301), 1980; R. SCHÜTZEICHEL, Der von K. Zum Namenproblem, Beitr. z. Namenforschung NF 15 (1980) 121–127; H. HEINEN, Konvention u. höf. Haltung in d. Kürenbergliedern, ZfdPh 100 (1981) 346–357; T. EHLERT, Ablehnung als Selbstdarstellung. Zu K. 8,1 und 9,29, Euph. 75 (1981) 288–302.

(1984) GÜNTHER SCHWEIKLE

L

'**Lancelot**' ('**Lancelot-Gral-Prosaroman**')

Zyklisch gebundene Trilogie: 'Lancelot' (im engeren Sinne) – 'Gral-Queste' – 'Tod des König Artus'; erster dt. Prosaroman.

1. Überlieferung. 10 Textzeugen, um 1250 im Ripuar. einsetzend, mit Schwerpunkten im Rhfrk., seit dem späten 15. Jh. auch im Schwäb. Aus dem 13. Jh. sind nur die Frgm.e M (München, cgm 5250, Nr. 25 [olim Nr. 5]) und A (Amorbach, Fürstl. Leiningensches Arch., o. S.) bekannt, beide aus 'Lancelot I' (Zählung bezogen auf die Bde der Ausgabe Kluges). Die erste unversehrte Gesamths. P (Heidelberg, cpg 147, um 1430) wird in Wortlaut und Syntax durch die Frgm.e M und A überraschend genau bestätigt; der in P I bewahrte Text dürfte daher noch vor 1250 entstanden sein (M, um 1250, entstammt nicht dem dt. Original selbst; Steinhoff, 1973). Der nach einer umfangreichen inhaltlichen Lücke im Anschluß an die abbrechende Karrengeschichte folgende Teil 'Lancelot II', wie ihn P II repräsentiert, ist kaum im gleichen Ansatz verfaßt worden.

In die der P-Fassung eigene Lücke fällt das ripuar. Frgm. k (Köln, Hist. Arch., cod. W f° 46* Blankenheim) aus dem 15. Jh. Die gesamte, etwa ein Zehntel des Erzählzyklus umfassende Lücke wird erst geschlossen durch eine späte bair. Bearbeitung in der Hs. a (Paris, Bibl. de l'Arsenal, Nr. 8017–8020, beendet 1576, sog. 'Pariser Fassung'), die mit ihren 925 Bll. in 4 Bd.n die einzige komplette Fassung bietet. Sie hatte offenbar, nicht nur zur Schließung der Lücke, unmittelbaren Zugang zur afrz. Quelle, stellt aber insgesamt keine von P unabhängige Neuübersetzung dar (Tilvis; Kluge, mit abnehmender Sicherheit). Der gleichzeitig schon florierende Buchdruck hat die dt. Trilogie nicht erfaßt. Zusammenstellung, Beschreibung und textgeschichtliche Beurteilung in Kluges Ausg. (Bd. I, S. XIV–LIII; Bd. II, S. XXXVIII–XLIV; Bd. III, S. IX f.); dazu Tilvis, 1957; Steinhoff, 1968.

Ausgaben. Bis 1948 existierten nur Abdrucke der frühen Frgm.e M (durch F. Keinz, MSB 2 [1869], H. 1, S. 312–316; C. Hofmann, MSB 3 [1870], H. 1, S. 39–52) und A (durch E. Schröder, ZfdA 59 [1922] 161 f.). Den integralen Text stellte, nach der Leiths. P, erst die Berliner Akademie-Ausgabe bereit: R. Kluge, Lancelot I–III (DTM 42, 47, 63), 1948, 1963, 1974 (zit.); ihrem Text folgt auch Kluges Teilausgabe, Der Karrenritter (WPM 10), 1972 (mit Bibliogr. u. Wörterverz.). Der geplante 4. Band der großen Akademie-Ausgabe mit Sprachanalysen, Glossar und Namenübersicht unter Berücksichtigung der afrz. Quelle blieb unvollendet. Eine Edition der in P nicht berücksichtigten Partien ('Karren-Suite', 'Das Schwarze Kreuz') nach der Pariser Hs. a bereitet H.-H. Steinhoff vor.

2. Verfasserschaft und Übersetzungswerk. Der deutsche 'Prosa-L.' ist, anders als die höfischen Versromane, nicht von einem sich selbst nennenden Autor verantwortete Neugestaltung nach einem frz. Versroman, sondern die im Prinzip (unbeschadet gelegentlich spürbarer Selbständigkeit im Detail) genaue Vorlagentreue anstrebende Übersetzung eines ursprünglich afrz. Prosaromans. Der Text läßt auf die Tätigkeit verschiedener Übersetzer schließen; Explizites über deren Namen, Intentionen oder Auftraggeber gibt er nicht preis. Lediglich die außerhalb der P-Redaktion stehende Teilübersetzung in der Kölner Hs. k (15. Jh.) gibt in ihrem – gereimten – Kolophon an, das *buchelin* sei aus einer *flemischen* Version übersetzt worden, die ihrerseits auf der frz. Fassung fuße (Kluge II, S. 115). Anhand mndl. Spuren hat es Tilvis (1957) evident gemacht, daß auch P I durch eine – freilich nicht erhaltene – mndl. Zwischenstufe gegangen ist. Demnach wäre die Übersetzung von 'L. I' im niederrheinisch-ripuarischen Raum vor 1250 entstanden. Für die Übersetzungsgeschichte der weiteren Teile des Zyklus fehlt dagegen einstweilen jede Sicherheit. Steinhoff (1968, S. 95) plädierte mit Kluge eher für direkte Übersetzung (um 1300) von P II aus dem Afrz.; Tilvis widersprach vehement (s. auch Minis, 1972) mit Hinweis auf eine 'Unmenge von Nederlandismen' auch in P II (1972, S. 641);

die versprochenen Nachweise in beweisendem Umfang sind jedoch nicht erschienen. P III wurde noch gar nicht befragt.

Der afrz. Trilogie entsprechend werden jeweils am Schluß der drei Teile, dazu noch im Eingang von 'Tod des König Artus', Gautier Map († 1209), der Oxforder Archidiakon und Autor von 'De nugis curialium', als Verfasser und König Heinrich II. von England († 1189) als Auftraggeber des Werkes genannt. Authentizität wird für diese Zuschreibungen heute nicht mehr beansprucht; sie sind unter dem Vorzeichen der literarischen Verfasserfiktion zu bewerten. Diese festigt vor allem den Anspruch der Trilogie, als eine intendierte Einheit genommen zu werden (III 387, 1 ff.). Während die frühen Romanteile zunächst nur allmählich eine – Verfasseranonymität insinuierende – Chronikfiktion aufbauen (das Werk gehe als *history* auf die authentischen Berichte der Aventiure-Ritter zurück, die auf Artus' Geheiß vier Schreiber aufzeichneten, I 482, 5 ff.), wird am Ende des 'Lancelot'-Teils Gautier Map als Redaktor oder Autor in Anspruch genommen, für die 'Gral-Queste' ausdrücklich als Übersetzer des lat. Textes (der 'Chronik') in die frz. Volkssprache (III 384, 2 ff.).

3. Quelle. Für die der dt. Fassung zugrunde liegenden drei Romanteile, vereinigt im 'Lancelot en prose', wird allgemein mit LOT und FRAPPIER ein Entstehungszeitraum von 1215 bis 1230 angesetzt. In erweiterter Gestalt weist der afrz. Zyklus zusätzlich die Teile 'Estoire del Saint Graal' (Cycle Lancelot-Graal) und 'Estoire de Merlin' (Cycle de la Vulgate) auf; die dt. Überlieferung weiß von ihnen nichts. Sie wurden wahrscheinlich in einer späteren Phase zyklischer Erweiterung vorangestellt, um für Gral- und Artusgegenwart die Vorgeschichte eigens auszugestalten. Als Prosaauflösung eines Versromans darf nur der Anfang des 'Merlin'-Teiles (nach Robert de Boron) angesehen werden; der Grundbestand des Zyklus ist dagegen von vornherein als genuines Prosawerk konzipiert. Die meiste Zustimmung fand FRAPPIERs Hypothese, der Zyklus sei als planvoll organisiertes Ganzes von einem Autor entworfen worden, unter dessen, des 'Architekten', Leitung mehrere Verfasser in verpflichtender Zusammenarbeit sich in der Ausführung verbunden hätten. FRAPPIER hält den 'Architekten' zugleich für den Verfasser des 'Lancelot' (im engeren Sinne, 'Lancelot propre'). Dies impliziert eine Absage an Auffassungen, die die zyklische Überformung erst vom spiritualisierenden Verfasser der 'Queste del Saint Graal' ausgehen sehen. Für die Existenz eines ursprünglich nicht zyklisch gebundenen 'Lancelot'-Romans, der für die zyklische Integration später überarbeitet worden wäre, tritt zuletzt wieder ELSPETH KENNEDY ein (Ausg., Bd. 1, S. V, Bd. 2, S. 39 ff.; die angekündigten Argumentationen stehen aus). Gegen diese Isolierung des ursprünglichen 'Lancelot' vom Zyklus spricht, daß bereits die als Zeugen für eine nicht zyklische 'Lancelot'-Fassung in Anspruch genommenen Texte einstimmig den Horizont der 'Queste' aufbauen, im allgemeinen wie im besonderen (s. 5. zu Lancelots signifikantem Doppelnamen); *li contes Lancelot* werden explizit als *branche del Greal* eingeordnet (571, 30 f.; KENNEDY).

Um das Verhältnis des dt. Textes zur afrz. Vorlage annähernd verfolgbar zu machen, hat sie KLUGE im Apparat seiner Ausgabe mit den Editionen SOMMERS, PAUPHILETS und FRAPPIERS zu Wort kommen lassen, ab Bd. II auch mit durchgehenden Seitenverweisen im Text.

Ausgaben. H.O. SOMMER, The Vulgate Version of the Arthurian Romances, 7 Bde, Washington 1908–13, Registerband 1916; A. MICHA, Lancelot, Bd. 1–6, Paris–Genf 1978–1980 ('Lancelot propre', ohne das Anfangsdrittel); E. KENNEDY, Lancelot do Lac. The non-cyclic Old French Prose Romance, 2 Bde, Oxford 1980 (mit Auswahlbibliogr., Glossar u. Namenindex); A. PAUPHILET, La Queste del Saint Graal, Paris ³1965 (neufrz. Übers. von A. BÉGUIN, Paris ²1965; von E. BAUMGARTNER, Paris 1980; engl. Übers., kommentiert, von P.M. MATARASSO [Penguin Classics], Harmondsworth 1969); J. FRAPPIER, La Mort le Roi Artu, Genf–Paris ²1956 (engl. Übers. von J. CABLE [Penguin Classics], Harmondsworth 1971; von J.N. CARMAN, Lawrence 1974).

4. Inhalt. Die Trilogie bietet nicht weniger als eine Summe der bis dahin entfal-

teten Artusliteratur und treibt ihre Ziele und Probleme bis in extreme Denk- und Erfahrungsmöglichkeiten vor. Dem nicht allein von der Chronikfiktion her motivierten Totalitätsanspruch entspricht der immense Werkumfang: Mit seinen rund 41 250 engbeschriebenen Zeilen der Hs. P (gegen 54 800 Druckzeilen in KLUGES Edition) kommt die 'L.'-Prosa auf die fünffache Ausdehnung des 'Parzival' →Wolframs von Eschenbach, auf die knapp dreifache des 'Jüngeren Titurel' (→ Albrecht); selbst die umfänglichsten Fassungen der Weltchronik-Kompilation → Heinrichs von München bleiben noch bei weitem hinter dem Textbestand des 'L.' zurück. An den Binnenproportionen des Zyklus fällt auf, daß der 'Lancelot' (im engeren Sinne, Bd. I und II) dreimal so umfangreich ist wie die 'Gral-Queste' und der 'Tod des König Artus' (Bd. III) zusammengenommen.

Totalitätserfassung wird im wesentlichen auf drei vielfach einander bedingenden Ebenen verfolgt: 1.) Lancelots Individualgeschichte von der Kindheit bis zu Alter und Tod, erweitert um die Elternvorgeschichte und die Sohnes-Vita, synchron dazu 2.) die Geschichte der Artusgesellschaft mit Phasen der Erstarkung – verbunden mit Merlins Wirken –, der glanzvollen Höhe und – verbunden mit Einschlägen der Tristanthematik – des Untergangs sowie 3.) die unüberbietbare und unwiederholbare Vollendung aller Gralabenteuer.

Innerhalb des ungemein vielgestaltigen Personals tritt neben die alteingeführten Figuren des Artusromans – das Königspaar, Gawan und seine drei Brüder Gaheriez, Guerier und Agravain, Lancelot, Iwan, Segremors, Keie, Yders, Baudemagus und Meleagant, schließlich Parceval – eine farbig entworfene Gruppe neuer Handlungsträger: Lancelots Vettern Lionel und Bohort, letzterer das festeste personelle Bindeglied zwischen den drei Teilen der Trilogie, Hestor/Hector, später als Lancelots Halbbruder erkannt, König Claudas, Nachbar und Todfeind von Lancelots Vater Ban und abtrünniger Artusvasall, für Artus ein Rivale um den Weltherrschaftsanspruch ebenso wie Galahot, der aus Freundschaft zu Lancelot vom Herausforderer zum Artusritter wird, schließlich und vor allem Galaad, der den in der Tradition zu sehr festgelegten Parceval als neuer Gralsheld ablöst.

Die Erzählung setzt – ohne jeden Prolog, wie er im höfischen Versroman zu erwarten wäre – artusfern in Nordwestfrankreich ein. Ein kriegs- und schicksalsträchtiger Grenzbereich zwischen bretonisch-arthurischem und französisch-römischem Territorium ersteht als politische Umwelt für Lancelots Kindheit. Hier wächst er, zunächst abgeschirmt in einer durch zauberische Vorspiegelung als See erscheinenden Waldsiedlung ('Rationalisierung' der Herkunftstradition des Lancelot du Lac), elternlos auf in der Obhut seiner Entführerin, der von Merlin mit Zauberkräften ausgestatteten Frau vom See. Mit Lancelots Eintritt in den Artuskreis verlagert sich das Schwergewicht der Handlung, solange Aventiure-Ketten ins Zentrum rücken, nach Großbritannien. Zur Austragung der Initialkonflikte kehrt das dominante Geschehen erst gegen Schluß des 'Lancelot'-Teiles auf den Kontinent zurück, wo die Artusmacht durch den siegreichen Krieg gegen König Claudas noch einmal eine – freilich instabile – Höhe erreicht (II 704–778).

Anschließend zieht in der 'Gral-Queste' die in vager Nachbarschaft zum arthurischen Britannien situierte Gralsburg Corbenic endgültig alle Aktivität auf sich und wird zum neuen Gradmesser ritterlichen Erfolges. Schließlich greift das Geschehen, wie in den Gralromanen üblich, bis in den Orient des Heiligen Landes aus; die drei auserwählten Ritter Galaad, Parceval und Bohort dürfen den Gral, der dem Artusreich Logers wegen zunehmender Sündhaftigkeit und mangelnden Dienstes für immer entzogen wird, auf seiner Meerfahrt zum *geistlichen pallast* nach Sarras begleiten, wo allein Galaad die höchste, alle Gralabenteuer krönende *visio beatifica* zuteil wird.

'Tod des König Artus' zeigt Turnier und Aventiure außer Kraft und definitiv abgelöst durch den Ernstkampf zur gerichtlichen Reinigung und Befreiung und den infolge innerer und äußerer Bedrohung um sich greifenden allgemeinen Krieg, in den auch Artus persönlich, wie schon einmal im Krieg gegen Claudas (II 772), kämpfend eingreift. Damals hatten Artus und Lancelot gemeinsam Unrecht – wenn auch spät – ahnden können, jetzt stehen sie, an gleicher Stelle in Lancelots Erblanden, auf verschiedenen Seiten; auch und vor allem Gawan, bis dahin dem Freund unverbrüchlich verbunden, ist zum starrsinnigen Feind Lancelots geworden, nachdem dieser im Befreiungskampf für Ginover Gawans Brüder getötet hat. Die Artuswelt endet selbstzerstörerisch, durch den eigensüchtigen Verrat Mordrets, des inzestgezeugten Artussohnes, den Artus während des kontinentalen Krieges im Inselreich zum Regenten gemacht hatte. Artus und Mordret fügen sich gegenseitig tödliche Wunden zu. Die einzigen Überlebenden einer dahingegangenen Epoche, Lancelot, Hestor und Bohort, fassen am Werkende den Entschluß zum Moniage, zum gemeinsamen Rückzug in ein mönchisch-asketisches Einsiedlerleben.

Lancelots Individualgeschichte und ihre richtungsweisende Einwirkung auf die Geschicke der Artuswelt sind bestimmt durch die Geschichte der schicksalhaften Liebe zwischen Lancelot und der Königin Ginover an Artus' Seite. Dieses Kernmotiv, im 'Lanzelet' → Ulrichs von Zatzikhoven inexistent, in Chrétiens von Troyes 'Chevalier de la Charrette' nur für die Unbedingtheit der leistungsbereiten Liebe (Fahrt auf dem Schandkarren, Überquerung der Schwertbrücke) vorgebildet, wird zum jede Verästelung des Zyklus mittelbar oder unmittelbar betreffenden Movens. Nach der Frau vom See wird Ginover seit der ersten Begegnung mit dem 18jährigen Knappen bei seiner Einführung am Hof zur entscheidenden Bezugsperson für Lancelot. Er umgeht die vorgesehene Schwertleite durch Artus, um das Schwert von Ginover empfangen zu können (I 146), fühlt sich seither als Ginovers Ritter und ist nur auf deren ausdrückliche Bitte später bereit, Mitglied der Artusrunde zu werden (I 481f., ein zweitesmal I 543f.). Dank dieser vom fernen Dienst rasch zur nahen Erfüllung gelangenden Liebe tritt Lancelot aus seiner peripheren Existenz heraus und durch bis dahin unüberbotene ritterliche Leistung in den Rang des *besten ritters von der welt*. Das Sündhafte eben dieser Liebe verhindert jedoch nach den Gesetzen der geistlichen Ritterschaft, daß Lancelot auch die Gralabenteuer gleich erfolgreich bestehen kann. Nach vergeblichen Entsagungsversuchen, Höhen und Trübungen einer leidenschaftlichen Bindung wird die unzerstörbare Ginover-Liebe, die Lancelot zuvor so oft zur Rettung der bedrängten Artuswelt befähigte, schließlich selbst, nachdem sie durch Intrigen als ehebrecherisch an die Öffentlichkeit gezogen wurde, zu einem der Gründe für die Auflösung der höfischen Artuswelt.

Komplexität der Handlungsmotivationen und Weltfülle des Ereignishaften erreicht der Zyklus durch noble Großherzigkeit (Galahot, Baudemagus, Lancelot) neben finsterer Intrige (Falsche Ginover, Artus' Schwester Morgane, Mordret) und heilsgehorsamer Täuschung (Zeugung Galaads), durch sprühende Unbeherrschtheit (Lionel) neben weltvergessener schmerzlicher Versunkenheit (*gedenken* Lancelots und Artus'), durch zauberisch-ungreifbare Gefährdung (Dolorose Garde) neben hilfreichem Gegenzauber (Frau vom See), durch lebensbedrohende Krankheit mit Tobsucht und Wahn (Lancelot) und glückliche Heilung (Frau vom See, Gral), durch eine dialektische Bewegung zwischen Erlösungskraft und Erlösungsbedürftigkeit (Lancelot, Galaad). Am Ende wird die Seele des büßenden Einsiedlers Lancelot – wie vorher die des Gralshelden Galaad – von Engeln in Empfang genommen und geleitet.

Eine detaillierende, dem Handlungsfortschritt folgende Inhaltsübersicht geben anhand des französischen Werkes: F. LOT, 1918, S. 293-355, und J.D. BRUCE, The Evolution of Arthurian Romance, Göttingen 1923f., Bd. 2, S. 308-379, anhand des dt. Textes: K. LANGOSCH, Lanzelot u. Ginevra, in: König Artus u. seine Tafelrunde, nhd. in Zus.arbeit mit W.-D. LANGE, 1980, S. 354-564, Kommentar S.

612–701 (komprimierende Nacherzählung, kombiniert mit längeren übersetzten Partien, Karrenepisode S. 412–475).

5. Aufbaustrukturen. Im Aufbau des Zyklus ist Bedacht genommen, daß die einzelnen Romanteile gegeneinander abgehoben sind, zugleich aber letztlich nur aus ihrem Zusammenhang verstanden werden können. Der 'Lancelot' (im engeren Sinne), auf weiten Strecken anscheinend auf dem Weg zu einer erfüllten Artusidealität, wird durch eine immer deutlichere Relativierung weltlicher Normen und durch wachsende messianische Zukunftserwartung zur Wegbereitung für den neuen Helden der 'Gral-Queste'. Danach steht 'Tod des König Artus' unter doppeltem Vorzeichen: Unausgetragene Probleme der alten Artuswelt und die Hinwegnahme des Grals, auch des höchsten Gralshelden Galaad in mystisch-entrückendem Tod, verhindern im Verein mit der weiterbestehenden Endzeiterwartung die Ausbildung eines neuen Gesellschaftsentwurfes.

Frühere Verdächtigungen einer schlicht aggregierenden üppigen Stoffkompilation (mit Rückgriffen auf Robert de Boron und Waces 'Brut') sind unbegründet. Versierter Formwille fand Gestaltungsmittel, um der scheinbar labyrinthischen Stoffülle Leitfäden einzuziehen. Beziehungsreich verflochtene Breite bekommt die Erzählung durch systematisch verschränkende 'Schachtelung' ('entrelacement', F. LOT) zeitlich parallel laufender Handlungsketten. Einheit stiftende Kräfte sind für den Artusroman neuartige, minutiös errichtete Kontinua des Raumes und der Zeit (zwischen Lancelots und Galaads Ritterschlag vergehen 26 Jahre). Unzählige Einzelabenteuer erhalten ihre Ausrichtung durch Integration in eine gestufte Gesamtbewegung von Suchen, als deren höchste ausdrücklich die nach dem Gral bezeichnet wird (I 254, 19 f.; RUBERG, 1963); der Artushof verödet, weil die gesamte höfisch-ritterliche Welt zur Suche aufgebrochen ist.

Bestimmte Abenteueraufgaben sind als Doppelaventiuren ausgebildet: Lancelot kann nur den ersten Teil einer aus der Gralsgeschichte herrührenden Grab-Aventiure vollbringen, ihr zweiter entscheidender Teil ist dem Gralshelden vorbehalten. Einen frühen Vorklang auf die Gralsthematik birgt schon ganz am Anfang des Zyklus der Hinweis auf Lancelots Doppelnamen: sein eigentlicher Taufname ist Galaad (I 1, 7; vgl. 617, 7 f.). Nachdem sich Lancelot dieses hohen Namens aus der Frühgeschichte des Grals nicht hat würdig erweisen können, wird er ihm genommen und auf seinen Sohn, den künftigen Gralshelden, übertragen (II 297, 3 ff.).

Nicht minder wichtig für die strukturelle Fügung ist die genealogische Linienführung. Die pia fraus der Zeugung Galaads (Lancelot liegt bei der Tochter des Gralkönigs, nicht, wie man ihn glauben macht, bei Ginover) ist Werkzeug der einzigartigen genealogischen Auszeichnung des künftigen Gralshelden: In ihm gipfelt das Geschlecht der Gralkönige, das auf Joseph von Arimathia, den ersten Ritter nach Christi Passion, zurückgeführt wird, durch seine Verbindung mit dem Geschlecht Davids, dem Lancelots Mutter entstammte. Alttestamentliches wird in die 'Queste' wiederholt als Präfiguration einbezogen (RUH, 1970, S. 253, 259). In Analogie zur neutestamentlichen Abendmahlstafel sind Artusrunde und Gralstisch, Ausgangs- und Zielpunkt der Suchen, gestiftet und je mit einem ausgezeichneten Sitz ausgestattet; an der Artustafel ist er dem Gralshelden, dem Christus ähnlichen Galaad, vorbehalten.

6. Konzeption. Der 'L.'-Zyklus sieht die Geschichte des Rittertums, nach dem Vorgang Roberts de Boron, sich in mittragender Rolle innerhalb der Heilsgeschichte vollziehen. Die frühe Gralgeschichte, im 'Prosa-L.' rekapituliert, in der 'Estoire' ausgeführt, erscheint als apokryphe Weiterführung des Neuen Testaments, die 'Gral-Queste' als legendenhafte Weiteroffenbarung. Bereits in Lancelots Ritterlehre legitimiert die Frau vom See die ritterliche Lebensform nicht wie Geoffrey von Monmouth, Wace, Chrétien und der →'Moriz von Craûn' aus der Antike, sondern als militia christiana aus dem Al-

ten Testament. Die Ritterlehre mit ihrer ausgiebigen Waffenallegorese (I 120–123) darf nicht als innerhalb des Werkes folgenlose, lediglich ad auditores gerichtete Privilegierung des Adels mißverstanden werden. In nuce und ohne die Rigorosität der 'Queste' enthält sie Maßstäbe für den gesamten Zyklus, die Verpflichtung zu geistlichem und weltlichem Dienst, die Warnung vor seelenbedrohender Verletzung hoher Pflichten, die Einsicht in die unterschiedliche Vervollkommnungsmöglichkeit auch der höchsten Ritter. Mit der 'Reinheit des Herzens' ist eine Bedingung für das Rittersein insgesamt (die Minne wird nicht zum Thema) eingeführt, die Lancelot nur in der lauteren Zwischenmenschlichkeit der Ginover-Liebe erfüllt, die jedoch von den erfolgreichen Gralsuchern in einer neuen, asketisch-absoluten Qualität gelebt werden muß. Selbst auf dem Gipfelpunkt weltlicher Anerkennung gehört Lancelot nicht zu den Artusrittern, die sich nach Ausschreiten eines Doppelweges zum idealen Ziel emporläutern konnten. Der Abstand zwischen irdischer Wertordnung und den Erfordernissen der Erkenntnis-Suche in geistlicher Ritterschaft ist nicht mit gewohnten höfisch definierten Kategorien zu überbrücken. Die Ankunft des künftigen Gralshelden Galaad am Artushof ist mit allen Anzeichen einer Zeitenwende ausgestattet; durch die Einnahme des stets frei gebliebenen Sitzes an der Artustafel vollendet Galaad die Tafelrunde: die alte Stufe des höfischen Rittertums ist als zwar weniger vollkommene, aber notwendige und damit wert- und sinntragende Voraussetzung seines Weges der neu und schärfer interpretierten militia christiana erkennbar. Artusideal und Lancelot-Ginover-Liebe erscheinen als Zeit des 'alten Gesetzes', die unter den Vorzeichen des 'neuen Gesetzes' der geistlichen Ritterschaft erst eigentlich erfüllt, überwunden und abgelöst wird. In präfigurativ-typologischer Gestaltung werden Lancelot und Ginover durch die reine Verbindung zwischen Galaad und der Schwester Parcevals übertroffen. Weniger über die typologisch instrumentierte Art als über den geistesgeschichtlichen Sinn dieser Bezugsetzung aus Kontinuität, Steigerung und Neuorientierung gehen die Auffassungen auseinander zwischen letztlich gradualistischer Integration (RUBERG, 1963, 1972; STEINHOFF, 1977) und dominant dualistischer Polarisierung (VOSS, 1970; SPECKENBACH, 1979). Die vermutete erzählerische Umsetzung der geschichtstheologischen Konzeption Joachims von Fiore (RUH, 1970; FROMM, 1979, mit abweichender Abgrenzung der drei trinitarischen status innerhalb des Zyklus) ist zuletzt wieder auf Zweifel gestoßen (SPECKENBACH, 1984).

7. Sprache und Stil. Die Prosa, noch ganz singulär in deutscher Erzähldichtung, ist künstlerisches Aussagemittel der Geschichtsnähe, der Wahrheitsverbürgung (durchaus in Übernahme der – fiktiven – Situation einer Übersetzung aus der *werlich hystoria,* I 19,34), nicht etwa schon popularisierender Übergang zu 'bürgerlichen' Wertnormen oder Adressaten. Dem Versroman, der dem Verdacht der Wahrheitsverfälschung und der Erschöpfung seiner Möglichkeiten ausgesetzt war, wird die frische Prosaform an die Seite gestellt. Ihrem Anspruch auf Übersetzungstreue mochte auch in Deutschland das wachsende Authentizitätsprestige zur Hilfe kommen, das der Geschichtsprosa (→ 'Sächsische Weltchronik'), der Laienrechtsprosa (→ Eike von Repgow), der gelehrt-traktathaften Didaxe (→ 'Lucidarius'), der Predigt und der mystischen Kunstprosa (→ 'St. Trudperter Hohes Lied', → Mechthild von Magdeburg) zuwuchs.

Der dargestellten Wirklichkeit mit ihrer vielgliedrig-simultanen Ursachenverkettung entspricht eine flexibel gehandhabte syntaktische Komplexität (mit gelegentlich bis zu sieben Nebensätzen verschiedenen Grades, SCHIEB, 1970, S. 62). Den sprachlichen Duktus scheinen weder fremde Gesetzlichkeiten der Vorlage noch vorgeprägtes Formelgut aus der gewohnten Schule der Verssprache zu beengen (*und kußt yn an synen munt und in syn augen manige stunt* [I 14, 17] gegenüber *et li baise les iauz et la boiche menuement* [15, 17 KENNEDY]: wieweit der Goldgrund der Reimsprache durchschlägt, ist nicht untersucht). Kontinuierlicher, oft sparsamer Bericht wiegt vor gegenüber zupackender, nie selbstzweckhafter Beschreibung, beiden hält der Dialoganteil etwa die Waage. Die Ereignisse sprechen – oft zeichenhaft – für sich oder erfahren Wertungen aus den Dialogen und – gegen die 'Queste' hin zunehmend – aus den Traum- und Abenteuerdeutungen der Eremiten; Erzählerkommentare, allgemeine Reflexionen und aktualisierende Anspielungen treten kaum, prononcierte Metaphorik und geistliche Rhetorik wohldosiert auf. 'Mühelos und mit sanfter Magie' (WEHRLI, 1980, S. 502) entfaltet diese Prosa ihre Kunst, auch in der Intensität seelischer Regungen.

Zu klären bleibt, ob die in Frankreich um 1200 aufgekommene Erzählprosa noch für die höfische Vortragssituation konzipiert ist oder sich eher an ein privates Lesebedürfnis wendet.

8. Nachwirkung. Lancelots unvergleichlicher europäischer Nachruhm bis in die Druckzeit hinein verdankt sich in erster Linie der nachhaltigen Ausstrahlung des afrz. Prosaromans (gegen 100 Hss., 7 Drucke bis 1533). Wirkungsgeschichtlich ist die dt. Übersetzung zunächst als ein frühes, niveauvolles Echo zu bewerten. Als (erste) zeitgeschichtliche Rezeptionssituation ist das drohende Ende der Stauferherrschaft (FROMM, 1979, S. 96) und das anschließende Interregnum (SPECKENBACH, 1984) in Betracht zu ziehen, mithin die Entstehungszeit des in manchem verwandten 'Jüngeren Titurel'. Hinter dessen Verbreitung und Prestige blieb der 'Lancelot' deutlich zurück, immerhin ist er jedoch in der Textüberlieferung doppelt so häufig bezeugt wie Ulrichs 'Lanzelet' und fand vier Jahrhunderte hindurch Interesse. Das Wenige, was bisher über Auftraggeber, Besitzer und Leser gesichert werden konnte, weist ganz überwiegend auf fürstliche Adelsbibliotheken, die Heidelberger Palatina (P von Ludwig III. von der Pfalz veranlaßt?, KLUGE, Ausg. I, S. XX ff.), das Rottenburg der Erzherzogin Mechthild, das westfälische Burgsteinfurt (Nachweise ebd., S. LXIII f.). Für den Münchener Wittelsbacher-Hof unter Albrecht IV. fertigte Ulrich → Fuetrer 1467 anhand der P-Fassung eine kürzende Bearbeitung an, die später Grundlage seines 'Lantzilet' in Titurel-Strophen wurde. Hinweise auf eine fermentierende literarische Wirkung des 'Prosa-L.' fehlen. Gelegentliche Bezugnahmen auf den Überwinder der Schwertbrücke (schon Wolfram, Parz. 387,4; 583,8 ff.) oder auf Lancelot als *ritter unde pfaffe* (→ Heinrich von dem Türlin, 'Crône', v. 2076) bezeugen nur unspezifisch, daß über Ulrichs 'Lanzelet' hinaus Kenntnis der afrz. Lancelot-Traditionen bestand. Eine rasche Entwicklung selbständiger hochstehender deutscher Erzählprosa hat der 'L.' nicht einzuleiten vermocht, am ehesten, noch sporadisch, im Nd. (→ 'Gerart van Rossiliun'); einen neuen, die Gattung Prosaroman breiter durchsetzenden Anfang bedeuteten erst Prosafassungen vom 'Trojanischen Krieg' (Hans → Mair von Nördlingen) und 'Alexander' (Meister → Babiloth), denen dann nach 1437 die Übertragungen aus dem Altfranzösischen der → Elisabeth von Nassau-Saarbrücken folgen.

Literatur. Eine 'Lancelot'-Bibliographie gab zuletzt HAUG, 1978 (s. u. 3.), S. 89–102 (literaturwiss.-komparatistisch ausgerichtet).

1. Überlieferung, Übersetzungsgeschichte. E. SCHRÖDER, Der dt. L. in prosa, ein werk aus dem anfang d. 13. Jh.s, ZfdA 60 (1923) 148–151; KLUGE, Vorworte u. Einleitungen d. Ausg., Bd. I 1948, Bd. II 1963, Bd. III 1974; P. TILVIS, Mndl. im Prosa-L. I, Neuphil. Mitt. 52 (1951) 195–205; ders., Prosa-L.-Studien I–II (AASF 110), 1957; H.-H. STEINHOFF, Zur Entstehungsgesch. des dt. Prosa-L., in: Probleme mal. Überl. u. Textkritik (Oxforder Colloquium 1966), 1968, S. 81–95; C. MINIS, Zur Ausg. d. dt. Übers. der mndl. 'Karren-Suite' im 'Prosa-L.', Amsterdamer Beitr. z. Ält. Germanistik 1 (1972) 193–201; P. TILVIS, Ist der mhd. Prosa-L. II (= P II) direkt aus dem Afrz. übersetzt?, Neuphil. Mitt. 73 (1972) 629–641 (wieder in: Arturistiek in Artikelen, hg. v. F.P. VAN OOSTROM, Utrecht 1978, S. 165–177); H.-H. STEINHOFF, Zum Münchener L.-Fragment, in: Wolfram-Studien II, 1973, S. 254–258; W.P. GERRITSEN / O.S.H. LIE / F.P. VAN OOSTROM, Le L. en Prose et ses traductions moyennéerlandaises, in: Arturistiek in Artikelen, 1978, S. 137–147; C. SANTONI-ROZIER, Du roman en prose 'L. du Lac' au 'Prosa-L.'. Traduction et adaptation

[...], in: La traduction. Un art, une technique. Congrès Nancy 1978, Nancy 1979, S. 226–256, Diskussion S. 257–259.

2. Quelle. Grundlegend zum afrz. 'Lancelot-Graal-Zyklus': F. Lot, Etude sur le L. en prose, Paris 1918, ²1954; A. Pauphilet, Etudes sur la Queste del Saint Graal, Paris 1921, ²1981; J. Frappier, Etude sur la 'Mort le Roi Artu', Genf–Paris 1936, ²1961, ³1972; E. Köhler, Ideal u. Wirklichkeit in d. höf. Epik, 1956, ²1970; J. N. Carman, A Study of the Pseudo-Map Cycle of Arthurian Romance, Lawrence 1973.

Weitere romanist. Lit. bei Haug (s. u. 3.); Ergänzungen: A. Adler, Problems of Aesthetic versus Historical Criticism in 'La Mort le Roi Artu', PMLA 65 (1950) 930–943; H. Hennessy, The Uniting of Romance and Allegory in 'La queste del Saint Graal', Boston University Studies in English 4 (1960) 189–201; F. W. Locke, The Quest for the Holy Grail, Stanford (Calif.) 1960; A. Micha, Etudes sur le L. en Prose: L'esprit du L.-Graal, Romania 82 (1961) 357–378; S. Mendozza, Il problema dell' unità del Corpus L.-Graal, in: Rendiconti dell' Istituto Lombardo di Scienze e Lettere, cl. lett. 99 (1965) 409–434; E. C. Quinn, The Quest of Seth, Solomon's Ship and the Grail, Traditio 21 (1965) 185–222; R. Tuve, Allegorical Imagery, Princeton 1966.

Weiterführung ab 1978: R. Hartman, Les éléments hétérodoxes de 'La Queste del Saint Graal', in: Mél. Wathelet-Willem, Lüttich 1978, S. 219–237; J. Frappier, Le Cycle de la Vulgate, in: Grundriß d. rom. Literaturen des MAs, Bd. IV, 1, 1978, S. 536–589; V. M. Lagorio, The Apocalyptic Mode in the Vulgate Cycle of Arthurian Romance, Philological Quarterly 57 (1978) 1–22; P. M. Matarasso, The Redemption of Chivalry. A Study of the 'Queste del Saint Graal', Genf 1979; F. Bérier, Empoisonnement et Accident de Chasse dans 'La Mort le Roi Artu', Travaux de linguistique et de littérature 17 (1979) 7–22; F. Sweetser, La Réincarnation de Lancelot dans le roman en prose, Œuvres et critiques 5 (1980/81) 135–139; E. Baumgartner, L'Arbre et le pain. Essai sur la 'Queste del Saint Graal', Paris 1981; E. O'Sharkey, The Character of Lancelot in 'La Queste del Saint Graal', in: An Arthurian Tapestry (in memory of L. Thorpe), Glasgow 1981, S. 328–341; A. D. Zuurdeeg, Narrative Techniques and their Effects in 'La Mort le Roi Artu', York (South Carolina) 1981 (zuvor Diss. 1973); F. Lyons, 'La Mort le Roi Artu': an interpretation, in: Fs. A. H. Diverres, Cambridge 1983, S. 138–148, 246f.

3. Struktur u. Gehalt. K. Ruh, Lancelot, DVjs 33 (1959) 269–282, überarb. u. mit Nachtrag (1968) wieder in: Der arthurische Roman, hg. v. K. Wais (WdF 157), 1970, S. 237–255; U. Ruberg, Die Suche im Prosa-L., ZfdA 92 (1963) 122–157; W. Harms, Der Kampf mit dem Freund oder Verwandten in d. dt. Lit. bis um 1300 (Medium Aevum 1), 1963, S. 179–201; U. Ruberg, Raum u. Zeit im Prosa-L. (Medium Aevum 9), 1965 (Rez. v. H.-H. Steinhoff, PBB [Tüb.] 89 [1967] 100–105), daraus: Die Kontinuität der überblickten Zeitabläufe im Prosa-L., in: Zeitgestaltung in d. Erzählkunst, hg. v. A. Ritter (WdF 447), 1978, S. 190–228; H. Koch, Stud. zur epischen Struktur d. L.-Prosaromans, Diss. Köln 1965 (nur zu 'L. I'); E. H. Soudek, The Cart-Episode: Evolution of an Arthurian Incident [...], Diss. Univ. of Michigan 1969 (Diss. Abstr. A 31, 1970f., 1240f.); W. Harms, Homo viator in bivio (Medium Aevum 21), 1970, S. 250–286; R. Voss, Der Prosa-L. Eine strukturanalyt. u. strukturvergleichende Studie (Dt. Studien 12), 1970 (Rez. v. W. Harms, Leuv. Bijdr. 59 [1970] 162–164; U. Ruberg, AfdA 83 [1972] 172–179; H. Beckers, Amst. Beitr. z. Ält. Germanistik 5 [1973] 179–181); C. B. Caples, Feudal Chivalry in the Prose L., Diss. Harvard Univ. 1970 (Diss. Abstr. A 32, 1971, 1505); K. Ruh, Der Gralsheld in d. 'Queste del Saint Graal', in: Wolfram-Studien I, 1970, S. 240–263; A. Wang, Der 'Miles Christianus' im 16. u. 17. Jh. u. seine mal. Tradition (Mikrokosmos 1), 1975, S. 32–35; H.-H. Steinhoff, Artusritter u. Gralsheld. Zur Bewertung d. höf. Rittertums im Prosa-L., in: The Epic in Medieval Society, hg. v. H. Scholler, Tübingen 1977, S. 271–289; K. Ruh, Epische Lit. d. dt. Spät-MAs, in: Neues Hdb. d. Lit.wiss., Bd. 8: Europ. SpätMA, 1978, S. 128–131; W. Haug, 'Das Land, von welchem niemand wiederkehrt'. Mythos, Fiktion u. Wahrheit in Chrétiens 'Chevalier de la Charrete', im 'Lanzelet' Ulrichs v. Zatzikhoven und im 'L.'-Prosaroman, 1978 (Rez. v. F. P. van Oostrom, Rapports 49 [Amsterdam 1979] 108–114; Ch. Cormeau, AfdA 91 [1980] 23–25); P. W. Krawutschke, Liebe, Ehe u. Familie im dt. 'Prosa-L. I' (Europ. Hochschulschriften, Reihe I, 229), 1978; U. Ruberg, Beredtes Schweigen in lehrhafter u. erzählender dt. Lit. d. MAs (Münstersche MA-Schriften 32), 1978, S. 224–230; M. L. P. Stoehr, The War in Flanders: Themes and Structure [...], Diss. Univ. of Michigan 1978 (Diss. Abstr. A 39, 1978, 3569f.); D. Welz, Lancelot im 'verlornen walt', ZfdA 107 (1978) 231–247; ders., Lancelot auf der 'fremden Insel'. Zur strukturalen Lektüre einer Episode aus dem dt. Prosa-L., Acta Germanica 11 (1979) 53–75; ders., Poetry and Truth. On two Episodes of the Medieval 'Prose-L.', Euph. 73 (1979) 121–131; H. Fromm, Zur Karrenritter-Episode im Prosa-L.: Struktur u. Geschichte, in: Fs. K. Ruh, 1979, S. 69–97; K. Speckenbach, Handlungs- u. Traum-Allegorese in der 'Gral-Queste', in: Formen u. Funktionen d. Allegorie (Symposion Wolfenbüttel 1978), 1979, S. 219–242; P. Utz, Lancelot u. Parzival. Zur Klosterepisode im 'Karrenritter' des mhd. Prosa-L., PBB 101 (1979) 369–384; M. Wehrli, Gesch. d. dt. Lit., 1980, S. 499–504; E. I. B. Speinle, The MHG.

'Prose-L.', Diss. Whitwatersrand (S.-Afrika) 1981 (Diss. Abstr. A 42, 1982, 3592f.); K. Ruh, Lancelot. Wandlungen einer ritterlichen Idealgestalt (Marburger Universitätsreden 2), 1982; X. v. Ertzdorff, Tristan u. Lanzelot, GRM 33 (1983) 21–52; H. Fromm, Lancelot u. die Einsiedler, in: Geistl. Denkformen in der Lit. d. MAs, Symposion Münster 1982 (Münstersche MA-Schriften 51), 1984; K. Speckenbach, Endzeiterwartung im L.-Gral-Zyklus. Zur Problematik d. Joachitischen Einflusses auf den Prosaroman, ebd.; ders., Form, Funktion u. Bedeutung d. Träume im L.-Gral-Zyklus, in: I sogni nel Medioevo. Atti del Colloquio internaz. del Lessico Intellettuale Europeo 1983, Rom 1984.

4. Sprache u. Stil. E. Schröder, Eine unbenutzte Quelle d. mhd. Sprachschatzes, Neuphil. Mitt. 33 (1932) 22–26; K.B. Lindgren, Über Präteritum u. Konjunktiv im Obd., Neuphil. Mitt. 64 (1963) 264–283; R. Schäftlein, Die Sprache der Amorbacher Bruchstücke u. des Heidelberger L., WZUJ 13 (1964) 143–147; G. Schieb, Zum Nebensatzrepertoire des ersten dt. Prosaromans. Die Temporalsätze, in: Gedenkschr. W. Foerste (Nd. Studien 18), 1970, S. 61–77; dies., Zum System der Nebensätze im ersten dt. Prosaroman. Die Objekt- u. Subjektssätze, in: Stud. z. Gesch. d. dt. Sprache, Berlin (Ost) 1972, S. 167–230; dies., Zum Nebensatzrepertoire des ersten dt. Prosaromans. Die Attributsätze, PBB (Halle) 99 (1978) 5–31; U. Ruberg, 'Wörtlich verstandene' u. 'realisierte' Metaphern [...], in: Fs. M.-L. Dittrich (GAG 180), 1976, S. 205–220, bes. 211f.; K.O. Seidel / R. Schophaus, Einführung in das Mhd., 1979, S. 102–116 (Segmentierungsanalyse); A. Betten, Zu Satzbau u. Satzkomplexität im mhd. Prosa-L., Sprachwiss. 5 (1980) 15–42.

5. Wirkungsgeschichte. P. Märtens, Zur Lanzelotsage, Rom. Stud. 5 (1880) 557–700; A. Peter, Die dt. Prosaromane von Lanzelot, Germ. 28 (1883) 129–185; Kluge, Ausg., Bd. I, S. LXIIf.; K. Ruh (s.o. 3.) 1959/1970, S. 239–242; E.H. Soudek, Lancelot u. Lanzelet. Zur Verbreitung der L.-Sage auf dt. Sprachgebiet, Rice Univ. Studies 57 (1971) 115–121.

(1984)   Uwe Ruberg

Lichtenstein → Ulrich von L.

'Lucidarius'

1. Entstehungsumstände.
Der gereimte Prolog B überliefert erstmals in dt. Literatur einen vom Autor selbst verbürgten Werktitel: *Diz buoch heizet Lucidarius*. Der ebenfalls gereimte Prolog A teilt darüber hinaus mit, daß die *capellane* des Herzogs Heinrich des Löwen von Braunschweig (um 1129–6.8.1195) dieses in seinem Auftrag abgefaßt hätten mit der Auflage, seinen Lehrinhalt (*rede*) lat. *schriften* zu entnehmen und es nicht zu reimen: *sie ensolden niht schriben wan die warheit, alz ez ze latine steit*. Da Heinrich bei der Fertigstellung des Werkes offensichtlich noch am Leben war (Gott *neme den herren an sin geleite*, A 42), werden als Entstehungszeit allgemein die Jahre 1190–1195 angenommen.

2. Überlieferung. K. Schorbach, Studien über d. dt. Volksbuch L. (QF 74), Straßburg 1894, verzeichnet 42 Hss. und 108 Drucke vom Ende des 12. Jh.s bis 1892. Inzwischen sind annähernd 30 weitere hs.liche Textzeugen bekannt geworden. Eine überlieferungsgeschichtliche Untersuchung fehlt.

Ausgaben. Rezension I (= Rezension B mit 3 Büchern): L. aus der Berliner Hs. hg. v. F. Heidlauf (DTM 28), 1915, S. 1,1–78,18; Rezension II (= Rezension A mit 2 Büchern): P. Stahl, Der dt. L. Rezension A, Magister-Arbeit Würzburg 1979, S. 60–162. – Gereimter Prolog B: Heidlauf, S. 1,1–36; E. Schröder, Die Reimvorreden des dt. L., GGN Phil.-hist. Kl. aus dem Jahre 1917, 1918, S. 153–172, hier S. 167,1–169,36. Gereimter Prolog A: Heidlauf, S. XII, 1–XIII, 42; Schröder, S. 156, 1–157, 44; Stahl, S. 61,1–63,9.

3. Quellen.
Die Quellenschriften, auf die sich die *capellane* bei der Ausarbeitung des dt. 'L.' stützten, werden in den Prologen nicht genannt. Die Rechtfertigung des Titels durch den *meister* des Redaktorenteams, die Anlage des Werkes in 3 Büchern und die Verwendung der Lehrform des Dialogs zwischen einem fragenden Schüler (*der junger*) und einem dozierenden Magister (*der meister*) lassen jedoch erkennen, daß das 'Elucidarium' des → Honorius Augustodunensis die Funktion einer Haupt- und Orientierungsquelle einnahm. Nicht 'Aurea gemma' sollte das Werk heißen, wie Herzog Heinrich wegen der Kostbarkeit seines Inhalts (*tiure*) wollte und wie die 'Gemma animae' des Honorius nahelegen mochte, sondern *Lucidarius: daz ist ein lûhtaere*, der über *manigiu tougeniu dinc* unterrichtet und ihren *geistlîchen sin* offenbart. Mit dem Hinweis auf die *wârheit als ez ze latine steit*,

die auch in der Titelfrage maßgeblich sein sollte, dürfte sich letztlich der *meister* gegenüber dem *herzoge* durchgesetzt haben: Honorius nennt sein opus 'Elucidarium' ('Elucidarius' nach anderer hs.licher Tradition), *quia in eo obscuritas diversarum rerum elucidatur*. Verbindlich ist für die *capellane* ihre 'Elucidarius'-Vorlage auch hinsichtlich der Thematik der 3 Bücher ('De divinis rebus', 'De rebus ecclesiasticis', 'De futura vita'; 'L.': *diz bůch ist in drú geteilt* 58,12); die Perspektive wird aber auf die trinitarische Heilsgeschichte hin ausgeweitet: Der Bereich der Schöpfung (*welt* 3,6) ist dem Vater, der Bereich der Erlösung (*cristenheit* 32,1) dem Sohn, der Bereich der Vollendung (*pfalze dez geistlichen paradisez* 59,10) dem Heiligen Geist zugeordnet. Nicht zuletzt bedienen sich die 'L.'-Verfasser des Darstellungsmittels Dialog in der nämlichen Weise – was freilich im einzelnen noch zu untersuchen ist –, wie es Honorius als Schüler Anselms von Canterbury zu Lehrzwecken und zur theologischen Beweisführung eingesetzt hat. Neben dem 'Elucidarium' konnten DOBERENTZ, SCHORBACH, ENDRES und GLOGNER auch die Benutzung der 'Imago mundi' des Honorius und der 'Philosophia mundi' des → Wilhelm von Conches nachweisen. Den Einfluß von 'De divinis officiis' des → Rupert von Deutz glaubten HEIDLAUF und GLOGNER in Buch 2 erkennen zu können. Zweifelhaft ist weiterhin, ob auch die 'Gemma animae' des Honorius eingewirkt hat. Da die *capellane* ihren Stoff offensichtlich aus *manger schrifte* (A,34) zusammensuchten und nach einem bislang noch unbekannten exzerpierenden Verfahren arbeiteten, das die Wahrscheinlichkeit von Anlagen zunächst lat. 'Collectaneen' (WILHELM), die dann ins Deutsche übersetzt wurden, nicht ausschließt, muß mit der Verwendung vorerst noch unidentifizierter Quellentexte gerechnet werden.

4. Der Inhalt des 'L.' ordnet sich streng dem mit dem Zeitaspekt verquickten trinitarischen Grundplan, für den die Dreiteiligkeit konstitutiv ist, unter. Buch 1 handelt von *got* und der *ordenunge der welte* (2,1–31,24), wie *si gescafen ist* (Himmel, Hölle, Paradies), wie *si zerteilet ist* (Erde: Asien, Europa, Afrika, Inseln; Wasser, Luft, Feuer) und wie *si ende nemen sol*. Auf die Lehre von der Schöpfung folgt in Buch 2 die Lehre von der Erlösung (*des menschen ledigunge*) und der *heiligen cristenheit*, insonderheit wie diese *erhaben wurde*, wie sie sich im liturgischen Leben (Stundengebet, Messe, Kirchenjahr) entfaltet und wie *sú ende nemen sule* (31,25–58,18). Das 3. Buch bringt im engen Anschluß an die Darstellung des 'Elucidarium' die Eschatologie mit den Themen Tod, Fegfeuer, Hölle, Weltuntergang, Jüngstes Gericht und *ewige froide* (59,1–78,18).

Die Verwendung der Trinitätsvorstellung zur Gliederung einer theologischen Realiensumme verrät möglicherweise Bekanntschaft mit der trinitarischen Geschichtskonzeption des Joachim von Fiore. Die Verfasser des 'L.' scheinen auch mit der Sprachlogik der Porretaner vertraut zu sein, denn sie formulieren dieser entsprechend: *ein got sint drie genemede* (2, 3–4). Da sie zudem Wilhelm von Conches kennen, ist es denkbar, daß sie dem Geist der Schule von Chartres verpflichtet sind.

5. Text- und Corpusgeschichte.
Eingehende Untersuchungen der Rezension A, vor allem durch P. STAHL, haben erwiesen, daß diese alle Spuren und Kennzeichen einer nachträglichen Bearbeitung an sich hat. Sie zeigt gegenüber Rezension B Text-Einschübe, -Auslassungen und -Kürzungen sowie Textpassagen, die man als eindeutig sinnverändernd einschätzen muß. Die A-Rezension des 'L.' in der uns überlieferten handschriftlichen Gestalt bestand offensichtlich immer schon und immer nur aus zwei Büchern. Die redaktionelle Kürzung gehörte zum Bearbeitungsprogramm des A-Redaktors. Dessen Augenmerk richtete sich vornehmlich auf das Naturwissenschaftliche des Textes. Das spezifisch Theologische fand nicht sein Interesse und noch weniger sein Verständnis.

Nach wie vor bleibt die vorredaktionelle Textgeschichte des 'L.' im Dunkeln, da die frühen Göttinger Fragmente sicher nur B und nicht eine Vorstufe *AB bezeugen, und da das Kremsmünsterer Bruchstück offensichtlich nicht 'die ursprüngliche Fassung von Buch III', wie V. MERTENS vermutete, sondern eine bisher unbekannte 'Elucidarium'-Übersetzung wiedergibt. Es ist nicht ausgeschlossen, daß das Auseinanderdriften des 'L.' in Werkfassungen verschiedenen Umfangs (3 Bücher und 2 Bücher) und unterschiedlicher Konzeption, die die Überlieferung so unübersichtlich machen, in die Abfassungszeit des Textes zurückreicht. Der trinitarische Geschichtsentwurf, der ein Zeitalter des Hl. Geistes suggeriert, wird theologischen Widerspruch erfahren haben. Orthodoxe Bedenklichkeiten haben offensichtlich dazu geführt, Buch III entweder ganz wegzulassen oder es in eine neue, zweiteilige Werkstruktur zu integrieren. Lösungen dieser Art lassen eine Reihe von Handschriften erkennen. Nur eine Aufarbeitung der vollständigen kopialen Überlieferung des 13.–15. Jh.s wird Klarheit über die im SpätMA wirksam gewordenen Textausformungen bringen können.

Ohne Beispiel ist die Verbreitung des 'L.' in der Neuzeit. SCHORBACH hat allein 82 Drucke von 1479 bis 1806 erfaßt.

a) Die frühen Drucke des 15. und 16. Jh.s (SCHORBACH Nr. 1–29). Sie bieten die 3-Bücher-Version des 'L.'. Ihr Verhältnis zur hs.lichen Überlieferung und die Gestalt ihrer Textform bleibt noch zu untersuchen.

Ausgaben. Druck von Johannes Bämler, Augsburg 1479: Apollonius von Tyrus. Griseldis. Lucidarius, mit einem Nachwort von H. MELZER, H.-D. KREUDER (Dt. Volksbücher in Faksimiledrucken A 2), 1975; Druck von Johannes Schönsperger, Augsburg 1491: K. SIMROCK (Hg.), Die dt. Volksbücher 13, 1867, S. 373–442 (modernisierter Text).

b) Die Lübecker Ausgabe von 1520 (vgl. → Hans van Ghetelen und → 'Lübecker Mohnkopf-Offizin'). In ihr liegt eine selbständige nd. Bearbeitung vor, beschränkt auf Buch I, das in 20 Kapitel eingeteilt wird. Das 12. Kapitel interpoliert eine *Historie von dem groten konynck Alexander vnd den roden yoden* und gibt als Quelle das 'Speculum historiale' des → Vinzenz von Beauvais und 'De civitate Dei' → Augustins an.

c) M. Jacob Cammerlander 'Ein newer M. Elucidarius', 1535. Cammerlander redigiert den Text aus protestantischem Geist und teilt ihn in 25 Kapitel ein. Aus Buch II streicht er insbesondere die liturgischen, gottesdienstlichen und ding-auslegenden Abschnitte. Bei den länderbeschreibenden Passagen macht er wortwörtliche Anleihen aus dem 'Weltbuch' des Sebastian Franck, das 1534 in Tübingen erschien.

Ausgabe. Volksbücher von Weltweite u. Abenteuerlust, bearb. v. F. PODLEISZEK (DLE, Reihe Volks- u. Schwankbücher, Bd. 2), 1936 (Nachdr. 1964), S. 99–149.

d) Heinrich Steiner 'M. Elucidarius', 1540. Die Ausgabe teilt nicht die konfessionellen Vorbehalte Cammerlanders, dessen Text sie generell bessert und mit reichem Illustrationsmaterial versieht.

e) 'M. Elucidarius ... Mit angehencktem Bawren Compaß', 1566. Textgrundlage dieser Fassung ist die Ausgabe Steiners und ihr Charakteristikum der Bauern-Compaß von Jakob → Köbel, dem Stadtschreiber und Buchdrucker von Oppenheim, der mit ihr bis in die Mitte des 17. Jh.s verbunden bleibt.

f) Johannes Oporin 'M. Elucidarius', 1568. Der Cammerlander-Steinersche Text mit Bauern-Compaß wird völlig umgestaltet, in jetzt 15 Kapitel eingeteilt und im 14. Kapitel um einen geographischen Abschnitt über die neue Welt Amerika erweitert. Die alten theologischen Reste des III. Buches über den Antichrist und die Freuden der Seligen entfallen.

g) Caspar Maurer 'Kleine Cosmographia oder Summarische Beschreibung der ganzen Welt', 1655. Diese jüngste neuzeitliche Textbearbeitung des 'L.' verzichtet wieder auf den Bauern-Compaß. Sie streicht den Abschnitt über die Erschaffung des Kindes und alle theologischen Partien bis auf die beiden Kapitel über den Antichrist und die Freuden der Seligen.

Neu hinzu fügt sie in 3 Kapiteln einen Bericht über Jerusalem, über den Berg Sinai, das Grab der hl. Katharina und von der Stadt Alcayr. Die jüngsten Auflagen der Maurerschen Ausgabe zu Beginn des 19. Jh.s wissen wieder, doch bezeichnend unsinnig entstellt, um den alten von Herzog Heinrich favorisierten Titel des 'L.': *Diß Büchlein heißt Aurora Germanorum* (aus *Aurata Gemma* < *Aurea Gemma*: *der herzoge wolde daz man ez hieze da Aurea gemma*, Prolog A), *das ist: Ein Erleuchter der Teutschen.*

6. Die fremdsprachige Rezeption.
Wie sonst in der Regel nur lat. Werke wird der deutsche 'Lucidarius' auch öfter in die benachbarten Volkssprachen umgesetzt.

a) Dänischer 'L.'
An der Grenze vom 13. zum 14. Jh. von einem Geistlichen verfaßt, vermochte der dänische 'L.', im 16. Jh. von dem Buchdrucker Hans Barth ebenfalls protestantisch überarbeitet, eine der deutschen Drucküberlieferung vergleichbare Verbreitung zu entfalten. Der jüngste, nach SCHORBACH (S. 185) 26. Druck datiert v. J. 1892.

Ausgabe. C. J. BRANDT (Hg.), Lucidarius en Folkebog fra Middelalderen, Kjobenhavn 1849.

b) Mittelniederländischer Prosa-'L.'
Im Gegensatz zur freien Bearbeitung des dänischen 'L.' ist der mndl. Prosa-'L.' eine sich streng an das Deutsche anschließende Übertragung. Der aus einer vollständigen Hs. (London, Brit. Mus., Additional Ms. 10286) und einem Fragment bekannte Text wird von SCHORBACH, S. 196–216, analysiert und in Auszügen mitgeteilt.

c) Tschechischer 'L.'
Der tschechische 'L.' ist wie der mndl. Prosa-'L.' eine getreue Übersetzung des deutschen 'L.'. Von ihm sind eine Hs. und sechs Drucke, der jüngste aus d. J. 1811, bekannt. Eine Ausgabe fehlt.

d) Russischer 'L.'
Nach Mitteilungen NACHBINS, die allerdings überprüft werden müssen, ist auch der russische 'Lucidarios' 'eine Übersetzung aus dem deutschen' (S. 365 Anm. 6).

Vermutete Übertragungen ins Schwedische, Italienische, Französische und Lateinische konnten bisher nicht nachgewiesen werden.

7. Nachwirkung.
Parallel zur Verbreitung des 'L.' in Hss. und Drucken darf man eine starke literarische Einflußnahme auf andere Texte der dt. Dichtung und Prosaliteratur annehmen. Sichere Nachweise sind indes schwierig, weil Inhaltliches, das mit dem 'L.' gleichlautet, auch aus verwandten lat. Enzyklopädien genommen werden konnte und weil immer auch der Einfluß des gleichnamigen lat. 'Elucidarium' des Honorius Augustodunensis zu bedenken ist.

Einer der ersten Benutzer des 'L.' mag → Wolfram von Eschenbach gewesen sein (SCHORBACH, S. 227f., BUMKE, S. 60). Nach CHR. GERHARDT hatte der → 'Herzog-Ernst'-Dichter am Welfenhof in Braunschweig Zugang zu den lat. Vorarbeiten des 'L.'. Auch die 'Weltchronik' → Rudolfs von Ems scheint nicht unabhängig vom 'L.' entstanden zu sein. Weit mehr als nur die Kenntnis der Dialogform verdankt der Dichter des Seifried → Helbling dem 'L.', nach dem er sein poetisches Werk als 'Kleiner L.' benennt. Dem 'L.'-Typ des Lehrer-Schüler-Gesprächs dürfte auch → Brun von Schönebeck im 'Hohen Lied' verpflichtet sein. Inhaltliche und strukturelle Vorlage ist das 1. Buch des 'L.' dem Sangspruchdichter → Hugo von Meiningen in seinem Lied *Wo von die welt ane wandel*. Noch Weniges ist über die Einwirkung des 'L.' auf dt. Prosawerke des SpätMAs und der frühen Neuzeit bekannt. Daß er für das → 'Buch Sidrach' Vorbild war, muß vermutet werden. Unter den Quellen erscheint er im → 'Iatromathematischen Hausbuch'. Auch der → 'Macer' schöpft aus ihm. Sogar → Marquard von Lindau hat den 'L.' gekannt und benutzt. Und schließlich verdankt das Spießsche 'Faustbuch' (Frankfurt 1587) einem 'Elucidarius' den Großteil seines geo- und kosmographischen Wissens.

Literatur. O. DOBERENTZ, Die Erd- u. Völkerkunde in d. Weltchronik des Rudolf v. Hohen-Ems, b. Benutzung der Imago Mundi des Honorius in dem dt. L., ZfdPh 12 (1881) 387–412; K. SCHORBACH, Stud. über das dt. Volksbuch L. u. seine Bearbeitungen in fremden Sprachen (QF 74), Straßburg 1894; A. ARCHANGELSKY, Zur Gesch. des dt. L., ZfdA 41 (1897) 296–300; J. A. ENDRES, Honorius' Beitrag zur Gesch. d. geistigen Lebens im 12. Jh., 1906; R. PETSCH, Das Volksbuch von Doctor Faust, ²1911; WILHELM, Denkm., Nr. XLIV, S. 115–131, 222–239; F. HEIDLAUF, Das mhd. Volksbuch L., Diss. phil. Berlin 1915; E. SCHRÖDER, Die Reimvorreden des dt. L., GGN (1917) 153–172; F. KARG, hiez-Formel u. hiez-Satz im L. A, PBB 54 (1930) 268–280; G. GLOGNER, Der mhd. L. Eine mal. Summa (Forschg.n z. dt. Sprache u. Dichtung 8), 1937; J. NACHBIN, Beitr. z. Studium d. dt. L., ZfdPh 63 (1938) 365–375; M. DITTRICH, Zur ältesten Überl. des dt. L., ZfdA 77 (1940) 218–255; L. WOLFF, Welfisch-Braunschweigische Dichtung d. Ritterzeit, NdJb 71/73 (1950) 68–89, bes. S. 69–71; Y. LEFÈVRE, L'Elucidarium et les Lucidaires, Paris 1954; G. EIS, Ein L.-Auszug, PBB (Tüb.) 79 (1957) 380–384; E. UHROVÀ, Bemerkungen zum dt. u. alttschech. L., Sborník prací filosofické fakulty brněnské university 15 (Brno 1966), Reihe D 13, S. 57–68; P. KEYSER, Michael de Leone († 1355) u. seine lit. Sammlung, 1966, S. 40–43; R. TH. M. VAN DIJK OCarm, De Kampse Fragmenten van de Dietsche Lucidarius; een diplomatiese uitgave met literair-historische inleiding, (gestencild) Nijmegen 1967; A. SALVESEN, Studies in the Vocabulary of the Old Norse Elucidarium, Oslo, Universitets forl. 1968; V. MERTENS, Ein L.-Fragment d. 12. Jh.s, ZfdA 97 (1968) 117–126; H. UNGER, Vorreden dt. Sachlit. d. MAs als Ausdruck lit. Bewußtseins, in: Werk-Typ-Situation, Fs. H. Kuhn, 1969, S. 217–251, bes. S. 223–225; E. u. H. KIEPE (Hgg.), Ged. 1300–1500 (Epochen d. dt. Lyrik 2), 1972, S. 198–205; G. STEER, Germanist. Scholastikforschung III, Theologie u. Philosophie 48 (1973) 87–90; H. DÜWELL (Hg.), Eine afrz. Übers. des Elucidarium (Beitr. z. rom. Philologie d. MAs 7), 1974; Wortindex zur Heidlaufschen Ausgabe d. L., bearb. v. U. GOEBEL (Indices Verborum z. altdt. Schrifttum I), 1975; CHR. GERHARDT, Die Skiapoden in den 'Herzog Ernst'-Dichtungen, Literaturwiss. Jb. NF 18 (1977) 13–87, bes. S. 39–47, 83–87; R. SUNTRUP, Die Bedeutung d. liturgischen Gebärden u. Bewegungen in lat. u. dt. Auslegungen des 9.–13. Jh.s (Münsteraner MA-Schriften 37), 1978, passim; H. KÄSTNER, Mal. Lehrgespräche (Phil. Stud. u. Qu. 94), 1978, S. 160–163; K. GRUBMÜLLER, Nôes Fluch, in: Medium Aevum deutsch, Fs. f. K. Ruh, 1979, S. 99–119, bes. S. 105 f.; J. BUMKE, Wolfram v. Eschenbach, ⁵1981, S. 60; Lit. u. Laienbildung im SpätMA u. in d. Reformationszeit, hg. v. L. GRENZMANN / K. STACKMANN, 1984, S. 261, 501, 589.

(1985)   GEORG STEER

'Ludwigslied'

1. Überlieferung. Valenciennes, Bibl. Municipale, Ms. 150, 141ᵛ–143ʳ. – Die in der 1. H. des 9. Jh.s in Flandern (St. Amand?) entstandene Hs. enthält acht Werke Gregors von Nazianz in der lat. Übers. des Rufinus von Marseille und kleinere lat. liturgische Dichtungen. Auf den zunächst leer gebliebenen Schlußseiten folgt auf die afrz. Eulalia-Sequenz das 'L.'.

Faksimilia: M. ENNECCERUS, Die ältesten dt. Sprachdenkmäler, 1897, S. 40–43; FISCHER, Tafel 22 (141ᵛ und 142ʳ). – Zur Hs.: ZACHER, 1871, S. 308–311; A. MOLINIER, Catalogue général des manuscrits des Bibliothèques publiques de France. Départements, Tome XXV, Paris 1894, S. 250 f.; E. DEKKERS, De Bibliotheek van St. Rikiers in de middeleeuwen, Gent 1942, S. 17–49; HARVEY, S. 1–20; FISCHER, S. 25*; COMBRIDGE, S. 33–37.

Ausgaben. K. LACHMANN, Laudes Ludovici regis, Specimina linguae Francicae in usum auditorum, Berlin 1825, S. 15–17; ZACHER, 1871, S. 311–313; PIPER, S. 258–261; MSD I, II, Nr. XI; STEINMEYER, Sprachdenkm., S. 85 f. (zit.); LEFRANCQ, S. 52–56; R. SCHÜTZEICHEL, bei BERG, S. 197–199; BRAUNE, Leseb., Nr. XXXVI.

Neuere Übertragungen: Älteste: J. J. BODMER, Siegeslied d. Franken, an d. Schelde vom Jahre 881, ae. und altschwäb. Balladen, Zürich 1780, S. 189–191; – LEFRANCQ, S. 56 f. (L. übersetzt das 'L.' ebd. ins Ndl. und Frz.: S. 52–56); K. WOLFSKEHL / F. VON DER LEYEN, Älteste dt. Dichtg.n, 1964, S. 11–15; R. SCHÜTZEICHEL, bei BERG, S. 197–199.

2. Zwar ist der Verfasser dieses Liedes (59 Kurzpaarverse), der allgemein für einen Geistlichen und Angehörigen der westfrk. Oberschicht aus der Umgebung des Königs Ludwig gehalten wird, nicht namentlich bekannt, doch legen der Fundort der Hs., die Abtei St. Amand in Südflandern, die in der Hs. zugleich überlieferte afrz. Dichtung und schließlich der Inhalt des 'L.' es nahe, dies ahd. Denkmal in räumliche wie zeitliche Nähe zu dem Geschehen zu setzen, dem es sich widmet.

Das 'L.' läßt sich exakt datieren. Es muß zwischen dem 1. (oder 3.) August 881, dem Tag der im Lied beschriebenen Schlacht, und dem 5. August 882, dem Todestag Ludwigs, entstanden sein; denn es feiert ihn als Lebenden. Aufgezeichnet wurde es, wie die Überschrift 'Rithmus teutonicus de piae memoriae Hluduico rege filio Hluduici aeque regis' zeigt, nach dem Tode des Königs.

Die Ma. der sorgfältig geschriebenen Hs. wurde von der älteren Forschung als rhfrk. bestimmt; nach den Untersuchungen von SCHÜTZEICHEL kommen mfrk. wie niederfrk. Komponenten hinzu. Außerdem rechnet er aufgrund verschiedener indirekter Zeugnisse mit einem noch näher zu bestimmenden westfrk. Sprachgebrauch innerhalb des frz. Sprachraums, mit dem das 'L.' möglicherweise in Zusammenhang steht.

3. Der im Lied genannte König Ludwig ist der Karolinger Ludwig III., der Sohn Ludwigs des Stammlers, dem, nachdem er seine Regierungsansprüche gemeinsam mit seinem jüngeren Bruder Karlmann erfolgreich verteidigt hatte, der in vielen Quellen (z. B. 'Annales Vedastini', 'Chronicon Sithiense', Hinkmar von Reims, 'Annales Blandinienses') gerühmte Sieg an der Mündung der Somme bei Saucourt gegen die Normannen gelang. Die Annalisten berichten (dazu E. DÜMMLER, Gesch. d. ostfrk. Reiches, Bd. 3, ²1888, S. 152–165; W. VOGEL, Die Normannen u. d. frk. Reich bis zur Gründung d. Normandie [799–911], 1906, S. 272–275), daß bei einem unvermuteten Ausfall der Normannen allein die Worte und das mutige Beispiel Ludwigs das frk. Heer standhalten und siegen ließen.

Zwar konzentriert sich das 'L.' auf die Gestalt des Königs und verzichtet auf historische Details (z. B. auf die Wiedergabe des Ausfalls der bereits geschlagenen Normannen), seine Interpretation und Bewertung des Geschehens steht jedoch im Einklang mit der zeitgenössischen Historiographie.

Das Lied stellt in seinem ersten Teil (1–8) die Vita des Königs bis zu diesem Kampf dar. Sie wird bestimmt durch die Gnadenwahl Gottes, der sich des jung verwaisten Fürsten an Vaters Stelle annimmt. Ludwig seinerseits dient Gott mit großer Bereitschaft. Der zweite Teil (9–59) gilt der Prüfung Gottes, die Ludwig durch den Einfall der Heiden widerfährt, und seiner Bewährung im tapferen Kampf und rechten Glauben, die Gott mit dem Sieg belohnt. War der Einfall der Heiden für den König eine Versuchung und Prüfung, so trifft er das Volk als Strafe Gottes, die Buße und Abkehr vom sündhaften Leben bewirkt.

Das geschichtliche Ereignis wird als Heilsgeschichte begriffen, entsprechend dem Geschichtsverständnis der zeitgenössischen Theologie und Geschichtsschreibung (z. B. Johannes Scotus Eriugena, Hincmar von Reims).

4. Das christlich gedeutete Kampfgeschehen mit König Ludwig im Mittelpunkt läßt das 'L.' mit WEHRLI als das früheste überlieferte christliche Heldenlied verstehen, in dem der Held beispielhaft Kriegsdienst und Gottesdienst vereint. Dagegen hatte die ältere Forschung in ihm das einzige späte, christlich übermalte südgerm. Zeugnis der Gattung des Preisliedes sehen wollen (zuletzt MELICHER und MAURER) oder es zu den lat. Zeitliedern (z. B. über die Avarenschlacht) in Beziehung gesetzt (NAUMANN).

5. Durch Endsilbenreim paarweise gebundene Kurzverse in → Otfrids Manier sind in der Hs. in zwei- oder dreizeilige langversige Strophen gegliedert. Den Satzstil kennzeichnen kurze und prägnante Parataxen; Hypotaxe begegnet vornehmlich in der Rede des Königs (32–41). Die Wortwahl verrät Kenntnis der Heldendichtung, bes. bei den Kampftermini.

Literatur. EHRISMANN, LG I, ²1932, S. 228–236 (dort ältere Lit.); – H. SPERL, Naturalismus u. Idealismus in d. ahd. Lit., 1928 (Nachdr. 1973), S. 133–153; E. SIEVERS, Elnonensia, in: Fs. E. Wechssler, 1929, S. 247–277; H. NAUMANN, Das 'L.' u. d. verwandten lat. Ged., Diss. Halle 1932; M. ITTENBACH, Dt. Dichtg. i n d. salischen Kaiserzeit u. verwandte Denkm., 1937, S. 19–27; A. HEUSLER, Die altgerm. Dichtg. o. J., S. 122–124; R. HARVEY, The Provenance of the Old High German 'L.', Medium Aevum 14 (1945) 1–20; P. LEFRANCQ, 'Rhythmus Teutonicus' ou 'L.'?, Paris 1945; W. SCHWARZ, The 'L.', MLR 42 (1947) 467–473; TH. MELICHER, Die Rechtsaltertümer im 'L.', WSB 91 (1954) 254–275; F. WILLEMS, Der paratatische Satzstil im 'L.', ZfdA 85 (1954/55) 18–35; F. MAURER, Hildebrandslied u. 'L.', DU 9.2 (1957) 5–15; TH. SCHUMACHER,

5/1039 *Uurdun sum erkorane, Sume sâr verlorane.* Zum 'L.' v. 11 bis 18, PBB (Tüb.) 85 (1963) 57–64; E. BERG, Das 'L.' u. d. Schlacht bei Saucourt, Rhein. Vjbll. 29 (1964) 175–199; M. WEHRLI, Gattungsgeschichtl. Betrachtungen zum 'L.', in: Fs. W. Henzen, 1965, S. 9–20; H. FISCHER, Schrifttafeln zum ahd. Leseb., 1966, Tafel 22 u. S. 25*; R. SCHÜTZEICHEL, Das 'L.' u. d. Erforschung des Westfrk., Rhein. Vjbll. 31 (1966/67) 291–306; R. COMBRIDGE, Zur Hs. d. 'L.', ZfdA 97 (1968) 33–37; H. HOMANN, Das 'L.' – Dichtg. im Dienste d. Politik?, in: Fs. H. Jantz, 1972, S. 17–28; E. URMONEIT, Der Wortschatz d. 'L.' im Umkreis d. ahd. Lit. (Münstersche MA-Schriften 11), 1973; H. BECK, Zur lit.-gesch. Stellung d. ahd. 'L.' u. einiger verwandter Zeitgedichte, ZfdA 103 (1974) 37–51; J. FOUGHT, The 'Medieval Sibilants' of the Eulalia-Ludwigslied Manuscript and their Developement in Early Old French, Language 55 (1979) 842–858; R. MÜLLER, Das 'L.' – eine Dichtg. im Dienste monarchischer Propaganda f. d. Kampf gegen die Normannen?, in: Sprache, Text, Gesch. ..., hg. v. P.K. STEIN u.a. (GAG 304), 1980, S. 441–477; T. EHLERT, Lit. u. Wirklichkeit – Exegese u. Politik. Zur Deutung des 'L.', Saeculum 32 (1981) 31–42; J. CARLES, Le 'L.' et la victoire de Louis III sur les Normands à Saucourt-en-Vimeu en 881, in: La Chanson de geste et le mythe Carolingien, Mélanges R. Louis, 2 Bde, Saint-Père-sous-Vézelay 1982, I, S. 101–109; R. KEMPER, Das 'L.' im Kontext zeitgenöss. Rechtsvorgänge, DVjs 56 (1982) 161–173.

(1985) WIEBKE FREYTAG

M

Magdeburg → Mechthild von Magdeburg

'Mauritius von Craûn' → 'Moriz von Craûn'

Mechthild von Magdeburg

Mystikerin des 13. Jahrhunderts

1. Ihre Lebensumstände lassen sich nur aus den autobiographischen Hinweisen in ihrem Werk, dem kurzen lat. Vorwort dazu, dem längeren lat. Prolog vor der lat. Übersetzung der Bücher I–VI (= Rev.), einigen kundigen Zusätzen zum Text dieser Übersetzung sowie aus Anzeichen in Wortschatz, mnd. Lautungsformen und Reimgebrauch erschließen. Wohl um 1207 einer ritterlichen Burgmannenfamilie in der westl. Mittelmark entsprossen und höfisch erzogen, erlebte sie zwölfjährig ihre erste Vision (IV 2), flüchtete um 1230 aus dem Elternhaus nach Magdeburg in ein Beginenhaus, um ein Leben in asketischer Heimatlosigkeit, Armut und Kasteiung zu führen. Oft krank, hatte sie viele visionäre Erlebnisse und begann nach zeitweiliger Unterbrechung ihrer Unioerfahrungen um 1250 auf Geheiß ihres dominikanischen Beichtigers Heinrich von Halle das Buch 'Ein fließendes Licht der Gottheit' als Offenbarungszeugnis eigenhändig zu schreiben; zunächst bis zum Ende von Buch V vor 1260. Anfeindungen und Kritik ihres Werkes (V 12), sogar Drohungen (II 26) und wohl auch die Beschlüsse einer Magdeburger Dominikanersynode von 1261 gegen das Beginentum sowie schwere Krankheit (V 32) haben M. zeitweise zu ihren Verwandten zurückkehren lassen (VI 4; VI 19). Um 1270 wurde sie in das der Zisterzienserregel folgende Nonnenkloster Helfta (Helpede) aufgenommen, das unter der Äbtissin Gertrud von Hakkeborn zu einem Mittelpunkt mystischer Literatur wurde, als die gelehrte → Gertrud von Helfta ('die Große') und die Nonne → Mechthild von Hackeborn, durch das 'Fl. L.' angeregt, ihre Visions- und Gebetstexte verfaßten. Hier schrieb M. bis zu ihrem Tode die in Buch VII enthaltenen Kapitel und diktierte (VII 64) erblindet die letzten ihren Mitschwestern. Ihr Magdeburger Beichtiger Heinrich von Halle, nach 1260 Lektor im Ruppiner Predigerkloster unter dem gräflichen Mystiker → Wichmann von Arnstein, trat nach 1271 in das neugegründete Kloster zu Halle über und starb noch vor M.; dort wirkte auch ihr Bruder Baldewin als Subprior (Rev. 515, 25; 'Fl. L.' IV 26; VI 42). M.s Tod, den Gertrud (Legatus V 7) beschrieb, ist um 1282 anzusetzen (Rev. 436, 32).

2. Überlieferung des 'Fl. L.'. Das Werk ist vollständig erhalten nur in Einsiedeln, Stiftsbibl., Msc. 277, Perg. in 4°, 2^r–166ra (2. H. 14. Jh.), aus dem Nachlaß der Basler Begine Margret zem Guldin Ring (vgl. → Heinrich von Nördlingen) in Basler Schreibsprache (Hs. E). Ein Drittel enthält das Exzerpt in der Hs. Nr. 2137 MS in Colmar, Bibl. des Konsistoriums Augsburgischer Konfession (jetzt in der StB, früher in der Franziskanerkirche), Pap. in 4°, 77^v–141^r (1. H. 15. Jh.), elsäss. Ein knappes Fünftel steht im Exzerpt Würzburg, Bibl. des Franziskanerklosters, Hs. I 110, Pap. in 4°, 40ra–62vb, richtige Blattfolge s. KORNRUMPF, 1968, S. 284 Anm. 2 (letztes Drittel 14. Jh.), ostfrk. Ein gutes Zehntel bietet das Exzerpt Budapest, Széchényi-Nationalbibl., cod. Germ. 38, Pap. in 4°, 226^r–245^r (geschr. 1416), aus der Benediktinerabtei Millstatt stammend, niederösterr. Sonst sind nur einzelne Kapitel, Kapitelteile und Zitate in Streuüberlieferung erhalten.

Die Bücher I–VI wurden bald nach M.s Tod von mindestens zwei Hallenser Dominikanern ins Lat. übertragen; diese schon von → Dietrich von Apolda vor 1298 für seine 'Vita S. Dominici' benutzte Übersetzung ist vollständig erhalten in Basel, UB, Mscr. B IX 11, Perg. in 4°, 51ra–91va (um 1350) und daraus mit wenigen Lücken abgeschrieben ebd., Mscr. A

VIII 6, Pap. in 4°, 99ʳ–154ᵛ und 159ʳ–195ᵛ (frühes 15. Jh., aus dem Basler Kartäuserkloster). Aus einer Vorstufe von B IX 11 wurde die lat. Fassung ins Deutsche rückübersetzt und blieb in einer Abschrift erhalten in der Wolhusener Hs., jetzt Immensee (Kt. Schwyz), Bibl. des Missionshauses, cod. Nc/340, Teil II, 2ᵛ–220ʳ mit einigen Lücken (Hs. von 1517), Pap. in 4°, nordostschweizerisch.

Ausgaben. Vollständig (nach E) von G. Morel, Offenbarungen der Schwester M.v.M. oder das fließende Licht der Gottheit, 1869 (Nachdr. 1965). Vor dem Abschluß: 'Das fließende Licht d. Gottheit' von M.v.M., nach d. Einsiedler Hs. in kritischem Vergleich mit d. gesamten Überl. hg. v. H. Neumann. Teilabdruck nach dem Würzburger Exzerpt von W. Schleussner, Das fließende Licht der Gottheit, 1929, S. 93–183 (mit Übers.). Krit.-Teilausgaben in: J. Quint, Dt. Mystikertexte d. MAs I, 1929, S. 1–20; K. Ruh, Altdt. Mystik, Bern 1950, S. 6–25.

Lat. Text: Revelationes Gertrudianae ac Mechtildianae II: Sanctae Mechtildis virginis ordinis s. Benedicti Liber specialis gratiae, accedit sororis Mechtildis ... Lux divinitatis, ... Opus ... editum Solesmensium O.S.B. monachorum cura et opera, Paris 1877, S. 435–643 (= Rev.).

Übersetzungen ins Nhd. vollständig von G. Morel, 1869; M. Schmidt, Einsiedeln 1955; in Auszügen von S. Sigmund, 1907; M. Escherich, 1909; W. Oehl, 1911; H.A. Grimm, 1918. Übersetzung der lat. Version von J. Müller, 1881.

3. Das 'Fl.L.' ist in drei Stufen entstanden mit den Büchern I–V (zw. 1250–1259), VI (zw. 1260–1270/71), VII (zw. 1271–1282). Der lat. Vorrede (um 1270) in E war nur das erste Corpus der Bücher I–V bekannt, das eine von M. schon ergänzte und von ihrem Beichtiger geprüfte (V 12), in Bücher und Kapitel eingeteilte, mit Kapitelüberschriften versehene und in Reinschrift übertragene Fassung war (II 26), was auch für die zweite Stufe gilt, während die dritte von anderer Hand redigiert ist (Rev. 517, 5 ff.). Die zweite Stufe liegt der lat. Übersetzung zugrunde, der eine hierarchisch abwärts gestufte Umordnung des mnd. Originals nach sachlichen Gesichtspunkten voraufging. Der hier gleichfalls auf VI Bücher verteilte Text, aus dogmatischen Rücksichten, in Anlehnung an Vulgatastellen, aus Gründen rhetorischer Steigerung und kolonreimtechnischer Ausschmückung vielfach erheblich verändert, ist für die Textkritik bedingt von Nutzen.

Ein der Übersetzung vorangestellter Prologus zeigt den Charakter einer Verteidigungsschrift (Rev. 435–437) und ist nach M.s Tod verfaßt, wohl von einem der Übersetzer in Halle.

Das mnd., mit md. Sprachformen (besonders in den lyrischen Teilen) durchsetzte Original wurde 1343–1345 unter Mitwirkung von → Heinrich von Nördlingen in einem Kreis von Gottesfreunden zu Basel der dortigen Schreibsprache angepaßt, vielleicht aus einer schon md. eingefärbten Textfassung (in Erfurt geschr.?): *ee wirs ain wenig in unser tützsch brachtint* (Ph. Strauch, M. Ebner u. H. v. Nördlingen, 1882, S. 247), und weiterhin obd. eingeebnet; aber Hs. E bewahrt noch einige mnd. Restwörter. Dem westobd.-alem. Überlieferungszweig steht ein kleiner ostobd. Zweig gegenüber, der die Budapester Auszüge und wenige Stücke der Streuüberlieferung umfaßt und der Basler Übertragung nur selten näher blieb.

4. M.s Werk ist die eigenhändige Zeugnisschrift eines mystisch-religiösen Lebens, die von der Verfasserin als Ausfluß göttlicher Erleuchtung begriffen wurde und damit höchste Autorisation erhielt (Morel 3, 9–14), auch gegenüber der Geistlichkeit. Der Offenbarungscharakter des 'Fl.L.s' bezieht sich nicht nur auf die mitgeteilten Visionen selbst, sondern ebenso auf den inspirativ erfahrenen Sachgehalt der in menschliche Worte gefaßten Lehrbotschaften (VI 36) und Prophezeiungen (VI 21). Neben der Darstellung ekstatischer Unioerlebnisse treten in den ersten beiden Büchern besonders die Wechselgesänge zwischen der Seele und Gott und die Dialoge über Wesen und Wirkung der Minne hervor. Dabei stehen brautmystische Vorstellungen und Minneklagen im Vordergrund, oft im Anklang an das Hohelied, an den frühen Minnesang oder an volkstümliche Liebesdichtung, spiritualistisch überhöht und trotz formaler Schlichtheit durch poetische Bildmächtigkeit zu großer Dichtung gesteigert. Seit dem dritten Buch werden einfache Visionsberichte über Himmel, Fege-

feuer und Hölle sowie allerlei Lehrdialoge mit Gott und Minnebetrachtungen häufiger. In Buch VII ist dann die wieder heraustretende Brautmystik kein Ausdruck der Minneekstase mehr, sondern Zeugnis der Unioerwartung nach dem Tode (VII, 21; 27; 31; 35). Gewiß steht hinter der Metaphorik des Fließens, sich Ergießens, des Wassers, des Brunnens neben den biblischen 'Vor-Bildern' auch der Emanatismus des Pseudo- → Dionysius Areopagita sowie die neuplatonische Lichtmetaphysik neben den jüdisch-christlichen Vorstellungen vom göttlichen Brunnen, Licht und Feuer. All das muß M. aus verschiedenen Quellen durch priesterliche Unterweisung kennen gelernt und in ihren Visionen und Betrachtungen, Dialogen und gedanklichen Erörterungen frei verwertet und als von Gott selbst ihr geoffenbartes Wissen verstanden haben: *Ich enkan noch mag nit schriben, ich sehe es mit den ŏgen miner sele und hŏre es mit den oren mines ewigen geistes und bevinde [es] in allen liden mines lichamen die kraft des heiligen geistes* (IV 13). Anders als bei → Hadewijch ist für M. wegen mangelnder Lateinkenntnis (II 3) und theologischer Bildung (II 26; III 1; VII 21) eine durch Bücher vermittelte Unterrichtung in der Kirchensprache ausgeschlossen; es ist nicht unwahrscheinlich, daß M. Anregungen aus Schriften der älteren mndl. Frauenmystik erhielt. Sonst war ihr Wissen um Grundlehren der Theologie und der mystischen Literatur nur mittelbar gewonnen und mit eigenen Gedanken und Vorstellungen oft überformt, was zu kritischer Stellungnahme Heinrichs von Halle führen konnte und zur Antikritik der Begine (V 12; VI 31, 36). Als geistiger Hintergrund sind (außer biblischen Texten, vor allem dem Hohen Lied, den Evangelien und der Offenbarung) auch Stellen aus Augustin, Bernhard von Clairvaux, Hugo und besonders Richard von St. Victor, Hugo von St. Cher wie auch dem Pseudo-Dionysius (wohl nach Thomas Gallus), Joachim von Fiore und namentlich Meßkanon und Liturgie in M.s Werk faßbar; Bibelexegetik und vorab Schriftallegorese haben viele Spuren hinterlassen, so daß ein weiter Bildungshorizont in M.s Schriften zu erkennen ist, wenn auch ein laikal erworbener, der Raum für visionär erfahrene Kenntnisse ließ. Auch einige subtile theologische Probleme tauchen bei M. auf, so das Freiwerden der Seele *von allen dingen*, wenn sie *das niht* liebt und *das iht* flieht und *in der waren wŭstenunge* verweilt (I 35); die Erkenntnis, *wie got ist allú ding in allen dingen* (II 19); die trinitarischen Spekulationen (II 3; III 9; IV 14); die Erschaffung der Seele (I 22; III 9; VI 31); Gottes Sein vor der Schöpfung (VI 31); das Verhältnis von Seele und Leib während der Ekstase (VI 13); die Rückkehr des Geschöpfs in den Schöpfer (VII 25); die Lehre vom Seelenauge (VI 31) und die häufige Klassifikation der *minne* nach Ursprung (II 11), Wirkung (III 13, 24), Eigenschaften (IV 15, 16), Kräften (IV 28; V 4, 31) und Stufen (VII 45; 61), *ungebundene* und *gebundene minne* (II 24), sowie viele Aussagen in den Minnedialogen (I 1; II 23, 25) und in zahlreichen Minneklagen, die das Ganze durchziehen. Freilich macht die auf ekstatische Unio gerichtete Minne der ersten Bücher einer verhalteneren Form der Gottesliebe in der Spätzeit Platz; dieser Wandel findet in dem Satze Ausdruck: *Din (der Seele) jugent was ein brut miner (Gottes) menscheit, din alter ist nu ein husvrŏwe* (Ehefrau) *miner gotheit* (VII 3). Die Zäsur wird in IV 12 deutlich, wo mit der Leiderfahrung der Gottesferne (*gotesvremedunge*) die M. eigentümliche Struktur ihrer Mystik heraustritt. Nach dem Minnebegehren (*gerunge*) der Seele folgt mit dem Sprung in die Minne der Akt der Erkenntnis (*bekantnisse*), die in die Vereinigung mit Gott (*gebruchunge*) führen kann und das körperliche Bewußtsein in der Ekstase auslöscht (*über alle menschliche sinne*); die Liebesvereinigung endet notwendig mit der Trennung (*wenn das spil aller best ist, so mŭs man es lassen* I 2). Die Seele weist alle Trostversuche ab, um in Demut die Pein der Gottesferne zu bejahen und die Liebesgebundenheit darin bestätigt zu wissen (*ie ich tieffer sinke, ie ich sŭsser trinke* IV 12): *Si* (die Seele) *sinket mit grossem vlisse in die nidersten stat, die got in siner gewalt hat*

..., *das ist unter Lucifers zagel* V 4. Aus dieser Polarität erwächst die Seelenspannung, von der M.s Mystik bestimmt wird (vgl. VON BALTHASAR, 1955, S. 34–38; HAAS, 1975, S. 12–18). – Der ihr stets bewußte göttliche Auftrag (II 26) befähigt und berechtigt M. zur Belehrung geistlicher Menschen in Weltklerus und Mönchtum, nicht nur über Wesen und Formen der Gottesminne, sondern auch über zahlreiche Fragen des aszetischen Lebens. Gesichte über Verstorbene und Fürbitten für ihre noch leidenden Seelen zeigen immer wieder Verantwortungsbewußtsein für den engeren Kreis ihrer Gemeinschaft, was ebenso aus den Mahnkapiteln an Priore und den Dechanten des Domstifts zu Magdeburg hervorgeht (VI 1 u. 2).

Häufig schlägt die Lehre in scharfe Kritik um, wie an den Beginen (III 15), den Klosterschwestern (VII 27), Ordensgeistlichen (V 24; VI 13), dem Domkapitel (VI 3), der 'Kirche' (V 34) und dem Papst (VI 21), auch an häretischen Schwarmgeistern, vielleicht den Ketzern im Ries (VII 47), sowie an adligen Damen (IV 17; V 34) auf den Burgen. Dem steht gegenüber das dem Predigerorden gespendete Lob (IV 20–22), der nur von dem prophezeiten Endzeitorden übertroffen wird (IV 27). Ein Teil der Texte gilt freilich dem geistlichen Alltag, den Gedanken über Sünde und Gnade, über Gottes Gerechtigkeit und Barmherzigkeit und vor allem den oft kunstvoll aufgebauten Gebeten und hymnenartigen Preisgesängen zu verschiedenen Gelegenheiten. Tiefsinnige Dialoge von großer Lebendigkeit, so zwischen der Minne und der Seele (I 1; III 3; VII 48), der Seele und den Sinnen (I 44), der Erkenntnis und der Seele (II 19), der 'Beschauung' (*contemplacie*) und der Seele (II 22), der Minne und der stumpfen Seele (II 23), der Erkenntnis und dem Gewissen (VII 17), der Seele und den geistlichen Tugenden (VII 62) erweisen die gestaltende Kraft von M.s innerer Zwiesprache mit den Personen der Gottheit. → Hildegards von Bingen Linie der kosmischen und apokalyptischen Schau setzt sich bei M. fort in den großen Visionen über die Schöpfung (III 9; VI 31), den Aufbau des Himmels (III 1; IV 24), die Menschwerdung und Kindheit Christi (V 23), das Paradies (VII 57), das Fest der Dreifaltigkeit nach dem Jüngsten Gericht (VII 37), die Hölle (III 21; VII 39), das Fegefeuer (II 8; III 15; V 14; VI 8; VII 2). In fast all diesen Darstellungen liegen über einer zumeist dünnen Schicht traditioneller Bestandteile eigenständige Detailschilderungen von großer Eindringlichkeit. Das gilt vorab auch für die Gesichte M.s über den neuen Endzeitorden (IV 27; VI 15), das Wüten des Antichrist (ebd.), den geistigen Kampf Enochs und Elias' (ebd.) und ihr Martyrium (ebd.).

5. M.s syntaktisch reich gegliederte Prosa ist keine gedrechselte Kunstprosa, aber mit dieser Form der mlat. Traktatliteratur auch durch den sehr häufig verwendeten Kolonreim verbunden, welcher oft assonantisch bleibt und seiner ursprünglichen Vielfalt z.T. durch die obd. Umschrift und durch spätere Wortumstellung beraubt worden ist. Immer wieder geht die Reimprosa in Versrede über, wenn die seelische Temperatur der mystischen Aussage sich steigert, aber auch in den abgegrenzten Lyrica bleiben Versfüllung, Reimform und Strophik weit unterhalb der Formansprüche höfischer Poesie. Neben Einflüssen kirchlicher Modelle wie Hymnus, Sequenz und Litanei sind es vorab lyrische Grundmuster unterschichtiger Volksdichtung (Tanzlied, Werbelied, Liebeslied, Minneklage, Preislied, Merkspruch), aus denen M.s Dichtung sich entwickelt hat (MOHR, S. 388–398), wo nicht die ekstatische Erlebniskundgabe sich autonom entlädt als 'sprachlich aktuierte Unio' (HAAS, 1972, S. 112; 1975, S. 27–34). Träger dieser mystischen Sprachlichkeit ist vor allem der Bereich der 'übertragenen' Rede (Metaphorik, Vergleich, Allegorese, metonymisches Benennen, paradoxe Aussage u. dgl.), die sich mit und über der traditionellen geistlichen Bildsprache aus Bibel und theologischer Hermeneutik aufbaut, aber bei M. sehr eigene und oft hyperbolische Formen gewinnen kann. Auch höfisches Dasein (I 4; IV 24), Rittertum (III 18) und Alltagsleben werden in die Bildrede einbezogen,

wie besonders die erotische Metaphorik aus verschiedenen Ursprüngen, religiösen und weltlichen (Hoheslied und Tagelied), in Gesprächen zwischen Seele und Gott (I 5, 6; 19, 20; 44; II 5, 6; III 2) in strophenartigen 'Wechseln'. Große und kleine Allegorien durchziehen das Werk, z. B. das Brautgeleit I 46; das Meerestier IV 18; das geistliche Kloster VII 36; das Haus der Minne VII 48. M.s Marienverehrung fehlt jeder süßliche Beigeschmack; auf den Herz-Jesu-Kult in Helfta hat sie gewiß eingewirkt (I 4).

6. Die seelische Intensität mystischer Rede und ihr Drang nach geistiger Autonomie wird häufig im Wortschatz faßbar; so bei Adjektiven mit vorgesetztem *über-* (*überher, übersüsse, überclar, überwunderlich*), mit präfigierten *al-, aller-* oder *vil-* (*albrinnende, alvliessende, alminnende; allerminnenklichost, allerreinost, allerwunniklichost; villieb, vilselig, vilhelig*), bei Neologismen wie *unbeginlich, unreichhaft, untreglich, unbegunnen*. Neue Abstrakta wie *underscheidenheit, genügekeit, bekantheit* sowie viele Neuwörter auf *-unge* wie *blüejunge, reichunge, verrunge* zeigen in der Nachfolge lat. Bildungsweisen die Wuchsfähigkeit des frühmystischen Deutsch schon bei M. An syntaktischen Strukturen sind die zahlreichen Fälle streng parallel gebauter Sätze, die häufigen anaphorischen Reihungen und die kontrastiven oder paradoxen Aussagen mit *ie – ie* und folgenden Komparativen (I 22, 23; III 1 nach lat. *quanto-tanto*-Konstruktion) für M.s vielgliedrigen Prosastil charakteristisch, dessen stark rhythmisch geprägte Kola in der alem. Umschrift oft eingeebnet sind (NEUMANN, 1965, S. 236–238; H. KUNISCH, Kl. Schr.n, 1968, S. 44, 53–55; SCHMIDT, 1969, S. 126 f.).

Literatur. W. PREGER, Über das unter dem Namen der M. v. M. jüngst herausgegebene Werk 'das fl. L. d. Gottheit' u. dessen Verfasserin, MSB 1869, Heft II, S. 151–162; ders., Mystik I 91–112; H. STIERLING, Stud. zu M. v. M., Diss. Göttingen 1907; J. ANCELET-HUSTACHE, Mechtilde de Magdebourg (1207–1282), Etude de psychologie religieuse, Paris 1926; G. LÜERS, Die Sprache d. dt. Mystik d. MAs im Werke d. M. v. M., 1926 (Nachdr. 1966) (Metaphorik); E. ZINTER, Zur myst. Stilkunst M.s v. M., Diss. Jena 1931; H. TILLMANN, Stud. z. Dialog bei M. v. M., Diss. Marburg 1933; E. SPIESZ, Ein Zeuge mal. Mystik in d. Schweiz, 1934, S. 299–382; R. HÜNICKEN, Stud. über Heinrich v. Halle, Thür.-Sächs. Zs. f. Gesch. 23 (1935) 102–117; W. MUSCHG, Die Mystik in d. Schweiz, Frauenfeld 1935, S. 110–113 u. 299–302; K. VOZÁRY, M. v. M. és a középkori német misztika, Diss. Szeged 1937; R. KAYSER, Minne u. Mystik im Werk M.s v. M., Germanic Rev. 19 (1944) 3–15; H. NEUMANN, Problemata Mechtildiana, ZfdA 82 (1948) 143–172; E. BECKER, Beitr. z. lat. u. dt. Überl. d. Fl. L.s d. Gottheit, Diss. (masch.) Göttingen 1951; L. MEYER, Stud. z. geistl. Bildsprache im Werke d. M. v. M., Diss. (masch.) Göttingen 1951; M. SCHMIDT, Stud. z. Leidproblem bei M. v. M., Diss. (masch.) Freiburg 1952; H. NEUMANN, Fragmenta Mechtildiana inedita, AASF 84, 12 (1954) 161–178; ders., Beitr. z. Textgesch. d. 'Fl. L. d. Gottheit' u. z. Lebensgesch. M.s v. M., GGN I, 3 (1954) 27–80 (u. gekürzt in: K. RUH [Hg.], Altdt. u. altndl. Mystik, 1964, S. 175–239); H. NEUMANN, Der Minne Spiegel, ZfdPh 73 (1954) 217–226; H. TAIGEL, Minne bei M. v. M. und bei Hadewijch, Diss. (masch.) Tübingen 1955; H.U. v. BALTHASAR, M.s kirchlicher Auftrag, in: M. SCHMIDT, Übers., 1955 (s. o. Ausg.n), S. 19–45; W. MOHR, Darbietungsformen d. Mystik bei M. v. M., in: Märchen, Mythos, Dichtung, Fs. F. v. d. Leyen, 1963, S. 375–399; H. NEUMANN, Ein ungedrucktes Mechtildfragment aus d. Karlsruher Hs. St. Georgen Nr. 78, mit einem Exkurs über d. Stellung der Komparative in mhd. Korrelativsätzen, in: Fg. U. Pretzel, 1963, S. 316–326; ders., M. v. M. u. d. ndl. Frauenmystik, in: Mediaeval German Studies, presented to F. Norman, London 1965, S. 231–246; P.-G. VÖLKER, Neues z. Überl. d. 'Fl. L. d. Gottheit', ZfdA 96 (1967) 28–69 (Colmarer Exzerpte); L. SEPPÄNEN, Zur Liebesterminologie in mhd. geistlichen Texten (Acta Univ. Tamperensis A, 11), Tampere 1967, S. 80–148 (über *minne* u. *liebe*); A. VIZKELETY / G. KORNRUMPF, Budapester Frgm.e d. 'Fl. L. d. Gottheit', ZfdA 97 (1968) 278–306; M. SCHMIDT, Rudolf v. Biberach, 'Die sieben strassen zu got', 1969, S. 101*–169*; A.M. HAAS, M. v. M., Dichtg. u. Mystik, Amsterdamer Beitr. z. älteren Germanistik 2 (1972) 105–156; F. GOODAY, M. of M. and Hadewijch of Antwerp: a comparison, OGE 48 (1974) 305–362; A.M. HAAS, Die Struktur d. myst. Erfahrung nach M.v. M., Freiburger Zs. f. Philos. u. Theol. 22 (1975) 3–34; H. LAUBNER, Stud. z. geistl. Sinngehalt d. Adjektivs im Werk M.s v. M. (GAG 163), 1975; J. MARGETTS, Latein u. Volkssprache bei M. v. M., Amsterdamer Beitr. z. älteren Germanistik 12 (1977) 119–136; K. RUH, Beginenmystik. Hadewijch, M. v. M., Marguerite Porete, ZfdA 106 (1977) 265–277; J.C. FRANKLIN, Mystical Transformations of Liquids in the Work of M.v. M., Rutherford (USA) 1978; P.W. TAX, Die große Himmelsschau M.s v. M. u. ihre Höllenvision, ZfdA 108 (1979) 112–137; A.M. HAAS, Sermo mysticus, Stud. zu Theologie u. Sprache d. dt. Mystik, 1979, S. 67–135; H.-G. KEMPER, Allegorische Allegorese. Zur Bildlichkeit u. Struktur mystischer Literatur (M. v. M. u. Angelus Silesius), in: W. HAUG (Hg.), Formen u. Funktionen der Allegorie, 1979, S. 90–125; R.D. DICK ABRAHAM, M.s v M. 'Flowing Light to the Godhad'. An autobiographical realization of spiritual poverty, Diss. Stanford Univ. 1980; B. SCHNELL, Ein neues Exzerpt aus dem 'Fl. L. d. Gottheit' der M. v. M., ZfdA 110 (1981) 272–274; W. HAUG, Das Gespräch mit dem unvergleichlichen Partner. Der mystische Dialog bei M.v. M. als Paradigma für eine personale Gesprächsstruktur, in: Das Gespräch, hg. v. K. STIERLE u. R. WARNING (Poetik u. Hermeneutik 11), 1984, S. 251–279.

(1985)   HANS NEUMANN

'Meier Helmbrecht' → Wernher der Gärtner

'Melusine' → Thüring von Ringoltingen

'Merseburger Zaubersprüche'

Zwei ahd. Sprüche, noch aus heidnischgermanischer Zeit, zur Befreiung Gefangener und gegen Fußverrenkung.

1. Überlieferung. Merseburg, Domstiftsbibl., Hs. 136 (früher 58), 85ʳ. Die 'M.Z.' sind im 1. oder 2.Drittel des 10. Jh.s (B. BISCHOFF, Paläograph. Fragen dt. Denkmäler der Karolingerzeit, Frühmal. Stud. 5 [1971] 111) von einer Hand in karolingischer Minuskel auf das freie Vorsatzblatt eines lat. Sakramentars aus dem 9. Jh. eingetragen, dessen Reste heute den Schluß einer sechsteiligen Sammelhs. bilden. Sie überliefert auch das → 'Fränkische Taufgelöbnis' (16ʳ) und das → 'Merseburger Gebetbruchstück' (53ʳ; STEINMEYER, Sprachdenkm., Nr. 84; dort S. 23–25 die ausführlichste Beschreibung der Hs.). Die Aufzeichnung des Taufgelöbnisses in Fulda gilt als gesichert, während das Schriftbild der 'M.Z.' 'nicht dem bekannten Fuldaer Typ entspricht' (BISCHOFF; vgl. D. GEUENICH, Die Personennamen d. Klostergemeinschaft von Fulda, 1976, S. 263f.); dem unmittelbar anschließenden lat. Gebet (von anderer Hand) fehlt der an sich zu erwartende Bezug auf das Kloster Fulda (STEINMEYER, S. 25).

2. Ausgaben. Erstveröffentlichung durch JACOB GRIMM: 'Über zwei entdeckte gedichte aus der zeit des deutschen Heidenthums', Abhh. d. Ak. d. Wiss.n zu Berlin, 1842 = Kl. Schr.n II, 1865, S. 1–29. Weitere Augaben: MSD, Nr. IV, 1.2; STEINMEYER, Sprachdenkm., Nr. LXII; BRAUNE, Leseb., Nr. XXX, 1. Mit Übersetzung: H.D. SCHLOSSER, Ahd. Lit., 1970, S. 252–255; H. METTKE, Ältere dt. Dichtung u. Prosa, 1976, S. 84–86; W. HÖVER / E. KIEPE, Epochen d. dt. Lyrik I, 1978, S. 31. – Faksimiles: M. ENNECCERUS, Die ältesten dt. Sprach-Denkmäler in Lichtdrucken, 1897, S. 5; Die 'M.Z.', hg. v. S. BERGER, 1939; H. FISCHER, Schrifttafeln zum ahd. Leseb., 1966, Taf. 16a (mit weiteren Nachweisen); H. LÜLFING / H.E. TEITGE, Hss. u. alte Drucke, 1981, S. 105.

3. Textkritik. Die 'M.Z.' heben sich durch Form und Qualität ihrer Aufzeichnung aus anderen ahd. Sprüchen heraus, die als Marginaleintrag oder als Einsprengsel in lat. Rezeptaren überliefert und oft kaum zu enträtseln sind (BAESECKE, 1949 = 1966, S. 423). Zur Emendation nötigt der Eingang des 1. Spruchs, wo *eiris* Schreib- oder Lesefehler für *enis/einis/eres/erist* 'einstmals' sein wird und *hera duoder* nicht befriedigend gedeutet ist; während meist eine lokale Bestimmung vermutet wird, schlägt EIS vor, *hēra muoder* zu lesen; gegen die Parallelen zum rheinischen Matronenkult hat WOLFF (1963 = 1967, S. 82 f.) jedoch Bedenken geltend gemacht. – Unerklärt ist das den 1. Spruch schließende .H. – Im 2. Spruch wird *Phol* überwiegend als ungeschickte Schreibung für *Vol* aufgefaßt (s.u. Nr. 5). Nicht völlig durchsichtig ist *cuoniouuidi* '(Todes-?)Fessel', und um *gelimida* 'festgefügt' hat sich eine eigne Literatur entwickelt (zuletzt: TIEFENBACH; neuere Referate zur Textkritik s. WOLFF und RUPP).

4. Inhalt und Aufbau.

Die 'M.Z.' repräsentieren den zweiteiligen Typus aus 'epischer' Einleitung (*historiola*) und Beschwörungsformel (*incantatio*) in reiner Form. Die Erzählung eines magisch-mythischen Vorgangs und die dabei verwendete Formel bilden eine integrierte Einheit: indem der Sprechende den alten Hergang vergegenwärtigt, zaubert er selbst. Anders als bei vielen späteren Sprüchen ist die Analogie ('so damals – so auch jetzt') nicht artikuliert, sind auch keine Hinweise auf die zur magischen Praxis gehörenden Handlungen gegeben.

Der 1. Spruch beruft kein bestimmtes Ereignis. Gruppen von Idisen, zauberkundigen Frauen, heften Fesseln, halten Heere in Bann, knüpfen Fesseln auf. Die dritte Gruppe spricht den Befehl, der den Gefangenen befreit. Eine stimmige Kausalkette braucht daraus nicht rekonstruiert zu werden: wie in anderen Dreifrauensprüchen kommt es darauf an, daß drei Gruppen am Vorgang des Bindens und Lösens teilhaben und die letzte im Sinn des erwünschten Zaubers wirkt (OHRT, Sp. 184f.).

Da die meisten Zauber- und Segensformeln der Heilung von Krankheiten gelten, ist dies auch für 'M. Z.' I erwogen worden (RIESEL). In Sprüchen gegen Krankheitsdämonen gilt der Befehl zu weichen aber diesen und nicht dem zu befreienden Patienten. Lösezauber sind im Altnordischen belegt (MSD II 45f.), es besteht kein Grund, sie nicht auch im Westen für möglich zu halten. (Die Vorstellung der Befreiung Gefangener durch fernwirkende Gebete kennen → Gregor d.Gr. [Dial. 4,57], → Beda [Hist. gent. Angl. 4,22], → Thietmar von Merseburg [Chron. 1,21] u.a.; sie erzählen sie als Exemplum für die Wirkung von Fürbitten für die Seelen Verstorbener.)

Der 2. Spruch evoziert die Fußverrenkung eines Götterpferdes. Sie wird in dreifacher Parallele zunächst von zwei Götterpaaren, Sinhtgunt und Sunna, Frija und Volla, dann von Wuodan beschworen, der die zweimal dreigliedrige Formel kennt. Hier handeln die drei Gruppen gleichsinnig mit gesteigerter Wirkung: erst Wuodan gelingt die Heilung. Nimmt man Verrenkung, Beschwörung und Formel je für sich, ergibt sich Dreigliedrigkeit auch für den Gesamtaufbau (so SCHIROKAUER, 1941 = 1957, S. 183; zur Dreigliedrigkeit im Sprachlichen vgl. MASSER).

5. Mythologie.

Trotz guter Überlieferung und klarem Bau zählen die 'M.Z.' zu den umstrittensten Stücken der ahd. Literatur. Der Wunsch, der 'ungeahnte blick in die götterwelt' (GRIMM, S. 26) möge zu deutlicherer Anschauung verhelfen, hat mehr Fragen aufgeworfen als beantwortet.

Die Idisen sind in die Nähe der Walküren gerückt (J. GRIMM, Dt. Mythologie, ⁴I, Berlin 1875, S. 332f. mit Hinweis auf die *Herfjǫtur* ['Heerfessel'] des Grimnirlieds [Edda, hg. v. G. NECKEL / H. KUHN, ⁴1962, S. 64]) und mit Hexen (WALLNER) und Matronen identifiziert worden (EIS, s.o.), schwerlich zu Recht. Die ahd. (Otfrid I 5, 6), as. und ae. Belege für *itis* weisen auf 'zu verehrende Frauen'; wie die *virgines* der Marcellussprüche (s.u. Nr. 6) haben die Idisen keine andere Identität als die mit ihrer Funktion im Befreiungszauber gegebene (VOGT, S. 111f.).

Von den sieben Götternamen des 2. Spruchs sind Phol und Sinhtgunt nur hier belegt und war Balder nur aus der nordischen Mythologie bekannt. Sinhtgunt läßt sich trotz nicht völlig klarer Etymologie (s. zuletzt F.R. SCHRÖDER, S. 162f.) neben Sunna als Wandelgestirn deuten. Für Phol/Vol liegt die Annahme einer Beziehung zu Volla nahe. Sie läßt an einen Fruchtbarkeitsgott denken. Balder kennt die nordische Überlieferung als Licht- und als Vegetationsgott. Daß allerdings mit Phol und Balder kaum zwei verschiedene Götter gemeint sein können, hat schon GRIMM gesehen: Phol und Wuodan reiten in den Wald, der Unfall, den Wuodan dann heilt, stößt *balderes volon* zu (*volo* = 'junges Reitpferd', vgl. ROSENFELD, S. 5f.) – die Einführung Phols wäre funktionslos, wenn es nicht um sein Pferd ginge.

Das Nebeneinander von Phol und Balder ist auf unterschiedliche Weise erklärt worden. 1. Phol ist 'ein anderer, der nordischen mythologie unbekannter name Balders' (GRIMM, S. 13, und viele nach ihm). – 2. Balder ist Appellativum 'Herr' und auf Phol oder auch Wuodan zu beziehen. Gegen diesen nach BUGGE (S. 304f.) v.a. von HELM verfochtenen Vorschlag hat sich am energischsten HANS KUHN gewandt. Die Entdeckung einer lat. Inschrift 3./4. Jh.s aus Utrecht mit dem Namen *Baldruo* (Abdruck: GUTENBRUNNER, S. 210 u. 218–220) brachte keine Klärung, da sowohl diese Lesung wie auch ihre Deutung auf Balder umstritten geblieben sind (vgl. SCHIER, S. 2). – 3. *Phol* ist Appellativum *volo* und meint das Pferd Wuodans (so nach PREUSLER u.a. ROSENFELD). – 4. In Phol verbirgt sich der Name eines Tierdämons (SCHIROKAUER, 1941 = 1957, S. 147f.) oder die Personifikation des Unheils oder seines Heilmittels (SPAMER). – 5. Statt *Phol ende Wuodan* ist *volende Wuodan* 'der riesisch-teuflische W.' (WARNATSCH), *volen te W.* 'Wuodan zu Roß' (WADSTEIN), *folhende W.* 'der vollkommen weise' oder 'freigiebige W.' zu lesen (KROGMANN, 1951/53). – 6. Einen genetischen Ansatz wählten BAESEKKE (1949 = 1966, S. 428–433) und F.R. SCHRÖDER, die unabhängig voneinander und mit verschiedener Herleitung Kontamination eines ursprünglich selbständigen Pholspruchs mit der Überlieferung von Balders Tod annahmen. – 7. Sekundäres *balder* hat auch MASSER erwogen, der den Unfall ursprünglich Phol zugestoßen sein läßt (S. 23f.).

Eine befriedigende Lösung läßt das schmale Material offenkundig nicht zu. So wird man zu den frühen Vorschlägen GRIMMS oder BUGGES zurückkehren, die dem überlieferten Wortlaut sein Recht lassen, oder sich mit der Annahme SCHIROKAUERS behelfen müssen, die Namenstrias verdanke sich dem Bauprinzip der magischen Drei ohne Rücksicht darauf, was Balder 'eigentlich' bedeute (1954, S. 362).

Indizien für eine dem 2. Spruch möglicherweise zugrundeliegende mythische Erzählung liefert *Blóðighófi* 'Blutfuß' als Name für Freys Pferd (Edda, S. 319/320) und eine schwedische Variante, in der das Pferd Fylles von Freyja geheilt wird (Text bei CHRISTIANSEN, S. 50, Nr. 9). Phol wäre mit Fylle gleichzusetzen oder mit Volla parallel zu Freyr-Freyja bzw. Fylle-Freya zu sehen (F. R. SCHRÖDER, S. 163 f.). Für Balder ist in der skandinavischen Tradition das Motiv des tragischen Todes von zentraler Bedeutung (vgl. SCHIER): die Verletzung des Pferdes könnte ein Vorzeichen auf diesen Tod gewesen sein (NEKKEL, S. 243 f.). – Vor allem um die Jahrhundertwende haben sich die Mythologen mit dem Wenigen, das der Überlieferung abzugewinnen ist, nicht abgefunden. Im Anschluß an GRIMM, der an einen Sonnenmythos dachte (S. 26 f.), entstanden phantasiereiche Spekulationen, die hier nicht referiert werden können (ein knapper Überblick bei SPAMER, S. 355).

6. Herkunft.
Die germanische Provenienz der 'M. Z.' ist nicht unbezweifelt geblieben. Einerseits wurden sie in weite indoeuropäische Zusammenhänge gerückt, seit A. KUHN 1864 eine Parallele zur Beschwörungsformel des 2. Spruchs aus dem Atharvaveda (IV 12) bekanntmachte und der zweiteilige Typus des Zauberspruchs auch für andere Kulturen erwiesen wurde. Das Vergleichsmaterial auch außerhalb des Indoeuropäischen spricht jedoch eher für typologische als für genetische Verwandtschaft (SCHLERATH). Andererseits hat die skandinavische Volkskunde für einen christlichen Ursprung zumindest des 2. Spruchs plädiert, da dessen zahlreiche Varianten aus dem germanischen Sprachgebiet und ihre finnisch/slavischen Derivate fast ausnahmslos christliche Namen enthalten und auch sonst keine unbezweifelbar heidnischen Sprüche überliefert sind (KROHN, CHRISTIANSEN). Die Entdeckung des → 'Trierer Pferdesegens' mit Stephanus und Christus statt Phol und Wuodan unterstützte diese These, da er als annähernd gleichzeitig aufgezeichnet galt. Epischer Kern wäre eine Legende über den Einzug Christi in Jerusalem. Die Götternamen müßten substituiert worden sein, um den Gebrauch heiliger Namen in magischem Kontext zu vermeiden. Das Umgekehrte liegt der christlichen Missionspraxis allerdings näher.

Auch mit Einflüssen aus der spätantiken Medizin ist gerechnet worden (SCHIROKAUER, 1954, S. 363 f.). Einen Anhaltspunkt dafür liefern die Rezeptsammlungen des Marcellus Empiricus Burdigalensis (5. Jh.), die neben einer Version des Tumbospruchs (→ 'Straßburger Blutsegen') auch zwei Texte mit dem Motiv der drei bindenden und lösenden Frauen enthalten (Nr. 21,3 u. 28,74; in der Ausgabe von NIEDERMANN / LIECHTENHAN, ²1968, Bd. I, S. 374 u. 500). Sie waren schon GRIMM bekannt und sind häufig mit den 'M. Z.' zusammengebracht worden. SCHWIETERING suchte den Idisenspruch als ihre christliche Kontrafaktur zu erweisen, neuerdings ist ihm KRYWALSKI darin gefolgt. Der Weg zu den 'M. Z.' kann aber, falls überhaupt ein Zusammenhang bestehen sollte, über das römische Germanien geführt haben (BAESEKKE, 1928, S. 388). Immerhin wird die Existenz von lat. Rezeptaren dazu beigetragen haben, daß volkssprachige Heilungstexte überhaupt aufgezeichnet worden sind (RUPP, S. 62).

7. Datierung. Funktion der Aufzeichnung.
Die 'M. Z.' sind sicher älter als ihre Niederschrift, aber kaum genauer zu datieren. Die Christianisierung Frankens seit Bonifatius liefert einen ungefähren Terminus ante quem. GENZMER (1949, S. 62)

glaubte den 2. Spruch mit Hinweis auf seine Form ins 2. Jh. versetzen zu können. – Die erhaltene Aufzeichnung muß nicht die erste gewesen sein (anders ROSENFELD, S. 7f.). BAESECKE (1949 = 1966, S. 421 f.) postulierte eine frühere für die Jahre vor 817, da er die schriftliche Fixierung der 'M. Z.' mit Germanenstudien → Hrabans erklärte, die mit der Indener Reform ihr Ende gefunden hätten. Aus der Sorgfalt der Niederschrift schloß er auch für die erhaltene Fassung auf antiquarisches Interesse (S. 435). An konkreten Gebrauch dachte dagegen GRIMM, der sich die Aufzeichnung aus einer Glaubenspraxis erklärte, in der die alten Götter als Dämonen fortlebten (S. 22 f.). SCHIROKAUER sah ein Bedürfnis der Mönche, mit altheimischen Medizinmännern zu konkurrieren (1954, S. 354 f.). Wo die Grenzen zwischen Magie und Benediktion im Alltag verschwimmen (auch die Merseburger Hs. liefert dafür Beispiele: f. 53^r, 76^v), bedarf die gelegentliche Aufnahme auch rein heidnischer Texte aber wohl gar keiner besonderen Motivierung (VOGT, S. 128).

8. Metrik.
Die 'M. Z.' zeichnen sich durch besondere Klangfülle und Reimschmuck aus (vgl. BAESECKE 1949 = 1966, S. 423 f.). Sie tendieren zu allitterierenden Kurzverspaaren, lassen sich den Regeln klassischer Stabreimmetrik aber nicht ohne Rest subsumieren. Man hat sie daher als Verfallsprodukt gewertet (VOGT, S. 115) und als Dokument des Übergangs von der Stabreim- zur Endreimdichtung in Anspruch genommen (A. HEUSLER, Dt. Versgeschichte II, 1927, S. 7). Indessen handelt es sich weniger um poetische als um mit den Mitteln von Wiederholung, Gleichlauf und Schlußbeschwerung organisierte magische Rede. Mit mehr Recht können sie als Zeugnisse vorliterarischen 'Carmen-Stils' gelten, aus dem sich streng geregelte Formen erst entwickelt haben (KÜHNEL, S. 330).

Literatur. Umfassende Nachweise bei EHRISMANN, LG I, ^{2}1932, S. 100–104; MILLER, Charms, S. 22–43; BRAUNE, Leseb., ^{16}1979, S. 173 f.
GRIMM (s. o. 2.); A. KUHN, Indische u. germ. segenssprüche, Zs. f. vergl. Sprachforschung 13 (1864) 49–74 u. 113–157, hier S. 51–63 = Indogerm. Dichtersprache, hg. v. R. SCHMITT (WdF 165), 1968, S. 11–25 (nur S. 49–63); S. BUGGE, Stud. über d. Entstehung d. nord. Götter- u. Heldensagen, 1881–1889, S. 296–310 u. 577; K. KROHN, Wo und wann entstanden die finnischen Zauberlieder? Finn.-ugr. Forschungen 1 (1901) 52–72 u. 147–181, hier S. 148 f.; ders., Rez. zu R. M. Meyer, Altgerm. Religionsgesch., GGA 174 (1912) 193–223, hier S. 213–217; O. EBERMANN, Blut- u. Wundsegen (Palaestra 24), 1903, S. 1–24; A. WALLNER, Eiris sazun idisi, ZfdA 50 (1908) 214–218; J. SCHWIETERING, Der erste Merseburger Spruch, ZfdA 55 (1914/17) 148–156 = ders., Philol. Schr.n, 1969, S. 118–126; R. TH. CHRISTIANSEN, Die finn. u. nord. Varianten d. zweiten Merseburgerspruchs (FFC 18), 1914; G. NECKEL, Die Überlieferungen vom Gotte Balder, 1920, S. 242–245; W. PREUSLER, Zum zweiten Merseburger Spruch, in: Beitr. z. Deutschkunde, Fs. Th. Siebs, 1922, S. 39–45; I. LINDQUIST, Galdrar (Göteborgs Högskolas Årsskrift 29.1), 1923, S. 1–60; G. BAESECKE, Rez. zu W. Boudriot, Die altgerm. Religion, ZfdPh 53 (1928) 358–388; W. H. VOGT, Zum Problem der 'M. Z.', ZfdA 65 (1928) 97–130; F. OHRT, Merseburger Sprüche, in: Hwb. d. dt. Aberglaubens 6, 1934/35, Sp. 182–187; S. GUTENBRUNNER, Die germ. Götternamen d. antiken Inschriften, 1936; O. WARNATSCH, Phol u. d. zweite M. Z., ZfdPh 64 (1939) 148–155; E. WADSTEIN, Zum zweiten M. Z., StN 12 (1939/40) 205–209; A. SCHIROKAUER, Der zweite M. Z., in: Corona, Fs. S. Singer, Durham/N. C. 1941, S. 117–141 = ders., Germanist. Stud., 1957, S. 169–197; ders., Form u. Formel einiger altdt. Zaubersprüche, ZfdPh 73 (1954) 353–364; K. HELM, Balder in Deutschland?, PBB 67 (1945) 216–222; ders., Erfundene Götter?, in: Stud. z. dt. Philologie d. MAs, Fs. F. Panzer, 1950, S. 1–11; F. GENZMER, Die Götter des zweiten M. Z., Arkiv för Nordisk Filologi 63 (1948) 55–72; ders., Da signed Krist – thû biguol'en Wuodan, Arv 5 (1949) 37–68; ders., Germ. Zaubersprüche, GRM 32 (1950/51) 21–51; G. BAESECKE, Die Karlische Renaissance u. d. dt. Schrifttum, DVjs 23 (1949) 143–216 = Kl. Schr.n, 1966, S. 377–445; HANS KUHN, Es gibt kein balder 'Herr', in: Erbe der Vergangenheit, Fg. K. Helm, 1951, S. 37–45 = Kl. Schr.n II, 1971, 332–338; W. KROGMANN, era duoder, ZfdA 83 (1951/52) 122–125; ders., Phol im Merseburger Pferdesegen, ZfdPh 71 (1951/53) 152–162; F. R. SCHRÖDER, Balder u. d. zweite Merseburger Spruch, GRM 34 (1953) 161–183 (dazu: H. FROMM, Lemminkäinen u. Baldr, in: Märchen, Mythos, Dichtung, Fs. F. v. d. Leyen, 1963, S. 287–302, hier S. 289 Anm. 4); J. DE VRIES, Alt-

germ. Religionsgesch., 1956/57, I, S. 321f., II, S. 169–173; A. Spamer, P(h)ol ende Uuodan, Dt. Jb. f. Vk. 3 (1957) 347–365; G. Eis, Deutung des ersten M.Z., FuF 32 (1958) 27–29 = ders., Altdt. Zaubersprüche, 1964, S. 58–66; E. Riesel, Der erste M.Z., Dt. Jb. f. Vk. 4 (1958) 53–81; G. Sieg, Zu den 'M.Z.', PBB (Halle) 82 (1960) 364–370; B. Schlerath, Zu den 'M.Z.', in: Zweite Fachtagung f. indogerm. u. allg. Sprachwiss. (Innsbrucker Beitr. z. Kulturwiss., Sonderh. 15), 1962, S. 139–143 = Indogerm. Dichtersprache (s. o.), S. 326–331; L. Wolff, Die 'M.Z.', in: Die Wissenschaft von dt. Sprache u. Dichtung, Fs. F. Maurer, 1963, S. 305–319 = Kl. Schr.n, 1967, S. 82–92; D.H. Green, The Carolingian Lord, Cambridge 1965, S. 3–18; H. Rupp, Forschung z. ahd. Lit. 1945–1962, 1965, S. 62–64 u. 71f.; J.B. Wilson, A Conjecture on the Opening of the Second Merseburg Charm, Rice University Studies in German 55 (1969) 241–250; H. Tiefenbach, gelīmidā, Frühmal. Stud. 4 (1970) 395–397; A. Masser, Zum zweiten M.Z., PBB (Tüb.) 94 (1972) 19–25; H. Rosenfeld, Phol ende Wuodan vuorun zi holza, PBB (Tüb.) 95 (1973) 1–12; G. Müller, Zur Heilkraft der Walküre. Sondersprachliches der Magie in kontinentalen u. skandinav. Zeugnissen, Frühmal. Stud. 10 (1976) 350–361, hier S. 358–361; K. Schier, Balder, in: ²RGA II, 1976, S. 2–7; D. Krywalski, Zur Interpretation des Ersten M.Z., Bll. f. d. Deutschlehrer 22 (1978) 93–103; J. Kühnel, Unters. z. germ. Stabreimvers (GAG 209), 1978; S.D. Fuller, Pagan Charms in Tenth-Century Saxony?, Monatshefte 72 (1980) 162–170; P. Rühmkorf, *agar agar – zaurzaurim.* Zur Naturgeschichte des Reims, 1981, S. 21–25; M. Geier, Die magische Kraft d. Poesie. Zur Gesch., Struktur u. Funktion d. Zauberspruchs, DVjs 56 (1982) 359–385, hier S. 366–370; H. Stuart/F. Walla, *Eiris sazun idisi* – or did they? Germanic Notes 14 (1983) 35–37; E.G. Stanley, Alliterative ornament and alliterative rhythmical discourse in Old High German and Old Frisian compared with similar manifestations in Old English, PBB 106 (1984) 184–217, hier 198–206.

(1986)   Hans-Hugo Steinhoff

'Moringer' ('Der edle Moringer')

Erzähllied des 14. Jh.s, das einen weit verbreiteten Erzählstoff von der unvermuteten Heimkehr des verschollen geglaubten Ehemannes mit dem Minnesänger →Heinrich von Morungen verbindet.

1. Überlieferung. Handschriften: a. Berlin, mgq 1107, 91ʳ–96ᵛ, 39 Strr. (1459); b. ehemals Wernigerode, Gräfl. Stolberg. Bibl., cod. Zb 4 m, 249ᵛ–255ᵛ, 42 Strr. (Verbleib unbekannt, Kopie des Liedes in Freiburg, Dt. Volksliedarchiv); c. Dessau, StB, Hs. Georg. 25, 58ʳ–65ʳ, 43 Strr.; d. in Nikolaus Thomans 'Weißenhorner Historie', 40 Strr.: Weißenhorn, Stadtarchiv, Hs. Nr. 9 (Autograph, 1533–36), 3ʳ–8ᵛ; Wien, cod. 2943 (eigenhänd. Bearb., 1542 beendet), 25ʳ–29ᵛ; Abschriften in Augsburg, UB (ehem. Harburg), cod. Öttingen-Wallerstein III 2. 2° 28, Stuttgart, LB, cod. hist. fol. 628 und Ulm, Stadtarchiv (die Hs. der Ulmer Gymnasialbibl. ist vernichtet). – Drucke, 41 Strr. (e–g) bzw. 40 Strr. (h–l): e. Bamberg, H. Sporer 1493 (Paris, Bibl. Nat., Rés. Yʰ 86); f. Erfurt, H. Sporer 1497 (Washington, Libr. of Congr., Rosenwald-Coll., Incun. 1497 E 3, zuvor in Erfurt und Florenz); g. Erfurt, H. Sporer 1500 (München, Bayer. SB, Rar. 65, defekt); h. Nürnberg, J. Gutknecht 1515 (Erlangen, UB, Inc. 1446ᵃ, 25); i. Nürnberg, A. Dyon [vor 1519] (Berlin, Dt. SB, Yd 7820, 9); j. Straßburg, J. Frölich [um 1545] (Rom, Bibl. Vat., Pal. VI 181, 56), Abb. bei Brunner / Müller / Spechtler, S. 298–301; k. [Straßburg, Th. Berger um 1570] (Tübingen, UB, Dk XI 1088, 80); l. [Basel, J. Schröter] 1605 (Zürich, Zentralbibl., Ms. Z VI 686, 12). Die in DV unter L verzeichnete Ausgabe dürfte mit einer der Nürnberger Ausgaben identisch sein.

2. Ausgaben. In DV I, Nr. 12 Abdruck von f mit den Laa. der meisten anderen Zeugen. Weitere Abdrucke, meist einzelner Überlieferungen: Bragur 3 (1794) 402–415 (d); Bragur 8 (1812) 200–210 (e); Uhland, Volkslieder, Nr. 298; L. Erk (Hg.), Des Knaben Wunderhorn, Bd. IV (L.A. v. Arnim's sämmtl. Werke, Neue Ausg., Bd. 21 = Nachlaß Bd. 5), 1854, S. 218–228 (i); danach Böhme, Ad. Ldb., Nr. 6 und ²Erk/Böhme I, Nr. 28; J. Meier (Hg.), Balladen, Bd. 1 (DLE, Das dt. Volkslied 1), 1935, Nr. 8 (d); Butzmann, S. 95–100 (c); L. Röhrich / R.W. Brednich (Hgg.), Dt. Volkslieder, Texte u. Melodien, Bd. 1, 1965, Nr. 19 (h).

3. Inhalt. Der edle Moringer will nach St. Thomas' Land pilgern und bittet seine Frau, ihm sieben Jahre lang treu zu bleiben; der junge Herr von Neifen soll ihr Pfleger sein. Nachdem der Moringer sieben Jahre in der Fremde geweilt hat, wird er im Traum von einem Engel gewarnt, der von Neifen wolle ihm die Frau nehmen. In seiner Not ruft er St. Thomas um Hilfe an, schläft wieder ein und ist noch am selben Tag zurück in der Heimat. Er erwacht vor seiner Mühle und erfährt, daß auf der Burg Hochzeit gefeiert wird. Dort läßt man den unbekannten Pilger ein. Am Abend, bevor sich die Braut zu

Bett begibt, wird er aufgefordert, ein *hofeliet* zu singen. Zur Belohnung erhält er einen Becher Wein, den er, nachdem er seinen Ehering (in b einen Ring, den seine Frau ihm beim Abschied gab) hineingeworfen hat, an seine Gemahlin zurücksendet. Diese erkennt Ring und Gemahl und versichert ihm, trotz ihrer Untreue noch im Besitz ihrer Ehre zu sein. Der von Neifen will sich das Haupt abschlagen lassen, bekommt aber stattdessen die Tochter des Moringer zur Frau, während dieser seiner 'alten Braut' Schläge verheißt.

4. Eine stofflich eng verwandte Geschichte erzählt → Caesarius von Heisterbach über einen Ritter Gerardus von Holenbach (Dial. mirac. VIII, 59, danach in → 'Der Heiligen Leben', hg. v. S. RÜTTGERS, Bd. 1, 1913, S. 222f.). Wichtiges Verbindungsglied zum Lied ist der Bezug auf St. Thomas. Welche Umstände zur Übertragung des Erzählstoffes auf den Moringer geführt haben, ob dabei 'biographisches' Wissen über Heinrich von Morungen, etwa eine (keineswegs zweifelsfreie) Beziehung zum Leipziger Thomaskloster, eine Rolle gespielt hat, darüber erlauben die Quellen nur Spekulationen. Die charakteristische Eigenart des Liedes gegenüber seiner vermutlichen Stoffquelle besteht abgesehen von Einzelmotiven vor allem im minnesängerischen Personal – Morungen und → Gottfried von Neifen – und, damit zusammenhängend, in der inhaltlichen und formalen Anknüpfung an → Walthers von der Vogelweide *sumerlaten*-Lied: Nicht nur ist das *hofeliet*, welches der Moringer singt, weitgehend aus Walther-Zitaten montiert (Str. 30 = L. 72, 31–34 + 73, 21f.; Str. 31, 1–4 = 73, 17–20; vgl. außerdem Str. 18, 4 mit L. 73, 2), sondern es ist auch die Strophenform des Walther-Liedes mit leichten Modifikationen der 'Moringer'-Strophe zugrundegelegt.

Die Frage, wieso der Autor des 'M.' sich ausgerechnet eines Walther-Liedes bediente, erklärt sich am ehesten aus besonderen Überlieferungsverhältnissen dieses Liedes: In der Liederhs. B (→'Weingartner Liederhs.') bildet es den Schluß einer →Reinmar-Sammlung, die unmittelbar, ohne Überschrift und Autorbild, an das vorhergehende Morungen-Corpus anschließt und damit als Teil desselben erscheint; es handelt sich zudem dort um eine dreistatt, wie sonst, fünfstrophige Version, die auch in den Lesarten gegen die übrigen Zeugen zum 'M.' stimmt, und nur aus diesen drei Strophen wird im 'M.' zitiert (BÜTZLER, S. 187f.). Diese Übereinstimmungen können kaum zufällig sein, doch muß man daraus nicht wie BÜTZLER, der einen der Schreiber von B für den Verfasser des 'M.' hält, auf direkte Abhängigkeit schließen, sondern wird besser an eine von B abgeleitete oder auch nur ähnlich geartete Tradition denken.

5. Über die Entstehungszeit des Liedes kann es nur Vermutungen geben. Sie richten sich zumeist auf die Zeit um 1300. SCHNEIDER rechnet dagegen mit einem 'geringen zeitlichen Abstand zwischen Lebenszeit des Helden und Entstehung des Gedichtes', während BARTSCH eher an die 1. Hälfte des 14. Jh.s denkt. Sichere Bezeugungen liegen vor erst aus dem Ende des 14. Jh.s mit dem 'M.'-Zitat in einer Zechparodie auf den Invitatoriumspsalm (→ 'Venite lieben gesellen') im Wiener cod. 4558 (Abdruck bei K. GÄRTNER, in: Dt. Lit. d. späten MAs, hg. v. W. HARMS u. L.P. JOHNSON, 1975, S. 183, III, 1f., vgl. 'Moringer' 29, 1.3) und aus den 40er Jahren des 15. Jh.s mit der polemischen Erwähnung bei Michel → Beheim (GILLE/SPRIEWALD, Nr. 67, 24). Alle Bemühungen, die Existenz des Liedes bereits im frühen 14. Jh. nachzuweisen, sind ohne überzeugendes Ergebnis geblieben. Das gilt für SCHRÖDERS mit allzu vielen Hypothesen belasteten Versuch ebenso wie für BÜTZLERS Annahme eines direkten Zusammenhangs mit B oder gar WALLNERS Deutung des Morungen-Bildes in C (→'Heidelberger Liederhs. C') auf des Moringers Traum. So bleibt BARTSCHS Datierung weiterhin erwägenswert.

6. Die Überlieferung und eine Reihe von sekundären Zeugnissen – neben den oben erwähnten z.B. noch Michel → Wyssenherres Gedicht 'Von dem edeln hern von Bruneczwigk' und →Brants 'Narrenschiff' (ZARNCKE 72, 10), vgl. auch Erhart → Lurcker – lassen eine breite Popularität des 'M.' erkennen. Dementsprechend gilt er gemeinhin als 'mündlich fortlebend' (SCHNEIDER) und 'volkläufig'

(DV I, S. 120). Die Varianz der Textzeugen ist jedoch keineswegs außergewöhnlich groß, und es stellt sich die Frage, ob der 'M.', bei dem durch die Übernahme eines vorhandenen Textes offensichtlich bereits die Konzeption unter schriftliterarischen Vorzeichen erfolgte, vorbehaltlos dem Typus Volksballade zuzurechnen ist. Sowohl mit seiner durchgehend vierhebigen Siebenzeilerstrophe als auch seinem Umfang nach (ca. 280 vv.) steht er unter den deutschen Balladen einzigartig da. Ähnlich wie der weitaus jüngere → 'Graf von Rom' hat er größere Gemeinsamkeit mit Erzählliedern vom Typ des → 'Grafen von Savoyen' und → 'Graf Alexander von Mainz' als z. B. mit den 'Minnesängerballaden' → 'Bremberger' und → 'Tannhäuser', deren mündliche Überlieferung außer Frage steht. Eine Melodie zum 'M.' ist nicht erhalten.

Literatur. L. UHLAND, Schriften z. Gesch. d. Dichtung u. Sage, Bd. 4, 1869, S. 287–297; K. BARTSCH, Herzog Ernst, 1869, S. CX–CXVI; W. v. TETTAU, Über einige bis jetzt unbekannte Erfurter Drucke, 1870, S. 75–123; F. VOGT, Der edele M., PBB 12 (1887) 431–453; E. SCHRÖDER, Das Lied d. Möringers, ZfdA 43 (1899) 184–192, hier S. 190–192; A. WALLNER, Herren u. Spielleute im Heidelberger Liedercodex, PBB 33 (1908) 483–540, hier S. 521f.; W. SEEHAUSEN, Michel Wyssenherres Gedicht 'Von dem edeln hern von Bruneczwigk, als er über mer fure' u. d. Sage von Heinrich dem Löwen (German. Abhh. 43), 1913, S. 76–79; F. ROSTOCK, Mhd. Dichterheldensage (Hermaea 15), 1925, S. 3–8; dazu H. NIEWÖHNER, AfdA 45 (1926) 20–23, bes. S. 20f.; H. SCHNEIDER, Ursprung u. Alter d. dt. Volksballade, in: H.S., Kl. Schr.n, 1962, S. 96–107, hier S. 103f. (zuerst Fs. Ehrismann, 1925); H. MENHARDT, Zur Lebensbeschreibung Heinrichs v. Morungen, ZfdA 70 (1933) 209–234; DV I, S. 117–121; H. BUTZMANN, Eine neue Hs. d. Liedes vom Edlen Möringer, Jb. Volkslied 6 (1938) 94–103 (wieder in: H.B., Kl. Schr.n, 1973, S. 11–21); MFU, S. 338f.; C. BÜTZLER, Heinrich v. Morungen u. d. Edele M., ZfdA 79 (1942) 180–209; A. HRUBY, Zur Entstehungsgesch. d. ältesten dt. Balladen, Orbis litterarum 7 (1949) 1–30, hier S. 23–26; W. J. ENTWISTLE, The Noble M., Modern Language Forum 34 (1949) 3–10; AARNE / THOMPSON, Märchentypen, Nr. 974; V. MERTENS, Fuß d. Buhler – ein unbekannter Minnesänger?, ZfdA 104 (1975) 151–157, hier S. 152f.; Walther v. d. Vogelweide, Die ges. Überl. d. Texte u. Melodien, hg. v. H. BRUNNER/ U. MÜLLER / F.V. SPECHTLER (Litterae 7), 1977, S. 42* f.; M. ZIMMERMANN, Die Sterzinger Miszellaneen-Hs. (Innsbrucker Beitr. z. Kulturwissensch., German. R. 8), 1980, S. 336–338.

(1987)   FRIEDER SCHANZE

'Moriz von Craûn'

I. Überlieferung, Rezeption. Die anonyme Verserzählung (1784 vv.) ist als zweites Stück im 1504–1515 von Hans Ried für Kaiser → Maximilian geschriebenen → 'Ambraser Heldenbuch' (Wien, cod. S.n. 2663, 2va–5^{vc}) überliefert und gehört zu dessen zahlreichen Unika. Die Stellung der Erzählung im 'höfischen' Eingangsteil der Hs., nach →Strickers 'Frauenehre' und vor →Hartmanns 'Iwein' und 'Klage' und dem → 'Büchlein' könnte programmatischer Absicht des Auftraggebers entspringen. Dazu mag vor allem der (erste) Prolog des Werkes (v. 1–262) Anlaß gegeben haben, auf den in Überschrift und Registereintrag (SCHRÖDER, ²Ausg., S. 5 Anm. 3) allein eingegangen wird und dessen positiv bestimmte Figuren (Hektor, Alexander, Cäsar, Karl der Große, Roland, Olivier) den genealogisch gefärbten historischen Interessen des Kaisers entgegenkommen mußten. Rezeption des 'MvC' über die Aufzeichnung im 'Heldenbuch' hinaus ist nur wahrscheinlich, wenn das Werk noch ins 12. Jh. datiert wird (s. u.). Der überlieferte Text bietet eine Reihe von Cruces, die z. T. leicht zu bessern, z. T. aber so eng mit dem Verständnis des Werkes verknüpft sind, daß eine durchgängig akzeptierte Textherstellung bislang nicht vorliegt.

II. Ausgaben. H. F. MASSMANN, Mauritius unde Beamunt, Hagens Germ. 9 (1850) 103–135; M. HAUPT, Moriz von Craon. Eine altdt. Erzählung, in: Fg. G. Homeyer, 1871, S. 27–89; E. SCHRÖDER, Zwei altdt. Rittermären. MvC, Peter von Staufenberg, ¹1894, ²1913, ³1920, ⁴1929; U. PRETZEL, MvC (ATB 45), ¹1955, ²1962, ³1966, ⁴1973, zit.; Neuedition: H. REINITZER (in Vorb.). – Faksimile: F. UNTERKIRCHER, Ambraser Heldenbuch..., 1973.

III. Inhalt. Das Werk beginnt mit einem (ersten) Prolog (1–262), in dem die translatio der *ritterschaft* von den *Kriechen* über Rom nach Kerlingen geschildert wird; es folgt, mit der Vorstellung der Hauptfiguren (268–272), ein (zweiter) Prolog mit einer Reflexion über *dienst, lôn* und *staete* in der *minne* und ihre Gefährdungen (263–416). Danach wird von der Werbung des *ritters* Moriz von Craûn um die Gräfin von Bêamunt erzählt, die nach langem *dienst* ihm *lôn* verspricht, wenn er noch ein Turnier für sie ausrichte (417–620). Moriz stattet sich dafür mit großem Aufwand, u.a. mit einem von Pferden gezogenen kostbaren Schiff aus, mit dem er über Land nach Bêamunt zieht. Er geht als Sieger aus dem Turnier hervor (621–1081). Die Gräfin bestellt ihn in eine Kemenate mit einem kostbaren Bett, verweigert ihm aber den *lôn*, da sie ihn nach langer Wartezeit schlafend vorfindet, wozu ihn ihre mitleidige Zofe überredet hatte. Da die Ratschläge und Bitten der Zofe nichts fruchten, dringt Moriz ins Schlafgemach der Gräfin ein, wo er den Platz des Grafen im Bett einnimmt, da dieser ohnmächtig geworden ist, nachdem sich Moriz als revenant eines vom Grafen im Turnier getöteten Ritters ausgegeben hat. Die Gräfin gewährt ihm nun den *lôn*, Moriz aber verläßt sie danach für immer. Später begreift sie, daß sie im *zorn* und gegen guten *rât* falsch gehandelt hat (1082–1776). Es folgt ein kurzer Epilog (1777–1784).

IV. Datierung. Die Datierung des Textes steht, vielleicht über Gebühr, im Mittelpunkt der Diskussion. Von ihr wird freilich zunehmend die literar- wie kulturhistorische Interpretation des 'MvC' abhängig gemacht: Um 1180/84, so die früheste Datierung (DE BOOR, THOMAS), erscheinen Argumentation und Intention des Textes anders akzentuiert als um 1230, der spätesten Datierung (PRETZEL, Ausg.; M. WEHRLI, Gesch. d. dt. Lit...., Bd. 1, 1980, S. 260).

Ein sicherer terminus post quem ist einzig aus einer Bescheidenheitsfloskel abzuleiten, die sich undeutlich bezieht auf ein Werk des *von Veldegke maister Hainreich* (so die Hs., v. 1160, → Heinrich von Veldeke), wahrscheinlich dessen 'Eneide'; das ergibt für den 'MvC' 'nach 1174/84'. Fast alle Beziehungen zu anderen Werken der dt. Literatur, die erwogen worden sind, sind für eine Einordnung nicht beweiskräftig. Das gilt vor allem für das in seiner Prämisse und als solches fragwürdige argumentum ex silentio: Da von einem Einfluß Wolframs oder Gottfrieds nichts zu spüren sei (was für Gottfried wohl nicht gilt, s.u.), gewinne der Satz *tiuschiu zunge diu ist arn* (v. 1777; Konjektur HAUPTs, anderer Vorschlag nur bei WALLNER, S. 135) spezifische Bedeutung; der 'MvC' sei demnach 'früh' zu datieren und ans Ende des 12. Jh.s zu stellen (DE BOOR). Wahrscheinlich bleibt hingegen ein Reflex von Hartmanns 'Klage', v. 207–216, bes. v. 209f. (vgl. dafür GLIER, Artes amandi, S. 20–24) in 'MvC', v. 1016–1024, bes. v. 1021f.; wahrscheinlich ist auch, daß die Massierung spezifischer Formeln in der topischen Frühlingsschilderung v. 1679–1696 'vor Gottfrieds "Tristan", dem reifen Walther und Neidhart' nicht denkbar ist (RUH, S. 150f., HARVEY, S. 33f.; anders SCHRÖDER, ²Ausg., S. 24f.; THOMAS, S. 347f.). Keine der bislang erörterten Beziehungen des 'MvC' zu anderen literarischen Texten vermag eine damit begründete Datierung 'nach 1210/15' zu widerlegen.

Diskutiert wurden: → 'Kaiserchronik', v. 4087–4154 (vgl. 'MvC', v. 133–229); → 'Pilatus', v. 1–13 (vgl. 'MvC', v. 1777); → Herbort von Fritzlar 'Liet von Troye', v. 1665–1668 (vgl. 'MvC', v. 20–23 u. 71–76) und Benoit de Sainte-Maure 'Roman de Troie', v. 93 ff.; → Otte 'Eraclius' (ed. GRAEF), v. 3113–3120 (vgl. 'MvC', v. 535–537, 546–548); → Gottfried von Straßburg 'Tristan', v. 3677–3679; 4932, 4950 (vgl. 'MvC', v. 867–872; 1122f., 1135–1139; die 'Belege' für *Galotten* aus Thomas' 'Tristan' und die Begründung 'Reimnot' für den Reim *galiotten: rotten* bei THOMAS, S. 339f. u. Anm. 51 sind falsch oder unhaltbar) und 'Roman d'Eneas', v. 7458 mit Laa.; → Wirnt von Gravenberg 'Wigalois', v. 484f. (vgl. 'MvC', v. 998f.); →Wolfram von Eschenbach 'Willehalm', 76, 22 (vgl. 'MvC', v. 1160).

Nicht genügend beachtet wurden bislang Hinweise auf Realia, die diese 'späte' Datierung sichern oder ausbauen können: Der 'MvC' bezieht sich auf Maurice (II.), Seigneur de Craon (ca. 1131–1196); dessen Ehefrau Isabelle starb 1220 (zuletzt THOMAS, S. 325–327). Der auf die *Kriechen* (95) bezogene v. 98 *man zinsete in, nû gebent sie solt* ist in seiner präsentischen Aussage mit ebensoviel Berechtigung auf den Zustand des byzantinischen Reiches nach der Eroberung Konstantinopels 1204 zu beziehen, wie dies bei Ottes 'Eraclius', v. 4462–4475 oder Wolframs 'Parzival', 563, 8 ff. geschehen ist (HATTO, S. 299 f.). Die bemerkenswerte Ähnlichkeit eines für die Einholung Isabels von England, der Braut (vgl. v. 748!) Friedrichs II., im Mai 1235 in Köln (vgl. v. 641!) bezeugten Schiffes mit Moriz' Schiff würde sogar eine Datierung nach diesem Zeitpunkt eröffnen (SCHRÖDER, ¹Ausg., S. XXVIII f., HARVEY, S. 268). Eine 'Spätdatierung' in die 20er oder 30er Jahre des 13. Jh.s scheint so insgesamt eher möglich als eine 'Frühdatierung' in die 80er Jahre des 12. Jh.s (so zuletzt THOMAS). Eine untere Grenze ('13. Jh.') ergibt sich aus den Beobachtungen zum Alter von Rieds Vorlage und zur Sprache des Textes (SCHRÖDER, ²Ausg., S. 5–7).

V. Autor. Als Heimat des Autors ist aufgrund sprachlicher Kriterien der Oberrhein 'zwischen Straßburg und Worms, diesseits oder jenseits des Rheins' (SCHRÖDER, ²Ausg., S. 7; vgl. HARVEY, S. 304) bestimmt worden. Ein Ansatz seiner Lebenszeit ist von der Datierung des anonymen Werks abhängig; die Zuweisung des 'MvC' an → Bligger von Steinach ist deshalb in diesem Kontext diskutiert worden. Die (stilistisch begründeten) Argumente MEYERS für diese These hat STACKMANN, S. 91, widerlegt. Der neuerliche Versuch von THOMAS, S. 344–349, ist mit einer Abhängigkeit Gottfrieds am Ende des Literaturexkurses (v. 4929–4974) von der Cassandra-Passage des 'MvC', v. 1135–1139 begründet worden.

Gottfried spiele mit dem vorausgehenden Vulcanus-Verweis auf Heinrich von Veldeke, mit dem Cassandra-Hinweis ironisch auf den dritten von ihm namentlich genannten Epiker Bligger und dessen Umbehanc an. Die argumentative Unsicherheit der Zuweisung ist, selbst bei Ansatz einer Frühdatierung, evident (s. o.). Hinzu kommt, daß der Umbehanc nicht als ein das gesamte Werk kennzeichnender 'Titel' verstanden werden dürfte, als der er, wenn schon nur eingeschränkt bei Gottfried, so doch eindeutig bei →Rudolf von Ems ('Alexander', v. 3205 ff.; 'Willehalm von Orlens', v. 2194) verstanden wird; Gottfried hätte zudem eine im 'MvC' 4 Verse umfassende Passage, in der eine mißverstandene (!) Cassandra in Beziehung zum golter eines Bettes gebracht wird, als so typisch und signifikant für den gesamten 'MvC' und den verwaere Bligger ansehen müssen, daß die Cassandra des 'MvC' in Zusammenhang mit Tristans Ausrüstung für die Schwertleite ebenso passend wie Vulcanus aus dem 'Roman d'Eneas' oder Veldekes 'Eneide' erscheint.

Die Wahrscheinlichkeit dieser Annahme ist gering. Indiskutabel ist die von BAYER vorgetragene Deutung des 'MvC' als einer aktuellen politischen Parabel, die ebenfalls Bligger als Autor zum Ergebnis hat.

VI. Interpretation. Der literarhistorische Ort des 'MvC' ist zunächst durch seine offensichtliche Nähe zur frz. Literatur um 1200 bestimmt (HARVEY, S. 29–49). Zurückzuführen ist dies auf eine verlorene Vorlage frz. Ursprungs, vielleicht aus dem Herrschaftsbereich der Anjou-Plantagenet (THOMAS, der daraus Konsequenzen für die Datierung und Autorzuweisung zieht, s. o.). Dieser Vorlage folgt der 'MvC' 'nach Komposition und Konzeption' (RUH, S. 153), z. T. auch im Detail. Zu sichern ist diese Annahme dadurch, daß alles, was sich in der dt. Literatur der Zeit einzig im 'MvC' findet, keine Erfindung des dt. Autors ist, sondern nach Frankreich weist: der Prolog und die Beschreibungen von Schiff (v. 621–754), Bett (v. 1110–1172) und Frühling (v. 1679–1696). Alle Passagen sind konzeptionell eng mit der Erzählung verflochten und zeigen z. T. in ihrem Wortmaterial Formen, die im Deutschen nicht oder selten, im Französischen hingegen mitunter topisch auftauchen (RUH, S. 146–153).

Der Prolog zeigt, analog zu Chrétiens 'Cliges'-Prolog (v. 28 ff.), aber vom Gedanken der *clergie* abstrahierend, die translatio der *chevalerie/ritterschaft* von Griechenland über Rom nach *Kerlingen*, wo sie seit Karl dem Großen ihre gegenwärtige Blüte erreiche. Als Ursache der translatio werden jeweils Verfallserscheinungen angegeben, für Rom z. B. Neros Perversion, deren Darstellung im entsprechenden Passus der 'Legenda aurea' (→ Jacobus a Voragine) eine genaue Parallele findet (RUH, S. 147–149). Da Hinweise auf den Verfall der *ritterschaft* in *Kerlingen* fehlen, gibt es die Auffassung, die Erzählung von Moriz und der Gräfin sei als dessen Illustration und als warnendes Exempel gegen den Verfall der *ritterschaft* in ihrer Bindung an *dienst* und *lôn* in der *minne* zu verstehen (REINITZER,

THOMAS). Dafür bietet der Text keinen expliziten Hinweis, wohl aber zeigt er am konkreten Beispiel die Verwirklichungen und Gefährdungen von zwei Aspekten, die auch der Prolog herausstellt: *triuwe* und *staete* im *dienst* um *lôn* und *êre* und der (finanzielle) Aufwand, den *ritterschaft* erfordert (77–93, 250–262, 321–397).

Dienst und *lôn* werden in einem Kasus formuliert und als Leistungen begriffen, die gegeneinander aufgerechnet werden können. Im 'MvC' wie in dem Fablel 'Du chevalier qui recovra l'amour de sa dame' (1. H. 13. Jh., ed. A. DE MONTAIGLON / G. RAYNAUD, Recueil général et complet des fabliaux des XIIIe et XIVe siècles, Bd. VI, Paris 1890, S. 138–146), dem der 'MvC' in einer Reihe von Haupt- und Nebenmotiven besonders nahesteht (vgl. BORCK, S. 122–124), wird ein Umstand gegen den *dienst* des Ritters ausgespielt, der es nach alter Tradition (F. R. SCHRÖDER, HARVEY, S. 20 f.) erlaubt, den *lôn* zu verweigern: der Schlaf des Liebhabers vor dem Rendezvous. Das Fablel vertritt die These, daß dies eine Minnesünde, die Dame aber gehalten sei, sie zu verzeihen, wie dies der Held des Fablels durch einen überraschenden Coup auch erlangt. Im 'MvC' hingegen wird durch eine Reihe von 'gegenüber dem Fablel zusätzlichen oder umgeformten Motiven' (RUH, S. 155) die These vertreten, daß die Verweigerung des *lôns* angesichts der geforderten und durchgängig und im Übermaß erfüllten Leistungen trotz Moriz' Schlaf die eigentliche Minnesünde sei. In der strengen Verurteilung der Dame, die den *lôn* nach einem *dienst* in *staete* verweigert, steht der 'MvC' wiederum zwei Werken frz. Provenienz nahe: dem Urteil zu einer entsprechenden quaestio im Traktat 'De amore' des Andreas Capellanus (II, 7, n. 19; ed. E. TROJEL, 1964, S. 291 f.), und der Elidîâ-Episode in → Ulrichs von Zatzikhoven 'Lanzelet', v. 7817 ff.

Denkt man sich den Minne-Kasus im 'MvC' von dieser These her entworfen, so sind die Figuren der Handlung und ihre Aktionen Funktionen dieser These. Sie kann um so wirkungsvoller demonstriert werden, je sicherer die Dame *lôn* in Aussicht gestellt, je mehr Verdienste sich Moriz dementsprechend im *dienst* erworben hat und je geringer demgegenüber die Minnesünde erscheint. Das Werk ist an diesen drei Perspektiven orientiert, dies erklärt die Spannungen, die sich z. T. in den Figuren, insbesondere in der Gräfin, aber auch generell im Duktus der Erzählung ergeben, die ihren eigenen narrativen Regeln gehorcht.

Die Gräfin hat Moriz' *dienst* akzeptiert und ihm durch ihr obligatorisches Zögern *lôn* in Gestalt von *lop* verschafft (263–306, 398–523); auf seine Bitte um Erhörung reagiert sie, dem Komment der *êre* entsprechend, mit Spott (524–558), sein überzeugendstes Argument, daß ihm nur der Tod bleibe, beantwortet sie mit der Verlobungsformel (592), Ring-Übergabe (594 + 605–612), Kuß (614) und einer letzten Aufgabe, das Turnier zu veranstalten – dann werde sie ihn *lônen* (586, 603; vgl. → 'Frauenlist', v. 173–528). Dieses Versprechen wird später vom Erzähler (1011, 1024), durch Moriz (1621–1637) und von der Gräfin selbst (1266–1276, 1638 ff., bes. 1761–1767) ausdrücklich bestätigt. Demgegenüber war Moriz in seinem *dienst*, wie vom zweiten Prolog gefordert (243–416) und entgegen den generalisierenden Argumenten der Dame (1351–1353), sowohl von unvergleichlicher *staete* (417 u. ö.) als auch spendabel, wie sich insbesondere beim Aufwand für das Turnier, das Schiff, für Zelt, Rüstung, Speere und Pferde und bei seiner Freigebigkeit gegenüber Spielleuten, *garzunen* und unterlegenen Konkurrenten zeigt (621–1024). Er war schließlich von unbedingtem Gehorsam, was sowohl den Zeitpunkt wie die Art und Weise seines Erscheinens zum Rendezvous betrifft (1082–1091). Demgegenüber wird er in puncto Schlaf, den auch er ausdrücklich als Vergehen bezeichnet (1236–1241, 1396–1403), durch eine ganze Kette von Erzählschritten, insbesondere durch Aktion und Rede der Zofe der Gräfin entlastet; dies gilt auch für das Eindringen ins Schlafgemach und sein und der Gräfin Verhalten dort. Der Gräfin wiederum wird *unstaete* (1428) und der *zorn* (1314, 1410, 1416, 1455, 1486, 1506), der sie zu übereiltem Handeln, gegen den *rât* des *vriundes* (der Zofe, 1673–1680) veranlaßt habe, zum Vorwurf gemacht. Ihren im Kontrast zur amoenen Sphäre demonstrierten *kumber* (1652, 1768, 1775) und die Einsicht in das eigene Vergehen, in der der Autor sie sich selbst, aus der fiktiven Sphäre fallend, allen Lesern und Hörern als warnendes Beispiel darbieten läßt (1772–1776), ist als wirkungsmächtiges Argument an den Schluß gestellt. Diese Szene bestätigt noch einmal die Auffassung des 'MvC' als einer Thesenerzählung zum Thema *dienst* und *lôn* in der *minne*.

In Struktur und Erzählform nächst verwandte Texte finden sich im dt. Sprachbereich unter den Mären (vgl. die Probe der *hövescheit* nach erfolgreichem *dienst* in → 'Die halbe Birne' und den → 'Heidin'-Versionen). Die Interpretation der Erzählung als einer 'antihöfischen', gegen den ritterlichen *dienst* für den *lôn* einer Dame gerichteten, die Figuren moralisch verurteilenden Erzählung (REINITZER, THOMAS) kann dagegen nicht überzeugen.

Weder die Tierverlgeiche (v. 128, 772, 837, 983f., 1277, 1537; zu 983f. vgl. z.B. HARVEY, S. 226 Anm. 1) noch die Ausstattung des Bettes und die im Zusammenhang damit genannten 'Exempelfiguren' Cassandra, Dido und Salomo (1136, 1152, 1162) erreichen in ihrer sprachlichen Figur (Vergleich) und situativen Gebundenheit eine zielgerichtete Konsistenz, die diese Deutung nahelegte.

Literatur. Ausführl. Bibliogr. in PRETZEL, ⁴Ausg., Beih., S. 1–5 u. FISCHER, Stud., ²1983, bearb. v. J. JANOTA, S. 375–378; hier nur eine Auswahl u. Nachträge.
R.M. MEYER, Bligger v. Steinach, ZfdA 39 (1895) 305–326; A. WALLNER, Zum Text des MvC, ZfdA 56 (1919) 132–135; A. HATTO, MvC, London Mediaeval Studies 1 (1938) 285–304; K. STACKMANN, Die mhd. Versnovelle MvC, Diss. (masch.) Hamburg 1947; DE BOOR, LG II, ¹⁰1978 bearb. v. U. HENNIG, S. 138–143; F.R. SCHRÖDER, Zum MvC, GRM 35 (1954) 337–340; K.H. BORCK, Zur Deutung u. Vorgeschichte des MvC, DVjs 35 (1961) 494–520, Nachdr. (zit.) in: Das Märe. Die mhd. Versnovelle des späteren MAs, hg. v. K.-H. SCHIRMER (WdF 558), 1983, S. 113–144; R. HARVEY, MvC and the Chivalric World, Oxford 1961; F.J. WORSTBROCK, Translatio artium, AKG 47 (1965) 1–22; K.-H. SCHIRMER, Stil- u. Motivunters. zur mhd. Versnovelle (Hermaea NF 26), 1969, Reg.; K. RUH, MvC. Eine höfische Thesenerzählung aus Frankreich, in: Formen mal. Lit., Fs. S. Beyschlag (GAG 25), 1970, S. 77–90, Nachdr. (zit.) in: Das Märe ... (WdF 558), 1983, S. 145–163; weiterhin: Kleine Schriften I, 1984, S. 129–144; H. REINITZER, Zeder u. Aloe. Zur Herkunft des Bettes Salomos im MvC, AKG 58 (1976) 1–34; ders., Zu den Tiervergleichen u. zur Interpretation des MvC, GRM 27 (1977) 1–18; H. BAYER, *âne êre alse ein vihe*. Der MvC u. d. 'Ligurinus' Gunthers v. Pairis, Mlat. Jb. 16 (1981) 180–211; H. THOMAS, Zur Datierung, zum Verf. u. zur Interpretation des MvC, ZfdPh 103 (1984) 321–365; W. HAUG, Literaturtheorie im dt. MA, 1985, S. 70–73, 116; A. KARNEIN, De Amore in volkssprachl. Lit. (GRM Beih. 4), 1985, S. 165f.

(1987)   HANS-JOACHIM ZIEGELER

Morungen → Heinrich von M.

Mügeln → Heinrich von M.

'Muspilli'

Ahd. Stabreimgedicht über das Schicksal der Seele nach dem Tod und das Jüngste Gericht.

1. Überlieferung. München, clm 14098, aus St. Emmeram. Die Hs. enthält f. 61–120 den ps.-augustinischen 'Sermo de symbolo contra Iudaeos' (mit dem Endzeitgedicht der erythräischen Sibylle). Durch Widmungsverse des Salzburger Bischofs Adalram an den *summus puer* Ludwig (120ᵛ), den nachmaligen König Ludwig den Deutschen, ist sie zwischen 821 und 827 datierbar. Das 'M.' ist im späteren 9. Jh. auf die ursprünglich freigebliebenen ff. 61ʳ, 120ᵛ, 121ʳᵛ und die unteren Ränder von 119ᵛ und 120ʳ eingetragen, 'wahrscheinlich am Hofe Ludwigs des Deutschen, durch eine des Bücherschreibens ungewohnte Hand' (BISCHOFF, Schreibschulen, Bd. 2, S. 151, mit Lit.). Anfang und Schluß fehlen, sie werden mit den Vorsatzblättern des Codex verlorengegangen sein. (Bl. 1–60 sind nachträglich vorgebunden).

Ausgaben. J.A. SCHMELLER, 'M.', Neue Beiträge zur vaterländischen Geschichte 1 (1832) 89–117, separat München 1832 (Erstveröff.); M. ENNECCERUS, Die ältesten dt. Sprachdenkm., 1897, Taf. 11–16 (Faks.); STEINMEYER, Sprachdenkm., Nr. 14; H. FISCHER, Schrifttafeln zum ahd. Lesebuch, 1966, Taf. 15 (Teilfaks.); BRAUNE, Leseb., ¹⁶1979, Nr. 30; HAUG (s.u.), S. 34–54 (mit textkritischem Kommentar u. Übers.)

2. Datierung und Lokalisierung.

Die genauere paläographische Datierung der Aufzeichnung des 'M.' scheitert an der mangelnden Schulung des Schreibers, die philologische an der orthographischen, lautlichen und metrischen Uneinheitlichkeit. Aus der Eintragung in die Widmungshs. sind Argumente sowohl für wie gegen eine Niederschrift vor dem Tode Ludwigs († 876) abgeleitet worden. Die vermutete schriftliche Vorlage ist noch weniger festzulegen, die Ansätze schwanken zwischen 790 (BAESECKE, 1933, S. 138, für die von ihm postulierten 'M.I' und 'M.II', s.u.) und, sofern Einflüsse →Otfrids von Weißenburg vorausgesetzt werden, nach 871 (zuletzt HAUG, S. 60 f.).

Die sprachlichen Differenzen erschweren auch die Lokalisierung. Zwar herrschen bairische Formen eindeutig vor, doch weisen einzelne Merkmale in Lautstand und Wortschatz ins Südrheinfränkische, ohne daß sich das Nebeneinander sicher in ein lokales Nacheinander auflösen ließe. Die Behauptung altsächsischer (KROGMANN, 1937) oder altniederfränkischer Elemente (MINIS) hat kritischer Nachprüfung nicht standgehalten (BERGMANN). Aber auch für die Vermutung, das 'M.' repräsentiere die Mischsprache der adligen Oberschicht des Karolingerreiches (ebd., S. 316), fehlt es einstweilen noch an stützenden Belegen. – Die Ansiedlung im Bairischen, für die Eintragung der überlieferten Fassung in den Regensburger Codex ohnehin nicht zu bezweifeln, findet eine gewisse zusätzliche Stütze in Eigenheiten des Wortschatzes, s.u. 6.

3. Inhalt und Einheit.

Die (je nach Textherstellung) 103–105 erhaltenen Verse des 'M.' sprechen in drei hart aneinandergefügten Abschnitten 1. vom Streit der Engel und der Teufel um die Seele unmittelbar nach dem Tod und von den Qualen der Hölle und der Seligkeit des Paradieses (v. 1–30); 2. vom Untergang der Welt nach dem Kampf des Elias mit dem Antichristen (v. 31–72); 3. vom Erscheinen Christi zum Jüngsten Gericht (v. 73–103). Bereits der 2. Teil setzt mit dem Ruf zum Endgericht ein, dem sich niemand entziehen kann und vor dem es weder Beistand gibt noch die Verheimlichung von Untaten. Die Evokation der Höllenpein im ersten, der Schrecknisse des Weltuntergangs und der Unausweichlichkeit des Gerichts im zweiten und dritten Teil mahnt zu rechtzeitiger Buße und fordert von den irdischen Richtern, Gerechtigkeit zu üben und ihr Amt nicht bestechlich zu mißbrauchen.

Das 'M.' ist so, wie es überliefert ist, nicht aus einem Guß. Außer sprachlichen und metrischen Unebenheiten haben abrupte Stilwechsel, Motivwiederholungen und unorthodoxe apokalyptische Vorstellungen die Forschung irritiert. Sie hat darauf zunächst mit Quellenkritik reagiert. Besonders BAESECKE hat in immer weiter verfeinerten Analysen versucht, zwei oder sogar drei ursprünglich selbständige Gedichte zu unterscheiden (zuerst 1918; zusammenfassend 1949, S. 215 = 1966, S. 444): ein selbst wieder aus zwei Texten zusammengefügtes 'Muspilli I' = v. 1–30 (Gericht nach dem Tode) und v. 31–36, 63–103 (Jüngstes Gericht) und ein 'Muspilli II' = v. 37–62 (Elias-Antichrist-Kampf und Weltende), beide nach ags. Vorbildern gegen Ende des 8. Jh.s in Fulda entstanden und erst im clm 14098 zu einer widersprüchlichen Einheit verbunden. – Gegen die Auflösung des überlieferten Gedichts in seine Vorgeschichte, und zugleich gegen die Annahme germanischer Provenienz für den Mittelteil, setzte SCHNEIDER (1936) den Versuch, das 'M.' als einheitlich zu erweisen, freilich wiederum im Rekurs auf eine durch predigthafte Interpolation verdorbene Vorstufe. Mit einer an Symbolzahlen orientierten Strophengliederung hat MINIS (1966) diesen Ansatz radikalisiert und ein aus 80 Versen (und 7 verlorenen) bestehendes Gedicht konstruiert, das den 'Weg des Menschen zum ewigen Heil' zum Thema habe. – Die unorthodoxe Darstellung vom Sieg des Elias über den Antichrist wurde früher als Verarbeitung germanischer Mythologie gedeutet (dazu unten) und von KOLB nach dem Vorgang EHRISMANNs (LG, S. 152) als vom Dichter zurückgewiesene falsche

Vorstellung der weltlichen Rechtskenner (der *uueroltrehtuuison*, v. 37) interpretiert, denen anschließend die richtige der *gotmanno* (v. 48) entgegengestellt sei: eine Interpretation, die das auf dramatische Vergegenwärtigung der Schrecken des Endgerichts bedachte Gedicht in seinem Zentrum mit einer quaestio theologica belasten würde.

Erst in jüngster Zeit ist die klitternde Disparität des 'M.' als Element seiner literarhistorischen Situation akzeptiert und als Signatur eines Textes gedeutet worden, der in seiner Gebrochenheit auf die Diskontinuitätserfahrung seiner Epoche (der Zeit nach dem Tod Ludwigs des Deutschen?) reagiert (HAUG, 1977, vgl. BERTAU, 1972).

4. Quellen.
Als Ganzes folgt das 'M.' keiner bestimmten Vorlage. Sein Autor schöpft aus dem breiten Strom der aus Lc 16, 19–31 u. 23, 43 ff. (für das individuelle Gericht), aus Mt 25, 31–46, der Apokalypse und aus apokryphen Schriften, bes. IV Esra und der Elias-Apokalypse entwickelten apokalyptisch-eschatologischen Literatur seiner Zeit (eine Übersicht über die Texte gibt KURSAWA, S. 21–42). Auch für weniger geläufige Details wie den Eliassieg (Cassiodor zu Ps 51, PL 70, Sp. 377: FINGER, S. 29 f.) und die Entstehung des Weltbrandes aus dem Blut des Elias (Formula in modum symboli, Spanien, saec. VIII, PL Suppl. 4, 2151: GROOS / HILL) haben sich Parallelen im westeuropäischen Schrifttum nachweisen lassen. Am genuin christlichen Charakter des gesamten 'M.' kann somit kein Zweifel sein. Heidnisch-germanische Züge, wie sie die ältere Forschung von GRIMM bis NECKEL (1918), KOHLSCHMIDT (1927) und noch BAESECKE vor allem im Elias-Antichrist-Kampf zu erkennen meinte, trägt das 'M.' nicht. Gerade die Intensität der zeitgenössischen Endzeitspekulation, die auch im as. →'Heliand' und bei Otfrid ein Echo gefunden hat, läßt allerdings den präzisen Nachweis der Abhängigkeit einzelner Passagen von bestimmten Vorlagen, den Predigten Ephräms, dem Sibyllinenakrostichon, der 'Vita Fursei' oder dem ags. 'Crist', kaum zu. Auch die Wiederkehr eines Verses bei Otfrid (v. 14 = I 18,9) kann zufällig sein und vermag einen unmittelbaren Zusammenhang in der einen oder anderen Richtung jedenfalls nicht zu begründen (FINGER, S. 177–183).

5. *muspilli*
Seinen Namen trägt das Gedicht seit seiner ersten Veröffentlichung durch SCHMELLER nach v. 57: *dar ni mac denne mak andremo helfan uora demo muspille* – 'da wird kein Verwandter dem anderen beistehen können angesichts des Muspilli'. Der Sinn des Wortes *muspilli* ist so dunkel wie seine Herkunft. Etymologische Ableitungsversuche sind erfolglos geblieben (dokumentiert bei BRAUNE, Leseb., S. 172 f.; ergänzend W. BETZ, DPhiA III, Sp. 1624 f.). Und obwohl es noch zweimal im 'Heliand' (v. 2591, 4358) und 15mal im Altnordischen belegt ist (in der 'Älteren Edda' und der 'Snorra Edda'; alle Stellen bei FINGER, S. 122–125), bleibt umstritten, ob germanische oder christliche Provenienz anzusetzen ist, ob ursprünglich eine Person (ein Feuerdämon? Christus als Weltenrichter?) oder ein Abstraktum (der Weltbrand? das Weltende oder Weltgericht?) gemeint war. Einer christlichen Bildung fehlte das Pendant in der lat. Kirchensprache, für ein germanisches Wort aber wäre viel eher die Übernahme in den Wortschatz der ags. geistlichen Dichtung zu erwarten gewesen, für den die Umdeutung heidnischer Termini vielfach belegt ist. Der Autor des durch und durch christlichen 'M.' jedenfalls wird nichts Heidnisches (mehr?) herausgehört haben und parallel zu *stuatago* 'Gerichtstag' (v. 55) die Vorstellung vom Weltuntergang damit verbinden (so zuletzt HAUG, S. 43; die Argumente für die Bedeutung 'Mundtöter' als Bezeichnung für Christus den Weltenrichter referiert FINGER, S. 142 f.).

6. Metrik und Stil.
Das 'M.' ist eins der wenigen Zeugnisse für die ahd. Stabreimdichtung (→'Hildebrandslied', →'Merseburger Zaubersprü-

che', →'Wessobrunner Schöpfungsgedicht'). Die Normen einer strengen Stabreimmetrik erfüllt es nicht (SIEVERS, HEUSLER). Neben (überlieferungsbedingt?) unvollständigen Versen und solchen mit irregulärer Stabverteilung und Akzentabstufung gibt es mindestens sechs, die Stabreim und Endreim kombinieren (vv. 28, 37, 62, 78/79, 87), und einen nichtstabenden Endreimvers, der mit dem ihm folgenden ein metrisch und rhythmisch regelrechtes Verspaar im Stil Otfrids bildet (v. 61/62). Auch in anderen zeigt sich die Tendenz, die sprachliche Struktur des Stabreimverses dem gleichmäßigeren Endreimvers anzunähern (SONDEREGGER). Man wird all das nicht mehr einfach als Unvermögen oder Verfall altheimischer Verskunst werten, sondern als Indiz eines (von Otfrid beeinflußten?) Vermittlungsversuchs (BAESECKE, 1922, S. 433 = 1966, S. 39f.) oder als dissonante Instrumentierung im Sinne der Montagethese (s. o. 3.).

Die Zeilengliederung ist, anders als im 'Hildebrandslied', überwiegend stichisch, im Satzbau dominiert asyndetische Parataxe. Eine gewisse Gruppenbildung wird durch Parallelisierung und syntaktische Mittel erreicht (SCHULZE, S. 194f.). Der Variationsstil der ags. und as. Stabreimdichtung ist auf Passagen besonderer Dramatik begrenzt und trägt zum Eindruck raschen Tonlagenwechsels bei, der durch die Aufeinanderfolge evokativer und paränetischer Passagen entsteht. Die gehäufte Verwendung rechtssprachlicher Terminologie ist in ihrer reichen Synonymik vielleicht dem Usus irischer Missionare verpflichtet (REIFFENSTEIN, S. 23–34).

7. Adressaten und Wirkung.

Das 'M.' ist nicht zuerst ein Gedicht über das Ende der Welt (und insofern nur bedingt ein Gegenstück zum 'Wessobrunner Schöpfungsgedicht'), sondern ein wort- und bildmächtiger Mahnruf zu geistlicher Einkehr. Er wendet sich an die Angehörigen der schwerttragenden Oberschicht. Daß das Richteramt besonders akzentuiert wird, gehört zum Bestand der apokalyptischen Paränese und indiziert weder ein besonderes ständekritisches Engagement noch einen konkreten Anlaß, wie ihn etwa das rechtsreformatorische 'Capitulare missorum generale' Karls des Großen (802) liefern könnte. Direkte Nachwirkung ist so wenig faßbar wie eine direkte Vorlage, doch steht das 'M.' am Beginn einer Tradition predigthafter Dichtungen, wie sie im Frühmhd. bei →Ezzo und im → 'Memento mori' wieder greifbar wird (MOHR, S. 23).

Literatur. Die ältere Literatur verzeichnet EHRISMANN, LG I, ²1932, S. 147–156.

J. GRIMM, Dt. Mythologie, ⁴1876/77, Bd. 2, S. 673–680; E. SIEVERS, Altgerm. Metrik, 1893, § 130 bis 136; G. NECKEL, Studien zu den germ. Dichtungen vom Weltuntergang, HSB 1918, 7 (1918); G. BAESECKE, 'M.', BSB 1918, S. 414–442 = Kl.metrische Schr.n, 1968, S. 55–69; ders., Emmeramer Studien, PBB 46 (1922) 431–494 = Kl. Schr.n z. ahd. Spr. u. Lit., 1966, S. 38–85; L. WOLFF, Über den Stil der altgerm. Poesie, DVjs 1 (1923) 214–229 = Kl. Schr.n, 1967, S. 31–43; A. HEUSLER, Dt. Versgesch., Bd. 2, 1926, § 435; W. KOHLSCHMIDT, Zur religionsgeschichtl. Stellung des 'M.', ZfdA 64 (1927) 294–298; G. BAESECKE, Der Vocabularius Sti. Galli in der ags. Mission, 1933, S. 124–138; H. SCHNEIDER, 'M.', ZfdA 73 (1936) 1–32 = Kl. Schr.n, 1962, S. 165–194; W. KROGMANN, Ein as. Lied vom Ende der Welt in hd. Übersetzung (Sachsenspiegel 1), 1937; R. VAN DELDEN, Die sprachliche Gestalt des 'M.' u. ihre Vorgeschichte, PBB 65 (1942) 303–329; G. BAESECKE, 'M.II', ZfdA 82 (1948/50) 199–239; ders., Die karlische Renaissance u. das dt. Schrifttum, DVjs 23 (1949) 143–216 = Kl. Schr.n, 1966, S. 377–445; A.C. DUNSTAN, 'M.' and the Apocryphal Gospels, German Life and Letters 11 (1957/58) 270–275; I. REIFFENSTEIN, Das ahd. 'M.' u. die Vita des Hl. Furseus von Péronne, Südostdt. Archiv 1 (1958) 88–104; ders., Das Ahd. und die irische Mission im obd. Raum (Innsbrucker Beitr. z. Kulturwiss., Sonderh. 6), 1958; J.G. KUNSTMANN, Some Unprofessional Remarks on the Elijah-Episode of the OHG. 'M.', Duquesne Studies, Annuale Mediaevale 1 (1960) 5–21; H.W. SOMMER, The 'M.'-Apocalypse, Germ. Rev. 35 (1960) 157–163; ders., The Pseudepigraphic Sources of 'M.II', Monatshefte 55 (1963) 107–112; H. KOLB, *dia weroltrehtwison*, Zs. f. dt. Wortforschung 18 (1962) 88–95; ders., *vora demo muspille*, ZfdPh 83 (1964) 2–33; C. MINIS, Handschrift, Form u. Sprache des 'M.' (Phil. Stud. u. Qu. 35), 1966; W. KROGMANN, Eine niederfrk. Vorstufe des 'M.'?, Leuv. Bijdr. 56 (1967) 126–137; K. v. SEE, Germ. Verskunst (Slg. Metzler 67), 1967, S. 72–74; S. SONDEREGGER, Frühe Erscheinungsformen dichterischer Sprache im Ahd., in: Typologia litterarum, Fs. Max Wehrli, 1969, S. 53–81; D. Brennecke, Es gibt keine Lücke nach 'M.' 45a, ZfdA 99 (1970) 33–35; R. Bergmann, Zum Problem der Sprache des 'M.', Frühmal. Stud. 5 (1971) 304–316; H. Kolb, Himmlisches u. irdisches Gericht in karolingischer Theologie u. ahd. Dichtung, ebd. 284–303; K. Bertau, Dt. Lit. im europ. MA, Bd. 1, 1972, S. 68f.; F. W. Schulze, Bindungen von Versfolgen im Altenglischen u. Ahd., in: Kritische Bewahrung, Fs. W. Schröder, 1974, S. 185–212; Ch. M. Barrack, 'M.': A Dilemma in Reconstructing, Folia Linguistica 8 (1975) 255–269; A. R. Bell, 'M.': Apocalypse as Political Threat, Studies in Literary Imagination 8 (1975) 75–104; D. Kartschoke, Altdt. Bibeldichtung (Slg. Metzler 135), 1975, S. 24–32; J. K. Bostock, A Handbook on OHG. Literature, Oxford ²1976, S. 135–154; H. P. Kursawa, Antichristsage, Weltende u. Jüngstes Gericht in mal. dt. Dichtung, Diss. Köln 1976; H. Finger, Unters. zum 'M.' (GAG 244), 1977; W. Mohr / W. Haug, Zweimal 'M.' (Unters. z. dt. LG 18), 1977; H. D. Schlosser, Die lit. Anfänge d. dt. Sprache, 1977, S. 70–74 u. 109 f.; J. Kühnel, Unters. z. germ. Stabreimvers (GAG 209), 1978, S. 63–65, 69–71, 302f.; A. Groos / Th. D. Hill, The Blood of Elias and the Fire of Doom: A New Analogue for 'M.', vss. 52ff., Neuphil. Mitt. 81 (1980) 439–442; F. V. Spechtler, Altes u. neues Recht. Bemerkungen über neue Forschungen zum ahd. 'M.', Amsterdamer Beitr. z. älteren Germanistik 15 (1980) 39–52; R. Schmidt-Wiegand, 'M.', in: Hwb. z. dt. Rechtsgesch. III, 1984, Sp. 795–798.

(1987)   Hans-Hugo Steinhoff

N

Neidhart und Neidhartianer

Inhalt. I. Leben: Name; Lebenslauf; Stand. – II. Überlieferung. – III. Ausgaben. – IV. Die Aussage der Lieder: 1. Die Aussage gemäß Hs. R: a) Die Lieder; b) zeitaktuelle Bezüge. 2. Die Aussage im C-Block (Hss. d. 14. Jh.s). – V. Der c-Block (Hss. d. 15. Jh.s und Druck z) und die Wirkungsgeschichte; Neidhartianer: 1. Der c-Block: a) Hs. c; b) Neidhart-Legende ('Neidhart Fuchs'); c) Neidhartianer; d) Neidhart-Miniatur in Hs. C. 2. Zeugnisse außerhalb des Hss.-Corpus. 3. Literarische Nachwirkung. – VI. N.s literarische Herkunft. – VII. Aufbau und Form: Lied; Strophe; Melodie- und Versbau; Sprache. – VIII. Literatur.

I. Leben.

1. Ein Name des Dichters ist urkundlich nicht bezeugt. Er begegnet nur literarisch, und zwar als *Nîthart* (bzw. *Neithart*) *von Riuwental* erst im 15. Jh., z.B. L. (= Lied) 50 VIe, 14/239,70 der Hs. c (s. BUMKE, 1976, S. 109). Sonst ist *her Nîthart* der Dichtername: bei mhd. Autoren wie →Wolfram von Eschenbach, →Wernher dem Gartenære und späteren, in den sog. Trutzstrophen (s.u. IV.1.a) bereits der ältesten Hs. R (L. 32/149) und in den Sammelhss. mhd. Lyrik. *Neithart* allein erscheint im 15./16. Jh. auch außerhalb der Hss. als Titel, Gattungs- und Berufsbezeichnung (s.u. V.1.a u. 2.), – abgesehen vom Gebrauch des Namens als Schelte und Teufelsbezeichnung (s.u. V.2.). *Der von Riuwental* heißt der Ritter der bayerischen Lieder, *Riuwental* sein Ansitz; dessen Existenz ist bis jetzt nicht erwiesen. Im bayerischen Raum können ein Ortsname *Rewental* im Kreise Freising um 1250 (Tegernseer Urbar) oder Orte wie *Reintal* südöstlich von Landshut entsprechen; eher zu vermuten sei ein Hofname R., der, vergänglicher als Ortsnamen, 'später beim Ausbau der Siedlungen in deren Benennungen aufgegangen ist' (SCHWARZ, 1970, S. 92).

Aus der auffallend zur Liedaussage stimmenden Bedeutung der Namen *Nîthart* ('neidischer Mensch'; 'Teufel': SINGER, 1920, S. 12, zumal H. SCHNEIDER, 1925, S. 417) und *Riuwental* ('Jammer-, Schmerztal') entstand die Kontroverse über die Frage nach biographischer Wirklichkeit oder poetischer (symbolischer) Fiktion beider Namen des (dann anonymen) Dichters. BERTAU, LG, 1973, S. 1032, formuliert aus neuer Sicht: 'Der Dichter erscheint ... in zwei, dialektisch einander ausschließenden Masken: als Nîthart-Maske in den Bauernstrophen, als Riuwental-Maske in den Dichterstrophen'. Demgegenüber plädiert BEYSCHLAG (1979) wieder für mögliche biographische Realität beider Namen, *Riuwentals* als zeitweiligen Lehens auch des Dichters, das von ihm allein hinsichtlich seiner wirtschaftlichen und baulichen Armseligkeit ausgespielt werde (s.a. EHRISMANN, S. 257; BEYSCHLAG, Ausg., S. 767, entgegen SIMON, 1968, S. 77). Erneut für den Anonymus tritt jüngst (doch methodisch anfechtbar) MÜCK (1983) ein.

2. Der Name *Riuwental* fungiert in einer Reihe von Sommer- und Winterliedern als Kennmarke des Dichters: L. 41,IX/74,25. Er fehlt in anderen, die z.T. österreichische Orts- und Gewässernamen, zumeist im Tullner Feld und Wienerwald, anführen oder sich auf österreichische Verhältnisse beziehen (s.u. IV.1.b). Aufgrund von L.41/73,24 mit Hinweisen auf Entzug des Lehens *Riuwental* (Str. IX/74,25 der Hs. R) und Abwanderung von *Beiern ... gein Österrîche* (X/75,1, allerdings der Hs. c, sowie XI/75,5ff. der Hs. R) weist man die Riuwental-Gruppe samt weiteren Liedern z.T. mit bayerischen Ortsnamen einer früheren Lebenszeit in Bayern und die andere einer anschließen-

den in Österreich zu. – Zu dem nicht lokalisierbaren *Witenbrüel* s. BEYSCHLAG, 'Brühl', 1975. – Wegen Bitt-, Lob- und Dankstrophen an Herzog Friedrich II. den Streitbaren kann dieser Lebensabschnitt nicht vor dessen Regierungsantritt 1230 begonnen haben (betr. eines späteren Datums: 1236, s. OEBBECKE, 1978, vgl. u. IV.1.b). Der in der Umsiedlungsstrophe 41,XI,5/75,7 genannte Ortsname *Medelich* (Hs. R) wird einerseits als Melk, so erneut von BACH, 1953, S. 223, andererseits als Mödling bei Wien verstanden, so zuletzt OEBBECKE, was sachlich passender erscheint.

3. Für N.s bayerische Zeit bietet die Nennung Landshuts in L. 18,VII/14,1, dem zweiten der beiden Kreuzzugslieder, den Schlüssel. In der Streitfrage, ob der Kreuzzug von 1217 gemeint ist oder der von 1228/29 (für diesen zuletzt BUMKE, 1959, S. 79; MOHR, 1960, S. 343f., s. auch SIMON, 1968, S. 79), lassen sich Hinweise N.s nur für 1217 mit den Vorgängen von 1218 und 1219 vor Damiette verifizieren: Zusammenstöße mit den *Walhen*, verheerende Verluste, sinnloses Ausharren bis in den August. Solche Sachkenntnis spricht zugleich für eine persönliche Teilnahme N.s (entgegen der These von SCHULZE, 1977). Näheres und Literatur bei BERTAU, 1971, S. 304 ff. (Seine These einer Anspielung N.s in 17,XI,7/13,7 auf Pelagius erscheint zu weit hergeholt: BEYSCHLAG, Ausg., S. 596; SCHULZE, S. 202 f.). – Die Rückkehr N.s bleibt ungewiß; vielleicht deutet der Gruß nach Landshut (L. 18,VII/14,1) auf eine Rückkehr erst mit dem (1221 in Ägypten eintreffenden) Herzog Ludwig von Bayern im September 1221.

In Kontroverse geraten ist auch das andere Zeugnis für N.s Schaffensbeginn im 2. Jahrzehnt des 13. Jh.s: die Anspielung Wolframs im 'Willehalm' (312,12) auf N.s *geubühel*, d.h. nach BUMKE, 1959, S. 187 Anm. 27, und BERTAU, 1971, S. 308 ff. auf Winterlieder der bayerischen Zeit. BUMKE datiert entgegen bisheriger Meinung den 'Willehalm' (S. 198) erst zwischen 1216 und 1226; BERTAU zieht (S. 318 ff.) diese Datierung energisch in Zweifel. – Immerhin, selbst wenn sich Wolfram erst später über N. geäußert hätte, sichert allein schon der Bezug auf den Kreuzzug von 1217 den Dichter N. im 2. Jahrzehnt.

Ob aber die Botschaft nach Landshut und der Hinweis auf den *herren*, dessen *hulde* 'Der von Reuental' verloren habe, ein unmittelbares Dienstverhältnis zum Landshuter Herzogshof beinhaltet, ist keineswegs sicher (BEYSCHLAG, Ausg., S. 603), ja sogar durchaus bezweifelbar (BEYSCHLAG, 1979, S. 29 ff., entgegen der z. Zt. allgemeinen Auffassung, vgl. BRUNNER, 1980, S. 496–511). Ungewiß ist auch die nähere Geburtsheimat N.s in Bayern: Landshut-Freisinger Gegend (SCHWARZ, 1970); die Oberpfalz (WINKLER, 1956, S. 287f.); die Gegend um Reichenhall (BERTAU, 1971, S. 301 ff.).

Aus allem bleibt auch der Zeitpunkt der Abwanderung N.s nach 1230 ins Österreichische ungewiß.

4. In seiner österreichischen Zeit hat N. die Krisenjahre unter Friedrich dem Streitbaren aktiv miterlebt, was sich in seinen Liedern spiegelt (s. u. IV.1.b). Da er im Gegensatz hiezu den Tod dieses seines Gönners 1246 nicht erwähnt, vermutet man sein Ableben vor diesem Ereignis. Wernher der Gartenære spricht im 'Helmbrecht' v. 217 von N. als Verstorbenem.

5. Stand. War N. Herr und Ritter? Die (Selbst-)Titulierungen *Nîtharts* und des *Riuwentalers* in den Gedichten als *herre* und *riter* (bzw. *knappe*) besagen zunächst nur, daß der Dichter seinen armselig dotierten Riuwentaler die Rolle eines Mannes von Stand agieren läßt. Eine Zugehörigkeit des Dichters zum Adel macht erst das Zeugnis Dritter: Wolframs ('Willehalm' 312,12), Wernhers ('Helmbrecht' v. 217), des →Marners (XIV,276) und späterer möglich. Über SIMON, 1968, S. 78, hinaus vermutet BERTAU, 1971, S. 300, als 'Realitätskern von N.s Situation' die *arme-rîter*-Existenz eines lehnslosen jüngeren Sohnes, der zunächst im Bayeri-

schen als Turnierausrufer, Gelegenheitssoldat und zeitweiliger Hofpoet tätig war, den *liberi homines pauperes* (nach BOSL, 1964) zurechenbar. – Im Fall einer tatsächlichen Beleihung mit *eigen unde lêhen* (s. o. I.2.) wird man N. wohl für diese Zeit Ministerialenfunktion zuerkennen müssen, etwa als *rîter* und *dienestman* (s. BUMKE, 1964, S. 71 ff., bes. S. 76). Dies trifft auch für die österreichische Zeit zu, falls *behûset* als vom Herzog mit einem *hûs* belehnt verstanden werden darf (L. 41,XI,4/75,6; 52,XII,2/73,12); eben darum bittet N. L. 50,VII,3/101,8 (hiezu SCHULZE, 1977, S. 205).

II. Überlieferung.

Vorhanden sind 21 Hss. und Bruchstücke, dazu drei frühe Drucke (z, z_1 und z_2), Textzeugen, die von der 2. Hälfte des 13. Jh.s (Hs. M) bis ins 16. Jh. reichen; s. hiezu die letzten Zusammenstellungen in den Ausgaben von HAUPT / WIESSNER, WIESSNER / FISCHER und BEYSCHLAG, sowie BOUEKE, 1967, S. 9 ff., SIMON, 1968, S. 85 ff. u. 1972, S. 155 ff. – Das eine Besondere ist, daß 5 Hss. zusammen 55 Melodien enthalten, davon 13 zweifach bezeugt, das andere, daß N.s Werk in ständig erweitertem Umfang überliefert ist. Den 56 Liedern der ältesten Hs. R (Berlin, mgf 1062) stehen in der Nürnberger Pap.-Hs. c des 15. Jh.s (Berlin, mgf 779) 132 'Neidharte' mit 1098 Strophen (BOUEKE, S. 23) gegenüber. Parallel können Bestand und Reihung der Strophen und damit die jeweilige Liedaussage verschieden sein. – Die Melodien finden sich – abgesehen von fünf z. T. defekten Aufzeichnungen in Hs. O (14. Jh.) – erst in Hss. des 15. Jh.s, allen voran mit 45 Aufzeichnungen in Hs. c. Dabei zeigen sich bei den 13 zweifach bezeugten Melodien z. T. wesentliche Differenzen. Das nötigt zur Vorsicht: auch die nur einmal bezeugten Melodien können zunächst nicht kontrollierbare Veränderungen erfahren haben (BEYSCHLAG, Ausg., S. 501).

Aus dem paläographisch-philologischen Befund ergibt sich eine geographisch-zeitliche Gliederung nach Hss.-Blöcken: Ein hauptsächlich südwestdt. Block des 14. Jh.s, vor allem der drei alem. Sammelhss. A, B und zumal C – deshalb C-Block genannt – unterscheidet sich nach der Zuschreibung von Liedern und Strophen kenntlich von einem gleichzeitigen südostdt. Block, repräsentiert durch die österreichische Hs. R, daher R-Block genannt. Von diesen beiden Blöcken der Pergamenthss. hebt sich nach Zahl und Art seiner 'Neidharte' ein dritter Block der Papierhss. und Drucke des 15./16. Jh.s ab, mit dem Schwergewicht in der Hs. c – deshalb c-Block genannt (BEYSCHLAG, Ausg., S. 513; ders., 1976, S. 371).

Die Aufgabe, aus solchem Befund das Liedgut des Dichters N. von Zusätzen und Nachahmungen, den Pseudo-N.en oder Neidhartianern, zu scheiden, harrt noch ihrer endgültigen Lösung; s. hiezu SCHWEIKLE, 1981, S. 86–104.

III. Ausgaben.

Der Text des 'echten' N.

Die (noch nicht ersetzte, aber nicht mehr genügende) krit. Ausg. ist von M. HAUPT, N. v. Reuenthal, 1858; ²1923, neubearb. v. E. WIESSNER u. d. T. N.s Lieder (zit. H/W); unveränderter Nachdruck: Die Lieder N.s, mit einem Nachwort v. U. MÜLLER, I. BENNEWITZ-BEHR u. F. V. SPECHTLER, 1986. Der HAUPTsche Text (mit erneuter Revision) als Studienausg.: E. WIESSNER, Die Lieder N.s (ATB 44), 1955; ³1963, rev. v. H. FISCHER; ⁴1984, rev. v. P. SAPPLER, mit einem Melodienanhang v. H. LOMNITZER. Der HAUPT / WIESSNER-Text (mit den dortigen 'Pseudo-N.en' der Perg.Hss.), jedoch in grundsätzlich abweichender Anordnung der Lieder nach Überlieferungsblöcken und Thematik: S. BEYSCHLAG, Die Lieder N.s, 1975, S. 1–495 (zit. zusammen mit HAUPT / WIESSNER, z. B. L. 1/14,4; bei Zitierung von Gruppen nur BEYSCHLAG, z. B. L. 28–32). Weitere Ausg.n bei SIMON, 1968, S. 185.

Eine kritische Gesamtausgabe des N.schen Opus mit Einschluß der Pseudo-N.e (die lange Zeit nur in HMS III 183–313 zugänglich waren) ist unter Leitung von U. MÜLLER am Institut für Germanistik der Univ. Salzburg in Vorbereitung. Erschienen sind bis jetzt von I. BENNEWITZ-BEHR, Transkription des Frankfurter N.-Fragments O in: P. K. STEIN u. a. (Hgg.), Sprache-Text-Geschichte (GAG 304), 1980, S. 155–173; dies., Die Berliner N.-Hs. c (mgf 779). Transkription d. Texte u. Melodien (GAG 356), 1981; dies., Die Wiener N.-Hs. w. Transkription d. Texte u. Melodien (GAG 417), 1984. Außerdem S. SINGER, N.-Studien, 1920; D. BOUEKE, Materialien z. N.-Überl. (MTU 16), 1967, mit Probe-Edition von 11 N.en aus Pap.-Hss.; M. ZIMMERMANN (Hg.), Die Sterzinger Miszellaneen-Hs., Innsbruck 1980.

Der Druck des 'Neidhart Fuchs', hg. v. F. BOBERTAG (DNL 11), 1885, S. 143–292 (Nachdr. 1965); Die Historien des Neithart Fuchs. Nach dem Frankfurter Druck von 1566 in Abb. hg. v. E. JÖST (Litterae 49), 1980.

Melodien: Gesamtausg.n: W. Schmieder, Lieder von N. (v. Reuental) (Denkm. d. Tonkunst in Österreich 71), 1930 (Nachdr. 1960); E. Rohloff, N.s Sangweisen (Abhh. d. Sächs. Ak. d. Wiss., Phil.-hist. Kl. 52), 1962, mit den vollständigen Texten d. Melodie-Lieder. Weitere Ausg. s. H. Brunner bei Beyschlag, Ausg., S. 775–777, dort auch Schallplatten; seither Lomnitzer in: Wiessner / Fischer / Sappler; S. Beyschlag, Die 55 'N.'-Lieder mit Melodien, revidiert. Text u. Übertragung, zum Musizieren (in Vorbereitung).

Facsimiles: Abbildungen zur N.-Überl. I (Litterae 11), 1973 (Hss. R u. C^b, K, O u. M) u. II (Litterae 15), 1976 (Hs. c); hiezu H. Brunner, Mitt. d. Ver. f. Gesch. d. Stadt Nürnberg 64 (1977) 357–359. Vgl. ferner die Facsimiles der →'Heidelberger Lhs. A', →'Weingartner Lhs.' (B), →'Heidelberger Lhs. C' und der → 'Sterzinger Miszellaneen-Hs.'.

IV. Die Aussage der Lieder.
Die Methode Haupts (1858), den 'originalen' Text N.s auf der Grundlage der ältesten Hs. R unter Auswahl des zu R Stimmenden aus der übrigen Überlieferung zu erstellen und alles davon Abweichende als 'Pseudo-N.' zu erklären, beginnt auf grundsätzliche Kritik zu stoßen: N.s Lieder gehören als sangbar primär mündlichem Vortragsleben an mit der Möglichkeit vortragsbedingten Variierens und Neukonzipierens durch den Dichter wie durch spätere Vortragende. Das Lied lebt in Varianten (Beyschlag, 1976, S. 369 f.; erste Untersuchungen: Fritz, 1969, S. 251 ff.; Schweikle, 1969, S. 247 ff.; Birkhan, 1971; Wenzel, 1973; Beyschlag, Ausg., S. 606 ff.). Weiter ergibt die Analyse der drei genannten hs.lichen Überlieferungsblöcke den Befund, daß einerseits 35 Lieder (bzw. 34 in c) den drei Blöcken gemeinsam sind, andererseits die 'Zusätze' und Änderungen des C- und c-Blockes die jeweilige Gesamtaussage der Lieder gegenüber R (und den 35 gemeinsamen Liedern) so sehr differenzieren, daß sich 'N.' gewissermaßen in drei Gesichtern darstellt.

1. Die Aussage gemäß Hs. R.
Da sich das Bild N.s aus dem Gesamtbefund der 56 Lieder in R mit dem der 35 gemeinsamen deckt – diese bilden thematisch geradezu eine knappe 'Ausgabe' – und Hs. c 52 R-Lieder als 'N.e' stützt, besteht die Vermutung, mit einer Aussage-Analyse primär aus R, und zwar nach ihrer thematischen Entfaltung (Beyschlag, Ausg., S. 547 ff.), dem Dichter N. selbst am nächsten zu kommen. Mit Ausnahme des L. 22/XI,1 gelten zudem alle R-Lieder seit Haupt als 'echt'.

a) Das Ergebnis dieser Analyse bestätigt die bisherige Gliederung des Liedbestandes in Sommer- und Winterlieder (gemäß der Hs. c). Die Geschehnisse der Liedaussage betreffen demgegenüber drei verschiedene Verhaltensweisen in der Begegnung von Mann und Frau innerhalb des geselligen Lebens landadelig-bäuerlicher Gemeinschaften.

Die Sommerlieder enthüllen ein gelockertes, ja enthemmtes Sichsuchen der Geschlechter in Tanz, Spiel und Liebe, verbunden mit Aufsässigkeit der Mädchen gegen die gesetzte Ordnung (L. 10/26,23. 7/28,36), gegen die vergeblich warnende Mutter (L. 9–14), mit Animositäten zwischen Freundinnen (L. 6/22,38) – während die 'lebenslustige Alte' mit den Mädchen gleichzieht (L. 15/19,7. 16/9,13). Es ist ein begehrendes Besessensein dieser Frauen von der sie lockenden Gestalt des Tanzführers und Vorsängers, d. i. des 'Ritters' als des liebes- und tanzerfahrenen Hofmannes, in dessen Rolle der Dichter zeitweise als *Der von Riuwental* fungiert (L. 1–14).

Eine Gruppe der Winterlieder, Liebeshändel des Ritters (L. 28–32), zeichnet das Gegenstück hiezu, das Don-Juan-mäßige bedenkenlose Zupacken des Mannes, hier wieder des Ritters, der Liebe und Erfüllung nimmt, wo und wie er sie bekommt, gewiß schon unter dem Druck der Rivalität der Bauernburschen.

Solch enthemmtem Treiben von Mann und Frau steht als ein Drittes in der überwiegenden Zahl der Winterlieder (ab L. 33) ein völlig anderes erotisches Verhalten gegenüber: Werben des Minneritters um Liebesgunst mit Dienst und Lied. Durchgespielt jedoch in derselben landadelig-bäuerlichen Gesellschaft Frauen gegenüber, die sich ein solches Spiel wohl eine Zeit lang gefallen lassen, sich gleichzeitig aber dem derb zupackenden Liebeswerben der 'Bauerntölpel' keineswegs verweigern. Hieraus kommt es zu großmäuligem Gegensatz zwischen diesen und dem Ritter; die Burschen kontern in Trutzstrophen (die von N. selbst, oder aber aus dem höfischen Zuhörerkreis stammen: WACHINGER, 1970; BERTAU, 1971, S. 311ff.; TITZMANN, 1971, S. 486). Und der polternde, auftrumpfende Tanz höfisch herausgeputzter *getelinge* mit *mîn vrou Süezel* geht weiter (L. 56,VII/88,13). Ebenso bleibt der Spiegel, den Engelmar einst Friederun (damals Sommerliebste des Ritters) beim Tanz (L. 3/25,14) als Liebespfand von der Seite gerissen hat, im Besitz des 'Bauern' (L. 49,VI/93,1) – ein Übergriff, in dessen Bild dem Ritter die höfische Welt aus den Fugen gegangen erscheint. Nun schickt er sich, im selben L. 56, dem einen der drei 'Frau-Welt-Lieder', an, der Herrin Welt den Abschied zu geben – auch der Dichter selbst? (s. BERTAU, 1967, S. 83ff., anders KIVERNAGEL, 1970).

In und hinter solcher Ich-Aussage des 'Ritters' ist immer wieder – verhüllt – die Stimme des Dichters selbst erahnbar. Sie ist es einerseits im ironisch-satirischen Licht, das zunehmend über alles schrankenlose Sommer- wie Wintertreiben samt Minnedienst am falschen Ort gestreut ist; oft scheint es, als sei am Extremfall bäuerischen Geckentums das erheitert und höhnisch-lachende höfische Publikum selbst Ziel der Satire. (Die bäuerliche Wirklichkeit der Zeit dürfte auch eher dem harten Alltag der L. 35,VI/61,8 und 43,V,VI/68,16 entsprochen haben als dem sicher ebenfalls satirisch übersteigerten Bild vom Festtagstreiben der *getelinge*: MARGETTS, 1975, S. 158f.). – Anderseits klingt, zumal in den Spätliedern der Lebenserfahrung eines Menschenalters, ein Bekenntnis zu den Werten einer Minne an, die in der Verbundenheit eines beglückenden Sichschenkens beruht – freilich auch dies als Traum aus gewesener Zeit gezeichnet und damit Bestätigung der Heillosigkeit gegenwärtiger Welt (BEYSCHLAG, Ausg., S. 636f. u. 1976, S. 372, auch ORTMANN, 1976 – mit anderem Verständnis von N.s Satire als bei GAIER, 1967, aber parallel mit BERTAU, 1971, S. 323 Anm. 75).

b) Heillosigkeit der Welt ist Thema auch von zeitaktuellen Bezügen (L. 17–22; 51 u. 53).

Die beiden Kreuzzugslieder 17/11,8 und 18/13,8 sprechen von der illusionslosen Sicht des Erlebenden auf eine trostlose Wirklichkeit, fern jeglichen religiösen Ergriffenseins (s.o. I.3.). – Sommer- und Winterlieder der österreichischen Zeit prangern Zustände der dortigen Krisenjahre in herber Kritik an. Bestimmte Fakten werden genannt: die Hoffnung erweckende erwartete Ankunft des Kaisers (L. 19/31,5), die Einberufung von Bauern zum Heeresdienst durch den Herzog (L. 55,VIIIf./84,8ff., standeswidrig auch für N.: IX,2/84,21, als soziale *unvuoge*, ORTMANN, 1976, S. 22), anderseits drohende Brandschatzung durch Deutsche und Böhmen (L. 20,VIII/32,30) sowie Anspielungen auf eine Balkanpolitik Friedrichs des Streitbaren, bei der dieser auf die Hilfe des Kaisers verzichten könne (L. 51,VIIf./241f.). Die Forschung, zuletzt bestätigt und erweitert durch K.K. KLEIN, 1966, und BEYSCHLAG, Ausg., S. 596ff., bezog N.s Aussagen auf die Spanne von Herbst 1234 (Ankunft Friedrichs II. aus Sizilien) und 1237 (bevorstehender Vollzug der Reichsacht gegen den Herzog nach dem Scheitern der vom Kaiser abgelehnten Balkanpolitik 1235). BIRKHAN, 1971, plädiert hingegen für die Ereignisse vor allem ab Weihnachten 1239 (Aussöhnung des Herzogs mit dem Kaiser) und in Verbindung mit dem Mongolensturm bis 1242. Hiernach wäre das letzte Lebensdatum N.s nicht 1237, sondern 1242 (zu beachten ist das erwogene Datum von 1236 für ein *behûsen* N.s in Mödling: OEBBECKE, 1978, Anm. 19). – So oder so: N. erweist sich als orientiert und vertraut mit den Zielen des Herzogs, einen vom Kaiser unabhängigen Herrschaftsbereich auf dem Balkan zu errichten, und propagiert sie, vermutlich in Auftrag des herzoglichen Hofes, dem er offenbar zugehörte (s. BIRKHAN, 1971, S. 45, auch THUM, 1977, zumal S. 265 ff.). In solche Zusammenhänge stellt man auch L. 53,IIff./85,14 mit seiner Behauptung einer Rückkehr des Frohsinns nach Österreich (BEYSCHLAG, Ausg., S. 600; auch BIRKHAN, 1971, S. 6).

2. Die Aussage im C-Block.

Das 'andere Gesicht' N.s im C-Block (s. o. II.) ergibt sich teils aus Veränderungen an dem mit R gemeinsamen Bestand der 35 Lieder durch Zusatz, Wegfall oder Umstellung von Strophen, teils durch eigene, in R nicht vorhandene Lieder.

Die Veränderungen führen vielfach zu unterschiedlicher Konzeption des jeweiligen Liedes. Manche ernste Aussage wird hierbei eingebracht, z. B. L. 55,VII/83,36. Im allgemeinen aber biegen die Zusätze ab ins Grelle von Keilereien und grobbäurischem Benehmen.

Das gilt in noch höherem Grad für die 'neuen' Lieder. Der C-Block baut dabei stärker die Sommerlieder und das Liebhaber-Thema (auch das der lebenslustigen Alten) aus (L. 62–77): mit 21 zusätzlichen gegenüber 12 gemeinsamen Liedern, bestimmt von unbezähmbarer Sommer- und Liebeslust der Frauen bis zu enthemmter Hingabe, von pikanten Anzüglichkeiten (z. B. L. 74/XXVII,9) bis zur Obszönität von 'Männerwitzen' (L. 75–77); aber auch Untergründiges menschlichen Verhaltens kann anklingen (z. B. L. 68/LI,1. 67,IV f./XV,7 ff.). – Bei den Winterliedern (L. 79–86) überwiegen die mit R gemeinsamen Lieder (23 gegen 8). Von den nur im C-Block überlieferten setzen nur zwei die Lebensproblematik fort (L. 83/57,24; L. 84/65,37 – als Ganzes ein c-Lied!). Sonst gleitet das Minnelied ins Harmlos-Laszive ab, bietet üblichen Frauenpreis oder mündet in Bauerngroteske (L. 82;85;86).

An zeitaktuellen Anspielungen begegnet neu L. 78/102,32 (C c): eine beklagenswert strapaziöse und unerwünschte Fahrt in die Steiermark unter *bischof Eberhard* (= Erzbischof Eberhard II. von Salzburg [1200–1246]). N.s Verfasserschaft wurde mehrfach bezweifelt; bei Annahme einer Herkunft N.s aus dem Berchtesgadnischen (s. o. I.3.) würde sie an Glaubwürdigkeit gewinnen. – Mit R gemeinsam hat der C-Block die beiden Kreuzzugslieder (s. o. IV.1.b); von den Österreich betreffenden nur L. 53/85,6: der Verlust allen Frohsinns und seine Rückkehr nach Österreich.

In der Nachfolge HAUPTs hat die Forschung die für das 'andere Gesicht' N.s verantwortlichen Strophen und Lieder als Pseudo-N.e erklärt; als 'echt' gelten nur 11 der C-eigenen 36 Lieder (s. BEYSCHLAG, Ausg., Konkordanz).

V. Der c-Block und die Wirkungsgeschichte; Neidhartianer.

1. Der c-Block der 12 Hss. und Bruchstücke des 15. Jh.s und der 3 Drucke (z) ist mit seinem 'dritten Gesicht' N.s bereits Zeugnis und Ergebnis der rund 300jährigen Wirkungsgeschichte. Die Aufzeichnung von Melodien vor allem in diesen Hss. läßt die fortdauernde Zugehörigkeit des N.schen Werkes zum Repertoire geselligen Lebens erkennen.

a) Handschrift c gibt, zumeist sekundiert von den übrigen Pap.-Hss., mit 52 (von 56) Liedern fast vollständig die Aussage von R wieder, auch die zeitaktuelle mit Ausnahme von L. 21/33,15. Dagegen kennt sie mit 24 von den 34 zusätzlichen Liedern der Hss. B und C nur einen Teil des C-Blockes; die 4 → Goeli-Lieder von C (L. 87–90) führt sie gleich B als 'N.e'. Hinzu kommen Veränderungen der Lieder parallel dem C-Block. Sie lassen N.s Winterlieder nun gänzlich zu 'typischen N.en' werden (BECKER, 1978, S. 472). – Neben diesen zusammen 76 R- und C-Block-Liedern enthält c noch 56 weitere, darunter 8 von insgesamt 14 Schwänken des c-Blockes.

Der Charakter der c-eigenen Lieder gleicht den zusätzlichen Liedern des C-Blocks, jedoch erfolgt die Episierung des (bisher) lyrischen Ichs (BECKER, 1978, S. 468) und die noch zunehmende Betonung des Bäurisch-Grobschlächtigen (so auch BRILL bei BOUEKE, 1967, S. 1). Dieses durchsetzt die althergebrachten Formen des Minnedienstes, oft zeigt sich aber darin auch geschliffene satirische Spitze. Der 'Ritter' dominiert im winterlichen Stubentreiben wiederum als Tanzleiter. Altgeworden wendet er sich – wie in Hs.R –

gänzlich von 'Frau Welt' ab zu Gott. Solche Lebenswende wird in Hs.c – nun im Gegensatz zu Hs.R – sowohl in Sommerliedern wie in Winterliedern angesprochen. Der Frühlings-Eingang kann zu einem Mai-Eingang präzisiert sein.

Ob und wieweit in solchem 'neuen' Liedgut echte Lieder N.s, inwieweit 'Pseudo-N.e' vorliegen, ist noch keineswegs endgültig geklärt (BEYSCHLAG, 1976, S. 373). 'Die Möglichkeit des Weiterdichtens einzelner Töne und des Hinzudichtens neuer' sieht TITZMANN, 1971, S. 512, in dem 'logisch offeneren System' N.s gegenüber dem (bisherigen) Minnesang (S. 499, s.a. u. VI.). Es gestattet eine Reduzierung 'auf bestimmte Aspekte', sei es auf das Abbildhafte des Werkes, sei es auf das nur Komisch-Unterhaltende (S. 513). – Die Pseudo-N.e werden teils als Eigentum N.s (z.B. *her Nîthart disen reien sanc* L. 71,V/L. 25 der Hss. C u. c), teils als eine Art Gattung in N.s Manier (*ain Nîthart*, s.o. I.1. und SIMON, 1972, S. 154f. für Hs.w und d) ausgegeben.

Eine eigene Note erbringen die 14 Neidhart-Schwänke, die fast ausschließlich dem c-Block angehören. Sie beginnen nahezu alle mit sommerlichem Natureingang und Minneklage (BRILL, S. 148). Sie gliedern sich (nach BRILL) in 'Bauernschwänke' mit den Bauern, die von dem Schelm N. überlistet werden (darunter 'N. im Faß', als früheste Schwankaufzeichnung bereits in B L. 61/XXX,6), und in die 'Herzogsschwänke' (hierunter 'N. mit dem Veilchen'; zur Datierung s.u. V.2.); hier bilden Zeiselmauer mit den Bauern unter Engelmar und der Herzogshof in Wien die Schauplätze für die Aktionen des Bauernfeindes N. – Diese Schwänke gehören (neben den → 'Neidhart-Spielen') bereits der Entwicklung der 'N.-Legende' an.

b) Unter Neidhart-Legende (so zuerst R.M. MEYER, ZfdA 31 [1887] 64ff.) versteht man 'das sagenhafte Abenteuerleben des Ritters Neidhart (Fuchs), der Bauern überlistet – von denen einige selbst legendäre Gestalt annehmen' (Engelmar mit der Spiegelaffäre und der 'Ungenannte' L. 44/III,6/98,3) – 'und der in späteren Stadien der Legendisierung als Unterhalter Herzog Ottos des Fröhlichen (1301–1339) zu Wien sein Auskommen findet' (SIMON, 1968, S. 119). Die Parallele zu der Hofnarrenrolle des 'Pfaffen vom Kahlenberg' (Philipp → Frankfurter), der am selben Hof gewirkt haben soll, ist auffällig (vgl. SIMON, 1968, S. 135).

Die literarische Endform der 'N.-Legende' stellt die in Augsburg [J. Schaur] zwischen 1491 und 1500 gedruckte Liederkompilation z dar (weitere Drucke: Nürnberg, [J. Gutknecht], 1537, vgl. SCHANZE; Frankfurt/M., M. Lechler, 1566). Unter dem Titel 'Neidhart Fuchs' hat der anonyme Redaktor mittels Streichungen, Umstellungen des überwiegend 'unechten' Gutes von 36 Schwänken und Liedern sowie eines zusammenfassenden Schlußstückes in Reimpaaren eine Vita als Ich-Erzählung zusammengestellt.

Das Verhältnis von 'N. Fuchs' zum N. des 13. Jh.s steht noch in Diskussion. SEEMÜLLER, 1903, S. 33, erklärt den Beinamen 'Fuchs' als bereits im 14. Jh. aus dem Charakter des 'Ränkeschmiedes' N. abgeleitet. Die Legendisierung des Dichters zur unhistorischen Schwankgestalt des N. Fuchs (vgl. auch → Fuß der Buhler) vertritt nochmals SIMON, 1971, S. 58ff., bes. S. 69. Dagegen sehen RUPPRICH, LG, S. 117f. und JÖST, Bauernfeindlichkeit, 1976, S. 13ff. in N. Fuchs einen Ritter dieses Namens (als Neidhart-Vortragenden?) am Hof Ottos des Fröhlichen.

c) Über die historische Identität der Neidhartianer sind lediglich Vermutungen möglich: Es könnte sich um zweitrangige nachklassische Dichter, um Berufsvortragende handeln (SIMON, 1972, S. 195), die hauptsächlich im donauländischen Raum zwischen Augsburg, Regensburg und Nürnberg tätig waren (SIMON, 1968, S. 89).

d) Die Deutung der N.-Miniatur der Hs. C ist kontrovers: ob Darstellung des von den Freunden zu erneutem Singen gedrängten Dichters (zuletzt WIESSNER, 1954, S. VI) oder (bereits) des von den Dörpern bedrohten (so JAMMERS, 1965, S. 92) legendären Bauernfeindes N. (SIMON, 1968, S. 137ff.).

2. Zeugnisse außerhalb des Hss.-Corpus. Als 'Bestandteil der Wiener N.-Tradition' (M. SAARY, in: BIRKHAN, 1983,

S. 189–214) gehört das Grabmal am Stephansdom in Wien um 1350 zur N.-Legende (vgl. JÖST, Korrelation, 1976, S. 336, 346, s. a. ders., Bauernfeindlichkeit, 1976, S. 190–266). Eine Umbettung (*translacio* der Quellen: 14. Jh. H/W, S. 326) in das Grabmal bestätigt der archäologische Befund (SIMON, 1968, S. 140). – Die weite Verbreitung der Kenntnis N.s bezeugen bildliche Darstellungen, so ein 1979 in einem Tuchhändlerhaus der Wiener Altstadt (HÖHLE / PAUSCH / PERGER, 1982) aufgedeckter Fresken-Zyklus um 1400 mit Motiven – vorsichtiger formuliert als bei HÖHLE und PAUSCH – parallel zu N.s Thematik. – Fresken vom Veilchenschwank finden sich in der Schweiz des 14. und 15. Jh.s, im Tirol des 15. Jh.s (hier samt Bienenschwank); Abbildungen ab 1300 sichern dabei den Veilchenschwank bereits fürs 13. Jh.: DÖRRER, 1951, S. 377f. Sandsteinreliefs von 1485 an der Albrechtsburg in Meißen zeigen ebenfalls den Veilchenschwank, außerdem Engelmar als Klumpfuß-Krüppel sowie weitere Darstellungen von N.-Motiven, darunter den Faßschwank: SIMON, The rustic muse, 1971, S. 249ff. (s. das Verzeichnis bei JÖST, Bauernfeindlichkeit, 1976, S. 287ff.). – Literarische Hinweise (bei H/W, S. 324ff.; SIMON, 1972, S. 179ff.) ergänzen das Bild von der Kenntnis des N.schen Opus vom 14. Jh. an bis ins Flämische, Niederdeutsche, Böhmische und das Deutschordensland. Oft ist es Kenntnis nur des Namens N. oder dessen Anwendung als Terminus, so für ein Vortragsstück: *er sagt euch ein Neitharten var* (SIMON, 1972, S. 190), als Tanz(-Lied): *als ob aine den Nithart trett* (→ 'Teufels Netz', v. 12082, ed. BARACK, 1863), *Nythart* als Bezeichnung für einen Berufsvortragenden (Marienburger Tresslerbuch 1408 u. 1409, SIMON, 1972, S. 194f.).

Die soziale Schichtung dieser Rezeption ist aus Besitzvermerkungen in Hss. und aus Bibliotheksverzeichnissen ablesbar (s. FECHTER, 1935; SIMON, 1968, S. 86ff. u. 1972, S. 187f.). Hier erscheinen einerseits der Hoch- und der Landadel vom 13. bis ins 15. Jh. und bis in den persönlichen Kreis um Kaiser Maximilian (H/W, S. 330), andererseits das Stadtbürgertum aller sozialer Schattierungen. Zu Hs. c s. BRUNNER, 1977.

Mit solcher Rezeption sind oft Urteile über 'N.' verbunden. Es finden sich positive Wertungen N.scher Darstellungs- und Kompositionskunst, so bei →Wernher dem Gartenære (v. 217), bei den Meistersingern, vor allem Hans →Folz, ebenso C. Spangenberg 1598 (H/W, S. 330). Die satirische Seite heben → Peter von Zittau um 1329 (H/W, S. 324) und Conrad Celtis (H/W, S. 329) hervor. Abwertende Gleichsetzung des Satirikers mit dem Treiben des Bauernfeindes N. und Verurteilung N.scher Lieder und Tänze als Unziemlichkeiten sind vor allem bei Geistlichen (H/W, S. 326f.) vertreten. Schließlich erscheint 'N.', auch vom Namen her, als Inbegriff von Mißgunst und übler Nachrede, ohne daß immer klar ist, ob ein Zusammenhang mit der literarischen N.-Tradition besteht, so bei →Oswald von Wolkenstein 9,37 (ed. K. K. KLEIN, 1962), Sebastian →Brant im Narrenschiff usw. (H/W, S. 329), als 'Teufel' schlechthin: *der bose nithart, ich meynen den alten Sathanas* (→ 'Pontus und Sidonia', S. 102, 22, Hs. St, 1478, ed. K. SCHNEIDER, 1961).

3. Die literarische Nachwirkung geht parallel dem Fortleben von Person und Opus N.s. Schon zu Lebzeiten haben sich sein Stil und die Thematik als 'hoffähig' durchgesetzt. Wie auch immer die Beurteilung unmittelbaren Einflusses im Sinne der Nachahmung und Weiterbildung oder einer Parallelität innerhalb einer breiteren Richtung von dörperlicher Dichtung und 'Gegensang' abzustecken ist (s. KUHN, 1952, u. SIMON, 1968, S. 129 Anm. 14, auch DE BOOR, LG III 1, S. 349), sicher war für das späte 13. und frühe 14. Jh. der Name 'Neithart' 'Begriff und Programm' gewesen (DE BOOR, LG III 1, S. 342), was schon durch das gleichzeitige Auftreten der anonymen Neidhartianer belegt ist. – Im Bereich der Epik ist der 'Helmbrecht' erstes Zeugnis für N.s programmatisches Beispiel.

Im 15. Jh. ist dann (über die Erzählungen 'Von Meyer Betzen' und 'Von Metzen Hohzit' [→ 'Bauernhochzeit']) Heinrich →Wittenwilers 'Ring' der Tradition vor allem der Pseudo-N.schen Schwankdichtung verpflichtet. *Der pauren hagel* (v. 158) N. mit dem Fuchsschwanz im Schild (v. 645) tritt als handelnde Person in Bauernturnier und Beichtschwank auf. Auf diesen legendären N., der von *Englmayr von Zisselsmur* und *mangem vilzgebur* gesungen hat, spielt → Hermann von Sachsenheim in 'Mörin' (v. 200 u. ö.) und 'Spiegel' (v. 166,35) an; seine 'Grasmetze' ist im Tenor N. verwandt. Im Rahmen der Winterlieder des N.schen Corpus mit ihrer Bauernsatire bewegt sich Hans → Hesselloher. – Im 16. Jh. behandelt Hans Sachs (neben dem 'Spiel von N. mit dem Veiel' von 1557) N.-Motive in drei Meisterliedern von 1538, 1539 und 1556 (Nr. 836, 868, 4860, ed. A. v. KELLER / E. GÖTZE, 1870 ff.). Im Ganzen lebt jedoch N. bei den Meistersingern nur als berühmter Name in einigen Dichterkatalogen fort, mit Ausnahme des 'unechten' Schlemmerliedes *herr nythartz frass* (→ 'Kolmarer Liederhs.' Bl. 69ᵛ): so BRUNNER zuletzt 1985 (S. 241 f. u. 254). Liedsammlungen des 16. Jh.s führen Bauernsatire (Pseudo-)N.schen Stiles fort, so 'Bergreihen' Nr. 43 (ed. J. MEIER [NDL 99/100], 1892).

VI. N.s literarische Herkunft.

N.s Herkunft wird im höfischen Minnesang gesehen; dessen Repräsentanten sind N. bekannt gewesen, zumal →Reinmar, →Walther, →Heinrich von Morungen. Ihr Einfluß spiegelt sich vor allem in der Minnethematik der Winterlieder. Ermessensurteil ist noch immer, ob Parallelen des polemischen Tones zwischen Walther und N. (mit dem Ausgang in Walther 64,31) als persönlich gezielte – wie überwiegend angenommen – oder als grundsätzliche Auseinandersetzung Walthers mit unhöfischen Tendenzen zu verstehen seien. So erneut WIESSNER, 1953, s. S. 335 u. 362, ihm folgend GAIER, 1967, S. 44; dazu RAINER, 1965.

Ebenfalls noch nicht hinreichend geklärt sind die Vorbilder für Aussage und Stil der Sommerlieder und der Liebeshändel des Ritters. Am nächsten stehen N. die Mädchenlieder Walthers, vor allem aber afrz. und mlat. Lyrik, zumal die Pastourelle mit Natureingang, Begegnung von Ritter und Hirtin, *clericus* und *puella*, mit Gespielinnenliedern und Gesprächen zwischen Mutter und Tochter. Die Forschung hat aber auch das Andersartige bei N. betont: In den Sommerliedern gehe es um Tanz, der verhindert werden soll oder zu dem aufgebrochen wird (so DE BOOR, LG II 361); der Ritter sei im Gegensatz zur Pastourelle der Umworbene. 'N. ... hat gewiß keine Pastourellen gedichtet' (WAPNEWSKI, 1957, zit. 1971, S. 482). Wie aber der N.sche Ritter auch seinerseits lockender und zumal in den Liebeshändeln verführender Liebhaber ist, kennt die Pastourelle das verlangende, werbende und (willig) sich gerade an den Cavalier hingebende Landmädchen (zur Problematik WAPNEWSKI, S. 470 ff.). Auch 'die breit geschilderten Bauernszenen und die sprachlichen Brechungseffekte sind ... aus mlat. Tradition' bisher 'nicht erklärt worden' (SIMON, 1968, S. 63, s. auch HAHN, 1969, S. 217 ff.). Die Andersartigkeit N.s gegenüber dem Minnesang insgesamt umreißt TITZMANN (1971) als 'Transformation' in einen gewissermaßen 'neuen Realitätsbegriff ... des Faktisch-Dinglichen' im Gegensatz zur 'Ebene des Intellektuell-Emotionalen' im Minnesang (S. 488), als ein 'logisch "offeneres" System' (S. 499).

VII. Aufbau und Form.

Lied.

Das N.sche Lied eröffnet (fast ausschließlich) ein Natureingang: Sommer, als der milde Lehensherr, oder Winter, als der einbrechende Feind, bestimmen die Situation des Liedgeschehens. Im c-Block ist der schon im R- und C-Block begegnende Sommerrückblick zum häufigsten Eingang des Winterliedes geworden. – Im Sommerlied nehmen die Mädchen den Anruf zu Frühlingslust auf, als Tanz mit dem Liebsten, als Zwie- oder Scheltgespräch zwischen Tochter und Mutter (auch der tanzlustigen Alten) oder der Gespielin (s.o. IV.1.a). – Das Winterlied ist dreiteilig: Natureingang, Belustigungen in den Winterstuben bzw. Minneklage, Zusammenstoß mit den bäuerlichen Rivalen. Es begegnen Kombinationen und Umstellungen dieser Teile.

RUH, 1974, erschließt solche Typik des Näheren für den 'echten' N., d. h. im wesentlichen für den N. des R-Blockes, und zwar in steter Relation zum 'klassischen' Minnesang und getrennt für Sommer-

und Winterlieder nach Natureingang, Thematik, Minneschema und Sängerrolle. Für C- und c-Block erarbeitet BECKER, 1978, 'eine Lied-Phänomenologie und Binnentypisierung' (S. 10) als Fortführung und Variierung N.scher Tradition, gegliedert nach Monolog- und Dialoggliedern als 'objektive Szenenlieder' (S. 464) einerseits, Erzähllieder dörperlichen Inhalts andererseits. Zwischen beide stellt er (S. 472) die 'nicht häufig imitierte, aber konstant tradierte' Gruppe der winterlichen Lustbarkeiten.

Strophe.
N.s Lied ist traditionsgemäß strophisch. Der Reichtum an Melodien läßt den Bau der Strophe, d. h. den *dôn*, genauer als sonst erfassen. Charakteristisch für das Gesamtcorpus ist eine Zweiheit im Strophenbau.

1. Die überwiegende Mehrheit, die Winterlieder fast ausschließlich, besitzt die Form der dreiteiligen Kanzone mit Wiederholung der Stollenmelodie: AA/B (GENNRICH, 1932, will noch einen Lai-Ausschnitt unterscheiden: S. 199 ff.).

Die Mehrzahl der Melodien zeigt Durchkomponierung des Abgesangs mit variierter Zeilenstruktur oder Wiederholung von Melodiezeilen; dies liege einem hohen Prozentsatz der Pseudoneidhart-Weisen zugrunde (SCHMIEDER, Ausg., Mel., S. 5 ff.). Strukturbestimmend für die Strophenformung N.s sind hievon: vollständige oder angenäherte Rundkanzone (GENNRICH, 1932, S. 245): AA/B^A (z.B. SCHMIEDER, c 108 zu L. 38/58,25), 'Dritter Stollen' (gemäß Terminologie der Meistersinger-Hss.) am Ende des Abgesangs: AA/BA (im R-C-Block nur angenähert, z.B. SCHMIEDER, c 104 zu L. 25/40,1), sowie Distinctionen-Paarigkeit als AA/B^{1}B^2 im R-C-Block, als AA/BB im c-Block (SCHMIEDER, s 9), auch gekoppelt mit Drittem Stollen AA/BBA, z.B. c 12; s 1.

2. Die Sommerlieder des R- und C-Blockes weisen in der Mehrzahl einen 'freien' Strophenbau auf (ROHLOFF, Ausg., Mel., I, S. 21), d.h. zunächst: sie sind bis auf 8 Lieder (darunter 4 mit Melodien) keine Kanzonen.

Das einzige 'freigebaute' R-Lied 5/15,21 mit Melodie (c 21) zeigt durchkomponierten 2. Stollen (AB/C), als 'Oda continua' (GENNRICH, 1962, S. 36) benennbar.
Im c-Block sind die zusätzlichen Sommerlieder dagegen überwiegend Kanzonen, auch nach ihren Melodien. 'Freier' Strophenbau tritt (ROHLOFF I, Anm. 6) demgegenüber zurück. Die Melodien lassen eine Zweiteiligkeit erkennen (z.B. SCHMIEDER, c 29), wie außerdem auch der 'Salbenschwank' (s 7; Text BOUEKE, 1967, S. 184) und das Winterlied c 32 (Text BOUEKE, S. 127). – Die einzige zu einem R/C-Sommerlied überlieferte 'freie' Melodie (c 28 zu 10/26,23) ist ebenfalls zweiteilig (nicht 'Oda continua' wie GENNRICH, 1962, S. 35). Auch die übrigen Sommerlieder des R/C-Blockes ohne Melodien lassen Zweiteiligkeit erkennen.

Die Herkunft dieser Neidhartschen 'freien' Strophenform ist noch ungeklärt. Erwogen worden ist, von S. MÜLLER, 1924, die Ableitung als 'unstollige' Reihe aus heimischen Vierzeilern.

Melodie- und Versbau.
Hauptkennzeichen N.scher Melodiebildung ist das Zusammengehen mit der Sprache, wie sie gemäß der (für den 'echten' N. angenommenen) mhd. Verskunst geformt erscheint: als Syllabik, regelmäßiger Wechsel von Arsis und Thesis (MÜLLER-BLATTAU, 1960, S. 66), auch mit Tonverdoppelungen, verteilt auf Hebung und Senkung, als einem Element der Deklamation (vgl. MOHR, 1963, S. 130f.), der typischen und auch häufigsten Form der N.schen Melodik (KOHRS, 1969, S. 604ff.).

Melismen sowie die Ansätze zu einer Mensurierung in Hs. c und w lassen typische Freiheiten mhd. Versbaues als möglich erscheinen: beschwerte Hebung /́×x/, z.B. SCHMIEDER, Ausg., Mel., w 8 (74/XXVII,9) und klingenden Ausgang /́-×⋏, z.B. c 28 (10/26,23), vielleicht auch postulierte Dreiertakte in L. 11; 34; 37; 74 (mit Melodie w 8); 87; 89 (BEYSCHLAG, Ausg., S. 656ff., mit Melodie-Anhang).
Solche, der 'Sprache verpflichtete' (KOHRS) Melodieführung verläuft teils nach dem Prinzip des Bewegungsausgleichs meist im ersten Teil aufsteigend bis zum tonal ausgezeichneten Spitzenton, im zweiten Teil wieder absteigend, teils, den Prinzipien der Spruchmelodik gemäß, als Fallzeile oder mit Initium und Tonus currens. Daneben existiert eine autonome, aber primitive Gestaltung als Eigengesetzlichkeit einer am Instrumentalen und Rhythmisch-Tänzerischen orientierten Musik (KOHRS, s.o.), – im Ganzen Spiegelung einiger zu N.s Zeit geläufiger Typen der Melodiebildung (MÜLLER-BLATTAU, 1960, S. 70 u. 73), s. auch RAINER bei BIRKHAN, 1983, S. 155–188.

In der noch ungelösten – und vielleicht unlösbaren – Frage der Rhythmik: ob gerad- oder ungeradtaktik, verlagern jüngste Beobachtungen eines tanzgemäßen

Charakters der Melodien (vgl. auch o. V.2. *Neithart* als Tanzlied) das Gewicht auf einen Dreierrhythmus (BRUNNER bei BEYSCHLAG, Ausg., S. 520).

Sprache.

Wo der Dichter in der Rolle des Minneritters agiert, begegnen Stil und Wortschatz des von Reinmar, Morungen, Walther den Zuhörern bekannten Minnesangs, ebenso dort, wo die Partner, Mädchen und Burschen, höfisches Wortgut in Anrede und Gespräch in (ironisierter) Nachahmung höfischen Gehabens anzuwenden versuchen. Daneben steht, meist unvermittelt, ein als landadelig-bäuerlich zu bezeichnendes Wortgut, das wohl aus obd. Umgangssprache stammt, daneben aber auch Wortschöpfung N.s sein kann (BEYSCHLAG, Ausg., S. XVII u. 543). 'Wesentlich als Sprachform durchziehen N.s Werk auch die Formen des Spruchhaften', das gelegentlich in Zeitklage übergeht (TITZMANN, 1971, S. 496).

Die Neidhartianer des C- und c-Blockes übernehmen einen Großteil des Sonderwortschatzes des Dichters (MACK, 1910; RABBINOWITSCH, 1928).

VIII. Literatur. Umfassende Bibliographie bis Januar 1967 bei E. SIMON, N. v. Reuental, Gesch. d. Forschung u. Bibliogr. (Harvard Germanic Studies IV), The Hague-Paris 1968; Fortsetzung bei dems., N. v. R., Boston 1975. Anschließend H. BRUNNER, N.-Bibliographie 1967-1984, in: Neidhart (WdF 556), 1986.

Im Artikel zitierte Lit. vor 1967: R.M. MEYER, Die N.-Legende, ZfdA 31 (1887) 64-82; J. SEEMÜLLER, Dt. Poesie vom Ende d. 13. bis zum Beginn d. 16. Jh.s, 1903; R. BRILL, Die Schule N.s (Palaestra 37), 1908; A. MACK, Der Sprachschatz N.s v. R., Diss. Tübingen 1910; S. SINGER, N.-Studien, 1920; G. MÜLLER, Zu N.s Reihen-Strophik, PBB 48 (1924) 492-494; H. SCHNEIDER, Heldendichtung. Geistlichendichtung. Ritterdichtung (Gesch. d. dt. Lit. I), 1925, S. 416-422, 511; J. RABBINOWITSCH, Probleme d. N.-Forschung, Diss. Amsterdam 1928; W. SCHMIEDER, 1930 (s.o. III. Ausg.n, Mel.); FR. GENNRICH, Grundriß einer Formenlehre d. mal. Liedes, 1932; EHRISMANN, LG II, 2,2, 1935, S. 256-262; W. FECHTER, Das Publikum d. mhd. Dichtung (Dt. Forschungen 28), 1935 (Neudr. 1966), s. Reg.; DE BOOR, LG II u. III 1 (s. Reg.); A. DÖRRER, Bildliche Darstellungen von N.-Schwänken, Der Schlern 25 (1951) 377f.; H. KUHN, Minnesangs Wende, 1952, ²1967, Reg.; A. BACH, Dt. Namenkunde, 1953; E. WIESSNER, Berührungen zw. Walthers u. N.s Liedern, ZfdA 84 (1953) 241-264; ders., Kommentar zu N.s Liedern, 1954; K. WINKLER, N. v. R. Leben/Lieben/Lieder, 1956; P. WAPNEWSKI, Walthers Lied v. d. Traumliebe (74,20) u.d. dt.-sprachige Pastourelle, Euph. 51 (1957) 113-150 (Nachdr. [WdF 112], 1971, S. 431-483) [zit.]; J. BUMKE, Wolframs Willehalm, 1959, S. 187f.; W. MOHR, Tanhûsers Kreuzlied, DVjs 34 (1960) 338-355; W. MÜLLER-BLATTAU, Melodietypen bei N. v. R., in: Fs. J. Müller-Blattau, 1960, S. 65-74; FR. GENNRICH, N.s Lieder (Summa Musicae Medii Aevi IX: Mon. I), 1962; E. ROHLOFF, 1962 (s.o. III. Ausg.n, Mel.); W. MOHR, Vortragsform u. Form als Symbol im mal. Liede, in: Fs. U. Pretzel, 1963, S. 128-132; K. BOSL, Potens u. pauper, Frühformen d. Gesellschaft im mal. Europa, 1964; J. BUMKE, Stud. z. Ritterbegriff im 12. u. 13. Jh. (Beihefte zu Euph. 1), 1964; E. JAMMERS, Das königliche Liederbuch d. dt. Minnesangs, 1965; CHR. RAINER, Walther v. d. Vogelweide u. N. v. R., Diss. (masch.) Innsbruck 1965; K.K. KLEIN, Zu N. 101,20, in: Fs. H. Seidler, 1966, S. 131-139.

Von 1967-1974: K. BERTAU, Stil u. Klage beim späten N., DU 19/2 (1967) 76-97; D. BOUEKE, 1967 (s.o. III. Ausg.n, Text); U. GAIER, Stud. zu N., Wittenwiler, Brant u. z. satirischen Schreibart, 1967; G. FRITZ, Sprache u. Überl. d. N.-Lieder in d. Berliner Hs. germ. fol. 779 (c) (GAG 12), 1969; G. HAHN, *Nemt, frowe, disen kranz* (74,20), in: G. JUNGBLUTH (Hg.), Interpretationen mhd. Lyrik, 1969, S. 203-226; G. SCHWEIKLE, N.: *Nu ist vil gar zergangen* (H. 29,27), ebd., S. 246-267; K.H. KOHRS, Zum Verhältnis v. Sprache u. Musik in d. Liedern N.s v. R., DVjs 43 (1969) 604-621; H.D. KIVERNAGEL, Die *Werltsüeze*-Lieder N.s, Diss. Köln 1970; RUPPRICH, LG, S. 274-281, passim; B. WACHINGER, Die sog. Trutzstrophen zu d. Liedern N.s, in: Fs. S. Beyschlag, 1970, S. 99-108; E. SCHWARZ, Die Heimatfrage bei N. v. R., ebd., S. 91-97; K. BERTAU, N.s 'bayrische Lieder' u. Wolframs 'Willehalm', ZfdA 100 (1971) 296-324; H. BIRKHAN, Zur Datierung, Deutung u. Gliederung einiger Lieder N.s v. R., WSB 273/1 (1971); M. TITZMANN, Die Umstrukturierung d. Minnesang-Sprachsystems zum 'offenen' System bei N., DVjs 45 (1971) 481-514; E. SIMON, N.s Tomb Revisited, Seminar. A Journal of German Studies 7 (1971) 58-69; ders., The Rustic Muse, N.-schwänke in murals, stone carvings, and woodcuts, Germanic Rev. 46 (1971) 243-256; ders., N.e and N.ianer, PBB (Tüb.) 94 (1972) 153-197; I. GOHEEN, Natur u. Menschenbild in d. Lyrik N.s, ebd. S. 348-378; K. BERTAU, LG, 1973, S. 1026-1044; E. WENZEL, Zur Textkritik u. Überlieferungsgesch. einiger Sommerlieder N.s (GAG 110), 1973; K. RUH, N.s Lieder. Eine Beschreibung d. Typus, in: Fs. H. Moser, 1974, S. 151-168 (= Kleine Schriften I, 1984, S. 107-125).

Ab 1975: S. Beyschlag, 1975 (s.o. III. Ausg.n, Text); J. Margetts, Das Bauerntum bei N. u. in den N.-Spielen, in: Hamburger Colloquium 1973, 1975, S. 153–163; H. Brunner, Die alten Meister (MTU 54), 1975, s. Reg.; S. Beyschlag, Brühl im Ostfrk. u. Bair.-Österr., in: Fs. G. Pfeiffer, 1975, S. 223–241; ders., N. v. R. in neuer Sicht, Jb. f. Internat. Germanistik A (1976) 2.2, S. 369–375; J. Bumke, Ministerialität u. Ritterdichtung, 1976, s. Reg.; E. Jöst, Lit. u. ikonograph. Korrelation im MA, Österreich in Gesch. u. Lit. 20 (1976) 332–350; ders., Bauernfeindlichkeit (GAG 192), 1976; J. Schneider, Stud. zu Thematik u. Struktur d. Lieder N.s (GAG 196/197), 1976; Ch. Ortmann / H. Ragotzky / Ch. Rischer, Lit. Handeln als Medium kultureller Selbstdeutung am Beispiel von N.s Liedern, Internat. Arch. f. Sozialgesch. d. dt. Lit. 1 (1976) 1–29; B. Fritsch, Die erotischen Motive in d. Liedern N.s (GAG 189), 1976; U. Müller, Überlegungen zu einer neuen Ausg. N.s, Wiener Arbeiten z. germ. Altertumskunde u. Philologie 10 (1977) 136–151; H. Brunner, 1977 (s.o. III. Ausg.n, Facs.); U. Schulze, Zur Frage d. Realitätsbezuges bei N., in: Österreich. Lit. z. Zeit d. Babenberger, 1977, S. 197–217; B. Thum, Lit. als polit. Handeln, ebd., S. 256–277; H. Becker, Die N.e. Stud. z. Überl., Binnentypisierung u. Geschichte d. N.e d. Berliner Hs. germ. fol. 779 (c) (GAG 255), 1978; G. Oebbecke, Lebte N. in Melk? Zu N. 75,7, ZfdPh 97 (1978) 16–23; S. Beyschlag, Riuwental u. Nîthart, in: Fs. K. Ruh, 1979, S. 15–36; Ch. Rischer, Zum Verhältnis v. lit. u. sozialer Rolle in d. Liedern N.s, in: Dt. Lit. im MA. H. Kuhn zum Gedenken, hg. v. Ch. Cormeau, 1979, S. 184–210.

Ab 1980: H. Brunner, 'Ahi, wie werdiclichen stat der hof in Peierlande.' Dt. Lit. d. 13. u. 14. Jh.s im Umkreis der Wittelsbacher, in: Wittelsbach u. Bayern I/1, 1980, S. 496–511; H. Janssen, Das sog. 'Genre objectif'. Zum Problem mal. lit. Gattungen dargestellt an d. Sommerliedern N.s (GAG 281), 1980; G. Schweikle, Pseudo-Neidharte?, ZfdPh 100 (1981) 86–104; E.-M. Höhle / O. Pausch / R. Perger, Die N.-Fresken im Haus Tuchlauben 19 in Wien, Österr. Zs. f. Kunst u. Denkmalspflege 36 (1982) 109–144; P. Giloy-Hirtz, Deformation d. Minnesangs, 1982 (dazu krit. I. Bennewitz-Behr, AfdA 96 [1985] 114–119); H. Birkhan (Hg.), N. v. R. Aspekte einer Neubewertung (Philologica Germanica 5), Wien 1983; H. Brunner, Tradition u. Innovation im Bereich d. Liedtypen um 1400, in: Textsorten u. lit. Gattungen. Dokumentation d. Germanistentages in Hamburg 1979, 1983, S. 392–413; J. Schneider, Die Lieder N.s in 'wort' u. 'wîse' im SpätMA, in: F.V. Spechtler (Hg.), Lyrik d. ausgehenden 14. u. 15. Jh.s, Amsterdam 1984, S. 231–248; E. Nellmann, Zeizenmûre im Nibelungenlied u. in d. N.-Tradition, in: Fs. S. Grosse (GAG 423), 1984, S. 401–425; P. Herrmann, Karnevaleske Strukturen in d. N.-Tradition (GAG 406), 1984; H. Brunner, N. bei den Meistersingern, ZfdA 114 (1985) 241–254; F. Schanze, Der 'Neithart Fuchs'-Druck von 1537 u. sein verschollener Vorgänger, Gutenberg-Jb. (1986) 208–210.

(1987)   Siegfried Beyschlag

'Nibelungenlied' und 'Klage'

Die beiden hochmal. Heldendichtungen aus dem Südosten des deutschen Sprachgebiets verarbeiten im wesentlichen dieselben einheimischen Sagenstoffe vom Schicksal Siegfrieds am Hof der Burgunder und vom Untergang dieser Burgunder (Nibelungen) am Hof des Hunnenkönigs Etzel und bilden seit Beginn der überblickbaren Überlieferung eine feste Textgemeinschaft, in der die 'Klage' ('Kl.') als Fortsetzung des 'Lieds' ('L.s') fungiert. Nach Inhalt, formaler Gestaltung und Umfang unterscheiden sie sich dagegen erheblich – Ausdruck grundsätzlich verschiedener literarischer Perspektiven im Hinblick auf die ältere mündliche Tradition ('L.'-Prolog und 'Kl.'-Epilog in AC!): das 'L.' stilisiert Mündlichkeit ins Literarische, zur episch-umfassenden Großerzählung – daher die übliche Einstufung als (Helden-)'Epos', wogegen 'höfischer Heldenroman' (de Boor) oder 'Brautwerbungs-Staatsroman' (Hugo Kuhn, 1973) den zeitgenössischen literarischen Umkreis betonen. Die 'Kl.' versteht sich als Buchdichtung im herkömmlichen Sinn klerikal-lehrhafter, traditionell lat., Schriftlichkeit, ein Unterfangen, dessen experimenteller Charakter u.a. in der Unsicherheit und Divergenz moderner Deutungen zum Ausdruck kommt: 'Kommentar' u. ä. (Gillespie, 1972, u. a.), 'religiös-moralische Lehrdichtung' (Hoffmann, 1982 u. ö.), Historisierung der Sage (Szklenar, 1977; ältere Versuche hier S. 42 f.).

Inhalt: I. Überlieferung: A. Bestand und Chronologie. B. Allgemeine Charakteristika. II. Ausgaben, Übersetzungen. III. Entstehungsgeschichte, Verfasser, Titel. IV. Inhalt: A. 'Lied'. B. 'Klage'. V. Stoffgeschichte, Quellen: A. Stoff und Quellen. B. Die Methode. VI. Aufbau, Vorstellungswelt, Personen, Themen: A. 'Lied'. B. 'Klage'. VII. Metrische (musikalische) Form, Sprache: A. 'Lied'. B. 'Klage'. VIII. Nachwirken und Forschungsgeschichte: A. Spätmittelalter. B. Neuzeit. IX. Literatur.

I. Überlieferung.
A. Bestand und Chronologie.

Die reiche, aber im einzelnen lückenhafte und insgesamt diffuse Überl. ist fast ausschließlich obd. und (später) rhfrk.: 11 mehr oder weniger vollständige Hss. und 23 Frgm.e bzw. Frgm.-Komplexe. Von den letzteren sind F und H nur noch in Abdrucken zugänglich; die von BATTS (Ausg. 1971) ebenfalls als verschollen gemeldeten Berliner Frgm.e L_1, O, P und i liegen in Krakau (Biblioteka Jagiellońska) unter den alten Signaturen. 9 der Hss. und 3 der Frgm.e haben die Textgemeinschaft 'L.'/'Kl.' als solche erhalten, zwei Hss. (Bearbeitungen!, s. u.) und 18 Frgm.e belegen nur das 'L.', 2 Frgm.e nur die 'Kl.'.

Relativ neu in diesem Kreis sind die von VORDERSTEMANN, 1976, entdeckte 'L.'-Bearbeitung n (1449: Darmstadt, Landes- u. Hochschulbibl., Hs. 4257) und die beträchtliche Erweiterung des Frgm.-Komplexes Q durch Funde Peter Miesbecks, 7 Pergamentdoppelbll. und kleinere Reste: Q_3 (Rosenheim, Stadtarchiv, Hs. NL, gemeinsam mit Q_2) und Q_4 (München, Bayer. Staatsarchiv, Fragmentensammlung Nr. 2). Damit ist diese der neuerdings wieder stark beachteten Hs. J (u. a. PRETZEL, Ausg. 1973; KOCHENDÖRFER, 1973) nahe verwandte, aber gelegentlich auch eigenwillige bair. Hs. (1. Drittel 14. Jh.) die weitaus umfangreichste frgm. erhaltene 'L.'-Hs. (ca. 300 Strr.) und von der 8. bis zur 24. Lage recht gut überblickbar.

Das fälschlich gelegentlich unter die dt. Textzeugen gerechnete mndl. Frgm. T (2. H. 13. Jh.) vertritt die einzige bekannte mal. Übersetzung aus dem 'L.'-Bereich in eine andere Sprache: P. B. SALMON, The Nl. in Mediaeval Dutch, in: Mediaeval Studies Presented to F. Norman, London 1965, S. 124–137; N. VOORWINDEN, Die ndl. N.-Frgm.e (Hs. T), Amsterdamer Beitr. z. ält. Germanistik 17 (1982) 177–188.

Chronologie. Im 13. Jh. 4 Hss.: A (München, cgm 34; 4. Viertel), B (St. Gallen, Stiftsbibl., Ms. 857; 2. oder 3. Viertel?), C (Donaueschingen, cod. 63; 2. Viertel), J (I) (Berlin, mgf 474; 4. Viertel: RABE, 1972; K. SCHNEIDER. Das Datum 1323 bezieht sich nicht auf die Textniederschrift); dazu 7 Frgm.e (6mal 'L.' und 1mal 'L.'/'Kl.'). Im 14. Jh. 1 Hs.: D (München, cgm 31; 1. Drittel, nicht 'letztes' [KROGMANN/PRETZEL, Bibliogr., u. a.]) und 12 Frgm.e (8mal 'L.', 2mal 'Kl.' und 2mal 'L.'/'Kl.'). Im 15. Jh. 5 Hss., darunter die einzige Bilderhs. (b: Berlin, mgf 855; 1441) und Lienhart Scheubels Heldenbuch (k; mit Titelbild) vom Ende des Jh.s (→ 'Heldenbücher', Nr. 4); dazu 4 Frgm.e, alle aus dem 'L.' bzw. auf das 'L.' bezogen (das unvollständige Aventiurenverzeichnis m und c). Anfang 16. Jh. das →'Ambraser Heldenbuch' (d).

Die üblichen, meist zu knappen, Angaben zu Datierung und Provenienz ruhen vielfach noch auf unzulänglichen oder methodisch veralteten Bestimmungen (oder alten Zitierfehlern). Paradefall ist die Datierung des *C-Frgm. Z auf 'um 1200' (nach H. MENHARDT, ZfdA 64 [1927] 211–235), die für die Beurteilung der Entstehungsgeschichte einschneidende Konsequenzen haben müßte. Obwohl nur noch schwer nachprüfbar, ist sie doch um mehrere Dekaden zu früh (K. SCHNEIDER: keinesfalls vor 2. Viertel). Für B bedarf der kunsthist. Hinweis (HÄNSEL, 1952) auf die Möglichkeit Salzburger Herkunft (trotz DUFT, 1979, doch wohl unabdingbar verbunden mit einer Datierung ins 3. Viertel des Jh.s) der krit. Prüfung, die dialektgeographische Heimat von A und C ist keineswegs sicher bestimmt, usw. Den wichtigen Untersuchungen SCHNEIDERs, deren Ergebnisse hier z. T. schon mitbenützt sind, sollte eine systematische Überprüfung und eingehende Beschreibung der gesamten Überl. folgen.

B. Allgemeine Charakteristika.

1. Im Gegensatz zum späteren Heldenroman bleiben die Texte in Aufbau, Handlungsführung und Volumen grundsätzlich fest. Auch die (vergleichsweise späten) Bearbeitungen des 'L.s' (k, n und das Frgm. m; 'Kl.': J und h; s. u. VIII. A. 2.) repräsentieren einen ganz anderen Typ als die schwellenden Neuauflagen des → 'Rosengarten zu Worms' oder des → 'Wolfdietrich'. Bearbeitung bedeutete offenbar auch, daß die 'Kl.' wegfiel (der k-Bearbeiter kannte sie nachweislich). Entsprechend beschränkt sich das Illustrationsprogramm von b auf das 'L.'.

2. Andererseits ist die Variation im (oft höchst signifikanten) Detail – von Wortwahl und Phraseologie bis zum Strophenbestand – zumindest beim 'L.' in einem Maß und in einer Weise die Regel, daß sich hier – im Gegensatz etwa zum höfischen Roman – mehrere eigenständige Fassungen abzeichnen, repräsentiert v. a. in den Hss. A (2316 Strr./4308 vv.), B (2376 Strr./4353 vv.) und C bzw. a (2439 Strr./4427 vv.). A gehört grundsätzlich zum selben Zweig wie B (not-Gruppe: vgl. u. III. 4.) und scheint im übrigen ein Unikum geblieben zu sein. *B und *C dagegen machten Schule, *C zunächst in der Weise, daß dieser Zweig (liet-Gruppe), der im 13. Jh. dominiert, das Wachstum der beiden anderen (in unterschiedlichem Maß) mitbestimmte. Sollte der *AB-Fehler Zeizenmure statt Treisenmure (1332/36) erst aus der Neidhart-Tradition oder gar -Legende (NELLMANN, 1984) stammen, dann wäre diese Phase praktisch erst in der Entstehungszeit von B abgeschlossen gewesen. Spätestens um 1250 (Frgm. S!) kreuzen sich die Traditionen aber auch bereits in anderer Richtung, und zwar technisch bedingt durch (simultanen) Vorlagenwechsel von *C zu *AB nach Str.

269 (C 270 bzw. B 267, nicht wie HENNIG, Ausg.) bzw. nach v. 681. Früheste vollständige Hs. dieses besonderen Mischtyps ist D.

3. Meist allerdings lassen sich 'L.'-Varianten nicht, wie hier, als Schreibstubenredaktion bestimmen und entsprechend durchschauen. Vor der offenen, weil formelhaft-stereotypen, 'mündlichen' Sprachgebung des 'L.s' versagt die mit festen Größen rechnende stemmatologische Textkritik, mit deren Hilfe BRAUNE (1900) den langen Streit um die Prioritäten endgültig zugunsten von *B entschieden zu haben schien. Heute gilt dagegen (zuletzt trotz gelegentlicher Versehen grundlegend BRACKERT, 1963): die Haupttraditionsstränge, zu denen auch *Jh zu rechnen ist, vertreten prinzipiell gleichwertig einen im einzelnen nicht mehr rekonstruierbaren Grundtext, der, obschon schriftlich, kein 'Archetypus' oder 'Original' im herkömmlichen Sinn war, sondern ein vergleichsweise unfester Entwurf ohne Anspruch auf endgültige Autorität. Die problematische Überl. im Bereich der ganzen 1. Aventiure des 'L.s' und der Etzel-Verse am Schluß der 'Kl.' sind Beispiele für die Vorläufigkeit der Textgestalt selbst noch in der gemeinsamen Buchausgabe. Anderseits können sogar in anderer Hinsicht durchaus sekundäre Hss. stellenweise ältesten Wortlaut bewahren, zumindest ist in vielen Fällen 'echt' von 'unecht' einfach nicht zu unterscheiden. Der Text bleibt im Metrischen wie im Sprachlichen, ja bis in die Regelung und Interpretation von Handlungszusammenhängen hinein unfest, weil die schriftlichen Textzeugen sich offenbar weiterhin überwiegend in einem Fluidum von Mündlichkeit oder ungebrochener Traditionskompetenz bewegt haben, Varianten also als 'gleichwertige Erfüllungsmöglichkeiten' (BRACKERT) anzusehen sind. Der Rahmen für den Austausch von Formulierungen im einzelnen ist abgesteckt durch das 'Nibelungische' (CURSCHMANN, 1979), den Wort- und Formelschatz im Gewand der Nibelungenstrophe, den die Grundfassung endgültig ins Zentrum der folgenden Erzähltradition stellt (s. u. VII.A.1. u. 3.).

4. Anders die Textentwicklung der 'Kl.', deren literate Diktion und Versform traditioneller Textkritik zugänglich sind. Sie hat in *C eine relativ eingehende Überarbeitung erfahren, was jedoch ohne spätere Konsequenzen für A und B (und die weitere Überl.) geblieben ist. Dreimal bricht sie in der späteren Überl. (an verschiedenen Stellen) vorzeitig ab: in D, b und d. In der enger an die Schriftlichkeit gebundenen Traditionsweise der 'Kl.' liegen vielleicht noch Möglichkeiten zur weiteren Klärung hs.licher Zusammenhänge. Die 'Kl.'-Kritik ist z. B. in der Erkenntnis der relativen Unabhängigkeit der Hs. J der 'L.'-Kritik weit voraus gewesen (s. URSINUS, 1908, S. 49).

5. Beschreibungen (jeweils mit Lit.). KROGMANN/PRETZEL, Bibliogr., S. 11–21; BATTS, Ausg., S. 801–810; P. J. BECKER, Hss. u. Frühdrucke mhd. Epen, 1977, S. 140–160 (ohne Frgm.e und n); ferner die Einleitungen der verschiedenen Ausgaben und HEMPEL, 1966; zur *C-Gruppe v. a. SCHRÖDER und HENNIG; für die gesamte Überl. der 'Kl.' RANFT, S. V–XXVII. – Grundlegend für die Hauptzeugen des 13. Jh.s K. SCHNEIDER, Gotische Schriften in dt. Sprache, Bd. 1 (im Druck). – Einzelne Hss.: A: C. CORVES, ZfdPh 41 (1909) 271–319, 437–470; 42 (1910) 61–97. – B: I. HÄNSEL, Die Miniaturmalerei einer Paduaner Schule im Ducento, Jb. d. österr. byzant. Ges. 2 (1952) 105–148, bes. S. 107f., 113, 139 (auch in: I. HÄNSEL-HACKER, Eine italobyzantinische Malerschule d. 13. Jh.s in Padua, Wien 1954; dazu J. DUFT, in: Nl. (Ausstellungskatalog), 1979, S. 93–110, hier S. 101–103; H. DE BOOR, Die Schreiber d. N.hs. B, PBB (Tüb.) 94 (1972) 81–112. – C: G. T. GILLESPIE, The Ms. C of the Nl. ... M.A.-Arbeit (Masch.) King's College London, 1957. – D: R. F. E. WATSON, Euph. 57 (1963) 272–291. – J: J. RABE, Die Sprache d. Berliner Nl.-Hs. J (GAG 73), 1972. – n: J. VORDERSTEMANN, ZfdA 105 (1976) 115–122.

6. Textkritik. Zum 19. Jh. vgl. zuletzt SCHRÖDER, Facsimile, Vorwort, und HOFFMANN, 1982, S. 7–12. – W. BRAUNE, Die Hss.verhältnisse d. Nl.s, PBB 25 (1900) 1–222; H. SOMMERMEIER, Die Kl. in d. Hs. I d. Nl.s, Diss. Marburg 1905; A. URSINUS, Die Hss.verhältnisse d. Kl., Diss. Halle 1908; V. MICHELS, Zur Hss.kritik d. Nl.s (Abhh. d. sächs. Ak. d. Wiss., phil.-hist. Kl. 39,4), 1928; H. BRACKERT, Beitr. z. Hss.kritik d. Nl.s (QF NF 11), 1963; FR. NEUMANN, Hss.kritik am Nl. Ein Rückblick, GRM 46 NF 15 (1965) 225–244 (wieder in: NEUMANN, 1967); RANFT, Ausg. der 'Kl.', S. XXVII–XLIII; U. HENNIG, Zu d. Hss.verhältnissen in d. *liet*-Fassung d. Nl.s, PBB (Tüb.) 94 (1972) 113–133; G. KOCHENDÖRFER, Das Stemma d. Nl.s u. d. textkrit. Methode, Diss. Freiburg 1973; G. LOHSE, Die Aventiurenüberschriften d. Nl.s, PBB (Tüb.) 102 (1980) 19–54; E. NELLMANN, *Zeizenmûre* im Nl. u. in der Neidhart-Tradition, in: Fs. S. Grosse (GAG 423), 1984, S. 401–425; J. FOURQUET, Le manuscrit C de 'NL', Et. Germ. 41 (1986) 127–142.

II. Ausgaben und Übersetzungen.
1. Facsimilia u. ä. L. LAISTNER, Das Nl. nach d. Hohenems-Münchener Hs. (A), 1886; J. DUFT, Das Nl. u. d. Kl. Hs. B ..., 1962; H. ENGELS, Das Nl. u. d. Kl. Hs. C ..., 2 Bde, 1968; W. SCHRÖDER, 'Der Nibelunge Liet' u. 'Diu Klage' ... [C], 1969; H. HORNUNG, Das Nl. in spätmal. Illustrationen. Die 37 Bildseiten d. Hundeshagenschen Kodex Ms. Germ. Fol. 855 ..., 1968, ²1983 (b); F. UNTERKIRCHER, Ambraser Heldenbuch, Graz 1973 (d); Katalog d. Ausstellung Hss.frgm.e v. 500–1500, hg. v. H.

GRÖCHENIG u. a., St. Paul 1977, S. 161–164 (z); J. PEETERS, Die ndl. Übers. d. Nl.s, in: Ars et ingenium ... Fg. F. Stoks, Amsterdam-Maarssen 1983, S. 117–138, Abb. (T). – O. EHRISMANN, Das Nl. Abb., Transkription u. Materialien z. gesamten hs.lichen Überl. d. I. u. XXX. Aventiure (Litterae 23), 1973; J. VORDERSTEMANN, Die 30. Aventiure d. Nl.s in d. Darmstädter Hs. n (Hs. 4257), in: Litterae Ignotae, hg. v. U. MÜLLER (Litterae 50), 1977, S. 11–19. Abb. aus allen Hss. und von allen Frgm.n bei BATTS, Ausg., Abb. 1–99. Auf ältere Abb. verweisen BATTS, BECKER und RANFT.

2. Krit. Ausgaben und Abdrucke.
Das 'Lied'. A: K. LACHMANN, Der Nibelunge Not mit d. Kl., Berlin 1826, ^{5}1878 (Neudr. mit Vorw. v. U. PRETZEL 1960); U. PRETZEL, Das Nl., 1973 (mit Prosa-Übers. Ein bedenklicher Versuch, durch eklektische Besserungen und drastische Kürzungen hinter A zurückzukommen). – B: K. BARTSCH, Der Nibelunge Nôt, mit d. Abweichungen v. Der Nibelunge Liet, den Laa. sämmtlicher Hss. u. einem Wörterbuche ... 2 Teile in 3 Bd.n, 1870/80 (Nachdr. 1966; die umfassendste krit. Ausg.); ders. und H. DE BOOR (seit 1940), Das Nl. (Dt. Klassiker d. MAs 3), 21. Aufl. v. R. WISNIEWSKI, 1979 (zit.); H. BRACKERT, Das Nl., 2 Bde, 1980 (mit Prosa-Übers.). – C: FR. ZARNCKE, Das Nl., 1856 (^{6}1887); U. HENNIG, Das Nl. nach d. Hs. C (ATB 83), 1977. – M.S. BATTS, Das Nl. Paralleldruck d. Hss. A, B u. C nebst Laa. d. übrigen Hss., 1971 (die beste Arbeitsgrundlage). – k: A. V. KELLER, Das Nl. Nach d. Piaristenhs. (StLV 142), 1879. – m: H. DE BOOR, Die Bearbeitung m d. Nl.s, PBB (Tüb.) 81 (1959) 176–195, wieder in: ders., Kl. Schr.n II, 1966, S. 212–222; – BATTS, S. 799f. – n ist noch unediert. Q_3 und Q_4 demnächst durch H.-FR. ROSENFELD, PBB. – T u. a. bei BATTS, S. 797–799; M. GYSSELING, Corpus van Middelnederlandse teksten. Reeks II, deel 1, 's Gravenhage 1980, S. 375–379.

Die 'Klage'. A: LACHMANN, wie o. – B: K. BARTSCH, Diu Klage. Mit d. Laa. sämtlicher Hss., 1875 (Nachdr. 1964) (zit.); A. EDZARDI, Die Klage. Mit vollst. krit. Apparat, 1875 (die umfassendste Ausg.). – C: B. RANFT, Div Klage. Krit. Ausg. d. Bearbeitung *C, Diss. Marburg 1971. – J: ABELING, Bibliogr., Supplement, S. 33–56. – h: ABELING/ORTNER, 1920, S. 167–180.

3. Übersetzungen (nur für das 'L.' vorhanden). A: U. PRETZEL, Ausg.; B: H. DE BOOR, Das Nl. Zweisprachige Ausg. (Slg. Dieterich 250), ^{2}1964 (Prosa); BRACKERT, Ausg.; M. BIERWISCH/U. JOHNSON, Das Nl., 1983; C: G. KRAMER, Das Nl. Mit 33 Zeichnungen v. Ernst Barlach, 1983 (Prosa). – Zu dt. Übers.n vgl. R. BUCHBINDER, ZfdPh 92 (1973) 37–61. Zahlreiche Beispiele zur Prologstr. bei EHRISMANN, Facs., S. 28–30. – A.T. HATTO, The Nl. (Penguin Classics L 137), Baltimore 1965 (zuletzt 1981; Prosa); M. COLVILLE/E. TONNELAT, La Chanson des Nibelungen, Paris 1944; L. DI SAN GIUSTO, I Nibelunghi, ^{2}1961; M. und A. SANTIAGO LUQUE, Los Nibelungos, Madrid 1963.

III. Entstehungsgeschichte, Verfasser, Titel.
1. Die Zeit. Als hochmal. Literarisierungen germ.-dt. Heldensage gehören beide Texte in die Generation von ca. 1180 bis 1210, die auch die zeitgenössischen Ereignisse (vgl. v. a. PANZER, 1945 u. ö.), Institutionen, literarischen Anspielungen usw. einbegreift, die man im einzelnen zur Datierung herangezogen hat. Die Versuche, weiter zu präzisieren, scheitern letztlich daran, daß ein Original-'L.' nicht greifbar wird und das chronologische Verhältnis von 'L.' und 'Kl.' problematisch bleibt.

Auch die Erhebung des Küchenmeisteramts zum Reichshofamt (H. ROSENFELD) ergibt bei näherem Zusehen (HOFFMANN, 1982, S. 98) keinen terminus post quem für das 'L.' – Der Aufbau (meist sehr komplizierter) relativer Chronologien aus Anklängen in Motivik, Namen und Stil v. a. bei →Wolfram von Eschenbach (im Hinblick auf die 'Kl.' sogar bis zum 'Willehalm': LEITZMANN, 1924) hat nicht zufällig zu widersprüchlichen Resultaten geführt. Er setzt gerade die Festigkeit der Textgestalten und die Linearität der Entwicklung voraus, die uns heute fraglich scheinen. Am einfachsten versteht man solche Anklänge als Echos aus dem weiteren literarischen Umkreis, wobei offen bleiben muß, um welche Arbeitsphase es sich beiderseits jeweils gehandelt hat. Einzelszenen von besonders einprägsamer Dramatik (oder Komik: Rumold) sind im übrigen vielleicht schon vor der endgültigen Verschriftlichung gesondert in Umlauf gewesen. Die Umstände vom Tod Ortliebs, die im 'L.' dann typisch zweideutig bleiben (1912/1960–62), spiegeln sich nicht nur in der 'Kl.' mit etwas anderer Akzentuierung (3811ff.), sondern auch im → 'Herzog Ernst' (MOHR, 1967, S. 245: keinesfalls aus der 'älteren Not'!) und vielleicht sogar in →Heinrichs 'Reinhart Fuchs' (SPECKENBACH, 1981).

Im 19. Jh. hat man die 'Kl.' als selbständige Zusammenfassung von Sageninhalten und Liedern (mit u. U. eigenen Vorstufen: zuletzt KETTNER, 1885; BIEGER, 1893) im allgemeinen vor das 'L.' datiert. Danach hat lange die Ansicht VOGTS (1911) gegolten (schon BARTSCH, 1865!), daß sie im Gegenteil nichts als das (mittlerweile von BRAUNE [1900, s.o. Textkritik] fest auf einen Archetypus fixierte) 'L.' voraussetzt. Im Spiel mit der relativen Chronologie der 'L.'- und 'Kl.'-Fassungen in den angedeuteten weiteren Zusammenhängen (u. a. HOFFMANN, 1967) ist man gelegentlich dann sogar bis in die 20er Jahre des 13. Jh.s gelangt (zuletzt noch DE BOOR, LG, S. 149). Demgegenüber gewinnt die Überzeugung an Boden, daß die 'Kl.' zumindest insofern in die Phase gehört, in der auch der 'Archetypus' des 'L.s' entstand, als sie in ihrem eigenen Verhältnis zum Stoff nicht von festen, insgesamt schriftlich vermittelten Größen ausgeht (mit z. T. ganz verschiedener Akzentuierung SZKLENAR, 1977; CURSCHMANN, 1979; VOORWINDEN, 1981. Vgl. schon HANS KUHN, 1965, S. 301 ff.).

Vermutlich führten parallele Ansätze aus einer breiten und diversen, größtenteils noch mündlichen Stofftradition heraus zur allmählichen Zentralisierung und schließlich einer gemeinsamen Auftrags- oder Werkstattsituation (schon FISCHER, 1914, S. 30 f.). Hier setzte sich u. a. ein bestimmter Gesamtentwurf des 'L.s' durch, der aber erst in Verbindung mit der 'Kl.' zum 'Buch' wurde. Der Gesamtredaktor *C (so schon BARTSCH, 1865, S. 339) schließt unmittelbar an und baut die Beziehung weiter aus, insbesondere um das Verständnis Kriemhilds zu fördern. Daß er darüber hinaus das 'L.' formal glatter und inhaltlich rationalistischer wiedergibt als *AB und trotzdem nicht selten den Quellen des Ganzen näher scheint (vgl. insbesondere DROEGE, 1938), eröffnet zwar auch keinen 'Weg zum älteren Nibelungenlied' (BETZ, 1971), hat dieser Fassung aber zunächst einmal besondere Durchschlagskraft verliehen.

2. Der Raum. Den geographischen, historischen und sprachlichen Rahmen gibt das heutige Österreich und angrenzende Ostbayern ab: südostdt. getönte Hochsprache (hierzu ZWIERZINA, 1900, und ergänzend CORVES, ZfdPh 41 [1909] 281–284); Wien-Klosterneuburg, herzogliche Residenz der Babenberger seit ca. 1170; Passau, bischöfliche Hauptresidenz, von 1191–1204 unter Wolfger von Erla, dem zeitweiligen Gönner bzw. Dienstherrn bekannter literarischer Persönlichkeiten wie →Walther von der Vogelweide (1203) und → Thomasin von Zerklaere. Eventuell südlich davon Tirol, Kärnten und die Steiermark.

Der Stiftungsnotiz im Epilog der 'Kl.' zufolge hatte der Onkel der Burgunder, Bischof Pilgrim von Passau, seinen Schreiber, *meister Kuonrat*, beauftragt, nach Augenzeugenberichten einen lat. (Prosa-) Bericht darüber zusammenzustellen, *wie ez sih huob und ouh began, / und wie ez ende gewan, / umbe der guoten knehte not, / und wie sie alle gelagen tot* (4303–06). Später sei diese Geschichte (*maere*; vgl. *disiu maere* 4104!) in volkssprachlicher (mündlicher) Dichtung weit verbreitet gewesen: *getihtet man ez sit hat / dicke in tiuscher zungen* (4316 f.). Selbst wenn die 'Kl.' in eine 'L.'-Hs. 'hineingedichtet' worden sein sollte (VOGT, 1911, S. 511), ist hier doch nicht der Ursprung speziell des 'L.s' fixiert, sondern der Ursprung der gesamten Tradition in topischer Literatenmanier (vgl. u. a. 'Herzog Ernst' 6003 ff., →'Lucidarius' 10 ff., →'Lancelot' I 482, 5 ff.) metaphorisch vorgestellt, unter besonderer Betonung der soeben beklagten *not*. Zugleich ist zumindest die entscheidende Phase speziell auf Passau bezogen. Mit der Rolle des Siegharidingers Pilgrim – von 971–991 Bischof von Passau und seit 1181 dort auch durch Grabwunder nicht nur politisch aktuell – führt die 'Kl.' vermutlich schon vor *C eine alte Haus- und Sondertradition in das Bearbeitungsprogramm ein (vgl. u. V.B.2.), der das 'L.' dann in den Pilgrim-Strophen sozusagen am Rand gleichfalls noch Rechnung trägt (HEMPEL, 1932), wobei der Bezug auf Passau dort entsprechend 'moderner' ausfällt (HEUWIESER, 1943, S. 11 ff.).

3. Der Verfasser. Mit *meister Kuonrat* ist also nicht der Verfasser des 'L.s' benannt, wie KRALIK (1954) meinte (vgl. auch MEVES, 1980). Er bleibt gattungstypisch anonym. Daß es ein einzelner Dichter von überragendem handwerklichen Können war, der das 'L.' in den Grundzügen seiner überlieferten Gestalt entwarf, ist kaum zu bezweifeln; aber, was er schuf, war ein Rohbau, der schließlich nie bis zum fertigen Gebäude gedieh.

Allgemeines Kunstbewußtsein und Stilgefühl und nicht zuletzt das Gespür für den literar-historischen Augenblick verraten den literarisch (nicht notwendigerweise literat) Gebildeten. Ganz besonders aber war er in der 'unterliterarischen' einheimischen Erzähltradition zuhause. Wie man ihn ständisch einordnet, hängt weitgehend von der Beurteilung seiner Intentionen und Strategien ab. Es könnte ein um sittlich-moralische Korrektur bemühter Hofgeistlicher (*curialis*) gewesen sein (JAEGER, 1983) oder auch – so wären Überlegungen DE BOORS (zuletzt Ausg., S. VIII) u. a. zu präzisieren – einer der neuen volkssprachlich engagierten *milites literati* (→ Hartmann von Aue, Wolfram, → Eike von Repgow). Von der im besten Sinn opportunistischen Machart her denkt man eher an einen zwischenständischen Typ 'spielmännischen Zuschnitts' (FROMM, 1974, S. 62), was auch '*clericus* im weitesten Sinne' (NEUMANN, 1967, S. 166) bedeuten kann. Anderes ist – literatur-soziologisch gesehen – von vornherein abwegig – nicht nur die Niedernburger Nonne (LÖSEL-WIELAND-ENGELMANN), sondern auch der Passauer 'Stadtbürger' (BRÄUER, 1970, auch für die 'Kl.').

Bei dem ebenfalls anonymen Verfasser der 'Kl.' überwiegt dagegen eindeutig das geistlich-literate Element. Vielleicht war er sogar Kleriker im engeren Sinn, aber in einer Umgebung, in der die Bestrebungen des 'L.'-Dichters im Prinzip Anklang fanden. Auf alle Fälle war er selbst ein Dichter minderer Begabung. Daß er auch den (viel jüngeren) → 'Biterolf und Dietleib' verfaßt habe, ist nur im 19. Jh. ernsthaft Gesprächsthema gewesen.

4. Die offenbar länger übliche und für die 'Kl.' grundlegende starke Akzentuierung des Burgundenuntergangs hat sich im letzten Vers in der subscriptio *der Nibelunge not* niedergeschlagen, die in *AB das Werk inhaltlich charakterisiert. Mit der Bezeichnung *liet* an derselben Stelle blickt *C auf die Prologstrophe zurück und objektiviert ins Formale. Das mag auch wieder mit der 'Kl.' zusammenhängen (und wäre dann kaum ursprünglich; anders DÜWEL, 1983, S. 171), deren Schlußvers lautet: *ditze liet heizet diu klage*.

Die Hs. C hat darüber hinaus noch eigene Überschriften: *Auenture von den Nibelungen* (so auch S) – *Auenture von der klage*. Noch später erfand man im weiteren Bereich der *C-Überlieferung den hier besonders naheliegenden Gesamttitel *buoch Krimhilden* u. ä.

IV. Inhalt.

Die Einteilung des 'L.s' in 39 *aventiuren* (Av.) ganz verschiedener Länge ist bei gelegentlicher Variation der Grenzen bemerkenswert einheitlich durchgeführt – außer in B meist mit Überschriften. Sie stammt in dieser Form wohl aus *C. Nur in der Hs. C ist dieses System auch auf die 'Kl.' ausgedehnt (5 Avv.), aber ohne dieselbe inhaltliche Logik (anders GILLESPIE, 1972). Diese Art der Gliederung ist neu, zumindest gegenüber dem höfischen Roman, aus dem andererseits der Terminus *aventiure* stammt. Im Prinzip erinnert sie jedoch an die Fittentechnik älterer germ. Ependichtung ('Beowulf', → 'Heliand'), und an Vortragseinheiten ist wohl auch hier gedacht.

A. Im Großen teilt sich das 'Lied' in zwei Hauptteile ungefähr gleicher Länge, zwischen denen die 19. Av. als Scharnier fungiert.

1. Siegfrieds Werbung und Tod.

Am Hof in Worms wächst, behütet von ihren Brüdern Gunther (G.), Gernot und Giselher und ihrer Mutter Ute, die Prinzessin Kriemhild (K.) heran (Av. 1), indes im ndl. Xanten Prinz Siegfried (S.; hs.lich *Sivrit*) sich das Ritterschwert erwirbt (Av. 2). Seine Werbung um K. gerät unversehens zur ungestümen Herausforderung an die Burgunder, die durch ihren Gefolgsmann (und Verwandten) Hagen (H.) von den (in Av. 2 nicht erwähnten) Jugendtaten S.s erfahren: Tötung der Nibelungenkönige und Gewinn ihres Horts, des Schwerts Balmung und der Tarnkappe; Drachenkampf und Hornhaut. Die höfisch-glatten Burgunder fangen diesen Ansturm geschickt ab, und S. verbringt ein Jahr (138,2) in Worms, ohne K. auch nur zu sehen (Av. 3).

Auf H.s Rat bringt G. ihn dazu, einen siegreichen Verteidigungskrieg gegen Sachsen und Dänen zu führen (Av. 4), und der Lohn dafür ist eine erste Begegnung mit K. (Av. 5). – Abrupt entschließt sich G. selbst zur Brautfahrt, aber die übermenschlich starke Brünhild (B.) kann nur im Kampfspiel gewonnen werden. Diesmal wird – wieder auf H.s Rat – S. direkt um Hilfe gebeten, und diesmal stellt er eine Bedingung: K.s Hand. Er kennt die Wege, führt G., H. und dessen Bruder Dankwart nach Isenstein und läßt sich dort als G.s Vassal ([eigen]man) ausgeben. Unter seiner Tarnkappe verhilft er ihm zum Sieg in allen drei Kraftproben mit B. (Av. 6/7). Da der Ausgang trotzdem ungewiß scheint, holt S. zunächst aus dem Land der Nibelungen, das der Zwerg Alberich für ihn verwaltet, 1000 Ritter seiner Hausmacht herbei (Av. 8), und wenig später eilt er als Bote nach Worms voraus – auf Veranlassung H.s (Av. 9). S. mahnt den versprochenen Lohn an, und es findet eine Doppelhochzeit statt. K. plötzlich als Frau des angeblichen *eigenholden* sich gegenüber zu sehen, überrascht und erschüttert B. In der Brautnacht hängt sie ihren Gatten an einen Nagel in der Wand, und S. muß noch einmal seinen Platz einnehmen. Er ringt B. nieder und nimmt ihr Gürtel und Ring, aber erst G.s Liebe beraubt sie endgültig ihrer Stärke (Av. 10). S. lehnt jetzt – entgegen dem Wunsch K.s – jegliche Teilung der Macht ab und kehrt mit ihr nach Xanten zurück. Nach zehn Jahren (715,2) werden beiderorts Söhne geboren (Av. 11).

Aber immer noch quält B. die Frage nach S.s feudalrechtlichem Status, und sie veranlaßt G. zu einer Einladung. S., sein Vater Siegmund und K. reisen mit großem Gefolge an und werden festlich empfangen. B. ist ihren Gästen trotz allem noch wohlgesonnen (Av. 12/13). Am Nachmittag des 11. Tages kommt es jedoch vor dem Hintergrund eines der vielen Turniere zum privaten Streit der Königinnen, den K. mit einem Männervergleich eröffnet und B. über das *eigen-man*-Thema steigert und konkretisiert. Dem folgt beim Münstergang noch am selben Abend der öffentliche Frauenvergleich. Er soll eben diese Rangfrage klären, wird aber von K. mit der Anschuldigung, B. sei (sogar willentlich) S.s *kebse* (und somit *mannes kebse*) gewesen, höhnisch wieder ins Persönliche gewendet und dadurch zu ihren Gunsten entschieden. Nach der Messe tritt sie in einer zweiten öffentlichen Konfrontation mit Ring und Gürtel auch den 'Beweis' für ihre Behauptung an. Niemand sorgt für Aufklärung – selbst S.s Eid, von dem überdies nicht klar wird, ob G. ihn überhaupt entgegennimmt, geht am Kern der Sache vorbei –, und in einer Atmosphäre allgemeiner Verwirrung und Verlegenheit überredet H., der dabei auch an die Erweiterung der burgundischen Macht denkt, G. zum Mord an S. (Av. 14). Durch eine List entlockt er K. das Geheimnis von S.s Verwundbarkeit zwischen den Schulterblättern, und auf der zu diesem Zweck veranstalteten Jagd ermordet er ihn hinterrücks (Av. 15/16). Man verbreitet die Nachricht, Räuber hätten ihn erschlagen; aber die Wunden des im Münster Aufgebahrten bluten wieder, als H. herantritt, und K. beschuldigt ihn und G. des Mordes. Siegmund und S.s Nibelungen kehren kampflos heim, aber K. bleibt auf Bitten Utes und der jüngeren Brüder in Worms und verzichtet damit u. a. auf ihr Kind, das in Xanten zurückgeblieben war (Av. 17/18).

Nach dreieinhalb Jahren (1106,2) erreicht zumindest G., daß K. sich offiziell mit ihm versöhnt. Dahinter stehen Gedanken H.s an den Nibelungenhort (C 1127!), der nun in der Tat nach Worms geholt wird. K.s Freigebigkeit erweckt aber schnell H.s Mißtrauen, und er bricht die folgende Diskussion damit ab, daß er den Schatz an nur ihm bekannter Stelle in den Rhein versenkt. Es vergehen weitere neuneinhalb Jahre (1142,2), in denen sich K.s Treue im Gedenken an S. bewährt (Av. 19).

2. Etzels Werbung und der Untergang der Nibelungen.

Nach dem Tod seiner ersten Frau, Helche, hält der Hunnenkönig Etzel (E.) durch den Markgrafen Rüdiger (R.) von Bechelaren um K.s Hand an. Gegen den Rat H.s lassen die Brüder die Werbung zu, und im Gedanken an späte Rache (1259f.) willigt K. schließlich ein (Av. 20). Ihre Reise führt sie über Passau und Bechelaren (Pöchlarn) – mit Einkehren bei ihrem Onkel, Bischof Pilgrim, und bei R. – über andere namentlich genannte donauländische Orte nach Tulln, wo E. sie empfängt. Die Hochzeit findet an Pfingsten in Wien statt, und K. zieht als Herrin über ein Großreich in *Etzeln burc* (Ofen?) ein (Av. 21/22).

Nach sieben Jahren (1387,2) wird Ortlieb geboren, und erst im dreizehnten Ehejahr (1390,4) beginnt K., den ahnungslosen E. konkret in ihre Rachepläne einzubeziehen (Av. 23). Die Spielleute Werbel und Schwämmel überbringen seine Einladung, und H. und (z. T. in komischer Kontrafaktur dazu) der Küchenmeister Rumold können (zweimal) ihre Annahme nicht verhindern. H. sorgt zumindest für starke Begleitung (1060 Ritter und 9000 Knappen) und Bewaffnung. Sein düster-fatalistisches Kriegertum und Vorzeichen aller Art überschatten im übrigen den ganzen folgenden Zug der Burgunder, gelegentlich jetzt auch Nibelungen genannt: an der Donau erschlägt H. den Fergen und bestätigt sich die Prophezeiung der Wasserfrau Sieglinde, indem er den Kaplan ins Wasser wirft, der somit als einziger zurückkehrt. Nach der Überfahrt zerstört er die Fähre (Av. 24/25). Erst dann weiht er die Könige in ihr Schicksal ein. Zusammen mit Dankwart schlägt er die bairischen Markgrafen und Brüder Gelpfrat und Else, die die Nachhut angreifen. Nach der obligaten Einkehr in Passau und Warnung durch den Grenzhüter der Ostmark, Eckewart (Av. 26), noch einmal eine helle Szene: Empfang in Bechelaren, wo alle reiche Gaben erhalten und Giselher mit R.s und Gotelinds (hier namenloser) Tochter verlobt wird (Av. 27).

Was folgt, spielt sich in extremer zeitlicher Raffung (2 Tage und 3 Nächte) und mit enormem Aufwand an Personal, Blut und widerstreitenden Emotionen ab. Schon bei der Begrüßung muß K. in Zorn und Scham entdecken, daß auch Dietrich (D.) von Bern die Burgunder gewarnt hat (Av. 28). Es gelingt ihr nicht, die Hunnen auf H. zu hetzen, der sich mit seinem Freund Volker, dem Fiedler, auf eine Bank im Hof gesetzt hat und sich voll Trotz – Balmung über den Knien – erstmals öffentlich zu seiner Tat bekennt (Av. 29). In der Nacht stehen er und Volker Schildwache vor dem Schlafsaal der Gäste (Av. 30). H. und K. sind sich in dem einen einig, daß E. im Ungewissen bleiben muß, der einen ersten Streit noch zu schlichten vermag, während K. seinen Bruder Blödelin als Bundesgenossen gewinnt (Av. 31). Dieser macht die Knappen in ihren Quartieren nieder, und auf die Nachricht davon bricht der Kampf in der Herrenhalle aus: H. enthauptet Ortlieb; D. geleitet K. und E. ins Freie; auch R. darf gehen (Av. 32/33). Zurück bleiben 7000 Hunnen, die erschlagen und in den Hof geworfen werden (Av. 34). Aber andere Exilfürsten an E.s Hof leisten K.s Ruf nach H.s Kopf Folge. So fällt z. B. der Däne Iring in weiteren Hallenkämpfen (Av. 35). Nicht besser ergeht es im Lauf des restlichen Tags einem weiteren Hunnenheer. Versöhnung mit E. erweist sich als unmöglich, um so mehr als K. die Auslieferung H.s zur Bedingung aller weiteren Verhandlungen macht (2104). Sie läßt schließlich den Saal in Brand stecken, aber die Burgunder löschen ihren Durst mit dem Blut der Toten, und 600 von ihnen überleben so die Nacht, um im Morgengrauen noch einmal 1200 Hunnen zu erschlagen (Av. 36). Bleiben R. und D. Der erstere kann sich schließlich seiner Lehenspflicht E. gegenüber und dem K. geschworenen persönlichen Treueid nicht entziehen. Er stirbt, nachdem er H.s zerhauenen Schild, Gotelinds Gastgeschenk, noch durch seinen eigenen ersetzt hat, im vollen Bewußtsein seiner ausweglos tragischen Lage (Av. 37). Dadurch und durch den Hitzkopf Wolfhart werden D.s Begleiter in die Kämpfe verwickelt. Nur Hildebrand entkommt, und auf der anderen Seite bleiben nur G. und H. am Leben (Av. 38). D. greift nun selbst ein und bringt nacheinander H. und G. gefesselt vor K. In einer rapiden Schlußsequenz, in der die Frage nach dem Hort die Handlung vorantreibt, wird G. hinter der Bühne hingerichtet, triumphiert H. mit seinem Hortgeheimnis, enthauptet ihn K. persönlich mit S.s Schwert Balmung, und haut der entsetzte Hildebrand die 'teuflische Rächerin' (*valandinne*: so H. hier 2371,4, und D. schon zu Beginn der ganzen Ereigniskette, 1748,4) in Stücke. Es beginnt die Klage der Überlebenden (Av. 39).

B. Die 'Klage' schließt hier an, aber nicht direkt, sondern mit einer selbständigen Skizze der sachlichen und personellen Voraussetzungen der Tragödie.

1. (17–586) Diese Einführung konzentriert sich ganz auf K., bringt nach und nach einige weitere Namen und Fakten aus der Wormser Zeit, die Heirat mit E. und K.s Rachepläne zur Sprache und geht dann ausführlicher auf die Umstände der *not* selbst (bis zum Tod K.s) ein. Als räsonierender Erzählerkommentar läuft sie insgesamt auf eine (bedingte) Rechtfertigung K.s aufgrund ihrer *triuwe* zu S. (157 u. ö.), der Schuld der anderen und der unwissenden Machtlosigkeit E.s hinaus. In C erscheint all das schärfer artikuliert und abgerundet als in A und B.

2. (587–2489) Die eigentliche Klage. a. (587–2174). Die sich anschließenden Klagen in Worten, Gebärden und Ritual werden von E. eröffnet (590–637). Mit Hilfe des *lantvolcs* trägt man die Toten zusammen, denen dann E., D. und Hildebrand in einer lockeren Szenenfolge Einzelklagen bzw. rekapitulierend-kommentierende Nachrufe widmen: der Etzelfamilie (K., Ortlieb, Blödelin) – Iring – G. und H. – Volker und Dankwart – einigen minderen Dietrichmannen – Wolfhart – Gernot und Giselher, die als Christen (1843) mit den anderen Burgundern (einschließlich K.s!) vereint werden – und, in letzter Steigerung, R. – b. (2175–2489). Zur Aufbahrung und Bestattung finden sich u. a. 86 schon von Helche erzogene Hofdamen ein. Bis die 1700 Vornehmen beider Seiten (2178) eingesargt und begraben sind, vergehen drei Tage (2384); anschließend kommen die 9000 burgundischen Knappen (2410) und andere in ein Massengrab. Dies alles unter nun ganz allgemeinem Klagen, das wieder in E.s Weinen und die Versuche der anderen, ihn zu mäßigen, mündet.

3. (2490–4360) Die Verbreitung der *leiden maere* in der Welt (2518–21/2550–60) wird durch Hildebrands Anregung ausgelöst, die verheerte Land nun zu verlassen. Zuerst werden R.s verbliebene Knappen und der Spielmann Schwämmel mit den Waffen der Toten abgeschickt. a. (2661–3286). Bis Bechelaren reisen sie zusammen. Dietrich hat ihnen befohlen, unterwegs und selbst in Bechelaren nichts von der Katastrophe zu erwähnen, da er selbst diese Nachricht überbringen will (!), aber schon in Wien, wo die (rätselhafte) Herzogin Isalde residiert (2759), verraten sie sich durch ihr Betragen, und erst recht können ihre *lügelichen maere* (3057) die ahnungsvollen Herrinnen von Bechelaren nicht täuschen. Gotelind stirbt nicht lange danach (4232). – b. (3287–4113). Auf seinem weiteren Weg erstattet Schwämmel Bischof Pilgrim in Passau Bericht (hier der konkrete Ansatz zu der im Epilog beschriebenen Aufzeichnung: 3459–84) sowie dem Grafen Else. In Worms überbringt er die Kunde zuerst in Privataudienz bei B., aber als Auftakt zur Krönung des (hier namenlosen) Gunther-Sohns zum neuen König gibt er der Hofgesellschaft noch einmal eine geschlossene, rhapsodische Darstellung des Geschehens (3776–3947), und auf dem Rückweg liefert er au-

ßerdem Pilgrim noch den versprochenen Bericht (4102–04). – c. (4114–4294 + die in B falsch eingeordneten vv. 4323–60). D. kehrt mit seiner Frau Herrad und Hildebrand nach Bern zurück und tröstet unterwegs noch R.s Tochter Dietlind. E. verfällt in steinerne Starre. Von seinem weiteren Schicksal weiß man nichts Bestimmtes.

V. Stoffgeschichte, Quellen.
A. Stoff und Quellen.

Den stofflichen Kern bilden Komplexe burgundisch-fränkischer Heldensage aus dem 5. und 6. Jh. (anders nur KUNSTMANN). Ursprünge und Einzelheiten der weiteren Entwicklung liegen jedoch weitgehend im Dunkeln, da ihre Erhellung fast ganz auf die wenigen erhaltenen, zumeist sehr späten schriftliterarischen Ausformungen angewiesen bleibt.

In Deutschland sind das neben 'L.' und 'Kl.' noch der Spätling → 'Hürnen Seyfried' und ganz am Rand der lat. → 'Waltharius' sowie einzelne Dietrichepen des 13. Jh.s; im Norden die meisten Lieder aus dem Heldenteil des Codex Regius ('Lieder-Edda', hg. v. G. NECKEL / HANS KUHN, Edda. I, ³1962) sowie – in Prosa – die ebenfalls westnordische 'Völsunga saga' (hg. v. M. OLSEN, Kopenhagen 1906–08) und die dt./norwegische 'Thidriks saga af Bern' (hg. v. H. BERTELSEN, 2 Bde, Kopenhagen 1905–1911), die u. a. eine relativ geschlossene 'Niflunga saga' enthält (Kap. 387–413), – alle um die Mitte des 13. Jh.s. Dazu viel später aufgezeichnete dänische Balladen und färöische Tanzlieder (hg. v. O. HOLZAPFEL, Die dänischen N.balladen [GAG 122], 1974); K. FUSS, Die färöischen Lieder der N.sage [GAG 427], 2 Bde, 1985).

1. Älteste Zeugen sind Gruppen von Namen in schattenhaft erkennbaren historischen Konstellationen der Völkerwanderungszeit.

Gundahar war Führer der damals am Mittelrhein siedelnden Burgunder, die 436 von hunnischen Truppen weitgehend aufgerieben wurden (vgl. MGH Auct. ant. IX, 1892, S. 475). Schon beträchtlich später überliefert Gundobads 'Lex Burgundionum' (Anfang 6. Jh., MGH Leges III, 1863, S. 533 f.) daneben drei weitere relevante Königsnamen: Gibica (Gibeche, Vater der Burgunder in der Dietrichepik, aber in 'Kl.' und 'L.' ersetzt durch Dancrat), Gislahar(ius) und Godomar(ius) (Gernot? An. Guthorm).

Ins hunnische Großkönigtum dieser und der nächsten Generation gehören Attila († 453; Etzel), sein Bruder Bleda († ca. 445; Blödelin) und seine Frau Hereca/Kreka (Helche).

Wie diese beiden Komplexe zuerst in poetische Verbindung zueinander traten, ist eine heute wieder ganz offene Frage, zumindest im Hinblick auf die schließlich erreichte dt. Sonderlösung, und zwar in allen dafür wesentlichen Punkten: literarisches Schema (HAUG, 1981: 'invertierte Brautwerbung' statt 'Verwandtenrache'), Chronistenberichte über den Tod Attilas (WILLIAMS, 1981, S. 198–207) und die damit zusammenhängende Gleichung (H)ildico = Kriemhild (SCHRAMM, 1965).

Im Zentrum der merowingischen Bruderzwiste des folgenden Jh.s stand die Westgotin Brunichildis († 613), seit ca. 566 Frau und seit 575 Witwe des ermordeten Sigibert I. von Reims. Den persönlichen und politischen Umständen ihres Lebens nach kommt sie als hist. Prototyp Kriemhilds (!) in Frage (HUGO KUHN, 1953). Unklar bleibt aber wieder das 'Wie': wie eine neue fränkische Sage so schnell mit den burgundischen Königsnamen, dem alten Sippennamen Nibelung, dem auch in anderen Sagenzusammenhängen agierenden Hagen und einem sicher nicht (nur) hist. Heros wie Siegfried in Berührung gekommen sein soll.

Was sich an hist. Parallelen für Siegfried hier, bei den Ostgoten (LINTZEL, 1934) und bei den Burgundern vor 436 (DE BOOR, 1939) hat (re-)konstruieren lassen, führt im Endeffekt eher zu dem Schluß auf überformende literarische Muster, gespeist aus Mythos (zuletzt v. a. F. R. SCHRÖDER, 1960, und HÖFLER, 1978, mit der alten Arminiusthese) und Märchen (PANZER, 1912. Zum Ganzen HOFFMANN, 1979). Im 'L.' freilich sind gerade sie an den Rand geschoben (zuletzt WOLF, 1979).

Im merowingischen Nordburgund mögen die burgundischen und fränkischen Sagenkreise am ehesten bald locker nebeneinander existiert haben (STROHEKER, 1958). Der angelsächsische 'Widsith' (7. Jh.?) setzt die Position Gunthers als unbedrohter burgundischer Herrscher voraus.

2. Der bereits als solcher entwickelte Sagenkreis um den Ostgotenkönig Theoderich († 526), Dietrich von Bern (→ 'Dietrichs Flucht' und 'Rabenschlacht'), stützte die Verbindung des Burgundenuntergangs mit dem Hunnenhof und das für die kontinentale Sagenentwicklung konstitutive grundsätzlich positive Attila-Bild. Diese Beziehung, die für 'L.' und 'Kl.' in sehr unterschiedlicher

Weise wichtig wird (s. u. VI. B. 4.), soll bis ins 8. Jh. (HEUSLER, 1921) oder noch weiter (WAIS, 1953) zurückreichen, aber von der Dietrichsage und ihren Reflexen im gelehrten Schrifttum her wird man eher an viel spätere Zeit denken.

3. Im 10. Jh. markiert der 'Waltharius' bereits die Endstufe einer (alemannischen?) 'Nibelungisierung' der Walthersage (REGENITER, 1971). Die Verflechtung der Schauplätze Mittelrhein und Hunnenland scheint fest gegeben und wird strukturell ausgespielt, und in diesem relativ freien Umgang mit der Sage aus klösterlicher Warte mögen schon westliche Anregungen spürbar werden ('Frankisierung Gunthers': WOLF, 1976, S. 201–207).

4. Mit der Legende des 1131 verräterisch ermordeten und 1169 heiliggesprochenen schleswigschen Herzogs Knut Lavard verknüpfte sich früh die Erzählung (MGH SS 29, 1892, S. 10, Anm. 10), daß ein sächsischer Sänger ihn mit einem Lied *cuiusdam parricidii* (ebd., S. 15) habe warnen wollen. → Saxo Grammaticus dachte dabei – um 1200 – an *notissimam Grimilde erga fratres perfidiam* als Beispiel für einen 'berühmten Verrat' (*famose fraudis*: Gesta Danorum, hg. v. A. HOLDER, 1886, S. 427) – vielleicht nicht als erster. Jedenfalls ist wiederum eine längere Entwicklung vorausgesetzt, die im Endeffekt eine streng kausale Verknüpfung der Zyklen bewirkt hat, in der zunächst aber der Burgundenuntergang eindeutig dominierte.

5. Noch der → Marner hatte um 1250 Lieder dieses Stoffs in seinem Repertoire, sogar Siegfrieds Tod und Kriemhilds 'Verrat' als getrennte Sujets (XV,14. Spiegeln diese Phase auch die Ungarnchronik Simon Kézas, das niederländische Fragm. T und der mysteriöse *Attila versifice* [KLEBEL, 1957]?).

Die Existenz solcher Teilversionen im Umfeld des 'Liedes', sei es als Quellen (BUMKE, 1960) oder als Konkurrenz (CURSCHMANN, 1977), ist überdies am Text selbst im Prinzip ablesbar. Erhalten aber hat sich kein Text, der als unmittelbare Quelle zu erweisen wäre.

Die konzentrierten verbalen Reminiszenzen an den → 'König Rother' und andere spielmännische Epen (grundlegend MOHR, 1942, S. 112–122) bezeichnen immerhin recht genau den literarischen Umkreis der Brünhilderzählung, und ähnlich weist mancher Handlungszug zurück auf die gemein-europäische 'Motivgemeinschaft' traditioneller Erzählung (H. SCHNEIDER, ZfdPh 51 [1926] 200–243, wieder in: ders., Kl. Schriften, 1962, S. 52–95. Vgl. TH. FRINGS, Neoph. 24 [1939] 1–29). Sie hat bis zuletzt literarischen Flugsand auch aus der Romania um den alten Sagenkern gelegt (zuletzt WOLF, 1981), der seinerseits längst von innen her aufgelockert und mit Sagengut anderen Ursprungs (Walther, Iring usw.) durchsetzt war (s. u.).

Ob, inwieweit und in welcher Form dieses 'L.' seinerseits Quelle der 'Klage' gewesen ist (wobei dann je nachdem noch 'Nebenquellen' der genannten Art anzunehmen wären), steht heute wieder zur Debatte (s. o. III.1.). Auf der buchliterarischen Seite hat →Konrads 'Rolandslied' u. U. etwas mehr als allgemeinste Anregungen geliefert (vgl. die Zusammenstellung bei GÜNZBURGER, 1983, S. 43 f., und u. VII. B.).

B. Die Methode.

Über die Gleichung Heldensage = Heldendichtung avancierte das Heldensagenmodell des Skandinavisten A. HEUSLER ohne weiteres zum Modell eines bis ins einzelne nachvollziehbaren, auf der Eigengesetzlichkeit des Literarischen und dem Schöpfertum einzelner beruhenden Entwicklungsgangs. Das magere Gerüst historischer Fakten füllte sich mit einem literarischen Stammbaum (1921). Selbst die kritische Heusler-Nachfolge von SCHNEIDER über HEMPEL zu DE BOOR, KRALIK und WAIS (ganz im Fahrwasser Heuslers neuerdings wieder der Skandinavist ANDERSSON) hat sich seinen Prämissen nicht entzogen.

Liedfabeln (teilweise auch komischen Inhalts) als Bausteine des 1. Teils des 'L.s' hat man fast nach Belieben (re-)konstruiert. Für die Erzählungen vom Burgundenuntergang rechnet man allgemein mit einem schon früher episch geweiteten Handlungsgerüst, und hier hat die von HEUSLER im Vergleich mit der 'Thidrekssaga' (re-)konstruierte bair. 'Ältere

Not', eine erste Buchfassung von ca. 1160, lange fast den Rang eines Faktums besessen. Das detaillierteste entstehungsgeschichtliche Schichtenmodell stammt von HEMPEL (zusammenfassend 1966, S. 162–164): eine 'Passauer' und davor eine 'Wiener' Fassung des Ganzen, erstere schon unter Einfluß der 'Kl.' (vgl. o. III. 1.); davor eine tirolische 'Ur-Not' und noch weiter zurück das 'ältere Epos', vergleichbar der 'Älteren Not', aber rheinisch, um 1130 und mit einem relativ ausführlichen Siegfriedteil. – Prinzipiell krit. u.a. (unter z. T. ganz verschiedenen Gesichtspunkten): MOHR, 1941; FLEET, 1953; NEUMANN, 1955, Sp. 706–713; HANS KUHN, 1952; BUMKE, 1960; WENSKUS, 1976, S. 477f.; HAUG, 1981; BÄUML, Rez. ANDERSSON, 1982.

Die Anstöße zur grundsätzlichen Neuorientierung kamen 'von außen'.

1. Voran ging die Heldensagenforschung mit dem Hinweis auf die wichtige Rolle der (zumeist wohl mündlichen) Prosa als Vermittlerin von Heldensage (GENZMER, 1948; HANS KUHN, 1952).

2. Die Personengeschichtsforschung (HAUCK, WENSKUS, STÖRMER u.a.) hat die bis dahin praktisch unbeachtete Dimension der gesellschaftlichen Funktion als Faktor literarischer Kontinuität im Wandel erschlossen: die Rolle von Haus- und Sippentraditionen als Tradenten der Sage zwischen dem 'heroic age' und der beginnenden Literarisierung.

Wichtig im Hinblick auf die geographische und personelle Vielseitigkeit und -schichtigkeit der Endprodukte ist u.a.: ein weitgespanntes Netz von Familientraditionen zeichnet sich in der Namengebung nicht nur fränkischer und burgundischer, sondern v.a. auch sächsischer und thüringischer Adelsfamilien (schon seit dem 8. Jh.) ab (WENSKUS, 1976), obwohl es später dann im südostdt. Raum – bei den Agilolfingern, Huosiern und Siegharbingern – noch besonders dicht wird. Und: die gattungstypische Tendenz zur Projektion verschiedener Zeiten und Personen auf ein und denselben Sagenhintergrund bezieht die Traditionsträger mit ein. Gere und Eckewart sind z. B. 'als Mitglieder von [ursprünglich rheinischen] Familien mit Nibelungentradition in die Dichtung gelangt' (WENSKUS, 1976, S. 524. Vgl. o. III. 2. zu Pilgrim). Gilt ähnliches für das hist. Brüderpaar Gelpfrat und Elso, d.h. praktisch die ganze 26. Aventiure (BIRKHAN, 1977), oder handelt es sich diesmal um nibelungische Namengebung der betreffenden Familien (HEUWIESER, 1943, S. 43f.; WENSKUS, 1976, S. 523. Vgl. das Zeugnis der 'Thidrekssaga', Kap. 416f.)? Je weiter die Namen in den Gestaltungskern der Dichtung führen (vgl. zuletzt KUNSTMANN, 1983, u.a. gegen SPLETT, 1968, über Rüdiger), um so schwieriger werden solche Entscheidungen.

Zu bezweifeln ist in jedem Fall, ob die epischen Zusammenfassungen des hohen MAs selbst noch zu dezidierten geschichtlichen Aussagen im alten Sinn fähig (oder willens) sind. Dazu ist zu viel Diverses (eklektisch) zusammengekoppelt, einschließlich der neuerdings wieder öfter erwähnten 'altertümlichen Grenzvorstellungen' (KLEBEL, 1957). Offen bleibt dagegen vorläufig, ob das Phänomen der Sippenbindung wenigstens den Übergang in dieses letzte Stadium mit klären kann (MEVES, 1980), obwohl die Grenze solcher historischer Namensforschung, allgemein gesprochen, gerade da liegt, wo es um die konkrete Form der Realisierung von 'Nibelungenbewußtsein' (STÖRMER, 1974) geht.

3. Schließlich wecken neuere Überlegungen zum Phänomen traditioneller Mündlichkeit (zuerst BÄUML / WARD, 1967; vgl. u. VII.A.3.) ähnlich grundsätzliche Skepsis gegenüber der Möglichkeit, Texte wie 'L.' und Kl.' an ein rational faßbares und in Einzelheiten beschreibbares Kontinuum anzuschließen.

VI. Aufbau, Vorstellungswelt, Personen, Themen.

A. Das 'Lied'.

Ordnendes Sammeln steht, wie in der 'Thidrekssaga', im Vordergrund des Bemühens. Generelle Richtschnur ist die Faktizität des Überlieferten, und neue, übergreifende Handlungszusammenhänge werden vorzugsweise mit Hilfe vorgeprägter Erzählmuster hergestellt. Daher die Brüchigkeit der Komposition und der gelegentliche Leerlauf, die Doppelbesetzung von Motiven und Rollen, die inneren Widersprüche in Motivation und Handlungsführung, die weitgehende Toleranz gegenüber der sprachlichen, politisch-geschichtlichen und 'ethischen' (NEUMANN) Schichtung der Sage und das Fehlen eindeutiger faktischer oder psychologischer Begründung an kritischen Punkten.

All das darf nicht überspielt oder wegerklärt werden, und insofern legt die Suche nach einer 'leitenden

Idee', einem Generalthema oder 'Weltbild', die sich in anspruchsvollen geistesgeschichtlichen (WEBER, 1963), weltanschaulichen (NAGEL, 1965), literarästhetischen (MERGELL, 1950), sozial-politischen (IHLENBURG, 1969) u.a. Gesamtinterpretationen niedergeschlagen hat, vielfach falsche Maßstäbe an (NEUMANN, 1967, bes. S. 121 ff.). Dasselbe gilt allgemein für die verbreitete (moderne) Tendenz, das biographische Element, die (stillschweigend vorausgesetzte) psychologische Einheit der Figuren, zum Ausgangspunkt der Betrachtung zu machen (Personalisierung des Leids in einem 'Krimhildroman': W. SCHRÖDER, 1960/61, gegen MAURER, 1951), ganz zu schweigen von rein werkimmanent psychologisierenden Kommentaren (MOWATT/SACKER, 1967, u.a.).

Der Dichter hat den Stoff nicht von Grund auf neu durchdrungen und von innen durchformt, sondern übernommen und so aufbereitet, daß er unter den literarhistorischen und -ästhetischen Bedingungen seiner Zeit und Umwelt literaturfähig wurde.

1. Aufbau. Äußere Einheit und Stabilität garantieren bestimmte Erzählschemata und Strukturmuster – alte wie neue –, die z.T. auf ganz verschiedenen Ebenen wirksam sind. 'Architektonisch' oder zahlensymbolisch bedeutsame Proportionen (zuerst MAURER, 1954) sind schon von Werktyp und Stil her allenfalls als Zufallsprodukte zu erwarten. Unmittelbar hinter der Aventiurengliederung steht vielmehr ein klar ausgezeichneter chronologischer Raster als nächstrangiges Ordnungsprinzip (WACHINGER, 1960). Pausierende Abgrenzung ist nur eine seiner Funktionen: Die unrealistisch-symbolischen Zeitverhältnisse binden zugleich, indem sie privaten Konflikt in Staatsaktion umsetzen und die Intensität der motivierenden Gefühle plausibel machen.

Primärer Handlungsträger in diesem chronologischen Rahmen ist das (dreifach variierte) Erzählschema 'Brautwerbung', eine spezifisch dt. literarische Mode des 12. Jh.s (das ältere germ. Schema der 'invertierten Brautwerbung' [s.o. V.A.1.] kommt praktisch ohne eigenen Brautwerbungsvorgang aus). Die Verkoppelung der Werbungen Siegfrieds und Gunthers stellt zunächst einen Kausalnexus her, der im Norden fehlt: Grundlage für die epische Aufbereitung des ersten Teils als 'Vorgeschichte' des zweiten. Mit dem extensiven Einsatz einer dritten Werbung dort werden die stoffgegebenen Disparitäten durch klare strukturelle Korrespondenzen überformt: erfolgreiche Werbung unter bedrohlichen Auspizien – verräterische Einladung aus altem Mißtrauen bzw. Racheverlangen – Streit der Hauptkontrahenten (Kriemhild/Brünhild – Kriemhild/Hagen) – Tod des Gastes bzw. der Gäste, usw., bis ins Detail.

Diese erzählerische Schematik motiviert im einzelnen manchmal auch dort, wo der Stoff das (aus welchem Grund auch immer) nicht leistet. Siegfrieds Standeslüge ist v.a. eine zeitgemäße feudalrechtliche Projektion seiner literarischen Rolle als listiger Werbungshelfer (hierzu auch FLEET, 1983), d.h., das literarische Schema allein (Str. 388 fehlt in A!) sanktioniert die sonst unglaubliche Tatsache, daß sie derart nachhaltig als zentraler Störfaktor wirkt. Oder: der stellvertretende Werber (Rüdiger) geht eine später für den Ausgang (Beteiligung Dietrichs!) entscheidende Sonderverpflichtung ein (1255 ff. Vgl. u. B.4.). – Umgekehrt verzerrt oder verschüttet die Eigengesetzlichkeit der Schemata manches. Der brisante Konflikt der phänotypisch falschen Paarungen (dazu W.J. SCHRÖDER, 1954/55) löst sich voreilig-unklar in der Burleske der Brautnacht, und die Rückkehr Siegfrieds nach Xanten verhindert eine unmittelbar klare sozio-politische Aktualisierung der *eigen-man*-Problematik, wie sie (in anderer Weise) die 'Thidrekssaga' z.B. bietet (Kap. 388).

'Strukturgedanken' aus dem weiteren Umfeld der Brautwerbung (Brautwerber- und Heilsbringermärchen) schließlich schlagen eine Brücke zu der anderen großen 'Tragödie' der Zeit: →Gottfrieds 'Tristan' (HUGO KUHN, 1973), und aufgefüllt ist dieses Gerüst mit der Schematik typischer Handlungsabläufe im Kleinen, die bereits Höfisches mittypisiert: Botenfahrt, Empfänge, Festlichkeiten, usw. (vgl. SIEFKEN, 1967, S. 13–21. Das Material bei DÜRRENMATT, 1945). Durch über 100 mehr oder weniger ausführliche und langfristige epische Vorausdeutungen (BEYSCHLAG, 1955; WACHINGER, 1960), bleibt die Handlung jederzeit dynamisch ins Unausweichliche gerichtet.

Diese Schematismen schaffen den Freiraum für die oft beobachtete Konzentration auf Einzelszenen und Auftritte und die Gestaltung vom Dialog der Beteiligten her. Das sind ererbte Stilmittel, der Dichter entwickelt darüber hinaus aber seine eigene 'Szenenregie' (HUGO KUHN, 1952), 'symbolische Schaubilder' (BUMKE, 1960), die immer wieder das Geschehen anhalten, verräumlichen und damit – in Blick, Gestus und Bewegung – 'psychologisieren'.

2. 'Höfisierung' bedeutet Modernisierung in innerer Spannung zum Höfischen. Sie reicht von den Ritualen gesellschaftlicher Selbstdarstellung und Begegnung v. a. im 1. Teil über Einzelmotive aus Roman und (frühem!) Minnesang bis in die Tiefenstruktur der Handlung, z.B. in der zentralen Steuerung des Zusammenspiels der Schemata durch den Dienst um Kriemhild. Nicht selten enthüllt sie eine fatale Diskrepanz zwischen literarischer Utopie und den Realitäten sozialen Verhaltens, besonders dann, wenn neue literarische Leitvorstellungen sozusagen beim Wort genommen werden – mit verheerenden Folgen für die Betroffenen: Minnedienst soziopolitisch umfunktioniert, Artus und seine Freude stiftende Tafelrunde gespiegelt in Etzel und seinen unglückseligen Exulanten, usw.

3. Das Archaisch-Heroische, so wie es die Quellen noch boten, ist unter wechselnden Perspektiven und in ganz verschiedener Form und Dosierung in diese aktuelle Spannung eingearbeitet (eine geradezu dialektische Systematik sieht dagegen HAUG, 1974).

Hagen zitiert die Geschichte von Siegfrieds Jugend aus dem weiteren Sagenrahmen herbei; in die Handlung integriert wird sie nicht, obwohl andererseits ihre konstituenten Motive punktuell handlungstragende Funktionen übernehmen. Hort und Schwert werden in das Netz von Realsymbolen und symbolischen Gesten hineinverflochten, das beginnend mit Kriemhilds Falkentraum eine eigene Schicht 'frühhöfisch'-sinnbildlicher Deutung schafft. Planung und Umstände von Siegfrieds Tod sind dagegen sogar in mehrfacher Auflage (Sachsenkrieg, Eberjagd, Wettlauf) 'bewahrt', wie im Kommentar des 'Edda'-Sammlers zur Sache (ed. NECKEL/KUHN, S. 201), nur eben in literarischer Vergegenwärtigung. Anderswo wird sentimentalisch nachempfunden, wie etwa in der Gelpfrat-Episode oder der Schildwacht Hagens und Volkers vor dem Saal. –

Pointierte Ratlosigkeit ist der Tenor der Kommentare, mit denen sich der insgesamt betont zurückhaltende Erzähler hie und da zu Anlaß und Sinn der überlieferten Vorgänge äußert – vom Gesamt der Tragödie (abschließender Rückgriff auf die Rollenrede der jungen Kriemhild: 17,3 / 2378,4!) über spezifische folgenschwere Handlungskonstellationen (Streit der Königinnen: 6,4 / 876,4; Ring und Gürtel 680,2) bis zum letzten Motivzitat (1912,4). Die Antriebskraft hinter dem, was (vorgeblich?) unverständlich geworden ist, heißt *übermuot* (gelegentlich *hoher muot*): normensprengendes, impulsiv-archaisches Verhalten. Es bestimmt nach wie vor den Ausgang, aber von 'Schicksal' ist, anders als im germanischen Heldenlied, nirgends die Rede, und die (stark subjektivierte) (Blut-)rache ist zeitgemäß in Fehde (SCHMIDT-WIEGAND, 1982) umgewandelt.

4. Charaktere im modernen Sinn sind selbst die Hauptakteure nicht. In der spontanen Inkonsequenz ihres Handelns unterscheiden sie sich andererseits von den marionettenhaft konsequenten, transparenten Beispielfiguren des höfischen Romans. Tradition, Schema und aktuelle Situation bestimmen, was sie jeweils tun und sind, und die Auffassung des Erzählers von ihnen.

Erst der Kontrast zu Siegfrieds Haltung macht z.B. Kriemhilds durchaus 'burgundisches' Verhältnis zur Macht deutlich (691 ff.; anders SCHWEIKLE, 1981, S. 61f.). Volker und Rüdiger (die modernste Gestalt des 'L.s') verleihen durch ihre Freundschaft selbst dem grimmen Hagen zeitweilig menschliche Züge.

Das sporadisch wirksame Bestreben, den Konflikt um Siegfried – den lebenden wie den toten – auf eine durchlaufende Konfrontation zwischen Kriemhild und Hagen einzuspielen (besonders in C) trägt nicht unwesentlich zur Verfestigung des Zusammenhangs zwischen den beiden Hauptteilen bei. Dabei agieren gerade diese Figuren praktisch auf verschiedenen Ebenen: in Kriemhild, der 'realistischsten' Frauengestalt der hochmal. dt. Literatur, wird – mit den angedeuteten Einschränkungen – persönliches Schicksal als notwendige Konsequenz individuellen Handelns glaubhaft; Hagen dagegen verkörpert die Vorstellung der Zeit vom heroischen Typus und damit zugleich das epische Gewissen des Dichters: er garantiert (und objektiviert) die Zwangsläufigkeit der traditionellen Handlungsabläufe.

5. Geographie und (Zeit-)Geschichte.

Die soziopolitische Aktualität (vgl. o. V.B.2.) dieser Geschichte von Betrug, Mord, Verrat und Rache ist schwer zu taxieren, denn es fehlt an programmatischen Hinweisen, und die allgemeine Stillage des Texts schränkt die terminologische Aussagekraft eventuell einschlägiger Vokabeln (*eigen man* usw.) erheblich ein.

Offensichtlich geht es allenthalben um Macht (grundlegend BEYSCHLAG, 1951/52) – ihren Erwerb, Erhalt, Gebrauch und schließlich Verlust durch das Fehlverhalten von Einzelnen und Gruppen bzw. die Kollision verschiedener Herrschaftsformen (MÜLLER, 1974; BARTELS, 1982). Aber anders als z. B. die afrz. 'Chanson de Roland' war das 'L.' nicht als Nationalgeschichtsdichtung zu konzipieren oder zu verstehen, und als dt. 'Staatsroman' kommt es schließlich nur über eine Stoffklitterung zustande, die – panoramaartig – ganz verschiedene (disparate) geographische Vorstellungen und Formen politischer Organisation und Interdependenz auf ein und dieselbe Leinwand projiziert.

Intrigen überall, aber in Burgund gehen sie vom Zentrum der Herrschaft aus, im Hunnenreich richten sie sich gegen dieses Zentrum. Auch Fragen der Lehens- und Dienstpflicht, aber im einen Fall geht es dabei um einen Betrug, im anderen um existentiellen Konflikt. Auf den beiden Hauptschauplätzen regieren (unter ganz verschiedenen Auspizien) schwache Könige (zu Gunther zuletzt WISNIEWSKI, 1973). – Bei aller zeitgeschichtlichen (und überzeitlichen) Relevanz solcher Details – zum gezielten gesellschaftspolitischen Gesamtkommentar fügen sie sich weder im Hinblick auf das Reich noch auf regionaler Ebene zusammen (HENNIG, 1981, bzw. KNAPP, 1985).

B. Die 'Klage'.

Die literat-klerikale 'Kl.' steht unter dem Generalthema 'Liquidation des Nibelungenuntergangs' (WEHRLI, 1972), es fehlt ihr aber im Gegensatz zum 'L.' die einheitliche kompositorische und erzählerische Linie. Statt nachzubilden versucht sie, Reaktionsmöglichkeiten zu artikulieren – nicht nur in der Vielzahl fiktionaler Perspektiven (anders HOFFMANN, 1982, S. 118), sondern im Aufbau der Fiktion selbst.

1. Aufbau. Zum grundsätzlich gewählten literarischen Typ gehören u. a. Prolog (1–16) und Epilog. Räsoniert, geklagt und gehandelt wird überall, aber jedem dieser Modi ist ein eigener Großabschnitt zugeordnet: Der erste Durchgang durch die Materie stellt die theoretische Erörterung in den Vordergrund und behält sie ganz dem Erzähler vor. – Der von Etzels Auftritten gerahmte (2431–2489 / 590 ff.) Mittelteil, in dem mehr und mehr auch die anderen Betroffenen zu Wort kommen, gestaltet vorwiegend Klage und kommt immer noch mit einem Minimum an Handlung aus. – Ein geschlossenes, in Einzelheiten ausgeführtes episches Geschehen entfaltet sich erst im letzten Hauptteil.

2. Darstellungsperspektive und -technik. Die 'Kl.' bestimmt ihre Beziehung zum Stoff (und seiner Geschichte) in relativ zahlreichen und z. T. recht ausführlichen Quellenberufungen ganz verschiedener Art (zuletzt CURSCHMANN, 1979, S. 104–112). Sie kommen selbst dann nicht voll zur Deckung, wenn ausdrücklich die Verfasserschaft des Ganzen in Rede steht (17 ff. [teilweise korrigiert in C, v. 20!]; 44 ff.; 4314 ff. [dazu o. III.2.]), und ergeben letztlich keinen anderen gemeinsamen Bezugspunkt als die Sagentradition als solche. Auf deren gegenwärtiges Fortleben eröffnet sich damit eine Mehrzahl von Perspektiven, und dasselbe gilt mutatis mutandis für ihren Inhalt und seine Kommentierung. Der Zeitgenosse konnte dieser Erörterung auch folgen, ohne das 'L.' zu kennen (VOORWINDEN, 1981). Die *alten maeren* werden zwar nicht erzählt, aber als Wissensgut vorausgesetzt, auf das nur knapp verwiesen werden braucht.

Vieles, was auch im 'L.' vorkommt, wird abgerufen (in manchmal fast wörtlichen Übereinstimmungen), vieles (besonders aus dem Wormser Bereich) auch nicht. Dazu kommen, ganz abgesehen von dem, was die Dietrichsage bringt, 'neue' Namen und Fakten (nicht nur aus altem Sagenbestand: Etzels Apostase [s. u.]; Utes Witwensitz Lorsch [3682 ff.]) sowie Variationen im Detail (Zusammenstellung u. a. bei W. GRIMM, Heldensage, S. 125–136), die u. U. sogar, wie im 'L.', zu inneren Widersprüchen führen, z. B. in der zweimaligen Schilderung von Hagens Tod: 734f. (Erzähler) / 3938f. (Schwämmel; korrigiert in C!). Die Sehweisen überkreuzen sich sogar in der 'Schuldfrage', über die sich nicht nur der Erzähler, sondern auch – in eigenen Rollenreden – die Akteure Gedanken machen. In der Begründung für Siegfrieds Tod stimmen z. B. der Erzähler (38 f.; korrigiert in C!) und Brünhild (3978ff.) durchaus nicht überein.

3. Das christliche Element und die Schuldfrage. Die viel berufenen christlich-moralischen Obertöne sind ebenso vorhanden wie das christliche Ritual (grundlegend SCHÖNBACH, 1897). Kriemhild ist in diesem Sinn 'gerettet' (569ff.). Sonst erlangt das Religiöse vorwiegend subjektive Bedeutung: Etzel fühlt sich für seine Apostase bestraft (954ff.), während sein Volk das Ganze als Teufelswerk interpretiert (1314f.). Hildebrand wendet einmal dieselben Kriterien auch auf die Burgunder an (1270ff.), wodurch selbst der alte *übermuot* punktuell zu *superbia* wird (1276f.).

Insgesamt aber geht es dabei, auch in der 'Schuldfrage', eher um pragmatische Kausalität – vielfach dieselben Punkte, die auch der 'L.'-Erzähler, allerdings wesentlich dezenter, berührt. Immerhin erscheint Hagen in den meisten Kundgebungen als der Hauptschuldige, und um Kriemhild bemüht sich der Erzähler selbst am meisten. Auch in diesen beiden Fällen schafft allerdings erst *C klare (schwarz-weiße) Verhältnisse, und sogar bei Kriemhild steht u. a. eine praktische Überlegung mit im Vordergrund: es ist ihr entgegen ihrer Absicht (und nach Etzels Meinung aus weiblichem Unverstand!) nicht gelungen, Hagen von den anderen zu trennen (238ff., 259ff., 1908ff.; C 1320ff. u. ö., auch im 'L.'!). Im Grunde war alles jederzeit vermeidbar. Das Stichwort *ane not* (282f. und 750f. [Kriemhilds Tod!] der Erzähler; 3780f. die daheimgebliebenen Burgunder) erinnert sehr an die Ratlosigkeit des 'L.'-Dichters, obwohl es (so WEHRLI, 1972, S. 105) die Zusammenhänge natürlich vergleichsweise trivial umschreibt.

4. Sage und Geschichte. Zentralfigur ist Etzel. Die Maßlosigkeit seiner Klage ist nicht verständlich ohne die klerikale *flagellum-Dei*-Tradition, zu der seit langem – und bis hin zum 'Servatius' →Heinrichs von Veldeke (2013ff. WILHELM, 1916, S. 12) – auch das Apostase-Motiv gehörte (WILLIAMS, 1981, S. 188/197). Die 'Gottesgeißel' wird nun selbst von *gotes slac* ereilt (954f.), der *riche* wird zu der *jamers riche* (801), usw. Offensichtlich wollte man das christlich-gelehrte und das heroische Etzelbild in Einklang miteinander bringen.

Dietrich und Hildebrand sind ganz von der Dietrichsage her konzipiert, die die Rahmenhandlung des 3. Teils stellt: Dietrich voll ausgeprägt als rastloser Vertriebener und ich-bezogener armer Dietrich (1028). Das resultierende 'negative' Dietrichbild ist also genausowenig wie Vergleichbares im 'L.' 'ethisch' zu werten (gegen GÜNZBURGER, 1983, S. 168f., 180f., bzw. HORACEK, 1976). Auch Rüdiger ist – bis hin zum Attribut der *milte* – als Held dieses Sagenkreises gesehen (1967 bis 2037!), und ihm ist etwa 1/5 der Dichtung gewidmet.

Diese vom Burgundenuntergang her noch einmal weit ausgreifende Sagenklitterung ersetzt gleichsam die geschichtlich-politische Dimension. Ein zukunftsträchtiger Staatsakt in Worms verheißt zwar geschichtliche Kontinuität und Ordnung, aber dann wendet sich die Dichtung doch wieder dem Sagenschicksal Dietrichs (und Etzels) zu. Die starke Betonung der Dietrichsage im Nibelungenkontext ergänzt – v. a. auch wirkungsgeschichtlich bedeutungsvoll (zum Ganzen CURSCHMANN, demnächst) – die im 'L.' aufgebaute 'moralische' Opposition Kriemhild–Dietrich vom Stofflichen her.

VII. Metrische (musikalische) Form, Sprache.

A. Das 'Lied'.

1. Das Grundschema der Nibelungenstrophe (3–3a: ‖ 3–3b 3–4b) ist in der Praxis durchaus variabel (Versfüllung, Hebungszahl, Kadenzen). Durch seine metrische Sonderstellung und die Seltenheit des Strophenjambements gewinnt der 4. Abvers ein ganz eigenes Profil, das die Strophe effektvoll abrundet und so im

Verein mit der häufigen syntaktischen und inhaltlichen (Vorausdeutung!) Auszeichnung der 4. Zeile insgesamt die metrische Einheit schafft, die das typische blockhaft-additive Erzählen des 'L.s' begründet. Unterschiedliche entstehungsgeschichtliche oder stilistische Deutungen der Variationsmöglichkeiten stimmen zumindest darin überein, daß die Freiheit der Kadenzbildung ebenso wie die gelegentlichen unreinen Reime zu den altertümlichen Formelementen gehören, und Zäsurreim (eine besondere Vorliebe von *C), Strophenenjambement und regelmäßig alternierender Rhythmus zu den moderneren.

Als *Kürenberges wise* apostrophiert ist diese Strophe bereits um die Mitte des 12. Jh.s im Liedœuvre des →Kürenbergers fast ausnahmslos verwendet. Dafür, daß dieser sie geschaffen hat (HEUSLER, Dt. Versgesch. II [1927, Nachdr. 1956], § 734–737, dagegen grundsätzlich F.R. SCHRÖDER, 1956, S. 342–344), gibt es keinerlei Anhaltspunkte. Von den altertümlichsten Bauformen der Epenmelodien her ist an melodische und metrische Verdoppelung und Variation eines Langzeilenpaars zu denken, wobei auch die Entwicklung der lat. Vagantenzeile zur Strophik eine Rolle gespielt haben könnte (Lit. bei W. HOFFMANN, Altdt. Metrik, ²1981, S. 88f.). Wie weit die Tradition einer nicht stabreimenden zäsurierten dt. Langzeile zurückreicht, ist trotz des Gisela-Verses in der Heidelberger →Otfrid-Hs. (R. SCHÜTZEICHEL, Codex Pal. lat. 52 [Abhh. d. Ak. Göttingen III, 130], 1982, S. 48f.) ganz ungewiß.

In jedem Fall bedeutet die Ausformung der Nibelungenstrophe 'den wichtigsten Literarisierungssprung zum "Nibelungischen" hin' (WACHINGER, 1981, S. 93), dem bemerkenswert einheitlichen Sprachsystem, dessen Formelhaftigkeit zwar vor dem Hintergrund traditioneller Mündlichkeit zu sehen ist, in ihrer konkreten Erscheinungsform aber weitgehend von Metrum und Reimschema dieser Strophenform geprägt wurde (CURSCHMANN, 1979, S. 89ff.; HENNIG, 1979).

2. Schon der Kürenberger weist diesen Strophentyp als sangbar aus, und die spätmal. und frühneuzeitlich dazu belegten Melodien, der Hildebrandston (→'Jüngeres Hildebrandslied') und die Notation zur Trier-Ahlsfelder Marienklage (→'Trierer Marienklage', nicht vier-, sondern zweiteilig und deshalb nicht so allgemein akzeptiert: BEYSCHLAG, 1964; BRUNNER, 1979, S. 300f.), vermitteln wenigstens einen Eindruck vom Charakter einer solchen nicht-stolligen Epenmelodie. Allgemein gilt rezitativ-gesanglicher Vortrag strophischer Epik als gesichert, er war aber u. a. auch für das 'L.' – schon im Hinblick auf die direkt anschließende nicht sangbare 'Kl.' – kaum obligatorisch.

3. Zeitweilig hat man die unter weniger spezifisch poetologischen Gesichtspunkten schon öfter diskutierte sprachliche Formelhaftigkeit und Typik der Szenengestaltung in Analogie zur Praxis serbokroatischer Volkssänger als Zeichen mündlich-improvisatorischer Komposition des 'L.s' bzw. seiner ältesten handschriftlichen Manifestationen erklären wollen (HAYMES, 1975; vgl. VOORWINDEN, 1976 u.ö.; BORGHART, 1977; BÄUMLS früherer Ansatz zielte auf die Vorgeschichte; zu einzelnen 'Erzählschablonen' RENOIR, 1964, u.a.). Das hat sich nicht durchgesetzt (vgl. HAYMES, 1984), schon wegen der Schwierigkeiten, die sich allgemein bei der Anwendung der 'theory of oral-formulaic composition' auf mal. Verhältnisse ergeben: Bestimmung des Formelbegriffs an sich und in bezug auf verschiedene Systeme poetischer Organisation (Metrum und Reim); Wert und Funktion der Statistik; die Existenz nichtmündlicher Formelhaftigkeit usw. (vgl. CURSCHMANN, 1968; H.D. LUTZ, DVjs 48 [1974] 432–447; HOLZAPFEL, 1974). Diese Diskussion hat zwar wichtige allgemeine Erkenntnisse zu Vorgeschichte und literarischem Milieu erbracht (vgl. o. I.B.3. und V.B.3.), das 'L.' selbst aber ist durch die bewußte Stilisierung dieser mittlerweile halbliterarischen Sprache durch den Dichter und seine Weggenossen aus der Formelhaftigkeit allgemeiner traditioneller Mündlichkeit herausgehoben. Die

Formelhaftigkeit des 'L.s' ist 'kompositorisch' (HOLZAPFEL, 1981, S. 145f.), die Formel weniger Relikt als Stilmittel, das den mündlichen Stil ins Literarische verlängert (CURSCHMANN, 1979).

Dazu gehört u. a. die Einarbeitung neuer Inhalte (s.o. VI.A.1. u. 2.), neuen Formelguts (z.B. höfisch-rhetorisch: 1477,1) und eines neuen Wortschatzes: Selbst im Bereich des Kriegs- und Turnierwesens reicht das Vokabular vom stereotyp Archaisierenden bis zum französischen Lehn- oder Fremdwort (zum Sprachstil allgemein v.a. PANZER, 1955, S. 114–215). Neu typisierende, stellenweise auch kontextbezogene (JENTZSCH, 1972) Heldenbezeichnungen entstehen: der *guote* Rüdiger, der *starke* Siegfried usw. (HENNIG, 1975). Den gezielten Einsatz einer neuen Formel (*der Kriemhilde man*) dokumentiert u. a. PÉRENNEC (1973). In manchen Wendungen tritt die Welt der Bücher unversehens ins Bild (ein imaginäres Portrait Siegfrieds auf *permint*: 286,1f.; vgl. 2233,2), aber, was manchem heute nach Schullektüre klingt (vgl. FECHTER, 1964; McCARTHY, 1973), ist ebenso Ausfluß traditionellen Erzählens wie die 'Ironie' (SACKER, 1967; BÄUML u.a.) im gelegentlichen Widerspruch von Sprachformel und Situation. Im übrigen stehen dem Dichter sowohl burleske Komik als auch feinere Mittel humoristischer Charakterisierung zu Gebot, v.a. bei der 'spielmännischen' Überformung des ehemals Mythischen.

Die eindringliche Stereotypik dieser Sprache bewältigt selbst härteste Übergänge wie die abrupte Einführung der Burgunder als 'Nibelungen' (1523,1; 1526,2; 1527,2 usw., bis 1726,4). Sie läuft in paratakischer Satzfügung, Variation, Wiederholung usw. 'auf eine Art lyrisch aufgehöhten Historienstiles' (NEUMANN, 1943, Sp. 547) hinaus, der – im Vergleich zum späteren Heldenroman sehr gemäßigt hyperbolisch – ganz das Geschehen in den Vordergrund stellt. Oft so, daß ein und derselbe Vorgang mehrfach beleuchtet erscheint – im einfachen Wechsel des Aspekts (z.B. 217–219), in alternativen Strophen oder Szenen oder im doppelten Erzählansatz wie zu Beginn der 6. Aventiure (zuletzt VOORWINDEN, 1976; CURSCHMANN, 1977; MASSER, 1981). Erklärungen dieser erzählerischen Redundanzen reichen im Einzelfall von der Quellenlage über die Bedürfnisse des Vortrags bis zur Konkurrenz der Versionen im Wandel der Textgestalt; objektiv betrachtet handelt es sich um ein Stilprinzip, dasselbe, das die Komposition im Großen trägt.

B. Die Klage.

Die paarweise gereimten, glatten Vierheber der 'Kl.' sprechen eine generell literat-höfische Sprache (Materialsammlung bei GETZUHN, 1914), der selbst Abstraktionen wie *vrou Ere* nicht fremd sind (3154/62). Daher die gelegentlichen verbalen Reminiszenzen an die entsprechende Literatur. Ebenso kennt die 'Kl.' aber die traditionelle Formelsprache; sie typisiert stark und gebraucht höfische Leitwörter sparsamer als z.B. das 'L.' Der Dichter geht darin wie in anderem durchaus – mit seinen Mitteln – auf das Milieu seiner Quelle(n) ein. Basis dieser Stellung zwischen den Fronten ist (dies zu WACHINGER, 1981) der vorhöfisch-klerikale Erzählstil etwa des 'Rolandsliedes' (dazu die Formelstatistik bei LUTZ, 1975, S. 65–70, 77ff.).

Was in den kaum differenzierenden und emotional übersteigerten Klagereden selbst nicht gelingt, das steckt öfters im szenischen Detail und im Gestus: ein einprägsames Abbild gewaltsamen Todes und menschlicher Qual.

VIII. Nachwirken und Forschungsgeschichte.

A. Spätmittelalter.

1. Die Nibelungenstrophe spielt eine zentrale Rolle in der weiteren Entwicklung der Langzeilenstrophe in der Heldendichtung (vgl. W. HOFFMANN, Altdt. Metrik, ²1981, S. 89ff., ferner → 'Kerenstein' und den mndl. Dialog 'De vier heren wenschen', 14. Jh., hg. v. F.J. MONE, Quellen u. Forschg.n z. Gesch. d. teutschen Lit. u. Sprache Bd. 1, Aachen-Leipzig 1830, S. 148–154, in Nibelungenzeilen, mit Nibelungenpersonal und anderen

Sagenreminiszenzen). Das hängt wohl mit der musikalischen Form zusammen, während außerhalb dieser engeren Gattungsnachfolge eher die tragische Grundstimmung des Texts die (variierende) Nachfolge inspiriert hat – in der 'Elegie' Walthers von der Vogelweide, Wolframs 'Titurel' und den Klagen des geistlichen Spiels (vgl. o. VII.A.2. und → 'Thüringisches Zehnjungfrauenspiel').

2. Die 'Kl.' ist schon im 13. Jh. noch einmal ganz umgeschrieben worden (J und danach h; vgl. o. I. B. 4.): durch drastische Kürzung auf 944 Verse und geschickte Überleitungen konzentriert sich diese Bearbeitung ganz aufs Erzählen und das Schicksal Kriemhilds und der Burgunder. Eine nähere Untersuchung steht aus.

Aus dem 15. Jh. datieren drei Umarbeitungen des 'L.s' (s. o. I.B.1.) in neuen Sammel- und Sagenzusammenhängen: die in Hildebrandsstrophen bürgerlich modernisierte Version k hebt den Aspekt 'Brautwerbung' hervor. Die rheinhessischen Versionen m und (implicite) n steuern den Text ins Fahrwasser des 'Hürnen Seyfried'. n, wo der 1. Teil fast völlig eliminiert ist, scheint im übrigen auf ein Dietrich-Heldenbuch hin konzipiert (KORNRUMPF, 1984, S. 334f. Anm. 7; nähere Untersuchungen stehen aus) und vertritt damit die Tendenz zur Integration in das Dietrichleben, die sich überall im 14. bis 16. Jh. in der handschriftlichen Rezeption und historiographischen Aufarbeitung abzeichnet: Anschluß an das Doppelepos 'Buch von Bern' ('Dietrichs Flucht'/'Rabenschlacht') zu einer Dietrichbiographie in d (die 'Kl.' endet mit Dietrichs Ausritt, v. 4206!); die Prosaeinleitung von a (bei BATTS, Ausg. 1971, S. 795); eine Erweiterung des Anfangs der 28. Aventiure in b (ebd., S. 795f.) und n (!), die den Gegensatz Kriemhild–Dietrich verschärfen; die Heldenbuch-Prosa (Heldenbuch, hg. v. F.H. VON DER HAGEN, I, 1855, S. CXXV: der Burgundenuntergang als Kriemhilds Rache an Dietrich für den Mord an Siegfried im Rosengarten!); die volkssprachliche Reimchronistik von → Heinrich von München bis zu den → 'Historienbibeln' (GSCHWANTLER, 1979; KORNRUMPF, 1985).

3. Das wiederum sind Reflexe der unmittelbaren literarischen Rezeption des 13. und 14. Jh.s. Zwar wirken 'L.' und 'Kl.' im allgemeinen als Einheit (auch in der Form des Doppelepos in verschiedenen Metren: 'Buch von Bern' / 'Rabenschlacht'), aber selbst der 'Kl.'-Dichter hat Kriemhild das alte Odium der Verräterin nicht nehmen können; vielmehr hat gerade sein Einschwenken in die Dietrichsage paradoxerweise nicht nur die Hauptlinie der mal. Rezeptionsgeschichte vorgezeichnet, sondern auch das Fortbestehen des negativen Kriemhild-Bildes gesichert. Nicht umsonst verliert die 'Kriemhildfreundliche' Fassung *C im Augenblick intensivierter Verschriftlichung der Dietrichepik (vorübergehend) an Einfluß.

Kriemhilt(en) hochzit (vgl. 'L.' 2119,4/2122,4) oder *not* wurde sprichwörtlich synonym mit (heimtückischem) Mord und Totschlag (s. W. GRIMM, Heldensage, passim. Vgl. VORDERSTEMANN, 1976 [s. o. I.B.5.], S. 119 [Schreiberschluß in n]; KORNRUMPF, 1985, S. 88). Die versöhnliche Dulderin Kudrun (→ 'Kudrun') ist ein Gegenbild, die hoffärtig-blutrünstige Aventiureherrin des 'Rosengarten' eine Karrikatur (zum Unterschied der Fassungen vgl. HEINZLE, 1978). Die spielerisch-polemische Gegenüberstellung südöstlicher und westlicher Sagenkreise im 'Rosengarten'-Komplex und seinem weiteren Umkreis ('Biterolf und Dietleib') ist ohne die literarische Prägung der Burgundensage durch das *buoch Krimhilden* gar nicht denkbar.

B. Neuzeit.

1. Nachdem dieses Buch zuletzt für Kaiser Maximilian (lückenhaft) abgeschrieben worden war (d), teilte noch der kaiserliche Hofhistoriker Wolfgang Lazius einige 'L.'-Strophen aus einer älteren Heldenbuchhs. mit (zweimal, 1551 und 1557: JASPERS, 1983) (c). Erst die Wiederentdeckung der Hs. C durch den Arzt Jakob Hermann Obereit im Jahr 1755 eröffnet die moderne Wirkungsgeschichte, und erst jetzt löst sich das 'L.' von der 'Kl.'. In der ersten (Teil-)Ausg. durch Johann Jakob Bodmer steht sie noch, zusammen mit der 'Rache' ('Chriemhilden Rache, und die Klage; zwey Heldengedichte

Aus dem schwäbischen Zeitpuncte', 1757); auch in der ersten vollständigen Ausg. durch Bodmers Schüler Christoph Heinrich Myller in dessen 'Sammlung deutscher Gedichte ...', I,1 (1782). Von den krit. Herausgebern des 19. und 20. Jh.s jedoch bewahrte nur KARL LACHMANN (1826) den hist. Zusammenhang.

Das 'L.' hat als einziger mal. deutscher Text den Status eines nationalen Denkmals erlangt. Es wurde bald zu einem wesentlichen Ingredienz romantischer Mittelalterbegeisterung, und damit begann die literarische Nachahmung und Bearbeitung in praktisch allen Gattungen (v.a. aber den dramatischen, von Drama, Oper und Operette bis zum Film) – in neuerer Zeit öfter auch als Parodie, Travestie oder politisches Lehrstück. Die bildkünstlerische Nachfolge eröffnete 1798 Johann Heinrich Füssli, und sie dauert ebenfalls bis in die Gegenwart an. Schon bald mischten sich, zumindest für den Siegfried-Teil, die Einflüsse nordischer Bearbeitungen des Stoffs ins Nibelungenbewußtsein des 19. und 20. Jh.s. Zeitgeschichtlich bedingte Mißverständnisse, ideologischer und politischer Mißbrauch mit wechselnden Vorzeichen, kritische Reaktion darauf, ein neuer, praktisch textloser Nibelungenmythos, eine breite, erst völkisch und später lokalhistorisch-antiquarisch motivierte Popularforschung und eine Wissenschaft, die öfter als anderswo ihr Erkenntnisinteresse den jeweiligen Ideologien unterordnete – all das gehört ebenfalls zu dem Phänomen der Nibelungenrezeption, deren Charakter und Verlauf längst ihre eigene Forschung gezeitigt haben.

2. Die wichtigsten Aspekte der Forschungsgeschichte bis etwa 1945 sind mehrfach gesondert oder im Zusammenhang größerer Untersuchungen (PANZER, 1955) behandelt worden, sowohl in der Literatur zum 'L.' als auch in rezeptionsgeschichtlichen Studien. Die erste Welle kritischer Reaktion auf den absoluten Primat stoff- und entwicklungsgeschichtlicher Fragestellungen (vgl. NEUMANN, 1927) war zunächst wieder verebbt (im gleichen Jahr wie KÖRNERS Versuch [1921] erschien das Buch HEUSLERS!).

Der endgültige Aufbruch zur zeit- und werkimmanenten Interpretation (s.o. VI.) hat das 'L.' als literarisches Produkt und Dokument des Hochmittelalters sehen gelehrt. Er hatte aber auch eine Fülle von im Grunde nicht weniger textfernen Studien im Gefolge, da die 'ganzheitliche' Auffassung die Gattungstypik nun weitgehend ignorierte. Neuere Ansätze haben im Verein mit dem wachsenden Ungenügen an dieser Situation inzwischen andere Akzente gesetzt. Nach besserer methodischer Fundierung könnte die rechts- und sozialgeschichtliche Betrachtungsweise (vgl. GENTRY, 1974) sich als relevant für zukünftige Interpretationen erweisen, v.a. aber macht sich seit Beginn der 60er Jahre mehr und mehr das Bemühen geltend, auf u.U. recht verschiedenen Wegen – text- und überlieferungskritisch, poetologisch usw. – den historischen Ort des 'L.s' von der Gattung, vom Texttyp her zu bestimmen, und in diesem Zusammenhang hat auch die 'Kl.' zunehmend an Bedeutung gewonnen.

IX. Literatur.
Bibliographien und Forschungsberichte: TH. ABELING, Das Nl. u. seine Lit. (Teutonia 7), 1907 und Supplement dazu 1909 (Nachdr. 1970); ders. / M. ORTNER, Zu den N. (Teutonia 17), 1920; F. NEUMANN, Das Nl. in d. gegenwärtigen Forschg., DVjs 5 (1927) 130–171; ders., in: ¹VL III, 1943, Sp. 513–560, u. V, 1955, Sp. 705–720; M. THORP, The Study of the Nl., Oxford 1940; dies. (als M. FLEET), The Recent Study of the 'Nl.', JEGP 52 (1953) 32–49; S. BEYSCHLAG, Das Nl. in gegenwärtiger Sicht, WW 3 (1952/53) 193–200, wieder in: HAUCK (WdF 14), S. 214–247 (Neufassung); W. KROGMANN / U. PRETZEL, Bibliographie z. Nl. u. z. Kl. (Bibliogr. z. dt. Lit. d. MAs 1), ⁴1966; F.G. GENTRY, Trends in 'Nl.' Research since 1949, Amsterdamer Beitr. z. ält. Germanistik 7 (1974) 125–139; DE BOOR, LG II, ¹⁰1979, S. 447–454; W. HOFFMANN, Das Nl. (Slg. Metzler 7), ⁵1982 (mit 'Kl.', umfassendste neuere Bibliogr.).

Philologische Hilfsmittel: BARTSCH, Ausg., Bd. 2,2 (Wörterbuch); A. LÜBBEN, Wörterbuch zu der Nibelunge Not (Liet), ³1877, Nachdr. 1966 (nach A); L. SAULE, Reimwörterbuch zur Nibelunge nôt, 1925; H. SCHOLLER, A Word Index to the Nibelungenklage, Ann Arbor 1966; F.H. BÄUML / E.-M. FALLONE, A Concordance to the Nl. (Bartsch-de Boor Text) (Compendia 7), Leeds 1976.

Aufsatzsammlungen: K. Hauck (Hg.), Zur germ.-dt. Heldensage (WdF 14), 1961; H. Hempel, Kl. Schriften, 1966; Fr. Neumann, Das Nl. in seiner Zeit, 1967; W. Schröder, N.studien, 1968; I Nibelunghi (Atti dei Convegni Lincei 1), Rom 1974; H. Rupp (Hg.), Nl. u. Kudrun (WdF 54), 1976; Nl. (Ausstellungskatalog d. Vorarlberger Landesmuseums 86), Bregenz 1979; A. Masser (Hg.), Hohenemser Stud. z. Nl. (= Montfort 1980, H. 3/4), Dornbirn 1981.

Zu III.: K. Bartsch, Unters. über d. Nl., 1865 (Nachdr. 1968); E. Kettner, Zur Kritik d. Nl.s: V. Nl. u. Kl., ZfdPh 17 (1885) 390–410; J. Bieger, Zur Kl., ZfdPh 25 (1893) 145–163; K. Zwierzina, Mhd. Stud., ZfdA 44 (1900) 1–116, 249–316, 345–406, passim; Fr. Vogt, Volksepos u. Nibelungias, in: Fs. z. Jh.feier d. Univ. zu Breslau (Mitt. d. schles. Ges. f. Vk. 13/14), 1911, S. 484–516; ders., Zur Gesch. d. N.kl., in: Rektoratsprogramm d. Univ. Marburg, 1913, S. 139–167; H. Fischer, Über d. Entstehung d. Nl.s (MSB 1914,7), 1914; Fr. Wilhelm, N.studien I. Über d. Fassungen B u. C d. Nl.s u. d. Kl. ... (Münchener Arch. 7), 1916; J. Körner, Die Kl. u. d. Nl., 1920; A. Leitzmann, N.kl. u. höf. Dichtg., ZfdA 61 (1924) 49–56; H. Hempel, Pilgerin u. d. Altersschichten d. Nl.s, ZfdA 69 (1932) 1–16, wieder in: Hempel, 1966, S. 195–208; K. Droege, Die Fassung C d. Nl.s., ZfdA 75 (1938) 89–103; M. Heuwieser, Passau u. d. Nl., Zs. f. bayer. Landesgesch. 14 (1943) 5–62; Fr. Panzer, Stud. z. Nl., 1945; D. Kralik, Wer war d. Dichter d. Nl.s?, Wien 1954; E. Ploss, Die Datierung d. Nl.s, PBB (Tüb.) 80 (1958) 72–106; Hans Kuhn, Der Teufel im Nl., ZfdA 94 (1965) 280–306, wieder in: Rupp (WdF 54), S. 333–366) H. Hempel, Der Nibelunge nôt, in: Hempel, 1966, S. 160–183; W. Mohr, Spiegelung v. Heldendichtg. in mal. Epen I., PBB (Tüb.) 88 (1967) 241–245; W. Hoffmann, Die Fassung *C d. Nl.s u. die Kl., in: Fs. G. Weber, 1967, S. 109–143; H. Rosenfeld, Die Datierung d. Nl.s Fassung *B u. *C durch d. Küchenmeisterhofamt u. Wolfger v. Passau, PBB (Tüb.) 91 (1969) 104–120; R. Bräuer, Literatursoziologie u. ep. Struktur d. dt. 'Spielmanns'- u. Heldendichtg., 1970; W. Betz, Plädoyer für C als Weg z. älteren Nl., in: Mediaevalia litteraria, Fs. H. de Boor, 1971, S. 331–341; W. Münz, Zu d. Passauer Strr. u. d. Verf.-frage d. Nl.s, Euph. 65 (1971) 345–367; H. Fromm, Der oder die Dichter d. Nl.s?, in: I Nibelungni, 1974, S. 63–74; M. Curschmann, 'Nl.' u. 'N.kl.'. Über Mündlichkeit u. Schriftlichkeit im Prozeß d. Episierung, in: Dt. Lit. im MA – Kontakte u. Perspektiven, hg. v. Ch. Cormeau, 1979, S. 85–119; B. Lösel-Wieland-Engelmann, Verdanken wir d. 'Nl.' einer Niedernburger Nonne?, Monatshefte 72 (1980) 5–25; U. Meves, Bischof Wolfger v. Passau, sîn schrîber, meister Kuonrât u. d. N.überl., in: Hohenemser Stud., 1981, S. 72–89; B. Wachinger,

Die 'Kl.' u. d. Nl., ebd., S. 90–101; N. Voorwinden, N.kl. u. Nl., ebd., S. 102–113; K. Speckenbach, Der Reichsuntergang im 'Reinhart Fuchs' u. in d. N.dichtg., in: Third International Beast Epic, Fable and Fabliau Colloquium, hg. v. J. Goossens / T. Sodmann, 1981, S. 404–434; C.S. Jaeger, The N. Poet and the Clerical Rebellion Against Courtesy, in: Spectrum Medii Aevi, Fs. G.F. Jones, hg. v. W.C. McDonald (GAG 362), 1983, S. 177–205; K. Düwel, Werkbezeichnungen d. mhd. Erzähllit. (1050–1250), 1983, S. 167–173, 282–285.

Zu V.: G. Roethe, Nibelungias u. Waltharius, BSB 25, 1909, S. 649–691 (dagegen u.a. Vogt, 1911); Fr. Panzer, Studien z. germ. Sagengesch. II. Sigfrid, 1912 (Nachdr. 1969. Vgl. ders., PBB 72 [1950] 463–498, wieder in: Hauck [WdF 14], S. 138–172); A. Heusler, N.sage u. Nl., 1921 (⁶1965; Nachdr. 1973); H. Hempel, N.stud. I, 1926; M. Lintzel, Der hist. Kern d. Siegfriedsage, 1934; H. de Boor, Hat Siegfried gelebt?, PBB 63 (1939) 250–271, wieder in: Hauck (WdF 14), S. 31–51; G. Baesecke, Vor- u. Frühgesch. d. dt. Schrifttums. I, 1940, S. 212–289; D.v. Kralik, Die Siegfriedtrilogie im Nl. u. in d. Thidrekssaga. I, 1941 (hierzu W. Mohr, DuV 42 [1942] H. 4, S. 83–123); W. Mohr, Giselher, ZfdA 78 (1941) 90–120; H. Schneider, Die dt. Lieder v. Siegfrieds Tod, 1947; F. Genzmer, Vorzeitsaga u. Heldenlied, in: Fs. P. Kluckhohn / H. Schneider, 1948, S. 1–31, wieder in: Hauck (WdF 14), S. 102–137; Hans Kuhn, Heldensage vor u. außerhalb d. Dichtg., in: Edda, Skalden, Saga, Fs. F. Genzmer, 1952, S. 262–278, wieder in: Hauck (WdF 14), S. 173–194; K. Wais, Frühe Epik Westeuropas u. d. Vorgesch. d. Nl.s I. Mit e. Beitrag v. Hugo Kuhn: Brunhild u. d. Krimhildlied, 1953; K. Hauck, Haus- u. sippengebundene Lit. mal. Adelsgeschlechter..., MIÖG 62 (1954) 121–145, Neufassung in: Gesch.denken u. Gesch.bild im MA, hg. v. W. Lammers (WdF 21), 1961, S. 165–199; G. Lohse, Rhein. N.dichtg. u. d. Vorgesch. d. dt. Nl.s von 1200, Rhein. Vjbll. 20 (1955. Fs. A. Bach) 54–60 (vgl. ders., PBB [Tüb.] 81 [1959] 295–347); F.R. Schröder, Kriemhilds Falkentraum, PBB (Tüb.) 78 (1956) 319–348; E. Klebel, Probleme d. bayer. Verfassungsgesch., 1957, S. 90–99; K.F. Stroheker, Studien zu d. hist.-geograph. Grundlagen d. N.dichtg., DVjs 32 (1958) 216–240, wieder in: ders., Germanentum u. Spätantike, 1965, S. 246–274; F.R. Schröder, Sigfrids Tod, GRM 41 NF 10 (1960) 111–122; J. Bumke, Die Quellen d. Brünhildfabel im 'Nl.', Euph. 54 (1960) 1–38; G. Schramm, Der Name Kriemhilt, ZfdA 94 (1965) 39–57; W. Regeniter, Sagenschichtung u. Sagenmischung. Unters. z. Hagengestalt u. z. Gesch. d. Hilde- u. Walthersage, Diss. München 1971, bes. S. 210ff.; R. Wenskus, Wie die N.-Überl. nach Bayern kam, Zs. f. bayer. Landesgesch. 36 (1973) 393–449; W. Störmer, Die Herkunft Bischof Pilgrims v. Passau (971–991) u. d. N.-Überl., Ostbair. Grenzmarken 16 (1974) 62–67; A. WOLF, Mal. Heldensagen zwischen Vergil, Prudentius u. raffinierter Klosterlit., Sprachkunst 7 (1976) 180–212; R. WENSKUS, Sächs. Stammesadel u. frk. Reichsadel, 1976, S. 335–403, 477–529; H. BIRKHAN, Zur Entstehung u. Absicht d. Nl.s, in: Österr. Lit. z. Zeit d. Babenberger, hg. v. A. EBENBAUER u.a., Wien 1977, S. 1–24; O. HÖFLER, Siegfried, Arminius u. d. N.hort (WSB 332), 1978; W. HOFFMANN, Das Siegfriedbild in d. Forschg., 1979; A. WOLF, Mythos u. Gesch. in d. N.sage u. im Nl., in: Nl. (Ausstellungskatalog), 1979, S. 41–54; U. MEVES, Zur Rolle d. Sieghardinger für d. Adelslit. im Südosten d. Reiches (10.–13.Jh.), in: Adelsherrschaft u. Lit., hg. v. H. WENZEL, Bern 1980, S. 115–180; TH. M. ANDERSSON, The Legend of Brynhild, Ithaca–London 1980 (dazu F.H. BÄUML, Spec. 57 [1982] 346–349); W. HAUG, Normatives Modell oder hermeneutisches Experiment: Überlegungen zu einer grundsätzlichen Revision d. Heuslerschen N.-Modells, in: Hohenemser Stud., 1981, S. 38–52; A. WOLF, Die Verschriftlichung d. N.sage u. d. frz.-dt. Lit.beziehungen im MA, ebd., S. 53–71; J. WILLIAMS, Etzel der rîche (Europ. Hochschulschriften I, 364), 1981; TH. M. ANDERSSON, The Encounter between Burgundians and Bavarians in Adventure 26 of the 'Nl.', JEGP 82 (1983) 365–373; H. KUNSTMANN, Wer war Rüdiger v. Bechelaren?, ZfdA 112 (1983) 233–252; J. PEETERS, Die ndl. Übers. d. Nl.s, 1983 (s.o. II.1.).

Zu VI.: A.E. SCHÖNBACH, Das Christentum in d. altdt. Heldendichtg., 1897; J. KÖRNER, Das Nl., 1921; E. TONNELAT, La Chanson des N., Paris 1926; R. LEICHER, Die Totenklage in d. dt. Epik v. d. ältesten Zeit bis z. N.-Kl., 1927; W. FRENZEN, Klagebilder u. Klagegebärden in d. dt. Dichtg. d. höf. MAs, 1936 (Nl. S. 40–54; Kl. S. 54–60); N. DÜRRENMATT, Das Nl. im Kreis d. höf. Dichtg., Diss. Bern 1945; B. MERGELL, Nl. u. höf. Roman, Euph. 45 (1950) 305–336, wieder in: RUPP (WdF 54), S. 3–39; F. MAURER, Leid, 1951 (^{4}1969), bes. S. 13–38; S. BEYSCHLAG, Das Motiv d. Macht bei Siegfrieds Tod, GRM 33 (1951/52) 95–108, wieder in: HAUCK (WdF 14), S. 195–213; HUGO KUHN, Über nord. u. dt. Szenenregie in d. N.dichtg., in: Edda, Skalden, Saga, Fs. F. Genzmer, 1952, S. 279–306, wieder in: ders., Dichtg. u. Welt im MA, ^{2}1969, S. 196–219 u. 277–283; W.J. SCHRÖDER, Das Nl. Versuch einer Deutung, PBB (Halle) 76 (1954/55) 56–143, auch separat (1954) u. wieder in: ders., rede u. meine 1978, S. 58–145; FR. MAURER, Über d. Formkunst d. Dichters unseres Nl.s, DU 6 (1954) H. 5, S. 77–83, wieder in: RUPP (WdF 54), S. 40–52; S. BEYSCHLAG, Die Funktion d. ep. Vorausdeutung im Aufbau d. Nl.s, PBB (Halle) 76 (1954/55) 38–55; FR. PANZER, Das Nl., 1955; W. SCHRÖDER, Das Leid in d. 'Kl.', ZfdA 88 (1957/58) 54–80, wieder in: SCHRÖDER, 1968, S. 185–225; B. WACHINGER, Stud. z. Nl., 1960; H. LINKE, Über d. Erzähler im Nl. ..., GRM 41 (1960) 370–385, wieder in: RUPP (WdF 54), S. 110–133; W. SCHRÖDER, Die Tragödie Kriemhilts im Nl., ZfdA 90 (1960/61) 41–80, 123–160, wieder in: SCHRÖDER, 1968, S. 48–156; M.S. BATTS, Die Form d. Aventiuren im Nl., 1961; G. WEBER, Das Nl., 1963; B. NAGEL, Das Nl., 1965 (^{2}1970); J. SZÖVÉRFFY, Das Nl. Strukturelle Beobachtungen u. Zeitgesch., WW 15 (1965) 233–238, wieder in: RUPP (WdF 54), S. 322–332; H. SIEFKEN, Überindividuelle Formen u. d. Aufbau d. Kudrunepos, 1967; FR. NEUMANN, Das Nl. in seiner Zeit, in: NEUMANN, 1967, S. 60–203; D.G. MOWATT / H. SACKER, The Nl. An Interpretative Commentary, Toronto 1967; J. SPLETT, Rüdiger v. Bechelaren, 1968; K.H. IHLENBURG, Das Nl., 1969; G.T. GILLESPIE, 'Die Kl.' as a Commentary on 'Das Nl.', in: Probleme mhd. Erzählformen, hg. v. P.F. GANZ / W. SCHRÖDER, 1972, S. 153–177; M. WEHRLI, Die 'Kl.' u. d. Untergang d. N., in: Zeiten u. Formen in Sprache u. Dichtg., Fs. F. Tschirch, 1972, S. 96–112; HUGO KUHN, Tristan, Nl., Artusstruktur (MSB 1973,5), 1973, wieder in: ders., Liebe u. Ges., 1980, S. 12–35/179f.; R. WISNIEWSKI, Das Versagen d. Königs, in: Fs. I. Schröbler (= PBB 95, Sonderh.), 1973, S. 170–186; W. HAUG, Höf. Idealität u. heroische Tradition im Nl., in: I Nibelunghi, 1974, S. 35–50; J.-D. MÜLLER, Sivrit: künec – man – eigenholt. Zur sozialen Problematik d. Nl.s, Amsterdamer Beitr. z. ält. Germanistik 7 (1974) 85–124; R. PÉRENNEC, La huitième aventure de la Chanson des N., Et. Germ. 30 (1975) 1–13; B. HORACEK, Der Charakter Dietrichs v. Bern im Nl., in: Fg. O. Höfler (Philologica Germanica 3), 1976, S. 297–336; H. SZKLENAR, Die lit. Gattung d. 'N.kl.' u. d. Ende alter maere, Poetica 9 (1977) 41–61; TH. M. ANDERSSON, Why Does Siegfried Die?, in: Germanic Studies in Honor of O. Springer, Pittsburgh 1978, S. 29–39; W.T.H. JACKSON, The Structural Use of the Arrival-Challenge Motif in the 'Nl.', ebd., S. 159–176; B. NAGEL, Noch einmal Nl., in: Stud. z. dt. Lit. d. MAs, hg. v. R. SCHÜTZEICHEL (Fs. G. Lohse), 1979, S. 264–318, wieder in: B.N., Kl. Schriften (GAG 310), 1981, S. 129–196; O. GOUCHET, Hagen v. Tronje. Etude du personnage à l'aide des différents textes du Moyen-Age (GAG 302), 1981; U. HENNIG, Herr u. Mann – Zur Ständegliederung im Nl., in: Hohenemser Stud., 1981, S. 175–185; G. SCHWEIKLE, Das 'Nl.' – ein heroischtragischer Liebesroman?, in: De poeticis medii aevi quaestiones, Fs. K. Hamburger (GAG 335), 1981, S. 59–84; H. BARTELS, Epos – d. Gattung in d. Gesch. Eine Begriffsbestimmung ... anhand v. 'Nl.' u. 'Chanson de Roland', 1982; H. HOMAN, The Hagen Figure in the 'Nl.': Know Him by His Lies, Mod. Language Notes 97 (1982) 759–769; ST. L. WAILES, Werbel u. Swemmel, Herrigs Archiv 219 (1982) 261–276; R. SCHMIDT-WIEGAND, Kriemhilds Rache. Zu Funktion u. Wertung des Rechts im Nl., in: Tradition als hist. Kraft, Fs. K. Hauck, hg. v. N. KAMP / J. WOLLASCH, 1982, S. 372–387; M. FLEET, Siegfried as Gunther's Vassal, Oxford German Studies 14 (1983) 1–7; A. GÜNZBURGER, Stud. z. N.kl. (Europ. Hochschulschriften I, 685), 1983; A. VAN DER LEE, Geographie, Toponymie u. Chronologie im ersten Teil d. Nl.s, Neoph. 67 (1983) 228–241; M. WIS, Zu d. 'Schneiderstrr.' d. Nl.s, Neuphil. Mitt. 84 (1983) 251–260 (dies. auch Neuphil. Mitt. 85 [1984] 129–151); J.C. FRAKES, Kriemhild's Three Dreams. A Structural Interpretation, ZfdA 113 (1984) 173–187; E. VESTERGAARD, Gudrun/Kriemhild – søster eller hustru.?, Arkiv f. nordisk filologi 99 (1984) 63–78; F.P. KNAPP, Nibelungentreue wider Babenberg?, PBB 107 (1985) 174–189; M. CURSCHMANN, Zur Wechselwirkung von Sage u. Dichtung: Dietrich v. Bern u. das Buch von Kriemhild, erscheint demnächst.

Zu VII.: K. GETZUHN, Unters. z. Sprachgebrauch u. Wortschatz d. 'Kl.', 1914; S. BEYSCHLAG, Langzeilen-Melodien, ZfdA 93 (1964) 157–176; W. FECHTER, Lat. Dichtkunst u. dt. MA, 1964, bes. S. 107–139; A. RENOIR, 'Nl.' and 'Waltharii Poesis'. A Note on Tragic Irony, Philological Quarterly 43 (1964) 14–19; ders., Oral-Formulaic Theme Survival. A Possible Instance in the 'Nl.', Neuphil. Mitt. 65 (1964) 70–75, in dt. Übers. in: Oral Poetry, hg. v. N. VOORWINDEN / M. DE HAAN (WdF 555), 1979, S. 176–181; M.J. CAPEK, A Note on Oral Formulism in the 'Nl.', Mod. Language Notes 80 (1965) 487–489; H. MAYER, Humor im Nl., Diss. Tübingen 1966; F.H. BÄUML / D.J. WARD, Zur mündl. Überl. d. Nl.s, DVjs 41 (1967) 352–390 (weiterhin BÄUML mit A.M. BRUNO, DVjs 46 [1972] 479–493); W.W. MOELLEKEN, Hist. u. stilist. Wertung d. Gnomen im 'Nl.', Seminar 3 (1967) 138–146; M. CURSCHMANN, 'Spielmannsepik'. Wege u. Ergebnisse d. Forschg., 1968, bes. S. 102–108; P. JENTZSCH, Der guote Rüedeger ..., in: Getempert und gemischet, Fs. W. Mohr (GAG 65), 1972, S. 167–217; M.F. MCCARTHY, Commoratio in the 'Nl.', Monatshefte 65 (1973) 249–259; R. PÉRENNEC, Remarques sur la seizième aventure de la Chanson des N., Et. Germ. 28 (1973) 153–166; F.H. BÄUML / E. SPIELMANN, From Illiteracy to Literacy: Prolegomena to a Study of the 'Nl.', Forum f. Mod. Language Studies 10 (1974) 248–259, wieder in: Oral Literature, hg. v. J. DUGGAN, New York 1975, S. 62–73; O. HOLZAPFEL, Homer – Nl. – Novalis, Fabula 15 (1974) 34–46; E. HAYMES, Mündl. Epos in mhd. Zeit (GAG 164), 1975; U. HENNIG, Die Heldenbezeichnungen im Nl., PBB (Tüb.) 97 (1975) 4–58; H.D. LUTZ, Zur Formelhaftigkeit d. Adjektiv-Substantiv-Verbindung im Mhd. (MTU 52), 1975 (u.a. zur 'Kl.'); N.T.J. VOORWINDEN, De dichter van het Nl.: zanger of schrijver?, in: Literatuur en samenleving in de middeleeuwen, hg. v. A. DEMYTTENAERE u.a., Wassenaar 1976, S. 63–82; R.M. WAKEFIELD, N. Prosody, The Hague 1976 (Hs. B); K.H.R. BORGHART, Das Nl., Amsterdam 1977; M. CURSCHMANN, The Concept of the Oral Formula as an Impediment to our Understanding of Medieval Oral Poetry, Medievalia et Humanistica N.S. 8 (1977) 63–76; H. BRUNNER, Strukturprobleme d. Epenmelodien, in: Dt. Heldenepik in Tirol, hg. v. E. KÜHEBACHER, Bozen 1979, S. 300–328; U. HENNIG, Die Bezeichnung d. Redeeingangs im Nl. – eine 'Formel'?, in: Medium aevum deutsch. Fs. K. Ruh, 1979, S. 165–174; G.J.H. KULSDOM, Die Strr.schlüsse im Nl., Amsterdam 1979; E.R. ANDERSON, Formulaic Typescene Survival: Finn, Ingeld, and the 'Nl.', English Studies 61 (1980) 293–301; O. HOLZAPFEL, Balladeske Umformungen d. N.stoffes u. kompositorische Formelhaftigkeit im Nl., in: Hohenemser Stud., 1981, S. 138–147; A. MASSER, Von Alternativstrr. u. Vortragsvarianten im Nl., ebd., S. 125–137; P. VON POLENZ, Der Ausdruck v. Sprachhandlungen in poetischen Dialogen d. dt. MAs, Zs. f. german. Linguistik 9 (1981) 249–273; H. MAXWELL, Valenzgrammatik mhd. Verben (Europ. Hochschulschriften I, 504), 1982 (Nl. B); E.R. HAYMES, Chevalerie u. alte maeren. Zum Gattungshorizont d. 'Nl.s', GRM 65 NF 34 (1984) 369–384; H. FROMM, 'Kalevala' und 'Nl.' im Problembereich v. Mündlichkeit u. Schriftlichkeit, Jb. f. finnisch-dt. Lit.beziehungen 18 (1984) 27–42; T. PÀROLI, Varianti redazionali e struttura narrativa nel 'Nl.', in: Studi linguistici e filologici per C.A. Mastrelli, Pisa 1985, S. 313–337; CH. M. SPERBERG-MCQUEEN, An Analysis of Recent Work on 'Nl.' Poetics, Diss. Stanford University (Masch.), 1985 (Lit.); B. FENIK, Homer and the Nl. Comparative Studies in Epic Style, Cambridge (Mass.) 1986.

Zu VIII.: J. KÖRNER, N.forschg.n d. dt. Romantik, 1911 (Nachdr. 1968); E. TONNELAT, La légende des N. en Allemagne au XIXe siècle, Paris 1952; Fr. Hebbel, Die N., hg. v. H. DE BOOR, 1966, S. 5–78; H. BRACKERT, Nl. u. Nationalgedanke, in: Mediaevalia litteraria, Fs. H. de Boor, 1971, S. 343–364; Die N. In d. Wiedergabe v. Franz Keim, mit Illustrationen v. Carl Otto Czeschka, Vorw. v. H. BRAKKERT, 1972; H. SCHULZ, Der N.stoff auf d. dt. Theater, Diss. Köln 1972; O. EHRISMANN, Das Nl. in Deutschland. Stud. z. Rezeption d. Nl.s v. d. Mitte d. 18. Jh.s bis z. Ersten Weltkrieg, 1975; F. GRAUS, Lebendige Vergangenheit. Überl. im MA u. in d. Vorstellungen v. MA, 1975 (bes. S. 275–289); L. VON SAALFELD, Die ideologische Funktion d. Nl.s in d. preuß.-dt. Gesch. ... bis z. Nationalsozialismus, Diss. FU Berlin 1977; W. WUNDERLICH, Der Schatz d. Drachentöters. Materialien z. Wirkungsgesch. d. Nl.s, 1977; J. HEINZLE, Mhd. Dietrichepik, 1978, S. 244–263; W. HOFFMANN, Die spätmal. Bearbeitung d. Nl.s in Lienhart Scheubels Heldenbuch, GRM 60 NF 29 (1979) 129–145; O. GSCHWANTLER, Die hist. Glaubwürdigkeit d. N.sage, in: Nl. (Ausstellungskatalog), 1979, S. 55–69; E. TIEFENTHALER, Die Auffindung d. Hss. d. Nl.s in Hohenems, Montfort 31 (1979) 295–306; U. SCHULTE-WÜLWER, Das Nl. in d. dt. Kunst d. 19. u. 20. Jh.s, 1980 (Lit.); F. G. GENTRY, Die Rezeption d. Nl.s in d. Weimarer Republik, in: Das Weiterleben d. MAs in d. dt. Lit., hg. v. J. F. POAG / G. SCHOLZ-WILLIAMS, 1983, S. 142–156; G. JASPERS, Die dt. Textfrgm.e in d. lat. Werken d. Wolfgang Lazius, Amsterdamer Beitr. z. ält. Germanistik 20 (1983) 56–73, bes. S. 62–67; G. KORNRUMPF, Strophik im Zeitalter d. Prosa: Dt. Heldendichtg. im ausgehenden MA, in: Lit. u. Laienbildung im SpätMA u. in d. Reformationszeit, hg. v. L. GRENZMANN / K. STACKMANN, 1984, S. 316–343; dies., Heldenepik u. Historie im 14. Jh., in: Gesch.-bewußtsein in d. dt. Lit. d. MAs, hg. v. CH. GERHARDT u. a., 1985, S. 88–109.

(1987) MICHAEL CURSCHMANN

1016 **Niklas von Wyle** (Wile, Weil; nach eigener Nennung in den lat. Briefen *nicolaus de wile*, in den dt. *niklås von wyle*)

A. Leben.

Quellen der Biographie: a) Die Matrikel d. Univ. Wien, Bd. 1, 1956; Regesten d. Markgrafen v. Baden u. Hachberg 1050–1515, Bd. 3, bearb. v. H. WITTE, 1907; Bd. 4, bearb. v. A. KRIEGER, 1915 (Reg.); Württemberg. Regesten 1301–1500, Bd. 1: Alt Württemberg, T. 2, 1927 (Reg.); Regesta Episcoporum Constantiensium, Bd. 4, bearb. v. K. RIEDER, 1941 (Reg.). Nachweise weiterer einzelner Urkunden bei SCHWENK. J. MÜLLER, Zur Biographie d. Niklaus v. Wile, AnzfKdVz NF 26 (1879) 1–7; STRAUCH, 1883, S. 46 f.; P. JOACHIMSOHN, Zu Nicolaus v. W., Zs. f. Vergl. Litt.gesch. u. Renaissance-Litt. NF 3 (1890) 405 f.; BAECHTOLD, 1892, Anm. S. 52–55; A. DIEHL, Des Nikolaus v. W. Abgang von Eßlingen, Württ. Vierteljahreshefte NF 19 (1910) 418–428. – b) Stadtarchiv Eßlingen, Missivenbücher Nr. 3–7; sie enthalten abschriftlich, teilweise von Wyles Hand, die 1448–1469 von ihm als Eßlinger Stadtschreiber verfaßte amtliche Korrespondenz (vgl. SCHWENK, S. 32 f.). Eine wichtige Ergänzung bildet die SCHWENK noch nicht bekannte Missivenslg. Hs. 16581 des Germ. Nationalmuseums Nürnberg, die ebenfalls aus Eßlingen, wohl von der Hand eines Wyle-Schülers, stammt und amtliches Briefgut etwa der Jahre 1452–1463, aber auch unveröffentlichte Privatbriefe Wyles enthält. Ferner die Slg. von Urkundenformularen Hs. 16580 des Germ. Nationalmuseums Nürnberg, in der Wyles Name ebenfalls auftritt. Zu einer weiteren, aber kleineren Eßlinger Formularienslg. mit Wyle-Briefen im Württ. Hauptstaatsarchiv Ludwigsburg s. SCHWENK, S. 178 f. – c) Die Widmungsvorreden zu den gedruckten 'Translationen' und den 'Colores rethoricales'; die lat. Korrespondenz. – Eine zureichende Biographie liegt nicht vor; auch den Darstellungen von BUTZ, RUPPRICH, BERNSTEIN fehlt die eigene Quellenkenntnis. Diarium und Itinerarium Wyles für die Eßlinger Zeit vorläufig bei SCHWENK, S. 61–174 u. 404–408.

N. v. W., nach urkundlichem und eigenem Zeugnis aus Bremgarten (Aargau) stammend, immatrikulierte sich am 18. Okt. 1430 in Wien und wurde dort am 5. Jan. 1433 Baccalaureus artium. Danach könnte er um 1415 geboren sein. Über seine Herkunft und sein Leben vor der Wiener Studienzeit liegen eigene oder fremde Äußerungen nicht vor. Auch nach Erwerb des Bakkalaureats ist er für mehr als 6 Jahre nicht bezeugt. Der Annahme SCHWENKS (S. 43 f.), er habe das Studium in Wien noch bis etwa 1435 fortgesetzt, fehlt ein sicheres Indiz. Er blieb ohne höheren akademischen Grad.

Da Wyle kein Magister artium war, ist auf BUTZ' Vermutung (S. 26) zu verzichten, er habe (in Wien) noch die Rechte studiert. Auch die in der Forschung gern fortgeschriebene Vermutung eines Studienaufenthalts in Italien (vgl. JOACHIMSOHN, 1896, S. 80) entbehrt der erforderlichen Handhabe. Der Tatsache, daß in Wien während Wyles Studienzeit auch Heinrich →Steinhöwel (seit WS 1429/30) eingeschrieben war – im WS 1433/34 kam Sigismund → Gossembrot hinzu –, ist für die Frage der Entstehung des schwäbischen Frühhumanismus das Gewicht, das SCHWENK (S. 44–46) ihr gibt, nicht beizumessen.

Zuerst am 19. Juni 1439 ist Wyle in Zürich bezeugt. Er war dort Lehrer an der Schule des Großmünsters und zugleich Notarius in der Verwaltung der kirchlichen Herrschaft. In Felix → Hemmerli, dem gelehrten Chorherrn und Kantor des Münsters, fand er einen einflußreichen Förderer und Freund, dem er über dessen Tod hinaus dankbar verbunden blieb (KELLER, Ausg. [s. u. B. II. a.], S. 157 f.). Vermutlich habsburgisch gesonnen wie Hemmerli, hat er 1444, als die Eidgenossen im Alten Zürichkrieg die Oberhand gewannen, die Stadt verlassen und das Schreiberamt in Radolfzell – Reichsstadt seit 1415 – übernommen. 1447 gelang ihm der Wechsel auf die großzügig dotierte Stelle eines Ratsschreibers in Nürnberg. Hier wurde er mit Gregor → Heimburg, dem angesehenen Juristen, gesuchten Rat und Diplomaten, bekannt, der ihm auch als Mann von Bildung bleibenden Eindruck machte; noch in der Rückschau nach 30 Jahren sah er in ihm einen wegweisenden Anreger seiner eigenen Übersetzungsmethode (KELLER, Ausg., S. 9f.). Im übrigen aber behagten ihm und seiner jungen Familie Lebens- und Arbeitsumstände und das Klima in Nürnberg so wenig, daß er bereits Ende 1447 sich für das weit geringer besoldete Amt des Stadtschreibers von Eßlingen entschied.

Die Eßlinger Zeit (1447/48–1469) wurde für Wyle der wichtigste Lebensabschnitt. Er kam in diesen Jahren durch seine amtliche Tätigkeit zu Ansehen und Einfluß, vermochte seine Interessen und Fähigkeiten als Lehrer und Schriftsteller zu entfalten, eröffnete sich durch berufliche und literarische Leistungen Beziehungen zu bedeutenden Gönnern, zu Leuten der gebildeten Welt bei Hof und in der Stadt, die auch für humanistische Orientierungen aufgeschlossen waren (Jakob → Püterich von Reichertshausen, → Antonius von Pforr, Heinrich Steinhöwel, der brandenburgische und württembergische Rat Dr. Georg von Absberg, der württembergische Kanzler Johann Fünfer u.a.). Als Leiter der Eßlinger Kanzlei (*prothonotarius*) hatte er alle Geschäfte der Stadt wahrzunehmen, vertrat Eßlingen insbesondere auch nach außen und erfüllte dafür mehr als 20 Jahre hindurch ein erstaunlich lebhaftes Reiseprogramm, das ihn immer wieder an die führenden Adelssitze des deutschen Südwestens, nach Baden, Stuttgart, Rottenburg, Heidelberg, brachte, nicht weniger als achtmal für längere Aufenthalte auch an den kaiserlichen Hof in Wien. Für die ersten Jahre seiner Amtsführung kamen ihm die in Nürnberg geknüpften Beziehungen zu Gregor Heimburg und Martin → Mayr zustatten, die er bei wichtigen Angelegenheiten zur Vertretung der Eßlinger Belange gewann. Das ihm schon in der Radolfzeller Zeit übertragene Amt eines Konstanzer bischöflichen Kommissars in Ehesachen hatte er auch in Eßlingen inne.

Am 'Musenhof' der Pfalzgräfin Mechthild in Rottenburg war Wyle seit etwa Mitte der 50er Jahre bekannt. Die engsten Verbindungen entstanden zum Haus der Markgrafen von Baden, die ihn seit 1459 mit eigenen Aufträgen betrauten. Anfang Nov. 1459 trat er auf dem Fürstentag zu Mantua als Sprecher des verspätet eintreffenden Karl I. von Baden, des kaiserlichen Gesandten, auf und hielt vor Papst Pius II., den er als vormaligen Aeneas Silvius → Piccolomini aufs höchste verehrte und wohl schon 1452 in Wien gesehen hatte, eine kurze Begrüßungsrede.

Ausgabe der Rede: J. BAECHTOLD, Zs. f. Vergl. Litt.gesch. u. Renaissance-Litt. NF 1 (1887/88) 348–350 nach dem cod. 327, S. 225f., der Stiftsbibl. Einsiedeln. Zur Datierung vgl. SCHWENK, S. 124–130.

Wie er in Zürich das Lehramt mit der Tätigkeit eines Notarius verbunden hatte, zog er als Eßlinger Stadtschreiber früh schon Schüler an, die er in den Erfordernissen einer gehobenen lat. und dt. Schriftlichkeit unterwies, unterhielt dann in seinem Hause eine eigene Schule *schribens vnd dichtens* (KELLER, Ausg., S. 9), in der begabte junge Leute, *ouch etlich baccalary von manchen enden her*, Ausbildung für den Beruf des Schreibers und Kanzleibeamten suchten. Nicht wenige von ihnen konnte er, nachdem sie als Unterschreiber in seiner Eßlinger Kanzlei gearbeitet hatten, auf begehrte Stellen empfehlen (vgl. das Verzeichnis bei SCHWENK, S. 401f., das zu ergänzen wäre).

Zeiten der Muße hat er in Eßlingen wenig erlebt; seine Klage über Zeitnot und Arbeitslast ist notorisch. Pausen, wie er gelegentlich bemerkt (KELLER, Ausg., S. 103^{11-15} u. 113^{6-9}), boten ihm Fastnacht und die Zeit der Weinlese; er nutzte gerade sie, wie etliche Datierungen seiner 'Translationen' zeigen, für seine schriftstellerischen Interessen.

Im Juni 1469 kam es zum Bruch zwischen Eßlingen und seinem Schreiber; ihm wurden illoyale Verhandlungen im Streit um die Schirmherrschaft des Klosters Weil vorgeworfen. Wyle entzog sich der allgemeinen Empörung durch Flucht. Im Dez. 1469 erhielt er eine neue Anstellung in der Hofverwaltung der Grafen von Württemberg zu Stuttgart als zweiter Kanzler neben dem ihm befreundeten Johann Fünfer. Die Stuttgarter Jahre verliefen ohne auffällige Ereignisse. 1478 meldeten sich gesundheitliche Störungen. Er starb am 13. April 1479 (nicht 1478!). Im Zürcher Anniversarium wurde seiner als des *poeta et secretarius comitis de Wirtemberg* gedacht.

B. Werk.

I. Briefe.

Wyle erledigte seinen amtlichen Schriftverkehr vorwiegend in deutscher Sprache. Auch für seine ebenfalls ansehnlich erhaltene private Korrespondenz bediente er sich des Deutschen wie des Lateins; der größere und lebhaftere Adressatenkreis war hier wohl der lateinische, der seiner gelehrten und humanistischen Freunde und Gönner. Eine eigene Gruppe bilden die Widmungsschreiben zu den 'Translationen' und den 'Colores rethoricales'.

Überlieferung und Ausgaben. a) Zur Überlieferung der amtlichen Korrespondenz s.o. unter 'Quellen der Biographie'. In der Nürnberger Slg. Hs. 16581 sind mindestens 6 dt. Privatbriefe Wyles, 1 an ihn. Den amtlichen Eßlinger Missiven sind nicht selten persönliche Mitteilungen beigefügt. Abdruck von 48 Schreiben der Eßlinger Zeit bei SCHWENK, S. 359–389. – b) Ausgaben lat. Privatbriefe: A. BÜCHI, Albrecht v. Bonstetten, Briefe u. ausgew. Schriften (Quellen z. Schweizer Gesch. 13), 1893 (9 Briefe an Bonstetten aus dem St. Galler cod. 719); JOACHIMSOHN, 1896, S. 257–288 (14 Briefe von Wyle, 3 an ihn; aus München, UB, 2° ms. 667, und SB, clm 6717); R. WOLKAN, Neue Briefe von u. an N. v. W., PBB 39 (1914) 524–548 (25 Briefe von Wyle, 5 an ihn; aus Innsbruck, UB, cod. 760; Luzern, Zentralbibl., cod. M 320; Wolfenbüttel, Hzg.-Aug.-Bibl., cod. 24.5 Aug. 4°); ders., Der Briefwechsel d. Eneas Silvius Piccolomini III 1, 1918, Nr. 58 (von Wyle), Nr. 47 u. 251 (von Aeneas Silvius).

Die lat. Briefe sind, soweit erhalten, durch Abschriften von Schülern überkommen, die sie als Muster sammelten. Sie fallen in die Zeit von 1447 bis etwa 1464. Es sind Empfehlungs-, Glückwunsch- und Trostschreiben, sie teilen Ereignisse des eigenen Lebens mit wie den Tod von Wyles Frau (1463), berühren berufliche Pläne, spielen auch im Bereich humanistischer Interessen, handeln von Büchertausch und Abschriften antiker und italienischer Autoren (Quintilian [mehrfach], Seneca, Ovid, Lucan, Iuvenal; Poggio, L. Valla, Petrarca ['Griseldis'], L. Bruni u.a.). Unter den Adressaten sind Felix Hemmerli, dem er die Gründe seines Abschieds von Nürnberg darlegt, Sigismund Gossembrot, Martin Mayr, Ulrich Wetzlin, Kanzler am Wiener Hof, und der zeitweilig ebenfalls in der Wiener Kanzlei tätige Zürcher Freund Ludwig → Rad, der Konstanzer Bürgermeister Konrad Schatz, der Übersetzer Michael → Christan, → Albrecht von Bonstetten, die Rektoren der Freiburger Universität Matthäus → Hummel und Kilian Wolff, Bernhard → Schöferlin, der 1478 neben Wyle württembergischer Kanzler wurde und später den Livius übersetzte; im Auftrage Eßlingens hatte sich Wyle 1461 beim Speyrer Domkapitel für den begabten Magister um eine Pfründe bemüht, die ihm ein weiteres Studium ermöglichen sollte (s. SCHWENK, S. 387f.).

Die wichtigste Beziehung, die durch die lat. Briefe faßbar wird, ist die zu Aeneas Silvius. Ihn, vor allem seine Briefe, hat Wyle zeitlebens als Muster des lat. Stils bewundert, ihm stets nachzueifern getrachtet und sei es dadurch, daß er seinen eigenen Briefen immer wieder Lumina, Sätze, Partien aus Briefen seines Vorbilds einflocht. Über Michael Pfullendorf, der am Wiener Hof Eßlinger Vertrauensmann war, gelang es ihm, 1452 auch eine persönliche Verbindung zu knüpfen. Es entwickelte sich zwischen 1452 und 1457 eine kleine Korrespondenz, aus der allein auch bekannt ist, daß Wyle sich als Maler betätigte; er übersandte Aeneas 1452 ein Tafelbild des hl. Michael, 1453 eines des hl. Christophorus. In seinen alten Tagen noch (1478) konnte Wyle die erste in Deutschland gedruckte Sammlung von Aeneas-Briefen ('Epistolae familiares') veröffentlichen. Sie war, wie er in der Vorrede – in späteren Drucken meist als *Preconisatio Enee Silvii* bezeichnet – betont, den Jüngern des *studium humanita-*

tis zugedacht und blieb für Süddeutschland auf längere Zeit die maßgebliche.

Erstdruck: [Bl. 2ʳ] Epistole Enee siluii Poete lauriati Incipiunt feliciter, [Reutlingen, Michael Greyff, 1478], HAIN *160. Zum Problem der Datierung des Drucks, der lange ins Jahr 1464 gesetzt und dem Straßburger Drucker Rusch zugeschrieben wurde, vgl. SCHWENK, S. 188–191 (nach A. SCHMIDT, Techn. Beitr. z. Inkunabelkunde, Gutenberg-Jb. 2 [1927] 9–23). Zu den bis weit ins 16. Jh. reichenden Drucken, die von Wyles Ausg. ausgehen, vgl. K. HAEBLER, Die Drucke d. Briefsammlungen d. Aeneas Silvius, Gutenberg-Jb. (1939) 138–152, hier S. 146–149.

Wyles lat. Briefe sind mit ihrer Aeneas-Imitatio, ihrer Fülle antiker Anspielungen und Dichter-Zitate um humanistisches Klima bemüht, legen daher nach dem *mos Italorum* und der *consuetudo veterum* bewußt auch Wert auf die Du-Anrede statt der pluralischen. Doch von entwickelter humanistischer Briefkunst, von einer an Cicero oder Plinius erworbenen Beherrschung des Genus familiare, das gesprächshafte Gelöstheit, persönliches Gesicht verlangt, stehen sie noch weit ab. Schon das Postulat sprachlicher Elegantia lösen sie nicht ein, verfügen in Syntax und Lexik noch keineswegs über erneuerte klassische Norm.

II. Schriften.

Im Frühjahr 1478 hatte der alte Wyle, Schreiben vom 18. Febr. und 5. April (KELLER, Ausg., S. 7–12 u. 364) zufolge, den Plan, in naher Zukunft seine gesammelten Schriften drucken zu lassen: Die 'Translationen' samt ihren lat. Vorlagen; die – noch zu vollendende – Übersetzung der 'Colores rethoricales', dazu *etwas nutzlichs vnd gůtes daz notariāte antreffend*; die Übersetzung von → Boethius' 'De consolatione philosophiae'. Den geplanten Druck erlebten 1478 indes nur noch die 'Translationen' und sie ohne ihre Vorlagen. Von den 'Colores rethoricales' blieb der Text eines Teilstücks durch einen späteren Druck erhalten. Die Boethius-Übersetzung ist verschollen.

a) 'Translationen'

Der Druck der 'Translationen' (auch *translatzen* oder *tütschungen*) von 1478, den eine ausführliche Widmungsvorrede an den befreundeten früheren württembergischen Landhofmeister Georg von Absberg einleitet, enthält 18 Stücke, 16 zwischen Febr. 1461 (Nr. 4) und Anfang 1478 (Nr. 17) abgeschlossene Übersetzungen und 2 freier konzipierte, Teilübersetzungen einschließende Texte (Nr. 16 u. 18). Die Übersetzungen sind mit gesonderten Widmungsbriefen versehen, die sich bis auf vier (Nr. 5–7, 17) an Wyles verschiedene adlige Gönner richten; die beiden übrigen Stücke treten jeweils als geschlossene Brieftexte auf. Die Sammlung ist nicht exakt, aber doch modo grosso chronologisch geordnet: Die Stücke 1–10 und 12 entstammen der Eßlinger Zeit; Nr. 11 faßte Wyle vielleicht im zweiten Halbjahr 1469 in der Muße nach seiner Trennung von Eßlingen ab, Nr. 13–18 dann als württembergischer Kanzler. Zur Diskussion einiger Datierungen vgl. SCHWENK, S. 171–174.

Drucke. Erstdruck: [ohne Titel] [Eßlingen, Konrad Fyner, 1478], HAIN 16422. Bibliographie dieses und der weiteren Drucke, Straßburg 1510 und Augsburg 1536, bei SCHWENK, S. 217–222.

Ausgabe. Translationen von Niclas v. W., hg. v. A. VON KELLER (StLV 57), 1861 (fehlerhaft).

Der Sammeldruck von 1478 hat den Charakter einer Ausgabe letzter Hand; zumindest ein Teil der Übersetzungen, von denen vier zuvor in Einzeldrucken erschienen waren und weitere in älteren hs.lichen Fassungen erhalten sind, wurde für ihn neu überarbeitet. Die meisten Stücke hatten auch nach seinem Erscheinen eine von ihm gesonderte Verbreitungs- und Rezeptionsgeschichte.

Im folgenden Verzeichnis der 'Translationen', das die Stücke in der Ordnung des Sammeldrucks zählt und nach KELLERS Ausgabe zitiert, werden jeweils aufgeführt: Autor und Titel des Ausgangstextes und dessen heute zugänglichste Ausgabe; die Adressaten der einzelnen 'Translationen' und die Daten der Widmungen; die heute bekannte Einzelüberlieferung. – Der Versuch einer Ermittlung der – meist hs.lichen – Textzeugen, die Wyles direkte Vorlagen waren, bisher nur für die 1. 'Translation' unternommen (SCHWENK), bleibt unerläßliche Voraussetzung einer exakten Analyse von Wyles Übersetzungsarbeit.

1. Aeneas Silvius, 'De duobus amantibus' ('De Eurialo et Lucretia').

R. WOLKAN (Hg.), Der Briefwechsel d. Eneas Silvius Piccolomini I 1 (Fontes rerum Austriacarum 61), 1909, Nr. 152 u. 153. – Zwei Widmungen: An Pfalzgräfin Mechthild, 28.2.1462 (nur in den 'Translationen' von 1478); an Markgräfin Katharina v. Baden, 1.3.1462 (in einem Teil der Hss.; vgl. SCHWENK, S. 242 u. 260). – KELLER, S. 13–78. – 7 Hss., die älteste von 1470, bei SCHWENK, S. 205–216. Ferner: Philadelphia, Univ. of Pennsylvania, cod. Germ. 6, 233^r–288^v, 15. Jh.; Triest, Bibl. civica, cod. II. 24. cart. misc. XV (Mitt. v. R. Schwenk). – Drucke: [Straßburg, H. Knoblochtzer, um 1477], und weitere 7 Einzeldrucke des 15. u. 16. Jh.s bei SCHWENK, S. 222–232.

2. Boccaccio, 'Decamerone' IV 1, in der lat. Übersetzung des Leonardo Bruni ('De Guiscardo et Sigismunda').

Aeneae Sylvii Piccolomini ... opera quae extant omnia ..., Basel 1571 (Nachdr. Frankfurt 1967), S. 954–959. – An Markgraf Karl v. Baden, o.D. – KELLER, S. 79–90. – 5 Hss., die älteste von 1464, bei STRAUSS, S. 19f. (die Erlanger Hs. dort irrtümlich genannt). – Drucke, im Anhang zu Steinhöwels 'Aesop': Ulm, Joh. Zainer [um 1476/77], und weitere 7 bei WORSTBROCK, Antikerez., Nr. 1–5, 8, 14–15. Einzeldrucke: [Ulm, Joh. Zainer, um 1476/77] (GW 5643); [Straßburg, H. Knoblochtzer, um 1476/77] (GW 5644); [ebd.], 1482 (GW 5645); Augsburg, Joh. Baemler, 1482 (GW 5646); Uan der duldicheit der vrowen gheheten Griseldis, Haborch [Drucker des Jegher], 1502, Bl. 16^r–24^r; Ein gar erbärmliche History von dem ... Ende vnd Todt Guiscardo vnd Sigißmunda ..., Frankfurt [um 1580]. In der Ausgabe Augsburg, H. Steiner, 1540, von → Albrechts v. Eyb 'Ehebüchlein' wurde Eybs Fassung der Novelle durch Wyles Übertragung ersetzt (Bl. J 3^v–L 3^v).

3. Aeneas Silvius, 'De remedio amoris'.

R. WOLKAN (Hg.), Der Briefwechsel d. Eneas Silvius Piccolomini II (Fontes rerum Austriacarum 67), 1912, Nr. 7. – An Pfalzgräfin Mechthild, 20.9. und 27.9.1461. – KELLER, S. 91–102. – Hss.: Heidelberg, cpg 119, 75^v–83^r, 15. Jh.; Innsbruck, UB, cod. 979; Kremsmünster, Stiftsbibl., cod. 329, 209^r–211^v. – Drucke: [Nürnberg], F. Creußner [um 1480] (HAIN/REICHLING, Suppl., Nr. 185); Augsburg, [Joh. Baemler, 14]73 (HAIN 186).

4. Poggio Bracciolini, Brief an Cosimo de' Medici (Rom, 31.12.1433).

H. HARTH (Hg.), Poggio Bracciolini, Lettere, vol. 2, Firenze 1984, S. 181–188 (= Epist. fam. V 1). – An Markgraf Karl v. Baden, 16.2.1461. – KELLER, S. 103–112. – Hs.: München, UB, 4° cod. 768, 69^v–73^r, 15. Jh.

5. Poggio Bracciolini, 'Disceptatio convivalis' I.

Poggio Bracciolini, Opera omnia, Bd. 1 (Nachdr. d. Ausg. Basel 1538), Torino 1964, S. 33–37. – An den württembergischen Kanzler Johann Fünfer, 18.10.1462. – KELLER, S. 113–122. – Hs.: Paris, Bibl. Nat., ms. allem. 238, 23^r–29^r, v. J. 1529.

6. Poggio Bracciolini, 'An seni sit uxor ducenda'.

Poggio Bracciolini, Opera omnia, Bd. 2, Torino 1966, S. 683–705. – An Wyles Züricher Vetter Heinrich Effinger, 13.12.1463. – KELLER, S. 123–144. – Die Ausgabe Augsburg, H. Steiner, 1540, von Eybs 'Ehebüchlein' enthält anstelle des letzten Abschnitts des 3. Teils Wyles 6. 'Translation' (Bl. R 1^r–T 3^r).

7. (Leonardo Bruni?, Pietro Marcello?), 'Die athenischen Räte': Ps.-Aeschines, Ps.-Demades, Ps.-Demosthenes, Orationes ad Athenienses; Ps.-Demosthenes, Oratio ad Alexandrum regem.

R. SABBADINI, Antonio da Romagno e Pietro Marcello, Nuovo Archivio Veneto 30 (1915) 207–246, hier S. 241–244; S. 221–224 zur Autorfrage. – Zusammen mit der 8. 'Translation' an Jörg Rott (Georg Seidensticker), den Kämmerer der Pfalzgräfin Mechthild, 30.4.1465. – KELLER, S. 145–151. – Hss.: Innsbruck, UB, cod. 979, 103^v–107^r, 15. Jh.; München, cgm 756, 28^r–33^v, 15. Jh.

8. Ps.-Bernhard von Clairvaux, 'Epistola de cura domestica ad Raimundum militem'.

PL 182, S. 647–651. – KELLER, S. 152–156; COSSAR, S. 188–194. – Hss.: Innsbruck, UB, cod. 979, 107^r–109^r, 15. Jh.; Wolfenbüttel, Hzg.-Aug.-Bibl., cod. 24.5 Aug. 4°, 114^v–118^r, 15. Jh. – In die Ausgabe Augsburg, H. Steiner, 1540, von Eybs 'Ehebüchlein' wurde als letztes Stück Wyles 8. 'Translation' eingefügt (Bl. T 3^r–V 2^v).

9. Felix Hemmerli, 'Contra validos mendicantes'.

Clarissimi viri Juriumque doctoris Felicis Hemmerlin ... opuscula et tractatus, [Straßburg, nach 13.8.1497] (HAIN 8424), f. I^r–VI^r. – An Gräfin Margaretha von Württemberg (von Savoyen), 26.11.1464. – KELLER, S. 157–197. – Hss.: Heidelberg, cpg 462, 1^r–52^r; Einsiedeln, Stiftsbibl., cod. 227, p. 51–74 (am Ende unvollst.).

10. Aeneas Silvius, Brief an Herzog Sigismund v. Tirol (Graz, 5. Dez. 1443), 'De studiis et litteris'.

R. Wolkan (Hg.), Der Briefwechsel d. Eneas Silvius Piccolomini I 1 (Fontes rerum Austriacarum 61), 1909, Nr. 99. – An Markgraf Karl v. Baden, o.D. – Keller, S. 198–220; H. Rupprich (Hg.), Die Frühzeit des Humanismus u. d. Renaissance in Deutschland, 1938, S. 215–234. – Hs.: Paris, Bibl. Nat., ms. allem. 238, 11^r–22^r, v.J. 1526.

11. Poggio Bracciolini, Brief an Leonardo Bruni (Konstanz, 30. Mai 1416), über die Verbrennung des Hieronymus von Prag.

H. Harth (Hg.), Poggio Bracciolini, Lettere, vol. 2, Firenze 1984, S. 157–163 (= Epist. fam. IV 6). – An Graf Eberhart im Barte v. Württemberg, o.D. – Keller, S. 221–230. – Drucke: [Augsburg 1521] (London, British Library, 1370. b. 36); Erfurt, [M. Maler], 1521 (Bamberg, SB, Inc. typ. Ic II 9^{15}).

12. Aeneas Silvius, Brief an Prokop von Rabstein (Wien, 26. Juni 1444), 'Somnium de Fortuna'.

R. Wolkan (Hg.), Der Briefwechsel d. Eneas Silvius Piccolomini I 1 (Fontes rerum Austriacarum 61), 1909, Nr. 151. – An Pfalzgräfin Mechthild, 17.6.1468. – Keller, S. 231–247; H. Rupprich (Hg.), Die Frühzeit des Humanismus u. d. Renaissance in Deutschland, 1938, S. 234–248. – Druck: [Nürnberg], Joh. Weißenburger, [1510]. Die 1516 bei Joh. Grüninger in Straßburg gedruckte Übersetzung: Dis Büchlin sagt vnd meldet Eneas Siluius von fraw glück … stammt nicht von Wyle.

13. Lukian, 'Asinus', in der lat. Übersetzung Poggios.

Poggio Bracciolini, Opera omnia, Bd. 1 (Nachdr. d. Ausg. Basel 1538), Torino 1964, S. 138–155. – An Graf Eberhart im Barte v. Württemberg, o.D. – Keller, S. 248–282. – Hs.: Wien, cod. 3027, 226^v–278^r, v.J. 1494 (Abschrift d. Erstdruckes). – Drucke: [Augsburg, L. Hohenwang, um 1478] und weitere vier Einzeldrucke bei Worstbrock, Antikerez., Nr. 255 u. 257–260.

14. Buonaccorso da Montemagno, 'De nobilitate'.

S. Prete, 'Contentio de nobilitate' di Buonaccorso da Pistoia, Studia Picena 31 (1962) 127–135 (Widmung an Guidantonio da Montefeltro; Rede des P. Cornelius); E. Garin (Hg.), Prosatori Latini del Quattrocento (La letteratura Italiana, vol. 13), Milano – Napoli 1952, S. 142–165 (Rede des C. Flaminius). – An Graf Eberhart im Barte v. Württemberg, 13.10.1470. – Keller, S. 283–313.

15. → Petrarca, 'De remediis utriusque fortunae' II 25 ('De infamia') und II 18 ('De uxoris amissione').

Francisci Petrarchae Opera I, Basel 1554, S. 152–154 u. 146 f. – An Pfalzgräfin Mechthild, o.D. – Keller, S. 314–324. – Die Übersetzung von II 18 entstand nach Wyles Angaben (Keller, S. 314 f.) als erste, schon nach dem Tode Herzog Albrechts VI. v. Österreich am 2.12.1463, die von II 25 nach Wyles Bruch mit Eßlingen im Juni 1469, auf den er anspielt (S. 315$^{21-26}$).

16. Wyles 'Lob der Frauen', mit einer Teilübersetzung der ungedruckten 'Oratio' der Nicolosia Sanuda *ad Ioannem Bessarionem cardinalem ut matronis ornamenta restituantur*.

Benutzte Hs.: Rom, Bibl. Vaticana, cod. Vat. Ottob. lat. 1196, 89^r–96^r. – An Ursula v. Absberg, 24.2.1474. – Keller, S. 325–335; S. 325^{30}–330^{31} der aus der 'Oratio' der Nicolosia geschlossen übersetzte Teil.

17. Poggio Bracciolini, 'Oratio ad summum pontificem Nicolaum V.'.

Poggio Bracciolini, Opera omnia, Bd. 1 (Nachdruck d. Ausg. Basel 1538), Torino 1964, S. 287–292. – An Abt Johannes I. von Salem, 7.2. 1478. – Keller, S. 336–348.

18. 'Wie man aim yeden in sinem stande ain gebürlich überschrift setzen sölt' (Teil einer Brieflehre), mit einer eingearbeiteten Paraphrase der Lehre vom Ordo verborum (Regeln der Wortfolge) aus Gasparino Barzizzas 'De compositione'.

Gasparini Barzizii Bergomatis et Guiniforti filii Opera, hg. v. J.A. Furiettus, Rom 1723, S. 1–14, hier S. 1–3. Wyle hatte von seiner in der Eßlinger Zeit, also vor 1469, verfaßten dt. Brieflehre, die ihm gänzlich abhanden gekommen war, ein Bruchstück einer Abschrift in die Hand bekommen, das er überarbeitete und so als 18. Stück der 'Translationen' veröffentlichen konnte. – An den Ulmer Ratsherrn Hans Harscher, einen Schüler Wyles, 18.2.1478. – Keller, S. 349–364. – Hs.: Paris, Bibl. Nat., ms. allem. 238, 4^r–10^v, v.J. 1526. – Drucke: Ein schöner Traktat von gebürlichen Titeln oder Überschriften […], Landshut [1519]; In disem Tractetlein werden anzeigt etlich vnderweysung von überschriften […], Landshut 1528.

Die Sammlung der 'Translationen' folgt in ihrer Art und Anlage keiner besonderen Konzeption, aber sie summiert ein literarisches und ein stilistisches Programm. Bis auf zwei (Nr. 8 u. 9) gehören sämtliche Texte, die Wyle ganz oder in Auszügen verdeutschte, Autoren des ital. Renaissancehumanismus, voran Poggio (6) und Aeneas Silvius (4). Es handelt sich um weitverbreitete und gerade in Sammelhss. dt. Herkunft noch reich überlieferte Texte, von denen überdies nicht selten drei oder vier in den lat. Hss. bereits zusammenstehen.

Hss. mit mehreren von Wyles Vorlagen: München, clm 518 (Nr. 1, 2, 14) u. clm 28137 (Nr. 1, 11, 14, 18); Stuttgart, Württ. LB, cod. poet. et phil. 2° 35 (Nr. 1, 2, 13, 14) u. cod. HB X 24 (Nr. 2, 9, 12).

Aber auch die 'Epistola de cura domestica' des Ps.-Bernhard (Nr. 8) gehört zu den geläufigsten Unterweisungstexten der Zeit (zu weiteren Übersetzungen ins Deutsche vgl. → 'Lehre vom Haushaben'), und von Hemmerlis Schriften hatte keine stärkeren Umlauf als 'Contra validos mendicantes' (Nr. 9). Die 'Translationen' repräsentieren nach ihrem Inhalt daher insgesamt kein individuelles, sondern ein typisches Programm des dt. Frühhumanismus, mögen die Wahl des Hemmerli-Traktats und die der Petrarca-Auszüge auch persönlichen Motiven oder besonderem Anlasse gefolgt sein. Zum humanistischen Charakter des Programms gehört auch die lockere Vielfalt der Sujets und diskutierten Probleme, auch das freie Spektrum der literarischen Formen (Brief, Dialog, Rede, Traktat, Traumerzählung, Novelle).

Wyle eröffnete, indem er bekannten Specimina des ital. Renaissancehumanismus erstmals den Weg ins Deutsche bahnte, einen für die dt. Literatur der Zeit maßgeblichen Rezeptionsprozeß. Seine 'Translationen', gerade die ersten, wurden in seiner Umgebung als Ereignis empfunden und hatten, wie er durch mancherlei Bitten um Zusendung von Abschriften, um Abfassung weiterer Übersetzungen selber erfuhr, begierige Interessenten. Es sind indes verschiedene Gebrauchsräume, in die seine Arbeiten traten, zu beachten und dabei auch die ursprüngliche Zielsetzung, die er seinem Übersetzen gab.

Übersetzen bedeutete Wyle zunächst allein ein Verfahren seines Unterrichts. Die pädagogische Intention, an der er stets festhielt, war in der Hauptsache eine sprachpädagogische, hatte die Ausbildung gehobener schriftsprachlicher Kompetenz bei seinen Schülern zum Ziel. Da nach seinem Urteil aber stilistische Mustergültigkeit nur bei lat. Autoren, antiken und humanistischen, zu finden war, sollten lat. Muster, *costlich zierlich vnd verrümpte latinisch gedichte von den gelertesten mannen vnser zyten* (KELLER, Ausg., S. $9^{20f.}$), einer Maxime Gregor Heimburgs entsprechend, Maßstab auch dt. Stilistik sein. Daraus zog er die methodische Konsequenz eines Übersetzens *nach dem latine so gnäwist ich mocht* (S. 15^{16}), verlangte möglichst unmittelbare Nachprägung der Stilqualitäten der lat. Muster. Eine dergestalt latinisierende Formung des Deutschen schloß die Übernahme von Eigentümlichkeiten lat. Syntax und Wortstellung ein. Das Problem, daß der Grundsatz imitativer Wörtlichkeit das Gebot der Verständlichkeit verletzen konnte, war ihm bewußt und einen nachdrücklichen Hinweis (S. 7f.) wert. Im Einzelfalle entschied er sich unpedantisch für Verständlichkeit. Die primäre Zweckbindung der Übersetzungen an den Unterricht der Kanzleischüler läßt erkennen, daß Wyle eine Unterscheidung von Literatursprache und Kanzleisprache nicht im Sinne hatte. Er kannte nur eine Norm geformter Sprache, die rhetorische, jene *kunst wolredens vnd dichtens, die wir nennent oratoriam* (S. 8^{28}); sie war ihm für beide Bereiche der Schriftlichkeit gültig, für den der pragmatischen und den der literarischen.

Der Reiz, den Wyles 'Translationen' auf ihre Leser an den Höfen von Rottenburg, Baden, Stuttgart ausübte, haftete an den Sujets und den literarischen Eigenschaften der ungewöhnlichen neuen Texte. Wyle stellte sich in seinen Widmungsvorreden, die erläuternde, verteidigende, problematisierende Einleitungen sind, darauf ein. Ein persönliches Motiv seiner

Widmungen, das mehrfach hervortritt, ist Tröstung im Leid durch Lektüre.

Das Publikum, an das sich der Sammeldruck von 1478 richtete, waren nicht mehr die ausgewählten kleinen literarisch kundigen Adelskreise der älteren Hss.; der breiteren Leserschaft suchte Wyles redigierende Hand durchweg mit Maßnahmen der Verdeutlichung zu genügen. Die Drucker in Straßburg, Ulm, Augsburg, Köln, die noch zu Lebzeiten Wyles einzelne 'Translationen' erscheinen ließen – unauthentisch, mit freien Eingriffen in den Wortlaut –, wählten für ihren Markt allein die erotischen Lesestoffe (Nr. 1, 2, 3, 13).

b) 'Colores rethoricales'

Von Wyles deutschen 'Colores rethoricales' liegt nur ein etwa zwischen 1464 und 1469 entstandenes Teilstück vor. Es behandelt nicht mehr als die ersten 6 Colores, die Wortfiguren Repetitio, Conversio, Complexio, Traductio, Contentio, Exclamatio aus dem Figureninventar der 'Rhetorica ad Herennium', der nach mal. Tradition vermeintlich ciceronianischen 'Rhetorica nova'; vorangeht ein Widmungsbrief Wyles an seinen Schwager Dr. Georg Ehinger in Ulm. Um eine Übersetzung aus der Herennius-Rhetorik, gar um eine 'Verdeutschung der Colores rhetoricales des Cicero', wie JOACHIMSOHN (1896, S. 91) schrieb und ihm seither nachgeschrieben wurde, handelt es sich bei den 'Colores' nicht. Die kleinen Kapitel, die Wyle den einzelnen Colores widmet, gliedern sich jeweils in zwei Abschnitte: Der erste bietet Definitionen eines Color und illustriert ihn durch kurze Exempla, der zweite, stets deutlich umfangreichere, gibt jeweils das Muster eines geschlossenen Briefs, einer Missive, die für den einzelnen Color an mindestens einer Stelle einschlägig ist. Die ersten Abschnitte der 6 Kapitel sind nichts anderes als didaktisch redigierte Auszüge aus rhetorischen Lehrschriften des → Nikolaus von Dybin, vor allem aus seiner 'Declaracio oracionis de b. Dorothea', in dt. Übersetzung. Ob Wyle Schriften des Dybin selbst oder bereits einen Traktat der Dybin-Tradition benutzte, ist freilich schwer zu klären. Kenntnis von Dybin oder Dybin-Tradition könnte er leicht in seiner Wiener Studienzeit erworben haben.

Anders steht es mit den Missiven der einzelnen Kapitel. Für die beiden ersten zog Wyle seine eigene 6. 'Translation' aus. Die 3. besteht aus der – nur hier überlieferten – Verdeutschung von Aeneas Silvius' Erziehungsbrief an seinen Neffen Antonius, einem beliebten Text humanistischer Pädagogik. Die Missive des 4. Kapitels bestreitet Wyle mit einem Brief aus seiner amtlichen Korrespondenz, die des 5. Kapitels mit einem Privatbrief; die des 6. Kapitels, wohl ebenfalls von ihm selbst konzipiert, ist eine rhetorisch prunkende Bittrede an Gott um Erlösung aus den Fesseln der Liebe.

Die 'Colores' belegen am deutlichsten, daß Wyle auf dem Felde der rhetorischen Lehre einerseits spätmal. Lehrtradition der Ars dictandi, wie sie Dybin repräsentiert, verhaftet ist, anderseits aber, wo es um Muster der Imitatio geht, ebenso entschieden Texte ital. Humanisten oder auch eigene Briefbeispiele wählt. Manifest ist wiederum die enge Verflechtung von 'literarischer' Übersetzung und Lehre der Kanzleischriftlichkeit.

Überlieferung und Drucke. Das bis zu seiner Entdeckung durch JOACHIMSOHN (1893, S. 101f.) unbekannte Teilstück der 'Colores' blieb allein durch Alexander Hugens von Calw erhalten, der es in sein zuerst 1528 in Tübingen erschienenes Kanzleilehrbuch 'Rhetorica und Teutsch Formulare' (f. XXIX^r–XXXIII^v) aufnahm. Zu den zahlreichen weiteren Drucken (bis 1572) von Hugens Lehrbuch vgl. WORSTBROCK.

III. Verschollenes, Unechtes und Zweifelhaftes.

a) Bezeugt, aber verloren ist nicht nur Wyles Boethius-Übersetzung. Die Nürnberger Missivenslg. (Germ. Nationalmuseum, Hs. 16581) enthält zwei Begleitbriefe Wyles zur Übersendung der 6. 'Translation', die beide von der gleichzeitigen Übersendung einer weiteren Verdeutschung sprechen; die dort genannte *kostlich missiue* [...] *vsser zierlichem latine getütscht* (22^v) und das *kurtz ding das ich von zierlichem lattin* [...] *getütschet hab* (124^r), müssen, wenn sie nicht mit der 3. Missive der 'Colores' zu identifizieren sind, als verloren gelten. Auch ein Konrad

Schatz gewidmetes Werk, das ein anderer Begleitbrief bezeugt (WOLKAN, Nr. 13), ist nicht erhalten. Mit den *orationes* (*et epistole*), die sein Freund Ludwig Rad erbittet (WOLKAN, Nr. 14), scheinen ebenfalls Texte genannt, die nicht überkommen sind. Schließlich ist von einer *cantilena* (JOACHIMSOHN, Nr. 24) die Rede, die nicht mehr bekannt ist.

b) Wyle wurden in der Forschung weitere deutsche Schriften zugesprochen, ohne daß sich hinreichende Gründe der Zuschreibung haben beibringen lassen. Aus einer mißverstandenen Bemerkung in der Widmung zur 2. 'Translation' (KELLER, Ausg., S. 79^9) wurde er als Verfasser einer (verlorenen) Griseldis-Übersetzung beansprucht (dazu U. HESS, Heinrich Steinhöwels 'Griseldis', 1975, S. 10 f. u. 58 f.). Im gleichen Zusammenhang ist von der Novelle → 'Marina' die Rede, die zu verdeutschen Wyle für wünschenswert hält (S. 79$^{13-19}$); doch die erhaltene anonyme dt. 'Marina' kann nicht, wie vermutet wurde, Wyle gehören (dazu: HULDI, S. 81–83). JOACHIMSOHN (1896, S. 84 f.) und so noch RUPPRICH (S. 573) sehen in Wyle den anonymen Übersetzer der kleinen lat. Reden, die Jakob → Motz 1451 als Brautwerber Friedrichs III. in Lissabon hielt, schreiben ihm ebenfalls die 1474 bei J. Baemler in Augsburg erschienene Verdeutschung der 'Arbor consanguinitatis' des Johannes → Andreae zu; diese ist durch das Inhaltsverzeichnis des Druckes zwar für den *statschreyber von Eßlingen* bezeugt, aber für einen des Jahres 1474, als Wyle bereits fünf Jahre in württembergischen Diensten stand. JOACHIMSOHNS maßgebliches Argument, Wyle sei sogar noch 1478 als Eßlinger Stadtschreiber geführt worden, da er mit dieser Bezeichnung auf dem Titelblatt der 'Translationen'-Ausgabe erscheine, ist hinfällig; er verwechselte den Druck von 1478, der kein Titelblatt hat, mit dem von 1510, und dessen Titelblatt führt Wyle auf als *den zyten statschriber der stat Esslingen*.

L. C. MOHLBERG, Kat. d. Hss. d. Zentralbibl. Zürich I: Mal. Hss., 1951, weist S. 398 u. 587 auf ein Rezept gegen Magen-, Nieren- und Blasenleiden in der medizinischen Hs. 631c (113^v) hin, das dort unter Wyles Namen steht.

IV. Autographe. Zwei größere Codices sind bekannt, die nach Wyles eigenen Schlußschriften von seiner Hand stammen: Zürich, Zentralbibl., cod. Car. C 158, 106 Bll., Wiener Neustadt 1463, Schriften von Antonius Panormita und Aeneas Silvius (vgl. MOHLBERG, S. 135 f.); Washington, Library of the Dominican College, [ohne Sign.], 119 Bll., v. J. 1460, Vergil (Aen. I–VI), Valerius Maximus (Auszug), zwei kleinere Traktate (vgl. S. DE RICCI / W. J. WILSON, Census of Medieval and Renaissance Manuscripts in the United States and Canada I, New York ^{2}1961, S. 462).

V. Wirkung.

Die Wirkungsgeschichte Wyles ist erst bruchstückhaft erfaßt, dürfte aber in ihren Umrissen zuverlässig erkennbar sein. Als anziehender Mittelpunkt eines großen Kreises von Freunden, Gönnern und Schülern vor allem im Schwäbischen und in der nördlichen Schweiz war Wyle hier für die Etablierung eines humanistischen Literatur- und Bildungsinteresses seit den 50er bis in die 70er Jahre die stärkste Kraft. In welchem Umfang er und Personen seines Kreises antike und humanistische Texte durch Anfertigung und Weitergabe von Hss. aufgenommen und vermittelt haben, lassen die noch greifbaren Teile seiner lat. Korrespondenz freilich nur mehr vermuten. Aufmerksame Hss.forschung wird das Bild durch jede neue Provenienzbestimmung wirkungsvoll ergänzen können (der Wolfenbütteler cod. 24.5 Aug. 4° etwa geht als Sammlung ganz auf Wyle zurück).

Nicht geringeres Gewicht hatte Wyles Schritt, der erste, zur Übersetzung humanistischer Autoren. Michael Christan in Konstanz und → Wilhelm von Hirnkofen in Nürnberg folgten ihm mit Übersetzungen von Schriften des Aeneas Silvius unmittelbar nach. Wieweit er jüngeren Übersetzern wie Bernhard Schöfferlin Anregung gab, steht dahin. Nach Art des Übersetzungsstils stehen noch Heinrich → Österreicher und Johann → Gottfried an seiner Seite. Maßgebliche Prägung als Schriftsteller erfuhr durch Wyle sein enger Freund Albrecht von Bonstetten, der entschiedenste Aneigner von Wyles latinisierender Stilsprache.

Die 'Translationen' wurden, wie ihre Druckgeschichte ausweist, fester Bestand der Literatur weit über Wyles Zeit hinaus. Die einzigartige erste, die Verdeutschung von Aeneas' 'Eurialus und Lucretia', gehörte für zwei Generationen im deutschen Sprachgebiet zur gelesensten Erzählprosa überhaupt.

Die nach den Untersuchungen JOACHIMSOHNS (1893, 1896), HULDIS, SCHWENKS in ihrer Art und ihren Zusammenhängen bislang am deutlichsten gewordene Wirkung Wyles fällt in den Bereich der Kanzleischriftlichkeit. Wyles Schüler, häufig zugleich seine Eßlinger Unterschreiber, folgten den in seinem Unterricht erworbenen Methoden, Schriftgut abzufassen und zu formulieren, in ihrer eigenen Praxis als Schreiber und Kanzleibeamte. Sie besaßen aus seinen Briefen, aber auch aus den 'Translationen' gezogene Gebrauchssammlungen von Stilmustern und Formularen, Materialien, die sich von 1482 an in Kanzleilehrbüchern wiederfinden, deren Verfasser – der Anonymus des → 'Formulare und deutsch Rethorica', der Vorarbeiten des Bernhard → Hirschvelder verpflichtet ist, Johann Elias Meichsner, Alexander Hugen – selbst nicht mehr Wyleschüler waren. Über die vielgedruckten Lehrbücher hatte Wyles deutsche Kanzleisprache Tradition noch über die Mitte des 16. Jh.s hinaus.

Literatur. H. Kurz, Niclasens v. W. zehnte Translation. Mit einl. Bemerkungen über dessen Leben u. Schriften, Aarau 1853; Ph. Strauch, Pfalzgräfin Mechthild in ihren litt. Beziehungen, 1883, S. 14–25 u. 42–62; A. Büchi, Albrecht v. Bonstetten, 1889, Reg.; P. Joachimsohn, Gregor Heimburg, 1891, Reg.; J. Baechtold, Gesch. d. dt. Lit. in d. Schweiz, 1892, S. 225–240 u. Anm. S. 52–56 (die ältere Lit.); P. Joachimsohn, Aus d. Vorgesch. d. 'Formulare und deutsch Rhetorica', ZfdA 37 (1893) 24–121, bes. S. 95–117; ders., Frühhumanismus in Schwaben, Württ. Vierteljahreshefte f. Landesgesch. NF 5 (1896) 63–126 u. 257–288, Reg.; M. Herrmann, Die Reception d. Humanismus in Nürnberg, 1898, S. 14f., 54–56 u.ö.; O. Mayer, 'Die Schule Schreibens und Dichtens' v. N.v.W., Mitt. d. Ges. f. dt. Erziehungs- u. Schulgesch. 9 (1899) 99–104; ders., Geistiges Leben in d. Reichsstadt Eßlingen vor d. Reformation d. Stadt, Württ. Vierteljahreshefte f. Landesgesch. NF 9 (1900) 1–32 u. 311–367; H. Herzog, in: ADB 55, 1910, S. 140–145; C. Karstien, Beitr. z. Einführung d. Humanismus in d. dt. Lit., GRM 11 (1923) 217–225 u. 278–288; E. Haffner, Neues von Nicolaus v. W., Bes. Beilage d. Staats-Anzeigers f. Württemberg 1924, S. 120–123; P. Bänziger, Beitr. z. Gesch. d. Spätscholastik u.d. Frühhumanismus in d. Schweiz (Schweizer Studien z. Gesch.wiss. NF 4), 1945, S. 65–72 u.ö.; G. Burger, Die südwestdt. Stadtschreiber im MA, 1960, S. 57, 82, 91, 127, 177, 242–245, 272; J.H. Tisch, Italian Humanism and the German Language: The Translator N.v.W., in: Sidney Univ. Medieval Group Newsletter, Sidney 1966, S. 17–19; H.G. Butz, Niklaus v. Wile, Jb. d. oberdt. Reichsstädte 16 (1970) 21–105 (fehlerhaft); Rupprich, LG I 571–573; J.H. Tisch, The Rise of the Novella in German Early Humanism: The Translator N.v.W., Proceedings and Papers of the Congress of the Australasian Universities Language and Literature Association 12 (1969) 477–499; ders., Fifteenth Century German Courts and Renaissance Literature, Hobart 1971; R. Hennig, Ein Plagiat Albrechts v. Eyb, GRM 56 (1975) 87–92; W.C. McDonald, N.v.W. and the Topos of Literature for Refreshment, Semasia 2 (1975) 233–238; C.D.M. 'Cossar, The German Translations of the Pseudo-Bernhardine Epistola de cura rei familiaris (GAG 166), 1975, S. 84–87, 188–194, 260–262; R. Schwaderer, Boccaccios dt. Verwandlungen, Arcadia 10 (1975) 113–128; E. Bernstein, Die Lit. d. dt. Frühhumanismus, 1978, S. 43–62 u. Reg. (fehlerhaft); R. Schwenk, Vorarbeiten zu einer Biographie des N.v.W. u. zu einer krit. Ausg. seiner ersten Translatze (GAG 227), 1978; J.H. Tisch, Enea Silvio Piccolominis 'De duobus amantibus historia' u. N.v.W., in: Acta Conventus Neo-latini Amstelodamensis (Humanist. Bibl., Reihe I, 26), 1979, S. 983–996; E.J. Morall, The Tale of Eurialus and Lucretia by Aeneas Sylvius Piccolomini and N.v.W., Neuphil. Mitt. 81 (1980) 428–438; B. Weinmayer, Stud. z. Gebrauchssituation früher dt. Druckprosa (MTU 77), 1982, S. 138–150 u.ö.; V. Honemann, Aspekte d. 'Tugendadels' im europ. SpätMA, in: Lit. u. Laienbildung im SpätMA u. in d. Reformationszeit, Symposion Wolfenbüttel 1981, hg. v. L. Grenzmann / K. Stackmann, 1984, S. 274–286, hier S. 278–281; F.J. Worstbrock, Die 'Colores rethoricales' des N.v.W., in: Fs. P. Raabe (Chloe, Beih. z. Daphnis), 1987.

Zur Sprache Wyles: J. Müller, Quellenschriften u. Gesch. d. deutschsprachigen Unterrichts bis z. Mitte d. 16. Jh.s, 1882, S. 14–16, 278, 288f., 373–375; F. Wenzlau, Zwei- u. Dreigliedrigkeit in d. dt. Prosa d. XV. u. XVI. Jh.s, 1906, S. 24–36 u. 163–206; R. Palleske, Unters. über d. Stil der 'Translatzen' des Niclas v. W., Programm Landshut 1910; B. Strauss, Der Übersetzer Nicolaus v. W. (Palaestra 118), 1912; H. Nohl, Die Sprache des N.v.W., Diss. Heidelberg 1932; M. Huldi, Die Kausal-, Temporal- u. Konditionalkonjunktionen bei Christian Kuchimeister, Hans Fründ u. N.v.W., Diss. Zürich 1957; St. Höchli, Zur Gesch. d. Interpunktion im Deutschen (Studia Linguistica Germanica 17), 1981, S. 9–15 (fehlerhaft).

(1987) F.J. Worstbrock

Notker III. von St. Gallen (N. Labeo; N. Teutonicus) OSB

Inhalt. I. Name. II. Leben und Persönlichkeit. III. Werke. IV. Überlieferung. V. Ausgaben. VI. Literaturgeschichtliche Bedeutung. VII. Sprachgeschichtliche Bedeutung. VIII. Nachwirkung. IX. Literatur.

I. Name.

N. III. von St. Gallen, Mönch und Magister im Benediktinerkloster daselbst, wurde entsprechend einer im mal. St. Gallen verbreiteten Beinamengebung zunächst als N. *Labeo* 'der Breitlippige, mit der breiten Unterlippe' bezeichnet, zur Unterscheidung von den gleichnamigen Mönchen → Notker I. *Balbulus* oder *poeta* (bzw. der Dichter), → Notker II. *medicus* (später auch *physicus*) oder *Piperisgranum* 'Pfefferkorn', Notker *abbas* (Abt des Klosters 971-975). Diese klösterliche Beinamengebung wurde in humanistischer Zeit durch den St. Galler Gelehrten und Geschichtsschreiber Joachim von Watt, gen. Vadianus, wieder aufgenommen: *Und zellend dabei vil Notkers: ... den dritten Labeonem, mit dem großen maul – dem schreibt man den teutschen psalter zů ...* (SONDEREGGER, 1982, S. 26). Daneben wurde N. durch seine Klosterschüler im Hinblick auf das schon vom Blickpunkt der Zeitgenossen aus bemerkenswerte Übersetzungswerk in die dt. Volkssprache der zusätzliche Beiname *Teutonicus* gegeben. Im übrigen wird N. III. durch Ekkehard IV. und im St. Galler Totenbuch als *Notker(us) magister* bezeichnet, so auch in der Münchener Hs. des lat. Computus (clm 14804, 102ʳ *Incipit tractatus notkeri magistri*). Jedenfalls ist die Beinamengebung N. *Labeo*, N. *tertius* (so auch bei Ekkehard IV. *tertius aequivocorum*), N. *magister* und N. *Teutonicus* bereits zeitgenössisch. So hat sie sich, trotz mancherlei Verwechslungen mit Notker I. Balbulus und Notker II. medicus, ja selbst mit Notker dem Abt, auch in der neuzeitlichen Wissenschaftsgeschichte durchgesetzt.

II. Leben und Persönlichkeit.

Quellen der Biographie. 'Annales Sangallenses': Die annalist. Aufzeichnungen d. Klosters St. Gallen, hg. v. C. HENKING (Mitt. z. Vaterländ. Gesch. 19), 1884, S. 195-368. → Ekkehard IV., 'Casus sancti Galli', neue Ausg. v. H. F. HAEFELE [mit dt. Übers.], 1980, und 'Liber Benedictionum' nebst den kleineren Dichtungen aus dem cod. Sang. 393, hg. v. J. EGLI (Mitt. z. Vaterländ. Gesch. 31), 1909. → Konrad von Fabaria, 'Continuatio Casuum sancti Galli'. St. Galler Profeßbuch: Libri confraternitatum Sancti Galli, Augiensis, Fabariensis, ed. P. PIPER (MGH Libri confraternitatum), 1884, S. 111-113; P. M. KRIEG, Das Profeßbuch d. Abtei St. Gallen, Phototypische Wiedergabe mit Einführung u. einem Anhang (Codices liturgici II), 1931. St. Galler Totenbuch u. Verbrüderungen, hg. v. E. DÜMMLER/H. WARTMANN (Mitt. z. Vaterländ. Gesch. 11), 1896. Urkb. d. Abtei St. Gallen, bearb. v. H. WARTMANN, Theil I-III, Zürich-St. Gallen 1863-1874. Joachim von Watt (Vadian), Dt. hist. Schriften, hg. v. E. GÖTZINGER, I-III, St. Gallen 1875-1879. M. BORGOLTE / D. GEUENICH / K. SCHMID, Subsidia Sangalensia I, St. Gallen 1986, Reg.

N. dürfte um 950 in der Nordostschweiz, wahrscheinlich in der Gegend um Wil oder Jonschwil im alten Thurgau geboren sein, zu welchem Gau auch St. Gallen gehörte. Jedenfalls beschränkt sich der Personenname Notker für weltliche Zeugen und Grundeigentümer aus den St. Galler Urkunden fast ausnahmslos auf die genannte Gegend, wobei er zweimal im Zusammenhang mit Gütern in Jonschwil bzw. Bettnau bei Jonschwil erscheint (WARTMANN, Urkb., 1863-1874), während er in den Zürcher Urkunden nicht belegt ist. N.s adlige Herkunftsfamilie muß in engem Kontakt zum Kloster St. Gallen gestanden haben: sein Onkel war → Ekkehard I., der seinerseits nach dem Zeugnis Ekkehards IV., 'Casus s. Galli' 80 (HAEFELE, Ausg., S. 168 f.) seine vier Neffen von Bruder- und Schwesterseite dem hl. Gallus zum Mönchsdienst zuführte. Gestorben ist N. am 29. Juni 1022 (St. Galler Totenbuch, S. 45) an der Pest, die das aus Italien zurückkehrende Heer Heinrichs II. eingeschleppt hatte. Ekkehard IV. als Zeuge von N.s Tod (s. u.) nennt genauer die erste Vesper des St. Peterstages als Sterbezeit und Datum, was streng genommen den Vorabend des 29. Juni, also den 28., ergibt, womit freilich ein größerer Festtag kirchlich bereits begann.

N.s Leben und Persönlichkeit sind ansatzweise erschließbar: einerseits durch verschiedene Zeugnisse seines herausragenden Schülers → Ekkehard IV. im sog. 'Liber benedictionum' (cod. Sang. 393, hg. v. EGLI, vgl. Reg. S. 436, insbes. *Epitaphium quatuor scolarum magistris eque tumulatis,* und als dichterische Totenfeier in 'De aliis sincellitis' v. 62–83), andererseits durch die Abschrift eines Briefes (Brüssel, Kgl. Bibl., Nr. 10615–10729, 58ʳᵃ, aus dem 12. Jh.), den N. wenige Jahre vor seinem Tod an Bischof Hugo von Sitten (998 bis 1017 urk. bezeugt) schrieb (PIPER, Ausg. I 859–861; HELLGARDT, 1979, S. 172–173). Daraus ergibt sich das Bild einer zutiefst religiösen, von Nächstenliebe auch gegenüber seinen Schülern erfüllten, gleichzeitig hochgelehrten Persönlichkeit, die Ekkehard IV. aus dem Erlebnis von N.s Tod kurz gefaßt etwa so schildert: 'Als erster, der in der Volkssprache schrieb, bekannte er seine Taten in der Beichte öffentlich, zog sich zurück und starb ohne Schweres zu leiden am selben Tag, als er Gregors Moralia in Iob vollendet hatte, nachdem er schon den Psalter Davids bezwungen. Am Vorabend des St. Peterstages verschied er, der oft zu mir sagte: Bete, Ekkehard, zum Schlüsselträger des Himmels, damit er dir ihn öffne. Als schwerste Sünde, die ihn in Träumen verfolgte, bekannte der Siebziger, als junger Mann im Mönchsgewand einen Wolf erschlagen zu haben. Dann sprach er: Öffnet die Türen, schon weichen von mir die Kräfte, laßt Arme und Bedürftige kommen, damit ich sterbend sehe, wie sie zu essen und zu trinken bekommen. Dann bat er, im Mönchsgewand und mit Kapuze begraben zu werden, damit niemand die Kette sehe, die er um seinen Leib trug, wie es schon der hl. Gallus angeordnet hatte. Nach kurzem Gebet entschlief er. So war das Ende dieses Menschen und unvergleichlichen Lehrers'. N.s Übersetzen in die Volkssprache wird von Ekkehard dabei als besondere Leistung hervorgehoben: 1. In allgemeiner Hinsicht *Primus barbaricam scribens et faciensque saporem* ('Als erster in der Volkssprache schreibend und diese mit Wohlgeschmack erfüllend'), wozu er selbst in einer Glosse erläutert *Teutonice propter caritatem discipulorum plures libros exponens*. 2. Mit Bezug auf die Hiob-Übersetzung (Gregor d. Gr., 'Moralia in Iob'), die er außerdem als *opus mirandum* bezeichnet *Quem vas in quartum transfundens fecit apertum* usw. ('welchen [sc. Hiob] er, in das vierte Gefäß umgießend, erläutert hat'), mit der Glosse dazu *Librum Iob in quartam linquam exponens*. 3. Den Psalter betreffend: *Post Davidis dicta simili iam robore victa* ('nachdem er die Sprüche Davids schon mit gleicher Gewalt bezwungen'), dazu die Glosse *Psalterium, in quo omnes, qui barbaricam legere sciunt, multum delectantur* [usw.]. Daneben bezeichnet Ekkehard IV. seinen Lehrer als N. *apertus, doctrinae fomes* (Epitaphium v. 3–4). Das Andenken an N. reicht im Kloster St. Gallen bis ins SpätMA, was durch die 'Continuatio Casuum sti. Galli' des → Konrad von Fabaria (2. Viertel 13. Jh.), c. 3, über hervorragende Persönlichkeiten belegt ist, zu denen der Verfasser *Nogkerum magistrum artis theorice non pigrum* rechnet.

Aus N.s Brief geht für die Beurteilung seiner Persönlichkeit das Folgende hervor: 1. Seine schwerpunktmäßige Ausrichtung auf kirchliche Schriften (*libri ecclesiastici*) für die Schullektüre, zu deren Verständnis allerdings die Artes-Literatur im Sinne eines Hilfsmittels nötig sei. In diesem Sinn kehrte er als Übersetzer im Alter selbst zu den göttlichen Schriften zurück (*reuersus ad divina*). 2. Seine pädagogisch-hilfreiche Zielsetzung, dem Verständnis schwieriger Texte durch seine Schüler mittels Übersetzung und Kommentierung in die Volkssprache entgegenzukommen, wozu er immer wieder aufgefordert wurde, nachdem er einmal damit begonnen hatte.

Zusammenfassend kann man aufgrund von N.s Selbstzeugnis wie von Ekkehards IV. Schilderung vier Hauptkomponenten erkennen, die seine Persönlichkeit bestimmt haben:

(1) breiteste Gelehrsamkeit als Magister (Schulvorsteher) auf dem Gebiet der Artes wie der Theologie, (2) schulisch-pädagogisch erfüllte Nächstenliebe von hilfreicher Gesinnung und höchster Verständlichkeit im Erklären (vgl. *Notker apertus; Iob ... quem ... fecit apertum* bei Ekkehard IV.), (3) bewundernswerte Kompetenz im (für St. Gallen erstmaligen) volkssprachlichen Schreiben und Übersetzen, (4) tief demütige, für die Mitmönche vorbildliche Religiosität. Alle diese Kom-

ponenten haben ihren Niederschlag in N.s umfangreichem Übersetzungswerk gefunden, das nach Erstmaligkeit (Artes-Literatur, Schullektüre, Sprichwörter) wie Vollständigkeit (Psalter, Cantica, katechetische Stücke) fast nur aus Unica der ahd. Literatur besteht.

III. Werke.
N.s ahd. und lat. Schriften ergeben insgesamt ein schulisch-wissenschaftliches Kompilations- und Übersetzungswerk, das mehr oder weniger sämtliche *septem artes liberales* (von N. selbst als *die siben bûoh-liste*, PIPER, Ausg. I 65, bezeichnet) sowie theologische Werke umfaßt. N. umreißt in seinem werkbiographischen Brief selbst den Umfang seines Schaffens nach kommentierten Übersetzungen und lat. Schulkompilationen. Diese letzteren dürften zeitlich am Anfang stehen, da N.s so umfangreiches und textlich außerdem teilweise so anspruchsvolles Übersetzungswerk nicht ohne größere schulisch-wissenschaftliche Vorstudien denkbar ist. Dafür sprechen auch die direkten Übereinstimmungen der in die Boethius-Übersetzung, Buch II, eingefügten kurzen ahd. Rhetorik (PIPER, Ausg. I 65–72) mit der größeren lat.(-ahd.) Rhetorik (PIPER, Ausg. I 623–684): Die ahd. ist als Teilauszug aus der letztgenannten zu verstehen (SONDEREGGER, 1986). Nach BACKES, 1982, ist schließlich der grammatische Traktat 'Quomodo VII circumstantie rerum in legendo ordinande sint' aus der St. Galler Schule (s. u. 1.1.), der als Schlüssel zu N.s lat.-ahd. syntaktisch-semantischem Textaufgliederungsverfahren im Sinn einer *constructio in legendo* zu verstehen ist, mit großer Wahrscheinlichkeit N. selbst zuzuschreiben. Darin wäre eine Art lehrhaften Ausgangswerkes noch ohne ahd. Übersetzungen zu sehen.

N.s Werke können verschieden eingeteilt werden, sei es nach der allerdings unvollständigen Reihenfolge seiner Selbstdarstellung im Brief, d. h. für die Übersetzungen entstehungsgeschichtlich, mit nachfolgender Anfügung der lat. Schriften (so KOEGEL, S. 603–613; EHRISMANN, S. 426–451; DE BOOR, S. 105), sei es nach systematischen Gesichtspunkten (Artes, poet. Werke der Schullektüre, Bibel und Theologie, so Überblick bei SONDEREGGER, 1970, S. 85).

Vorsichtigerweise kann man nach N.s Brief und darüber hinaus folgende chronologische Werkfolge annehmen: Grammatischer Traktat (sofern sicher von N.), lat. Rhetorik, Boethius ('Consolatio' mit kleiner ahd. Rhetorik und evtl. 'De sancta trinitate'), poetische Schullektüre ('Disticha Catonis', Vergils 'Bucolica', 'Andria' des Terenz), Martianus Capella, Boethius-Aristoteles 'Categoriae' und 'De interpretatione', sodann kleinere Schriften zur Logik (sofern diese den größeren dialektischen Werken nicht vorausgehen), Boethius 'De institutione arithmetica', vielleicht dann 'De musica' und 'Computus', abschließend Psalter und (auszugsweise) 'Moralia in Iob'.

Was die Organisation der Texte betrifft, so ist hervorzuheben, daß selbst in den Übersetzungen der lat. Auctortext (nicht aber der zusätzlich herangezogene und in die Übersetzung entweder eingearbeitete oder erweiternd übersetzte lat. Kommentartext eines oder verschiedener Verfasser) in schulisch vereinfachter Gliederung Satz für Satz, bzw. Teilsatz für Teilsatz, stets vorausgeht; die Hss. (und danach die wiss. Ausgaben seit HATTEMER) vermitteln so einen lat.-ahd. Gesamttext (ohne die lat. Kommentare, die editorisch vollständig erst bei KING und TAX berücksichtigt sind), wie es eben N.s Übersetzungsintention entsprach.

1. Gruppe: Trivium.
1.1. Grammatik i.w.S.: Lat. grammatischer Traktat 'Quomodo VII circumstantie rerum in legendo ordinande sint' (Brüssel, Kgl. Bibl., cod. 10615–10729, 12. Jh., in derselben Quaternio wie N.s Brief, Rhetorik und 'De partibus logicae'. Ausg. PIPER I, S. XIII–LXXXIX). Sehr wahrscheinliche Zuweisung an N. durch BACKES, 1982, S. 31–64, sicher aus der St. Galler Schule (PIPER I, S. LXXXIX), was zusätzlich dadurch gestützt wird, daß sich dieser Traktat fast vollständig auch in der aus der ehemaligen Klosterbibl. St. Gallen

stammenden Hs. Zürich, Zentralbibl., cod. C 98 (427), 11. Jh., findet.

Vgl. den Hss.-Katalog von MOHLBERG, 1951, S. 51 f., mit der Zuweisung *Notker Labeo, Rhetorica;* vgl. ferner P. PIPER, Zu N.s Rhetorik, ZfdPh 22 (1890) 277–286.

1.2. Rhetorik:

(1) 'De arte rhetorica', lat. mit teilw. ahd. Begriffen und Beispielen bzw. Beispielversen.

Hss. München, clm 4621, 47^r–75^r, 11./12. Jh.; Zürich, Zentralbibl., cod. C 121 (426), 59^r–73^r, 1. H. 11. Jh. (aus St. Gallen); Brüssel, Kgl. Bibl., cod. 10662, 58^r, 12. Jh. Ausg. PIPER I 623–684.

(2) Sog. kleine ahd. Rhetorik (vgl. SONDEREGGER, 1986), zusätzlich in die Boethiusübersetzung 'De consolatione philosophiae', Buch II, eingefügt.

Hss. s. dort. Text PIPER I 65–72, vgl. auch I 123–124; KING/TAX, Bd. 1, S. 54–62, vgl. auch 1, S. 106–107.

(3) Wesentlich von der Rhetorik mitbestimmt ist ferner die kleine lat.-ahd. Schrift 'De syllogismis' (Ausg. PIPER I 596–622), die ebenso zur Dialektik gerechnet werden kann (s. u. bei 1.3.).

1.3. Dialektik/Philosophie:

(1) Ahd. → Boethius-Übersetzung 'De consolatione philosophiae'.

Hss. St. Gallen, Stiftsbibl., cod. 825, S. 4–271, 1. H. 11. Jh. (um 1025); Zürich, Zentralbibl., cod. C 121 (462), 49^v–51^v, 1. H. 11. Jh. (aus St. Gallen, aber etwas später als Sang. 825). Ausg. PIPER I 1–363; KING/TAX, Bd. 1 (TAX, Buch I/II, hier zwei weitere Hss.-Frgm.e mit dem lat. Prolog), in Vorbereitung Bd. 2–3 (= Buch III–V).

(2) Ahd. Übersetzung von Boethius' Bearbeitung der 'Categoriae' des → Aristoteles (Κατηγορίαι, erster Teil des Aristotelischen Ὄργανον).

Hss. St. Gallen, Stiftsbibl., cod. 818, S. 3–143, 11. Jh. und cod. 825, S. 275–338, 11. Jh. Ausg. PIPER I 365–495; KING/TAX, Bd. 5 (KING).

(3) Ahd. Übersetzung von Boethius' Bearbeitung der Schrift 'De Interpretatione' (Περὶ ἑρμηνείας, zweiter Teil des Aristotelischen Ὄργανον).

Hss. St. Gallen, Stiftsbibl., cod. 818, S. 143–246, 11. Jh. Ausg. PIPER I 497–588; KING/TAX, Bd. 6 (KING).

(4) 'De partibus logicae', lat. mit ahd. Sprichwörtern als erklärenden Textbeispielen.

Hss. Zürich, Zentralbibl., cod. C 121 (462), 51^v–54^v, 11. Jh. (aus St. Gallen); Brüssel, Kgl. Bibl., cod. 10664, 64^v–65^v, 12. Jh.; unvollst. Wien, cod. 275, 91^v, 11. Jh.; unvollst. St. Gallen, Stiftsbibl., cod. 242, S. 267, 11. Jh.; nur Sprichwörter St. Gallen, Stiftsbibl., cod. 111, S. 352, 11. Jh.; unvollst. München, clm 4621, Bl. 75, 11./12. Jh. Ausg. PIPER I 591–595.

(5) 'De definitione', Bruchstück einer Logik, lat. und teilweise ahd. übersetzt und erklärt.

Hss. Wien, cod. 275, 92^{r-v}, 11. Jh.; die ersten fünf Worte auch Zürich, Zentralbibl., cod. C 121 (462), 55^v, 11. Jh. (aus St. Gallen). Ausg. zuletzt STEINMEYER, Sprachdenkm., Nr. XXV, S. 118–120.

(6) 'De syllogismis', lat.-ahd. Doppeltext, dessen ahd. Bestandteile teils Übersetzungen, teils weiterführende Erklärungen oder Beispiele (auch Sprichwörter) sind.

Hs. Zürich, Zentralbibl., cod. C 121 (462), 28^r–49^r, 11. Jh. (aus St. Gallen). Ausg. PIPER I 596–622.

2. Gruppe: Quadrivium.

2.1. Arithmetik.

N. nennt in seinem Brief eine ahd. Übersetzung der *principia arithmetice,* die verloren ist, sich aber auf Boethius' 'De institutione arithmetica' beziehen dürfte.

'De inst. ar.' ist in St. Gallen in cod. 248 überliefert; vgl. auch die Boethius zugeschriebene 'Ars geometriae et arithmeticae' in cod. Sang. 830. Beide Werke wurden von N. für die 'Categoriae'-Übersetzung benützt, wie aus KING/TAX, Bd. 5, S. X, hervorgeht; vgl. auch HELLGARDT, 1979.

2.2. Musik.

'De musica', einzige völlig ahd. (unter Beizug lat. Termini) verfaßte Schrift N.s in fünf Kapiteln, die in seinem Brief nicht erwähnt ist.

Hss. St. Gallen, Stiftsbibl., cod. 242, S. 10–16, 11. Jh. (ohne Kap. 1); München, clm 18937, 295^v–297^v, 11. Jh. (aus Tegernsee, nur Kap. 1); Leipzig, UB, cod. Paulinus 1493, S. 60^a–61, 11. Jh. (Kap. 1 u. 5); München, clm 27300, Bl. 75, 11. Jh.

(aus Regensburg, Teil von Kap. 5); Wolfenbüttel, Hzg.-Aug.-Bibl., cod. Gudianus 72, 48^v, 11. Jh. (Kap. 5). Ausg. Piper I 851–859.

2.3. Astronomie. Lat. 'Computus', Anleitung zur Zeitberechnung.

Hss. München, clm 14804, 12. Jh.; Paris, Bibl. nat., Nouv. acqu. 229, 12. Jh.; über eine verlorene Hs. in der Zisterzienser-Abtei von Pontigny (Kelle, S. 404). Ausg. G. Meier, 1887.

3. Gruppe: Artes liberales i. a.

Ahd. Übersetzung von Martianus Capella, 'De nuptiis Philologiae et Mercurii', d. h. von der unter diesem Titel stehenden Enzyklopädie der *septem artes liberales* Buch I–II (titelgebende Rahmenerzählung) von insgesamt neun Büchern.

Hs. St. Gallen, Stiftsbibl., cod. 872, S. 2–170, 11. Jh. Ausg. Piper I 685–847; King/Tax, Bd. 4 und 4 A (King).

4. Gruppe: Poetische Werke der Schullektüre.

N. selbst sagt in seinem Brief *rogatus [sum] et metrice quaedam scripta in hanc eandem [sc. nostram] linguam traducere, Catonem scilicet et Bucolica Virgilii et Andriam Terentii.* Obwohl diese Übersetzungen verloren sind, darf man ihre einstige Existenz daraus folgern, also auf eine Übersetzung der 'Disticha Catonis' (→ 'Cato'), von → Vergils 'Bucolica' und der Komödie 'Andria' des Terenz schließen. Auf diese und ähnliche Schullektüre verweist N. in seinem Werk mehrmals. Nach N.s schulischem Übersetzungsverfahren zum vollständigen Verständnis des lat. Textes wird man eine prosaische Verdeutschung mit gelegentlichen Versanklängen annehmen müssen.

5. Gruppe: Bibel und Theologie.

5.1. Bibelübersetzung. Erhalten ist aus dieser 5. Gruppe einzig die kommentierende Übersetzung des gesamten Psalters, gefolgt von den Cantica und den katechetischen Stücken (Oratio dominica, Symbolum apostolorum, Fides sti. Athanasii episcopi). Davon liegen zwei Fassungen vor, der ursprüngliche St. Galler Text N.s (vor 1020 entstanden), und der sog. Wiener Notker, eine bair., in der Kommentierung gestraffte Bearbeitung noch des 11. Jh.s (wahrscheinlich aus dem Kloster Wessobrunn), in deren Überlieferung Ps 51–100 fehlen.

(1) St. Galler Fassung. Hss. Einzige vollst. Textgrundlage St. Gallen, Stiftsbibl., cod. 21, S. 8–575, Mitte 12. Jh. (= R, aus Einsiedeln, wahrscheinlich dort geschrieben, seit dem 17. Jh. in St. Gallen, indessen vom verlorenen, bis ins 17. Jh. bezeugten St. Galler Codex S [oder Vadianus] aus der Mitte des 11. Jh.s abhängig, über den viele Zeugnisse und aus dem gegen 100 Zitate in Hss. und Drucken des 16. und 17. Jh.s vorliegen, gesammelt bei Hertenstein, 1975, S. 201–269); dazu bis heute 17 Fragmente (mit Einschluß einer Abschrift von Ps 134 aus S durch Melchior Goldast), die größten Teils ins 11. Jh. zurückreichen (Übersicht in der Ausg. von King/Tax, Bd. 8, S. XVI–XIX; Bd. 10, S. 609–610; Stemma bei Lloyd, 1958 [s. u. IV. Lit. zur Überl.], S. 64, 68). Ausg. Piper II; King/Tax, Bd. 8, 9, 10 und 8 A, 9 A, 10 A (Tax).

(2) Wiener Notker. Hs. Wien, cod. 2681, 1–103^v, 108–212^r, 213–232^r, 12. Jh. Ausg. Piper III; R. Heinzel/W. Scherer, 1876.

(3) Weitere Psalterbearbeitungen. Schon einzelne Hss.-Frgm.e dürfen als Zeugnisse einer teilw. Umarbeitung von N.s Psalter angesehen werden, so die St. Pauler Bruchstücke des 12. Jh. aus St. Blasien im Schwarzwald, das Fragmentblatt der Stiftsbibl. Aschaffenburg Mitte 12. Jh. Schließlich liegt aus dem SpätMA im sog. Münchener Psalter (cgm 12) eine Umarbeitung aus dem Kollegiatstift St. Nikolaus in Passau vor (Lit. und Texte in der Ausg. von King/Tax, Bd. 8–10; vgl. die Übersicht bei Sonderegger, 1970, S. 102).

(4) Über die von St. Gallen ausgehende Glossierung von N.s Psalter vgl. u. VIII.

5.2. Bibelkommentierung. Seinem Brief zufolge hat N. nach Vollendung des Psalters mit dem Hiob begonnen (*Iob quoque incepi*), den er nach Ekkehard IV. 'De aliis sincellitis' auch vollendet hat und unter dem (ebenfalls nach Ekkehard) die Übersetzung von Gregors d. Gr. 'Moralia in Iob' zu verstehen ist (*Gregorii pondus dorso levat ille secundus,* dazu Ekkehards Glosse *Moralia teutonice ab illo*). N. ging also in diesem verlorenen Werk primär von der Bibelkommentierung aus, während er im Psalter bzw. in seinen übrigen Verdeutschungen die Kommentare zusätzlich heranzog. Natürlich enthält die zu Grunde liegende, zur Zeit N.s noch vollständige Textvorlage (cod. Sang.

206–210, 9. Jh.) auch den lat. Hiobtext, wobei der Kommentar wie sonst bei N. schon wegen des großen Umfangs nur verkürzt wiedergegeben werden konnte (dazu kritisch A. WOLF, 1961, S. 156 f.)

5.3. Theologie. Nach N.s Brief steht Theologisches schon am Anfang seines übersetzenden Schaffens: Er begann mit zwei Büchern des Boethius, nämlich mit der 'Consolatio' und vermutlich mit der Schrift 'De sancta trinitate' (*Quod dum agerem in duobus libris Boethii, – qui est de consolatione Philosophiae et in aliquantis de sancta trinitate* –, vgl. zur vieldiskutierten Stelle zuletzt HELLGARDT, 1979, S. 186–189). Zur Diskussion steht auch die Bearbeitung eines, allenfalls mehrerer *opuscula sacra* des Boethius (anders SCHRÖBLER, 1948, welche für Augustins 'De trinitate' eintritt); erhalten ist indes keine derartige Schrift. Jedenfalls kehrt er, wiederum nach seinem Brief, später zu den theologischen Werken zurück (*Hinc reversus ad divina* [es folgen die Nennungen der Psalter- und Hiob-Übersetzung]), so daß sich eine werkgeschichtliche Umrahmung seiner Übersetzung durch die theologisch-biblische Literatur ergibt.

Insgesamt erfüllt sich N.s lat. und ahd. Werk in den beiden von Cassiodor in den 'Institutiones' als *litterae divinae* oder *sacrae* und *litterae saeculares* oder *humanae*, auch *mundanae* bezeichneten Bereichen der theologischen und weltlichen Bildung, deren Ziel indessen die christlich-religiöse Einsicht in die göttlichen Dinge (*divina = tíu gótelîchin ding*, PIPER I 620) ist. Insofern bleibt der Stellenwert der Artes liberales nach N.s Brief gemäß patristischer Tradition auf eine Hilfsfunktion beschränkt, die freilich zum vollen Verständnis (*ad intellectum integrum*) der kirchlichen Schriften nötig ist. Wenn auch umfangmäßig N.s Übersetzungen aus dem weltlichen Artes-Bereich überwiegen, hat er dennoch sein Werk mit Psalter und der verlorenen Übertragung von Gregors d. Gr. 'Moralia in Iob' geistlich überwölbend abgeschlossen. Doch selbst in den Artes-Werken bleibt, durch die frühmal. Kommentare mitbedingt, die *interpretatio christiana* im Vordergrund (vgl. zur Boethius-Übersetzung SCHRÖBLER, 1951/52 u. 1953, S. 1–20).

IV. Überlieferung.

Die hs.liche Überlieferung von N.s Werken zeigt einen klaren Schwerpunkt im St. Galler Scriptorium des 11. Jh., wohin auch die Zürcher Hss. zurückweisen, ferner die Grundlage von N.s Psalter (verlorener, aber für St. Gallen bis ins 17. Jh. bezeugter cod. S oder *Vadianus*). Daneben sind zwei auswärtige Überlieferungsschwerpunkte zu erkennen: der bair.-österr. Strang vor allem von N.s Psalter und ein westdeutsch-lothringisch-frz. Strang, der sich aus der Quaternio st. gallischer Schriften und ihrer Parallelüberlieferung im cod. Bruxellensis 10615–729 (ursprünglich aus Trier, mit Vorlagen vermutlich aus Lothringen, vgl. HELLGARDT, 1979, S. 174–180, mit neuer Datierung nach Mitte 12. Jh.) ergibt. Die st. gallischen Hss. sind Abschriften der Zeit unmittelbar oder länger nach N.s Tod (1022), doch zumeist noch des 11. Jh.s, auch von unterschiedlicher Sorgfalt (am besten Boethius-Übersetzung cod. Sang. 825). Ein zweizeiliges Autograph N.s liegt nach Ekkehards IV. Bemerkung in cod. Sang. 621, p. 351 (Orosius, 'Historia adversus paganos', korr. von Ekkehard IV.) vor (SCHERRER, S. 202, Abb. MGH SS II, tab. VI).

Literatur zur Überlieferung: Grundsätzlich in den Ausgaben (s. u. V.). Ält. Lit. bei EHRISMANN, LG ²I 426–451. Hss.-Kataloge: G. SCHERRER, Verzeichnis d. Hss. der Stiftsbibl. St. Gallen, 1875; L.C. MOHLBERG, Katalog d. Hss. d. Zentralbibl. Zürich I. Mal. Hss., Zürich 1951. Ergänzend A. BRUCKNER, Scriptoria medii aevi Helvetica, Bd. II–III (= St. Gallen I–II), Genf 1936–38, und Bd. IV (= Stadt und Landschaft Zürich), Genf 1940; E. STUDER, Leonz Füglistaller 1768–1840, Leben u. german. Arbeiten, Diss. Basel, Freiburg/Schweiz 1952; A.L. LLOYD, The Manuscripts and Fragments of N.'s Psalter (Beitr. z. dt. Philologie 17), 1958; A. WOLF, 1961, S. 145–158; SCHRÖBLER, 1948, S. 32–46; HELLGARDT, 1979, S. 169–192; HERTENSTEIN, 1975; SONDEREGGER, 1982.

V. Ausgaben.

Über die früheren Ausgaben s. SONDEREGGER, 1982, S. 26–30, 34–38, 41, 47–57, 93–104, 120–122; vgl. HERTENSTEIN, 1975.

Erste Gesamtausgabe mit lat. Text nach den Hss. durch H. HATTEMER, Denkmahle des MAs., Bd. 2, St. Gallen (1844–)1846 u. Bd. 3 (1846–1849) (= Notker's des Teutschen Werke, Erster u. Zweiter Bd., Nachdr. 1970). Ältere maßgebliche Edition, nach welcher allgemein zitiert und lexikographisch gearbeitet wird: P. PIPER, Die Schriften N.s u. seiner Schule, 3 Bde, 1882/83. Textlich normalisierte Ausgabe mit unvollst. lat. Kommentarstellen: E. H. SEHRT/T. STARCK, N.s d. Dt. Werke, Bd. I, 1–3 Boethius (ATB 32–34), 1933–34; Bd. II Marcianus Capella (ATB 37), 1935; Bd. III, 1–3 Der Psalter nebst Cantica u. katechetischen Stücken (ATB 40, 42, 43), 1952, 1954, 1955. Neue kritische Ausgabe mit vollst. Notker latinus: J. C. KING/P. W. TAX, Die Werke N.s d. Dt., Neue Ausgabe, 1972 ff., bisher Bd. 1, Boethius, Buch I/II, von TAX (ATB 94), 1986; Bd. 4, Martianus Capella, von KING (ATB 87), 1979; Bd. 4A Notker latinus zum Martianus Capella, von KING (ATB 98), 1986; Bd. 5 'Categoriae', von KING (ATB 73), 1972; Bd. 6 'De Interpretatione', von KING (ATB 81), 1975; Bd. 8, 9, 10 Der Psalter, von TAX (ATB 84, 91, 93), 1979, 1981, 1983; und Bd. 8A, 9A, 10A, Notker latinus, Die Quellen zu den Psalmen, von TAX (ATB 74, 75, 80), 1972, 1973, 1975.

Einzelwerke: 'De partibus logicae': MSD Nr. LXXXI; STEINMEYER, Sprachdenkm., Nr. XXV. Lat. 'Computus': G. MEIER, Die sieben freien Künste im MA, Schulprogramm Einsiedeln, 1887, S. 31–34; P. PIPER, Nachträge z. älteren dt. Litteratur (DNL 162), 1898, S. 312–318. Lat.(-ahd.) Rhetorik: E. PLEW, Zu der Notkerischen Rhetorik, Germ. 14 N.R. 2 (1869) 47–65 (nach der Brüsseler Hs.). Wiener Notker: R. HEINZEL/W. SCHERER, N.s Psalmen nach der Wiener Hs., 1876. Münchener Psalter (nach N.): A. L. LLOYD, Der Münchener Psalter d. 14. Jh.s. Eine Auswahl zusammen mit d. entsprechenden Teilen von N.s Psalter (TspMA 23), 1969. Ahd. Verse aus N.s lat.(-ahd.) Rhetorik: MSD Nr. XXVI. Sprichwörter, z. T. aus N.: MSD Nr. XXVII, 1; STEINMEYER, Sprachdenkm., Nr. LXXXVI. Katechetische Stücke: MSD Nr. LXXIX. N.s Brief: PIPER I 859–861; HELLGARDT, 1979, S. 172 f. Übersetzungen des Briefes bei BAECHTOLD, S. 61 f.; EHRISMANN, S. 421 f.; SINGER, 1922, S. 78–80. Zu den Ausgaben der verschiedenen Hss.-Fragmente vgl. die neueren Gesamteditionen seit PIPER, für den Psalter auch LLOYD, 1958.

VI. Literaturgeschichtliche Bedeutung.

N. steht am Endpunkt der ahd. Literatur, die in sich keine entwicklungsgeschichtliche Einheit bildet (SCHRÖDER, 1959), wenn sich darin auch meist voneinander unabhängige Stufen einer übersetzungsgeschichtlichen Entfaltung ergeben, die von der Glossierung über Interlinearversion, interlinearartige Übersetzung bis zur volkssprachlich freien oder dichterischen Übersetzung führt. Diese letzte Stufe hat N., für den volkssprachliche Übersetzung selbst noch einen unerhörten Neubeginn bedeutet hat (Brief: *ausus sum rem paene inusitatam, ut latine scripta in nostram [linguam] conatus sim vertere*), nach lat. und ahd. Sprachbeherrschung in seiner rhythmisch gegliederten und oft genug stilistisch – stellenweise geradezu dichterisch – durchgeformten Übersetzungsprosa erreicht. Dementsprechend liegt N.s Hauptbedeutung in seiner bahnbrechenden Leistung für die Übersetzungsgeschichte des Deutschen.

Als Komponenten von N.s Übersetzungskonzeption können zusammenfassend fünf Gesichtspunkte genannt werden: (1) Bildungsgeschichtlicher Impuls i. a., mit spezieller Ausrichtung auf das Verständnis christlicher, biblischer Texte (*libri ecclesiastici*), orientiert bes. an Cicero (dazu SONDEREGGER, 1971; ders., N. d. Dt. u. Cicero, 1980), Martianus Capella, Augustinus (dazu SCHRÖBLER, 1948; BACKES, 1982) und Cassiodor, frühmal. u. a. an Remigius von Auxerre und Gerbert von Reims (dazu SCHRÖBLER, 1944; 1953, S. 151–169). Jedenfalls spiegelt N.s Werk erstmals in der Geschichte des Deutschen ein breites Übersetzungsspektrum von den Artes bis zur Theologie und Bibel, wie es nur auf dem Hintergrund einer umfassenden persönlichen Bildung sowie eines breit angelegten frühmal. Scriptoriums möglich war. Mit N. wird deshalb über das Medium volkssprachlicher Übersetzung die mal. Rezeption antiker und frühchristlicher Bildung vertieft und erweitert, auch wenn dies außerhalb des Psalters ohne Nachwirkung bzw. auf die St. Galler Klosterschule des 11. Jh. beschränkt blieb. (2) Linguistische Erkenntnis von Notwendigkeit und Vorteilen des muttersprachlichen Unterrichts (SONDEREGGER, Gesprochene Sprache, 1980), wie dies N. in seinem Brief umschreibt (*quam cito capiuntur per patriam linguam, quae aut vix aut non integre capienda forent in lingua non propria*), was zur Verwirklichung einer durchgehenden Textübersetzung in ständiger kontextualer Übersetzungskunst von höchster lexikalischer und stilistischer Differenzierung führte, mehr freilich in den weltlichen als in den teilweise befangener wirkenden kirchlichen Übertragungen (vgl. LUGINBÜHL, ²1970, S. 119–123). (3) Pädagogisch-didaktische Zielsetzung mit Aufgliederung des Textes in eine verständliche lat. Schulfassung (*constructio in legendo*, BACKES, 1982) mit anschließender ahd. Übersetzung unter Beibehaltung lat. Bestandteile als bildende, oft sinngebende Leitreservate (sog. Mischsprache oder Mischprosa, vgl. HOFFMANN, 1910) sowie mit schulsprachlichen Überleitungen oder rhetorischen Fragen (SONDEREGGER, 1970, S. 87–90; NÄF, 1979). (4) Konzeption einer erklärenden, kommentierten Übersetzung, die sich entweder auf einen oder mehrere bis viele, im Einzelfall bis zu zwanzig Kommentare stützt (sog. *Notker latinus*), so daß eine vielschichtige, den Auctor-Text oder Psalter interpretatorisch ergänzende, oft durch erklärende Einschübe zur Sache bereichernde ahd.-(-lat.) Übertragung entsteht. Dies betont N. in seinem Brief ausdrücklich, wenn er sein Verfahren so schildert: *ausus sum..., ut latine scripta in nostram* [*linguam*] *conatus sim vertere et syllogystice aut figurate aut suasorie dicta per Aristotelem vel Ciceronem vel alium artigraphum elucidare*. Die Kommentarfrage läßt sich neuerdings vor allem durch die Edition des Notker latinus in der Ausgabe von KING/TAX überblicken: Boethius, 'De consolatione Philosophiae': Remigius von Auxerre (R) und Anonymus S. Galli (X) in zwei Fassungen (NAABER, 1911; NAUMANN, 1918; KING/TAX [d.h. TAX], Ausg., Bd. I, S. XXII–XXIV). Martianus Capella: besonders Remigius von Auxerre (Remigii Autissiodorensis commentum in Martianum Capellam, libri I–II, ed. C.E. LUTZ, 1962; KING/TAX [d.h. KING], Ausg., Bd. 4A, S. IX–XX). Boethius-Aristoteles, 'Categoriae' und 'De Interpretatione': vor allem weitere Kommentare des Boethius, neben grammatischen, rhetorischen und enzyklopädischen Schriften (darunter Cicero, Cassiodor, Donat, Priscian, Isidor, → Alkuin u.a., vgl. KING/TAX [d.h. KING], Ausg., Bd. 5, S. X–XII u. Bd. 6, S. 109–110). Psalter: Hauptquellen Augustinus, 'Enarrationes in psalmos', und Cassiodor, 'Expositio psalmorum', dazu verschiedene Nebenquellen (vgl. HENRICI, 1878; KING/TAX [d.h. TAX], Ausg., Bd. 8A, S. XIX–XLV). 'De arte rhetorica': vor allem Ciceros rhetorische Werke, dazu auch 'Ad Herennium' gerechnet (SONDEREGGER, 1971; ders., Gesprochene Sprache, 1980). (5) Von Nächstenliebe getragene, gegenüber den Latein lernenden Schülern hilfreiche Übersetzungsgesinnung, wie Ekkehard IV. dies ausgedrückt hat (vgl. o. II.), womit seinem Werk eine humane Hilfsfunktion beim stufengerechten Interpretieren vom Einfacheren zum Schwierigeren, von den weltlichen instrumenta der Bildung zur geistlichen Erkenntnis des Göttlichen zukommt.

Obwohl N.s Übersetzungen, entsprechend der für die gesamte ahd. Zeit geltenden Übersetzungshaltung, auf den lat. Grundtext bzw. auf dessen volles Verständnis ausgerichtet bleiben, ist seine Übersetzungsleistung oft über die sinnerfüllte philologische Genauigkeit und formale wie syntaktische Verhaftung im Lateinischen hinausgewachsen. Sie geht nämlich ihren Weg von der Übersetzung als Aneignung griech.-lat. bzw. christlicher Bildung weiter zum Ausgangspunkt stilistischer Sprachtypologie (so vor allem in den logischen Schriften) und zu oft sehr eigenständiger, ja in sich variierender volkssprachlicher Profilierung (Sprichwörter, Beispielverse in der Rhetorik, Stabreimstilisierung in der Übersetzungsprosa, sprech- und schulsprachliche Kurzsätze). Eine vorausliegende ahd. Glossierung hat N. aus dem St. Galler Scriptorium, wo eine solche reich vertreten ist, vermutlich bis zurück zur Abrogans-Hs. (cod. Sang. 911, seit dem 9.Jh. am Ort) natürlich gekannt, wobei sich gelegentlich auffällige Übereinstimmungen der St. Galler Glossen mit N. ergeben (besonders in cod. Sang. 844, Boethius, 'De consolatione Philosophiae', vgl. BACH, 1934; cod. Sang. 820, Cicero, 'De inventione', Glossen vermutlich von N. selbst, SONDER-EGGER, 1970, S. 55 und ders., 1971). Seine textliche Translationsleistung wird dadurch nicht im geringsten gemindert. Aber N. steht sozusagen zwischen einer zaghafteren ahd. Glossierung in St. Gallen vom 8. bis zum 10. Jh. und einer ihm übersetzungsmäßig geradezu folgenden, ihn oft nachbildenden Glossierung im Psalter des 11. Jh.s (sog. St. Galler Glossator, s. u. VIII.). N.s Brief sowie Ekkehards IV. Zeugnisse über N. verbieten die Annahme einer St. Galler Übersetzerschule, wie sie im 19. Jh. immer wieder geäußert worden ist (zur Forschungsgeschichte vgl. SONDEREGGER, 1982), so daß N. als einsamer Sprachmeister und Bildungsvermittler über die Volkssprache dasteht, so wie er sich übrigens selbst gefühlt hat. Eine scharfe Trennung zwischen Übersetzen und Erklären (Brief: *vertere et elucidare*; *interpretari et exponere*; dazu *traducere, transferre*) vollzieht N. nicht, da *interpretari* für ihn 'übersetzen' wie 'deuten' (ahd. i.d.R. *ántfristôn* und *diuten*) meint und der Übersetzungsvorgang weniger durch termini technici als öfter durch (z. T. sprachanzeigende) Markierungselemente bezeichnet wird, was zu N.s Schulstil gehört (SONDEREGGER, 1987).

VII. Sprachgeschichtliche Bedeutung.

N.s sprachgeschichtliche Bedeutung läßt sich entsprechend dem von ihm selbst so intensiv erforschten Trivium nach Grammatik, Rhetorik und Dialektik bestimmen. Ähnlich wie →Otfrid von Weißenburg mußte er zunächst eine volkssprachliche Graphematik schaffen, zu der er teilweise in seinem Brief Stellung nimmt: *Oportet autem scire, quia verba theutonica sine accentu scribenda non sunt praeter articulos, ipsi soli sine accentu pronuntiantur acuto aut circumflexo.* Daraus geht vor allem hervor, daß N., wie auch sein differenziertes Schreibsystem mit Akut- und Zirkumflexakzent erweist, phonetisch möglichst genau nach der volkssprachlichen alem.-spätahd. Aussprache geschrieben hat. So spricht man in der ahd. Grammatik von N.s Anlautsetz als satzphonetischer Regelung von hartem und weichem Anlaut bei den Verschlußlauten *d* (⟨*th*⟩)/*t*, *b/p*, *g/k* sowie teilweise bei *v/f*, ferner von N.s Auslautgesetz mit differenzierter Nebensilbenvokalregelung Vollton/Schwachton je nach Position und Quantität. Dies gibt der Notkerschen Sprache eine dem Mhd. vergleichbare Geschmeidigkeit bei nur teilweisem Verlust der ahd. Vokalfülle. Grammatisch liegt in N.s Sprache das Spätahd. der Nordostschweiz vor, mit frk. Ausrichtung gegen die übrigen St. Galler Quellen nur im Fall von ahd. *iu* ⟩ *ie* vor Labial und Guttural. Jedenfalls ist N. einer der ersten pragmatischen Grammatiker in der Geschichte des Deutschen. In den Hss. ist sein ausgefeiltes grammatisches System nur noch teilweise streng verwirklicht, je nach Alter der Überlieferung (vgl. die Ausgabe von KING/TAX, sowie ZÜRCHER, 1978).

Zur Rhetorik ist N.s ausgeformte Stilistik zu rechnen, Wortwahl, syntaktische Gliederung, Wortstellung, oft in profilierender Abweichung zum lat. Grundtext, teilweise schon in N.s lat. Text vorgeformt, rhythmische Stilisierung (bis hin zur Stabreimverwendung) und Variation.

In die Dialektik kann man N.s differenzierte Terminologie einordnen, da sich diese weitgehend in sein dialektisches Argumentationsverfahren einfügt (vgl. zur philosophischen Terminologie JAEHRLING, 1969). Auch syntaktisch-stilistisch wie terminologisch zeigt N. eine doppelseitige Verankerung: im Lat. z.B. mit A.c.I.- und Partizipial-Konstruktionen sowie Kasussyntax, Lehnbildungen und lat. Reservaten im ahd. Text, in der Volkssprache mit verschiedenen Tendenzen einer spezifisch ahd. Sprachausrichtung, sog. Stilgesetzen der eigenen Sprache, Reflexen volkssprachlicher Beobachtung, zurückhaltendem Fremdwortgebrauch. Als erstem Artes-Übersetzer kommt N. schließlich eine besondere Stellung in der Geschichte der dt. Fachsprachen und Fachliteratur zu. In der dt. Bibelübersetzung und damit Bibelsprache bildet N.s Psalter als ältestes erhaltenes, zudem breit kommentiertes Werk einen besonderen Markstein, der nicht ohne Nachwirkung blieb.

VIII. Nachwirkung.
Von einer Nachwirkung N.s im Sinne einer Primärrezeption kann zunächst in der Schule des Klosters St. Gallen gesprochen werden (GREEN, 1984), wozu die Zeugnisse Ekkehards IV. (s. o. II.) zu rechnen sind. Dazu gehört auch die sog. → 'St. Galler Schularbeit' (1. Hälfte des 11. Jh.s), ein lat.-ahd. Übungsstück zum Verständnis verschiedener Sätze aus der klösterlichen Schullektüre. Ekkehard IV. bezeugt auch das auswärtige Interesse an N.s Psalter und Hiob anläßlich des Besuches der Kaiserin Gisela, der Gemahlin Konrads II., welche sich im Jahr 1027 in St. Gallen zusammen mit ihrem Sohn (nachmals Kaiser Heinrich III.) aufgehalten hat ('De aliis sincellitis', Gl. zu v. 67: *Kisila imperatrix operum eius avidissima, psalterium ipsum et Iob sibi exemplari sollicite fecit*). Von der ahd.-lat. Mischprosa her steht → Williram von Ebersberg mit seiner Paraphrase des Hohenliedes um 1060 N. am nächsten, ohne daß sich sichere Verbindungen zu einer N.-Rezeption erweisen lassen. Einflüsse von N.s Sprache, Akzentuierung und Kanon zeigt die frühmhd., alem. gefärbte Übersetzung von → 'Alkuins Traktat de virtutibus et vitiis' des 12. Jh.s. Indirekte Hinweise auf N.s Nachwirkung ergeben sich sodann aus der hs.lichen Verbreitung vor allem seiner lat. Schriften (vgl. oben IV.).

Im Zentrum von N.s Nachwirkung aber steht der Psalter; diese beginnt bereits im 11. Jh. mit der St. Galler Glossierung, d.h. mit dem sog. St. Galler Glossator (SONDEREGGER, 1970, S. 113–123; KÖBLER, Wörterbuch, 1986, mit Lit.). Wie für N.s Psalter bildet cod. Sang. 21 (R) aus dem 12. Jh. die Überlieferungsgrundlage, doch zeigen schon die Bearbeitungen von N.s Psalmen aus St. Blasien im Schwarzwald (sog. St. Pauler Bruchstücke, 12. Jh.) und (wahrscheinlich) in Wessobrunn (sog. Wiener Notker, 11. Jh.) eine Rezeption dieser Glossierung. Inhaltlich geht es bei dieser in R interlinear angeordneten, aus etwa 7000 Einzelformen bestehenden, oft ganze Sätze umfassenden Glossierung, die vor allem die ersten zwei Drittel des Psalters umfaßt, um die zusätzliche Übersetzung der lat. Reservate und meist neutestamentlichen Bibelzitate N.s. Diktion und Sprachbeherrschung zeigen einen Sprachkünstler von höchster Meisterschaft, der die einmal gegebene Übersetzung nie einfach mechanisch beibehält, sondern immer wieder aufs neue abwandelt, verfeinert und differenziert. Die Glossierung folgt zwar N. in rezeptiver Wiederaufnahme seiner Begriffe, die sie ihrerseits variiert und mannigfach ausbaut. Der Sprachstand ist etwas jünger als derjenige N.s, entspricht ihm aber alem.-mundartlich; dabei erscheint sein Akzentsystem in freierem Gebrauch übernommen. Man hat in der Forschung immer wieder mehr oder weniger zweifelnd an den als variationsreichen lat. Glossator bekannten Ekkehard IV. als Verfasser gedacht, was SONDEREGGER 1970 näher zu begründen suchte.

Auch die weitere deutschsprachige Nachwirkung N.s bleibt praktisch auf den Psalter (mit Cantica und katechetischen Stücken) beschränkt, dürfte hier aber weiter reichen, als in der N.-Forschung i. a. angenommen, wie neuere Untersuchungen zur Geschichte der dt. Bibelübersetzung des 12. bis 14. Jh.s erweisen: über den Wessobrunner Kreis (sog. Wiener Notker und seine Sippe, vgl. die Texte bei STEINMEYER, Sprachdenkm., Nr. XXVIII–XXXIII) hinaus zur → 'Windberger Interlinearversion zum Psalter' und zu weiteren Psalmenübersetzungen innerhalb des sog. 19. Psalters im Hoch- und SpätMA (→ 'Psalmenübersetzungen [spätmal.]'), vielleicht indirekt bis zu Luther (auffallende Parallelen in der Vaterunser-Übersetzung zwischen N. und Luther bei SONDEREGGER, 1976).

IX. Literatur (Auswahl). Ältere Lit. bei KELLE; BAECHTOLD; KOEGEL; EHRISMANN. Neuere und ält.

Lit. in der Ausgabe von KING/TAX (jeweils bandweise im Abkürzungs- und Literaturverz., ferner Register zur Wortschatzforschung über N.s Psalter und dessen Glossator Bd. 10, S. 587–608); G. KÖBLER, Slg. kleinerer ahd. Sprachdenkmäler, 1986, S. 511–513.

A. Forschungsberichte: H. RUPP, Forschung zur ahd. Lit. 1945–1962 (Referate aus der DVjs), 1965, S. 26–27, 33–35, 66 u.ö., Reg. S. 75; E. HELLGARDT, N. Teutonicus, Überlegungen zum Stand der Forschung, PBB 108 (1986) 190–205 (Forts. angekündigt). – Forschungsgeschichte: B. HERTENSTEIN, Joachim v. Watt (Vadianus), Bartholomäus Schobinger, Melchior Goldast, Die Beschäftigung mit dem Ahd. von St. Gallen in Humanismus u. Frühbarock (Das Ahd. von St. Gallen 3), 1975; ST. SONDEREGGER, Schatzkammer dt. Sprachdenkmäler. Die Stiftsbibl. St. Gallen als Quelle german. Hss.erschließung vom Humanismus bis zur Gegenwart (Bibliotheca Sangallensis 7), St. Gallen 1982, Reg. S. 221.

B. Literaturgeschichtl. Darstellungen; Monographien: P. PIPER, Die älteste dt. Lit. bis um das Jahr 1050 (DNL 1), 1885, S. 337–439; J. KELLE, Die St. Galler dt. Schriften u. N. Labeo (Abhh. d. Bayer. Ak. d.Wiss. 18, Philos.-philol. Cl. 18, 1. Abt.), 1888, S. 206–280; ders., LG I 229f., 232–276, 392–413; J. BAECHTOLD, Gesch. d. dt. Lit. in der Schweiz, 1892, S. 58–75, Anm. S. 17–24; KOEGEL, LG I 2, S. 598–626, vgl. Reg. S. 644; S. SINGER, Die Dichterschule von St. Gallen (Die Schweiz im dt. Geistesleben 8), 1922, S. 78–91; EHRISMANN, LG ²I 416–458; I. SCHRÖBLER, N. III. v. St. Gallen als Übersetzer u. Kommentator von Boethius' De consolatione Philosophiae (Hermaea NF 2), 1953; ST. SONDEREGGER, Ahd. in St. Gallen (Bibliotheca Sangallensis 6), St. Gallen 1970, S. 79–123; DE BOOR, LG ⁹I, 1979 (bearb. v. H. KOLB), S. 104–114, 295–298; H. BACKES, Die Hochzeit Merkurs u. der Philologie, Studien zu N.s Martian-Übers., 1982. – Zur Problematik: W. SCHRÖDER, Grenzen u. Möglichkeiten einer ahd. Literaturgesch. (Berichte über d. Verh. d. Sächs. Ak. d. Wiss. zu Leipzig, Philol.-hist. Kl. Bd. 105, Heft 2), 1959.

C. Verse in der lat.(-ahd.) Rhetorik: grundlegend U. SCHWAB, Eber, aper u. porcus in N.s d. Dt. Rhetorik, Annali dell' Istituto Orientali di Napoli, Sezione Linguistica, IX (1970) 109–245 (auf Estratto steht fälschlich vol. VIII, 1967, paginiert 1–137).

Sprichwörter: Lit. → 'St. Galler Sprichwörter', ²VL II 1053–1056.

D. Quellen, Ausgangspunkt und Kommentarfragen: s. grundsätzlich die Literaturangaben in der Ausgabe von KING/TAX. E. HENRICI, Die Quellen von N.s Psalmen (QF 29), 1878; A. NAABER, Die Quellen von N.s 'Boethius de consolatione philosophiae', Diss. Münster 1911; H. NAUMANN, N.s Boethius, Unters. über Quellen u. Stil (QF 121), 1918; M. CONKLIN, Martianus Capella in N. Labeo and Others, Diss. Columbia Univ., New York 1929; H. LOHMEYER, Vergil im dt. Geistesleben bis auf N. III. (Germ. Stud. 96), 1930, Reg. S. 196; W. BACH, Die ahd. Boethiusglossen u. N.s Übers. der Consolatio, Diss. Halle–Wittenberg 1934; I. SCHRÖBLER, Zum Brief N.s d. Dt. an den Bischof v. Sitten, ZfdA 82 (1948) 32–46; dies., Interpretatio Christiana in N.s Bearbeitung von Boethius' Trost der Philosophie, ZfdA 83 (1951/52) 40–57; A.K. DOLCH, N. Studien, Teil III, Stil- u. Quellenprobleme zu N.s Boethius u. Martianus Capella (New York Univ., Ottendorfer Memorial Series No. 16), [1951]; P.W. TAX, N.s Psalmenerklärung u. Hieronymus, in: Fs. T. Starck, 1964, S. 148–163; H.D. SCHLOSSER, Formwille in N.s Consolatio-Bearbeitung, in: Fs. G. Weber, 1967, S. 79–107; A.K. DOLCH, Quellenprobleme zu N.s Boethius, in: Germanic Studies in Honor of E.H. Sehrt (Miami Linguistic Series 1), Coral Gables/Florida 1968, S. 77–82; P.W.TAX, N.s Erklärung des Athanasianischen Glaubensbekenntnisses u. seine angebliche Schrift De sancta trinitate, ebd., S. 219–228; ST. SONDEREGGER, Die Frage nach N.s d. Dt. Ausgangspunkt, in: Mediaevalia litteraria, Fs. H. de Boor, 1971, S. 119–133; E. HELLGARDT, N.s d. Dt. Brief an Bischof Hugo v. Sitten, in: Befund u. Deutung, Fs. H. Fromm, 1979, S. 169–192; H. BOLLENDER, N.s 'Consolatio'-Rezeption als widerspruchsfreie Praktik, PBB 102 (1980) 325–338; ST. SONDEREGGER, N. d. Dt. u. Cicero, in: Florilegium Sangallense, Fs. J. Duft, St. Gallen 1980, S. 243–266; Zur evtl. Benützung der St. Galler Abrogans-Hs. durch N. ST. SONDEREGGER, Die german. Bedeutung des 'Abrogans' u. der St. Galler 'Abrogans'-Hs., in: Das älteste dt. Buch. Die 'Abrogans'-Hs. der Stiftsbibl. St. Gallen, Im Facsimile hg. v. B. BISCHOFF/J. DUFT/ST. SONDEREGGER, Kommentar, 1977, S. 135–137.

E. Notker in der Schul- u. Bildungsgeschichte: G. MEIER, Gesch. d. Schule von St. Gallen im MA, Jb. f. Schweiz. Gesch. 10 (1885) 33–127; J.M. CLARK, The Abbey of St. Gall as a Centre of Literature and Art, Cambridge 1926, Reg. S. 320; H. BRAUER, Die Bücherei von St. Gallen u. das ahd. Schrifttum (Hermaea 27), 1926, Reg. S. 100; I. SCHRÖBLER, Die St. Galler Wissenschaft um die Jahrtausendwende u. Gerbert v. Reims, ZfdA 81 (1944) 32–43; L.M. DE RIJK, On the Curriculum of the Arts of the Trivium at St-Gall from c. 850–c. 1000, Vivarium 1 (1963–65) 35–86.

F. Sprachgeschichtl. Lit. (1) Allgemein: ST. SONDEREGGER, Tendenzen zu einem überregional geschriebenen Ahd., in: Aspekte d. Nationenbildung im MA, hg. v. H. BEUMANN/W. SCHRÖDER (Nationes Bd. 1), 1978, S. 229–273; ders., Gesprochene Sprache im Ahd. u. ihre Vergleichbarkeit mit dem

Nhd., Das Beispiel N.s d. Dt., in: Ansätze zu einer pragmatischen Sprachgesch., hg. v. H. SITTA (Germ. Linguistik 21), 1980, S. 71–88 u. 132–134.

(2) Lit. zur Grammatik (Laut- u. Formenlehre) bei W. BRAUNE/H. EGGERS, Ahd. Grammatik, ¹³1975; J. ZÜRCHER, Graphetik – Graphemik – Graphematik, unter bes. Berücksichtigung v. N.s Marcianus Capella, Diss. Zürich 1978; W.G. MOULTON, N.'s Anlautgesetz, in: Linguistic Method, Essays in Honor of H. Penzl (Janua Linguarum, Series maior 79), The Hague u.a. 1979, S. 241–251. – Zur Einordnung in die Gesch. des Alem.-Schweizerdt. vgl. ST. SONDEREGGER, Die Entwicklung des Verhältnisses v. Standardsprache u. Maa. in d. dt. Schweiz, in: Sprachgeschichte. Ein Hdb. z. Gesch. d. dt. Sprache u. ihrer Erforschung, hg. v. W. BESCH/O. REICHMANN/ST. SONDEREGGER, 2. Halbband, 1985, S. 1893–1895.

(3) Lat. und Ahd.: P. HOFFMANN, Die Mischprosa N.s d. Dt. (Palaestra 8), 1910, Nachdr. 1967; W. SCHRÖDER, Zum Verhältnis von Lat. u. Dt. um das Jahr 1000, in: Aspekte ..., 1978 (s.o. H), S. 425–438; ST. SONDEREGGER, Latein u. Ahd. Grundsätzliche Überlegungen zu ihrem Verhältnis, in: Variorum munera florum, Fs. H.F. Haefele, 1985, S. 59–72.

(4) Übersetzungstechnik u. Syntax (vgl. auch Lit. zum Wortschatz): E. LUGINBÜHL, Stud. zu N.s Übersetzungskunst, Diss. Zürich 1933, Nachdr. 1970 (Das Ahd. von St. Gallen 1), mit einem Anhang, Die altdt. Kirchensprache (hier auch ält. Lit., bes. S. 11f.); D. HANDSCHUH, Konjunktionen in N.s Boethius-Übers., Diss. Zürich 1964; X. VON ERTZDORFF, Die Wiedergabe der lat. Tempora Indicativi Activi durch N. d. Dt. v. St. Gallen, Herrigs Archiv 202 (1966) 401–427; D. FURRER, Modusprobleme bei N. Die modalen Werte in d. Nebensätzen d. Consolatio-Übers. (Das Ahd. von St. Gallen 2), 1971; W. SCHRÖDER, Zur Behandlung d. lat. Perfecta in N.s kommentierter Übertragung d. ersten beiden Bücher von 'De consolatione Philosophiae' des Boethius, in: Fs. H. Eggers, 1972, S. 392–415; E. BOLLI, Die verbale Klammer bei N. Unters. z. Wortstellung in d. Boethius-Übers. (Das Ahd. von St. Gallen 4), 1975; A. NÄF, Die Wortstellung in N.s Consolatio (Das Ahd. von St. Gallen 5), 1979 (hier auch ält. Lit. S. 526–533); A. BORTER, Syntaktische Klammerbildung in N.s Psalter (Das Ahd. von St. Gallen 7), 1982; B. RAPOSO, Die Wiedergabe des lat. Ablativs in d. ahd. Übersetzungslit. (GAG 337), 1982; G. BRAUNGART, Boethius de Consolatione Philosophiae, N. als Bearbeiter eines lat. Schultextes, ZfdPh 106 (1987) (im Druck); ST. SONDEREGGER, N.s d. Dt. Terminologie des Übersetzungsvorgangs, ZfdPh 106 (1987) (im Druck).

(5) Wörterbücher: Vollst. lat.-ahd. Belege in: Ahd. Wörterbuch, begründet v. E. KARG-GASTERSTÄDT/TH. FRINGS, Bd. Iff., 1968ff.; N. LINDAHL, Vollst. Glossar zu N.s Boethius De consolatione Philosophiae, Buch I, Diss. Uppsala 1916; A.K. DOLCH, N. Studien, Teil I–II, Lat.-ahd. Glossar und Ahd.-lat. Wörterverzeichnis zu N.s Boethius De Consolatione Philosophiae, Buch I (New York Univ., Ottendorfer Memorial Series of Germanic Monographs No. 16), [1951]; N.-Wortschatz. Das gesamte Material zusammengetragen von E.H. SEHRT u. T. STARCK, bearb. u. hg. v. E.H. SEHRT u. W.K. LEGNER, 1955 (Stellenverz. nach d. Ausgabe von PIPER); P. KLEIBER, Lat.-ahd. Glossar zum Psalter N.s III., 1962; E.H. SEHRT, N.-Glossar, Ein Ahd.-Lat.-Nhd. Wörterbuch zu N.s d. Dt. Schriften, 1962; G. KÖBLER, Verzeichnis der normalisierten Übersetzungsgleichungen d. Werke N.s v. St. Gallen (Göttinger Stud. z. Rechtsgesch., Sonderbd.), 1971; ders., Lat.-ahd. Wörterbuch (Göttinger Stud. z. Rechtsgesch., Sonderbd. 12), 1971 (mit Angabe von N.s Übers.n); G. KÖBLER, Ahd.-nhd.-lat. u. lat.-ahd. Wörterbuch zum Notkerglossator (Arbeiten z. Rechts- u. Sprachwiss. 23), 1986.

(6) Arbeiten zum Wortschatz: Überblick in: Dt. Wortgesch., hg. v. F. MAURER/H. RUPP, ³I, 1974, Kap. Dt. Frühzeit v. J. WEISWEILER/W. BETZ, S. 55–133, Kap. Lehnwörter u. Lehnprägungen im Vor- u. Frühdt. v. W. BETZ, S. 135–163, hier auch ält. Lit.; E.S. COLEMAN, Die Lehnbildungen in N.s Übers.n, in: Fs. T. Starck, 1964, S. 106–129; B. VOLLMANN, Simplicitas divinae providentiae. Zur Entwicklung d. Begriffs in d. antiken Philosophie u. seiner Eindeutschung in N.s 'Consolatio'-Übers., Lit.wiss. Jb. d. Görres-Ges. NF 8 (1967) 5–29; J. JAEHRLING, Die philosoph. Terminologie N.s d. Dt. (Phil. Stud. u. Qu. 47), 1969; R.T. GIUFFRIDA, Das Adjektiv in d. Werken N.s (Phil. Stud. u. Qu. 64), 1972; G. KÖBLER, Stadtrecht u. Bürgereinung bei N. v. St. Gallen (Arbeiten z. Rechts- u. Sprachwiss. 4), 1974; ST. SONDEREGGER, Rechtssprache in N.s d. Dt. Rhetorik, in: Sprache u. Recht, Fs. R. Schmidt-Wiegand, 1986 (im Druck).

G. Nachwirkungen: WILHELM, Denkm., B: Kommentar, S. 70–79; D.H. GREEN, The Primary Reception of the Works of N. the German, Parergon. Bulletin of the Australian and New Zealand Association for Medieval and Renaissance Studies, New Series 2 (1984) 57–78; A. WOLF, Ekkehard IV. u. N. Labeo, StN 33 (1961) 145–158; P. OSTERWALDER, Ekkehardus glossator. Zu d. Glossierungen Ekkeharts IV. im 'Liber Benedictionum', in: Variorum ..., 1985 (s.o. F. [3]), S. 73–82. – Lit. zum St. Galler Glossator von N.s Psalter bei KÖBLER, 1986 (s.o. F. [5]), S. XIII–XV; B.-M. NEESE, Unters. zum Wortschatz d. Glossators von N.s Psalmenkommentar, Diss. Marburg/Lahn 1966.

K. Bibelübersetzung: K.E. SCHÖNDORF, Die Tradition d. dt. Psalmenübersetzung (Md. Forschungen

46), 1967; St.. Sonderegger, Martin Luthers Ringen um d. dt. Vaterunser-Text, Eine philolog. Studie mit einem Vergleich zwischen N. v. St. Gallen u. Luther, in: Fs. G. Cordes, Bd. 2, 1976, S. 403–425.

(1987)   Stefan Sonderegger

O

Oberg → Eilhart von Oberg

Osterspiel → 'Innsbrucker (thüringisches) Osterspiel'

'Osterspiel von Muri'

1. Überlieferung. Aarau, Kantonsbibl.: vier Frgm.e, zusammen zwei Bll. von je 39 × 16 cm, und vier Frgm.e von je ca. 6 × 14,5 cm, alle von derselben Pergamentrolle, die aus drei schmalseitig zusammengefügten Bll. von je 60–70 × 20 cm bestand und doppelseitig und zweispaltig beschrieben war. Das erste Bl., und damit Anfang und Ende des Texts, ist verloren. Diese 'Soufflierrolle' (vgl. → 'Frankfurter Dirigierrolle') war gegen Ende des 15. Jh.s für den Einband einer zweibändigen Vulgata (Druck v. 1466) zerschnitten worden, in den Holzdeckeln wurden durch TH. OEHLER 1840 die größeren, in den Buchrücken 1942 durch F. RANKE die kleineren Bruchstücke entdeckt. Die Bände waren 1527 im Besitz eines *Dominus Jacobus Gelinger alias Erni*, kamen also erst nachher in die Klosterbibliothek Muri und von da, nach Aufhebung des Klosters 1841, nach Aarau (vgl. G. BONER im Anhang z. Faksimile-Ausg.; I. DAHM, Aargauer Inkunabelkatalog [Aus der Aargauischen Kantonsbibl. 2], 1985, S. 50–53). Jakob Ge[i]linger aus Winterthur, seit 1519 Bürger von Zürich, war 1501–1546 Kaplan am Zürcher Großmünsterstift.

Text: zusammen 612 Verszeilen, von zwei Schreibern; überlegte Korrekturen von einer 3. Hand (Autor?), dreimal die Sprecherangabe *Antonius* (Spieler der Magdalena) von einer 4. Hand. Ursprünglicher Bestand 1100 bis 1200 Verse.

Ausgaben. F. RANKE, Das O. v. M. nach den alten u. neuen Frgm.n hg., Aarau 1944; Das O. v. M., Faksimiledruck der Frgm.e u. Rekonstruktion d. Pergamentrolle, hg. unter d. Patronat d. Kantons Aargau v. N. HALDER, Basel 1967; R. MEIER (Hg.), Das Innsbrucker Osterspiel. Das O. v. M. (Reclam UB 8660/61), 1962. Überholt sind die Ausgaben: K. OEHLER, Aarau 1846; K. BARTSCH, Germ. 8 (1863) 273–297; J. BAECHTOLD, Schweiz. Schauspiele Bd. I, Zürich 1890; R. FRONING (Drama Bd. 1), 1891; E. HARTL (Drama Bd. 2), 1937 u. a.

2. Entstehung. Aufgrund paläographischer, sprachgeschichtlicher und stilgeschichtlicher Argumente gilt seit RANKE die Jahrhundertmitte (1240–1260) als Zeit der Entstehung und Aufführung, die Datierung auf den Beginn des 13. Jh.s durch BARTSCH und HARTL ist aufgegeben. Sprachstand, Wortschatz und Schreibung führen ins Hochalemannische und hier in den mittleren oder westlichen Teil. Als Heimat des Autors wie der beiden Schreiber kann das Gebiet der heutigen Kantone Aargau und Zürich gelten. Für die Stadt Zürich können die Herkunft der Vulgatabände aus dem Besitz des Zürcher Geistlichen, die anspruchsvolle Inszenierung und die literarische Qualität des Texts (vgl. unten 5.) sprechen. Für Muri bestehen keine Indizien. Als Ort der Aufführung vor einem bürgerlich-höfischen Laienpublikum kommt eine Kirche (MICHAEL, 1971, S. 64–68), ein Burghof oder Stadtplatz (RANKE), weniger ein Klosterhof, in Frage. Der Autor bleibt anonym. Wort- und Versparallelen zu anderen Werken der Zeit sind nicht zwingend. Die gelegentlich behauptete Verfasserschaft → Walthers von Rheinau (J. NADLER u. a. in: Lit.gesch. d. dt. Schweiz, 1932, S. 61; W. KOSCH [Hg.], Dt. Literaturlexikon 3, Bern ²1956, Art. Osterspiele, S. 1956f.; Vermutung bei J. BAECHTOLD, Gesch. d. dt. Lit. in d. Schweiz, 1892, Anm. S. 49f. nach F. BECH, Germ. 10 [1865] 402) ist unhaltbar.

3. Inhalt. Verloren ist der Anfang mit 180–200 Versen. Das 1. Bruchstück setzt ein mit dem Abschluß der Verhandlungen zwischen Juden, Pilatus und *custodes* um die Bewachung des Grabs. Die Juden instruieren die zwölf Wächter am Grab; Pilatus, als Richter, entläßt das Volk. Die Auferstehung geschieht wortlos, mit Donnerschlag. Pilatus läßt die Wächter kommen und gibt ihnen auf Rat der Juden Schweigegeld. Der Krämer (*paltenaere*, am Rand *institor*) erbittet von Pilatus seine Verkaufslizenz und bietet darauf dem verliebten Volk seine ein-

schlägigen Waren an. Es folgen: Christi Höllenfahrt, Befreiung der Altväter. Salbenkauf durch die drei Marien. (Lücke.) Die Marien am Grab mit dem Engel. (Lücke.) Magdalena und Christus als Gärtner mit langer gebethafter Rede der Magdalena (mit Lücken). Ein letzter Teil (150 bis 200 Verse) fehlt, vermutlich die Rückkehr der Marien zu den Jüngern und der Lauf der Apostel Petrus und Johannes zum Grab (Hinweis darauf VI, v. 32–39).

Somit liegen jene Szenengruppen vor, die sich – vgl. DE BOOR, WIMMER – als Grundbestand des lat. Osterspiels gegen 1200 ansetzen lassen: Visitatio, (Jüngerlauf), Erscheinung (insgesamt Typus III der Osterfeier, vgl. → Osterfeiern), dazu die neuen Szenen um Wächter, Krämer und Höllenfahrt. Dieser Bestand erscheint, mit individuellen Abweichungen, in den lat. Spielen von Benediktbeuren (→ 'Benediktbeurer Osterspiel' [Nachtragsbd.]), Klosterneuburg (→ 'Klosterneuburger Osterspiel') und Tours sowie im Mischtext von Origny. Das 'O. v. M.' reichert ihn an mit zusätzlichen lat. (Vulgata, Nikodemus-Evangelium) und volkssprachlichen (Sündenklage) Elementen. RANKE nimmt an, der Dichter habe 'als erster und ohne deutsches Vorbild' das Spiel verfaßt, und betont einige Parallelen zu Tours. DANNES Versuch, das Spiel in die Tradition einzugliedern und seinen 'wesentlichen Anteil an Ausbildung und Fortentwicklung der Osterspieldramatik', u. a. auch Beziehungen zu H. RUEFFS Urspiel, zu beweisen, bleibt hypothetisch. Die Herkunft hervorstechender Züge wie z. B. des 'Realismus' der Krämerszenen, ist strittig (frz. oder ostmd.? Vgl. DANNE, HENNIG).

4. Eigenart. Das älteste dt. Drama ist erstaunlich weit ausgebildet und galt in der Forschung lang als einsamer Beleg eines speziellen Typs. Während bei fast allen späteren Spielen die liturgischen (lat., musikalischen) Elemente wichtig sind und der beständige Wechsel sakraler und volkssprachlicher, feierlicher und unterhaltender Partien selber dramatische Funktion hat, scheint im 'O. v. M.' ein 'reines Rededrama' (RANKE) vorzuliegen, ein geschlossenes volkssprachliches Werk aus gepflegten ritterlichen Reimpaaren. Die in weltlicher und geistlicher Erzählung entwickelte Kunst des reinen Reims, der Reimbrechung und der Dialogführung kommt hier wie sonst nirgends dem Drama zugute. – Zweimal wird am Rand das Incipit einer zugehörigen Antiphon notiert: *anime advenisti desidera(bilis)* beim Descensus und *Marie quis revolv(et nobis ab ostio lapidem)* bei der Visitatio. Es wäre möglich, daß nicht nur am Anfang und am Schluß (→ 'Christ ist erstanden' wie Klosterneuburg oder *Te Deum* oder beides), sondern auch, wenn die Angaben unvollständig sind, zum erhaltenen Sprechtext Einlagen (eines Begleitchors?), etwa während der Auferstehung, vorgesehen waren (vgl. BERGMANN, 1974, S. 197; BÄTSCHMANN, S. 32–34). Eine ähnliche Technik des volkssprachlichen Spiels zeigt, ein Jahrhundert früher, der 'Jeu d'Adam', übrigens mit wesentlichem Anteil des liturgischen Gesangs. BERGMANN, 1984, S. 2–6, wendet sich gegen das traditionelle 'Klischee' der Forschung, das 'O. v. M.' sei ein höfisch geprägtes rein deutsches Rededrama; dieses Mißverständnis beruhe nur auf der besonderen Überlieferungsform einer Soufflierrolle mit nur den dt. Sprechtexten.

Im Rahmen seiner schlichten, liebenswürdigen und gewandten Diktion verfügt der Dichter über eine erstaunliche Breite der Möglichkeiten: lebhafter Dialog (unterbrochene Rede, Disput der Wächter), Humor der Krämerszenen mit Einbezug des Publikums (fiktive Namen), Ironisierung der *minne,* dann alles überhöhend die lange Magdalenenrede mit ihrem Ineinander von Klage und Jubel, subjektivem Gefühl und geistlicher Betrachtung. Höfisch stilisiert ist der Umgangston, verinnerlicht das Erlebnis der Auferstehung, die Figur Magdalenas (HOLTORF); bürgerlich-höfische Welt ist in österlicher Frömmigkeit geborgen.

5. Die Aufführung. Mindestens der Spielleiter (und Dichter) muß ein Geistlicher gewesen sein, ungewöhnliches Können setzte die Rolle der Magdalena (*Antonius*) voraus. Etwa 30 Rollen, davon mindestens 18 Sprechrollen, waren zu besetzen, den Engel und Jesus spielte vielleicht der gleiche Spieler. Reichlich Raum und Requisiten erforderte die 'Bühne'. Bloße Vermutung bleibt RANKES ansprechende Skizze (S. 20 f.): in

der Mitte das Grab, zur einen Seite die profanen Orte mit der Hölle zuäußerst, auf der andern die sakralen mit dem Himmel (vgl. auch RUEFF, S. 47).

6. Nachwirkung. Einzig das → 'St. Galler Weihnachtsspiel' (Hs. gegen Mitte 15. Jh., Urtext letztes Drittel 13. Jh.) zeigt engere Beziehung zum 'O. v. M.': wörtliche Anklänge (KLAPPER, S. 45 ff., RANKE, Anm. 34, BÄTSCHMANN, Anm. 95), hochalemannische Sprachform und vor allem die Durchführung in reinen Erzählversen höfisch geschulten Stils weisen auf dieselbe Tradition. Die Hs. des Weihnachtsspiels ist allerdings eine Abschrift zu Lesezwecken, in Syntax und Enjambements anspruchsvoller. – Die von DANNE behauptete 'Ausstrahlungskraft' des 'O. v. M.' ist problematisch.

Literatur. J. KLAPPER, Das St. Galler Spiel v. d. Kindheit Jesu. Unters. u. Text, Breslau 1904, hier S. 45–48; H. RUEFF, Das rhein. Osterspiel der Berliner Hs. Ms. germ. fol. 1219. Mit Unters. z. Textgesch. d. dt. Osterspiels, 1925; YOUNG, Drama I; W. DANNE, Die Beziehungen des O. v. M. zu d. lat. Osterfeiern u. -spielen u. zu d. übrigen dt.sprachigen Osterspielen, Diss. (masch.) Berlin 1955; H. DE BOOR, Die Textgesch. d. lat. Osterfeiern (Hermaea NF 22), 1967; R. STEINBACH, Die dt. Oster- u. Passionsspiele d. MAs (Kölner German. Stud. 4), 1970, S. 53–59, mit umfassender Bibliographie, hier S. 258; W. F. MICHAEL, Das dt. Drama d. MAs (Grundriß d. germ. Philologie 20), 1971, S. 64–68; ders., Das dt. Drama und Theater vor der Reformation. Ein Forschungsbericht, DVjs 47 (1973) *1–*47; R. BERGMANN, Stud. zu Entstehung u. Gesch. der dt. Passionsspiele d. 13. u. 14. Jh.s (Münstersche MA-Schriften 14), 1974, S. 62, 102–104; R. WIMMER, Deutsch u. Latein im Osterspiel (MTU 48), 1974, Reg.; D. BRETT-EVANS, Von Hrotsvit bis Folz u. Gengenbach, Bd. I (Grundlagen d. Germanistik 15), 1975, bes. S. 92–99; U. HENNIG, Die Klage d. Maria Magdalena in d. dt. Osterspielen, ZfdPh 94 Sonderheft (1975) 108–138; A. HOLTORF, Höfische Theologie im O. v. M., PBB (Tüb.) 97 (1975) 339–364; W. LIPPHARDT (Hg.), Lat. Osterfeiern u. Osterspiele, Bde I–VI, 1975–81; B. THORAN, Stud. zu d. österlichen Spielen d. dt. MAs (GAG 199), 1976, Reg.; E. BÄTSCHMANN (Hg.), Das St. Galler Weihnachtsspiel (Altdt. Übungstexte 21), Bern 1977, Einleitung; R. BERGMANN, Mal. geistl. Spiele, in: ²RL IV, 1984, S. 64–100; ders., Überl., Interpretation u. literaturgeschichtl. Stellung des O. v. M., Internat. Arch. f. Sozialgesch. d. dt. Lit. 9 (1984) 1–21; ders., Katalog d. dt.sprachigen geistl. Spiele u. Marienklagen d. MAs, 1986, S. 37–39, Spielekat. Nr. 2.

(1987)   MAX WEHRLI

Oswald von Wolkenstein

Liederdichter ca. 1376–1445.

I. Leben. II. Überlieferung. III. Ausgaben. IV. Werk. 1. Musik, Strophenbau, Wort-Ton-Verhältnis. 2. Sprache, Sprachform, Bildlichkeit. 3. Inhalte. V. Wirkung. VI. Literatur.

I. Leben.

Lebensweg und Lebensumstände O.s v. W. sind durch Archivalien und durch seine eigenen Lieder ungewöhnlich gut bezeugt. Dazu treten einige Bildzeugnisse.

Ein großer Teil der Archivalien, überwiegend allerdings aus dem letzten, literarisch weniger produktiven Lebensabschnitt O.s, in dem er seine Dokumente sorgfältiger gesammelt zu haben scheint, liegt heute im Wolkenstein-Archiv im Germ. Nationalmuseum Nürnberg. 263 datierte und in der Forschungsliteratur bereits zitierte Urkunden, Briefe etc. verzeichnet P.-M. NIETHAMMER, Urkundenfindbuch zu O. v. W. (GAG 412), 1984. Das einschlägige Material ist aber erheblich umfangreicher. Gesamtausgabe durch A. SCHWOB in Vorbereitung. Zu den angeblichen Reisenotaten O.s vgl. MAYR, 1961, S. 15–30.

Als Bildnisse O.s sind gesichert: die Autorbilder in den Hss. A und B (s. u. II.); ein Denkstein am Brixener Dom, datiert 1408, O. v. W. als Ritter mit Kreuzfahne und Kreuzschildchen als Gürtelschnalle (St.-Georgs-Ritter? vgl. zuletzt DELBONO, 1986); eine Randzeichnung in Wolfenbüttel, Hzg.-Aug.-Bibl., cod. 11 Aug. 4°, 202ᵛ (vgl. zuletzt MÜCK im Anhang zum Faks. der Hs. c, s. u. II.). Nicht erhalten ist eine Darstellung von O.s Schiffbruch in der von O. gestifteten St.-Oswald-Kapelle im Brixener Dom, wo ursprünglich auch der Denkstein angebracht war. Zweifelhaft scheint mir der Versuch, in einer Illustration zu Ulrich → Richentals Chronik des Konstanzer Konzils O. zu identifizieren (KÜHN, 1977, S. 173 f.), unhaltbar die These, er sei auf dem Kreuzigungswandbild in St. Oswald bei Kastelruth mehrfach dargestellt (H. KÖNIG-SEITZ, in: 600-Jahr-Feier, 1978, S. 285–298; dagegen H. STAMPFER, Der Schlern 54 [1980] 155 f.).

Die Archivalien spiegeln, meist nur punktuell, die rechtliche und wirtschaftliche, z. T. auch die politische Seite von O.s Lebensumständen und Aktivitäten, fallen aber für persönliche Beziehungen anderer Art und für die zahlreichen Reisen so gut wie völlig aus. Beim Zeugnis der Lieder sind Grad und Art der Stilisierung sorgfältig zu prüfen, ehe auf biographische Fakten geschlossen werden darf. So bleiben trotz der reichen Bezeugung viele Einzelheiten und manche Zusammenhänge in O.s Leben im Dunkeln. Nur ein Beispiel: Eine Fahrt ins Heilige Land kann aus mehreren Liedstellen (bes. Kl. 17,10 f. und

35,12) und einer späten brieflichen Erwähnung erschlossen werden; bei der heute bevorzugten Datierung auf 1409/11 wird man jedoch die Liedstelle Kl. 18,50 *und ward ain halber beghart wol zwai ganze jar* nicht so ohne weiteres wie üblich auf diese Fahrt beziehen dürfen (Urkundenlücke nur von 15 Monaten, vgl. BAUM, 1984/85, S. 118 f.). Soll man also die Fahrt vor 1400 ansetzen? Oder ist Kl. 18,50 anders zu verstehen (erste Überlegungen bei ROBERTSHAW, 1977, S. 133–137, und ders., in: 600-Jahr-Feier, 1978, S. 468–470)? Trotz zahlreicher Probleme dieser Art stehen heute dank intensiver biographischer Forschung, in jüngster Zeit vor allem gefördert durch A. SCHWOB, die Hauptlinien von O.s Lebensweg fest. In der folgenden Skizze versuche ich zu unterscheiden, ob ein biographisches Faktum lediglich aus einem Lied erschlossen ist ('nach Kl. ...') oder ob einer auch archivalisch rekonstruierbaren Lebenssituation bestimmte Lieder, die diese Situation z. T. noch weiter erhellen, zugeordnet werden können ('dazu Kl. ...').

O. v. W. entstammte der Südtiroler Adelsfamilie der Herren von Villanders und Wolkenstein. Er war der zweite Sohn (von insgesamt sieben Kindern) des Friedrich von Wolkenstein und der Katharina von Trostberg. Als Geburtsjahr hat man – je nach genauerem Verständnis von Kl. 18,97 – 1376 oder 1376/78 erschlossen. Ob ein Schaden am rechten Auge, den die Bildnisse zeigen und zwei Lieder erwähnen (Kl. 41,29; 123,21), angeboren war oder früh erworben, ist unbekannt. Im Alter von zehn Jahren verließ O. das Elternhaus, vermutlich im Gefolge eines reisigen Ritters, dem er in allerlei Funktionen dienen mußte *(renner, koch, marstaller)*, bei dem er aber auch manche Fertigkeiten gelernt haben dürfte (nach Kl. 18,1–16). In den folgenden Jahren muß er jedenfalls weit herumgekommen sein. Auch bei großer Skepsis gegenüber den Länderkatalogen der Lieder wird man wenigstens eine Preußenfahrt mit Teilnahme an den Kämpfen des Deutschen Ordens (nach Kl. 123,45 f.) in diese Zeit setzen dürfen; weniger sicher sind weitere Reisen durch Europa und den Vorderen Orient.

Im Frühjahr 1400 starb O.s Vater, und um diese Zeit läßt sich O. erstmals urkundlich in Tirol nachweisen. Erst von nun an verfügte er über ein Pferd (nach Kl. 18,9 f.) und ganz beschränkten Güterbesitz, das eigentliche Erbe aber blieb zunächst ungeteilt. Am Italienfeldzug König Ruprechts 1401 nahm er *auf aigen geldes wer* teil (nach Kl. 18,19), kaum zu seinem Vorteil. 1402/03 war er wieder außer Landes. Vielleicht fällt in diese Zeit sein Versuch, als Kaufmann zu Geld zu kommen. Ein Schiffbruch auf dem Schwarzen Meer, bei dem *hawbtgut* und *gewin* versanken, während O. sich an ein Weinfaß geklammert retten konnte, ließ den Versuch scheitern (nach Kl. 18, 28 ff.; 23,49 ff.; vgl. Brixener Wandbild). Wenig später verschafften sich O. und sein jüngerer Bruder Leonhard ein Kästchen mit Geld und Kleinodien der Frau ihres ältesten Bruders Michael und verleumdeten diese, sie habe den Schatz mit Liebhabern durchgebracht; dieser und weitere Übergriffe O.s auf Michaels Eigentum führten zu einem heftigen Streit zwischen den Brüdern, in dem O. schwer verletzt wurde (dazu Kl. 23,57 ff.). In einem Schiedsgerichtsverfahren konnte die Angelegenheit schließlich bereinigt werden.

1407 wurde das Erbe endlich geteilt, und O. erhielt seinen bescheidenen Anteil zu eigener Verfügung: ein Drittel der Burg Hauenstein am Schlern, Lehen der Bischöfe von Brixen, dazu eine Reihe von (meist verpachteten) Höfen, Häusern und Almrechten sowie einen Anteil Salz. Um diese Zeit versuchte O., sich in seiner Heimat zu etablieren: 1406 Gründungsmitglied des Elefantenbunds Tiroler Adliger, 1407/08 Stiftungen im Brixener Dom, 1409 Hauptmann des Gotteshauses Brixen (d. h. weltlicher Stellvertreter des Bischofs bei dessen Abwesenheit), 1411 Einpfründung in Kloster Neustift (d. h. Wohn- und Unterhaltsrecht für ihn und zwei Knechte), seit 1412 über die Lehenspflichten hinaus bezahlte Dienste beim Bischof von Brixen. Dazwischen scheint er – in Zeiten, für die urkundliche Zeugnisse fehlen – wieder außer Landes gewesen zu sein, vielleicht 1409/11 im Heiligen Land (s. o.), vielleicht 1412/13 auf dem venezianischen Feldzug König Sigmunds (nach Kl. 18,20). Am wichtigsten für O.s Dichtung aber war in jenen Jahren wohl eine Beziehung, von der die Archivalien nur einen Namen belegen: Am 25. Mai 1409 beglaubigte O. v. W. durch sein Siegel eine fromme Stiftung der Anna Hausmann, der

Tochter des verstorbenen Brixener Schulmeisters Hans Hausmann. Es handelt sich zweifellos um die Hausmannin, die später im Streit um Hauenstein auf der Seite der Gegner O.s agierte. Damals aber könnte sie durchaus O.s *buel* gewesen sein, wie es die späteren Lieder in verbittertem Rückblick darstellen.

Die Aufstiegsmöglichkeiten am bischöflichen Hof waren für O. v. W. beschränkt, überdies kam es 1413 zu Auseinandersetzungen über die Besoldung. Da öffnete das Konstanzer Konzil O. eine neue Chance. Am 16. Februar 1415 nahm ihn König Sigmund für einen Jahressold von 300 ungarischen Gulden in seine Dienste. Der König mag in einer Zeit wachsender Spannung mit Herzog Friedrich von Österreich – wenige Wochen später kam es erstmals zur Reichsacht – durch O. auch die Verbindung zum Tiroler Adelsbund haben festigen wollen. Es scheint allerdings, daß O. im Auftrag Sigmunds zunächst an einer Gesandtschaftsreise teilzunehmen hatte. Er war dabei, als im August 1415 die Portugiesen das arabische Ceuta eroberten (nach Kl. 26,12). Im September traf er in Perpignan wieder mit dem König zusammen; er erlebte den festlichen Einzug, den Brand in der Nähe des Königsquartiers und die schwierigen Verhandlungen um die Beendigung des Schismas mit und begleitete den König nach Narbonne und Paris (nach Kl. 19). Während dieser Reise, die für ihn den Höhepunkt seines Hoflebens darstellte, wurden ihm Ehrungen durch die aragonesische Königinwitwe Margerita de Prades (nach Kl. 18,33 ff.; 19, 153 ff.) und durch die Gemahlin Karls IV. von Frankreich (nach Kl. 19,185 ff.) zuteil; man darf vielleicht vermuten, daß damit auch der Künstler O. ausgezeichnet wurde. Eine Ehrung anderer Art ist in den Liedern nicht erwähnt, aber durch die Bildnisse der Hss. A und B bezeugt: dort trägt O. die Kette des aragonesischen Kannen- und Greifenordens, Auszeichnung vor allem für ritterliche Taten, besonders gegen Ungläubige; O. wird am ehesten während dieser Reise in den Orden aufgenommen worden sein. *Ehaft not* (nach Kl. 19,201) veranlaßte O. im Frühjahr 1416, vom König wegzureiten. Man vermutet, daß er in Tirol gebraucht wurde wegen der Zuspitzung des Konflikts zwischen Herzog Friedrich und dem Adelsbund, in dem O.s Bruder Michael eine aktive Rolle spielte. Was O. im einzelnen zu tun hatte, bleibt dunkel. In der Folgezeit war er jedenfalls ein wichtiger Verbindungsmann zwischen König und Adelsbund, und als Sigmund und Friedrich sich im Mai 1418 arrangierten, wurde ausdrücklich festgelegt, daß Friedrich die Schäden, die er O. v. W. und seinem Bruder zugefügt habe, wiedergutmachen solle und daß er ihnen nicht nachtragen dürfe, daß sie ihm um des Königs willen feind gewesen seien.

Mitten in dieser unruhigen Zeit, vermutlich im Sommer 1417, hatte O. die schwäbische Adlige Margarete von Schwangau geheiratet, die ihm im Lauf der Jahre sieben Kinder geboren hat, die *Gret* vieler seiner Lieder (Heiratserwägungen bereits in Kl. 18; Nennung als *Gret*, *M*, *G* oder *stolze Swäbin* in den Liebesliedern Kl. 33, 68, 69, 71, 75, 77, 87, 97, 110, als Ehefrau *von Swangau* in Kl. 104). Auch nach der Heirat und nach der vorläufigen Aussöhnung mit dem Landesherrn blieb O.s Leben unruhig. 1419 war er beim König in Ungarn, 1420 vielleicht unter den Südtiroler Rittern, die den König im Hussitenkampf unterstützten und auf Schloß Wischehrad vor Prag belagert wurden.

Die Aufteilung der Ansprüche auf Burg Hauenstein und die zugehörigen Güter hatte schon seit 1394 mehrfach zu Reibereien geführt. O. als Inhaber eines Drittels hatte seinen Wohnsitz auf der Burg genommen und, z. T. gewaltsam, die gesamten Einkünfte eingetrieben. 1421 griff nun Martin Jäger, dessen Ehefrau die beiden anderen Drittel geerbt hatte, zur Selbsthilfe. Er verbündete sich mit weiteren Personen, die Ansprüche an O. v. W. zu stellen hatten, und setzte O. auf Schloß Forst bei Meran, wo er als Pfleger der Starkenberger saß, gefangen. Eine der Verbündeten Jägers war die Hausmannin. Sie wird in den Liedern als ehemalige Geliebte und jetzige Hauptwidersacherin dargestellt, und aus Kl. 2,66 und 59,21 f. hat man geschlossen, daß O. von ihr in eine Falle gelockt worden sei, indem sie ihn zu einem Treffen auf einer *kirchfart* aufgefordert habe. In der Gefangenschaft wurde Oswald gefoltert (nach Kl. 55,7f.; 59,39ff.), gab aber den hohen Forderungen seiner Gegner nicht nach. Der Fall wurde kompliziert, weil die Starkenberger als alte Bundesgenossen der Wolkensteiner gegen Herzog Friedrich einzugreifen versuchten und weil O.s Bruder Leonhard sich zu Fehdehandlungen gegen den Herzog hinreißen ließ, dessen Mitwirkung an der Gefangensetzung er vermutete. Da zog Herzog Friedrich die Sache an sich. Er übernahm den Gefangenen und verbürgte sich dafür, daß die Ansprüche Jägers und seiner Partei befriedigt würden. Am 18. März 1422 entließ er dann O. gegen die hohe Bürgschaft von 6000 Gulden, die Michael von Wolkenstein und Hans von Villanders zahlen sollten, falls O. sich im August nicht wieder stelle. Die Bürgen sicherten sich sogleich umfassende Ansprüche auf O.s Eigentum. Die Erfahrungen der Gefangenschaft und die gesundheitlichen Folgen haben O. offenbar tief getroffen; in mehreren Liedern setzt er sich mit ihnen auseinander (Kl. 1–5, 9, 55, 59, 60). An Nachgeben aber dachte er offenbar nicht. Dem Druck der Bürgschaften zum Trotz scheint er sich im August nicht wieder gestellt zu haben. Es gelang ihm, König Sigmund in Preßburg für seine Sache zu interessieren. In mehreren Schreiben vom Winter 1422/23 stellte der König O.s Fall in Zusammenhang mit anderen Konflikten zwischen Herzog Friedrich und Tiroler Adligen und versuchte, eine neue Front gegen Friedrich aufzubauen. Er hatte damit wenig Erfolg: Schon Ende 1423 wurde der neue antiherzogliche Adelsbund wieder aufgelöst, und Friedrich söhnte sich mit allen Gegnern außer den Starkenbergern aus. O.s Lied vom Ausfall der drei Wolkensteiner aus der Starkenberger Burg Greifenstein (Kl. 85), früher auf 1418 datiert, dürfte eher in diese Auseinandersetzungen gehören (N. MAYR, in: 600-Jahrfeier, 1978, S. 411–419). Michael, der dort als Mitstreiter genannt ist, scheint allerdings den letzten Bruch mit dem Herzog vermieden zu haben. O.s Lage aber wurde in den nächsten Jahren, in denen ein bedeutender Teil seiner Lieder entstanden ist und die ältere seiner Liederhss. angelegt wurde (1425), immer bedrängter. Die Nutzung seiner Güter hatten ihm die Bürgen zwar zugebilligt, aber das führte nur zu neuen Beschwerden des Martin Jäger. Eine Reise nach Ungarn zum König im Winter 1424/25 brachte ihm außer einem gefährlichen Sturz unterwegs (nach Kl. 23,81 ff.) wenig ein, weil der König jetzt auf einen Ausgleich mit Herzog Friedrich zielte (dazu Kl. 55). Ein vom König vermittelter Rechtstag in Wien kam nicht zustande. Direkte Briefkontakte mit dem Herzog führten nicht weiter. Burg Neuhaus im Ahrntal, die O. vom Grafen von Görz als Pfand hatte und wo er sich vor dem Zugriff des Herzogs sicher fühlen konnte, wollte der Eigentümer wieder einlösen. Und auf Hauenstein fühlte er sich beengt (Kl. 44). Als Herzog Friedrich für den 16. März 1427 zu einem Landtag nach Bozen lud, zog es O. vor, nicht zu erscheinen. Er versuchte, außer Landes zu reiten, wurde aber auf Betreiben der Jägerschen Partei vom Herzog aufgegriffen und auf Fellenberg bei Innsbruck festgesetzt (dazu Kl. 7,54). Freunde O.s versuchten zu vermitteln, und am 1. Mai 1427 wurden fünf Urkunden ausgestellt, die den Konflikt beilegten (vgl. auch Kl. 26; 23,105 ff.). Wirtschaftlich war das Ergebnis für O. relativ günstig: für 500 Dukaten konnte er alle Schadensansprüche des Martin Jäger abgelten und die restlichen zwei Drittel von Hauenstein erwerben; den Erben der Hausmannin – diese war inzwischen verstorben (dazu Kl. 36,5) – mußte er einen Weinhof zurückgeben. Politisch bedeuteten die Urkunden die Unterwerfung unter die Jurisdiktion des Landesherrn und den Verzicht auf eigene Politik, insbesondere auf Bündnisse oder Dienstverhältnisse mit einer auswärtigen Macht ohne Wissen und Willen des Herzogs; zur Absicherung dieser Auflagen blieb die Bürgschaft seiner Verwandten über 6000 Gulden in Kraft. In einer eigenen Urkunde verpflichtete sich O. überdies *durch billeicher dankchperkait willen*, an einem Kriegszug gegen die Hussiten (oder wohin sonst der Herzog es fordere) teilzunehmen – *damit mich das ere*.

Durch das Vertragssystem von 1427 war zwar eine neue, in vieler Hinsicht geklärte Rechtsgrundlage geschaffen. Doch es blieben genug Probleme. Mit Hans von Villanders lag O. noch jahrelang im Rechtsstreit über Folgen der Bürgschaft und über Ansprüche auf die Görzer Burg Neuhaus, und selbst mit Michael kam es einmal (1431) zu einer Auseinandersetzung um dessen Anspruch auf einen Teil des erworbenen Jägerschen Erbes. Politisch hielt O. insofern an die Bestimmungen der Urkunden, als er nicht mehr gegen den Landesherrn Politik machte. Er hat sich aber Schritt für Schritt seinen Handlungsspielraum wieder erweitert und nach Möglichkeit vermieden, seine Rechtsstreitigkeiten vor den Herzog zu bringen. 1427/28 reiste er über Salzburg, Heidelberg, Köln (nach Kl. 41) nach Westfalen und ließ sich in die Geheimnisse des Femerechts einweihen (eine Abschrift der → 'Ruprechtschen Fragen' findet sich in O.s Nachlaß). Nun konnte er seinen Streit mit dem Grafen Hans Meinhard von Görz und mit Hans von Villanders als Freischöffe außer Landes verfolgen, z. T. auch mit Rückendekkung von König Sigmund. 1429 stellte sich O. in einem Streit zwischen dem Domkapitel und dem neuen, vom Herzog gestützten Bischof von Brixen Ulrich → Putsch auf die Seite des Kapitels, half mit, den Bischof gefangenzunehmen, und versetzte ihm dabei einen Faustschlag (wie Kl. 104 in diese oder andere Auseinandersetzungen mit Ulrich Putsch gehört, ist dunkel). 1431 war O. dann auf dem Reichstag von Nürnberg. Eine neue Nähe zum König zeigt sich auch darin, daß er um diese Zeit in den von Sigmund gestifteten Drachenorden aufgenommen wurde (Bildnis der Hs. B). Vermutlich hat er von Nürnberg aus auch an den Hussitenkämpfen teilgenommen und die Niederlage bei Taus erlebt (nach Kl. 134). Im Januar 1432 wurde er vom König nach Piacenza gerufen; mehrere Monate mußte er *in des kaisers canzelie* in wenig erfreulicher Situation verbringen (dazu Kl. 103) und konnte allenfalls schlechte Nachrichten unterhaltsam kommentieren (Kl. 105). Dann hatte er den Kanzler des Königs Dr. Nikolaus Stock zum Basler Konzil zu begleiten. Zwei Jahre später, 1434, schließlich reiste O. zum Ulmer Reichstag. Zum letztenmal beggnete er dort König Sigmund, der ihn zum Beschützer und Eintreiber von Strafgeldern für Kloster Neustift ernannte und ihn mit den Schwangauer Reichslehen aus Margaretes Erbe belehnte. Außerdem erreichte er eine Schlichtung des Streits mit Hans von Villanders und ließ sich für 100 Dukaten Jahressold zum Rat und Diener des Grafen Heinrich von Görz ernennen.

Von da an scheint O. das Tiroler und Görzer Gebiet nicht mehr verlassen zu haben. Innerhalb dieses Bereiches aber war er ungemein aktiv und viel unterwegs. Er schlichtete in Streitfällen, fungierte als Berater des Bischofs von Brixen und des Grafen von Görz, vor allem aber sorgte er mit Geschick und Härte für die Sicherung und Mehrung seines Besitzes. In seinen letzten Jahren spielte er noch einmal eine bedeutende Rolle in der Landespolitik, als der Meraner Landtag von König Friedrich III. ertrotzte, daß Sigmund, der Sohn Herzog Friedrichs, aus der Vormundschaft entlassen wurde und sein Erbe als Landesfürst antreten konnte. Den Erfolg dieser Politik hat O. nicht mehr erlebt: Am 2. August 1445 ist er in Meran gestorben. Bei großer Hitze wurde sein Leichnam nach Neustift überführt und in der Klosterkirche beigesetzt.

Zur Lage des Grabmals und zur Frage der Identifizierung von einigen Skelettresten s. zuletzt H. INNERHOFER, Der Schlern 58 (1984) 418–420, und G. GLOWATZKI, ebd., S. 683 f.

II. Überlieferung.

1. O.s Gedichte sind im wesentlichen in drei Sammelhss. überliefert, die aus dem Umkreis des Dichters stammen; im Bestand stimmen sie weitgehend überein.

A = Wien, cod. 2777, Perg., 108 Gedichte, mit Noten, 7 oder 8 Schreiber, Grundstock von 43 Gedichten 1425 datiert, in mehreren Schüben erweitert (vgl. Register 38ʳ), Nachträge bis um oder nach 1436; vorgeheftet ein Vollbildnis O.s mit Notenblatt, Greifenorden und Wappen, heute weitgehend abgeblättert. Vgl. O. v. W. Hs. A, In Abb. hg. v. U. MÜLLER / F. V. SPECHTLER, Privatdruck Stuttgart 1974; O. v. W. Hs. A, Vollst. Faks.-Ausg. im Originalformat ... Kommentar v. F. DELBONO (Codices selecti 59), Graz 1977.

B = Innsbruck, UB, ohne Sign., Perg., 118 Gedichte, mit Noten, Grundbestand (Kl. 1–107) von einem Schreiber (=Hand h bzw. Schreiber 7 der Hs. A) datiert 1432, Nachträge, anfangs noch vom selben Schreiber, bis nach 1438; vorgeheftet Brustbild O.s mit Insignien des Greifen- und des Drachenordens. Vgl. O. v. W., Abb. zur Überl. I: Die Innsbrukker Wolkenstein-Hs. B, hg. v. H. MOSER / U. MÜLLER (Litterae 12), 1972. Zum Porträt: M. TH. LAUSSERMAYER, in: KÜHEBACHER, 1974, S. 63–67 (von Pisanello?). Zur Vorzeichnung des Porträts und zu einem wohl wegen polemischen Inhalts getilgten Lied: H. MOSER, in: 600-Jahrfeier, 1978, S. 373–391.

c = Innsbruck, Tiroler Landesmuseum Ferdinandeum, F. B. 1950, Papier, 1 Schreiber um 1450/53, im 16. Jh. im Besitz der Familie Wolkenstein-Trostburg, 116 Gedichte ohne Noten. Vgl. O. v. W., Abb. zur Überl. II: Die Innsbrucker Wolkenstein-Hs. c, hg. v. H. MOSER / U. MÜLLER / F. V. SPECHTLER (Litterae 16), 1973.

Die Hs. c steht B sehr nahe: alle c-Texte auch in B, 1–107 in gleicher Reihenfolge, auch textlich weitgehend übereinstimmend. Trotz SPECHTLER (im Abb.-Band, s. o.) hat die übliche Annahme, daß c – mit Ausnahme von Kl. 112 – aus B abgeschrieben sei, am meisten für sich.

A und B sind im Auftrag O.s entstanden, aber kaum unter seiner beständigen Kontrolle. Die genaueren Entstehungsumstände sind noch nicht hinreichend geklärt (TIMM: Neustift; DELBONO, in Faks. A: Schreiber 6 der Hs. A identisch mit einem Brixener Schreiber, der 1428 im Dienst der Starkenberger stand; problematisch, weil ohne paläographische Stützen, die Vermutungen von MAYR). Die schubweise Entstehung der Hs. A ist für die Chronologie der Lieder von Bedeutung: die Lieder des Grundstocks sind bis 1425 entstanden; freilich dürfte auch in den Nachträgen noch älteres Gut stecken. Der Auffassung, daß B im wesentlichen aufgrund von A zusammengestellt worden sei (so SCHATZ, Ausg.), ist TIMM mit gewichtigen Argumenten entgegengetreten. Wenn aber A und B auf gemeinsame Vorlagen zurückgehen, so stellt sich die Frage, wie diese ausgesehen haben: lose Blätter mit einzelnen Liedern und kleinen Liedgruppen (TIMM) oder wenigstens für den Grundstock von A eine mehr oder weniger planvoll angelegte Sammlung (WACHINGER; anders, aber mit unsicheren biographischen Bezügen belastet, MAYR; zuletzt SCHWOB, 1979)? Was die textlichen Unterschiede zwischen A und B betrifft, so gibt es einige unumstrittene Fälle von Autorvarianten, wobei sich z. T. A als die ältere, B als die jüngere Fassung erkennen läßt. Sicher aber hat O. seine Gedichte nicht etwa für die Hs. B konsequent durchgesehen und revidiert; vielmehr ist bei den überwiegend nicht tiefgreifenden Unterschieden auch mit freier Variation eines verständigen Schreibers zu rechnen.

Neuere Lit. zur Beurteilung der Haupthss.: TIMM, 1972; H. MOSER, Wie sorgt ein spätmal. Dichter für die Erhaltung seines Werks?, in: KÜHEBACHER, 1974, S. 85–120; B. WACHINGER, Rez. Timm, ZfdPh 95 (1976) 123–131, wieder in: WdF, 1980, S. 404–413; A. SCHWOB, Eine neue Wertung der Liederhss. O.s v. W., Der Schlern 51 (1977) 607–614; N. MAYR, O.s v. W. Liedershs. A in neuer Sicht, in: 600-Jahrfeier, 1978, S. 351–371; SCHWOB, 1979, S. 235–259; RÖLL, 1981, S. 37–46; PELNAR, 1982, S. 115–119.

2. Von den durch die Haupthss. überlieferten Liedern und Gedichten sind Kl. 20, 21, 43, 67, 70, 76, 84, 85, 88, 91, 101, 112 (also bis auf Kl. 85 nur Texte ohne autobiographische Elemente) verstreut auch sonst überliefert, meist in Liedersammlungen, nur Kl. 67, 85 und 112 mit dem Namen des Autors, Kl. 21 und 76 als Neidhart in den Mund gelegte Lieder im 'Neidhart Fuchs' (→Neidhart und Neidhartianer V. b.), die übrigen anonym. Mehrfach weichen die Textfassungen der Streuüberlieferung von denen der Haupthss. ab. Bei Kl. 85 im → 'Augsburger Liederbuch' liegt zweifellos eine andere Fassung O.s zugrunde; in der Regel aber dürfte es sich um Variationen, Kürzungen und Zusätze im Gebrauch handeln, wie sie für die Liedüberlieferung im 15. Jh. typisch sind. Vereinzelt geht der Umformungs- und Zersetzungsprozeß weiter bis zu bloßen Zitaten und Anklängen; es gibt aber auch Fälle, bei denen nicht mehr sicher ist, ob O.s Lied den Ausgangspunkt bildet oder eher O. seinerseits verbreitetes Sprach- und Liedgut verarbeitet hat.

In einigen Hss. werden O. auch Lieder zugeschrieben, die in den Haupthss. fehlen: Kl. 128–131, 134; dazu im Register von München, cgm 715, 3ᵛ *Oswald wolkchenstainer von gespot der vrawen Der may* (der entsprechende Teil der Hs. ist verloren). Da O.s Name im späteren 15. Jh. nicht so bekannt war, daß Fehlzuschreibungen besonders nahelägen, wird man bis zur Widerlegung davon ausgehen dürfen, daß diese Lieder tatsächlich von O. stammen, auch wenn sie nicht alle die Klaue des Löwen erkennen lassen. Skepsis ist hingegen angebracht bei dem anonym aufgezeichneten Lied Kl. 132, das im Wolkenstein-Archiv aufbewahrt ist.

Literatur zur Streuüberlieferung: F. RANKE, Lieder O.s v. W. auf der Wanderung, in: Volkskundl. Gaben, Fs. J. Meier, 1934, S. 157–166; H.-D. MÜCK, Unters. zur Überl. u. Rezeption spätmal. Lieder u. Spruchgedichte im 15. u. 16. Jh. Die 'Streuüberl.' von Liedern u. Reimpaarrede O.s v. W., Bd. I Unters., Bd. II Synoptische Edition (GAG 263), 1980; M. ZIMMERMANN, Zuwachs f. das Corpus der Lieder O.s v. W., Der Schlern 55 (1981) 220–223; ders., Das Liederregister im cgm 5919, ZfdA 111 (1981) 281–304, dort S. 286f. Nr. 8; MÜCK / GANSER, 1984 (s. u. Lit. zu IV. 1.); O. v. W. Streuüberlieferung, hg. v. H.-D. MÜCK (Litterae 36), 1985. Zur Zitatüberlieferung außerdem W. RÖLL, in: KÜHEBACHER, 1974, S. 232–236; M. ZIMMERMANN, Der Schlern 55 (1981) 346–348; F. DELBONO, rez. MÜCK, AfdA (im Druck).

III. Ausgaben. Die Gedichte O.s v. W., mit Einl., Wortbuch u. Varianten hg. v. B. WEBER, Innsbruck 1847 (nach Hs. c); O. v. W., Geistl. u. weltl. Lieder, ein- u. mehrstimmig, bearb. v. J. SCHATZ (Text) / O. KOLLER (Musik) (Denkmäler d. Tonkunst in Österr. Jg. IX/1, Bd. 18), Wien 1902 (Nachdr. Graz 1959); Die Gedichte O.s v. W., hg. v. J. SCHATZ, ²1904 (Hs. A bevorzugt); Die Lieder O.s v. W., u. Mitwirkung v. W. WEISS u. N. WOLF hg. v. K. K. KLEIN, Musikanhang v. W. SALMEN (ATB 55), 1962 (nach Hs. B); dass. ³1987, bearb. v. H. MOSER / N. R. WOLF / N. WOLF (zit. 'Kl.'). – Auswahlausg. n u. Übersetzungen s. Bibliographie in: KÜHEBACHER, 1974, S. 411–417; vgl. auch RÖLL, 1981, S. 5–12. – Musik: KOLLER, SALMEN s. Textausg.; O. v. W. Frölich geschray so well wir machen, Melodien u. Texte ausgew., übertr. u. erprobt v. J. HEIMRATH / M. KORTH, 1975, Lizenzausg. u. d. T. O. v. W., Lieder aus d. MA, 1979; O. v. W.-Ldb., Eine Auswahl v. Melodien, hg. v. H. GANSER / R. HERPICHBÖHM (GAG 240), 1978; O. v. W., Die Lieder mhd.-dt., In Text u. Melodien neu übertr. u. komm. v. K. J. SCHÖNMETZLER, 1979; I. PELNAR, Die mehrstimmigen Lieder O.s v. W. Edition (Münchner Editionen z. Musikgesch. 2), 1981.

IV. Werk.

Mit 130 Liedern (falls alle echt sind) und zwei Reimpaarreden (Kl. 67 und 112) hat O. v. W. ein stattliches Œuvre hinterlassen. Geradezu einzigartig ist es innerhalb der deutschen Liedgeschichte des MAs durch die Vielfalt der Formen und Themen. Ich versuche einen Überblick auf drei Ebenen: 1. Musik, Strophenbau, Wort-Ton-Verhältnis, 2. Sprache, Sprachform, Bildlichkeit, 3. Inhalte. Das Zusammenwirken der verschiedenen Ebenen kann ich nur in einzelnen Fällen andeuten.

1. Musik, Strophenbau, Wort-Ton-Verhältnis.

Mit seinen mehrstimmigen Liedern ist O. v. W. nach dem → Mönch von Salzburg einer der frühesten Vertreter deutschsprachiger Mehrstimmigkeit. Die Mehrzahl seiner Lieder aber, über zwei Drittel, ist einstimmig. Musikalische Form und Thematik scheinen zumindest partiell zu korrespondieren. So bleiben autobiographische Erzählungen und Reflexionen, geistliche Erzählungen und didaktische Explikationen den einstimmigen Liedern vorbehalten, während unter den mehrstimmigen Stücken Liebeslieder (auch solche an Margarete) und lebhafte Genreszenen vorherrschen.

a. Die Töne der einstimmigen Lieder sind überwiegend 'stollig' gebaut, d. h. es werden musikalische Blöcke wiederholt und mit anderen Blöcken kombiniert. Nicht wenige Töne sind Kanzonen (AAB), z. T. in Anlehnung an meisterliche Traditionen, z. T. aber auch mit ganz andersartigen Proportionen und Formen. Noch häufiger aber sind 'gerade' Töne (AABB). Daneben erscheinen seltenere Baumuster wie AABBC und AABBCC, einmal sogar AAAB (Kl. 115, vgl. unten). Dagegen fehlt die in der meisterlichen Tradition so beliebte Reprisenkanzone mit drittem Stollen (AABA, nur mehrstimmig einmal in Kl. 51). Das Verhältnis der musikalischen Teile zueinander reicht von völliger metrischer Identität (z. B. Kl. 22, vgl. unten) oder bloßer Differenzierung durch die Reimordnung (z. B. zusätzliche Reime im B-Teil Kl. 8/18) bis zu extremen Gegensätzen des Umfangs, der metrischen Struktur und/oder des musikalischen Rhythmus.

Die 16 Refrainlieder O.s (das 2stg. Kl. 75 mitgerechnet) sind überwiegend Liebeslieder, meist unproblematischen, spielerischen oder witzig erzählenden Charakters; doch gibt es auch autobiographische Züge, und dann wird der heitere Grundton des Refrainlieds trotzig gegen Widerstände behauptet (z. B. Kl. 116) oder schlägt in Sarkasmus um (z. B. Kl. 60). Musikalisch bringt der Refrain in der Regel neues Material (Kursive markiert den Refrain): Kl. 69, (75), 81, 89, 98, 99 (AA*B*), Kl. 83/87 (AA'*B*), Kl. 60, 90 (AA*BC*), Kl. 55, 82 (AA*BBC*), Kl. 40/116 (AA*BBCC*); dagegen Kl. 73/74 (AAB*B*).

Nur elf einstimmige Melodien sind nicht stollig gebaut; Kl. 15, 85, 92, 100, 118, 124, 125, dazu, mit stolliger Struktur des Textes, aber durchkomponiert, Kl. 19, 57, 80, 113. Überwiegend handelt es sich bei den nichtstolligen Liedern um kürzere Strophenformen; ein so umfangreicher frei komponierter Ton wie der von Kl. 118, dem letzten Nachtrag in Hs. B, bleibt Ausnahme – Freiheit eines Alterswerks?

Einige Töne werden für mehrere Lieder verwendet; dennoch steht O. dem Tönegebrauch der Sangspruchdichtung und des Meistergesangs mit ihrer beliebig häufigen Verwendung der wichtigsten Töne im ganzen eher distanziert gegenüber. Durch Schaffen neuer Melodien auch bei gleichem Versbau (vgl. unten) und durch Zufügen oder Weglassen eines Bauelements (z. B. Kl. 8/18; 23/24; 40/116/126) sorgt er für Variation.

In einzelnen Fällen lassen sich die Traditionen, aus denen O.s Strophenkunst gespeist ist, genauer fixieren. Dabei korrespondiert den formalen Bezügen auch eine gewisse Nähe zu Stil und Inhalt der benutzten Typen, ohne daß O. in den jeweiligen Traditionen befangen bliebe.

Aus Sangspruchdichtung und Meistergesang hat er zwei verbreitete Töne mit ausladenden Kanzonenstrophen (AAB) adaptiert und mit neuen Melodien versehen: →Frauenlobs Vergessenen Ton in Kl. 9 und 10 und → Regenbogens Grauen Ton in Kl. 1–7, 11, 12, 95, 111 (diesen mit drei verschiedenen Melodien, mit Varianten der Reimordnung und bei dem Passionslied Kl. 111 mit einem im Deutschen ungewöhnlichen envoiartigen Schlußversikel, offenbar nach dem Vorbild des Passionslieds G 23 des Mönchs von Salzburg). Typischer für O. ist vielleicht, daß er artistische Liedformen des 14. Jh.s auch von außerhalb der engeren meisterlichen Tradition aufgreift: In Kl. 42 variiert er einen schlagreimreichen Ton, der seit der Sammlung des Rudolf → Losse (II. 1. c.) lateinisch und deutsch, geistlich und weltlich mehrfach belegt ist; aber er verändert neben Details der metrischen Struktur den Gesamtaufbau von der ungeliebten Form einer Reprisenkanzone (AABA) zur 'geraden' Form AABB, und er macht eine neue Melodie (RÖLL, 1976; vgl. auch G. KORNRUMPF, AfdA 90 [1979] 16). Ein weltliches Tagelied → Peters von Arberg mit der Struktur AABBC adaptiert O. sogar dreimal mit je eigener Melodie: in dem Tagelied Kl. 16, in dem sprachmischenden Abschied zur Seefahrt Kl. 17 (dort mit wörtlichem Anklang) und, um den Schlußteil verkürzt zur Lieblingsform AABB, in einem mehrfach verwendeten Ton (Kl. 28–32; 117; vgl. RÖLL, 1968); darüber hinaus erscheint der Schlußteil von Kl. 16 – um Schlagreime bereichert, in der melodischen Substanz trotz mancher Probleme m. E. identisch – noch einmal als Schlußelement des Tagelieds Kl. 20.

O. hat jedoch auch aus nicht-artistischen Traditionen geschöpft. Das metrische Schema des Hildebrandstons (→▶'Jüngeres Hildebrandslied' 6.), das auch in politisch-historischen Erzähllietern vorkommt, liegt dem Lied vom Ausfall aus Burg Greifenstein (Kl. 85) zugrunde; allerdings ist die Melodie, soviel wir wissen, neu, und durch Mehrfach- und Kornreime ist ein höherer Kunstanspruch angedeutet. Genauer folgen dem Hildebrandston zwei außerhalb der Haupths. melodielos überlieferte Lieder, deren Echtheit nicht über jeden Zweifel erhaben ist: Kl. 128 und 134. Ein weiteres Mal aber kann man den Hildebrandston entdecken als Baustein einer Großstrophe: in dem Ton Kl. 22–25 (u. a. zwei Erzähllieder!) ist das Schema viermal mit der Melodiefolge AABB wiederholt (Kl. 24 dreimal: AAB; Kl. 25 mit abschließendem 'Geleit'). Ein ähnliches Verfahren könnte in den späten Liedern Kl. 114 und 115 angewendet sein, in denen relativ schlichte siebenzeilige Kanzonenstrophen als Elemente von Großstrophen verarbeitet sind (PETZSCH, 1969); allerdings sind die Siebenzeiler bislang noch nicht in genauer Entsprechung auch selbständig nachgewiesen.

Die Melodien beruhen auf traditionellem Material: Kurzfloskeln (oft Viertonformeln), Zeilenmodellen und z. T. auch vorgeprägten Zeilensequenzen (WENDLER). Die Meisterschaft O.s zeigt sich im Variieren, Erweitern und Zusammenfügen der Muster; er erreicht damit einerseits eine weiter angelegte Spannung in größeren Strophen (z. B. apertum-clausum statt einfacher Reihung), andererseits melodische Auszeichnung bestimmter Stellen innerhalb der Strophe. Solche Auszeichnung korrespondiert häufig mit formalen Besonderheiten des Texts (z. B. Schlagreimen). PETZSCH und STÄBLEIN haben aber, im einzelnen mit verschiedenen Argumenten und Ergebnissen, auch zahlreiche Korrespondenzen mit Inhaltselementen aufgezeigt. Eines der überzeugendsten Beispiele ist ein Melisma in Kl. 33, das gerade auf das affekthaltige Wort *beseuffte* den traditionell vorgegebenen Melodierahmen zeitlich dehnt und tonal übersteigt (PETZSCH, 1964). Trotz solchen unüberhörbaren Wort-Ton-Entsprechungen wird man nicht so weit gehen dürfen wie STÄBLEIN, der O. als 'Schöpfer des Individualliedes' bezeichnet hat. Da dieselbe Melodie, die ein Wort oder eine Phrase interpretierend hervorhebt, in den Folgestrophen und häufig in weiteren Liedern gleichen Tons auch zu Worten anderen Inhalts gesungen wird, bleibt sie im Prinzip eigenständige Form, die, einmal geprägt, vollzogen werden muß. Immerhin ist bei der Gestaltung dieser Form punktuell eine neue Sensibilität für Aspekte des Inhalts und ein neues Einplanen der Möglichkeiten des Vortrags wirksam.

b. Mehrstimmig sind nach PELNAR 39 Lieder Oswalds in 37 Sätzen (etwas abweichend HAUSNER); dazu wäre eventuell die ohne Noten überlieferte Kontrafaktur Kl. 131 zu zählen. Nach der musikalischen Satztechnik handelt es sich um ein inhomogenes Corpus, das aber durchaus eine aus einheimischen und fremden Elementen gemischte Musizierpraxis spiegeln könnte. I. PELNAR hat die Sätze zwischen den Polen archaisch-bodenständig und westlich-modern zu ordnen versucht. Sie unterscheidet dabei drei in sich nicht völlig einheitliche Gruppen: 1. Bodenständige Tenorlieder, die noch Merkmale schriftlosen Musizierens und organaler Zweistimmigkeit erkennen lassen und bei denen in den Hss. mehrfach nur der Tenor textiert ist: P. (= PELNAR, Ausg.) 1–9 = Kl. 37/38, 51, 84, 91, 68, 75–77, 79. – 2. Kanons und Tenorlieder, die Merkmale genuiner Mehrstimmigkeit aufweisen: fünf Kanons (in den Hss. *fuga*), z. T. mit Hoquetustechnik (jedoch kein Liedsatz mit Kanon über einer stützenden Grundstimme wie in der zeitgenössischen romanischen Mehrstimmigkeit beliebt): P. 10–14 = Kl. 64, 70–72, 121; zwei Liedsätze mit hoquetusartigen Elementen: P. 15, 16 = Kl. 93, 94; drei Tenorlieder mit Elementen westlicher Satztechnik und Resten der bodenständigen Techniken: P. 17–19 = Kl. 78, 101, 43. – 3. Liedsätze auf dem Stand westlicher Mehrstimmigkeit des 14. Jh.s: P. 20–37 = Kl. 46–50, 52–54, 56, 65/66, 88, 96, 103, 107–109, 120.

Für 13 mehrstimmige Lieder (einschließlich Kl. 131) konnten bislang Vorlagen aus der französischen und italienischen Musikkultur nachgewiesen werden (zusammengestellt bei MÜCK / GANSER, S. 144 f.). Bis auf den Kanon Kl. 72 gehören alle diese 'Kontrafakturen' O.s der 3. Gruppe PELNARs an; man wird daraus schließen dürfen, daß auch die übrigen Lieder dieser Gruppe auf übernommenen Sätzen beruhen. Wie weit O. bei den übrigen mehrstimmigen Liedern selbst kompositorisch tätig war, wird offen bleiben müssen. Zumindest Sätze vom Typus der 1. Gruppe PELNARs darf man dem Meister der Einstimmigkeit gewiß zutrauen. Die bisher identifizierten Vorlagen sind überwiegend Balladen, Rondeaus und Virelais der französischen weltlichen Ars-Nova-Musik des 14. Jh.s; daneben erscheinen ein älterer französischer Kanon (Kl. 72) und aus der italienischen Trecento-Musik eine Ballata von Landini (Kl. 65/66) und eine Lauden-Motette (Kl. 109).

Den lat. Text dieser Lauda, ein Glossenlied über das Ave Maria, hat O. mit in seine Hs. B aufnehmen lassen, von ihm selbst stammt nur eine Teilübersetzung. Enge Textbezüge zur Vorlage finden sich auch bei Kl. 50: vom Vogelruf-Virelai des Jean Vaillant hat O. die lautmalenden Wörter übernommen, ohne ihnen immer auch im Deutschen einen normalsprachlichen Sinn geben zu können. Bei Kl. 65 gibt es wenigstens motivliche Parallelen zum italienischen Original. In der Regel aber lassen sich keine textlichen Beziehungen zur Vorlage festmachen. Auch für die metrische Gestalt der Vorlage zeigt O. wenig Interesse. Balladen und Rondeaus müssen nicht auch bei ihm wieder die Form von Balladen und Rondeaus haben. Z. T. textiert O. auch im Gegensatz zum Original nicht den Discant, sondern nach deutschem Brauch primär den Tenor. Ferner löst er bei Bedarf lange Noten in mehrere kurze auf oder läßt einzelne musikalische Phrasen ohne Text. So ist es möglich, daß er Landinis 'Questa fanciulla' mit zwei verschiedenen deutschen Strophenformen textiert (Kl. 65/66); und andererseits entstehen bei diesem Verfahren Strophenformen wie Kl. 53 und 54, deren lockerer Bau und deren ganz aus Sprachspiel und Musik entwickelte freie Rhythmik unter den einstimmigen Liedern O.s nicht ihresgleichen haben. Die große Freiheit, die sich O. beim Textieren vorgegebener Sätze nimmt, könnte auch mit der Gestalt seiner unmittelbaren Vorlagen zusammenhängen. Die meisten der benutzten französischen und italienischen Sätze sind auch im deutschen Raum überliefert, z. T. textlos, z. T. mit lat. geistlichen Texten. Da O.s Fassungen in einigen Fällen den deutschen Quellen näherzustehen scheinen, mag O. seine Vorlagen eher in seiner Südtiroler Umgebung gefunden als von seinen Reisen mitgebracht haben. Zweifellos aber kannte er romanische Mehrstimmigkeit auch vom Hören.

Das Verhältnis von Wort und Ton stellte sich für O. in den mehrstimmigen Liedern anders dar als in den einstimmigen. Schon die unterschiedlichen thematischen Präferenzen (s. o. 1.) lassen darauf schließen, daß die inhaltliche Aussage in der Mehrstimmigkeit geringeres Gewicht hat gegenüber formalen und atmosphärischen Qualitäten. Bezeichnenderweise gibt es wiederholte Verwendung eines Satzes für zwei verschiedene Lieder nur zweimal: Kl. 37/38 (archaischorganal, der Einstimmigkeit noch nahe) und Kl. 65/66 (metrisches Experiment). Auch die Zahl der Strophen ist im Durchschnitt geringer, Lieder in der Satztechnik romanischer Mehrstimmigkeit sind sogar mehrfach nur einstrophig (Kl. 46, 48–50, 52, 54, 56, dazu der nur skizzenhaft textierte Satz Kl. 108). Besondere Wort-Ton-Probleme zeigen sich dort, wo aufgrund der Mehrstimmigkeit die eine Linie des Textes aufgelöst oder überlagert ist: Manchmal ergibt sich der vollständige Text erst im Zusammenwirken verschiedener Stimmen (z. B. Kl. 93). Öfters werden gleichzeitig verschiedene Texte gesungen (Kanons und mehrtextige Lieder). Dabei kann der Eindruck eines lebhaften Stimmengewirrs durchaus intendiert sein, so bei der dörflichen Trink- und Tanzszene im Kanon Kl. 70 oder bei den Zurufen der Jäger und dem Hundegebell in der Jagdallegorie Kl. 52. In anderen Fällen gestaltet O. wie schon der Mönch von Salzburg das Neben-, Gegen- und Zueinander der Stimmen textlich als Dialog (Kl. 48, 49, 56, 62, 71). Dabei sind Singstimme und Dialogrolle nicht durchweg identifiziert: einer Stimme können verschiedene Dialogrollen zugeteilt werden (z. B. Kl. 49), die Rollenverteilung kann auch mit den Strophen wechseln (Kl. 71). Für ein detailliertes Textverständnis ist es unerläßlich, das Nebeneinander der Stimmen zu beachten (vgl. z. B. Frage und Antwort in Kl. 71, 43 f./53 f.). Auf illusionistische Wirkungen oder genaues Textverständnis des Hörers zielen solche Dialoge aber offensichtlich nicht.

2. Sprache, Sprachform, Bildlichkeit.
Während die Schreibformen in den O.-Hss. nach Herkunft der Schreiber variieren – der Hauptschreiber der Hs. B gilt als Alemanne –, hat O. selbst, wie seine Herkunft vermuten läßt und Reimuntersuchungen bestätigt haben, im wesentlichen in der gehobenen Sprache seiner Heimat gedichtet, die sich offenbar z. T. an der überwiegend mittelbairisch geprägten bair.-österreichischen Literatursprache seiner Zeit orientierte. Den Spielraum, den ihm diese keineswegs völlig einheitliche Sprache bot, hat er nach den Bedürfnissen seiner Verse und Reime genutzt (z. B. Apokope und Synkope von unbetontem e nur teilweise, verschiedene Diminutivsuffixe, Adjektivsuffix -lich oder -leich). Er hat aber die Grenzen dieser Sprache auch dezidiert überschritten: z. B. durch derbmundartliche Formen und Wörter, um die bäurische Sprache einer tolpatschig groben Liebeswerbung zu charakterisieren (Kl. 82), durch nd. (und französische) Klänge zur Charakterisierung des Heidelberger Hofs (Kl. 86) oder durch nd.-ndl. Formen ('flämisch', vgl. Kl. 69, 17), wenn das Reimspiel dazu verlockte oder ein Anklang von Ferne nicht unpassend schien (z. B. Kl. 42, 100 ff.); zwei Lieder sind sogar ganz in pseudo-flämischer Sprache gedichtet (Kl. 90 in Hs. A; Kl. 96).

Auch seine Kenntnisse anderer Sprachen läßt O. gern einfließen (Kl. 18, 21 ff. behauptet er, zehn Sprachen gebraucht zu haben). Das sonst in mal. Texten verbreitete Einmischen lateinischer Brocken spielt bei O. keine größere Rolle (geistlich z. B. Kl. 14/15; 111, 155; satirisch, z. B. Kl. 54, 22; 104, 49). Auffällig und in diesem Ausmaß im MA sonst nicht bekannt ist das reichliche Zitieren anderer Fremdsprachen zur Vermittlung sprachlichen Lokalkolorits oder zur Suggestion besonderer Authentizität des Berichteten (z.B. Kl. 18,36; 102,65; 103). Extremfälle sind zwei an Margarete gerichtete Liebeslieder, die systematisch aus Phrasen verschiedener Sprachen zusammenmontiert sind (Kl. 69; 119), sowie ein Abschied zur Fahrt ins Heilige Land (Kl. 17), bei dem die zurückbleibende Geliebte den Aufbrechenden über alle Winde belehrt und durch zahlreiche Wörter und Wendungen der Seefahrersprache – zuletzt RÖLL, 1981, S. 67: Kolonialvenezianisch – die Atmosphäre einer Fahrt übers Mittelmeer evoziert.

Das Besondere und oftmals Schwierige an O.s Sprache liegt jedoch nicht nur an seinem Ausgreifen ins Fremde. Die Möglichkeiten der eigenen Sprache sind, vielfach im Dienst von Reim und Vers, in ungewöhnlicher Weise ausgeschöpft und erweitert. Der Wortschatz, trotz aller Bemühungen noch nicht zureichend erschlossen und gedeutet, umfaßt u.a. reine Lautmalereien (bes. Kl. 50), seltene oder ad hoc gebildete Interjektionen (z.B. Kl. 60,15; 70,21–24), kühne Nominalisierungen (z.B. Kl. 93,4 *pringt lieb in immer ach*), Wortneubildungen, deren Sinn z.T. mehr aus Klangassoziationen als aus eingespielten Wortbildungsmustern zu erschließen ist (z.B. Kl. 53,14; 82,22 ff.), und fach- oder sondersprachliches Wortgut in uneigentlicher Verwendung (z.B. Kl. 52; 76).

Die Syntax ist im allgemeinen unprätentiös. Komplexe Perioden mit durchgehaltener Konstruktion sind eher die Ausnahme, gewisse Merkmale der mündlichen Rede (Anakoluth, Herausstellung und Wiederaufnahme, Freiheiten der Kongruenz) nicht selten und gelegentlich zu kühnen Fügungen gesteigert. Die Vorliebe für Schlagreime und die Neigung zu intensivierenden oder konkretisierenden Wortreihungen führen oft zu einer ungewöhnlich hohen Dichte der lexikalischen Bedeutungseinheiten; wenn dann überdies die syntaktischen Ordnungssignale (Pronomina, Artikel, Hilfsverben, Flexionsendungen) teilweise eingespart werden, so entstehen mitunter Gebilde, die zwar im Prinzip noch syntaktischen Regeln folgen, beim Hören aber kaum als Sätze verstehbar sind (z.B. Kl. 93; 94). Das besondere Vergnügen O.s an reihender Wortfülle zeigt sich auch daran, daß er sich dreimal an die Gattung des Kalendermerkgedichts (→ 'Cisioianus') gewagt hat (Kl. 28; 67; ein weiterer Text, Vorstufe von Kl. 28, ist in Hs. A getilgt); hier versucht er, z.T. recht witzig, die unzusammenhängenden Heiligennamen durch Umdeutungen in syntaktische Zusammenhänge einzubinden, die auf dieser Ebene freilich doch nur einen Unsinnstext ergeben.

O.s Metaphorik, auch sie noch nicht umfassend untersucht, ist ohne die Tradition des Geblümten Stils nicht zu denken. Es fehlt jedoch die sonst so wichtige Metaphorik der Dichtkunst und mit ihr die professionelle Meisterattitüde. Gerade wo Thema und einzelne sprachliche Mittel den Vergleich mit der Tradition der Blümer nahelegen, ist durch Einbeziehung andersartiger Elemente und durch Brechen der Stillage der Gesamteindruck ganz anders; so herrscht im Marienlied Kl. 34 (vgl. HARTMANN) und im Fürstenpreis Kl. 86 statt der sonst üblichen gravitas des Preises ein Ton spielerischer Intimität. O.s Gebrauch von Metaphern und anderen Sinnfiguren schöpft denn auch aus mannigfachen weiteren Traditionsströmen wie Minnetopik und Sexualwortschatz, Sprichwortbildlichkeit und umgangssprachlicher Hyperbolik. Geläufige Metaphern werden durch Wörtlichnehmen aktualisiert oder durch Variation ins Komische gewendet. Nicht immer ist der Stilwert einer Wendung für uns genau abschätzbar. Mehrfach aber scheinen mir Hyperbolik, überraschende Metaphorik und Sprachwitz als punktuelle Distanzierungen zu wirken, die, eben weil sie punktuell bleiben, die noch nicht völlig bewältigte Erfahrung, das Sich-Reiben an der Welt, mit um so größerer Dringlichkeit vermitteln.

3. Inhalte.
In O.s Werk ist eine ungewöhnliche Fülle von Themen und Motiven verarbeitet, nicht selten in eigenwilligen Kombinationen. Der folgende Überblick versucht, diese Vielfalt, wo irgend möglich, auf Lied- und andere Texttypen zu beziehen, die O. in der Tradition vorgefunden hat.

O.s literarische Kenntnisse sind schwer abzuschätzen. Über die bislang identifizierten Form- und Musikvorbilder hinaus (s.o. IV. 1.) ist die Benutzung konkreter Texte selten nachzuweisen: Gesichert ist die Verarbeitung von Versen → Freidanks in Kl. 115. Besonders viele Parallelen weisen auf die weltlichen und geistlichen Lieder des Mönchs von Salzburg, und trotz der Bedenken N. R. WOLFS (in: KÜHEBACHER, 1974, S. 389–407) zweifle ich hier nicht an einem engen Traditionszusammenhang. Mehrere Parallelen (darunter auch Mönch von Salzburg) bieten die lat. und deutschen Texte der → 'Sterzinger Miszellaneen-Hs.', die in zeitlicher und räumlicher Nähe O.s entstanden ist; Quelle im engeren Sinn dürfte die Hs. für O. nicht gewesen sein. Was man darüber hinaus zur Erklärung von O.s Dichtungen herangezogen hat, dürfte eher als Texttypus denn als Einzeltext relevant sein. So kann kein Zweifel bestehen, daß O. eine breite Kenntnis von verschiedenen deutschen Liedtypen gehabt hat; außerdem hat er, wohl weniger intensiv und punktueller, romanische und lateinische Liedkunst kennengelernt. Vertraut waren ihm offensichtlich auch Spruchgedichte vom Typus der Reden → Heinrichs des Teichners (Kl. 112), vermutlich auch sonst allerlei an nicht sangbarer Kleindichtung. Weitergehende Lektüre in anderen literarischen Gattungen aber ist nicht nachgewiesen. Die wenigen Zitate lateinischer Autoritäten – Thomas von Aquin Kl. 111,49; Petrarca Kl. 10,28 – sind zweifellos indirekt; und was sich an spezifischerem geistlichen Gedankengut bei ihm findet – am konkretesten die Beichtspiegeltradition in Kl. 39 –, könnte ihm aus Predigt und mündlicher Unterweisung zugeflossen sein.

a. Den engsten Anschluß an verbreitete Liedtraditionen bewahrt O. wohl in seinen Tageliedern. Indem er das Liebespaar nicht mehr *ritter* und *frouwe*, sondern *knab* und *freulin* oder *dieren* nennt, nimmt er teil an der spätmal. Gattungsentwicklung. Im übrigen bewahren die rein dialogischen Tagelieder (Kl. 49; 101; 121) die Atmosphäre des klassischen Tagelieds noch relativ gut und suchen eher im Formalen Neues. Die beiden erzählenden aber (Kl. 16; 20), die formal an Peter von Arberg anknüpfen (s. o. IV.1.a.), tendieren durch Anreicherung und Entfaltung des hergebrachten Motivbestands dazu, das Pathos von Liebe und Abschied aufzubrechen, ohne sich schon ganz von ihm lösen zu können.

Ältere Parallelen (Vorbilder?) gibt es auch zum Verfahren der Transposition von Tageliedmotivik in andere Situationen: in ein Lied von nächtlicher Einsamkeit (Kl. 33), in ein morgendliches Streitgespräch zwischen Bäuerin und Magd (Kl. 48) und in einen geistlichen Sündenweckruf (Kl. 118). Ganz O. eigentümlich aber ist die Verbindung von Tageliedelementen mit einem erotisch stilisierten Marienpreis (Kl. 34) und, in Überblendung verschiedener szenischer Vorstellungen, mit Motiven der Frühlings- und Tanzesfreude (Kl. 40; 53).

b. Bei den Liebesliedern in Ich-Form, der umfangreichsten Gruppe innerhalb von O.s Œuvre, sind Motive der hohen Minne noch vielfach präsent; sie sind aber verwandelt und stehen in neuen Kontexten. Reflexionen über die Minne fehlen in diesem Liedtypus fast völlig (sie bleiben den autobiographisch-didaktischen Liedern vorbehalten). Das Werben um Minneerhörung scheint aus geringerer innerer Distanz von der Geliebten formuliert zu sein als im hohen Minnesang. Wichtiger als Werben und Flehen sind Klagen über den Schmerz des Abschieds oder Getrenntseins (z. B. Kl. 51; 88; 124), Schilderungen der Qual des unerfüllten sinnlichen Verlangens (z. B. Kl. 33 [an Grete]; 47) und erinnerndes oder phantasierendes Ausmalen der Schönheit der Geliebten (z. B. Kl. 46; 61 [Neujahrsgruß]; 63 [in der Rolle des Alternden]; 66; 120). Das Motiv des Dienens wird weniger als ein Dienen um Minnelohn gefaßt denn als ein Element des Liebeseinverständnisses oder eine Folge der Liebesgewährung. Der Gedanke an *ir ler, zucht und weipliche er* (Kl. 46,12) fehlt nicht, dominiert aber nur in den Liedern an Margarete. Eine gesellschaftliche Problematik der Liebe wird kaum artikuliert; das für den Mönch von Salzburg zentrale Motiv der *klaffer* taucht nur sporadisch auf als Warnung vor *falschen zungen* (Kl. 65,11; 68,28; etwas häufiger in Dialogen: Kl. 43,46; *melder* Kl. 62,36; 64,8). Zu Kl. 81 s. unten h.

c. Ungewöhnlich häufig sind bei O. Liebesdialoge. Sie werden teils simultan in zweitextiger Zweistimmigkeit (s. o. IV.1.b.), teils mit alternierenden Reden monodisch (aber auf zwei Sänger verteilt?) vorgetragen. Erotische Sinnlichkeit ist in ihnen ganz zurückgedrängt. Gelegentlich ist vorsichtige Zurückhaltung der Frau gegenüber dem Werben des Mannes zu spüren (Kl. 64; 131), meist aber beteuern nur beide einander ihre Liebe und Treue (Kl. 56; 62; 94?; 96?; 107; Dialog *Gret-Öselein*: Kl. 71

[Neujahrsgruß]; 77). Als Anregung für diesen Dialogtypus kommen am ehesten einige Lieder des Mönchs von Salzburg in Betracht (ed. MAYER / RIETSCH 14; 15; vgl. auch 'Sterzinger Miszellaneen-Hs.' 42ʳ). Zum Abschiedsdialog Kl. 17 vgl. o. IV.2.

d. Minneallegorie. Einen Sondertypus innerhalb der Lieder höfischer Minnetradition stellt das Jagdlied Kl. 52 dar: Die Hundenamen (*Freud, Lieb, Trost, Gelück, Stät* usw.) verweisen auf den Typus der Jagdallegorie (z. B. → Hadamar von Laber); aber die Lebhaftigkeit der Szene mit Hundegebell und gegenseitigen Zurufen der Jäger, angeregt sicher auch durch derartige Szenen in romanischer Mehrstimmigkeit, betont das männliche Jagdvergnügen doch stärker, als es einem höfischen Werben zukäme.

e. Natur. Sämtliche Liebesdialoge und die Mehrzahl der monologischen Liebeslieder sind ohne Natureingang. Doch gelegentlich setzt O. auch Naturbilder in ihren traditionellen Funktionen ein, gestaltet sie dann auch gern ein wenig breiter aus, so die Anzeichen des Morgens im Tagelied (z. B. Kl. 16) und das Bild der allgemeinen Frühlingslust als Gegensatz zur eigenen Liebesentbehrung im Ich-Lied (z. B. Kl. 47; 100; 106). Ungewöhnlicher, aber nicht ganz ohne Parallelen in der Tradition ist die Beziehung der Frühlingsnatur auf moralisch-gesellschaftliche Fragen in Kl. 116: mit dem Frühling wächst die Hoffnung, daß sich die Rechtschaffenen endlich durchsetzen. In einigen Liedern aber, eigenen Ausprägungen des wenig festen Typus der Frühlings-Reigen-Szenen (vgl. Neidharts Sommerlieder und → Tannhäuser), gewinnen die Schilderung der Frühlingsnatur und der Aufruf zu Tanz und Liebesfreuden Eigengewicht (Kl. 21; 37; 42; 75). Die Liebe des Sängers wird dann gewissermaßen eingebracht in die allgemeine Lust, wobei er seine Reiseerfahrungen anklingen lassen kann (Kl. 21; 42) oder sich selbst zuruft *in das pädli, Ösli, Gredli* (Kl. 75, 26 f.). Zu Kl. 60 s. unten f.

Ein Sonderfall der Naturschilderung ist die Bearbeitung des Vogelrufvirelais von Vaillant (vgl. o. IV.1.b.): vom 'höfischen' Zwitschern der Singvögel ausgehend, bezieht sie dann auch Frühjahrsgefühle und Schreie von 'grobianischen' Tieren ein, läßt eine Bäuerin den geschundenen Esel und die Magd mit Schimpfworten zur Arbeit antreiben und endet beim Jäger, der dem Wild und den Singvögeln nachstellt (*rogken* wohl zu nordital. *roccolo* '[Jagd mit dem] Vogelnetz') – Natur als todgeweihte akustische Vitalität.

f. Kontraste zur feinen Liebe, Absage, Pastourellen u. ä. Der Großteil von O.s Liebesdichtung gilt zwar nicht mehr der hohen Minne, meidet aber doch alles allzu Drastische und jede Absage an die Geliebte oder an die Liebe. Von diesem Typus setzen sich einige Ich-Lieder distanzierend ab: Kl. 58 vergleicht die Geliebte den zwölf Monaten, ihre Schönheit entspricht den Sommermonaten, ihr Verhalten den unangenehmen Zeiten des Jahres. Kl. 90 stellt der gegenwärtigen fein stilisierten Liebesnot die Liebeserfolge gegenüber, die einst im Pilgergewand so leicht zu erringen waren. Auch die Auseinandersetzung mit der Hausmannin kann aus solcher Perspektive beleuchtet werden: Sie forderte Geld, statt Liebe zu gewähren (Kl. 55; 59). Kl. 60 ist ein Anti-Reihen, in dem O. sich selbst inszeniert, wie er in der allgemeinen Fastnachts- und Frühlingslust grimmig die Krücke statt der Geliebten an sich drückt. Zu Kl. 3 s. unten g.

Überwiegend aber werden Distanz von der feinen Liebe, Kontrast zum hohen Stil und Lust am Derben in 'objektiven' Liedtypen ausgespielt. Kl. 25 läßt nach dem alten Schema der Rangstreitgedichte einen *burger* und einen *hofman* disputieren, welcher den *freulin* besser *hohen muet* geben könne; die Schiedsrichterin, eine alte Kupplerin, entscheidet gegen das Singen und Turnieren für die dicke Geldtasche des *burgers*. Kl. 73 bricht einen Liebesdialog im hohen Stil durch muntere und zuletzt eindeutige Refrains. Von drei Dialogen vergeblichen Werbens, die vielleicht von romanischer Pastourellentradition angeregt sind, steht der eine (Kl. 43) den Dialogen hohen Stils nahe, läßt aber in Inszenierung und Sprache Distanz gegenüber höfischer Liebesrede erkennen. Die beiden anderen (Kl. 79; 82) zeigen Bauern in töricht vergeblicher Bemühung um rhetorisch (in Kl. 79 auch ständisch) überlegene Frauen. Einen anderen Pastourellentyp, der auch im Deutschen bekannt war, vertreten die Lieder von der *graserin* (Kl. 76) und der *jetterin* (Kl. 83): ein Ich-Erzähler nutzt den Bericht von einer Begegnung mit einem einfachen Mädchen zu verhüllender Sexualrede. Die Neidhart-Tradition mit ihren spezifischen Ausprägungen des Gegenhöfischen klingt am deutlichsten nach im Tagelied von Bäuerin und Magd (Kl. 48). In den dörflichen Trink-, Tanz- und 'Liebes'-Szenen (Kl. 54; 70; 72; 84) dagegen scheint sie von Motiven der Scholarendichtung überlagert zu sein.

In all diesen Darstellungen bäuerlich-ländlicher Figuren und Szenen dominiert bei O. – wie im MA insgesamt – die Stilisierung als grobianisch, dumm oder sexualitätsbetont. Mit dem Stichwort Spott des Edelmanns gegen die Bauern wären jedoch Intentionen und Funktionen dieser Lieder kaum zureichend erfaßt. Das Wir der Trinkszenen lädt auch zur Identifikation ein; und die raffinierte Wendung in Kl. 83, daß die *jetterin* sich schließlich noch besser auf die *kunst* des Vogelfangens versteht als der männliche (ritterliche?) Vogelsteller, zeigt, daß die bäurische Inszenierung auch ein Mittel sein kann, latente Wünsche und Ängste zu artikulieren.

Von der derben Stilisierung des Bäurischen setzt sich Kl. 92 leise, aber entschieden ab: ein Dialog von Schafhirtin und Hirt in amöner Landschaft, in dem die Konkretion des Bäurischen und des Sexuellen so weit gedämpft ist, daß eine kunstvoll naiv gezeichnete erotische Idylle entsteht. Das Lied mag auch brauchtümliche Wechselgesänge von Hirten verarbeitet haben. Wichtiger scheint mir, daß hier – in deutscher Sprache wohl zum erstenmal so deutlich – die dörperliche Welt in eine bukolische, die Pastourelle in eine Pastorale verwandelt wird.

g. In seinen geistlichen Liedern knüpft O. vor allem an zwei Typen an: Sangspruchdichtung-Meistergesang (vgl. o. IV. 1.a.) und das Verfahren geistlicher Kontrafakturen zu weltlichen Kunstliedern (Kontrafaktur hier im weiten Sinn, nicht unbedingt Textbezüge implizierend, vgl. Kl. 33: 34, 35, 36; Kl. 37: 38). Darüber hinaus rezipiert er zwei verbreitete lat. Sequenzen (Kl. 129; 130) und ein lat. Glossenlied an Maria (Kl. 109) und läßt Bekanntschaft mit geistlichen Liedern des Mönchs von Salzburg erkennen.

Das Spektrum der geistlichen Themen und Motive ist breit. Es fehlen jedoch Gelehrtes, Spekulatives und Mystisches. Einige Lieblingsthemen der Meistertradition – Trinität, Heilsgeschichte, Wunder Gottes im Kosmos – stehen bei O. am Rande. Es gibt eine anaphorisch preisende Anrufung Gottes (Kl. 31), einen Tischsegen (Kl. 14/15, angeregt vom Mönch von Salzburg?, aber stärker ins Persönliche gewendet), einen Morgensegen (Kl. 29), zwei Lieder zu Weihnachten (Kl. 35 mit Erinnerungen an O.s Pilgerfahrt nach Bethlehem; Kl. 126), zwei ausführliche Passionsdarstellungen, eine mit heilsgeschichtlicher Einleitung (Kl. 111), eine als *compassio Marie* gestaltet (Kl. 114). Die Übersetzungen der lat. Sequenzen gelten Ostern (Kl. 129), Mariä Verkündigung (Kl. 130) und diejenige des Glossenliedes der allgemeinen Anrufung Marias (Kl. 109). In drei Marienpreisliedern findet O. durch Anklänge an weltliche Liebeslyrik (Kl. 13 u. 38: Tanz; Kl. 34: Tagelied) und durch neue Spielformen alter Metaphern einen eigenen Ton von heiterer Innigkeit und fast erotischer Intensität.

Als Marienlied möchte ich auch Kl. 12 verstehen, eine Absage an alle andern Frauen dieser Welt zugunsten der einen, von der er hofft, daß sie ihn in ihren Garten läßt, *do si swanzt durch die rosen*. Es sind hier zwar alle eindeutigen Hinweise auf Maria so konsequent vermieden, daß auch die Auffassung, das Lied beziehe sich auf die Verlobte Margarete von Schwangau (so zuletzt RÖLL, 1981, S. 76–78), nicht widerlegt werden kann. Für eine geistliche Deutung spricht aber m. E. der Ton, den O. sonst erst ab 1421 und fast ausschließlich für geistliche Themen verwendet.

Eindringlicher Sündenmahnung dienen ein Lied von den sieben Kammern der Hölle (Kl. 32), ein Beichtspiegel von unerhört gedrängter Wortfülle der Sündenkataloge (Kl. 39) und ein spätes geistliches Wecklied (Kl. 118). Sündenklage, Todes- und Höllenangst, Weltabsage und Glaubenshoffnung bilden einen für O. besonders wichtigen Themenkomplex, der in vielen Texten anklingt. Zentral wird er in einer relativ geschlossenen Gruppe von Liedern, in denen er primär auf die eigene Lebenssituation, die Gefangenschaften und ihre Folgen, bezogen ist, was nicht ausschließt, daß diese Situation auch zum didaktischen Exempel erhoben werden kann. Es handelt sich um die Lieder, die in Hs. B, ansatzweise auch schon in Hs. A, am Anfang zusammengerückt sind, durchweg Lieder, die in Strophenformen und vielen inhaltlichen Zügen an die Meisterliedtradition anknüpfen, in der Eigenwilligkeit der Sprache und der Intensität der Reflexion konkreter Lebenserfahrung aber ganz andere Wege gehen: Kl. 6–11 sind ganz von der genannten Thematik bestimmt, Kl. 5 konkretisiert sie in einer Altersklage, und Kl. 1, 2 und 4 beziehen im Blick auf die frühere Geliebte, die zur Gegnerin geworden ist, auch den Gegensatz von wahrer und falscher Liebe in die Reflexion mit ein.

Aus Lebenssituation und Liebesreflexion wird auch verständlich, daß Kl. 3, das trotz apokalyptischer Einleitung und biblischen Beispielfiguren im wesentlichen weltlich argumentiert, in diese sonst geistliche Gruppe einbezogen ist: *der von Wolkenstein* als letzter in der Reihe derer, die von *schönen bösen frauen* betrogen wurden, möchte als warnendes Beispiel dienen; doch soll das Lob der *frummen freulin rain* darunter nicht leiden (vgl. RÖLL, in: 600-Jahr-Feier, 1978, S. 147–177).

Außerhalb dieser Gruppe von Liedern in meistersingerlichen Tönen sind Sündenbewußtsein, Todesangst und Blick aufs Jenseits noch zweimal ähnlich auf die eigene Situation bezogen, hier vor allem aufs Lebensalter: Kl. 24 (46 Jahre) und Kl. 36 (*gen den fünfzig jaren,* nach dem Tod der Hausmannin).

Daß der Todesnähe auch andere Töne abzugewinnen waren, zeigt Kl. 23, das Lied von den (ursprünglich) sechs Todesgefahren: die sechs Erlebnisse O.s werden, z.T. nachprüfbar verzerrt, ausgesprochen komisch erzählt, erst die Schlußstrophe lenkt in der Rolle des Alternden in den Ton des memento mori ein. Der späteren Erweiterung um eine siebte Gefahr, die Gefangenschaft von 1427, will der frühere witzige Ton des Erzählens nicht mehr recht gelingen.

h. In seiner weltlichen Didaxe knüpft O. z. T. an Merkverse und Sachliteratur an: sprachspielend in den Cisioiani (vgl. IV.2.), mit Lust an der Zeichnung verschiedener Menschentypen, aber mit mahnenden Schlußbetrachtungen im Lied vom Einfluß der Planeten und Tierkreiszeichen bei der Geburt (Kl. 22) und im Lied von den zwölferlei Folgen der Trunkenheit (Kl. 117). Ohne einheitliches Thema und fast unverbunden wirkt die Reihung weltlicher Sentenzenweisheit im 'Freidank-Cento' Kl. 115 – ein Strukturtyp, der in der Sangspruchdichtung eine gewisse Tradition hat. Kl. 30 mahnt mit anekdotischen Erinnerungen zu strenger Kinderzucht. Kl. 81 ist eine Frauenlehre, bleibt aber merkwürdig in der Schwebe zwischen augenzwinkerndem Rat zur Verschwiegenheit in Liebesaffären und Warnung vor heimlicher Sünde. Gesellschaftslehre ist vertreten durch eine Mahnung der drei Stände zum *recht tun* (Kl. 113) und durch das lange Spruchgedicht vom Recht, das das Recht auf kaiserliches geschriebenes Recht und *gute gwonhait* gründet und Mißstände auf Bestechlichkeit der Richter und Vorsprecher und auf Übergriffe und Rechtsverdrehungen der Geistlichkeit zurückführt (Kl. 112, vgl. RÖLL, 1981, S. 98–105).

i. Politisches steht bei O. selten im Vordergrund. Kl. 27 hetzt gegen die übermütigen böhmischen Gänse, die Hussiten, vor denen die edlen Jagdvögel, der weltliche und geistliche Adel, kläglich versagt haben; nur Hinwendung zu Gott kann helfen (vgl. auch Kl. 134; problematisch die Datierung auf die Situation vor Hus' Verbrennung durch FELDGES). Kl. 95, ein Lied des meisterlichen Typus, stellt die Klage, daß *treu* und *er* auf Erden weniger gelten als *falsch,* und die Mahnung, an Gottes Gericht zu denken, in den politischen Zusammenhang einer Fürstenkritik. In der Tradition der historisch-politischen Schlachtlieder ('hist. Volkslieder') steht die lebhafte Schilderung des Ausfalls aus Burg Greifenstein (Kl. 85). Was sonst mit politischen Ereignissen und Persönlichkeiten zu tun hat, wird kaum unter politischen Aspekten gestaltet. Der Überfall auf eine königliche Gesandtschaft bei Ronciglione (1432) wird in Anspielung auf die klerikalen Drahtzieher als Kirchweihschlägerei stilisiert, von der sich auf Kosten der gebleuten Freunde vergnüglich erzählen läßt (Kl. 105). Das einzige Lied, das man an die Tradition des Fürstenpreises anschließen könnte (Kl. 86, an Pfalzgraf Ludwig gerichtet), verläßt schnell die übliche Preistopik, schwenkt in einen familiären heiteren Ton ein und schweift auf weitere angenehme Reiseerinnerungen ab.

j. Am wenigsten läßt sich die letzte Gruppe von O.s Liedern mit älteren und zeitgenössischen Liedtypen oder anderen Literaturtraditionen verknüpfen: die Erzähllieder in Ich-Form und die autobiographischen Situationsschilderungen. Elemente der Darstellung des eigenen Lebens, wie sie vereinzelt in fast allen Liedtypen O.s zu finden sind, erscheinen hier besonders konzentriert. Problematisch ist eine autobiographische Deutung allerdings bei Kl. 102: ein Ich-Erzähler, der *Hanns Maler* angeredet wird, berichtet, wie er nach einem Streit mit seiner Ehefrau von Bruneck aus, wo er daheim ist, eine Kirchfahrt nach St. Lorenzen unternimmt, um eine Einladung zu einem Rendezvous wahrzunehmen, wie er aber dort statt eines schönen Mädchens im Bett nur kräftige Prügel bekommt. Die Vermutung liegt nahe, daß O. hier eigene Erfahrungen mit der Partei der Hausmannin transponiert hat: auch von seiner ersten Gefangenschaft spricht er als von einer mißlungenen *kirchfart* mit seinem *buel* (Kl. 59). Eine Verschlüsselung zu einer fiktiven Ich-Erzählung wäre jedoch bei O. einzigartig, daher bleiben auch andere Deutungen von Kl. 102 erwägenswert. Im allgemeinen verfährt O. bei der Verarbeitung von Selbsterlebtem anders: Die Rahmensituationen sind zweifellos 'wahr', einzelne Details (z. B. Namen, Bart, Schaden am Auge) realistisch, die Darstellung aber ist durch Auswahl, Ausschmückung, Überformung nach literarischen Mustern usw. dem Erzählzweck zuliebe stilisiert, nicht selten so stark, daß der genaue Realitätsgehalt kaum noch abzuschätzen ist. Die Grenzen zu rein fiktiven Szenen, die z. T. durch reale, dem Publikum vertraute Namen ins konkret Vorstellbare gerückt werden (z.B. die 'Bergwaldpastourelle' Kl. 83), sind dennoch kaum zweifelhaft.

Das Erzählen und Schildern konzentriert sich auf das Herausarbeiten von Einzelheiten. Lebensgeschichtliche Zusammenhänge und politische Hintergründe fehlen weitgehend. Der neueren Forschung (bes. SCHWOB) ist es zwar gelungen, die historischen Hintergründe einzelner Lieder recht genau zu rekonstruieren, und dabei hat sich ergeben, daß O.s Darstellung im Akzentuieren, Auswählen und Verschweigen auch seine eigene ständische und politische Position impliziert; das macht sie jedoch nicht zur politischen Tendenzdichtung.

Mehrfach handelt es sich bei den Liedern dieser Gruppe nur um einzelne Impressionen von Reisestationen (vgl. v. a. MÜLLER, 1968): Szenen in Augsburg und Konstanz, wo beim Schäkern mit den *freulein* seinem Bart und seinem Beutel übel mitgespielt wurde (Kl. 122; 123), Teuerung, schlechtes Essen und Trinken und ein häßliches Mädchen (Umkehrung des Schönheitspreises) beim Tanz in Überlingen (Kl. 45), Lustbarkeiten in Konstanz (Kl. 98) und Nürnberg (Kl. 99, ohne expliziten Ich-Bezug), Läuse, schlechtes Lager und Kindergeschrei in Ungarn (Kl. 30; 55), Mißmut und Neckereien in der kaiserlichen Kanzlei in Piacenza (Kl. 103). Aber auch die bedrängte Lage auf Hauenstein inmitten einer feindseligen Umgebung ist Thema solcher Situationsschilderungen geworden (Kl. 44; 104); hier konnte O. sogar an eine Tradition anknüpfen, die des *hussorge*-Liedes (SCHWOB, 1980/81). Manchmal werden am Faden eines Reiseberichts mehrere Situationsbilder locker aneinandergefügt: in Kl. 19 die grell wechselnden Eindrücke der Frankreichreise von 1415/16; in Kl. 26 unter der Perspektive der mißlungenen *aventiure*- und Hoffahrt die Erfahrungen der Gefangenschaft von 1427; und in Kl. 41 die Stationen der Reise nach Westfalen 1427/28 harmlos im lässigen Plauderton, der seinen Reiz beim ersten Vortrag in Heidelberg vielleicht daher bezog, daß der eigentliche Zweck der Reise kunstvoll verschwiegen wurde. Zweimal aber werden Situationsschilderungen unter thematischen Gesichtspunkten zusammengefügt: im Lied von den sechs (sieben) Todesgefahren (Kl. 23, vgl. oben g.) als Katalog und in O.s berühmtestem Lied, Kl. 18, in einer komplexen Struktur von Parallelismen und Antithesen als Durchprobieren verschiedener Lebensrollen, bezogen auf die Entscheidungssituation der Schlußstrophe, die Entscheidung zwischen Minne-*mut* und Ehebeengtheit, zwischen Weltlust und Weltabsage.

V. Wirkung.
O.s Werk hat im SpätMA nur geringes Echo gefunden. Neben der nicht sehr umfangreichen und meist anonymen Streuüberlieferung (s. II.2.) sind nur zwei Nennungen anzuführen: In der 'Mörin' → Hermanns von Sachsenheim wird v. 5325 f. ein *gefreß* des *Wolckenstainer* erwähnt, wohl eine Verwechslung mit (Pseudo-)Neidharts 'Gefräß'; in → 'Bollstatters Spruchsammlung' ist O. ein Vierzeiler gegen Höflinge in den Mund gelegt. Nicht ausschließen möchte ich, daß Michel → Beheim zu seinem Lied 'von sex mein grösten nöten' (ed. GILLE / SPRIEWALD Nr. 329) durch Kl. 23 angeregt worden ist. (Hs. A war im Besitz Herzog Albrechts VI. von Österreich, in dessen Diensten Beheim zeitweise stand.)

In der frühen Neuzeit blieb O.s Name im wesentlichen nur in der Familientradition und unter Tiroler Historikern und Genealogen bekannt. Von zwei Wolkensteinern, Marx Sittich (1563–1620) und Engelhard Dietrich (1565–1647), gibt es historische Notizen über ihn.

Die wissenschaftliche Entdeckung setzte früh im 19. Jh. ein. Gefördert durch die phantasiereiche O.-Biographie des ersten Herausgebers Beda WEBER, entstand neben historisch-philologischen Arbeiten bald auch eine Reihe literarischer Versuche über O. Forschung und Belletristik blieben allerdings im 19. Jh. weitgehend lokal beschränkt. Erst im 20. Jh. setzte sich langsam die Erkenntnis des überregionalen Rangs O.s v. W. durch. Seit der Ausgabe von K.K. KLEIN (1962) ist die wissenschaftliche Publizistik über O. sehr rasch bis ins fast Unüberschaubare angewachsen, ohne daß die großen Leistungen der älteren Forschung, vor allem die von SCHATZ und MAROLD, schon in allem überholt wären. Durch Übersetzungen, Schallplatten, Konzerte, Rundfunk- und Fernsehsendungen und nicht zuletzt durch die erfolgreiche Biographie D. KÜHNS (1977) hat O. v. W. in den letzten Jahrzehnten auch außerhalb der Wissenschaft einen Grad der Publizität erreicht wie wohl kein anderer deutscher Dichter des Mittelalters. Hinter der Vereinnahmung durch den allgemeinen und wissenschaftlichen Kulturbetrieb, die zu allerlei bedenklichen Verzerrungen führt, steht wohl eine Faszination, die auch aus Person und Werk O.s begründbar ist: Er ist immerhin der früheste deutsche Autor, dessen äußeres Aussehen wir kennen, über dessen Leben wir bis in viele Einzelheiten hinein Bescheid wissen und dessen Werk wesentliche Stationen und Erfahrungen seines Lebens literarisch verarbeitet; und die Art der Verarbeitung, die hinter einem Formalismus mit manieristischen Zügen in den Spannungen und Brüchen der Deutungsversuche eine menschliche Stimme von seltener Intensität vernehmen läßt, ist wohl erst von nachklassizistischen ästhetischen Positionen aus wieder als Leistung erkennbar.

VI. Literatur.
Bibliographie bis 1974 in: KÜHEBACHER, 1974, S. 410–438; Auswahlbibliographie bis 1979 von H.-D. MÜCK in: WdF, 1980, S. 485–504; vollst. Bibliographie von H.-D. MÜCK in Vorbereitung. I. F. wird Literatur bis 1979 in sehr strenger, ab 1979 in reichhaltiger Auswahl angeführt.

Allgemeines und zu I. und IV.3. W. MAROLD, Kommentar zu den Liedern O.s v. W., Diss. (masch.) Göttingen 1926, Teildruck 1927, vollst. Ex. im Institut f. dt. Sprache u. Lit. der Dt. Ak. d. Wiss. Berlin; A. Graf v. WOLKENSTEIN-RODENEGG, O. v. W. (Schlern-Schriften 17), Innsbruck 1930; F. MARTINI, Dichtung u. Wirklichkeit bei O. v. W., DuV 39 (1938) 390–411; N. MAYR, Die Reiselieder u. Reisen O.s v. W. (Schlern-Schriften 215), Innsbruck 1961; U. MÜLLER, 'Dichtung' u. 'Wahrheit' in den Liedern O.s v. W. (GAG 1), 1968; W. RÖLL, Kommentar zu den Liedern u. Reimpaarreden O.s v. W. I: Einl. u. Komm. zu d. Liedern Kl. 1–20, Habil.schr. (masch.) Hamburg 1968, Kopien in mehreren Universitäten; H.P. TREICHLER, Stud. zu d. Tageliedern O.s v. W., Diss. Zürich 1968; W. MOHR, Die Natur im mal. Liede, in: Geschichte–Deutung–Kritik, Fs. W. Kohlschmidt, Bern 1969, S. 45–63, wieder in: WdF, 1980, S. 194–217; E. TIMM, Die Überl. der Lieder O.s v. W. (Germ. Stud. 242), 1972; G.F.

JONES, O. v. W. (Twayne's World Authors Series 236), New York 1973; O. v. W., Beitr. der philol.-musikwiss. Tagung in Neustift bei Brixen 1973, hg. v. E. KÜHEBACHER (Innsbrucker Beitr. zur Kulturwiss. German. Reihe 1), Innsbruck 1974; MÜLLER, Unters., Reg.; W. KERSKEN, Genner beschnaid. Die Kalendergedichte u. der Neumondkalender des O. v. W. (GAG 161), 1975; W. RÖLL, Vom Hof zur Singschule. Überl. u. Rezeption eines Tones im 14.–17. Jh., 1976; M. FELDGES, Lyrik u. Politik am Konstanzer Konzil, in: Lit. – Publikum – hist. Kontext, hg. v. G. KAISER, 1977, S. 137–181 [zu Kl. 27]; D. KÜHN, Ich Wolkenstein. Eine Biographie, 1977; A. ROBERTSHAW, O. v. W.: The myth and the man (GAG 178), 1977; A. SCHWOB, O. v. W. Eine Biographie, Bozen 1977, ³1979; Gesammelte Vorträge der 600-Jahrfeier O.s v. W. Seis am Schlern 1977, hg. v. H.-D. MÜCK / U. MÜLLER (GAG 206), 1978 (zit. 600-Jahrfeier); A. SCHWOB, Hist. Realität u. lit. Umsetzung. Beobachtungen zur Stilisierung der Gefangenschaft in den Liedern O.s v. W. (Innsbrucker Beitr. z. Kulturwiss. German. Reihe 9), Innsbruck 1979; S. HARTMANN, Altersdichtung u. Selbstdarstellung bei O. v. W. (GAG 288), 1980; B. KÖNNEKER, Zur Zeitdarstellung u. Zeitdeutung in d. Liedern O.s v. W., Daphnis 9 (1980) 373–392; U. MÜLLER (Hg.), O. v. W. (WdF 526), 1980 (zit. WdF); A. SCHWOB, Jb. d. O. v. W. Ges. 1 (1980/81) 91–97 [zu Kl. 44] und 223–238 [zu Kl. 98]; L. OKKEN / H.-D. MÜCK, Die satir. Lieder O.s v. W. wider die Bauern (GAG 316), 1981; W. RÖLL, O. v. W. (Erträge d. Forschung 160), 1981; N. MAYR, Der Schlern 56 (1982) 35–40 [zu Kl. 83]; I. PELNAR, Die mehrstg. Lieder O.s v. W. Textband (Münchner Veröff. z. Musikgesch. 32), 1982; M.W. WIERSCHIN, Monatshefte 74 (1982) 433–450 [zu Kl. 18]; W. RÖLL, Jb. d. O. v. W. Ges. 2 (1982/83) 219–241 [zu Kl. 8]; CH. PETZSCH, ebd., S. 243–265 [zu Kl. 33 u. 101]; W.C. MCDONALD, ebd., S. 267–286 [zu Kl. 23]; G. BÄRNTHALER, Übersetzen im dt. SpätMA. Der Mönch v. S., H. Laufenberg u. O. v. W. als Übersetzer lat. Hymnen u. Sequenzen (GAG 371), 1983; H. PÖRNBACHER, Margareta v. Schwangau, 1983; A. ROBERTSHAW, O. v. W. als Minnesänger, in: Minnesang in Österreich, hg. v. H. BIRKHAN, Wien 1983, S. 153–175; J. GOHEEN, Mal. Liebeslyrik von Neidhart v. Reuental bis O. v. W. (Phil. Stud. u. Qu. 110), 1984; D. ROCHER, O. de W., un Villon tyrolien?, Cahiers d'études germaniques 8 (1984) 7–23; B. WACHINGER, Jb. d. O. v. W. Ges. 3 (1984/85) 3–23 [zu Kl. 93]; S. HARTMANN, ebd., S. 25–43 [zu Kl. 34]; D. HIRSCHBERG / H. RAGOTZKY, Zum Verh. von Minnethematik u. biogr. Realität..., ebd., S. 79–114 [zu Kl. 1 u. 18]; W. BAUM, ... Neue Dokumente zu O. v. W., ebd., S. 117–132; M.E. MÜLLER, Höf. Lit. ohne Hof. Bemerkungen zur sozialen Gebrauchssituation der Lieder O.s v. W., ebd., S. 163–185; W. BAUM, O. v. W. in Slowenien, Der Schlern 59 (1985) 179–188; D. HIRSCHBERG, Zur Funktion der biogr. Konkretisierung..., PBB 107 (1985) 376–388 [zu Kl. 33]; D. JOSCHKO, O. v. W. Eine Monographie zu Person, Werk u. Forschungsgesch. (GAG 396), 1985; W. SCHWANHOLZ, Volksliedhafte Züge im Werk O.s v. W. Die Trinklieder (German. Arb. zu Sprache u. Kulturgesch. 6), 1985; F. DELBONO, Zum Brixener Gedenkstein O.s. v. W., Konferenzblatt 97 (Brixen 1986) 125–129; H.-D. MÜCK, O. v. W.s Liedpropaganda gegen die hoffärtigen Bauern, Der Schlern 60 (1986) 330–343; K. BAASCH / H. NÜRNBERGER, O. v. W. (rowohlts monographien 360), 1986 (Lit.); A. CLASSEN, Neue Dokumente zu O. v. W., ZfdA 116 (1987) (im Druck).

Zu IV.1. H. LOEWENSTEIN, Wort u. Ton bei O. v. W. (Königsberger Dt. Forschungen 11), 1932; W. SALMEN, Werdegang u. Lebensfülle des O. v. W., Musica Disciplina 7 (1953) 147–173; J. WENDLER, Studien z. Melodiebildung bei O. v. W. Die Formeltechnik in den einstg. Liedern, 1963 (Diss. Saarbrücken 1961); TH. GÖLLNER, Landinis 'Questa fanciulla' bei O. v. W., Musikforschung 17 (1964) 393–398, wieder in: WdF, 1980, S. 48–56; CH. PETZSCH, Text- u. Melodietypenveränderung bei O. v. W., DVjs 38 (1964) 491–512; K. BERTAU, O.s v. W. 'Es ist ein altgesprochen rat' als gesungenes Lied, in: Germanistik in Forschung u. Lehre, hg. v. R. HENSS / H. MOSER, 1965, S. 151–154; S. BEYSCHLAG, Zu den mehrstg. Liedern O.s v. W., Fuga und Duett, in: Lit. u. Geistesgesch. Fg. f. H.O. Burger, 1968, S. 50–69, wieder in: WdF, 1980, S. 79–106; W. RÖLL, O. v. W. und Graf Peter v. Arberg, ZfdA 97 (1968) 219–234, wieder in: WdF, 1980, S. 143–165; CH. PETZSCH, Die Bergwaldpastourelle O.s v. W. (Text- u. Melodietypenveränderung II), ZfdPh 87 Sonderh. (1968) 195–222, wieder in: WdF, 1980, S. 107–142; ders., Kontrafaktur u. Melodietypus, Musikforschung 21 (1968) 271–290; ders., Reimpaare Freidanks bei O. v. W., in: Werk-Typ-Situation, hg. v. I. GLIER u.a., 1969, S. 281–304; ders., Zum Freidank-Cento O.s v. W., AfMW 26 (1969) 125–139; B. STÄBLEIN, Das Verh. v. textlich-musikalischer Gestalt z. Inhalt bei O. v. W., in: Formen mal. Lit., Fs. S. Beyschlag (GAG 25), 1970, S. 179–195, wieder in: WdF, 1980, S. 262–282; ders., O. v. W., der Schöpfer des Individualliedes, DVjs 46 (1972) 113–160; TIMM, 1972, S. 126–164; mehrere Beiträge der Neustifter Tagung in: KÜHEBACHER, 1974; RÖLL, 1976, bes. S. 87–101; W. SALMEN, O. v. W. als Komponist?, Lit.-wiss. Jb. NF 19 (1978) 179–187; I. PELNAR, Neu entdeckte Ars-Nova-Sätze bei O. v. W., Musikforschung 32 (1979) 26–33; H. BRUNNER / H. GANSER / K.G. HARTMANN, Das Windsheimer Frgm. einer Musikh. des 15. Jh.s, Jb. d. O. v. W. Ges. 1 (1980/81) 185–222, dazu Nachtrag ebd. 2 (1982/83) 325; PELNAR, 1982; CH. PETZSCH, Dem Usuellen nahe

Zweiteiligkeit auch beim Marner u. O. v. W., ZfdPh 101 (1982) 370–389; H.-D. MÜCK / H. GANSER, *Den Techst vbr' das geleyemors Wolkenstain*, in: Lyrik d. ausgehenden 14. u. d. 15.Jh.s, hg. v. F. V. SPECHTLER (Chloe 1), Amsterdam 1984, S. 115–148; I. PELNAR-ZAIKO, Dt. Liedkontrafaktur im 15. Jh., ebd., S. 161–172; R. HAUSNER, Thesen z. Funktion frühester weltl. Polyphonie im dt.sprachigen Raum (O. v. W., Mönch v. Salzburg), Jb. d. O. v. W. Ges. 3 (1984/85) 45–78; CH. PETZSCH, Neues z. Hoquetus *Herz prich* O.s v. W., ZfdA 98 (1987) 100–103.

Zu IV.2. F. MAURER, Beitr. zur Sprache O.s v. W. (Gießener Beitr. z. dt. Philologie 3), 1922 (Nachdr. Amsterdam 1968); J. SCHATZ, Sprache u. Wortschatz der Gedichte O.s v. W. (Ak. d. Wiss. in Wien, Phil.-hist. Kl. Denkschr. 69,2), 1930; MAYR, 1961, S. 52–57 (zu Kl. 17); H. MOSER, Durch Barbarei, Arabia. Zur Klangphantasie O.s v. W., in: German. Stud., hg. v. J. ERBEN / E. THURNHER, Innsbruck 1969, S. 75–92, wieder in: WdF, 1980, S. 166–193; N. WOLF, Beobachtungen zur Wortbildung O.s v. W., ebd. (1969), S. 93–105; M. INSAM, Wortstudien zu O. v. W., in: Formen mal. Lit., Fs. S. Beyschlag (GAG 25), 1970, 197–205; G. F. JONES / H.-D. MÜCK / U. MÜLLER, Verskonkordanz zu den Liedern O.s v. W., 2 Bd.e (GAG 40/41), 1973; L. OKKEN, O. v. W.: Lied Nr. 44. Wortschatz-Unters., in: KÜHEBACHER, 1974, S. 182–218 (in der Vorbemerkung Nachweis der übrigen Utrechter Wortschatz-Untersuchungen zu O. v. W.); P. WIESINGER, Zum Lautstand der Reime in den Liedern O.s v. W., ebd., S. 344–388; B. WACHINGER, Sprachmischung bei O. v. W., ZfdA 106 (1977) 277–296; G. JONES, O. v. W.'s animals and animal symbolism, Mod. Lang. Notes 94 (1979) 524–540; J. LÜDTKE, O. v. W. u. die roman. Sprachen, in: Logos semantikos, Fs. E. Coseriu, Bd. 1, 1981, S. 303–312; RÖLL, 1981, S. 59–68 (Lit.); B. WACHINGER, *Herz prich rich sich*. Zur lyr. Sprache O.s v. W., Jb. d. O. v. W. Ges. 3 (1984/85) 3–23; S. HARTMANN, Zur Einheit des Marienliedes Kl. 34. Eine Stilstudie m. Übers. u. Komm., ebd., S. 25–43. Für Einzelheiten vgl. auch die Kommentare von MAROLD, 1926, und RÖLL, 1968.

Zu V. SCHWOB, 1977, S. 298–303; H.-D. MÜCK, O. v. W. zwischen Verehrung und Vermarktung. Formen der Rezeption 1835–1976. Mit einem Anhang: Dokumentation des Wolkenstein-Jahres 1977, in: 600-Jahrfeier, 1978, S. 483–540; RÖLL, 1981, S. 128–132; G. SCHWEIKLE, Zur lit.hist. Stellung O.s v. W., Jb. d. O. v. W. Ges. 2 (1982/83) 193–217; D. JOSCHKO, Zur Rezeption der Lieder O.s v. W. in der DDR, ebd., S. 291–296; H.-D. MÜCK, O. v. W. auf Prösels, Der Schlern 57 (1983) 306–315. Vgl. ferner die Literaturhinweise in: KÜHEBACHER, 1974, S. 436–438; WdF, 1980, S. 502 f.; BAASCH / NÜRNBERGER, 1986, S. 153 f.

(1987)   B. WACHINGER

Otfrid von Weißenburg

Inhalt. A. Der Autor. 1. Lebensdaten. 2. Tätigkeiten: a. Bibliothek. b. Schule. c. Wissenschaft. B. Werke. I. Lat. Bibelkommentare. II. Dt. Glossen. III. Das Evangelienbuch. 1. Überlieferung. 2. Ausgaben. 3. Literarisches Programm. 4. Quellen. 5. Versbau und Stil. 6. Aufbau und Gliederung. 7. Erzählung. 8. Deutung. 9. Wirkungen. 10. Literatur.

A. Der Autor.

1. Lebensdaten.

O. ist der erste deutsche Autor, der sich mit vollem Namen zu seinem poetischen Werk bekannt hat. Das geschieht nicht, wie es später in der frühmhd. geistlichen Dichtung üblich wird, in unterwürfigen und demutsvollen Prolog- oder Epilogversen, die bei Gönnern und Lesern um Nachsicht und Fürbitte werben, sondern in selbstbewußten Widmungen an Bischöfe, Lehrer und Freunde. Die zum Bescheidenheitsstil gehörenden Epitheta *indignus* und *exiguus* in der Adresse an Erzbischof Liutbert von Mainz (863–889): *Otfridus quamvis indignus tamen devotione monachus presbyterque exiguus* gelten für den Mönch und Priester im Verhältnis zu seinem geistlichen Oberhirten. Sie fehlen gegenüber Bischof Salomo von Konstanz (839–871) und den St. Galler Mönchen Hartmut und Werinbert, wo er sich schlicht *Otfridus* und *Otfridus Uuizanburgensis monachus* nennt; da Akrosticha und Telesticha aus dem ersten und letzten Buchstaben der Strophen die Widmung wiederholen, je dreimal.

Sowohl der Liutbert-Brief in lat. Prosa wie die versifizierten Briefe nach Konstanz und St. Gallen bilden einen Teil des Werkes, das sie einrahmen. Sie zeigen den Verfasser in engem und vertrautem Umgang mit bekannten und hochgestellten Zeitgenossen und setzen voraus, daß auch der Weißenburger *Otfridus* kein Unbekannter war.

Sein poetisches Geschäft bezeichnet er mit *feci, scripsi, dictavi* und sich selbst als *scriptor* in den lat. Überschriften zu zwei einleitenden Kapiteln, die er seinem *liber evangeliorum theotisce conscriptus* vorangestellt hat. Das zweite leitet in Gestalt einer *Invocatio ad deum* zum 'Evangelienbuch' über, das erste wiederholt in deutschen Versen die im lat. Liutbert-Brief gegebene ausführliche Begründung des poetischen Vorhabens in der Volkssprache.

Daß er etwas Ungewöhnliches tut, ist ihm wohl bewußt. Die Bitte einiger ungenannter Brüder (*a quibusdam memoriae dignis fratribus rogatus*, Ad Liutb. 7 f.) und allermeist (*maxime*) *cujusdam venerandae matronae verbis nimium flagitantis, nomine Judith* (Ad Liutb. 8 f.) reichen als Erklärung dafür nicht aus. Die gleichnamige Witwe Ludwigs des Frommen kann mit der als *matrona* Angeredeten nicht gemeint sein. Auch von einem Auftrag Ludwigs des Deutschen (843–876) weiß die dem Werk vorangestellte preisende laudatio nichts; der ostfränkische König erscheint nur als der vom Autor erhoffte höchste Empfänger: *Themo díhton ih thiz búah* (Ad Ludow. 87a). Die von O. gebotene Verbindung von Gelehrsamkeit und volkssprachlicher Poesie hätte ihm gefallen können. Wir wissen nicht, wie er die Gabe aufgenommen hat, doch ist auch von den Reaktionen der übrigen Adressaten nichts bekannt. Sie helfen uns lediglich zur Datierung des 'Evangelienbuches': nach Liutberts Inthronisation (863), vor Salomos Tod (871).

Es war wohl ein Alterswerk. O. hat nicht als volkssprachiger Dichter begonnen, er war zuvor Schreiber, Bibliothekar, Kommentator, d.h. ein lateinisch schreibender Gelehrter. Genauere Kenntnis davon verdanken wir KLEIBER, 1971, der O.s in der Wiener Hs. des 'Evangelienbuches' nachweisbare Hand in 8 oder 9 weiteren Weißenburger Hss. wiedergefunden hat. Es sind hauptsächlich Bibelhss. mit lat. Glossierungen, marginalen Kommentaren, die in der Mehrzahl O. selbst zusammengestellt und geschrieben hat, wie außerdem dt. Glossen zu Priscian und Prudentius für den Schulunterricht.

Seine Verdienste um Bibliothek und Scriptorium in Weißenburg sind denjenigen seines Freundes Hartmut, des Stellvertreters und 872–883 Nachfolgers Abt Grimalds, für St. Gallen vergleichbar; seine schriftstellerischen Leistungen denjenigen des Reichenauers → Walahfrid Strabo, der wie er Schüler → Hrabans in Fulda gewesen war.

a Rhabano ... educata parum mea parvitas est, hat O. dankbar im Liutbert-Brief (125–127) bekannt. Die Fuldaer Studienzeit läßt sich nicht sicher datieren. Wenn er Walahfrid dort getroffen haben sollte, müßte sie noch in die ausgehenden 20er Jahre fallen. Von den St. Gallern Hartmut und Werinbert steht nicht einmal fest, daß sie in Fulda gewesen sind. Da Grimald seit 847 auch Abt von Weißenburg war und beide Klöster in Gebetsbruderschaft verbunden waren, gab es auch andere Gelegenheiten zur Begegnung, nicht zuletzt die beiderseitigen Bemühungen um die Ergänzung ihrer Bibliotheken. Wann und wo O. mit Salomo von Konstanz bekannt geworden ist, weiß man ebenfalls nicht; dessen Querelen mit St. Gallen haben ihr Verhältnis offensichtlich nicht getrübt.

Einem Nachtrag Weißenburger Mönche (Folcwin-Konvent) im Reichenauer Verbrüderungsbuch zufolge müßte der in dieser Liste genannte O. schon vor 830 in dem elsässischen Kloster Mönch gewesen sein. Von zwei Urkunden, die er geschrieben hat, ist nur eine (auf 851) datiert. HAUBRICHS, 1978, hat, von einem erschlossenen Geburtsdatum um 800 ausgehend, seine klösterliche Laufbahn nach der üblichen Abfolge der Weihen berechnet: oblatio ca. 807; professio zwischen 812/819; subdiaconus ca. 821; diaconus ca. 825; presbyter ca. 830. Sein Todesjahr ist unbekannt, eine Nekrologeintragung fehlt.

Im Bücherverzeichnis des Abtes Folmar († 1043) sind weder seine lat. Bibelkommentare noch sein dt. 'Evangelienbuch' erwähnt. Zu Anfang des 10. Jh.s war dies anscheinend nach Freising ausgeliehen und ist dort unter Bischof Waldo ins Bairische umgeschrieben worden. Dann hören wir nichts mehr von der deutschliterarischen Pioniertat bis auf den Sponheimer Abt Johannes Trithemius, der O. als *in divinis scripturis eruditissimus* und *nulli suo tempore secundus* preist: *scripsit et metro et prosa multa praeclara volumina* (zit. von KELLE, Ausg. I 3 f.). Das Lob klingt formelhaft und läßt nicht auf Kenntnisse schließen, die über die der Originalhs. V hinausgingen, die wohl nicht ohne sein Zutun nach Wien gelangte statt nach

Wolfenbüttel wie die meisten übrigen Weißenburger Hss.

2. Tätigkeiten.

Anders als seine Alters- und vielleicht Studiengenossen Walahfrid und Hartmut, die in ihren Klöstern bis zum Abt aufstiegen: der eine, nachdem er 9 Jahre Prinzenerzieher gewesen war; der andere nach langer Stellvertreterschaft für den 'Politiker' Grimald, hatte O., soviel wir sehen, kein Verlangen nach leitenden Stellungen und öffentlicher Wirksamkeit. Seine Arbeitsfelder blieben Schreibstube und Bücherei, Schule und Wissenschaft.

a. Bibliothek. Der Ausbau der Kloster-Bibliothek und die Blüte ihres Scriptoriums in der zweiten Hälfte des 9. Jh.s fallen zeitlich mit seiner Wirksamkeit zusammen. Den nachweisbaren Umfang der Weißenburger Bibliothek zur Zeit O.s übersieht man am besten bei HELLGARDT (1981, S. 63–94), der BUTZMANNs Katalog des Wolfenbüttler Fonds 'Weissenburgenses' (1964) einerseits um die nicht dort beheimateten vermindert, anderseits beträchtlich vermehrt hat 1. durch fragmentarisch in deren Einbänden verborgene; 2. durch ehemals Weißenburger Hss., die heute nicht in Wolfenbüttel liegen; 3. durch Nachrichten über verlorene an Hand von Weißenburger Bibliotheksverzeichnissen des frühen MAs. Aus diesem Bestand hat er dann die 'exegetische Handbibliothek' zusammengestellt, die O. zu seiner Verfügung hatte.

Da u.a. so wichtige und sicher von O. benutzte Werke wie Hrabans Matthäus-Kommentar und → Alkuins Johannes-Kommentar fehlen, ist mit beträchtlichen Überlieferungsverlusten zu rechnen. Wieviel Bücher in HELLGARDTs Listen schon vor O. vorhanden gewesen, wieviele erst zu seiner Zeit hinzugekommen sind, ist nicht mit Sicherheit zu sagen. KLEIBER, 1971, hat den ihm zu verdankenden Zuwachs zu bestimmen versucht und sich dabei besonders auf die von ihm entdeckten Autographe gestützt. Sechs von diesen (Weiss. 33. 32. 26. 36. 59 u. 47?) sind Bibelkommentare. Außer den Glossierungen in zierlicher Schrift zu beiden Seiten des Textes stammen von O.s Hand meist auch die Auszeichnungsschriften und Korrekturen. Die Bibeltexte sind verschiedenen anderen Schreibern überlassen worden. KLEIBER sieht in O. auch den Organisator dieses planvoll angelegten, nicht fertig gewordenen Bibelwerkes. Es stellt seinen wichtigsten Beitrag für die Bibliothek dar, und es setzte ein leistungsfähiges Scriptorium voraus, das von ihm herangebildet worden sein muß. Von diesen Schreibern sind dann auch zwei der erhaltenen Hss. seines deutschen 'Evangelienbuches' (V u. P) geschrieben worden, die erste unter seiner Leitung und Mitwirkung.

b. Schule. Von dem Lehrer O. zeugt Wolfenbüttel, Hzg.-Aug.-Bibl., cod. 50 Weiss., der Priscians 'Institutiones grammaticarum' enthält. Während sich im Text die Hand des Lehrers und eines Schülers abwechseln, sind mehrere tausend lat. und ca. 160 ahd. Interlinearglossen sämtlich von O. selbst geschrieben worden. Auch an der kleinen Prudentius-Anthologie, ebd., cod. 77 Weiss., war er mit Anfang und Schluß und ein paar ahd. Glossen beteiligt. Beides sind ausgesprochene Schulbücher. Sie sind nicht die einzigen. HELLGARDT, 1981, hat weitere Priscian-Texte für Weißenburg gesichert, dazu Hieronymus et Gennadius 'De viris illustribus' (Leiden, UB, cod. Voss. lat. 4° 64), Cicero 'De inventione' (Rom, Bibl. Vaticana, cod. vat. lat. 11506) und Horaz mit Marginalglossen (ebd., cod. vat. reg. 1703). Die Klassiker fehlten also nicht ganz.

Das von KLEIBER, 1971, beobachtete Vorschreiben des Lehrers, den der Schüler nachahmt, mutet wie ein Lehrgang der Kalligraphie an. Die reiche Priscian-Glossierung gewährt einen Einblick in den Grammatik-Unterricht, den O. wohl nur in seinen jüngeren Jahren erteilt hat. Später muß er die Absolventen der artes liberales auch in die Theologie eingeführt haben.

c. Wissenschaft. Der Theologie vor allem wird sein Studium bei Hraban gegolten haben. In Fulda ist er mit der exegetischen Praxis vertraut gemacht worden. Sie bestand im Ausschreiben und Kompilieren vorhandener Bibel-Kommentare, die auf ähnliche Weise zustande gekommen waren. Die Gelehrsamkeit bekundet sich in der Beiziehung und Verarbeitung möglichst vieler Quellen.

HELLGARDT hat am Rahmen-Kommentar zu Matthäus im Wolfenbütteler cod. 26 Weiss. gezeigt, wie bunt ein solches Gemisch zusammengesetzt sein kann und daß O. sehr gewissenhaft verfahren ist, indem er viele Exzerpte mit Autoren-Siglen gekennzeichnet hat. Die Freiheit des theologischen Autors reduziert sich auf Zustimmung zu oder Distanzierung von anerkannten Autoritäten. Das Ergebnis dieser Wissenschaft ist ein neu zusammengesetztes Mosaik.

Literatur. J. KELLE, O.s v. W. Evangelienbuch I, 1856, Einl. S. 3–23; P. PIPER, O.s Evangelienbuch I, 1878, Einl. S. 1–42; O. ERDMANN, O.s Evangelienbuch, 1882, Einl. S. LIII–LV; Die Weißenburger Hss. neu beschrieben von H. BUTZMANN (Kataloge d. Herzog-August-Bibl. Wolfenbüttel. Die neue Reihe, Bd. X), 1964; W. HAUBRICHS, Die Weißenburger Mönchslisten d. Karolingerzeit, ZGO 118 (1970) 1–42; H. BUTZMANN, O.v.W. im 16. u. 17.Jh., in: Fs. H. Heimpel, 1971, I 607–617; W. KLEIBER, O.v.W., Unters. z. hs.lichen Überl. u. Stud. z. Aufbau d. Evangelienbuches, 1971; W. HAUBRICHS, O.s St. Galler 'Studienfreunde', Amsterdamer Beitr. z. Ält. Germanistik 4 (1973) 42–112; ders., Eine prosopographische Skizze zu O.v.W., in: O.v.W., hg. v. W. KLEIBER, 1978, S. 397–413; E. HELLGARDT, Die exegetischen Quellen von O.s Evangelienbuch. Beitr. zu ihrer Ermittlung. Mit einem Kapitel über die Weißenburger Bibl. d. MAs u. d. Otfridzeit (Hermaea 41), 1981; W. HAUBRICHS, Althochdeutsches in Fulda u. Weißenburg – Hrabanus Maurus u. O.v.W., in: R. KOTTJE / H. ZIMMERMANN (Hgg.), Hrabanus Maurus, Lehrer, Abt u. Bischof, Abhh. d. Ak. Mainz, Geistes- u. Sozialwiss. Kl., Jg. 1982, Einzelveröffentlichung 4, S. 182–193.

B. Werke.

I. Lateinische Bibelkommentare.
Als Autographe für O. gesichert sind die Rahmen- oder Catenen-Kommentare zu den Wolfenbütteler codd. Weiss. 33 Isaias; Weiss. 32 Ieremias; Weiss. 36 kleine Propheten; Weiss. 26 Evangelien; Weiss. 59 Actus apostolorum, Episteln, Apocalypse. Die Anordnung ist fast durchgehend so, daß der Bibeltext in der Mitte steht und die Kommentare links und rechts in kleinerer, oft winziger Schrift mittels Verweiszeichen auf ihn bezogen werden. Der Evangelienkommentar hebt sich durch sorgfältige Schrift und reiche Glossierung als Hauptwerk O.s heraus. Als exegetische Quellen für Johannes dienten ihm in erster Linie die Kommentare Ercanberts von Fulda, der in seiner Bibliothek vorhanden war (Wolfenbüttel, cod. 87A Weiss.), und → Alkuins. Seine Glossen zu Lucas und Marcus folgen Beda. Die meiste Arbeit muß er an Matthäus gewendet haben, für dessen Erklärung zunächst der Kurzkommentar des Ps.-Beda vollständig übernommen, dann aber in Gestalt von Nachträgen aus Hilarius, Smaragd von St.Mihiel, Claudius von Turin, Sedulius Scottus und Hraban angereichert wurde.

Daß O. keinen der autographen Kommentare selbst verfaßt hat (KLEIBER, 1971), braucht nicht zu überraschen; denn im strengen Sinne gilt das sogar von Alkuin und Hraban. Er hat sich jedenfalls in der ihm zugänglichen exegetischen Literatur umgetan, sie studiert, aus ihr ausgewählt und nicht selten zu eigenen Formulierungen gefunden.

II. Deutsche Glossen.
Nachgewiesen und erhalten sind solche vor allem zu dem Grammatiker Priscian und wenige zu Prudentius. Sie liegen auf dem Wege zu O.s 'Evangelienbuch'. Er hat offenbar schon längere Zeit vor diesem mit dem Deutschschreiben begonnen, sich in den schriftlichen Gebrauch der Volkssprache eingeübt. Bedürfnisse des Schulunterrichts werden – wie anderwärts auch – der erste Anlaß gewesen sein. Der → 'Weißenburger Katechismus' im Wolfenbütteler cod. 91 Weiss., 149^v–154^v, kann ihm auch nicht unbekannt geblieben sein.

Die 152 ahd. Priscian-Glossen im cod. Guelf. 50 Weiss. hat BUTZMANN (1964) publiziert und als 'aus der Otfrid-Zeit' bestimmt, bevor KLEIBER sie als Autograph des Dichters identifizierte. Die Mundart ist südrheinfränkisch.

Literatur. BUTZMANN, 1964 (s.o. A.); ders., Der Ezechiel-Kommentar d. Hrabanus Maurus u. seine älteste Hs. (Bibl. u. Wissenschaft 1), 1964; ders., Ahd. Priscian-Glossen aus Weißenburg, PBB (Halle) 86 (1964) 388–402; KLEIBER, 1971 (s.o. A.); HELLGARDT, 1981 (s.o. A.); KLEIBER, 1987 (s.u. III. 10.).

III. Das 'Evangelienbuch'

1. Überlieferung.
V = Wien, cod. 2687, Perg., 194 Bll., 9.Jh.
P = Heidelberg, cod. Pal. lat. 52, Perg., 1^r–191^v,

200ʳ, 9. Jh.; auf f. 200ᵛ–201ᵛ schließt sich das ahd. → 'Georgslied' an.

D = codex discissus, Perg., 10. Jh.: Wolfenbüttel, Hzg.-Aug.-Bibl., cod. 131.1 Extrav., 4 Doppelbll.; Bonn, UB, cod. 499 (78), 3 Doppelbll., beschnitten; Berlin, mgq 504, 5 Doppelbll. u. 5 halbe Bll., beschnitten, derzeit in Krakau, Bibl. Jagiellońska.

F = München, cgm 14, Perg., 125 Bll., 10. Jh.; die Hs. schließt mit Gebeten des Schreibers und der Notiz: *Waldo episcopus istud evangelium fieri jussit, Ego Sigihardus indignus prebyter scripsi.*

Der Wiener Codex V, 'die vom Dichter eigenhändig corrigierte [erste] Reinschrift seines Werkes' (KELLE, Ausg. I 161), ist als authentisch anzusehen. Was schon LACHMANN (Kl. Schr.n I 452) vermutet hatte, stand für KELLE außer Frage, weil die nachträglichen Änderungen, Zusätze und Umstellungen nur vom Dichter selbst vorgenommen worden sein könnten. Dieselbe Hand hat auch insgesamt 116 Verse des Textes geschrieben (I 18,45 f.; IV 29,13–30,5; Hartm. 106–168) und ist von KLEIBER in 8 weiteren ehem. Weißenburger Hss. aufgespürt worden.

Von der vom Dichter autorisierten 'Ausgabe letzter Hand' stammen alle übrigen Hss. ab. Der Palatinus P ist in Weißenburg von den selben Schreibern wie V hergestellt worden, vielleicht noch zu O.s Lebzeiten, aber ohne seine Mitwirkung. Auch die Sprache des nach BISCHOFF (S. 104 f.) erst in der 2. Hälfte des 10. Jh.s in Fulda abgeschriebenen Discissus (D) ist südrheinfränkisch, während F einen ins Bairische umgeschriebenen Text enthält. In F fehlen die Widmungen, die in V auf dem Grundstock vorgebundenen Lagen stehen und also – erwartungsgemäß – nachträglich sind.

O.v.W. Evangelienharmonie. Faks.-Ausg. d. Cod. Vindob. 2687 d. Österr. Nationalbibl. Einf. von H. BUTZMANN, 1972. – KELLE, Ausg., I, Einl., S. 136–168; O. ERDMANN, Ausg. (1882), Einl. S. I–LIII; P. PIPER, Zu O., PBB 8 (1882) 225–255; H. HERBST, Neue Wolfenbüttler Frgm.e aus dem Codex discissus von O.s Buch der Evangelien, Zs. f. dt. Geistesgesch. 2 (1936) 131–152; ders., Die neuen Wolfenbüttler O.-Frgm.e, ZfdA 74 (1937) 117–135; H. BUTZMANN, Vom Schmuck der Heidelberger O.-Hs., in: Bibliotheca docet, Fs. C. Wehmer, Amsterdam 1963, S. 35–44; W. KROGMANN, Zur Überlieferung von O.s Evangelienbuch, in: Fs. U. Pretzel 1963, S. 13–21; KLEIBER, 1971 (s.o. A.); B. BISCHOFF, Paläograph. Fragen dt. Denkmäler d. Karolingerzeit, Frühmal. Stud. 5 (1971) 101–134.

2. Ausgaben. E.G. GRAFF, Krist. Das älteste, von O. im 9.Jh. verfaßte, hd. Ged., nach den 3 gleichzeitigen, zu Wien, München u. Heidelberg befindlichen, Hss. krit. hg., Königsberg 1831; J. KELLE, O.s v. W. Evangelienbuch. I Text (nach V) u. Einl., 1856; II Die Formen- u. Lautlehre d. Sprache O.s, 1869; III Glossar d. Sprache O.s, 1881; P. PIPER, O.s Evangelienbuch, I Einl. u. Text (nach P), ¹1878, ²1882; II Glossar u. Abriß d. Grammatik, ¹1884, ²1887; O. ERDMANN, O.s Evangelienbuch hg. (Text nach V) u. erklärt, 1882; ders., O.s Evangelienbuch. Textabdruck mit Quellenangaben u. Wörterbuch, 1882; ²1934 besorgt v. E. SCHRÖDER, als ATB 49 besorgt v. L. WOLFF ³1957, ⁴1961, ⁵1965, ⁶1973 (zit.).

3. Literarisches Programm.

Die wenigen ahd. Priscian- und Prudentius-Glossen hätten den lat. Gelehrten O. noch nicht zu einem deutschen Schriftsteller gemacht. Mit seinem 'Evangelienbuch' steht er als solcher fertig vor uns, und er schreibt in Versen, für die es kein Beispiel gab. Von lat. Versen O.s ist nichts bekannt. Als er sich schon gegen Ende seines Lebens der Dichtkunst zuwendet, wählt er dafür von vornherein die Volkssprache. Das hat er im ersten Kapitel des 'Evangelienbuches' unter der Überschrift *Cur scriptor hunc librum theotisce dictaverit* eigens begründet: *Wánana sculun Fránkon / éinon thaz biwánkon, / ni sie in frénkisgon bigínnen, / sie gotes lób singen?* (I 1, 33f.). Sein Vorbild ist das höchste erreichbare: die Griechen und Römer, die ihre Taten in Vers und Prosa erzählt und das später auch mit biblischen Stoffen getan hätten. Als *gentilium vates* nennt er im Liutbert-Brief *Virgilius, Lucanus, Ovidius* (13 f.), als Dichter der *dicta et miracula Christi: Juvencus, Arator, Prudentius* (17–19), in beiden Fällen wohl ihm vertraute herausgehobene Namen neben vielen Ungenannten.

In O.s Augen stehen seine Franken den Alten in Krieg und Frieden in nichts nach: *sie sint gúate thegana* (I, 1, 111b), haben ihnen aber das voraus, daß sie *ouh góte thionontị álle* (I 1, 112a) sind. Und deshalb ist Christi Leben der würdigste Gegenstand der ersten Dichtung *in frénkisga zúngun* (I 1, 122b). Sie soll dem schädlichen *lai-*

corum cantus obscenus (Ad Liutb. 6 f.) und *ludus saecularium vocum* (11 f.) entgegenwirken. Dies auch anderwärts beschworene Ärgernis muß nicht topisch sein, doch ist die Formulierung für einen konkreten Bezug zu unbestimmt.

Ob O. gewußt hat, daß, was er unternahm, in sächsischer Sprache schon geleistet war, ist umstritten. FOERSTE, 1948/50, hat ihm Kenntnis des ganzen →'Heliand' zugesprochen und in den Versen *Nu es filu manno inthíhit, / in sína zungun scríbit* (I 1, 31), die seiner Begründungsfrage vorausgehen, eine Anspielung auf as. und ags. Bibeldichtung sehen wollen, die O. in Fulda kennengelernt habe, mindestens kennen lernen konnte. Nachgeahmt hat er den Helianddichter jedenfalls nicht, ihn eher zu überbieten versucht, inhaltlich auch, aber vor allem durch die neue Form.

Daß er die Anregung zu seinem poetischen Werk in Fulda erhalten und nach Weißenburg mitgebracht hat, ist nicht von der Hand zu weisen. Der Eindruck, daß noch Jahre vergangen sind, bevor er ans Werk gegangen ist, kann täuschen; wir wissen nicht, wann er mit den ersten Versuchen begonnen hat. Der Anstoß von außen laut Liutbert-Brief und die dort genannten Anreger sind Rhetorik bzw. Demutsformel. Ein mal. Autor rühmt sich nicht selber, auch dann nicht, wenn er, wie O., Neues schafft. Auffällig bleibt, daß er seinen Lehrer Hraban in diesem Zusammenhang nicht erwähnt, was sicher geschehen wäre, wenn diesem irgendein Verdienst an dem Zustandekommen des dt. 'Evangelienbuches' gebührte. Und das ist zugleich eine Warnung, den Anteil dieses gelehrten Theologen am Deutschschreiben in Fulda nicht zu überschätzen.

4. Quellen.
Der Theologe O. wollte die Evangelien nicht bloß harmonisierend nacherzählen, sondern immer auch auslegen. Dabei hat er sich selbstverständlich auf Bibelkommentare gestützt. Umstritten war lange, ob er selbständig mehrere herangezogen oder bereits eine kompendienhafte Quelle vorgefunden hat, wie zuerst LACHMANN (1833) vermutete und auch ERDMANN (Ausg., 1882) wieder erwog, weil die von KELLE (Ausg., 1856) nachgewiesene Benutzung der Kommentare Hrabans zu Mt, → Bedas zu Lc und Alkuins zu Io weder die ihrer älteren Vorlagen noch gleichzeitiger derselben Provenienz sicher auszuschließen erlaubte. SCHÖNBACHS (1894–96) vermittelnde Hypothese einer von O. selbst angelegten Exzerptsammlung löste erneute Suche aus, die zuerst auf das Homiliar des → Paulus Diaconus (LOECK, 1890) und endlich auf jenen Catenen-Kommentar zu den Evangelien im Wolfenbütteler cod. 26 Weiss. führte (BUTZMANN, Kat., 1964 [s.o. A.]; R. SCHMIDT, 1967), den KLEIBER (1971) als Autograph O.s erkannte.

Die gesuchte Exzerptsammlung für das 'Evangelienbuch' war damit jedoch nicht entdeckt, wie HELLGARDT (1981) an vorerst nur wenigen Textpartien, dafür aber exakt nachgewiesen hat. Sein 'negativ heuristisches Ausschlußverfahren' sichert für acht Kapitel des letzten Buches (V 5–8. 11–15) die Evangelienhomilien Gregors, die in der Weißenburger Bibliothek vorhanden waren (Wolfenbüttel, cod. 43 Weiss.) als Hauptquelle, und für die Hochzeit zu Kana (II 8–10) Alkuins Johannes-Kommentar als alleinige. Unter Berücksichtigung der Unterschiede 1. zwischen dem Vollständigkeitsstreben der Fachexegeten und O.s auswählender Praxis und 2. zwischen Theologie und Dichtung erweist sich seine Quellennähe als überraschend groß und bestätigt neueste Überschätzungen seiner Selbständigkeit nicht.

Als Theologe hält er sich vorzugsweise an die karolingischen Autoren und greift nur im Ausnahmefall hinter sie zurück. Wie bei andern Exegeten auch, beschränkt sich seine Freiheit auf die Auswahl des Gewährsmannes. Seine eigene Leistung ist die sprachlich-stilistische Gestaltung, die des Dichters Amt ist.

5. Versbau und Stil.
O.s vers- und literaturgeschichtlich folgenreichste Neuerung war der Übergang von der germanischen stabenden Langzeile zum neuen Endreimvers. Das war nicht bloß ein Wechsel des *ornatus*: der Ersatz des auf sinntragenden Wörtern ruhenden Anlautreims durch die lautliche Bindung belangloser Silben am Versende und die Ablösung der gegliederten Langzeile mit unterschiede-

nem An- und Abvers durch ein Reimpaar aus prinzipiell gleichartigen Kurzversen veränderte auf einschneidende Weise auch die rhythmische Struktur. O. hat nicht umsonst soviel Mühe an die theoretische Begründung des neuen Verses gewendet. Letztlich entscheidend für seine Durchsetzung war der Nachweis seiner Praktikabilität in einer Dichtung epischen Ausmaßes. Ein paar Langzeilen, die ihm unterlaufen sind, fallen nicht ins Gewicht.

Vereinzelte volkssprachliche Endreimverse mag es auch schon vor O. gegeben haben. Das endgereimte kleine bair. → 'Petruslied' kann älter als das 'Evangelienbuch' und dann sogar in ihm (I 7, 28) zitiert sein, auch wenn es erst um 900 (BISCHOFF, 1971) aufgezeichnet wurde. Der über Tausende von Versen durchgeführte Endreim bleibt O.s Wagnis, er hat ihn für die dt. Dichtung recht eigentlich erst tauglich gemacht. Daß er sich der Fremdartigkeit des neuen Verses bewußt war, verraten die als Lesehilfen gedachten Akzente und Elisionspunkte. Sein Werk steht am Anfang einer mehr als tausendjährigen Kunstübung.

An autochthone Entwicklung (SCHWEIKLE, 1967) ist nicht zu denken, das Vorbild des lat. Hymnenverses und der ambrosianischen Strophe durch irisch-angelsächsische Vermittlung ist unbezweifelbar. PATZLAFF (1975) hat HEUSLER (1891) bestätigt und die Hinweise L. WOLFFS (1942) und BRINKMANNS (1960) vermehrt, eine volkssprachliche Formtradition vor und neben O. (S. 229 f.) jedoch nicht glaubhaft gemacht. Der Reim gilt dem Dichter als konstitutives Merkmal seiner Dichtart, die nicht nach strenger metrischer Regel verfährt, *sed schema omœoteleuton assidue quaerit* (Ad Liutb. 77 f.).

Die Distanzierung von der *metrica subtilitas* (ebd.) schließt die Ableitung des Otfridverses vom klassischen Hexameter (HÖRMANN, 1939) ebenso aus wie vom (angeblich umgedeuteten) leoninischen (MAURER). HÖRMANNS These, O. habe seinen Vers dem Hexameter nachgebildet, beruht auf einem Übersetzungsfehler (F. NEUMANN, 1957): die als beweisend erachteten Verse I 1, 49 f. haben mit Metrik nichts zu tun. Die wirklich verstheoretischen Äußerungen in Kapitel I, 1 und im Liutbert-Brief zielen im Gegenteil darauf ab, seinen rhythmischen Vers vom metrischen der antiken Dichter abzuheben.

MAURER, 1951, benötigte den binnengereimten leoninischen Hexameter als Ausgangspunkt für seine Umdeutung des Reimpaarverses zu einer 'binnengereimten Langzeile', die dann bis auf → Heinrich von Veldeke die gesamte frühmhd. Dichtung bestimmt haben soll. Der Vers des 'Evangelienbuches' ist jedoch kein originärer Langvers, weder ein sechstaktiger noch ein achttaktiger, sondern eine Doppelung auch im Schriftbild durch Spatium geschiedener Viertakter. Die langzeilige Schreibung in den Handschriften orientiert sich am Muster ambrosianischer Hymnenstrophen (PATZLAFF, 1975, S. 145), ist rein graphisch und konstituiert keine Langzeilen im rhythmischen Sinne. Zwei lange Zeilen (i. e. Reimpaare) bilden eine Strophe. O.s ausschließliche Verwendung des Paarreims wie das Festhalten an der traditionellen ambrosianischen Form war durch ihre Verwendung für ein großes Epos geboten.

Der Kurzvers muß vierhebig sein, und seine letzte Silbe muß der Herkunft vom lat. Hymnenvers entsprechend einen Iktus tragen. Zweisilber mit kurzer Tonsilbe sind von der Kadenz ausgeschlossen. Nur wenn die vorletzte Silbe lang ist, kann auch die Endsilbe einen Iktus erhalten. Solche klingenden Kadenzen sind zunächst häufiger als einsilbig stumpfe. Auch im Versinnern herrscht kein regelmäßiger Wechsel von Hebung und Senkung. Einsilbige Innentakte sind ebenso möglich wie dreisilbige. Der gewöhnlich einsilbige Auftakt kann zweisilbig sein oder fehlen. Die Gesamtsilbenzahl schwankt zwischen 4 und 10, die überwiegende Mehrzahl der Verse ist 6- oder 7-silbig. Das zweiteilige Taktgeschlecht bedingt monopodischen Rhythmus, wobei die reimtragende letzte Silbe mehr und mehr den stärksten Ton an sich zieht. Trotz angerateten Synalöphen ist die Gleichmäßigkeit des alternierenden Hymnenverses bestenfalls annäherungsweise erreicht.

O.s Anforderungen an den Reim sind noch relativ bescheiden. Grundsätzlich genügte ihm die einsilbige Bindung auch unbetonter Endsilben. Der germ. Anfangsakzent drängte jedoch frühzeitig auf eine regressive Ausdehnung des Endsilbenreims nach dem Wortanfang hin. Nur in den ersten beiden Büchern hat O. den Gleichklang des auslautenden Vokals als ausreichend angesehen. Die erweiterte Reimzone muß nicht gleichlauten, Klangähnlichkeit reichte aus. Wo der Stammsilbenvokal mitreimt, ist der Weg zum frühmhd. Reimprinzip der Assonanz beschritten. Reine Reime im späteren Sinne fehlen nicht, nehmen mit fortschreitender Technik zu, sind aber nicht Bedingung. Daß die Verse und das ganze 'Evangelienbuch' mit 'accentischem Leseton' vorgetragen zu denken sind, hat schon F. KAUFFMANN (1897, S. 21) gewußt.

Die Verwirklichung des neuen Verses mit Endreim hat dem Dichter große prosodische Schwierigkeiten bereitet. Die Gründe dafür hat er in der *barbaries* seiner fränkisch-deutschen Muttersprache gesehen: *ut est inculta et indisciplinabilis atque insueta capi regulari freno grammaticae artis* (Ad Liutb. 58 f.) und Regeln für die Überwindung ihrer Widerspenstigkeit aufgestellt. Sie sind immer am lat. Muster ausgerichtet. Abweichungen von der lat. Orthographie und Grammatik werden eigens gerechtfertigt, die dort allgemein geübte Synalöphe durch Elisionspunkte auch im Deutschen oft sprachwidrig erzwungen. Es gibt Verstöße gegen die deutsche Grammatik wie *Thaz ih lób thinaz / si lútentaz* (I 2,5) statt *lutenter* oder *lutenti*, von denen INGENBLEEK (1880) ca. 200 registriert und mit Reimnot entschuldigt hat. Daß derselbe Mann, der die Regellosigkeit der frk.-dt. Sprache so lebhaft beklagte, sie durch willkürliche Eingriffe noch vermehrt haben sollte, erscheint unwahrscheinlich. Vielmehr handelt es sich um erlaubte poetische Lizenzen (NEMITZ, 1962), wie sie die lat. Grammatik und Poetik metri causa gestattete in Gestalt von metaplasmi und schemata, die als Barbarismen und Soloecismen im prosaischen Gebrauch streng verpönt waren. In ERDMANNS Otfrid-Syntax (1874) gehören ihre dt. Nachahmungen nicht.

Auch die Wort- und Satzvariation im 'Evangelienbuch', soweit sie Stilmittel ist mit präzisierender oder erweiternder Tendenz, folgt den Regeln der antiken Rhetorik (SCHULZ, 1968), die O. aus der Praxis der Predigt geläufig waren. Dem pathetisch schmückenden Charakter der vorwiegend nominalen Variation in der altgerm. Allitterationspoesie steht sie fern.

6. Aufbau und Gliederung.

Die fünf Bücher des Werkes berichten von Christi Geburt und Jugend, Lehrtätigkeit und Wundern, Passion, Auferstehung, Himmelfahrt und Jüngstem Gericht. Das zuletzt entstandene mittlere Buch hat O. nach eigenem Geständnis *quamvis jam fessus* und *non jam ordinatim* (Ad Liutb. 34–36) geschrieben. Die Fünfzahl wird damit begründet, daß die heilige Vierzahl der Evangelien ein heilendes Werk an der erbsündigen Verstricktheit unserer fünf Sinne zu tun bestimmt sei.

Nachdem RATHOFER (1962) mit dem 'Heliand' den Anfang gemacht hatte, hat man auch hinter O.s 'Evangelienbuch' ein auf Zahlen gegründetes Baugerüst entdecken wollen. Anders als beim 'Heliand' bot die authentische Überlieferung den Zählern wenigstens eine verläßliche Basis. Wenn man lange genug zählt und sich dabei beliebig wechselnder arithmetischer Operationen bedient, geht die Rechnung am Ende immer auf, wie die einander ausschließenden Versuche von HAUBRICHS (1969) und KLEIBER (1971) beweisen. Allen diesen Rechnungen ist der Boden entzogen, seit TAEGER (1970) das Paradebeispiel für mal. zahlensymbolische Tektonik, Hrabans 'De laudibus sanctae crucis', für untauglich erklärt und HELLGARDT (1973) den Zahlenbaumeistern auch ihren vermeintlichen Kronzeugen → Augustinus genommen hat, bei dem 'von der Zahl als Bedeutungsträger kein Weg zur Form führt' (S. 251).

Worauf es dem Dichter wirklich ankam, wie er die Gliederung gemeint hat, ist im Liutbert-Brief nachzulesen. Er wollte die Evangelien *francisce* nacherzählen, *interdum spiritalia moraliaque verba permiscens* (Ad Liutb. 25). Deshalb hat er in den Ablauf der Erzählung, von Buch zu Buch zunehmend, *Spiritaliter* (gelegentlich *Mystice*) und *Moraliter* überschriebene Kapitel eingeschoben, die ausschließlich der Exegese dienen und dem Lateinunkundigen helfen sollen, daß er *cognoscat sanctissima verba, deique legem sua lingua intellegens* (Ad. Liutb. 27 f.). Frei von Allegorese sind auch die erzählenden Kapitel nicht. Der erhobene Zeigefinger des Lehrers ist allgegenwärtig und kommt dem Erzähler immer wieder in die Quere.

7. Erzählung.

Ein Epiker wie der Helianddichter ist O. nicht. Was bei jenem im Mittelpunkt gestanden hatte, das irdische Leben des Heilands und seine lehrende Wirksamkeit, interessiert ihn mindestens nicht in erster Linie und vor allem um seiner heilsgeschichtlichen Bedeutung willen. Für den Theologen, der er ist und bleibt, hat der biblische Text nirgends bloß den buchstäblichen Sinn eines einfachen historischen Berichts, er meint immer zugleich etwas anderes, wenn man ihn allegorisch versteht. Der selbst erteilte Auftrag auch des Dichters zielt auf Lehre durch Exegese ab, verwirft *verborum adulationem politorum* und erstrebt *pium cogitationis affectum operumque pio labore congeriem* (Ad Liutb. 120–122).

Im engeren Sinne Poetisches gewinnt Raum nur wider den Strom und erhält Gestalt in hübschen Genrebildern wie der Krippe im Stall von Bethlehem (I 11, 33–46) oder in emotional aufgeladenen Klageszenen: die Mütter beim bethlehemitischen Kindermord (I 20, 9–20); Abraham beim Opfer seines Sohnes (II 9, 37–50); Maria und Johannes auf Golgatha (IV 32); Maria am Grabe des Auferstandenen (V 7, 21–42). Soweit O. über poetisches Talent verfügt, ist es eher lyrisch und hymnisch. Und gerade an solchen Höhepunkten stellt sich unversehens die verworfene heimische Langzeile ein, wie bei der Schilderung des Paradieses: *Thar ist líb ana tód, / líoht ana fínstri* (I 18,9) – diese Verse haben reimlos sogar die letzte Korrektur überdauert – oder in der Verkündigungsszene, wo es vom Engel Gabriel heißt: *Floug er súnnun pad, / stérrono stráza, / wega wólkono / zi theru ítis frono* (I 5,5 f.).

Daß das 'Evangelienbuch' als Dichtung alles weit überboten habe, was gleichzeitig gedichtet worden ist (KELLE, LG I 170), besagt angesichts fehlender ahd. Konkurrenz nicht viel. KOEGEL hat dem Künstler O. nur 'einen sehr niedrigen Rang' (LG II 33) zugebilligt, und BAESECKE sah sich auch durch 'hie und da einmal einen lyrischen Hauch' nicht 'für die tausend Opfer des Dichters entschädigt' (¹RL I 32). Schon LACHMANN hatte über 'seine Redseligkeit und dürre Kälte' (Kl. Schr.n I 455) geklagt. O. hätte solche Urteile ohne Verständnis gelesen, als unzulässige Verkehrung der vorgegebenen Rangordnung von himmlischer Vollkommenheit und irdischer Verbannung, in welcher er nur *rózagaz muat* (I 18,29 b) gefunden zu haben bekennt.

8. Deutung.

Die Aufwertung O.s in der jüngsten Forschung wird meist theologisch begründet. Er erscheint als 'spiritueller Dichter' (OHLY, 1969), der sogar 'die Verssprache zum Instrument der Exegese' gemacht habe (ERNST, 1975, S. 439), im Rahmen einer 'theologischen Ästhetik' (S. 3), die in 'moraltheologischer Fundierung des Dichtens' (S. 22) gründe. Das 'Evangelienbuch' sei 'auf ein eschatologisches Telos hin entworfen' (S. 61), 'Poiesis im Zeichen der Gnade' (S. 59). Wenn das volkssprachliche Experiment durch seine Proklamation zum 'Heilsbringer' (S. 65) ästhetisch unangreifbar gemacht und der höhere Rang christlicher Versdichtung in der Volkssprache gegenüber der antiken Poesie statuiert werden sollte (S. 437), hätte er es nicht so kleingläubig zu verteidigen brauchen. Das rege Interesse für Allegorisches konzentrierte sich auf die beiden hauptsächlichen Fundorte, die Darstellung und Auslegung der Hochzeit zu Kana und der Speisung der Fünftausend.

Allegorese ist in O.s Augen notwendig, weil sie erst die ganze *dulcedo evangeliorum* ans Licht bringt, vor welcher aller *sonus inutilium rerum* (Ad Liutb. 11 f.) versinkt. Auf dem Wege dahin war schon das Johannesevangelium gewesen, das von O. deshalb deutlich bevorzugt wird. Obwohl sich auch dieser Exeget auf weite Strecken mit literalem Verständnis begnügt hat, ist das Gewicht allegorischer Auslegung im Vergleich mit dem 'Heliand' beträchtlich gestiegen. Zwar scheint konsequente Enthistorisierung nicht beabsichtigt, aber die ständige 'Verklammerung von Wiedergabe und Deutung des biblischen Textes' (HELLGARDT, 1981) gehört zum Programm und bezeichnet die dieser sacra poesis gesetzten Grenzen.

9. Wirkungen.

Trotz PATZLAFF spricht manches dafür, daß O.s endgereimte Reimpaare für die kleineren ahd. Reimgedichte ('Georgslied', → 'Christus und die Samariterin', → 'Ludwigslied', → 'Psalm 138') vorbildlich geworden sind, obwohl die Strophe aus zwei langen Zeilen für sie nicht obligatorisch und eine literarische Tradition daraus nicht erwachsen ist. Von ihn überdauernden Wirkungen seines 'Evangelienbuches' hören und wissen wir nichts. Es blieb eine einsame Leistung ohne Nachfolge. Das lag sicher auch daran, daß die Literatur des 10. Jh.s wieder fast ausschließlich lat. wurde. Aber daran waren nicht allein die sächsischen Ottonen schuld. So wie das poetische Hauptwerk der ahd. Literatur konzipiert und beschaffen war, konnte es nur wenige zu erreichen hoffen, und am wenigsten die Ungelehrten, für die es eigentlich geschrieben war. Sie brauchten einen Vorleser, und wenn der sich auf die erzählenden Partien beschränkte, mochten sie ihm folgen können. Aber wo anders soll man sich diese Veranstaltung vorstellen, als vor Laienbrüdern im Kloster? Dem Weißenburger Dichter konnte weder die Ausklammerung der exegetischen Kapitel recht sein noch das einfache Publikum allein genügen. Er wollte auch als Theologe beurteilt und ernst genommen werden. Dazu waren nur lat. gebildete Leser in der Lage, und die hatten keinen rechten Grund, in dt. Versen zu lesen, was ihnen in lat. Prosa zur Verfügung stand, es sei denn, sie wären auch an Deutschgeschriebenem interessiert gewesen. Das waren gegen Ende des Jh.s nicht mehr viele, und O.s Evangeliendichtung war – unbeschadet ihrer literaturgeschichtlichen Bedeutung – nicht jener große dichterische Wurf, der ihre Zahl nennenswert zu vermehren und zum zündenden Ausgangspunkt einer Nationalliteratur zu werden vermocht hätte.

10. Literatur.

J. BELKIN, Bibliographie zu O. v. W., in: Bibliogr. z. dt. Lit. d. MAs 7, 1975, S. 5–59. – Die folgende Auswahl enthält bis 1974 nur forschungsgeschichtlich wichtige und im Artikel zitierte Titel.

K. LACHMANN, Über ahd. Betonung u. Verskunst (1831–1834) = Kl. Schr.n I, 1876, S. 358–406; ders., Otfrid (1836), Kl. Schr.n I 449–460; W. GRIMM, Zur Gesch. d. Reims, in: Abhh. Ak. Berlin, Phil.-hist. Kl. 1851, S. 521–713 = Kl. Schr.n IV, 1887, S. 125–341; O. ERDMANN, Unters. über die Syntax der Sprache O.s, 1874; T. INGENBLEEK, Über den Einfluß d. Reimes auf die Sprache O.s. Mit einem Reimlexikon zu O. (QF 37), 1880; W. WILMANNS, Über O.s Vers- u. Wortbetonung, ZfdA 27 (1883) 105–135; C. MAROLD, O.s Beziehungen zu den bibl. Dichtg.n des Juvencus, Sedulius, Arator, Germ. 32 (1887) 285–411; E. SIEVERS, Die Entstehung d. dt. Reimverses, PBB 13 (1888) 121–166; G. LOECK, Die Homiliensammlung des Paulus Diaconus, die unmittelbare Vorlage d. O.schen Evangelienbuches, Diss. Kiel 1890; A. HEUSLER, Zur Gesch. d. altdt. Verskunst, 1891; KELLE, LG I 150–174; A.E. SCHÖNBACH, Otfridstudien I–IV, ZfdA 38 (1894) 209–217, 336–361; 39 (1895) 57–124, 369–423; 40 (1896) 103–123; F. KAUFFMANN, Metrische Studien, ZfdPh 29 (1897) 1–49; KOEGEL, LG I, 2, S. 1–78; A.L. PLUMHOFF, Beitr. zu d. Quellen O.s, ZfdPh 31 (1899) 464–496; 32 (1900) 12–35; R. KAPPE, Hiatus u. Synaloephe bei O., ZfdPh 41 (1909) 137–208, 320–359, 470–508; 42 (1910) 15–60, 189–233; P. SIEVERS, Die Accente in ahd. u. as. Hss. (Palaestra 57), 1909; G. BAESECKE, Undeutsche Synalöphen bei O., PBB 36 (1910) 374–381; R. KAPPE, Dt. Synaloephen in den O.-Hss., ZfdPh 42 (1910) 407–417; P.R. KOLBE, Die Variation bei O., PBB 38 (1913) 1–66; H. FRÄNKEL, Aus der Frühgesch. d. dt. Endreims, ZfdA 58 (1921) 41–64; L. WOLFF, Unters. über O.s Reimkunst, ZfdA 60 (1923) 265–283; H. BORK, Chronologische Stud. zu O.s Evangelienbuch (Palaestra 157), 1927; dazu Rez. v. L. WOLFF, AfdA 48 (1929) 17–27; A. HEUSLER, Dt. Versgesch. II, 1927; H. DE BOOR, Unters. z. Sprachbehandlung O.s, Hiatus u. Synalöphe, 1928; EHRISMANN, LG I 178–203; P. HÖRMANN, Unters. z. Verslehre O.s, Literaturwiss. Jb. d. Görres-Ges. 9 (1939) 1–106; C. SOETEMAN, Unters. z. Übersetzungstechnik O.s v. W., 1939; U. PRETZEL, Frühgesch. d. dt. Reims (Palaestra 220), 1941; dazu Rez. v. L. WOLFF, AfdA 61 (1942) 67–75; D.A. MCKENZIE, O. v. W.: Narrator or Commentator?, London 1946; O. SPRINGER, Barbarismus et Soloecismus, Symposium 1 (Syracus University 1946/47) 54–81; W. FOERSTE, O.s lit. Verhältnis zum Heliand, Nd. Jb. 71/73 (1948/50) 40–67; H. BRINKMANN, Verwandlung u. Dauer, O.s Endreimdichtung u. ihr geschichtl. Zusammenhang, WW 2 (1951/52) 1–15; F. MAURER, Über Langzeilen u. Langzeilenstrophen in d. älteren dt. Dichtg., in: Beitr. z. Sprachwiss. u. Volkskunde, Fs. E. Ochs, 1951, S. 31–52; C. ERDMANN, Leonitas. Zur mal. Lehre von Kursus, Rhythmus u. Reim, in: Corona Quernea, Fs. K. Strecker, 1952, S. 15–28; F.P. PICKERING, Christlicher Erzählstoff bei O. u. im Heliand, ZfdA 85 (1954/55) 262–291; H. RUPP, Leid u. Sünde im Heliand u.

in O.s Evangelienbuch, PBB (Halle) 78 (1956) 421–469; 79 (1957) 336–379; ders., O. v. W. u. die spätantike Bibeldichtg., WW 7 (1956/57) 334–343; F. Neumann, O.s Auffassung vom Versbau, PBB (Halle) 79 (1957), Sonderbd., S. 249–306; E. Jammers, Das mal. dt. Epos u. die Musik, Heidelberger Jb. 1 (1957) 31–90; dazu Rez. v. K. Bertau / R. Stephan, AfdA 71 (1958/59) 57–74; F. Maurer, Langzeilenstrophen u. fortlaufende Reimpaare, DU 11,2 (1959) 5–24; de Boor, LG I 79–84; H. Brinkmann, Der Reim im frühen MA, in: Britannica, Fs. H. M. Flasdiek, 1960, S. 62–81; W. Nemitz, Zur Erklärung der sprachlichen Verstöße O.s v.W., PBB (Tüb.) 84 (1962) 358–432; P. von Polenz, O.s Wortspiel mit Versbegriffen als lit. Bekenntnis, in: Fs. L. Wolff, 1962, S. 121–134; J. Rathofer, Der Heliand. Theologischer Sinn als tektonische Form, 1962; dazu Rez. v. W. Schröder, NdJb 88 (1965) 176–184; K. Schacks, Beschwerte Hebungen bei O. u. Hartmann, in: Fs. U. Pretzel, 1963, S. 72–85; M. Wehrli, Sacra Poesis. Bibelepik als europ. Tradition, in: Die Wissenschaft von dt. Sprache u. Dichtg., Fs. F. Maurer, 1963, S. 262–283; X. von Ertzdorff, Die Hochzeit zu Kana. Zur Bibelauslegung O.s v.W., PBB (Tüb.) 86 (1964) 62–82; W. Schröder, Zum Begriff der 'binnengereimten Langzeile' in d. altdt. Versgesch., in: Fs. J. Quint, 1964, S. 194–202; J. Rathofer, Zum Bauplan von O.s 'Evangelienbuch', ZfdA 94 (1965) 36–38; H.-G. Richert, Parva Otfridi memoria, ZfdA 94 (1965) 21–35; W. Schröder, Zu alten u. neuen Theorien einer altdt. 'binnengereimten Langzeile', PBB (Tüb.) 87 (1965) 150–165; D. Wunder, Der Nebensatz bei O., 1965; W. Haubrichs, Die Praefatio d. Heliand, NdJb 89 (1966) 7–32; K. Lange, Geistliche Speise. Unters. z. Metaphorik d. Bibelhermeneutik, ZfdA 95 (1966) 81–122; R. Schmidt, Neue Quellen zu O.s Evangelienbuch, ZfdA 96 (1967) 81–96; G. Schweikle, Die Herkunft d. ahd. Reimes, ZfdA 96 (1967) 165–212; W. Haubrichs, O.s Verkündigungsszene, ZfdA 97 (1968) 176–189; U. Hennig, Unters. z. frühmhd. Metrik am Beispiel der 'Wiener Genesis' (Hermaea 24), 1968; dazu Rez. v. W. Schröder, AfdA 81 (1970) 11–36; K. Schulz, Art u. Herkunft d. variierenden Stils in O.s Evangeliendichtg. (Medium Aevum 15), 1968; W. Haubrichs, Ordo als Form, 1969; dazu Rez. v. U. Schwab, Studi Medievali 12 (1971) 277–300; W. Schröder, PBB (Tüb.) 94 (1972) 439–446; A. Masser, Bibel, Apokryphen u. Legenden, 1969; F. Ohly, Geistige Süße bei O., in: Typologia Litterarum, Fs. M. Wehrli, 1969, S. 95–124; G. Meissburger, Grundlagen z. Verständnis d. Mönchsdichtg. im 11. u. 12. Jh., 1970; B. Taeger, Zahlensymbolik bei Hraban, bei Hincmar – u. im Heliand? (MTU 30), 1970; Bischoff, 1971 (s.o. III. 1.); W. Kleiber, O. v. W., 1971 (s.o. A.); H. Kolb, Himmlisches u. irdisches Gericht in karolingischer Theologie u. ahd. Dichtg., Frühmal. Stud. 5 (1971) 284–303; E. Siebert, Zum Verhältnis von Erbgut u. Lehngut im Wortschatz O.s, Diss. Marburg 1971; U. Ernst, Die Magiergeschichte in O.s 'Liber Evangeliorum', Annali dell' Istituto Universitario Orientale di Napoli, Sezione Germanica 15 (1972) 81–138; M. Schmidt, Otfrid I, 5, 56 Giduat er imo fremidi thaz hoha himilrichi, PBB (Tüb.) 94 (1972) 26–51; R. Wisniewski, Significatio des Verses, O.s Deutung metrisch geformter Sprache, in: Fs. H. Eggers, 1972, S. 694–702; U. Ernst, Poesie als Kerygma. Christi Geburt im 'Evangelienbuch' O.s v.W., PBB (Tüb.) 95 (1973) 126–161; R. Hartmann, Zur Anlage eines allegorischen O.-Wörterbuchs, ZfdA 103 (1974) 20–36; E. Hellgardt, Zum Problem symbolbestimmter u. formalästhetischer Zahlenkomposita in mal. Lit. (MTU 45), 1973; F. Ohly, Zum Dichtungsschluß *Tu autem, domine, miserere nobis*, DVjs 47 (1973) 26–67; A. Hagenlocher, Theologische Systematik u. epische Gestaltung. Beobachtungen z. Darstellung d. feindlichen Juden im Heliand u. in O.s Evangelienbuch, PBB (Tüb.) 96 (1974) 33–58; F. Rädle, O.s Brief an Liutbert, in: Kritische Bewahrung, Fs. W. Schröder, 1974, S. 213–240; W. Schröder, Neues zu O.v.W., PBB (Tüb.) 96 (1974) 59–78; U. Ernst, Der Liber Evangeliorum O.s v.W. (Kölner German. Stud. 11), 1975; A. Greule, Vorüberlegungen zu einer neuen O.-Grammatik, Zs. f. Dialektologie u. Linguistik 42 (1975) 146–169; R. Hartmann, Allegorisches Wörterbuch zu O.s v.W. Evangeliendichtung (Münstersche MA-Schr.n 26), 1975; dazu Rez. v. W. Schröder, AfdA 89 (1978) 101–105; R. Hartmann, Die sprachliche Form d. Allegorese in O.s v.W. Evangelienbuch, in: Verbum et Signum, Fs. F. Ohly, 1975, I, S. 103–142; D. Kartschoke, Altdt. Bibeldichtung (Slg. Metzler 135), 1975; ders., Bibeldichtung, 1975; R. Patzlaff, O. v. W. u. die mal. versus-Tradition (Hermaea 35), 1975; A. C. Schwarz, Der Sprachbegriff in O.s Evangelienbuch, Diss. Zürich 1975; A. Greule, Textgrammatisches zu O.v.W., Sprachwiss. 3 (1976) 328–354; A. Masser, Bibel- u. Legendenepik d. dt. MAs, 1976; G. Vollmann-Profe, Kommentar zu O.s Evangelienbuch. Teil I: Widmungen. Buch I, 1–11, 1976; U. Schwab, Die *cornua crucis* und *thes kruces horn* (zu O. II, 9; IV, 26, 2 u. V, 1, 19), ZfdA 109 (1980) 1–33; H. Freytag, Liturgisches in O.s Deutung der Hochzeit zu Kana, ebd., S. 33–48; E. Hellgardt, Die exegetischen Quellen ..., 1981 (s.o. A.); A. Greule, Valenz, Satz u. Text, Satzgrammatische Unters. zum Evangelienbuch O.s v.W. auf der Grundlage des Cod. Vindob. 2687, 1982; dazu Rez. v. W. Schröder, Sprachwissenschaft 11 (1986) 429–435; W. Freytag, O.s Briefvorrede *Ad Liutbertum* und die accessus ad auctores, ZfdA 111 (1982) 168–193; W. Haug, Literaturtheorie im MA

(German. Einführungen), 1985, S. 25–45; E. Stutz, Spiegelungen volkssprachlicher Verspraxis bei O., in: Althochdeutsch (Fs. R. Schützeichel), Bd. I: Grammatik. Glossen u. Texte, 1987, S. 772–794; W. Kleiber, Zur Sprache d. ahd. Glossen O.s im Cod. Guelf. 50 Weiss., ebd., S. 532–544.

(1987)

W. Schröder

P

'Paradisus anime intelligentis' ('Paradis der fornuftigen sele')

Mystische Predigtsammlung, darunter 31 (32) Eckhart-Predigten, des frühen 14. Jh.s aus dem Erfurter Dominikanerkloster, redigiert bald nach 1340.

1. *Überlieferung.* Oxford, Bodleian Library, cod. Laud. Misc. 479 (O); Hamburg, SB u. UB, cod. theol. 2057 (H) [z. Z. in der DDR ausgelagert]; London, Victoria and Albert Museum, cod. L 1810–1955, 15. Jh., 'P.a.i.' Nrr. 1, 16, 34, 46, 47, 49; dazu tritt die Predigtsammlung des Nikolaus v. Landau (s. d.).

Ausgaben. E. SIEVERS, Predigten v. Meister Eckhart, ZfdA 15 (1872) 373–439 (20 E.-Predigten); PREGER, Mystik II 439–468 (Predigten v. Helwic v. Germar, Bruder Erbe, Gisilher v. Slatheim, Bruder Kraft, Johann Franko, Eckhart Rube); PH. STRAUCH (Hg.), P.a.i. (*Paradis der fornuftigen sele*). Aus d. Oxforder Hs. nach Sievers' Abschrift (DTM 30), 1919.

2. *Zur Textgeschichte.* Nur O und H, Zwillingshss., wie es scheint, auf gemeinsamer Vorlage beruhend, sind als 'P.a.i.'-Texte anzusprechen; sie gehören dem 5. Jahrzehnt des 14. Jh.s an. Die Predigten der neu entdeckten Londoner Hs. (LÖSER) und das → Nikolaus-von-Landau-Corpus sind, jene als Streugut, dieses als Bearbeitung mit neuer Zweckbestimmung, aus einer Vorstufe abzuleiten. Diese ist vor 1341, dem Datum der Nikolaus-Sammlung, anzusetzen und dadurch charakterisiert, daß sie die (schon immer erkannten) Kürzungen der 'P.a.i.'-Hss. nicht teilt. Sie scheint zudem (wie LÖSER, S. 214, wahrscheinlich macht) einen breiteren Bestand gehabt zu haben, als ihn O, H aufweisen. Dieser neue Befund führte zur These, das 'P.a.i.'-Original sei eine 'Antwort' auf die Bulle 'In agro dominico' vom 27. März 1329, in der 28 Sätze Meister →Eckharts verurteilt werden, zu verstehen und dürfte bald nach 1329 in Köln entstanden sein (STEER). Demgegenüber setze ich die ursprüngliche Sammlung aus Gründen der Aktualität, zumal hinsichtlich ihres Programms (s. u. 5.), im ersten Jahrzehnt des 14. Jh.s an mit dem Erfurter Dominikanerkloster, Sitz Meister Eckharts in der Zeit seines Provinzialats (1303–1311), als Ort der Erstredaktion. Ihr folgte dann, wiederum nach Ausweis der Sprache, in Erfurt, in den 40er Jahren die in O, H überlieferte gekürzte Sammlung. Es ist die Zeit, in der Eckharts Verurteilung, ohnehin nur im Kölner Erzbistum offiziell bekannt gemacht, in Vergessenheit geriet und auch sonst die Eckhart-Überlieferung einsetzt.

Zur Streuüberlieferung des 'P.a.i.'-Korpus gehört auch die Nürnberger Hs. Cent. IV 40 der StB mit 16 Parallelstücken, gedruckt v. F. JOSTES, Meister Eckhart u. seine Jünger, Freiburg/Schw. 1895; Neudruck mit einem Wörterverzeichnis von P. SCHMITT u. einem Nachwort von K. RUH, 1972. Ihr Textverhältnis zum 'P.a.i.' ist noch nicht geklärt.

3. *Der Bestand.* Der 'P.a.i.' enthält 64 Predigten. Davon gehören, durch ausdrückliche Zuschreibung, 31 Meister Eckhart an, 6 Eckhart → Rube, je 5 → Giselher von Slatheim und Johannes → Franke, je 3 → Hane dem Karmelit, → Hermann von Loveia und → Florentius von Utrecht, je 2 → Albrecht von Treffurt und → Helwic von Germar, je eine Bruder → Erbe und einem → Barfüßer Lesemeister; Nr. 56 ist als einzige ohne Zuweisung geblieben: wohl ein schlichtes Versehen. PREGER (Mystik II 109) schreibt sie Bruder → Kraft (von Boyberg) zu, der aber sonst in der Sammlung nicht vertreten ist; ich möchte an Meister Eckhart denken.

Von den namhaft gemachten Predigern sind alle, außer Hane dem Karmeliten, Dominikaner, die meisten aus Thüringen, einige als Lektoren in Erfurt bezeugt. Die übrigen, etwa Johannes Franke, darf man als Gastprediger des Erfurter Klosters betrachten, wohl auch den Karmeliter Hane. Offensichtlich liegt eine Sammlung von Predigten vor, die zur Hauptsache in der großen Zeit des Erfurter Konvents, der Zeit Meister Eckharts, alldort gehalten und aufgezeichnet worden sind. Für den Barfüßer Lesemeister, mit dem es eine besondere Bewandtnis hat (s. u.), gilt das freilich nicht. Auch legen Parallelüberlieferungen nahe, daß einige Predigten Eckharts erst im Nachherein in die Sammlung aufgenommen wurden.

4. Anlage und Zweckbestimmung. Sicher nur beiläufig ist die Gliederung nach dem Kirchenjahr (Pr. 1–31): die Mehrzahl der Predigten ist nur mit *de tempore* ausgewiesen. Noch unverbindlicher ist der Heiligenzyklus (Pr. 32–64): außer 3 Marienpredigten und einer über Johannes den Täufer lautet die Zuweisung jeweils nur 'de sanctis'. Es ging dem Sammler also keineswegs um Bereitstellung von Predigten im Ablauf des Kirchenjahrs (gegen KOCH, S. 144) – das war dann die Absicht des Bearbeiters Nikolaus von Landau –, sondern um Dokumentation. Das besagt die ganz ungewöhnliche namentliche Bezeugung in einem besonderen, sorgfältigen Register, das auch die Thematik der Predigten erwähnt. Auch der Rang wird nicht vergessen. 'Meister' sind Eckhart und Hane, die übrigen 'Lesemeister', Lektoren. Was somit der 'P.a.i.' ausweist, ist die gelehrte Elite der eben erst, 1303, gegründeten Ordensprovinz Saxonia. Das heißt so viel, daß diese Sammlung dokumentatorischen Charakter trägt; es geht, so scheint es, darum, die illustre Schar bedeutender Männer des Ordens, die in der Glanzzeit des Hauses in Erfurt tätig waren oder mit Erfurt in näherer Beziehung standen, in einem Erinnerungsbuch zu bewahren.

5. Das bestätigt das Programm des Corpus. Der Titel, völlig singulär in dieser Zeit, lateinisch und deutsch – beide Formen sind authentisch –, zeigt es an: den Vorrang des *intellectus*, der *vernunft* als oberstem Vermögen übersinnlicher Erkenntnis vor der *caritas*, der geistigen, vom Willen getriebenen Gottesliebe. Das ist in dieser Zeit einer der Hauptgegensätze der beiden Bettelorden. Der Sammler hebt es selbst im Register hervor: 'In dieser Predigt [Nr. 41] disputiert Bruder Giselher von Slatheim ... gegen die Barfüßer und beweist, daß das Werk der Vernünftigkeit in Bezug auf das ewige Leben edler ist als das Werk des Willens, und es entkräftet meisterhaft die Argumente der Barfüßer.' Von daher erklärt sich auch die überraschende Präsenz eines Barfüßer Predigers (Nr. 62): er trägt die bekämpfte Alternative vor, wozu im Register zu lesen ist: 'Aber die Brüder und Prediger des Predigerordens glauben kein Wort von dem, was er hier aufsetzt.' Aber auch in der Perspektive des Programms steht Eckhart im Vordergrund. Er hatte sich 1302 (oder 1303) in Paris in einer akademischen Disputation darüber mit dem Franziskaner Magister Gonsalvus auseinandergesetzt (Pariser Quaestio 3), woran er in Pr. 28 (bei QUINT Nr. 70, DW III 188 ff.) erinnert: 'Die besten Meister sagen, der Kern der Seligkeit liege im Erkennen. Ein großer Pfaffe kam neulich nach Paris, der war anderer Meinung und schrie und tobte.' Aber auch in anderen 'P.a.i.'-Predigten Eckharts sind Paris und seine Universität gegenwärtig. Zudem vertreten sie die Doktrin der Pariser Quaestionen, die seine in Straßburg und Köln gehaltenen Predigten nicht mehr kennen. Schlüsselpredigt des 'Meisters von Paris' (wie die Melker Überlieferung Eckhart nennt) ist 'P.a.i.' Nr. 33 (QUINT I, Nr. 9), 'Quasi stella matutina' (dazu RUH, 1985, S. 63–71).

Damit ist die Aktualität der Sammlung angesprochen. Es ist schwer einzusehen, in welcher Weise die programmatische Doktrin, verbunden mit der Nähe Eckharts zu seinem ersten Pariser Magisterium, um 1330 als 'Antwort' auf Eckharts Verurteilung zu verstehen ist (s. o. 2.) – zumal wir heute wissen, daß die franziskanische Gegnerschaft im Kölner Prozeß eine ganz untergeordnete Rolle spielte. Außerdem verträgt sich der Aufmarsch Erfurter und Thüringer Lektoren, also der Saxonia, schlecht mit einem Redaktor in Köln, das zur Teutonica gehörte. Und schließlich repräsentieren O und H die Sprache Thüringens. Deren Vorlage als ripuarisch zu erweisen, dürfte schwerfallen.

6. Die Doktrin der Pariser Quaestionen und dominikanische Lehrmeinungen, wie sie der 'P.a.i.' vertritt, machen natürlich nicht den mystischen Charakter der

Sammlung aus. Erst die Umsetzung von Doktrin in Spiritualität öffnet den Weg in die Erfahrbarkeit als Signum mystischer Erkenntnis. Das könnte auch an den Predigten des 'P.a.i.' nachgewiesen werden. Ein besonderes Kennzeichen der Mystik dieses Corpus aber ist ihr dionysischer ([Pseudo-] → Dionysius Areopagita) Einschlag, der im späteren Predigtwerk Eckharts weitgehend zurücktritt: Er erweist sich nicht nur in der verhältnismäßig häufigen Zitation (nur Augustin ist breiter ausgewiesen), sondern im dionysischen 'Horizont' ganzer Predigten oder größerer Textpartien. Dies gilt für die Nrr. 46, 59 und 61. Es ist auch nicht nur die apophatische Theologie, die vorgetragen wird – immerhin bleibt sie dominant –, sondern es werden recht verschiedene Vorstellungen des Areopagiten zitiert. Fest steht, und das lat. Werk erhebt es zur Gewißheit, daß Eckhart unmittelbar aus den Schriften des Dionysius schöpfen konnte und geschöpft hat. Mit großer Wahrscheinlichkeit war es das Pariser 'Corpus Dionysiacum', das er benutzte (s. RUH, 1987).

Literatur. PREGER, Mystik II, 1881, S. 87–89; W. STAMMLER, P.a.i., DLZ 23 (1922) 765–770 (= Kl. Schriften, 1953, S. 152–155); J. KOCH, Meister Eckharts Weiterwirken im dt.-ndl. Raum im 14. u. 15. Jh., in: J. DAGENS (Hg.), La mystique rhénane. Colloque de Strasbourg 16–19 mai 1961, Paris 1963, S. 133–156, bes. S. 143f.; L. SEPPÄNEN, Studien z. Terminologie des 'P.a.i.' (Mémoires de la Société Néophilologique de Helsinki 27), Helsinki 1964; K. RUH, Dt. Predigtbücher d. MAs, Vestigia Bibliae 3 (1981) 11–30, zum 'P.a.i.' S. 23–27 (= Kl. Schriften II, 1984, S. 277–317, zum 'P.a.i.' S. 312–317); ders., Meister Eckharts Pariser Quaestionen 1–3 u. eine dt. Predigtsammlung, Perspektiven d. Philosophie, Neues Jb. 10 (1984) 307–324; ders., Meister Eckhart, 1985, S. 60–71; F. LÖSER, Als ich mê gesprochen han. Bekannte u. bisher unbekannte Predigten Meister Eckharts im Lichte eines Hss.fundes, ZfdA 115 (1986) 206–227; G. STEER, Geistliche Prosa, in: I. GLIER (Hg.), Die dt. Lit. im späten MA, 1250–1370. 2. Teil: Reimpaargedichte, Drama, Prosa, 1987, S. 306–370, dort S. 329–332; K. RUH, Dionysius Areopagita im dt. Predigtwerk Meister Eckharts, Perspektiven d. Philosphie, Neues Jb. 13 (1987).
(1987)   K. RUH

Passionsspiel →
'Donaueschinger Passionsspiel'

'Physiologus'

Inhalt. I. Allgemeines. – II. Griech. 'Ph.' – III. Veränderung – Konstanz – Umformung. 1.–3. Änderungen in Kapitelbestand, Reihenfolge, Umfang. 4. 'Ph.' u. Bestiarien. a. Sog. 'Melker Ph.'; b. Der 'tosco-venetianische Bestiarius'; c. 'Bestiaire d'amour'. – IV. Lat. 'Physiologi': 1. Versio y; 2. Versio c; 3. Versio b; 4. Sog. Dicta-Version; 5. 'Ph. Theobaldi'. – V. Deutsche 'Physiologi': 1. 'Ahd. Ph.'; 2. Die frühmhd. 'Physiologi': a. 'Wiener Ph.'; b. 'Millstätter Ph.'; c. 'Schäftlarner Frgm.'; 3. Die spätmal. dt. 'Physiologi'. [a. Sog. 'Melker Ph.']. b. Die dt. 'Physiologi Theobaldi': (1) 'Ph. Theobaldi deutsch'; (2) 'Indersdorfer Ph.'; (3) 'Ph. Theobaldi in Reimpaaren'. – VI. Wirkung. – Literatur.

I. Allgemeines.
'Physiologus' heißt eine frühchristliche Naturlehre in griech. Sprache, die Pflanzen, Steine und Tiere beschreibt und allegorisch auf das Heilsgeschehen hin deutet. Sie ist von biblischer Sprache und biblischem Gedankengut durchdrungen. In mindestens 400 Hss., Übersetzungen und Bearbeitungen, verbreitete sie sich über das mal. Europa. Die Schrift selbst beruft sich auf einen anonymen φυσιολόγος als Gewährsmann und Verfasser. Im MA werden bevorzugt Kirchenväter als Autoren genannt wie Epiphanios von Zypern (Σas), Petros von Alexandrien (Π), Chrysostomus (Y, s.u.), Ambrosius ('Decretum Gelasianum'), auch Salomon (isländ. 'Ph.'). 'Ph.'-Texte sind als Lehrbücher gelesen worden (G. GLAUCHE, Schullektüre im MA, 1970; HENKEL, S. 53–58).

II. Griechischer 'Physiologus'.
1. Innerhalb des 2. bis 4.Jh.s n.Chr. (SBORDONE, S. LXXVIII; TREU: 2.Jh.; aber WELLMANN, S. 10–12: 4.Jh.; nach PERRY, 1941, Sp. 1100–1103) hat ein bibelkundiger Christ in Alexandrien antike, auch ägyptische Quellen exzerpiert und für eine christliche Gemeinde allegorisch ausgelegt.

2. SBORDONE hat die Überlieferung in 4 Gruppen eingeteilt. Neben der ältesten Redaktion unterscheidet er die byzantinische, die pseudo-basilianische und die vulgärgriechische Redaktion (Einl. zur Ausg., passim; PERRY, 1941, Sp. 1112–1115; HENKEL, S. 18–20). Die erste oder älteste ist die für die europäische 'Ph.'-Tradition maßgebliche. Sie wird im Anschluß an SBORDONES

Stemma, S. LXXIX, von den Hgg. in 5 Untergruppen eingeteilt, von denen jeweils eine Hs. im folgenden genannt wird:

G = New York, Pierpont Morgan Library, Ms. 397; MΓ (M = Mailand, Bibl. Ambrosiana, cod. graec. A 45 sup.); Σas (Σ = Moskau, Synodalbibl., cod. graec. 436); WO (W = Wien, cod. theol. graec. 128); AIEΠΔφry (Π = Moskau, Synodalbibl., cod. graec. 432).

Ausgaben. F. SBORDONE, Mailand 1936, konnte in seiner Ausgabe, die 77 Hss. kennt, G noch nicht berücksichtigen (Rez. B. E. PERRY, American Journal of Philology 58 [1937] 488–496). G u. M, die ältesten Hss., hat D. OFFERMANNS, 'Ph.' nach den Hss. G u. M, 1966, synoptisch ediert. Diese wie auch die übrigen drei Gruppen bei D. KAIMAKIS, 'Ph.' nach der ersten Redaktion (Beitr. z. klass. Phil. 33), Meisenheim/Glan 1974. Π auch in guter Edition bei A. KARNEJEV, 'Ph.' d. Moskauer Synodalbibl., Byzant. Zs. 3 (1894) 32–63. Eine Übersetzung mit quellenkundlichen Anm. gibt O. SEEL, 'Ph.', ²1967.

3. Inhalt. Der Autor strebt in 48 Kapiteln eine Synthese von Natur- und Heilswissen an. Ein Prinzip in der Reihenfolge der einzelnen Kapitel ist nicht erkennbar. Die Kapitel selber aber folgen einem bestimmten Aufbauschema. Häufig beginnen sie mit einem Bibelwort, schließen an eine oder mehrere 'Naturen' (proprietates) die Auslegung an und enden mit einem 'wohlgesprochen hat der Physiologus'. Zahlreich sind Deutungen auf Christus, den Teufel, den Menschen. Gemäß der christlichen Bibelexegese ist jede Einzelheit der Schöpfung auf die geglaubte christliche Wahrheit bezogen (vgl. PERRY, 1941, S. 1101f.). Der 'Ph.' ist geprägt durch die um Orthodoxie bemühte Spiritualität des 2.–4. Jh.s (PETERSON, 1959, S. 235 bis 253), die in das Magische abgleiten kann. Dabei kann Naivität der Erkenntnis mit der Unbefangenheit eines jungen Glaubens zusammengehen (TREU, S. 104).

4. Quellen.
Wesentliche Untersuchungen bei WELLMANN, dort auch ältere Lit.; wichtig die 'fontes' in SBORDONES krit. Ausg.; SEELS Anm.n zur Übersetzung, S. 73–95; Tierabschnitte bei PERRY, 1941, Sp. 1078–1096; KAIMAKIS, passim; HENKEL, S. 17 Anm. 34.

Außer auf Tiergeschichten, wie sie Aristoteles und Plinius überliefern, geht der 'Ph.' wohl auf die Φυσικά eines Ps.-Salomon zurück. Von ihm bis zu Bolos von Mendes (um 200) nimmt WELLMANN (S. 112) im Zusammenhang mit seiner Spätdatierung (4. Jh.) eine weitere Zwischenquelle, Didymus von Alexandrien, an (Skizze bei PERRY, 1941, Sp. 1107). Bolos wiederum geht auf einen Ps.-Demokrit zurück, Parallelen zu Horapollon und Tatian erklären sich aus gleichen oder ähnlichen Quellen (vgl. AHRENS, S. 2–23; ägyptische Quellen bei BRUNNER-TRAUT, S. 13–44; zu 'Ph.' und Patristik RIEDINGER).

III. Veränderung – Konstanz – Umformung.

Textveränderungen im 'Ph.' beruhen weniger auf Erweiterungen oder stilistischer Vervollkommnung – der Text ist kaum als literarisch distinkt angesehen worden – als auf dem Bestreben, inhaltlich zu kürzen. Die Umformungen des Textmaterials reichen aber darüber hinaus bis zu Bestiarien und Enzyklopädien, in denen die alte Struktur des 'Ph.' unkenntlich wird.

1. Änderungen im Kapitelbestand (HENKEL, S. 147f.; LAUCHERT, S. 92f.). Das Frgm. des 'Ahd. Ph.' (s. V. 1.) etwa besteht aus 12 Kapiteln gegenüber 27 der lat. Dicta-Version (s. IV. 4.) von ursprünglich 48 (s. o. 3.). Der hinsichtlich des Kapitelbestandes am stärksten reduzierte 'Ph. Theobaldi' (s. IV. 5.) ist andererseits um die Spinne und ihre Deutung ergänzt. Bei zunehmender Anzahl der dem alten 'Ph.' fremden Tiere wird die Bezeichnung 'Ph.' fragwürdig.

2. Änderungen in der Reihenfolge der Kapitel. Im Ganzen scheint die Reihenfolge zwar beliebig, doch läßt sich eine gewisse Ordnung oft als Merkmal einer bestimmten Fassung feststellen. Bestimmte Kapitel bilden fast durchgehend feste Gruppen: z. B. Sirene / Onocentaurus; Autula / Feuerstein; die Vogelgruppe Pelikan / Nachtrabe / Adler.

3. Änderungen des Umfangs der Kapitel. Erweiterungen der Kapitel durch Bibelverse und paränetische Zusätze u. a. finden sich z. B. in den b-, vereinzelt auch in den Dicta-Versionen. Der 'Ph.' in London, British Library, Royal Ms. 2. C. XII (= Versio b; hg. v. MANN), enthält kommentierende Zusätze

aus Isidor. Kürzungen gehen bis zur völligen Tilgung der Auslegung, so etwa bei den 'Ph.'-Abschnitten im syrischen 'Buch der Naturgegenstände' (hg. v. AHRENS, S. 5–17).

Andererseits ist der 'Ph.' bis in das 15. Jh. nicht nur als Autorität verstanden, sondern auch öfter ohne wesentliche Änderungen tradiert worden. So bringt der frühe Druck eines dt. 'Ph. Theobaldi' von Anton Sorg (s. V. 3. b.) Eigenschaften und Deutungen von Löwe, Adler, Schlange, Ameise und Fuchs noch im wesentlichen übereinstimmend mit dem griech. 'Ph.'.

4. 'Physiologus' und Bestiarien. Neben dem 'Ph.' und über ihn hinaus lieferten Distinctiones, exegetische und homiletische Sammelwerke, Enzyklopädien und Bestiarien die entsprechenden Tiergeschichten und ihre Deutung (vgl. SCHMIDTKE, 1968, S. 69–86; HENKEL, S. 152–203). Hierbei werden die Bibel und zunehmend die antiken Quellen selbst ausgeschöpft. Einige Texte lassen den Übergang vom 'Ph.' zu anderen Formen erkennen:

a. Der sog. 'Melker Ph.' in Melk, Stiftsbibl., cod. 867, in dt. Sprache, geschrieben vor 1419 von Lienhart → Peuger, S. 255–262 (hg. v. W. STAMMLER, Spätlese d. MAs II, 1965, S. 44–46 und Kommentar S. 102–133); 20 Zeilen desselben Textes auf drei Steintafeln der Danielskirche von Celje (Cilli) (15. Jh., hg. v. HENKEL, S. 105). Er konnte bisher keiner Vorlage zugeordnet werden. Die Abweichungen betreffen sowohl den Bestand der Kapitel, z. T. Namen und Beschreibungen der Tiere als auch Art und Weise der Auslegung, die oft nicht mit der traditionellen des 'Ph.' übereinstimmt. Die Tendenz geht auf das rechte religiöse Verhalten der Menschen in der Welt und im Kloster. Der vergeßliche Strauß bedeutet etwa den säumigen Prälaten. Insgesamt werden 20 Tiere ausgelegt. Da die Inschrift aus Celje zu einem Bilderzyklus gehört, hat HENKEL (S. 104) vermutet, die Vorlage sei eine bildliche Darstellung.

b. Der 'tosco-venetianische Bestiarius' in Padua, Bibl. Comunale, cod. C.R.M. 248, Padua 15. Jh. (hg. von GOLDSTAUB/WENDRINER, S. 13–64). Den 45 Tierabschnitten ist zwar die Herkunft aus dem 'Ph.' anzumerken, doch ist der 'Bestiarius' in seiner Auslegung weniger christologisch als moralisch-tropologisch.

c. Der 'Bestiaire d'amour' in London, British Library, Ms. Harley 273, 70ʳ–81ʳ, um 1300, afrz. (hg. v. C. SEGRE, Li Bestiaires d'Amours di Maistre Richart de Fornival e li Response du Bestiaire, Mailand 1957); zu einer mittelniederfrk. Übersetzung → 'Minnebestiarium'.

IV. Lateinische 'Physiologi'.
Besonders die lat. Überlieferung zeichnet sich durch große Reichhaltigkeit aus. Die lat. Texte wurden für den Unterricht benötigt. Als früheste Übersetzungen aus dem Griechischen gelten y und c (s. u.). Die Herkunft der Versio b, die für die Dicta-Texte und damit für die dt. Überlieferung entscheidend wurde, ist umstritten (CARMODY: griech., SBORDONE und ORLANDI: lat. Hss. MNE).

Die i. F. verwendeten Siglen sind an den Gebrauch bei HENKEL angeglichen, vgl. dort S. 22 Anm. 8.

1. Versio y

Überlieferung. Y = München, clm 19417, 29ᵛ–70ᵛ, 9. Jh.; Y^2 = München, clm 14388, 172ᵛ–183ᵛ, 9.–10. Jh.; Y^3 = Bern, Burgerbibl., Ms. lat. 611, 116ᵛ–138ᵛ, 8.–9. Jh.

Ausgabe. FR. J. CARMODY, Ph. lat. Versio y (University of California Publications in Class. Philology 12, 7), Berkeley 1941, S. 95–134.

Versio y enthält 133 Bibelzitate, z. T. aus der Vetus Latina, die CARMODY zusammengestellt hat (1944, S. 3). Die 49 Kapitel sind vielleicht die Übersetzung einer griech. Redaktion, die am besten durch die Hs. π (s. o. II. 2.) repräsentiert wird; π enthält allerdings nur 35 Kapitel (MCCULLOCH, S. 23; CARMODY, 1941, S. 98; HENKEL, S. 25). ORLANDI (S. 1078, 1082) nimmt eine lat. Zwischenstufe an.

2. Versio c

Überlieferung. C = Bern, Burgerbibl., Ms. lat. 318, 8.–9. Jh.; Wolfenbüttel, Hzg.-Aug.-Bibl., cod. Gud. lat. 148, 9. Jh.

Ausgabe. CH. CAHIER/A. MARTIN, Mélanges d'archéologie, d'histoire et de littérature, Bde 2–4,

Paris 1851–56, nämlich Bd. 2, S. 107–223 passim (bis 14., Einhorn), Bd. 3, S. 238–285 passim (bis 19., Baum Peridexion), Bd. 4, S. 57–70 passim (bis 24., Indischer Stein); 'Ph. Bernensis', Voll-Faksimile-Ausg. d. Cod. Bongarsianus 318 d. Burgerbibl. Bern. Wiss. Kommentar v. CH. V. STEIGER/O. HOMBURGER, Basel 1964 (mit dt. Übersetzung u. Berücksichtigung des Wolfenbüttler cod. Gud. lat. 148).

Versio c (SBORDONE = x) besteht aus 24 Kapiteln der Gruppe Σas. Mit den Gruppen G, M (OFFERMANNS, s. o. II. 2.) und WO (KAIMAKIS, s. o. II. 2.) gehört sie zur 1. Redaktion, hinzugefügt sind Hahn und Pferd (SBORDONE, 1949, S. 248). Für das hohe Alter von c spricht die Übereinstimmung mit dem auf Anfang oder Mitte des 5. Jh.s datierten äthiopischen 'Ph.' (PERRY, 1941, Sp. 1116; H. WOODRUFF, 'Ph.' of Bern, The Art Bulletin 12 [New York 1930] 234, 238, 242; ORLANDI, S. 1072, 1082).

3. Versio b

Überlieferung (Auswahl). A = Brüssel, Kgl. Bibl., Ms. 10074; B = Bern, Burgerbibl., Ms. lat. 233; B¹ = London, British Library, Royal Ms. 2. C. XII; ORLANDI stellt neu den cod. Cassinese 323 dazu.

Ausgaben. M. FR. MANN, Der Bestiaire Divin des Guillaume Le Clerc (Frz. Studien VI 2), 1888, S. 37–73 (nur nach Royal Ms. 2. C. XII, 133ʳ–146ᵛ); FR. J. CARMODY, 'Ph.' lat., Éditions préliminaires versio b, Paris 1939 (nach 20 Hss.).

Versio b ist der Vorläufer der 'Dicta-Version'. Von 36 Kapiteln stammen nur die ersten 24 aus der Hs. B; weitere leiten sich aus der Tradition von y und c her. Der Text mit 149 teils später hinzugefügten Bibelzitaten wird von CARMODY (S. 7) auf das. späte 4. Jh. datiert. Stemma bei ORLANDI, S. 1079.

4. Sog. Dicta-Version

Überlieferung. (Auswahl; Gruppen nach SBORDONE, Ausg., 1949). a = z. B. Göttweig, Stiftsbibl., cod. 101 (heute New York, Pierpont Morgan Library, cod. 832); b = z. B. München, clm 6908; c = z. B. München, clm 536; über 30 Hss. nennt HENKEL, S. 29 Anm. 43. Darüber hinaus (frdl. Mitt. durch N. Henkel): Kremsmünster, Stiftsbibl., cod. 18, 66ʳ–73ᵛ (15. Jh.; Dicta-Version mit einer dritten Natur der Schlange, vgl. HENKEL, S. 91, sowie der Lesart: *Reptile animal* im Kapitel 'Lacerta', vgl. HENKEL, S. 89); ebd., cod. 270, 218ʳ–228ᵛ (2. H. 14. Jh.; 'Physiologus'-Kompilation, die neben einem Großteil von Kapiteln aus der Dicta-Version auch Kapitel aus den Fassungen b und y sowie Material unbekannter Herkunft enthält; ORLANDI, S. 1099).

Ausgaben. G. HEIDER, Dicta Johannis Chrysostomi de naturis bestiarum, Arch. f. Kde österr. Geschichtsquellen V (1850) Heft 2, S. 541–582 (nur nach der ehem. Göttweiger Hs. 101); WILHELM, Denkm. B, S. 17–44; SBORDONE (Löwe, Panther, Einhorn, Hydrus, Sirenen, Phönix), 1949, S. 259–270, unvollständig.

Die mal. Zuschreibung *Dicta Johannis Chrysostomi de naturis bestiarum* bestimmte die Bezeichnung. (Die Zuschreibung an Chrysostomus findet sich jedoch auch in zwei Hss. der y-Version.) Dieser 'Ph. abbreviatus' (27 Kapitel) verrät naturkundliches Interesse in der Einteilung der Tiere nach I. Landtieren mit den Untergruppen fremde, phantastische Tiere, einheimische, Reptilien, große Vierfüßer und *bestiae minutae* und II. Vögeln mit der Gruppe Adler, Pelikan und Nachtrabe. Weitere Merkmale sind: Ausschluß der Stein- und Pflanzenkapitel, der Rest des Kapitels *pyroboli lapides* ist dem Autulakapitel integriert, Zuweisung von Jer 12,8 an Jesaia, im Adlerkapitel zwei neue Eigenschaften u. a. (vgl. WILHELM, S. 16f.; McCULLOCH, S. 41–44; MENHARDT, 1956, S. 8–25; HENKEL, S. 29–34).

5. 'Physiologus Theobaldi'

Überlieferung (Auswahl nach einigen der Gruppen EDENS): H = London, British Library, Ms. Harley 3093, 36ʳ–38ʳ; α = Neapel, Bibl. Nazionale, cod. 308, 170ᵛ–176ᵛ; β = Wien, cod. 303, 124ᵛ–129ᵛ. Insgesamt ca. 70 Hss. bei EDEN, ferner 12 Drucke, vgl. HENKEL, S. 38 Anm. 90 u. 91.

Ausgabe. P. T. EDEN, Theobaldi Ph., Ed. with Introduction, crit. Apparatus, Translation and Commentary (Mlat. Stud. u. Texte 6), Leiden 1972 (nach 46 in 13 Gruppen eingeteilten Hss.).

Inc. *Tres leo naturas et tres habet inde figuras, / Quas ego, Christe, tibi ter seno carmine scripsi.* Er behandelt 13 Tiere (im Titel werden jedoch immer 12 angegeben; Sirene und Onocentaurus werden z. T. in einem gemeinsamen Kapitel, z. T. getrennt behandelt) in verschiedenen lat. Metren. Der Text mit Löwe, Adler, Schlange, Ameise, Fuchs, Hirsch, Spinne, Wal, Sirene, Onocentaurus, Elefant, Taube, Panther gehört zu den 'Physiologi abbreviati'. Der mutmaßliche Verfasser, ein Theobaldus um 1100, ist nicht identifiziert, er wird in den Hss. auch *italicus* oder *episcopus* genannt (EDEN, S. 5f.; HENKEL, S. 39–41). Die älteste Hs., der Harleianus 3093, gehört in die Zeit um 1100. Die Artikel gehen auf verschiedene Überlieferungen zurück: So gehören XI 9–24, 29–32 zur Versio y (Elefant), die vierte Natur der Schlange III, 17–20 zu Versio c. Der Abschnitt über die Spinne – ein dem 'Ph.' fremdes Tier – folgt wohl Isidor. Die Sprache ist gestrafft und nicht kunstlos. Bibelzitate sind selten. Die Verwendung im Schulunterricht ist bezeugt.

V. Deutsche 'Physiologi'.

Dt. 'Physiologi' sind vom 11.–15. Jh. vereinzelt aus dem Lat. übersetzt worden, ein ahd., zwei frühmhd. des 11. bzw. 12. Jh.s bilden mit den 'Physiologi Theobaldi' des 15. Jh.s den Bestand. Die frühen Texte gehen auf die Dicta-Version zurück.

1. 'Ahd. Physiologus'

Überlieferung. Wien, cod. 233, 11. Jh.; 'Lückenbüßer' zwischen einer Schrift des Eugenius von Toledo und einem Stück Vergilkommentar, 31ʳ–33ʳ (minutiös beschrieben bei HENKEL, S. 59–66).

Ausgaben. MSD I Nr. 82; STEINMEYER, Sprachdenkm., S. 124–132 (mit lat. Paralleltext nach ehem. Göttweig, cod. 101, hg. v. HEIDER [s. o. IV. 4.]; WILHELM, Denkm., S. 4–20 (parallel zum 'Wiener Ph.', s. u.), Erläuterungen B, S. 47f.; BRAUNE, Leseb., S. 75–77 (1,4–8,11); F. MAURER, Rel. Dicht. I u. ders., Der altdt. 'Ph.' (ATB 67), 1967, S. 91–95 (= Abdruck nach STEINMEYER). Faksimile von f. 31ʳ: A. SALZER, Illustrierte Geschichte d. dt. Lit., Bd. 1, 1912, Beilage 23.

Aus orthographischen Unterschieden zwischen Kap. 1–8 und 9–12 hatte SCHERER (MSD II, S. 411) auf zwei Verfasser geschlossen (vgl. DALLAPIAZZA). Näherliegend ist es, an zwei Vorlagenschreiber zu denken (so STEINMEYER, WILHELM, HENKEL). Der 'Ahd. Ph.', die älteste Bearbeitung einer Dicta-Version, bricht nach deren ersten 12 Tieren (ohne Äffin) im Eidechsenkapitel ab. Der Text aus dem 11. Jh. gehört in das alem. Sprachgebiet nahe der südrhfrk. Grenze (STEINMEYER, S. 134; WILHELM, S. 4; SCHÜTZEICHEL, S. 157). Die vermutete Herkunft der Hs. aus Hirsau bot Anlaß, die Reduktionstendenzen der Übersetzung mit dem monastischen Reformprogramm in Zusammenhang zu bringen (DE BOOR, LG I 129; H. MENHARDT, Wanderungen, ZfdA 74 [1937] 37f.). Diesen Zusammenhang bezweifelt SCHÜTZEICHEL (S. 157). In das Alem. weisen: die Assimilation von *hs*>*ss* (*wâsset* Z. 82, zit. MAURER), von *w*>*g* (*uzspiget* Z. 127); weiterhin die Konjunktivformen *eischoie* Z. 74, *duoge* Z. 116. Der ahd. Text ist – wie vielleicht schon seine Vorlage – stark gekürzt. Von den wenigen Bibelzitaten sind zwei lat.: Z. 27 *Gaude et laetare, Hierusalem* ... und Z. 88: *Saluum me fac deus*; Textvergleich bei MANN (S. 318–322) und JANTSCH (S. 117–162).

2. Die frühmhd. 'Physiologi'

Der 'Wiener Prosa-Ph.' ('W.Ph.') und der gereimte 'Millstätter Ph.' ('M.Ph.') sind in zwei frühmhd. Sammel-Hss., beide zwischen → 'Altdeutscher Genesis' und → 'Altdeutscher Exodus', überliefert, die auf eine gemeinsame Vorlage zurückgehen (J. DIEMER, Genesis und Exodus, 1862, Bd. 1, S. IV; K. SMITS, Wiener Genesis, 1966, S. 7–14; HENKEL, S. 80–83). HENKEL, S. 89–92, erstellt Kriterien für die lat. Quelle und weist auf die Dicta-Version in München, clm 19648 aus WILHELMS Gruppe FGLNOVW, hin, die eine nicht unerhebliche Zahl von Gemeinsamkeiten mit dem 'W.Ph.' und dem 'M.Ph.' verbindet. Der Ort des 'Ph.' zwischen 'Genesis' und 'Exodus' deutet an, daß auch er für ein autorisiertes Werk über die Schöpfung gehalten wurde, das den Bericht vom Sechstagewerk ergänzt. Ähnlich hatten frühe christliche Kommentatoren, z. B. Ambrosius, in die Erklärung des fünften Tages der Schöpfung größere Teile des 'Ph.' einbezogen.

a. 'Wiener Physiologus'

Überlieferung. Wien, cod. 2721, 130ʳ–158ᵛ, 12. Jh.

Ausgaben. LAUCHERT, S. 280–299 (mit Anm.); WILHELM, Denkm., S. 5–28 (Kommentar B S. 45–52); MAURER, Rel. Dicht. I 169–245 (parallel mit 'M.Ph.', danach Abdruck in ATB 67 [s. o. V. 1.], S. 2–73). – Faksimile: Codex Vindobonensis 2721. Frühmhd. Sammelhs. d. Österr. Nationalbibl. in Wien 'Genesis' – 'Ph.' – 'Exodus', hg. v. E. PAPP (Litterae 79), 1980.

Der 'jüngere' oder 'Prosa-Ph.' ist die Abschrift einer älteren Vorlage, d. h. einer Dicta-Übersetzung mit 27 Kapiteln. Die Frühdatierung der Hs. auf Anfang 12. Jh. in der älteren Forschung wurde von MENHARDT (1958/59, S. 272) auf 1175, von FRÜHMORGEN-VOSS (S. 109) auf um 1200 hintergesetzt; vgl. auch K. SCHNEIDER, S. 41–44. Der bair.-österr. Dialekt der Hs. weist im 'W. Ph.' schwäb. Einsprengsel auf. DE BOOR (Sprachstil II 54) schloß aus der Unterdrückung der lat. Konjunktionen auf eine relative Freiheit gegenüber der Vorlage. Zur Verwendung von Homoeoteleuta als aus der lat. Reimprosa entlehntem Stilmittel vgl. HENKEL, S. 72 f. Anders als im 'Ahd. Ph.' sind alle Bibelzitate eingedeutscht – vielleicht für den Vortrag vor Laien (EHRISMANN, LG II 1, S. 230). Im Einhornabschnitt wie auch zum Panther und zum Elefanten sind die geistlichen Auslegungen stark gekürzt.

b. 'Millstätter Physiologus'

Überlieferung. Klagenfurt, Kärntner Landesarch., Geschichtsverein f. Kärnten, Hs. 6/19 (→ 'Millstätter Handschrift'), 84ᵛ–101ʳ, mit Illustrationen; Beschreibung d. Hs. s. KRACHER, Einl. zur Faks.-Ausg.
Ausgaben. Faksimile: Millst. Hs. Faks., 84ᵛ–101ʳ; MAURER, Rel. Dicht. I 169–245; ders., ATB 67 (s. o. V. 1.), S. 2–73; P. F. GANZ, Der 'M.Ph.', in: Geistl. Dichtung d. 12.Jh.s, 1960 (Auswahl von 350 Versen), S. 49–58 (Kommentar S. 93–96).

Der mit einfachen Zeichnungen geschmückte, in dürftige Reime umgesetzte 'Ph.' geht auf die gleiche Vorlage wie der 'W. Ph.' zurück, gibt sie aber besser wieder. In Vorrede, Sprachform und Wortgebrauch modernisiert er bewußt. Als Verfasser wird in 1,1 ein *wiser man* genannt. Ob die lange im 1088 gegründeten Kloster Millstatt aufbewahrte Hs. auch dort geschrieben wurde, ist umstritten. Sie gehört in das bair.-österr. Sprachgebiet. PRETZEL zählt den Bearbeiter zu den primitiven Reimern. Dieser hat die Reime häufig durch Umstellung, Auslassung oder Füllsel gewonnen. Die Illustrationen des 'M.Ph.' sind einfache, z. T. mehrfarbige Strichzeichnungen. FRÜHMORGEN-VOSS (1956, S. 11) spricht ihnen Geschick ohne Routine und geringe künstlerische Qualität zu. Gegen MENHARDTS (1956, S. 76) Lokalisierung nach Regensburg hat FRÜHMORGEN-VOSS (S. 103) Entstehung im Salzburger Raum angenommen. Zur Datierung der Hs. um 1200 oder etwas später vgl. jetzt K. SCHNEIDER, S. 85–88.

c. 'Schäftlarner Fragment'

In München, clm 17195, aus dem Benediktinerkloster in Schäftlarn, 33ʳ, 12. Jh. (hg. v. WILHELM, Denkm., S. 46f.; MAURER, Rel. Dicht. I zu 'M.Ph.' Str. 26 und 46). Das 'wohl assonierende Stück' (WILHELM) hat einen zu geringen Umfang (Onocentaurus, Einhornfrgm.), als daß man es bestimmen könnte. Es kann jedoch auf eine eigenständige Vorlage dieser Bearbeitung geschlossen werden (vgl. HENKEL, S. 92–96).

3. Die spätmal. dt. 'Physiologi'

[a. Zum sog. 'Melker Physiologus' vgl. o. III. 4. a.]

b. Die dt. 'Physiologi Theobaldi'

Zwar leben auch nach 1500 die Tiere des 'Ph.' und ihre Bedeutungen fort, aber mit den 'Physiologi Theobaldi' erlischt die Weitergabe des 'Ph.' als eines literarischen und eigenständigen Werkes. Drei deutsche Bearbeitungen sind erhalten.

(1) 'Physiologus Theobaldi deutsch'

Überlieferung. Illustrierter Augsburger Druck von Anton Sorg, ca. 1482–1484 (zwei frgm. erhaltene Exemplare, vgl. SCHMIDTKE, S. 272 ff.; HENKEL, S. 110 ff.).
Ausgabe. D. SCHMIDTKE, 'Ph. Theobaldi Deutsch', PBB (Tüb.) 89 (1967) 270–301.

Physiologus wird mit *natürlich meyster* (Z. 295) übersetzt. Ob die direkte Vorlage ein dt. oder lat. Text war, ist nicht geklärt. Er ist die 'relativ getreue Wiedergabe einer Normalfassung' (SCHMIDTKE, S. 274) in Prosa mit wenigen Zusätzen. Abweichend vom üblichen Bestand der 'Physiologi Theobaldi' (s. o. IV. 5.) fehlt die Taube. Die Sprache ist die der Augsburger Drucke im 15. Jh.

(2) 'Indersdorfer Physiologus'

Überlieferung. München, clm 7678, aus dem Augustiner-Chorherrenstift Indersdorf, 15. Jh.; Ausgabe fehlt.

Der Text steht im Zusammenhang eines lat. 'Ph. Th.' mit Kommentar. Die dt. Übersetzung gibt Wort für Wort einen auf den Kommentar folgenden, in Prosa aufgelösten lat. 'Ph. Th.' wieder. Sie diente wohl unmittelbar dem Verständnis des lat. Textes im Schulunterricht (HENKEL, S. 112 f.).

(3) 'Physiologus Theobaldi in Reimpaaren'

Überlieferung. München, clm 5594, 317^r–325^v.

Ausgabe. HENKEL, S. 118–128.

Der aus dem 15. Jh. stammende Text, ebenfalls einem lat. 'Ph. Th.' beigeordnet, enthält – anders als der frühe Druck (1) – die vollständigen 13 Kapitel einschließlich der Taube. Er ist die Abschrift eines älteren Originals. Die Sprache weist nd. Merkmale auf (HENKEL, S. 115). Die Verse sind von ungleicher Länge und nur z. T. rein gereimt (HENKEL, S. 116). Die zu EDENS Klasse ε gehörende Vorlage ist erweitert, gelegentlich gekürzt. Auch dieser Text war für den Schul- bzw. Universitätsbetrieb bestimmt. Zur Einordnung in den Rahmen zweisprachig überlieferter Texte des Triviums vgl. HENKEL, S. 128–133.

VI. Wirkung.

Die Nachwirkungen des 'Ph.' in mal. und neuzeitlicher Literatur, deren Illustration, in sakraler und profaner Architektur sind unbestreitbar, aber im Einzelfall schwer nachzuweisen. Christologische Deutungen wie die des Phönix, Pelikans, Einhorns – den beliebtesten Typen des 'Ph.' – sind vereinzelt noch heute bekannt, aber es darf die Fülle möglicher Quellen und die Parallelüberlieferung mit anderen Tierdeutungen nicht übersehen werden (HENKEL, S. 152–160). Die Bibel, ihre Exegese, naturkundliche Schriften – aus ihnen schöpft auch der 'Ph.' –, Enzyklopädien, Tierdichtungen und -exempel mit wechselseitigen Abhängigkeiten lassen nur vorsichtige Quellenzuweisungen zu. Sie dürften meistens in den lat. Bereich führen. Aufschlußreich sind neben SCHMIDTKES reichhaltigem Katalog der Tierbedeutungen Monographien zu einzelnen Tieren: zum Affen JANSON, über den Phönix BROEK, GERHARDT und REINITZER, zum Einhorn EINHORN, zum Hirsch KOLB, zum Pelikan GERHARDT; zu den Steinen vgl. OHLY und MEIER. Zeitliche Schwerpunkte der Tierauslegung in dt. Literatur finden sich von 1250–1370 (SCHMIDTKE, S. 193) und im SpätMA. Predigt, Marien- und Spruchdichtung schätzen die Anschaulichkeit der Tierbedeutungen. Mit Ausnahme der Werke →Wolframs von Eschenbach ist der 'Ph.' nur wenig in die dt. Erzähldichtung um 1200 eingedrungen. Nachwirkungen der deutschen 'Physiologi' sind bis jetzt nicht nachgewiesen.

Nachtrag zu II.: In einer sehr gründlichen Quellenuntersuchung bestimmt ALPERS das Verhältnis zwischen dem griechischen 'Ph.' und den 'Kyraniden' neu: Die 'Kyraniden' greifen demnach auf den 'Ph.' zurück. ALPERS betont die Eigenständigkeit des 'Ph.' auch in der Gestaltung der Dingebene. Er datiert ihn in das 2. Jh. Am Beispiel des Löwen zeigt er das Auslegungsverfahren des 'Ph.' (Typologie) und diskutiert Fragen der Theologie und der Nachwirkung.

Literatur. M. FR. MANN, Die ahd. Bearbeitungen des 'Ph.', PBB 11 (1886) 310–329; F. LAUCHERT, Gesch. d. 'Ph.', Straßburg 1889; K. AHRENS, Das Buch d. Naturgegenstände, 1892; M. GOLDSTAUB/R. WENDRINER, Ein tosco-venetianischer Bestiarius, 1892; M. GOLDSTAUB, Der 'Ph.' u. seine Weiterbildung, Philologus Suppl. 8 (1899–1901) 337–404; J. STRZYGOWSKI, Der Bilderkreis d. griech. 'Ph.' d. Kosmas Indikopleustes und Oktateuch, Byzant. Arch. 2 (1899); DE BOOR, Sprachstil II 54; M. WELLMANN, Der 'Ph.', eine religionsgeschichtl.-naturwiss. Untersuchung, Philologus Suppl. 22,1 (1930) 1–116; B. E. PERRY, Art. 'Ph.', in: Paulys Real-Encyclopädie d. class. Altertumswiss. 39, 1941, Sp. 1074–1129; U. PRETZEL, Frühgesch. d. dt. Reims (Palaestra 220), 1941, S. 244–256; FR. J. CARMODY, Quotations in the lat. Ph. from Latin Bibles earlier than the Vulgate, University of California Publications in Class. Philology 13,2 (Berkeley 1944) 1–8; F. SBORDONE, La traditione manoscritta del 'Ph.' latino, Athenaeum N.S. 27 (1949) 246–280; H. W. JANSON, Apes and Ape Lore in the Middle Ages and the Renaissance (Studies of the Warburg Institute 20), London 1952; H. MENHARDT, Der Millstätter 'Ph.' u. seine Verwandten (Kärntner Museumsschr.n 14), 1956; ders., Die Zweiheit Genesis - 'Ph.' u. d. Zeitansatz d. Exodus, ZfdA 89 (1958/59) 257–272; H. G. JANTSCH, Stud. z. Symbolischen in frühmhd. Dichtung, 1959; H. R. JAUSS, Unters. z. mal. Tierdichtung (Beih. z.

ZfromPh 100), 1959; E. Peterson, Die Spiritualität des griech. 'Ph.', in: E.P., Frühkirche, Judentum, Gnosis, Rom 1959, S. 235–253; F. McCulloch, Mediaeval Latin and French Bestiaries (University of North Carolina Studies in the Romance Languages and Literatures 33), Chapel Hill 1960; H. Früh-morgen-Voss, Stud. z. illustrierten Millstätter Genesis (MTU 4), 1962; U. Treu, Zur Datierung des 'Ph.', Zs. f. d. ntl. Wissenschaft 57 (1966) 101–104; D. Schmidtke, Geistl. Tierinterpretation in d. dt.sprachigen Lit. d. MAs (1100–1500), Bd. 1 u. 2, 1968; E. Brunner-Traut, Ägyptische Mythen im 'Ph.', in: Fs. S. Schott, 1968, S. 13–44; H. Kolb, Der Hirsch, der Schlangen frißt, in: Fs. H. de Boor, 1971, S. 583–610; R. van den Broek, The Myth of the Phoenix, Leiden 1972; F. Ohly, Tau u. Perle, in: Fs. I. Schröbler, PBB (Tüb.) 95 (1973) Sonderheft, S. 406–423; R. Riedinger, Der 'Ph.' u. Klemens v. Alexandreia, Byzant. Zs. 66 (1973) 273–307; J. W. Einhorn, Spiritalis Unicornis (Münstersche MA-Schr.n 13), 1976; N. Henkel, Stud. z. 'Ph.' im MA (Hermaea NF 38), 1976; F. Ohly, Diamant u. Bocksblut, 1976; Ch. Meier, Gemma spiritalis (Münstersche MA-Schr.n 34/1), 1977; K. Grubmüller, Überlegungen zum Wahrheitsanspruch des 'Ph.' im MA, Frühmal. Stud. 12 (1978) 160–177; Ch. Gerhardt, Die Metamorphosen d. Pelikans (Europ. Hochschulschriften I 265), 1979; ders., Der Phönix auf dem dürren Baum, in: Natura loquax, hg. v. W. Harms/H. Reinitzer (Mikrokosmos 7), 1981, S. 73–108; ders., Arznei u. Symbol, ebd., S. 109–182; H. Reinitzer, Vom Vogel Phönix, ebd., S. 17–72 (zum 'Ph.' vgl. jeweils Reg. S. 283); H. Freytag, Die Theorie d. allegorischen Schriftdeutung u. die Allegorie in dt. Texten bes. des 11. u. 12. Jh.s (Bibliotheca Germanica 24), 1982, s. Reg. S. 301; A. R. Wedel, The complexive aspects of present reports in the Old High German 'Ph.', JEGP 82 (1983) 488–499; K. Alpers, Unters. zum griech. 'Ph.' u. den Kyraniden, Vestigia bibliae 6 (1984) 13–87; R. Schützeichel, *Reda umbe diu tier*, in: Studia Linguistica et Philologica, Fs. K. Matzel, 1984, S. 153–163 (zum ahd. 'Ph.'); G. Orlandi, La traditione del 'Ph.' e i prodromi del bestiario latino, in: L'uomo di fronte al mondo animale nell'alto medioevo, Bd. 2 (Settimane di studio del centro italiano di studi sull'alto medioevo 31), Spoleto 1985, S. 1057–1106; K. Schneider, Gotische Schriften in dt. Sprache I, 1, 1987, S. 41–44 u. 85–88; M. Dallapiazza, Der Wortschatz d. ahd. 'Ph.' (Quaderni della Sezione di Filologia Germanica 1), Cafoscarina 1988. – Eine neue Übers. aus dem Griech. von U. Treu, 1981, ²1987.

(1988)   Christian Schröder

R

Regensburg → Berthold von Regensburg

'Reinhart Fuchs' → Heinrich (Verf. des 'R. F.')

Reinmar der Alte
Mhd. Minnesänger um 1200.

Inhalt. I. Literarhist. Bedeutung. – II. Überlieferung. Ausgaben. – III. Zur Person R.s. A. Daten. B. Auswertung der Daten in d. Forschung. – IV. Das Werk. 1. Umfang. 2. Minneauffassung. Gattungen. Motive. Stil. – 3. R.-Walther-Fehde. – 4. Form. – Literatur.

I. Literarhistorische Bedeutung. R. galt schon im MA als der bedeutendste Minnelyriker der Epoche um 1200 neben →Walther von der Vogelweide. Dies bezeugt →Gottfried von Straßburg in der Literaturstelle des 'Tristan' (v. 4774 ff., ed. RANKE), und es geht indirekt aus der Überlieferung seines Werkes in den Minnesang-Hss. hervor: Sein Minnelieder-Corpus ist nach dem Walthers das umfangreichste jener Zeit. In der Hs. E sind nur er und Walther als hochmal. Sänger vertreten. In den Dichternennungen des 13. Jh.s begegnet er, wiederum meist mit Walther zusammen, in relativer Häufigkeit. Außerdem hat gerade dieser nur ihm und seinem Werk rühmende Nachrufstrophen gewidmet (L 82, 24; 83, 1).

II. Überlieferung.

1. a) Kleine →'Heidelberger Liederhs. A' (Heidelberg, cpg 357); R.s Liedercorpus eröffnet die Sammlung: 70 Strr. (19 Lieder); es folgen → Reinmar der Fiedler, → Reinmar der Junge, Walther von der Vogelweide. – b) →'Weingartner Liederhs. B' (Stuttgart, LB, cod. HB XIII. 1), Nr. 13, S. 60 (Miniatur), S. 61–69 (Text) zw. →Heinrich von Veldeke und → Ulrich von Gutenburg: 28 (35) Strr. Ein zweiter Abschnitt mit 87 Strr. folgt S. 86–103, ursprünglich unbetitelt, auf den Morungen-Eintrag (Randnotiz oben von neuerer Hand: *H. Reinmar der alte*). Insgesamt überliefert B 115 Strr. (41 Lieder). – c) Große →'Heidelberger Liederhs. C' (Heidelberg, cpg 848), Nr. XXXIIII (recte 37), f. 98ʳ (Miniatur), f. 98ᵛ–108ᵛ (Text, füllt die ganze 10. Lage) zw. → Ulrich von Winterstetten (Ende 9. Lage) und → Burkhard von Hohenfels (Anfang 11. Lage): 262 (alte Zählung 271) Strr. (64 Lieder). – Miniatur in B u. C: Gesprächsbild (Bildtopos conversatione). Das in BC farblich und strukturell ähnliche Wappen ist nicht zuzuordnen. – d) 'Würzburger Liederhs. E' (München, UB, 2° cod. ms. 731, → Michael de Leone), Kap. XXV, f. 181ʳ–191ᵛ: 164 Strr. (36 Lieder), jedes Lied mit *her reymar* überschrieben. LACHMANN spaltete den Schluß der Sammlung (E 342–376) als 'unecht' (e) ab. Zwischen der Reinmar- und der voraufgehenden Walther-Sammlung fehlen mehrere Blätter, die etwa 50 Strr. R.s (11 Lieder) enthalten haben konnten.

2. Anonyme Streuüberlieferung: Hs. Bu (Budapest, Széchényi-Nationalbibl., cod. Germ. 92, um 1300?): f. 3ᵛ 4 Strr.: MF 109, 9–27 (nach ACE) und MF 150, 10 (neben einer Str. → Rudolfs von Rotenburg; dessen Miniatur *Der vogt von Rotenburch* auf f. 3ʳ). – Hs. i (Donaueschingen, cod. 97, → 'Rappoltsteiner Parzifal', geschr. zw. 1331–1336): 1 Str.: MF 162, 16 (neben 6 Strr. anderer Dichter). – Hs. M (München, clm 4660/4660a, Hs. der → 'Carmina Burana', 13. Jh.): 3 Strr.: MF 177, 10; 185, 27; 203, 10. – Hs. p (Bern, Burgerbibl., cod. 260, Sammelhs., 14. Jh.): 3 Strr.: MF 179, 3; 179, 21; 179, 30 (neben weiteren mhd. Strr.). – Hs. s ('s Gravenhage, Kgl. Bibl., cod. 128 E 2, → 'Haager Liederhs.', nd., um 1400): 1 Str.: MF 179, 30. – Hs. Gˣ (München, cgm 5249/74, 14. Jh.): 4 Strr.: MF 182, 34 und 184, 38–185, 13 (neben Strr. Walthers v. d. Vogelweide). – Hs. x (→ 'Berliner Liederhs. mgf 922', Anf. 14. Jh.): 5 Strr.: MF 185, 27–186, 13.

3. Doppelzuschreibungen: R.-Lieder erscheinen auch unter → Niune (Hs. A: MF 169, 9; 169, 21; 183, 33; 184, 10; 184, 17), → Gedrut (A: MF 184, 33; 185, 27; 186, 1; 186, 7; 186, 13), Reinmar der Fiedler (A: MF 176, 5; 190, 27; 190, 36; 192, 18), → Meinloh (C: MF 195, 3; 195, 2a), Nyphen (m: MF 178, 1; 178, 8; 178, 22; 178, 29; 178, 36). Walther v. d. Vogelweide (A, C: MF 152, 25; 152, 34; Hs. m: 167, 22 (?); 167, 13; 169, 2a; 197, 3; 197, 8a; 202, 1; 102, 7; 202, 19). – Die Lieder am Ende der ersten R.-Sammlung in B sind wohl eher → Dietmar von Aist, → Spervogel, → Walther von Metze zuzuweisen; 15 Strr. in E gehören wohl →Hart-

mann, → Heinrich von Rugge, → Rubin, →Heinrich von Morungen, Walther v. d. Vogelweide.

Dagegen könnte eine Doppelzuschreibung am Schluß der zweiten B-Sammlung (b) anders erklärt werden: b 85–87 sind in ACE (mit zwei zusätzlichen Strr.) unter Walther v. d. Vogelweide überliefert, evtl. eine parodierende Erweiterung eines R.-Liedes (vgl. SCHWEIKLE, 1968).

Eine Besonderheit der R.-Überlieferung ist das sog. R.-Rugge-Liederbuch: In wechselnden Hss.-Konstellationen begegnen 28 Strr. sowohl unter R. als auch Rugge; 21 davon in C unter beiden Namen (nur unter Rugge lediglich 10 Strr.). In MF (KRAUS) war das Problem so gelöst, daß die Strr. entweder Rugge zugeteilt oder für unecht erklärt wurden (wobei zu dieser Rubrik auch einige der nur unter R.s Namen überlieferten Strr. gestellt wurden). MF (MOSER/TERVOOREN) führt alle diese Strr. unter Rugge. – Auffallend ist, daß Doppelzuschreibungen meist leicht eingängige oder stilverwandte Texte betreffen. – Die frühere Forschung sah in Doppelzuschreibungen lediglich Überlieferungsfehler. Sie können aber auch Zeugnisse für eine Vortragspraxis sein, in der nicht nur Nachsänger, sondern auch Dichter wie R. und Walther Strophen-Adoptionen in ihrem Repertoire führten, wobei solche in die eigene schriftliche Tradierungsreihe gelangen konnten (PAUL, 1876; SCHWEIKLE).

Ausgaben. MF 150, 1–204, 14 (zit.); MF, 36. Ausg. v. H. MOSER/H. TERVOOREN I (Text), II (Kommentar) 1977, I [38]1988; Reinmar. Lieder. Nach der Weingartner Liederhs. (B). Mhd./Nhd. Hg., übers. u. kommentiert v. G. SCHWEIKLE, 1986.

III. Zur Person R.s

A. Daten. 1. In der gesamten mhd. Überlieferung taucht, meist mit dem Attribut *her* (*herre*), nur der Name *Reinmar* (B, C) auf, in jüngerer Lautform *Reimar* (A), in jüngerer Schreibweise *Reymar* (E), in C weiter ergänzt durch *der Alte*, wohl zur Unterscheidung von jüngeren Trägern dieses Namens wie → Reinmar (*Reinman*) von Brennenberg, → Reinmar der Fiedler, →Reinmar von Zweter. Nur in der Hs. A erscheint außer *Reimar* ein → *Reimar der Junge*. – 2. In Gottfrieds Literaturstelle wird neben der *nahtegal von der Vogelweide* als zweiter Lyriker eine *nahtegal von Hagenouwe* gepriesen. Mit guten Gründen sieht man in ihr R. – 3. R.s Totenklage in bC (nur zweistrophig! MF 167, 31) nennt einen *herre liutpolt*, den man seit LACHMANN mit Leopold V. von Österreich gleichsetzt, der Ende 1194 starb. Damit wäre, da das Lied mit einem Sommereingang beginnt, zumindest ein Aufenthalt R.s im Sommer 1195 in Wien wahrscheinlich. – 4. Da in der Literaturstelle des 'Tristan' die *nahtegal von Hagenouwe* als verstorben aufgeführt ist, der 'Tristan' allgemein um 1210 angesetzt wird, dürfte R.s Tod ins 1. Jahrzehnt des 13. Jh.s fallen, ebenso wie Walthers Nachrufstrophen (in der Forschung auf 1208/09 datiert). – 5. Durch diese Nachrufstrophen und durch die sog. 'R.-Walther-Fehde' ist R.s Zeitgenossenschaft und Konkurrenz mit dem bedeutendsten Sänger der Zeit, Walther v. d. Vogelweide, gesichert. – 6. Auf R.s zeitweilige engere Verbindung zu Beginn seines Schaffens mit dem im Westen zu lokalisierenden Heinrich von Rugge (in dessen Kreuzleich Bezug auf Barbarossas Tod 1190) könnten die Überlieferungsverflechtungen mit diesem hinweisen (s. R.-Rugge-Liederbuch).

B. Auswertung der Daten in der Forschung. In der Forschung des 19. Jh.s wurde dieses spärliche Datengerüst phantasievoll ausgeschmückt. Die beiden getrennt überlieferten Benennungen wurden zur – nirgends belegten – Namensverbindung 'R. von Hagenau' zusammengezogen, Hagenau entweder als Herkunftsort des Dichters aufgefaßt (HAUPT, MF) oder als Geschlechtsname, und der so Nobilitierte entweder dem Straßburger Geschlecht der Marschälle von Hagenau (CH. SCHMIDT, 1873; E. SCHMIDT, 1874) oder einem österreichischen Geschlecht zugewiesen (BECKER, 1882; zuletzt JACKSON, 1978, der zur Stütze seiner These eine formale Nähe R.s zum donauländischen Minnesang anführt). Da die Bezeichnung *von Hagenouwe* sonst nirgends auftaucht, dürfte ihr Bezug zu R. indes nur akzidentiell gewesen sein (also nicht Geschlechts- oder Herkunftsname, denn eine schlüssige Erklärung, wie ein solcher bei einem so berühmten Sänger hätte verlorengehen können, fehlt). – In der auf Leopold V. fixierten Totenklage R.s sah man das Werk eines (evtl. vom Elsaß eingewanderten) Wiener Hofdichters (BURDACH, [2]1928) im Auftrag der Herzoginwitwe Helene. Walthers Rückblick *ze Ôsterrîche lernt ich singen unde sagen* (L 32, 14), sein jahrzehntelanges

Werben um den Wiener Hof, weiter die Verse auf R. *dich selben wolt ich lützel klagen* (L 83, 5) und die gegenseitigen Bezugnahmen in den Fehdeliedern wurden dahin gedeutet, daß Walther, als 'Schüler' des mutmaßlichen Wiener Hofpoeten R., mit diesem vor 1198 in Wien eine erste Fehde ausgefochten habe, daß Walther nach dem Tode Herzog Friedrichs, seines Gönners (L 19, 29) durch Intrigen R.s aus Wien vertrieben worden sei und daß bei einer späteren Einkehr 1203 (und evtl. einer weiteren nach 1205) die zweite (und evtl. dritte) Fehde stattgefunden habe. Trotz der Warnungen, aus den wenigen Daten allzu weitgehende Schlüsse zu ziehen (WILMANNS, 1882; VOGT, Neubearb. von MF, 1911, SCHWEIKLE, 1965 u.ö., zuletzt 1986), finden sich die zitierten Angaben noch heute in den meisten Literaturgeschichten. Diese Thesen zu Herkunft, Stand und Wirkungsort lassen sich weder aus den Texten noch den Hss.-Konstellationen oder aus Nennungen bei anderen Dichtern belegen. Die Widersprüche in den Forschungsmeinungen lösen sich eher, wenn man R. wie Walther v. d. Vogelweide als fahrenden Sänger sieht, der eine Zeitlang in der damals berühmtesten Kaiserpfalz eine gewisse Rolle gespielt haben mag, was Gottfried zu seiner Apostrophierung, gesteuert durch den Bildrahmen seiner Literaturstelle, veranlaßt haben könnte (SCHWEIKLE).

IV. Das Werk.

1. Umfang. Bei keinem anderen mhd. Lyriker ist die Diskussion um die Echtheit der überlieferten Texte so ausgiebig geführt worden wie bei R. (anders als bei →Neidhart, bei dem die Frage durch die Autorität der Ausgabe HAUPTs früh scheinbar entschieden war). Durch die Unechtheitserklärungen wurden R. über die Hälfte der unter seinem Namen überlieferten Lieder 'abgesprochen', so daß ihm, gegen das Votum PAULS, (1876), VOGTs (Neubearb. von MF, 1911) u.a., in der Neubearbeitung von MF durch KRAUS (1940) schließlich noch 34 verblieben. NORDMEYER glaubte, mit 'biogenetischer' Methode sogar einzelne Strophen und Verse aussondern zu können. Prämissen dieser Athetesen waren eine ahistorische Beurteilung der Überlieferung, das Postulat einer streng formalen und gehaltlichen Einheitlichkeit der dichterischen Aussage und die Idee eines zyklischen Programms (E. SCHMIDT, 1874; C. v. KRAUS, MF). Diese Athetesen wurden 1966 von MAURER einer Kritik unterzogen, allerdings v.a. unter doppelwertigen formalen und inhaltlichen Aspekten, d.h. im Stile der KRAUSschen Methode, nun mit geändertem Vorzeichen (vgl. dazu treffend STANGE, 1977). In MF (MOSER/TERVOOREN) stehen, darauf fußend, unter R.s Namen wieder 60 Lieder, wie schon bei LACHMANN/HAUPT, neben acht sog. 'Pseudo-Reinmaren' (aus b, C, E und nur unter Reinmar von Zweter in r), die in MF in den Anmerkungen standen. Letztlich bleibt aber einer methodenbewußten Philologie nur, den handschriftlichen Zeugnissen zu folgen, welche zumindest mittelalterliche R.-Bilder vermitteln, und bei Doppelüberlieferungen die Überlieferungskonstellationen (mit unsicheren Konsequenzen) gegeneinander abzuwägen, wobei am ehesten mutmaßliche Nachsänger wie Niune auszumachen wären.

2. Minneauffassung. Gattungen. Motive. Stil. R. stellt den Höhe-, in gewisser Weise auch den Endpunkt der Minnesangentwicklung des 12. Jh.s dar. So empfand dies auch schon das MA (vgl. Walthers preisenden Nachruf und die R.-Walther-Fehde). – Im Vergleich mit dem Werk Walthers, der sich aus der Konkurrenz der beiden anbietet, bewegt sich R.s Schaffen in engerem Rahmen: Sein Zentralthema ist die Hohe Minne. Er führt im wesentlichen die Tradition des rheinischen Minnesangs fort, variiert das Ritual der Hohen Minne, der absoluten Dienstergebenheit, die Werbung um eine unerreichbar scheinende oder abweisende Frau in unverwechselbarem Duktus. Ein Großteil seiner Lieder sind Minneklagen, in denen Minne als unlösbare Aufgabe dargestellt ist, Erfüllung nur in Gedanken möglich wird (MF 156,10; 180,1 u.a.). Die Leiderfahrungen eines solchen aussichtslosen Dienstes werden zu Bewährungsstufen, die sittliche Läuterung (*hôhen muot*) und damit gesellschaftliches Ansehen (*êre*) garantieren. R. kompliziert diese bereits bei →Friedrich von Hausen oft paradoxe Min-

nekonzeption in abstrakt-spiritualistischer Kasuistik: Typische Themenschwerpunkte sind der Preis der Leiderfahrung (MF 159,19 u.a.), der Werbende als Meister des Worts, als Künstler (Problematik des richtig eingesetzten Redens, z.B. MF 160,6, oder Schweigens, z.B. MF 157,1), die Verbindung von freiwilliger Unterwerfung und Selbstbewußtsein (MF 164,3; 171,3 u.a.), v.a. aber die Stilisierung des Leids zum schönen *trûren*, die Aufhebung der Aporie von *êre* und *minne* im Wort (MF 163,5; 164,30; 184,31 u.a.), damit zusammenhängend die Rechtfertigung der Ästhetisierung des Schmerzes, die Wendung gegen den Vorwurf, *minne* sei für ihn nur Vorwand zur schönen Klagegebärde, ein artistisches Spiel (MF 165,19). – Kennzeichnend ist v.a. auch R.s Frauenpreis in seiner vergleichenden Hyperbolik und Emphase (MF 158,28). Trotz der gesellschaftlichen Orientierung verliert die Angesprochene (meist als *wîp*, nicht ständisch als *frouwe* bezeichnet!) dabei immer mehr an Realität: R. preist in seinen reflektierend-programmatischen Zentralstrophen nicht eine bestimmte oder auch nur fiktive Person, sondern den Begriff, die Idee, die Wesenheit (mhd. *den namen*), vgl. den auch von Walther herausgestellten Zentralvers *sô wol dir, wîp, wie reine ein name* (MF 165,28). Hinter diesem Begriff *wîp* leuchtet nicht selten das Bild der Frau Welt auf. R.s Minneklage wird so zur Weltklage (vgl. auch Neidharts Weltsüße-Strophen). In R.s dialektischer Sophistik gehen damit immerzu verschiedene Anschauungsebenen ineinander über (scheinrealer Vordergrund – existentieller Hintergrund). Minne ist so gesehen letztlich eine Metapher für den – meist scheiternden – Versuch, sich mit kontroversen Ansprüchen des lyrischen Ichs und der Mitwelt auseinanderzusetzen. Sie wird zum Medium einer Diagnose zeitbedingter Gefährdungen, allgemeiner Leiderfahrungen, die nicht bewältigt, sondern nur im Lied sublimiert werden können. R.s Minnelyrik ist in Textkonstitution und -semantik offen, ist Proklamation einer Welthaltung, nicht Offenbarung persönlicher Bindung, allenfalls auch Ausdruck individueller erotischer Irritationen.

Im Rahmen der Minnesangkunstwelt war R.s Hauptrolle eindeutig die eines 'Scholastikers der unglücklichen Liebe' (UHLAND zugeschrieben seit E. SCHMIDT, 1874), eines 'Meisters des schönen Schmerzes' (BERTAU, LG I, 1972, S. 749). Die dieses Bild prägenden Lieder sind am häufigsten überliefert, was die frühere Forschung (bes. C. VON KRAUS) dazu verführte, R. überhaupt auf diesen Bereich einzuengen. Aber schon in diese Lieder sind gelegentlich schalkhafte Töne eingestreut (vgl. z.B. MF 159,37: Kußraub; 167,4: Probenacht). Daneben sind auch andere Stimmen zu vernehmen, etwa in den relativ zahlreichen Frauenstrophen, die fast wie erlebnishafte Projektionen von Frauen-Sehnsüchten und -Sorgen wirken (allerdings aus der Perspektive des Mannes). Und überdies finden sich auch (früher für unecht erklärte) Mannesstrophen, in denen ein selbstgewisses Ich sichtbar wird (MF 168,30; 183,33). Schließlich sind unter R.s Namen auch leichtgewichtige Minnelieder überliefert, die die traditionellen Minnesang-Topoi variieren (MF 182,14; 190,27; 191,6 u.a.), und sogar schwankhafte Texte (MF [MOSER/TERVOOREN] LXIV). – Zum Gattungsspektrum gehören außerdem das Botenlied (MF 177,10), die Totenklage (MF 167,31), auch noch die ältere Form des Wechsels in mannigfachen Erweiterungsformen (MF 151,1; 152,5; 171,32 u.a.) und zwei Kreuzzugslieder (MF 180,28; 181,13), welchen R. wiederum eine eigene Note gibt: Nicht Abschiedsklage (wie etwa bei Hausen), sondern Orientierungsreflexion in einer zwiespältigen Gefühls- und Glaubenslage. Anstelle eines Tageliedes findet sich bei R., entsprechend seiner Minneauffassung, nur ein Anti-Tagelied (MF 154,32, in ACE in der Form eines erweiterten Wechsels).

R.s Dichtung ist Rollenlyrik. Als Gesellschaftsdichtung ist sie Mentalitätsspiegel der höfischen Welt, deren soziale Strukturen und ethische Wertvorstellungen in die Minnesphäre umgesetzt werden. R. abstrahiert dabei von nahezu allen Realien; auch die 'störende' Mitwelt ist nicht mehr personalisiert (*merkaere*, abstrakt *huote*), sondern nur noch durch Verhaltensweisen (Spott, Neid, Hochmut) repräsentiert. Auch andere Motive sind zumeist in abstrakte Gedankengänge eingebettet: so die Unmöglichkeit der Kommunikation, der Dienst trotz Ablehnung, die existentielle Abhängigkeit von der Dame, die Aspekte und Paradoxa des Leids (verursacht durch die Dame, auch das eigene Ich, die erfolgreichen Rivalen usw.), der Freudengewinn aus negativen Erfahrungen, die Redeproblematik, die Beteuerungen der Aufrichtigkeit, der Gegensatz zu Glücklicheren, die fiktive Liebeserfüllung. Motivparallelen wurden festgestellt zu Peirol, Morungen (Kußraub) und Gace Brulé (Minnelehre, MF 162,7).

R.s Stil ist dementsprechend gedanklich geprägt. Der hypothetischen Denkstruktur korrespondieren Konditionalis und Konjunktiv, seiner zur Schau gestellten Zurückhaltung die verklausulierte Wendung (z. B. MF 151, 9). Metaphern treten hinter rhetorischen Figuren (Antithese, Revocatio, Paradoxon, Oxymoron) zurück, bemerkenswert sind Antinomien, dilemmatische Fragen (z. B. MF 165,37); es fehlen Descriptiones (etwa der Dame, der Natur, vgl. dagegen Walther oder Morungen), selbst Farbadjektive. – Um so mehr fallen die wenigen Vergleiche (z. B. MF 170, 19 *ôsterlîcher tac*) und Bilder auf, so Falke und Aar (MF 156, 13 f.) als Symbole der Freiheit, Natureingang (MF 183, 33) und Vogelsang (MF 155, 2), Erbleichen, Erröten, rotgeweinte Augen (MF 156, 9) und graue Haare (MF 172, 11) als Folge der *minne*, die hinter der Tür sich verbergende Gnade (MF 161,38). – Insgesamt intellektualisiert R. den Minnesang und unterscheidet sich mit seiner Reflexionspoesie, Gedankenlyrik prägnant etwa von dem zeitgenössischen Sensualisten Morungen.

3. Reinmar-Walther-Fehde. Von einem ästhetisch-programmatischen Wettbewerb zwischen R. und Walther v. d. Vogelweide, der sog. R.-Walther-Fehde, zeugt authentisch ein Eintrag in der Walther-Sammlung der Hs. C vor L 111,23, der den Anfang des R.-Liedes MF 159,1 zitiert: *In dem done. Ich wirbe umb allez daz ein man.* Durch diesen Hinweis, durch Motivbezüge, Zitate, parodistische Anspielungen und Abwandlungen in einzelnen Liedern zeichnet sich in der Überlieferung eine poetische Auseinandersetzung zwischen diesen beiden Lyrikern ab, in die partiell auch Morungen und →Wolfram von Eschenbach einbezogen sind. Die sog. Fehde-Gedichte kreisen v. a. um die angemessene Art des Werbens und des Frauenpreises (vgl. v. a. MF 165, 10 – L 56,14). Der Angreifer könnte Walther gewesen sein, ausgehend von seiner über den Hohen Sang hinausführenden neuen Minnekonzeption und herausgefordert durch hyperbolische Wendungen R.s (z. B. MF 170, 19; 159, 7 ff.) und dessen Leidenspathetik. – In diese 'Fehde' wurden von der älteren Forschung (E. SCHMIDT, 1874; BURDACH, ²1928; WILMANNS, 1882; VON KRAUS, 1919; SCHNEIDER, 1939; NORDMEYER; HALBACH, 1965; u.a.) immer mehr Texte eingebracht und drei Phasen (vor 1198, 1203, nach 1205) am Wiener Hof zugeordnet (vgl. die 'Fehde-Kette' bei HALBACH, S. 71 ff., MAURER, Walther-Ausg.). SCHWEIKLE hält dagegen eine immer neu aktualisierte Konkurrenz zwischen den beiden fahrenden Sängern für wahrscheinlicher, die sich nicht nur in Wien, sondern auch an anderen Orten (z. B. in Hagenau) getroffen und ihre unterschiedlichen Minneauffassungen ausgetragen haben konnten. Offen bleibt, inwieweit die Fehde auch das persönliche Verhältnis der beiden Sänger berührte.

4. Form. R. verwendet fast ausschließlich die Stollenstrophe (Ausnahmen: Reimpaarstrr. MF 156,10; 182,14; Periodenstrr. MF 180,28). Im Aufgesang herrschen zweizeilige Stollen vor, neben dreizeiligen (MF 167,31; 160,6; 176,5; 186,19; 190,27) und vierzeiligen (MF 187,31); doppelten Aufgesangkursus zeigt MF 160,6, variierte Stollen MF 191,7. Der Umfang des Abgesangs reicht vom Zweizeiler über den (häufigen) Dreizeiler (als Waisenterzine oder Dreireim) bis zum periodisch strukturierten Fünf- (MF 159,1) und Sechszeiler (MF 152,15). Grundvers ist der Vierheber, häufig sind auch Fünf- (z. B. MF 159,1) und Sechsheber (z. B. MF 165,10), seltener Zwei- (MF 176,5), Drei- (z. B. 160,6), Sieben- (MF 165,10) und Achtheber (MF 163, 23). Der Versgang tendiert zeittypisch zur Alternation.

Neben selteneren isometrischen Liedern (MF 187,31; 203,10) findet sich Teilisometrie im Aufgesang (MF 150,1; 151,1; 178,1). Häufiger ist variable Heterometrie.

Der Reim ist, dem Zeitstil entsprechend, rein, bei einer Vorliebe für männliche Reime. Reimschmuck ist (etwa im Unterschied zu Morungen) selten (grammatische Reime: MF 198,4; Reimband MF 180,28; Mittelreim MF 187,31, evtl. 160,6; Kornreim MF 154,32).

Am häufigsten sind drei- und vierstrophige Lieder neben fünf- (MF 156,27), sechs- (MF 162,7), sieben- (MF 179,3), zwei- und einstrophigen (MF 156,10). Zwischen einzelnen Fassungen können Strophenzahl und -folge variieren, z. T. mit Umpointierung des Sinnes (vgl. etwa MF 162,7 in Hs. B u. C). — Auch bei R. bildet die Strophe meist eine in sich geschlossene gedankliche Einheit, was Strophenumstellungen begünstigte.

Vers und Syntax. R.s Syntax orientiert sich meist an den Vers- und Strophenstrukturen; entsprechend sind Enjambements selten (z. B. MF 176,27); sie sind dann meist von expressiver Valenz. R.s Texte wirken insgesamt spröde, weniger musikalisch als etwa die Morungens.

Melodien sind zu R.s Texten nicht überliefert. Eine Kontrafaktur zu Gaucelm Faidit (PC 167,37) ist evtl. MF 194,18 (s. AARBURG, 1961, S. 411 nach SPANKE).

Literatur. Vgl. TERVOOREN, Bibliogr., S. 76–80; darunter bes.: CH. SCHMIDT, Gottfried de Haguenau, Rev. d'Alsace 2 (1873) 145–180; E. SCHMIDT, R. v. Hagenau u. Heinrich v. Rugge (QF 4), 1874; R. BECKER, Der altheimische Minnesang, 1882; W. WILMANNS, Leben u. Dichten Walthers v. d. Vogelweide, 1882; C. VON KRAUS, Die Lieder R.s des Alten, 3 Tle, 1919; K. BURDACH, R. d. Alte u. Walther v. d. Vogelweide, ²1928, Nachdr. 1976; H. W. NORDMEYER, Der Ursprung der R.-Walther-Fehde, JEGP 28 (1929) 203–214; wieder in: Walther v. d. Vogelweide, hg. v. S. BEYSCHLAG (WdF 112), 1971, S. 95–108; ders., Fehde u. Minne bei R. v. Hagenau, MF 175, 1. JEGP 29 (1930) 18–40; MFU, 2. Aufl. (mit d. Anm. von MF [KRAUS], ³⁰1950), hg. v. H. TERVOOREN/H. MOSER, 2 Bde, 1981; H. SCHNEIDER, Die Lieder R.s des Alten, DVjs 17 (1939) 312–343; wieder in: H. SCH., Kl. Schr. z. germ. Heldensage u. Lit. d. MAs, 1962, S. 233–258; U. AARBURG, Melodien zum frühen dt. Minnesang. Neufassung in: Der dt. Minnesang, hg. v. H. FROMM (WdF 15), 1961, ⁵1972, S. 378–423; G. SCHWEIKLE, R. der Alte. Grenzen u. Möglichkeiten einer Minnesangphilologie, Habil.Schr. Tübingen 1965; K. H. HALBACH, Walther v. d. Vogelweide (Slg. Metzler 40), 1965, ⁴1983, S. 70ff.; F. MAURER, Die 'Pseudoreimare', 1966; G. SCHWEIKLE, Steckt im sumerlaten-Lied Walthers v. d. Vogelweide (L 72,31) ein Gedicht R.s des Alten?, ZfdPh 87 (1968) 131–153. — Darüber hinaus: K. BERTAU, Überlieferung u. Authentizität bei d. Liedern R.s des Alten, ZfdPh 88 (1969) 389–400; F. NEUMANN, R.s Lied: *Ein wiser man sol niht ze vil* (MF 162, 7), in: Interpretationen mhd. Lyrik, hg. v. G. JUNGBLUTH, 1969, S. 153–168; X. VON ERTZDORFF, R. v. Hagenau: *Wiest ime ze muote, wundert mich* (MF 153, 14), ebd., S. 137–152; G. SCHWEIKLE, War R. 'von Hagenau' Hofsänger zu Wien?, in: Gestaltungsgesch. u. Gesellschaftsgesch., hg. v. K. HAMBURGER/H. KREUZER, 1969, S. 1–31; B. NAGEL, Hartmann 'zitiert' R., Euph. 63 (1969) 6–39; V. L. ZIEGLER, R. v. Hagenau and his school, Diss. Yale Univ. 1970; H. BIRKHAN, *Manger zuo den vrouwen gât ... Zu* Textkritik u. Interpretation v. R.s Lied 170,1 in MF, Sprachkunst 2 (1971) 81–92; W. MOHR, Spiegelungen des Tagelieds, in: Fs. H. de Boor, 1971, S. 287–304; H. BIRKHAN, Reimar, Walther u.d. Minne, PBB (Tüb.) 93 (1971) 168–212; A. KIRCHER, Dichter u. Konvention, 1973; J. ASHCROFT, Crabbed Age and Youth: The Self-Stylisations of R. and Walther, German Life and Letters 28 (1974/75) 187–199; W. SCHMALTZ, R. d. Alte, 1975; W. E. JACKSON, R. d. Alte in literary history: a critique and a proposal, Colloquia Germanica (1975) 177–204; M. STANGE, R.s Lyrik (Amsterdamer Publikationen z. Sprache u. Lit. 32), 1977; A. HAGENLOCHER, Das 'Tagelied' R.s des Alten (MF 154, 32), ZfdPh 96 (1977) 76–89; I. SANDER SCHAUBER, Zur Entwicklung d. Minnebegriffs vor Walther v. d. Vogelweide, 1978; W. E. JACKSON, R. der Alte: The Minnesänger as dramatic poet, in: Fs. O. Springer, 1978, S. 149–158; G. SCHWEIKLE, Der Stauferhof u. die mhd. Lyrik, im bes. z. R.-Walther-Fehde u. zu Hartmanns *herre*, in: Stauferzeit. Gesch., Lit., Kunst, hg. v. R. KROHN/B. THUM/P. WAPNEWSKI, 1978, S. 245–254; CH. GELLINEK, Zu R. dem Alten, MF 189, 5ff., ebd., S. 260–269; W. BLANK, Dt. Minnesangparodien, in: Poesie u. Gebrauchslit. im dt. MA. Würzburger Colloquium 1978, hg. v. V. HONEMANN u.a., 1979, S. 205–217; J. ASHCROFT, Der Minnesänger u. d. Freude des Hofes. Zu R.s Kreuzliedern u. Witwenklage, ebd., S. 219–238; L. SALEM, Die Frau in d. Liedern des 'Hohen Minnesangs', 1980; I. KASTEN, *geteiltez spil* und R.s Dilemma MF 165, 37, Euph. 74 (1980) 16–54; G. SCHWEIKLE, Die *frouwe* der Minnesänger, ZfdA 109 (1980) 91–116; W. E. JACKSON, R.'s Women (German Language and Literature. Monographs 9), Amsterdam 1981; H. RUPP, R.s Lied Nr. 12 u. d. R.-Philologie, German Life and Letters 34 (1981) 81–93; J. ASHCROFT, 'Venus clerk': R. in the 'Carmina Burana', MLR 77 (1982) 618–628; V. MERTENS, R.s

'Gegensang' zu Walthers 'Lindenlied', ZfdA 112 (1983) 161–177; S. RANAWAKE, Gab es eine R.-Fehde?, Oxford German Studies 13 (1982) 7–35; A. STEVENS, Dîn wol redender munt. R. der Alte als Minnesänger, in: Minnesang in Österreich, hg. v. H. BIRKHAN, 1983, S. 176–196; W. HOFFMANN, Tageliedkritik u. Tageliedparodie in mhd. Zeit, GRM 66, NF 35 (1985) 157–178; A. VIZKELETY/K.-A. WIRTH, Funde zum Minnesang: Blätter aus einer bebilderten Liederhs., PBB 107 (1985) 366–375; G. SCHWEIKLE, Die Fehde zw. Walther v. d. Vogelweide und R. dem Alten, ZfdA 115 (1986) 235–253; ST. KAPLOWITT, The Ennobling Power of Love in the Medieval German Lyric (Univ. of North Carolina Studies in the Germanic Languages and Literatures 106), Chapel Hill, N.Y. 1986, S. 88–120; H. TERVOOREN, Brauchen wir ein neues Reinmarbild?, GRM 36 (1986) 255–266; I. KASTEN, Weibliches Rollenverständnis in den Frauenliedern Reinmars u. der Comtessa de Dia, GRM 37 (1987) 131–146.

(1989)   GÜNTHER SCHWEIKLE

Reinmar von Zweter

Leich- und Sangspruchdichter, 1. Hälfte 13. Jh.

1. Name, Leben.

Der von der Forschung als authentisch angesehene Name Reinmar von Zweter findet sich in der →'Heidelberger Liederhs. C' im Register, als Bildüberschrift 323ʳ, im → 'Wartburgkrieg' 220ʳ und in einer Invektive des → Marner (ed. STRAUCH XI, 39); in der Hs. Zürich, Zentralbibl. Z XI 302, erscheint der Dichter als der von Zweter. In einigen Hss. begegnet er als R. von Zweten, nicht selten, schon im 14. Jh., wird er mit Bezug auf das niederösterreichische Zisterzienserstift Zwettl R. v. Zwettl genannt; die Meistersinger machten daraus (wohl um 1500) → Römer von Zwickau. In den Thüringischen Chroniken, die vom Wartburgkrieg berichten, und danach bei einigen Autoren des 16. bis 18. Jh.s erscheinen Namensformen wie Reinhart von Zweten, von Zwetzen, von Zwechstein usw. (vgl. dazu im einzelnen ROETHE, S. 2–7).

Da archivalische Zeugnisse völlig fehlen, kann man Hinweise auf R.s Lebensumstände allein aus seinen Sprüchen gewinnen. Sie bleiben freilich punktuell und vielfach unsicher, an die Rekonstruktion der Biographie ist nicht zu denken. Zentrale Bedeutung hat in diesem Zusammenhang die einzige unmittelbar autobiographische Angabe R.s, mit der er Spruch ed. ROETHE Nr. 150 eröffnet: *Von Rîne sô bin ich geborn,/in Österrîche erwahsen, Bêheim hân ich mir erkorn.*

ROETHES Annahme, R. habe dem pfälzischen Adelsgeschlecht der Herren von Zeutern (Lkr. Karlsruhe) entstammt, wurde von der Forschung aus sprachlichen Gründen zurückgewiesen, vgl. PH. STRAUCH, AfdA 16 (1890) 99 und F. PFAFF, Alemannia 20 (1892) 293–295 (auch Norbert Wagner mündlich); R.s Herkunftsbezeichnung ist demnach noch immer ungeklärt. Unsicher ist, ob er, wie ROETHE annahm, am Wiener Herzogshof Leopolds VI. aufwuchs und dort gar 'persönlicher Schüler' →Walthers von der Vogelweide war (ROETHE, S. 21), nicht weniger, ob seine frühesten Sprüche am Hof Leopolds und seines Sohns und Nachfolgers Herzog Friedrichs II. des Streitbaren entstanden – keiner der beiden Babenberger wird bei R. genannt! In wessen Auftrag die frühesten datierbaren politischen Strophen (Nr. 125–135) geschaffen wurden, die, wohl zwischen 1227 und nach 1230, gegen Papst Gregor IX. polemisieren, muß offenbleiben. Trotz der Bezeichnung *her* in Hs. C ist R.s Stand ungeklärt; am besten ist er als fahrender Berufsdichter zu bezeichnen. Geboren sein dürfte er um oder bald nach 1200.

Etwas deutlicher konturiert erscheint R.s Leben in den Jahren zwischen 1235 und 1241 (vgl. zum folgenden ROETHE; SCHUPP, 1969 u. 1974; COOKE; MÜLLER; HEINZLE; BEHR, 1989). 1235/37 befand er sich offensichtlich im Dienst Kaiser Friedrichs II. Für ihn tritt er in den Sprüchen 136–141 sowie 240, dem 'Kurfürstenspruch', der auf 1237 zu datieren ist, ein. Anschließend, zwischen 1237 und 1241, hielt er sich am Prager Hof König Wenzels I. von Böhmen auf, vgl. die Sprüche 149 und 150 (die Zuschreibung von 151–157 an die böhmische Zeit ist möglich, aber keineswegs sicher). Nun polemisiert er im Dienst seines Auftraggebers scharf gegen den Kaiser (vgl. 143–147, 221/222 und wohl auch 169), ferner rühmt er (in 148) König Erich IV. von Dänemark, der 1239/40 auf Betreiben König Wenzels als Gegenkandidat gegen Friedrich II. im Gespräch war. Nach 1241 scheint R. in wechselnden Beziehungen gestanden zu haben, vielleicht führte er ein Wanderleben. In den Sprüchen 185 und 228 preist er, vielleicht um 1245, den Erzbischof von Mainz, wohl

Siegfried III. von Eppstein (1230–1249). Weitere Sprüche (195, 213, 214) beschäftigen sich möglicherweise mit Heinrich Raspe, Gegenkönig seit 1246. Dagegen richtet sich Spruch 224, entstanden 1246/48, offensichtlich gegen die Erzbischöfe von Köln und Mainz und äußert sich zugunsten des Kaisers. Nicht genauer datierbar sind zwei Lobsprüche: 216 rühmt den *von Sein*, d.h. Graf Heinrich III. von Sayn (1206–1246/47), 227 *den edelen Mîzenaere*, d.h. Markgraf → Heinrich III. von Meißen (1218 bis 1288). Keiner der erhaltenen Sprüche ist später als 1248 zu datieren.

Begraben wurde R. der Vorbemerkung zu Lupold → Hornburgs Preislied 'Von allen Singern' im 'Hausbuch' des → Michael de Leone zufolge in Eßfeld (heute eingemeindet nach Giebelstadt, Lkr. Würzburg): *er reimar von zwetel an dem Rin, begraben in franken ze Esfelt* (191ᵛ). Als verstorben beklagt wird R. in Dichterkatalogen des Marner (XIV, 275), Hermann → Damens (ed. SCHLUPKOTEN III, 52; es könnte auch →Reinmar der Alte gemeint sein) und Rubins (→ Rubin und Rüdeger; HMS III, 31; Reinmar der Alte?).

Die Überschrift zu Strophen R.s in der Gedichtsammlung des Rudolf → Losse: *Reymarus cecus dux nacione in der nuwen eren wise* (263ᵛ) hat Anlaß zu der Vermutung gegeben, R. sei blind gewesen – eine Ansicht, zu deren Stütze die Miniatur in C herangezogen wurde, auf der der Dichter mit geschlossenen Augen dargestellt ist (zuerst VOGT). Bestritten wurde diese Meinung von WALLNER, S. 83–88, und neuerdings von BUMKE, S. 22–24, der darauf hinweist, daß der zitierte Satz bisher von niemandem befriedigend hat erklärt werden können.

R.s mittelalterlicher Ruhm ergibt sich aus einer Fülle von Zeugnissen. Noch zu seinen Lebzeiten polemisierte der Marner (XI, 39) gegen ihn; sein Hauptvorwurf: *dû doenediep* ist allerdings bisher nicht völlig überzeugend gedeutet (vgl. WACHINGER, S. 121–131; OBJARTEL, S. 223). Wohl bald nach seinem Tod erscheint R. neben Walther von der Vogelweide, →Wolfram von Eschenbach, dem → Tugendhaften Schreiber, → Biterolf und → Heinrich von Ofterdingen im 'Fürstenlob' des 'Wartburgkriegs' (um 1260/80) als einer 'der großen klassischen Meister ... der mhd. Literatur' (vgl. dazu WACHINGER, bes. S. 50–52, Zitat S. 50). Um 1280 erwähnt ihn Hermann Damen in seiner Ermahnung des jungen →Frauenlob (V, 77f.), wobei er den Anfang von Spruch 36 zitiert (vgl. WACHINGER, S. 182–187). Regelmäßig begegnet R. in Dichterkatalogen, vgl. außer den schon oben erwähnten Texten des Marner, Hermann Damens und Rubins auch die sogenannte 'Selbstrühmung' Frauenlobs und die Polemik dagegen (ed. STACKMANN/BERTAU V, 115; 117G; 119G; Literatur RSM, Bd. 3, 1986, S. 327, 336f.), den 'Renner' → Hugos von Trimberg (ed. EHRISMANN, v. 1191) sowie den begeisterten Preis Lupold Hornburgs in seinem oben genannten Lied 'Von allen Singern' (vgl. dazu und zu anderen Katalogen auch N. HENKEL, PBB 109 [1987] 375–389). Die Meistersinger des 15. bis 18.Jh.s zählten R. unter die Zwölf alten Meister, die legendären Begründer der Meisterkunst; sie tradierten in Dichterkatalogen seinen Namen (in den eingangs erwähnten entstellten Formen), benutzten den Frau-Ehren-Ton und schrieben ihm einige weitere (unechte) Töne zu (vgl. ROETHE, S. 5–7; BRUNNER, s. Reg.). Die von ROETHE, S. 166–175 angenommene Identität des seit dem 14.Jh. namentlich belegten, ebenfalls von den Meistersingern tradierten Dichters → Ehrenbote mit R. wird neuerdings eher bezweifelt.

2. Der Leich.

Überlieferung. Der Text findet sich in 5 Hss. des 14.Jh.s: Wien, cod. 2701 (→'Wiener Leichhs.', W) und cod. 2677 (l); Heidelberg, cpg 848 (C; nur bis v.144) und cpg 341 (k_1); Genf–Cologny, Bibl. Bodmeriana, cod. Bodmer 72 ('Kaloczaer Hs.', k_2); vgl. zuletzt BERTAU, 1964, S. 15. Dazu kommen zwei zusammengehörige Fragmente in Kassel, Gesamthochschulbibl., 2° Ms. poet. et roman. 30[1 (dazu G. ROETHE, ZfdA 41 [1897] 243f.) und Marburg, Staatsarchiv, Nr. 9/3 (Veröff. beider Frgm.e durch F. SCHANZE in Vorber.), sowie geringe Fragmente in Mainz, StB, cod. I 15, vgl. OBJARTEL, S. 219–221. Ein lat. 'Gegenstück' zu R.s Leich stellt der mehrfach überlieferte Conductus 'O amor deus deitas' dar (mit Melodie in München, clm 5539), vgl. OBJARTEL, S. 221–231; eine genaue Untersuchung des Zusammenhangs fehlt. Die Melodie des Leichs steht in Hs. W.

Ausgaben. ROETHE, S. 401–410, Melodie in der Notenbeilage; H. RIETSCH, Gesänge von Frauenlob, R.v.Z. u. Alexander (Denkmäler der Tonkunst in Österreich, Jg. XX, 2, Bd. 41), Wien 1913 (Nachdr. Graz 1960), S. 13–19 (Faksimile), S. 62–67 (Transkription); TAYLOR, I, 72–86 (Melodie), II, 113–122 (Kommentar).

R.s religiöser Leich (233 vv.) folgt dem Grundschema, das sich im Lauf des 13. Jh.s für diesen Leichtyp herausbildete: 'er beginnt mit einem Trinitätsteil, enthält als Hauptabschnitte einen Marien- und einen Christusteil und schließt mit einer Ermahnung der Christen und einer Schlußbitte an Maria und ihr Kind, vgl. BERTAU, 1957. Durchflochten werden die einzelnen Teile von Ausführungen über die göttliche *minne* sowie Apostrophen dieser *minne*. Dabei sind nicht große Aussagekomplexe nebeneinander gestellt, sondern die Übergänge werden verschleiert, so daß eher die Einzelheiten hervortreten. BERTAU, 1964, S. 176, sucht von dieser Beobachtung aus R.s Leich als 'Andachtsleich' zu verstehen, in dem 'zum Zweck der andächtigen Betrachtung' 'die von allen gewußten Einzelheiten', 'Katechismusstoff', dargestellt würden. – R.s ausschließlich aus unterschiedlich kadenzierenden vierhebigen Versen gebauter Leich, in dem es wenige Wiederholungen einzelner Melodiezeilen gibt, wird von KUHN, S. 133 f., zögernd dem 'Lai-Typ' zugerechnet. Eine eingehende Formanalyse fehlt bisher, vgl. jedoch ROETHE, S. 356–368, und TAYLOR, II, S. 113–122.

3. Sangsprüche.

Überlieferung. Töne R.s sind der Frau-Ehren-Ton und die Neue Ehrenweise (bei ROETHE, der den in der Losse-Sammlung überlieferten mal. Namen noch nicht kannte: Minnen-Ton); die Echtheit des namenlos tradierten Tons, den ROETHE Meister-Ernst-Ton nannte, ist ungesichert, vgl. ROETHE, S. 122. Strophen in diesen Tönen überliefern 26 Hss. und Hss.-Fragmente des 13. bis 15. Jh.s, vgl. RSM, Bd. 5 (im Druck) und SCHANZE, 1984, S. 138–256: 285 im Frau-Ehren-Ton (davon 8 nicht bei ROETHE), 24 in der Neuen Ehrenweise (davon eine nicht bei ROETHE), 2 im Meister-Ernst-Ton (ROETHE, Nr. 253/254). Als echt gelten von den Sprüchen im Frau-Ehren-Ton ROETHE, Nr. 1–229, dazu 5 mittlerweile neu gefundene (RSM, ¹ReiZw 1/247–250, 258); die Echtheit von ROETHE, Nr. 230–248 und 250a–252, ist zweifelhaft (ausgenommen wohl der 'Kurfürstenspruch' Nr. 240), Nr. 283–302b sind unecht (dazu kommt das dreistrophige Meisterlied RSM, ¹ReiZw 1/513); ROETHE, Nr. 249/250 stehen in Hs. C unter → Der Alte Meißner. Bei den Strophen in der Neuen Ehrenweise ROETHE Nr. 261–282a (dazu kommt die mittlerweile in der Losse-Sammlung neu aufgefundene Str. RSM, ¹ReiZw 2/24) wird nur die Echtheit von Nr. 282a angezweifelt, vgl. ROETHE, S. 146 Anm. 187.

Bedeutendster Überlieferungsträger für R. ist die Sammlung D der → 'Heidelberger Liederhandschrift cpg 350', die 193 Strr. im Frau-Ehren-Ton und 22 in der Neuen Ehrenweise enthält. D 1–159 basiert, wie ROETHE erwiesen hat, auf einer thematisch sorgfältig geordneten Sammlung X, die auf den Autor selbst zurückgehen dürfte. Die 'Heidelberger Liederhs. C' enthält neben dem Leich und den Sprüchen im Meister-Ernst-Ton 217 Sprüche im Frau-Ehren-Ton, einige davon setzt ROETHE unter die 'Sprüche von zweifelhafter Gewähr'. Weitere Einzelheiten zur Überlieferung s. 'Heidelberger Liederhs. cpg 350'.

Die Melodie des Frau-Ehren-Tons findet sich in folgenden Meistersingerhss. des 15. bis 17. Jh.s: → 'Kolmarer Liederhs.' (Abschrift davon in Weimar, Zentralbibl., Fol. 421/32); → 'Donaueschinger Liederhs.'; Berlin, mgf 25 (Nürnberg, Anf. 17. Jh.); Nürnberg, StB, Will III.792 (Nürnberg, Ende 17. Jh.); die Aufzeichnung im 'Singebuch' Adam Puschmans (1532–1600) ist mit dieser Hs. seit 1945 verschollen (bis auf Anfang und Schluß, gedr. bei G. MÜNZER, Das Singebuch des Adam Puschman, 1906, Nr. 69); zu den unterschiedlichen Fassungen vgl. BRUNNER, S. 268, 275 f., 287 f. Die Melodien der beiden anderen Töne sind nicht erhalten.

Ausgaben. A. Texte: ROETHE (grundlegend); die weiteren Abdrucke sind verzeichnet in RSM Bd. 5. Die erst nach ROETHES Ausg. entdeckten Strophen sind zum Teil gedr. bei BÄUML/ROUSE, S. 199 (RSM, ¹ReiZw 1/247); TERVOOREN, S. 381 (¹ReiZw 1/248); OBJARTEL, S. 219 (¹ReiZw 1/258); STENGEL/VOGT, S. 190 f. (¹ReiZw 2/24); SCHANZE (in Vorb.: ¹ReiZw 1/249–250, dazu ROETHE Nr. 252 vollständig). – B. Melodie: ROETHE, Melodiebeilage, Nr. II u. IV; RUNGE, Sangesweisen, Nr. 99; R. J. TAYLOR, I, S. 71 (Melodie), II, S. 110 f. (Kommentar); E. SCHUMANN, Stilwandel u. Gestaltänderung im Meistersang (Göttinger musikwiss. Arbeiten 3), 1972, Notenteil Nr. 18; H. BRUNNER/J. RETTELBACH, Die Töne d. Meistersinger (Litterae 47), 1980, S. 20.

Formal sind Frau-Ehren-Ton und Neue Ehrenweise nahe verwandt (vgl. auch ROETHE, 123 f.): die Stollen sind jeweils dreizeilig und haben das gleiche Reimschema, der Strophenschluß ist nach alter Spruchdichterart durch eine Langzeile besonders betont; wie seine Zeitgenossen Marner und Bruder → Wernher meidet auch R. noch den 3. Stollen. Der 'schwere', durchweg aus Langzeilen gebaute Meister-Ernst-Ton weicht formal ab; er zeigt Verwandtschaft mit einigen Tönen des → Meißner.

Ein Eindruck von R.s Themenspektrum ergibt sich aus dem Überblick über die thematischen Gruppen in Sammlung X (s. o. Überl.), der ROETHEs Ausgabe folgt: 1. Religiöse Sprüche (ROETHE, 1–13: Gott, Christus, Trinität; 14–22: Maria); 2. Minne, Frauen (23–55: Frauenschelte, Minneklage, Minnedienst, Minneversicherung, Lob der Geliebten, *wîp* und *vrouwe*, Tugendlehre für Frauen); 3. Herrenlehre (56–124: Reichtum – Armut – Ehre, Herr und Knecht, Ehre – Unehre, Tugendadel – Geburtsadel, religiöse Belehrung, böse und gute Zunge, *mâze*, der ideale Mann, Ehe, Minnesklaven, böse und gute Frau, Turnier, Spielen, Trunkenheit, *milte*, Klugheit); 4. politische Sprüche (125–157, s. o.). Die übrigen Sprüche, auch die in der Neuen Ehrenweise und im Meister-Ernst-Ton, ordnen sich in diese Themenvielfalt ein, ausgenommen die Lügenstrophen (159, 160), eine Strophe mit Scherzfragen (158) und die Rätsel (186–188, 220, 205). Das Ausbreiten von Gelehrsamkeit, wie es in der Spruchdichtung im Lauf des 13. Jh.s immer mehr Mode wird, fehlt bei R., auch gibt es weder Dichterpolemik noch ausgesprochene Bettelstrophen. Übertriebener Gebrauch rhetorischer Mittel ist R. fremd, seine besondere Neigung gilt allerdings der Personifikation (der Frau-Ehren-Ton hat seinen Namen von der Personifikation der Frau Ehre, die R. in Anlehnung an Walther geschaffen und häufig gebraucht hat, vgl. ROETHE, S. 215–218).

Obwohl R. das umfangreichste Spruchœuvre zwischen Walther von der Vogelweide und Frauenlob hinterlassen hat, wirkt er in einer Hinsicht altertümlicher als die meisten seiner zeitgenössischen Spruchdichterkollegen: er ignoriert das mit Walther in der Spruchdichtung aufgekommene Prinzip der Tönevielfalt und beschränkt sich wie → Herger und → Spervogel und wie manche kleineren Autoren des 13. Jh.s weitestgehend auf einen einzigen Ton. Welchen Grund dieser Verzicht hatte, ist nicht mit Sicherheit auszumachen. Möglicherweise kam es R. in erster Linie 'auf die inhaltliche Kompetenz des Spruchdichters an', vgl. G. KORNRUMPF/B. WACHINGER, in: CH. CORMEAU (Hg.), Dt. Lit. im MA – Kontakte u. Perspektiven, 1979, S. 356–411, hier S. 409.

Zu R.s Wirkung auf andere Spruchdichter, besonders auf den Meißner, vgl. ROETHE, S. 346–351, und G. OBJARTEL, Der Meißner d. Jenaer Liederhs. (Phil. Stud. u. Qu. 85), 1977, bes. S. 59 f. Die Meistersinger rezipierten nur den Frau-Ehren-Ton, der nach 1500 allerdings unter dem Namen des Ehrenboten tradiert wurde; zu den unechten Tönen unter R.s Namen s. Römer von Zwickau.

4. 'Lieder'.

Unter Nr. 330–341 hat ROETHE in seine Ausgabe 12 Strophen in drei melodielos überlieferten, formal nahe verwandten achtzeiligen Tönen – alle drei bestehen aus je zweizeiligen Stollen, sind überwiegend aus Vierhebern zusammengesetzt und haben ähnliche Reimanordnungen – aufgenommen (I: 330–336; II: 337–339; III: 340, 341), in denen er 'Reste Reinmarscher Liederdichtung' (S. 132) sehen möchte, wobei er die Echtheit zurückhaltend beurteilt (vgl. auch ROETHE, S. 146 u. 205 mit Anm. 260). Nr. 330–339 sind anonym in Sammlung D überliefert (→ 'Heidelberger Liederhs. cpg 350'); Nr. 340/341 stehen mit Autorangabe (s. o. 1.) in Zürich, Zentralbibl., Z XI 302; Nr. 335, 336 und 341 außerdem, voneinander getrennt, in Leipzig, UB, Rep. II 70', → 'Niederrheinische Liederhs.' Es handelt sich bei den Texten indes nicht um Minnelieder, sondern um Sprüche in kurzen, liedähnlichen Tönen, die im Bereich des Spruchsangs verglichen werden können mit → Reinmars des Fiedlers Ton II, Damens Ton II, Frauenlobs Kurzem Ton, ferner mit Namenlos D (KLD 38 D, Str. 234–238), Namenlos h (KLD 38 h, Str. 4; 7–9; 10–13; 14; 24/26; 25/27) und Namenlos n (KLD 38 n, Str. III 30). Inhaltlich handeln die Strr. in allgemeiner Weise von der Minne und den Frauen – auf Verwandtschaft mit R.s Minnesprüchen im Frau-Ehren-Ton weist ROETHE, S. 132, hin –, Nr. 341 ist eine Zeitklage. Abdruck von Nr. 340/341 auch in älteren Aufl.n von MF am Schluß der Anm. zu Reinmar dem Alten, in MF 1940 im Textteil S. 287 f., vgl. dazu S. 506 f., zuletzt in MF, bearb. v. H. MOSER/H. TERVOOREN, [38]1988, S. 403.

Literatur (Auswahl). G. ROETHE, Die Gedichte R.s v. Z., 1887; E. BONJOUR, R. v. Z. als polit. Dichter (Sprache u. Dichtung 24), 1922; F. VOGT, Reimarus Caecus u. d. Kasseler Fund, PBB 48 (1924) 124–128; A. WALLNER, Eine Hampfel Grübelnüsse, ZfdA 64 (1927) 81–96; E. E. STENGEL/F. VOGT,

Zwölf mhd. Minnelieder u. Reimreden, AKG 38 (1956) 174–217; K.H. BERTAU, Über Themenanordnung u. Bildung inhaltlicher Zusammenhänge in den rel. Leichdichtungen d. 13.Jh.s, ZfdPh 76 (1957) 129–149; ders., Sangverslyrik (Palaestra 240), 1964, s. Reg.; H. KUHN, Minnesangs Wende, ²1967, Reg.; R.J. TAYLOR, The Art of the Minnesinger, 2 Bd.e, Cardiff 1968; V. SCHUPP, R.v.Z., Dichter Kaiser Friedrichs II., WW 19 (1969) 231–244; G. OBJARTEL, Zwei wenig beachtete Fragmente R.s v.Z. u. ein lat. Gegenstück seines Leichs, ZfdPh 90 (1971), Sonderh. S. 217–231; B. WACHINGER, Sängerkrieg (MTU 42), 1973, s. Reg.; A.E. COOKE, The Political Songs of R.v.Z. A Re-examination of their Content and Chronology in Light of Recent Scholarship, Thesis (masch.) Univ. of London 1974; MÜLLER, Unters., s. Reg.; V. SCHUPP, Der Kurfürstenspruch R.s v. Z. (ROETHE Nr. 240), ZfdPh 93 (1974) 68–74; H. BRUNNER, Die alten Meister (MTU 54), 1975, s. Reg.; J. BUMKE, Ministerialität u. Ritterdichtung, 1976, s. Reg.; CH. HUBER, Wort sint der dinge zeichen (MTU 64), 1977, s. Reg.; R. SCHMIDT-WIEGAND, Fortuna Caesarea. Friedrich II. und Heinrich (VII.) im Urteil zeitgenöss. Spruchdichter, in: R. KROHN u. a. (Hgg.), Stauferzeit (Karlsruher kulturwiss. Arbeiten 1), 1978, S. 195–205; U. SCHULZE, Zur Vorstellung von Kaiser u. Reich in stauf. Spruchdichtung bei Walther v.d. Vogelweide u. R.v.Z., in: ebd., S. 206–219; H.-J. BEHR, Projektion u. Verklärung. Zum Reichsbegriff R.s v.Z. u. den Schwierigkeiten seiner Adaptation in d. dt. Germanistik, in: J. KÜHNEL u.a. (Hgg.), MA-Rezeption II (GAG 358), 1982, S. 31–44; F.H. BÄUML/R.H. ROUSE, Roll and Codex: a New Manuscript Fragment of R.v.Z., PBB 105 (1983) 192–231, 317–330; H. TERVOOREN, Ein neuer Fund zu R.v.Z., ZfdPh 102 (1983) 377–391; J. HEINZLE, Wandlungen u. Neuansätze im 13.Jh. (Gesch. d. dt. Lit. von d. Anfängen bis zum Beginn d. Neuzeit, Bd. 2/2), 1984, s. Reg.; F. SCHANZE, Meisterliche Liedkunst zwischen Heinrich v.Mügeln u. Hans Sachs, Bd. 2 (MTU 83), 1984, s. Reg.; RSM = H. BRUNNER/B. WACHINGER (Hgg.), Repertorium d. Sangsprüche u. Meisterlieder des 12. bis 18.Jh.s, 15 Bde, 1986ff.; D. PEIL, 'Im selben Boot'. Variationen über ein metaphorisches Argument, AKG 68 (1986) 269–293, hier S. 273–277 (zu ROETHE, Nr. 193); CH. GERHARDT, R.s v.Z. 'Idealer Mann' (Roethe Nr. 99 u. 100), PBB 109 (1987) 51–84, 222–251; H. TERVOOREN/TH. BEIN, Ein neues Frgm. zum Minnesang u. zur Sangspruchdichtung, ZfdPh 107 (1988) 1–26; H.-J. BEHR, Literatur als Machtlegitimation (Forschungen z. Gesch. d. älteren dt. Lit. 9), 1989; F. SCHANZE, Die Frgm.e der sog. 'Schönrainer Hs.' (in Vorb.).

(1989)　　　　　　　　　　　　HORST BRUNNER

Repgow → Eike von R.

'Resonet in laudibus'

Resonet in laudibus, Magnum nomen domini, Joseph lieber neve mein: dies sind nur die wichtigsten der aus dem MA belegten Initien eines vielgestaltigen Komplexes von Weihnachtsgesängen, der aus dem 14. bis 17.Jh. reich überliefert ist und von dem zwei Ausformungen – 'Joseph lieber Joseph mein' und 'Singet frisch und wohlgemut' – noch heute im Gebrauch sind. Hier können nur die Grundlinien der mal. Tradition nachgezeichnet werden.

1. Die lat. Tradition

Überlieferung. 15 Hss. aus dem deutschen und tschechischen Sprachraum bei AMELN, S. 54–66; ferner (ohne Anspruch auf Vollständigkeit): Basel, UB, AN II 46, 24^{rv} (vgl. F. LABHARDT, Das Cantionale des Kartäusers Thomas Kreß, 1977, S. 236f.); Erfurt, Wiss. Bibl., Ampl. Qu. 23, 126^r (nach W. SCHUM, Beschreibendes Verz. d. Amplonianischen Hss.-Slg. zu Erfurt, 1887, S. 305, späteres 13.Jh.; diese Datierung wäre zu überprüfen); → 'Hohenfurter Ldb.' (vgl. ed. BÄUMKER, S. X); Karlsruhe, LB, St. Peter pap. 9, 57^r–58^r; Klosterneuburg, Stiftsbibl., cod. 1228, 56^v–57^v; dazu Einzelstrophen und Incipit-Nennungen in Verbindung mit volkssprachlichen Fassungen (s.u.) und eine reiche Überlieferung des späteren 16. und 17.Jh.s, bes. in musikalischen Sätzen. Älteste Zeugen: Erfurt, Ampl. Qu. 23 (vgl. oben); → 'Seckauer Cantionale' von 1345 (Graz, UB, Ms. 756, 187^r–188^r); 'Moosburger Graduale' von 1355–60 (München, UB, 2° cod. ms. 156, 246^{rv}). Genannt sei außerdem Leipzig, UB, Ms. 1305, 113^r (um 1420 aus Schlesien, vgl. zuletzt W. JUNGANDREAS, JbLH 17 [1972] 205–212).

Ausgaben. WACKERNAGEL, KL 1, Nr. 348–354; AMELN, S. 52–66 (dort Nachweis zahlreicher Einzelabdrucke). Melodien: BÄUMKER, KL 1, S. 299–306; AMELN, S. 91–101; BENOIT-CASTELLI; LIPPHARDT, 1972. Die alte Antiphon: R.-J. HESBERT (Hg.), Corpus Antiphonalium Officii III, Rom 1968, Nr. 2526.

Die Cantio *Resonet in laudibus* (CHEVALIER, Nr. 17351) hat in den verschiedenen Überlieferungen zwischen drei und zehn vierzeilige Strophen, bestehend aus drei gereimten Siebensilblern (auftaktlosen Vierhebern) und dem Refrainvers *apparuit quem genuit Maria*. Strophenbestand und -folge variieren stark, viele Fassungen bieten Sondergut.

Insgesamt sind 21 verschiedene Strophen erhalten. Eine Urfassung ist nicht rekonstruierbar. Doch lassen sich z.T. verschiedene Akzentsetzungen der überlieferten Fassungen erkennen: Das 'Seckauer Cantionale' (8 Strr., davon 5 nur hier) betont das Wunder der Inkarnation des Schöpfers und Weltenherrschers; im 'Moosburger Graduale' (10 Strr., kein Sondergut) besteht mehr als die Hälfte des Liedes aus Aufrufen zum Lobpreis; die Fassung der Leipziger Hs. (9 Strr., davon 1 nur hier) hebt stärker auf die Erfüllung der Prophezeiungen ab.

Die Strophen der Cantio sind in den meisten Überlieferungen kombiniert mit einem Element von bis zu acht gereimten Elfsilblern. Dieses beginnt in der Regel *Magnum nomen domini Emmanuel* (CHEVALIER, Nr. 11024), doch ist es durch Auswahl und Umstellung der Versgruppen von höchst variabler Gestalt.

Kern dieses Elements ist die im 9.Jh. entstandene vierzeilige Antiphon *Ecce nomen domini Emmanuel* (LIPPHARDT, 1972); sie ist seit dem 1.Drittel des 13.Jh.s in Verbindung mit dem 'Canticum Simeonis' (Lc 2, 29–32) der Weihnachtscomplet belegt (JANOTA, S. 129). Im SpätMA erscheint diese Antiphon auch in erweiterter Fassung als selbständige Cantio oder in Verschränkung mit anderen Liedern (vgl. z.B. Monumenta musica Neerlandica VII, Amsterdam 1963, S. 48f.). Am breitesten bezeugt ist aber die Verbindung mit dem 'Resonet'.

Dabei dürfte, soweit die Formen der Aufzeichnung das erkennen lassen, das 'Magnum nomen' vor allem als melodisch kontrastierender Refrain zum 'Resonet' gedient haben, doch gibt es auch andere Formen der Kombination (Übersicht bei AMELN, S. 100f.).

Besonders kompliziert ist der Aufbau in der wohl ältesten Quelle für das 'Resonet', dem 'Seckauer Cantionale': dort wird das 'Canticum Simeonis' samt zugehöriger Antiphon und Doxologie in der Weise tropiert, daß jeder einzelne Vers von Teilen des 'Magnum nomen' umschlossen ist und zwischen diese Einheiten fortschreitend je eine Strophe des 'Resonet' und einer weiteren Cantio (*Nove lucis hodie*) eingeschaltet wird.

Die mehrfach bezeugte Verbindung mit dem 'Canticum Simeonis' beweist Gebrauch in der Weihnachtscomplet, vermutlich im Wechselgang zwischen Zelebranten, Chor der Mönche und Schola cantorum. Wieweit zu solchen Versionen der Brauch des Kindelwiegens geübt wurde, den volkssprachliche Fassungen und Weihnachtsspiele belegen, muß offen bleiben. In anderen lat. Überlieferungen ist die Doppelcantio 'Resonet'/'Magnum nomen' als in sich geschlossener Tropus zum 'Benedicamus' für die Vesper bezeugt. Vielfach fehlen aber auch alle Hinweise auf gottesdienstliche Verwendung, was für freie Verfügbarkeit spricht.

2. Joseph lieber neve mein

Überlieferung. Leipzig, UB, Ms. 1305, 115^{rv} (vgl. oben 1.); München, cgm 715, 130^r–131^r; cgm 1115, 39^{rv}; Michaelbeuern, Stiftsbibl., Man. cart. 1, 85^r; → 'Hessisches Weihnachtsspiel'; 'Sterzinger (Tiroler) Weihnachtsspiel' (s. Vigil → Raber C.I.1.). Zur Überl. im 16./17.Jh. vgl. AMELN, S. 102–106, hierzu auch die bei SPECHTLER (Ausg., 1972) genannten Hss. aus Breslau (S. 92 Anm. 81) und Zwickau (S. 88), sowie Salzburg, St. Peter, b II 21, 148^r–149^r.

Ausgaben. HOFFMANN, KL, S. 419; WACKERNAGEL, KL 2, Nr. 605f.; AMELN, S. 68f.; F.V. SPECHTLER (Hg.), Die geistl. Lieder des Mönchs von Salzburg, 1972, G 22; ders., Eine neue Hs. zum Mönch von Salzburg aus Michaelbeuern (Salzburg), in: Litterae ignotae, hg. v. U. MÜLLER (Litterae 50), 1977, S. 39–44. Ausgaben der Spiele s. d.

Da die beiden Münchener Hss. überwiegend Lieder des → Mönchs von Salzburg enthalten, wird diese deutsche Fassung manchmal als Eigentum dieses Dichters angesehen. Sie ist ihm aber nirgends ausdrücklich zugeschrieben, die Übersetzungstechnik findet beim Mönch keine Parallele, und die Überlieferungssituation insgesamt spricht eher dafür, daß das Lied zu dem in die Mönch-Überlieferung eingedrungenen anonymen Liedgut gehört.

Das dt. Lied ist auf die Melodie des 'Resonet' zu singen, und mehrere Strophen können als freie Nachahmungen lateinischer Strophen verstanden werden. Keine lat. Entsprechung haben zwei Strophen, die meist den Anfang bilden: Marias Bitte an Joseph, ihr beim Wiegen des Kindes zu helfen, und Josephs zusagende Antwort.

Diese beiden Strophen sind die einzigen, die im 'Hessischen Weihnachtsspiel' vorkommen und die im 16. und 17.Jh. weiterleben; sie weichen auch formal von den die lat. Cantio paraphrasierenden Strophen ab, die in der Schlußzeile einen zusätzlichen Reim aufweisen. Es wäre denkbar, daß der Maria-Joseph-Dialog einen älteren Kern volkssprachlicher Rezeption der 'Resonet'-Weise bildet und daß erst sekundär durch Zufügung der paraphrasierenden Strophen engerer Anschluß auch an den Text der Cantio gesucht wurde.

Zum Gebrauch des Liedes vermerkt das Register des Münchener cgm 715, 4ʳ: *Vnd so man daz kindel wiegt über das Resonet in laudibus hebt vnnser vraw an ze singen in einer person Yoseph lieber neve mein So antwurt in der andern person Yoseph Geren liebe mueme mein Darnach singet der kor dy andern vers in aines dyenner weis Darnach der kor*. Expliziter ist die Leipziger Hs.; nach ihr werden die Verse des liturgischen 'Canticum Simeonis' vom Chor durch Stücke des 'Magnum nomen' eingerahmt und dazwischen singen Schola cantorum und Einzelsänger (Maria, Joseph, *servus*) lateinische und deutsche Strophen des 'Resonet', wobei der Dialog Marias und Josephs wiederholt wird und die übrigen Strophen fortschreiten. Diese Form rituell-szenischer Vergegenwärtigung im gottesdienstlichen Rahmen ist in der Hs. von Michaelbeuern zugunsten eines frei verfügbaren, teilweise erzählenden Weihnachtsliedes aufgegeben. In den Spielen dagegen bleibt der Zusammenhang von Lied und Kindelwiegen außerhalb des Gottesdienstes gewahrt.

Eine Wiegenszene nur mit lat. Strophen des 'Resonet'/'Magnum nomen' bietet das 'Erlauer Weihnachtsspiel' (→ 'Erlauer Spiele' III.1.). Zu einer lat.-tschechischen gottesdienstlichen Kindelwiegenfeier s. AMELN, S. 69–72. Zum möglichen Ursprung des Kindelwiegens in der Frömmigkeit von Frauenkonventen s. JANOTA, S. 143–148.

3. Mit der lat. Doppelcantio stehen noch zwei weitere deutsche Liedtexte in Verbindung: *Da Gabriel der engel clar* und *O Jhesu crist von hocher art*. Auch bei ihnen bestehen Zusammenhänge mit dem Kindelwiegen.

In München, cgm 444 (dat. 1422), folgt auf die lat. Doppelcantio (17ᵛ–18ʳ) *Das ist das tewcz magnum nomen* (18ʳ–19ᵛ); hier sind ineinander verschränkt das 'Canticum Simeonis', sechs Strophen, die offenbar nach der Melodie des 'Resonet' zu singen sind und die die Weihnachtsgeschichte von der annuntiatio bis zur Krippenlegung rekapitulieren (inc. *Da Gabriel der engel clar*), und vier Strophen nach der Melodie des 'Magnum nomen', in denen, z. T. mit Anklängen an den lat. Text, die Inkarnation gepriesen und das als gegenwärtig gedachte Kind beruhigt wird (inc. *Sausa mynne, gotes mynne, nü sweig vnd rů*).– offenbar auch ein Arrangement für eine Kindelwiegenfeier. Ausg. HOFFMANN, KL, Nr. 248; WACKERNAGEL, KL 2, Nr. 610; vgl. AMELN, S. 80f. Ohne Gebrauchshinweise findet sich *Da Gabriel der engel clar* als einfaches Lied im Anschluß an *Resonet in laudibus* in Hohenfurt (Vyšší Brod), Stiftsbibl., cod. cart. 28, 181ᵛ (vgl. AMELN, S. 81f.) und, mit 2stg. Satz, in St. Gallen, Stiftsbibl., cod. 392, S. 87 (vgl. K. v. FISCHER, in: Renaissance-Muziek, Fs. R. B. Lenaerts, Leuven 1969, S. 296f.; LIPPHARDT, 1972, S. 198).

In München, clm 5023, 15ᵛ–17ʳ, steht neben einem anderen 2stg. Satz des 'Resonet' am Rande nachgetragen ein vierstrophiges Weihnachtslied, das sich auf dieselbe Melodie singen läßt, inc. *O Jhesu crist von hocher art/ wir wiegen dich vil sussen zart*. Ausg. WACKERNAGEL, KL 2, Nr. 609, vgl. AMELN, S. 82.

Literatur. W. IRTENKAUF, Die Weihnachtskomplet i. J. 1345 in Seckau, Die Musikforschung 9 (1956) 257–262; G. BENOIT-CASTELLI, L'antienne 'Ecce nomen Domini Emmanuel', Études Grégoriennes 2 (1957) 131–149; J. JANOTA, Studien zu Funktion u. Typus des dt. geistl. Liedes im MA (MTU 23), 1968, S. 125–150 (Lit.); K. AMELN, 'Resonet in laudibus' – 'Joseph, lieber Joseph mein', JbLH 15 (1970) 52–112 (Lit.); W. LIPPHARDT, 'Magnum nomen Domini Emanuel', JbLH 17 (1972) 194–204; F. V. SPECHTLER, Lied u. Szene im mal. dt. Spiel, in: Tiroler Volksschauspiel, hg. v. E. KÜHEBACHER, Bozen 1976, S. 337–348; ders., 'Josef, lieber Josef mein' – Text u. Melodie im MA, in: Die Volksmusik im Lande Salzburg, Wien 1979, S. 183–193; W. LIPPHARDT, Dt. Antiphonenlieder des SpätMAs in einer Salzburger Hs. (Michaelbeuern Ms. cart. 1), JbLH 27 (1983) 39–82, dort S. 42; B. WACHINGER, Der Mönch v. Salzburg, 1989, S. 36f. u. 130.

(1989)   B. WACHINGER

'Reynke de Vos'

1. Überlieferung. Der 1498 in der → Lübecker Mohnkopf-Offizin erschienene Druck ist in einem Exemplar vollständig erhalten: Wolfenbüttel, Hzg.-Aug.-Bibl., 32.14 Poet. Unvollständige Exemplare: Bremen, StB u. UB, II b. 34; Berlin, SB Preußischer Kulturbes., Inc. 1478.

Ausgaben. F. A. HACKMANN, 'RdV' mit dem Koker, Wolfenbüttel 1711; A. H. HOFFMANN VON FALLERSLEBEN, 'RV', Breslau 1834, ²1852 (ohne Glosse); A. LÜBBEN, 'RdV', 1867; K. SCHRÖDER, 'RdV', 1872; FR. PRIEN, 'RdV', 1887, ²1925 v. A. LEITZMANN, mit einer Einl. v. K. VORETZSCH, ³1960 mit Vorwort v. W. STEINBERG; 'RdV' Lübeck 1498, Nachdruck (Faks.) v. T. SODMANN, 1976; J. GOOSSENS, Reynaerts Historie – 'RdV' (Parallelausg. v. Texten), 1983; ders., Die Reynaert-Ikonographie (Parallelausg. v. Holzschnitten), 1983.

2. Aufbau und Inhalt. Das nd. Tierepos 'RdV' besteht aus einem Erzähltext von 6844 Versen, eingeteilt in vier Bücher ungleichen Umfangs, die ihrerseits in 39 + 9 + 14 + 13 Kapitel gegliedert sind. Die Kapitel werden in der Regel durch eine Überschrift mit kurzer Inhaltsangabe eingeleitet und meistens mit einem mehr oder weniger ausführlichen Prosakommentar zum Erzähltext abgeschlossen. Der Gesamttext und das 3. und 4. Buch enthalten weiter Vorreden in Prosa. Gestreut über das ganze Werk kommen 89 Holzschnittillustrationen vor; 23 Motive werden, z. T. mehrfach, wiederholt.

Der Verstext besteht aus zwei Erzählungen von Gerichtsverfahren: In der ersten (Buch 1) wird auf einem Hoftag der Tiere der nicht anwesende Fuchs einer Reihe von Verbrechen beschuldigt. Der Löwe Nobel, der als König dem Hof vorsitzt, beauftragt zunächst den Bären Brun, nachher den Kater Hyntze, Reynke vor den Hof zu laden, doch beiden wird von diesem übel mitgespielt. Schließlich gelingt es dem Dachs Grymbart, ihn zum Hof zu bringen. Hier wird er zum Tode verurteilt. In einer öffentlichen Beichte, die ihm vor der Hinrichtung zugestanden wird, beschuldigt er den Wolf Ysegrym und Brun des Hochverrats und erweckt durch den Hinweis auf einen angeblich versteckten Schatz die Habgier des Löwen und der Löwin. Er wird entlassen und kann sich unter dem Vorwand, er müsse als Pilger ins Heilige Land fahren, der Schatzsuche entziehen. Sein Verrat wird durch die Ermordung des Hasen Lampe deutlich, der ihm als Gefährte in seine Wohnung mitgeschickt worden ist: R. sendet nämlich dem König den abgebissenen Hasenkopf zurück.

Die zweite Erzählung (Bücher 2–4) fängt mit neuen Beschuldigungen gegen R. an. Nachdem Grymbart ihn zum Hof gebracht hat, entwickelt sich der Prozeß in einer Reihe von Reden und Gegenreden, an denen der Löwe, der Wolf, die Äffin Rukenauwe und der Fuchs selbst beteiligt sind. In diese Reden werden Fabeln und kleinere Erzählungen eingebaut. Am Ende muß ein Zweikampf zwischen Wolf und Fuchs entscheiden, aus dem letzterer als Sieger hervorgeht. Der König ernennt ihn zum Geheimen Rat und Reichsverweser.

Die Prosakommentare ('Glossen') nehmen in der Regel erzählte Passagen zum Anlaß, um praktische, vor allem aber christlich-moralisierende Lebensweisheiten darzulegen und Verhaltensregeln zu begründen. Häufig wird auf Autoritäten (vor allem die Bibel) verwiesen. Aus diesen Kommentaren spricht deutlicher als aus dem Verstext die Absicht des Bearbeiters (s. u. 4.). Von den 53 verschiedenen Illustrationen bilden 30 einen Zyklus mit Darstellungen von Szenen aus der 'RdV'-Geschichte; sechs wurden vorher in zwei Magdeburger Drucken mit Aesop-Fabeln (→ 'Magdeburger Prosa-Äsop', ca. 1492) und 13 in einem Stockholmer 'Dialogus creaturarum'-Druck aus 1483 benutzt; ihr Bezug zum Text ist also sekundär, zum Teil auch sehr locker.

3. Vorlage. 'RdV' ist die Übersetzung und Bearbeitung einer mndl. Vorlage, die als solche nicht erhalten ist. Das mndl. Gedicht 'Van den vos Reynaerde' (= Reynaert I, 13. Jh.), dessen erste Hälfte auf Branche 1 des frz. 'Roman de Renart' (ca. 1180) zurückgeht, während in der zweiten der Verlauf des Prozesses ganz neu gestaltet wird, liefert den Stoff für Buch 1. Die mndl. Überarbeitung und Erweiterung 'Reynaerts Historie' (= Reynaert II, späteres 14. Jh.), für die Branche 6 (ca. 1190) einen lockeren Rahmen bildet, der einerseits umgestaltet, andererseits mit Fabeln und anderen kurzen Geschichten bereichert wird, enthält darüber hinaus den Stoff für den zweiten Teil. Das Versepos Reynaert II wurde in der Inkunabelzeit im ndl. Sprachraum zweimal überarbeitet: einmal in Prosa (zwei Drucke erhalten, schon 1481 von W. Caxton ins Engl. übersetzt) und einmal unter Beibehaltung des Verstextes mit einer Kapiteleinleitung und Hinzufügung von Überschriften, Prosakommentaren und Holzschnitten. Von letzterer Bearbeitung sind nur Fragmente eines Druckes von ca. 1487 (Culemannsche Bruchstücke, Cambridge fragments, Cambridge, UB, Inc. 4 F 6.2 [3367]) mit 221 Versen, vier Überschriften, Resten zweier Glossen und drei verschiedenen Holzschnitten erhalten. Sie genügen um festzustellen, daß 'RdV' auf einen eng verwandten Druck dieser Reiminkunabel zurückgeht. Mit Hilfe der späteren ndl. Volksbuchüberlieferung (ältester bekannter Druck 1564), die ebenfalls Glossen enthält, läßt sich das Verhältnis des 'RdV' zur ndl. Überlieferung genauer bestimmen: Die Vorlage des nd. Werks ist eine jüngere Ausgabe der Reiminkunabel gewesen, deren Verstext ungefähr mit Reynaert II identisch war; sie enthielt eine Einteilung in Kapitel (nicht in Bücher) und hatte die Glossen, die in den ältesten Drucken über den Verspartien standen, in Schlußglossen umgestaltet; sie enthielt ferner noch mindestens 30 der ursprünglich 38 oder mehr Holzschnittillustrationen.

'Reynaerts Historie' hat einen pessimistischen Grundton. Das Gedicht konzentriert sich auf die Zustände an Nobels Hof, der exemplarisch für die Fürstenhöfe der Zeit steht. Die traurige Lage an den Höfen hat zwei Ursachen: den allgemein verbreiteten Egoismus und die Habgier sowie die Falschheit der Berater, die nur auf ihren Profit bedacht sind. Doch ist ein skrupelloser Lügner, der langfristiger planen und das Wort als Waffe benutzen kann, ihnen überlegen (WACKERS, 1986). In der einzigen in verständlicher Form überlieferten Glosse in den Fragmenten hat der Bearbeiter der Vorlage des 'RdV' diese Deutung aufgegriffen und unverändert weitergegeben. Auch mehrere der (gekürzten) Glossen im Volksbuch enthalten diese Deutung; andere beschränken sich auf sentenzartig formulierte Lebensweisheiten, häufig mit praktischen Ratschlägen verbunden.

4. Die Bearbeitung und ihr Gehalt; der Verfasser. Der nd. Bearbeiter behält im Verstext über weite Strecken den Wortlaut und das Reimgebäude der Vorlage bei, seine Verse sind aber häufig länger und weniger regelmäßig. Die Szene verbleibt in Flandern, doch werden einige Ortsnamen durch norddeutsche ersetzt; auch bekommen einige Tiere neue Namen. Die Intentionen des Bearbeiters sind an den offenbar gutteils neu formulierten Glossen sowie an jenen Änderungen im Verstext, die über eine reine Übersetzung hinausgehen und nicht durch die sprachliche Entfernung zur mndl. Vorlage bedingt sind, zu erkennen. Es handelt sich um Erweiterungen, Kürzungen und Umdichtungen von kürzeren und längeren Stellen. Nicht jede Änderung, die zu einem dieser drei Typen gehört, kann jedoch auf diese Weise gedeutet werden: Es gibt Erweiterungen, die durch den Einsatz der Dialogus-Holzschnitte (am auffälligsten der Aufzug der Vögel am Anfang des 2. Buches) und Kürzungen, die durch die allmählich zunehmende Ermüdung des Bearbeiters (am auffälligsten die Auslassungen in der Darstellung des Zweikampfs im 4. Buch) zu erklären sind. Einem vierten Änderungstyp, der Umstellung, verdankt die Dichtung zwar ihre Gliederung in vier Bücher und die Vorreden des 3. und 4. Buchs (GOOSSENS, 1980), doch trägt er nicht zur Einsicht in diese Problematik bei. Einige Schlüsselstellen sind die neu eingebaute Vergewaltigungsszene vv. 1090 bis 1166, der in Einzelheiten geänderte Kampf zwischen Hyntze und der Familie des Priesters vv. 1167 bis 1223, der umgestaltete zweite Teil von Reynkes Beichte vv. 3841–4071, die erste große Auslassung in Rukenauwes Rede zwischen vv. 4542 und 4543. Sie zeigen Merkmale, die sich auch in den Glossen finden, und bestätigen die Schlüsse, die aus diesen zu ziehen sind: Die Dichtung verliert in der Übertragung ihren Charakter als Fürstenspiegel. Zielpublikum ist vielmehr eine städtische Gesellschaft, deren soziale Einstufung umstritten ist (die 'einfachen Leute', SCHWENCKE, 1965; die 'Herren', OKKEN, 1971). Der Bearbeiter ist bemüht, in einem Sündenspiegel nach dem Konzept von *fabelen unde uthleggynge* den Fuchs als figura diaboli darzustellen (L. SCHWAB, 1971). Umgekehrt nimmt er trotz Kritik die Kirche und die Geistlichkeit in Schutz. Seine Deutung des Erzähltextes verweist auf seine 'didaktisch paränetischen Intentionen [...] und legt sein sozialethisches, seelsorgerisches Anliegen frei; diese [...] lehrhafte Auffassung stellt die Dichtung in eine Reihe vergleichbarer pastoral-theologischer Erbauungsschriften im Lübeck des ausgehenden 15. Jh.s' (MENKE, 1975/76, S. 106) aus der Mohnkopf-Offizin und aus der Druckerei des Steffen Arndes.

Schon 1884 vermutete BIELING, daß der Bearbeiter ein Lübecker Ordensgeistlicher war. SCHWENCKE sieht hinter der in einer anti-modernistischen Theologie begründeten, 'volksmissionarischen' Absicht den Vertreter eines Schriftstellerkreises aus dem Lübecker Franziskanerkloster, was plausibel, aber nicht zwingend ist. Konkretere Aussagen sind nicht möglich. Der Name Hinrek von Alckmer in der ersten Vorrede verweist, wie schon GRIMM 1834 vermutete, auf den Bearbeiter der ndl. Vorlage; die Auffindung der Culemannschen Bruchstücke hat die Existenz der von ihm angenommenen Zwischenstufe und somit seine Identifizierung bestätigt. Auch andere Zuschreibungen der Verfasserschaft des 'RdV' halten der Kritik nicht Stand. Das gilt für den herzoglichen mecklenburgischen Sekretär Nicolaus Baumann, den Rostocker Stadtsekretär und Drucker Hermann Barckhusen und den im ältesten Mohnkopf-Druck in einem Akrostichon erscheinenden → Hans van Ghetelen (zur Forschungsliteratur vgl. u. 6.). Mehrere Eulenspiegel-Forscher neigen ohne ausreichende Fundierung in letzter Zeit dazu, Hermen → Bote als Verfasser anzusetzen; diese These ist neuerdings methodisch völlig unzulässig von WORM ausgearbeitet worden.

5. Zur Wirkungsgeschichte. Die Wirkung des 'RdV' in der Neuzeit ist sehr groß gewesen. Nd. Nachdrucke von ca. 1510 (verloren, aber rekonstruierbar, HESELHAUS, 1986) und 1517 sind mit der Inkunabel fast identisch, ein weiterer Nachdruck von 1539, der seinerseits bis weit ins 17.Jh. nachgedruckt wird, gestaltet die Glosse in humanistisch-protestantischem Sinne um. Eine dänische Übersetzung dieser Fassung (1555) bildet den Anfang einer skandinavischen Tradition. Eine kürzende hd. Übertragung von 1544 wird bis ins 17.Jh. zwanzigmal nachgedruckt und ihrerseits 1567 von Hartmann Schopper ins Lat. übertragen (ebenfalls wiederholt nachgedruckt und in mehrere andere Sprachen übersetzt). Eine barocke Bearbeitung der hd. Fassung mit einer großen Variation in der poetischen Gestaltung des Textes von 1650 wird ihrerseits am Ende des 17.Jh.s in Prosa umgeschrieben und vereinfacht; auch dieses 'Volksbuch' erlebt zahlreiche Auflagen. Auf der Grundlage der Hackmannschen Ausgabe von 1711 und der protestantischen nd. Glosse schreibt Gottsched 1752 seine Übersetzung 'Reineke der Fuchs'. Mit Goethes Bearbeitung 1793 entsteht ein Text, der bis heute zu zahlreichen Bearbeitungen und Übersetzungen Anlaß gegeben hat; das Werk ist dabei immer mehr zum Kinder- und Jugendbuch geworden. Besondere Erwähnung verdienen noch die anonyme Bearbeitung 'Reineke Fuchs am Ende des philosophischen Jahrhunderts' (1797) und Adolf Glaßbrenners 'Neuer Reineke Fuchs' (1846).

6. Schwerpunkte der Forschung. Vgl. zu dieser Problematik auch das Stichwortverzeichnis bzw. das Sachregister in den Bibliographien von GEERAEDTS und MEURER. Beliebte Forschungsthemen sind die Werkinterpretation, die Stellenexplikation, die Eigennamen, die rechtshistorische Problematik, die Ikonographie, die Rezeptions- und Wirkungsgeschichte. Zwei weitere Fragen philologischer Art sind für die Interpretation wichtig gewesen: das Vorlagenproblem, dessen Untersuchung zu einem differenzierteren literarischen Textverständnis führte, und die Verfasserfrage, die nur durch eine Verfeinerung dieses Verständnisses sinnvollerweise beantwortet werden konnte. Die Forschung des 19.Jh.s konzentrierte sich zunächst stark auf die Suche nach einem konkreten Verfasser (GRIMM: s. o.; LISCH, 1839: Baumann; ZARNCKE, 1853: Barckhusen; in dieser Tradition auch BRANDES, 1914: Ghetelen), doch gab es schon früh Ansätze einer Skizzierung der Persönlichkeit, die sich im Text zu erkennen gibt, ohne diese mit einem Namen zu verbinden; diese Betrachtungsweise tritt seit den 1930er Jahren in den Vordergrund: ihre Aussagen sind immer konkreter geworden (BAUCKE, 1932/33; FOERSTE, 1960; SCHWENCKE, 1965; L. SCHWAB, 1971). Eine neue Textanalyse, die die Vorlagenfrage nicht genügend berücksichtigt, kommt zu soziologisch gefärbten Aussagen, deren Anwendbarkeit auf den nd. Text stark eingeschränkt werden muß (LENK, ²1976; RÖCKE, 1980; KOKOTT, 1981). Die Untersuchung des Verhältnisses von 'RdV' zur ndl. Überlieferung wurde zunächst von den Fortschritten in der Kenntnis der Texte bestimmt (SUHLS Ausg.

der Prosa-Inkunabel 1783, GRÄTERS Ausg. von Reynaert I 1812, GRIMMS Ausg. eines Ende des 18. Jh.s von VAN WIJN entdeckten Fragments von Reynaert II 1834, WILLEMS' Ausg. von Reynaert II 1836, HOFFMANNS VON FALLERSLEBEN Nachdruck der bis dahin kaum bekannten Culemannschen Bruchstücke 1862, MARTINS Ausg. des ältesten Druckes des Volksbuchs 1876). Eine Synthese des Kenntnisstandes leistete PRIEN 1882. Die synoptische Edition der ndl. Überlieferung vor 1500 durch HELLINGA 1952 gab der Untersuchung dieser Frage neuen Antrieb, was zu einer Verfeinerung der Ergebnisse PRIENS führte (FOERSTE, 1960; KROGMANN, 1964; HEEROMA, 1970; Naar de letter 5, 1972; BEERSMANS, 1972; WITTON, 1980; GOOSSENS, Einl. Edition, 1983). Wirkungsgeschichtliche Fragen (die Bibliographie in der 1. Aufl. von PRIENS Ausgabe bleibt hier eine unentbehrliche Grundlage) stehen in letzter Zeit stärker im Vordergrund.

Literatur. Die Lit. über 'RdV' bis 1977 bei MEURER, in: GOOSSENS/SODMANN, S. 324–364, über die ndl. Fassungen zwischen 1947 und 1976 bei GEERAEDTS, in: ebd., S. 282–323, und vor 1944 gutteils in der 3. Ausg. von G.W. MULLER, Van den Vos Reinaerde, Leiden 1944. Die folgende Liste ist stark selektiv, vor allem im Bereich der älteren Forschung. Aus der Lit. zu den ndl. Texten sind nur Titel aufgenommen, auf die im Artikel verwiesen wird (von den Editionen nur HELLINGA).

J. GRIMM, Reinhart Fuchs, Berlin 1834 (Nachdr. 1974); G.C.F. LISCH, Gesch. der Buchdruckerkunst in Mecklenburg, Jb. d. Ver. f. mecklenburg. Gesch. u. Alterthumskde 4 (1839); F. ZARNCKE, Zur Frage nach dem Verf. d. Reineke, ZfdA 9 (1853) 374–388; F. PRIEN, Zur Vorgesch. des 'RV', PBB 8 (1882) 1–53; A. BIELING, Die 'R.-Fuchs'-Glosse in ihrer Entstehung u. Entwicklung, Progr. Berlin 1884; H. SELTZ, Der Versbau im 'RV', Diss. Rostock 1890; H. BRANDES (Hg.), Die jüngere Glosse zum 'RdV', 1891; ders. (Hg.), Dat Narrenschyp von Hans van Ghetelen, 1914; L. BAUCKE, Das mnd. Narrenschiff u. seine hd. Vorlage, NdJb 58/59 (1932/33) 115–164; E. SCHAFFERUS, Der Verf. der jüngeren Glosse zum 'RdV', Diss. Hamburg 1933; W. Gs. HELLINGA (Hg.), Van den vos Reynaerde. I. Teksten. Diplomatisch uitgegeven naar de bronnen vóór het jaar 1500, Zwolle 1952; W. FOERSTE, Von Reinaerts Historie zum 'RdV', Münstersche Beiträge z. nd. Philol. (Nd. Stud. 6), 1960, S. 105–146; W. KROGMANN, Die Vorlage des 'RdV', NdJb 87 (1964) 29–55; O. SCHWENCKE, Ein Kreis spätmal. Erbauungsschriftsteller in Lübeck, NdJb 88 (1965) 20–58; I. MEINERS, Schelm u. Dümmling in Erzählungen d. dt. MAs, 1967; K. HEEROMA, Henric van Alckmaer, Versuch einer neuen Würdigung, NdJb 93 (1970) 16–35; L. OKKEN, 'RdV' u. die Herren Lübecks, Nd. Wort 11 (1971) 7–24; L. SCHWAB, Vom Sünder zum Schelmen (Frankfurter Beitr. z. Germanistik), 1971; Reinaert de vos (Ausstellungskatalog: Naar de letter 5), Utrecht 1972; F. BEERSMANS, Die Stellung des Goudaer Prosadrucks u. des Reimdrucks Henrics van Alckmaer im Stemma des Reinaert II, NdJb 95 (1972) 132–152; C. SCHEFFLER, Die dt. spätmal. 'Reineke-Fuchs'-Dichtung u. ihre Bearbeitungen bis in die Neuzeit, in: E. ROMBAUTS/A. WELKENHUYSEN (Hgg.), Aspects of the medieval animal epic (Medievalia Lovaniensia Series I/Studia III), Leuven – The Hague 1975, S. 85–104; H. MENKE, Ars vitae aulicae oder descriptio mundi perversi, NdJb 98/99 (1975/76) 94–136; W. LENK, 'RdV'. Die Demaskierung der Feudalität u. die Chancen des Listigen, in: I. SPRIEWALD (Hg.), Grundpositionen der dt. Lit. im 16. Jh., ²1976, S. 149–175; J. GOOSSENS, Reynaerts u. Reynkes Begegnung mit dem Affen Marten, Nd. Wort 20 (1980) 73–84; J. GOOSSENS/T. SODMANN (Hgg.), Reynaert Reynard Reynke. Studien zu einem mal. Tierepos (Nd. Stud. 27), 1980, in diesem Buch neben den Bibliographien von GEERAEDTS und MEURER u.a. die folgenden Beiträge: N.D. WITTON, Die Vorlage des 'RdV', S. 1–159, R. VEDDER, Die Illustrationen in den frühen Drucken des 'RdV', S. 196–248, H. MENKE, Populäre 'Gelehrtendichtung' im Dienste d. reformatorischen Lehre, S. 249–281; W. RÖCKE, Fuchsjagd u. höfischer Friede, in: Adelsherrschaft u. Lit. (Beitr. z. älteren dt. Lit.gesch. 5), 1980, S. 259–310; H. KOKOTT, 'RdV' (UTB 1031), 1981; L. WORM, 'RdV', Ein Beitrag zur Verfasserfrage, Diss. Giessen 1984; P.W.M. WACKERS, De waarheid als leugen, Een interpretatie van Reynaerts Historie, Utrecht 1986; D. HESELHAUS, Der Rostokker *Reyneke Voss* von 1510 u. seine Bedeutung innerhalb der nd. Reynke-Tradition d. 16. Jh.s, Nd. Wort 26 (1986) 31–53.

(1990)   JAN GOOSSENS

Ringoltingen → Thüring von R.

Rosenplüt, Hans

I. Leben.

1. H.R. ist der erste uns bekannte Handwerkerdichter in der deutschen Literatur. Er wurde um 1400 in der Umgebung von Nürnberg geboren. Wo er das Handwerk eines Panzerhemdenmachers (*sarwürht*) lernte, ist ungewiß. Nach Lehr- und vermutli-

chen Wanderjahren erwarb er 1426 das Bürgerrecht in Nürnberg. Bereits 1427 wird ihm hier das Meisterrecht in seinem Handwerk verliehen, was u. a. impliziert, daß er einen Hausstand gegründet und eine Werkstatt eingerichtet haben muß.

Während ihn die Nürnberger Ratsdokumente in den Jahren 1426/27 als H. R. führen, erscheint er in ihnen ab 1429 konstant als Hans Schnepperer (*Schneper, Sneprer, Snepprer* usw.). Seine Gedichte signiert er jedoch weiterhin mit H. R., gelegentlich auch mit dem Doppelnamen Schnepperer H. R. (REICHEL, 1985, S. 262–265, 82–98). Das hat in der Forschung vereinzelt zu Zweifeln an der Identität von R. und Schnepperer geführt, im Extrem sogar zur Annahme zweier Autoren für das Werk (KIEPE, S. 274–304). Wenngleich die Identität nicht eindeutig zu erweisen ist und dunkel bleibt, warum R. seinen bürgerlichen Namen gewechselt haben sollte, spricht bislang mehr dafür als dagegen, daß sich beide Namen auf dieselbe Person beziehen.

Anfang der dreißiger Jahre wechselte R. ins benachbarte, zukunftsträchtigere Handwerk der Rotschmiede (Metall-, d.h. Messinggießer) über, das in Nürnberg zu den ältesten gehörte und besonders hoch entwickelt war. Um auswärtiger Konkurrenz vorzubeugen, durften Angehörige dieses Handwerks die Stadt nur mit besonderer Erlaubnis des Rates verlassen. Seinen Fachkenntnissen verdankte es R. wohl, daß er neben der Ausübung seines Berufes ab 1444 bis zum Lebensende als Büchsenmeister (Artillerist) auch im Dienst der Stadt stand. In dieser Eigenschaft nahm er am Krieg der Stadt gegen den Markgrafen Albrecht Achilles von Brandenburg teil, insbesondere an der Verteidigung von Lichtenau im Sommer 1449 und am entscheidenden Treffen bei Hembach (Juni 1450).

Im Unterschied zu späteren Nürnberger Handwerkerdichtern wie Hans →Folz und Hans Sachs scheint R. lange in eher bescheidenen Umständen (untere Mittelschicht) und erst ab etwa 1449 in finanziell gesicherteren Verhältnissen gelebt zu haben. Da sein Sold als Büchsenmeister am 4.6.1460 (mitten im städtischen Geschäftsjahr) letztmals ausbezahlt wurde, starb er sehr wahrscheinlich im Sommer 1460 (REICHEL, 1985, S. 151). Daß R. Spruchsprecher, Wappendichter oder Dominikanerbruder gewesen wäre, wie gelegentlich behauptet wurde, läßt sich historisch nicht belegen. Wann genau R. zu dichten begann, ist nicht festzustellen. Doch war er offensichtlich während seiner ganzen Nürnberger Zeit literarisch ungemein vielseitig tätig.

2. Unbekannt ist auch, auf welche Weise R. seine bescheidene, aber solide Bildung erwarb. Wie seine Gedichte zeigen, besaß er rudimentäre Lateinkenntnisse, verwendet häufig Fachterminologie von Musik, Astrologie und Temperamentenlehre und verfügte über theologische Grundkenntnisse. Mit der volkssprachigen Dichtung seiner Zeit muß er ungewöhnlich vertraut gewesen sein, denn er beherrscht überlegen die verschiedensten Gattungskonventionen der kleinen Reimpaargedichte und zeigt vor allem eine Flexibilität des Sprachstils, die vom sachlich unterkühlten Erzählen bis zum anspruchsvollen, dunklen, 'geblümten' Stil reicht. Außerdem scheinen Priamel und Fastnachtspiel vor allem durch ihn überhaupt erst literarisch geworden zu sein. Das meiste von alledem hat sich R. vermutlich im Laufe der Jahre autodidaktisch angeeignet.

II. Werke.
R.s Werk besitzt ein unverwechselbar eigenes Profil, doch setzt es in manchem das der Reden- und Märenautoren des 14. Jh.s, wie → Heinrichs des Teichners, Peter → Suchenwirts und Heinrich →Kaufringers, fort und weist auf das Folzens und Sachsens voraus. Im Unterschied zu den letzteren war R. kein Meistersinger. Zwar sind drei Lieder von ihm überliefert (s.u. 1. a und f), doch wirken sie formal eher einfach und volksliedhaft. Im Unterschied zu seinen Vorläufern versuchte sich R. als erster namentlich bekannter Autor im Fastnachtspiel. Von allen potentiellen Vorläufern und Nachfahren unterscheidet er sich durch seine vielseitige Pflege des Priamels. So besteht das Werk R.s im wesentlichen aus drei großen Teilkomplexen: kleinen Reimpaargedichten und Liedern, Priameln und Fastnachtspielen.

Den Umfang des Gesamtwerkes genauer zu bestimmen, ist besonders schwierig, denn zum einen existiert von R. – anders als beim Teichner, bei Suchenwirt und Kaufringer – keine Autorsammlung, und zum anderen scheint er entweder nicht das Interesse oder nicht die Möglichkeit besessen zu haben, so gewissenhaft für die Überlieferung seines Werkes zu sorgen wie Folz oder gar Sachs. Eine genaue Bestandsaufnahme wird zudem dadurch erschwert, daß literarische Gattungskonventionen den Gebrauch der Verfassersignatur in den von R. gepflegten Gattungen sehr unterschiedlich regeln.

Diese Schwierigkeiten haben dazu beigetragen, daß R.s Werk bislang editorisch und interpretatorisch nur unzureichend erschlossen ist. Die Texte sind weitverstreut und qualitativ sehr unterschiedlich ediert. Eine fundierte Untersuchung des gesamten Werkes fehlt, und daher ist auch dessen Stellung in der spätmittelalterlichen Literatur vorerst kaum in Umrissen zu erkennen.

1. Kleine Reimpaargedichte und Lieder.

In diesem Bereich ordnet sich R. noch am ehesten in bekannte literarische Traditionen ein. Mindestens 31 Texte, die über eine Fülle von Gattungen verteilt sind, lassen sich ihm zuschreiben. Weltliche Themen überwiegen dabei geistliche bei weitem, Erzählendes die Reden nur knapp. Die Souveränität, mit der R. über literarische Konventionen verfügte, gestattet ihm mehrfach, auch in diesem Bereich neue Wege einzuschlagen.

Überlieferung. R.s kleine Reimpaargedichte sind noch in 42 Hss. erhalten (REICHEL, 1985, S. 224–250, führt 39 auf, zu denen laut seiner brieflichen Mitteilung noch drei weitere hinzukommen). Die drei umfangreichsten Sammlungen finden sich in: Dresden, LB, Mscr. M 50 (D; Nürnberg, 1460–1462), Leipzig, UB, cod. 1590 (L; Nürnberg, 1460–1465) und Nürnberg, Germ. Nationalmuseum, cod. 5339a (F; Nürnberg, 1471–1473). Die Streuüberlieferung – Hss., die nur einen bis vier Texte enthalten – ist daneben ungewöhnlich breit. Die hs.liche Überlieferung setzt sporadisch bereits zu R.s Lebzeiten ein, erreicht einen Höhepunkt in den beiden Jahrzehnten nach seinem Tode und läuft gegen 1530 aus (REICHEL, 1985, S. 26–28). 'Der Lobspruch auf Nürnberg' ist mit 21 Hss. und zwei Drucken das bei weitem am breitesten und längsten überlieferte Gedicht R.s. Zwischen Reimpaargedichten und Liedern wird in den Hss. nicht erkennbar geschieden. Die Hss. entstanden bis auf wenige Ausnahmen sicher oder vermutlich in Nürnberg, das demnach für R.s Reimpaargedichte (wie für seine Priamel und Fastnachtspiele) das Tradierungszentrum war.

Von elf Reimpaargedichten sind auch insgesamt 15 Drucke (ca. 1488 – ca. 1530) bekannt (z.T. verschollen). Für die Drucker waren Erzählungen offenbar von größerem Interesse als Reden.

Eine Ausgabe dieses Teiloeuvres (mit Ausnahme der Mären) aufgrund der gesamten Überlieferung bereitet REICHEL vor (ATB).

a) Zeitgedichte und -lieder. Historische Bezüge oder Jahreszahlen erlauben es, diese Gedichte als einzige in R.s Werk einigermaßen sicher zu datieren. Sie verteilen sich über seine gesamte Nürnberger Zeit. Es fällt auf, daß sie fast alle mit Gebeten beginnen und schließen.

Ausgaben. 'Der Spruch von Böhmen': LILIENCRON, Hist. Volkslieder I, 1865, Nr. 61, S. 295–299. – 'Die Hussenflucht': ebd., Nr. 68, S. 332–340. – 'Der Markgrafenkrieg': ebd., Nr. 93, S. 428–437. – 'Das Lied von den Türken': ebd., Nr. 109, S. 503–512. – 'Auf Herzog Ludwig von Bayern': ebd., Nr. 110, S. 512–520. – 'Der Lobspruch auf Nürnberg': G. LOCHNER, Der Spruch von Nürnberg, beschreibendes Ged. d. H.R. genannt Schnepperer, Nürnberg 1854. – 'Der Lobspruch auf Bamberg': O. HARTIG, H.R.s Lobspruch auf d. Stadt Bamberg mit dem Bamberger Stadtwappen, 86. Ber. d. hist. Ver.s f. d. Pflege d. Gesch. d. ehemaligen Fürstbistums Bamberg (1938) 6–24.

'Der Spruch von Böhmen' (1427) und 'Die Hussenflucht' (1431) schildern dramatisch Ereignisse aus den Kriegszügen von Reichsheeren gegen die Hussiten, die gerade in diesen Jahren die an Böhmen angrenzenden Länder immer wieder heimsuchten und verwüsteten. In beiden Gedichten stehen die Flucht eines Reichsheeres und deren fragwürdige Gründe – Zwietracht, Habgier und Feigheit der Fürsten – im Mittelpunkt. Dabei billigt R. einzelnen Anführern durchaus auch noble Motive zu, betont aber direkt und indirekt nachdrücklich, daß den Preis für das Fehlschlagen dieser Unternehmungen jeweils vor allem das tapfere Fußvolk zu bezahlen hatte.

Während R. an diesen Hussitenzügen wohl nicht selbst beteiligt war, beschreibt er die Kämpfe der Reichsstadt Nürnberg mit ihrem Erzfeind, dem Markgrafen Albrecht Achilles, in 'Der Markgrafenkrieg' (1453) als Augenzeuge. Dieser Krieg war Teil weitverbreiteter Auseinandersetzungen zwischen

Fürsten und Städten in der Mitte des 15. Jh.s. Ohne den Gegner völlig zu verteufeln, schildert R. hier nicht nur den Elan und die Tapferkeit der städtischen Truppen im Kampf, der Büchsenmeister nicht vergessend, sondern abschließend auch die Effizienz, mit der die Versorgung der Stadt während des Krieges gewahrt blieb. So dokumentiert er vielfältig das Beharrungsvermögen seiner Stadt, auf die er offenkundig stolz ist (vgl. auch → 'Markgrafenkrieg').

'Das Lied von den Türken' (1458/59) richtet sich metaphorisch verschlüsselt durchweg an Kaiser Friedrich III. und fordert ihn eingangs zur Verteidigung des Reiches gegen die Türken auf, die sich nach der Einnahme von Konstantinopel (1453) rüsteten, den Balkan zu erobern. Intensiver noch mahnt R. den Kaiser, die Ordnung und Einheit im Reich selbst wiederherzustellen. Die in älteren historischen Liedern verbreitete Tiermetaphorik kompliziert R. hier so weit, daß dieses politische Lied fast zum Rätsellied wird. Eine erste kürzere Fassung des Liedes (Hs. L) bezog sich nicht auf die Türken, sondern die *jecken*, d.h. die Armagnaken (KIEPE, S. 276 mit Anm. 12). Sie entstand vermutlich 1444 während des Armagnakeneinfalls, den König Friedrich heraufbeschwor, als er die Franzosen um Hilfe gegen die Eidgenossen bat. Das kürzere Lied klagt den König ungewöhnlich heftig an.

Im Gewande einer Suchenwirtschen Ehrenrede – bis hin zu den 'geblümten' Stilelementen der traditionellen Spaziergangseinleitung – kommt hingegen 'Auf Herzog Ludwig von Bayern' (1460) einher. Neben dem Bayernherzog rühmt R. auch zahlreiche andere Fürsten, u.a. sogar den Markgrafen Albrecht, anläßlich eines eben zwischen diesen Fürsten geschlossenen Friedens. Damit wandelt sich R. jedoch nicht plötzlich zum Fürstendiener. Er stellt vielmehr, ähnlich wie im Türkenlied, den Frieden im Reich über alle anderen Interessen (REICHEL, 1985, S. 209–211). Das Gedicht könnte R.s letztes Werk überhaupt gewesen sein.

Mit den Lobgedichten auf Nürnberg (1447) und Bamberg (ca. 1459) schuf R. einen neuen literarischen Typ, den später z.B. auch Kunz → Has und Hans Sachs pflegten. In beiden Gedichten preist R. katalogartig gereiht die spezifischen Vorzüge der jeweiligen Stadt, doch nur aus dem über Nürnberg spricht unverkennbar der Stolz des Bürgers auf die eigene Stadt. Nürnberg erscheint hier, wie zu erwarten, als Hort des Handels, des Handwerks und der Wissenschaft wie als fünfteiligste Stadt der Welt. Doch setzt R. auch eigenwilligere Akzente, indem er detailliert z.B. (an erster Stelle überhaupt) die Sozialfürsorge der Stadt, ferner den Schönen Brunnen und den blinden Organisten Konrad Paumann rühmt. Historischen Scharfsinn beweist er, wenn er die spezifische Regierungsform, d.h. die Ratsherrschaft, ohne Einfluß von Zünften oder Stadtherren, als einen der Gründe für die Blüte der Stadt betrachtet. – Nicht R. gehört die → 'Sag von Nürnberg'.

b) Geistliche Erzählungen. Im Vergleich zu den Zeitgedichten oder den Mären nimmt diese Gruppe unter R.s kleinen Reimpaargedichten nur einen schmalen Raum ein. Hier greift R. meist verbreitete Stoffe und Motive auf und stellt die Erzählung ganz in den Dienst der Lehre.

Ausgaben. 'Die Kaiserin zu Rom': KELLER, Fsp. III 1139–1149. – 'Der König im Bad': H.-J. MÜLLER, Überlieferungs- u. Wirkungsgesch. d. Pseudo-Strickerschen Erzählung 'Der K. i. B.', Unters. u. Texte, 1983, S. 239–248. – 'Der kluge Narr': H. LAMBEL, Der k. N. von H.R., (WAGNERS) Arch. f. d. Gesch. dt. Sprache u. Dichtg. 1 (1874) 212–221.

'Die Kaiserin zu Rom' ist mit 460 vv. die längste Erzählung R.s überhaupt und dasjenige seiner Werke, das offenbar am häufigsten (dreimal) im Druck erschien. R. legt dieser Erzählung den bekannten → 'Crescentia'-Stoff zugrunde, ohne daß eine bestimmte Quelle festzustellen ist. Er läßt die Kaiserin, die Verführungen standhaft abweist, deswegen verleumdet und verurteilt, aber schließlich rehabilitiert wird und ins Kloster geht, ausführlich in Dialogen und Gebeten selbst zu Wort kommen und macht sie dadurch zu einem Muster ehelicher Treue und Gottvertrauens. Albrecht → Baumholz verarbeitete R.s Erzählung später in einem Meisterlied.

'Der König im Bad' basiert ebenfalls auf einem internationalen Erzählstoff, der in der deutschen Literatur schon Ende des 13. Jh.s auftaucht (→ 'Der König im Bad'). R.s Vorlage ist wiederum nicht zu ermitteln. Seine Fassung ist gegenüber der früheren stark gerafft; selbst das erzählerisch reizvolle Doppelgängermotiv setzt er fast ausschließlich zur exemplarischen Bestrafung königlichen Hochmuts ein.

'Der kluge Narr' steht zwischen Erzählung und Rede. Hier gebietet ein Bischof in recht konventioneller Weise seinen Dienern bei Strafe, in der Karwoche Wein, Weib und Würfelspiel zu meiden. Sein Narr hingegen denkt sich wirkungsvollere Bußübungen für ihn aus: Der Bischof soll jeden Tag neun Menschen bewirten: drei kirchenferne Hirten, um ihnen die Passion Christi erstmals nahezubringen, drei Spieler, um sie am Fluchen, und drei Huren, um sie an der Ausübung ihres Gewerbes zu hindern; er soll ferner täglich sein Essen zur Hälfte mit den Armen teilen und für sein Seelenheil, seine Feinde sowie für alle seine hartarbeitenden Bauern beten – eine Mischung von Witz und Commonsense, die für R. besonders typisch ist.

c) Geistliche Reden. Auch sie sind in R.s Werk nicht eben zahlreich vertreten, zeigen jedoch wichtige Aspekte seiner Sprachkunst, da sie meist stilistisch anspruchsvoller sind als seine anderen Gedichte.

Ausgaben. 'Die Turteltaube': J. DEMME, Stud. über H. R., (Diss. Münster) 1906, S. 78–94. – 'Unser Frauen Schöne II': ebd., S. 113–128 (zur Unterscheidung dieser Rosenplütschen Rede vom 'Frauenkranz' des →Harder [= 'Unser Frauen Schöne I'] vgl. T. BRANDIS, Der Harder, 1964, S. 109–113). – 'Die Welt': K. EULING, Zwei ungedruckte R.sche Sprüche, ZfdA 32 (1888) 436–441. – 'Die Woche': J. BOLTE, Die Wochentage in d. Poesie III, Herrigs Arch. 99 (1897) 16–22. – 'Die Beichte': KELLER, Fsp. III 1098–1103.

'Die Turteltaube' und 'Unser Frauen Schöne' sind dem Lobe Marias gewidmet. Dabei zieht R. alle Register des 'geblümten' Stils (Genitivumschreibungen, ausgefallene Wörter, Reime und Bilder), dessen eine Domäne schon seit →Konrad von Würzburg und →Frauenlob der Marienpreis ist. An welchen Vorbildern R. sich dabei orientiert, ist noch unklar (Harder?). Während 'Die T.' Maria abwechselnd preist und darum anfleht, die Christen vor der Hölle zu bewahren, steht in 'U.F.S.' ihre Schönheit im Zentrum. Hier verwendet R. auch das rhetorische Muster des Schönheitspreises (allerdings in umgekehrter Richtung: vom Fuß zum Kopf) und ergeht sich in theologischen Spekulationen über Marias Verhältnis zur Trinität.

Leichter 'geblümt' sind 'Die Welt' und 'Die Woche'. 'Die Welt' klagt vehement die Sündhaftigkeit der Welt an. Dabei mischt R. konventionelle und ausgefallenere negative Attribute und entwirft im Kontrast dazu abschließend ein Bild göttlicher Schöpfungsharmonie (Elemente, Metalle, Planeten). 'Die Woche' ordnet hingegen jedem Wochentag ein anderes geistliches Thema für Meditation und Gebete zu: dem Montag das Fegefeuer, dem Dienstag die Trinität, den drei folgenden Tagen die Passion, dem Samstag Maria und dem Sonntag Messe, Reue über Sünden und Dank für Erlösung. In die drei letzteren Gedichte flicht R. mehrfach lat. Verse und Phrasen ein, wohl weniger um mit Wissen zu prunken, als vielmehr um die Dignität seines Gegenstandes zu betonen.

'Die Beichte' ist weitgehend frei von rhetorischem Schmuck und pragmatischer orientiert, denn hier bietet R. einen Beichtspiegel, d.h. er reiht verschiedene Kategorienbündel (fünf Sinne, sechs Werke der Barmherzigkeit, sieben Todsünden, sieben Sakramente, zehn Gebote und Credo), mit Hilfe derer der einzelne sein Gewissen erforschen kann. Darin, sowie in Betrachtungen über Reue, Beichte und Buße, folgt R. Mustern, die in Vers und Prosa im 14. und 15. Jh. weitverbreitet waren.

d) Mären. R. gilt neben dem →Stricker, Kaufringer und Folz als einer der vier großen Märendichter des MAs (FISCHER, Stud., S. 152–156). Die Zahl der ihm zuzuschreibenden Texte ist dennoch bis heute umstrittener als bei anderen Typen kleiner Reimpaargedichte. Diese Schwierigkeit könnte u.a. damit zusammenhängen, daß Autoren der Zeit Mären weniger konsequent signierten als Reden.

Ausgaben. 'Der Barbier': FISCHER, Märendicht., Nr. 17a/b, S. 144–161. – 'Der Hasengeier', ebd., Nr. 18a/b, S. 162–173. – 'Die Tinte': ebd., Nr. 19, S. 174–177. – 'Der Knecht im Garten': ebd., Nr. 20, S.

178–187. – 'Der fahrende Schüler': ebd., Nr. 21a/b, S. 188–201. – 'Die Wolfsgrube': ebd., Nr. 22, S. 202–209. – 'Der Wettstreit der drei Liebhaber': ebd., Nr. 23, S. 210–216. – 'Der fünfmal getötete Pfarrer': ebd., Nr. 24, S. 217–226. – 'Die Disputation': ebd., Nr. 25, S. 227–238.

Über die Echtheit der ersten sieben Texte ist sich die Forschung heute weitgehend einig. Das Urteil über die letzten beiden schwankt: Während z.B. REICHEL, 1985, S. 95f., beide (NIEWÖHNER, in: ¹VL III 1100, nur den 'Pfarrer') für nichtauthentisch hält, betrachten u.a. FISCHER und GLIER sie als authentisch.

Im Unterschied zu seinen geistlichen Erzählungen und Reden verwendet R. in seinen Mären einen streng funktionalen Sprachstil, der vor allem dazu dient, die Handlung energisch voranzutreiben. Auch die Figuren gewinnen in Dialogen oder Monologen nur selten etwas individuellere Konturen. Die meisten Texte bleiben daher im Umfang unter 200 vv. Schwänke dominieren und handeln fast ausschließlich von Ehebruch. Der Ehebrecher ist zumeist ein Pfaffe, der gelegentlich – wie in 'Der fahrende Schüler' – mit dem Schrecken, doch ohne Kleider davonkommt, aber manchmal – in 'Der Hasengeier' und 'Die Wolfsgrube' – auch mit Kastration bestraft wird. Trotzdem trifft am Schluß den betrogenen Ehemann oder Liebhaber eher der Spott als die gewitzte Frau oder ihre Helfer ('Der Barbier', 'Die Tinte', 'Der Knecht im Garten', 'Der Wettstreit der drei Liebhaber'). Wie in anderen Mären der Zeit steht das moralische Urteil in Pro- oder Epimythion oft in einem eigentümlichen Spannungsverhältnis zur Erzählung selbst. Daß R. in seinen Mären Sexuelles häufig direkt anspricht oder nur schwach verhüllt schildert, hat ihm in der Forschung bis vor kurzem viel moralische Entrüstung eingetragen. Hier ergeben sich enge Parallelen vor allem zwischen R.s Mären und den frühen Fastnachtspielen.

Frei von sexueller Thematik sind nur 'Der fünfmal getötete Pfarrer' und 'Die Disputation', die schwankhaft Probleme behandeln, die auch anderweit in R.s Werk anklingen. In 'Der f. g. P.' wird die Leiche eines zufällig getöten Pfarrers (samt der 'Schuld' an seinem Tod) von Haus zu Haus transportiert, bis sie schließlich am Altar seiner Kirche landet. Im Handlungsschematismus Mären wie 'Die Wolfsgrube', 'Der Wettstreit der drei Liebhaber' und 'Die Disputation' ähnlich, stellt 'Der f. g. P.' mit schwarzem Humor Mangel an Gemeinschaftssinn bloß. Dagegen steht im Zentrum von 'Die D.' eine Auseinandersetzung zwischen Christen und Juden. Obwohl sie mit der Niederlage der Juden endet, ist sie frei von den bei anderen Autoren üblichen antisemitischen Brutalitäten und reflektiert das Verhältnis von Siegern und Besiegten durchaus schillernd und mehrdeutig (GLIER, S. 145–148).

R. verwendet zwar verbreitete Schwankstoffe und -motive (z.B. in 'Der Knecht im Garten', 'Der fahrende Schüler' oder 'Der Wettstreit der drei Liebhaber'), doch sind, wie in seinen geistlichen Gedichten, unmittelbare Vorlagen bislang nicht greifbar (FROSCH-FREIBURG). – 'Spiegel und Igel' und 'Der Bildschnitzer von Würzburg' (FISCHER, Märendicht., Nr. 15 u. 16) sind sehr wahrscheinlich nicht zu R.s Mären zu rechnen (REICHEL, 1985, S. 96f.).

e) Die weltlichen Reden bilden die uneinheitlichste Gruppe von R.s kleinen Reimpaargedichten. Sie sind stilistisch nicht so breit gefächert wie die geistlichen; ähnlich wie Suchenwirt 'blümt' R. hier vor allem in den Spaziergangseinleitungen. In den weltlichen Reden tauchen wiederholt priamelartige Partien auf.

Ausgaben. 'Der Priester und die Frau': J. DEMME, Stud. über H.R., (Diss. Münster) 1906, S. 45–62. – 'Die sechs Ärzte': KELLER, Fsp. III 1083–1088. – 'Der Müßiggänger': ebd., S. 1152–1157. – 'Das Lob der fruchtbaren Frau': DEMME, S. 62–77. – 'Die fünfzehn Klagen': K. GOEDEKE, Pamphilus Gengenbach, Hannover 1856, S. 403–410. – 'Die meisterliche Predigt': KELLER, Fsp. III 1158–1161. – 'Die drei Ehefrauen': K. EULING, Zwei ungedruckte R.sche Sprüche, ZfdA 32 (1888) 441–445.

'Der Priester und die Frau' und 'Die sechs Ärzte' mischen Geistliches und Weltliches ähnlich wie viele Teichnerreden. In ersterem geht es im Dialog eines Priesters und einer Frau um den Vorrang von Priestern oder Frauen, wobei jeder der Partner den Stand des anderen höherstellt. Sie einigen sich schließlich darauf, daß beiden größte Hochachtung gebührt (was R.s literarischer Praxis in den Mären z. B. diametral entgegengesetzt ist). In 'Die sechs Ärzte' plädiert R. dafür, daß jeder Mensch dreier leiblicher (Koch, Weinschenk, Bader) und dreier geistlicher Ärzte (Prediger, Beichtvater, Christus) bedarf, wobei Pragmatisches (wie Diät, Aderlaßregeln) und Spirituelles (Passion) eng nebeneinanderrücken. Geistliche Argumente zieht R. teils auch in 'Der Müßiggänger' heran, wenn er den Arbeiter preist und den Faulenzer verdammt.

'Das Lob der fruchtbaren Frau' hingegen beginnt wie eine Minnerede, enthält Elemente des Marienpreises und wendet sich erst in der zweiten Hälfte überraschend dem Lob einer verheirateten Frau zu, die ein Kind erwartet. Hier meditiert R. sogar im Detail über das wunderbare Heranwachsen des Kindes im Mutterleib. Das Gedicht ist ein besonders gutes Beispiel dafür, wie souverän R. Gattungskonventionen der kleinen Reimpaargedichte beherrscht und mit ihnen experimentiert (GLIER, S. 143). Reine Minnereden fehlen in seinem Werk gänzlich.

'Die fünfzehn Klagen', 'Die meisterliche Predigt' und 'Die drei Ehefrauen' enthalten Klagen und Anklagen. In 'Die f. K.' kommen Vertreter verschiedener Stände und Gruppen zu Wort – z. B. Ehefrauen, Pilger, Handwerker, abschließend die Juden und der Dichter – und entwerfen ein detailliertes Bild sozialer Spannungen. 'Die m. P.' und 'Die d. E.' überschneiden sich thematisch, da beide aus unterschiedlichen Perspektiven Trinker, Spieler und Ehebrecher anklagen, 'Die m. P.' darüber hinaus Modegecken, nächtliche Randalierer, Kuppler und solche, die während der Messe über Frauen herziehen. Präzis erfaßte Detailrealismen und Drastik im Sexualbereich rücken diese Reden den Fastnachtspielen nahe. Der Trias von Buhler, Spieler und Trinker widmet Folz später jeweils eigene Reden.

'Der Einsiedel' und 'Der Frauenkrieg', in der Mehrzahl der Hss. mit der Signatur → Rosner versehen, sowie → 'Vom Pfennig', → 'Die Ärzte', → 'Stiefmutter und Tochter' und → 'Die drei Nonnen' (Nachtragsbd.) sind R.s Reden nicht zuzurechnen (zuletzt REICHEL, 1985, S. 90–92, 262).

f) Komisch-parodistische Lieder. Dieser Typ ist im Werk R.s nur schwach vertreten. Was R. in diesem Stil gedichtet haben mag, ist vermutlich in Priamel und Fastnachtspiele eingegangen.

Ausgaben. 'Der Bauernkalender': KELLER, Fsp. III, S. 1103–1107. – 'Lerche und Nachtigall': ebd., S. 1113 f.

Beide Lieder sind im Hildebrandston abgefaßt (→'Jüngeres Hildebrandslied'). 'Der Bauernkalender' führt anhand von Heiligenfesten durchs gesamte Kirchenjahr und feiert die spezifischen Früchte und Genüsse der Jahreszeiten. Dabei betont R. wiederholt übermütig, daß Leibesfreuden und Festefeiern dem Kirchenbesuch eher abträglich sind. In 'Lerche und Nachtigall' gibt R. spielerisch dem Gackern der Hennen und dem Blöken der Schafe den Vorrang vor dem Gesang der Vögel, teils aus ähnlichen Nützlichkeitsgründen wie der → König vom Odenwald. Er signiert dieses Lied mit seinem Bürgernamen Schnepperer, den er selbstironisch als 'Schwätzer' deutet.

Die Lügenrede 'Die Handwerker' (KELLER, Fsp. III 1135–38) stammt sehr wahrscheinlich nicht von R. (zuletzt REICHEL, 1985, S. 98; vgl. auch → Rosner), ebensowenig der 'Spruch, daß alles in der Welt gut geht' (hg. v. K. EULING, Eine Lügendichtg., ZfdPh 22 [1890] 317–320; → Lügenreden, 12. Vgl. REICHEL, S. 261).

2. Priamel.

Das Priamel, eine 'besondere Darbietungsform der Kurzgnomik' (FISCHER, Stud., S. 48), wurde als literarische Gattung fast ausschließlich im Nürnberg des 15. Jh.s gepflegt. R. gilt heute als ihr 'Klassiker' (EULING, 1905, S. 484), wurde jedoch schon im 15. Jh. so stark mit ihr identifiziert, daß sein Name in einer Hs. die weitverbreitete Bezeichnung 'Priamel' ersetzen konnte: *Etliche geistliche Sneperer* (München, cgm 713, 33ʳ, G. SIMON, S. 13, KIEPE, S. 2), ein Phänomen, das ähnlich auch bei → Freidank und dem Teichner zu beobachten ist. Da Priamel in der Regel anonym überliefert sind, ist es unmöglich, den Umfang des R.schen Priameloeuvres genau zu bestimmen. Aufgrund der gesamten Überlieferung hat KIEPE einen 'Werkkomplex R.' von 140 Priameln zusammengestellt (S. 45–53, Verzeichnis S. 389–404), der einen brauchbaren Näherungswert darstellt.

Überlieferung. Die drei Hss., welche die umfangreichsten Sammlungen von R.s kleinen Reimpaargedichten aufweisen, Hss. D, L und F, enthalten auch zahlreiche Priamel. Wesentlich umfangreichere Priamelsammlungen finden sich in drei weiteren Hss.: München, cgm 713 (B; Nürnberg?, ca. 1465 – ca. 1480); Wolfenbüttel, Hzg.-Aug.-Bibl., cod. 76. 3 Aug. 2° (K; Nürnberg, 1458 – ca. 1480); und ebd., cod. 2. 4 Aug. 2° (S; Nürnberg, um 1492), die wenig oder keine R.schen kleinen Reimpaargedichte überliefern, Hs. K jedoch auch Fastnachtspiele. Die Priamelsammelüberlieferung beginnt um 1460, dem vermutlichen Todesjahr R.s, ist dann einige Jahrzehnte sehr intensiv und läuft gegen 1530 aus. Sie konzentriert sich in der Hauptsache auf Nürnberg. Wir kennen noch 14 Hss. mit Priamelsammlungen. Hs.liche Streuüberlieferung und Drucke existieren zwar, bieten aber nur relativ wenig Textmaterial (KIEPE, S. 49–53). Die meisten Einzeltexte sind mehrfach überliefert, eine ganze Reihe bis zu zehn- und zwölfmal (KIEPE, S. 389–404). Nürnberg war in der 2. H. des 15. Jh.s das Tradierungszentrum für R.s gesamtes Werk. Dennoch scheinen die drei Teiloeuvres relativ eigene Wege gegangen zu sein, die sich indes verschiedentlich überschneiden.

Ausgaben. K. EULING, Hundert noch ungedruckte Priameln d. 15. Jh.s, 1887; ders., Das Priamel bis H.R., 1905, S. 484–583; K. WEIGEL, Priameln aus Wiener Hss., Leuv. Bijdr. 53 (1964) 154–180. – Eine Neuausgabe dieses Werkkomplexes R. hat KIEPE angekündigt.

R.sche Priamel umfassen meist 10–14 vv. und behandeln eine Fülle von Themen: von religiöser Unterweisung bis zur Nonsenspoesie. Besonders auffällig ist, daß R. das breite thematische Spektrum der Reden des 14. Jh.s (ausgenommen Minnereden und Ehrenreden) in seinen Priameln gleichmäßiger abdeckt als in seinen Reden. Ständelehre oder Pragmatisches (Hausstand, Gesundheit) erscheinen vor allem oder nur in Priameln. Im geistlichen Bereich sind durchweg, in der Ständelehre einmal (meist acht) Texte zu lockeren thematischen Zyklen geordnet. Priamel dienen R. im einen Extrem dazu, gedrängt und ernsthaft zu unterweisen, im anderen, derbe Komik zu entfesseln. Hier berühren sich seine Priamel motivisch und z. T. auch formal mit Fastnachtspielen besonders eng. R. versteht es zudem, ernsthafte Lehre durch witzige Pointen einzuprägen.

R.s Priamel und Reden sind inhaltlich mehrfach direkt aufeinander bezogen: so bietet z. B. das Priamel *Wer am suntag nit frü aufstet* (EULING, 1905, S. 526) eine Kürzestfassung der geistlichen Rede 'Die Woche' (1. c), und das Priamel *Wer sein haus woll wöl besachen* (EULING, 1887, Nr. 3) weist Parallelen zum 'Bauernkalender' (1. f) auf. Sprachlich wiederholt sich R. dabei kaum, denn den stilistischen Forderungen des Priamels – Prägnanz des Ausdrucks, überdurchschnittliche syntaktische Kompetenz und Sinn für Pointen – wird er überlegen gerecht. Ob sich R.s Reden und Priamel an ein unterschiedliches Publikum richteten, ist noch zu klären. Denkbar wäre, daß Priamel als 'volkstümlichere' Form zusätzlich Hörer oder Leser erreichen sollten, die für Reden nicht genügend Zeit oder Interesse besaßen. Priamel wie Fastnachtspiele könnten dazu gedient haben, das Publikum der volkssprachigen Literatur innerhalb der Mittelschicht und in die Unterschicht der Stadt hinein zu erweitern.

Den Priameln steht überlieferungsgeschichtlich (KIEPE, S. 338 f.) und stilistisch eine Gruppe von → 'Weingrüßen' oder '-segen' nahe, die R. in der Forschung gelegentlich zugeschrieben oder abgesprochen wird. Eine genaue Untersuchung darüber steht jedoch noch aus. Offen bleibt vorderhand ferner, ob – und wenn, welche – → 'Klopf-an'-Sprüche R. verfaßt hat. Hier schreibt ihm zumindest die Überschrift in einer Hs. einen Text zu (KELLER, Fsp. III 1149 f.). Da beide Texttypen ausschließlich oder vorwiegend anonym tradiert wurden, ergeben sich hier ähnliche Schwierigkeiten der Zuweisung wie bei den Priameln und Fastnachtspielen.

3. Fastnachtspiel.

R. ist der prominenteste Vertreter der frühen Nürnberger Fastnachtspieltradition. Wegen deren Anonymität hat die Forschung – z. T. aufgrund von fragwürdigen Kriterien – immer wieder versucht, R. ein Spielcorpus zuzuordnen, was vorerst noch zweifelhafter bleiben muß als bei den Priameln. Nur ein einziges Spiel dieser frühen Nürnberger Tradition trägt einen Autorennamen: drei von fünf Hss. schreiben 'Das Fest des Königs von England' H.R. zu.

Überlieferung. München, cgm 714 (M; Nürnberg?, 1455–1458); ferner Hss. D und F (s. o. 1.); Hamburg, SB u. UB, cod. ms. germ. 13 (P; Nürnberg?, um 1490); Donaueschingen, cod. A III 20 (H; Nürnberg, um 1490). In den Hss. F, P und H erscheint der Name H. R. in der letzten Zeile des Spiels, wenn auch nicht, wie meist in den kleinen Reimpaargedichten, im Reim. Für ein Spiel der frühen Tradition ist die Überlieferung ungewöhnlich breit.

Ausgabe. KELLER, Fsp. II, Nr. 100, 'Des Künig von Engellant Hochzeit', S. 761–767.

'Das Fest des Königs von England' ist kein Handlungs-, sondern ein einfaches Reihenspiel. Es beginnt mit einer Einladung an alle, von den Bürgern bis zu den Fürsten, zu einem Fest, das der englische König anläßlich der Hochzeit seiner Tochter mit dem Herzog von Orleans geben will. Darauf folgen die auf sechs Sprecher verteilten Beschreibungen von Preisen, die König und Königin, Braut und Bräutigam den vier Besten und dem Schlechtesten im Turnier sowie der besten Tänzerin verleihen wollen. Die Preise – Pferd, Halsband, Schwert, Ring (und Spange), Kranz, Esel – sind überaus kostbar und werden so detailliert wie präzis beschrieben. Die einzelnen Reden sind oder enthalten keine Priamel, werden aber vom Priamelstil geprägt. Die Wirkung des Spiels beruht ganz auf der Sprache und den durch sie evozierten Preziosen. Wenn diese Preise sexuelle Nebenbedeutungen haben, was im Fastnachtspiel wahrscheinlich ist, dann ist dieses Spiel so surrealistisch obszön wie kein anderes der frühen Tradition.

Das Inhaltsverzeichnis der Hs. M trägt die Überschrift: *Vasnacht Spil Schnepers*. Den Gattungskonventionen entsprechend enthält jedoch kein Spieltext dieser Hs. (auch R.s Stück nicht) einen Verfassernamen. In welcher Beziehung dieses Corpus von fast 50 Spielen (→'Rosenplütsche Fastnachtspiele') zu R. steht, harrt noch der Klärung.

Literatur. Bibliographien zu Teilbereichen des Werkes bei FISCHER, G. SIMON, KIEPE und REICHEL, 1985. C. WENDELER, Stud. über H. R., (WAGNERS) Arch. f. d. Gesch. dt. Sprache u. Dichtg. 1 (1874) 97–133, 385–436; G. ROETHE, in: ADB 29, 1889, S. 222–232; V. MICHELS, Stud. über d. ältesten dt. Fastnachtspiele (QF 77), 1896, S. 119–214; K. EULING, Das Priamel bis H. R. (German. Abhh. 25), 1905, S. 484–583; J. DEMME, Stud. über H. R., Diss. Münster 1906; H. NIEWÖHNER, in: ¹VL III, 1943, Sp. 1092–1110; FISCHER, Stud., 1968, 2. durchges. u. erw. Aufl. bes. v. J. JANOTA, 1983, B 105, S. 152–159, 385–390 u. Reg.; G. SIMON, Die erste dt. Fastnachtsspieltradition (Germ. Stud. 240), 1970, passim; F. FROSCH-FREIBURG, Schwankmären u. Fabliaux (GAG 49), 1971, S. 80–86, 142–144, 170–176, 193–198, 210–216; G. SCHRAMM, H. R. u. Hans Folz, in: Frk. Klassiker, hg. v. W. BUHL, 1971, S. 183–194; E. SIMON, Eine neuaufgefundene Sammelhs. mit R.-Dichtg.en aus dem 15. Jh., ZfdA 102 (1973) 115–133; D. BLAMIRES, Sexual Comedy in den Mären H. R.s, Trivium 11 (1976) 90–113; H. HOVEN, Stud. z. Erotik in d. dt. Märendichtg. (GAG 256), 1978, S. 255–266, 352 f., 360 f., 378 f.; F. LANGENSIEPEN, Tradition u. Vermittlung. Literaturgeschichtl. u. didaktische Unters. z. Hans Folz (Phil. Stud. u. Qu. 102), 1980 (Reg.); J. REICHEL, H. R. genannt Schnepper (ca. 1400–1460), in: Frk. Lebensbilder 9, 1980, S. 61–79; ders., Handwerkerleben u. Handwerkerdichtg. im spätmal. Nürnberg: H. R. genannt Schnepper, in: Lit. in d. Stadt, hg. v. H. BRUNNER (GAG 343), 1982, S. 115–142; H.-J. MÜLLER, Überlieferungs- u. Wirkungsgesch. d. Pseudo-Strickerschen Erzählung 'Der König im Bade' (Phil. Stud. u. Qu. 108), 1983, S. 118–147; J. REICHEL, Handwerk u. Arbeit im lit. Werk d. Nürnbergers H. R., in: Dt. Handwerk im SpätMA u. Früher Neuzeit, hg. v. R. ELKAR (Göttinger Beitr. z. Wirtschafts- u. Sozialgesch. 9), 1983, S. 245–263; H. KIEPE, Die Nürnberger Priameldichtg. (MTU 74), 1984, Reg.; H.-J. ZIEGELER, Erzählen im SpätMA (MTU 87), 1985, Reg.; J. REICHEL, Der Spruchdichter H. R., 1985; H. KUGLER, Die Vorstellung d. Stadt in d. Lit. d. dt. MAs (MTU 88), 1986, S. 181 f., 210 f.; I. GLIER, H. R. als Märendichter, in: Kleinere Erzählformen im MA, Paderborner Colloquium 1987, hg. v. K. GRUBMÜLLER/L. P. JOHNSON/H.-H. STEINHOFF, 1988, S. 137–149.

(1990) INGEBORG GLIER

'Rosenplütsche Fastnachtspiele'

Inhalt. I. Textcorpus. II. Überlieferung. Ausgaben. III. Anfänge u. Datierungen. IV. Aufführungspraxis. V. Formen. VI. Personal. VII. Sprachstil. VIII. Stoffe u. Themen. – Literatur.

I. Textcorpus.

Zu den 'R. F.', welche die früheste Nürnberger Fastnachtspiel-Tradition bis ca. 1460 repräsentieren, zählen (nach G. SIMON, S. 88 f.) folgende 55 Texte:

(Zur Zitierweise: K 15 usw. s. Ausg.; mhd. Titel nach KELLER, moderne nach einem bisher unveröffentlichten Gesamtverzeichnis der mal. dt. Spiele von LINKE.)

K 15: '*Von puolschaft I*' – 'Das Liebeswerben',
K 16: '*Wie frauen ein kleinôt aufwurfen*' – 'Wettstreit in der Liebe',
K 19: '*Von zweien eleuten*' – 'Eheliche Verdächtigungen',
K 39: '*Des Turken vasnachtspil*' – 'Des Türken Fastnachtspiel',
K 40: '*Die eefrau, wie sie iren man verklagt vor hofgericht*' – 'Das Hofgericht vom Ehebruch',
K 41: '*Der jüngling, der ain weip nemen wil*' – 'Wann man heiraten soll',
K 42: '*Ain verclagung vor dem officiall ...*' – 'Das Chorgericht I' ('*Das korgericht* I'),
K 45: '*Von sibenzechen pauren, wie sich ieclicher lobt*' – 'Bauernprahlereien I',
K 46: '*Von ainem edelman seiner frauen, die sich understuont ...*' – 'Der Bauer und der Bock',
K 47: '*Die verdient ritterschaft*' – 'Wie man Ritter wird',
K 48: '*Von ainem arzt genant maister Uncian ...*' – 'Meister Uncian',
K 49: '*Von kuchinspeis, die acht frauen verkauften*' – 'Von Kuchinspeis' ('Küchenspeise'),
K 59 (= K 95): '*Von junkfraun und gesellen*' ('Von Jungfrauen und Gesellen') – 'Mädchen und Burschen I',
K 65: '*Von der baurnheirat*' ('Bauernheirat') – 'Der Heiratsrat',
K 66: '*Vom münch Berchtolt*' – 'Mönch Berchtolt',
K 67: '*Der alt hannentanz*' – 'Der alte Hahnentanz',
K 68: '*Des Entkrist vasnacht*' – → 'Des Entchrist Vasnacht',
K 69: '*Der baurn rugvasnacht*' ('Der Bauern Ruckfastnacht') – 'Der Bauern Rügefastnacht',
K 70: '*Vom werben um die junkfrau*' – 'Vom Werben um die Jungfrau',
K 71: '*Aschermittwochvasnacht*' ('Vom Beichten') – 'Aschermittwochfastnacht',
K 72: '*Der vasnacht und vasten recht*' – 'Streit zwischen Fastnacht und Fastenzeit',
K 73: '*Von der vasnacht und vasten recht, von sulzen und broten*' – 'Prozeß zwischen Fastnacht und Fastenzeit',
K 74: '*Die grosz liebhabervasnacht*' – 'Liebhabervasnacht',
K 75: '*Die kaiserlich ritterfechten*' – 'Die feigen Ritter',
K 76: '*Der Gerdraut einsalzen*' – 'Gertraud einsalzen',
K 77: '*Vom maigtum einsalzen*' – 'Magdtum einsalzen',
K 78: '*Vom babst, cardinal und von bischoffen*' ('Vom Papst, Kardinal und von den Bischöfen') – 'Klerus und Adel',
K 79: '*Der künig ausz Schnokenlant*' – 'Der König aus Schnokenland',
K 80/81: '*... mit der kron*'/'*Luneten mantel*' – 'Krone' und 'Luneten Mantel',
K 82: '*Vom arzt mit den zwelf paurn*' – 'Die Roßkur I',
K 83: '*Der wiletzkinder vasnacht*' – 'Die Wiletzkinder',
K 84: '*Das actum vasnacht*' – 'Warum die Männer Frauen lieben',
K 85: '*Des arzts vasnacht*' – 'Die Harndiagnose',
K 86: '*Vom heiraten*' – 'Die verhinderten Ehemänner',
K 87: '*Die frauenschender vasnacht*' – 'Frauenverleumder vor Gericht',
K 88: '*Des baurn flaischgaden vasnacht*' – 'Ein Ehebrecher vor Gericht',
K 89: '*Der kurz hannentanz*' – 'Der kurze Hahnentanz',
K 90: '*Der blinten seu vasnacht*' ('Die blinden Säue') – 'Weltabkehr',
K 91: '*Ain einsalzen vasnacht*' ('Das Einsalzen') – 'Das Jungferneinsalzen',
K 92: '*Di maköcken pusz vasnacht*' – 'Büßerrevue',
K 93: '*Di ploben farb vasnacht*' – 'Die blaue Farbe',
K 94: '*Di vasnacht von der müllnerein*' ('Von der müllnerein') – 'Bauernprahlereien II',
K 95 (= K 59): '*Di jung rott vasnacht*' – 'Mädchen und Burschen II',
K 96: '*Von den siben meistern*' ('Von den sieben Meistern') – 'Die sieben freien Künste und die Liebe',
K 97: '*Der wittwen und tochter vasnacht*' – 'Die Witwe und ihre Tochter',
K 98: '*Die vier erzt vasnacht*' – 'Die vier Ärzte',
K 99: '*Di harnaschvasnacht*' – 'Die Geharnischten',
K 100: '*Des künig von Engellant hochzeit*' – 'Das Fest des Königs von England', Hans → Rosenplüt,
K 101: '*Die drei arztpüchsen*' – 'Die drei Arztbüchsen',
K 102: '*Der neu oficial*' – 'Die verklagten Ehemänner',
K 103: '*Di siben varb*' – 'Die sieben Farben',
K 104: '*Di karg baurnhochzeit*' – 'Die karge Bauernhochzeit',
K 108: '*... Wie drei in ein haus entrunnen*' – 'Drei Eheverweigerer',
K 109: ––– – 'Bauernrevue',
K 116: '*Die narren*' – 'Die Narren'.

Einstweilen ungeklärt ist (nach G. SIMON, S. 90), ob auch die folgenden 20 Stücke zu dieser frühen Tradition gehören. Es ist jedoch wahrscheinlich.

K 3: '*Von einem schweher, schwiger, tochter und eiden etc.*' – 'Ehekrieg',

K 9: ---- 'Lügenmärchen und Prahlreden',
K 10: ---- 'Ein Ehebruch-Prozeß',
K 11: '... *Von frauenriemen*' – 'Frauenpreis',
K 12: ---- 'Bäuerliche Ehekandidaten',
K 13: '... *Von der puolschaft* II' – 'Buhlerrevue',
K 14: '*Morischgentanz*' – 'Moriskentanz',
K 17: '... *Von fursten und herren*' – 'Das Aristotelesspiel',
K 18: '... *Von dem einliften finger*' – 'Der elfte Finger',
K 24: ---- 'Vier Bauern vor Gericht',
K 25: ---- 'Frag und Antwort',
K 26: ---- 'Das Narrenseil',
K 27: ---- 'Das ungleiche Paar',
K 28: ---- 'Bäuerlicher Großsprecher',
K 29: ---- 'Die Unersättlichen',
K 30: '*Die egen*' – 'Das Eggenziehen',
K 31: ---- 'Die böse Ehe I',
K 33: ---- 'Wettstreit im Frauenlob',
K 34: ---- 'Prozeß zweier Buhler',
K 52: '... *Von holzmennern*' – 'Die Holzfäller'.

II. Überlieferung. Die hs.liche Tradierung der 'R.F.' war fast ausschließlich auf Nürnberg konzentriert. Die vermutlich älteste uns bekannte Hs., München, cgm 714 (M; Nürnberg?, 1455–1458), enthält nicht nur die umfangreichste frühe, sondern auch eine ungewöhnlich geschlossene Fastnachtspiel-Sammlung. In Hs. M folgen auf einen ersten Teil mit kleinen Reimpaargedichten (Mären, Minnereden usw.) zwei Teile (Bl. 289ʳ–490ʳ), die insgesamt 49 'R.F.' vereinen; es sind dies in der Reihenfolge der Hs.: K 65, 66, 47, 67–83, 48, 84–88, 49, 89, 42, 90, 41, 91, 92, 16, 93–97, 40, 98–102, 39, 45, 103 und 104. K 116 erscheint als Nachtrag zum ersten Teil.

Im Kontext von kleinen Reimpaargedichten (Erzählungen, Reden, Priameln) finden sich 'R.F.' auch in anderen Hss., oft in solchen, die Werke Rosenplüts enthalten. Zu den ältesten gehören neben M drei weitere: Dresden, Sächsische LB, Mscr. M 50 (D; Nürnberg, 1460–1462; überliefert elf Spiele – K 100, 42, 96, 41, 88, 49, 39, 46, 108, 109 und 19 – in zwei Gruppen); Wolfenbüttel, Hzg.-Aug.-Bibl., cod. 76.3 Aug. 2° (K; Nürnberg, die Teile, welche K 40–42, 102, 86, 87, 92, 16, 89, 73, 72, 48 als Gruppe und K 39, 78 am Ende enthalten, sind um 1460 zu datieren); und Nürnberg, Germ. Nationalmus., cod. 5339a (F; Nürnberg, um 1472; überliefert z.T. weitverstreut K 100, 39, 116, 102, 15, 87, 96, 92, 41 und 84). Daneben finden sich 'R.F.' in sieben weiteren Hss. in Streuüberlieferung, u.a. in der → 'Weimarer Liederhs.', Weimar, Zentralbibl. d. dt. Klassik, Hs. Q 564 (W; Nürnberg, 1450–1475; enthält K 40 und 19) oder auch als Einzelheft: Donaueschingen, Hs. A III 20 (H; Nürnberg, um 1490; K 100).

Die bei weitem umfangreichste, nahezu gattungsreine Sammlung von Fastnachtspielen des 15. Jh.s ist Wolfenbüttel, Hzg.-Aug.-Bibl., cod. 18.12 Aug. 4° (G; vor 1494), in der Claus → Spaun mehrere kleinere Teilsammlungen zusammenfügte. Diese Hs. enthält nur 13 der sicheren 'R.F.' (davon K 39, 45 und 46 doppelt), aber alle 20 fraglicheren; sie schließt zugleich die hs.liche Tradierung der frühen Fastnachtspiel-Tradition ab. Keines dieser Spiele erreichte den Druck. Die überwiegende Mehrzahl ist jeweils nur einmal überliefert, daneben finden sich jedoch vereinzelt auch 'R.F.', von denen noch fünf (K 41, 100) oder gar sieben Textzeugen (K 39) existieren.

Ausgaben. J. Ch. Gottsched, Des nöthigen Vorraths z. Gesch. d. dt. Dramatischen Dichtkunst Zweyter Theil oder Nachlese, Leipzig 1765, S. 43–80 (K 96, 39, 41, 42, 49, 46); L. Tieck, Dt. Theater, Berlin 1817, Bd. 1, S. 3–16 (K 39, 46); Keller, Fsp. (zit.; trotz ihrer oft beklagten Mängel immer noch die Standardausg.; wie in der gesamten Sekundärlit. wird hier auf die einzelnen 'R.F.' mit ihrer Nummer in dieser Ausg. verwiesen: K 15 usw.); K. Goedeke, Dt. Dichtg. im MA, 1871, S. 977–980 (K 73, 92, 89, nach einer anderen Hs. als Keller); R. Froning, Das Drama d. MAs, 1891/92 (Nachdr. 1964), S. 962–981 (K 72, 78, 39 nach Keller); D. Wuttke, Fastnachtspiele des 15. u. 16. Jh.s (Reclam 9415 [6]), ²1978, S. 3–40 (K 73, 85, 46, 24, 30, 96, neu aus den Hss.).

III. Anfänge und Datierungen.
Eine deutsche literarische Fastnachtspiel-Tradition wird im 15. und 16. Jh., wenngleich sehr unterschiedlich, nur in drei Städten greifbar: in Lübeck (→ 'Henselin'), Nürnberg und Sterzing (Vigil → Raber, der auch Nürnberger Texte übernahm und bearbeitete). Für Eger sind etwa 20 Fastnachtspiel-Aufführungen von 1442 bis 1537 bezeugt, doch keine Texte erhalten. Daß spätmal. Spieltraditionen in einzelnen Städten besonders florierten, ist z.B. auch in England und Frankreich zu beobachten. Warum dies gerade in bestimmten Städten geschah, ist noch wenig erforscht und beruht wohl von Fall zu Fall auf sehr unterschiedlichen Gründen. Die ungewöhnliche Breite – im 15. Jh. allein ca. 110 Spiele – und Dauer der Nürnberger Fastnachtspiel-Tradition beruht u.a. wohl darauf, daß sich über zwei Jh.e hinweg bedeutende lokale Autoren, wie Hans Rosenplüt, Hans →Folz, Hans Sachs und Jakob Ayrer ihrer annahmen.

Die Anfänge dieser Tradition liegen bislang im Dunkeln. An Hypothesen über ihre Herkunft hat es nicht gefehlt. Daß in den Fastnachtspielen die Kultspiele germanischer Männerbünde wiederaufleben

(STUMPFL), wird heute im Ernst niemand mehr behaupten. Fastnachtspiele einfach als literarisiertes dörfliches Brauchtum zu verstehen, greift zu kurz, denn dazu sind sie überall von vornherein zu literarisch orientiert (LENK). Fastnachtspiele aus den älteren geistlichen Spielen, vor allem deren derb-drastischen Salbenkrämer- und Teufelsszenen, herzuleiten, ist zumindest in Nürnberg nicht möglich, da hier im 14. und 15. Jh. keine geistlichen Spiele dokumentiert sind (NEUMANN, S. 603 f.). Als grundlegend für die Entstehung der 'R.F.' wurde ferner der 'komische Einzelvortrag' (CATHOLY, 1966, S. 16 f.) betrachtet. Das sollte man nicht absolut setzen, doch 'R.F.' berühren sich oft eng mit komisch-parodistischen Reden und Priameln. Daß die älteren ndl. Rederijker-Spiele und die etwa gleichzeitigen Lübecker Zirkelbrüder-Spiele Anregungen für die 'R.F.' geliefert haben (vermittelt durch rege Handelsbeziehungen, WUTTKE, Ausg., ²1978, S. 426 f.), ist eine ansprechende Vermutung.

Wann genau eine Rotte junger Männer zum ersten Mal mit einem Fastnachtspiel durch Nürnberg zog, wird sich wohl nie feststellen lassen. Die Forschung hat sich indes stillschweigend auf eine Datierung um 1430/40 geeinigt (u.a. CATHOLY, 1966, S. 5; WUTTKE, Ausg., ²1978, S. 417; LINKE, 1978, S. 759; E. SIMON, 1986/87, S. 139 und 1989, S. 300 f.). Das bleibt jedoch Vermutung und erscheint mir außerdem zu spät angesetzt, u.a. weil 'neue' Gattungen, vor allem der kleinen Reimpaargedichte, im deutschen SpätMA in der Regel ca. 50 Jahre brauchten, bis sie die Hss. erreichten. Da die ersten Hss. mit 'R.F.' aus den 50er Jahren des 15. Jh.s stammen, dürften die Anfänge der Gattung in Nürnberg eher in den ersten beiden Jahrzehnten des Jh.s liegen. Ab seiner Mitte nehmen 'R.F.' zudem als 'Lesedramen' (G. SIMON, S. 12) ihren Platz zwanglos unter den kleinen Reimpaargedichten ein, zu denen sie literarisch manche Affinitäten besitzen.

In der vermutlich ältesten Hs. M setzte einer der beiden Schreiber nachträglich über das Titelregister der 'R.F.' am Anfang: *Vasnacht Spil* (Bl. 3ʳ) *Schnepers* (Bl. 3ᵛ). Da Schnepper(er) der bürgerliche Name →Rosenplüts war, fragt sich, wie diese Zuschreibung zu deuten ist. Sie könnte auf einem Irrtum beruhen, was aber wenig wahrscheinlich ist, da die Hs. noch zu Lebzeiten Rosenplüts in Nürnberg entstand. Sie könnte ein Hinweis darauf sein, daß Rosenplüt der bekannteste Fastnachtspiel-Autor seiner Zeit war. Die Überschrift könnte ferner bedeuten, daß Rosenplüt alle diese Fastnachtspiele (höchstwahrscheinlich) selbst verfaßt (G. SIMON, S. 13 f.) oder aber daß er sie – eigene, fremde, von ihm bearbeitete – gesammelt hat (GLIER, 1988, S. 142). Kein 'R.F.' dieser Hs. trägt einen Autornamen. Daher können Verfasserprobleme erst dann zuverlässiger als bisher diskutiert werden, wenn wir gesichertere Zuschreibungskriterien entwickelt haben.

Welche Rolle Rosenplüt in dieser frühen Fastnachtspiel-Tradition spielte, ist bislang nicht eindeutig zu klären. Ich halte es für wenig wahrscheinlich, daß er sie geschaffen hat. Er hat sie wohl entscheidend geprägt, und sie ist vermutlich durch ihn, sicher aber unter seinem Namen überhaupt erst literarisch geworden. Dies könnte zugleich ein Grund dafür sein, daß die Nürnberger Fastnachtspiele – im Unterschied zu den etwa gleichzeitigen in Lübeck und Eger – so zahlreich erhalten geblieben sind.

Kein 'R.F.' ist genau, die weit überwiegende Mehrzahl nicht einmal ungefähr zu datieren. Historischer Anspielungen wegen muß das Stück, das K 68, 'Des Entchrist Vasnacht', zugrundelag, um 1349 (vermutlich im Alemannischen) entstanden sein. Ob ein ähnlicher Hinweis erlaubt, K 100 um 1441 anzusetzen, bleibt fraglich. Mit größerer Sicherheit ist zu vermuten, daß K 39 in den Jahren 1455/56 verfaßt wurde. Anspielungen auf eine päpstliche Fastendispens erlauben, K 47 und 73 (oder auch nur die sich darauf beziehenden Passagen) nach 1445 zu datieren. Die Erwähnung eines bekannten Nürnberger Bürgers, Lienhart Stromers, ergibt für K 71 einen *terminus ante quem*: vor 1464 (G. SIMON, S. 66–69). In letzterem Falle führt jedoch die handschriftliche Überlieferung noch weiter zurück: vor 1455/58. Dieses 'Datum' ist zudem allen in Hs. M aufgezeichneten 'R.F.' gemeinsam. Solche Vagheit der Chronologie ist für die 'R.F.'

nicht spezifisch, fast alle Gattungen der kleinen Reimpaargedichte geben ähnliche Probleme auf.

IV. Aufführungspraxis.

'R.F.' waren Teil des städtischen Fastnachtstreibens, d. h. ihre Aufführung war jahreszeitlich an die vorösterliche Vorfastenzeit gebunden; gespielt wurde offenbar gelegentlich auch noch bis zum ersten Wochenende in der Fastenzeit (K 71–73). Da die Aufführungspraxis historisch nicht dokumentiert ist, sind wir auf Hinweise in den Texten selbst angewiesen. Besonders ergiebig sind dafür Prolog und Epilog, die jedes vollständige 'R.F.' besitzt. Diese Einleitungs- und Schlußreden sprechen Spieler, die in den Hss. als Praecursor, Herold, Einschreier und Ausschreier, oft eingangs auch nicht näher bezeichnet werden.

Stereotyp wiederkehrende Elemente des Prologs sind: Begrüßung des Hausherrn und des Publikums, Bitten um Ruhe und Aufmerksamkeit, sowie knappe Hinweise auf Inhalt oder Thema des Stückes, manchmal auch Vorstellung der *dramatis personae*. Entsprechend verabschiedet sich die Spielschar im Epilog und bittet um Nachsicht, falls sie es zu toll getrieben habe, was meist mit der Ausgelassenheit der Fastnachtszeit entschuldigt wird. Oft kündigt der Ausschreier auch an, wohin die Gruppe weiterziehen will (reale und fiktive Lokalitäten), oder er verspricht gelegentlich, daß sie im nächsten Fasching wiederkommen wird (K 18, 78, 93). Nur sehr selten bittet er um eine Gabe oder dankt für einen Trunk. Diese festen Rahmenelemente dienten dazu, die Aufführung gleichzeitig aus der allgemeinen Lustbarkeit herauszuheben und in sie zu integrieren.

Grußformen zeigen ferner an, daß meist abends gespielt wurde. Die Truppe zog von Haus zu Haus (Privat- und Wirtshäuser). Aufführungen fanden in Innenräumen statt, jedoch ohne Bühne und Szenerie, nur gelegentlich mit einfachen Requisiten, sicher immer in Kostümen, aber ohne Masken (deren Tragen in Nürnberg, außer beim Schembartlauf, wie in anderen Städten verboten war).

Wichtige außerliterarische Quellen, die Nürnberger Ratsprotokolle, zeigen, daß die Spieler meist Handwerker und Handwerksgesellen waren. Da diese Quellen die Fastnachtspiele erst ab 1474 dokumentieren, liefern sie für die 'R.F.' keine Informationen. Sehr wahrscheinlich wurden 'R.F.' jedoch auch hauptsächlich von Handwerkern aufgeführt.

V. Formen.

'R.F.' sind sehr unterschiedlich lang: die kürzesten vollständigen (K 91, 34) bestehen aus nur 30vv.; das längste (K 80/81, wenn 'Krone' und 'Luneten Mantel' ein Spiel bilden) umfaßt nahezu 800, das 'Aristotelesspiel' (K 17) ca. 500vv. Dennoch bleibt die weit überwiegende Mehrzahl (ca. 80%) unter 200vv., kurz genug, um die Fastnachtsgeselligkeit nicht einschneidend zu unterbrechen.

Im Anschluß an CATHOLY (1961, 1966), der hier auf MICHELS aufbaut, pflegt man die Fastnachtspiele in zwei Bautypen zu untergliedern: Reihenspiele und Handlungsspiele. Das mag als Grobgliederung für die Gattung insgesamt sinnvoll sein, für die 'R.F.' ist es nur bedingt brauchbar. Denn anders als in der späteren Fastnachtspiel-Tradition ist hier die Zahl der Handlungsspiele relativ klein. Zudem vereinfacht CATHOLYs Annahme, daß sich das anspruchsvollere Handlungsspiel aus dem einfacheren Reihenspiel entwickelt habe, komplexe historische Verhältnisse zu sehr. Beide Typen scheinen vielmehr von Anfang an nebeneinander existiert zu haben. Für die 'R.F.' können das Reihenprinzip und das Handlungsprinzip jedoch als äußerste Markierungspunkte dienen, zwischen denen sich eine Fülle von Formen entfaltet.

1. Reihenprinzip.

In einem Reihenspiel oder einer Revue einfachster Art, wie z. B. K 90, treten zwischen den rahmenden Einschreier- und Ausschreierreden sechs Spieler auf, die in gleich langen (sechszeiligen) Reden erklären, warum sie so verunstaltet aussehen und sich von der Welt zurückziehen wollen. Sie sprechen nicht miteinander, sondern jeder für sich zum Publikum. Reihenfolge und Anzahl der

Reden/Sprecher sind relativ beliebig. Das Ganze wird nur durch den Rahmen und das gemeinsame Thema locker zusammengehalten. Ähnliches gilt für K 93 und 99, in denen die Spieler begründen, warum sie alle blau gekleidet sind, bzw. einen Harnisch tragen. In anderen Spielen dieses Typs klagen die Sprecher darüber, daß die Fastenzeit ausgebrochen ist (K 71), oder prahlen Bauern mit ihren sexuellen Erfolgen und Mißerfolgen (K 45), wobei sich ihre Reden jedoch gelegentlich aufeinanderbeziehen. K 45 variiert dabei bezeichnend in der Überlieferung: Während in der Fassung von Hs. M nur sechs Bauern auftreten, sind es in den beiden der Hs. G hingegen 17.

Manchmal sind solche Revuen als Wettbewerb angelegt. In K 14 z.B. streiten zehn Minnenarren um einen Apfel als Preis, den der letzte gewinnt. Ein Kleinod erhält der zwölfte Bewerber im grotesken Frauenpreisen in K 33. Um die Tochter und das Geld eines Bauern bewerben sich elf Bauernburschen heftig in K 12, nur um abschließend aufzugeben und die ganze Energie verpuffen zu lassen.

Reihenspiele können zudem recht unterschiedlich auf eine Figur bezogen sein: In K 96 z.B. läßt sich ein junger Mann von den Vertretern der sieben *artes liberales* über deren Bedeutung für die Liebe belehren und erhält abschließend dafür einen Ehrenpreis von den Frauen. Eine Personifikation, Frau *Sunnreich*, kritisiert oder lobt in K 103 sieben junge Männer für das Tragen und Erläutern der sieben allegorischen Minnefarben (Grün, Rot, Blau, Schwarz, Weiß, Gelb und Braun). In K 70 werben Vertreter der verschiedensten Stände (u.a. Ritter, Bauer, Pfarrer, mehrere Handwerker) um die Hand einer jungen Frau, die alle abblitzen läßt und schließlich den redegewandten Schreiber erhört. Wie hier die Redewechsel zwischen den verschiedenen Werbern und der einen Frau gereiht werden, können anderweit auch Redewechsel von Paaren aufeinanderfolgen, wie z.B. in der Marktrevue K 49. Bei diesem Spiel zeigt die unterschiedliche Redezuweisung an Sprecher in den Hss. jedoch, daß es mindestens drei Möglichkeiten der Aufführung bot: Es konnten entweder sieben Männer bei sieben Marktfrauen einkaufen oder sieben Männer bei einer Frau oder ein Mann bei sieben Frauen.

Das Reihenprinzip steuert ferner häufig auch Sprecher- oder Episodenfolgen in komplexeren Spielformen. Dennoch kann es keineswegs als typisch für die 'R.F.' gelten, es verbindet sie vielmehr mit vielen Rede- und Erzählgattungen des SpätMAs, in denen es auf ähnliche und andere Weisen dominiert.

2. Gericht.

Ein Viertel der 'R.F.' sind Gerichtsspiele. Lange nicht so flexibel wie die Revue, bietet die Prozeßform doch formale Struktur und thematische Offenheit zugleich. Als außerliterarisches Vorgangsmodell war sie ja gleichfalls in Minnereden und geistlichen Reden beliebt. Den Autoren der 'R.F.' mag das Gericht noch zusätzlich attraktiv erschienen sein, da sie hier eine reale soziale Institution aufs Korn nehmen konnten.

Im Ablauf gleichen sich die Gerichtsspiele, wenn sie auch im Detail oft pointiert voneinander abweichen. Kläger bringen einzeln oder zu mehreren ihr Anliegen dem Richter vor, und die Beklagten dürfen sich verteidigen. Dann befragt der Richter die Schöffen (Reihe!) um ihre Urteilsvorschläge, und zum Schluß fällt er ein Urteil oder vertagt es. Dieser einfache Vorgang erlaubt eine Fülle von Variationen. Als Klägerin und Angeklagte treten etwa die personifizierte Fastnacht und Fastenzeit auf (K 72, 73). Um es mit keiner von beiden zu verderben, schiebt das Gericht das Urteil bis Ostern auf (wenn die Klage ohnedies hinfällig werden muß). Einem Gericht können aber auch *casus* vorgelegt werden, so z.B. die Frage, wann ein junger Mann heiraten soll (K 41; nach umständlicher Beratung durch zehn Doktoren erkennt er, daß er demnach sinnloserweise noch mehr als zehn Jahre warten müßte), oder die Frage, ob eine Tochter vor ihrer verwitweten Mutter heiraten darf (K 97; hier beschließt die Mutter am Ende, daß sich beide gleichzeitig verehelichen sollen).

In der überwiegenden Mehrzahl der Gerichtsspiele geht es um Sexualdelikte, insbesondere Ehebruch (K 40, 42, 69, 88, 102, 108, 10, 18, 24, 27, 29, 34, 52), gelegentlich auch um das Verleumden von Frauen (K 87) oder um eine mißlungene Hochzeitsfeier (K

104). Als Kläger treten Männer wie Frauen auf. Angeklagt werden fast immer Männer, die häufig erfinderische Entschuldigungen vorbringen. Breiten Raum nehmen die Urteilsvorschläge der Schöffen ein, deren teils drastische Brutalität bis hin zur grotesken Selbstkastration reicht. Die Urteile selbst fallen – wenn sie nicht vertagt werden – meist harmloser aus. So spricht der Richter in K 40 ein versöhnliches Urteil, das ihm jedoch der schuldige Ehemann fast wörtlich in den Mund gelegt hat. In einem anderen Prozeß verklagt eine Ehefrau ihren Mann, weil er darauf besteht, achtzehnmal pro Nacht mit ihr zu schlafen. Als sie sich dann aber mit fünfzehnmal abfinden will, geben die indignierten Schöffen schließlich dem Mann recht (K 29). Männliche Kläger und Angeklagte werden gelegentlich dazu verurteilt, dem Gericht gleich große Mengen von Wein und Nahrungsmitteln zu bringen (K 24, 34). Anders als in Reimpaarreden, in denen z. T. massive Kritik am Rechtsmißbrauch geübt wird, bleibt die Kritik an der städtischen und geistlichen Rechtspflege in den 'R. F.' eher impliziert.

3. Episoden- und Handlungsprinzip.
Weniger als ein Fünftel der 'R. F.' sind den Episoden- oder Handlungsspielen zuzurechnen. Sie bestehen entweder aus einer einzigen langen Episode wie K 39 'Des Türken Fastnachtspiel', oder sie reihen mehrere Episoden, die oft gleich gebaut sind. Letzteren Typ repräsentiert das (Doppel-)Spiel K 80/81, 'Krone' und 'Luneten Mantel'. Hier wird am Artushof mit einer magischen Krone die eheliche Treue zweier Könige (K 80) und mit einem Zaubermantel die von vier Königinnen (K 81) getestet. Von allen Probanden besteht erst die letzte, die junge Königin von Spanien, den Test erfolgreich. Den Wiederholungsrhythmus der Episoden unterbricht nur in K 81 eine turbulente 'Szene' zwischen Narr und Närrin.
Eigentümliche Kombinationen von Reihen- und Episodenprinzip zeigen z. T. die fünf Arztspiele (K 48, 82, 85, 98, 101), von denen K 101 offenbar ein Fragment und K 98 eine reine Revue ist (vier Ärzte preisen ihre Spezialitäten an). In K 85 stellt ein Arzt im Redewechsel mit drei Knechten drei verschiedene drastische Harndiagnosen. K 48 und 82 hingegen, die sich textlich vielfach überschneiden, verbinden die verschiedensten Elemente: Anpreisen der Heilmittel (Dreckapotheke) durch den Knecht des Arztes, Beratung der Bauern untereinander, ob ein Arzt überhaupt zu konsultieren sei. In beiden Stücken betrügt der Arzt letztlich die Bauern, auch wenn er einen Patienten mit Pferdeäpfeln immerhin heilt (K 82).
Ähnlich hybride Formen zeigen K 66 und 67. 'Mönch Berchtolt' (K 66) stellt Hochzeitsvorbereitungen und Vermählung eines Bauernpaares dar. Breiten Raum beanspruchen dabei gereihte Aufzählungen von mehr oder minder brauchbaren Hochzeitsgeschenken. K 66 ist eines der wenigen 'R. F.', das ähnlich wie K 59, 95 und 103 mit einem Tanz oder mit Musik geschlossen haben könnte. 'Der alte Hahnentanz' (K 67) hingegen kündigt zwar einen bäuerlichen Tanzwettbewerb an (wie ihn das Reihenspiel K 89, 'Der kurze Hahnentanz', durchführt), reiht jedoch dann mehrere Werbungsepisoden, deren letzte in eine handfeste Bauernprügelei ausartet. Eine knappe Gerichtsszene bietet einen provisorisch versöhnlichen Abschluß.

'R. F.', denen in irgendeiner Form Erzählungen zugrundeliegen, sind relativ selten. Eines davon, K 68, zeigt in einer Episodenreihe, wie der Antichrist nacheinander die Propheten Enoch und Elias, die Juden, den Kaiser, einen Bischof, Kaplan und Abt, schließlich einen widerstandleistenden Pilger töten läßt und/oder für sich gewinnt.
Auf Schwankstoffen beruhen hingegen K 17, 19 und 46. 'Das Aristotelesspiel' (K 17) ist eine Variante der verbreiteten Erzählung von → 'Aristoteles und Phyllis' (vgl. auch die Fastnachtspiele → 'Meister Aristoteles' und → 'Aristotiles und die Königin' [Nachtragsbd.] neben demjenigen Rabers). Unter diesen drei Handlungsspielen ist es am stärksten dem Reihenprinzip verpflichtet.
Vier Königssöhne wollen von Aristoteles unterwiesen werden. Allen vieren deutet er wenig schmeichelhaft ihr ehebrecherisches Verhalten aus ihren Gesichtszügen, was in ihren Ehefrauen den Wunsch weckt, es ihnen mit gleicher Münze heimzuzahlen. Darauf rächen sich die Königssöhne an Aristoteles, indem sie ihn sein eigenes Porträt (das er nicht erkennt) als das eines potentiellen Verbrechers deuten

lassen und dann seine Kunst der Physiognomik verwerfen. Daß sich Aristoteles dennoch seines tugendhaften Lebenswandels rühmt, reizt die Königin, die Ehefrau von Aristoteles' Herrn, dazu, ihn in Versuchung zu führen. Es gelingt ihr, ihn so in sie verliebt zu machen, daß er sie auf sich wie auf einem Pferd reiten läßt. Doch er erkennt, daß er sich wie ein Tor verhalten hat, und der König vergibt ihm. – In einem abschließenden Wortwechsel verweigert der Narr der Närrin, daß sie ihn genauso reitet wie die Königin den Aristoteles.

Das Stück ist klar gegliedert, konsequent entwickelt und zeichnet sich durch geschickte Dialogführung aus.

In 'Der Bauer und der Bock' (K 46) geht es um die Wahrheitsliebe eines Bauern. Dieser verliert einen ihm von seinem Herren anvertrauten Prachtbock als Lohn an eine Frau, die ihn aggressiv verführt, gesteht dies aber seinem Herren offen ein. Da die Frau jedoch vorher hoch mit dem Herren gewettet hatte, daß der Bauer ihn belügen werde, gewinnt der Herr beträchtlich und erläßt auch dem Bauern den Zins auf drei Jahre. Von einer kleinen Revue von Kommentaren (über Minnesklaven) nur kurz unterbrochen, entwickelt auch K 46 seine Handlung zügig, pointiert und mit hintersinniger Komik.

'Das Ehepaar und die Kupplerin' (K 19) präsentiert eine Handlung in drei knappen, lebendigen Szenen: Eine Frau klagt ihren Mann des Ehebruchs an und er sie der Komplizenschaft mit einer Kupplerin. Während er zu seinem nichtsnutzigen Bruder reist, widersteht sie, unterstützt von ihrer Magd, dem Verführungsversuch der Kupplerin. Als der Mann zurückkehrt, kann sie ihn, gemeinsam mit ihrer Magd, davon überzeugen, daß sie ihm treu geblieben ist, und beide versichern sich gegenseitig ihre Liebe und Treue. K 19 wirkt zwar gegenüber dem vermutlich späteren K 37 ('Domherr und Kupplerin') relativ einfach und archaisch, doch das Stück entwickelt dramatisches Potential und präsentiert damit einen Formtyp, dem in Nürnberg vor allem im 16. Jh. die Zukunft gehören wird.

VI. Personal.

Das Personal der 'R.F.' ist fast durchweg anonym und überwiegend männlich (auch die wenigen Frauenrollen wurden von Männern gespielt). In vielen Spielen ist der einzelne Spieler nur durch sein Kostüm (z.B. K 93: blaue Kleidung, K 99: Harnische, K 103: in sieben Farben) und die wenigen Reimpaare definiert, die er zu sprechen hat. Manchmal stellt er sich selbst vor mit Formeln wie: Ich bin ein Bauer, Ritter usw., oder der ganzen Spielergruppe werden vom Praecursor Rollen pauschal zugeordnet (K 74: Bauern, K 14: Narren usw.). Diese Unbestimmtheit des einzelnen Sprechers spiegeln z. T. die Hss. wieder, indem sie entweder einzelne Reden überhaupt keinem bestimmten Sprecher zuweisen (wie für K 9, 109) oder die Sprecher einfach durchnumerieren (der erste, zweite ... usw., wie für K 14, 86, 90, 116). Gerade in einfachen Reihenspielen wären zudem die Reden der einzelnen Sprecher oft beliebig vertauschbar. Diese Indeterminiertheit wird selbst dann nicht aufgehoben, wenn die einzelnen Spieler selbst ihre meist sprechenden Namen nennen, wie in K 109: *Lulaff, Vorndran, Molkenslauch*. Wie wenig Namen individualisieren, zeigen u.a. die verschiedenen Fassungen von K 45, das in Hs. G gegenüber Hs. M stark erweitert ist. G gibt in den beiden Prologen allen 17 Sprechern einen Namen, der aber im Spiel selbst nicht mehr auftaucht. Zudem weichen die beiden Fassungen von G in diesen Namen voneinander ab (z. B. *Katzenstriegel* vs. *Fotzenstriegel*).

Aus Anreden oder dem Inhalt von Reden geht meist hervor, ob ein Mann oder eine Frau spricht bzw. angesprochen wird (was in der Aufführung gleichfalls das Kostüm verdeutlichte). Die Sprecher definieren sich auch meist selbst oder wechselseitig als Eheleute (z.B. K 19, 42, 80/81), Eltern und Kinder (z.B. K 66, 83, 97) oder Herr und Knecht (K 46, 48, 82).

Die beliebteste Rolle der 'R.F.' ist die des Bauern, wie etwa ein Drittel der Texte bezeugt. Sie ist im 15. Jh. populärer noch als die des Narren (K 9, 13, 14, 26, 116), mit der sie freilich oft nahezu identisch ist. In beiden tobt sich die fastnächtliche Ausgelassenheit besonders hemmungslos aus. Dennoch geht die Bauernrolle darin nicht völlig auf, da auch ihr ständisches Potential bewußt bleibt und genutzt wird (BASTIAN, S. 71–74).

Eine stattliche Anzahl von Sprechern in den 'R. F.' wird vor allem durch ihre Funktion oder ihren Stand definiert. Reine Funktionstypen sind etwa Richter, Schöffen und Ärzte, sowie die Narren, sofern sie nicht en masse, sondern einzeln oder als Paar agieren (K 17, 78, 79, 81). Nur in einem einzigen 'R. F.' tritt eine besonders bunte Reihe von Standes- und Berufsvertretern auf (K 70: Ritter, Bauer, Pfaffe, Messner, Begard?, Schmied, Wagner, Schuster, Schneider, Kürschner, Metzger, Schreiber), doch auch hier betonen Selbstlob und Kritik nur das Typenhafte.

Geistliche spielen, etwa im Vergleich zu den Mären, nur eine geringe Rolle. Verhältnismäßig beliebt sind in den 'R. F.' die Kaiser und Könige, die – oft im selben Text – teils als Instanzfigur fungieren, sich teils aber in ihrem Sexualverhalten kaum von den niederen Ständen unterscheiden (K 17, 80/81).

Über die Zweidimensionalität der Typen geraten in den 'R. F.' nur ganz wenige Figuren in Ansätzen hinaus. Es ist bezeichnend, daß sie sich fast nur in den Handlungsspielen finden: Aristoteles in K 17, der Bauer in K 46 und die Ehefrau in K 19. Während diese im jeweiligen Handlungszusammenhang nuancierter reagieren als andere Figuren, überragt sie der Türkenkaiser in K 39 vor allem durch die Macht seiner sprachlichen Präsenz.

VII. Sprachstil.

Ähnlich wie gleiche Figurentypen in vielen 'R. F.' wiederkehren, konnten auch ihre Texte nahezu wörtlich oder variiert wiederverwendet werden. Da Prologe und Epiloge immer die gleichen Funktionen haben, ist nicht verwunderlich, daß sie die gleichen oder sehr ähnliche Formeln der Begrüßung und des Abschiednehmens enthalten. Völlig identische Epiloge weisen z. B. K 16 und 41 auf, fast identisch sind die von K 94 und 96. Die Epiloge von K 19 und 40 z. B. berühren sich trotz unterschiedlicher Länge sehr eng, da in ihnen die gleichen drastischen Ratschläge wiederkehren.

Doch das Ausmaß der Wiederverwertung kann noch größer sein. K 59 und 95 bestehen aus dem gleichen Textmaterial, das nur jeweils anders arrangiert ist, und einzelne Reden aus beiden Stücken tauchen auch in K 86, 92 und 93 auf (MICHELS, S. 206 f.). Solch freie Verfügbarkeit vorgeprägter Versatzstücke wird in den 'R. F.' dadurch erleichtert, daß im Unterschied zu späteren Fastnachtspielen nie ein Reimpaar zwischen zwei Sprechern gebrochen wird: Sprecherwechsel und Reimpaargrenze fallen immer zusammen (G. SIMON, S. 71). Die Länge der einzelnen Reden, ausgenommen Prolog und Epilog, kann zwischen 2 und 54 vv. schwanken, am häufigsten sind Sechs- bis Vierzehnzeiler.

Der Mosaiksteincharakter einzelner Reden wird ferner dadurch verstärkt, daß sie oft kleine Anekdoten (meist Zoten) erzählen oder Variationen desselben Themas bieten. Zudem fällt gerade an den Reden der 'R. F.' auf, wie stark sie immer wieder vom Parallelbau und Pointenstil des Priamels geprägt sind, einer spezifisch Nürnberger Variante der Kurzgnomik, als deren Meister Rosenplüt gilt. Priamelartige Reden finden sich u. a. in K 33, 39, 74, 84, 88, 89, 92, 95, 103 sowie in den Epilogen von 94 und 96. Wenn dies auch nicht beweist, daß 'R. F.' aus dem 'komischen Einzelvortrag' hervorgegangen sind (entgegen CATHOLY, s. o. III.), so ist doch zu vermuten, daß sich Priamel und 'R. F.' immer wieder wechselseitig angeregt haben.

Das dominierende stilistische Merkmal der 'R. F.' ist jedoch eine vehemente Bildhaftigkeit, die jegliches fäkalische und vor allem sexuelle Tabu sprengt. Auch hier wiederholt sich, dem Gegenstand entsprechend, vieles. Doch die Autoren sind unermüdlich im Erfinden nicht nur immer neuer Bilder für die männlichen und weiblichen Geschlechtsorgane (*wasserstange, pruchmais, -wurm, -nagel, einlifter finger* usw.; *graben, futterwanne, flaischgaden, geige* usw.) und den Geschlechtsverkehr (*fideln, wurst essen, pfeffern* usw.), sondern auch im Erfinden von obszönen Witzen und sexuellen Abenteuern. Die Skala reicht dabei von hintersinniger Komik bis zur grotesk aggressiven Übertreibung, und gelegentlich feiern Eheleute wahre Schimpforgien (K 31). Wie immer die Dominanz dieses Bildbereiches zu deuten ist, sie muß den Erwartungen des Publikums entsprochen haben.

VIII. Stoffe und Themen.
1. Sozialkritisches.

Unter den 'R.F.' finden sich vereinzelt solche mit ernsthaften Stoffen. 'Des Entchrist Vasnacht' (K 68) behandelt das weitverbreitete Thema vom Antichrist. Im Vordergrund stehen die verführerische Macht und der Triumph des Antichrist über alle Stände, besonders die geistlichen; sein Untergang bleibt jedoch ausgespart. Ein Tribut an die Fastnacht ist wohl, daß der letzte in der Reihe der Verführten, der *Frosz*, die Freß- und Sauflust personifiziert.

Zeit- und sozialkritisch schärfere Töne schlägt 'Des Türken Fastnachtspiel' (K 39) an, das höchstwahrscheinlich von Rosenplüt stammt und das am häufigsten überlieferte 'R.F.' ist. Ausgerechnet der Türkenkaiser kommt hier – unter dem freien Geleit von Bürgern (!) – in eine deutsche Stadt und erbietet sich wortgewaltig, unterstützt von seinen fünf Räten, im Reich sowohl Recht und Frieden wie auch eine gerechtere soziale Ordnung wiederherzustellen, und zwar ohne daß die Christen deswegen ihren Glauben aufgeben müßten. Gegen ihn wettern z.T. unflätig Vertreter der Ritter und Edelleute sowie Abgesandte des Papstes, Kaisers und der Kurfürsten. Der Türkenkaiser muß zwar unverrichteter Dinge wieder abziehen, doch er scheidet, nicht ohne den Bürgern für ihr Geleit freien und ehrenvollen Zugang zu seinem gesamten Reich zu gewähren. Das Stück entstand wahrscheinlich wenige Jahre nach der Einnahme Konstantinopels durch die Türken (1453). Es ist ein brillanter satirischer Rundumschlag, der alle Figuren direkt oder hinterrücks trifft, einschließlich solcher, die überhaupt nicht auftreten. Ein derber typischer Fastnachtspiel-Epilog beschließt das Ganze.

Eigentümliche, gewiß ironisch gemeinte soziale Koalitionen finden sich in K 78 ('Klerus und Adel'): Ritter und Papst klagen im Namen der Armen den Bischof an; Kardinal, König, Graf und Kaiser verbinden sich gleichfalls in deren Namen gegen den Herzog, der sich seinerseits bitter über Bürger und Bauern beschwert. Den Herzog unterstützt der Ritter, den wiederum der Narr ironisiert. – Feigheit, Inkompetenz, Eitelkeit und Eigennutz der Ritter werden in K 47, 75 und 79 zur Zielscheibe des Witzes. Ritter zu werden, ist ferner der Lebensplan eines von sieben Brüdern in K 83, dessen Geschwister ein Leben u.a. als fahrender Schüler, Bordellbesitzer und Pfandleiher anstreben. Ein Ritter führt zudem die Reihe von komisch relativierten Standes- und Berufstypen in K 70 an. Sozialkritik ist immer wieder auch in den Gerichts- und Arztspielen impliziert (s.o. V. 2. und 3.).

2. Anti-Höfisches.

'R.F.' sind durch Stoff- und Motivanleihen vielfältig in die spätmal. Literatur integriert (LENK). Doch höfische Stoffe scheinen die Autoren entweder nicht gekannt oder bewußt gemieden zu haben. Eine Ausnahme ist nur das (Doppel-)Spiel K 80/81, 'Krone' und 'Luneten Mantel', das am Artushof spielt. Der Name des Königs lautet hier freilich *Arthaus*; keiner seiner bekannten Helden spielt eine Rolle und Lunete (*Lanet*) die seiner ihm feindlich gesinnten Schwester. Motivisch ist K 80/81 → Heinrichs von dem Türlin 'Mantel' direkt und dessen 'Crône' indirekt verwandt. Doch die einst ideale Artuswelt wird in diesem Spiel mehr oder minder auf eheliche Treueproben, noch dazu fast ausschließlich negative, reduziert. Als Quellen dürften die Erzähllieder → 'Die Königin von Avignon' und → 'Luneten Mantel' gedient haben. Stofflich verwandt sind auch Lied und Fastnachtspiel von → 'König Artus' Horn'.

Auffällig ist ferner, daß die Autoren der 'R.F.' über Minnesang- oder Minnereden-motive durchaus verfügen, sie aber überwiegend parodistisch verwenden. In K 16 und 74 etwa werden Wettbewerbe im Frauenlob ausgetragen; unabhängig vom Ausgang, schlagen in beiden Spielen höfisches und dörperliches Idiom häufig abrupt ineinander um. Ähnliches gilt für K 15; hier kommt als besondere Pointe hinzu, daß von fünf Bewerbern um eine Frau schließlich der erfolgreich ist, der viel Geld besitzt.

Allegorisch bedeutsame Farben sind ein beliebtes Motiv der Minnereden. In K 103, 'Die sieben Farben', werden diese Farben den Konventionen entsprechend gedeutet, das Farbentragen heftig, wenngleich mit höfischen Argumenten, kritisiert (GLIER, 1965, S. 567–570). Auf verlorenem Posten steht hingegen in der drastischen Revue der Blaukostümierten (K 93) der fünfte Sprecher, für den Blau, diesen Konventionen entsprechend, Treue bedeutet.

Ein ungewöhnlicher Versuch, literarische Traditionen zu kombinieren, liegt in K 96 vor: Hier erläutern *meister* der sieben *artes liberales* witzig und pointiert, wie ihre Künste jeweils höfische und körperliche Liebe steigern können. Im 'Aristotelesspiel' (K 17) führt ein höfischer Minnedialog jedoch direkt dazu, daß der Gelehrte sich wortwörtlich erniedrigt und die Königin auf sich reiten läßt. Deren Mann kommentiert dies gleichsam tröstend mit dem Topos der Minnesklaven (David, Salomon, Samson usw., die alle durch eine Frau zu Fall kamen), einer Beispielreihe, die auch in anderen 'R. F.' (K 14, 46) und manchen Minnereden auftaucht.

3. Obszönes.
Dominierendes Thema der 'R. F.' ist indes der *nachthunger*. Bis zum Anfang des 15. Jh.s war Sexuelles in den Mären und Obszönes in bestimmten Redetypen zunehmend literaturfähig geworden. Die →Neidhart-Tradition kennt grobe und provozierende Bauernfiguren schon seit ihren Anfängen im 13. Jh., und es ist sicher kein Zufall, daß die umfangreichste Neidhart-Hs. überhaupt (c) zwischen 1461 und 1466 vermutlich in Nürnberg entstand, etwa gleichzeitig mit den älteren Fastnachtspiel-Hss. Doch was die 'R. F.' an Drastik bieten, übertrifft andere Gattungen bei weitem. Die Forschung hat darauf zunächst mit moralischer Entrüstung, dann lange mit Nichtbeachtung reagiert. Erst in den letzten Jahrzehnten versucht man, dem Phänomen sachlicher gerecht zu werden (u. a. CATHOLY, MERKEL, KROHN, BASTIAN). Ob es sich freilich soziologisch oder psychologisch aus Trieb- oder sonstiger Unterdrückung (der Handwerksgesellen, die nicht heiraten konnten, der Bürger durch die Verordnungen des Rates usw.) erklären läßt, scheint mir fraglich, denn solche Bedingungen fanden sich im 15. Jh. nicht nur in Nürnberg. Dennoch haben diese Untersuchungen viel dazu beigetragen, die Texte und vor allem die reale Umwelt der Fastnachtspiele zu erhellen.

Der obszöne Witz der 'R. F.' mag teils auf mündlicher Tradition beruhen, speist sich zudem wohl (zunehmend?) aus der Gattung selbst. Er geht häufig zu Lasten der Frauen, trifft aber auch die zahlreichen Sexnarren, die oft Bauern sind. Das Bauernkostüm scheint eine der beliebtesten Verkleidungen im Nürnberger Fastnachtstreiben gewesen zu sein. Daher signalisiert es wohl auch in den Spielen primär die Narrenfreiheit, die den Fasching vor allen anderen Zeiten des Kirchenjahres auszeichnet. Daneben mischt sich in die Bauernrüpeleien der 'R. F.' immer wieder auch ein Hauch stadtbürgerlicher Herablassung, wenngleich die sozialkritischen unter ihnen eher für die Armen Partei ergreifen. Obwohl in den 'R. F.' die Bauern die Hauptakteure der Triebsphäre sind, liegt jedoch eine der Pointen der Gattung darin vorzuführen, daß in dieser Sphäre alle gleich sind: Bauern, Könige, selbst der weise Aristoteles.

So intensiv und scheinbar naiv sich in den 'R. F.' eine fast anarchische Lust äußert, sprachlich über die Stränge zu schlagen und eine Gegenwelt oder 'verkehrte Welt' zu schaffen, so bewußt sind sich die Autoren, daß sie solche Grenzen überschreiten. Dies thematisieren nahezu alle Epiloge und berufen sich dabei auf die Vorrechte der Fastnachtszeit.

Seit dem Ende des 15. Jh.s beseitigte die Zensur des Nürnberger Rates sowohl die obszönen wie auch alle potentiell zeitkritischen Elemente der Fastnachtspiele. Die Dramen und Fastnachtspiele des Hans Sachs holen zwar zunehmend Weltliteratur auf die Bühne, jedoch um den Preis dieser 'Freiräume', welche die 'R. F.' sich erobert und über Jahrzehnte hinweg behauptet hatten.

Literatur. Ausführliche Bibliographien bei E. CATHOLY, 1961 u. 1966, G. SIMON, 1970, u. D. WUTTKE, Ausg., ²1978. – L. LIER, Stud. z. Gesch. d. Nürnberger Fastnachtspieles, Mitt. d. Ver.s f. Gesch. d. Stadt Nürnberg 8 (1889) 87–160; V. MICHELS, Stud. über die älteren dt. Fastnachtspiele (QF 77), 1896; M. RUDWIN, The Origin of the German Carnival Comedy, New York u. a. 1920; K. FILZECK, Metaphorische Bildungen im älteren dt. Fastnachtspiel, Diss. Köln 1933; R. STUMPFL, Kultspiele der Germanen als Ursprung d. mal. Dramas, 1936; F. MARTINI, Das Bauerntum im dt. Schrifttum v. d.

Anfängen bis z. 16. Jh. (DVjs Buchreihe 27), 1944; E. CATHOLY, Das Fastnachtspiel d. SpätMAs (Hermaea NF 8), 1961; I. GLIER, Personifikationen im dt. Fastnachtspiel d. SpätMAs, DVjs 39 (1965) 542–587; W. LENK, Das Nürnberger Fastnachtspiel d. 15. Jh.s (Dt. Ak. d. Wiss. zu Berlin. Veröff. d. Inst.s f. dt. Sprache u. Lit. 33), 1966; E. CATHOLY, Fastnachtspiel (Slg. Metzler 56), 1966; G. SIMON, Die erste dt. Fastnachtsspieltradition (Germ. Stud. 240), 1970; J. MERKEL, Form u. Funktion d. Komik im Nürnberger Fastnachtspiel, 1971; R. KROHN, Der unanständige Bürger. Unters. z. Obszönen in d. Nürnberger Fastnachtspielen d. 15. Jh.s (Skriptor Hochschulschr.n, Lit.wiss. 4), 1974; D.-R. MOSER, Fastnacht u. Fastnachtspiel. Zur Säkularisierung geistl. Volksschauspiele bei Hans Sachs u. ihre Vorgesch., in: Hans Sachs u. Nürnberg, hg. v. H. BRUNNER, 1976, S. 182–218; H. LINKE, Das volkssprachige Drama u. Theater im dt. u. ndl. Sprachbereich, in: Europäisches SpätMA, hg. v. W. ERZGRÄBER (Neues Hdb. d. Lit.wiss. 8), 1978, S. 733–763, bes. S. 755–760; A. HOLTORF, Markttag – Gerichtstag – Zinstermin, in: Befund u. Deutung (Fs. H. Fromm), hg. v. K. GRUBMÜLLER, 1979, S. 428–450; H. BLOSEN/H. PORS, Rollenreg. z. Adelbert v. Kellers Sammlung Fastnachtspiele aus d. 15. Jh. (GAG 326), 1981; B. KNÜHL, Komik in Heinrich Wittenwilers 'Ring' im Vergleich zu d. Fastnachtspielen d. 15. Jh.s (GAG 332), 1981; H. BASTIAN, Mummenschanz. Sinneslust u. Gefühlsbeherrschung im Fastnachtspiel d. 15. Jh.s, 1983; B. SOWINSKI, Zur Stofftradition u. Handlungsstruktur d. Fastnachtspiels 'Von fürsten und herren' (K 17), in: Virtus et Fortuna (Fs. H.-G. Roloff), hg. v. J. STRELKA/J. JUNGMAYR, 1983, S. 106–117; H. RAGOTZKY, Der Bauer in d. Narrenrolle, in: Typus u. Individualität, hg. v. H. WENZEL, 1983, S. 77–101; E. SIMON, Zu d. Anfängen d. weltlichen Schauspiels, Jb. d. Oswald-v.-Wolkenstein-Ges. 4 (1986/87) 139–150; B. NEUMANN, Geistliches Schauspiel im Zeugnis d. Zeit (MTU 84/85), 1987; I. GLIER, Hans Rosenplüt als Märendichter, in: Kleinere Erzählformen im MA, hg. v. K. GRUBMÜLLER u. a., 1988, S. 137–149; E. SIMON, Weltliche Schauspiele vor dem Nürnberger Fastnachtspiel, PBB 111 (1989) 299–313.
(1990) INGEBORG GLIER

'Rother' → 'König R.'

Rudolf von Ems

Inhalt. I. Leben, Gönner, Chronologie der Werke. – II. 'Der guote Gêrhart'. – III. 'Barlaam und Josaphat'. – IV. 'Alexander'. – V. 'Willehalm von Orlens'. – VI. 'Weltchronik'. – Literatur.

I. Leben, Gönner, Chronologie der Werke.

Wie →Hartmann von Aue bezeichnet Rudolf sich selbst als Dienstmann, *der ist Rudolf genant, ain dienest man ze Muntfort* ('Willehalm von Orlens' ['WvO'] v. 15628 f.), während der Fortsetzer seiner 'Weltchronik' ['Wchr'] ihn *Rudolf von Ense* (v. 33496) nennt. Nach diesen Aussagen entstammt der Autor einem Ministerialengeschlecht, das seinen Sitz in Hohenems im Vorarlbergischen hatte (ursprgl. wohl Ems/Domat bei Chur). Der einfache Name *RVDOLF* erscheint auch als Akrostichon im Schlußgebet des 'Barlaam und Josaphat' ['BJ'] und jeweils zu Beginn des 'WvO' wie auch des 'Alexander' ['Al'] und zuletzt der 'Wchr'. Da der Dichter urkundlich nicht nachweisbar ist, läßt sich seine Biographie nur indirekt über die Nennungen von Auftraggebern und Gönnern erschließen, und auch sein Ministerialenstatus bleibt letztlich ebenso unüberprüfbar wie Zeitpunkt und Ort seines Todes. Der Hinweis in der 'Wchr', der den Abbruch des Werks damit begründet, daß der Autor *in welschen richen* (v. 33483) gestorben sei, hat lange die Annahme gestützt, Rudolf habe König Konrad IV. bei seinem Italienfeldzug begleitet und sei dabei selbst umgekommen. Die Bedenken von WISBEY (1956/57, S. 77 ff.) gegen diese Datierung hat BUMKE (1979, S. 17) aufgegriffen und dezidiert gefragt, ob nicht umgekehrt der frühe Tod des Mäzens 'den Dichter zur Aufgabe seines Plans gezwungen' haben könnte. Die Bedeutung der relativen Chronologie der Werke für alle Aussagen zur Biographie des Autors (BRACKERT, 1968) läßt sich im einzelnen so kennzeichnen: Der Beginn der Werkreihe ist mit dem 'Guoten Gêrhart' ['GG'] und der Legende 'BJ' danach (durch R.s eigene Bemerkung: vgl. 'BJ' v. 16132) markiert, und ebenso unumstritten ist in der Forschung ihr Ende mit der 'Wchr'. Dagegen waren die Auffassungen, wie der 'Al' und der 'WvO' einzuordnen seien, lange kontrovers. Erst der Nachweis, daß R.s Arbeit am 'Al' sich in zwei Phasen vollzog (C. VON KRAUS, 1940) und daß dazwischen ein Wechsel der Vorlage erfolgt sein muß, hat die Diskussion über die Chronologie der Werke neu fundiert. Die Erkenntnis, daß 'Al

I' nicht von Anfang an in Bücher eingeteilt war, sondern R. diese Gliederung erst nachträglich durch Umarbeitung hergestellt hat (WISBEY, 1956/57), rückte nicht nur diesen Teil zusammen mit 'GG' und 'BJ' in die Gruppe der Frühwerke, vielmehr verwies die Gestaltung der Buchschlüsse von 'Al II' auf den Ausbau einer formalen Praxis, die im 'WvO' erst angelegt war. Die so erschlossene Reihung der erhaltenen Werke R.s v. E. (eine 'Eustachius'-Legende, von der 'Al' v. 3287ff. spricht, ist verloren!), die den 'WvO' zwischen 'Al I' und 'Al II' setzt, konnte noch dadurch präzisiert werden, daß 'Al II' offensichtlich in die zeitliche Nähe zur 'Wchr' gerückt werden muß, weil einzelne Passagen des 2. Werkteils die genaue Kenntnis der 'Historia Scholastica' voraussetzen (vgl. BRACKERT, 1968, S. 22f.). Wenn nach dieser Reihenfolge die Nennungen von Auftraggebern und Anregern der Werke miteinander in Beziehung gesetzt werden, lassen sich daraus zumindest einige Fakten für R.s Biographie ableiten: In der ersten Periode seines literarischen Schaffens bis hin zum 'WvO' hat R. im Auftrag eines Adressatenkreises gearbeitet, der zum Stauferhof vermutlich keine direkten Kontakte besaß. Im 'GG' wird Rudolf von Steinach, ein Ministeriale des Bischofs von Konstanz, als Anreger genannt, der von 1209–1221 urkundet, der 'erste Gönner der dt. Literaturgeschichte aus dem Stand der Ministerialität' (BUMKE, 1979, S. 275); den 'BJ' verfaßt R. nach einer Vorlage, die ihm ein Abt Wido der Zisterzienserabtei Kappel am Albis (heute Kanton Zürich) vermittelt; ein Auftraggeber für R.s 'Al' wird nicht genannt. Erst mit dem 'WvO' tritt ein Kreis von Literaten und Mäzenen in Erscheinung, die R. v. E. offenbar in ein neuartiges literarisches Programm einbinden und enge Beziehungen zu den Staufern für ihn herstellen.

Der Reichsschenk Konrad von Winterstetten (gest. 1243), Prokurator des Herzogtums Schwaben und einflußreicher Berater am staufischen Hof zuerst für König Heinrich (VII.), dann für den jungen Konrad IV., hat den 'WvO' *ze dienste siner vrouwen* (v. 15655) in Auftrag gegeben. Als Vermittler der frz. Vorlage nennt R. den schwäbischen Ministerialen Johannes von Ravensburg, den er im Prolog mit einem eigenen Akrostichon (v. 8–15: *IOHANNES*) ehrte. Diese beiden Herren bildeten zusammen mit den Freiherren von Neifen (die der 'Tristan'-Fortsetzer → Ulrich von Türheim im 'Rennewart' seine Herren nannte, v. 25779) und wohl auch mit dem Grafen Konrad (K. II.: vgl. BUMKE, 1979, S. 268) von Öttingen, dessen Tod R. v. E. im 'WvO' (v. 2084ff.) beklagt (er urkundet bis 1231), eine Gruppe literarisch interessierter und engagierter Ratgeber am Königshof, die sicher schon im Zusammenhang mit ihren politischen Funktionen den programmatischen Auftrag der spätstaufischen Epik förderten, einem herrscherlichen Legitimationsinteresse zu dienen (vgl. BRACKERT, 1968, bes. S. 244ff.). Seit dem 'WvO' hat R. seine eigene enge Anbindung an diesen Literaturkreis bekundet (SCHRÖDER, 1930), und für sein letztes Werk, die 'Wchr', nennt er unmittelbar König Konrad IV. (gest. 1254) als Anreger und Auftraggeber, zu dessen Verherrlichung er das monumentale Geschichtswerk als ein *ewiclih memorial* (v. 21697) bestimmt wissen wollte.

Unter der Perspektive der Werkreihe vom 'GG' an bis hin zur 'Wchr' ist damit R.s literarische Aktivität von etwa 1220 bis in die Mitte der fünfziger Jahre hinein belegt (vgl. WISBEY, 1966, S. 123ff.; BRACKERT, 1968, S. 197ff.), und diese Chronologie wird auch nicht durch BRACKERTS überzeugende These relativiert, R. sei Konrad IV. nicht nach Italien gefolgt, sondern sei in Deutschland zurückgeblieben, wo er die 'Wchr' bis über *Salomo* hinaus weitergeführt und im Anschluß daran noch die beiden 'Al'-Exkurse verfaßt habe, 'die nach Stillage und Inhalt zum Spätesten gehören müssen, was er überhaupt geschrieben hat' (BRACKERT, S. 198; weitere stützende Argumente dafür bei v. TIPPELSKIRCH, 1979, S. 32f.). Indessen muß offen bleiben, ob dem 'GG' andere Werke vorausgingen. Die Abwertung, die R. v. E im Prolog zum 'BJ' gegenüber seinen früheren *trügelichen maeren* vollzieht, läßt sich faktisch nicht verifizieren; ob man auf verlorene Jugendwerke höfischer Art schließen darf, steht dahin (vgl. dazu die Diskussion bei SCHNELL, 1969, S. 112–115). Im 'Al' (v. 3275–3298) entwirft

R. selbst die Reihenfolge seiner Werke, beginnend mit dem 'GG' über den 'BJ' und die verlorene Eustachiuslegende bis hin zum 'Al'. Der 'WvO' nennt außer dem 'GG' nur noch den 'BJ' als bekanntes Œuvre des Autors (v. 15631–15641).

R. konnte nicht nur Latein (und Französisch: s. 'WvO' v. 15625ff.), seine fundierten rhetorischen und poetologischen Kenntnisse haben ihn im Urteil der Forschung als einen der gelehrtesten mhd. Autoren ausgewiesen. Wo er seine geistliche Schulbildung erhielt, ob in St. Gallen (so wieder WEHRLI, 1980, S. 484), oder aber in einem Prämonstratenserkloster (möglicherweise St. Luzius in Chur: vgl. die Diskussion bei v. ERTZDORFF, 1967, S. 59–63), ist nicht zu entscheiden. Wichtiger bleibt demgegenüber die Frage nach dem Umfang der theologischen Bildung, über die R. verfügte. Nach der heutigen Einschätzung seines gelehrten Wissens – soweit es sich in den religiösen Aussagen seiner Werke von den Prologen bis zur Heilsgeschichte der 'Wchr' zu erkennen gibt – scheint R. im Vergleich zu →Wolfram, auf den er sich oft bezieht, 'lediglich in der genauen Kenntnis von Einzelheiten überlegen' (LUTZ, 1984, S. 184), an der theologischen Diskussion seiner Zeit scheint er ebensowenig direkt beteiligt gewesen zu sein wie dieser. Seinem Publikum jedoch eröffnete er 'einen volkssprachlichen Zugang zu den gelehrten Fragen der Zeit und vermochte auf diese Weise seine Laienkultur an das Bildungswissen der lateinischen Scholastik anzuschließen' (HERKOMMER, 1987, S. 240). R.v.E. bleibt in seiner literarischen Orientierung aber auch entschieden höfischer 'Meister' (KUHN), der aus intimer Literaturkenntnis die Traditionen der höfischen Epik in ihrer ganzen Breite überblickt, wie die Dichterkataloge im 'WvO' und im 'Al' zeigen. Sein Selbstverständnis als Autor ist bestimmt durch das verpflichtende Vorbild der höfischen 'Klassiker' Hartmann, Wolfram und Gottfried, auf das er den eigenen artistischen Anspruch zurückbezieht, ohne dabei in epigonaler Hörigkeit die Muster dieser Literaturtradition zu imitieren, sondern um über sie im 'Experimentieren mit Stoffen und Funktionen' (KUHN, ²1967, S. 179) aus gelehrter Kompetenz zu verfügen. Wenn R. mit seinen Autorenlisten auf →Gottfrieds Literaturexkurs im 'Tristan' rekurriert und nach diesem Leitbild den Kanon der von ihm favorisierten Epiker von →Heinrich von Veldeke bis hin zu → Bligger von Steinach, → Wirnt von Grafenberg, Konrad → Fleck und dem →Stricker entwirft (vgl. zu den je 18 Dichternamen umfassenden Katalogen v. ERTZDORFF, 1967, S. 394 ff.), liefert er selbst keine kritische literarische Revue, sondern quasi Literaturlisten von 'Schulautoren' – 'nach dem Muster der lat. Literaturtradition' (HEINZLE, 1984, S. 43) und mit eben demselben Anspruch für die volkssprachliche Epik.

Gegen das alte Verdikt des Epigonentums hatte schon KUHN unter dem Aspekt des Stilwandels für R.v.E. einen neuen 'Kunst'-Begriff in die wissenschaftliche Diskussion eingebracht und ihn bestimmt als 'ein gelehrtes, bewußt systematisiertes formales Können' (KUHN, ²1967, S. 145). Unter dieser Voraussetzung muß auch die Rezeptionshaltung verstanden werden, in der sich R. auf die Deutungsangebote literarischer Vorbilder bezieht: In R.s Einschätzung sind die Gegensätze zwischen Wolfram etwa und Gottfried nicht mehr relevant, 'die Individualität der Dichter tritt zurück, gegenüber einer generellen Meisterhaftigkeit ihrer Kunst' (HAUG, 1985, S. 302). Diese 'Meisterhaftigkeit' aber sieht R. in ihrem Anspruchsniveau für sich selbst unerreichbar fern gerückt.

II. 'Der guote Gêrhart'

Überlieferung. Hs. A, Wien, cod. 2699 [Nov. 420] (Perg.; letztes Viertel 13. oder erstes Viertel 14.Jh.; bair.); Hs. B, Wien, cod. 2793 [Philol. 44] (Pap.; im letzten Drittel des 15.Jh.s v. Gabriel Sattler-Lindenast von Pfullendorf geschrieben; schwäb.); gelegentliche Zeilenverluste und vier fehlende Blätter in der Hs. A können mit Hilfe von Hs. B ausgeglichen werden, vgl. ASHER, Ausg., ³1989, S. VIIIff.

Ausgaben. M. HAUPT, Der gute Gerhard. Eine Erzählung von R.v.E., Leipzig 1840; J.A. ASHER, Der guote Gêrhart (ATB 56), ¹1962, ³1989.

Im 'GG' greift R.v.E. einen Stoff auf, der seinem literarischen Typus nach den Berichten entspricht, wie sie in den → 'Vitas patrum' für Paphnutius und Pitirum bezeugt erscheinen; KÖHLER (1867) hat die Belege durch den Fund einer rabbinischen Geschichte des Nissim ben Jacob entscheidend vermehrt. Dominantes Schema dieser Exempelgeschichten ist die Konfrontation einer Figur von anerkannt hohem Rang mit einer anderen wesentlich niedriger gestellten, die aber die erste in ihrer ethischen Leistung bei weitem übertrifft. Bei R. v. E. ist diese Konzeption eines religiösen Vollkommenheitsvergleichs in die Sphäre höfischer Literatur transponiert und mit einem Erzählschema verknüpft (Trennung und Wiedervereinigung eines Paares), das letztlich schon der spätantike Roman kennt (aber auch die rabbinische Geschichte, s. o.):

Die Rahmenhandlung zeigt Kaiser Otto (I.) auf dem Höhepunkt seines Weltruhms. Die Anerkennung, die er als Stifter des Bistums Magdeburg gefunden hat, verleitet ihn dazu, Gott zu bitten, er möge ihm offenbaren, welcher Lohn für diese Tat ihn im Himmel erwarte. Gottes Antwort rügt die Werkgerechtigkeit des Kaisers und verweist ihn auf das Vorbild eines wahrhaft demütigen Kaufmanns in Köln. Es ist dieser Gerhard, der später dem Kaiser seine Lebensgeschichte (als Binnenerzählung des Werks) berichtet: In Marokko hatte G. mit seinem Handelsgut Christen losgekauft, die nach einer Schiffskatastrophe in Gefangenschaft geraten waren (1). Die so befreite norwegische Königstochter Erêne, die er von dieser Reise mitgebracht hatte, wollte G. schließlich mit seinem eigenen Sohn verheiraten, da die Suche nach ihrem vermißten Bräutigam Willehalm ohne Erfolg geblieben war. Als bei der Hochzeit überraschend der Totgeglaubte doch noch erschien, gab G. demütig die Braut an Willehalm zurück (2) und verhalf dem Prinzen auch zum Wiedergewinn seiner Königsherrschaft in England, indem er selbst auf die Krone verzichtete, als diese ihm, G., zum Dank für seine frühere Hilfe in Marokko vom Kronrat spontan zugesprochen worden war (3). Von Reue erfüllt, erkennt Kaiser Otto seine eigene *superbia* und läßt G.s Geschichte aufzeichnen, damit sie *ein bezzerunge waere der kristenheit* (v. 6802).

Das literarische Novum des Kaufmann-Helden ist von der Forschung gelegentlich sehr direkt als Reflex der sozialen Realität gedeutet worden, als Anspruch einer 'Patrizierdichtung' (SENGLE, 1950), aber diese Überzeichnung hat schon KUHN (1952) relativiert und dagegen die Konzeption des 'GG' aus der 'historischen und religiösen' Objektivierung 'des höfischen Programms' (S. 150) begriffen, wie auch RUH (1978, S. 136 f.) immer noch den 'Bezug zum Schema des Artusromans' mit G.s zweifacher Ausfahrt und Rückkehr nach Köln gewahrt sah (vgl. auch HAUG, 1973, S. 150–152). Trotz solcher thematischen und strukturellen Verbindungen mit der 'klassisch'-höfischen Literaturtradition bleibt die Figurenkonstellation im 'GG' wesentlich durch das geistliche Rangstreit-Schema bestimmt: G. selbst erhält in der Geschichte eine demonstrative Helferrolle zugewiesen, aus der seine Funktion als Exempelfigur abgeleitet werden kann (zum neuen 'Verhältnis zwischen Gesellschaft und individueller Tat' s. jetzt HAUG, 1985, S. 287 f.). Im Rollenwechsel des Helden vom *rât*-Suchenden zum berufenen *rât*-Geber wird die Orientierungskraft von *lêre* unmittelbar evident. Neuere Versuche, die Funktion des Werks unter einem sozialgeschichtlichen Verständnishorizont zu interpretieren (HERZOG, 1974; WUNDERLICH, 1975; HUBY, 1977), gingen von der Annahme aus, daß vor allem das Konfliktpotential zwischen Ministerialität und 'Bürgertum' in den deutschen Städten zu Beginn des 13. Jh.s und speziell in der Bischofsstadt Konstanz den thematischen Anstoß für R.s Konzeption einer Kaufmannsgeschichte gegeben habe. Sah HERZOG in G.s Hilfsaktionen zugunsten des englischen Königspaares die neue Bedeutung der Finanzkraft des 'Bürgertums' für den Adel bestätigt, so suchte WUNDERLICH die geradezu antistädtische Parteinahme R.s aufzuweisen, da durch die Gestalt G.s dem städtischen Meliorat ein Verhaltensmodell politischer Abstinenz 'in strenger *obedientia* gegenüber der gottgesetzten Ordnung' (S. 238) vorgestellt werde, das gefährliche Konkurrenz für die Ministerialen in den Bischofsstädten von vornherein ausschließe. PETERS (1983) konnte dagegen geltend machen, daß die 'Vorstellung von einem permanenten Kampf des "Bürgertums" um Selbstverwaltung', der erst 'die Verfassungswirklichkeit der Städte späterer Zeiten' (S. 43) bestimmt habe, die sozialgeschichtlichen Deutungen zu Fehleinschätzungen verleiten mußte. R. v. E. konzipiere ein Exemplum, in dem die Helferrolle des Kaufmanns G. in eine spezifische Adelslehre eingebunden sei. RUH (1980) hatte vorher schon auf den konstitutiven Zusammenhang zwischen dem geistlichen Rangstreit-Schema und der sozialen Typik der Figurenkonstellation hingewiesen, denn erst die Überwindung gerade seiner kaufmännischen Mentalität lasse G. zum Vorbild für Kaiser Otto werden. Wenn R.s 'GG' unter dieser Perspektive vor allem in seinem Anspruch als Fürstenunterweisung bestätigt wird, so hat BLECK (1985) für ein neues Verständnis des Werks die These aufgestellt, es sei 'als Propagandadichtung im staufisch-welfischen Thronstreit' verfaßt worden. Ob R. allerdings mit Kaiser Otto nun Otto IV. angesprochen wissen wollte, der nach G.s Vorbild zum demütigen Verzicht seiner Ansprüche gegenüber Friedrich II. habe bewogen werden sollen – diese Frage wird die Forschung zu einem Werk weiterbeschäftigen, das wie kein anderes das Interesse für seinen Autor neu belebt hat.

III. 'Barlaam und Josaphat'

Überlieferung. Nach den Funden von W. WILLIAMS-KRAPP (ZfdA 108 [1979] 219–234 u. ZfdA 116 [1987] 80f.) und K. KLEIN (ZfdA 120 [1991] 202–209) sind 47 Textzeugen bekannt, davon 14 (nahezu) vollst. Hss. Die einzige illustr. Hs. (bei ZAENKER, 1974, Sigle P, bei PRILLWITZ, 1975, Sigle I) von 1469 aus der Werkstatt Diebold Laubers enthält 138 kol. Federzeichnungen (vgl. H. P. KRAUS, Monumenta codicum manu scriptorum, 1974, Nr. 39, S. 97). Hs. B ist 1870 in Straßburg verbrannt. Von den vollst. Hss. bzw. größeren Frgm.n sind nicht weniger als 4 (H, K, K$_b$, M) verschollen. Von H ist jedoch die 7000 vv. umfassende Abschrift J. J. ESCHENBURGS (1743–1830) erhalten. Die breite Überlieferung d. 'BJ' hatte schon F. WORSTBROCK, Rez. des Neudrucks der PFEIFFERschen Ausg., AfdA 77 (1966) 111–115, durch eine Liste erschlossen; ZAENKER, 1974, hat den Kenntnisstand erweitert. PRILLWITZ, 1975, bietet eine Zusammenstellung sämtlicher Hss. u. Frgm.e. Zu ergänzen sind die Funde von G. EIS (GRM NF 18 [1968] 448–450), von P. OCHSENBEIN (ZfdA 111 [1972] 322–326) sowie von MASARÍK (PBB [Halle] 95 [1974] 388–402). WILLIAMS-KRAPP (s. o.) stellte die Frgm.e f$_{32}$ u. f$_{33}$ vor, KLEIN (s. o.) das Fragm. f4'. Besonderes Interesse verdient die Frage, in welchem lit. Kontext man R.s 'BJ' las (vgl. die krit. Rez. OCHSENBEINS über Prillwitz, 1977, S. 99).

Ausgaben. J. J. BODMER, Chriemhildens Rache und die Klage; zwey Heldengedichte aus dem schwäbischen Zeitpuncte. Samt Fragmenten aus dem Gedichte von den Nibelungen und aus dem Josaphat, Zürich 1757, Sp. 251–286; F. K. KÖPKE, Barlaam und Josaphat von Rudolf von Montfort, Königsberg 1818, Leipzig ²1838; F. PFEIFFER, Barlaam und Josaphat v. R. v. E. (Dichtg.n d. dt. MAs Bd. 3), Leipzig 1843 (Photomech. Nachdr. mit einem Anhang aus F. SÖHNS, Das Hss.verhältnis in R.s v. E. 'Barlaam', einem Nachw. u. einem Reg. v. H. RUPP, DN 1965).

R.s 'BJ' ist neben dem 'Laubacher Barlaam' des Freisinger Bischofs → Otto II. die zweite deutsche Version des ursprünglich indischen Legendenstoffs vom Leben Buddhas. Für die christliche Adaptation dieser Legende wird die Verfasserschaft Johannes Damaskenos zugesprochen. Im MA fand sie durch lat. Übersetzungen aus dem Griechischen weite Verbreitung und vor allem ihre Vermittlung in die Volkssprachen hinein. Auch R. v. E. greift auf eine lat. Vorlage zurück (zu R.s Vorstellung von einer schriftlichen Überlieferungstradition vgl. GREEN, 1986, S. 170ff.), die 'Vulgata'-Version.

Dem heidnischen König Avenier in Indien wird bei der Geburt seines Sohnes Josaphat geweissagt, daß dieser sich gegen den Willen des Vaters zum Christentum bekehren werde. Um zu verhindern, daß die Prophezeiung sich erfüllen kann, läßt A. seinen Sohn vom Leben abgeschirmt erziehen und befiehlt, alle Christen im Lande zu verfolgen. Als J. die Welt zu sehen begehrt und ihm gestattet wird, den Palast zu verlassen, begegnet er dem Leid in Gestalt eines Aussätzigen, eines Blinden und zuletzt eines Greises. Betroffen beginnt J. nach dem Sinn des Lebens zu fragen und ob *nâch dem tôde ein ander leben* (v. 1357) möglich sei. In dieser Not wird ihm von Gott der Einsiedler Barlaam von der Insel *Sennâar* geschickt, der ihn in der Christenlehre unterweisen soll. J. wird bekehrt und selbst dazu berufen, das Christentum zu verbreiten. Als der Vater erkennen muß, daß alle Versuche fehlschlagen, den

Sohn J. vom christlichen Glauben wieder abzubringen, überläßt er ihm das halbe Reich in der Hoffnung, *daz im* [= J.] *der welte rîchez guot von gote drunge sînen muot* (v. 13411f.) – bis er zuletzt, durch das Vorbild J.s endlich überzeugt und selbst zur Konversion bewogen, die Herrschaft ganz abgibt, um als frommer Einsiedler sein Leben zu beschließen. J. erfüllt seinen Bekehrungsauftrag als Fürst an seinem Volk, und nach dem Tode des Vaters wählt auch er die Weltabkehr als religiöse Lebensform.

Dieser Schluß hat einerseits einem Verständnis des Legendenromans als einer reinen Contemptus-mundi-Dichtung Vorschub geleistet (so noch DE BOOR, LG II 181), andererseits haben RUPP (1959) und modifiziert auch v. ERTZDORFF (1967, S. 350ff.) aus der Aufstellung einer fünfteiligen Gliederung für das Werk die These abgeleitet, der Schlußpassage (J.s Weltflucht) komme schon anteilmäßig am Gesamtplan nur eine untergeordnete Bedeutung zu, und deshalb sei das zentrale Thema J.s Bewährung in der Welt. BRACKERT (1968) konnte nicht nur die ältere Auffassung korrigieren, R.v.E. habe mit diesem Werk ein persönliches Bekenntnis verbinden wollen; wichtiger noch erscheint sein Versuch, den 'BJ' aus der besonderen Konzeption der Vermittlung von *lêre* zu begreifen. Danach liegt dem Aufbau eine klare Dreiteilung nach dem Weltalterschema (*ante legem, sub lege, sub gratia*) zugrunde (so schon WISBEY, 1966, S. 19), und J. demonstriere an seinem eigenen Lebensvollzug konsequent die Umsetzung der religiösen Unterweisungen B.s, um damit ihren exemplarischen Anspruch als *lêre* zu bestätigen. Nicht der Kampf entscheidet hier über den Sieg des Glaubens, sondern die Bekehrung wird erreicht durch eine Folge von *rât*-Situationen im Rahmen der Religionsgespräche. Möglicherweise liegt R.s Entscheidung für diesen Stoff sogar eine programmatische Abkehr von der Gattungstradition der *chanson de geste* zugrunde, in der →Wolfram das Thema der Konfrontation von Christen und Heiden gestaltet hatte. R.s Rekurs auf Wolframs 'Willehalm'-Prolog rechnet schon mit der 'thematischen Differenz' gegenüber seinem literarischen Vorbild (s. dazu HAUG, 1985, S. 317). Die Disputationen, die im 'BJ' mit enzyklopädischer Breite die Summe christlicher Glaubensinhalte ausfalten, sind durchsetzt von selbständigen Parabeln und *exempla*, die vom Ende des 13.Jh.s an auch losgelöst vom ursprünglichen Werkzusammenhang in Sammelhandschriften Aufnahme gefunden haben und Symbiosen mit der Stricker-Überlieferung eingehen (SCHWAB, 1966; OCHSENBEIN, 1977, S. 99).

IV. 'Alexander'

Überlieferung. 3 Frgm.e; die beiden größeren brechen an fast derselben Stelle ab. Hs. M, München, cgm 203 (Papier; 1.Hälfte 15.Jh.; v. 1–21643; elsäss. 'Werkstatt von 1418' oder Werkstatt des Diebold Lauber. Vgl. H. FRÜHMORGEN-VOSS/N.H. OTT, Katalog d. deutschsprachigen illustrierten Hss. d. MAs, Bd. 1, Lfg. 1, 1986, S. 104; D.J.A. ROSS, Illustrated Medieval Alexander-Books in Germany and the Netherlands, Cambridge 1971, S. 20f.); Hs. B, Brüssel, Bibliothèque Royale, ms. 18232 (Papier, um 1430–40; v. 1–21623; elsäss. Werkstatt des Diebold Lauber. Vgl. FRÜHMORGEN-VOSS/OTT, S. 102; Ross, S. 21–43); Hs. h, Berlin, mgq 647, jetzt in Krakau, Bibl. Jagiellońska (13. od. 14.Jh.; ein Pergamentblatt in Kleinquart; v. 14389–14588); vgl. JUNK, 1904, u. Nachwort zur Ausg. 1928/29, S. 748–757.

Ausgabe. V. JUNK, R.v.E., 'Al'. Ein höf. Versroman d. 13.Jh.s, 2 Tle. (StLV 272.274), 1928/29 (Unveränd. reprogr. Nachdr. in einem Bd. 1970).

R. hat an der Konzeption des 'Al' in zwei Phasen gearbeitet. Den Abbruch von 'Al I' (bei v. 5015) und die Fortsetzung von 'Al II' (der Torso endet v. 21643, so daß gerade gut die Hälfte des Gesamtplans realisiert erscheint) trennt eine längere Arbeitspause, in die nach übereinstimmender Meinung der Forschung (WISBEY, BRACKERT) die Entstehung des 'WvO' fällt. Bei der Wiederaufnahme der Arbeit am 'Al' orientiert sich R. nicht nur an einer anderen Quelle, aus dem Wechsel von der 'Historia de preliis' zu den 'Historiae Alexandri Magni' des Curtius Rufus resultiert auch eine grundsätzliche Veränderung der formalen Anlage. Die Einteilung in Bücher mit vorangestellten Prologen verdrängt die Gliederung in Erzählabschnitte von 'Al I' (je 30 Verse etwa, mit Viererreimen in gekreuzter Stellung an den Schlüssen und akrostichischen Buchstaben zu Beginn jedes Abschnitts). Gegenüber dem antiken Original, der Darstellung des Quintus Curtius Rufus, hat R. seine eigene mal. Version durch einen konsequenten Umsetzungsprozeß ausgeformt, der einerseits die bunte Darstellungsvielfalt und perspektivische Sicht der Quelle streng reduziert und vereindeutigt, andererseits die exemplarische Idealität des Herrschers als thematisches Leitbild herausarbeitet (STACKMANN, 1964; BRACKERT, 1968).

An den Akrosticha der überlieferten Buchanfänge des 'Al'-Romans (R[uodolf] ALEXA ...) ist zu erkennen, daß R. vermutlich eine Vita in zehn Büchern plante, während der Torso jetzt mitten im 6. Buch abbricht. Nach der Vorgeschichte entfaltet sich die Haupthandlung vom 2. Buch an fortlaufend bis hin ins 4. Buch mit den kriegerischen Auseinandersetzungen zwischen Al. und Darius, um nach dem Tode des Darius und Al.s Gewinn der Königsherrschaft in Persien in einem neuen Spannungsbogen mit der Bessus-Geschichte bis zum Ende des Torsos weiterzuführen. Den Bericht über die Kämpfe des Makedonen gegen König Porus von Indien hat R., nach der Überlieferung zu schließen, nicht mehr ausführen können. Das Schema einer kontinuierlich fortschreitenden Handlung wurde kunstvoll kombiniert mit episodischen Einschüben, die von den Eroberungszügen Al.s erzählen. Das bewirkt eine perspektivische Ausweitung des Darstellungszusammenhangs und erzeugt Konstellationen von Haupt- und Nebenhandlungen im Sinne eines 'panoramischen Erzählens' (s. dazu v. ERTZDORFF, 1967, S. 377).

R. zielt aber nicht auf eine Totalität historischer Details als Leistung des Werks, sondern demonstriert *lêre* im Sinne einer Fürstenunterweisung. Er zeigt, wie im Leben Al.s 'die auf *wisheit* gegründete *tugent* des Fürsten ... den herkömmlichen Gegensatz von *fortuna* und *felicitas* ... in sich aufhebt' (BRACKERT, 1968, S. 138). *Staete saelde* bestimmt in R.s 'Al.' die Herrschervita (zum *saelde*-Motiv s. EHRISMANN, 1919; KOLB, 1966, u. bes. SCHOUWINK, 1977) und beglaubigt die wachsende *werdekeit* des Protagonisten in der Korrelation von *virtus* und *fortuna*. Wenn R. dieses Konzept einer Entfaltung von Idealität konsequent darstellen wollte und darin die eigentliche *wârheit* der *lêre* begründet sah, die aus der *historia* verbindlich zu beziehen ist, mußte er zwangsläufig immer wieder gegen das Deutungsangebot seiner Hauptquelle, den antiken Bericht des Curtius Rufus, entscheiden. Das erklärt seinen Rekurs auf die 'Historia de preliis' (KOPP, 1957) und andere Quellen (wie Josephus, Methodius und Leo von Neapel) auch in 'Al II', sooft deren Erzählfundus der Verwirklichung seiner eigenen Darstellungsintentionen besser zu entsprechen schien (zu der daraus resultierenden Fiktionalisierung des historischen Materials s. STACKMANN, 1964, u. HAUG, 1985, S. 304 f.).

Als Fürstenideal sollte die Al.-Vita vermutlich den Söhnen Friedrichs II., besonders dem jungen Konrad IV. zum Vorbild angeboten werden. Zwar nennt R. keinen Auftraggeber für das Werk, aber R.s zweiter heilsgeschichtlicher Exkurs im 'Al', der sich im Anschluß an Pseudo-Methodius auf die Weissagungen vom Erscheinen des Endkaisers und des Antichrist beruft, läßt keinen Zweifel darüber zu, daß der kommende Friedensherrscher ein Staufer sein wird (BRACKERT, 1968, Reg.), und diese Erwartung korrespondiert mit dem politischen Programm der staufischen Friedenswahrung. Das stützt die These, daß R. am Stauferhof seinen 'Al'-Roman in Übereinstimmung mit den imperialen Interessen seiner Herren habe fortsetzen können.

V. 'Willehalm von Orlens'

Überlieferung. 29 Textzeugen bei GOEDEKE, Grundriß 1, S. 125 f. Heute sind bekannt: 7 (nahezu) vollst. Pergamenthss. (13.–14. Jh.); die Göttinger Hs., cod. philol. 184, hat JUNK (vgl. Ausg., S. X) zu den unvollst. Pergamenthss. gezählt. 14 Pergamentfrgm.e, einschließlich W. STAMMLERS Beuroner Frgm. (in: Colligere Fragmenta, Fs. A. Dold, 1952, S. 261–264; heute verschollen), sowie die Funde von D. HENNIG (in: Von Büchern u. Katalogen, Fg. J. H. Beckmann, 1962, S. 153–184) u. G. HAYER (in: Litterae ignotae [Litterae 50], 1977, S. 21–32). Berlin, mgq 1303/4 ist jetzt in Krakau, Bibl. Jagiellońska. Bei der Katalogisierung der Hss. der StB Trier hat B. BUSHEY jetzt das Fgm. X, 8 entdeckt (2. H. 13. Jh.; noch unveröffentlicht). Insgesamt 12 Papierhss. stammen aus dem 15. u. d. Anfang d. 16. Jh.s (verzeichnet bei KOPPITZ, S. 140 Anm. 73); die Meininger Papierhs. (ehem. Hofbibl., Hs. 27) ist verschollen, die Hs. x (s. JUNK, Ausg. S. X) aus dem Besitz W.

v. Haxthausens ist mit großer Wahrscheinlichkeit identisch mit der Hs., die 1956 die UB Münster aus dem Antiquariat Stenderhoff erwerben konnte (Münster, UB, Ms.N.R. 7000; für Lübbert de Wendt 1517 geschr.). 5 Hss. sind illustriert (München, cgm 63, Mitte 13.Jh.; Stuttgart, LB, HB XIII 2, v.J. 1419, elsäss. 'Werkstatt von 1418'; Heidelberg, cpg 323, um 1420, elsäss. 'Werkstatt von 1418'; Nürnberg, Germ. Nationalmus., Hs. 5383, v.J. 1441, v. Mittelrhein; Den Haag, Kgl. Bibl., cod. 76 E 1, M. 15.Jh., Werkstatt d. Diebold Lauber). Einzigartig sind die Kopien d. Bilder von cgm 63 ohne Textüberl. in d. Hs. Nürnberg, Germ. Nationalmus., Hs. 5384, und ebenso die Illustr. aus Stuttgart, LB, HB XIII 2, als Kopien in Nürnberg, Germ. Nationalmus., Hs. 5385. Demgegenüber ist in 2 Hss. d. Platz für d. Bilder ausgespart: Kassel, Murhardsche u. LB, 2° Ms. poet. 2; Heidelberg, cpg 4 mit 2 ausgeführten Bildern (zu den illustr. Hss. vgl. HARTONG, 1938, und W. STAMMLER, Bebilderte Epenhss., in: Wort u. Bild, 1962, S. 136–160, bes. S. 149 f.).

Eine Kurzform d. 'WvO', eine Reimpaarbearbeitung aus d. 15.Jh., ist in 4 Hss. und einem Druck überliefert, → 'Wilhalm von Orlens', Reimpaarerzählung. Ein schwäb. Anonymus hat R.s 'WvO' 1522 noch einmal als stroph. Bearbeitung im Herzog-Ernst-Ton umgeformt, → 'Wilhalm von Orlens', strophische Bearbeitung.

Ausgabe. V. JUNK, R.s v.E. 'WvO' (DTM 2), 1905 (Nachdr. ²1967; DN).

Die frz. Quelle des pseudo-historischen Minne- und Aventiureromans 'WvO', auf die sich R. im Epilog beruft (v. 15601 ff.), ist nicht erhalten. Die Konzeption der Liebeshandlung teilt das Werk aber mit Philippes de Beaumanoir 'Jehan et Blonde' (ZEIDLER, 1894, u. bes. LÜDICKE, 1910), während R. die Vorgeschichte, die Geschichte von W.s Eltern, wohl selbst nach dem Vorbild von Gottfrieds 'Tristan' und Wolframs 'Parzival' frei erfunden hat (HAUG, 1975; WACHINGER, 1975, S. 64–71). Die Bußfahrt des Helden, als zweiter Kursus der 'Willehalm'-Handlung, folgt einem Schema des 'Goldener-Märchens', wie es in der Legende von 'Robert le Diable' verfügbar gewesen sein kann (HAUG, 1975, S. 90).

Thema der Vorgeschichte ist der frühe, tragische Tod von W.s Eltern. Der Waisenknabe wird zunächst von Jofrit von Brabant (dem Kriegsgegner seines Vaters) aufgezogen, dann gelangt er an den Hof des Königs von England. Dort erwächst W. aus dem geselligen Umgang mit Amelie, der englischen Königstochter, eine tiefe Leidenschaft. A. erwidert diese Minne, stellt aber Bedingungen: W. soll, bevor sie ihm folgen will, die Schwertleite nehmen und sich ritterlich bewähren. Auf seiner Turnierfahrt zwingen W. politische Heiratspläne des Hofes zu Rückkehr und heimlicher Flucht mit A. Das Paar wird aber gefangengenommen, W. aus England verbannt. Nach langer Bußzeit, in der W. sich wiederholt als Retter für Bedrängte bewähren kann, führt fremde Hilfe das getrennte Minnepaar zuletzt wieder zusammen. Mit Hochzeit und Herrschaftsgewinn wird die Schlußerfüllung des Romans erreicht.

Die Voraussetzungen, unter denen W. und A. in ihrer Minne zusammentreffen, entsprechen demselben Handlungstypus, nach dem R. v. E. schon die Minnegeschichte zwischen Willehalm und Erêne im 'GG' gestaltet hat (vgl. dazu →Konrads von Würzburg 'Engelhard', wie auch 'Partonopier'): Die charakteristische Spannung zwischen 'Minnerolle' und 'Gesellschaftsrolle' des Paares ist dadurch bestimmt, daß – gleichsam phasenverschoben gegenüber der entsprechenden Konstellation in den Artusromanen Chrétiens und Hartmanns – die Minnebindung vor der ritterlichen Bewährung des Helden einsetzt. Als junger Mann, der erst noch durch die Schwertleite zum Ritter avancieren muß, ist W. v. O. gegenüber der Hofwelt noch nicht legitimiert, sein Status als *kneht* steht der repräsentativen Minneehe entgegen (vgl. in diesem Zusammenhang die Keuschheitsforderung, die Erênes Vater im 'GG' für W. und E. zur Bedingung macht: v. 3922–3930).

Auch das Ende dieser Minnehandlungen ist insofern identisch, als die Protagonisten nach der gewaltsamen Trennung von ihrer Minnepartnerin ihr 'Minneheil' nicht mehr aus eigener Initiative erreichen können, sondern – selbst merkwürdig 'neutralisiert' – als 'leidende Helden' auf Helfer angewiesen bleiben, die zuletzt die glückliche Wiedervereinigung des Paares ermöglichen (vgl. die Helferrolle G.s im 'GG'!). Im 'WvO' erscheint das Minnehandlungsschema dieses Typs durch eine besondere 'Strategie der Quellenkombination' (dazu jetzt vor allem FEISTNER, 1989) einem thematischen Gesamtkonzept eingefügt, das gegenüber Gottfrieds 'Tristan' 'schwerlich anders als im Sinne einer kritischen Kontrafaktur' (HAUG, 1975, S. 93) vom Publikum verstanden werden konnte. Gegen HAUGS These, die R.s Werk als programmatischen Gegenentwurf unter der Perspektive einer veränderten Literatursituation zu begreifen sucht, sind Bedenken erhoben worden (HEINZLE, 1984, S. 45), die ihre Argumente aus R.s Konzept einer 'lehrhafte(n) Anschaulichkeit' beziehen und 'die gesellschaftskonformen idealen Züge des Helden' als Indiz einer spezifischen '"Tristan"-Rezeption am Stauferhof' verstehen, die bewußt die Problemkonstellation zu entschärfen suche. Die Romanhandlung liefere letztlich nur den Hintergrund für die Demonstration adeliger Lebensführung. Fürstenunterweisung, bezogen auf den Interessenhorizont des staufischen Hofs (vgl. BRACKERT, 1968), sei die leitende Intention des Werks. Die Praxis hochadeliger Lebensführung entfaltet R. im 'WvO' von der Kunst des Minne-Briefeschreibens und der Hofetikette bis zur subtilen Heiratsdiplomatie und zum Vollzug von Herrschaft im Rahmen der Hoftage. Vor allem die Aufgabe der Friedenswahrung im Sinne der staufischen Landfriedensbewegung wird in der großangelegten Schlußszene des Werks verbindlich demonstriert. Diese Perspektive, die eine Verbindung zum politischen Programm des Stauferhofs eröffnet, hat R. noch deutlicher dadurch markiert, daß er am Ende der Geschichte seinen Romanhelden W. als Begründer des Geschlechts vorstellte, aus dem Gottfried von Bouillon hervorgehen sollte, der Eroberer des Heiligen Grabes und erste König von Jerusalem, als dessen legitimer Nachfahre, *heres regis Hierosolymae*, sich Konrad IV. verstand.

Das anhaltend starke Interesse für R.s Werk noch im 15. Jh. gibt sich auch in Bildzeugnissen zu erkennen, die einen vom Text abgelösten Gebrauch dokumentieren:

An der Wand der Sommerhausgalerie von Schloß Runkelstein bei Bozen bilden W. und A. zusammen mit Tristan und Isolde sowie Wilhelm von Österreich und Aglie die Triade der höfischen Minnemusterpaare (um 1400; HAUG u.a., 1982, Abb. 5, S. 97). Der Frankfurter 'WvO'-Teppich (1. Viertel d. 15. Jh.) zeigt in 15 Einzelszenen die Minnehandlung bis zur Entführung Amelies (OTT, 1982/83).

Hans Sachs hat für seine Dramatisierung des 'WvO' (1559) den Druck von Anton Sorg (Augsburg 1491; → 'Wilhalm von Orlens', Reimpaarerz.) als Vorlage benutzt.

VI. 'Weltchronik'

Überlieferung. Über 100 Hss. (Ende 13.–15. Jh.) gelten als Textzeugen der 'Wchr' R.s v. E. (vgl. zuletzt: HERKOMMER, 1987, S. 127 Anm. 1). Die Liste bei EHRISMANN, Ausg., S. VI–X, und die Angaben bei MENHARDT, 1937, sind durch jüngere Funde, bes. von Frgm.n, vielfach zu ergänzen (vgl. v. TIPPELSKIRCH, S. 6 Anm. 17, und ODENTHAL, Bibliographie, Nr. 101–111). Die älteste vollständig erhaltene, sog. Wernigeroder Hs., die EHRISMANN unter Beiziehung zweier Heidelberger Parallelhss. seiner Ausgabe zugrunde legte, konnte aus der Sammlung Bodmer, Cologny bei Genf, von der Bayer. SB erworben werden (neue Signatur von Z: cgm 8345; vgl. S. KRÄMER, Verbleib unbekannt, ZfdA 103 [1974] 118–123; U. MONTAG, Die Haupths. der 'Wchr' R.s v. E., Montfort 26 [1974] 566–571). Das Frgm. Berlin, mgq 1698, befindet sich jetzt in Krakau, Bibl. Jagiellońska. Bisher unbekannt waren die Frgm.e Nürnberg, Germ. Nationalmus., Hss. 7128, 42521 u. 42568. Vgl. J. GÜNTHER, Katalog d. illustrierten Hss. u. Frgm.e d. mhd. Weltchroniken, Mag.-Arbeit (masch.) Hamburg 1986.

Die illustrierten Hss. hat nach KRATZERT (1974) jetzt HERKOMMER (1987, S. 129–146) neu aufgelistet (mit vollst. Bibliographie) und für die nunmehr 17 illustr. Textzeugen mit überwiegendem R. v. E.-Text eine modifizierte Klassifikation angeboten (er unterscheidet nach dem Textbestand: Gruppe A, 6 Hss.: München, cgm 8345; St. Gallen, StB Vadiana, cod. 302; Berlin, mgf 623; Zürich, Zentralbibl., cod. Rh 15; Berlin, Kupferstichkabinett, Ms. 78 E 1; Colmar, StB, Ms. 305. – Gruppe B, 9 Hss.: München, cgm 6406; Wolfenbüttel, Hzg.-Aug.-Bibl., cod. 8 Aug. 4°; Stuttgart, LB, cod. HB XIII 6; Augsburg, UB (olim Harburg), cod. Oettingen-Wallerstein I.3.fol. II; Fulda, LB, Ms. Aa 88; Donaueschingen, cod. 79; Stuttgart, LB, cod. Bibl. fol. 5; Kassel, Murhardsche u. LB, 2° Ms. theol. 4; Weimar, Zentralbibl. d. Dt. Klassik, cod. Fol. 416. – Dazu noch 2 Hss. in Zwischenstellung durch Vorlagenwechsel: Pommersfelden, Gräfl. Schönbornsche Bibl., Ms. 303; New York, Public Library, Spencer Collection of Illustrated Books, Ms. 38. Gegenwärtig nicht zugänglich ist die Hs. ehem. Oettingen-Wallerstein, cod. 1.3.fol.I – da in Privatbesitz –; wieder aufgefunden wurde der Colmarer Codex, den LEVY, 1909, beschrieben hat; jetzt Colmar, Musée Bartholdi; s. HERKOMMER, S. 129 Anm. 13). Die Überlieferungsgeschichte der 'Wchr'-Illustration hat BEER (1987) gegenüber dem stilgeschichtl. Stemma von KRATZERT (1974) entscheidend revidieren können.

Schon VILMAR, 1839, hatte den Versuch unternommen, die Hss.familien der 'Wchr' R.s v. E. und der → 'Christherre-Chronik' (VILMAR bezeichnet sie als 'jüngere Recension' der 'Wchr'; auch sie ist Frgm. geblieben) nach ihrer Überlieferung in 5 Klassen zu ordnen, um so die verschiedenen Möglichkeiten von Mischredaktionen zu kennzeichnen (die Beispiele für die diversen Verbindungen von 'Wchr' und 'Christherre-Chronik' bei OTT → 'Christherre-Chronik', Sp. 1213 f). Wie GÄRTNER, 1985, gezeigt hat, wird auch die Textgeschichte von R.s Chronik von Überlieferungstypen bestimmt, die von der 'autornahen Fassung' (1. Typ) über die 'planvolle Zusammenstellung von Werken (heils-)geschichtlichen Inhalts' (2. Typ) und 'Bearbeitungen der autornahen Fassungen' (3. Typ) bis hin zur 'Kompilation' (4. Typ) reichen. Ebenso gattungstypisch wie die Vergesellschaftung mit Mischredaktionen aus 'Christherre-Chronik' und R.s v. E. 'Wchr' (mit Beimischungen aus Jans → Enikels 'Weltchronik') mit Bruder → Philipps 'Marienleben' (Stuttgart, LB, HB XIII 6; Pommersfelden, Gräfl. Schönbornsche Schloßbibl., cod. 303; Augsburg, UB, cod. Oettingen-Wallerstein I. 3. fol. II), ist daher die Überlieferungsgemeinschaft von R.s Chronik mit Strickers 'Karl' (St. Gallen, StB Vadiana, cod. 302, und Berlin, mgf 623) oder dem 'Trojanerkrieg' Konrads von Würzburg (Wien, cod. 2690), gelegentlich auch mit Alexander-Versionen (Stuttgart, LB, HB XIII 6; Kassel, LB, 2°Ms. theol. 4). Im 14. Jh. hat → Heinrich von München die beiden Torso-Fassungen der rudolfinischen und der 'Christherre-Chronik' in dem monumentalen Kompilationstyp seiner 'Weltchronik' zusammengeführt (vgl. GICHTEL, 1937, und jetzt vor allem KORNRUMPF, 1988). Zuletzt führte die Rezeption von R.s 'Wchr' in prosaisierter Form zu den deutschen → 'Historienbibeln' des SpätMAs. Vgl. jetzt D. JAURANT, R.s Weltchronik als offene Form. Überlieferungsstruktur u. Wirkungsgesch., Diss. Bern 1990 (erscheint wahrsch. in Bibl. Germanica).

Ausgaben. G. EHRISMANN, R.s v. E. 'Weltchronik'. Aus der Wernigeroder Hs. (DTM 20), 1915 (Nachdruck: DN 1967).

Faksimile-Ausgaben: R. v. E., 'Wchr', Der Stricker, 'Karl der Große'. Faksimile der Hs. 302 der Kantonsbibl. (Vadiana) St. Gallen, Luzern 1982; R. v. E., 'Wchr', Der Stricker, 'Karl der Große'. Hg., Text u. Kommentar v. E. THEIL, Bozen 1986 (als Faks.-Ausg. der Bilder von Frgm. Berlin, mgf 623); R. v. E., 'Wchr'. (Gesamthochschul-Bibl. Kassel, LB und Murhardsche Bibl. d. Stadt Kassel, 2°Ms. theol. 4). Einf. v. K. GÄRTNER, Beschr. v. H. BROSZINSKI (Codices illuminati medii aevi 12), 1989.

R.s 'Wchr' (nach ihrem Beginn auch 'Richter got herre-Chronik' genannt, im Gegensatz zur konkurrierenden → 'Christherre-Chronik') ist Torso geblieben (die Überl. zusammen mit der ersten Fortsetzung umfaßt allein 36338 vv., R. selbst brach die Arbeit vermutlich bei v. 33346 ab), aber ihr Gliederungskonzept, das den Stoff nach dem Sechs-Weltalter-Schema ordnet, strukturiert noch die volkssprachliche Chronistik bis hin zu → Heinrich von München (zur Forschungslage zuletzt KORNRUMPF, 1988), dessen Kompilation das Schema am vollständigsten ausführt (vgl. GÄRTNER, 1985). Entsprechend den sechs Schöpfungstagen ist nach der Lehre von den *aetates mundi* auch die Weltgeschichte organisiert, allerdings verändert R. im Vorgang der Ausführung den Plan seines Hauptprologs (in der Tradition von Augustinus), indem er die vierte Welt mit Moses beginnen läßt und auf den Einschnitt der Babylonischen Gefangenschaft verzichtet (vgl. GICHTEL, 1937, S. 26–29; bes. HERKOMMER, 1987, S. 176 Anm. 239). Damit sind die Perioden der Menschheitsgeschichte mit Noe, Abraham, Moses, David und Christus gekennzeichnet.

R.s Darstellung umfaßt sowohl den Gang der Heilsgeschichte (*der rehtin mere ban*: v. 3786), als auch die Historie der *heidenschaft* (*der nebinganc*: v. 3117), die für ihn aber nicht mit dem Beginn der Weltgeschichte (Seth vs. Kain) einsetzt, sondern mit der Verwirrung der Sprachen und der Zerstreuung der Völker über die Welt. Mit Ausnahme dieser Modifizierung folgt er dem Augustinischen Gegensatz von *civitas Dei* und *civitas terrena*, wobei aus der Unterscheidung zwischen *wege* und *biwege* sich die Dominanz des dargestellten Heilsweges gegenüber der untergeordneten synchronen Profangeschichte ergibt. Die Ereignisse der profanen Weltgeschichte werden zusammengefaßt und in Form von Inzidentien jeweils am Schluß eines Weltalters berichtet. Als Hauptstationen der *biwege* erscheinen unter dieser Perspektive Troja und Rom. R.s 'Wchr' bricht im 5. Weltalter *an Salomone* ab, an einer Stelle, die sich 'mit den Versen 16143 ff. des Alexander bruchlos fortsetzen' läßt (WISBEY, 1956/57, S. 76). Nach BRAKKERT (1968, S. 185 f.) wechselte R. v. E. von der Arbeit an der 'Wchr' zu 'Al II' über, als er in der 'Historia scholastica' eine Stelle erreichte, die in den Diskussionszusammenhang des 'Al' gehörte (s. dazu oben I.).

Als Hauptquellen für die älteste deutsche Weltchronik in Versen dienten R. die Vulgata und die 'Historia scholastica' des Petrus Comestor. Für seine Beschreibungen der Weltteile benutzte er die 'Imago mundi' des → Honorius Augustodunensis (vgl. DOBERENTZ, 1881/82). Neuerdings versuchte v. TIPPELSKIRCH (1979, S. 56) nachzuweisen, daß R. die Ninus-Semiramis-Episode aus der 'Historia de duabus civitatibus' des Bischofs → Otto von Freising bezogen hat (Bedenken dagegen bei HERKOMMER, 1987, S. 183 u. Anm. 276). Als weitere Quellen hatte schon EHRISMANN (Ausg., S. XXXVII) 'Isidors Etymologien, des Hieronymus Bearbeitung der Zeittafeln des Eusebius und das Pantheon des Gotfrid von Viterbo' in Zusammenhang mit den *incidentia* genannt.

Die universalhistorische Deutung des Geschichtsverlaufs in der synchronistischen Tradition von Eusebius-Hieronymus sucht R. seinem Publikum trotz der gewaltigen Stoffülle durch Vorausdeutungen und Rückverweise aus der orientierenden Überschau heraus transparent zu machen. Gegenüber dem ständig sich wiederholenden Perspektivenwechsel zwischen Heilsgeschichte und Profangeschichte, wie er aus der zweisträngigen Erzähltechnik resultiert, sichern leitmotivartige Querverweise die Erkenntnis von planvoller Zielgerichtetheit und Kontinuität der Entfaltung in der Welthistorie, die sich in Davids Thronbesteigung als einem ersten Höhepunkt erfüllt. Nicht nur alle Deutungslinien konvergieren in diesem David-Königtum, sondern R. stellt mit einem Hymnus auf Konrad IV. unmittelbar den genealogischen Anschluß zu diesem Herrscheramt her, um Konrad als den legitimierten Erben und Repräsentanten eines sakralen Königtums zu erweisen. Als Postfiguration Davids erscheint Konrad in seinen eigenen imperialen Rechtsansprüchen bestätigt und zugleich belehrt über seine von Gott verfügte Stellung in der Geschichte. R.s 'Wchr' dient damit einem staufischen Legitimationsinteresse, aber dieser aktuelle politische Auftrag ist eingebunden in ein Programm verbindlicher Fürstenunterweisung, das aus den *exempla* der Geschichte die Orientierungsmuster höfischer Idealität für die Gegenwart zurückgewinnt. WENZEL, 1980, hat gezeigt, wie R. v. E. 'in der Ausgestaltung biblischer Geschichte von der Darstellungstradition der lat. Historiographie ganz unverkennbar sich entfernt und öffnet für die Leitbilder und Motive der höfischen Dichtung'. Aktualität erreichen gerade auch die heilsgeschichtlichen Ereignisse vor dem Verständigungshorizont adeliger Selbstdeutung (*minne*-Thematik; Kampf *uf ritterlichim prise* usw.), wie er den Erwartungen von R.s zeitgenössischem Publikum entspricht.

Darüber hinaus hat R. in die 'Wchr' einen immensen Fundus naturkundlichen und profanen Wissens seiner Zeit eingebracht, um durch die Darstellung der Realien die Situierung des Geschehens im Szenarium der Weltlandschaft zu erreichen (vgl. HERKOMMER, 1987, S. 219–240). Die Schauplätze der christlichen und paganen Universalhistorie werden mit jenem Interesse für eine politisch-historische Geographie geschildert, wie es R.v.E. schon im 'GG', im 'Al' und im 'WvO' bezeugt hatte, um *des maeres wârheit* in ihrem Anspruch abzusichern. Auch die faszinierenden Wunder des Orients mit Skiapoden, Kopflosen, hundsköpfigen Menschen und Cyclopen sind in die 'Wchr' unter der Perspektive einer Weltbeschreibung eingerückt, die ihr Wissen mit den Darstellungen der 'Mappa mundi' und deren Angaben in Text und Bild teilt. R.s Anliegen, die Stationen der Geschichte der menschlichen Kunstfertigkeiten und deren Erfinder, die *primi inventores*, vorzuführen, oder die *translatio artium* in der Abfolge der Weltreiche zu entfalten (vgl. WORSTBROCK, 1965), entspricht demgegenüber der 'jahrhundertealten Tradition der Heurematographie, die schon früh Eingang in die Historiographie gefunden hat' (BRACKERT, 1968, S. 168), und die in solchen Aufstellungen kulturschöpfender Leistungen ein Zeitgerüst des Geschichtsverlaufs markiert. Auch aus der Totalität solchen gelehrten Wissens heraus wird der Orientierungsanspruch des Werks abgeleitet, verbindliche *lêre* zu formulieren und als Fürstenunterweisung für Konrad IV. zu dienen.

Literatur (Auswahl). Vgl. A. ODENTHAL, R.v.E. Eine Bibliographie, 1988 (berücksichtigt Arbeiten bis 1985). – Hier werden nur die im Artikel zitierten sowie die neuesten Arbeiten aufgeführt.

Zu I. Leben, Chronologie der Werke, sowie übergreifende Darstellungen und Studien: G. EHRISMANN, Stud. über R. v. E. (HSB 1919, Abh. 8); E. SCHRÖDER, R. v. E. u. sein Literaturkreis, ZfdA 67 (1930) 209–251; C. VON KRAUS, 1940 (s. u. IV.); R. WISBEY, 1956/57 (s. u. IV.); E. KOPP, Unters. z. Werken R.s v. E., Diss. (masch.) FU Berlin 1957; R. WISBEY, 1966 (s. u. IV.); X. VON ERTZDORFF, R. v. E., 1967; H. KUHN, Minnesangs Wende, ²1967, Reg.; H. BRACKERT, R. v. E. (Germ. Bibliothek R. 3), 1968; W. SCHRÖDER, AfdA 80 (1969) 25–41; R. SCHNELL, R. v. E. (Basler Stud. z. dt. Sprache u. Lit. 41), 1969; W. HAUG, Struktur u. Gesch., GRM NF 23 (1973) 129–152; B. WACHINGER, Zur Rezeption Gottfrieds v. Straßburg im 13. Jh., in: W. HARMS/L. P. JOHNSON (Hgg.), Dt. Lit. d. späten MAs, Hamburger Colloquium 1973, 1975, S. 56–82; K. RUH, Epische Lit. d. dt. SpätMAs, in: W. ERZGRÄBER (Hg.), Europ. SpätMA (Neues Hdb. d. Lit.wiss. Bd. 8), 1978, S. 117–188; J. BUMKE, Mäzene im MA, 1979, Reg.; I. VON TIPPELSKIRCH, 1979 (s. u. VI.); M. WEHRLI, Gesch. d. dt. Lit. vom frühen MA bis z. Ende d. 16. Jh.s (Gesch. d. dt. Lit. v. d. Anfängen bis zur Gegenwart 1), 1980, S. 482–490, Reg.; U. PETERS, Lit. in d. Stadt (Stud. u. Texte z. Sozialgesch. d. Lit. 7), 1983, S. 36–48, Reg.; J. HEINZLE, Wandlungen u. Neuansätze im 13. Jh. (1220/30–1280/90) (Gesch. d. dt. Lit. von den Anfängen bis zum Beginn d. Neuzeit, hg. v. J. H., Teilbd. II/2), 1984, S. 41–48, Reg.; E. C. LUTZ, 1984 (s. u. II.); W. HAUG, Literaturtheorie im dt. MA von den Anfängen bis zum Ende d. 13. Jh.s, 1985, S. 279–331, passim; D. GREEN, On the Primary Reception of the Works of R. v. E., ZfdA 115 (1986) 151–180; A. STEVENS, Zum Literaturbegriff bei R. v. E., in: Geistl. u. weltl. Epik d. MAs in Österreich (GAG 446), 1987, S. 19–28.

Zu II. 'Der guote Gêrhart': R. KÖHLER, Zum 'GG', Germ. 12 (1867) 55–60, wieder in: ders., Kleinere Schr.n z. Märchenforschung, hg. v. J. BOLTE, Bd. 1, 1898, S. 32–39; F. SENGLE, Die Patrizierdichtung 'GG', DVjs 24 (1950) 53–82; H. KUHN, 1952, ²1967 (s. o. I.); W. HAUG, 1973 (s. o. I.); W. WALLICZEK, R. v. E., 'GG' (MTU 46), 1973; U. HERZOG, Die Erlösung des Kaufmanns, WW 24 (1974) 372–387; W. WUNDERLICH, Der 'ritterliche' Kaufmann (Scriptor Hochschulschr.n Lit.-wiss. 7), 1975; M. HUBY, 'Le bon Gérard' ou 'Comment faire son salut sans trop de peine', Et. Germ. 32 (1977) 170–173; K. RUH, 1978 (s. o. I.); ders., Versuch einer Begriffsbestimmung von 'städtischer Lit.' im dt. SpätMA, in: Über Bürger, Stadt u. städt. Lit. im SpätMA, hg. v. J. FLECKENSTEIN/K. STACKMANN (Abhh. d. Ak. d. Wiss. in Göttingen. Phil.-hist. Kl., 3.F., Nr. 121), 1980, S. 311–328; U. PETERS (s. o. I.); E. C. LUTZ, Rhetorica divina, 1984, S. 161–241; R. BLECK, Keiser Otte u. Künic Willehalm. R. v. E. 'GG' (Wiener Arbeiten z. germ. Altertumskunde u. Philol. 28), 1985; W. HAUG (s. o. I.).

Zu III. 'Barlaam und Josaphat': H. RUPP, R.s v. E. 'BJ', in: Dienendes Wort. Fg. f. E. Bender, 1959, S. 11–37; R. WISBEY, 1966 (s. u. IV.); U. SCHWAB, R. v. E. u. d. Stricker, in: dies., Die Barlaamparabeln in Cod. Vindob. 2705 (Istituto universitario orientale di Napoli. Quaderni della Sezione germanica degli Annali 3), 1966, S. 5–24; X. VON ERTZDORFF, 1967 (s. o. I.); H. BRACKERT, 1968 (s. o. I.); K. A. ZAENKER, The Manuscript Relationship of R.s v. E. 'BJ', Diss. Univ. of British Columbia/Canada, Vancouver 1974 (DA 35 [1974/1975] 3780/81 A); S. PRILLWITZ, Überlieferungsstudie zum 'BJ' d. R. v. E., Diss. Hamburg 1970, Kopenhagen 1975; P. OCHSENBEIN, Rez. Prillwitz, AfdA 88 (1977) 97–105; E. C. LUTZ, 1984 (s. o. II.), S. 244–277; W. HAUG, 1985 (s. o. I.); D. GREEN, 1986 (s. o. I.); K. CIESLIK, Die Legenden R.s v. E. u. Konrads v. Würzburg, in: Dt. Lit. d. SpätMAs (Dt. Lit. d. MAs 3 = Wiss. Beitr. d. Ernst-Moritz-Arndt-Univ. Greifswald), 1986, S. 193–204.

Zu IV. 'Alexander': G. EHRISMANN, 1919 (s. o. I.); C. VON KRAUS, Text u. Entstehung von R.s 'Al' (MSB 1940, H.8); R. WISBEY, Zur relativen Chronologie u. Entstehungsgesch. v. R.s 'Al', ZfdA 87 (1956/57) 65–80, auch in: ders., 1966 (s. u.), S. 109–126; KOPP, 1957 (s. o. I.); K. STACKMANN, Der Alten Werdekeit. R.s 'Al' u. d. Roman d. Q. Curtius Rufus, in: Fs. J. Quint, 1964, S. 215–230; R. WISBEY, Das Alexanderbild R.s v. E. (Phil. Stud. u. Qu. 31), 1966; H. KOLB, Orthabunge rehter kunst. Zu den saelde-Prologen in R.s v. E. 'Al', in: Fs. H. de Boor, 1966, S. 92–110; H. BRACKERT, 1968 (s. o. I.); W. SCHOUWINK, Fortuna im 'Al' R.s v. E. (GAG 212), 1977; K. RUH, 1978 (s. o. I.).

Zu V. 'Willehalm von Orlens': V. ZEIDLER, Die Quellen v. R.s v. E. 'WvO', 1894; V. LÜDICKE, Zur Quellenfrage v. R. v. E. 'WvO', Diss. Halle 1910; zugl. u. d. T.: Vorgesch. u. Nachleben d. 'WvO' v. R. v. E. (Hermaea 8), 1910 (Neudr. 1972); M.-M. HARTONG, 'WvO' u. seine Illustrationen, Diss. Köln 1938; H. BRACKERT, 1968 (s. o. I.); W. HAUG, Wolframs 'Willehalm'-Prolog im Lichte seiner Bearbeitung durch R. v. E., in: Fs. W. Schröder, 1974, S. 298–327; ders., R.s 'Willehalm' u. Gottfrieds 'Tristan': Kontrafaktur als Kritik, in: W. HARMS/L. JOHNSON (Hgg.), Dt. Lit. d. späten MAs, Hamburger Colloquium 1973, 1975, S. 83–98; B. WACHINGER, 1975 (s. o. I.); H.-J. KOPPITZ, Stud. z. Tradierung d. weltl. mhd. Epik im 15. u. beginnenden 16. Jh.s, 1980, 139–141, 175–177 u. passim; W. HAUG/J. HEINZLE/D. HUSCHENBETT/N. H. OTT, Runkelstein, die Wandmalereien d. Sommerhauses, 1982; N. H. OTT, Geglückte Minne-Aventiure. Zur Szenenauswahl lit. Bildzeugnisse im MA (u. a. Frankfurter 'WvO'), Jb. d. Oswald-v.-Wolkenstein-Ges. 2 (1982/83) 1–32; J. HEINZLE, 1984 (s. o. I.);

E. FEISTNER, Konrads v. Würzburg 'Engelhard', R.s v. E. 'WvO' u. Philippes de Beaumanoir 'Jehan et Blonde', Jb. d. Oswald-v.-Wolkenstein-Ges. 5 (1988/89) 329–340.

Zu VI. 'Weltchronik': A. F. CH. VILMAR, Die zwei Recensionen u. d. Hss.familien der 'Wchr' R.s v. E., Marburg 1839; O. DOBERENTZ, Die Erd- u. Völkerkunde in d. 'Wchr' d. R. v. Hohen-Ems, Diss. Halle 1880, auch in: ZfdPh 12 (1881) 257–301, 387–454 (I) u. ZfdPh 13 (1882) 29–57, 165–223 (II); P. GICHTEL, Die 'Wchr' Heinrichs v. München in d. Runkelsteiner Hs. d. Heinz Sentlinger, 1937, bes. S. 83–104 u. passim; H. MENHARDT, Bibliographisches u. Textkritisches zu d. Wiener 'Wchr'-Hss., PBB 61 (1937) 402–462; R. WISBEY, 1956/57 (s. o. IV.); F. J. WORSTBROCK, Translatio artium, AKG 47 (1965) 1–22; H. BRACKERT, 1968 (s. o. I.); CH. KRATZERT, Die illustr. Hss. d. 'Wchr' d. R. v. E., Diss. FU Berlin 1974; I. VON TIPPELSKIRCH, Die 'Wchr' d. R. v. E., Stud. z. Geschichtsauffassung u. polit. Intention (GAG 267), 1979; H. WENZEL, Höf. Geschichte (Europ. Hochschulschr.n I 284), 1980, S. 71–87; K. GÄRTNER, Überlieferungstypen mhd. Weltchroniken, in: CH. GERHARDT/N. F. PALMER/B. WACHINGER, Geschichtsbewußtsein in d. dt. Lit. d. MAs, 1985, S. 110–118; N. H. OTT, Kompilation u. Zitat in Weltchronik u. Kathedralikonographie, in: ebd., S. 119–135; E. J. BEER, Die Bilderzyklen mhd. Hss. aus Regensburg u. seinem Umkreis, in: Regensburger Buchmalerei (Katalogred. F. MÜTHERICH/K. DACHS), 1987, S. 69–74, 77 (Katalognr. 56: R. v. E. 'Wchr.'; cgm 6406); H. HERKOMMER, Der St. Galler Codex als literarhist. Monument, in: R. v. E., Wchr. Der Stricker, Karl der Große. Kommentar zu Ms 302 Vad. [Faks.], Luzern 1987, S. 127–273, bes. S. 127–240; E. J. BEER, Die Buchkunst d. Hs. 302 der Vadiana, ebd., S. 61–125; G. KORNRUMPF, Die 'Weltchronik' Heinrichs v. München, in: Fs. I. Reiffenstein (GAG 478), 1988, S. 493–509.

(1991)   WOLFGANG WALLICZEK

S

Saaz → Johannes von Tepl

'Sachsenspiegel' → Eike von Repgow

'Schwabenspiegel'

Rechtsbuch.

1. Überlieferung. Vgl. die Übersicht bei OPPITZ, Bd. I, S. 286–293.

Landrecht: 311 erhaltene oder bezeugte Hss.; 82 Frgm.e; lat. Übers.: 3 Hss.; 1 Frgm.; frz. Übers.: 1 Hs.; tschech. Übers.: 39 Hss.

Lehnrecht: 268 erhaltene oder bezeugte Hss.; 39 Frgm.e; lat. Übers.: 3 Hss.; frz. Übers.: 1 Hs.; tschech. Übers.: 30 Hss.

Inkunabeldrucke: HAIN 9868–9871 (vgl. OPPITZ, Bd. I, S. 40 f.)

Ausgaben. Nachweis der älteren Drucke und der modernen Ausgaben bei OPPITZ, Bd. I, S. 36–42; hervorzuheben sind: Der Sch. oder Schwäbisches Land- und Lehen-Rechtbuch nach einer Hs. v. J. 1287, hg. v. F.L.A. VON LASSBERG, Tübingen 1840 (Neudr., hg. v. K. A. ECKHARDT, Bibliotheca Rerum Historicarum, Neudrucke 2, 1972) (Normalform; auf der Grundlage der frgm. erhaltenen Hs. HOMEYER, Rechtsbücher, Nr. 286 = OPPITZ, Nr. 421; ergänzt durch HOMEYER, Nr. 1240 = OPPITZ, Nr. 1630; zit.); H.G. GENGLER, Sch.s Landrechtsbuch, ²1875 (Langform; wichtig wegen der Quellennachweise); R. GROSSE, Sch. Kurzform (MGH, Fontes iuris germanici antiqui, N. S. V), 1964.

Die Ausgaben einzelner Fassungen durch K. A. ECKHARDT sowie von ihm veranstaltete Neudrucke älterer Drucke sind übersichtlich zusammengestellt und erläutert in: A. ECKHARDT, Werksverzeichnis Karl August Eckhardt (Bibliotheca Rerum Historicarum, Studia 12), 1979, S. 54–73.

2. Benennung.

In den Hss. häufig als Landrecht bzw. Lehnrecht, vor allem aber als *keyserrecht* oder *kayser karel rechtpuch* (31 bzw. 18 Hss. vgl. KRAUSE, S. 91) bezeichnet, gegründet auf Artikel 1b: *also stet och an disem bůche. deheiner slahte lantrecht noch lehenrecht ... wan ez mit rehte von romscher phahte vnd von Karls rehte her komen ist.*

Bereits Sebastian Münster sah dieses *Landtrecht* auf die *schwäbische Nation* bezogen und Melchior Goldast hat in seiner Ausgabe von 1609 in einer Randnote die seither gängige Bezeichnung 'Sch.' geprägt.

3. Inhalt. Aufbau. Quellen.

Der 'Sch.' stellt die letzte Stufe der oberdeutschen Rezeption des 'Sachsenspiegels' (→Eike von Repgow) dar, deren Anfänge im → 'Augsburger Sachsenspiegel' und im 'Deutschenspiegel' (→ 'Spiegel aller deutschen Leute') belegt sind. Er behandelt, wie die Vorlage, den Rechtsstoff von Landrecht und Lehnrecht; die beiden Teile werden im Regelfall gemeinsam, gelegentlich auch gesondert überliefert.

Die Aneignung und Umformung des sächsischen Rechtsbuches vollzog sich im Augsburger Franziskanerkloster auf der Grundlage einer obd. Übertragung, die vielleicht bereits im Umkreis des Magdeburger Generalstudiums der Franziskaner erfolgt war und von obd. Minoriten nach Augsburg gebracht wurde (s. u. 5.).

Die inhaltlichen Bezüge von obd. 'Sachsenspiegel'-Übersetzung und 'Deutschenspiegel' zu den Verfassungsverhältnissen Augsburgs, die 1276 im deutschsprachigen Augsburger Stadtrecht fixiert wurden, lokalisieren die Entstehung in Augsburg und grenzen gleichzeitig den Zeitraum der Umarbeitung auf die Jahre 1265–1276 ein (vgl. ECKHARDT, ZRG German. Abt. [1925] 38 f.). Da der 'Sch.' am Ende dieser Kette steht, wird seine Entstehung auf 1275/76 zu datieren sein.

Im 'Sch.' werden die Bearbeitungstendenzen weitergeführt, die bereits der 'Deutschenspiegel' in seiner überlieferten Textform erkennen läßt. Hatte schon der 'Deutschenspiegel'-Verfasser seinem Werk als geschichtliche Einleitung das 'Buch der Könige' (→ 'Buch der Könige alter ê und niuwer ê') vorangestellt, so wird es nun ergänzt durch die 'Prosakaiserchronik' (→ ebd.), die jedoch nur in einigen Schwabenspiegel-Hss. überliefert ist und in dessen Verkehrsformen nicht überging (vgl. die Übersicht bei OPPITZ, Bd. I, S. 36). Die Reimvorrede des 'Deutschenspiegel' wird gestrichen, jedoch das Vorwort wesentlich erweitert (s. u. 4.).

Das Rückgrat des Textaufbaus stellt die Artikelfolge des Sachsenspiegeltextes dar, doch ist dessen Wortlaut nur zum Teil erhalten geblieben. Er wird vielmehr vielfach verändert und durch Einschübe erweitert. Die Büchereinteilung wird nicht übernommen, und die einzelnen Artikel erhalten Überschriften, wohl entsprechend dem Vorbild der normativen Texte des kanonischen Rechts. Die Artikel 1–117b (sogenannter 1. Landrechts-Teil) lehnen sich eng an den ersten Teil des 'Deutschenspiegels' an (Art. 1–109, Ausgabe ECKHARDT).

In den Artikeln 118–313 (sog. 2. Landrechtsteil) wird wiederum im wesentlichen die Artikelfolge des 'Sachsenspiegels' zu Grunde gelegt, doch ist das Ende des III. Buchs (von III, 52 an) vorangestellt, die Einschübe sind umfangreicher. Als Quellen der Erweiterungen sind vor allem die 'Institutiones' Justinians und das Alte Testament zu nennen, in geringerem Maße sind der sog. 'Brachylogus', die 'Lex Romana Visigothorum', die 'Summa de casibus penitentie' des Raymundus von Peñafort, die 'Historia Scholastica' des Petrus Comestor, die 'Lex Alamannorum', die 'Lex Baiuuariorum' sowie kaiserliche Landfrieden herangezogen worden.

In einem 3. Teil des Landrechts, den nur die längeren Fassungen des 'Sch.s' (s. u. 4.) aufweisen, ist zwar ebenfalls eine Reihe von Artikeln des 'Sachsenspiegels' verwertet, doch läßt sich nahezu die Hälfte (43%) auf die beiden obd. Leges und auf karolingerzeitliche Kapitularien zurückführen, ein geringerer Teil auf die 'Institutiones', den 'Codex Theodosianus' und andere römischrechtliche Quellen. Für etwa ein Drittel des Textbestandes bleiben die Quellen unbestimmbar.

Der Lehnrechtsteil folgt wiederum der Artikelfolge des 'Sachsenspiegels', enthält jedoch eine große Zahl von Artikeln, für die sich eine Quelle nicht nachweisen läßt.

So ist aus der 'Sachsenspiegel'-Übersetzung ein Rechtsbuch entstanden, das zwar das Grundkonzept des sächsischen Rechtsbuches beibehielt, es jedoch seines spezifischen Bezugs auf das sächsische Rechtsgebiet entkleidete. Durch die Erweiterungen aus dem römischen und kanonischen Recht und unter Rückgriff auf die obd. Rechtstexte des FrühMAs wurde es zur Verwendung in Oberdeutschland hergerichtet.

4. Überlieferungsklassen.

Die außergewöhnlich vielgestaltige Überlieferung läßt sich in folgende Klassen einteilen:

I. Kurzformen; sie enthalten die Artikel Landrecht 1–313, Lehnrecht 1–51a, dürfen als älteste Verkehrsformen aufgefaßt werden und sind zwischen 1276 und 1282 entstanden.

II. Langformen; sie weisen einen Artikelbestand auf, der um den als eine Art Stoffsammlung zu charakterisierenden dritten Landrechtsteil vermehrt ist. Ihre Ausgangsfassung dürfte um 1280 fertiggestellt gewesen sein.

III. Normal- oder Vulgatform; sie steht den Langformen nahe, ist jedoch konsequenter bearbeitet und lag spätestens 1287 fertig ausgearbeitet vor.

IV. Systematische Formen, die spätere Umarbeitungen der Klasse II und III nach wechselnden Gesichtspunkten darstellen (anders KLEBEL, 1959, S. 275).

Innerhalb dieser Grobeinteilung lassen sich wiederum jeweils mehrere Ordnungen unterscheiden (vgl. die Übersicht bei OPPITZ, Bd. I, S. 36–41). Zwischen den einzelnen Ordnungen und Klassen bestehen verwickelte textliche Beziehungen, so daß sich die Erstellung eines Gesamtstemmas bislang als unmöglich erwies. Auch über das Verhältnis der einzelnen Klassen zueinander, die nicht genetisch voneinander abzuleiten sind, herrscht keine Einigkeit.

K. A. ECKHARDT (und ähnlich LENTZE) hat an der Ableitung des 'Sch.s' aus dem 'Deutschenspiegel' festgehalten und versucht, einen 'Urschwabenspiegel' zu rekonstruieren, der etwa den Textumfang der Langfassungen aufwies und aus dem Kurz- und Langformen nebeneinander hervorgingen, während die Normalformen u. U. aus der Langform abzuleiten sind. E. KLEBEL hat dagegen aus der Beobachtung, daß bei der Ausformung der einzelnen Klassen und Ordnungen offenbar jeweils eine Mehrzahl an Vorlagen benutzt wurde, den Schluß gezogen, daß die einzelnen Ausformungen der Überlieferung auf verschiedenen 'Ausgaben' in der Zeit von 1276 bis etwa 1300 zurückzuführen sind. Diese hätten nicht auf einen 'Urschwabenspiegel' zurückgegriffen, sondern auf verschiedenartig strukturierte Vorformen eines Materials, das mit der obd. 'Sachsenspiegel'-Übersetzung bereit stand und durch Arbeiten zu einem Rechtsbuch ergänzt wurde, die römischrechtliche, kanonistische und frühmal. Quellen verwerteten. Für eine dieser Vorformen hielt er auch den 1. Landrechtteil des 'Deutschenspiegels' (¹VI. IV 127), der mit der obd. 'Sachsenspiegel'-Übersetzung kompiliert wurde. KLEBEL, dessen Ansichten über die zeitliche Priorität der einzelnen Klassen im Lauf seiner Beschäftigung mit dem 'Sch.' leicht variierten, während er stets daran festhielt, daß keine von ihnen vollständig aus der anderen abzuleiten sei, hat seine Ansichten über die Entstehung des 'Sch.s' nicht mehr ausführlich begründet. Doch verdient das von ihm entwickelte Modell, das die Existenz eines 'Urschwabenspiegelmaterials' in mehreren Konvoluten und eine 'Überarbeitungswerkstatt' im Augsburger Minoritenkonvent voraussetzt, eine eingehende Überprüfung, zumal bei der Entstehung zeitgenössischer kanonistischer Kodifikationen (etwa der Konstitutionen des II. Konzils von Lyon 1274) ähnliche Verhältnisse vorauszusetzen sind.

Eine immer wieder in Angriff genommene kritische Ausgabe ist bei dieser Sachlage bislang nicht zustande gekommen.

Alle bisherigen Editionen beruhen auf dem Abdruck einzelner Hss. oder suchen einzelne Ordnungen zu rekonstruieren. Den umfassendsten, allerdings nicht leicht zu überblickenden und schwierig zu benutzenden Versuch der Bereitstellung des Materials hat K. A. ECKHARDT unternommen (vgl. o. 2.). Den Zitationen in der wissenschaftlichen Literatur wird in der Regel die Artikeleinteilung der Ausgabe LASSBERGS zu Grunde gelegt.

5. Entstehungsumfeld. Autorenintention.

Die Entstehung von 'Deutschenspiegel' und 'Sch.' ist aufgrund der inhaltlichen Bezüge zum Augsburger Stadtrecht in Augsburg zu lokalisieren. Sie ist gleichzeitig eingebettet in das Schrifttum der 'literarisch wirkenden franziskanischen Bewegung in Süddeutschland' (RUH), das dort sein Zentrum hatte. Wie das 'Buch der Könige' und die 'Prosakaiserchronik' zeigt der 'Sch.' selbst deutliche Anklänge an die Schriften → Davids von Augsburg und an die deutschen Bearbeitungen der Predigten →Bertholds von Regensburg. Am nachdrücklichsten bezeugt dies Vorwort (a), das die ersten fünf Sätze von Davids von Augsburg 3. Traktat (ed. F. PFEIFFER, ZfdA 9 [1853] 8) durch Einschübe erweitert. Vorwort (b) entspricht in Aussage und vereinzelten Anklängen den beiden Predigten Bertholds 'Von dem fride' (ed. PFEIFFER/STROBL, Nrr. XVII u. XLIX; vgl. 'Sch.': *wan er chom selbe von himelriche vf ertriche durch anders niht wan dvrch den rehten vride*, sowie Berthold, Nr. XVII, S. 237).

Die ältere Forschung hat daher gelegentlich eine Verfasserschaft Davids (PFEIFFER, ZfdA 9, S. 3 ff.) oder Bertholds (LABAND) angenommen oder doch die Anfertigung und Vermittlung der obd. 'Sachsenspiegel'-Übersetzung mit einem vermuteten Studienaufenthalt Bertholds oder Davids in Magdeburg in Verbindung gebracht. Das erstere ist auszuschließen, und im übrigen dürften auch andere Augsburger Minoriten zum Studium nach Magdeburg gekommen sein, das für lange Zeit das einzige Generalstudium des Ordens in Deutschland blieb. Diesen Minoriten begegnete in Magdeburg der dort im Kreis des Schöppenstuhls gebräuchliche 'Sachsenspiegel', der als kaiserliches Recht angesehen und auf Karl den Großen und letztlich auf Konstantin zurückgeführt wurde. In Art. I, 19 § 2 fanden sie auch den Hinweis, daß sich schwäbisches Recht nicht von sächsischem unterscheide (vgl. die Übernahme in Art. 17 des 'Sch.': *Swebisch reht zwaiet sich nith von saehschen wan an erbe zenemenne vnd an vrtail zegebenne*). Zwar beziehen sich Eikes Bemerkungen nur auf jene Einwohner Sachsens, die als Abkömmlinge von Schwaben galten, doch konnte die Stelle den Anstoß geben, das Rechtsbuch nach Süddeutschland zu verpflanzen.

Der Weg, den die Bearbeiter, beginnend beim 'Deutschenspiegel', einschlugen, führte denn auch nicht zur Aufzeichnung von schwäbischem oder süddeutschem Gewohnheitsrecht, sondern zur Verstärkung des Charakters des Rechtsbuchs als 'Kaiserrecht'. Dazu dient die historische Einleitung durch die beiden Chroniken, die vielleicht vom Vorbild der 'Weichbildchronik' der → 'Magdeburger Rechtsbücher' (Nachtragsband) angeregt wurde. Sie liefern Exempla für das Richteramt (etwa Salomo) und die historische Begründung für das aufgezeichnete Recht, das der herrscherlichen Gesetzgebung entsprungen ist (Art. 1 b, vgl.

o. bei 2.; ausführlicher Art. 1b, Langfassung M.: *Dar vmbe shulle wir iv hie die kvnige vnd die keisere nennen ... vnd dar vmbe sazten sie mit wol verdachten sinnen vnd mit weiser meister lere alle die lantrecht vnd alle lehenrecht, die an disem puche sind geshriben*). Dem entspricht auch der starke Anteil von römischrechtlichen und frühmal. Texten, die auf die karolingischen Herrscher zurückweisen. Die Entlehnungen aus dem kanonischen Recht haben im übrigen keineswegs ein hierokratisches Verständnis des im Vorwort (c) behandelten Verhältnisses der beiden Universalgewalten (Zweischwerterlehre) begründet. Vor dem Hintergrund der zeitgenössischen Diskussion im Franziskanerorden, die u. a. von den im Magdeburger Generalstudium tätigen Gelehrten → Heinrich von Merseburg und → Johannes von Erfurt geführt wurde, erscheinen Sätze des 'Sch.s' vielmehr als Ausdruck einer Konzeption des einträchtigen Zusammenwirkens der beiden Gewalten, nicht aber als generelle Überordnung des Papstes über den Kaiser (TRUSEN, S. 47–55). Der 'Sch.' blieb ein kaiserliches Rechtsbuch.

Seine Intention ergibt sich aus dem Vorwort. Aus dem Schöpfungslob (a) wird der zentrale Wert des Friedens abgeleitet (b) und aus diesem Postulat wiederum die Notwendigkeit von Gesetz und Gericht (c). Die Bearbeitung des 'Sachsenspiegels' zum 'Sch.' fügt sich damit ein in die Bemühungen der Minderbrüder um die Verwirklichung des inneren Friedens mit den Mitteln von Schrifttum, Predigt und praktischer Vermittlungstätigkeit. Der 'Sch.' wurde verstanden als Anleitung für diejenigen, die in der Rechtspflege tätig sind (Vorwort c: *Dar vmbe wil man an disem bvche leren alle, die gerihtes phlegen svln, wie si zerehte svln rihten*); er darf als weltliches Gegenstück zu den Poenitentialsummen betrachtet werden, die ebenfalls im franziskanischen Umfeld entstanden und für das *forum internum* der Bußpraxis bestimmt waren. Die Funktion des 'Sch.' als Rechts- und Tugendbuch wird durch die Verbindung mit den chronikalischen Texten ebenso gestärkt wie durch die Inkorporierung von Bispeln des →Strickers ('Der Richter und der Teufel'; 'Der Sünder und der Einsiedel') in die ältesten Zeugnisse der Umarbeitung ('Deutschenspiegel'; die Hs. OPPITZ, Nr. 516, die dem Urschwabenspiegelmaterial am nächsten steht). Wie Exempla einer Predigt können sie zur Erläuterung des Rechtstextes herangezogen werden. Es vervollständigt das Bild, daß sich auch sonst Bezüge von Texten des Strickers zur mendikantischen Predigt ergeben und Bispel und fromme Welterzählungen auch anderwärts im Überlieferungskontext von Rechtsbüchern erscheinen (→ 'Löwenberger Rechtsbuch'; weitere Strickertexte im Überlieferungskontext von Rechtsbüchern verzeichnet bei OPPITZ, Bd. I, S. 215 s. v. Der Stricker). Die in der Rechtspraxis rezipierten Verkehrsfassungen des 'Sch.s' haben die Bispel ganz und die chronikalischen Texte in den meisten Ordnungen eliminiert.

Die frühen Bearbeitungsstadien des 'Sch.s', die nur in Spuren faßbar sind, stellten also wohl Gebrauchsformen von Materialien dar, die die Augsburger Franziskaner für die Laienunterweisung, vor allem in der städtischen Gesellschaft nutzten. Die überlieferten Klassen und Ordnungen sind weitgehend das Ergebnis eines Rezeptionsprozesses, der sich in den Händen rechtskundiger Laien und der von ihnen geübten Rechtspraxis vollzog.

6. Verbreitung.
Die älteste Benutzung fand das Schwabenspiegelmaterial offenbar bei der Aufzeichnung des Augsburger Stadtrechts von 1276. Das belegen nicht nur inhaltliche Berührungen, sondern auch die Zusammensetzung einer aus Augsburger Bürgerbesitz stammenden Hs. des 14. Jh.s, die neben dem 'Sch.' Auszüge aus dem Augsburger Stadtrecht, aus Urkunden des ausgehenden 13. Jh.s und aus dem 'Augsburger Sachsenspiegel' enthält (OPPITZ, Nr. 546). Entweder gibt sie eine Vorlage der Entstehungszeit des 'Sch.s' wieder, oder in Augsburg wurde noch im 14. Jh. bei den offiziellen Rechtstexten die erste obd. Bearbeitung des 'Sachsenspiegels' aufbewahrt.

Trifft die Datierung der älteren Fassung des → 'Österreichischen Landrechts', die vom 'Sch.' beeinflußt worden ist, auf das Jahr 1278 zu (WELTIN), dann dürfte König Rudolf I., dessen Politik von den Bettelorden, insbesondere den Minoriten, aktiv unterstützt wurde, einen ersten Anstoß zur Verbreitung des 'Sch.s' gegeben haben. Eine Bekanntschaft mit dem Rechtsbuch könnte sich ergeben haben, als er am 9. März 1276 den Bürgern von Augsburg gestattete, ein städtisches Statutenbuch anzulegen (*cum ipsi quasdam sentencias sive iura ... in unum collegerint ac scripturarum memorie commendaverint*, J. F. BÖHMER, Regesta Imperii VI, 1, 1898, Nr. 530). Die Konzeption des 'Sch.s' als Kaiserrecht und die Betonung des Friedengedankens entsprachen mit Sicherheit den politischen Intentionen des Herrschers.

In der Tat sind gerade einige der ältesten, noch ins 13. Jh. zurückreichenden Hss. im Herkunftsgebiet der Habsburger beheimatet (OPPITZ, Nrr. 348; 516; 999); der auf 1287 datierte Codex LASSBERGS wurde für eine Dienstmannenfamilie der mit den Habsburgern verwandten Grafen von Freiburg hergestellt (OPPITZ, Nr. 421; vgl. SCHOTT). Zwei der frühen Hss. gehören nach Bayern (OPPITZ, Nr. 739 für den Regensburger Patrizier Ulrich de Capella; Nr. 1103); eine wohl nach Augsburg selbst (OPPITZ, Nr. 1630).

Von diesem Kernbereich früher Rezeption hat sich der 'Sch.' über den ganzen Süden Deutschlands einschließlich Böhmens und Schlesiens (wo er auf die sächsischen und magdeburgischen Rechtsbücher traf) sowie an den Niederrhein ausgebreitet. Er erscheint häufig im Überlieferungskontext von Landrechten (besonders → 'Oberbayerisches Landrecht' [Nachtragsband]) und Stadtrechten, die er ergänzt. Als Quelle benützt ihn bereits 1328 → Ruprecht von Freising, später auch der → 'Alte Kulm', das → 'Elbinger Rechtsbuch' und das 'Eisenacher Rechtsbuch' (Johannes → Rothe).

Früh ist der 'Sch.' auch im niederdeutschen Bereich rezipiert worden. Eine Schlüsselstellung dürfte dabei den Herzögen von Braunschweig-Lüneburg zukommen, die noch in der ersten Hälfte des 14. Jh.s eine Hs. anlegen ließen, die 'Sachsenspiegel' und 'Sch.' in wechselnder Artikelfolge enthält, wobei letzterer wie eine Glosse zum ersteren wirkt (OPPITZ, Nrr. 700 und 705). Aus Lüneburg stammen zwei Überlieferungen der ersten Hälfte des 14. Jh.s (OPPITZ, Nrr. 974; 1043), und ein Ratsbeschluß von 1401 bestimmte das 'Kaiserrecht' zum subsidiären Recht nach Stadtrecht und 'Sachsenspiegel' (vgl. auch die Prachths. des Lüneburger Rates, OPPITZ, Nr. 977). Das Verständnis des 'Sch.s' als Kaiserrecht hat ihm in der Folgezeit in Niederdeutschland vor allem westlich der Elbe einen gewissen Platz neben dem 'Sachsenspiegel' gesichert.

Insgesamt ist die im Vergleich zum 'Sachsenspiegel' sehr rasch einsetzende Verbreitung des 'Sch.s' hervorzuheben. Die Dichte der hs.lichen Überlieferung erreicht im 15. Jh. ihren Höhepunkt, obwohl, wiederum anders als beim 'Sachsenspiegel', gelehrte Kommentierung durch eine Glosse fehlt.

7. Übersetzungen.
Übersetzungen erfuhr der 'Sch.'

a) ins Lateinische; 1356 im Auftrag der Gräfin Agnes von Helfenstein (→ Oswald von Anhausen);

b) ins Französische:

Überlieferung. Bern, Burgerbibl., cod. A 37 (14. Jh.; OPPITZ, Nr. 217).

Ausgabe. G. A. MATILE, Le Miroir de Souabe, Neuchâtel 1843 (Neudr. Bibliotheca Rerum Historicarum. Neudrucke 8, 1973).

Die Übersetzung bezeichnet sich selbst als *li livres dou droit de la cort lo rois dalamngnie* und dürfte im 14. Jh. nach einer Hs. der Normalfassung erfolgt sein.

c) ins Tschechische:

Überlieferung. Vgl. OPPITZ, Bd. I, S. 42.

Ausgabe fehlt; zwei alte Drucke nachgewiesen bei OPPITZ, Bd. I, S. 41.

Die Übersetzung entstand wohl im 14. Jh.; der Text ist in drei selbständige Teile zerlegt: 1. Práva ciesařská (Kaiserrecht: Landrecht, Art. 1–159); 2. Práva velikého města Pražského (Recht der Altstadt Prag: Landrecht, Art. 160–377); 3. Práva manská (Ritterrecht: Lehnrecht, Art. 1–24).

Eine Kompilation aus 'Sch.' und Prager Stadtrecht in 21 Artikeln ist unter dem Namen eines Jindřich z Stráže überliefert (OPPITZ, Nr. 343).

Literatur. Zu den Arbeiten von L. ROCKINGER vgl. Abhh. d. Ak. München 26, 5, 1912, S. 8f.; zu K. A. ECKHARDT, der einen Großteil seines Œuvres dem 'Sch.' gewidmet hat, das Werkverzeichnis (s. o. 1.), S. 51–73; J. FICKER, Über die Entstehungszeit d. Sachsenspiegels u. die Ableitung d. Sch.s aus dem Deutschenspiegel, 1859 (Neudr. ders., Ausgewählte Abhh. III, 1981, S. 193–334); P. LABAND, Beiträge z. Kunde d. 'Sch.s', 1861; J. FICKER, Zur Genealogie der Hss. des Sch.s, WSB 39, 1862, S. 18–49; ders., Über die Entstehungszeit des Sch.s, WSB 77, 1874, S. 795–862 (Neudr. beider Arbeiten in: ders., Ausgewählte Abhh. III, 1981, S. 335–366; 367–434); K. HAISER, Zur Genealogie der Schwabenspiegelhss., Bd. 1 u. 2, 1876/77; H. U. KANTOROWICZ, Zu den Quellen des Sch.s, NA 38 (1913) 688–700 (wieder in: ders., Rechtshist. Schriften, 1970, S. 245–254); A. E. SCHÖNBACH, Stud. z. Gesch. der altdt. Predigt 6: Die Überlieferung d. Werke Bertholds v. Regensburg III, WSB 153/4, 1906, S. 77–102; HOMEYER, Rechtsbücher, S. *17–*24; E. KLEBEL, Stud. zu d. Fassungen u. Hss. d. Sch.s, MÖIG 44 (1930) 129–264; H. v. VOLTELINI, Ottokars österr. Reimchronik u. der Sch., ZRG German. Abt. 50 (1930) 385–388; A. HÜBNER, Vorstudien zur Ausg. d. Buches der Könige in der Deutschenspiegelfassung u. sämtlichen Schwabenspiegelfassungen (Abhh. d. Ges. d. Wiss. Göttingen, phil.-hist. Kl., 3. F., Nr. 2), 1932; C. FRHR. v. SCHWERIN, Zum Problem des Deutschenspiegels, ZRG German. Abt. 52 (1932) 260–275; H. LENTZE, Die Kurzform des Sch.s, WSB 217/3, 1938; H. KRAUSE, Kaiserrecht u. Rezeption (Abhh. d. Ak. Heidelberg, phil.-hist. Kl. 1952/1), 1952; E. KLEBEL, 'Sch.', in: ¹VL 4, 1953, Sp. 122–129; K. RUH, David v. Augsburg u. die Entstehung eines franzisk. Schrifttums in dt. Sprache, in: H. RINN (Hg.), Augusta 955–1955, 1955, S. 71–82 (wieder in: RUH, Kleine Schriften II, 1984, S. 46–67); H. LENTZE, Die Schwabenspiegelausgabe der Österr. Ak. d. Wissenschaften u. der MGH, Anzeiger der phil.-hist. Kl. d. Wiener Ak. d. Wiss. 1955 (1956) 393–404; E. KLEBEL, Zu den Quellen des Schwabenspiegels, in: W. WEGENER (Hg.), Fs. K. G. Hugelmann I, 1959, S. 273–293; V. ZIMMERMANN, Die Entwicklung des Judeneids, 1973, S. 81–112; M. WELTIN, Das österr. Landrecht d. 13.Jh.s im Spiegel der Verfassungsentwicklung, in: P. CLASSEN (Hg.), Recht u. Schrift im MA (Vorträge u. Forschungen 23), 1977, S. 381–424; A. ERLER, Der Sch. in der Kosmographie Sebastian Münsters, in: H.-W. THÜMMEL (Hg.), Arbeiten z. Rechtsgesch. Fs. G. K. Schmelzeisen, 1980, S. 85–100; B. UHLIG, Die Verba dicendi im Rechtswortschatz d. späten MAs, untersucht an einigen Hss. des Sch.s, Beitr. z. Erforschung d. dt. Sprache 3 (1983) 243–268; W. TRUSEN, Die Rechtsspiegel u. das Kaiserrecht, ZRG German. Abt. 102 (1985) 12–59; C. SCHOTT, 'Der Codex Lüzelnheimeri' – Schreiber u. Auftraggeber der Breisgauer Schwabenspiegelhs., in: K. HAUCK u.a. (Hgg.), Sprache u. Recht. Fs. R. Schmidt-Wiegand, 1986, S. 797–813; P. JOHANEK, Rechtsschrifttum, in: DE BOOR, LG III, 2, hg. v. I. GLIER, 1987, S. 413–421; U.-D. OPPITZ, Dt. Rechtsbücher d. MAs, Bd. I u. II, 1990.

(1992)   PETER JOHANEK

Seuse, Heinrich OP

Inhalt. I. Leben. – II. Schriften und deren Überlieferung. Ausgaben. – III. Werke und Lehre. 1. Das 'Exemplar'. 1.1. 'Vita'. 1.2. 'Büchlein der ewigen Weisheit'. 1.3. 'Büchlein der Wahrheit'. 1.4. 'Briefbüchlein'. 2. 'Horologium Sapientiae'. 3. 'Großes Briefbuch'. 4. 'Minnebüchlein'. – IV. Sprache und Stil. – V. Nachwirkung. – VI. Zur Forschungsgeschichte. – Literatur.

I. Leben.

Am Fest des hl. Benedikt (21. März, cf. Vita, Kap. 16) um 1295/97 als Heinrich von Berg in Konstanz oder Umgebung geboren, trat Heinrich, der sich aus Verehrung für seine Mutter nach deren Geschlecht Sus oder Süs nannte, als 13jähriger Jüngling ca. 1308/10 ins Dominikanerkloster Konstanz ein. Eine Schenkung der Eltern ans Inselkloster zu Konstanz aus Anlaß der vorzeitigen Aufnahme ihres Sohnes muß diesen über 10 Jahre hin beunruhigt haben, bis ihn Meister →Eckhart – wahrscheinlich während seines Studiums in Köln – von dieser Furcht erlöste. S. bekam die übliche Ausbildung: ein Jahr Noviziat mit anschließender Profeß (ca. 1309), ca. 2–3 Jahre Elementarunterricht in Latein und Ordensspiritualität (Hl. Schrift, Offizium, Regel und Ordenssatzungen, aszet. Literatur und Praxis); es folgten einige Jahre (ca. 1313/14–1318/19) philosophischer Studien: 2–3 Jahre *philosophia rationalis* (aristotelische Logik in ihrer ganzen Breite) in einem Konvent der Natio Suebica oder Alsatia, 2–3 Jahre Studium der *philosophia realis* (Physik, Geometrie, Astronomie, aristot. Metaphysik). Die sich daran anschließenden 2–3 Jahre Theologiestudium (der Bibel und der Sentenzen des Petrus Lombardus) mag S. an einem *Studium particulare* in Konstanz oder Straßburg absolviert haben (1319–22). Danach wurde er zum Weiterstudium ans *Studium generale* in Köln verpflichtet (1323/24–1327), wo er

Eckhart als einflußreichen Lehrer gehabt hat. 1326/27 kehrte S. für die nächsten 20 Jahre als Lektor nach Konstanz zurück, um die Brüder der Kommunität zu unterrichten und die wissenschaftliche Verantwortung fürs Kloster zu übernehmen. Zwischen 1329 und 1334 muß er dieser Aufgabe entsetzt worden sein, am ehesten wohl (KÜNZLE, Ausg., S. 30) 1330 anläßlich des General- und Provinzkapitels des Ordens in Maastricht, wo S. auf Häresieverdacht hin zur Rechenschaft gezogen und mit einem schweren Vorwurf bedacht worden sein könnte (eine Demütigung, von der S. 'Vita', Kap. 23, ohne Angabe von Ort und Zeit berichtet). Zu diesem Zeitpunkt – S. war um die 40 – mußte jene Wendung in seinem Leben eingetreten sein, von der er in seiner 'Vita', Kap. 20 (S. 58, 3ff.; vgl. auch in den Briefen: S. 368, 27ff. und 443, 7ff.; dazu die Allusionen an die Fußtuchszene in S. 363, 22f. und 421, 23–422,3) in Form eines 'autobiographischen Moments' (WEHRLI, 1969, S. 117) berichtet, wie S. angesichts eines mit einem Fußtuch spielenden Hundes erkennt, daß er weiterhin nicht mehr über sich und seinen Körper asketisch verfügen darf, sondern – will er nicht dem sicheren Tod entgegengehen und sich dank seinen asketischen Praktiken umbringen – in mystischer Gelassenheit die Leiden von außen als gottgesandte auf sich zukommen lassen soll. Die Stelle ist von den Altväterleben (→ 'Vitaspatrum') vorgeprägt, entbehrt aber deswegen nicht des inneren Gewichts für die Lebensumstände S.s. Die Führung seines Lebens änderte sich nun vollkommen: Anstatt sich auf das Kloster und seinen Innenraum zu konzentrieren und ein einsiedlerisches Leben zu führen, begab sich S. nun in die Gefahrenzone aktiver Missions- und Predigttätigkeit. Er exponierte sich und nahm teil an den Ereignissen der Zeit. Vielleicht mehr als bisher bedacht, mögen es Zeitereignisse gewesen sein, die ihn zu einer Änderung seiner Haltung gegenüber seiner Asketepraxis bewogen haben.

Die Zeitsituation, wie sie sich in Konstanz spiegelte, war verworren und unübersichtlich: 1342 fand in Konstanz ein Aufstand der Zünfte gegen das herrschende Patriziat statt; 1343 führte eine Mißernte zu einer Hungersnot, ein Hochwasser bedrohte die Stadt: Es mag zu diesem Zeitpunkt gewesen sein, daß S. zum Prior des Konstanzer Konvents gewählt wurde ('Vita', Kap. 43; S. 145, 17: *in der grossen túri*; S. 146, 1ff.; 'Hor. Sap.' I, 5; KÜNZLE, Ausg., S. 415, 26ff.). Allerdings wird er zu diesem Zeitpunkt – 1342 oder 1343 – schon nicht mehr in Konstanz geweilt haben: Als entschiedener Gegner des Kaisers – Ludwigs des Bayern – und papsttreuer Dominikaner wird er mit den meisten Mitbrüdern 1338 (Ende 1338/Anfang 1339 fand → Heinrich von Nördlingen S. schon nicht mehr in Konstanz vor; vgl. STRAUCH, 1882, S. 215 f., Brief XXXI) oder 1339 bis 1346 oder 1349 wegen des Interdikts ins Exil entweder nach Dießenhofen (zu den Dominikanerinnen in Katharinental) oder in das vor den Toren der Stadt gelegene Schottenkloster gegangen sein. Wahrscheinlich ist, daß S. schon 1346 nach Konstanz zurückkehrte, denn 1347 mußte sich – einem Brief Heinrichs von Nördlingen an Margareta → Ebner Ende 1347/Anfang 1348 zufolge (vgl. STRAUCH, 1882, Brief LI, S. 86 f.), in dem sich dieser von *dem Süsen* abwendet – jene Affäre zugetragen haben, in der S.s guter Ruf durch die üble Nachrede einer von ihm unterstützten Frau, die ihm die Vaterschaft für ihr uneheliches Kind zuschob, massiv getrübt wurde. S. dürfte schon in ein anderes Kloster versetzt worden sein, als der Ordensgeneral und der Provinzial der Teutonia nach Konstanz kamen, um die Angelegenheit zu untersuchen. Seine Unschuld stellte sich heraus – zu einem Zeitpunkt wohl (allenfalls während des Provinzialkapitels von 1354, das in Konstanz stattfand), da S. längst in Ulm einen neuen Wirkungskreis gefunden hatte.

Wenn man sich fragt, welche Aufgaben ihm in den 20 Jahren seiner Wirksamkeit in Konstanz oblagen, so kann aufgrund seiner eigenen Auskünfte das folgende gesagt werden: Der Dominikanerorden, so wie ihn S. und viele andere mit ihm erlebten, stand in der ersten Hälfte des 14.Jh.s keinesfalls in Hochblüte: weithin wurden Abstriche am ursprünglichen Ordensideal gemacht. Im argen lagen die Einhaltung der Armutsverpflichtung und die Durchführung der Studien. Kirchliche Ehrenpositionen und Privilegien haben die ursprüngliche Strenge schwinden lassen und einer Nonchalance der Lebensführung Platz gemacht, die mit dem ursprünglich intendierten Rätestand der Mendikanten nicht mehr viel gemein hatte. Von diesem Niedergang her definiert sich S.s Aufgabenbereich: Er widmete sich mit allem Nachdruck der *cura animarum* im Hinblick auf eine Ordensreform im Geiste der ursprünglichen Satzungen. Diesem Ziel dienten verschiedene Reisen in die Schweiz, ins Elsaß und in die Rheingegend. Die zwei erhaltenen Predigten sprechen nicht unbedingt für eine Pastoration in einem breiten sozialen Umfeld, sondern vielmehr für eine Betreuung kleiner Gruppen oder einzelner Individuen. Sicherlich waren es adlige Damen, die er zum Klostereintritt zu bewegen suchte, Beginen, deren Häuser er als geistlicher Berater betrat, vor allem aber Nonnen seines eigenen Ordens, die S. mit Sensibilität und Geschick geistlich betreute. Besuche S.s in verschiedenen, zum Teil weitab liegenden Dominikanerinnenkonventen sind bezeugt: St. Katharinental bei Dießenhofen, Oetenbach bei Zürich, Adelhausen bei Freiburg, Unterlinden bei Kolmar, die verschiedenen Klöster in den *termini* des Predigerkonvents zu Konstanz (BIHLMEYER, Ausg., S. 114*), vor allem aber zu Töss bei Winterthur, wo S.s Vertraute Elsbeth → Stagel weilte, die er von ihrem Klostereintritt in der Mitte der 30er Jahre bis zu ihrem Tod um 1360 geistlich betreute und förderte. Daß S. mit Ordensgenossen und anderen an der mystischen Reformbewegung der Zeit interessierten Gläubigen Kontakte pflegte, kann erschlossen werden: So hat er mit Sicherheit Johannes → Futerer d. Ä. von Straßburg, Johannes →Tauler und den Weltpriester Heinrich von Nördlingen gekannt.

S.s Lebensgestaltung in Ulm, wo er seit 1347/48 bis zu seinem Tod weilte, wird sich kaum anders als in Konstanz geformt haben: Er unternahm Pastorations- und Missionsreisen, redigierte seine 'Vita' und sein literarisches Vermächtnis in Form des 'Exemplars'. Sonst ist wenig über sein Leben in Ulm bekannt. Glaubwürdig wird von seiner Freundschaft mit dem Benediktiner Walter von Bibra (= Bibrach) aus dem Kloster Wiblingen berichtet. S. starb am 25. Januar 1366 zu Ulm und wurde daselbst in der Predigerkirche beigesetzt. Schon die Art seiner Beisetzung in der Konventskirche verweist auf eine hohe Wertschätzung seiner Person im Orden und in der Kirche. Am 16. April 1831 wurde H. S. von Papst Gregor XVI. selig gesprochen.

II. Schriften und deren Überlieferung.

Ausgaben. H. BIHLMEYER, H.S., Dt. Schriften, 1907; Zs. D.-H. VAN DE WIJNPERSSE, Oerloy der Ewigher Wijsheit (Horologium sapientiae door Henricus Suso OP), Groningen 1938 [zit.; benutzt wird vielfach noch die Erstausgabe: De dietse vertaling van Suso's Horologium aeternae sapientiae door A.G.M. VAN DE WIJNPERSSE, Zuster Hildegarde, Groningen–den Haag 1926 (Teilausg.)]; P. KÜNZLE OP, H.S.s Horologium sapientiae. Erste kritische Ausg. unter Benutzung der Vorarbeiten von Dominikus PLANZER OP (Spicilegium Friburgense 23), Freiburg/Schw. 1977; S.R.S. NORRIS, The Diffusion of H.S.'s Büchlein der ewigen Weisheit in Middle Low German Manuscripts: Commentary and Edition, Diss. Univ. of Michigan 1979; D. KUHLMANNS Studien zum 'Büchlein der Wahrheit' (s. Lit.) enthalten auch eine krit. Textausg., S. 166–219. – Zu älteren Ausgaben, einschließlich Frühdrucken s. WALZ, S. 445–449. – Übersetzung (mit wertvollen Erklärungen) von H.S. DENIFLE, Die dt. Schriften d. Sel. H.S. aus d. Predigerorden, 1860; eine weitere von G. HOFMANN, H.S., Dt. mystische Schriften, ²1986.

Überlieferung. BIHLMEYERS Angaben werden am vollständigsten ergänzt durch G. HOFMANN, S.s Werke in dt.sprachigen Hss. d. späten MAs, Fuldaer Geschichtsbll. 45 (1969) 113–208, KÜNZLE, Ausg., S. 355–360, u. H. BECKERS, Neue Funde zur hs.lichen Verbreitung von S.s Werken am Niederrhein u. in Westfalen, Leuv. Bijdr. 60 (1971) 243–262. Vgl. ferner: ders., S.-, Ruusbroec- u. Schoonhoven-Texte in einer myst.-ascetischen Sammelhs. aus dem Benediktinerinnenkloster Kortenberg in Brabant, Leuv. Bijdr. 63 (1974) 301–309, bes. S. 308 f.; M. DALLAPIAZZA, Eine Florentiner Hs. von S.s 'BdeW', ZfdA 110 (1981) 106–109; S.R.S. NORRIS, The Diffusion of S.s BdeW in Middle Low German Manuscripts, Manuscripta 25 (1981) 164–171; KERSTING, 1987.

Das dt. Werk enthält das 'Exemplar' (eine Ausg. letzter Hand, 1362/63 zusammengestellt) mit S.s 'Leben' ('Vita'), dem 'Büchlein der Ewigen Weisheit' ('BdeW', zwischen 1328 und 1330 entstanden), dem 'Büchlein der Wahrheit' ('BdW', zwischen 1327 und 1329 abgefaßt) und dem 'Briefbüchlein' ('Bfb') sowie 'Das große Briefbuch' ('GBfb'),

4 Predigten und das (vielleicht unechte) 'Minnebüchlein'. Das lat. Werk zählt nur eine Schrift: das 'Horologium sapientiae' ('Hor', zwischen 1331 und 1334 verfaßt).

Das 'Exemplar' ist nur in 14 (mit einer Ausnahme alem. und bair.) Hss. erhalten (12 bei BIHLMEYER, S. 5*–9*, dazu HOFMANN, Nr. 3 u. 409), indes dürfte die Überlieferung der Einzelschriften mit wenigen Ausnahmen (BIHLMEYER nennt 'BdeW' in Engelberg, Stiftsbibl., cod. 141 u. 153, Zürich, Zentralbibl., cod. C 172) auf das 'Exemplar' zurückgehen. Für das 'BdW' steht dies fest.

Von der 'Vita' listet HOFMANN (S. 134–137, 174–176) 40 Textzeugen auf, denen BECKERS und KÜNZLE 9 hinzufügen. Vollständig sind nur 4 obd. Hss. Stärker verbreitet ist eine Kurzfassung mit Kap. 1–44 (mit Lücken), die vor allem im Mittelfränkischen verbreitet war (wo es keine vollständigen Texte gibt) mit 9 Hss. Alle übrigen Texte sind Fragmente und Einzelstücke.

Vom 'BdW' kannte BIHLMEYER außer dem 'Exemplar' nur 3 Hss. und ein Bruchstück; D. KUHLMANN (1987) vermochte 7 neue, darunter 3 vollständige Textzeugen zu ermitteln (S. 24–28: Liste der Hss. u. Frühdrucke, s. Beschreibung sämtlicher Hss. S. 31–77).

Das 'Bfb', eine für das 'Exemplar' vorgenommene Auswahl von 11 Sendbriefen, hat keine eigene Überlieferung, nur die einzelner Briefe (BIHLMEYER, S. 20*).

Vom 'GBfb' (28 von Elsbeth → Stagel gesammelte Briefe) nennt BIHLMEYER, S. 20*–26*, 14 Hss.; HOFMANNs Liste, einschließlich der Texte des 'Bfb', kennt 54 Textzeugen (Nrr. 338–366, 505–519), KÜNZLE (S. 359) fügt 6 hinzu.

Die 4 Predigten (II und III sind von zweifelhafter Echtheit) bilden kein, wenn auch bescheidenes, 'Corpus', sind auch nirgendwo gesamthaft überliefert, kursieren vielmehr als Einzelstücke, einmal (HOFMANN, Nr. 393) zu dritt, wenige Male zu zweit, und dann meist – so auch im Taulerdruck 1543 – von einander getrennt. Pred. III und IV sind ganz schmal überliefert, Pred. II 11 mal, fast ausschließlich in Hss. vom Niederrhein. – Zu den beliebtesten Predigten der dt. Dominikanermystik des 14. Jh.s gehört indes Pred. I 'Lectulus noster floridus' (BIHLMEYER, S. 495–508). Schon der Hg. zählte 19 Hss. (S. 27* f.), HOFMANN (S. 171–174, 189 f.) 33; dazu kommen etwa 10 bei KÜNZLE (S. 359) und W. L. DE VREESE (Hss. van Jan van Ruusbroec's werken I, Gent 1900, S. 232, 337, 440 mit Anm.). Bemerkenswert ist der große Anteil von niederrhein. und mndl. Textzeugen.

Das 'Minnebüchlein' kennen wir nur aus der Zürcher Hs. C 96.

Den Nachruhm verdankt S. vor allem dem 'BdeW' und seinem lat. Pendant, dem 'Horologium'.

Die Überlieferung des 'BdeW' umspannt das ganze dt.-ndl. Sprachgebiet. Die Gesamtzahl der Textzeugen ist nur höchst approximativ zu bestimmen. HOFMANN listet sie in Nrr. 32–153, 412–470 (= 179) auf. Dazu kommen die separat überlieferten Einzelteile, die '100 Betrachtungen', das 'Sterbebüchlein' (Kap. 21), das Kommunion- und das Morgengebet (Kap. 23), HOFMANN, Nrr. 154–282, 471–495 (= 162). (Die von HOFMANN ebenfalls berücksichtigten 'Tagzeiten der ewigen Weisheit' und 'Die Bruderschaft von der ewigen Weisheit' lasse ich beiseite: sie gehören zur 'Rezeption', nicht zur Überlieferung des 'BdeW'.) Die ndl. S.-Hss. hat ST. AXTERS, in: FILTHAUT (Hg.), 1966, S. 343–396, und der 'Bibliotheca dominicana neerlandica manuscripta 1224–1500', Louvain 1970, S. 180–243 u. 281–288, besonders aufgearbeitet. Dabei ist zu beobachten, daß das 'BdeW' nur in 4 vollständigen Hss. vertreten ist: an seine Stelle trat die ndl. Übersetzung des 'Hor' (s. u.). Die übrigen von AXTERS, 1970, aufgeführten 47 Hss. überliefern das Kommuniongebet. Was die '100 Betrachtungen' mit 135 Hss. betrifft, so handelt es sich nicht um eine Umschrift aus dem 'BdeW', sondern um die ndl. 'Rückübersetzung' der 'Centum Meditationes'. Diese sind, mutmaßlich von Willem → Jordaens, dem Mitbruder Jan van → Ruusbroecs, schon im 14. Jh. vom 'BdeW' ins Lat. übertragen worden.

AXTERS' Liste wird berichtigt und ergänzt von KÜNZLE, S. 357–359, wie es scheint, mit lauter Texten der lat. Fassung. – Ergänzendes zur Verbreitung S.s in den Niederlanden bei S. P. WOLFS, Zum Thema S. u. d. Niederlande, in: FILTHAUT (Hg.), 1966, S. 397–408.

Noch erfolgreicher als das 'BdeW' war das 'Horologium'. KÜNZLE listet 214 vollständige, 19 unvollständige, 88 verlorene und 44 'Exzerpt'-Hss. auf (S. 105–214, 229–249) und rechnet mit einer Gesamtzahl von ca. 400 Abschriften (S. 219). Dazu kommen 10 alte Drucke von 1480–1539 (S. 220–228). Für die Beliebtheit des 'Hor.' auch in Laienkreisen zeugen die Übersetzungen in die Volkssprachen (KÜNZLE, S. 250–276). Eine mittelfranzösische v. J. 1389 von einem lothringischen Franziskaner brachte es auf 70 nachweisbare Hss. und 4 Druckausgaben von 1493–1535 (dazu J. ANCELET-HUSTACHE, Quelques indications sur les manuscrits de l'Horloge de Sapience, in: FILTHAUT [Hg.], 1966, S. 161–170), eine altitalienische, auch schon aus dem 14. Jh. auf 25 Hss. und einem Druck v. J. 1511, eine mittelenglische Bearbeitung auf 14 Hss. und einen Druck von ca. 1490, eine alttschechische auf 8 Hss. Dazu kommen Übersetzungen ins Altschwedische, Altdänische und Altungarische. Überraschenderweise tritt die mndl. Übersetzung, der 'Oerloy der Ewigher Wijsheit', hinter der mittelfrz., altital. und altengl. zurück. Es werden zwar etwa 90 Hss. gezählt, aber es handelt sich zur Hauptsache um Einzelstücke; dazu kommen Hunderte vom 'Getijden' ('Cursus')-Texten in Gebetsbüchern. Vollständige Texte gibt es nur 6. Diese Übersetzung entstand zwischen 1360 und 1380: so KÜNZLE nach PLANZER, der früheren Spekulationen und wechselnden Angeboten von WIJMPERSSE, auch der These eines 'Urhorologium', ein Ende bereitete (S. 258 f., dazu S. 39–42).

Vermerkt sei, daß die Gesamtzahl der heute bekannten S.-Hss. nicht zu ermitteln ist, was an der verschiedenartigen, vielfach auch ungeschickten Auflistung seitens der Forschung liegt. So darf man die von HOFMANN aufgeführten 529 Nrn. keineswegs, wie geschehen, als S.-Hss. ratifizieren: die meisten dieser 'Hss.' werden zwei-, mehr- und vielfach aufgeführt.

III. Werke und Lehre.

1. Das 'Exemplar'
S. hat die *vier guotú buechlú* (S. 3, 2) seines von ihm selbst redigierten 'Musterbuches' mit (in den erhaltenen Hss. meist 12) Bildern (vgl. DIETHELM, 1988) und Sprüchen versehen, deren Anschaulichkeit den von der Welt niedergezogenen Menschen *wider uf zuo dem minneklichen got reizlich ziehe* (S. 4, 27 f.). Damit ist ein darstellerisch-ästhetisches Problem gegeben, die Frage nämlich, wie sich *mit bildgebender wise* (S. 3, 3) von dem, *daz über alle sinne und über menschlich vernunft ist* (S. 191, 7), sprechen läßt, oder kurz: *wie kan man bildlos gebilden unde wiselos bewisen* (S. 191, 6 f.)? Von *bildlos gebilden* ist ihm auch schon die Lösung vorgegeben: Das Bildlose muß über die Anwendung von Bildern vermittelt werden, derart, *daz man bild mit bilden us tribe* (S. 191, 9). Dieses Vorgehen wird ihm zum schriftstellerischen Programm.

1.1. 'Vita'
S.s Autobiographie zieht die meisten Vorbemerkungen auf sich: Aus Furcht vor postumer Mißdeutung oder Unterdrückung gibt er seine Lebensbeschreibung zu Lebzeiten heraus, unterbreitet Proben davon aber zuvor dem Provinzial der Teutonia, Bartholomäus von Bolsenheim († 1362; vgl. → Bartholomäus); nachdem dieser das Gelesene approbiert hat, stirbt er und muß so den Rest vom Himmel her in Form einer Vision beglaubigen. – Sodann knüpft S. die Entstehung der 'Vita' an seine freundschaftliche Beziehung zu Elsbeth Stagel im Kloster Töss: Sie habe ihm Auskünfte über seinen geistlichen Werdegang vom anfangenden über den fortschreitenden zum vollkommenen Menschen entlockt, habe sie aufgeschrieben, bis S. von diesem geistlichen Diebstahl erfahren, die Texte zurückgefordert und sie zum Teil verbrannt habe, durch eine himmlische Botschaft aber an der Vernichtung des Rests gehindert worden sei; dieser mache den Hauptteil der 'Vita' aus; etwas an Lehrhaftem habe er noch hinzugefügt. Es ist bis heute die Frage, ob 'die literarische Beteiligung der Stagel ... in den Bereich des fiktionalem Rahmens (gehöre), den das Gattungsvorbild des Ritterromans erzwingt' (GRUBMÜLLER, 1969, S. 196, im Anschluß an RUH, 1957, S. 222). In der Tat knüpft S. in seiner Autobiographie an das

Stilmuster des höfischen Romans mit seinem doppelten Kursus an.

Ein erster Teil (Kap. 1–20) schildert S. im Zustand einer aktiven Leidensnachfolge Jesu Christi. Begleitet von Visionen und Entrückungen tritt er ein in *ein cristförmig liden* (S. 134, 5 f.): Er ritzt sich den Namen Jesu (IHS) auf die Brust, fügt sich aller Art Martern zu: Geißelungen, Schweigen, Anlegen eines härenen Nagelhemdes, ständiges Tragen eines mit Nägeln gespickten Holzkreuzes, Fesselung der Hände, Wärmeentzug im Winter, Essens- und Trinkverzicht, Aufgabe der Körperpflege, eine Tür als Bettstatt, unzählige *venjen* (Prostrationen) usw. In einer entscheidenden Schau wird ihm der Verzicht auf diese Bußübungen in Nachfolge der Wüstenväter (vgl. GNÄDINGER, 1980, S. 258 Anm. 22; MICHEL, 1980, S. 363) empfohlen: Wie ein Hund mit einem Fußtuch spielt, so wird ihm hinfort von andern Menschen mitgespielt werden (Kap. 20). Diese Wende im 40. Lebensjahr bringt ihm auch die Erhebung in den geistlichen Ritterstand (nach Iob 7, 1). Andere Menschen fügen ihm wie einem weltlichen Turnierritter Leiden zu: Verleumdungen, Gefahren an Leib und Leben, Treuebrüche ihm nahestehender Menschen begegnen ihm in einer Reihung, wie sie im höfischen Roman als Aventiurenkette geläufig ist. Neben Gefährdungen von außen treten solche von innen: Zweifel an der Menschwerdung Gottes, Melancholie, Angst vor Verdammnis. Visionen trösten ihn und geben ihm die Gewißheit, von Gott auserwählt worden zu sein (unter anderen Gottesfreunden erscheint ihm auch Meister Eckhart).

Im folgenden (Kap. 33–53) setzen sich S.s Leiden fort: Neid, Mißgunst und Verzweiflungszustände werden geschildert; sie verweisen nicht mehr auf S.s Aufstieg, sondern sind Exempel für Elsbeth Stagel, die zu voller Gelassenheit geführt werden soll.

Mit Kap. 45 bricht der erzählende Teil mit dem Hinweis auf Elsbeths tätige Übernahme der Verehrung des Namens Jesu ab, und es folgen acht theoretische Unterweisungen über die höchsten Fragen der mystischen Erfahrung. In Briefform und mit eindringlichem Verweis auf Io 16, 7 visiert S. ab Kap. 46 für seine geistliche Tochter eine höhere Stufe an, in der auf bildlichen Trost zugunsten der Geistererfahrung Verzicht zu leisten ist. Mit Blick auf das Fehlverhalten häretischer Gruppierungen werden grundsätzliche Unterscheidungen getroffen: zwischen rechter und hochmütiger (d. h. von der leiblichen Konstitution des Menschen absehender und die Passion Christi ablehnender) Vernünftigkeit (Kap. 46/47), zwischen wahrer und falscher Gelassenheit, wobei ein starker Akzent auf die 'vorausgehende' Gelassenheit gelegt wird, mittels der die Sünde überhaupt vermieden und nicht (wie bei den Häretikern) als 'Zufall' in Kauf genommen wird (Kap. 48), und schließlich zwischen äußerem und innerem Menschen: In Form von spruchartigen Sätzen wird hier (Kap. 49) die Einführung des äußeren Menschen in die Innerlichkeit gefordert, in der die Vielheit und die Bindung ans Körperliche zugunsten des 'Einfachen' im Innersten schwindet und sich eine Einheit mit Gott herstellt. In Kap. 50 wird das 'Was' Gottes positiv zu bestimmen versucht: Gott ist ein ewiges, selbständiges Sein, körperlos, geistig, lustvolle Seligkeit in sich selbst und damit auch für alle, die ihn betrachten. Ihnen bleibt Lob, Danksagung, Jubel, wenn sie im Spiegel des Kosmos und der Natur *etwaz kundsami von got* (S. 171, 10) erhalten. Kap. 51 mit der Frage nach dem 'Wo' und 'Wie' Gottes hält sich auf weite Strecken an → Bonaventuras 'Itinerarium mentis in Deum' (1251).

Dies läßt die in der Forschung kontrovers diskutierte Frage aufkommen, ob S. hier die den Dominikanern verbotene Lehre vom *Esse primum cognitum* im Sinne von Augustins und Bonaventuras Illuminationslehre zunächst akzeptiert, sodann aber gleich wieder im Sinne der herrschenden Ansicht (wonach die Gotteserkenntnis über die der Geschöpfe vermittelt ist: vgl. Thomas von Aquin, S. th. I, 88, a. 3) verbessert habe (vgl. S. 177, 1 und den Zusatz von M im Apparat). Nach den Stellungnahmen von DENIFLE (1877, S. 132 ff.), BIZET (1964), HAAS (1971, S. 172 ff.), MÜCKSHOFF (1973, S. 268 ff.) und KÜNZLE (Ausg., S. 101 f.) verdiente die ganze Problematik neu und gründlich behandelt zu werden.

Weiterhin entwickelt S. in diesem reichen Kapitel seine Anschauung von der göttlichen Trinität und Einfachheit und eine Art Visionslehre im augustinischen Sinn (je vernünftiger die Vision, um so edler ist sie). Kap. 52, das sich – wie K. RUH (1966) aufgewiesen hat – auf Stücke des 'Liber positionum' (Nr. 121/122, 124; PFEIFFER, S. 668 ff.) zurückbezieht und selber Gedicht und Glosse 'Von dem → Überschalle' (PFEIFFER, S. 517–520) hervorgerufen hat, befaßt sich in dionysischem Geist mit der höchsten Form der Einigung einer in der Nachfolge geübten Seele. Dieser im Bild eines 'Überflugs' geschilderte Vorgang gibt Anlaß, den darin stattfindenden Selbstverlust der menschlichen Seele in den dreifaltigeinen Gott hinein in überschwenglichen Worten als ein transkategoriales und übervernünftiges Ereignis zu schildern, das die Vergottung des Menschen (nicht aus Natur, sondern aus Gnade) zum Vorwurf hat; dies alles aber in der Absicht, die lebendige mystische Erfahrung im Kontext der Hl. Schrift zu situieren. Das Schlußkapitel ratifiziert das hermeneutische Problem einer aufs Bild verpflichteten Rede über Bildloses, appliziert das Kreisbild auf Gott und seine Dreifaltigkeit, entwirft in Kürze nochmals die Struktur einer Rückkehr des menschlichen Geistes in Gott. Quintessenz von allem ist: *Ein gelassener mensch muoss entbildet werden von der creatur, gebildet werden mit Cristo, und überbildet in der gotheit* (S. 168, 9 f.). Der literarische Aufwand der 'Vita' relativiert sich in dem eingangs genannten Grundgesetz Seusescher Darstellung, daß nämlich *disú ellú entworfnú bild und disú usgeleiten verbildetú wort sind der bildlosen warheit als verr und als ungelich, als ein swarzer mor der schónen sunnen* (S. 193, 31 ff.).

Wenn auch seit SCHWIETERING (1953/64) das Buch, *daz da haisset der Súse* (S. 7, 1), trotz der mystifizierenden Prologe als authentische Autobiographie Geltung beanspruchen darf (vgl. PLEUSER, 1966), sind viele Fragen hinsichtlich der genaueren Autorschaft dieses Werkes noch offen. Sicher ist, daß ihm mystagogischer Charakter zukommt, daß es also vorrangig *mit bildgebender wise* (S. 3, 3) und mit *bildgebender glichnus* (S. 191, 1) das christliche Heilsgeschehen im Spiegel eines einzelnen Menschenlebens wiedergeben will. Intrikat dabei ist und bleibt, daß der Berichtgeber identisch ist mit dem Gegenstand, von dem er berichtet: Heiligkeit weist sich selber in ihrem Vorbildcharakter aus.

1.2. 'Büchlein der ewigen Weisheit'

Auch das 'BdeW' hat seinen 'Sitz im Leben': S.s Mutter ist ihm vorbildlich für ihr *mitliden* (S. 142, 25) mit der Passion Christi, S.s eigene 'Schwermütigkeit' führt ihn zur Betrachtung des Leidens Christi (S. 256, 24 ff.), ebenso die Möglichkeit, darin Ablaß für zeitliche Sündenstrafen zu gewinnen (S. 258, 1 ff.). In einer innerlichen Schau werden dem Diener der ewigen Weisheit 100 Betrachtungen eingegeben. Sie bilden den Grundstock des 'BdeW' und haben ihren Ort im dritten Teil gefunden. Es sind kurze Anrufungen an Jesus und Maria zu den einzelnen Stationen des Leidens Christi, die er täglich in Kreuzgang und Chor der Kirche betet. Der erste Teil des 'BdeW' enthält 20 Betrachtungen über das Leiden Christi. In Dialogform abgefaßt, werden die Allegorie der ewigen Weisheit (mal weiblich, dann männlich als Jesus Christus) und deren Diener S. im fortlaufenden Gespräch miteinander gezeigt. Hauptlehre dieser sich auf das biblische Buch der Weisheit abstützenden dialogischen Erwägungen ist die Notwendigkeit des Durchgangs durch das Leiden Christi für den, der in die 'ungewordene' Gottheit gelangen möchte: *wilt du mich schowen in miner ungewordenen gotheit, so solt du mich hie lernen erkennen und minnen in miner gelitnen mensheit* (S. 203, 8 f.). Das ist die *via regia* (nach Nm 21, 22), um zur Gottheit zu gelangen (BÜHLMANN, 1942, S. 197 ff.). Der zweite Teil des 'BdeW' handelt vom leiblichen und geistlichen Tod; der Einblick in die Verdammnis (die *mors secunda* nach Apo 20, 14) ist dem Diener Anlaß, wiederum den Tod Christi zu meditieren und sich so angemessen auf den Tod vorzubereiten (HAAS, Sermo mysticus, 1989, S. 172 f.).

Sowohl der erste wie der dritte Teil des 'BdeW' sind im SpätMA einzeln als Andachts- und Betrachtungsbüchlein erfolgreich vertrieben worden. Aber auch das ganze 'BdeW' gehört zu den im 14. und 15. Jh. verbreitetsten Andachtsbüchern (s. II.).

1.3. 'Büchlein der Wahrheit'

Im 'BdW' geht es um eine Unterscheidung zwischen Menschen, die einerseits nach *ordenlicher einvaltikeit* und andererseits nach *ungeordenter friheit* (S. 327, 27f.) streben. Gerichtet wohl nicht an ein Nonnenpublikum (KUHLMANN, 1987, S. 294 ff.), sondern an die gelehrten Ordensbrüder, verfolgt es die didaktische Absicht, über Eckharts theologisch-mystische Positionen angesichts begardisch-freigeistiger Mißdeutungen angemessen zu orientieren. Die Wahrheit als Anwältin der Hl. Schrift und der *aller gelertesten und geleptesten* Theologen (S. 328, 4f.) gibt Auskunft über neuralgische Punkte der Eckhartschen Mystik: über Gelassenheit und ihr Verfügtsein in den göttlichen Abgrund, über die Unterscheidung von einfacher Gottheit und dreifaltigem Gott, über das Verhältnis der Geschöpfe zu Gott, über die Inkarnation (Gott nimmt in der Menschwerdung eine menschliche Natur, aber keine menschliche Person an), über die Vereinigung des Menschen mit Gott im Diesseits und Jenseits (das menschliche Ich ist ein Nichts, es bleibt aber auch in der höchsten Versenkung erhalten, gefordert ist Selbstentäußerung in Gott hinein), schließlich über die Freiheit und die angemessene Lebensführung eines Christen (ein gelassenes Ich ist *ein kristförmig ich* [S. 335, 26], das immer Kreatur bleibt, selbst wenn es sich eins fühlt mit Gott). Im 6. Kap. tritt das 'namenlose Wilde' auf und fordert ungebändigte Freiheit, Leben aus eigenem Antrieb ohne Unterscheidung von Gott und Welt. Der Jünger warnt vor der freigeistigen Unvernünftigkeit des Nicht-Unterscheiden-Könnens zwischen Gott und Welt. Am Schluß werden praktische Fragen einer angemessenen Lebensführung zwischen Wahrheit und Diener besprochen. Im Ganzen ist das 'BdW' (das nie eine Sonderüberlieferung hatte) ein beredtes Zeugnis für die Aktualität der Eckhartschen Lehren, gleichzeitig aber auch eine intensive Selbstinszenierung S.s in seiner Rollenfiktion als Diener der Wahrheit.

1.4. 'Briefbüchlein'

Das 'Bfb' stellt eine gekürzte Auswahl von 11 Briefen aus S.s Briefkorpus dar. S. verwirklicht in dieser Komposition ein mystagogisches Anliegen, indem er die Briefe im Sinne eines mystischen Itinerars vom anfangenden Menschen bis zur höchsten Gottesfreundschaft *ze einer underlibi dines gemuetes* (S. 360, 8) reiht.

2. 'Horologium Sapientiae'

Nach der Neuedition des 'Hor' durch Pius KÜNZLE (1977) ist klar, daß es die erweiterte Neuredaktion des 'BdeW' in lat. Sprache darstellt und die Betrachtungen des 'BdeW' um Reflexionen über das Kloster- und Studienwesen und um aktuelle kirchenpolitische Stellungnahmen vermehrt. Weiterhin mag, wie KÜNZLE (Ausg., S. 52) vermutet, ein persönliches Erlebnis, die Vermählung mit der Ewigen Weisheit, zu einer Steigerung der Emotionslage im 'Hor' beigetragen haben, denn es ist 'kein Zweifel, daß das Ideal der geistlichen Gemahlschaft mit der ewigen Weisheit im Hor ungleich stärker zur Geltung kommt als im Bdew.' Auf drei Ebenen bringt das 'Hor' Neues: 'Erstens selbstbiographische Aussagen (I, 1; teilweise in I, 5 und 13; II, 1 und 7); zweitens, im Anschluss an Seuses persönliches mystisches Erlebnis, die vorrangige Bedeutung der geistlichen Vermählung, die dem Ziele dient, möglichst Viele zu neuer Gottesliebe zu erwecken (II, 7–8); drittens Anregung einerseits zu heilsamer Verkündigung (II, 6), anderseits zur Reform des Ordenslebens (I, 5), des Seelsorge-Eifers (I, 12) und des Studiums (II, 1) durch Gegenüberstellung von Zerfallserscheinungen und anzustrebendem Ideal' (KÜNZLE, Ausg., S. 53).

3. 'Großes Briefbuch'

Zentrales Anliegen der 28 Briefe, die an verschiedene Dominikanerinnen und an Elsbeth Stagel gerichtet sind, ist es, den Weg zur vollkommenen Liebe aufzuzeigen, die allein zur Einheit mit der Ewigen Weisheit führt. Das Hohelied, Psalmstellen, Propheten, Kirchenväter, Heilige und antike Autoren – etwa → Ovid, der *meister von minnen* (S. 434, 1) – werden als Kronzeugen gegen die trügerische weltliche Liebe herangezogen. Um der Liebe Gottes willen ist Liebe zu sich selbst und zu allem Geschaffenen geboten. Die Kombination Liebe/Leid bestimmt den Tenor der Briefe, derart, daß eine Verteilung von Leid und Liebeserfüllung statthat: *ie betruebter hie umb got, ie froelicher dort mit gotte* (S. 490, 23 f.). Genaue und praxisnahe Orientierungshinweise sollen zur wahren geistlichen Ritterschaft hinführen. Der letzte Brief – *testament(e) der minnen* (S. 494, 14) – faßt noch einmal alle Gedanken zusammen, die zum *luterlichen* Leben führen.

4. 'Minnebüchlein'
Das Werklein ist ein 'Mosaiktraktat', der aus verschiedensten passionsmystischen Quellen schöpft. Seine Authentizität ist nicht erwiesen; MOLINELLI-STEIN, 1972, vermutet dagegen, es handle sich um ein Frühwerk S.s, um einen 'ersten Entwurf zum BdeW'.

IV. Sprache und Stil.
S. selber hat ein ausgeprägtes Bewußtsein von seiner Autorschaft, und es ist deutlich, daß sein sprachlich-stilistisches Bemühen in einem breitesten Sinn zu Verlebendigung der Aussage tendiert. Sein geistliches Stilprinzip, Bilder mit Bildern auszutreiben, steht in einem umgekehrten Verhältnis zu einem ästhetischen Bewußtsein von der unrückführbaren Aktualität erklingender Musik oder eines aus Gnade empfangenen *und usser einem lebenden herzen dur einen lebenden munt us fliezen(den)* Wortes; dieses – wenn es *an daz tot bermit* kommt – erscheint ihm – *sunderliche in tütscher zungen* – wie verblichene, abgebrochene Rosen (S. 199, 14 ff.). Gattungsmäßig dominiert der Dialog, stilistisch das *genus dicendi sublime* (MOLINELLI-STEIN, 1966, S. 32 ff.) mit seiner Strategie emotionaler und schmuckreicher Diktion (ohne daß die beiden andern Stilebenen – insbesondere in der 'Vita' – ausgeblendet wären). Der stark narrative Zug (vor allem in der 'Vita'), in dem sich eine Tendenz zu novellistisch-pointierten Kurzerzählungen (im Rückbezug auf die höfische *aventiure*) abzeichnet, verstärkt das Moment der Aktualisierung von Gefühlsbezügen. Allerdings fehlt der belehrend-dozierende Tonfall (im 'BdW' und im 'BdeW') keinesfalls, aber auch hier ist die Verlebendigung im Rahmen des Dialogs spürbar. Die Neigung S.s zu stilistisch überschaubaren Einheiten ist mit Recht beobachtet worden (SIEGROTH, 1979, S. 280); die einzelnen Abschnitte sind durchkomponiert und fügen sich als Teile zu einem wohlgeformten Ganzen, während in der Feinstruktur der Rede eine metaphern- und bildreiche Diktion vorherrscht mit zum Teil vom schwäbischen Dialekt her kommenden Einflüssen (Diminutive usw.).

V. Nachwirkung.
S.s Nachleben in bildender Kunst, Literatur und Kult ist beachtlich. Die volle Geschichte seiner Rezeption ist noch zu schreiben.
Das 'Horologium' wurde früh in die europäischen Volkssprachen übersetzt (s. o. II.), so daß das Seusesche Werk im Rahmen der verschiedenen nationalen Spiritualitäten bisweilen recht starken Einfluß bekommen konnte. Bemerkenswert ist die Nachwirkung des 'Hor' in den Niederlanden, wo die Einflußnahme S.s beispielsweise auf die Devotio Moderna und die 'Imitatio Christi' (→ Thomas von Kempen; besonders im 3. und 4. Buch) greifbar ist. Die Windesheimer Kanoniker, → Ludolf von Sachsen in seiner 'Vita Jesu Christi', → Nikolaus von Kues, Jean → Gerson und viele andere für die Spiritualitätsgeschichte bedeutsame Persönlichkeiten haben sich auf S.s 'Hor' bezogen.
Die Rezeption S.s beschränkte sich aber nicht auf das 'Hor', sondern betraf früh auch schon sein deutschsprachiges Werk. Druckausgaben erfolgten in Augsburg 1482 und 1512. Zuvor aber schon war S. bei den Gottesfreunden in Straßburg, im Franziskanerorden und dessen Predigt (→ Otto von Passau, → Marquard von Lindau), bei Johannes → Nider, in Nonnenkonventen und Laienzirkeln, im 16. und 17. Jh. bei den Jesuiten (Petrus Canisius, Friedrich von Spee) und auch bei den Pietisten bekannt, geschätzt und ausgeschrieben. Selbst Herder bezieht sich noch wohlwollend auf S.
Auch die Person S.s hat eine spezielle Verehrung auf sich gezogen (WALZ, in: FILTHAUT, 1966). Sein geistliches Schrifttum, das in einzigartiger Weise im späten MA und in der frühen Neuzeit verbreitet war, hielt die Erinnerung an einen 'Heiligen' wach, der sich selbst als solchen geschildert hatte. Dazu kam eine Verehrung, die sich

auch in Devotionsgegenständen dokumentierte. In all diesen ikonographischen und kultischen Dokumenten wird eine Spiritualität belegt, die in dem Sinne 'modern' ist, daß sich hier die Individualität eines Seliggesprochenen literarisch selbst verantwortet.

VI. Zur Forschungsgeschichte.

Bis in die sechziger Jahre dieses Jahrhunderts befaßte sich die S.-Forschung einerseits mit der Frage der Authentizität der 'Vita' (mit SCHWIETERINGS Aufsatz, 1953, ein vorläufiges Ende findend), ihrer literarischen Struktur und Machart (HOLENSTEIN, 1968) und ihrer Einzigartigkeit, andererseits mit Fragen der religiös-spirituellen Inhalte seines Werks (BÜHLMANN, 1942, u. a.), und seiner Position im Rahmen zeitgenössischer Philosophie und Theologie. Immer hatte auch die konkrete Verehrung einen Platz im Umkreis der Beschäftigung mit S. Die Festschrift 1966 (FILTHAUT) bildet einen Wendepunkt: Breit wird hier die Nachwirkung S.s, die Handschriftengeographie und -soziologie, aber auch die thematische Problematik von Stil und Schreibweise abgehandelt. Im Gegensatz zu seiner unbestreitbaren Geltung im Rahmen der Spiritualitätsgeschichte war und blieb die Forschung in ihrer Beschäftigung mit S. zögerlich. Bei dieser Zurückhaltung mag ein modern-psychologisches Verdikt über seine Askesepraxis und seine Emotionalität mitgespielt haben. Jetzt weisen alle Anzeichen aber auf eine intensivere Beschäftigung mit diesem Werk.

Literatur. (Auswahl). PREGER, Mystik II 309–415; EHRISMANN, LG IV 618f.; Bibliographie bis 1968: A. WALZ, Bibliographiae susonianae conatus, Angelicum 46 (1969) 430–491; weiterführende Lit. bei J.-A. BIZET, in: Dict. Spir. VII, 1969, Sp. 234–257; A. M. HAAS, in: DE BOOR, LG III 2, hg. v. I. GLIER, 1987, S. 491 f.

H.S. DENIFLE, Ein letztes Wort über S.s Briefbücher, ZfdA 21 (1877) 89–142; PH. STRAUCH (Hg.), Margaretha Ebner u. Heinrich v. Nördlingen, 1882, Neudr. Amsterdam 1966; W. MUSCHG, Die Mystik in d. Schweiz 1200–1500, 1935; J. BÜHLMANN, Christuslehre u. Christusmystik des H.S., Luzern 1942; J. SCHWIETERING, Zur Autorschaft von S.s Vita, in: Humanismus, Mystik u. Kunst in d. Welt d. späten MAs, hg. v. J. KOCH, Bd. 3, 1953, S. 146–158 (wieder in: K. RUH [Hg.], Altdt. u. altndl. Mystik, 1964, S. 309–323); K. RUH, Altdt. Mystik. Ein Forschungsbericht, WW 7 (1957) 135–146, 212–231; Promotor Causae B. Henrici Susonis (= A. WALZ), De Beati Henrici Susonis O.P. Vita, Scriptis, Doctrina, Influxu et Cultu. Comprehensio, Graz 1963; J.-A. BIZET, Die These des Primum cognitum bei Suso, in: Fs. J. Quint, 1964, S. 35–37; B. BOESCH, Zur Minneauffassung S.s, in: ebd., S. 57–68; G. BALDUS, Die Gestalt des 'dieners' im Werke H.S.s, Diss. Köln 1966; E. FILTHAUT (Hg.), H.S. Stud. zum 600. Todestage 1366–1966, 1966; C. PLEUSER, Tradition u. Ursprünglichkeit in d. Vita S.s, in: ebd., S. 135–160; K. RUH, Vita c. 52 u. das Gedicht u. die Glosse 'Vom Ueberschall', in: ebd., S. 191–212; B. MOLINELLI-STEIN, S. als Schriftsteller (Rhetorik u. Rhythmus in seiner Prosa), Diss. Tübingen 1966; B. BOESCH, S.s religiöse Sprache, in: Fg. F. Maurer, 1968, S. 223–245; A. HOLENSTEIN-HASLER, Stud. z. Vita H.S.s, Diss. Zürich, Freiburg i. Ue. 1968 (= ZSchwKG 62 [1968] 185–332); K. GRUBMÜLLER, Die Viten der Schwestern von Töss u. Elsbeth Stagel, ZfdA 98 (1969) 171–204; M. WEHRLI, Formen mal. Erzählung. Aufsätze, Zürich 1969, bes. S. 16 f., 175; G. DELLA CROCE, Enrico Suso. La sua vita, la sua fortuna in Italia, Milano 1971; A. M. HAAS, Nim din selbes war. Stud. z. Lehre v. d. Selbsterkenntnis bei Meister Eckhart, Johannes Tauler u. H.S., Freiburg/Schweiz 1971; W. ZELLER, H.S.s 'Hor. Sap.' u. sein 'BdeW', in: ders., Theologie u. Frömmigkeit. Ges. Aufsätze, 1971, S. 22–31; A. BOHNET-VON DER THÜSEN, Der Begriff d. Lichtes bei H.S., Diss. München 1972; B. MOLINELLI-STEIN, Ein Beitrag zur Echtheitsfrage des 'Minnebüchleins' (H.S.?), in: Fs. W. Mohr, 1972, S. 313–354; R. SCHMITT-FLACK, Wise u. wisheit bei Eckhart, Tauler, S. u. Ruusbroec, Meisenheim 1972; M. MÜCKSHOFF, Der Einfluß des Bonaventura auf die dt. Theologie mit bes. Berücksichtigung der Theol. u. Mystik des H.S., in: A. PEGIS u. a. (Hgg.), S. Bonaventura 1274–1974, Bd. 2, Grottaferrata 1973, S. 225–277; A. WALZ, Thomas-Stellen in H.S.s Schriften, in: W. ECKERT (Hg.), Thomas von Aquino, 1974, S. 656–662; J. BARUZI, Le mysticisme de Henri Suso, Rev. d'Histoire de Spiritualité 51 (1975) 209–266; P. MICHEL, 'Formosa deformitas'. Bewältigungsformen des Häßlichen in mal. Lit., 1976, S. 177–243 (§ 233–320); P. KÜNZLE, Zur angeblichen Absetzung H.S.s vom Priorat i. J. 1336, ZfdA 106 (1977) 374 f.; A. BORST, H.S., Dominikaner in Konstanz, in: ders., Mönche am Bodensee 610–1525, 1978, S. 246–263; A. J. FESTUGIÈRE, Miscellanées sur la 'Vie de Henri Suso', Rev. d'Histoire de la Religion 194 (1978) 159–180; H. STIRNIMANN, Mystik u. Metaphorik. Zu S.s Dialog, Freiburger Zs. f. Philos. u. Theol. 25 (1978) 233–303; G. VON SIEGROTH-NELLESSEN, Versuch einer exakten Stiluntersuchung f. Meister Eckhart, Johannes Tauler u. H.S., 1979; A. ANGENENDT, S.s Lehre vom Ablaß, in: Reformatio

Ecclesiae, Fg. E. Iserloh, 1980, S. 143–154; E. COLLEGE, 'If all the world were paper'. Henry Suso's Use of a Much-Travelled Commonplace, AFP 50 (1980) 113–116; L. GNÄDINGER, Das Altväterzitat im Predigtwerk Johannes Taulers, in: Unterwegs zur Einheit. Fs. H. Stirnimann, Freiburg/Schweiz 1980, S. 253–267; A. M. HAAS u. a. (Hgg.), Das 'einig Ein'. Stud. zu Theorie u. Sprache d. dt. Mystik, Freiburg/ Schweiz 1980, s. Reg.; P. MICHEL, S. als Diener d. göttlichen Wortes, in: HAAS, 1980, S. 281–367; R. F. M. BYRN, H. S. u. d. Lehre von d. Vier Letzten Dingen, in: W. HAUG u. a. (Hgg.), Zur dt. Lit. u. Sprache d. 14. Jh.s. Dubliner Colloqium 1981, 1983, S. 65–75; U. JOERESSEN, Die Terminologie der Innerlichkeit in d. dt. Werken H. S.s, 1983; D. BREUER, Zur Druckgesch. u. Rezeption der Schriften H. S.s, Chloe. Beihefte zum Daphnis 2 (1984) 5–26, 29–49; E. COLLEGE/J. C. MARLER, 'Mystical Pictures' in the Suso 'Exemplar'. Ms Strasbourg 2929, AFP 54 (1984) 293–354; A. M. HAAS, Geistliches MA, Freiburg/Schweiz 1984, s. Reg.; R. KIECKHEFER, Unquiet Souls. Fourteenth-Century Saints and Their Religious Milieu, Chicago 1984, s. Reg.; M. BINDSCHEDLER, MA u. Moderne. Ges. Schriften, hg. v. A. SCHNYDER, Bern 1985, S. 165–169, 170–177; M. HIMMELMANN, Das Leidensverständnis der 'Imitatio Christi' im Vergleich zu H. S.s 'BdeW', Erbe u. Auftrag 61 (1985) 283–301; D. L. STOUDT, The Vernacular Letters of Heinrich von Nördlingen u. H. S., Diss. Chapel Hill/New York 1986; R. IMBACH, Die dt. Dominikanerschule: Drei Modelle einer Theologia mystica, in: M. SCHMIDT u. a. (Hgg.), Grundfragen christl. Mystik, 1987, S. 157–172; M. KERSTING, Text u. Bild im Werk H. S.s. Unters. zu d. illustrierten Hss. d. Exemplars, Diss. Mainz 1987; D. KUHLMANN, H. S.s 'Buch der Wahrheit'. Stud. z. Textgesch., Diss. Würzburg 1987; N. LARGIER, Anima mea liquefacta est. Das Gespräch d. Seele mit Gott bei Mechthild v. Magdeburg u. H. S., Internationale Kath. Zs. 16 (1987) 227–237; A. M. DIETHELM, *Durch sein selbs unerstorben vichlichkeit hin zu grosser loblichen heilikeit*. Körperlichkeit in der Vita H. S.s, Bern 1988; F. TOBIN, Coming to Terms with Meister Eckhart: Suso's BdW, in: Fs. F. Banta, 1988, S. 321–344; W. TRUSEN, Der Prozeß gegen Meister Eckhart. Vorgeschichte, Verlauf u. Folgen, 1988, S. 134–163 [S. als Verteidiger Eckharts]; A. M. HAAS, Sermo mysticus, Freiburg/Schw. ²1989, s. Reg.; ders., Gottleiden Gottlieben. Zur volkssprachl. Mystik im MA, 1989, s. Reg.; J. E. HAMBURGER, The Use of Images in the Pastoral Care of Nuns: The Case of Heinrich Suso and the Dominicans, The Art Bulletin 71.1 (March 1989) 20–46; ders., The Visual and the Visionary: The Image in Late Medieval Monastic Devotions, Viator 20 (1989) 161–182; D. L. STOUDT, The Structure and Style of the Letters of S.'s 'GBfb', Neuphil. Mitt. 90 (1989) 359–367; J. E. HAMBURGER, The Rothschild Canticles: Art and Mysticism in Flanders and the Rhineland ca. 1300, New Haven 1990, s. Reg.; P. R. MONKS, The Brussels 'Horologe de Sapience' ..., Leiden 1990; A. M. HAAS, Schwermütigkeit. Ein Wort d. dt. Mystik, in: Verborum amor, Fs. St. Sonderegger, 1992, S. 273–296; P. MICHEL, Stilwandel bei H. S., ebd., S. 297–341.

(1992)   ALOIS M. HAAS/K. RUH (II.)

Steinhöwel, Heinrich

Inhalt. I. Leben. – II. Werke. 1. 'Büchlein der Ordnung der Pestilenz'. 2. 'Apollonius'. 3. 'Griseldis'. 4. 'Tütsche Cronica'. 5. 'Von den synnrychen erlüchten wyben'. 6. 'Spiegel menschlichen Lebens'. 7. 'Esopus'. – III. Unechtes, Verschollenes und Zweifelhaftes. – IV. Sprache. Wirkintention. – Literatur.

I. Leben.

Daten zur Biographie Steinhöwels (vokal. *w*, lies: -heuel) liefern die Selbstaussagen der Werke, drei erhaltene Briefe sowie universitäre, städtische und landesherrliche Archivalien (Nachweise und Abdrucke bei STRAUCH, 1893, und DICKE, 1991, Anhang).

Im Alter von *nún vnd viertzig* Jahren verfaßt der im Akrostichon sich nennende *HAINRICVS STAINHOEWELL VON WJL* seine (nach verbindlicher Lesung BARTSCHS, 1875, S. 306) auf 1461 datierte 'Apollonius'-Vorrede. Demnach 1411/12 in Weil der Stadt und wohl als Sohn des dort seit 1407 ansässigen gleichnamigen Esslinger Patriziers und Ausbürgers geboren, bezog St. im April 1429 die Univ. Wien. Am 13. 7. 1432 erwarb er das Baccalaureat, den Magistergrad am 14. 4. 1436; im WS 1437/ 38 wurde er artistischer Magister regens und zu 'Algorismus'-Lectiones eingeteilt. Am 7. 3. 1438 erscheint St. letztmalig in den Wiener Akten, am 12. 7. d. J. erstmalig als *scolaris iuris canonici* an der Univ. Padua. Dort noch im Jan. 1439 als Student der Rechte urkundlich, ging er bald danach zum Medizinstudium über, wurde 1442 Rector artistarum und am 5. 1. 1443 zum Dr. med. promoviert. Zum 19. 12. 1444 findet sich der später auch als *lerer der ertzny* titulierte Arzt wohl zur Wahrnehmung eines Lehramts an der Univ. Heidelberg eingeschrieben. Zu erster ärztlicher

Praxis wird er danach in seine Vaterstadt Weil gezogen sein, schrieb dort jedenfalls 1446 das 'Pestbuch'. Zu den Zeugnissen, die ihn für 1449/50 in Esslingen belegen, zählt ein dort abgefaßter Brief, in dem sich der mutmaßliche Stadtarzt St. und der Stadtschreiber →Niklas von Wyle zu Parteigängern Esslingens in der Fehde gegen Graf Ulrich V. von Württemberg erklärten (hg. v. J. MÜLLER, AnzfKdVz NF 26 [1879] Sp. 3). Am 18. 7. 1450 wechselte St. ins Amt des Ulmer Stadtarztes. Zunächst zeitlich befristet, sollte es zu einer Lebensstelle werden, die den spätberufenen Literaten materiell wie gesellschaftlich aufs beste stellte, ihm auch erlaubte, auswärts zu praktizieren und sich so Zugang zu den kunstsinnigen südwestdt. Höfen zu eröffnen. Ob er ihn nutzte, sich dort auch literarisch anzudienen, bleibt im Einzelfall indes strittig.

Die zwei dt. der drei erhaltenen Briefe – kaum Zeugnisse humanistisch beflissener elegantia – belegen St.s Leibarztdienste. Der am 7. 7. 1454 aus Freiburg an den Ulmer Rat gerichtete (DICKE, 1991, Anh. Nr. 15) bezeugt sie für den auf dem Rückweg vom Regensburger Reichstag erkrankten Burgunderherzog Philipp den Guten. In seinem Gefolge war der Arzt kurzzeitiger Gast am Stuttgarter Hof Ulrichs V. und seiner Frau Margarethe, bei der Pfalzgräfin Mechthild zu Rottenburg und beim Freiburger Hoffest Erzherzog Albrechts VI. von Österreich. Im Ulmer Brief an Margarethe (27. 5. 1474; hg. v. G. STEINHAUSEN, Dt. Privatbriefe d. MAs I, 1899, Nr. 171) entschuldigt St. sich für einen verhinderten Besuch bei der Gräfin. Für seine lit. Beziehungen zur Stuttgarter wie zur Uracher Linie der Württemberger unter Eberhard im Barte bleiben die Indizien jedoch aus, für solche zu Eberhards Mutter Mechthild soll der durch Jakob →Püterich für ihren Rottenburger 'Musenhof' bezeugte Besitz einer 'Grisel' einstehen (HESS, S. 58 f.), doch muß diese nicht die 'Griseldis' St.s sein (DICKE, 1991, S. 165 f.). Überdies steht dahin, ob der im 'Spiegel' erwähnte Aufenthalt St.s am Dillinger Hof des Augsburger Bischofs Johann II. ein lit. motivierter war. Immerhin mag St. hier mit dem im Kontext des Selbstzeugnisses erwähnten Thronfolger und Dillinger Zögling →Maximilian I. bekannt geworden sein. Wo schließlich die Widmung dreier seiner Werke an →Sigmund von Tirol und seine Gattin →Eleonore von Schottland als Ausweis lit. oder beruflicher Betätigung am Innsbrucker Hof gelten soll (z. B. WEINMAYER, S. 111), ist dedikationstopischer Dienst- und Dankbarkeit voreilig biographischer Aufschlußwert erteilt. Für humanistisch ausgerichtete Kontakte St.s steht kaum mehr als ein lat. Buchtauschgesuch an einen Conrad Geßler zu Buche (JOACHIMSOHN, 1896, Beil. 35); Beziehungen zu Wyle sind nur als amtliche faßbar, gegenseitige lit. Kenntnisnahmen nurmehr nahezulegen (DICKE, 1991, S. 173).

Um seine erstrebte lit. Öffentlichkeit zu erreichen, drängte St. bereits seit 1471 in den Druck. Seiner Zusprache wird die Gründung der Offizin Joh. Zainers in Ulm beigelegt (um 1472), seiner lit. Zulieferung und redaktionellen Regie ihr auch humanistisch inspiriertes, buchkünstlerisch aufwendiges Sortiment (AMELUNG, 1977). Die nötigen Mittel, sich zum Nutzen eigener Publizität auch finanziell bei Zainer zu engagieren, flossen dem im Amt gut dotierten und mit der Augsburger Patrizierin Anastasia Egen reich verheirateten 'Literaturunternehmer' St. auch durch private Geschäftstüchtigkeit zu. Sie trug ihm Immobilien- und Renteneinkünfte ein, von denen z. B. eine postume Stiftung an die Ulmer Minoriten profitierte: die einer Kapelle zur Grabstätte und die eines Seelamts zum Todestag des Stifters, dem 1. März 1479 (nicht 1478, 1482 oder 1483!).

II. Werke.

1. 'Büchlein der Ordnung der Pestilenz'.

Überlieferung. Hs.-Fassung in St. Gallen, Kantonsbibl., cod. 455, 40^r–56^r (ca. 1450–70); Druckfassung: Erstdruck Ulm, Joh. Zainer, 11. 1. 1473 (HAIN 13737/15058) und 5 weitere Inkunabelaufl. (4 hd., 1 nd.) bei A. C. KLEBS, Nr. 100–106, zudem eine nd. Ausg. von 1506 (BORCHLING/CLAUSSEN, Nd. Bibliogr. 407) und 3 Druckabschriften: Augsburg, SB u. StB, 4° cod. 121, 67^v–71^r (1493, Auszug); Boston, Medical Library, W. N. Bullard Coll. No. 734 (olim cod. Cheltenham 7341), 2^r–21^r (16. Jh., nur Reg.); Schaffhausen, StB, cod. Gen. 26, 2^r–47^v (nach 1473).

Ausgaben. C. EHRLE, Dr. H. St.'s regimen Pestilentiae, Dt. Arch. f. Gesch. d. Med. 3 (1880) 357–360, 394–409 (nur Tl. I; nach Ausg. Ulm [um 1482]; fehlerhaft); KLEBS/SUDHOFF (Erstdruck-Faksimile).

Zwar nicht 'direkt für den Druck geschrieben' (SUDHOFF, 1926, S. 193), sondern nach der häufig übersehenen St. Galler Hs. (40ʳ, 56ʳ) schon *Anno 1446* während einer Pestepidemie in Weil entstanden, gebührt dem 'Pestbuch' doch der Rang des 'ersten in Deutschland gedruckten medizinischen Spezialwerkes' (A. C. KLEBS, S. 91). Die Editio princeps vom Jan. 1473 erhielt eine neue Vorrede mit Widmung an Ulms Stadtväter und Bürger, folgt sonst eng dem Text der Hs., bringt aber die lat. Quellenangaben (und [39ʳ] ein lat. Rezept) ins Deutsche. Hs. wie Druck gliedern sich in einen pathogenetisch-prophylaktischen und einen therapeutischen Teil. Der erste bietet eine herkömmliche Ätiologie und Symptomatologie der Seuche, erweitert sich in den Kap. I,3–16 zu einer hygienischen und diätetischen Anleitung, *gesüntlich ze leben* (3ʳ), und endet mit Rezepturen zur Pestvorbeugung und -medikation. Teil 2 gibt v. a. Pflege-, Kost- und Laßverordnungen sowie Arznei-Zubereitungen, die zur Weitergabe an den Apotheker oft lat. abgefaßt sind. Das sonst nach Anspruch und Disposition dem *gemein man* (1ᵛ) verpflichtete, aus *den bewertesten alten meistern* (1ʳ), vereinzelt auch aus Erzählquellen (Livius [2ʳ], Valerius Maximus [21ᵛ]) gespeiste Regimen ist 'absolut auf Arabismus und Scholastik eingestellt' (SUDHOFF, 1926, S. 205); allein die Hälfte der gut zwei Dutzend Zitierungen gilt Avicennas 'Canon'. Offenbar sind aber nicht alle der zehn konsultierten Fachautoren selbst kompiliert, denn enge Gemeinsamkeiten mit der Pest-'Instruction' Ulrich → Ellenbogs lassen (BREHER, S. 13 f., 103) vermuten, daß St. – wie Ellenbog – zumal für Teil 2 den 'Tractatus de peste' des Pavianers Antonio Guaineri (um 1440?) zur Hand hatte. Allein siebenmal gedruckt, fand St.s Regimen 'fast bei allen' späteren Pestautoren produktiven Nachhall (SUDHOFF, 1926, S. 211; v. a. Hieronymus → Brunschwig, Philipp → Kulmacher).

2. 'Apollonius'.

Überlieferung. Hss.: Donaueschingen, cod. 86, S. 211–273 (2. H. 15. Jh., Druckabschrift?); ebd., cod. 150, 2ʳ–40ᵛ (1468); Nürnberg, Germ. Nationalmus., Hs. Merkel 2° 966, 180ᵛ–191ʳ (1526, Druckabschrift); Wien, cod. 4119, 105ᵛ– 106ᵛ (2. H. 15. Jh., Druckabschrift des in ²VL III, Sp. 552, irrig als 'Selbstbesinnung' Johann → Hausers ausgegebenen Prologs); Wolfenbüttel, Hzg. Aug. Bibl., cod. 75.10 Aug. 2°, 2ᵛ–53ᵛᵇ (1468). – Drucke: Augsburg, G. Zainer, 1471 (Erstdruck?, vgl. SINGER, S. 189, 209) und 5 weitere Inkunabelauflagen, GW 2273–78. Für das 16. und 17. Jh. sind 10 Auflagen nachzuweisen.

Ausgaben. C. SCHRÖDER, Griseldis. Apollonius v. Tyrus (Mitt. d. dt. Ges. z. Erforschg. vaterländ. Sprache u. Alterthümer in Leipzig 5, H. 2), 1873, S. 83–131 (nach cod. Donaueschingen 150; Laa. der mutmaßl. Erstausg. bei SINGER, S. 190–197). – H. MELZER, Apollonius v. Tyrus. Mit einem Nachwort (Dt. Volksbücher in Faksimiledrucken, Reihe A, 2), 1975 (Faksimile von GW 2273 und der Holzschnitte der Ausg. Straßburg [nicht Augsburg!], M. Hüpfuff, 1516).

St. konzipiert den Versprolog des 1461 entstandenen 'A.' als kunstfertige Selbsteinführung in die lit. Szene (WEINMAYER, S. 88–95), gibt reiche Proben seines Rüstzeugs (Akrostichon, Exordialtopik, Dichtergebet) und Absichtserklärungen für sein künftiges, dem *tütschen* lateinischer *wißhait* gewidmetes lit. Wirken. Laut Versepilog sind *Ettlich alt hystoryn* und namentlich *Doctor gotfrids von vitterben Oberstes kronick schreiben* die Quellen seines lit. Erstlings.

Gemeint sind zwei lat. Bearbeitungen der breit tradierten 'Historia Apollini regis Tyri' des 5. Jh.s: die der → 'Gesta romanorum' (hg. v. H. OESTERLEY, 1872, Kap. 153) und die der Redaktion 2 des 'Pantheon' → Gottfrieds von Viterbo (hg. v. SINGER, S. 150–177). Fraglich ist aber, ob St. beide Quellen in einer der heute faßbaren Textgestalten nutzte. Dort sonst nicht auszumachende Relikte der spätantiken 'Historia' im dt. Text sorgten für diverse Vorlagenhypothesen der Quellenkritik (SINGER, S. 201; STRAUCH, ADB, S. 729; E. KLEBS, S. 501–503; PETERS, S. 26). Die Crux der Vorlagenrekonstruktion steht der Bemessung der Eigenanteile St.s im Wege.

St. weist Apollonius' märchenhafte Vita in der Prosa-*vorred* als historisch verbürgte aus. Ihr aus Particula XI des 'Pantheon' (hg. v. J. PISTORIUS, Rer. Germ. SS, hg. v. B. G. STRUVE, II, Regensburg ³1726, S. 162–175) exzerpierter, auf Exempla verkürzter Abriß der Alexander-, Ptolemäer- und Seleukiden-Geschichte reicht bis ins Jahr 268 v. Chr., in das St. die Brautwerbung des Helden datiert. Für die 36 Kapitel seiner *hystori* vertraut sich der Übersetzer bei übereinstimmendem Handlungsgang der Quellen den erzählfreudigeren 'Gesta', bei Abweichungen dem 'Pantheon' an, das ihm zumal für faktische Details die historisch verläßlichere Quelle schien. Soweit rekonstruierbar, zielt die eingestandene dt. Quellenmischung auf die episodisch-motivliche Summe der lat. Überlieferung. Passagen, die in den je nach inhaltlichem Plusbestand gewechselten oder ineins gearbeiteten Vorlagen ohne Parallele und vermutlich zugesetzt sind, dienen v. a. der Motivierung und moralischen Bewertung des Geschehens. Vereinzelt ist Erzähler- in Figurenrede umgesetzt, zuweilen die Form der Vorlage dt. Gattungskonventionen angeglichen: Rätsel sind in Verse gefaßt, Tarsia singt Strophen im Langen Ton des → Mönchs von Salzburg (BARTSCH, 1875, S. 307–311; RSM ¹Steinhö/1). Wie die 'Biographie' der lat. Bearbeiter exemplifiziert auch diejenige St.s Grundpostulate der Herrschaftsethik, der Ehe- und Sexualmoral in schlichten Rollenschemata von gut und böse. Sprachlich-stilistisch zeigt der 'A.' 'die Unbeholfenheit des ersten Versuchs' (JOACHIMSOHN, 1896, S. 119).

Neben seinem praktischen Orientierungsanspruch dürfte das Motivarsenal des hellenistischen Abenteuer- und Liebesromans, das den Erzählreiz ausmachte, die Wirkung des 'A.' als 'Volksbuch' begünstigt haben. Seine lit. Rezeption blieb offenbar auf den Nürnberger Meistersang beschränkt (Hans Sachs [RSM ²S/3965 a], Michael Vogel [ebd. ²VogM/4/0]).

3. 'Griseldis'.

Überlieferung. 10 Hss. (Doppelüberl. in G), die älteste v. J. 1464, bei HESS, S. 20–46, 2 weitere bei BERTELSMEIER-KIERST, S. 43 f., 191, 193; ferner: New York, Public Library, Spencer Coll., MS 105, 154ʳ–167ʳ (nach 1474; Druckabschrift von GW 4486, einziger Textzeuge mit dt. [St.s?] Übersetzung der Vorrede Petrarcas; vgl. FISCHER-HEETFELD); Klosterneuburg, Stiftsbibl., CCl 927, 106ᵛ (2. H. 15. Jh.; Frgm.). – Drucke: Erstdruck Augsburg, G. Zainer, 1471 (HAIN 12817), 13 weitere (z. T. unselbständige) Aufl.n des 15. sowie 11 des 16. Jh.s bei BERTELSMEIER-KIERST, S. 193–200.

Ausgaben. E. VOULLIÉME, Petrarchs Griseldis, Johann Zainer in Ulm 1473/74 (Die Inkunabel in ihren Hauptwerken), [1921]; HESS, 1975, S. 176–239 (lat.-dt.; textkrit. Anm. bei BERTELSMEIER-KIERST, S. 139–148); H.-D. KREUDER, Griseldis. Mit einem Nachwort (Dt. Volksbücher in Faksimiledrucken, Reihe A, 2), 1975 (Faksimile von COP. 4716, nicht des Erstdrucks!); Vorrede: FISCHER-HEETFELD.

Mit → Petrarcas letztem Werk (1373/74), der in die 'Epistolae seniles' (XVIII,3) aufgenommenen lat. Bearbeitung der 'Griseldis' Boccaccios ('Decameron' X,10), brachte St. zwischen 1461–64 (DICKE, 1991, S. 165 f.) seine ästhetisch anspruchsvollste Vorlage ins Deutsche. Er mühte sich wenig, ihre formale Integrität zu wahren. Indem St. nur die Novelle, nicht aber ihre briefliche Vor- und Nachrede übersetzte (die Vorreden-Übersetzung im Ms. New York dürfte kaum von ihm stammen), enthielt er dem dt. Leser v. a. Petrarcas spirituelle Auffassung der Fabel vor – die der Prüfungen Walthers als Sinnbild der dem Menschen von Gott auferlegten und die der *obedientia et fide[s]* Griseldis' als Leitbild, sich ihnen zu fügen. Was sich Petrarca im Epilog explizit versagte – die für *vix imitabilis* angesehene eheliche *paciencia* der Heldin verheirateten Frauen zur Nachahmung zu empfehlen (Z. 356 f.) –, gab St. als Funktion der Novelle aus: sie sei *vmb ander frowen manung zů gedult geseczet*, heißt es im 1473/74 beigefügten Vorwort zur ersten, leicht überarbeiteten Ulmer Auflage (BERTELSMEIER-KIERST, S. 138–148), die auch als Anhang zur Erstausg. der 'Clarae mulieres'-Übersetzung (s. u. 5.) erschien.

Mehr als um die Form und Stil verpflichtete Vorlagentreue – die lat. Syntax bildet sich häufig eher unfreiwillig in der dt. ab – war es dem Übersetzer um die inhaltlich-sachliche zu tun. Zur glossierenden, paraphrasierenden oder auch kürzenden Übersetzung tendiert er nur, wo ihm dies zur Sicherung des lat. Sinns wie des dt. Leseverständnisses geboten schien. Auf eine bearbeitende Akzentuierung der ehedidaktischen Exemplarität des Texts hat St. aber weitgehend verzichtet, die dazu etwa nötige Abschwächung der idealisierenden Figurenüberhöhung Petrarcas kaum je vorgenommen (s. aber BERTELSMEIER-KIERST, S. 155 f.). Ungeachtet der mangelnden Korrespondenz von Wirkintention und Gestaltungsweise belegen die Überlieferungssymbiosen und Betitelungen der 'G.' in Hss. und Nachdrucken ihre Rezeption als pragmatisches Exempel *getrúwer gemahelschafft*. Auch das Faszinosum und 'soziale Wunschbild' eines dem 'Seelenadel' der Heldin verdankten Aufstiegs vom Bauernkind zur Landesherrin (HESS, S. 85 f.; KNAPE, S. 23) wird am immensen, raschen (14 Inkunabelaufl.n) und überregionalen Erfolg der Novelle Anteil gehabt haben. Ein halbes Dutzend v. a. dramatischer Bearbeiter (z. B. Hans Sachs) hielt die Wirkung der 'G.' als ehedidaktisches Lehrstück bis weit ins 17. Jh. aufrecht (BERTELSMEIER-KIERST, S. 175–180, 219–223).

4. 'Tütsche Cronica'.

Überlieferung. 3 Erstdruck-Abschriften: Augsburg, SB u. StB, 2° cod. 170, 1ra–24rb (1474); Erlangen, UB, cod. 660, 98r–141v (nach 1473); Nürnberg, StB, an Inc. 306, 2r–24v (1481?). – Drucke: Ulm, Joh. Zainer, 10. 2. 1473 (GW 10075); Frankfurt a. M., Chr. Egenolff, 1531 (VD 16, K 1608); ebd. 1535.

Ausgabe fehlt.

Die im Februar 1473 vollendete 'T. C.' bietet – *g[e]kùrczt vnd getùtschet* – die von einem anonymen (schwäb.?) Minoriten bis ins Jahr 1349 geführte Fassung II der → 'Flores temporum' ('F. t.'), folgt dann einer unbekannten, *von ainem anderen gemeret[en]* Fortsetzung bis auf Friedrich III. und schließt mit einer Übersetzung der Weltzeitalter-Tafel → Isidors von Sevilla (Nachtragsbd.; Etym. V, 39).

Die genauere Vorlagenbestimmung hätte von Fortsetzungen der 'F. t.', Fassung II, auszugehen, denen (wie im Ms. Inc. Qu. 706a der StB u. UB Frankfurt a. M.) Isidors Aetates-Liste angehängt ist. Unter den drei Editionen der breit und unfest überlieferten 'F. t.' hat die J. G. MEUSCHENS (Hermanni Gygantis [...] F. t. seu Chronicon universale, Leiden 1743) den St.s Quelle nächstkommenden Text. Da St. dessen Informationsgehalt nicht überbietet, führt die Annahme ungenannt verwerteter Zusatzquellen in Beweisnot: Gottfrieds von Viterbo 'Pantheon' ist für Konrad II. (entgegen KRAFT, S. 92 f.) jedenfalls nicht genutzt. Im bis 1349 reichenden Teil sind wiederholt behauptete Zusätze St.s nicht auszumachen, in der gedrängten Fortsetzung bis 1472/73 ohne Kenntnis der Vorlage nicht zu belegen.

St.s schematischer und 'magere[r] Auszug' (HEGEL, S. 191) übermittelt eher paraphrasierend als übersetzend kaum ein Zwanzigstel der lat. Chronik ins Deutsche. Der hastigen Abhandlung der fünf vorchristlichen Aetates folgen stark gerafft die alternierenden Kaiser- und Papstreihen in der Einteilung der 'F. t.'-Ausg. MEUSCHENS. Namen und Regierungsdaten sind lückenlos exzerpiert, für biographische und ereignisgeschichtliche Fakten galten mehr oder minder deutliche Auswahlkriterien. St. konzentriert sich auf moralisch Bewertbares und für das Wirken göttlicher Providenz Beweisendes und zumal auf die Geschichte seiner Region: so sind die Kurzviten auf typische tugend- oder lasterhafte Züge reduziert, ist der Weltlauf durch Übersetzung v. a. der lat. Mirabilia und Exempla als regelhafter erfahrbar gemacht, ist die Geschichte des näheren Umfelds vor den Horizont der (zu Stichworten verkürzten) Reichs- und Universalhistorie gerückt. Mit ihrem auch Geistesgrößen und Heilige einbeziehenden Daten-, Namen- und Faktengerüst zielt die 'T. C.' auf Orientierung des Lesers in der Geschichte, mit der Betonung ihrer lebenspraktischen, moralisch-erbaulichen Aktualität auf Orientierung durch die Geschichte.

In der dt. Chronistik der frühen Neuzeit blieb die 'T. C.' nicht ohne Nachhall. Für die Papst-Kaiser-Chroniken der Augsburger Drucker Johann → Bämler (GW 3163) und Johann Blaubirer (GW 6687) war sie eine zentrale Quelle, für die → 'Weihenstephaner Chronik', das 'Haller Cronicon' Jörg Widmanns (1550) und wohl schon für → Matthias von Kemnat (JOACHIMSOHN, 1895, S. 169 Anm.) eine eher punktuell beigezogene. 1531 veranstaltete der Oppenheimer Stadtschreiber Jakob Köbel eine erweiterte und bis auf Karl V. fortgesetzte Neuauflage (Abdruck ihrer auch für Werkgeschichte und Biographie St.s informativen Vorreden bei ROTH, S. 308–310).

5. 'Von den synnrychen erlúchten wyben'.

Überlieferung. Drei Erstdruck-Abschriften: München, cgm 252, 202ʳ–213ᵛ (1477; Frgm.); New York, Public Library, Spencer Coll., MS 105, 1ʳ–151ʳ (nach 1474); Wien, cod. 14288, 39 Bll. (1474; Frgm., mit Schreiberzusätzen); Wien, Kupferstichkabinett, Nr. 2633 ist Exemplar von GW 4489, nicht, wie oft angegeben, eine Hs. – Drucke: Erstdruck Ulm, Joh. Zainer, [um 1474] und 2 weitere Inkunabelaufl. GW 4486–88, dazu GW 4489 (Holzschnitte der Erstausg. mit Beischriften des Reg.s); 4 Aufl.n des 16. Jh.s (mit 3 neuen Viten, s. Ausg. DRESCHER, S. 313): VD 16, B 5816–18, Index Aureliensis 120.393.

Ausgaben. K. DRESCHER, Boccaccio, De claris mulieribus. Dt. übers. v. St. (StLV 205), 1895 (nach Erstdruck); [S. HÖPFL], Des G. Boccaccio Buch: von den berühmten Frawen. Verteütscht v. H. St., 1924 (Faksimile von GW 4489).

1472 brachte St. Boccaccios Viten 'De claris mulieribus' (1361/62) *nit von [wort] zů wort, sunder von sin zů sin* (S. 38) ins Deutsche. Vom 15. 8. 1473 datiert die Boccaccios Dedikation an die Gräfin Acciaiuoli imitierende Widmungsvorrede an Eleonore von Tirol. Die ihr attestierte Fähigkeit ist auch die vom Leser verlangte: die durch *gůte werk* berühmten von den durch *missztůn* berüchtigten Frauen zu scheiden (S. 16), den *gůten nåch zevolgen, die argen zemyden* (S. 18). Eleonore zum Lohn der Patronage die letzte Vita vorzubehalten, blieb aber ein leeres Versprechen St.s: statt ihres Porträts gibt er in Kap. 100 eine der Herkunft nach unbekannte Interpunktions-*ordnung* (HÄNSCH, S. 145–169; HÖCHLI, S. 16–21).

98 der 99 Lebensbeschreibungen zumeist antiker (auch lit.) Frauengestalten sind – ohne klares Kriterium – aus den 104 Viten Boccaccios ausgewählt (Nr. 73, 74, 81, 84, 103, 104 fehlen), Nr. 46 hat Livius zur Quelle. Auswahl und Zugabe sind (mit DRESCHER, S. XXXIX f., gegen STRAUCH, ADB, S. 732) St. zuzuschreiben. Stillschweigend wird Boccaccios 'Genealogia deorum', für Lokalgeschichtliches Sigismund → Meisterlins 'Chronographia Augustensium', dazu die eigene 'Tütsche Cronica' genutzt. Da die bis Nr. 52 in Motto- oder Verweisfunktion vor die Überschriften gesetzten lat. Zitate aus Horaz, Ovid u. a. Klassikern der Vorlagen-Überlieferung fehlen, werden auch sie Lesefrüchte St.s sein.

Was St. aus Eigenem dazutut, dient der Verständnissicherung, der Überbrückung historischer Distanz, expliziter Motivierung und zumal dem moralischen Gestus. Anstößiges oder allzu Misogynes bleibt unübersetzt, in der 2. Hälfte auch manches Detail, das sich dem hier unverkennbaren 'drängen zum ende' (DRESCHER, S. XXXIV) in den Weg stellt. St. streicht den Typus heraus, beansprucht die Biographien als Vorbild- und Warn-*exempel* (S. 75) – *Ain ler von gůtikeit, Ain ler den gewalt zeverachten*, so oder ähnlich lautet sein *kurcz sin von etlichen frowen* im einleitenden Reg. Mit dem humanistischen Frauenbild Boccaccios ist er zuweilen uneins, mißt zwar wie er weibliche Größe am männlichen Maß, kann sich auf Urteile, die das Individuum meinen, etwa auf Boccaccios Verständniswerbung für die Hetäre Leena, aber kaum verstehen (S. 17, 178).

'Härten im Ausdruck und in der Satzbildung infolge allzu engen Anschlusses an das Latein' (JOACHIMSOHN, 1896, S. 120) waren dem Erfolg der ins frühhumanistische Klima lit. Frauen-Interesses passenden Sammlung nicht abträglich. Bald nach Erscheinen des prächtig illustrierten 'Ulmer Boccaccio' erfuhr sie in der Wiener Hs. eine um weitere Moralisierung bedachte 'freie behandlung' (DRESCHER, S. XV). Konrad → Bollstatter interpolierte 8 Kap. in die dt. Augsburger Chronik Meisterlins (JOACHIMSOHN, 1895, S. 85), Jakob Cammerlander 4 in die Neufassung des 'Ritter vom Turn' → Marquarts von Stein, Jörg Wickram zog das Werk zur Ergänzung der Ovid-Umsetzung → Albrechts von Halberstadt bei, Hans Sachs bearbeitete 50 der Viten (s. DRESCHER, Zs. f. vergl. Lit.gesch. NF 7, 1894).

6. 'Spiegel menschlichen Lebens'.

Überlieferung. Autograph St.s in München, cgm 1137, 261ʳ–362ʳ (dat.: 15. 1. 1473 [324ᵛ] u. 19. 3. 1474 [362ʳ]), zugleich (s. BORVITZ, S. 13) Vorlage des Erstdrucks [Augsburg, G. Zainer, 1475, nach dem 26. 3.] (HAIN 13948), dem nurmehr zwei weitere Inkunabelaufl.n folgten (HAIN 13949/50).

Ausgabe fehlt. Abdruck der Vorrede bei BORVITZ, S. 144–146, des Arzt-Kap.s (I, 32) bei DRESCHER (s. o. 5.), S. 332–336 (beide nach Autograph mit Laa. des Erstdrucks); Faksimile-Auszug von HAIN 13949 ohne Titel hg. bei H. Köhler, München 1908.

Der 'direkt für den Druck' (WEINMAYER, S. 121) erstellten Übers. von Rodrigo Sanchez' de Arevalo (Rodericus Zamorensis) 'Speculum vitae humanae' (um 1456–68) legte St. G. Zainers lat. Druck von 1471 (HAIN 13940) zugrunde. An die Stelle der Widmungsvorrede des spanischen Bischofs Rodericus an Papst Paul II. setzte er eine rhetorisch ambitionierte, im Autograph noch fehlende an Herzog Siegmund von Tirol (Du-Anrede!). Sie hat programmatischen Zuschnitt (WEINMAYER, S. 120–127), stellt sich selbstbewußt in die kurz rekapitulierte Tradition gelehrten Dedizierens, enthält in nuce das von didaktischer Zweckbindung geprägte Literaturverständnis St.s, die Definition seiner *tolmetsch*-Rolle als die eines Vermittlers und Bewahrers der lebensorientierenden Präsenz des lit. Erbes, den Primat sinn- vor wortgemäßer Übersetzung. Siegmunds *lob zeerheben*, fügte St. im Druck einen Ostern 1475 vollendeten Stammbaum der Habsburger bis auf die Kinder Friedrichs III. an, der die aus *etlich cronik* eruierte Abkunft von 50 Mitgliedern der Dynastie in Wort und Bild dokumentiert.

Der 'Sp.' orientiert darüber, *wie vnd in wöllicher maß der mensch sein leben volfüren sol* (1ʳ), indem er das *wesen aller stend[e]* aufzeigt: in Buch I das der weltlichen vom Kaiser bis zum Hirten, in Buch II das der geistlichen vom Papst bis zum Mesner. Die Auslassung der lat. Vorrede mit der Rahmen-Eröffnung eines Lehrgesprächs ging bei z. T. aber beibehaltener Ausweisung der Kapitel als Redebeiträge zu Lasten der formalen Einheit der Vorlage, an der St. auch sonst wenig lag. So erweiterte er exemplifizierend und kommentierend v. a. das erste Buch 'ungemein stark' (BORVITZ, S. 119), teils aus Eigenem, teils aus Gehörtem (*gyglin czů vlm* [...] *sprach* [56ʳ]; Sprichwörter) oder Gelesenem (→ Hugo von Trimberg 'Renner', → Freidank, Poggio), zögerte auch nicht, dem Ich des Autors das eigene entgegenzustellen, wo etwa der Ruf der Ärzteschaft auf dem Spiel stand (I,32). In Buch II schienen ihm dagegen manche philosophischen Räsonnements der Vorlage verzichtbar, dem Ende zu raffte er, ließ 'ganze Seiten' (BORVITZ, S. 119) und zuletzt die lat. 'Conclusio' unübersetzt. Den schwülstigen lat. Stil des 'Speculum' formte St. in einen ungekünstelten, luziden deutschen um, dessen Anschaulichkeit v. a. der Umsetzung von Versen, Bibelsprüchen und Autoritätenzitaten zugute kam. Rodericus' 'Hierarchie sozialer Verhaltensmuster', seinen 'standesethisch fundierte[n] Sittenkodex' (WEINMAYER, S. 126) gab St. zwar in subjektiver Nuance und moralisch bewertet, doch weitgehend unbeschadet des Sinns und der Intention wieder (gegen BORVITZ, S. 129).

Lit. Wirkung fand der 'Sp.' offenbar nicht (Untersuchungen fehlen). Seine Druckgeschichte blieb die kürzeste der Werke St.s, endete – abgesehen von einer Übernahme der Habsburger-Geneaologie durch Ladislaus → Sunthaym (BORVITZ, S. 18 Anm. 1) – schon 1488.

7. 'Esopus'.

Überlieferung. Übersicht bei DICKE, Diss., Anh. I: 7 lat., lat.-dt. und dt. Druckabschriften des 15.–17. Jh.s (Auszüge geringen Umfangs); lat.-dt. Erstdruck Ulm, Joh. Zainer, [um 1476/77] (GW 351, als Anhang zuweilen GW 5643, Niklas' von Wyle 'Guiscard und Sigismunda'-Übers.); 4 lat. Inkunabelaufl.n; eine, durch Sebastian →Brant überarb. und erw. lat. Neuaufl. 1501, Nachdruck ihrer Verstexte 1521; 13 dt. Inkunabelaufl.n; 17 dt. Ausg.n des 16. Jh.s (ab 1508 mit dt. Text St.s u. Johann A. Mulings Übers. der 'Additiones' Brants); 25 Ausg.n von 1600–1834.

Ausgaben. H. ÖSTERLEY, St.s Äsop (StLV 117), 1873 (nach Erstdruck; fehlerhaft); H. St., Aesopus: Vita et fabulae, 1992 (Erstdruck-Faksimile, Kommentarbd. v. P. AMELUNG); Esopus. Übers. von H. St. Gedr. von Günther Zainer in Augsburg um 1477/78, [hg. v.] E. VOULLIÉME (Die Inkunabel in ihren Hauptwerken), [1921].

Der 'Ulmer Äsop' von 1476/77 – eines 'der schönsten illustrierten Bücher aller Zeiten' (AMELUNG, 1979, S. 19) – gliedert sich in 8 Teile, von denen der 1. und 8.

allein dt., die übrigen lat. und mit textweise folgender dt. Prosaübersetzung St.s unterbreitet sind (vgl. zu den lat. Fabel-Quellen GRUBMÜLLER, Reg.):

1. Vorrede, u. a. mit Widmung an Herzog Sigmund von Tirol, gleichnishafter Lektüreanweisung (nach Basilius), Hinweisen zur Fabeltradition (nach Isidor);
2. romanhafte Aesop-Vita Rinuccios da Castiglione (nach Druck Mailand 1474);
3. 80 Prosafabeln des sog. Romulus-Corpus (nach der 'Recensio gallicana') in 4 Büchern mit dt. Übers. und (in I – III) Beigabe der 58 lat. Romulus-Versifizierungen des → Anonymus Neveleti (Nachtragsbd.);
4. 17 der Tierepik verwandte Prosafabeln der sog. Romulus-Extravaganten-Gruppe (nahe steht der 'Romulus Monacensis');
5. 17 der 100 durch Rinuccio vom Griech. ins Lat. übersetzte Prosafabeln (nach der Ausg. von 1474, s. o.);
6. 27 der 42 Versfabeln Avians (Übers. wohl nach einer Hs. mit Prosaparaphrase);
7. 15 Exempel der 'Disciplina clericalis' des Petrus Alphonsi (vom Vulgattext stark abweichend), eingeschoben ein aus dem 'Doligamus' → Adolfs von Wien prosaifiziertes Exempel (Nr. 153); im Anschluß 8 'Facetiae' Poggio Bracciolinis, eingeschoben eine nur dt. gegebene *Entschuldigung schrybens lychfertiger schimpfred*, die paraliptisch 7 weitere Facetien resümiert;
8. ein dt. Reg. über 152 Fabelmoralitäten, geordnet unter Auslegungsstichworte von *Armuot* bis *Zyt*.

St. versammelt die zentralen lat. Corpora spätantiker und mal. Fabeltradition zu einer Leben, Werk und Wirkung Äsops dokumentierenden 'Gesamtausgabe'. Er thesauriert die motivliche Summe der Einfälle des Gattungsstifters in der Vielfalt ihrer lit. Formgebungen (auch der Adepten) und fügt eine Auswahl gattungsverwandter Texte i. S. der in der Vorrede erörterten Distinktionen Isidors an. Kurze lat. Hg.-Hinweise informieren über den jeweiligen äsopischen Echtheitsgrad der Corpora, doch steht St. nicht an, etwa Rinuccios Texte an die ihm durch Romulus verbürgte 'originale' Fabelform allererst anzugleichen. Freilich fehlten ein humanistischer Original-Begriff und das philologische Rüstzeug, die erstrebte 'editio ne varietur' hervorzubringen. Auch der Übersetzer St. will *uf das nächst by dem lat. text* [...] *belyben* (S. 5), sich seinem *sin* verpflichten, glaubt ihm aber *um merer lütrung* [...] *mit wenig zugelegten oder abgebrochnen worten* (S. 4) aufhelfen zu sollen. Dies schloß in der Praxis allemal ein, einem erwünschten oder nach eigenem *bedunken* (S. 276) ausgeloteten Sinn Geltung zu verschaffen. Die Sinnfindungen der Leser zu präformieren und die Ratgeberfunktion der Texte zu steigern, war St.s Übersetzungsdirektive; im dt. Reg. der Nutzanwendungen verhalf er ihr zu eigener Form.

Die Erstausgabe blieb die einzig zweisprachige; in dt. und lat. Separatdrucken aber erlebte die Anthologie noch als Inkunabel eine 'explosionsartige Verbreitung' (WEINMAYER, S. 127), auch eine ripuar. und eine mnd. Umsetzung (→ 'Magdeburger Prosa-Äsop'). Brants Redigierung und Aufstockung des lat. 'E.' um 140 Fabeln, Exempel und Facetien verlängerte den Erfolg in der dt. Übersetzung Mulings ins 16. Jh. Der 'E.' wurde lit. Gemeinbesitz der späteren Fabelbearbeiter (v. a. Martin Luther), der Meistersänger (v. a. Hans Sachs), der Sprichwort-, Exempel- und Schwanksammler (v. a. Joh. → Pauli) wie der Prediger (→ Geiler von Kaysersberg), drang textweise in alle erdenklichen Gattungen vom Fastnachtspiel bis zum Plenarium, wurde bis 1600 in neun europäische Volkssprachen, 1593 bereits auch ins Japanische übersetzt.

III. Unechtes, Verschollenes und Zweifelhaftes.

Die ihm im Gefolge PANZERS (Annalen I, S. 50) über ein Jh. lang zugeschriebene 'Decameron'-Übers. → Arigos (Nachtragsbd.) ist St. seit 1889 (WUNDERLICH) aberkannt, für seine mit guten Gründen vermuteten Verdienste um die Drucklegung fehlen die Belege (s. AMELUNG, 1977, S. 135 f.). Die Forschungswirkung der Fehlzuweisung ist indes zählebig: es gehört die St. im Index Aureliensis (120.182) beigelegte separate dt. 'Cimon'-Novelle (Dec. V,1) aber ebenfalls Arigo, die St. noch bei RUPPRICH (LG, S. 574) zugesprochene 'Guiscard und Sigismunda'-Bearbeitung (Dec. IV,1 in der Version Leonardo Brunis) →Niklas von Wyle, die der 'Giletta' (Dec. III,9; gegen KOPPITZ, S. 223 Anm.) Erhart → Lurcker. Die 'Historia Diocletiani' im cod. 407 des Schottenstifts Wien (1ʳ–39ᵛ) ist weder, wie im 19. Jh. auf den Vorsatz notiert und so vereinzelt in die Forschung gelangt, ein für Joh. Zainers Offizin bestimmtes Autograph St.s, noch sind überhaupt Gründe ersichtlich, diese 'auffällige Variante' der → 'Sieben weisen Meister' mit ihm in Verbindung zu bringen (U. GERDES, PBB [Tüb.] 96 [1974] 122 Anm. u. 124 [zit.]). Reklamierungen des 'Hohenberger Regimen sanitatis' (KELLER, S. 679) und von 'Herzog Siegmunds Büchlein von den Harnleiden' (G. EIS) für St. sind hinfällig (→ Konrad von Eichstätt, IV.3.; Ulrich → Ellenbog); für seine Autorschaft gedruckter Laßtafeln (KELLER, S. 677) fehlt jedes Indiz. Eine vor 1457 von St. und Hans → Würker abgefaßte Ulmer Apothekerordnung ist nur aus einem späten Regest (Ulm, Stadtarch., Rep. 1692, I, 173ʳ) nachweisbar. Macht der aus selbstbewußten Namensnennungen des Autors sprechende Publizitäts- und Geltungsdrang gegenüber St.-Zuweisungen anonymer Werke auch prinzipiell skeptisch, so bedürften zwei weitere doch erneuter Prüfung:

1. 'Chronik Herzog Gottfrieds'.

Überlieferung. 3 Hss. (die älteste v. J. 1465 [h] jetzt in Frankfurt a. M., StB u. UB, Ms. germ. qu. 111) und 2 Drucke (1482 u. 1502) bei KRAFT, S. 46–55.

Ausgabe fehlt. Auszüge: P. Comte RIANT, Alexii I Comneni [...] ad Robertum I [...] epistola spuria, 1879, S. 34–38 (nur die allein hs.lich überl. Einleitungsepistel nach l und m); KRAFT, S. 186–199 (Überl.proben).

Die nach St.s Zeugnis ('Tütsche Cronica', 21ᵛ) von ihm übersetzte, einem *doctor gwido* beigelegte 'Chronik von Herzog Gottfried und seiner großen Heerfahrt' gilt STRAUCH (ADB, S. 731) u. a. für ungedruckt und verloren, KRAFT aber für identisch mit der ohne Übersetzerangabe tradierten 4. dt. Übertragung der 'Historia Hierosolymitana' des → Robertus Monachus. Zwar ist diese vor 1465 entstandene Verdeutschung der episch ausgeweiteten Chronik des 1. Kreuzzugs in Hs. m mit St.-Texten vereinigt, auch mochte St. Robertus' Werk für eines des Guido von Bezoches halten (KRAFT, S. 100–102), doch präsentiert sich die Überlieferung bereits im Frühstadium als korrupt und so stark durch Sekundäres überformt, daß KRAFTS akribischen sprachlich-stilistischen und übersetzungstechnischen Vergleichen mit unzweifelhaften St.-Werken die beweiskräftige archetypnahe Grundlage abgeht. Obschon dennoch manches, wie auch JOACHIMSOHN (1896, S. 203 Anm.) auffiel, 'sehr zu St.s Art stimmt', wird ein entsprechender Authentizitätsnachweis auf weitere Überlieferungsfunde angewiesen bleiben.

2. 'Maister Constantini Buch'.

Überlieferung. Ulm, StB, cod. 15027 (um 1472?), 53 Bll.

Ausgabe. Maister Constantini Buch. Der Entwurf des Ulmer Stadtarztes H. St. zu einem Arzneibuch, hg. u. komm. v. A. SEIZ-HAUSER (Veröff. d. StB Ulm 10), [1989], (dipl. Abdruck mit [fehlerhaften] Untersuchungen).

Keineswegs muß Z. 1 f. der Hs. (*D. Hainricus Stainhöwel von wiel an der wirms*) 'wohl sicher' (SEIZ-HAUSER, S. 44) den Urheber des Kompilats meinen: es fehlen St.s übliche Selbstnennungen und Ich-Formen, der Prosastil ist ungelenk, die Quellen sind nicht oder nur apokryph angegeben, die volkssprachige Abkunft der ermittelbaren wäre im Œuvre St.s die Ausnahme, vereinzelte okkulte Formeln passen kaum zu einem Akademikerarzt. Eher gilt die Namenszeile dem Besitzer der im Satz abbrechenden fehlerhaften Hs. Eine Publikationsabsicht ist nicht zu unterstellen, der Text auch wohl kein 'Entwurf'; ihn für den Tiroler Hof veranstaltet zu sehen (ebd., S. 17 f., 43), fehlt konkreterer Anhalt.

'M. C. B.' zählt zu jenen gesamtmedizinischen Kompendien in der weitverzweigten Nachfolge → Ortolfs von Baierland (O.), die dessen 'Arzneibuch' als Textgrundstock (hier 129 der 167 Kap.) ausschreibend mit Zusatzquellen verschränken. Die Vorrede folgt O. oft wörtlich, nennt aber *maÿster Constantinus* als den Urheber des Werks; O.s Harntraktat ist gar als Verdeutschung des Salerners Konstantin ausgegeben (3ʳ). Die Abfolge der 164 Abschnitte orientiert sich nur grob an O.s Stofforganisation (medizin. Grundlagen, Physiologie, Diätetik; Diagnose und Therapie nach dem 'a capite ad calcem'-Schema; Gynäkologie; Chirurgie); viele Sachbereiche sind umgruppiert (Uroskopie), gekürzt (Diätetik), erweitert (Gynäkologie) oder zugefügt (Jahreszeiten- und Pesttraktat), Materia medica findet sich allerorts eingestreut. Die O.-Ergänzungen scheinen durchwegs dt.sprachiger Herkunft (→ 'Bartholomäus' [Nr. 126–129 u. ö.], → 'Secretum secretorum'-Bearbeitung [31], → Konrad von Eichstätt-Übers. [37]), doch stehen genauere Untersuchungen aus. Das ohne Wirkung gebliebene Vademecum dürfte zum Eigenbedarf eines medizinisch vorgebildeten Praktikers erstellt worden sein.

IV. Sprache. Wirkintention.

St. ist der bis auf die Zeit Luthers meistgelesene Autor dt. Sprache. Die Gründe dafür sind vielschichtig. Große Belesenheit auf vielen Gebieten schärfte sein Gespür für das Wirksame, in langer und breiter Überlieferung Bewährte. *Hochsynnigs vnd gütes in latinischer geschrift* bemaß er nicht an rhetorischer Mustergültigkeit, sondern am 'lebenshilflichen' Nutz; es den *teütschen der latine vnkúnnend* ('Sp.', 7ʳ) zu vermitteln, genügte ihm ein unprätentiöses *ringe[s] verstentliche[s] tüsch* ('E.', S. 276), in dem er es v. a. in den beiden letzten Werken zu 'oft gerühmte[r] Sprachgeschmeidigkeit' brachte (HANKAMER, S. 28). Seine Wirkung als erfolgreichster Vertreter der 'später siegreich gewordene[n] Richtung' der *sin-us-sin*-Übersetzung (JOACHIMSOHN, 1896, S. 119) bliebe noch zu ermitteln, ist aber zumal für jene zu mutmaßen, die ihn als Stoffvermittler kannten (Brant, Luther, Fischart). St. sah es als Dienst am Original, es zu popularisieren, seinen *sin* mit den Bildungsvoraussetzungen und Nutzansprüchen der dt. Leser zu vermitteln, seine *mainung* – wie er sie verstand – als praktisch verwertbare zu offerieren. Von einer rein bearbeitenden Anverwandlung des Originals war er dabei doch schon ähnlich weit entfernt wie noch von seiner vollgültigen Respektierung. Wohl renommierte St. mit klangvollen Namen des italienischen Humanismus ('Sp.', 6ʳ), lit. Programm waren sie ihm – dem 'Frühhumanisten' (?) – aber doch kaum. Wie in ihrer Behandlung, so hatte er auch in der Wahl seiner Vorlagen nurmehr einen humanistischen 'Anhauch' (SUDHOFF, 1926, S. 172) erfahren. Unabhängig von Alter, Provenienz oder Formqualität verlangte ihnen der Arzt und Chronist, der 'Biograph' und Literat St. ganz vorrangig Antworten auf die Frage ab, *wie sich der mensch halten sol* ('Pestbuch', 1ʳ⁻ᵛ; 'Sp.', 1ʳ). Da sie ihm *ie gemeiner ie besser* schienen ('Berühmte Frauen', S. 16; 'Sp.', 6ᵛ), brachte St. alle seine Werke, dazu einige der lat. Vorlagen (AMELUNG, 1979, S. 17) zum Druck, kümmerte 'sich auch um die äußere Gestalt, den Buchschmuck und [...] die Korrektheit' seiner Bücher (ders., 1977, S. 134). In den Arbeiten der 70er Jahre zeigt er in der Art des Bezuges zum anonymisierten Leser, in der Förderung seiner Literaturfähigkeit, im Streben nach Allgemeinverständlichkeit wie in der Generalisierung der Gebrauchsempfehlungen, daß er die kommunikativen Eigengesetzlichkeiten des neuen Mediums realisierte, daß er als einer der ersten die anonyme Öffentlichkeit als die vom Druck erforderte Publikumsinstanz begriff (WEINMAYER; DICKE, Diss.).

Literatur. Allgemeines: A. VON KELLER (Hg.), Decameron von H. St. (StLV 51), 1860, S. 673–687 (fehlerhaft); PH. STRAUCH, in: ADB 35, 1893, S. 728–736; P. JOACHIMSOHN, Die humanist. Geschichtsschreibung in Deutschland, 1895, S. 73–75, 85–89; ders., Frühhumanismus in Schwaben, Württ. Vierteljahreshefte f. Landesgesch. NF 5 (1896) 63–126, 257–291, Reg.; K. SUDHOFF, Dt. med. Inkunabeln (Stud. z. Gesch. d. Med. 2/3), 1908, Reg.; P. HANKAMER, Die Sprache. Ihr Begriff u. ihre Deutung im 16. u. 17. Jh., 1927, S. 24–28; RUPPRICH, LG I 573–575; Index Aureliensis, 1962ff.; F. J. WORSTBROCK, Zur Einbürgerung d. Übers. antiker Autoren im dt. Humanismus, ZfdA 99 (1970) 45–81; R. SCHWADERER, Boccaccios dt. Verwandlungen, Arcadia 10 (1975) 113–128; H.-D. MÜCK, H. St., in: Dizionario Crit. della Letteratura Tedesca II, Torino 1976, S. 1108–1116; P. AMELUNG, Der Frühdruck im dt. Südwesten 1473–1500, I, 1979, Reg.; H.-J. KOPPITZ, Stud. z. Tradierung d. weltl. mhd. Epik im 15. u. beginnenden 16. Jh., 1980, Reg.; I. HÄNSCH, H. St.s Übers.kommentare in 'De claris mulieribus' u. 'Äsop' (GAG 297), 1981; B. WEINMAYER, Stud. z. Gebrauchssituation früher dt. Druckprosa (MTU 77), 1982, Reg.; VD 16, 1983 ff.; J.-D. MÜLLER, Volksbuch/Prosaroman im 15./16. Jh., Internat. Arch. f. Sozialgesch. d. dt. Lit., 1. Sonderh. (1985) 1–128, Reg.; R. HAHN, 'Von frantzosischer zungen in teütsch'. Das lit. Leben am Innsbrucker Hof (Mikrokosmos 27), 1990, Reg.

Zu I.: PH. STRAUCH, Zur Lebensgesch. St.s, Vjs. f. Lit.gesch. 6 (1893) 277–290; F. W. E. ROTH, Schwäb. Gelehrte d. 15. u. 16. Jh.s in Mainzer Diensten, Württ. Vierteljahreshefte f. Landesgesch. NF 9 (1900) 292 f., 308–310; P. AMELUNG, Humanisten als Mitarbeiter d. Drucker am Beispiel des Ulmer Frühdrucks, in: das verhältnis d. humanisten zum buch, hg. v. F. KRAFFT/D. WUTTKE (komm. f. humanismusforschung, mitt. 4), 1977, S. 129–143; SEIZ-HAUSER (s. o. III.2.), S. 40–44; G. DICKE, Neue u. alte biograph. Bezeugungen H. St.s, ZfdA 120 (1991) 156–184.

Zu II.1.: A. C. KLEBS/K. SUDHOFF, Die ersten gedruckten Pestschriften, 1926; E. BEUTLER, Forschungen u. Texte z. frühhumanist. Komödie (Mitt. aus d. Hamburger SB u. UB NF 2), 1927, S. 38–43; A. BREHER, Der Memminger Stadtarzt Ulrich Ellenbog u. seine Pestschriften, Diss. Berlin 1942, S. 12–15, 102 f.

Zu II.2.: K. BARTSCH, H. St.s Apollonius, German. Stud. 2 (1875) 305–312; W. SCHERER, Die Anfänge d. dt. Prosaromans u. Jörg Wickram v. Colmar (QF 21), 1877, S. 73–77; K. BARTSCH, Das Akrostichon in St.s Apollonius, Germ. 23 (1878) 381–383; W. SCHERER, St.s Prolog zum Apollonius, ZfdA 22 (1878) 319f.; R. PETERS, Die Gesch. d. Königs Apollonius v. Tyrus (Kulturhist. Liebhaberbibl. 18), ²o. J., S. 24–29; S. SINGER, Apolonius v. Tyrus, 1895, S. 189–205; E. KLEBS, Die Erzählung v. Apollonius aus Tyrus, 1899, S. 363f., 491–503; RSM.

Zu II.3.–II.6.: U. HESS, H. St.s 'Griseldis' (MTU 43), 1975; J. KNAPE, De oboedientia et fide uxoris (Gratia 5), 1978; CH. BERTELSMEIER-KIERST, 'Griseldis' in Deutschland (GRM-Beih. 8), 1988; G. FISCHER-HEETFELD, Zur Vorrede von H. St.s 'Griseldis'-Übers., in: Fs. W. Haug u. B. Wachinger, Bd. II, 1992, S. 671–679. – C. HEGEL, in: Chron. dt. St. VIII, 1870, S. 191–193; LORENZ, Geschichtsquellen I 106; ROTH, 1900, S. 308–310 (s. o. zu I.). – M. DALLAPIAZZA, 'Decamerone' oder 'De claris mulieribus'?, ZfdA 116 (1987) 104–118. – W. BORVITZ, Die Übers.technik H. St.s dargest. auf Grund seiner Verdeutschung d. 'Speculum vitae humanae' v. Rodericus Zamorensis (Hermaea 13), 1914.

Zu II.7.: H. KNUST, St.s 'Äsop', ZfdPh 19 (1887) 197–218; T. O. ACHELIS, Die Fabeln d. Rimicius in St.s 'Äsop', PBB 42 (1917) 315–330; ders., Die Fabeln Avians in St.s 'Äsop', Münchener Museum 4 (1924) 194–221; R. T. LENAGHAN, St.s 'Esopus' and Early Humanism, Monatshefte f. dt. Unterricht 60 (1968) 1–8; P. CARNES, H. St.s 'Esopus' and the Corpus of Aesopica in Sixteenth-Century Germany, Diss. Los Angeles 1973; K. GRUBMÜLLER, Meister Esopus (MTU 56), 1977, Reg.; P. CARNES, H. St. and the Sixteenth-Century Fable Tradition, Humanistica Lovaniensia 35 (1986) 1–29; A. ELSCHENBROICH, Die dt. u. lat. Fabel in d. Frühen Neuzeit, 1990, Reg.; G. DICKE, H. St.s 'Esopus' u. seine Fortsetzer, Diss. Münster 1990 (MTU 103, im Druck).

Zu III.: WUNDERLICH (s. u.); F. KRAFT, H. St.s Verdeutschung d. 'Hist. Hierosolymitana' d. Robert Monachus (QF 96), 1905; dazu Rez. v. R. WOLKAN, Lit. Zentralbl. f. Deutschland 57 (1906) 395f.; B. HAUPT (Hg.), 'Hist. Hierosolymitana' v. Robertus Monachus in dt. Übers. (Beitr. z. Lit. d. XV.–XVIII. Jh.s 3), 1972, S. 228f.

Zur Sprache: H. WUNDERLICH, St. u. d. Dekameron, Herrigs Archiv 43 (1889) 167–210 u. ebd. 44 (1890) 241–290; F. WENZLAU, Zwei- u. Dreigliedrigkeit in d. dt. Prosa d. XIV. u. XV. Jh.s (Hermaea 4), 1906, S. 36–39 u. ö.; W. ODOM, The Language of H. St.s 'Pestbuch' (1473), Diss. Tulane Univ., New Orleans 1973; S. HÖCHLI, Zur Gesch. d. Interpunktion im Dt. (Studia Linguistica Germanica 17), 1981, S. 16–21.

(1993) GERD DICKE

Straßburg → Gottfried von Straßburg

Der Stricker

Inhalt. A. Person. – B. Werk. I. 'Karl'. II. 'Daniel von dem Blühenden Tal'. III. Kleinere Dichtungen. 1. Überlieferung. Ausgaben. 2. Zuschreibungsprobleme. 3. Chronologie, Raum, Publikum. 4. 'Pfaffe Amis'. 5. 'Die Frauenehre'. 6. Die übrige Kleindichtung. – Literatur.

A. Person.

Der Autor nennt sich mehrfach selbst *der Strickaere* (Hss.-Varianten: *Strickaere, Strickhere, Strikaere, schribaere, tihtaere*) ('Daniel', v. 16; 'Karl', v. 116; 'Pfaffe Amis', v. 39; 'Frauenehre', v. 138). Die gleiche Namensform findet sich auch bei → Rudolf von Ems, 'Willehalm von Orlens', v. 2230; 'Alexander', v. 3257. Ob es sich um einen Eigennamen oder einen sprechenden Übernamen handelt, ist offen. Versuche, ihn mit historisch belegten Trägern zu identifizieren (VON DER BURG, 1974, S. 197) sind nicht überzeugend.

Als Herkunftsraum gilt seit ZWIERZINA, 1900, S. 351, aufgrund der Reime das südliche Rheinfranken; ROSENHAGEN, 1890, S. 47, bestimmt aufgrund ähnlicher Kriterien das östliche Franken als Heimat des Autors. Dieser mit den frühen Werken des St.s vereinbare Befund sollte überprüft werden. Nicht haltbar ist der hypothesenreiche Versuch VON DER BURGS, 1974, S. 178 ff. u. passim, die Grafen von Rieneck als Mäzene und das Kloster Neustadt am Main als Aufenthaltsort des Dichters zu erweisen (GEITH, Rez., 1976, S. 125f.). Andere Zuordnungen zu Herrschern oder Institutionen, die sich auf die handschriftliche Überlieferung oder vage Hinweise in den Texten stützen (MENHARDT, 1962, S. 266; REISEL, 1986, S. 82), sind nicht haltbar; vieles läßt sich nur bis zu einem gewissen Grad wahrscheinlich machen (s. u. B. III. 3.).

Nennungen von Orten sowie Anspielungen auf lokale Ereignisse und Gegebenheiten weisen auf Österreich 'als den Ort seines langdauernden oder ständigen Aufenthaltes' (BRALL, 1976, S. 225 mit Anm. 17). Diese Feststellung kann als eine der wenigen gesicherten Fakten der Biographie des St.s gelten.

Als Schaffenszeit des St.s werden allgemein die Jahrzehnte zwischen 1220 und 1250 angenommen.

Über den sozialen Stand herrscht ziemliche Einigkeit. Aus einer Stelle der 'Frauenehre' (*diz ist ein schoenez maere, / daz ouch nu der Strickaere / die vrouwen wil bekennen / ... sin leben unde vrouwen prîs / die sint einander unbekant. / ein pfert unde alt gewant / die stünden baz in sinem lobe*, v. 137–145) hat man auf niedere und unfreie Herkunft und auf die Existenz eines Fahrenden geschlossen. Auch wird der St. allgemein als Berufsdichter angesehen (²FISCHER, Stud., S. 146).

Die Bildung des St.s muß nicht unerheblich gewesen sein. Der 'Karl' erweist die Kenntnis des Französischen. Aus den nachweisbaren rhetorischen, juristischen und theologischen (SCHWAB, 1959b, S. 68 ff.) Kenntnissen kann auf eine bedeutende lat. Bildung geschlossen werden. In der gattungsschöpferischen Leistung der Märendichtung wird auch eine 'beachtliche dichterische Befähigung' sichtbar (²FISCHER, Stud., S. 147).

Als Auftraggeber und Publikum des St.s können aufgrund der Themen der Werke sowie der Anspielungen auf politische oder religiöse Gegebenheiten landesfürstliche, adlige und klerikale Kreise, besonders in Österreich, angenommen werden.

B. Werk.

I. 'Karl'.

1. Überlieferung. Erhalten sind 24 Hss. und 23 Frgm.e. Letzter Überblick bei SINGER, 1971, S. 48–53; dazu FECHTER, 1968, BRÉVART, 1979, KLEIN, 1992; Hinweis auf 7 verlorene Hss. bei FECHTER, S. 21. Die Überlieferung des 'K.' ist also besonders reich. Schon BARTSCH (Ausg., S. XLIII) konstatierte eine 'zwiefache recension, die wol vom dichter selbst herrührt'. Das Verhältnis der beiden Fassungen ist noch immer nicht geklärt. BARTSCH und WILHELM (1904) hielten die von der Mehrzahl der Hss. überlieferte Fassung für den ursprünglichen Text, VON JECKLIN (1877) die Gruppe *HKR.

Als Ergebnis der Untersuchung der Überlieferungsverhältnisse bei SINGER ergeben sich die erschlossenen Vorlagen von 5 Hss.-Gruppen, wobei 'keine Aussagen über etwaige frühere Stadien der Textgeschichte möglich' sind (S. 213). *HKR wird als 'zweite Fassung' erklärt, die durch 'redaktionelle Eingriffe in den Text' entstanden ist (S. 214). Ein Stemma der gesamten Überlieferung wurde zuletzt von VON DER BURG (1974, S. 85) vorgeschlagen.

Ausgaben. Abdruck der Hs. F durch J. G. SCHERZ bei J. SCHILTER, Thesaurus Antiquitatum Teutonicarum ..., Ulm 1727; K. BARTSCH, Karl der Große von dem St. (Bibl. d. ges. dt. Nat.-Lit. 35), 1857 (Neudr. m. einem Nachwort von D. KARTSCHOKE, 1965; hier auch eine Liste der in den beiden Redaktionen jeweils fehlenden Verse). Editionsvorschlag für die Verse 1–123: SINGER, 1974.

2. Inhalt und Aufbau. Der Prolog (v. 1–123) handelt von der Berechtigung, die Taten eines großen Mannes zu beschreiben, der dann als Karl vorgestellt wird, dessen Heiligkeit dem Dichter und allen, die ihn anrufen, helfen kann. Das vorgenommene Werk wird dann als *altez maere* bezeichnet, das vom *Strickaere* für Liebhaber der höfischen Kunst *erniuwet* werden soll (v. 115–118).

In den Versen 124–274 resümiert der Autor Ereignisse aus der Jugend Karls (Bertasage, Verfolgung durch die Stiefbrüder, Karl und Galie). In einer Engelsszene, die bereits Elemente von Pfaffe →Konrads 'Rolandslied' ('RL') verwendet, wird Karl zum Zug nach Spanien aufgefordert, erhält aber auch Voraussagen über sein weiteres Leben, die Kaiserkrönung und die Verheißung der ewigen Seligkeit (v. 275–446). Die Darstellung der prophezeiten Dinge übergeht der Autor mit einer brevitas-Formel und spricht nur noch von Karls Übertragung des Rechtes auf die Kaiserkrone an die Deutschen und der Gründung Aachens als Krönungsort für die deutschen Könige (v. 446–467). Die folgende Darstellung der Vorbereitung des Zuges nach Spanien ist zwar mit einzelnen Übernahmen aus dem 'RL' gestaltet, doch durchaus noch selbständig erzählt. Erst mit den Versen 605 ff. folgt der St. ganz dem 'RL', dessen Text nach dem Muster der höfischen Epik umgeformt wird. Die dabei angewendeten Verfahren sind formale

Glättung des 'RL' durch Herstellung reiner Reime, ebenmäßiger Verse und eines flüssigeren Sprachstils (ausführliches Material bei EDER, 1952; HAACKE, 1959; VON DER BURG, 1974; BRANDT, 1981), Ordnung und Vervollständigung ungenauer oder inkonsequenter Angaben der Vorlage, Auslassung oder Kürzung von Nebenpersonen und Nebenmotiven, Rede- und Kampfszenen (Zusammenstellung bei VON DER BURG, 1974, S. 93–97) sowie Milderung des Gegensatzes zwischen Christen und Heiden. Gegen Ende des Werkes wird die Handlung des 'RL' ergänzt durch weitere Erzählelemente aus der Rolands- und Karlssage (Ankunft, Schmerz und Tod Alites [v. 10977–11286]; Geneluns Flucht [v. 11287–11659]). Kleine Erweiterungen sind: das Wunder bei der Bestattung der Toten der Roncevalschlacht (v. 10763–10966), die Stiftung eines Spitals und einer Kirche auf dem Schlachtfeld von Ronceval und des Klosters St. Johannes (v. 10763–10976) sowie eine Betrachtung über Genelun (v. 12145–12189). Der knappe Epilog (v. 12190–12206) bringt einen Ausblick auf die Kämpfe zwischen Ludwig und Terramer und einen erneuten Hinweis auf die Heiligkeit Karls (v. 12206: *wie sante Karl si geschehen.*).

3. Quellen. Neben dem 'RL' als Hauptquelle hat der St. weitere Elemente aus der Karls- und Rolandssage gekannt. Für den Eingangsteil sind Kenntnis der Bertasage, des Stoffes von Karl und Galie (vgl. → 'Karlmeinet') sowie der Geschichte von Karl und Leo vorauszusetzen, ohne daß es bei dem resümierenden und auch eklektizistischen Charakter dieses Abschnittes möglich ist, an konkrete Textvorlagen zu denken (GEITH, 1976, S. 171). Die Erweiterungen gegenüber dem 'RL' zeigen Kenntnis der jüngeren Fassungen der 'Chanson de Roland' (VON DER BURG, 1976). Von Prolog, Epilog und einzelnen Motiven der Handlung kann auf Kenntnis des 'Willehalm' (→ Wolfram von Eschenbach) geschlossen werden (u. a. DELAGNEAU, 1985). Wahrscheinlich ist auch Kenntnis der → 'Ägidius'-Legende (GEITH, S. 177–179) und des Pilgerführers von Compostela (GEITH, S. 181 f.).

4. Gehalt. Eine befriedigende Gesamtdeutung des 'Karl' ist bisher nicht geleistet. Die früheren Interpretationen fassen das Werk in erster Linie als Neubearbeitung des 'RL' auf. Neuere Ansätze zum Nachweis einer Gesamtkonzeption gehen eher von möglichen zeitgeschichtlichen Bezügen aus und sehen in dem Werk den 'Versuch einer erneuten Rechtfertigung der Kanonisation Karls', der erlaubte, 'einerseits die ... Identifikation Friedrichs II. mit Karl dem Großen ... und das damit verknüpfte politische Programm und andererseits das Kreuzzugsanliegen des IV. Laterankonzils zu propagieren' (SINGER, 1971, S. 40 f.). Auch SCHNELL (1974) konstatiert im 'K.' 'eine politische Tendenz, nämlich den Anspruch der Staufer auf die Karlsnachfolge zu bekräftigen' (S. 77), und ihm scheint 'die Verbindung von Aachen, religiöser Karlsverherrlichung und Königskrönung im Jahre 1215 noch nachzuwirken' (S. 79 f.; gegen die Argumente SCHNELLS BRANDT, 1981, S. 197 ff.). BRANDT stellt zwar fest, daß 'Einer Gesamtdeutung ... momentan noch jede Basis' fehlt, suggeriert aber 'das Ergebnis ..., daß Stricker in diesem Epos auf eine seriöse und überzeugte Weise den Kreuzzugsgedanken in einer gesamthistorisch und ideengeschichtlich zu seiner Zeit objektiv überholten Form vertritt' (S. 290 f.). Keiner dieser Bezüge ist gesichert oder überzeugend.

Für eine Gesamtdeutung wäre auszugehen von dem Charakter des Werkes als Auftragsdichtung, von der Annahme, 'daß vor allem mit einer öffentlichen Motivation zu rechnen ist' und 'daß diese Motivation mit dem Karlskult zu assoziieren ist' (SINGER, 1971, S. 39). Die Gestaltung des Eingangsabschnittes legt nahe, daß ursprünglich eine Gesamtdarstellung von Karls Leben und Taten konzipiert war und insofern wohl auch eine 'funktionelle Identität' mit der → 'Aachener Vita Karls des Großen' (SINGER, S. 40 Anm. 160), daß aber der Autor ab v. 605 zu einer Modernisierung des 'RL' überging (GEITH, 1976, S. 184 ff.). Die Kreuzzugsmotive scheinen vor allem über das 'RL' vermittelt zu sein und allenfalls nur mittelbar im Bezug zu zeitgenössischen Ereignissen zu stehen. Nachdem der Anlaß des Werkes offensichtlich nicht mehr in den Ereignissen von 1215 (Schließung des Karlsschreins durch Friedrich II.) gesehen werden kann, wäre an die 1233 erfolgte Übertragung von Karlsreliquien nach Zürich als möglichen historischen Anknüpfungspunkt zu denken (Folz, 1950, S. 321; Geith, S. 188 f.).

5. Datierung. Die Datierung ist abhängig von den skizzierten Deutungsvorschlägen und geht von 'bald nach 1215' (Singer, 1971, S. 41), 'Zeit des Aufbruchs Friedrich II. zum Römerzug 1220' (von der Burg, 1974, S. 355), 'terminus ante 1220' (Schnell, 1974, S. 79) bis um 1233 (Folz, S. 321; Geith, S. 192).

Umstritten ist auch die Chronologie von 'Daniel von dem Blühenden Tal' und 'Karl'. Während Rosenhagen (1890), de Boor, LG, ²Fischer, Stud., in 'Karl' das ältere Werk sehen, treten Leitzmann (1896), Ehrismann, LG, Menhardt (1962) für die Priorität des 'Daniel' ein. Zuletzt hat Resler (1984) stilistische Kriterien für die Priorität des 'Daniel' geltend gemacht.

6. Nachwirkung. Wie die Überlieferung zeigt, hatte der 'Karl' eine breite und langandauernde Wirkung. Spätere Werke wie 'Karlmeinet', die → 'Weihenstephaner Chronik', die Weltchronik → Heinrichs von München, das → 'Zürcher Buch vom heiligen Karl' nehmen ganz oder in großen Abschnitten den Strickerschen Text auf.

II. 'Daniel von dem Blühenden Tal'.

1. Überlieferung. 5 Hss.: h = Frankfurt/Main, StB u. UB, Ms. germ. qu. 111, v. J. 1464, schwäb., 3ra–65rb; b = Berlin, mgq 1340 (jetzt Krakau, Bibl. Jagiellońska), v. J. 1474, md., 49r–209v; k = Kopenhagen, Kgl. Bibl., Thottiana Nr. 423 fol., 2. H. 15. Jh., alem., 102r–216v; m = München, cgm 429, Mitte 15. Jh., alem. (vermißt seit 1941), 1r–144r; d = Dresden, Sächs. LB, cod. M 56, v. J. 1489, alem., 1r–188v.

Ausgaben. G. Rosenhagen, D. v. d. B. T., ein Artusroman von dem St. (German. Abhh. IX), 1894, Nachdr. 1976 (Leiths. h unter Einbezug von k, m, d); M. Resler, Der St., D. v. d. B. T. (ATB 92), 1983 (Leiths. h unter Einbezug von k, d; zit.). Dazu W. Schröder, Der Text von St.s 'Daniel' u. seine Überl., ZfdA 114 (1985) 46–70 (Textkritik auf der Basis von b).

2. Inhalt. Der Artusroman umfaßt einschließlich Prolog und Beschlußformel 8483 Verse. Zwei miteinander verflochtene Handlungsstränge bestimmen das Geschehen: der Krieg König Artus' von Britanie gegen König Matur von Cluse und die Aventiurefahrt des Ritters Daniel v. d. B. T.

Am Hof zu Karidol übt König Artus (A.) seine vorbildliche Herrschaft aus. Hier kann der Königssohn Daniel (D.) nach erfolgreichen Probekämpfen die Artusritterwürde erwerben. Der arturische Frieden wird abrupt gestört, als ein unverwundbarer Riese die Unterwerfungsforderung des mächtigen Königs Matur (M.) überbringt. Zur Rettung seines Reiches muß A. auf die Provokation mit einem Kriegszug reagieren. D.s Aufbruch noch vor Abmarsch des Heeres läßt seine Aventiurefahrt beginnen, auf der er als Einzelritter drei dem Vernichtungsterror deformierter Kreaturen ausgelieferte Länder zu befreien hat. Das Hilfsgesuch der Herzogstochter führt ihn in das Herzogtum *von dem Trüeben Berge*, das von dem als Heiratskandidat abgewiesenen Zwerg Juran bedrängt wird. Im Zweikampf erringt D. durch kluges Taktieren das Wunderschwert des Gegners und tötet ihn. Das zweite Land, die Grafschaft *von dem Liehten Brunnen*, ist der Invasion einer Schar von blutsaugenden Kopffüßlern anheimgefallen. Ihr Anführer verwendet als Mordinstrument einen durch seinen Anblick tötenden Kopf, der ihnen kampflos Menschenblut verschafft. Mit Hilfe der 'Spiegellist' kann D. ohne Blickkontakt den Bauchlosen-Anführer überwinden und durch Vorhalten des Kopfes alle Ungeheuer vernichten. Den Mordkopf wirft er ins Wasser; der gerettete Graf wird sein *geselle*. Sie kommen zum Land *von der Grüenen Ouwe*, das unter dem Zwang eines Siechen steht, der wöchentlich in Männerblut badet und dazu die von seiner hypnotischen Stimmkraft willensgelähmten Opfer ersticht. Bei der Verfolgung des vom Siechen auf Ritterfang geschickten Landesherrn dringt der Graf ins Land ein, während D. ausgesperrt wird. Er reitet nach Cluse, wo er am Tor mit dem Wunderschwert den Wächterriesen erschlägt und die Alarmstatue M.s in Besitz nimmt. Der jetzt mit seiner Heeresmacht eintreffende A. kann als überragender Kämpfer und Kriegsstratege den Herausforderer M. im Zweikampf töten und in vier Schlachten das Heer von Cluse besiegen. Gewichtig ist D.s Anteil an A.' militärischem Erfolg: Tötung auch des Botenriesen, heldenhafter Kampfeinsatz und Gewinnung von Mitstreitern aus den befreiten Aventiure-Ländern. Zwischen der 1. und 2. Schlacht begibt sich D. zurück ins Land *von der Grüenen Ouwe*, wo er nach einem Kampf mit dem Landesherrn von dessen Tochter Sandinose in einem unsichtbaren Netz gefangen und zur Hilfe verpflichtet wird. Unter Hypnosevortäuschung nähert er sich dem Siechen und erschlägt ihn. Erlöst vom Suggestionszwang ziehen die Geretteten, unter ihnen der Graf und der Landesherr, als Kämpfer mit D. nach Cluse. Nach Kriegsende erhält D. von A. die Hand der Maturwitwe Danise und die Königswürde. Durch Heiraten zwischen Rittern und Jungfrauen bzw. Witwen werden Britanie, Cluse und die drei Aventiure-Länder dauerhaft miteinander verbunden. Da bricht M.s Vasall, der Vater der getöteten Riesen, in die Festfreude ein und entführt mit List und Gewalt erst A., dann Parzival auf einen unzugänglichen Felsen. Mit Hilfe von Sandinoses Zaubernetz kann D. ihn fangen und zur Einsicht bringen. Nach ihrer Freilassung überträgt ihm A. das Matur-Lehen als Eigen. Die *hôchgezît* wird nun mit Herbeiholung Gynoveres und der Artusritter aus Britanie zum traditionellen arturischen Pfingstfest gesteigert.

3. Gattung. Struktur. Die offenbar fiktive Quellenberufung auf eine frz. Vorlage (v. 7–14) und ihren Verfasser (*Von bisenze maister albrich*, v. 7) ist → Lambrechts 'Alexander' entnommen. Reminiszenzen an die klassische Artusepik (besonders → Hartmanns von Aue 'Iwein') und die Verwendung vielfältiger literarischer Traditionselemente aus antiker, frz. und dt. Überlieferung deuten auf eine Eigenschöpfung des St.s (ROSENHAGEN, 1890).

Im Gattungszusammenhang gehört 'D.' zu den Vertretern des nachklassischen Artusromans. Der ritterliche Held hat keine Krise mit Selbstentfremdung zu bewältigen; die Handlungsstruktur wird nicht vom 'doppelten Kursus' korrespondierender Aventiuren bestimmt (KERN, 1974; MÜLLER, 1981; CORMEAU, 1984). D. ist von Anbegin im Besitz aller Fähigkeiten und Tugenden, die einen hervorragenden Ritter auszeichnen. Seine Bewährung in den Aventiuren und auf dem Schlachtfeld stellt sich als Prozeß fortschreitender Vervollkommnung dar, an dessen Ende D. sich zu Heirat und Königsherrschaft qualifiziert hat (*der besten ritter ein*, v. 360 – *der tiurste*, v. 6281 – *der beste ritter der hiute lebet*, v. 6372 – *rehter künic*, v. 6609). Aventiureritter, Kriegsheld und Herrscher sind beim St. die im Ereignisgang wahrgenommenen Funktionen der Titelfigur. Trotz bewußter Anbindung an die artusepische Tradition (Artus und sein Hofstaat mit Gawein, Keii, Gynovere; Auftritt berühmter Artusritter wie Iwein, Parzival, Lanzelet, Erec) setzt der 'D.' sich mit entscheidenden Gestaltungskriterien von klassischer und nachklassischer Gattungskonvention ab.

Das Handlungskonzept ist nicht auf einen, sondern auf zwei sich als Handlungsträger abwechselnde Helden ausgerichtet. Neben dem Artusritter spielt König Artus in Heerführerfunktion selbst eine dynamische Rolle. Die an seine Person gebundene Konfliktlösung (Überwindung Maturs; Eroberung Cluses; seine Befreiung aus der Gewalt des Riesenvaters) weist den Aventiuren D.s ihre übergeordnete Bedeutung zu: Erwerb materieller und personaler Hilfe zum endgültigen Sieg. Vom Schluß her offenbaren sich die Konflikte der Einzelhandlungen als Komponenten einer global expandierten Ordnungsstörung. Dieser inhaltlichen Kohärenz entspricht im Formalen die klare Tektonik einer genau angelegten Beziehungsstruktur. Die Handlung ist als zeitbestimmtes und endzielgerichtetes Kontinuum gestaltet. Die Geschehensführung verläuft im Anfangs- und Schlußteil einsträngig (Beginn bis v. 986, Ort: Britanie; v. 4959 bis Ende, Ort: Cluse), wobei die Verlagerung des Handlungsakzentes den Wechsel zwischen Artus- und Daniel-Handlung vorgibt. Der Mittelblock (v. 987–4958) hebt sich durch Verzweigung in die kompositorisch verschachtelten Stränge der Aventiuren D.s (Orte: Aventiure-Länder) und der Kriegsaktionen A.' (Ort: Cluse) heraus.

Die Minne, gattungsspezifisches Thema und zentrales Handlungselement des Artusromans, gehört nicht zu den Konstituenten des 'D.'. Subjektive Beweggründe für D.s *helfe*-Taten sind *erbärmde, triuwe*-Verpflichtung, Streben nach *êre* (*minne* als Aventiure-*lôn* lehnt er ab). Die strukturgebende Zwei-Helden-Konfiguration mit der Hinordnung des ritterlichen Helden auf den kriegführenden Herrscher (nicht auf eine *minne*-Partnerin) hat ihre Parallele in der Personen-, Konflikt- und Geschehenskonstellation des 'Karl' und läßt den Rückschluß auf das gemeinsame Grundmodell eines 'Herrscherromans' zu (UKENA-BEST, 1986).

Wesentliches Gestaltungsfaktum auch für den 'D.' ist das das Strickersche Gesamtwerk leitmotivisch durchziehende Ethos der aus *wîsheit* bezogenen *list*. Neben der Körperkraft (*kraft/sterke*) wird die Verstandeskraft als menschliches Potential zur Bewältigung von Konfrontationssituationen sowohl exemplarisch vorgeführt als auch sentenzhaft propagiert (bes. v. 1404 – 1506; 7487 – 7549; MOELLEKEN/HENDERSON, 1973; RAGOTZKY, 1977). An diesen thematischen Schwerpunkt ist wohl auch der gattungsfremde Name des ritterlichen Helden gebunden, denn das Handlungsprinzip des Einsatzes rationaler Fähigkeiten gegen übermächtige Widersacher gilt schon für den im MA als 'scientia'-Exempel figurierenden alttestamentlichen Daniel (Dn 13/14).

Charakteristikum der Darstellungsweise ist die Einfügung statischer, den Handlungsfortschritt aufhaltender Passagen in Form von Autorkommentaren und ereignisreflektierenden Monologen und Dialogen. Die Ableitung allgemeinverbindlicher (meist religiös-theologisch fundierter) *lêre* aus dem Einzelfall sowie die Erörterung und Lösung von Problemen mittels scholastischer Argumentationsmethodik dokumentieren die didaktische Intention der Dichtung (WUTTKE, 1982; REISEL, 1986).

Die offenbar gewollte Distanzierung von wesentlichen Normvorgaben der artusepischen Klassik hat in der Forschung auch die ganz andere Einschätzung des 'D.' als parodistische Kontrafaktur hervorgebracht (SCHRÖDER, 1986; BUSCHINGER, 1989).

4. Wirkung. Stoff und Handlungsgefüge in die Verbindlichkeit des Gattungsrahmens zurückzuführen, war vermutlich das Bemühen des → Pleier, der mit seinem 'Garel v. d. B. T.' (Mitte 13. Jh.) den 'D.' unmittelbar rezipiert hat (DE BOOR, 1957; KERN, 1974; MÜLLER, 1981).

III. Kleinere Dichtungen.

1. Überlieferung. Kleinere Dichtungen, die dem St. zugeschrieben werden – im Umfang zwischen ca. 2500 ('Pfaffe Amis') und 10 vv. ('Vom Hasen') – sind in insgesamt 53 Hss. und einem Druck ('Pfaffe Amis') überliefert, die von der Überl. des 'Karl' und des 'Daniel' getrennt sind. Die älteste und umfassendste Hs. ist der Wiener cod. 2705 (A), die jüngsten Hss. entstammen der 1. Hälfte des 16. Jh.s (C, d, 'Pfaffe Amis' V). Eine vollständige Übersicht (ohne 'Amis') zuletzt bei ZIEGELER (1988, S. 501 f.). I. F. sind die wichtigen Überlieferungszeugen genannt, die des 'Amis' in einem eigenen Abschnitt; in Klammern sind die seit ZWIERZINA, 1926, gebrauchten Siglen angegeben.

Wien, cod. 2705 (A, vgl. → 'Wiener Fabelkorpus'); Wien, cod. 2885 (B); Karlsruhe, LB, cod. St. Georgen 86 (C); Dresden, LB, cod. M 68 (D); München, UB, 2° cod. ms. 731 (E, 'Hausbuch' des → Michael de Leone); London, British Library, Ms. Add. 24946 (F); Donaueschingen, cod. 93, seit 1994 in Karlsruhe, LB (G, enthält nach der durch ZWIERZINA begründeten Auffassung keine St.-Texte); Heidelberg, cpg 341 (H); Innsbruck, Tiroler Landesmus. Ferdinandeum, Hs. FB 32001 (I); Cologny-Genève, Bibl. Bodmeriana, cod. Bodmer 72 (K, früher: Kálocsa, Erzbischöfl. Bibl., Ms. 1); Donaueschingen, cod. 104, seit 1994 in Karlsruhe, LB (L, → 'Liedersaal-Hs.'); Melk, Stiftsbibl., cod. 1547 (M; frühere Sign. R 18); Cologny-Genève, Bibl. Bodmeriana, cod. Bodmer 155 (N; früher: Nikolsburg, Fürstl. Dietrichsteinsche Bibl., S. I., N. 76); München, cgm 273 (Q); München, cgm 16 (R); Rom, Bibl. Vaticana, cod. Reg. Lat. 1423 (V); Wien, cod. 2884 (W); Wien, cod. 2779 (a); Karlsruhe, LB, Hs. Karlsruhe 408 (c); Wien, cod. s. n. 2663 (d; → 'Ambraser Heldenbuch'); München, cgm 444 (q).

Von diesen Hss. überliefern die folgenden auch den 'Pfaffen Amis': H (147rb – 161va), K (150rb – 164va), c (159vb – 176ra) und d (229rb – 233vb) = 'Pfaffe Amis' H, K, C, A. Außerdem ist der 'Pfaffe Amis' überliefert in: Berlin, mgf 1062, 35rb – 48ra (R; enthält auch Hartmanns 'Iwein', →Neidhart, → 'Dietrichs Flucht' und 'Rabenschlacht'); Erfurt, Domarchiv, Fragment 5, 1ra – 1vb (E, enthält v. 1976 – 2091); Berlin, mgf 762 (B, Einzelhs.); Gotha, Forschungsbibl., cod. Chart. A 823, 104^{r} – 137^{r} (G); Zürich, Zentralbibl., Ms. S 318, S. 81 – 119 (Z); Nürnberg, Germ. Nationalmus., Hs. Merkel 2° 966, 173^{v} – 183^{v} (V; Valentin Holls Hs.); Sondershausen, Stadt- und Kreisbibl., Hs. Br. 5 (S; Frgm., enthält noch ca. 1200 vv., vielleicht aus einer Sammelhs.); Straßburg, ehem. Seminarbibl., S. 331–369 (S; 'Straßburger Heldenbuch' Diebolts von Hanowe, 1870 verbrannt, vgl. → 'Heldenbücher', 5., erhalten in der 1807 vorgenommenen Abschrift J. J. Jundts, Berlin, mgq 781/I [J]); Druck von Johann Prüss, Straßburg, ca. 1483 (KAMIHARA, S. 12 nach E. SCHRÖDER), erhalten in dem fast vollständigen Exemplar München, SB, Rar 422 (P) und dem Blatt München, SB, Inc. s. a. 1719^m. – H, K, A, R, E und S sind Pergamenthss.; Illustrationen bieten A (ohne Bezug zum Text), G und P.

Ausgaben. Die Kleindichtung des St. ist verstreut herausgegeben in einer Vielzahl von Editionen oder Hss.-Abdrucken einzelner oder mehrerer Stücke; eine nach Hgg. und Stück-Nrr. geordnete Übersicht bieten die Verzeichnisse MOELLEKENS, Bd. 1, S. LVI–XCIX, mit Nachträgen Bd. 5, S. 300 f.; für die sog. Mären vgl. ferner ^{2}FISCHER, Stud., S. 405–417, für vier sog. 'Grenzfälle' ZIEGELER, 1985, S. 505–507 (Nr. 29–32), für die Fabeln DICKE/GRUBMÜLLER, 1987, Reg. S. 877. Die Ausgaben zweier längerer Texte, 'Die Frauenehre' und 'Pfaffe Amis', sind i. F. gesondert verzeichnet. Unter den Sammelausgaben aufgeführt sind Editionen von mehreren kleineren Stücken, die alle für den St. in Anspruch genommen werden; nicht eigens genannt sind dagegen sonstige Sammelausgaben (GA, DE BOOR, Texte, etc.), Hss.-Nachdrucke oder -Faksimiles und verstreute Editionen und Drucke einzelner Stücke. Zitiert wird nach den Ausg.n von METTKE, SCHWAB (1959 u. 1983), FISCHER, in allen anderen Fällen nach MOELLEKEN mit Angabe der Stück-Nr. in A (oder H).

a) 'Pfaffe Amis'. Vollst. Ausg. J. P. MAILÁTH / J. P. KÖFFINGER, Koloczaer Codex altdt. Ged., Pesth 1817, S. 289–355 (nach K); G. F. BENECKE, Beyträge zur Kenntniss d. altdt. Sprache u. Lit. 2. H., Göttingen 1832, Nachdr. 1966, S. 493–608 (nach R); H. LAMBEL, Erz. u. Schwänke (Dt. Classiker d. MAs 12), 1872, ^{2}1883, S. 1–102; P. PIPER, Höf. Epik III (DNL 4/I), o. J., S. 100–164; K. HEILAND, Der Pf. A. von dem St. Ein illustrierter Strassburger Wiegendruck (Seltenheiten aus süddt. Bibl.n 1), 1912 (Faks. von P); F. UNTERKIRCHER, Ambraser Heldenbuch ..., 1973 (Faks. von A); SCHMID, Cod. 408, S. 631–687 (nach C); K. KAMIHARA, Des St.s 'Pf. A.' (GAG 233), 1978, ^{2}1990 (zit.); Hj. LINKE, in: Interpretation u. Edition ..., Fs. John Asher, 1981, S. 119–163 (nach S); H. HENNE, Der Pf. A. von dem St. (GAG 530), 1991. – Teilausgaben sind verzeichnet bei KAMIHARA, S. 25 f., und HENNE, S. 140 f.

b) 'Die Frauenehre'. M. MAURER, 'D. F.' von dem St., Diss. Freiburg 1927; MOELLEKEN, Bd. 1, S. 15–91; K. HOFMANN, St.s 'F.': Überl., Textkritik, Ed., lit.gesch. Einordnung, Diss. Marburg 1976, S. 44–155 (zit.).

c) Sammelausgaben. K. A. HAHN, Kleinere Ged. von dem St. (Bibl. d. ges. dt. Nat.-Lit. 18), Quedlinburg–Leipzig 1839; G. ROSENHAGEN, Mären von dem St. (ATB 35), 1934; H. METTKE, Fabeln u. Mären von dem St. (ATB [Halle] 35), 1959; U. SCHWAB, Die bisher unveröffentlichten geistl. Bispelreden des St.s, 1959; W. W. MOELLEKEN, Die Kleindichtung des St.s, 5 Bde (GAG 107/1–5), 1973–78; H. FISCHER, Der St., Verserz. I (ATB 53), ^{4}1979 bes. v. J. JANOTA; Verserz. II. Mit einem Anhang: Der Weinschwelg (ATB 68), ^{4}1983 bes. v. J. JANOTA; U. SCHWAB, Der St., Tierbispel (ATB 54), ^{3}1983; O. EHRISMANN, Der St., Erz., Fabeln, Reden. Mhd./Nhd., 1992.

2. Zuschreibungsprobleme. Den Umfang des Strickerschen Œuvres im Bereich der kleineren Dichtungen hat ZWIERZINA 1926 festgelegt, ohne im einzelnen dafür Begründungen zu liefern. Es scheint daher notwendig, die Basis dieser Zuweisungen noch einmal aufzuführen, damit der Grad der Wahrscheinlichkeit für die Zuordnung einzelner Stücke zu diesem Œuvre erkennbar wird. Wieweit man das Zeugnis Rudolfs von Ems (*swenn er wil der Strickaere/ sô macht er guotiu maere*, 'Alexander', v. 3257 f.) dafür in Anspruch nehmen kann, daß der St. auch außerhalb eines engeren Umkreises für den Autor kleinerer Erzählungen gehalten wurde, muß offenbleiben. Als Indiz dafür, daß er bereits um 1230/40 ('Alexander', 1. Teil) als Verfasser einer Reihe von (kleineren?) Erzählungen galt, ist es jedoch zu registrieren. Ein vergleichsweise sicherer Beleg für die Autorschaft des St.s ist die Nennung des Namens im Text des 'Pfaffen Amis' (v. 39) und der 'Frauenehre' (v. 137–139; nur in HK, nicht in A und d). Weniger Sicherheit für jeden einzelnen Text bieten die Zuschreibungen an den St. in den Hss., sei es für eine Gruppe von Texten (R, Q, W, C), sei es für einzelne Texte (H, K, a).

In R sind fünf Texte, darunter →Konrads von Würzburg 'Der Welt Lohn', unter der Überschrift *Hie hebent sich bispel an von dem Strickere* aufgezeichnet; in Q steht über 13 Texten *Ditz puch hayssent sy den strik*; als Explicit von 39 Texten in W erscheint *Hie nimt der stricker ein ende*, und in deren Abschrift C wird der entsprechende Teil eröffnet mit *Hie nach volget das buch genant der Stricker*. Zusammen mit den Einzelauszeichnungen in den Überschriften von H (188, 199), K (78, 162–

165, 171, 173, 178–180) und HK (= H 58, 67–69, 161, 177, 190, 191) sowie a sind damit in der Überlieferung ca. 62 Texte dem St. zugewiesen. Es ist wichtig festzuhalten, daß weder die Haupths. A, in der alle diese Texte mit wenigen Ausnahmen aufgezeichnet sind, noch die Hss. M, V und N dem St. (oder irgendeinem anderen Autor) die *meren* oder *bispel* (wie sie ihre Texte mitunter nennen) zuweisen.

Wegen der Bezeugung in mehreren miteinander nicht unmittelbar verwandten Hss. darf demnach gleichwohl für die folgenden kleineren Texte der St. als Autor gelten: In QRWC: 'Der Hund und der Stein' (A 111 a); in KQWC: 'Der eigensinnige Spötter' (A 138); in QWC 'Die Buße des Sünders' (A 156), 'Die fünf teuflischen Geister' (A 269), 'Die sieben himmlischen Gaben' (A 124), 'Der blinde Dieb' (A 80), 'Vom Tode' (A 83 + 148), 'Die Tochter und der Hund' (A 143), 'Der Richter und der Teufel' (A 135), 'Der ernsthafte König' (A 108) und 'Die beiden Königinnen' (A 146); in RWC: 'Die sechs Teufelsscharen' (A 150), 'Die drei Gott verhaßtesten Dinge' (A 130) und 'Der gefangene Räuber' (A 141); in HKWC 'Der Taugenichts' (A 122), 'Die Weisheit Salomos' (A 132) und 'Der Wolf und das Weib' (A 52); in WCa: 'Der Sünder und der Einsiedel' (A 104).

Als weniger gesichert können unter diesem Gesichtspunkt die Texte gelten, für die lediglich in einer Hs. (oder in zwei Hss., die unmittelbar miteinander verwandt sind) der St. als Autor genannt wird; sie werden hier mit ihrer Nummer in A aufgeführt (in Klammern Vermerk der entsprechenden Hs./Hss.): 20 (HK = 'Die Messe', v. 532 ff.), 26 (WC = 'Die Messe', v. 1157 ff.), 49 (K), 51 a (WC), 51 b/166 (WC), 53 (H), 55 (K), 66 (K), 67 (K), 69 (K), 70 (H), 75 (HK), 81 (WC), 84 (WC), 85 (WC), 94 (K), 98 (K), 103 (K), 105 (K), 109 (WC), 110 (WC), 111 b (Q), 114/115 (WC), 118 a (WC), 118 b (WC), 125 (WC), 128 (Q), 129 (WC), 133 (WC), 142 (WC), 145 (WC), 147 (HK), 153 a (WC), 153 b (WC), 158 (a), 159 (WC), 160 (WC), 165 (HK?), 166 (s. o. 51 b), 168 (H), 207 (WC); H 191 (H).

Über diese 62 Texte hinaus sind dem St. von Zwierzina (1926, S. 285) 107 und, diesem folgend, aber in unterschiedlichen Textaufteilungen, 102 (Schwab, 1959 a) oder 105 (Moelleken, Ausg.) weitere kleinere Texte zugeschrieben worden. Die Handhabe dafür haben in Maßen der vielfach zusammenhängende Überlieferungsverbund (zusammenfassend Grubmüller, 1977, S. 136–146) und Wiederholungen sprachlicher Muster (sog. 'St.-Patterns'), vor allem aber die von Zwierzina 1900/1901 für den St. eruierten sprachlichen Merkmale geboten, denen die für den St. reklamierten Texte nicht widersprechen durften, wie an der Ausgliederung des → 'Schneekind' A aus dem St.-Korpus abzulesen ist (vgl. AfdA 54 [1935] 208 f. mit ZfdA 44 [1900] 41 Anm. 2, 310; ZfdA 45 [1901] 44 f.). Wie sicher hier im Einzelfall methodisch 'Echtes' von 'Unechtem' zu trennen ist und damit ganze Textreihen dem St. abgesprochen werden können oder umgekehrt A 1–166 die 'Wahrscheinlichkeit Strickerscher Herkunft' (Zwierzina, 1926, S. 279) zugesprochen werden kann, konnte bislang nicht diskutiert werden, da Zwierzinas entsprechende Untersuchungen unpubliziert geblieben, ihre Ergebnisse jedoch nahezu einschränkungslos übernommen worden sind. Festzuhalten bleibt, daß dem St. keineswegs in der Überlieferung 'unkritisch' zu viele Texte zugeschrieben worden sind, aus denen Zwierzina 'das für die Folgezeit verbindliche ('echte') St.korpus ... herausgeschält' habe (so noch Ehrismann, Ausg., S. 213). Vielmehr entbehrt das über die Zuordnungen in der Überlieferung weit hinausgehende, von Zwierzina 1926 begründete Korpus der kleineren St.-Texte, das auch für den vorliegenden Artikel Orientierungsfunktion behält, in seinen wesentlichen Teilen und Mengen noch immer der Begründung.

Dies ist nicht zuletzt Konsequenz der gattungstypischen Überlieferungssituation. Charakteristisch für das Genre (Exempla, kleinere geistliche und didaktische Reden) ist seine Anonymität. In der ältesten und umfangreichsten Hs. A und auch in N, M und V ist offenbar grundsätzlich auf Autorzuweisungen verzichtet worden (vgl. z. B. → Walther von Griven, St.s 'Frauenehre', → Freidank, Rudolf von Ems). Soweit zu rekonstruieren, gehen zwar alle noch erhaltenen Hss. auf letztlich gemeinsame Vorlagen zurück, doch legte die erhaltene Überlieferung mehr Wert auf Gruppierungen nach Themen als auf die Differenzierung von Autoren-Œuvres. Reihen von Texten eher 'geistlichen', wenn auch thematisch durchaus verschiedenen Zuschnitts zeigen sich im Eingangsteil von A und HK oder durchgängig in den Hss. N, MV, WC; eine 'weltliche' Komponente wird eher betont in den Partien, die auf diese Eingangsteile folgen, sowie im 19. Kapitel von E. Solche Gruppierungen spiegeln z. T. ältere, offenbar an den lat. Exempla- oder Fabel-Korpora orientierte, thematisch geordnete Sammlungen. Für solche spricht auch einerseits die Integration der Exempla aus Rudolfs von Ems 'Barlaam' und andererseits die ursprüngliche Verknüpfung von Freidank-Sprüchen mit Fabeln unter vermutlich gemeinsamem, in E erhaltenem Titel (*das bůch daz do heizet die werlt*, vgl. 'Wiener Fabelkorpus'). So sind die St.-Texte in einem Überlieferungsverbund mit anderen ähnlich (vielleicht nach St.s Muster: 'Strickerschule', DE BOOR, LG III/1, S. 233) gestalteten Texten erhalten, was 'die Aussonderung des "Echten" so beliebig wie unerheblich erscheinen läßt' (GRUBMÜLLER, 1993, S. 46).

3. Chronologie, Raum, Publikum. Die vereinzelten Hinweise, die Schlüsse auf Raum und Zeit ihrer Entstehung zulassen, sind mit Vorbehalt zu betrachten. Einen sicheren terminus ante quem liefert die bald nach 1260, nicht später als 1290 entstandene Hs. A (nach K. SCHNEIDER, Got. Schriften in dt. Sprache, 1987, S. 177), die nicht erhaltene schriftliche Vorlagen voraussetzt. Einen terminus post quem bieten die Anspielungen in der in A erhaltenen polemischen Rede gegen die 'Edelsteine' (A 136/H 179) auf die Eroberung Konstantinopels (1203/04), auf den Tod des Dogen Enrico Dandolo († 1205, so schon G. EHRISMANN, Germ. 31 [1886] 314; KNAPP, 1982), auf den Mord an *chunich pfilippe* (1208) und auf das Ende von *cheiser otte* (1214? wohl eher 1218). Wenn es in derselben Rede heißt, hätten die Juden sog. *sigesteine* (edle Steine, mit denen man siege), eroberten sie *alterseine ze Ierusalem ir lant wider* (136 f.), kann dies ebensowohl auf die Zeit vor 1228/29 (Vertrag Kaiser Friedrichs II.) als auch auf die nach 1244 (Eroberung Jerusalems) deuten. Ferner bezeichnen relativ dichte Reaktionen auf Beschlüsse des vierten Laterankonzils (1215) die mögliche obere Grenze der Kleindichtung des St. Ganz unsicher bleibt dagegen die Datierung der 'Klage' (A 165) auf 'nach 1230'; sie setzt voraus, daß der St. wirklich ein Motiv aus einem der 'König-Heinrich-Sprüche' → Walthers von der Vogelweide (102,15) aufgreift, und daß dieser Spruch verläßlich datierbar ist. Über die Position aller dieser Texte im Gesamtwerk ist mit solchen Hinweisen mangels einer gesicherten relativen Chronologie der Strickerschen Werke nichts gesagt (vgl. oben B. I. 5.).

Die für ein zeitgenössisches Publikum präzisen Anspielungen auf Ereignisse in Österreich, vor allem Niederösterreich um Zwettl (Rastenfeld in 'Herrenlob und Gotteslob', A 161) und Klosterneuburg (Kierling in 'Die Gäuhühner', A 45), vielleicht auch in 'Der Turse' (A 171), lassen sich bislang nicht für eine genauere Datierung (SCHWAB, 1959 b, S. 62–65; BUMKE, 1976, S. 227), sondern nur für eine Wirksamkeit in Österreich auswerten (dazu 'Die Herren zu Österreich', H 193; 'Die Klage', A 165 und 'Die schreiende Klage', A 100). Dabei wird in den 'Gäuhühnern' die Rechtssituation im 'Gäu' am ehesten so stilisiert, daß sie der Sicht und den Interessen des Landesherrn und seiner Parteigänger entspricht (BUMKE, 1976; ähnliches wird vermutet für 'Die beiden Knappen' [H 178] von BORCK, 1981); gemeint ist vermutlich der letzte Babenberger, Herzog Friedrich II.

In Fabeln, Bispeln und Mären, in denen der Konflikt von *arm* und *rich* thematisiert wird, wird hingegen ein Eindruck vermittelt, als kämen jene 'Gruppen des mittleren und niederen Adels' am ehesten als Publikum in Frage, die eigene Herrschaftsrechte zu wahren und fremde Ansprüche von *armen* und *richen* abwehren zu müssen glaubten (GRUBMÜLLER, 1977, S. 227). Nicht kategorisch abzulehnen ist die Vermutung, daß die pronominale Stilisierung einiger Gebete (*wir*), ihre thematische Ausrichtung (Buße, in der Auslegung des 'Ave Maria' Betonung der Virginität statt des *gratia plena*) und die Adressaten (die großen Sünderinnen wie Afra etc.) auf eine Frauengemeinde (Büßerinnen?) als Auftraggeber schließen lassen (SCHWAB, 1959 b, S. 62; WAILES, 1981, S. 16, 28, 30). Generell darf man jedenfalls für eine Reihe der geistlichen Gedichte mit ihrer betonten Herausstellung einiger Themen der Konstitutionen des vierten Laterankonzils (z. B. Trinitätsdogma, Buße, Beichte, Kommunion) und ihrer impliziten oder expliziten Abwehr und Kritik häretischer Bewegungen an geistliche Institutionen der Amtskirche und/oder der Bettelorden denken (SCHWAB). Darüber darf nicht vergessen werden, daß des St.s Didaxe nicht auf bestimmte Stände und Gruppen zielt, sondern z. T. ausdrücklich ständeübergreifend angelegt ist. Manche Widersprüche des für ihn in Anspruch genommenen Werkes mögen immerhin durch unterschiedliche Adressaten oder Auftraggeber zu erklären sein, wenn wir nicht ohnehin die Toleranzen zu gering ansetzen, die eine bestimmte Schicht des Publikums einer Literatur entgegenzubringen bereit war, die ihren rekonstruierten Interessen scheinbar zuwiderlief (PETERS, LiLi 26 [1977] 119).

4. 'Pfaffe Amis'. — Eine Folge von zwölf komischen Einzelerzählungen oder Schwänken, deren Motive im einzelnen weit verbreitet sind, ist vom St. durch den listigen Helden, den Pfaffen Amis, der allen Episoden gemeinsam ist, durch ein biographisches Schema (Initialabenteuer, dreimalige Ausfahrt und Rückkehr, Abkehr vom bisherigen Leben und Tod, dargeboten im Ausschreiten verschiedener Räume), durch die quantitative Steigerung der Erträge aus den verschiedenen Listen, die alle dem gemeinsamen Zweck dienen, *milte* zu ermöglichen, durch zusammenfassende Überleitungen und Bemerkungen und endlich durch einen dem Zyklus vorangestellten Prolog zu einer übergreifenden Einheit gefügt worden, deren Komponenten man mit dem Begriff 'Schwankroman' zu fassen suchte. Anregung zur übergreifenden Komposition mögen vielleicht → 'Unibos', im näheren dann auch der → 'Dialogus Salomonis et Marcolfi' oder die lat. und volkssprachlichen Tierepen ('Ysengrimus' [vgl. → Nivardus von Gent], → Heinrichs 'Reinhart Fuchs') geboten haben; die Gestaltung der einzelnen komischen Abenteuer wie auch deren Verknüpfung zum Zyklus ist des St.s Werk. Die episodische Struktur spiegelt sich in Unterschieden zwischen der in R überlieferten Redaktion (2510 vv.) und der sog. Vulgatafassung aller anderen Hss. und des Drucks (2276 vv. mit Abweichungen einzelner Hss. oder Hss.gruppen, vgl. KAMIHARA, Ausg., S. 19 f.): Die Vulgatafassung bietet die Episoden 6, 7, 8 in umgekehrter Reihenfolge, ihr fehlt die 10. Episode. Ob beide Redaktionen oder nur die in R (Ende 13. Jh., Niederösterreich) erhaltene auf den St. zurückgehen, ist ungeklärt.

Im Prolog wird vergangene Zeit (*hie vor*) der Gegenwart (*nuo*) gegenübergestellt: Früher habe man bei Hof aus Liebe zu *vröud und êre* stets *seitspil, singen oder sagen* geschätzt, jetzt aber gelte dies so wenig, daß es jeder sechste ablehne und umgekehrt ein *maere* fordere, das *guot den liuten waere vür sorgen und vür armuot*. Damit wird die Irritation des Autors begründet, wie er mit seiner Kunst sich in dieser Situation verhalten solle. Er kündigt eine Erzählung an von einem, der — als *triuwe, wârheit, reht* etc. in ihr Gegenteil verkehrt und das *triegen* erfunden wurden — als erster das *liegen und triegen* begann. — Die erste Episode (39–336) variiert AARNE/THOMPSON, Märchentypen 922 ('Kaiser und Abt'): Der Pfaffe Amis kommt dem Gebot der *milte* besser nach als jeder andere, so daß der Glanz seines Hofes den Haß (*nît*) seines Bischofs erregt. Der Bischof fordert Amis' *überigez guot*, das ihm rechtmäßig zustehe, wie Amis zugibt (90). Amis kann sich der Forderung, dem Bischof die Kirche aufzugeben, dadurch entziehen, daß er sich einem Examen seiner Wort- und Buchgelehrsamkeit unterzieht. Er beantwortet die fünf Fragen, die in theologisch-physikalischen Dialogen und Florilegien weit verbreitet waren, nicht nach dem Modus der Rätselbücher, sondern mit bestimmten Angaben, deren Überprüfung durch Experimente der Bischof nicht nachkommen kann. Als es Amis auch noch gelingt, einen Esel das Lesen zu lehren, ist zwar die Prüfung bestanden, aber der Ruhm des Pfaffen um so weiter verbreitet und die Anforderungen an seine *milte* desto größer. — In der 2.–4. Episode wird darum erzählt, wie Amis in der ersten Ausfahrt, ausgerüstet als Prediger, Maler und Arzt (337–350), *guot* erwirbt: Er erhält es nach einer Kirchweihpredigt von Frauen, die mit ihrem Opfer vor der Öffentlichkeit beweisen müssen, daß sie die Ehe nicht gebrochen haben, da Amis es andernfalls nach St. Brandans Befehl nicht annehmen dürfe (351–490); er erhält es vom König von Frankreich für ein unsichtbares Gemälde, das jeden, der es nicht sehen könne, als unehelich geboren entlarven solle (491–804); und er erhält es vom Herzog von Lothringen für die Heilung von Kranken, die sich alle gesund erklären, da keiner von ihnen derjenige sein will, mit dessen Blut die anderen geheilt werden könnten (805–932).

Die letzte Episode ist ähnlich im Fabliau 'Du vilain mire' (v. 291–392) enthalten; die Episoden

1–4 erscheinen modifiziert im →'Ulenspiegel': 1 (Hist. 28,29), 2 (Hist. 31), 3 (Hist. 27), 4 (Hist. 17). In der 5.–10. Episode (933–1546) erwirbt Amis *guot*, indem er einer Reihe von ausdrücklich als *alwaere* geschilderten Figuren, Bauern (5., 7., 8.?), Rittersleuten (6.), dem *prôbest* eines Klosters (9.) und *liuten in der stat* (10.), als Wundertäter oder *heilic man* erscheint: er macht sie dank entsprechender heimlicher Vorkehrungen und Verkleidungen mit Hilfe seiner angeblichen Reliquien glauben, Gott lasse ihm zu Ehren einen verspeisten Hahn wiederauferstehen (5., 6.), ein von der Rittersfrau dafür gespendetes und vom erbosten Ehemann zurückgefordertes Tuch zur Strafe verbrennen (6.) und Fische dort gefangen werden, wo nie welche waren (7.), er habe die Gabe, Wahres über ihm fremde Personen zu sagen (8.), könne Kranke heilen (9.) und, obwohl angeblich ein ungelehrter Bauer, auf eines Engels Geheiß die Messe lesen (10.). – Doch hat er angesichts dessen, was in seinem *hûse verzert* wird, mit *alsô kleinen dingen* noch nicht genug gewonnen. Er verkleidet sich als *koufman* und läßt sich von einem reichen, mit einer falschen Geldwaage ausgestatteten Seidenhändler in Konstantinopel dessen gesamte Ware für seinen Herrn aushändigen, indem er einen Maurer als seinen Bischof ausgibt und als 'Pfand' beim Händler zurückläßt (11., v. 1547–2042; AARNE/THOMPSON, Märchentypen, 1526 'Bettler als Pfand'). Bei einer zweiten Ausfahrt nach Konstantinopel als *koufman* gelingt es ihm, die gesamte Ware eines habgierigen Juwelenhändlers zu ergattern, den er bindet und gegenüber einem Arzt als seinen irrsinnigen Vater ausgibt, der dauernd zu ihm sage *herre, geltet mir mîn guot*. Der Arzt versucht noch, ihn zu heilen, als Amis längst zu Hause ist (12., v. 2043–2472). Dort übt er stets *milte*, begibt sich aber nach 30 Jahren in ein *grâwez klôster*, in dem er zum Abt erwählt wird und das er auf seine Weise zur Blüte führt. So verdient er sich das *êwige leben* (2473–2510).

Für eine Rückbindung der Hauptfigur an eine historisch existente Persönlichkeit (Vorschlag H. KOLB in: Fs. B. Horacek, Wien 1974: Michael → Scotus) wie in anderen Schwankzyklen gibt es keine Beweise. Das Verständnis des 'Schwankromans' und der Ziele, die der Autor verfolgt, ist eng verknüpft mit Fragen der Komposition des Ganzen und der Bewertung der Hauptfigur: Erinnern Ausfahrten, Rückkehr und Botensendungen an das *hûs*, an das aventiurenhaft Zufällige des Artusromans, so steht dem die gezielte Planung der Betrügereien gegenüber, die dem Schwankzyklus eigen ist. Die im Genus übliche Besetzung der Schelmenrolle mit dem *clerc*, dem Pfaffen, begründet zwar die intellektuelle Überlegenheit des Schelms, legitimiert aber nicht den Betrug, der zwar mit der gefeierten *milte* motiviert ist, aber keinen Stand verschont und je nach erzählerischer Begründung auch die Komik problematisch werden läßt. Diese Offenheit des Textes ist auch in der 'ambivalenten Erzählweise' des St.s (PETERS, LiLi 26 [1977] 120) begründet, die sich eindeutiger Kommentare über die Berechtigung von des Pfaffen *list* und *kündekeit* enthält und so den Rezipienten an den Prolog zurückverweist, in dem über die Reihung von Werten ein gesellschaftlicher Idealzustand entworfen wird. Dessen Interpretation liefert den Maßstab dafür, ob man des St.s Experiment von der Dekuvrierung dieser Werte durch den, der sich angeblich zuerst des *liegens* und *triegens* bediente, als strafende oder lachende Satire begreift. Die mal. Rezeption scheint in ihren (auf die ersten fünf Episoden begrenzten) Anspielungen (→ 'Der Wolf in der Schule', v. 56–69, DICKE/GRUBMÜLLER, 1987, Nr. 644, St.-Hs. D; → Ottokars 'Reimchronik', v. 11477, 59141; Ulrich → Fuetrer, 'Persibein' 32,5–7; 'Ulenspiegel', s. o.) die ironische Perspektive zu bevorzugen.

5. 'Die Frauenehre'. Ähnlich wie der 'Pfaffe Amis' ist auch die 'Frauenehre' (1902 vv., so nur in H 159/K 151; A 73 überliefert v. 429–510, 569–588; d v. 1321–1890 mit einigen Zusatzversen) in der Literatur der Zeit ein Unicum: Bei breitester Rezeption der einschlägigen Formeln aus höfischem Roman, Minnesang, Spruchdichtung, Freidank, → Thomasin etc. erscheint hier der Preis aller *vrouwen* in neuer Form, nämlich im autoritativen Gestus der didaktischen Rede (allenfalls für den Dialog von *herze* und *lîp* ist Hartmanns 'Klage' vergleichbar).

Der Prolog (1–180) entwickelt in einem Dialog von *Ich* und *herze* Bereitschaft und – trotz des Rangs der Tradition – Kompetenz des Autors zum *vrouwen prîs*, dies entgegen den Wünschen des Publikums, das nicht nach *vröude* trachtet, sondern stets Neues verlangt, und gegen den Spott der Kritiker; diesen legt der St. seinen Namen in den Mund, und sie läßt er behaupten, sein *leben* als Fahrender und dem entsprechende Unkenntnis der *vrouwen* schlössen den *vrouwen prîs* aus (137 – 145). Er antwortet mit dem Argument, daß viele *got* lobten, ohne ihn doch kennen zu können (151 f.). Und dieses Argument erscheint am Ende neu gefaßt, wenn es heißt, daß die *vrouwen der ander got der werlde sint* (1894), den man nicht genug preisen könne. Der Gedankengang des Gedichts, der so von der Analogie von Gotteslob und *vrouwen prîs* zur 'beinahe blasphemischen Wendung' (FISCHER, 1953, S. 60) führt, enthält mehrere Argumentationsstränge und Digressionen; deren gemeinsames Ziel ist es, die Dignität der *vrouwen* und der *werlt* im *vrouwen prîs* vorzuführen und damit zugleich die neue Gattung des St.s zu legitimieren.

Vrouwen können *vröude* geben, daher soll man sich in ihrem *dienst* um ihre *genade* bemühen. Nur diejenigen *vrouwen* aber verdienen *lop*, die auch *vrouwen namen* (306, 316) verdienen. Gegenwärtig herrsche jedoch ein *valschez leben* (371), in dem man nichts höre, als was *der werlt missezimt* (376), statt daß den *vrouwen* das *lop* gespendet würde, das ihnen zukomme (Frauenpreis, 434 ff.). Gott nämlich habe die *vrouwen* geschaffen, da nur um ihretwillen diejenigen, die die Bezeichnung *ritter* verdienten, sich um *elliu werltlich werdikeit* (580) bemühten. So stehen die *vrouwen* höher als alles noch so kostbare *guot*, sie spenden um *rehten dienst* Tugenden und vor allem *vröude*. Daher ist die *werlt* auf *vröude* gegründet, und die *vrouwen* sind der *werlde herze* (812). Folglich kommt allen *vrouwen* dieser *name* zu, auch *armen wiben*, welche *tugent begant* (843 – 928), wie der St., in die *wîp/vrouwe*-Debatte eingreifend, betont (→ Walther von der Vogelweide). Sowohl diese *vrouwen* als auch die Männer, die sich um ihre *minne* bemühen, sind der *werlde kint*. Beide sind damit fast gleich mit jenen, die sich um Gottes willen von der Welt entfernen und ihr dennoch um so näher sind, weil gerade sie ein *michel teil der tugent der diu werlt pfliget* (1010 f.) besitzen. Beide sind aber grundsätzlich unterschieden von jenen fünf Gruppen von Menschen, denen der Teufel *die tugende* genommen und die er damit für immer auch von der *werlt gescheiden* hat (939 – 1040). Dieser *werlt* schenken die *vrouwen* die *vröude* (1069 – 1088; zur Etymologie von *vrouwen/vröuwen* vgl. → Freidank 106,4 – 7; → Ulrich von Liechtenstein; KLD XIII,1; XLVIII,1). Den *namen* gaben ihnen ihre *tugende*, die der St. in der Allegorie des Tugendbaums aufführt (1113 – 1392). Um dieser *tugende* willen darf man in ihrem *lop* nie nachlassen (auch wenn des St.s *prîs* und *lop* nur ein *anevanc* sein können). Denn während die *vrouwen* ihre *staete, ir ere, ir triuwe* (1577) bewahrt haben, nehmen die *ritter* die *arbeit* um der *vrouwen* und der *ere* willen im Gegensatz zu früher nicht mehr auf sich und haben damit die *vröude verlan* (1545). Die Konsequenzen dieser Situation demonstriert der St. mit dem *maere* vom *ackermann*, welcher das – als *vröude* gedeutete – Korn vor der Reife mäht und dafür verurteilt wird, nie mehr Korn erhalten zu dürfen (1615 – 1710). Ebenso ergeht es den *ungevüegen*, die die *vrouwen* verspotten und damit die *vröude* verderben, *den aller hoehesten gewin, der zuo der werlde hoeret* (1782 f.). Denn *werlt* und *vröude* sind zwei *namen* für *ein dinc*, die Quelle der *ere* (1805 – 1808). Als ein *lop* für *aller vrouwen ere* bittet der Dichter denn auch, sein unangemessenes *lop* zu vernemen; er kenne *vrouwen* nur *kume* (1857) und könne sie dennoch unbegrenzt weiter *loben*. Wer aber sich dem nicht anschließe, der nehme mit der *vröude*, die von den *vrouwen* kommt, der *werlt* ihren *namen* und damit ihre Orientierung auf Gott hin. Und deswegen sind sie *der ander got der werlde* (1894), den zu *loben* nur die *armuot* des Dichters hindern könnte.

Die 'Frauenehre' ist ebensosehr Rezeption der literarischen Tradition wie der Versuch, diesem neuen *vrouwen pris*, dieser neuen literarischen Gattung und ihrem Autor in einer auf Gott gegründeten *werlt* gesellschaftliche Dignität zu verleihen.

6. Die übrige Kleindichtung des St.s kann nur noch summarisch in ihren Themen und Formen vorgeführt werden. Literarhistorisch bedeutend ist, daß mit dem Œuvre des St.s (und/oder seines Umkreises) die kleineren Genera des Exemplarischen und Schwankhaften, die bis dahin in der Germania bis auf wenige Ausnahmen (z. B. → 'Aristoteles und Phyllis', München, cgm 5249) allein im Lateinischen oder in der Mündlichkeit tradiert worden zu sein scheinen, in großer Breite und Dichte in deutscher Schriftlichkeit rezipiert wurden. Diese Dichtung ist schwer auf wenige Begriffe zu reduzieren (auszuschließen ist insbes. ein ahistorisches 'bürgerlich'), und doch umkreisen vor allem die kleineren Erzählungen des St.s eine

Reihe von Themen, die mit Hilfe kasuistischer Verfahren in ihren verschiedenen Relationen und Konkurrenzen verdeutlicht und exemplarischen Lösungen zugeführt werden können. Dabei zeigt der St. ein Gespür für die Möglichkeiten und Grenzen, das narrative Genre in seiner Eigendynamik spielerisch zu öffnen und doch zugleich zweckgebunden zu nutzen.

a. Eine Reihe von Themen, die dabei immer wieder auftauchen, ist auch im 'Pfaffen Amis' und in der 'Frauenehre' zu erkennen, andere kommen hinzu: Das Verhältnis von *milte* und *guot*, Stand (*leben*, *reht*), standestranszendierender *tugent* und Amt, *leben ze hove* und *vröude*, *êre*, *minne*, *kunst*, *sorge* oder *armuot*. *Leben* und *reht* sind bedroht von Sünden (*lüge*, *unreht*, *hôhvart*, *trinken*, Homosexualität), ungerechtfertigten Ansprüchen anderer und den Nachstellungen des Teufels; sie zu bewahren, bedarf es der *kündekeit* und *wîsheit*, die, obgleich weniger terminologisch zum Leitmotiv gemacht als erzählerisch realisiert, in gewisse Affinitäten zur dominikanischen *prudentia* haben gebracht werden können. Entscheidend ist, daß diese kleineren Texte zwar im einzelnen Fall die Differenzierung und Kategorisierung von Werten begünstigen, daß sich aber insgesamt kein hierarchisch organisiertes System von Normen und Werten aus ihnen ableiten läßt; vielmehr wird in der kasuistisch rückgebundenen Explikation der Werte eine Reihe von Aspekten auf bestimmte Themen entfaltet, die in bestimmten Bereichen konvergieren, in anderen aber auch einander durchaus widersprechen. Die Überlieferung, vermutlich schon der St. selbst, hat dem dadurch Rechnung getragen, daß in Thema, Durchführung oder Deutung verwandte Texte wohl nach dem Vorbild lat. Sammlungen zusammengestellt wurden.

Dabei geht es im Genus der Fabel und des 'Tierbispels', vom Thema der *herrschaft* abgesehen, vor allem um Erkenntnis und Selbsterkenntnis eigener und fremder *nature*, mit fließenden Übergängen zum Stand; ein besonderer Akzent erscheint in der → Alanus-Rezeption (*nature ist der ander got*) der Erzählung 'Das Katzenauge' (A 41, 42; H 147; vgl. noch 'Die Klage' [A 165], 'Frauentreue', s. o.).

Milte und *guot*, *guot* und *êre* werden gegen *nît*, *gîtekeit*, aber auch *tôrheit* profiliert und vor allem auf das Verhalten von *rittern* und *herren* (auch gegenüber der *kunst*) bezogen in: 'Der Schalk und die beiden Könige' (A 49), 'Falsche und rechte Freigebigkeit' (A 65), 'Der Weidemann' (H 191), 'Die Herren zu Österreich' (H 193), 'Die freigebige Königin' (A 50a), 'Frau Ehre und die Schande' (A 180) und dem Schlüsselstück 'Die beiden Knappen' (H 178). Damit korreliert ist mitunter das Thema vom unmöglichen Dienst an zweien in 'Die Königin vom Mohrenland' (A 39) und 'Der Gärtner' (A 72).

Das Ausüben von *herrschaft* im geistlichen und weltlichen Bereich wird expliziert in 'Der Juden Abgott' (A 46) und 'Der arme und der reiche König' (A 47), das Verhalten gegenüber Herrschaft in 'Die reiche Stadt' (A 97) und 'Der Turse' (A 171); der *tugent* bedarf die *herrschaft* in den Ratgeber-Erzählungen, z. B. 'Der wunderbare Stein' (A 101), 'Der junge Ratgeber' (A 48).

Pfaffen werden an ihr Amt erinnert in 'Das entweihte Gotteshaus', 'Die törichten Pfaffen', 'Der Pfaffen Leben', 'Die Pfaffendirne', 'Der ungetreue Knecht', 'Die Geistlichen' (A 116–120), 'Der blinde Führer' (A 88b). Homosexualität wird gegenüber *nature* abgegrenzt und kritisiert in 'Gegen Gleichgeschlechtlichkeit' (A 70), 'Die gepfefferte Speise' (A 109).

Explikation von Themen des Rechts finden sich in 'Der Richter und der Teufel' (A 135), 'Der Marktdieb' (A 112), 'Der Sünder und der Einsiedel' (A 104), die auch Eingang in die Überlieferung des → 'Spiegels aller deutschen Leute' und des → 'Schwabenspiegels' gefunden haben.

b. Gegenüber der Bindung an bestimmte Themen tritt die Entwicklung eines eigenständigen Genus der weltlichen Kleinepik, der sog. Mären, zurück, obwohl sie als eine der markantesten Leistungen des St.s im Rahmen seiner 'Gattungserneuerung' erkannt und bewertet worden ist. Auch hier aber dominieren Themen. Um die Ehe geht es in 'Der Gevatterin Rat' (A 154), 'Das erzwungene Gelübde' (A 152), 'Ehescheidungsgespräch' (A 205), 'Die drei Wünsche' (A 35), 'Der begrabene Ehemann' (A 36), 'Das heiße Eisen' (A 37). In anderen Mären demonstriert der St. *kündekeit* ('Der kluge Knecht', A 62), konfrontiert die Rollen von Gast und Gastgeber ('Der nackte Bote', A 93; 'Der nackte Ritter', A 94), führt das Trinken komisch ad absurdum ('Die Martinsnacht', A 63; 'Der durstige Einsiedel', H 185; 'Der unbelehrbare Zecher', A 64). *Gîtekeit* und *natûre* mit Konsequenzen für den *dienst* werden erläutert am Beispiel von 'Edelmann und Pferdehändler' (H 186). Zu 'Der junge Ratgeber' (A 148, vgl. Petrus Alfonsi, 'Disciplina clericalis' XXIX), 'Der arme und der reiche König' (A 47), 'Der Richter und der Teufel' (A 135) s. o.

c. Ein thematisch anders akzentuiertes Spektrum entfalten die geistlichen Reden. Vielfach folgen sie, ähnlich wie die volkssprachliche Predigt (→ Berthold von Regensburg), einer mnemotechnisch günstigen, schematischen Gliederung (vgl. z. B. 'Vom Heiligen Geist' [A 1–9], 'Die Messe' [A 10–26], 'Die sieben himmlischen Gaben' [A 124], das sog. 'Gebet für Kreuzfahrer' [A 163], eine Kreuzbetrachtung u. a.). Wie die Predigten sind auch diese Reden stets bezogen auf den Laien als Adressaten in einer *werlt*, die auf die Restitution des gottgewollten *ordo* angewiesen ist. 'Vom Heiligen Geist' (A 1–9) beschreibt das Wirken des Hl. Geistes in der Menschenseele und die sieben Gaben, mit offensichtlich breiter Rezeption theologischer Literatur und Ausrichtung auf Beichte, Reue und Buße. Entsprechendes gilt für die Erläuterung der Messe (A 10–26) und den 'Processus Luciferi' (A 27 a/b) mit detaillierter Kenntnis von Neuerungen kanonischen Rechts seit dem vierten Laterankonzil (SCHWAB, 1959 b, S. 68 f.). Den Wirkungen des Teufels widmen sich 'Des Teufels Ammen' (A 126), 'Das stinkende Haus' (A 134, s. o.) und die Lasterschemata 'Die fünf teuflischen Geister' (A 269), 'Die sechs Teufelsscharen' (A 150), 'Die sechs Versuchungen' (A 130). Auf die mehrfache Behandlung des Trinitätsdogmas, der Sakramentenlehre, der priesterlichen Lösegewalt, der Bußlehre in den geistlichen Reden und einer Reihe allegoretisch gedeuteter Bispel, z. T. vermutlich in dezidierter Abgrenzung gegen Häretiker, wurde bereits hingewiesen.

d. Der enge, kaum ernsthaft in 'geistliche' und 'weltliche' Bereiche zu trennende Konnex des Strickerschen Œuvres, wie er sich an der Tugendbegründung in der 'Frauenehre' zeigt, findet sich auch im *triuwe*-Begriff, der ausdrücklich auch für das Verhältnis zu Gott in Anspruch genommen wird in 'Gott ist Vater, Herr und Bruder' (A 86 b), 'Die gerechten Schläge Gottes' (A 149 a), 'Treue gegen Vater und Gott' (A 149 b) u. ö. So bietet sich in diesem Werk ein Kanon von Werten, die in Gottes *ordo* begründet sind und deren Bedrohung und Zerstörung durch Abkehr von den Werten und durch Sünde (Homosexualität, Ketzerei) im Rechtsakt der 'Klage' (A 165) im großen Zusammenhang formuliert werden. Es ist ein Werk, das bei beachtlicher Eigenständigkeit, auch in der Verarbeitung seiner Quellen (Predigt, Exempel- und Fabelsammlungen, Bibel, Rechtstexte), ein Wertprogramm entfaltet, dem aber auch intelligenter Witz und ironische Glanzlichter wie 'Von Edelsteinen' (A 136) und 'Die Minnesänger' (A 155 a/b) nicht fehlen. Das Werk ist in seiner Breite nicht rezipiert, wohl aber in Ausschnitten bis ins 16. Jh. abgeschrieben (und gedruckt) worden; Nachfolge gefunden hat es – außer der aggressiven Polemik in → Volmars 'Steinbuch' gegen die 'Edelsteine' – insbesondere bei → Wernher dem Gartenaere und → Heinrich dem Teichner.

Literatur. 1. Leben, Allgemeines. ROSENHAGEN, 1890 (s. u. 3.); K. ZWIERZINA, Mhd. Stud., ZfdA 44 (1900) 1–116, 249–316, 345–406, hier: S. 2, 23 f., 41 Anm. 2, 59 f., 104 f., 114 f., 310, 351–353, 357 f., 399 f., 406; ZfdA 45 (1901) 19–100, 253–313, 317–419, hier S. 27 f., 30, 32 f., 35 f., 37 f., 40, 42 f., 44 f., 59–61, 70 f., 73, 76, 78, 81, 94–98, 283, 418; H. FISCHER, St.studien, Diss. (masch.) München 1953; SCHWAB, 1959[b] (s. u. 6.); MENHARDT, 1962 (s. u. 6.); ²FISCHER, Stud.; VON DER BURG, 1974 (s. u. 2.), dazu K. E. GEITH,

AfdA 87 (1976) 122–127; BRALL, 1976 (s. u. 3.); H. RAGOTZKY, Gattungserneuerung u. Laienunterweisung in Texten des St.s (Stud. u. Texte zur Sozialgesch. d. Lit. 1), 1981; REISEL, 1986 (s. u. 3.); M. SCHILLING, Der St., in: Dt. Dichter, Bd. 1: MA, hg. v. G. E. GRIMM u. F. R. MAX, 1989, S. 297–310; F. P. KNAPP, Gesch. d. früh- u. hochmal. Lit. in den Bistümern Passau, Salzburg, Brixen u. Trient von den Anfängen bis 1273 [angekündigt für 1994].

2. 'Karl'. C. VON JECKLIN, Zu des St.s K., Germ. 22 (1877) 129–166; A. LEITZMANN, Das chronologische Verhältnis von St.s 'Daniel' u. 'K.', ZfdPh 28 (1896) 43–47; F. WILHELM, Die Gesch. d. hs.lichen Überl. von St.s K. d.Gr., 1904; R. FOLZ, Le souvenir et la légende de Charlemagne dans l'Empire germanique médiéval (Publications de l'Université de Dijon 7), Paris 1950; G. EDER, Die Reimverhältnisse im Karlsepos von dem St., Diss. (masch.) Wien 1952; D. HAACKE, Konrads Rolandslied u. St.s K. d. Gr., PBB (Tüb.) 81 (1959) 274–294; W. FECHTER, Zur Überl. von St.s K. d. Gr., ZfdPh 87 (1968) 17–21; D. HALL, The Saelde-Group in Konrad's 'Rolandslied' and St.'s 'K. d. Gr.', Monatshefte 81 (1969) 347–360; J. SINGER, Unters. z. Überl.gesch. v. St.s K. d. Gr., Diss. Bochum 1971; ders., Der Eingang von St.s 'K. d. Gr.', ZfdPh 93 (1974), Sonderh., S. 80–107; R. SCHNELL, St.s 'K. d. Gr.', ebd., S. 50–80; U. VON DER BURG, St.s K. d. Gr. als Bearbeitung des Rolandsliedes (GAG 131), 1974; ders., Indizes zu St.s K. d. Gr. (GAG 143), 1974; ders., St.s K. u. die jüngere afrz. Rolandsliedtradition, Herrigs Archiv 213 (1976) 241–250; K.-E. GEITH, Carolus Magnus (Bibl. Germanica 19), 1976; K. STACKMANN, Karl u. Genelun, Poetica 8 (1976) 258–280; F. B. BRÉVART, Neues z. Überl. v. St.s 'K. d. Gr.', ZfdA 108 (1979) 369f.; R. BRANDT, 'erniuwet'. Stud. zu Art, Grad u. Aussagefolgen der Rolandsliedbearbeitung in St.s 'K.' (GAG 327), 1981; RESLER, 1984 (s. u. 3.); J. M. DELAGNEAU, Rapports entre le Willehalm de Wolfram von Eschenbach und le K. d. Gr. du St., in: Guillaume et Willehalm, hg. v. D. BUSCHINGER (GAG 421), 1985, S. 15–29; K. KLEIN, Nochmals zu 'Verbleib unbekannt', ZfdA 121 (1992) 67–69.

3. 'Daniel von dem Blühenden Tal'. G. ROSENHAGEN, Unters. über 'D. V. B. T.' vom St., 1890; H. DE BOOR, Der D. des St. u. der Garel des Pleier, PBB (Tüb.) 79 (1957) 67–84; W. MOELLEKEN /I. HENDERSON, Die Bedeutung der 'liste' im 'D.' des St., ABäG 4 (1973) 187–201; P. KERN, Rezeption u. Genese des Artusromans. Überlegungen zu St.s 'D. v. b. T.' ZfdPh 93 (1974), Sonderh., S. 18–42; W. MOELLEKEN, Minne u. Ehe in St.s 'D. v. b. T.', ebd., S. 42–50; K. GÜRTTLER, 'Künec Artûs der guote', 1976; H. BRALL, St.s 'D. v. d. b. T.', Euph. 70 (1976) 222–257; I. HENDERSON, St.s D. v. B. T. Werkstruktur u. Interpretation, 1976; H. RAGOTZKY, Das Handlungsmodell der list u. die Thematisierung der Bedeutung von guot, in: Lit. – Publikum – hist. Kontext, hg. v. G. KAISER (Beitr. z. älteren dt. Lit.gesch. 1), 1977, S. 183–203; W. SCHMIDT, Unters. zu Aufbauformen u. Erzählstil im 'D. v. d. b. T.' des St. (GAG 266), 1979; W. HAUG, Paradigmatische Poesie, DVjs 54 (1980) 204–231; D. MÜLLER, 'D. v. b. T.' u. 'Garel v. B. T.' (GAG 334), 1981; H. RAGOTZKY, 1981 (s. o. 1.); D. WUTTKE, Didaktische Dichtung als Problem der Lit.kritik u. der lit.wissenschaftl. Wertung, in: Fs. L. Forster, 1982, S. 603–622; W. MOELLEKEN, Die Bedeutung der Riesenvaterepisode in St.s 'D. v. d. B. T.', in: Fs. G. F. Jones (GAG 362), 1983, S. 347–359; X. V. ERTZDORFF, St.s 'D. v. b. T.', in: Fs. S. Grosse (GAG 423), 1984, S. 371–382; E. MÜLLER-UKENA, 'Rex humilis' – 'rex superbus'. Zum Herrschertum der Könige Artus v. Britanje u. Matur v. Cluse in St.s 'D. v. d. b. T.', ZfdPh 103 (1984) 27–51; CH. CORMEAU, Zur Gattungsentwicklung des Artusromans nach Wolframs 'Parzival', in: K. H. GÖLLER (Hg.), Spätmal. Artuslit., 1984, S. 119–131; M. RESLER, Zur Datierung von St.s 'D. v. d. B. T.', Euph. 78 (1984) 17–30; I. HAHN, Das Ethos der 'kraft'. Zur Bedeutung der Massenschlachten in St.s 'D. v. d. b. T.', DVjs 59 (1985) 173–194; W. SCHRÖDER, 'und zuckte in uf als einen schoup'. Parodierte Artus-Herrlichkeit in St.s 'D.', in: Fs. R. Schmidt-Wiegand, Bd. 2, 1986, S. 814–830; E. UKENA-BEST, 'Karl von Kerlingen' u. 'Artûs von Britanîe'. Die Herrscherromane des St., Habil.schrift (masch.) Heidelberg 1986 (Druckfassung in Bearb.); J. REISEL, Zeitgeschichtl. u. theologisch-scholastische Aspekte im 'D. v. d. b. T.' des St. (GAG 464), 1986; D. BUSCHINGER, Parodie u. Satire im 'D.v.d.B.T.' des St., in: Parodie u. Satire in d. Lit. d. MAs (Dt. Lit. d. MAs 5 = Wiss. Beitr. d. E.-M.-Arndt-Univ. Greifswald), 1989, S. 15–23; M. EIKELMANN, Rolandslied u. später Artusroman. Zu Gattungsproblematik u. Gemeinschaftskonzept in St.s 'D. v. d. b. T.', Wolfram-Stud. 11 (1989) 107–127; A. CLASSEN, Transformation d. arthurischen Romans zum frühneuzeitlichen Unterhaltungs- u. Belehrungswerk: der Fall 'D. v. b. T.', ABäG 33 (1991) 167–192; M. SCHILLING, Der St. am Wiener Hof?, Euph. 85 (1991) 273–291; A. CLASSEN, 'Detail-Realismus' im dt. SpätMA, StN 64 (1992) 195–220.

4. Zum 'Pfaffen Amis'. Eine bis 1989 vollständige Bibliographie bei KAMIHARA, Ausg., S. 25–33, 86. Nachträge: J. HEINZLE, Eulenspiegel in Marburg, Eulenspiegel-Jb. 31 (1991) 9–23; HJ. LINKE, Strukturvarianten der 'Amis'-Überl., in: Fs. H. Engels (GAG 561), 1991, S. 23–45; M. CURSCHMANN, Marcolfus deutsch, in: Kleinere Erzählformen des 15. u. 16. Jh.s, hg. v. W. HAUG u. B.

WACHINGER (Fortuna vitrea 8), 1993, S. 151–255, hier S. 153–156.

5. Zur 'Frauenehre'. FISCHER, 1953, S. 42–62 (s. o. 1.); BRANDIS, Minnereden, S. 263; GLIER, Artes amandi, S. 35–41; K. HOFMANN (s. o. Ausg.), S. 172–222; H.-H. S. RÄKEL, Die 'F.' von dem St., in: Österr. Lit. zur Zeit der Babenberger, hg. v. A. EBENBAUER u. a., Wien 1977, S. 163–176; RAGOTZKY, 1981, S. 10–38 (s. o. 1.).

6. Andere Kleindichtung. Nicht eigens genannt ist i. F. die bei ²FISCHER, Stud., S. 405–417 und ZIEGELER, 1985, S. 505–507 aufgeführte Lit. zu einzelnen Stücken. L. JENSEN, Über den St. als Bispel-Dichter, seine Sprache u. seine Technik unter Berücksichtigung des 'Karl' u. 'Amis', Diss. Marburg 1885; F. BRIETZMANN, Die böse Frau in d. dt. Lit. des MAs (Palaestra 42), 1912; H. NIEWÖHNER, Des St.s 'Welt', ZfdA 63 (1926) 99–102; K. ZWIERZINA, Beispielreden u. Spruchgedichte des St.s, in: Mhd. Übungsbuch, hg. v. C. v. KRAUS, ²1926, S. 279–287; FISCHER, 1953 (s. o. 1.); E. AGRICOLA, Die Prudentia als Anliegen der St.schen Schwänke, PBB (Halle) 77 (1955) 197–220; H. DE BOOR, Über Fabel u. Bispel, MSB 1966, H. 1; U. SCHWAB, Zur Interpretation der geistlichen Bispelrede, AION. Sezione Germanica 1 (1958) 153–181; dies., Die bisher unveröffentlichten geistlichen Bispelreden des St.s 1959[a]; dies., Beobachtungen bei der Ausg. der bisher unveröffentlichten Ged. des St.s, PBB (Tüb.) 81 (1959[b] 61–98; H. MENHARDT, Zu St.s kleinen Ged., PBB (Tüb.) 82 (1960) 321–345; U. SCHWAB, Zum Thema des Jüngsten Gerichts in der mhd. Lit. III, AION. Sezione Germanica 4 (1961) 11–73; H. MENHARDT, Der St. u. der Teichner, PBB (Tüb.) 84 (1962) 266–295; U. SCHWAB, Die Barlaamparabeln im Cod. Vindob. 2705 (AION. Sezione Germanica Quaderni 3), 1966; A. MIHM, Überl. u. Verbreitung der Märendichtg. im SpätMA (Germ. Bibl. Reihe 3), 1967; ²FISCHER, Stud.; K. H. SCHIRMER, Stil- u. Motivunters. zur mhd. Versnovelle (Hermaea NF 26), 1969; M. WIERSCHIN, Einfache Formen beim St.?, in: Werk – Typ – Situation, hg. v. I. GLIER u. a., 1969, S. 118–136; E. LÄMMERT, Reimsprecherkunst im SpätMA, 1970; F. FROSCH-FREIBURG, Schwankmären u. Fabliaux (GAG 49), 1971; GLIER, Artes amandi; J. JANOTA, Neue Forschungen zur dt. Dichtg. d. SpätMAs (1230–1500). 1957–1968, DVjs 45 (1971), Sonderheft, S. 1*–242*; I. KASTEN, Stud. zu Thematik u. Form des mhd. Streitgedichts, Diss. Hamburg 1973; M. A. COPPOLA, Il rimario dei 'bispel' spirituali dello St. (GAG 80), 1974; J. SUCHOMSKI, 'Delectatio' und 'Utilitas' (Bibl. Germ. 18), 1975; J. BUMKE, St.s 'Gäuhühner', ZfdA 105 (1976) 210–232; K. GRUBMÜLLER, Meister Esopus (MTU 56), 1977; B. KOSAK, Die Reimpaarfabel im SpätMA (GAG 223), 1977; ST. L. WAILES, St. and the Virtue Prudentia, Seminar 13 (1977) 136–153; D. ROCHER, Vom Wolf in den Fabeln des St.s, in: Third international beast epic, fable and fabliau colloquium. Proceedings, ed. by J. GOOSSENS and T. SODMAN (Nd. Stud. 30), 1979, S. 330–339; W. WILLIAMS-KRAPP, Neues zur Überl. der geistl. Bispelreden des St.s, ZfdA 108 (1979) 346–368; H. RAGOTZKY, Die Thematisierung der materiellen Bedeutung von guot in Texten des St.s, in: Soziale Ordnungen im Selbstverständnis des MAs, hg. v. A. ZIMMERMANN (Miscellanea Mediaevalia 12/2), 1980, S. 498–516; dies., Die kunst der milte, in: Gesellschaftliche Sinnangebote mal. Lit., hg. v. G. KAISER, 1980, S. 77–99; D. ROCHER, Le discours contradictoire du St. sur les femmes et l'amour, in: Le récit bref au Moyen Age, hg. v. D. BUSCHINGER, 1980, S. 227–247; RAGOTZKY, 1981 (s. o. 1.); WAILES, 1981 (s. o. 4.); K. H. BORCK, Zeitbezug u. Tradition in den 'Beiden Knechten' des St.s, in: Lit.wiss. u. Geistesgesch. Fs. R. Brinkmann, hg. v. J. BRUMMACK u. a., 1981, S. 45–62; T. A. REILLY, The problem of 'guot' in the works of the St., Diss. Univ. of California, Davis 1981; O. EHRISMANN, Gewissen, Geburt u. Gold, Eulenspiegel-Jb. 22 (1982) 41–65; F. P. KNAPP, Herzog Heinrich in einem Ged. des St.s, Unsere Heimat, Zs. d. Ver. f. Landesk. v. Niederösterreich 53 (1982) 265 f.; D. ROCHER, Inwiefern sind St.s maeren echte 'contes à rire'?, Wolfram-Stud. 7 (1982) 132–143; K. DÜWEL, Werkbezeichnungen der mhd. Erzähllit. (1050–1250) (Palaestra 277), 1983; H.-J. MÜLLER, Überl.- u. Wirkungsgesch. der Pseudo-St.schen Erz. 'Der König im Bade' (Phil. Stud.u.Qu.108), 1983; O. EHRISMANN, der tivel brâhte mich ze dir, in: Liebe – Ehe – Ehebruch in der Lit. d. MAs [...], hg. v. X. VON ERTZDORFF /M. WYNN, 1984, S. 25–40; K.-F. KRAFT, 'Die Minnesänger' des St.s, in: Phil. Unters. gewidmet E. Stutz ..., hg. v. A. EBENBAUER (Phil. Germ. 7), Wien 1984, S. 229–256; J.-M. PASTRÉ, Par delà le bien et le mal ou l'adultère dans les fabliaux allemands, in: Amour, mariage et transgressions au moyen âge ..., hg. v. D. BUSCHINGER /A. CRÉPIN (GAG 420), 1984, S. 389–401; CH. STEPPICH, Zum Begriff der wîsheit in der Kleindichtung des St.s, in: Dialectology, linguistics, literature, Fs. C. A. Reed. ed. by W. W. MOELLEKEN (GAG 367), 1984, S. 275–316; E. STUTZ, Versuch über mhd. kündekeit in ihrem Verhältnis zur Weisheit, in: Digressionen. Fg. P. Michelsen, 1984, S. 33–46; H.-J. ZIEGELER, Erzählen im SpätMA (MTU 87), 1985; O. EHRISMANN, Tradition u. Innovation. Zu einigen Novellen des St., in: Dt. Lit. d. SpätMAs (Dt. Lit. d. MAs 3 = Wiss. Beitr. der Ernst-Moritz-Arndt-Univ. Greifswald), 1986, S. 179–192; HJ. LINKE, Das Gesellschaftsbild d. dt. Märendichtg., in: ebd., S. 166–179; R. E. LEWIS, The devil as judge, in: The dark figure in medieval

German and Germanic literature, ed. by E. R. HAYMES and ST. C. VAN D'ELDEN (GAG 448), 1986, S. 114–127; M. L. THAMERT, The medieval novellistic 'Märe'. Telling and teaching in works of the St., Diss. Princeton Univ. 1986; G. DICKE/K. GRUBMÜLLER, Die Fabeln d. MAs u. d. frühen Neuzeit (MMS 60), 1987; J. MARGETTS, Der St. u. Verhaltensnormen für angehende Gastgeber, in: Geistliche u. weltliche Epik d. MAs in Österreich, hg. v. D. MCLINTOCK (GAG 446), 1987, S. 29–40; N. H. OTT, Bispel u. Mären als juristische Exempla, in: Kleinere Erzählformen im MA, hg. v. K. GRUBMÜLLER u. a., 1987, S. 243–252; CH. HUBER, Die Aufnahme u. Verbreitung des Alanus ab Insulis in mhd. Dichtg.n (MTU 89), 1988, S. 373–381; H. SOEJIMA, Lemmatisierter Wortindex zu den Verserzählg.n des St.s (Language and Culture 14), Sapporo: Hokkaido Univ. 1988, S. 237–340; B. SPREITZER, Die stumme Sünde. Homosexualität im MA (GAG 498), 1988, S. 77–85, 208–233; H.-J. ZIEGELER, Beobachtungen zum Wiener Cod. 2705 u. zu seiner Stellung in der Überl. früher kleiner Reimpaardichtg., in: Dt. Hss. 1100–1400, hg. v. V. HONEMANN u. N. PALMER, 1988, S. 469–526; I. STRASSER, Vornovellistisches Erzählen (Philologia Germanica 10), Wien 1989; A. CLASSEN, Misogyny and the battle of genders in the St.s *Maeren*, Neuphil. Mitt. 92 (1991) 105–122; R. GÜNTHART, Mären als Exempla. Zum Kontext der sog. 'St.mären', ABäG 37 (1993) 113–129.

KARL-ERNST GEITH (A., B. I.)
ELKE UKENA-BEST (B. II.)
(1994) HANS-JOACHIM ZIEGELER (B. III.)

T

Tauler, Johannes OP

Inhalt. I. Leben u. Lebenswelt. II. Überlieferung. Ausgaben. III. Die Predigten. IV. Pseudotaulerische Schriften. V. Wirkung. – Literatur.

I. Leben und Lebenswelt.

1. In der Lebensgeschichte J. T.s sind nur wenige Daten urkundlich gesichert. Schon das Geburtsjahr um 1300 kann nur annähernd erschlossen werden.

Dazu dient der Briefwechsel zwischen dem Dominikaner Venturino von Bergamo und Egenolf (Egnolf) von Ehenheim, wonach Egenolf um 1304 geboren sein muß (OEHL, 1931, S. 290–293, Brief datiert 1340). Da T. vermutlich Ordens-'Jahrgänger' mit Egenolf, jedenfalls derselben Studiengeneration im Straßburger Dominikanerkonvent zugehörig war, gilt für ihn annähernd dasselbe Geburtsjahr.

Die Familienherkunft läßt sich bestimmter erschließen. Eine Familie T. (*Tauller, Taweler, Tauweler, Thauler, Thaler*) war damals bereits seit Jahrzehnten in der Stadt Straßburg ansässig (HUGUENY/THÉRY/CORIN, I, S. 9).

T. selbst ist in den Stadturkunden nicht aufgeführt. Doch dürfte sein Vater mit dem im Ratsherrenverzeichnis der Stadt 1312/1313 genannten *Clawes Tauler* und mit dem *Clawes Taweler von Vinckenwilre, ein burger schöffele von Strazburg*, der am 18. Juni 1319 eine Stiftung 'bei den Predigern' urkundete (SCHEEBEN, 1961, S. 19) zu identifizieren sein. Die *Greda, nata quondam Nicolai dicti Tauweler* war möglicherweise eine Schwester T.s (SCHEEBEN, ebd., S. 20). Die auf der Kurie Finkenweiler im Stadtgebiet ansässige Ratsherrenfamilie gehörte nicht zum Bürgeradel, lebte aber wohl standesgemäß wohlhabend (s. Pr. 56, S. 261, Z. 27f.).

2. Urkundlich bestätigt ist T.s Zugehörigkeit zum Straßburger Dominikanerkonvent: Die Ulmer Chronik vermerkt nebst seinem Namen *Argentinensis conventus*, die Ordenschronik von Johannes → Meyer (15. Jh.) *domus Argentinensis* (SCHEEBEN, 1961, S. 19).

Der Ordenseintritt erfolgte meist – so ist es auch für T. anzunehmen – in jungen Jahren, frühestens 14jährig. Nach einem Jahr Noviziat konnte der Postulant zu den Gelübden und zum Studium zugelassen werden.

T. hörte die *artes* und *naturalia*, die verschiedenen Sparten der Philosophie, nicht in Straßburg, sondern anderswo in der Ordensprovinz Teutonia in Süddeutschland (SCHEEBEN, 1961, S. 21f.). Danach kam es zum ein- oder zweijährigen Theologiestudium, wofür der Straßburger Dominikanerkonvent, neben Köln damals der wichtigste der Teutonia, zweifellos eine gute Ausbildungsmöglichkeit bot.

T. hat das hauseigene Theologiestudium vielleicht abgekürzt durchlaufen, muß aber die Sentenzen gehört haben. Es scheint sicher, daß T. nie für die Ordenshochschule, also nicht für das *studium generale* in Köln ausersehen war, wie er auch nie ein Amt im wissenschaftlichen Lehrbetrieb versah. Keine mal. Quelle bezeugt ein Lektorat T.s. Dies schließt nicht aus, daß T. sich nach dem sechs- bis siebenjährigen Ausbildungsweg in einem anderen als schulmäßigen Sinn als Lehrer verstanden hat (vgl. die Selbstaussage in Pr. 55, S. 255, Z. 11–13).

Auf welchen Textgrundlagen T.s Studium beruhte, ist nicht mit Gewähr anzugeben. Auch bleibt unrekonstruierbar, aus welchen Hss. die Bibliothek des Straßburger Predigerklosters sich damals zusammensetzte. Vielleicht lernte T. den Sentenzenkommentar des → Petrus Lombardus während seines Studiums in der Interpretation → Johannes' von Sterngassen kennen, wenn er nicht gar durch dessen selbstverfaßten Kommentar in die Sentenzen eingeführt wurde. Möglicherweise studierte T. auch das 'Compendium theologicae veritatis' → Hugo Ripelins (gest. 1268), der in seinem letzten Lebensabschnitt Prior des Straßburger Dominikanerkonvents war.

Meister → Eckhart, der auf T. einen nachhaltigen Einfluß hatte, lernte er sicher nicht in der Funktion eines akademischen Lehrers kennen. Doch darf auch ohne die Bestätigung einer direkten schriftlichen Quelle angenommen werden, daß T. ihm in seinem Konvent begegnete. Er wird ihn als Prediger und bei ordensinternen Unterweisungen kennengelernt haben, da Eckhart zwischen 1314 und 1322/1324 als Vikar des Ordensgenerals längere Zeit in Straßburg weilte. Schriften Meister Eckharts mag sich T. ohnedies in Straßburg, später in Köln verschafft haben. Eckhart blieb für T. jedenfalls auch nach dem Prozeß der *minnenclich meister* (Pr. 15, S. 69, Z. 27 – 28). Auf ihn sich namentlich zu berufen, war zur Zeit des Eckhart-Prozesses und noch lange danach nicht geraten.

Auf dem aktuellen Stand der theologischen Fragen und Meinungen blieb T. gewiß durch die bei den Dominikanern übliche und erwünschte Teilnahme aller Konventsmitglieder an den übungshalber für die Studenten klosterintern durchgeführten Repetitionen und Disputationen (SENNER, 1988, I, S. 140).

3. Wie der Straßburger Dominikaner Johannes von Sterngassen nachweislich eine Zeitlang, so scheint T. nach seiner Ausbildung auf Lebenszeit zum Predigt- und Seelsorgedienst, vor allem in der *cura monialium*, der Frauenseelsorge, bestimmt worden zu sein. Sieben Dominikanerinnenklöster und Dutzende von Beginengemeinschaften boten in Straßburg diesbezüglich ein reiches Arbeitsfeld. Wann T. die zur Seelsorgearbeit ermächtigende Priesterweihe empfing, läßt sich nicht genau angeben; möglich war sie vom 25. Lebensjahr an.

Kirchliche und politisch-gesellschaftliche Erfahrungen, die für sein zukünftiges Wirken bestimmend waren, machte T. in einer für das dominikanische Leben in Straßburg äußerst unruhigen und spannungsreichen Zeit bereits während der Noviziats- und Ausbildungszeit zur Genüge. Die schon lange währenden Auseinandersetzungen zwischen dem städtischen Bürgertum und den Bettelorden wie auch zwischen den Bettelorden und dem Weltklerus wurden im ersten Viertel des 14. Jh.s endgültig ausgetragen. Die auf dem Konzil von Vienne 1311/12 erlassenen Verordnungen gegen Beginen und Begarden zeitigten ebenfalls ihre Auswirkungen. Gleichzeitig verstärkten sich bei den Dominikanern, so auch im Straßburger Konvent, Laxheiten und Abweichungen von der ursprünglichen Regeltreue. In den Jahren von 1318 bis 1323 besonders schritt unter dem Ordensmagister Hervé von Nédellec die Auflösung des Kommunitätslebens fort, begünstigt durch die eingeführte *vita privata*, die dem einzelnen Predigerbruder die finanzielle Sorge für seinen Lebensunterhalt weitgehend selbst überließ. Das Ordensgelübde der Armut hauptsächlich bedurfte deshalb dringend neuer Grundlagen. Zugleich erwies sich das gängige Almosenwesen u. a. durch die Annahmemöglichkeit von Gewinnen aus Konfiskationen und unrechtmäßigem Gelderwerb, um die Jahrhundertmitte durch die Verteilung der sog. Judengelder als äußerst fragwürdig (vgl. T.s Bemerkung zu den Almosen Pr. 56, S. 261, Z. 18 – 26).

Eine Ordensreform, die sich in der Gottesfreundebewegung auch auf die Laien übertrug, setzte sich im Straßburger Konvent kaum durch. T. hingegen schloß sich der anhebenden Bewegung, die sich in umfassender Lebenserneuerung konkretisierte, entschieden an. Ob dies bereits in den ersten Jahren seiner Seelsorge- und Predigttätigkeit oder erst gegen die Jahrhundertmitte hin geschah, wie es die in den Gottesfreundekreisen entstandene Bekehrungsgeschichte, das 'Meisterbuch' (Rulman → Merswin), wahrhaben möchte, läßt sich mit letzter Sicherheit heute nicht mehr entscheiden. T. selbst betont die Notwendigkeit einer entscheidenden Umkehr spätestens in der Lebensmitte, zwischen dem 40. und 50. Lebensjahr, bei jedem Menschen.

4. Politische Wirren im Zusammenhang mit dem Machtkampf zwischen Kaiser Ludwig dem Bayern und Papst Johannes XXII. hatten empfindliche Auswirkungen auch auf die Straßburger Dominikaner. Unter dem päpstlichen Druck verließen sie die Stadt, nachdem Ludwig 1330 den Befehl ausgegeben hatte, in der seit 1329 unter dem Interdikt stehenden Stadt Straßburg den Gottesdienst wieder offiziell aufzunehmen. Wie sein Konvent lebte T. sicher seit 1339, vielleicht schon 1338 im Exil. Nach einem wohl ersten Besuch zu-

sammen mit dem Weltpriester → Heinrich von Nördlingen bei der Dominikanerin Margareta → Ebner in Maria Medingen bei Dillingen/Donau verbrachte er die Jahre bis 1342/43, vielleicht bis 1346, vorwiegend im Basler Predigerkloster.

Die Briefe Heinrichs von Nördlingen bezeugen, daß T. während der Basler Exiljahre mehrmals in Köln weilte, so in den Jahren 1339, 1343, 1346 und wohl nochmals 1355/56. T. war dabei stets um Handschriften zur Kopie oder Einsichtnahme bemüht.

So verschaffte er sich sicher die 'Summa Theologiae' und die 'Summa contra gentiles' des → Thomas von Aquin sowie das 'Horologium sapientiae' seines Mitbruders und Zeitgenossen Heinrich → Seuse. Wie aus T.s Predigten zu entnehmen ist, war er auch mit dem Buch 'Scivias' → Hildegards von Bingen vertraut (vgl. Pr. 41, S. 175, Z. 11–13; Pr. 60 f, S. 311, Z. 3; Pr. 69, S. 315, Z. 15 ff.). Weiter scheint T. nach dem Besitzervermerk in der Hs. 583 der Stiftsbibl. St. Gallen eine Ausgabe des 'Liber specialis gratiae' → Mechthilds von Hackeborn besessen zu haben. Mit Hss.kopie und -austausch verbunden war vermutlich T.s Kölner Reise 1355/56: er mag sich damals die 'Expositio' → Bertholds von Moosburg zu den 'Tria opuscula' des → Proklos angesehen haben (vgl. STURLESE, 1987, S. 418 ff.; s. u. III.3.). Auch eine mögliche Paris-Reise T.s zusammen mit → Johannes von Dambach scheint im Dienste des Hss.transports gestanden zu sein (HUGUENY/THÉRY/CORIN, I, S. 30 f.). Weiterhin könnte der vermutliche Besuch T.s bei Jan van → Ruusbroec – um die Jahrhundertmitte anzusetzen – zur Folge gehabt haben, daß Ruusbroec den Straßburger Gottesfreunden ein Exemplar der 'Chierheit van der gheestelijker brulocht' ('Brütloufbüchlein') zukommen ließ.

5. Im Winter 1342/43 kehrte der Straßburger Dominikanerkonvent in sein Heimatkloster zurück. Der 1308 begonnene Erweiterungsbau des Klosters konnte nun 1345 abgeschlossen werden. Doch jetzt suchte der Pestzug nach dem Einbruch von vielerlei Naturkatastrophen wie Hochwasser, Mißernte, Hungersnot, Erdbeben und Feuersbrünsten 1347/48 das Gebiet am Ober- und Mittelrhein heim. Geißlerzüge, Pest und Judenpogrom in Verbindung mit der gespenstischen Brunnenvergiftungsaffäre ließen allenthalben eine apokalyptische Stimmung aufkommen. Der Bankmann Rulman Merswin unterstellte sich 1348 in Straßburg nach seiner Bekehrung der geistlichen Leitung T.s. Dessen Predigtruhm scheint in diesen Jahren den Höhepunkt erreicht zu haben. Die politische Spannung löste sich mit dem plötzlichen Tod Ludwigs des Bayern am 11. Oktober 1347. Das über Straßburg verhängte Interdikt wurde indes erst 1353 aufgehoben; das päpstliche Schisma dauerte weiter. T. jedenfalls predigte Toleranz gegenüber den verschiedenen kirchlichen Gruppierungen.

Seine letzte Lebenszeit verbrachte er nach einer vertrauenswürdigen Überlieferung im Gartenhaus des Dominikanerinnenkonvents St. Nikolaus am Gießen zu Straßburg, wo möglicherweise seine leibliche Schwester Greda (Margareta) lebte. Dort verstarb er am 16. Juni 1361. Das Todesdatum ist in der Umschrift der steinernen Grabplatte deutlich eingeritzt; diese zeigt auch seine Gestalt in einer feinen Umrißzeichnung (heute im Kreuzgang des ehem. Dominikanerklosters).

II. Überlieferung.

Die Predigten T.s werden in etwa 200 Hss. (vgl. HOFMANN, 1961, S. 439–460; weitere Hss. bei MAYER, 1990, S. 5–12) überliefert.

1. Bestand. Von den 81 durch VETTER herausgegebenen Predigten gehört Nr. 79 → Ruusbroec (II.D.3.); der Verfasser von Nr. 1 ist noch umstritten (vielleicht Meister-Eckhart-Kompilat). Hinzu kommen die von VETTER in den Straßburger Hss. übersehenen und von HELANDER abgedruckten Predigten *Quasi cedrus* und *Ascendit Jhesus*. Darüber hinaus sind mit großer Wahrscheinlichkeit folgende Predigten T. zuzusprechen: CORIN II, Nr. 69 (*Miserunt judeii ab Hierusalemis*); CORIN I, Nr. 13 (*Revela domino viam tuam*); CORIN II, Nr. 30 und *Ego vox clamantis* (Basler T.-Druck Bl. CLXVI^{vb} – CLXVIII^{rb}); vgl. DENIFLE, 1879 [II], S. 36; MAYER, 1990, S. 39–41).

2. Die frühen Sammlungen. Anders als etwa bei Meister Eckhart, aber ähnlich wie bei Heinrich Seuse, kam es schon frühzeitig zu Sammlungen der T.-Predigten, wobei allerdings keine Hs. alle T. zugesprochenen Predigten bietet. Neben den Korpushss. stehen zahlreiche Hss., die nur einige wenige Predigten oder nur einen Satz tradieren.

Die Überlieferung setzt früh ein; die Freiburger und die Engelberger Hs. wurden sicher noch zu Lebzeiten T.s geschrieben. Die Verbreitung war im 14. Jh. auf den elsässischen und ripuarischen Raum beschränkt; erst im 15. Jh. scheinen die Predigten T.s über seinen Lebensraum hinaus gedrungen zu sein. Für Österreich und Böhmen ist im MA keine Rezeption nachzuweisen.

Die Hss. des 14. Jh.s: Basel, UB, cod. B XI 23; Berlin, mgo 68 (um 1400); Brüssel, Bibl. Royale, cod. 14688; Engelberg, Stiftsbibl., cod. 124; Freiburg i. Br., UB, Hs. 41; Straßburg, ehem. StB, codd. A 88 (um 1400), A 89 und A 91 (alle 1870 verbrannt); Wien, codd. 2739 und 2744 (beide ripuar., mit Merkmalen der ndl. Überl., s. u.).

Hss. des 15. Jh.s in der Textform dieser frühen Hss.: Berlin, mgq 149; mgq 841; mgq 1102; Donaueschingen, cod. 293 (jetzt Karlsruhe, LB); St. Gallen, Stiftsbibl., cod. 1015; München, cgm 419; cgm 748.

3. Korpusbildung. In der Mehrzahl der großen T.-Hss. setzte sich eine feste Reihenfolge der Predigten mit nur geringer Varianz durch (vgl. MAYER, 1990, S. 28–34). Die Predigten sind nach dem Kirchenjahr geordnet (von Weihnachten bis 1. Sonntag nach Allerheiligen); auch wenn mehrere Predigten für einen Festtag vorhanden sind (z. B. Himmelfahrt, Pfingsten, Fronleichnam), bleibt die Reihenfolge fest. Dieser Perikopenreihe von 60 Predigten folgt ein Anhang mit 2 Predigten zum Kirchweihfest, 3 Beichttraktaten sowie Heiligenpredigten. – Der Predigt-Zyklus wurde exakt in der Mitte aufgeteilt, wodurch die Korpus- und Textformen w bzw. k (s. u.) entstanden. Zur Aufteilung im 'Großen' und im 'Kleinen Tauler' s. u. 4.d.

4. Redaktionen. Vom ersten Drittel des 15. Jh.s an sind mehrere redaktionelle Bearbeitungen nachweisbar.
a. Redaktion n: Salzburg, UB, cod. M I 476, von 1441, aus dem Elsaß (älteste Textform, frgm.; vgl. MAYER, 1990, S. 160–163); Nürnberg, StB, cod. Cent. IV,29, um 1435 (in schwäb. Schreibsprache; seit Mitte des 15. Jh.s im Katharinenkloster in Nürnberg nachweisbar; vgl. SPAMER, 1910, S. 97 ff.; RINGLER, 1980, S. 46 u. 48; MAYER, 1990, S. 23–34); Berlin, mgf 1257; Leipzig, UB, cod. 559; Stuttgart, LB, cod. theol. et phil. 2° 155; Wolfenbüttel, Hzg. Aug. Bibl., cod. 37.25 Aug. fol.; Würzburg, UB, cod. M.ch.q. 151.

Der Text, wie ihn die Hss. des 14. Jh.s überliefern, wird hier v. a. durch erklärende und formelhafte Zusätze deutlich erweitert. Es kommt aber auch zu sinnverändernden Aussagen, die die Absicht erkennen lassen, mystische Aussagen T.s zurückzunehmen. Der Bearbeitungsgrad ist von Predigt zu Predigt unterschiedlich. Über Berlin, mgf 1257 und die Leipziger Hs. ging diese Redaktion in einer gegenüber Cent. IV,29 kaum veränderten Textform in den ersten T.-Druck ein. In dieser Form erfuhren die T.-Predigten ihre weiteste Verbreitung.

b. Redaktion k, eine Bearbeitung von n: Karlsruhe, LB, cod. St. Blasien 75 (älteste Textform); Berlin, mgq 599; München, cgm 282; cgm 408; cgm 413; cgm 629; Stuttgart, LB, cod. theol. et phil. 2° 283, im 2. Teil, = 118va – 210rb (s. u. d). Die Bearbeitung verstärkt noch die Tendenzen des n-Redaktors. Alle Hss. dieser Redaktion überliefern nur den 2. Teil des Predigt-Zyklus.

c. Die Textstufe w weist keine durchgehende redaktionelle Bearbeitung auf; sie überliefert aber nur den 1. Teil des Predigt-Zyklus: Wolfenbüttel, Hzg. Aug. Bibl., cod. 17. 12 Aug. 4° (älteste Textform); München, cgm 373; cgm 410; Stuttgart, LB, cod. theol. et phil. 2° 283, im 1. Teil, = 8ra – 118rb (s. u. d).

d. Der in den betr. Hss. so bezeichnete 'Große Tauler' (vgl. SPAMER, 1910, S. 94–99) stellt eine Kontamination aus w, k und n dar, wobei einige Predigten ausgelassen wurden: Stuttgart, LB, cod. theol. et phil. 2° 283, v. J. 1445, aus dem Augustinerinnenkloster Inzigkofen (älteste Hs.; vgl. MAYER, 1990, S. 64–82); München, cgm 260; cgm 627; cgm 839; Salzburg, St. Peter, cod. b V 40 (gekürzt); Würzburg, UB, cod. M.ch.f. 66 ('Großer' und 'Kleiner Tauler' in einem Codex).

Der 'Kleine Tauler', der als Ergänzung zum 'Großen Tauler' angelegt ist, enthält die dort fehlenden Texte: Augsburg, UB, cod. III.1.4° 34; München, cgm 214; cgm 477 (Auszug); cgm 628.

e. Die ndl. Überlieferung (vgl. LIEFTINCK, 1936; AXTERS, 1961) weist große Eigenständigkeit auf. Sie spaltet sich in mehreren Predigten völlig von der obd. Überlieferung ab; d. h. man muß teilweise von anderen Predigten unter derselben Perikope sprechen. Daneben werden hier Predigten überliefert, die in der obd. Überlieferung fehlen. Der Predigt-Zyklus beginnt fast immer mit CORIN II, 69 (*Miserunt judeii ab Hierusalem*) und *Ego vox clamantis* (Basler T.-Druck Bl. $CLXVI^{vb}$ – $CLXVIII^{rb}$). Weitere Texte, die auch der Basler T.-

Druck bietet, werden vereinzelt von ndl. T.-Hss. überliefert. Die nd. und ripuar. Hss. sind der ndl. Tradition zuzurechnen (z. B. Hildesheim, StB, cod. 724 b; Darmstadt, LB u. Hochschulbibl., Hss. 1847 und 2694). Die ripuar.-ndl.-nd. Tradition müßte gleichberechtigt mit der obd. betrachtet werden, was bislang kaum geschehen ist.

Ein Kuriosum der ndl. Überlieferung ist die Identifizierung T.s mit dem Dominikaner Konrad von Preußen († 1426) in der Deventer Hs. cod. 101 D 12 (beschrieben von LIEFTINCK, 1936, S. 90–108) und dem Berliner mgf 823 (LIEFTINCK, S. 109–115). In der Deventer Hs. steht zu Beginn: *Conrad van prucien toegenomet tauweler*, in der Berliner am Schluß: *Explizit liber sermonum magistri conradi cognomento [?] taular ordinis predicatorum datoris deuotissimi*.

Über Konrad von Preußen s. P. v. LOË, Statistisches über die Ordensprovinz Teutonia (Quellen u. Forschg.n z. Gesch. d. Dominikanerordens in Deutschland 1), 1907, S. 35 f. Wie es zu dieser Gleichsetzung kam, ist unerfindlich.

5. Überlieferungswege. Neben Straßburg, das auch im 15. Jh. ein Überlieferungsschwerpunkt blieb (erhalten vor allem durch die Sudermann'sche Sammlung) und vor Augsburg (Zentrum der Überlieferung der Korpus- und Textformen w und k), wurde Nürnberg zum wichtigsten 'Verteiler', und hier besonders das Dominikanerinnenkloster St. Katharina. Der 'Große' und der 'Kleine Tauler', die erstmals für das Kloster Inzigkofen bei Sigmaringen nachweisbar sind, wurden wahrscheinlich ebenfalls über den Nürnberger Raum, möglicherweise über das Augustinerinnenkloster Pillenreuth, verbreitet (vgl. RINGLER, 1980, bes. S. 44–50 u. 54–58; MAYER, 1990, S. 83).

6. Drucküberlieferung. Erstdruck Leipzig, K. Kachelofen 1498 (= LT). Eine süddt. Ausgabe erfolgte 1508 durch Hans Otmar in Augsburg. Der Bibliothekar der Basler Kartause, Georg Carpentarii, bereitete die Basler Ausgabe (= BT) vor, die 1521 bei Adam Petri erschien (2. Aufl. 1522). Hier wurde der Text gegenüber LT punktuell geändert und die Anzahl der Predigten deutlich vermehrt, wobei von den zusätzlichen nur wenige T. zugesprochen werden können (s. u. IV.). Petrus Canisius, S. J. (Noviomagus) gab 1543 bei Casper Keulen den Kölner Druck (KT) heraus. Grundlage ist der Text von BT mit Besserungen nach einer Hs. aus dem Kölner St. Gertrud-Kloster. Wiederum kamen zahlreiche neue Texte hinzu, jedoch wurden nicht alle von BT eingebrachten Predigten übernommen. Der Kartäuser Laurentius Surius übertrug den gesamten Inhalt von KT ins Lateinische (Druck Köln, J. Quentel 1548). Damit war der Sprung über die dt. Sprachgrenze hinaus nach Frankreich, Spanien, Italien und England möglich. Auf der Basis einer Rückübersetzung des Surius-Druckes durch Daniel Sudermann erschien 1621 in Frankfurt eine T.-Ausgabe für Protestanten, während Johannes de Lixbona, OP, 1647 in Antwerpen eine 'katholische' Rückübersetzung herausgab. T.s Predigten wurden von 1498 bis heute nahezu kontinuierlich neu aufgelegt. Lediglich im 18. Jh. gibt es mit nur drei Ausgaben einen deutlichen Einbruch.

7. Ausgaben. F. VETTER, Die Predigten T.s. Aus der Engelberger u. der Freiburger Hs. sowie aus Schmidts Abschriften der ehem. Straßburger Hss. (DTM 11), 1910, Neudr. Dublin–Zürich 1968 (zit.: Pr. + Nr.); HELANDER, 1923, S. 346–361 (2 Predigten); A. L. CORIN, Sermons de Jean T. et autres écrits mystiques, 2 vol. (Bibl. de la Faculté de Philosophie et Lettres de l'Univ. de Liège 33 u. 42), Liège und Paris 1924/29 [I. Le Codex Vindobonensis 2744. II. Le Codex Vind. 2739]; L. NAUMANN, Ausgewählte Predigten J. T.s (Kleine Texte f. Vorlesungen u. Übungen 127), ²1933; J. QUINT, Textbuch z. Mystik d. dt. MAs: Meister Eckhart, J. T., Heinrich Seuse, ²1952.

Übersetzungen. W. LEHMANN, J. T., Predigten, 2 Bde, 1913 u. 1923; E. HUGUENY/G. THÉRY/A. L. CORIN, Sermons de T., Traduction sur les plus anciens manuscrits allemands, 3 tom., Paris o. J. [1927, 1930, 1935], Neuausg. Paris 1991; G. HOFMANN, J. T. Predigten, 1961, Neudr. Einsiedeln 1979, 2 Bde; Auswahl (15 Predigten): L. GNÄDINGER, J. T. Gotteserfahrung u. Weg in die Welt, Olten 1983.

III. Die Predigten.

J. T. hat nie systematisch eine Lehre ausformuliert. Eine solche ist lediglich aus den Predigten abzuleiten; der einzige echte Tauler-Brief an Elsbeth Scheppach und Margareta Ebner (hg. v. PH. STRAUCH, Margaretha Ebner u. Heinrich v. Nördlingen, 1882, Neudr. Amsterdam 1966, Brief LVII, vor Fastnacht 1346, S. 270 f.) hat als rein persönliches Begleitschreiben zu einer Geschenksendung nichts dazu beizutragen. Wie weit die von T. sicher zunächst wirklich vorgetragenen Predigten mit dem überlieferten Textcorpus übereinstimmen, ist hier wie in vergleichbaren anderen Fällen nicht zu klären.

1. Aufbau. Sprache.

T.s Predigten gehen stets von einem Bibelabschnitt aus, wie ihn die Liturgie des Tages im Laufe des Kirchenjahres in der

Perikope vorgibt. Eingangs folgt nach einer Übersetzung des Bibeltextes ins Deutsche zumeist eine Wort-für-Wort-Erklärung. Die Kenntnis des Literalsinns wird dabei im großen und ganzen vorausgesetzt; nur Namensetymologien werden zum besseren Verständnis des Buchstabensinns häufig ergänzt. Damit übernimmt T. zeitweise die Technik der aus der Patristik bekannten Homilie. Nebst der Worterklärung beachtet er jedoch die Aufbauregeln des Sermo, der eigentlichen Themapredigt. Formale und inhaltliche Abschnitte sind dabei oft durch eine appellative Anrede an die Predigtgemeinde gekennzeichnet. Sie verstärkt auch den zumeist inzitativen wie zugleich affektiv innigen Ton der Rede. Nach einer Predigteinleitung (*exordium*) nennt T. oft thematische Punkte (*dispositio, partitio*), deren Durchführung im Hauptteil der Predigt (*tractatio*) indes recht frei gehandhabt, wenn nicht gar unterlassen wird. Der anthropologische bzw. ethisch-aszetische Aspekt des Themas wird zumeist durch Kontrastmomente, durch Tadel und Kritik sowie den Aufruf zur Umkehr und Besserung (*exhortatio*) mit dem Ziel der *unio mystica* hervorgehoben.

Rhetorisches Vorgehen erweist sich vor allem durch bildlichen Ausdruck, der drastisch gesteigert werden kann, durch Anspielungen, Zitate und sentenzartige Formulierungen, durch Formen der Wortwiederholung und Variation des Ausdrucks, durch rednerische Periodenbildung und Konzentration der Gedankenreihen. Allerdings arbeitet T. dabei nicht logisch-argumentativ, er umkreist vielmehr meditativ und spekulativ einen konkreten Bezug. Rhetorische Fragen, fingierte Einwürfe und die entsprechenden Antworten, anrührende Interjektionen und Ausrufe, Aufforderungen im Imperativ oder durch Formen von 'sollen' und 'müssen' dienen der Paränese. Das Hauptgewicht liegt dabei stets auf der aus jedem Thema abgeleiteten mystischen Lebenslehre, auf der Darstellung einer für jeden Menschen möglichen Vereinigung mit Gott. Die um Erweckung bemühte Rede mündet zumeist mit sich steigernder Emphase in einer Erweiterung des Aspekts: der Vollzug des mystischen Wegs und der Überstieg in den transintellektuellen Bereich wird vom Hörer bzw. Leser der Predigt nicht nur gewünscht, sondern gefordert. Darauf schließt T. gewöhnlich mit einer knappen, auf das Predigtthema bezogenen Wunschäußerung und einer kurzen gebethaften Formel (*conclusio*) seine Rede ab.

2. Themen der mystischen Lebenslehre. Der Aufruf zur Umkehr (*kêr*) und Einkehr (*inkêr*) ergeht faktisch in jeder Predigt in doppelter Richtung: nach außen hin im Sinne der Lebensbesserung im Verhältnis zu den Mitmenschen, nach innen zur Läuterung und Neuausrichtung aller seelischen und geistigen Kräfte sowie deren Sammlung im tiefsten und gleichzeitig höchsten Punkt, dem Gemüt (*gemüt*).

a. Der auf dem überkommenen anthropologischen Schema vom inneren und äußeren Menschen aufgebaute Antagonismus ergibt ein unter verschiedenen Aspekten variierbares eindrückliches Predigtthema: auf dem dreifachen Weg der Reinigung (*via purgativa*), der Erleuchtung (*via illuminativa*) und des Verbundenseins mit Gott (*via unitiva*) – den drei auf der Lehre des → Dionysius Pseudo-Areopagita basierenden Stadien, neben denen auch die auf → Gregor den Großen zurückgehenden Etappen der Anfangenden, Fortschreitenden und Vollkommenen erwähnt werden – hat der äußere mit dem inneren Menschen mitzugehen bis zur *unio mystica*. In ihr werden alle naturgegebenen Kräfte der Sinne und der Vernunft überstiegen. T. greift auch auf das plotinische Philosophem vom dreifachen Menschen zurück: der äußere tierhafte und der vernunfthafte innere Mensch erweisen sich im 'dritten Menschen' (Pr. 64, S. 348,24; Pr. 67, S. 366,4 u. 20; Pr. 68, S. 373,11), im Grund, im Obersten, im Funken der Seele als gottfähig und gottförmig, ja als 'übergängig' in Gott. Da vermag sich nicht nur aufgrund der Gottebenbildlichkeit des Menschen die am innertrinitarischen Prozeß teilhabende Gottesgeburt im Menschen zu vollziehen, da kann sich auch die Überformung des Menschen durch Gott in

Gott (*deificatio, transformatio*) verwirklichen, denn die Seele des Menschen ist *gotec* (gottig, Pr. 37, S. 146).

Die wohl wichtigste Voraussetzung der *unio mystica* und *deificatio* besteht in dem von J. T. stark hervorgehobenen und komplex verstandenen Prozeß der Selbsterkenntnis (HAAS, 1971, S. 76 ff.). Durch die anfänglich ethisch-asztetisch vollzogene Umkehr gelangt der Mensch in der Selbsterkenntnis zur christlich-neuplatonisch verstandenen Rückkehr in seinen göttlichen Ursprung (*epistrophé*), zur Ungeschaffenheit in Gott. Im Prozeß der Selbsterkenntnis erkennt er in seinem *grunt* (oft auch mit dem Terminus *gemůt* benannt) Gott.

b. Der Prediger bedient sich zur Auferweckung seines Publikums aus der erbsündlich bedingten Trägheit noch eines weiteren Schemas, das mehr Stadien auf dem Wege zur *unio mystica* ins Auge faßt. Dabei folgt auf das innerliche Aufstehen des Menschen der Ternar Jubel (*jubilacio*), Bedrängnis, Anfechtung und Leid (*getrenge*), Durchbruch oder Hinübergang (*übervart*).

Die Anfangsphase des Jubels ist durch jene Freude gekennzeichnet, die sich aus der Erkenntnis der Schönheit Gottes und der Berührung durch ihn ergibt. Im Jubilus vermittelt Gott der Seele einen Vorgeschmack der Seligkeit wie seiner selbst. Ein Stadium des Entzugs und der inneren Dunkelheit folgt auf die erfahrenen Liebeserweise Gottes. Diese Krisis dient der Stählung und Erprobung, erscheint dem Betroffenen jedoch als Ausweglosigkeit. Nach T. muß diese Phase ohne Anspruch auf Linderung oder Trost durchgestanden werden, wobei die menschliche Natur leiblich, seelisch und geistig manchen Tod zu sterben hat (*mors mystica*). Ohne eigenes Dazutun des Menschen folgt darauf der Durchbruch und der damit ermöglichte Übergang des Menschen in die Einheit mit Gott. Manchmal ereignet sich der geschenkte Übergang (*übervart*) – dionysischer Tradition gemäß – in einer Lichterfahrung (als Sonnenaufgang in Pr. 39, S. 162).

Wer durch die Zuständlichkeiten *jubilus* und *getrenge* im *durchbruch* in Gott angelangt ist, wird nach der seit der Zeit der Kirchenväter in der mystischen Theologie geläufigen Formel aus Gnade das, was Gott von Natur ist. Um eine falsche Aneignung dieses Zustands der Vergöttlichung auszuschließen, mahnt T. den darin erfahrenen Menschen, sich unentwegt in der Demut klein und zu nichts zu machen. Überhaupt bildet die den Menschen in der Selbsterkenntnis selbstvernichtigende Demut in einer beständigen Bewegung des Sinkens in die Tiefe den Ausgangspunkt der in der vergöttlichenden *unio* sich vollziehenden Erhöhung.

c. Da die Empfindung der *unio mystica* mit Gott während der irdischen Lebenszeit nicht anzuhalten vermag, handelt T. in manchen Predigten vom bedrängenden Wesenshunger und -durst des Menschen. Auch durch die Betätigung der eigenen höchsten Kräfte und Fähigkeiten vermag der Mensch sein Ungenügen und seine Sehnsucht nach der Einheit mit Gott nicht zu stillen. Davon spricht T. am eindrücklichsten in weit und selbständig ausgestalteten Bildreden, so in der Jagd-Allegorie (Pr. 11, S. 50 ff.) und etwa im Passus über die geistliche Trunkenheit (ebd., S. 53 f.). Liebeserfüllung und scheinbarer Liebesentzug (in punktueller Anlehnung an → Richard von St. Viktor, 'De IV gradibus violentae caritatis') bestimmen nach T. das 'Spiel' (Pr. 11, S. 55,29) Gottes mit dem Menschen: Zwar kommt Gott dem Menschen unverdienterweise beständig entgegen (Pr. 27, S. 111), er entzieht ihm die Liebe niemals, doch gewährt er im irdischen Leben nicht immer deren Empfindung und Genuß. T. bevorzugt denn auch vor braut- und liebesmystischen Vorstellungen und Redeweisen andere Bilder zur Darstellung der *unio mystica*.

d. Die Rückkehr des Menschen in die Ungeschaffenheit und in die Einheit mit Gott beschreibt T. wohl am überzeugendsten und originellsten in seiner Abgrundspekulation. An ihrem Anfang steht – wie bei der Drei-Wege-Lehre – der Selbsterkenntnisprozeß. Beim Abstieg ins eigene Innere stößt der Mensch in eine bodenlose Tiefe vor, ins eigene unendliche Nichts (kreatürliche Seinsabhängigkeit und Seinsmangel, erbsündliche Seinsbeeinträchtigung), dem dann die Unermeßlichkeit der göttlichen Seinsfülle ihrer Unfaßlichkeit wegen ebenfalls als Nichts erscheint. Im Ewigkeitsabgrund Gottes treffen der göttliche und der menschliche Abgrund aufeinander, diese Abgründe rufen sich gegenseitig herbei (nach Ps 41,8). T. beschreibt die Begegnung seins- und einheitsphilosophisch wie folgt: *Abyssus abyssum invocat, das abgründe das in leitet das abgründe. Das geschaffen abgründe das in leitet von siner tieffe wegen. Sin tieffe und sin bekant nicht das zühet das ungeschaffen offen abgründe in sich, und do flüsset das ein abgründe in das ander abgründe und wirt do ein einig ein, ein nicht in das ander nicht* (Pr. 45, S. 201).

Neben der mit wassermetaphorischen Vorstellungen verbundenen Abgrundspekulation trägt T. weitere Einheitsbilder vor, die sich auf eine bis auf die Zeit der Kirchenväter zurückreichende Tradition stützen. Dazu gehört die Metapher vom Wassertropfen, der sich im Meer verliert oder, dem Wein beigemischt, von diesem ununterscheidbar wird (Pr. 7, 32 und 68), weiter das Bild von der Luft, die sich mit dem Sonnenlicht für das menschliche Erkennen unsichtbar fusioniert (Pr. 54). Die gängige Metapher vom Eisen im Feuer, das, glühend, das Aussehen des Feuers annimmt, obgleich es Eisen bleibt, ersetzt T. durch das Bild des Holzes, das im Feuer verzehrt wird (Pr. 60 c, S. 265, 31–34), womit er deutlich macht, daß er die Betonung nicht auf den Vorgang der Vereinigung von Ungleichem, vielmehr auf die sich ergebende Ununterscheidbarkeit legt.

e. Nach T.s Predigtaussagen führen selbst konkrete Frömmigkeitsübungen, richtig vollzogen, zur Einheitserfahrung mit Gott. So bedeutet das Gebet — T. bezieht sich auf die seit dem 13. Jh. Allgemeingut gewordene Gebetsdefinition des Johannes Damascenus ('De fide orthodoxa' III,24) — nichts anderes als den Aufstieg des Gemütes in Gott (vgl. Pr. 3, 15 und 24). Besondere Wertschätzung bringt T. dem Vaterunser entgegen (Pr. 24). Dessen einzelne Bitten legt er als Stadien des mystischen Weges aus, die sich während des Gebets im Beter zu erfüllen haben.

f. Die in der Selbsterkenntnis erreichte abgründige Demut und Loslösung von egozentrischen Wünschen führt zur Freiheit in Gott (*ledikeit*) und zur Loslösung von allem (*gelassenheit*). Wie Meister Eckhart faßt T. sämtliche Formen des Verzichts auf Eigenbesitz unter dem Begriff der geistigen Armut zusammen. Die Mutprobe auf die geistige Armut besteht in der *resignatio ad infernum*, in der bedingungslosen Bereitschaft, sich in einen ewig währenden Höllenaufenthalt zu schicken, wenn Gott dies so bestimmte; in Pr. 46 zitiert T. *Wigman*, → Wichman von Arnstein († 1270), mit dessen Beispiel er das *resignatio ad infernum*-Motiv illustriert (s. K. Ruh, ZfdA 120 [1991] 322–325). Geistige Armut wie tiefste Demut halten sich also nicht einmal zum Anspruch auf eigene Seligkeit berechtigt. Paradoxerweise allerdings zieht die durch Demut in ihr abgründiges Nichts versenkte Menschenseele das göttliche Nichts des Abgrundes unweigerlich an. Vorbild in der Verwirklichung der geistigen Armut ist Jesus Christus durch die in der Inkarnation nicht gescheute *kenosis*, in der er nichts anderes wollte, als daß sich nicht sein eigener, sondern der Wille des Vaters erfüllte. Steht der Mensch in solcher Weise in der Nachfolge Christi leer, dann erfüllt ihn der Hl. Geist. Die sieben vom Hl. Geist geschenkten Gaben legt T. auf die den mystischen Weg kennzeichnenden Etappen und Zustände aus (Pr. 26, S. 109).

g. Die Einheit von tätigem und beschaulichem Leben (*vita activa* und *vita contemplativa*) gestaltet sich nach T. ebenfalls in der Perspektive der *unio mystica*. Sie macht die Berufung eines jeden Menschen aus (Mieth, 1969, S. 235 ff.). Ungeachtet der konkreten Lebensform heißt Einheit von Tätigsein und Beschaulichkeit soviel wie Einssein mit Gott. Die scheinbare Gegensätzlichkeit von tätigem und beschaulichem Leben fällt dadurch dahin, daß Gott im demütigen, gelassenen und geistig armen Menschen selbst alles wirkt. Auch dafür bleibt Jesus Christus der Weg. Wie diese Nachfolge im Einzelleben auszusehen hat, dies gibt Gott durch seinen persönlichen Ruf (*rûf*) mit Rücksicht auf die jeweilige Veranlagung, Befähigung und körperliche Konstitution jedem Menschen zu verstehen. Werke der Nächstenliebe bedeuten keinerlei Beeinträchtigungen im geistig-geistlichen Leben (wie nach Meister

Eckhart dem Bedürftigen sein Süpplein stets zu gewähren ist, vgl. Tauler, Pr. 56, S. 264). Nicht eigenes Gutdünken, Gott vielmehr soll bestimmen, wann ein gutes Werk gewirkt und wann in Gott geruht werden soll. Mit dieser Indifferenz geistlicher Wirksamkeit oder Geruhsamkeit gegenüber beginnt bereits hienieden das Leben der Ewigkeit (vgl. Pr. 39, S. 159).

h. T. betrachtet auch den kirchlich-sakramentalen Weg als einen mystischen. Die sakramentale Beichte und die Eucharistie nehmen in seinem Predigtcorpus einen breiten Raum ein. Konkrete Fragen der Beichtpraxis und des Kommunionempfangs werden ausgiebig – stets im Hinblick auf die zu erreichende *unio mystica* – besprochen.

Bloße Gebots- und Pflichterfüllung bei der Beichte ist so wertlos wie bloßes Lippengebet. Darum erfolgt der Aufruf zu echter Reue und dem Vorsatz wahrhaftiger Besserung. Der eigentliche Beichtakt soll sich sogleich nach der Verfehlung vor Gott in persönlichem Gegenüber ereignen. Die Vorbereitung auf den Empfang der Eucharistie sieht T. in Verbindung mit der in der Reinigungsetappe des mystischen Wegs erfolgten Reinigungsbemühung (vgl. die Eucharistiepredigten 60 c, 60 f, 32 und 33). Jesus Christus, Gottes- und Menschensohn, stiftet die Einheit von Mensch und Gott. Bei der Beschreibung des eucharistischen Mahls knüpft T. beim äußeren leiblichen Menschen mit seinem arteigenen Modus der Nahrungsaufnahme an. Das Mahl der Eucharistie stellt für ihn aber den direktesten Weg des Menschen zur Vereinigung und Einheit mit Gott dar.

Die Kirche ist nach der Auffassung T.s, wie die Eucharistie, ein geheimnisvoller Leib, das *corpus mysticum*. Die Kirche als Gebäude, in dem sich die Liturgie und deren Gebräuche vollziehen, und die Kirche als äußere organisatorische Institution dienen vorab dem geistig-geistlichen Organismus, dessen Haupt Jesus Christus ist (nach Col 1,18 und 1 Cor 12 ff.). Das gegenseitige Verhältnis der vielerlei Glieder an diesem Leib, der Gläubigen also, hat sich als eine Ordnung der Liebe zu erweisen. Im kirchlichen Organismus trägt jedes Glied nicht nur die Verantwortung für sich; geistige Stellvertretung für Sünder ist den Gottesfreunden möglich. Am heilsökonomischen Fluß der Gnade und Lehre erhält den größten Anteil, wer in ökumenischer Gesinnung sich der Beurteilung und des Bewertens der Mitmenschen enthält. Wer durch die kirchlichen Zirkulationsbahnen Guten wie Bösen nur Gutes zukommen läßt, steht in der Einheit mit Gott, der es ebenso hält (Pr. 62, S. 340).

3. Quellen.

Obschon sehr selbständig, führt J. T. in seinen Predigten (bes. Pr. 64) zahlreiche Autoritäten an. Neben den ntl. beglaubigten Autoritäten wie Johannes dem Täufer, Jesus Christus selbst, den Apostelfürsten Petrus und Paulus sowie dem Lieblingsjünger Johannes zitiert er häufig die Kirchenväter → Augustinus und Gregor den Großen, sodann Dionysius Pseudo-Areopagita. Weiter, ihm zeitnäher, beruft sich T. öfters auf den Ordensvater Dominikus sowie auf bestimmte Vertreter der Dominikanerscholastik, so auf → Albertus Magnus, Thomas von Aquin, → Dietrich von Freiberg und Meister Eckhart. Anonym dürften sich als einflußreich die Dominikaner → Hugo Ripelin von Straßburg, → Ulrich Engelbrecht von Straßburg, → Johannes von Freiburg, → Johannes Picardi von Lichtenberg, Johannes von Sterngassen und → Nikolaus von Straßburg erwiesen haben. Unter den mal. Mönchstheologen bevorzugte J. T. → Bernhard von Clairvaux und, ohne namentliche Erwähnung, da seine Werke pseudonym unter dem Namen Bernhards von Clairvaux überliefert wurden, → Wilhelm von St. Thierry, sodann unter den Viktorinern → Hugo und Richard. Auch gewisse heidnische Meister und Philosophen schätzte T. hoch ein, außer → Aristoteles und Plato besonders Proklos, der innovatorisch nachwirkte. Durch die 'Expositio' seines Mitbruders Berthold von Moosburg, mit dem T. am Studium generale zu Köln noch persönlich oder doch in seiner schriftlichen Hinterlassenschaft bekannt geworden sein kann, lernte er die 'Tria opuscula' des Proklos kennen. Mit Berthold von Moosburg zusammen war T. also damals der erste Entdecker des proklischen *unum in nobis*; er gibt in seinem Proklos-Zitat jedenfalls den Wortlaut Bertholds von Moosburg in der Vorrede und im Kommentar (44. These) zu den proklischen 'Opuscula' wieder (eine Entdeckung, die L. STURLESE, 1987, S. 415 ff., zu verdanken ist). Berthold von Moosburg, der seinen Kommentar zur

'Elementatio theologica' des Proklos durch seine Interpretation von 'De X dubitationibus' und 'De providentia', Traktaten aus den 'Opuscula' des Proklos, begründet, ermöglicht T. die Darstellung eines transintellektuellen Einsseins des 'göttlichen Menschen' (*homo divinus* aufgrund des *unum animae*) mit Gott, das, als Ergebnis der weiterentwickelten Intellektspekulation der deutschen Albert-Schule, die *beatitudo contemplativa* als intellektuelle Schau zu ersetzen vermag (STURLESE, 1987, S. 413 ff., und ders., 1977, S. 23 f.).

Die Funktion und das Gewicht der Namensnennung von Autoritäten in den Predigten T.s bleibt im jeweiligen Predigtzusammenhang im einzelnen noch zu bestimmen. Sicher ist schon jetzt, daß T. bei den genannten Autoritäten, wie hoch er deren Lehre auch immer einschätzen mochte, wohl weniger an der Gelehrsamkeit denn an dem gelebten Zeugnis gelegen war: er suchte das Beispiel von *lebmeistern*, die er den *lesmeistern*, den Theologen, die viel wissen, aber nur wenig davon in die Praxis umsetzen, mit Nachdruck vorzog. Wer den mystischen Weg zur *unio* beschritt, lebte nach Ansicht T.s beispielhaft.

IV. Pseudo-taulerische Schriften.

1. Einige nicht authentische Predigten und Traktate wurden schon in der frühen hs.lichen Überlieferung gemeinsam mit T.s echten Predigten tradiert:

a. Der Traktat 'Vanden vier becoringhen' Jans van Ruusbroec findet sich bereits vor 1400 in einer gekürzten obd. Übertragung in der Straßburger Sammlung (A 89 und A 88) und ging über die Redaktion n (vgl. o. II.) in die Drucküberlieferung ein.

b. Die ebenfalls aus dem 14. Jh. stammenden rhfrk. Hss. Wien, codd. 2739 u. 2744 bieten mehrere Texte explizit unter T., die ihm abgesprochen oder nicht eindeutig zuerkannt wurden. Hs. 2744: CORIN I, Nr. 14 u. Nr. 16; Hs. 2739: die Seuse-Predigt *Exivi a patre et veni in mundum ...* (BIHLMEYER, S. 556–558); die Predigt CORIN II, Nr. 28; die Traktate CORIN II, Nrr. 33, 39, 39 b, 40, 41, 42 und 43; sowie vier Briefe (CORIN II, Nrr. 35, 36, 37 und 61), die 3 ersten auch im Kölner Druck von 1543.

c. Die Predigten *Es soll ein mensch nach der ler salomonis*; *Dise grosse marter ward unserm herren*; *Du solt tun als die taub noe*; *Ein teil des samens fiel in gut erdreich* sowie die Marienpredigt ('Kölner Predigt') des → Heinrich von Löwen waren fester Bestandteil des 'Großen' und 'Kleinen T.' (s. o.). Die ersten beiden Predigten sollen in einem – allerdings nicht näher geklärten – Verhältnis zur → 'Goldenen Muskate' stehen.

d. Die Eckhart-Predigten PFEIFFER II, Nrr. 1–4 wurden in die Hss. der Redaktion n eingebracht und gelangten so in die Drucküberlieferung.

e. Traktate: Unter T. liefen neben einigen mystischen Mosaiktraktaten (SPAMER, 1910) ein 'Sendbrief vom Leiden', der → 'Traum eines Gottesfreundes', 'Ein → verstantlich beschawung', die → 'Eckhart-Legenden' 'M. Eckharts Tochter' und 'M. Eckharts Wirtschaft', Auszüge aus Eckharts 'Liber positionum' und 'Von abegescheidenheit', 'Acht Stücke eines wahren Nachfolgers Christi' (QUINT, Hss.funde I 121 u. 214), 'Von siebenerlei Ordnung' (SPAMER, 1910, S. 109 f.), 'Von den → drîn fragen' (DENIFLE, 1879 [II], S. 39, Text: S. 137–146), 'Lehren von der Vereinigung der Seele mit Gott' (SPAMER, 1910, S. 110), 'Von der Seele' (ebd., S. 110), 'Vom → Grunde aller Bosheit'. Der Großteil dieser Texte wurde vom 'Großen' und 'Kleinen T.' in die T.-Überlieferung eingebracht.

f. Die Rulman Merswin zugehörigen Schriften 'Meisterbuch', 'Neunfelsenbuch' und der Traktat 'Von der geistlichen Spur' wurden bereits in der hs.lichen Überlieferung unter T.s Namen tradiert.

2. Weitere Texte kamen mit den Drucken BT und KT (s. o. II.6.) hinzu:

a. BT fügte den von LT (1498) übernommenen Predigten einen umfangreichen zweiten Teil (CLXV^{ra}–CCXLII^{rb}) mit 44 Stücken an (in der Forschung ist meist von 40 oder 42 die Rede). Einige Texte davon kursierten auch in der ndl.-nd. Überlieferung (vgl. LIEFTINCK, 1936). Zumindest die 2. Predigt *Ego vox clamantis in deserto* (CLXVI^{vb}–CLXVIII^{rb}) dürfte T. gehören. Eine eingehende Untersuchung steht noch aus. Ein weiterer Zusatz (Teil 3: CCXLII^{va}–CCCXVIII) wird T. und Meister Eckhart zugeschrieben und bietet eine Reihe von echten Eckhart-Predigten.

b. KT bringt den 1. und 2. Teil von BT und 29 neue Predigten. Den Schluß (279ra–341vb) bildet eine aus 77 Kapiteln bestehende Textsammlung: 279ra–321vb: 'Des erleuchten D. Johannes Tauleri götliche leren' (39 Kap.); 321vb–331va: 27 Briefe; 331va–332vb: → Tauler-Cantilenen; 332va–336vb: Prophezeiungen; 336vb–337ra: 'Das klar spiegel und lieblich bilt, das unser here Jesu Christus unß fürgetragen hat'; 337va–338va: 'Meister Eckharts Wirtschaft' (→ 'Eckhart-Legenden'); 338va–338va: 'Eynn bild reiche form eyns vollkommen menschen' (PFEIFFER II, Nr. 67, S. 624); 338va–341vb: 3 Belehrungen für einen guten Tod.

Diesen von Petrus Canisius eingebrachten 'Göttlichen Lehren' oder 'Institutiones taulerianae' war eine große Wirkung beschieden. Sie begleiteten alle großen T.-Ausgaben bis ins 19. Jh., wurden aber auch separat überliefert und galten als ein zentrales Werk T.s; erst die Untersuchung von C. SCHMIDT (1841) entlarvte sie als eine geschickte Kompilation (vgl. PREGER, Mystik III, S. 85). Quellen dieser Kompilation, namentlich der ersten 39 Kapitel, sind neben T.: Meister Eckhart; das → 'Buch von geistlicher Armut'; → Thomas Hemerken, 'Nachfolge Christi'; Ruusbroec und Pseudo-Ruusbroec, die 'Zwölf Tugenden'; Canisius nennt noch Geert → Groote und Heinrich von Löwen.

c. Surius hat bei der lat. Übertragung von KT (Köln 1548) den Text noch erweitert. Er brachte u. a. Auszüge aus der 'Isagoge' des Eschius ein, der er auch einen Auszug aus Seuses 'Horologium sapientiae' entnahm; außerdem fügte er seiner lat. Ausgabe noch den Traktat 'De X caecitatibus et XIV amoris radicibus' an, erweiterte die Briefe auf 30 und ergänzte die Sammlung mit 6 Eckhart-Predigten unter dem Namen T.s (PFEIFFER II, Nrr. 4, 2, 1, 6 [= DW 1,1], 17, 3) sowie drei Predigten unter Meister Eckhart (PFEIFFER II, Nrr. 69 [= DW 68], 42 [= DW 69], 39). Diese Sammlung war später auch u. d. T.'Medulla animae' oder 'Institutiones aut doctrina' verbreitet.

d. Ebenfalls 1548 brachte Surius bei Johannes Quentel seine Übersetzung des 'Wijngaert der sielen' des Jacob → Roecx heraus; diese 'Meditationes' oder 'Exercitia de vita et passione Salvatoris' werden im Titelblatt T. zugeschrieben.

e. Das 'Buch von geistlicher Armut' wurde von Daniel Sudermann T. zugesprochen und 1621 in Frankfurt u. d. T. 'Doctors J. Taulers Nachfolge des armen Lebens Christi' gedruckt.

f. Sudermann gab zwischen 1620 und 1626 die Tauler-Cantilenen (s. o.) heraus und schrieb dabei auch das Lied → 'Es kommt ein schiff geladen' T. zu.

g. Unter Zuschreibung an T. erschien 1621 'Ein edles Buchlein ... Wie der Mensch möge Ernsthaftig geistlich vnnd Gottschawende werden', eine Rückübersetzung von Ruusbroecs 'De calculo' bzw. 'Vanden blinkenden steen' oder 'Vanden vingherlinc'.

V. Wirkung.

T.s Wirkung war enorm; sie ist nur in Teilaspekten zu erfassen, zumal eine Fülle von Pseudo-Tauleriana die Wirkungsgeschichte maßgeblich mitbestimmte. Außerdem ist zu berücksichtigen, daß T. oft zusammen mit anderen Autoren mystischer Literatur rezipiert und diskutiert wurde, so mit Jan van Ruusbroec und Hendrik → Herp sowie Seuse.

1. Voraussetzung für die große Verbreitung der T.-Predigten waren die religiösen Reformbestrebungen des 15. Jh.s.

Unwahrscheinlich ist dagegen ein Einfluß auf Dorothea von Montau und Johannes → Marienwerder, wie er von H. WESTPHAL (Die Geistesbildung der seligen Dorothea von Montau, Zs. f. d. Gesch. u. Altertumskde Ermlands 29 [1957] 172–197) und U. HORST (Beiträge zum Einfluß T.s auf das Deutschordensland Preußen, in: FILTHAUT, 1961, S. 408–421) angenommen wird. Ebenso fragwürdig ist die Existenz einer 'Taulersekte' in Preußen in der 1. Hälfte des 15. Jh.s.

2. Der Einfluß T.s auf Martin Luther und andere Reformatoren, wie Thomas Müntzer, ist dagegen nicht zu leugnen: Bereits im Römerbriefkommentar (1516) erwähnt Luther T., und in der Folgezeit – bis 1522 – griff er mehrmals auf ihn zurück (Zitate bei DENIFLE, ^{2}1904, S. 150–159 u. DE HORNSTEIN, 1922, S. 193–206). T. kam so in den Ruf eines 'Kryptoprotestanten' (WEILNER, 1961, S. 45), oder Luther wurde in völliger Abhängigkeit von T. gesehen (MOELLER, 1956, S. 1; ähnlich schon PREGER, Mystik III, S. 194), während andere T.s Einfluß auf Luther für gering halten (z. B. SCHEEL, 1920; COGNET, 1980, S. 243). Das Problem ist letztlich bis heute nicht geklärt, zumal es sich hier um einen stark konfessionell geprägten Streit handelt, der mit den Auseinandersetzungen zwischen Eck und dem Reformator begann, wobei Eck T. der Häresie bezichtigte (z. B. in 'De Purgatorio contra Lutherum' von 1523; in der Pariser Auflage von 1548, S. 125); Louis de Blois (Ludwig Blosius), Abt von Liessies bei Avesnes, trat 1553 mit der 'Apologia pro Taulero' Eck entgegen. Der Streit setzte sich über die 'protestantischen' bzw. 'katholischen' T.-Ausgaben fort (vgl. o. II.6.) und blieb durch die Wertschätzung T.s seitens der protestantisch-pietisti-

schen Bewegungen des 17. und 18. Jh.s weiter aktuell, bis er schließlich in die wissenschaftlichen Kontroversen des 19. Jh.s, etwa zwischen PREGER und DENIFLE, mündete; seitdem flammt er immer wieder auf.

Auf T. griffen zahlreiche protestantische Autoren zurück: Sebastian Franck, 'Paradoxa', 1534; Michael Neander, 'Theologie Bernhardi et Tauleri', 1584; Johann Arndt, 'Postilla Johannis Tauleri', 1621, und die 'Vier Bücher vom wahren Christentum', Frankfurt 1621; Jacob Böhme, 'Josephus Redivivus', 1631; Ahasverus Fritschi, 'Pietas Tauleriana, oder geistreiche, gottselige und erbauliche Tugendsprüche und Lebensregeln', Frankfurt a. M. 1676; Heupel 'Memoria Johannis Tauleri', Wittenberg 1688.

3. Besonders mächtig war die Wirkung T.s in den Niederlanden. Davon zeugen nicht nur die rund 60 ndl. T.-Hss. (AXTERS, 1961, S. 369) und mehrere Drucke; auch zahlreiche Werke ndl. Autoren des 16. und 17. Jh.s sind von T. beeinflußt. Der bedeutendste Text mit 20 Druckauflagen war die 'Margerita Evangelica' ('Een devoet boecxken geheeten de Evangelische Peerle').

Die unbekannte Verfasserin stand im Kontakt mit namhaften Personen wie Dietrich Loher (er schrieb das Vorwort zur 1. unvollständigen Ausgabe von 1535 [Utrecht]), Nikolaus van Essche (Eschius; um 1507–1578) und Petrus Canisius. Eschius brachte 1538 in Antwerpen die erste vollständige Ausgabe u. d. T. 'Die groot Evangelische Peerle' heraus, wobei er im Vorwort schreibt, daß er auf einen geplanten ndl. T.-Druck verzichten werde, da die Lehre T. s in der 'Peerle' vollständig enthalten sei. Neben T. sind als Quellen Meister Eckhart, Ruusbroec und → Marquard von Lindau gesichert.

4. Neben den quietistischen Bewegungen und den protestantisch-pietistischen Kreisen sind vor allem einige katholische Orden für das Weiterwirken T.s verantwortlich. Kartäuser besorgten die Druckausgabe von Basel (1521/22) und die lat. Übersetzung (Köln 1548). Bei den Kapuzinern und Jesuiten kam es um 1600 zu Auseinandersetzungen um die Schriften T.s. Italienische Kapuziner gaben die lat. T.-Predigten in Macerata heraus (um 1668–71, vgl. WALZ, 1961, S. 374 f.). Von T. sehr stark beeinflußt war der große Prediger und Ordensgründer Paolo della Croce (1694–1775). Bei den Passionisten blieb deshalb die hohe Wertschätzung T.s erhalten und ist noch im 19. Jh. deutlich nachweisbar (etwa bei Gabriel Possenti und Norberto di S. Maria dell'Orto, gest. 1862 bzw. 1911; letzterer übertrug als erster die Predigten T.s ins Italienische. Das Werk blieb ungedruckt, das Manuskript ist aber erhalten).

Nicht ganz so eindeutig ist T.s Bedeutung für die spanische Mystik. In Anbetracht der Tatsache, daß die lat. Übertragung durch Surius in Spanien zirkulierte, kann man jedoch von einer Beeinflussung ausgehen.

Literatur. Bibliographie bis 1961 bei G. HOFMANN, Lit.geschichtl. Grundlagen zur T.-Forschung, in: FILTHAUT, 1961 (s. u.), S. 460–479.

Zu I. u. III.: H. S. DENIFLE, T.s Bekehrung, Hist. polit. Bll. 84 (1879) 797–815, 877–897 (I); ders., T.s Bekehrung. Kritisch untersucht (QF 36), Straßburg 1879 (II); D. HELANDER, J. T. als Prediger, Diss. Lund, Uppsala 1923; G. MÜLLER, Scholastikerzitate bei T., DVjs 1 (1923) 400–418; H. KUNISCH, Das Wort 'Grund' in der Sprache d. dt. Mystik d. 14. u. 15. Jh.s, Diss. Münster i. W. 1929; K. GRUNEWALD, Stud. zu J. T.s Frömmigkeit (Beitr. z. Kulturgesch. d. MAs u. d. Renaissance 44), 1930; C. KIRMSSE, Die Terminologie des Mystikers J. T., Diss. Leipzig 1930; W. OEHL (Hg.), Dt. Mystikerbriefe d. MAs, 1100–1550, 1931, Neudr. 1972; H. WILMS, Das Seelenfünklein in d. dt. Mystik, Zs. f. Askese u. Mystik 12 (1937) 157–166; L. REYPENS, De 'Gulden Penning' bij T. en Ruusbroec, OGE 24 (1950) 70–78 (ins Deutsche übertragen in: K. RUH [Hg.], Altdt. u. altndl. Mystik [WdF 23], 1964, S. 353–362); H. S. DENIFLE, Die dt. Mystiker d. 14. Jh.s. Aus dem lit. Nachlaß hg. v. O. SPIESS (Studia Friburgensia NF 4), Freiburg/Schw. 1951; M. DE GANDILLAC, Valeur de temps dans la pédagogie spirituelle de Jean T. (Etudes Médiévales de Montréal), Montréal–Paris 1956; B. MOELLER, Die Anfechtung bei J. T., Diss. (masch.) Mainz 1956; P. WYSER, Der Seelengrund in T.s Predigten, in: Lebendiges MA, Fg. f. W. Stammler, Freiburg/Schw. 1958, S. 203–211 (auch in: K. RUH [Hg.], 1964 [s. o.], S. 324–352); E. FILTHAUT (Hg.), J. T., ein dt. Mystiker. Gedenkschrift zum 600. Todestag, 1961 (darin die folgenden Beiträge: E. FILTHAUT, J. T. u. d. dt. Dominikanerscholastik des 13./14. Jh.s, S. 94–121; H. C. SCHEEBEN, Zur Biographie J. T.s, S. 19–36; ders., Der Konvent der Predigerbrüder in Straßburg – Die religiöse Heimat T.s, S. 37–74; D. M. SCHLÜTER, Philosophische Grundlagen d. Lehren J. T.s, S. 122–161); I. WEILNER, J. T.s Bekehrungsweg. Die Erfahrungsgrundlagen seiner Mystik (Stud. z. Gesch. d. kath. Moraltheologie 10), 1961; A. WALZ, 'Grund' und 'Gemüt' bei T., Angelicum 40 (1963) 328–369; C. PLEUSER, Die Benennungen u. der Begriff des Leides bei J. T. (Philol. Stud. u. Quellen 38), 1967; S. DUSSART-DEBÈFRE, Die Sprache der Predigten J. T.s nach der Wiener Hs. nr. 2744 (Dt. Dialektgeographie 71), 1969; D. MIETH, Die Einheit von vita activa und vita contemplativa in den dt. Predigten u. Traktaten Meister Eckharts u. bei J. T. (Stud. z. Gesch. d. kath. Moraltheologie 15), 1969; A. M. HAAS, Nim din selbes war. Stud. z. Lehre von d. Selbsterkenntnis bei Meister Eckhart, J. T. u. Heinrich Seuse (Dokimion 3), Freiburg/Schw. 1971; G. WREDE, Unio mystica. Probleme der Erfahrung bei J. T., Uppsala 1974; L. STURLESE, Alle origini della mistica speculativa tedesca, Rivista di storia della filosofia medievale 3 (1977) 21–87; A. D. MOSHER, The Language of the Alemannic Version of the Sermons of J. T., Phil. Diss. Univ. of Massachusetts, Ann Arbor 1979; B. GORCEIX, Amis de dieu en Allemagne au siècle de Maître Eckhart, Paris 1984; F. GRAUS, Pest–Geißler–Judenmorde. Das 14. Jh. als Krisenzeit (Veröffentlichungen d. Max-Planck-Instituts f. Gesch. 86), 1987; A. M. HAAS, Dt. Mystik, in: DE BOOR, LG III 2/ GLIER, hier S. 268–275; L. STURLESE, T. im Kontext. Die philosoph. Voraussetzungen des 'Seelengrundes' in d. Lehre d. dt. Neuplatonikers Berthold v. Moosburg, PBB 109 (1987) 390–426; W. SENNER, Johannes v. Sterngassen OP u. sein Sentenzenkommentar, Teil I: Studie, Teil II: Texte, Diss. Louvain 1988; A. M. HAAS, 'Die Arbeit der Nacht'. Mystische Leiderfahrung nach J. T., in: G. FUCHS (Hg.), Die dunkle Nacht der Sinne. Leiderfahrung u. christl. Mystik, 1989, S. 9–40; M. EGERDING, Leben in Demut. Zu einer Grundhaltung in den Predigten von J. T., Geist u. Leben 63 (1990) 99–110; ders., J. T.s Auffassung vom Menschen, Freiburger Zs. f. Philos. u. Theol. 39 (1992) 105–129; L. GNÄDINGER, J. T., in: Dict. Spir. 15, 1991, Sp. 57–79; TH. GANDLAU, Trinität u. Kreuz. Die Nachfolge Christi in der Mystagogie J. T.s (Freiburger theol. Stud. 155), 1993; L. GNÄDINGER, J. T. Lebenswelt u. mystische Lehre, 1993; W. HAUG, J. T.s Via negationis, in: ders./B. WACHINGER (Hgg.), Die Passion Christi in Literatur u. Kunst des SpätMAs (Fortuna vitrea 12), 1993, S. 76–93; S. ZEKORN, Gelassenheit u. Einkehr. Zu Grundlage u. Gestalt geistl. Lebens bei J. T. (Stud. z. systemat. u. spirituellen Theologie 10), 1993.

Zu II.: A. SPAMER, Über die Zersetzung u. Vererbung in d. dt. Mystikertexten, Diss. Gießen 1910, bes. S. 84–119; PH. STRAUCH, Zu T.s Predigten, PBB 44 (1920) 1–26; D. HELANDER (s. o. zu I.); ST. AXTERS, Bijdragen tot een bibliographie van de Nederlandsch Dominikaansche Vroomheid II, OGE 6 (1932) 137–152; G. I. LIEFTINCK, De midelnederlandsche T.-Hss., Groningen 1936; QUINT, Hss.funde I u. II; ST. AXTERS, J. T. in den Nederlanden, in: FILTHAUT, 1961 (s. o. zu I.), S. 348–370; G. HOFMANN, ebd., S. 436–460; K. SCHNEIDER, Beziehungen zwischen den Dominikanerklöstern Nürnberg u. Altenhohenau im ausgehenden MA. Neue Hss.funde, in: P. KESTING (Hg.), Würzburger Prosastud. II (Medium Aevum 31), 1975, S. 211–218; S. RINGLER, Viten- u. Offenbarungslit. in Frauenklöstern d. MAs (MTU 71), 1980; A. D. MOSHER, Eine graphematische Bestimmung der Provenienz der Engelberger T.-Hss., StN 57 (1985) 204–217; J. G. MAYER, T. in der Bibl. der Laienbrüder von Rebdorf, in: Überlieferungsgeschichtl. Editionen u. Stud. z. dt. Lit. d. MAs, Fs. K. Ruh (TTG 31), 1989, S. 365–390; ders., Die 'Vulgata'-Fassung d. Taulerpredigten. Zur Überl. d. Taulerpredigten von den Hss. d. 14. Jh.s bis zu den ersten Drucken, Diss. (masch.) Eichstätt 1990 (erscheint 1996).

Zu IV.: C. SCHMIDT, J. T. von Straßburg, Hamburg 1841, bes. S. 73–78; J. DAGENS, Bérulle et les origines de la restauration catholique, Paris 1952, S. 407–409; AXTERS, in: FILTHAUT, 1961 (s. o. zu I.); A. AMPE, Een kritisch onderzoek van de 'Institutiones tauleriane', OGE 40 (1966) 167–240; J. COGNET, Gottes Geburt in der Seele, 1980, S. 255–258; L. GNÄDINGER, 1991 (s. o. zu I.), bes. Sp. 72–75.

Zu V.: H. DENIFLE, Luther u. Luthertum in der ersten Entwicklung quellenmäßig dargestellt, I,1, Mainz ²1904; A. V. MÜLLER, Luther u. T. auf ihren theologischen Zusammenhang neu untersucht, Bern 1918; O. SCHEEL, T.s Mystik u. Luthers reformatorische Entdeckung, in: Fs. J. Kaftan, 1920; J. ZAHN, T.s Mystik in ihrer Stellung zur Kirche, in: Ehrengabe dt. Wissenschaft von kath. Gelehrten, hg. v. F. FESSLER, 1920, S. 125–146; X. DE HORNSTEIN, Les grands mystiques allemands du XIVe siècle, Eckhart, Tauler, Suso. Etat des problèmes, Luzern 1922; J. FICKER, Zu den Bemerkungen Luthers in T.s Sermones (Augsburg 1508), Theol. Studien u. Kritiken 107 (1936) 46–64; B. MOELLER, Die Anfechtung bei J. T., Diss. Mainz 1956; A. RÜHL, Der Einfluß der Mystik auf Denken u. Entwicklung des jungen Luther, Diss. theol. Marburg 1960; B. MOELLER, T. u. Luther, in: La mystique rhénane, Paris 1963, S. 157–168; K. H. VON DER MÜHLEN, Nos extra nos: Luthers Theologie zwischen Mystik u. Scholastik, 1972; B. GHERARDINI, Lutero mistico?, Renovatio 15 (Genova 1980) 372–397; E. ISERLOH, Luther u. die Mystik, in: ders., Kirche – Ereignis und Institution. Aufsätze u. Vorträge 2 (Reformationsgeschichtl. Studien u. Texte, Suppl. 3/II), ²1987, S. 88–106; A. M. HAAS, Luther u. die Mystik, in: Gottleiden–Gottlieben.

Zur volkssprachlichen Mystik im MA, 1989, S. 264–285, bes. S. 270 ff.

L. Reypens, Nog een vergeten mystieke grootheid, OGE 2 (1928) 361–392; 3 (1929) 60–70, 144–164; 4 (1930) 5–26, 428–473; A. Ampe, Kanttekeningen bij de 'Evangelische Peerle', OGE 28 (1954) 172–193; J. P. van Schoote, Laurent Surius a-t-il traduit en latin la 'perle évangélique'?, OGE 35 (1961) 29–58; Axters, in: Filthaut, 1961 (s. o. zu I.); Cognet, 1980 (s. o. zu IV.), S. 244–255.

A. Winklhofer, Johannes vom Kreuz u. die Surius-Übersetzung der Werke T.s, in: Theologie in Geschichte u. Gegenwart, hg. v. J. Auer / H. Volk, 1957, S. 317–348; ders., T. u. die spanische Mystik, in: Filthaut, 1961 (s. o. zu I.), S. 396–407; A. M. Walz, T. im italienischen Sprachraum, ebd., S. 371–395; M. J. Orcibal, Saint Jean de la Croix et les mystiques rhéno-flamands, Paris 1966, bes. S. 119–121.

(1994) Louise Gnädinger (I. III.) / Johannes G. Mayer (II. IV. V.)

Tepl → Johannes von T.

'Theologia Deutsch' → 'Der Frankfurter'

Thüring von Ringoltingen

1. Geb. um 1415; gest. wahrscheinlich 1483; aus einer im 14. Jh. vom Land nach Bern eingewanderten Familie, die durch Handel, Geldgeschäfte, vornehmes Konnubium und Erwerb von Feudalbesitz rasch in die Berner Oberschicht (Twingherrn) aufstieg und den ursprünglichen Familiennamen Zigerli durch den eines ausgestorbenen Rittergeschlechts ersetzte. Th. folgte seinem Vater in hohen städtischen Ämtern (Schultheiß 1458; 1461; 1464; 1467), konnte durch Einheirat seiner Töchter in stadt- und landadelige Geschlechter (vgl. → Ludwig von Diesbach) das soziale Prestige und adelige Selbstbewußtsein noch steigern, doch bereitete sich zu seinen Lebzeiten schon der ökonomische und politische Niedergang der Familie vor.

2. 1456 beendete Th. die Übersetzung des genealogischen Versromans 'Mélusine' des poitevinischen Dichters Couldrette in dt. Prosa, zů eren vnd zů dienste des Markgrafen Rudolf von Hochberg, Grafen von Neuchâtel. Der sprachkundige Markgraf, einer der Erzähler der 'Cent nouvelles nouvelles', der selbst keiner deutschen Übersetzung bedurfte, ist wohl als vornehmer politischer Gönner angesprochen, der Verbündeter Berns und in Bern verburgrechtet war.

3. Überlieferung. 15 Hss. bei Schneider, Ausg., S. 7–17: Basel, UB, cod. O I 18, 1^r–82^v; Berlin, mgf 779, 1^r–68^r; mgf 1064, 6^r–51^r; St. Gallen, Kantonsbibl. Vadiana, cod. 454, 1^v–109^r; Gießen, UB, cod. 104, 132^r–199^r; Hamburg, SB u. UB, cod. germ. 5, 1^r/2^r–68^v; Karlsruhe, LB, cod. Donaueschingen 143, 1^r–132^v; Klosterneuburg, Stiftsbibl. CCl 747 (Familienbuch des Konrad → Beck), 38^r–92^v; Kopenhagen, Kgl. Bibl., Thott. 2° 423, 4^v–93^v; München, cgm 252, 177^r–191^v; cgm 318, 1^r–58^r; Nürnberg, Germ. Nationalmus., Hs 4028, 1^r–97^v; ebd., Hs 59 160, 1^r–188^r; Straßburg, Bibl. Nat. et Univ., ms. 2265, 1^r–98^v; Stuttgart, LB, cod. poet. et philol. 2° 10, 1^r–68^v. Ferner das Fragment Erlangen, UB, cod. B 10 (Irm. 1699), 148^r–239^r (vgl. Roloff, 1970, S. 19 Anm. 66).

10 nachweisbare Inkunabeldrucke und 20 Drucke aus dem 16. Jh. (vgl. zuletzt Gotzkowsky, S. 106–123).

Ausgaben. K. Schneider, Melusine. Nach den Hss. kritisch hg. (TspMA 9), 1958; H.-G. Roloff, Melusine. In der Fassung des Buchs der Liebe (1587), 1969; J.-D. Müller, Melusine, in: Romane des 15. u. 16. Jh.s (Bibl. dt. Klassiker), 1990, S. 9–176 (Erstdruck von 1474, Kommentar S. 1012–1087).

Die frz. Fassungen: L. Stouff, Mélusine. Roman du XIVe siècle par Jean d'Arras, Dijon 1932; E. Roach, Le Roman de Mélusine ou histoire de Lusignan par Coudrette, Paris 1982.

Die Übersetzung ist nicht im Originalmanuskript erhalten (zur Überlieferung: Schneider, 1958, S. 19–28). Die älteste Hs. von 1467 (Klosterneuburg, K) weist bereits gegenüber der Vorlage eine Abweichung in der Bestimmung der geographischen Verhältnisse auf, während die der Vorlage nächste Fassung (Kopenhagen, O) erst vom Ende des 15. Jh.s stammt. Ihr folgt Schneiders Edition. Zu den auf Grund dieser geographischen Abweichung unterscheidbaren beiden Textklassen tritt eine dritte, die Merkmale aus beiden kontaminiert, vertreten u. a. durch die Drucke. In einem Teil der Hss. und Drucke fehlt die Vorrede, ganz oder teilweise, im 'Buch der Liebe' von 1587 auch Th.s Schlußworte über Anlaß und Auffassung seiner Übersetzung.

4. Inhalt: Kern der Geschichte ist ein Tabu und sein Bruch. Raymund, als Sohn eines verarmten Adelsgeschlechtes am Hof seines *vetter* (Vaterbruders) erzogen, tötet diesen versehentlich auf der Jagd. Über dieses Unglück und seine Folgen für ihn noch halb besinnungslos, trifft er auf drei Jungfrauen, deren jüngste – Melusine – ihn anredet; sie verspricht, ihm zu helfen, wenn er sie heiratet. Allerdings muß er geloben, sie nie samstags aufzusuchen oder nach ihr zu forschen. Raymund stimmt zu, kann dank ihrem Rat nicht nur jedem Verdacht entgehen, sondern auch ein großes Stück Land von seinem Herrn zu Lehen erhalten. Nach prächtiger Hochzeit unter Teilnahme des Hofs beginnt Melusine planmäßig den Ausbau des Landes, wobei jede neue Gründung mit der Geburt eines Sohnes zusammentrifft. Diese Söhne tragen bis auf die beiden jüngsten, wohl von der Mutter, ein entstellendes Zeichen. Die vier ältesten erwerben in fernen Ländern weitere Herrschaften durch ritterliche Taten; der fünfte verheiratet sich gut: das Geschlecht steigt weiter auf. Geffroy, der sechste Sohn, tut sich als Bezwinger von Riesen hervor, zunächst in einem benachbarten Land, dann in einem fernen Reich.

Diese Geschichte nun wird vom Erzähler mit der Geschichte von Raymunds Tabubruch und der Entdeckung des auf Melusine lastenden Fluches verzahnt: Raymunds Bruder weckt an einem Samstag dessen Verdacht, so daß er Melusine nachspioniert und entdeckt, daß sie sich im Bad vom Nabel abwärts in einen Drachen verwandelt. Weniger die Entdeckung als das Bewußtsein, seinen Eid gebrochen zu haben, erschüttert Raymund; er glaubt sein Glück zerstört und verjagt voller Wut den Bruder. Doch geschieht zunächst nichts. Melusine scheint ihm zu verzeihen. Inzwischen hat Geffroy seinen ersten Riesen besiegt und erfährt, daß sein Bruder, Melusines siebter Sohn Freymund, ins Kloster gegangen ist. Das versetzt ihn in solche Wut, daß er das Kloster niederbrennt und den Bruder samt den anderen Mönchen tötet. Während er zu seinem nächsten Riesenabenteuer aufbricht, kommt die Kunde davon zu Raymund, der in der Tat die Folge des eben erst entdeckten dämonischen Wesens der Melusine und der eigenen ungesühnten Schuld sieht. Vor dem ganzen Hof wirft er Melusine ihre dämonische Verwandlung vor. Jetzt gibt es kein Zurück mehr: Melusine muß ihn verlassen. Sie ordnet noch die Angelegenheiten im Land (so soll ihr achter Sohn Horribel erstickt werden, weil von ihm nichts Gutes zu erwarten ist) und fliegt als Drache davon. Inzwischen kämpft Geffroy gegen den zweiten Riesen und entdeckt bei dessen Verfolgung in einer Höhle das Grab von Melusines Vater und auf einer Tafel das Geheimnis ihres Fluchs: Der Vater hat gleichfalls ein Tabu gebrochen, als er gegen sein Versprechen Melusines Mutter Persine im Kindsbett besuchte. Diese habe ihn darauf verlassen. Ihre Töchter aber – Melusine und ihre Schwestern Meliora und Palantine – hätten den Vater aus Rache in jenem Berg, der nun sein Grab birgt, eingesperrt. Dafür seien sie von der Mutter verflucht worden: Melusine muß einen Mann heiraten, der ihr Tabu achtet; nur wenn sie unerkannt stirbt, kann sie erlöst werden. Als Geffroy nach seinem Sieg über den Riesen zurückkehrt, hört er, daß durch Raymunds Vertrauensbruch die Erlösung gescheitert ist. Sein Zorn richtet sich diesmal gegen den Bruder des Vaters, der dessen Verdacht reizte. Er hetzt ihn zu Tode. Dann jedoch versöhnt er sich mit dem Vater, der von ihm alles erfährt. Raymund zieht sich von seiner Herrschaft zurück, erlangt vom Papst in Rom die Absolution und beschließt sein Leben als Einsiedler. Die beiden jüngsten Söhne treten das Erbe von Vater und Onkel an. Geffroy baut das Kloster wieder auf.

Es folgt noch die Geschichte der beiden Schwestern Melusines, die gleichfalls unerlöst bleiben: Ein jüngerer Sproß aus Raymunds Geschlecht scheitert am Sperber-Abenteuer, an das Melioras Schicksal geknüpft ist. Palantine, die den Schatz des Vaters hüten soll, bis ein Nachkomme Melusines ihn für einen Zug ins Hl. Land erwirbt, bleibt vollends unerreichbar. Selbst ein Ritter der Artusrunde kann kaum in ihre Nähe, geschweige zu ihr selbst vordringen. Geffroy, der als einziger den Schatz hätte erobern können, stirbt kurz vor seinem Aufbruch. Am Ende stehen wie in einem Katalog die Namen der Geschlechter, die sich auf Melusine zurückführen.

5. Couldrettes Versroman entstand für Guillaume VII. Larchevêque († 1401) und seinen Sohn Jean II. († 1427), Grafen von Parthenay, und wurde etwa zwischen 1401 und 1403 abgeschlossen (HOFFRICHTER, S. 3). Eine ältere Prosafassung dieser Version der Sage stammt von Jean d'Arras (nach 1392 für den Herzog Jean de Berry). Erzählungen um den Sagenkern der scheiternden Verbindung einer Fee mit einem jungen Adligen ('gescheiterte Mahrtenehe') sind seit dem 12. Jh. überliefert (Walther Map, Gervasius von Tilbury, Vinzenz von Beauvais, Giraldus von Cambrai, Petrus Berchorius; vgl. auch → Egenolf von Stau-

fenberg; zur Analyse: LE GOFF). Die Melusinenromane nutzen das genealogische Potential dieses Erzähltyps, indem sie die Geschichte Melusines als Gründungssage des Hauses Lusignan erzählen, mit dem die Auftraggeber versippt waren. Vor allem Couldrettes Versroman stellt sich in den Zusammenhang adliger *memoria* (zur historischen Basis: ROACH). Bei der Übertragung ins Deutsche fehlt dieser unmittelbare familiengeschichtliche Bezug. Doch bemüht sich Th. gleichfalls, die Bedeutung seiner Erzählung für die dynastische Geschichte ganz Europas herauszustellen und historisch zu verifizieren; seine ersten Leser sind ihm hierin gefolgt (MÜLLER, 1977).

6. Die eher nach dem Schema ritterlicher *âventiure* verlaufende Geschichte von M.s Söhnen greift in die Geschichte Europas und – zumal bei Jean d'Arras – des Vorderen Orient aus. Der Aufstieg des Adelshauses der Lusignan wird durchkreuzt von Geschichten der Verstrickungen seiner Mitglieder in Schuld. Durch die romanhafte Ausdehnung und die psychologische Differenzierung, insbesondere auch durch die Verschränkung von Raymunds Tabubruch mit den Riesenkämpfen und Gewalttaten seines Sohnes Geffroy wird die Zwangsläufigkeit des Mechanismus der Sage, der nach Bruch des Tabus Trennung und Unglück herbeiführen müßte, abgeschwächt, in der Konsequenz für die Geschichte der Dynastie z. T. sogar abgebogen. Zugleich wird Melusine entdämonisiert und nach Leitbildern einer christlich-höfischen Ordnung stilisiert. Trotzdem haben die Peripetien der Handlung und die von Melusine verkörperte, in der mal. Feudalordnung fremdartige weibliche Macht die verschiedenen Bearbeiter zu immer neuen Interpretationen herausgefordert.

7. Th. glaubt offenbar, eine verifizierbare *historia* zu erzählen: Die Ergebnisse des Wirkens Melusines sind noch überall zu besichtigen. Das unübersehbar Wunderbare erklärt er als Wirken göttlicher Allmacht (*mirabilis deus in operibus suis*).

Sein Bearbeitungsinteresse konzentriert sich auf die *res factae* (ROLOFF). Doch ist dies nicht als Ausdruck bürgerlicher Mentalität zu verstehen, gegen die schon Th.s patrizisches Selbstverständnis spricht (MÜLLER, 1977). Die Deutungen des Glückswechsels (als Lauf der Welt, Zeichen irdischer Vergänglichkeit, späte Folge von Schuld oder als Folge mangelnder Affektbeherrschung) sind Versuche einer Bewältigung des beunruhigend Fremden, wie sie schon bei seinen Vorgängern einsetzen. Diese Versuche können für den Kern der Sage nie ganz aufgehen. So bleibt es bei einer widersprüchlichen Überlagerung mythischer und rationalisierender Deutungsmuster, besonders bei der weiblichen Titelgestalt, die in jüngerer Zeit psychoanalytische, ethnologische oder mythengeschichtliche Interpretationen und feministische Rekonstruktionen des 'eigentlichen' Sagenkerns provozierte (KINDL, JUNK, LIEBERTZ-GRÜN, BENNEWITZ, LUNDT).

Die von Th. seiner Schlußbemerkung zufolge noch beabsichtigte Rückbindung an die Tradition des hochmal. Abenteuerromans wird durch ambivalente Erzählkonstellationen unterlaufen (ein Totschlag als Bedingung gesellschaftlichen Aufstiegs; der ritterliche Heilsbringer als Zerstörer; die fluchbeladene Fee als Mutter eines Adelsgeschlechts und Gründerin von Zivilisation; die Entlarvung des Dämons als Auslöser von Minneintimität usw.). Die Romanwelt ist nicht mehr wie bei Th.s Vorbildern sinnhaft durchgeformt, sondern öffnet sich auf die Kontingenz von Geschichte hin (MÜHLHERR).

Literatur. G. TOBLER, Th. v. R., in: Sammlung bernischer Biographien II, Bern 1896, S. 186–192; L. HOFFRICHTER, Die ältesten frz. Bearbeitungen der Melusinensage, 1928; L. STOUFF, Essai sur Mélusine, roman du XIVe siècle par Jean d'Arras, Dijon–Paris 1930; K. HEISIG, Über den Ursprung der Melusinensage, Fabula 3 (1959) 170–181; H.-G. ROLOFF, Stilstudien zur Prosa des 15. Jh.s, 1970; J. LE GOFF / E. LE ROY LADURIE, Mélusine maternelle et défricheuse, Annales. Économies, sociétés, civilisations 26 (1971) 587–622 (der Beitrag von LE GOFF dt. in: ders., Für ein anderes MA. Zeit, Arbeit u. Kultur im Europa d. 5.–15. Jh.s, 1984, ²1987, S. 147–174); X. VON ERTZDORFF, Die

Fee als Ahnfrau. Zur 'Melusine' des Th. v. R., in: Fs. H. Eggers, hg. v. H. BACKES, 1972, S. 428–457; J.-D. MÜLLER, Melusine in Bern, in: Literatur – Publikum – hist. Kontext, hg. v. G. KAISER, 1977, S. 29–77; C. LECOUTEUX, Zur Entstehung der Melusinensage, ZfdPh 98 (1979) 73–84; U. M. ZAHND, Die Bildungsverhältnisse in den bernischen Ratsgeschlechtern im ausgehenden MA, 1979; C. LECOUTEUX, Mélusine et le Chevalier au Cygne, Paris 1982; U. KINDL, Melusine – Feenmärchen oder historische Sage?, Annali della Facoltà di lingue e letterature stranieri di Ca'Foscari 23 (1984) 115–126; K. RUH, Die Melusine des Th. v. R., MSB 1985, H. 5, S. 1–24; W. HAUG, Francesco Petrarca – Nicolaus Cusanus – Th. v. R., in: Individualität, hg. v. M. FRANK u. A. HAVERKAMP, 1988, S. 291–324; I. BENNEWITZ-BEHR, Melusines Schwestern, in: Germanistik u. Deutschunterricht im Zeitalter der Technologie 4, hg. v. N. OELLERS, 1988, S. 291–300; U. JUNK, 'So müssen Weiber sein'. Zur Analyse eines Deutungsmusters von Weiblichkeit am Beispiel der 'Melusine' des Th. v. R., in: Der frauwen buoch, hg. v. I. BENNEWITZ, 1989, S. 327–352; G. SCHOLZ-WILLIAMS, Melusine, Paracelsus, Faustus, in: Die Entzauberung der Welt, hg. v. J. F. POAG u. TH. C. FOX, 1989, S. 53–71; X. VON ERTZDORFF, Romane u. Novellen des 15. u. 16. Jh.s in Deutschland, 1989; E. PINTO-MATHIEU, Le roman de Mélusine de Coudrette et son adaptation allemande dans le roman en prose de Th. v. R. (GAG 524), 1990; U. LIEBERTZ-GRÜN, Das Spiel der Signifikanten in der 'Melusine' des Th. v. R., in: Architectura poetica, Fs. J. Rathofer, 1990, S. 223–241, wieder in: Ordnung u. Lust, hg. v. H.-J. BACHORSKI, 1991, S. 211–229; B. GOTZKOWSKY, 'Volksbücher' ..., Bibliographie d. dt. Drucke, Teil I: Drucke des 15. u. 16. Jh.s, 1991; F. CLIER COLOMBANI, La Fée Mélusine au Moyen Age. Images, Mythes et Symboles. Préface de Jacques Le Goff, Paris 1991; B. LUNDT, Melusine u. Merlin im MA, 1991, S. 141–164; V. MERTENS, Melusinen, Undinen, in: Fs. W. Haug / B. Wachinger, 1992, Bd. I, S. 201–231, bes. S. 208–215; A. MÜHLHERR, 'Melusine' u. 'Fortunatus', 1993.

(1995)   JAN-DIRK MÜLLER

Traumbücher

Inhalt. I. Allgemeines und die lat. Tradition. II. Dt. Traumbücher. A. Die dt. 'Somnialia Danielis', Gruppen 1–8. B. Laienastrologische T. a) Lunare. b) 'Finis sentenciarum'. C. Traumdeutung durch das Los. a) 'Somnialia Joseph', Gruppen 1–4. b) Losbücher. D. Physiol.-med. Traumdeutungen nach Rhazes. 1.2. Konrads v. Megenberg Übers. 3. Heinrichs v. Mügeln Versbearbeitung. 4. Übers. in der Kompilation Konrads v. Butzbach. E. Hans Lobenzweigs 'Thesaurus occultus'-Übers. – Literatur.

I. Allgemeines und die lat. Tradition.

Unter einem mal. Traumbuch verstehen wir einen kürzeren oder längeren Text, der nach systematischen Gesichtspunkten Traumdeutung darbietet. T. sind in der einen oder anderen Form über die Antike bis zu den Ägyptern und Babyloniern zurückzuverfolgen. Die abendländischen Versionen gehen auf griech. Fassungen der spätantiken bzw. byzant. Epoche oder auch auf arab. Vorlagen zurück; den Volkssprachen werden sie durch lat. Übersetzungen vermittelt. Nach diesen Vorbildern sind im Deutschen fünf Traumbuchtypen zu unterscheiden, wobei der fünfte als singuläre Erscheinung keine allgemeine Geltung erlangen konnte. Die aus der Gebrauchssituation einer praktischen Lebensberatung erklärbare uneinheitliche und divergierende Überlieferung der T. führt dazu, daß ein einheitlicher Text allenfalls für den vierten und fünften Typ greifbar wird. Bei den drei ersten Typen sind die Verfasser stets unbekannt.

Das bekannteste Traumbuch, das zugleich den ersten Typ (A) darstellt, ist dem Propheten Daniel zugesprochen und als 'Somniale Danielis' (weniger sinnvoll auch als 'Somnia Danielis') verbreitet worden. Es geht vom Inhalt des Traums aus und dient der Zukunftsprognose. Es enthält eine in der Regel alphabetisch geordnete Reihe von Traumbildern bzw. Traumgegenständen, denen jeweils eine kurze Deutung zugeordnet ist. Der Umfang ist äußerst variabel und wächst bis ins SpätMA immer mehr an. Die fiktive Zuschreibung an den Propheten Daniel erklärt sich aus dem biblischen Bericht, der Daniel als gottbegnadeten Traumdeuter darstellt (Dn 2,1–15).

Ein zweiter Typ (B) macht im Rahmen einer Laienastrologie die Traumerklärungen vom Stand der Gestirne, und d. h. vom Zeitpunkt des Traumes abhängig. Hierher gehört vor allem das Traumlunar, in dem für jeden der 30 Mondtage eine Prognose gegeben wird, die oft recht allgemein eine sichere oder unsichere, günstige oder ungünstige Erfüllung des in einer bestimmten Mondphase Geträumten enthält, die sich häufiger aber noch mit einer Zeitangabe für die Traumerfüllung begnügt. Neben diesen speziellen Traumlunaren enthalten auch die Sammellunare Traumprognosen.

Ein dritter Traumbuchtyp (C) ermittelt seine ebenfalls sehr allgemeinen Prognosen durch die Zufallsentscheidung verschiedenartiger Losverfahren. Eine Untergruppe ist z. B. durch ein Buchstabenorakel bestimmt und manchmal Joseph, dem neben Daniel zweiten berühmten Traumdeuter des ATs, zugesprochen, weshalb diese Traumalphabete auch 'Somniale Joseph' genannt werden (zum Verfahren s. u. II. C. a). Andere Losentscheidungen wie z. B. Würfel-, Stech- oder Punktierorakel ordnen die Frage nach dem Traum in ein Schema von weiteren Lebensfragen ein (s. u. II. C. b). Diese Losbücher stellen also wie die Sammellunare keine reinen Traumbücher dar.

Die byzant. 'Somnialia Danielis' sind vermutlich im 4. Jh. entstanden, die lat. Übersetzungen, für die wir bisher keine eindeutige Abhängigkeit nachweisen können, in der Zeit von 500 bis 800 n. Chr.; die ältesten lat. Hss. stammen aus dem 9. Jh. Altengl. Versionen aus dem 11. Jh. sind die ältesten volkssprachigen Textzeugen. Ganz entsprechende Verhältnisse herrschen für die lat. Tradition der Lunare und der 'Somnialia Joseph', während die lat. Sortilegien mit Traumdeutungen erst im 12. Jh. greifbar werden.

Der vierte Traumbuchtyp (D) unterscheidet sich von den vorherigen in zweierlei Hinsicht. Einmal wird mit der Bezeichnung *diu lêr Rasis von den träumen* (→ Konrad von Megenberg, Buch der Natur, ed. PFEIFFER 54,1) für dieses Traumbuch der mal. Verfassername Rhazes oder Rasis des persischen Gelehrten und Arztes Abū Bakr Muḥammad ibn Zakarīyā' ar-Rāzī (ca. 865–925) überliefert, zum anderen richtet es sein Interesse nicht auf die sinnbildliche Bedeutung oder Prognostik der Träume, sondern es wertet jede Art von Träumen mit Hilfe der Lehre von den vier Kardinalsäften für die Diagnose von Krankheiten aus. – Das medizinische Hauptwerk des Rhazes wurde im 12. Jh. von Gerhard von Cremona u. d. T. 'Liber ad Almansorem' ins Lat. übersetzt.

Ein 5. Traumbuchtyp (E) hat vielleicht wegen seiner gehobenen Ansprüche und differenzierteren Anlage (bei der Traumdeutung werden die unterschiedlichen Träumer und deren Situationen berücksichtigt) nur eine begrenzte Geltung erlangt. Er ähnelt dem 'Somniale Danielis', ordnet aber seine Traumgegenstände nicht alphabetisch, sondern nach Sachgruppen.

Wir kennen 2 T. dieses Typs, die beide in Konstantinopel aus dem Griech. ins Lat. übersetzt worden sind. Das eine ist u. d. T. 'Oneirocriticon' dem berühmten arab. Traumdeuter Achmet ibn Sīrīn (gest. 728 n. Chr.) zugesprochen worden, stammt aber wohl von einem byzant. Christen, der auch arab. Quellen benutzt hat. 1175/76 erfolgt die lat. Übers. durch Leo Tuscus, die bis heute unediert ist. Leos T. ist in 12 lat., 3 frz. u. 2 tschech. Hss. überliefert. Eine neue lat. Übers. von Johannes Leunclavis wird u. d. T. 'Apomasaris apotelesmata' 1577 in Frankfurt zum Druck gebracht, deren dt. Version erscheint schließlich 1606 in Wittenberg. Das andere T., der 'Liber thesauri occulti' stammt von → Paschalis von Rom. Seine lat. Bearbeitung von 1165 ist Fragment geblieben. In Buch I referiert Paschalis ausführlich Theorien über Schlaf und Traum, Buch II u. III 1–2 enthalten eine Kompilation von Traumdeutungen nach den spätantiken und byzant. 'Oneirocritica' Artemidors von Ephesus (2. H. 2. Jh. n. Chr.) und Achmets, wobei Paschalis den Deutungen eine stark christl. Interpretation verleiht, ohne seine Quellen zu nennen (5 Hss.). Für Artemidor setzt erst mit dem griech. Erstdruck von 1518, der lat. Übers. von 1539 durch Janus Cornarius und den sich anschließenden volkssprachigen Ausgaben (dt. Übers. 1540 von W. H. Ryff) eine breitere Rezeption ein (SPECKENBACH, 1990, S. 124–127; ders., 1995).

Mit Ausnahme der physiologisch-medizinischen T. wurde die Traumdeutung als eine Form der Zauberei von der Kirche heftig bekämpft, z. B. im Decretum Gratiani, von Johannes von Salisbury, → Martin von Amberg, → Marquard von Lindau und Luther, wobei namentlich das 'Somniale Danielis' hervorgehoben wird. An diesen Angriffen kann man ablesen, daß die Wirksamkeit der T. im lebenspraktischen Bereich des Alltags zu suchen ist; dem entspricht auch die Zerstörung zweier

T. durch Herausschneiden und Durchstreichen (A, Hs. Nr. 9; C, a, Hs. Nr. 11). Die Überlieferungsgemeinschaften der T. sowie vor allem die starre Mechanik ihrer Traumdeutung sprechen entschieden gegen eine größere Einwirkung auf den fiktionalen Traum der Dichtung (SPECKENBACH, 1990, S. 205 ff., gegen S. R. FISCHER, The Dream in the Middle High German Epic, 1978, S. 28 ff.).

Ausgaben. Lat. 'Somnialia Danielis': L. T. MARTIN, Somnialia Danielis (Lat. Sprache u. Lit. d. MAs 10), 1981; J. GRUB, Das lat. Traumbuch im Cod. Upsaliensis C 664 (9. Jh.) (ebd. 19), 1984. – Lat. Lunare: CH. WEISSER, Stud. z. mal. Krankheitslunar (WmF 21), 1982. – Lat. 'Somnialia Joseph': A. SCHÖNBACH, Bedeutung der Buchstaben, ZfdA 34 (1890) Beilage zu S. 1. – 'Liber ad Almansorem': Abubetri Rhazae Maomethi opera exquisitoria, Basel, H. Petri 1545 (Teildruck: G. HOFFMEISTER, Rasis' Traumlehre, AKG 51 [1969] 137–159, Text S. 150). – 'Liber thesauri occulti': S. COLLIN-ROSET, Le liber thesauri occulti de Pascalis Romanus, Archives d'histoire doctrinale et littéraire du Moyen Age 30 (1963) 111–198, Text S. 141 ff. (nach der 'Expositio sompniorum' in Paris, Bibl. Nat., ms. lat. 16610, 2^r–25^r). Altengl. 'S. D.': M. FÖRSTER, Beitr. z. mal. Vk. IV, Herrigs Archiv 125 (1910) 39–70, Text S. 47 ff.; ders., Beitr. z. mal. Vk. IX, ebd. 134 (1916) 264–293, Text S. 270 ff. – Altengl. Lunare: M. FÖRSTER, Die altengl. Traumlunare, Engl. Stud. 60 (1925) 58–93, Text S. 67 ff., 79 ff., 90 ff.; ders., Vom Fortleben antiker Sammellunare, Anglia 67/68 (1944) 3–171, Text S. 79 ff. – Altengl. 'S. J.': E. SIEVERS, Bedeutung d. Buchstaben, ZfdA 21 (1877) 189 f. – Altfrz. physiol.-med. T.: F. BERRIOT, Expositions et significations des songes et Les songes Daniel (Travaux d'Humanisme et Renaissance 234), Genève 1989, S. 326 f.

II. Deutsche Traumbücher. Die dt. T. sind in der Regel in astronomisch/astrologischen und in medizinischen Sammelhss., häufig in lat./dt. Mischkodizes tradiert worden (wiederholt sind mehrere der genannten Typen in einer Hs. oder einem Druck vertreten). Ihre Überlieferungsgemeinschaften umfassen kaum je Traumtheorie oder -klassifizierung (vgl. aber u. A. 4. u. 6. Gruppe) und sehr selten Dichtung. Allein die besondere Form des Psalterorakels hat dazu geführt, daß das 'Somniale Joseph' in der Hälfte der Fälle mit religiösem Schrifttum monastischer Provenienz vergesellschaftet ist. Adressat war offensichtlich der Laie, der nicht ohne Bildung und Vermögen zu denken ist und der an Kalendarien, Zukunftsprognosen und medizinischen Lehren interessiert war. Man wird vor allem an die Ärzte denken müssen. Im 14. Jh. ist noch weitgehend der Adelshof der Ort der Rezeption, im 15. Jh. vermehrt die Stadt. Bei wenigen Ausnahmen handelt es sich insgesamt um einfache Gebrauchstexte, für die die Auftraggeber unbekannt sind. Nur die Losbücher sind in der Regel einzeln als illustrierte Prachtkodizes auf uns gekommen; sie haben offensichtlich im geselligen Leben eines Fürstenhofes eine Rolle gespielt und z. T. dem scherzhaften Spiel gedient. Die Texte stehen in aller Regel in Prosa; in Versform sind nur ein Vertreter der Gruppe 4 unter den 'Somnialia Danielis' sowie einige der Losbücher verfaßt.

Die folgende Aufstellung richtet sich nach der Einteilung bei SPECKENBACH, 1990 (i. F. SP.), S. 129–193, die die einzelnen Texte mit Incipits (Titeln), Hss., Drucken und Ausgaben ausführlich vorstellt. Bei den zu Gruppen zusammengefaßten Versionen der vier Grundtypen handelt es sich zumeist nicht um identische Texte; sie weisen jedoch je gemeinsame Kennzeichen auf. – Die Hss. und Drucke der einzelnen Typen sind bei SP. jeweils mit einer durchgehenden Zählung versehen, auf die sich unten die Nummern bei Hss., Drucken und deren Ausgaben beziehen. Ergänzungen gegenüber SP. werden durch hinzugefügte Großbuchstaben kenntlich gemacht.

A. Die deutschen 'Somnialia Danielis' ('Dy auslegunge der Traůme Danielis des propheten' [nach Nr. 14]).

1. Gruppe.
Die beiden Texte dieser Gruppe besitzen keine Einleitung. Die Traumgegenstände sind nach der Alphabetfolge der zugrundeliegenden lat. Lemmata geordnet; Beispiel ‹Avis›: *Dem in sinem sclaf ist, wie er die fogel von im sech fliegen daz bizechet zorn* (Inc. nach Hs. Nr. 1). Sie stützen sich auf unterschiedliche Vorlagen.

2 Hss., beide Texte frgm., 32 bzw. 24 Deutungen; s. SP., S. 129–131: 1) Liverpool, Liverpool

Museum, Ms. M 12004, 145ᵛ; 2) Nürnberg, Germ. Nationalmus., Hs 6284, 5ʳᵛ.

Ausgaben. 1) R. Priebsch, Bulletin of the Liverpool Museums 1 (1898) 119–122, Text S. 122; Wiederabdruck bei Sp., S. 130f.; 2) S. R. Fischer, Ein dt. 'Somnia Danielis'-Frgm. aus dem späten MA, ZfdA 111 (1982) 145–151, Text S. 148f.

2. Gruppe.
Die 5 verschiedenen Texte enthalten alle eine kürzere Einleitung, die auf die Lebenssituation des angeblichen Verfassers, des Propheten Daniel, eingeht. Gott selbst habe Daniel die Bedeutung der Träume eingegeben (vgl. Dn 2,17 ff.; Beispiel: *Dis sind die erschinung der trömen als sy daniel der hailig wissag kunt* ... [Nr. 3]). Diese Einleitung wirkte auch noch auf die Drucke Nrr. 15–17 (4. Gruppe). Die Traumbilder stehen in lat. oder auch schon in dt. Alphabetfolge (Nr. 4).

5 Hss., Texte unterschiedlichen Umfangs, zwischen 73 und 291 Deutungen, s. Sp., S. 131–133, und Brévart, S. 358: 3) Heidelberg, cpg 575, 36ʳ–38ʳ; 4) Nürnberg, Germ. Nationalmus., Hs 6285, 1ʳ–6ᵛ; 5) Privatbesitz, Petroneller → 'Circa instans'-Hs., 145ᵛ–152ᵛ; 5 A) Kremsmünster, Stiftsbibl., CC 264, 50ᵛ–56ʳ; 6) Berlin, mgf 103, 59ʳ–65ʳ.

Ausgaben. 4) S. R. Fischer, Eine mal. Somnia Danielis-Hs. in dt. Sprache, AKG 65 (1983) 307–328, Text S. 313–322; 5) Palmer, 1990, S. 239–250.

3. Gruppe.
Die 4 verschiedenen Texte sind stark verchristlicht und beginnen in der Regel ohne Einleitung mit Gott und den Heiligen als Traumbildern; sie enden meist mit den Träumen von Toten. In dieser Hinsicht zeigen sie eine gewisse Verwandtschaft mit dem T. des Paschalis (o. I., Typ E). In der ersten Deutung wird häufig der Vorgang der Verchristlichung reflektiert, indem zusätzlich die gegensätzliche Deutung der Heiden angeführt wird. Ansonsten besteht keine klare Ordnung, gelegentlich wird die zugrundeliegende lat. Alphabetfolge erkennbar. Die Texte gehen direkt oder indirekt auf eine gemeinsame, aber unbekannte Vorlage zurück.

5 Hss., Texte z. T. frgm., zwischen 11 und 185 Deutungen; s. Sp., S. 133–135: 7) Berlin, mgo 101, 172ᵛ–176ʳ; 8) München, UB, 8° cod. ms. 179, 142ᵛ–148ᵛ; 9) München, cgm 270, 215ᵛ–216ʳ; 10 a) Heidelberg, cpg 832, 110ᵛᵇ–116ʳᵃ; 10 b) Coburg, LB, Ms. 5, 112ʳᵃ–116ʳᵃ.

4. Gruppe.
3 verschiedene Texte mit je ausführlicher Einleitung über den fiktiven Auftraggeber Nebukadnezar und den Verfasser Daniel (Beispiel: *Der hochwirdig konig nabuchodonosor pat herren daniel den weissagen* ... [Nr. 11]) sowie zu einer Theorie über die Entstehung der Träume (3 mögliche Ursachen); diese Theorie, die die scholastische Lehre über Schlaf und Traum voraussetzt, dürfte erst relativ spät dem eigentlichen Traumbuch vorangestellt worden sein. Die Einleitung wurde auch in den Drucken der 6. und 7. Gruppe verwendet.

3 Hss., Texte teils frgm., 84 bis 135 Deutungen; s. Sp., S. 135–139: 11) Berlin, mgo 101, 87ᵛ–97ᵛ; 12) München, cgm 597, 245ʳᵃ–246ʳᵃ; 13) London, Wellcome Institute, Ms. 588, 42ᵛ–46ᵛ. – Nr. 11 repräsentiert die einzige dt. Versversion (544 Vierheber).

Ausgabe. 11) P. Graffunder, Daniels Traumdeutungen, ein mal. Traumbuch in dt. Versen, ZfdA 48 (1906) 507–531, Text S. 516–531.

5. Gruppe.
2 (3) in Drucken überlieferte Versionen, die der Rezension 1 unter den 'Somnialia Danielis'-Inkunabeln des GW entsprechen; deren Merkmale (alphabetische Reihung, 431 Deutungen, Abschluß mit einem 'Somniale Joseph') haben allerdings nur bedingt für die einschlägigen dt. Drucke Geltung. Lat. und dt. Alphabetfolge wechseln in dieser Gruppe. Der im Druck Augsburg 1508 (Nr. 18) als Autor genannte Arme Nikolaus (*von aim natürlychenn mayster genant der Chodi Nicolasch zů zeytten wonhafftt in der stat prag*) kann allenfalls als Bearbeiter dieses Druckes oder als Übersetzer gelten. Beispiele: *A Ackeren sehen bedeutt arbeit* ... (Nr. 14); *Ich bin Daniel ein prophet ... Wölicher sich sicht angefochten werden von wilden thüren der wirt von freüden überwunden* ... (Nr. 15).

3 Inkunabeln und 2 Frühdrucke, 359 bis 457 Deutungen; s. Sp., S. 139–144: 14) [Nürnberg, Marx Ayrer 14]88 (Hinweis F. Schanze), 8 Bll.,

GW 7915; 15) [Augsburg, J. Schönsperger d. Ä. 1497], GW 7916; 16) Straßburg, [M. Hupfuff] 1500, GW 7917; 17) [Memmingen, Albrecht Kunne, vor 1502]; 18) Augsburg, H. Sittich 1508. Nr. 16 und 17 sind Nachdrucke von Nr. 15. Nr. 18 entspricht in Anordnung, Reihenfolge und Inhalt weitgehend Nr. 14, ist aber erheblich erweitert.

Ausgaben. 16) M. Hélin, La Clef des songes (Documents scientifique du XVe siècle 2), 1925, Nachdr. Genf 1977, S. 49–63 (Faksimiledruck Nr. IX); 18) J. Werlin, Das Traumbuch des Armen Nikolaus von Prag, Stifter-Jb. 8 (1964) 195–208, Text ab S. 199.

6. Gruppe.

5 Frühdrucke, die inhaltlich und formal weitgehend übereinstimmen, mit ausführlicher Einleitung, die, wie auch die der Hss. der 4. Gruppe, traumtheoretische Erklärungen enthält.

5 Drucke, 469 bis 496 Deutungen, s. Sp., S. 144–146: 19a) Augsburg, J. Schönsperger d. J. 1511; 19b) Augsburg, J. Schönsperger d. J. 1521; 19c) Nürnberg, Hergot Witwe 1531; 20) Straßburg, M. Hupfuff 1511; 21) o. O. o. D. 1534.

7. Gruppe.

Nur durch einen Druck repräsentiert ('Eyn newes Traum Büchlein'). Er enthält Vorrede, 'Somniale Danielis' und eine Beispielsammlung von Träumen *Auß Heidnischer vnnd Götlicher geschrifft*; diese dient neben dem Nachweis, daß Träume sich erfüllen, auch der Unterhaltung. Der Text des 'Somniale Danielis' ist der 6. Gruppe zuzurechnen.

467 Deutungen in dt. Alphabetfolge; vgl. Sp., S. 146–148: 22) Straßburg, M. J. Cammerlander [um 1535].

8. Gruppe.

Ebenfalls nur 1 Druck. Er verbindet Vorrede und 'Somniale Danielis' (dt. Alphabetfolge) mit einem Traumlunar und einem 'Somniale Joseph', dazu aber auch mit zwei Abschnitten prognostischen Charakters aus Michael → Scotus' 'Liber physiognomie'.

694 Deutungen; vgl. Sp., S. 149–151: 23) [Augsburg, H. Steiner] 1537. Faksimiledruck bei Sp., S. 257–287.

B. Laienastrologische Traumbücher.

a) → Lunare.

Die vorerst mit 37 Textzeugen bekannt gewordenen dt. Sammellunare enthalten alle die Traumdeutung. Dagegen konnten erst 1990 zwei deutschsprachige Spezialtraumlunare nachgewiesen werden. Beide sind gemeinsam mit 'Somnialia Danielis' überliefert.

26 Hss. mit Sammellunaren bei Ch. Weisser, Stud. z. mal. Krankheitslunar (WmF 21), 1982 (vgl. → Lunare), 2 weitere bei Ch. Weisser, Ein mnd. Vers-Sammellunar aus der Pariser Hs. lat. 7998 u. seine Prosa-Bearbeitung, Sudhoffs Arch. 71 (1987) 90–95; 9 weitere bei Sp., S. 155, und Brévart, S. 358: London, British Library, Ms. Add. 17987, 50^v–58^v; Karlsruhe, LB, cod. K 2790, 170^r–172^r; München, cgm 6351, 78^v–90^r; Oxford, Bodleian Library, Ms. Broxbourne 84.3, 186^r–194^r; ebd., 213^v–216^r; München, cgm 832, 8^r–11^v; ebd., cgm 5921, 22ra–23vb; Frauenfeld, Kantonsbibl., Hs. Y 6, 165^v–169^v (neue Zählung); Freiburg, UB, Hs. 463, 99^r–103^v.

2 Textzeugen mit spez. Traumlunaren bei Sp., S. 156–158: Petroneller 'Circa instans'-Hs. (= A. Nr. 5), 145^v–146^r; Druck v. J. 1537 (= A. Nr. 23).

Ausgaben. Palmer, 1990, S. 239f. (A. Nr. 5); Sp., S. 261f. (Faks.druck von A. Nr. 23).

b) 'Finis sentenciarum Aller angezeigter fragen Endvrtel'.

Ein dreiteiliger astrologischer Traktat, der eine astrologische Traumdeutung mit Hilfe des Zodiakus enthält. Sie ist wie die Lunare ohne komplizierte astronomische Hilfsmittel und Berechnungen leicht von einem Laienpublikum zu handhaben.

Die drei Teile enthalten je 36 Fragen, die formal den 12 Tierkreiszeichen und deren 36 Dekanen (*facies*) zugeordnet sind. Überdies sind die sieben Planeten in fester Folge so oft wiederholt, daß immer einer in einem der 36 Dekane sein Prosopon hat. Der Themenkatalog von Frage und Antwort ist in den drei Teilen unterschiedlich, nur im ersten Teil werden u. a. Deutungen von Träumen bereitgehalten. Insgesamt entsprechen die Prognosethemen denen, die man auch in Lunaren oder Losbüchern antrifft.

Freiburg, UB, Hs. 463, 10^r–20^v; vgl. Sp., S. 159f.

C. Traumdeutung durch das Los.

Die verschiedenartigen Losbücher machen die Traumdeutung in bestimmten Verfahren von Zufallsentscheidungen abhängig.

a) 'Somnialia Joseph'.

Die 'Somnialia Joseph' bilden mit ihrem Buchstabenorakel eine besonders geschlossene Gruppe innerhalb der Losbuch-Literatur. Sie gliedern sich in der Regel in zwei Teile, von denen der erste einleitend das Losverfahren erklärt und der zweite das ABC verzeichnet, wobei je einem Buchstaben eine Bedeutung zugeordnet ist. Will ein Benutzer die Bedeutung eines Traumes wissen, so wird er angehalten, einige Gebete zu sprechen und dann beliebig den Psalter zu öffnen; der erste Buchstabe auf der linken Seite ist zu merken und in dem aufgezeichneten Alphabet aufzusuchen. Die dort gefundene Bedeutung ist die Traumerklärung. Neben dem 'Somniale Danielis' ist das 'Somniale Joseph' zu den bekanntesten Traumbüchern des MAs zu zählen. Mehrfach sind beide Traumbuchtypen auch gemeinsam überliefert. Die Texte verbinden gelegentlich eine lat. Einleitung mit dt. Deutungen.

1. Gruppe.
Je verschiedene Texte, bei denen sich jedoch die Bedeutung der Buchstaben gleichen oder zumindest nahestehen (Beispiel: *A bezachinet gwalt oder lip* [nach Nr. 1, der ältesten Hs., Ende 12. Jh.]).

2 Hss. und 3 Drucke, s. Sp., S. 162–164: 1) Wien, cod. 2245, 83ᵛ; 2) Karlsruhe, LB, cod. Donaueschingen 793, 42ᵛ; 3)–5) = A. Nrr. 14, 17 u. 23 (s. o.).

Ausgaben. 1) W. Grimm, Über dt. Runen, Göttingen 1821, S. 316 f.; E. Steinmeyer, Bedeutung d. Buchstaben, ZfdA 17 (1874) 84; A. Schönbach, Bedeutung d. Buchstaben, ZfdA 34 (1890) 1–6, hier S. 1 u. Beilage; Wilhelm, Denkm. I 113; 2) Schönbach, 1890, S. 1 u. Beilage; Wilhelm, Denkm. II 210 f.; 5) Sp., S. 285 f. (Faks.).

2. Gruppe.
Nur durch einen Text repräsentiert (*A bezaichent langes leben oder grozzen gewalt*).

6) Graz, UB, Ms 1228, 32ᵛ; s. Sp., S. 165.

Ausgaben. A. Schönbach, ZfdA 18 (1875) 81; ders., 1890 (s. o.), S. 1 u. Beilage; Wilhelm, Denkm. II 211.

3. Gruppe.
10 dt. Hss., deren 'Somniale Joseph'-Texte alle weitläufig mit einem lat. Text (St. Gallen, Stiftsbibl., Hs. 692, S. 491 [geschrieben von Gallus → Kemli]) verwandt sind; einige Bedeutungen stimmen jedoch zu Gruppe 1 (Beispiel: *A das bedewtt gelukch vnd seligs leben* [Nr. 7]).

Vgl. Sp., S. 165–167 u. S. 182 (Nachtrag): 7) Wien, cod. 2907, 92ᵛ; 7 A) Augsburg, SB u. StB, 2° cod. 25, 81ʳᵃ⁻ᵇ; 8) Rom, Bibl. Vaticana, cod. Pal. lat. 461, 278ʳᵃ⁻ᵇ; 9) München, clm 25005, 80ᵛ; 10) Berlin, mgo 121, 173ʳᵛ; 10*) München, cgm 5919, 46ʳᵛ; 11) München, cgm 270, 201ʳᵛ; 12) Erlangen, UB, Ms. 554, 161ᶜ; 13) München, cgm 312, 154ᵛ; 14) Rom, Bibl. Vaticana, cod. Pal. lat. 1257, 2ᵛ.

Ausgabe. 11) W. Schmitt, Ein dt. Traumbüchlein aus d. späten MA, StN 37 (1965) 96–99, Text S. 98 f.

4. Gruppe.
Sehr selbständige, im Vergleich mit anderen ausführliche Version (Beispiel: *Das Bedewtt A Dein gutt ere vnd glück will sich meren pessern vnd erhöhen* [Nr. 15]).

3 Hss., s. Sp., S. 167–169: 15) Heidelberg, cpg 832, 110ʳᵃ–110ᵛᵇ; 15 A) Kremsmünster, Stiftsbibl., CC 264, 56ʳᵛ; 16) Berlin, mgf 103, 57ʳ–59ʳ.

Abdruck: 15) Sp., S. 168.

b) Losbücher.

Während die Buchstabenorakel fast ausschließlich der Traumdeutung dienen, tritt diese in den anderen Losbüchern durch die Gleichordnung mit den übrigen Losthemen und der damit verbundenen Relativierung deutlich zurück, sie ist aber in allen hier angeführten Beispielen systematisch berücksichtigt. Die Anzahl der Themen variiert beträchtlich und bietet damit ein praktikables äußeres Unterscheidungsmerkmal.

1. → 'Alfadol'.

Ausgabe. B. F. Lutz, Das Buch 'Alfadol', 1967, S. 149–309; vgl. Sp., S. 169–171.

2. Mondbuch in Versen (Paarreime) nach den 28 Mondstationen (→ Mondwahrsagetexte, II.3.). Diese Mansionen-

prognostik ist auch zu den Losbüchern zu zählen, weil zur Astrologie noch ein umständliches Losverfahren hinzutritt.

4 der insg. 5 Hss. überliefern auch die Traumdeutungen, s. Sp., S. 171–174: a) Heidelberg, cpg 3, 1^r–16^v; b) London, British Library, Ms. Add. 25435, 1^r–16^r; c) Berlin, mgf 563, 1^r–2^v u. S. 1–28; d) → 'Ortenburger Losbuch', jetzt in Berlin, SB, Hdschr. 386, 20 Bll.

Ausgabe. a) u. c) R. Vian, Ein Mondwahrsagebuch, zwei altdt. Hss. d. 14. u. 15. Jh.s, 1910, S. 74–127 (paralleler Textabdruck).

3. Losbuch mit 32 Fragen (Paarreime), ebenfalls mit astrologischen Elementen, wobei aber durch die freie Wahl zwischen 32 Propheten das Zufallsprinzip berücksichtigt ist.

2 Textzeugen: Heidelberg, cpg 7, 24 Bll.; Olomouc (Olmütz), Vlastivědné muzeum, K-14905, 21 Bll., s. Sp., S. 174–176, u. Brévart, S. 358.

Ausgabe. L. Zatočil, Germ. Stud. u. Texte I, Brno 1968, S. 46–93 (paralleler Textabdruck beider Hss.).

4. → 'Losbuch (gereimt)', mit 36 Fragen, dem Text oben Nr. 3 nah verwandt.

Ausgabe. W. Abraham, Losbuch in dt. Reimen (Faks.-Ausg. und Kommentar), 2 Bde (Codices Selecti 38 u. 38*), Graz 1972/73; vgl. Sp., S. 176–178.

5. Losbuch mit 21 Fragen.

Berlin, mgf 244, 216^r–249^r; s. Sp., S. 178 f.

6. Scherzhaftes Losbuch, das auf die Zahl 12 aufbaut (12 Antworten in 12 Vierzeilern).

3 Hss. und 1 Inkunabel, vgl. Sp., S. 179–182: a) München, cgm 312 (die Losbuchsammlung Konrad → Bollstatters), 81^v–97^v; b) Frankfurt, StB u. UB, Ms. Praed. 91, 37^v–62^r; c) Stockholm, Kungl. Bibl., Vu 85: 12, 1^r–2^v (Frgm., das b, f. 41^v–43^r, 55^v–56^v u. 59^v–60^v weitgehend entspricht); d) [Speyer, J. u. C. Hist 1483], 2^v–14^v. Die zwei folgenden Kap. stellen Erweiterungen ohne Traumdeutungen dar.

Ausgabe. H. Psilander, [unter dem irreführenden Titel] Md. Wechselstrophen u. Scherzlieder, ZfdA 49 (1907) 376–380.

D. Physiologisch-medizinische Traumdeutungen nach Rhazes.

Die physiologisch-medizinischen Traumdeutungen gründen auf der Humoralpathologie. Schon früh hat man auch den Traum als Ausdruck einer bestimmten Säftemischung und gegebenenfalls als Anzeichen einer Krankheit verstanden. Von dem bis in die Neuzeit hinein so einflußreichen Galen wird z. B. überliefert, er habe aufgrund von Träumen diagnostiziert. Auch in der dt. medizinischen Fachliteratur finden sich verstreut Hinweise darauf, daß Träume zur Diagnose genutzt bzw. schlechte Träume durch eine bestimmte Therapie beeinflußt wurden. Eine systematische Zusammenstellung der physiologisch bedingten und zur medizinischen Behandlung verwendbaren Träume ist bisher aber nur in den Traumlehren des Rhazes bekannt geworden; sie zeigen inhaltlich eine bemerkenswerte Nähe zu der Ps.-galenischen Schrift 'De dignotione ex insomniis' (ed. G. Demuth, Diss. Göttingen 1972).

Die dt. Überlieferung fußt insgesamt auf dem Kapitel 'De somniorum significationibus' des 'Liber ad Almansorem' (s. o. I., vgl. den Druck Basel 1545, lib. II, cap. 24, S. 46 f.).

1. → Konrad von Megenberg hat dieses Kapitel für sein sehr breit überliefertes 'Buch von den natürlichen Dingen' (1348/50) ins Deutsche übersetzt. Aus seiner wichtigsten Vorlage, dem 'Liber de natura rerum' des → Thomas von Cantimpré, konnte er die Traumlehre nicht übernehmen, da Thomas zwar die Verbindung von der Viersäftelehre und den Träumen kannte, nicht aber die Zusammenstellung von Rhazes. Die Tatsache, daß Konrad ein systematisches Traumbuch in den Kontext eines größeren Werkes eingegliedert hat, ist für die Traumbuchliteratur ein Sonderfall, s. Sp., S. 184–186.

Ausgaben. F. Pfeiffer, Konrad von Megenberg, Das Buch der Natur, 1861 (Nachdr. 1971), S. 53,4–54,10 (nach München, cgm 38, f. XIX^{rb-vb}, und cgm 589); Palmer, 1990, S. 233 (nach der Petroneller Hs. = A. Nr. 5).

2. Das Traumkapitel aus Rhazes in der Übersetzung Konrads von Megenberg wurde auch aus seiner Enzyklopädie her-

ausgelöst tradiert; z. T. wurde es in neue med. oder astronomisch-astrologische Zusammenhänge eingeordnet und mit med. Therapievorschriften ergänzt.

6 Hss. bei Sp., S. 186–190, u. Brévart, S. 359: 2) Solothurn, Zentralbibl., cod. S 386, 235ᵛ–236ᵛ; 3) Freiburg, UB, Hs. 458, 5ʳᵛ u. 42ᵛ–43ʳ; 3 A) Amberg, Staatl. Provinzialbibl., 8° Ms. 77, 194ᵛ–195ʳ; 4) Stuttgart, LB, Hs. HB XI 16, 1ʳᵛ; 4 A) München, clm 5954, 165ʳᵛ; 5) Karlsruhe, LB, cod. Donaueschingen 793, 34ʳ.

Ausgaben. 2) Sp., S. 186 f.; 4) G. Hoffmeister, Rasis' Traumlehre, AKG 51 (1969) 137–159, Text S. 151; 5) ders., S. 152.

3. → Heinrich von Mügeln verfaßte eine Versbearbeitung von Rhazes' (in der Überlieferung z. T. als *Roseus*) Traumlehre, wohl nach einer Version Konrads von Megenberg.

Ausgabe. K. Stackmann, Die kleineren Dichtungen Heinrichs von Mügeln, 1. Abt., 1. Teilbd. (DTM 50), 1959, Nr. 50–52, S. 74–77. Vgl. Sp., S. 191 f.; Palmer, 1992.

4. Eine weitere dt. Prosaübersetzung nach Rhazes enthält das Kompendium des gelehrten Arztes → Konrad von Butzbach v. J. 1425, ein Hausbuch mit vorwiegend astronomisch-astrologischer und medizinischer Ausrichtung (darin c. 24). Den Traumdeutungen ist jeweils ein Therapievorschlag hinzugefügt.

Salzburg, UB, cod. M I 36, 39ᵛ–40ʳ; s. Sp., S. 192 f. (mit Abdruck).

E. Das Traumbuch des Paschalis konnte keine breitere Wirkung erzielen. Als einzige volkssprachliche Rezeption seines 'Thesaurus occultus' ist die stark kürzende dt. Übersetzung von Hans → Lobenzweig (um 1450) bekannt. Trotz der Verkürzung bleibt auch in der dt. Version das Bestreben erkennbar, durch Berücksichtigung z. B. von Alter, Geschlecht, Beruf oder sozialer Stellung des Träumers und verschiedenartiger äußerer Umstände eine mechanische Traumdeutung zu vermeiden (Speckenbach, 1995).

Ausgabe. W. Schmitt, Das Traumbuch des H. L., AKG 44 (1966) 181–218, Text S. 201 ff. (2 Hss.).

Literatur. Vgl. oben unter Ausgaben. – Ausführliche Bibliographie bei N. F. Palmer / K. Speckenbach, Träume u. Kräuter. Stud. zur Petroneller 'Circa instans'-Hs. u. zu d. dt. Traumbüchern d. MAs (Pictura et Poesis 4), 1990, S. 291–299; darin: N. F. Palmer, Dt. Prognostiken aus d. dritten Teil der Petroneller 'Circa instans'-Hs., S. 211–250, und K. Speckenbach, Die dt. Traumbücher d. MAs, S. 121–210; dazu Rez. v. F. B. Brévart, ZfdA 121 (1992) 355–361; N. F. Palmer, *Von den naturlichen troymen*. Zur Integration griech.-arab. Medizin in die mal. Enzyklopädik u. deren Umdeutung bei Konrad v. Megenberg u. Heinrich v. Mügeln, in: Fs. W. Haug u. B. Wachinger, Bd. II, 1992, S. 769–792; K. Speckenbach, Das Traumbuch des Pascalis Romanus in d. Übers. Hans Lobenzweigs, in: Lingua Theodisca, Fs. J. Goossens, 2 Bde, 1995, II, S. 1033–1039; ders., Art. 'Losbuch', in: Reallexikon d. Lit.wiss., Bd. 2, hg. v. H. Fricke [u. a.] (im Druck).

(1995) Klaus Speckenbach

'Das St. Trudperter Hohelied'

Das 'TH' bietet die früheste rein volkssprachige, vollständige Auslegung des Hohenlieds aus dem MA.

Die ein Jh. früher von → Williram von Ebersberg seinem lat. Verskommentar beigegebene Version in dt. Prosa war nicht als selbständiger Text, sondern als Verständnishilfe gedacht. Die Hoheliedauslegung des Landri von Waben in afrz. Versen ist wenige Jahrzehnte jünger.

I. Autor. Dieser ist nicht bekannt. Auch nachdem die von Haupt (Ausg.) vertretene Autorschaft der Äbtissinnen → Rilint und → Herrad von Hohenburg im Elsaß auf Ablehnung gestoßen war (Bech, 1877, S. 355–357; Hayner, 1876, S. 492–499; später Kelle, LG 2, 1896, S. 125 f., u. a.), nahmen Scherer (1876, S. 199) und haltlos noch einmal Lanczkowski (1988, S. 354) eine Frau als Verfasserin an. Seit Piper (1884, S. 454) gilt ein Mann, ein Geistlicher, ein Benediktiner oder Augustinerchorherr (Wisniewski, 1990, S. 41), unbestritten als Autor. Die von Menhardt (1957/58, S. 284; 1962, S. 191 ff.) vertretene Autorschaft des → Honorius Augustodunensis ist sachlich unannehmbar (dagegen auch Köster, 1963, S. 195 Anm. 2) und chronologisch ausgeschlossen. Als Autor denke ich an einen Mönchspriester und geistlichen Betreuer eines Nonnenklosters, der sich in den Dienst der Spiritualität der ihm anvertrauten Frauengemeinde stellte, für welche er das Werk verfaßte. An einem Nonnenpublikum ist nicht zu zweifeln. Von einem anderen Werk des Autors weiß man nichts.

Als namenloser Träger seines Amts im *wir* sich zur Gemeinde zählend, im Predigtton der Duform (im ganzen Epilog 145,20–147,26; sonst z. B. 92,25–30) mit Abmahnung und Ermunterung ihr zugewandt, dem Beschwingenden vor dem Bedrückenden den Vorzug gebend (63,13 f., 70,31; 85,20), tritt er als Ich im Autorgebet um Inspiration (6,22–7,10), in der zum Marienpreis gestalteten Anrufung der Gottesmutter (32,21–33,1; Du-Anrede Marias 20,9–13.17–20; 23,14–24,5; Gottvaters und des Sohns 14,4–27; 15,6–15), in der Demutsformel (89,9.21) und in erzähltechnischen Bemerkungen hervor (58,14; 63,18.29; 76,22; 81,22; 123,24). Jede Auslegung verantwortend, vertritt er sie doch nicht als Ich. Als Selbstauslegung in der Rolle Christi oder Marias in der Ichform stehende Auslegungen erscheinen nicht als solche des Autors, der sie nur selten für sich adaptiert.

II. Überlieferung. Vgl. v. a. Menhardt, Ausg., 1934, Bd. 1, S. 1–91 (dort weitere Lit.); ders., 1957/58; E. Hellgardt, Die dt.sprachigen Hss. im 11. u. 12. Jh., in: Dt. Hss. 1100–1400, hg. v. V. Honemann / N. F. Palmer, 1988, S. 35–81, hier S. 44, 60, 64, 71. – 1. Nürnberg, Germ. Nationalmus., Hs 42518, 2 Bll. Bruchstücke (B). K. Schneider, Neue Funde frühmhd. Hss.frgm.e, in: Fs. E. Stutz (Philologica Germanica 7), 1984, S. 392–397, hier S. 393, datiert neu auf das 3. Viertel des 12. Jh.s 2. München, UB, ohne Sign. (M), im Krieg vernichtet, spätes 12. oder frühes 13. Jh. 3. Wien, cod. 2719, um 1230, 1ʳ–111ᵛ (A). Leiths. von Menhardts Ausg.; vgl. K. Schneider, Gotische Schriften in dt. Sprache, Bd. I, Textbd., Tafelbd., 1987, S. 104–107, Abb. 50. 4. Auszüge in Hss. des Traktats vom Palmbaum im St. → Georgener Prediger; früheste Hs. Karlsruhe, Bad. LB, Hs. St. Georgen 36, um 1300 (C*). Vgl. W. Fleischer, Unters. zur Palmbaumallegorie im MA, 1976, S. 281–323. 5. Klosterneuburg, Stiftsbibl., CCl 767, geschrieben 1372, 1ʳ–133ʳ (kl); dazu H. Maschek, Eine unbeachtete Hs. d. sog. TH, ZfdA 75 (1938) 27 f. 6. Klagenfurt, Bischöfl. Bibl., cod. XXX d 6, um 1420–30, 119ʳ–211ᵛ (k). 7. München, cgm 4479, v. J. 1509, 1ʳ–171ʳ (α). 8. cgm 4478, v. J. 1510, 1ʳ–159ᵛ (β). 9. cgm 4477, v. J. 1510, 9ʳ–251ᵛ (γ). – Ein Stemma bei Menhardt, Ausg., 1934, S. V; revidiertes Stemma ders., 1957/58, S. 277; danach Küsters, 1985, S. 66. Während der Prolog nur in A und k steht und kl erst mit 10,16 einsetzt, ist der Textbestand über 350 Jahre hin sonst konstant.

Ausgaben. J. Haupt, Das Hohe Lied, übers. v. Willeram, erklärt v. Rilindis u. Herrat [...], 1864 (A) (Rez.n: F. Bech, Germ. 9 [1864] 352–370; F. Zarncke, Lit. Centralbl. f. Deutschland 15 [1864], Sp. 113–115); J. Zacher, Bruchstücke aus der samlung des Freiherrn von Hardenberg, ZfdPh 9 (1878) 395 (Einleitung), 420–422; 11 (1880) 416–418 (B); H. Menhardt, Das St. Trudperter Hohe Lied. Krit. Ausg., 2 Bde, 1934 (zit.); P. Lehmann/ O. Glauning, Mal. Hss.bruchstücke der UB und des Georgianum zu München (72. Beih. z. ZfB), 1940, S. 19, 135–137, 168–177, 179 (M) (Rez.: Menhardt, AfdA 60 [1941] 39 f.); Menhardt, 1957/58, S. 286–291 (Laa. aus kl und M, diese S. 289–291); formkritische Leseausg. mit Kommentar u. Übers. v. F. Ohly im Druck.

Übersetzung des Eingangsgebets bei M. Wehrli, Dt. Lyrik d. MAs, ⁶1984, S. 6 f. (auch: ders., 1980, S. 128) und A. Wolf, 1986, S. 196–198; von Auszügen bei Bertau, 1972, S. 488–491; Lanczkowski, 1988, S. 35–51; alle Zitate sind übersetzt bei Hummel, 1989, und Keller, 1993.

III. Datierung. Sie hat in der Forschung sehr geschwankt. Als Argumente dienten die relative Chronologie, das Alter der frühesten Hs., die Zuschreibung an einen bekannten Autor, Bezugnahmen auf Quellen oder ein historisches Datum sowie sprachlich-stilistische Erwägungen.

Solche ließen Bech (Rez., 1864, S. 364) und Walther (Bibelübers., S. 532) eine Entstehung nicht vor dem 13. Jh. annehmen. Das Verhältnis von 'TH', →Ava und 'Vorauer Genesis' (→ 'Altdeutsche Genesis') in der Schwebe lassend (1875, S. 73–75), plädierte Scherer (1876, S. 204) für die Mitte oder erste Hälfte des 12. Jh.s. Die Annahme einer Benutzung des 'TH' durch Frau Ava († 1127) führte zur Ansetzung des 'TH' in die Zeit von 1110–1120 (keineswegs überzeugend Kienast, 1940, S. 96, 100; dagegen A. Masser, Bibel, Apokryphen u. Legenden, 1969, S. 135; noch Menhardt, 1956, S. 406, hielt eine Wirkung des 'TH' auf Ava in Regensburg für möglich). 1936 hatte Menhardt eine Ansetzung 'um 1130' empfohlen (AfdA 55, S. 37). Indem er schließlich das 'TH' Honorius Augustodunensis († um 1137) als Verfasser zuschrieb (1957/58, S. 284; 1962, S. 191 ff.), ergab sich eine entsprechend frühe Datierung um 1126/27. Als Küsters (1985, S. 6, 70 f.) die Entstehungszeit 'zwischen 1125 und der Jahrhundertmitte' ansetzte, 'wobei die theologischen Bezüge am ehesten auf die 40er Jahre verweisen', ließ er sich von der 'unbestritten frühen Datierung der

Hs. B in die erste Hälfte des 12. Jh.s' leiten; danach HUMMEL (1989, S. 18, 263). Dies Argument wurde hinfällig, als SCHNEIDER 1984 die Hs. B auf das dritte Viertel des 12. Jh.s datierte (s. o. II.). Die bis dahin schon von GEPPERT (1953, S. 34 f.; 223), OHLY (1954/55, S. 161; 1954, S. 193 u. ö.), TILLMANNS (1963, S. 101), SPITZ (1986, S. 481; 1992, S. 177) und sonst vertretene Datierung 'um 1160' wird hierdurch legitimiert.

Als sicherstes Argument für eine Datierung in den Anfang der 1160er Jahre darf heute die Deutung von *sô getâne zertailede unde sô getâne missehelle* (85,7 f.) auf die mit der schismatischen Papstwahl von 1159 entstandene Kirchenspaltung gelten, die gerade in der Salzburger Kirchenprovinz mit Admont schwere Folgen zeitigte; 1167 wurde Salzburg zerstört. Während MENHARDT (1936, S. 37) die Stelle auf die zwiespältige Papstwahl von 1130 bezog, hat GEPPERT (1953, S. 34) sie mit dem Schisma von 1159–1177 in Verbindung gebracht. Die Bezugnahme auf dieses halte ich nach meiner Lesung und Kommentierung von 85,7 f. für gesichert; vgl. SPITZ 1992, S. 176; ähnlich jüngst WISNIEWSKI (1989, S. 775) um 1170; vgl. auch BERKENBUSCH (1990, S. 44) 'zwischen 1140 und 1170'. Die Datierung nach 1160 entspricht der sprachlichen, an der Theologie bis zur Jahrhundertmitte geschulten anspruchsvollen Form des Werks.

IV. Lokalisierung. Die Streuung der angenommenen Orte der Herkunft des 'TH' über ein vom Elsaß bis zur Steiermark reichendes Gebiet (Hohenburg im Elsaß, St. Trudpert im Breisgau, St. Georgen im Schwarzwald, Regensburg, Admont an der Enns) ist nur angesichts des mundartlich uneinheitlichen Bilds der Überlieferung und des Absehens vom Versuch einer geistigen Beheimatung zu begreifen. Die als schon früh angesetzte Verschränkung alemannischer und bairischer Merkmale der Sprache in der Überlieferung – bei einer Mehrzahl der bairischen Textzeugen gegenüber im Stemma meist nur angesetzten alemannischen Hss. (zur Mundartbestimmung der Hss. KÜSTERS, 1985, S. 64–66 nach der Mundartbestimmung in MENHARDTs, 1957/58, S. 277 revidiertem Stemma) – führte auch nach Aufgabe der Lokalisierungen im Elsaß und in St. Trudpert zu einer rivalisierenden Ansetzung des Werks bald im Alemannischen und bald im Bairischen, dann auch zu kombinierten Annahmen wie der MENHARDTs: 'Ein Alemanne in Regensburg dürfte der Verfasser sein' (1957/58, S. 277, 283 f.). Während KÜSTERS einer Entstehung im Nordbairischen und im Alemannischen 'gleiches Recht' zubilligte (S. 71), glaubt SCHMIDTKE (1990, S. 10 f.) an die Bestimmung 'für ein bairisches Publikum'. Seine Annahme, daß ein 'Autor, der im alemannischen Raum das Schreiben gelernt hat oder daher stammte, im bairischen Raum für ein bairisches Publikum' schrieb (S. 11), würde plausibel bei einer Entstehung im steirischen Benediktinerkloster Admont, für die ich seit 1954 Argumente vorbrachte (1954, S. 194; 1956, S. 14 mit Anm. 5; 1958, S. 268–271), die durch SPITZ jüngst aufgenommen und sichernd bekräftigt wurden (1992, S. 174–177). Dabei handelt es sich um Anspielungen im Text auf in Admont am Ort Gegebenes, z. B. das Doppelpatrozinium der Heiligen Martin und Rupert für das Frauenkloster ('TH' 83,17.20).

Das im 12. Jh. als Zentrum der monastischen Erneuerung in den südostdeutsch-österreichischen Raum stark ausstrahlende Admont (KÜSTERS, 1985, S. 151–153, mit Lit.) war selbst von St. Georgen im Schwarzwald aus nach den Hirsauer Gewohnheiten reformiert worden. Die anhaltend intensiven Beziehungen zwischen St. Georgen im Schwarzwald und Admont in der Steiermark erlaubten, alemannische Einschläge in der vorherrschend bairischen Überlieferung aus einer mundartlich gemischten Besetzung des Doppelklosters zu verstehen. Sie würden auch Wanderungen von Hss., mit denen MENHARDT wiederholt rechnete, in beiden Richtungen plausibel machen. Nach der 'Einordnung des TH in den Hirsauer- St. Georgener Reformkreis' durch KÜSTERS (1985, S. 88–99) ist für RUH (1993, S. 24 f.) eine Entstehung in St. Georgen 'am wahrscheinlichsten'. Admont will er damit nicht ausgeschlossen haben.

V. Aufbau. Fest geschlossene Abschnitte sind der beispiellos selbständige, an den Sieben Gaben des Hl. Geistes orientierte, die Gedanken der Einheit, Steigerung und Läuterung verfolgende Prolog (1,1–5,33; Interpretation OHLY, 1952/53), der wieder auf die Sieben Gaben gegründete Epilog (145,6–148,6) und der etwas leichter gebaute zweite Werkeingang mit dem Lob des Hohenlieds und dem Autorgebet um Inspiration (6,1–8,5). Ein Übergang führt in die Auslegung von Ct 1,1 (8,6–14,2). Sein Eingang und sein Ende dokumentieren eine planmäßige Abgeschlossenheit des Werks in einer Zeit oft nur partieller Auslegungen des Hohenlieds.

Eine lockere, von Stelle zu Stelle mit dem Text gehende Folge von Abschnitten gehört zum Wesen des Kommentars, auch hier. Textsequenzen übergreifende Sinneinheiten sind gleichwohl möglich. Seit Origenes als Drama verstanden, erbrachte das Hohelied an szenische Sprechsituationen gebundene Texteinheiten wie den wechselseitigen Schönheitspreis von Bräutigam und Braut (Bräutigam Ct 5,10–16, 'TH' 76,1–90,4; Braut Ct 7,1–7, 'TH' 107,11–120,8). Auf eine in der Epoche einzigartige Weise verschränkt der Autor Versgruppen des Hohenlieds mit anderen Versgruppen der Bibel, so den Preis der Schönheit der Geliebten mit den Seligpreisungen. Das Streben nach Einheitsstiftung durch Verschränkung der beiden Preisungen stellt hohe theologische Anforderungen an die Selbständigkeit des Exegeten. Der Preis der Körperteile des Geliebten ist entsprechend mit je einer Gabe des Hl. Geistes und je einer Phase der Kirchengeschichte von Christus bis zum Antichrist zu einer gestalthaften Einheit kombiniert. Derart vorbildlose geistige Konstrukte dokumentieren eine hohe Unabhängigkeit des Autors. Die hier über acht oder zehn Druckseiten gehenden gerüsthaften Ordnungen waren, im Text still verborgen, vom Hörer beim Vortrag sicher nicht wahrzunehmen, auch von der Forschung schwer zu erkennen (zu Ct 5,11–15 zuerst TILLMANNS, 1963, S. 116–121; zu Ct 7,1–4 zuerst SCHLEU-SENER-EICHHOLZ, 1985, S. 756–760; STOLL, 1988, S. 160–165; KELLER, 1993, S. 253–310). Solche kombinatorisch-spekulativ stellenübergreifende Sinnfindungen sind ein Ausdruck des historisch und systematisch umfassende Ganzheiten suchenden Jahrhunderts.

Im 'TH' führen eher kleinräumig am Text orientierte ordnungstiftende Prinzipien zu wechselnden Tönen der inneren Bewegtheit. Ein selbständig geschlossenes Stück ist die Auslegung der 'wohlgeordneten Zeltgruppe' von Ct 6,3 (94,12–96,4). Selbständig ist auch die breit ausladende Deutung von Ct 8,3 (129,18–132,30). Ganzheitliche Abläufe bringen die dem Werk eigenen Deutungen des Landbaus (57,28–58,5; 80,26–81,32; 122,31–123,30). Das Lob bald der vita activa, bald der vita contemplativa (SPITZ, 1986) ist eine Stimmführung unter anderen im etwa Williram gegenüber auch im Theologischen vielgliedrig polyphonen Werk.

VI. Stil. Dichterische Schönheit wurde dem 'TH' über ein langes Jahrhundert hin unentwegt mit verschiedenen, oft auch Selbständigkeit lobenden Charakterisierungen zugesprochen ('sakrale Poesie, die spirituelle Schönheit sichtbar macht'; SPITZ, 1989, S. 275). Ohne Endreim, mit seltenem Stabreim (z. B. 130,3), gelegentlichen mystischen Oxymora, seltenen Sentenzen (142,26) zeigt der Text rhetorische Stilfiguren häufig angewandt (GEPPERT, 1953, S. 188 ff.), so dutzendfach die auch Bernhard von Clairvaux geläufige Paronomasie, aber auch den Chiasmus. Der Gebrauch solcher Figuren dürfte weniger aus der Redepraxis als der Schulung in Kunstprosaformen stammen. Zu beidem KÜSTERS, 1985, S. 36–39. Den Abschluß von Sinnabschnitten macht ein in Vers und Prosa der Zeit auch sonst verbreitetes rhythmisches Endgewicht der Syntax vernehmbar (BOGAERS, 1978).

Als für lange Zeit vollkommenste Kunstprosa in dt. Sprache zeigt das Werk besondere dichterische Qualitäten, wo immer aus dem Gleichgang des Kommentars Kunstprosaabschnitte von höchsten Formansprüchen sich herausheben, wenn Höhepunkte eine geistig-ästhetisch angemessene Gestaltung fordern. Wie für den Prolog (1,1–5,33), den zweiten Werkeingang mit dem Preis des Hohenlieds und dem Gebet um Inspiration (6,1–8,5) sowie den Epilog (145,6–148,6) gilt das für eine Reihe mit kunstvollem Vorbedacht angelegter Textabschnitte, denen der Editor durch erläuternde Formkritik zu einer anschaubaren Gestalt zu verhelfen hat (zuerst OHLY, 1952/53). Einem durchdachten Verlangen nach sinnerfüllten, systematischen Ordnungen dienen Begriffsgruppierungen durch Zahlen, vor allem etwa die Sieben (z. B. siebenmal im Werk die Behandlung der Sieben Gaben des Hl. Geistes) oder die Drei (z. B. 12,29–13,17; 53,6–20); sie können durch gitterhafte Verschränkungen komplizierte Strukturgefüge ergeben, in denen jedes Glied seinen architektonisch unverrückbar festen Platz hat. In der Prosa von gedanklich ausgeruhter Klarheit kann die abgewogene Ordnung der Begriffe mit einer predigthaften Intensität der Rede sich verbinden. Ein stark verbales Element der Sprache dient der Überführung nominaler, statischer Begriffsgefüge in dynamische Prozesse, wobei das gradualistische Prinzip der Steigerung den Stellenwert von Aussagen im Gang fortschreitender Gedankenbewegungen bestimmt. In die syntaktisch an Parataxe gebundenen Kunstprosaabschnitte neuer Art sind rhetorische Stilelemente wie Anaphern, Parallelismen, Antithesen, Paronomasien, Symmetrien dienend eingebunden. Solche haben ihren Platz auch in predigthaften Hinwendungen zu den Hörerinnen, in Gebeten des Autors oder sprechender Hoheliedfiguren wie in deren Wechselrede.

VII. Quellen. a. deutsche. Seit 1864 weiß man, daß die Hoheliederklärung Willirams von Ebersberg dem Autor vorlag. Er hat sich an dessen Übersetzung des Hohenlieds nah angeschlossen, ist ihm selten in der Auslegung gefolgt (Vergleich der Texte bei MÜLLER, 1901, S. 44–73, 88–92). Williams lat. Verse mit einer unselbständigen dt. Version in Prosa ersetzt das 'TH' durch eine kunstvoll freie dt. Prosa. Willirams theologisch im 9. Jh. beheimatete ekklesiologische Exegese ersetzt das 'TH' durch eine vom Geist des 12. Jh.s getragene Auslegung der Braut auf die Seele, auf Maria und die Kirche hin. Ein weiteres entschiedenes Abstandnehmen von Williram ist zu bemerken. Während dieser alle Erklärungen als Ichrede der Rollenträger brachte (von 149 Textabschnitten sind 61 von Christus in der Ichform, 74 auch so von der Braut im Dialog mit ihm gesprochen), gebraucht das 'TH' die Form der dramatischen Selbstauslegung des Worts recht sparsam (zu ihr bei Williram und im 'TH' OHLY, Zur Gattung, 1995). Gleichwohl kommt es im 'TH' zu außerbiblischen Wechselreden zwischen Christus und Maria, einer Rede Gottvaters an Maria, auch zum innertrinitarischen Gespräch (OHLY, Die Trinität berät, 1994, S. 243–258 und 277–284), zu langen Reden zwischen der Seele als Braut und Christus als Bräutigam (Christus z. B. 136,7–137,7; Braut z. B. 144,1–145,5). Alle diese Reden sind ganz Eigentum des Autors.

Engere Beziehungen zur frühmhd. Dichtung sind nur punktuell zu fassen. Solche zum → 'Anegenge' liegen vor bei den innertrinitarischen Beratungen ('TH' 2,17–26; 132,4–24; dazu OHLY, 1994, Die Trinität berät, S. 248–252, 275 f.). Für eine Abhängigkeit sehe ich hier keinen Anhalt. Doch die Verse 'Anegenge' 382–389 könnten auf 'TH' 15,21 ff. anspielen. Bei der recht genauen Entsprechung von 13,14–17 und den → 'Vorauer Büchern Mosis' (zwischen 1130 und 1140; ed. J. DIEMER, S. 3, 10–19; s. SCHERER, 1876, S. 74) denke ich an eine gemeinsame Quelle. Das Stück über die sieben Gaben und die Patriarchen 3,17–28 berührt sich eng mit der kärntnischen → 'Auslegung des Vaterunsers' um 1135–1145 (OHLY, 1952/53, S. 214; zuletzt BAUER, 1973, S. 258–260). Nichts Zwingendes haben Übereinstimmungen von 3,7–11 mit dem → 'Speculum ecclesiae' und → Arnolts Gedicht 'Von der Siebenzahl' (OHLY, 1952/53, S. 212 f.), auch anderweitige mit den Werken von Frau Ava (die KIENAST vom 'TH' angeregt glaubte; 1940, S. 95–100). Alle genannten Denkmäler gehören ins bairische Sprachgebiet.

Sein Denken in dt. Sprache führte den Autor auf von der lat. Exegese abführende Wege. Die *castra* (Ct 6,3) wie Williram mit *zelte* übersetzend, findet er in den Eigenschaften des Zelts (sein Aufrichten, sein

Ausspannen mit den Zeltschnüren, die Anlage des Zeltlagers) eine von aller Tradition gelöste, völlig neue Richtung für die Auslegung, die er weidlich ausschöpft (94,12–96,4). In der weitgehend selbständigen Apfelbaumallegorese ist die paronomastische Deutung von *loup* auf *die ze der geloube komin sint* an die dt. Sprache gebunden (27,25 f.).

b. lateinische. Fast alle Zitate aus der Bibel, den Apokryphen und den Kirchenvätern sind bei GEPPERT (1953, S. 241–284), LEITZMANN (1937, S. 397–401) und SAUER-GEPPERT (1972, passim) nachgewiesen. Nicht alle Schriftzitate stammen aus der Vulgata (OHLY, 1954/55, S. 160).

Kaum ein lat. Theologe des 12. Jh.s ist nicht zum Vergleich mit dem 'TH' oder Stücken aus ihm herangezogen worden. Da waren Übereinstimmungen mit jedem, sei es aus theologischem Allgemeingut, sei es aus der hoheliedexegetischen Tradition auszumachen (ROLF, 1974, S. 21; OHLY, 1954/55, S. 162). Das gilt für den Gesamtvergleich mit Autoren wie → Bernhard von Clairvaux (RUNTE, 1949, 1957) oder → Gerhoh von Reichersberg (WISNIEWSKI, 1953). RUNTES und anderer Überschätzung des Einflusses Bernhards (Kritik und neue Belege bei GEPPERT, 1953, S. 18–22) blieb nicht ohne Wirkung. Worauf es ankommt, sind nicht geistesgeschichtliche Allgemeinheiten, sondern philologisch greifbare Übernahmen von anders so Unbezeugtem. Überraschend eigenständig ist das 'TH' gerade in Mystischem und in der Eindeutigkeit der Übernahme gerade von Abgelegenem, das der Autor in dem ihm vertrauten Werk der Großen, sowohl der zisterziensischen Mystiker wie der viktorinischen Frühscholastiker, fand (Nachweise jeweils in meinem Kommentar). Rückgriffe auf diese nehmen im Lauf des Werkes ab. Es gibt solche auf Bernhard; auf → Wilhelm v. St. Thierry, auf → Rupert v. Deutz, auf die 'Brevis commentatio' (Wilhelms v. St. Thierry?), auf → Hugo v. St. Viktor, auf Johannes v. Salisbury († 1180), auf Gerhoh v. Reichersberg, auf Honorius Augustodunensis. Im Hinblick auf Berührungspunkte mit dem nach 1140 verfaßten → 'Speculum virginum' (dazu BAUER, 1973, S. 263–269; KÜSTERS, 1985, S. 60 f.) hält BAUER (S. 267) eine Anregung zur Entstehung des 'TH' durch den Jungfrauenspiegel für möglich, während BERKENBUSCH (1990, S. 43–60) eine direkte Abhängigkeit des 'TH' bestreitet. Für eine solche sehe ich auch keine Indizien (vgl. OHLY, 1992, S. 402 f. und den Kommentar zu 16,32).

Mit Entschiedenheit ist die beim Vergleich mit der Tradition offensichtliche Selbständigkeit des Autors zu unterstreichen. Es ist kein Grund, im Jahrhundert üppig blühender Hoheliedauslegung vom deutschen Werk davon weniger als von lateinischen zu erwarten. In keinem Gefolge stehend, kann das 'TH', wenn nicht mit höchstrangigen, sich doch mit achtbaren Werken messen. Mit dem Prolog und Epilog, mit weiteren anspruchsvollen Kunstprosaabschnitten, mit einer eigenen theologisch assoziierenden Kombinatorik bis hin zu einzigartigen, Ganzheiten herbeiführenden Verschränkungen textlicher oder begrifflicher Systeme, mit beständiger Gottbezogenheit bei nüchtern kritischer Sorge um das Klosterleben, leistet das Werk eine hohe seelenführende Unterweisung aus einem mit Hingabe ernst geführten Amt.

VIII. Gebrauchssituation. Der Anlaß zum Vortrag des 'TH' war mit der Liturgie zum Fest Mariae Himmelfahrt am 15. August gegeben, das seit dem 9. Jh. mit der Lesung des Hohenlieds im Augustoffizium in Verbindung stand (OHLY, 1952/53, S. 224; 1958, S. 126 f.).

Auf das Festevangelium des 15. August von Martha und Maria (Lc 10,38–42) nimmt das 'TH' selbst Bezug (80,7 f.). Wie die Hoheliedkommentare des Honorius (nach 1108) und des Johannes v. Mantua (um 1082) auf das Fest Bezug nahmen, so dürfte auch das 'TH' zum Vortrag vor der Nonnengemeinde im August bestimmt gewesen sein (OHLY, 1958, S. 126 f.; danach KÜSTERS, 1985, S. 30 f.; mehr in meinem Kommentar zu 80,7 f.). KÜSTERS (1985, S. 33) sieht eine Möglichkeit des paraliturgischen Vortrags des 'TH' in der collatio der Klostergemeinde (dazu BOGAERS, ABäG 25 [1986] 169; s. auch KELLER, 1993, S. 32 f., 341). Mit den Worten *Wir habin virnomin* (6,1) wird auf die in der *lectio divina* der des Hohenlieds vorangegangenen Lesung der Sprüche Salomos Bezug genommen, nachdem 5,22–6,3 auf Prv 31,10 angespielt worden war. Der Anfang der Hs. A mit dem Beginn der Pfingstsequenz *Sancti spiritus assit nobis gratia* (vgl. →Heinrichs von Veldeke 'Servatius' 4 f., 10 f.) mag ein Gebet des Lektors sein. Die Aussage der Hs. k, der Prolog beginne *in honore gloriosae et semper virginis Mariae*, dürfte, da das 'TH' nur vereinzelt mariologische Einschläge hat, auf die Vortragssituation verweisen.

Mit der paraliturgischen Funktion sind an den vortragenden Lektor hohe Anforderungen gestellt. Er hatte die geistig-musikalische Gestalt des Texts den Hörern auch als Kunstform angemessen zu vermitteln (OHLY, Textkritik, 1993, S. 213–215). Die Aufmerksamkeit des Publikums wird mit häufigen Zurufen wie *nû vernement* wachgehalten. An ein Lesepublikum ist ursprünglich nicht gedacht.

IX. Maria im 'TH'. Von Willirams althergebrachter ekklesiologischer Deutung sich lösend, legt das 'TH' die Braut vornehmlich auf die Seele, seltener auf Maria oder die Kirche aus. Die Rolle der Auslegung auf Maria im 'TH' (die Belege bei RIEDLINGER, 1958; s. auch LANDGRAF, 1935, S. 20–23) hat die Forschung seit langem überschätzt. RUNTE, 1949, S. 131, sieht 'jede Stelle des Hohenlieds' auf Maria und die Einzelseele gedeutet (angemessen dagegen WISNIEWSKI, 1953, S. 72–74, 113). Noch KÜSTERS spricht von der 'mariologischen Gesamtlinie' des 'von Grund auf mariologisch angelegten Werks', von Maria als 'der Zentralfigur seiner Deutung' (1985, S. 31, 56, 304). RUH bemerkt noch 1993 eine 'entschieden marianische Auslegung' (S. 26; vgl. S. 45). KELLER, 1993, sieht in der 'omnipräsenten Leitfigur Maria' (S. 244) die Brautschaft auf den einzelnen Menschen übertragbar geworden (S. 462). Solche Einschätzungen sind suggeriert von programmatisch klingenden Einzelaussagen des Texts wie 8,6 f. (Maria verdiene *die meistin êre disis sangis*) oder 139,27 (ihr sei eigen *diz capitel*) – beide Stellen beziehen sich auf nur einen Hoheliedvers; deren Verallgemeinerung scheint mir jedoch unhaltbar. Der Prolog (sieht man von dem unsicheren Abschnitt 5,21–33 ab) und der Epilog erwähnen Maria nicht. Im Gesamtwerk nehmen die ihr gewidmeten Abschnitte zunehmend ab und insgesamt nicht mehr als ein Elftel des Raums ein (von den 147 Druckseiten bei HAUPT insgesamt nur 13 Seiten). Der heilsgeschichtliche Rang Marias und ihre Funktion als Leitbild für die Klosterfrauen und alle Seelen bleiben von der Zurückführung ihrer exegetischen Relevanz auf das gebotene Maß unberührt. Die Situation des Vortrags des 'TH' zu Mariae Himmelfahrt (s. o. IX.) mag zu ihrer Heraushebung im Werkanfang stimuliert haben. Die drei Bräute Christi sind die Kirche, Maria und vor allem die Seele. Gott hat sich seiner Braut zugeneigt, *daz ist diu heilige cristinhait unde zu uoderôst diu gotis mûter unde ein eigelich reinu sêle* (43,1 f.). Das 'zuerst' räumt Maria einen Vorrang nicht vor den zwei anderen, sondern vor den übrigen reinen Seelen ein (vgl. 42,6 und 7,17). So wird die mariologische meist in eine tropologische Auslegung überführt. Zu Kirche, Maria und Einzelseele nebeneinander in anderen Kommentaren des 12. Jh.s J. BEUMER, ZfkTh 76 (1954) 411–439, bes. S. 428.

X. Zur theologischen Charakterisierung. Der Wechsel der Töne im lyrisch bewegten Hohenlied steht zusammenhängenden Einheiten in seiner Auslegung entgegen. Die heilsgeschichtliche ab Beda und die seelengeschichtliche Exegese des 12. Jh.s, noch die mariologische seit Rupert von Deutz unterscheiden Phasen eigenen Rechts im Ablauf des Geschehens zwischen dem Geliebten und der Geliebten, Christus und der Kirche, der Seele, Maria. Im Angesicht der Heilsgeschichte von der Schöpfung über die Erlösung bis zum Weltende übergreift das Grundkonzept der Erneuerung des zerbrochenen Friedens zwischen Gott und den Menschen und ihrer Heimführung in die bei der Erschaffung ihnen eingeschaffene Berufung mit seinen Phasen und Konstellationen das ganze Werk. In dieser Geschichte wirken umfassend der Hl. Geist mit seinen Gaben, spezifischer Gottvater und vor allem Christus, der durchs Leben mitgehende Bräutigam der Seele, aber auch die Trinität als Einheit. Dies Heilswirken widerfährt den Menschen insgesamt, zuvörderst aber der einzelnen Seele, die mit der Suche nach Erlangung eines vollkommenen Lebens ihm entgegenstrebt.

Die Tugenden Demut, Geduld und Gehorsam werden eingefordert, deren Gefährdungen im sozialen Alltag des Klosterlebens nüchtern erörtert. Der Rhythmus von vita activa und vita contemplativa im Konvent hat jeweils Sinn und Recht. Mit dem Hohenlied gegeben, ist das Spektrum der Gemütslagen reicher ausgebildet als das der Liebe in anderen Gattungen der Zeit.

Der Kirche als Braut begegnet Gott in ihrer Geschichte von der Erlösung bis zum Antichrist und dem Weltende; Maria, der zur Beteiligung am Werk des Heils Erwählten, zu der er auch spricht, begegnet er aus der Nähe als der irdischen Mutter seines Sohns, des Bruders aller Menschen. Die Gott begegnende Einzelseele ist kein privates Ich, steht eingebettet in die Bindekraft der klösterlichen Gemeinde. Das seit EHRISMANN (LG, S. 31 'das erste Buch der deutschen Mystik') viel beredete, seltener in Frage gestellte (STAMMLER, Prosa, S. 893; HUMMEL, 1989, S. 259 'primär kein mystischer Text') Mystische im 'TH' entspringt nicht exquisiten, gnadenhaften Erfahrungen, sondern ergibt sich aus der Exegese, ist entsprechend über das Werk gestreut. Die Liebe des Hohenlieds spricht aus seinen Gebärden, dem Anschauen, Sichzuneigen, Liebkosen und Umarmen, Küssen, Sichvereinen und Hinschmelzen. Die Stichworte des Texts regen zum Reden über die Liebesgebärden an. Einzig zwischen Gott und der Seele sich ereignend, erweist das Wechselseitige von Gebärden des Sichsuchens und des Sichgewährens – Gott und die Seele geben wechselseitig sich die Brust – die Liebe zwischen Gott und dem Menschen als nichts Einseitiges, wo sich der Mensch nach Gott verzehrte oder Gott ihm grenzenlos sich schenkte. Sie stellt sich dar als eine aufeinander zugehende Bewegung. Das anthropomorphe Gottesbild des allegorisierten Hohenlieds führt bis zum Zusammenfall der Leistungen von Gottes und des Menschen Gliedern (des Auges 80,2; der Beine 85,11). Die Wärme der Rede von theologisch fundierten Liebesgebärden gehört zu dem verhaltenen Charisma des Texts, der von den Gefühlssteigerungen der zisterziensischen affektiven Mystik wie von der Nüchternheit frühscholastischer Gedankenordnungen und -kombinationen gleichermaßen Abstand hält (OHLY, Gebärden der Liebe, 1993).

XI. Wirkung. Schmäler als bei Willirams bis ins 16. Jh. üppig tradiertem Werk, ist die Überlieferung des 'TH' im monastischen Bereich doch auch über dreieinhalb Jahrhunderte fortgegangen. Eine weitere Verwendung in der *lectio divina* könnte dazu beigetragen haben. Die Übernahme der Abschnitte 28,25–29,2 und 117,1–119,11 in den → 'Palmbaumtraktaten' in der Fassung G des St. Georgener Predigers (nach 1250; MENHARDT, Ausg., 1934, S. 44–58; RUH, 1993, S. 28 f.) ist das einzige Zeugnis einer Ausstrahlung in andere Werke.

Literatur. Lit. bis 1922 bei EHRISMANN, LG, II/1, S. 29–39, bis 1934 bei MENHARDT, Ausg., bis 1989 bei F. G. GENTRY, Bibliographie zur frühmhd. geistl. Dichtung, 1992, S. 161–167 (unvollst.); i. F. Lit. bis 1980 in Auswahl, danach vollständig. – T. HAYNER, Das St. Trudperter (Hohenburger) Hohe Lied, PBB 3 (1876) 491–523; W. SCHERER, Geistl. Poeten d. dt. Kaiserzeit II (QF VII), 1875, S. 73–75 (zu 'TH' und Ava); ders., Litteratur des 12. Jh.s, I. Hohenburger Hohes Lied, ZfdA 20 (1876) 198–205; F. BECH, Allerhand Vermuthungen u. Nachweise, Germ. 22 N. R. 10 (1877) 34–50, bes. S. 48–50; P. PIPER, Die älteste dt. Litteratur bis um das Jahr 1050 (DNL 1), 1884, S. 453 f.; WALTHER, Bibelübers., S. 530–536; V. MÜLLER, Stud. über das TH, Diss. Marburg 1901; G. EHRISMANN, Zum texte des TH, ZfdA 46 (1902) 360–380; A. PIERITZ, Die Stellung des Verbums im König Rother mit Berücksichtigung des TH, Diss. Greifswald 1912, S. 80–123; EHRISMANN, LG II/1, S. 29–39, 127; M. LANDGRAF, Das TH, sein theologischer Gedankengehalt u. seine geschichtl. Stellung, bes. im Vergleich zu Williram v. Ebersberg, 1935 (Rez.: H. MENHARDT, AfdA 55 [1936] 35–37); H. STEINGER, in: ¹VL II, 1936, Sp. 474–479; A. LEITZMANN, Zum TH, PBB 61 (1937) 378–401; R. KIENAST, Ava-Stud. III, ZfdA 77 (1940) 85–104, hier S. 95–100; J. SCHWIETERING, Die dt. Dichtung d. MAs, o. J. (1941), S. 127 f., 194; A. LEITZMANN, Lexikalische Probleme in d. frühmhd. geistl. Dichtung (Abhh. d. Preuß. Ak. d. Wiss., Jg. 1941, Philos.-hist. Klasse, Nr. 18), 1942, passim; J. RUNTE, Das TH u. die mystische Lehre Bernhards v. Clairvaux, Diss. (masch.) Marburg 1949; DE BOOR, LG I, 9. Aufl. bearb. v. H. KOLB, 1979, S. 114–123; F. OHLY, Der Prolog des TH, ZfdA 84 (1952/53) 198–232; W.-I. GEPPERT, Die mystische Sprache des TH, Diss. (masch.) Berlin 1953 (Rez.: OHLY, AfdA 67 [1954/55] 156–162); R. WISNIEWSKI, Versuch einer Einordnung des TH in die Theologie u. Philosophie seiner Zeit, Diss. (masch.) Berlin 1953; F. OHLY, Geist u. Formen d. Hoheliedauslegung im 12. Jh., ZfdA 85 (1954) 181–197; H. MENHARDT, Zur Herkunft der Vorauer Hs., PBB (Tüb.) 78 (1956) 394–452, hier S. 402–406; F. OHLY, Ein Admonter Liebesgruß, ZfdA 87 (1956) 12–23; J. RUNTE, Die Gottesliebe im TH u. bei Bernhard v. Clairvaux, Cîteaux in de Nederlanden 8 (1957) 27–41; H. MENHARDT, Zum TH, ZfdA 88 (1957/58) 266–291; ders., Zur Herkunft d. Vorauer Hs., Abh. III, PBB (Tüb.) 80 (1958) 48–66, bes. S. 49, 51; F. OHLY, Hohelied-Studien, 1958, s. Reg.; H. RIEDLINGER, Die Makellosigkeit der Kirche in den lat. Hoheliedkommentaren des MAs, 1958, S. 226–233; STAMMLER, Prosa, Sp. 892f.; G. BAUER, David v. Augsburg u. das TH, Euph. 56 (1962) 410–416; H. MENHARDT, Die Mandragora im Millstätter Physiologus, bei Honorius Augustodunensis u. im TH, in: Fs. L. Wolff, 1962, S. 173–194; W. KÖSTER, Die Zahlensymbolik im TH u. in theologischen Denkmälern der Zeit, Diss. (masch.) Kiel 1963; B. TILLMANNS, Die sieben Gaben des Hl. Geistes in der dt. Lit. d. MAs, Diss. (masch.) Kiel 1963, S. 101–131; L. SEPPÄNEN, Zur Liebesterminologie in mhd. geistlichen Texten (Acta Universitatis Temperensis A 11), Tampere 1967, S. 43–67; K. BERTAU, Dt. Lit. im europ. MA, Bd. I, 1972, S. 488–494; W.-I. SAUER-GEPPERT, Wörterbuch zum TH (QF NF 50), 1972; G. BAUER, Claustrum animae, Bd. I, 1973, S. 256–269; E. EGERT, The Holy Spirit in German Literature until the End of the Twelfth Century, The Hague–Paris 1973, S. 214–240; H. ROLF, Der Tod in mhd. Dichtungen (Medium Aevum 26), 1974, S. 19–130; M. H. BOGAERS, Das rhythmische Endgewicht in der Syntax des TH, ABäG 13 (1978) 69–90; A. M. HAAS, Sermo mysticus, 1979, S. 442–445; M. WEHRLI, Gesch. d. dt. Lit. vom frühen MA bis zum Ende des 16. Jh.s, 1980, S. 126–129; F. OHLY, Bemerkungen eines Philologen zur Memoria (1984), 1991, S. 35f.; W.-I. SAUER-GEPPERT, Sprache u. Frömmigkeit im dt. Kirchenlied, 1984, S. 74–78 (zu *herze* und *sêle* im TH); W. HAUG, Literaturtheorie im dt. MA, 1985, ²1992, S. 58–60; G. SCHLEUSENER-EICHHOLZ, Das Auge im MA, 2 Bde, 1985, S. 165–175, 693–716, 756–760, 791–793 u. ö., Reg. S. 1169; J. LANCZKOWSKI (Hg.), Erhebe dich, meine Seele, 1988, S. 35–51 (Übers. aus dem TH), S. 345–356; U. KÜSTERS, Der verschlossene Garten. Volkssprachliche Hohelied-Auslegung u. monastische Lebensform im 12. Jh., 1985 (Lit.) (Rez.n: M. A. BOGAERS, ABäG 25 [1986] 168–171; D. A. WELLS, Arbitrium [1988] 255–257; G. VOLLMANN-PROFE, AfdA 99 [1988] 188–193); F. OHLY, Süße Nägel der Passion, in: Fs. H. Gipper, Bd. II, 1985, S. 403–613; wieder in: Saecula Spiritalia Bd. 21, hg. v. D. WUTTKE, 1989, bes. S. 515–519; M. H. BOGAERS, Zu einem lat. Adespoton im TH, in: Fs. G. A. R. de Smet, 1986, S. 65–69; H.-J. SPITZ, Spiegel der Bräute Gottes, in: Abendländische Mystik im MA, hg. v. K. RUH, 1986, S. 481–493; A. WOLF, Dt. Kultur im HochMA 1150–1250, 1986, S. 193–203; M. H. BOGAERS, Chiastische Strukturen im TH (Amsterdamer Beitr. z. Sprache u. Lit. 80), 1988; B. STOLL, De virtute in virtutem (Beitr. z. Gesch. der biblischen Exegese 30), 1988, S. 160–165; H.-J. SPITZ, *widerbildunge – imaginatio*, in: Fs. W. Kleiber, 1989, S. 263–275; R. WISNIEWSKI, Der Aufbau des Prologs zum TH, in: Fs. H. Kolb, 1989, S. 775–780; R. HUMMEL, Mystische Modelle im 12. Jh.: TH, Bernhard v. Clairvaux, Wilhelm v. St. Thierry, 1989; F. OHLY, Metaphern für die Sündenstufen und die Gegenwirkungen der Gnade (Rhein.-Westf. Ak. d. Wiss.; Geisteswissenschaften. Vorträge G 302), 1990, bes. S. 28–45, 100–114; D. SCHMIDTKE (Hg.), *Minnichlichiu gotes erkennusse*, 1990, Einleitung, S. 9–11; R. WISNIEWSKI, Die unio mystica im TH, in: ebd., S. 28–42; I. BERKENBUSCH, Mystik u. Askese – TH u. 'Speculum Virginum' im Vergleich, in: ebd., S. 43–60; E. A. MATTER, The Voice of my Beloved, Philadelphia 1990, S. 180–182, 194f.; F. OHLY, *Missetriuwe* 'desperatio', ZfdPh 110 (1991) 321–336; ders., Die Gestirne des Heils, Euph. 85 (1991) 235–272, bes. S. 253–255; G. VOLLMANN-PROFE, 'TH', in: Literaturlexikon, hg. v. W. KILLY, Bd. XI, 1991, S. 429f.; H.-J. SPITZ, Zur Lokalisierung des TH im Frauenkloster Admont, ZfdA 121 (1992) 174–177; F. OHLY, Eine Lehre der liebenden Gotteserkenntnis. Zum Titel des TH, ZfdA 121 (1992) 399–404; H. E. KELLER, Wort u. Fleisch. Körperallegorien, mystische Spiritualität u. Dichtung des TH im Horizont der Inkarnation, 1993 (Lit.); K. RUH, Gesch. d. abendländischen Mystik, Bd. II, 1993, S. 22–53; von F. OHLY ferner: Wirkungen von Dichtung, DVjs 67 (1993) 26–76, bes. S. 28–34; Textkritik als Formkritik, FMSt 27 (1993) 167–219, bes. S. 194–209, 214–217; Die Trinität berät über die Erschaffung des Menschen und über seine Erlösung, PBB 116 (1994) 242–284, bes. S. 243–252, 277–284; Metaphern für die Inspiration, Euph. 87 (1993) 119–171, bes. S. 136f., 162f.; Gebärden der Liebe zwischen Gott u. Mensch im 'TH', Lit.wiss. Jb. d. Görres-Ges. 34 (1993) 9–31; Deus incircumscriptus, Mlat. Jb. 27 (1992, ersch. 1993) 7–16, bes. S. 13–16; Zur Gattung des Hohenlieds in der Exegese, in: Ausgewählte u. neue Schriften zur Lit.gesch. u. zur Bedeutungsforschung, 1995, S. 95–112.

(1995)   FRIEDRICH OHLY

U

'Ulenspiegel'

1. Überlieferung. Die ältesten überlieferten Texte des anonym publizierten 'U.' stammen aus der Offizin Johannes Grieningers in Straßburg (= S, ca. 1510/11, 1515, 1519). Der früheste dieser Drucke, der erst seit HONEGGER, 1973, bekannt ist (zur Datierung S. 24—29), liegt in zwei Exemplaren unvollständig vor; ca. ein Viertel des Textes fehlt (HUCKER, 1976). Von den beiden weiteren Ausgaben ist noch je ein vollständiges Exemplar erhalten (S 1515: London, British Library, C 57 c 23; S 1519: Gotha, Forschungsbibl., Poes 2014/5 Rara); beide, jeweils in Kleinquart gedruckt, 130 Bll., enthalten reichlich Holzschnitte, die mehreren Reißern zugeschrieben werden, darunter, nicht unumstritten, Hans Baldung Grien (zuletzt WANDERSLEB). Alle drei Drucke stimmen im großen und ganzen überein. Textgrundlage der Forschung für S 1510/11 ist bisher nur das von HONEGGER publizierte Fragment von 16 Bll.; das andere 100 Bll. umfassende Exemplar ist vom Besitzer bisher nicht zugänglich gemacht worden, eine Edition ist seit 1976 angekündigt.

S 1515 weist einen gegenüber S 1510/11 gekürzten und an vielen Stellen fehlerhaften Text auf, z. T. mit substantiellen Einbußen für das Textverständnis (vgl. Beispiele bei ARENDT, S. 8 f.; BOLLENBECK, S. 175; HONEGGER, 1973, S. 37 f.). S 1519 ist gegenüber S 1515 ein verbesserter Neusatz mit ausführlicherem Text, aber auch er ist nachlässig redigiert. Die Textvarianten erklärt HONEGGER (1973, S. 25 f.) satztechnisch als Anpassung an unterschiedliche Seitengestaltung.

Der nächste erhaltene Druck (Straßburg, Christoph Grieninger, 1531) — es wird mit völligem Verlust von weiteren Auflagen gerechnet (vgl. HONEGGER, 1973, S. 28 f. u. ö.) — enthält zusätzliche Historien, einige davon aus Johannes → Paulis 'Schimpf und Ernst', wie auch Pauli rund zehn Historien aus dem 'U.' entlehnt hat.

Weiter sind rund 20 dt. Drucke aus dem 16. Jh. belegt. Fehlen von Historien aus dem Bestand von 1515/19 und sog. Zusatzhistorien (aufgeführt bei KADLEC, S. 229—262) sind üblich; die Anzahl (rund hundert) bleibt aber der von 1515/19 in etwa gleich. (Vgl. Aufstellung der Drucke bei GOTZKOWSKY, S. 470—485.)

2. Ausgaben. S 1510/11: P. HONEGGER, 1973 (s. Lit): Faks. von 16 Bll. als Anhang; hist.-krit. Ausg. in Vorb. bei der Arbeitsstelle für Hermen-Bote- und Eulenspiegelforschung (Berlin). S 1515: Faks. hg. v. E. SCHRÖDER, 1911 (Nachdr. 1982); grundlegende Ausgabe (mit Abweichungen von S 1519) von H. KNUST, Till Eulenspiegel. Abdr. der Straßburger Ausg. v. J. 1515 (NDL 55/56), 1896; W. LINDOW, Ein kurtzweilig Lesen von Dil Ulenspiegel (...), 1966, ²1981. S 1519: Faks. hg. v. A. SCHMITT, 1979; J. M. LAPPENBERG, Dr. Thomas Murners Ulenspiegel. Abdr. der Straßburger Ausg. v. J. 1519, 1854 (Nachdr. 1975). — Als editorische Sonderwege sind anzuführen: W. KROGMANN, Ulenspegel, 1952 (Versuch einer Rekonstruktion des angenommenen nd. Originals, s. u. 3.); Hermann Bote, Till Eulenspiegel, hg. v. S. SICHTERMANN, 1978 (nhd. Übertragung in der von HONEGGER vermuteten ursprünglichen Reihenfolge, s. u. 5.).

3. Sprache. Die Sprache ist Frühnhd. mit nd. Einsprengseln. Der früheste Druck weist einen älteren Sprachstand auf (inkonsequente Diphthongierung) und zeigt weniger elsässische Formen als die zwei späteren (HONEGGER, 1973, S. 36 f.). Die nd. Sprachschicht ist z. T. für das Textverständnis konstitutiv (etwa in Historie 10: Gleichklang von *henep* und *senep*); das legt die Annahme einer nd. Vorlage für die Straßburger Drucke nahe. Anders HONEGGER, 1973, S. 96—101, der eine ursprünglich hd. Abfassung durch einen nd. Autor für wahrscheinlich hält. Diese These ist z. T. unterstützt (FLOOD), z. T. scharf abgelehnt worden (CORDES, S. 12 u. BLUME, S. 28).

4. Verfasser, Datierung. Die Autorschaft Thomas Murners wurde in dem Martin Bucer zugeschriebenen Dialog 'Pfarrer und Schultheiß' (1521) behauptet (erst ab der 2. Auflage in einem syntaktisch uneben eingeschalteten Passus, vgl. MÜLLER, S. 33 Anm. 102 mit Lit.); LAPPENBERG hielt ihn mit Bezug darauf für den Verfasser (s. o. 2.). Heute wird nur

noch verschiedentlich eine mögliche Rolle Murners als Redaktor oder Übersetzer erwogen. Nahezu allgemein akzeptiert ist inzwischen der Aufweis der Verfasserschaft Hermen → Botes durch HONEGGER, 1973, obwohl ein strenger Beweis fehlt (zuletzt BLUME).

Schlußstein von HONEGGERs Argumentation ist die Entdeckung des Akrostichons HERMANB in den Anfangsbuchstaben von H. (= Historie) 90 bis H. 95, überdies sah er in den Initialen anderer Historien auch Reste von Abecedarien, wie Bote sie in seinem 'Köker' benutzte.

Die – ungefähre – Glaubwürdigkeit des in den frühen Drucken genannten Jahres 1500 als Beginn der Abfassung des Werkes wird nicht mehr bezweifelt. Die Abhängigkeit der Vorrede zum 'U.' von der Vorrede zum 1493 abgeschlossenen Prosaroman → 'Wigoleis vom Rade' hat FLOOD nachgewiesen. Erst in späteren Drucken wird 1483 als Entstehungsjahr genannt (Köln 1539 u. Frankfurt 1545).

5. Figur, Handlung, Intention.

a. Der 'U.' ist ein Schwankroman, dessen in der Vorrede als *behender listiger und durchtriebener, eins buren sun* eingeführte Titelheld häufig – oft von den durch ihn Geschädigten – als *schalck* bezeichnet wird (zur Kontroverse um die Bedeutung vgl. VIRMOND, S. 62–64). Grundbedeutung im 'U.' ist 'Bösewicht'; gelegentlich aber tendiert v. a. das Adjektiv *schalckhaft* auch zur Bedeutung 'listig, gewitzt'.

Die zwei wichtigsten für die Figur als typisch zu wertenden Verhaltensweisen sind: 1. sprachspielerisches Wortverdrehen, meist Ausspielen des genauen Wörtlichnehmens gegen das Gemeinte, oft anknüpfend an Redensarten, Sprichwörter; 2. obszöne (meist anale und skatologisch-fäkalische) Gestik und Streiche.

b. Die Schwänke werden dargeboten im Rahmen einer Vita: von der Geburt in Kneitlingen und einer denkwürdigen 'dreifachen Taufe' bis zum Tod und zu einem 'wunderlichen' Begräbnis in Mölln (Sarg kommt zuletzt aufrecht im Grabe zu stehen).

Die der Kindheit gewidmeten Historien exponieren U.s Gauklertum, seine konsequente Ablehnung nützlicher Arbeit. Die Priorität seiner *schalckheit* (vgl. den ersten Streich des dreijährigen Till in H. 2) vor aller konkreten Motivation (etwa Rache: H. 4 u. 8, listige Überlebenssicherung: H. 6) wird das ganze Werk durchziehen. Tills 'Auszug in die Welt' findet in einem Bienenkorb statt, in dem er sich schlafengelegt hat und der von Dieben verschleppt wird (H. 9).

In der Folge kommt U. mit allen Ständen der spätmal. Gesellschaft in Berührung, einen gewissen Schwerpunkt bilden die Handwerkerhistorien.

HONEGGERs Versuch, durch Wiederherstellung von Abecedarien aus dem 'U.', dessen Aufbau offensichtlich gestört ist (SCHRÖDER, S. 74–82), ein ursprüngliches Ständebuch zu rekonstruieren (SCHÖNSEE, BORRIES), bleibt allzu hypothetisch; auch seinem Vorschlag, in der aus dem postulierten Ständekatalog herausfallenden Historienfolge U.s Begegnung mit den 7 Todsünden zu sehen (HONEGGER, 1975), ist widersprochen worden (KÖNNEKER, S. 200–202).

Wenn U. bei seinen Schwankaktionen Geld oder Gut gewinnt, worauf er es längst nicht immer anlegt, ist dies im Nu wieder aufgebraucht (im Gegensatz zum 'Pfaffen Amis' des →Stricker, s. u. 6.). Seinen Opfern spielt er oft übel mit, richtet beträchtlichen Schaden an, der immer wieder in Wertangaben festgehalten wird, er schreckt auch vor schierer Brutalität nicht zurück. Der Fahrende gerät – eine Parallele zu realgeschichtlichen Entwicklungen der Landfahrerexistenz (vgl. WISWE) – in die Nähe zum Verbrecherischen (vgl. den Eintrag zu einer Hamburger Chronik 1521 zum Fall einer Hinrichtung, bei der der Delinquent mit U. verglichen wird, LAPPENBERG, S. 300). U. inkriminiert aber auch andere (RÖCKE, S. 225 f., 233 f.). Nirgends bleibt er lange, meist muß er sich aus dem Staub machen, aber genau darauf legt er es auch an (zu U. als zwanghaft sich selbst schadendem armen Teufel vgl. HEINZLE).

Wenn er nicht durch seine seltsame Kleidung Aufmerksamkeit auf sich zieht (vgl. H. 33, 63, 64; zur sog. Zaddeltracht auf den Holzschnitten s. HONEGGER, 1973, S. 132 f.; zum Narren mit Schellenkappe hat ihn erst die spätere Rezeption gemacht), ist die Verkleidung, der schnelle Rollenwechsel sein Metier. Doch auf der anderen Seite steht seine Bekanntheit (als *landthor, narr*, vgl. H. 50, als schon sprichwörtlicher U., vgl. H. 39, 84). Entsprechend die zwiespältige Reaktion der Umwelt: Die Opfer verwünschen ihn; das Publikum sucht ihn auf, man ist neugierig auf ihn — auch als Hofnarr ist er gefragt. Gelegentlich agieren auch U.s Gegenspieler auf eine sonst für ihn typische Weise (H. 40 und H. 45 mit anschließender Rache U.s, H. 67). Das 'Eulenspiegeln' ist also nicht ausschließlich Sache U.s.

U.s Krankheit im Alter, seine Unbußfertigkeit, sein Tod und Begräbnis werden geschildert in H. 89–95. H. 96 besteht aus einem Epitaph und einem Holzschnitt, der den Grabstein zeigt: eine Eule auf einem Rundspiegel sitzend.

c. Dieses Namensbild ist in H. 40 als U.s Emblem beschrieben. Er malte es den Gefoppten über die Tür und schrieb *hic fuit* darunter. (Vgl. auch den Titelholzschnitt.) Ein geläufiger Familienname ist damit zum Markenzeichen geworden. Für dieses werden verschiedene Bedeutungen erwogen: 1. Verweis auf Spiegelfunktion (Spiegel als häufiger Buchtitel), Eule als Weisheitsvogel; 2. *ul* als 'homo stolidus et improbus' nach dem Etymologischen Lexikon des Cornelius Kilianus Dufflaeus (1598), also Spiegel dummer Verhaltensweisen. Eine nicht in diesem Emblem erfaßte Bedeutung des Namens wäre 3. ein Kompositum von nd. *ulen* 'fegen, reinigen' u. nd. *speigel* 'Hintern'; dies scheint in H. 2 angelegt, eine entsprechende Szene erscheint im Titelholzschnitt des ältesten flämischen Druckes (Michiel Hillen van Hoochstraten, ca. 1519/45, Abb. bei WUNDERLICH, 1984, S. 52).

d. Quer zur ausschließlichen Betonung des unterhaltsamen Charakters des Buches in seiner Vorrede (*allein umb ein frölich gemüt zu machen in schweren zeiten*) wird das Werk in der neueren Forschung, besonders seit Bote als Autor gilt, zeitkritisch-moralsatirisch bzw. didaktisch-warnend verstanden: U. könne, weil alle dumm und schlecht seien, foppen und betrügen, Schaden anrichten, Zank anzetteln, sein zerstörerisches Unwesen treiben; der Negativheld sei Bestrafer der schlechten Welt. Die daraus sich ergebende Crux der Interpretation ist schwer zu bewältigen (Vorschläge bei BOLLENBECK, S. 68 f. u. 195, HAYDEN-ROY; differenzierend und klärend zum Ambivalenzbegriff MÜLLER, S. 86); so ist auch gegen diese entschiedene Weichenstellung der neueren Forschung Einspruch erhoben worden (HEINZLE; KÖNNEKER; SCHNELL). Der Text ist, obwohl er Schwerpunkte setzt, wohl zu offen, als daß er von einem dieser Punkte aus umfassend und konsequent deutbar wäre.

Die von einem Teil der jüngeren Forschung vertretene Auffassung von U. als einem radikalen Sprachskeptiker (WUNDERLICH, 1984, S. 76 mit Lit., kritisch BOLLENBECK, S. 111–114), ob nun eher existentialistisch oder mit gesellschaftspolitischem Auftrag verstanden, und die Deutung seiner Aktionen als Ferment frühbürgerlichen Aufbegehrens (SPRIEWALD) sind inzwischen wohl als Phänomene der im Wandel der Zeiten vielgesichtigen Rezeptionsgeschichte zu werten (s. u. 7.).

6. Quellen, Tradition. Vorauszusetzen ist der Rückgriff auf eine populäre Erzählfigur, über die mehr oder weniger typische Geschichten umliefen. Die Verarbeitung von breitergestreutem Erzählgut wird in der Vorrede mitgeteilt (*hystorien und geschichten ... zesamenbringen*). Zwar wird schon in einem lat. Briefwechsel v. J. 1411 möglicherweise auf eine *scriptura* über U. Bezug genommen (im Zusammenhang mit dem Schalksaatmotiv, vgl. H. 73, Abdruck bei SICHTERMANN; zuletzt BLUME, S. 31), doch gilt als wahrscheinlich, daß der Verfasser vor allem aus mündlicher Überlieferung geschöpft hat.

Eine Kontamination verschiedener 'Sagenkreise' und ihrer 'Ursprungsgestalten' sieht HUCKER, 1984 (1. ein in Mölln verstorbener U.: populäre Standesperson mit Hofnarrenfunktion; 2. Tilo/Diderik von Kneitlingen: Repräsentant des landsässigen Adels in der Krise, verknüpft mit Koboldsagenmotiven).

Die erste deutliche Nennung der Figur außerhalb des 'U.' ist Botes Eintrag in seiner älteren 'Weltchronik' zum Jahr 1350 nach der Erwähnung der Großen Pest: *Dosülvest starff Ulenspeygel to Möllen*. Grabstein in Mölln, wallfahrtähnliche Verehrung und mit Prozession begangene Feier als Stadtpatron sind dagegen vor den Straßburger Drucken nicht nachzuweisen, können auch Phänomene der Rezeptionsgeschichte sein; für die Lokalisierung eines historischen U. sind sie kaum zwingend beweiskräftig.

Als ergänzende schriftliche Quellen werden in der Vorrede der 'Pfaffe Amis' des → Stricker und der 'Pfaffe von dem Kalenberg' des Philipp → Frankfurter erwähnt, ein — werbewirksamer? — Hinweis auf volkssprachliche Erzähltradition, an die das Werk abwandelnd anknüpft (HAUPT, RÖCKE), und auf die Übertragung vorhandener Schwänke auf die Figur des U. Die Benutzung weiterer Quellen (z. B. → 'Salomon und Markolf' [Spruchgedicht], → 'Mensa philosophica', Fazetien, Mären) ist anzunehmen, z. T. auch aufgewiesen (Übersicht bei WUNDERLICH, 1984, S. 41–43).

Hatte LAPPENBERG in den Handwerkerhistorien 'die eigentliche Tills-Legende' gesehen (S. 349), da hier literarische Parallelen nicht zu belegen seien, weist VIRMOND (S. 40–45) auf die Einbettung auch jener Historien in das Rollenspiel des parasitären Narren hin (zur Ähnlichkeit einiger Historien des 'U.' mit Geschichten über die ital. Narrenfigur des Gonnella vgl. auch schon LAPPENBERG, S. 357 ff.; TACCONELLI). Aber auch die Figur des Markolf ('Salomon und Markolf') könnte der des U. Züge geliehen haben. Korrespondenzen dieser Art zu literarischen Typen und Gattungen — auch z. B. zur Predigtparodie und zu den 'Repues franches' (KOOPMANS, S. 237–241) — bleiben eher Facetten in einem Werk, das vielfältige Ausprägungen schwankhaften Erzählens aufnimmt.

7. Rezeption. Ab den 30er Jahren des 16. Jh.s lassen sich Ausgaben zahlreich nachweisen (s. o. 2.). Noch im 16. Jh. wird der 'U.' ins Flämische, Französische, Englische, Polnische (alle mit identisch geringerer Historienzahl: 52) und Jiddische übertragen. Es entstehen auch zwei lat. Fassungen (nachgewiesen bei LAPPENBERG, S. 181 f., 184–186): 'Ulularum Speculum' ab Joanne Nemio (1558 u. 1563); 'Noctuae Speculum' authore Aegidio Periandro (1567). Umschlagplatz für die internationale Verbreitung war Flandern, wo das Werk 1569 auf Veranlassung von Herzog Alba im Namen Philipps II. indiziert wurde (HONEGGER, 1973, S. 57 f.).

Die Bearbeitungen des Stoffes wie die Anverwandlungen der Figur bis in die Gegenwart von Hans Sachs und Johann Fischart ('Eulenspiegel Reimensweiß') über Charles de Coster bis zu Christa und Gerhard Wolf, vom grobianischen und melancholievertreibenden über den lebensweisenärrischen und den sophistischen, vom gegen Unterdrückung aufbegehrenden bis zum kinderbuchfähigen Eulenspiegel sind dargestellt bei BOLLENBECK.

Literatur. (Eu. = Eulenspiegel) Bibliographie: W. HINZ, Till Eu. Katalog der Bücher, Zss. u. Manuskripte des Eu.-Museums zu Schöppenstedt, ²1984. – CH. WALTHER, Zur Gesch. des Volksbuches vom Eu., NdJb 19 (1893) 1–79; E. KADLEC, Unters. z. Volksbuch von U., Prag 1916 (Nachdr. 1973); E. SCHRÖDER, Unters. z. Volksbuch vom Eu. Nach dem unvollendeten Manuskript von etwa 1936 hg. v. B. U. HUCKER u. W. VIRMOND, 1988; W. KROGMANN, Zur Überlieferung des 'Ulenspegel', NdJb 67/68 (1941/42) 79–112; S. SICHTERMANN, Zwei wenig bekannte alte Eu.-Nachrichten, Eu.-Jb. 11 (1971) 30–35; H. WISWE, Sozialgeschichtliches um Till Eu., Braunschweigisches Jb. 52 (1971) 62–79; P. HONEGGER, Ulenspiegel. Ein Beitr. zur Druckgesch. u. zur Verfasserfrage, 1973; ders., Eu. u. die sieben Todsünden, Nd. Wort 15 (1975) 19–35; J. L. FLOOD, Der Prosaroman 'Wigoleis vom Rade' u. die Entstehung des 'U.', ZfdA 105 (1976) 151–165; B. U. HUCKER, Eine neuentdeckte Erstausgabe des Eu.s von 1510/11, Philobiblon 20 (1976) 78–120; I. SPRIEWALD, Historien u. Schwänke, in: Realismus in der Renaissance, hg. v. R. WEIMANN, 1977, S. 359–436; D. ARENDT, Eu. – ein Narrenspiegel der Gesellschaft, 1978; G. CORDES, Alter Fuchs u. weiser Schelm, Eu.-Jb. 18 (1978) 3–14; B. HAUPT, Der Pfaffe Amis und U., in: Till Eu. in Gesch. u. Gegenwart, hg. v. TH. CRAMER, 1978, S. 61–91; W. WUNDERLICH (Hg.), Eu.-Interpretationen. Der Schalk im Spiegel der Forschung 1807–1977, 1979; I. SCHÖNSEE, Zu Peter Honeggers Versuchen um den Aufbau des 'U.', Nd. Wort 21 (1981) 42–53; L. TACCONELLI, Der skatologische Witz. Eu. u. Gonnella, Eu.-Jb. 21 (1981) 32–38; W. VIRMOND, Eu. u. seine Interpreten, 1981; B. U. HUCKER, Eu., in: Enzyklopädie des Märchens, Bd. 4, 1984, Sp. 538–555; W. WUNDERLICH, 'Till Eu.', 1984; G. BOLLENBECK, Till Eu. ... Zum Verhältnis von Produktions- u. Rezeptionsgeschichte, 1985; J.-D. MÜLLER, Volksbuch/Prosaroman im 15./16. Jh. Perspektiven der Forschung, Internat. Arch. f. Sozialgesch. d. Lit., Sonderh. 1 (1985) 1–129, Reg.; A. SCHWARZ, Verkehrte Welt im 'U.', Daphnis 15 (1986) 441–461; W. RÖCKE, Die Freude am Bösen. Studien zu einer Poetik des dt. Schwankromans im SpätMA, 1987, S. 213–251; E. BORRIES, Zum Aufbau des Eu.buches, Nd. Wort 28 (1988) 43–59; M. WANDERSLEB, Grieningers Holzschneiderwerkstatt u. die Illustrationen zu den Straßburger 'U.'-Drukken (S 1510/11, S 1515, S 1519), Eu.-Jb. 28 (1988) 25–40; B. GOTZKOWSKY, Volksbücher, Bibliographie der dt. Drucke. Teil 1: Drucke des 15. u. 16. Jh.s, 1991, S. 468–488; P. HAYDEN-ROY, Till Eu.'s Transgressions Against Convention, Daphnis 20 (1991) 7–31; J. HEINZLE, Eu. in Marburg, Eu.-Jb. 31 (1991) 9–23; B. KÖNNEKER, U. als Satire?, in: Hermann Bote, hg. v. H. BLUME u. E. ROHSE, 1991, S. 197–211; J. KOOPMANS, U. und die städt. Lit. zu Beginn des 16. Jh.s, ebd. S. 230–245; R. SCHNELL, Das Eu.buch in der Gattungstradition der Schwankliteratur, ebd. S. 171–196; ST. L. WAILES, The Childishness of Till: Hermen Bote's U., The German Quarterly 64 (1991) 127–137; H. BLUME, Hermann Bote – Autor des 'Eu.'-Buches?, Eu.-Jb. 34 (1994) 11–32.

(1995) ANNA MÜHLHERR

Ulrich von Liechtenstein

Verfasser von Minneliedern, minnetheoretischen Schriften und einer fiktiven Autobiographie als Frauendiener.

1. Leben.

U. v. L., geb. Anfang des 13. Jh.s, gest. 26. 1. 1275, stammte aus einem in der Nähe von Judenburg begüterten steirischen Ministerialengeschlecht, wahrscheinlich edelfreier Herkunft. Er ist urkundlich bezeugt zwischen 1227 und 1274; die Spätzeit seines politischen Wirkens wird in der 'Österreichischen Reimchronik' des → Ottokar von Steiermark dargestellt. Wie schon sein Vater Dietmar zählte er zu den einflußreichsten steirischen Landherren unter den Babenberger Herzögen Leopold VI. und Friedrich II. Er bekleidete wichtige Ämter im Land: 1244/45 Truchseß, 1267–1272 Marschall, 1272 Landrichter (Vertreter des Landesherrn im Gericht und im Taiding). Nach dem Tod Herzog Friedrichs II. (1246) gehörte er, der 'Österreichischen Reimchronik' zufolge, zu den führenden Partnern und Gegenspielern der wechselnden Inhaber der Landesherrschaft. 1253 förderte er den Herrschaftsanspruch König Ottokars II. Přemysl von Böhmen. 1260 stand er im gegnerischen, von Ungarn geführten Lager (zugunsten der Ansprüche Ulrichs von Seckau auf das Erzbistum Salzburg). 1267 wurde er zwecks Durchsetzung der Landesherrschaft von Ottokar eingekerkert, war aber kurz darauf wieder unter Ottokar in wichtigen Ämtern im Land tätig.

Während U.s politisches Wirken in Urkunden und Historiographie (neben Ottokar von Steiermark die 'Chronik von den 95 Herrschaften' [→ Leopold von Wien] und Thomas → Ebendorfers 'Cronica Austriae') gut bezeugt ist, stützt sich seine Biographie im übrigen ausschließlich auf seine eigenen Angaben in seiner fiktiven Autobiographie, dem 'Frauendienst', wo umgekehrt das politische Wirken ausgespart ist. Die historische Zuverlässigkeit dieses Werks wird inzwischen bezweifelt, in einigen Fällen ausgeschlossen (grundlegend: SPECHTLER, 1974). Anderwärts bezeugt sind nur die Fürstenhochzeit von 1222 – wahrscheinlich der Rahmen von *Uolrichs* Schwertleite – und der Tod Herzog Friedrichs II. in der Schlacht an der Leitha am 15. 6. 1246. Nur im 'Frauendienst' dagegen erfährt man von seiner Erziehung am Hof Markgraf Heinrichs von Istrien, von einem großen Turnier in Friesach, von einer Turnierfahrt in der Verkleidung als Venus und einem Artusturnier. Eine einjährige Gefangenschaft bei zweien seiner Dienstleute ist in U.s Lebenslauf, soweit er urkundlich belegt ist, überhaupt nicht unterzubringen.

2. Überlieferung.

a. 'Frauendienst': München, cgm 44 (mit 2 Lücken); Augsburg, SB u. StB, Fragm. germ. 10 (1 Bl.); Landshut, Staatsarchiv, Fischmeisteramtsrechnungen Landshut 1510 (Schnipsel von 1 Doppelbl.).

b. Lieder: im Rahmen des 'Frauendiensts' (3 Lieder fehlen durch die Textverluste des cgm 44); →'Heidelberger Liederhs. C', 237ʳ–247ʳ (die Reihenfolge stimmt zum 'Frauendienst', der auch dem Illustrator bekannt war; die unmittelbare Vorlage enthielt jedoch nur die Lieder, s. ²KLD II 546; es fehlen der Leich und einige Strophen, meist vom Schluß vielstrophiger Lieder, am Ende stehen zusätzlich 2 Spruchstrophen, die heute →Gottfried von Straßburg zugeschrieben werden, und 3 Strophen im Ton I → Eberhards von Sax, RSM ¹ZZEberhS/2/2); Lied XII nochmals ebd., 32ʳ, unter →Heinrich von Veldeke; →'Heidelberger Liederhs. A', 23ʳ Lied XII unter → Niune, 42ᵛ Lied XL, Str. 1, anonym.

c. 'Frauenbuch': Wien, cod. Ser. nov. 2663 (→'Ambraser Heldenbuch'), 220ᵛᵃ–225ʳᵇ.

Ausgaben. U. v. L., mit Anm. v. TH. V. KARAJAN hg. v. LACHMANN, Berlin 1841 (Nachdr. Amsterdam 1974). – 'Frauendienst': R. BECHSTEIN, 2 Bde (Dt. Dichtungen d. MAs 6, 1 u. 2), 1888; F. V. SPECHTLER (GAG 485), 1987; die Lieder und der Leich außerdem ²KLD I 428–494; vgl. ferner U. v. L., Frauendienst ('Jugendgeschichte'). In Abb. ... hg. v. U. PETERS (Litterae 17), 1973. – 'Frauenbuch': F. V. SPECHTLER (GAG 520), ²1993.

3. Minnelyrik, Büchlein.

U. hat nach eigener Aussage im 'Frauendienst' (592,11 = 1846,1) 58 *doene* gedichtet, wobei er den Leich mitzählt. Sein Minnesang ist in Motivik und Konzeption vom hohen Minnesang um 1200 abhängig, insbesondere von →Walther von der Vogelweide (RANAWAKE). Mit ihm ist U. besonders die Tendenz zur Ethisierung der Minne gemeinsam (ebd., S. 185), allerdings sind sensualistische Züge verstärkt (SCHMIDT, S. 54). U. variiert Gattungen wie Kanzone, Tagelied, Kreuzlied oder Motive wie Liebe von Kind an, Verstummen vor der Dame usw. (zum Tagelied: HEINEN, Poetic Truth, 1984, S. 171 u. ö.). Sein Augenmerk gilt subtilen intertextuellen Anspielungen und der kunstvoll gehandhabten Form (Strophenbau, Reimschema, daktylische Rhythmen, Erfindung von *wort* zur fremden *wîse*). Von einfacheren Formtypen schreitet er, legt man die Reihenfolge der Lieder im 'Frauendienst' zugrunde, zu komplizierten Strophengebilden fort. Bezeichnungen wie *tanzwîse*, *reie*, *frouwentanz*, *ûzreise* oder *sincwîse*, die der 'Frauendienst' angibt und die auf ein verlorenes Liederbuch zurückgehen könnten, weisen auf zeitgenössische Differenzierungen von Typen und Gebrauchsanlässen, ohne daß sich daraus eine Gattungssystematik ableiten ließe (HEINEN, 1986).

Selbständigen literarischen Charakter haben von den Einlagen des 'Frauendienstes' auch die drei *büechlîn* in Reimpaarversen, Minnegrüße und -bitten an die Dame, die in aufwendigen Einleitungen – im Dialog mit dem personifizierten Brief (I), mit der Minne (II) oder im Anruf an *herze und sin* als die besten Freunde (III) – zunächst die Schwierigkeiten einer solchen Minnebotschaft thematisieren.

4. 'Frauendienst'.

Datiert gewöhnlich auf 1255 (s. jedoch BEHR, S. 6 f.), entstanden wohl seit Ende der vierziger Jahre, ist der 'Frauendienst' das einzige deutschsprachige Gegenstück zu den 'vidas' (fiktiven Lebensbeschreibungen) und 'razos' (Liedkommentaren) der Trobadors, die U. vielleicht durch oberitalienische Vermittlung kennenlernte (PETERS, KARTSCHOKE; motivgeschichtlich: TOUBER, 1988). Das *mære* besteht aus 1850 Strophen zu je 8 paarweise gereimten männlichen Vierhebern. Darin eingelassen sind die 57 Minnelieder, der Leich und die drei 'Büchlein', ferner sieben Briefe, vier in Reimpaaren, drei in Prosa. Während im ersten Teil erzählende Partien vorherrschen – zunächst überwiegend zu Turnieren, dann zu den Anlässen von Frauendienst –, schieben sich im zweiten die Lieder in den Vordergrund, denen manchmal nur nach Art der 'razos' ein knapper resümierender Kommentar beigegeben ist. Erzählung und Kommentar weisen dem Lied seinen (fiktiven) 'Sitz im Leben' an und könnten damit angesichts fortgeschrittener Verschriftlichung des Minnesangs den Situationskontext wechselnder 'Aufführungen' vertreten.

Das *mære* gibt Einblick in die literarische Praxis der Zeit. U. behauptet, nicht lesen und schreiben zu können. Ob man dies wörtlich nehmen darf oder nicht – er stilisiert sich als adeliger Laie, der seine Kunst als vornehme Liebhaberei betreibt. Durch das Spannungsverhältnis zwischen *persona* des *mære*, Vortragendem und

Dichter wird der Rezipient auf den Fiktionscharakter des Werks gestoßen (HEINEN, Homo, 1984). Seltener erzählt Uolrich vom Vortrag seiner Lieder durch ihn selbst (IX, vgl. 130,18−20 = 417,2−4), häufiger von dem durch andere oder davon, daß man sie eine Saison lang überall singt, endlich auch, daß er sie wie Büchlein und Briefe schriftlich an die Dame schickt. Musikalischer Vortrag, lautes Vorlesen und stille Einzellektüre stehen nebeneinander (KARTSCHOKE). Das zunächst für mündlichen Vortrag konzipierte *mære* gibt sich im letzten Drittel schriftliterarisch als Buch (HEINEN, Homo, 1984).

U. erzählt in Ich-Form sein Leben als Geschichte eines um Minne werbenden Ritters. Sein Dienst gilt zwei Damen. Der erste ist entsagungsvoll, wird immer wieder enttäuscht und zuletzt abrupt beendet durch eine ominöse *untât* der Dame (413,25 = 1365,1). Der zweite Dienst ist dagegen, dank der *güete* der Dame, unbeschadet aller widrigen Umstände, auf *vreude* gestimmt. Minnewerbung äußert sich in ritterlichem Dienst, zumal in Turnieren; diese finden jedoch im zweiten Teil durch politische Verwicklungen ein jähes Ende; es folgen der Tod des Herzogs und die Anarchie im Land. Die unablässig beschworene *vreude* der Minne, die sich in den Liedern äußert, wird jetzt zum Kontrapost zu dem, was das *mære* als politische 'Realität' erzählt. Mit einer Ritterlehre klingt das Werk aus.

Der literarische Status des 'Frauendienstes' war lange umstritten. Auf der einen Seite wird unbestreitbar Historisches erwähnt (der Tod des Herzogs, Örtlichkeiten, Namen von U.s Standesgenossen), auf der anderen sind die Wechselfälle des Frauendienstes nach Mustern der höfischen Literatur stilisiert. Während ein historischer Kern auch dieser Abschnitte − bei der Möglichkeit irrtümlicher Datierung, veränderter Motivationen usw. − grundsätzlich nicht auszuschließen ist, bleibt im einzelnen der Grad der Stilisierung zu romanhaften oder schwankhaften Erzählungen schwer abzuschätzen. Der Versuch der ersten Herausgeber LACHMANN, KARAJAN und BECHSTEIN, aus der inneren Chronologie der Jahreszeitenabfolge im *mære* ein äußeres Datengerüst zu gewinnen, konnte an Vorfällen wie Uolrichs Gefangenschaft falsifiziert werden (SPECHTLER, 1974, S. 291). Auch die Auswertung der Turniere, zumal von Venus- und Artusfahrt (HÖFLER) für eine Geschichte der ritterlich-höfischen Kultur in Österreich, findet keine Zustimmung mehr. Umstritten ist (THUM, PETERS, HAUSNER), inwieweit die Turniere mit Mitgliedern aller wichtigen Familien der österreichisch-steirischen Landherren politische Konstellationen chiffrieren. Demgegenüber wurde zuletzt stärker der fiktional-literarische Status betont (HEINEN, Poetic Truth, 1984; RISCHER), wobei U. durch die einmontierten Elemente zeitgeschichtlicher Realität den Anspruch auf Faktenwahrheit erhebt (GRUBMÜLLER). Entworfen wird eine Spielwelt, die im ersten Teil nahezu alles außerhalb von Minne und (Turnier-) âventiure ausgrenzt, im zweiten sich gegenüber dem eingeblendeten politischen und sozialen Niedergang als schönere Alternative behauptet (REIFFENSTEIN; MÜLLER, 1984, 1989).

Das *mære* setzt mit der Erziehung des jungen Ritters ein, erzählt seine pathetischen oder komischen Versuche, sich seiner Dame zu nähern, die ritterlichen Kämpfe, die er ihretwegen unermüdlich unternimmt, die Leiden, die er ihretwegen duldet, eine Turnierfahrt in der Verkleidung als Venus in ihrem Dienst. Die Minne nimmt Züge religiöser Devotion an (in Seligpreisungen der Geliebten und Selbsterniedrigungen des Liebhabers, im Martyrium für die Dame), dann wieder ist sie Anlaß zu schwankhaften Inszenierungen (*Uolrich* in der Burgkloake oder unter den Aussätzigen), wobei das eine in das andere übergehen, Minnekult in drastische Komik umschlagen kann und Komik als Zeichen bedingungsloser Hingabe fungiert. Entsprechend umstritten ist die Wertung dieses ersten Dienstes durch die Forschung: Negativdidaxe (DITTRICH; vgl. MCFARLAND), Parodie (MILNES, TOUBER, BRODY, WOLF, DUSSÈRE), Inszenierung höfischer *vreude* durch virtuoses Rollenspiel (REIFFENSTEIN) oder spielerische Analogie zu religiösen Überbietungsformeln bis hin zu

Erniedrigung und Wahnsinn (THUM, S. 159 ff., KNAPP, S. 66 f., MÜLLER, 1984, S. 55)? Komik und Ironie müssen freilich keineswegs mit einer Destruktion der thematisierten Ideale identisch sein (HEINEN, Poetic Truth, 1984, S. 170 f.). Daran schließt sich die Frage an, ob erstes und zweites Minneverhältnis exemplarisch als 'richtig' und 'falsch' einander konfrontiert werden sollen (so DITTRICH, GRUBMÜLLER, HAUSNER, ZIPS). Eine Abwertung des ersten Teils hätte allerdings die Schwierigkeit, daß dann auch die normgerechten Minnelieder als Ausdruck normwidriger Minne gelesen werden müßten (TINSLEY, S. 134). Unstreitig ist dank der *güete* der zweiten Dame und der selbstgewissen *vreude Uolrichs* die Minne jetzt nicht mehr selbst konfliktträchtig, sondern nur noch von außen bedroht. Verschoben ist also der Schwerpunkt der Auseinandersetzung, so daß höfischer Frauendienst nicht mehr als geschlossene Spielwelt erzählt wird, sondern immer wieder mit einer — natürlich ebenfalls literarisch vermittelten — 'Realität' konfrontiert wird, die sich ihren Regeln nicht fügt.

5. 'Frauenbuch'.
Nach U.s Aussage geschrieben '35 Jahre, nachdem er Ritter geworden war', müßte das 'Frauenbuch', wenn man die Schwertleite anläßlich der Fürstenhochzeit von 1222 ansetzt, 1257 entstanden sein. Faßt man die Zahlen symbolisch auf, dann bleibt festzuhalten, daß es nach dem 'Frauendienst' (der 33 Jahre Ritterschaft behauptet) entstand und der Erzähler durch langjährig erworbene Kompetenz in höfischen Dingen ausgewiesen ist (BEHR, S. 7). Die Thematik ist noch grundsätzlicher auf die ritterlich-höfische Kultur ausgerichtet, die durch ein falsches Verhältnis zwischen den Geschlechtern zerstört sei. In einem Streitgespräch werfen sich ein Ritter und eine Dame gegenseitig die Schuld daran vor. Es folgen in einem nur noch äußerlich als Dialog organisierten zweiten Teil Anleitungen des Ritters zu vorbildlichem höfischen Verhalten, wobei die gewöhnliche Trennung von Minne- und Ehelehre aufgehoben wird, indem Merkmale eines Minneverhältnisses auf die Ehe übertragen werden (BRÜGGEN, S. 91–93). Zuletzt tritt der Erzähler, identifiziert als *von Liehtensteine hêr Uolrich* (641,14 = 1828), auf und schlichtet den Streit, indem er die Damen von den Vorwürfen entlastet. Minnedienst erscheint — in Fortführung von Gedanken aus den Schlußpassagen des 'Frauendienst' — als Gegenmodell zur zerfallenden politisch-sozialen Ordnung (BEHR). Das *püechelîn* bestimmt U. für seine Dame und andere *edel wîp*.

Literatur. O. HÖFLER, U.s v. L. Venus u. Artusfahrt, in: Stud. zur dt. Philol. des MAs. Fs. F. Panzer, 1950, S. 131–150; H. MILNES, U. v. L. and the Minnesang, German Life and Letters 17 (1963–64) 27–43; A. H. TOUBER, Der literar. Charakter von U. s. v. L. 'Frauendienst', Neoph. 51 (1967) 253–262; B. THUM, U. v. L., Diss. Heidelberg 1968; J. RUBEN, Zur 'gemischten Form' im 'Frauendienst' U.s v. L., 1969; M.-L. DITTRICH, Die Ideologie des *guoten wîbes* in U.s v. L. 'Vrouwen Dienst', in: Gedenkschr. W. Foerste, hg. v. D. KOFMANN (Nd. Stud. 18), 1970, S. 502–550; U. PETERS, Frauendienst, 1971 (dort die ältere Lit.); T. McFARLAND, U. v. L. and the Autobiographical Narrative Form, in: Probleme mhd. Erzählformen. Marburger Colloquium 1969, hg. v. P. GANZ u. W. SCHRÖDER, 1972, S. 178–196; J. W. THOMAS, The Minnesong Structure of U. v. L.'s 'Frauendienst', ZfdA 102 (1973) 195–203; F. V. SPECHTLER, Unters. zu U. v. L., Habil.schr. (masch.) Salzburg 1974; S. N. BRODY, The Comic Rejection of Courtly Love, in: In Pursuit of Perfection, hg. v. J. M. FERRANTE u. G. D. ECONOMOU, Port Washington – London 1975, S. 221–261; U. HERZOG, Minneideal u. Wirklichkeit, DVjs 49 (1975) 502–519; K. M. SCHMIDT, Späthöfische Gesellschaftsstruktur u. die Ideologie des Frauendienstes bei U. v. L., ZfdPh 94 (1975) 37–59; A. WOLF, Komik u. Parodie als Möglichkeiten dichterischer Selbstdarstellung im MA, ABäG 10 (1976) 73–101; I. REIFFENSTEIN, Rollenspiel u. Rollenentlarvung im 'Frauendienst' U.s v. L., in: Fs. A. Schmidt, 1976, S. 107–120; R. HAUSNER, U.s v. L. 'Frauendienst', ebd., S. 121–192; M. ZIPS, Frauendienst als ritterliche Weltbewältigung, in: Fg. O. Höfler (Philologica Germanica 3), 1976, S. 742–789; F. V. SPECHTLER, Probleme um U. v. L., in: Österr. Lit. zur Zeit der Babenberger, hg. v. A. EBENBAUER u. a. (Wiener Arbeiten zur Germ. Altertumskunde u. Philol. 10), 1977, S. 218–232; B. THUM, Lit. als politisches Handeln, ebd., S. 256–278; H. DOPSCH, Der Dichter U. v. L. u. die Herkunft seiner Familie, in: Fs. F. Hausmann, 1977, S. 93–118; I. GLIER, Diener zweier Herrinnen, in: The Epic in Medieval Society, hg. v. H. SCHOLLER, 1977, S. 290–306; K. RUH, Dichterliebe im europäischen Minnesang, in: Dt. Lit. im MA, Gedenkschr. Hugo Kuhn, hg. v. CH. CORMEAU, 1979, S. 160–183; K. M. SCHMIDT, Begriffsglossare u. Indices zu U. v. L., 1980; D. KARTSCHOKE, U. v. L. u. die Laienkultur des dt. Südostens im Übergang zur Schriftlichkeit, in: Die mal. Lit. in Kärnten, hg. v. P. KRÄMER, 1981, S. 103–143; W. FREY, *mir was hin ûf von herzen gach*, Euph. 75 (1981) 50–70; M. PIEPER, Die Funktion der Kommentierung im 'Frauendienst' U. s. v. L., 1982; C. DUSSÈRE, Humor and Chivalry in U. v. L.'s 'Frauendienst' and in Gerhart Hauptmann's U. v. L., Colloquia Germanica 16 (1983) 297–320; J.-D. MÜLLER, Lachen–Spiel–Fiktion, DVjs 58 (1984) 38–73; H. HEINEN, Poetic Truth and the Appearance of Reality in U. v. L.'s Dawn Songs, in: From Symbol to Mimesis, hg. v. F. H. BÄUML (GAG 368), 1984, S. 169–189; ders., U.v. L.: *Homo (il)litteratus* or poet/performer?, JEGP 83 (1984) 159–172; K. GRUBMÜLLER, Minne u. Geschichtserfahrung, in: Geschichtsbewußtsein in der dt. Lit. des MAs, hg. v. CH. GERHARDT u. a., 1985, S. 37–51; H. HEINEN, U.'s v. L. Sense of Genre, in: Genres in Medieval German Literature, hg. v. H. HEINEN u. J. HENDERSON (GAG 439), 1986, S. 16–29; F. P. KNAPP, 'Chevalier errant' und 'fin' amor'. Das Ritterideal d. 13. Jh.s in Nordfrankreich u. im dt.sprachigen Südosten, 1986, S. 62–70; A. H. TOUBER, U.s v. L. unbekannte Melodie, ABäG 26 (1987) 107–118; ders., U.s v. L. 'Frauendienst' u. die vidas und razos der Troubadours, ZfdPh 107 (1988) 431–444; H.-J. BEHR, Frauendienst als Ordnungsprinzip, in: Die mal. Lit. in der Steiermark, hg. v. A. EBENBAUER u. a. (Jb. f. Int. Germanistik, Reihe A), 1988, S. 1–13; F. V. SPECHTLER, U. v. L., ebd., S. 199–229; E. BRÜGGEN, Minnelehre u. Gesellschaftskritik im 13. Jh., Euph. 83 (1989) 72–97; J.-D. MÜLLER, U. v. L., in: Dt. Dichter, Bd. 1: MA, hg. v. G. E. GRIMM u. F. R. MAX (Reclam UB 8611), 1989, S. 329–336; S. RANAWAKE, *der manne muot – der wîbe site*, in: Walther v. d. Vogelweide, hg. v. J.-D. MÜLLER u. F. J. WORSTBROCK, 1989, S. 177–196; D. F. TINSLEY, Die Kunst d. Selbstdarstellung in U.s v. L. 'Frauendienst', GRM 71, NF 40 (1990) 129–140; CH. RISCHER, *wie süln die vrowen danne leben?*, in: Grundlagen des Verstehens mal. Lit., hg. v. G. HAHN und H. RAGOTZKY, 1992, S. 133–157; F. V. SPECHTLER, Ein 'lächerlicher Minneritter'?, in: Sprachspiel u. Lachkultur. Fs. R. Bräuer, hg. v. A. BADER u. a. (Stuttgarter Arbeiten zur Germanistik 300), 1994, S. 144–154.

(1995)   JAN-DIRK MÜLLER

V

Veldeke → Heinrich von Veldeke

Vogelweide → Walther von der Vogelweide

'Vorauer Handschrift 276'

Die umfangreichste und wichtigste der alten Sammelhss. mit frühmhd. Dichtungen; mit den beiden kleineren, der → 'Millstätter Handschrift' (M, um 1200) und der Wiener Hs. 2721 (W, letztes Viertel 12. Jh.), hat sie Teile gemeinsam. Die 'Vorauer Hs. 276' ('V.') wurde 1841 von Joseph Diemer entdeckt und in diplomatisch genauen Abdrucken veröffentlicht.

1. Ausgaben. J. Diemer, Die Kaiserchronik nach der ältesten Hs. des Stiftes Vorau, Teil I: Urtext, Wien 1849; Diemer, Dt. Ged. (Abdruck der kleineren Texte ohne den 'Joseph'); ders., Beitr. zur älteren dt. Sprache u. Lit. V, 20 u. 21: Geschichte Joseph's in Ägypten, WSB 47 (1864) 636–687, u. ebd. 48 (1865) 339–423; Die Kaiserchronik des regul. Chorherrenstiftes Vorau in der Steiermark (Hs. 276/1). Vollständige Faksimile-Ausg. der Steiermärkischen LB, Graz 1953 (Bl. 1–73; Einleitung von P. Fank); K. K. Polheim, Die dt. Ged. der Vorauer Hs. (Kodex 276, II. Teil), Faks.-Ausg. des Chorherrenstiftes Vorau, Graz 1958 (Bl. 74–139 u. 183; = Vorauer Hs. Faks.); krit. Ausg. der kleineren Texte u. a. bei Henschel/Pretzel, Vor. Denkm.; Maurer, Rel. Dicht.; Waag/Schröder, Dt. Ged.

2. 'V.' ist ein großformatiger, repräsentativer Codex mit 183 Bll. (45 × 32 cm); er besteht aus zwei Faszikeln: 276/I (Bl. 1–135) enthält die dt. Dichtungen, 276/II (Bl. 136–183) die lat. 'Gesta Friderici imperatoris' (Fassung B) → Ottos von Freising.

Im dt. Teil ist zwischen Bl. 116 und 117 ein Blatt herausgeschnitten und auf dem letzten Bl. 135ᵛ endet der überlieferte Text mitten im Vers. Dem lat. Text der 'Gesta Friderici' fehlen von den ursprünglich 9 Quinternionen (Bl. 136ʳ) am Ende drei, also insgesamt 24 Bll. Der Erhaltungszustand der Hs. ist sonst aber gut. Obwohl Format und Einrichtung (zwei Spalten zu 46 Zeilen) gleich sind (vgl. Polheim, S. VIII), waren die beiden Teile ursprünglich wohl nicht füreinander bestimmt und nicht von Anfang an zusammengebunden. Einen klaren Hinweis auf die Provenienz des lat. Teils gibt der Vermerk auf Bl. 136ʳ, auf dem von derselben Hand auch die Lagenzahl festgehalten ist: *Gesta Fridarici imperatoris. Que Wolfcangus scripsit. iubente Bernhardo preposito / Qui ea sancte marię. sancto thomę et uorowensi ecclesie abstulerit. anathema sit.* Der lat. Teil ist also im Auftrag des Vorauer Probstes Bernhard I. (1185–1202) in oder für Vorau entstanden. Die Außenbll. der 1. und 12. Lage (Bl. 1 + 8, 89 + 96) im dt. Teil sind bald nach der Entstehung wohl aus restauratorischen Gründen erneuert worden; zwei identische Vorauer Besitzvermerke im dt. Teil auf Bl. 1ʳ und 86ʳ sind trotz ihrer altertümlichen Schrift erst um 1475 eingetragen worden, denn sie finden sich auch in anderen, erst im 15. Jh. entstandenen Vorauer Hss. (Menhardt, 1956a, S. 146). Der jetzige Einband stammt aus dem 15. Jh. (Fank, 1956, S. 388); das schließt aber nicht aus, daß sich auch der dt. Teil der Hs. schon im 13. Jh. in Vorau befand (vgl. Fank, 1956, S. 383 f.).

3. Inhalt. Der dt. Teil enthält 21 Texte, von denen außer der 'Kaiserchronik' nur weniges andernorts überliefert ist; 'V.' ist daher für die meisten Texte der einzige vollständige Zeuge. Inhalt: 1. → 'Kaiserchronik' Bl. 1ʳᵃ–73ᵛᵇ; 2. → 'Vorauer Bücher Mosis' Bl. 74ʳᵃ–96ʳᵃ mit a. 'Genesis', b. 'Joseph' (auch in W und M im Rahmen der → 'Altdeutschen Genesis'), c. 'Moses', d. → 'Vorauer Marienlob', e. 'Balaam'; 3. → 'Wahrheit' Bl. 96ʳᵃ⁻ᵛᵇ; 4. → 'Summa theologiae' Bl. 97ʳᵃ–98ᵛᵃ; 5. → 'Lob Salomons' Bl. 98ᵛᵃ–99ᵛᵃ; 6. 'Die drei Jünglinge im Feuerofen' und → 'Ältere Judith' Bl. 99ᵛᵃ–100ᵛᵃ; 7. → 'Jüngere Judith' Bl. 100ᵛᵃ–108ᵛᵇ; 8. des Pfaffen → Lambrecht 'Alexanderlied' Bl. 109ʳᵃ–115ᵛᵃ; 9. Gedichte der → Ava Bl. 115ᵛᵃ–125ʳᵃ: a. 'Das Leben Jesu' und 'Die sieben Gaben

des Heiligen Geistes', b. 'Der Antichrist', c. 'Das Jüngste Gericht'; 10. → 'Vorauer Sündenklage' Bl. 125ra–128rb; 11. → Ezzos Gedicht Bl. 128rb–129vb; 12. Priester → Arnolts 'Von der Siebenzahl' Bl. 129vb–133vb; 13. 'Das → Himmlische Jerusalem' Bl. 133vb–135va (frgm. Anfang auch in M); 14. → 'Gebet einer Frau' Bl. 135^{va-vb}.

4. Entstehung. MENHARDT lokalisierte den dt. Teil nach Regensburg (1956b, S. 452) und vermutete sogar in Heinrich dem Löwen den Auftraggeber (1958, S. 53); von dort sei der Codex über Salzburg mit Propst Konrad II. (1282–1300) nach Vorau gekommen (1956a, S. 258f.). Dabei hat er allerdings die Frage nach der Entstehung und Herkunft der Sammlung und ihrer Vorstufen nicht getrennt von der Frage nach der Entstehung der Hs. (FANK, 1956, S. 393). Der Vorauer Stiftsbibliothekar P. FANK (1967) dagegen lokalisierte auch den dt. Teil in Vorau und sah in Propst Bernhard I., dem Auftraggeber des gewiß für Vorau geschriebenen lat. Teils, auch den Hauptschreiber des dt. Teils. Allerdings ist die lat. Buchschrift 'in manchen Einzelheiten noch konservativer als die des deutschen Teils und weist vor allem ein völlig abweichendes Schriftbild auf' (SCHNEIDER, S. 38). Letzte Sicherheit ist nicht zu gewinnen.

Aufgrund der Schrift läßt sich der Entstehungszeitraum des dt. Teils nicht genauer bestimmen. Der Hauptschreiber verwendete 'eine völlig gleichmäßige Buchschrift des schrägovalen Stils auf hohem kalligraphischen Niveau, die zwar relativ eng zusammengeschoben, im ganzen aber sehr konservativ wirkt' (SCHNEIDER, S. 38). Diese schrägovale Prägung der karolingischen Minuskel wurde in bayerischen und österreichischen Klöstern bis um 1200 und vereinzelt darüber hinaus verwendet, teilweise unberührt von der von Westen her andringenden gotischen Mode (B. BISCHOFF, Paläographie d. röm. Altertums u. d. abendländ. MAs, 1979, S. 154). Aufgrund der vereinzelten modernen Kriterien ist die Hs. nur ganz allgemein ins letzte Viertel des 12. Jh.s zu datieren (SCHNEIDER, S. 37). Da die Schrift kaum individuelle Züge aufweist, ist auch 'die gesicherte Einordnung in ein bestimmtes Skriptorium praktisch unmöglich' (ebd., S. 39).

Auch aufgrund der Schreibsprache ist eine Lokalisierung von 'V.' kaum möglich. Der Hauptschreiber hat keine einheitliche Schreibersprache gekannt, sondern 'hat im wesentlichen seine vorlagen in sclavischer treue nachgeahmt' (WAAG, 1911, S. 155). Bei ihm erscheint nie altes $\hat{\imath}$ als *ei* wie bei den beiden andern Händen, insbesondere dem Schreiber der erneuerten Bll. (vgl. o. 2.), dessen Schreibsprache sich daher im Südosten lokalisieren läßt.

Nach WAAG sind mindestens 9, wahrscheinlich aber sogar 12 verschiedene Vorlagen auszumachen, die vom Hauptschreiber minutiös kopiert wurden. Die Vorlagen bestanden z. T. aus kleineren Sammelhss., die aufgrund ihrer in 'V.' bewahrten Schreibsprache noch gut identifizierbar und daher auch lokalisierbar sind; so ist z. B. für Nr. 4–6 eine rhfrk. Vorlage anzunehmen, auch der Komplex um die 'Bücher Mosis' geht ebenso wie die verschiedenen Werke der Ava je auf eine einzige Vorlage zurück.

5. Die Anordnung der einzelnen Texte nach der 'Kaiserchronik' folgt im großen und ganzen der Chronologie der historischen Bibelbücher mit der Genesis am Anfang und der Apokalypse sowie dem Ausblick auf das himmlische Jerusalem am Schluß. Man hat daher immer wieder einen planenden Kopf vermutet, der ein heilsgeschichtliches Programm wie z. B. in den späteren volkssprachigen Weltchroniken des 13. und 14. Jh.s verwirklichen wollte (zur Forschung vgl. W. SCHRÖDER, 1976, S. 5–10; GUTFLEISCH-ZICHE, S. 83f.). Der Gestaltungsspielraum war jedoch zweifellos enger begrenzt als bei den späteren Kompilationen. Die heterogene Herkunft der Vorlagen macht wahrscheinlich, daß ein umsichtiger Sammler am Werk war, der alles aufnahm und ordnete, was ihm gegen Ende des 12. Jh.s noch an geistlicher Dichtung aus biblischer Wurzel erreichbar war.

Literatur. A. WAAG, Die zusammensetzung der Vorauer hs., PBB 11 (1886) 77−158; EHRISMANN, LG II,1, S. 16 f.; TH. FRINGS, Die Vorauer Hs. u. Otto v. Freising, PBB 55 (1931) 223−230; DE BOOR, LG 1, S. 144 f.; H. MENHARDT, Die Vorauer Hs. kam durch Propst Konrad II. (1282−1300) aus dem Domstift Salzburg nach Vorau, PBB (Tüb.) 78 (1956) 116−159 (= 1956a); P. FANK, Kam die Vorauer Hs. durch Propst Konrad II. aus dem Domstift Salzburg nach Vorau?, ebd., S. 374−393; H. MENHARDT, Zur Herkunft der Vorauer Hs., ebd., S. 394−452 (= 1956b); K. K. POLHEIM, Die Struktur der Vorauer Hs., Einl. zu Vorauer Hs. Faks.; H. MENHARDT, Zur Herkunft der Vorauer Hs., Abh. III, PBB (Tüb.) 80 (1958) 58−66; H. KUHN, Frühmhd. Lit., in: ²RL I, Sp. 497ᵃ−499ᵃ; P. FANK, Die Vorauer Hs., Graz 1967; W. SCHRÖDER, Die drei Jünglinge im Feuerofen. Die Ältere Judith. Überl.−Stoff−Form, 1976 (Abh. der Geistes- u. Sozialwiss. Kl. der Ak. d. Wiss. u. d. Lit. zu Mainz 1976, Nr. 5); P. K. STEIN, Beobachtungen z. Struktur d. Vorauer Hs. Ein Versuch zur Gattungsproblematik d. frühmhd. Dichtung, in: Österr. Lit. z. Zeit der Babenberger, Lilienfelder Tagung 1976, Wien 1977, S. 233−238; H. FREYTAG, Die frühmhd. geistl. Dichtung in Österreich, in: Die österr. Lit. Ihr Profil von den Anfängen im MA bis ins 18. Jh., hg. v. H. ZEMAN, Teil 1, Graz 1986, S. 119−150, hier S. 122−126, 134−142; G. VOLLMANN-PROFE, Wiederbeginn volkssprachiger Schriftlichkeit im hohen MA (1050/60−1160/80), 1986, S. 90−105 u. passim; K. SCHNEIDER, Gotische Schriften in dt. Sprache. Tl. 1: Vom späten 12. Jh. bis um 1300, Textband, 1987; N. F. PALMER, Kapitel und Buch. Zu den Gliederungsprinzipien mal. Bücher, in: FMSt 23 (1989) 43−88, hier S. 63 f.; F. P. KNAPP, Die Lit. des Früh- u. Hoch-MAs in den Bistümern Passau, Salzburg, Brixen u. Trient ... (Gesch. d. Lit. in Österreich, Bd. 1), Graz 1994, S. 454−458; B. GUTFLEISCH-ZICHE, Die Millstätter Sammelhs.: Produkt u. Medium des Vermittlungsprozesses geistlicher Inhalte, in: Die Vermittlung geistlicher Inhalte im deutschen MA, Internat. Symposium, Roscrea 1994, hg. v. T. R. JACKSON, N. F. PALMER u. A. SUERBAUM, 1996, S. 79−96, hier S. 79−85.

(1997)   KURT GÄRTNER

Walther von der Vogelweide

Minnesänger und Sangspruchdichter um 1200.

Inhalt. I. Literaturgeschichtliche Stellung und Bedeutung. – II. Überlieferung. Ausgaben. – III. Leben. – IV. Werk. A. Minnesang. B. Sangspruchdichtung. C. Weitere Sangverslyrik. – V. Rezeption und Wirkung. – VI. Zusammenfassung. – Literatur.

I. Literaturgeschichtliche Stellung und Bedeutung.

W. v. d. V. hat zwei Gattungen seiner Zeit, den Minnesang und die Sangspruchdichtung, zu Höhepunkten der Gattungsgeschichte entwickelt und ihnen nicht zuletzt dadurch, daß er sie gemeinsam in seinem Repertoire führte, zugleich neue Ausdrucksmöglichkeiten eröffnet; er hat darüber hinaus das Spektrum der Sangverslyrik um neue Formen wie den 'Alterston' (66,21) oder die 'Elegie' (124,1) bereichert. Seine herausragende Bedeutung bezeugen bereits die Zeitgenossen; sie bestätigt sich in der Überlieferung und Rezeption.

II. Überlieferung und Ausgaben.

A. Überlieferung.

Strophen W.s, die ihm namentlich zugeschrieben werden, durch Parallelüberlieferung für ihn bezeugt oder durch weitere Kriterien für ihn in Erwägung zu ziehen sind, finden sich in rund 30 handschriftlichen Textzeugen. Sie sind vor allem in den wissenschaftlichen Ausgaben mehrfach aufgelistet und beschrieben worden (u. a. Ausg. LACHMANN/KRAUS/KUHN; Faksimileausg. BRUNNER/MÜLLER/SPECHTLER; auf letztem Stand: Ausg. CORMEAU; W.-Arbeitsbuch, 1996). Sie werden i. F. mit einigen Heraushebungen zusammenfassend charakterisiert.

Der größte Teil der Strophen ist auch im Falle W.s in den auf Sangverslyrik konzentrierten Sammelhss. des dt. Südwestens aus der Zeit um 1300 überliefert, in der →'Heidelberger Liederhs. A' (Heidelberg, cpg 357), der →'Weingartner Liederhs. B' (Stuttgart, LB, cod. HB XIII 1), der →'Heidelberger Liederhs. C' (Heidelberg, cpg 848). – Dabei bietet C mit dem Leich und 447 Strophen (7 doppelt, 113 Sangspruchstrophen) das umfangreichste Autorkorpus der Sammlung und die größte W.-Sammlung überhaupt, nennenswert ergänzbar nur durch E. *Her Walther von der Vogelweide* ist mit dem auf 8,4 bezogenen Autorbild des sorgenvollen ritterlichen Dichters (Wappen, Schwert) versehen und unter die Ministerialen eingereiht. – B überliefert unter *H[er] Walth[er] v[on] d[er] Vogelwaide* mit einer typusgleichen Miniatur 112 Strophen (34 Sangspruchstrophen; wahrscheinlich Blattverlust) als umfangreichstes Korpus nach Reinmar in einer ursprünglich wohl ebenfalls ständisch aufgebauten Sammlung. – A, die älteste der drei Hss., bietet unter *Walther von der Vogelweide* mit 151 Strophen (35 Sangspruchstrophen) zusammen mit einigen weiteren zuschreibbaren das umfangreichste Autorkorpus der Sammlung. – Gemeinsamkeiten im überlieferten Wortlaut, in Strophenfolge, Strophenzahl und Liederfolge zwischen ABC und auch E lassen umrißhaft vorausgehende Sammeltätigkeiten mit vorwiegend schriftlichem Austausch erkennen; sie werden in der W.-Forschung mit *AC, *BC, *EC bezeichnet. Auch für W. führt die erhaltene Überlieferung nicht in die Zeit zurück, für die wir mit stützenden Aufzeichnungen (Einzelblättern, Heften, Schriftrollen) neben der mündlichen Aufführung durch Autor und Nachsänger rechnen müssen. Der Aufführungspraxis, nicht nur Schreiberirrtum, mag sich auch die nicht seltene Überlieferung von W.-Strophen in anonymer Form oder unter anderen Verfassernamen verdanken.

Auf Sangspruchdichtung konzentriert ist gegenüber den genannten Sammlungen die → 'Heidelberger Liederhs. cpg 350' (D, Ende 13. Jh.) mit 18 Strophen W.s ohne Namensnennung sowie die → 'Jenaer Liederhs.' (J, um Mitte 14. Jh.) mit Melodien, darin unter *Meyster Rvmelant* vier in C W. zugeschriebene Strophen, wobei ein verlorener W.-Teil zu vermuten ist.

Einen wiederum andersartigen Überlieferungstyp stellt die 'Würzburger Liederhs. E' (München, UB, 2° Cod. ms. 731, Mitte 14. Jh.) dar. In den erhaltenen zweiten Teil des 'Hausbuches' des Würzburger Protonotars → Michael de Leone sind neben lat. und dt. Sachtexten literarische Texte von regionalem Interesse eingetragen, darunter eine Autorsammlung *des meist[ers] von der vogelweide hern walthers* (218 Strr. von oft sinnvoller Eigenständigkeit und Qualität) sowie eine Reinmar-Sammlung (darin weitere W.-Strr.).

Die W.-Überlieferung hat die Grenze von Liedersammlungen (außer den genannten: F, G, m, Maastrichter Fragment/ Ma, O, s, U, w, Z; in den Meistergesang reichend die → 'Kolmarer Liederhs.' t sowie y) überschritten. Sie stellt den Leich (3,1) nicht nur mit geistlichen Gedichten (l), sondern auch mit Kleinepik (k, k²) und W.-Strophen u. a. mit lat. liturgischen Texten (N), Chroniktexten (n, o) sowie mit → Freidank (h), → 'Schwabenspiegel' (r), → Wolframs 'Parzival' (i), → Gottfrieds 'Tristan' (o) zusammen. Als Besonderheit ist zu erwähnen: In die Koppelung von formgleichen, mit Neumen versehenen lat. und dt. Liedern in den → 'Carmina Burana' M (München, clm 4660, um 1230) sind auch drei für W. bezeugte Strophen einbezogen. – Im 'Frauendienst' → Ulrichs von Liechtenstein (L) ist ohne Namensnennung W.s Strophe 56,14 zitiert. – Einige Verse aus W.s Lied 72,31 sind in die → 'Moringer'-Ballade (x, y) und damit in den Druck eingegangen.

Die Melodieüberlieferung ist auch für W. kärglich: Nur das 'Münstersche Fragment' Z (Münster, Staatsarchiv, Ms. VII 15) bietet unter W.s Namen Melodien in deutbarer Notation zu gesicherten W.-Texten: zum 'Palästinalied' (14,38), zu Teilen des König Friedrichs- und 2. Philippstons. Die linienlosen Neumen in M und N (Kremsmünster, Stiftsbibl., cod. 127) sind kaum zu deuten. Melodiehss. der Meistersinger bieten den Wiener Hofton (als Hof- oder Wendelweise in t) und den Ottenton (als Feinen Ton). Daneben sind Versuche zu verzeichnen, Melodien als Kontrafakturen aus dem romanischen (etwa zu 39,11) und deutschen Umfeld (etwa zu 124,1) zu gewinnen (W.-Arbeitsbuch, 1996, S. 64–66).

Von M abgesehen, setzt die W.-Überlieferung erst Jahrzehnte nach seinem Auftreten ein, erfaßt v. a. die Texte, auch in ihrem buchliterarischen Repräsentationswert, konzentriert sich auf das Ende des 13. und das 14. Jh. und läuft im Meistergesang aus. Regional ist vor allem der alem. Südwesten beteiligt. Die bezeugten österreichischen und thüringischen 'Wandergebiete' W.s tragen wenig bei. Dagegen zeichnet sich neuerdings (v. a. über die Fragmente O, U, w, Z), wenigstens sprachgeographisch, deutlicher ein md.-nd. Schwerpunkt ab (Ausg. CORMEAU, S. XVI f.).

B. Ausgaben.

K. LACHMANN hatte ¹1827 die angestrebten authentischen Texte W.s, gestuft nach der Überlieferungsqualität, in 4 Büchern ediert, im wesentlichen nach der Tönefolge von Hs. C, ohne Minnesang und Sangspruchdichtung zu trennen; die Texte wurden ab ⁷1907 durch C. v. KRAUS nach heute fraglich gewordenen ästhetischen Vorstellungen (v. a. Aufbau, Metrik, Stil) überformt; H. KUHN hat ¹³1965 in einer Einleitung die komplizierte Ausgabe zugänglich gemacht. CORMEAUS Ausgabe behält den Aufbau LACHMANNS bei, erarbeitet die Textgestalt aber neu nach einem modifizierten Leithandschriftenprinzip für jeden Ton. Der handschriftennahe Text H. PAULS (¹1882) wurde ⁶1945 durch A. LEITZMANN an LACHMANN/ v. KRAUS ¹⁰1936 angeschlossen, durch S. RANAWAKE ¹¹1997 (1. Bd. nur Spruchdichtung und Leich, 2. Bd. in Vorb.) wieder PAUL ⁵1921 angenähert. F. MAURERS Ausgabe (I 1955; II 1956), die die Sangspruchtöne als Lieder präsentiert, ist auch wegen ihrer editorischen Mängel auf Kritik gestoßen. G. SCHWEIKLE hat 1994 als 1. Bd. einer Neuausgabe mit Übersetzung und Kommentar die Spruchlyrik vorwiegend in der Textfassung der Hs. C vorgelegt.

Die Gedichte W.s v. d. V., hg. v. K. LACHMANN / C. V. KRAUS / H. KUHN, [13]1965 (danach Zählung; weicht die Kopfstr. von Liedern zwischen LACHMANN und CORMEAU ab, ist der Zählung LACHMANNS die Zählung CORMEAUS angefügt, z. B. 47,46/25); W. v. d. V., Leich, Lieder, Sangsprüche, hg. v. CH. CORMEAU, 1996 (zit.); W. v. d. V., Gedichte, hg. v. H. PAUL, 11. Ausg. bes. v. S. RANAWAKE (ATB 1), Teil 1: Der Spruchdichter, 1997; Die Lieder W.s v. d. V., hg. v. F. MAURER, 1. Bd. Die religiösen u. politischen Lieder (ATB 43), [4]1974, 2. Bd. Die Liebeslieder (ATB 47), [3]1969; W. v. d. V., Werke, hg. v. G. SCHWEIKLE, 1. Bd. Spruchlyrik (Reclams Universal-Bibl. 819), 1994; W. v. d. V. Die gesamte Überl. der Texte u. Melodien, hg. v. H. BRUNNER / U. MÜLLER / F. V. SPECHTLER (Litterae 7), 1977; weitere Ausgaben, Übersetzungen s. SCHOLZ, Bibliographie, 1969, S. 21–28; Kommentare in: W. v. d. V., hg. v. W. WILMANNS, 4., vollst. umgearbeitete Aufl. besorgt v. V. MICHELS, I. 1916, II. 1924; W. v. d. V., Werke, hg. v. J. SCHAEFER, 1972; W.-Teil in: Deutsche Lyrik d. frühen u. hohen MAs, Edition u. Kommentar v. I. KASTEN, 1995; PAUL/RANAWAKE (s. o.).

III. Leben.

Einziges sicheres außerliterarisches Lebenszeugnis ist eine Eintragung in das Ausgabenregister des Passauer Bischofs Wolfger von Erla; in Reinschrift: *sequenti die apud Zei[zemurum] Walthero cantori de Vogelweide pro pellicio. V. sol. longos*, d. h. W. erhält am Tag nach St. Martin, 12. Nov. 1203, in Zeiselmauer bei Wien fünf Schillinge für einen Pelzrock: Belohnung eher für herausragende künstlerische Darbietung im Reisegefolge des kunstliebenden Bischofs und späteren Patriarchen von Aquileja (CURSCHMANN, 1971/72) als für ein festes Sängeramt (HEGER, 1970) oder für Gesandtendienst für Philipp von Schwaben am Babenberger Hof (HUCKER, 1989, mit Hinweis auf ein mögliches zweites Lebenszeugnis). Botendienst des fahrenden Sängers ist für W. im Blick auf die Botenrollen, in denen er auftritt (56,14; 12,6) allerdings öfter vermutet worden.

Auch die literarischen Hinweise, v. a. in W.s Sangspruchdichtung (SCHRÖDER, 1974; Ausg. SCHWEIKLE), zeigen W. vorwiegend in der Lebensform, die grundlegend ist für sein Werk: als fahrenden 'Berufssänger', angewiesen auf Auftrittsgelegenheiten an Höfen, bei Hoftagen, im Gefolge reisender Herren.

Seine Angabe *ze Œsterrîch lernde ich singen unde sagen* (32,14) und seine nachweisliche Auseinandersetzung mit dem Minnesang Reinmars, der seinerseits einen Nachruf auf den österreichischen Herzog Leopold V. (gest. 1194) verfaßte (MF 167,31), werden bis heute zur Vorstellung verknüpft, W. habe am Hof der Babenberger bei Reinmar Minnesang erlernt, sich dann zunehmend von ihm distanziert, bis er nach dem Tod seines Gönners Herzog Friedrich I. (gest. 1198) Wien verlassen mußte (19,29); die 'Fehde' mit Reinmar habe sich bis zu dessen Tod (W.s Nachruf 82,24; 83,1) besonders bei W.s Versuchen fortgesetzt, unter Herzog Leopold VI. wieder am Wiener Hof Fuß zu fassen. Nach einer kritischen Gegendarstellung (SCHWEIKLE, 1989) sind sich W. und Reinmar, beide fahrende Sänger, nur gelegentlich unter publikumswirksamem Schlagabtausch begegnet.

W.s erste datierbare Sangspruchstrophen (19,29; 8,4; 8,28; 18,29; 19,5; noch vorausgehende vermutet ASHCROFT, 1983) fallen in den Beginn seiner Wanderzeit. Mit der Sangspruchdichtung nimmt W. eine Gattung in sein Repertoire auf, die dem fahrenden Sänger angemessen ist und mit ihrer Variabilität in Thematik und Darbietungsform ein wechselndes Publikum zu bedienen erlaubt.

Seinen Reiseradius hat W. mit der 'Flußformel' umschrieben: *von der Seine unz an die Muore* (Mur, Steiermark), *von dem Pfâde* (Po) *unz an die Trabe* (Trave) (31,13 f.); *von der Elbe unz an den Rîn und her wider unz an der Unger lant* (56,38 f.). Stationen und Zeiten lassen sich mit unterschiedlicher Sicherheit angeben. Wir finden W. mehrfach am königlichen/kaiserlichen Hof oder in Beziehung zu ihm: zwischen 1198 und 1201 unter dem Staufer Philipp; 1212/13 unter dem Welfen Otto IV.; wohl schon 1213 unter dem Staufer Friedrich II., für den und für dessen Reichsverweser Engelbert von Köln er Sangsprüche bis 1228 verfaßt; als Reichstag ist namentlich der Nürnberger von 1224 oder 1225 benannt. Aufenthalt bieten Hof oder Gefolge hohen und niedrigeren Adels: mehrfach zwischen 1201 und 1214/15 der zuverlässige Gönner Landgraf Hermann von Thüringen; 1212 der Markgraf Dietrich von Meißen; 1203 und öfter der Bischof und Patriarch Wolfger; weiter Herzog Bernhard von Kärnten, Graf Diether II. von Katzenellenbogen, Herzog Ludwig I. von Baiern (?), Heinrich von Mödling; der Abstecher zum Abt von Tegernsee kann als einer von vielen nicht erwähnten zählen. Eines seiner drei Lebensziele, in den Rang von Gotteshuld und Frauenminne gehoben (84,1), die Rückkehr an den Wiener/Klosterneuburger Hof Herzog Leopolds VI., hat W. trotz mehrfacher Einkehr zwischen 1203 und 1219 nicht erreicht, dagegen um 1220 ein nicht näher faßbares Lehen durch Kaiser Friedrich II. Diese Beziehungen zu Gönnern, auch zu unterschiedlichen politischen Lagern, enden nicht selten in enttäuschter, scheltender Abkehr.

W.s Geburtsort ist nicht gesichert (vorgeschlagen werden u. a. Südtirol: Vogelweidhof im Grödnertal; Österreich: Wien, Waldviertel; Franken: Würzburg, Feuchtwangen, Frankfurt; Böhmen: Dux; Schweiz: Thurgau), ebenso wenig sein Geburtsstand. Trotz der Selbst- und Fremdtitulierungen als *her* (18,1; 82,11; B, C, E; Wolfram, 'Willehalm' 286,19; → Marner, ed. STRAUCH XIV,13), die situationsbedingt sind und meisterlichen literarischen Rang bezeichnen können, trotz des Geldgeschenks für einen neuen Pelzrock und der Zurückweisung getragener Kleider (63,3), trotz Belehnung (gerade sie wirbt W. wegen *rîcher kunst* 28,1 ein) läßt der Umgang mit dem Fahrenden W. allenfalls auf ministerialische Abkunft oder Ritterbürtigkeit ohne Rechtsansprüche schließen. Aus der Angabe im 'Alterston' (66,21), er habe vierzig Jahre *unde mê* Minnesang betrieben, und nach seinen letzten datierbaren Strophen läßt sich eine Lebensspanne von 1170–1230 errechnen. Sie macht W. zum Zeitgenossen der herausragenden Autoren der höfisch-ritterlichen Literatur und gibt ihm deren zentrale Themen auf. Ob er die nötigen Bildungsvoraussetzungen in (klösterlicher) Schulung oder auf seinem Reiseweg erwarb, ist ungeklärt. Die Nachricht über das Grab des *miles Waltherus* im Kreuzgang (Lusamgärtchen) des Kollegiatstiftes Neumünster in Würzburg stammt nach über 100 Jahren vom dortigen W.-Verehrer Michael de Leone (s. Hs. E).

IV. Werk.

W.s Werk erwächst aus der Tradition der beiden nach Thematik, Darstellungsform und sozialer Wertigkeit unterschiedlichen Gattungen Minnesang (A.) und Sangspruchdichtung (B.). Trotz enger gegenseitiger Beeinflussung, die Gattungsgrenzen berührt und teilweise aufhebt, können sie die Grobgliederung für den größten Teil des Œuvres bilden. Nur der Leich, die Kreuzzugslieder und die 'Elegie' stehen außerhalb dieser beiden Hauptgattungen (C.).

A. Minnesang.

Eine auch nur relative Chronologie ist wegen des Variationsprinzips, dem die Gattung folgt, kaum zu erstellen (Tabellen in Ausg. MAURER, 2. Bd., S. 10–29; EHLERT, 1980). Allenfalls sind einige der konventionelleren Lieder einer lernend aneignenden Frühphase (1.), einige andere Lieder einer bilanzierenden Spätphase (5.) zuzuordnen. Aus der Zahl der übrigen Lieder sind zum einen solche hervorgehoben, die W.s kennzeichnende Breite und Vielfalt der Gestaltung belegen (2.), zum anderen Lieder der umstrittenen 'Walther-Reinmar-Fehde' (3.) und schließlich und vor allem solche, die deutliche Akzente im Minne- und Minnesangkonzept W.s markieren (4.).

1. Frühe Lieder? – Konventionellere Lieder (wie 99,6; 112,35), Anklänge an → Reinmar d. A. (95,17; CORMEAU 93/MF 214,34) und → Heinrich von Morungen (112,17; 118,24) können auf ein Frühwerk, aber auch auf wechselnde Situationen und unterschiedliche Ansprüche an den fahrenden Minnesänger verweisen. Ebenso wenig müssen sich Motive des vagantischen Lebensbereichs und lat. Scholarendichtung

nur dem Beginn der lebenslangen Wanderzeit verdanken: der Preis sommerlicher Natur- und Liebeslust (51,13; 112,3; 118,24 mit der Titulierung der Geliebten als *Helêne und Dijâne*), die Winterklage (39,1; 114,23), die Selbstempfehlungen des Sängers und Forderungen an das Publikum (42,31; 117,29). Außer durch Betonung des *fröide*-Motivs (z. B. 109,1; 71,35) profiliert sich W. vielleicht schon früh durch Typenvielfalt neben dem hohen Minnelied/Werbungslied (13,33; 109,1; 115,6): Wechsel (119,17; 71,35; 111,22), Gesprächslied (85,34; später 70,22; 43,9), Frauenlied (113,31; später 39,11), Botenlieder (112,35; Ausg. LACHMANN/KRAUS/KUHN, S. 164 f./CORMEAU 93/MF 214,34).

2. Vielfalt der Gestaltung. — Sie zeigt sich in der Wahl von Typen über die genannten hinaus, von traditionellen (Tagelied 88,9, streitgesprächsartig erweitert?) und neu geprägten ('Mädchenlieder', 'Frau-Welt-Minnelieder' s. u.), auch in Typusanspielungen (Pastourelle 39,11; 74,20). W. variiert die Grundmotive von Werbung, Preis und Klage mit deutlichen Akzentuierungen (s. u.) und reizvollen Abweichungen und Neuerungen wie Selbstnennung (119,11; auf dem Umweg über den angeblichen Namen der Dame *Hiltegunt* 73,23), Versteckspiel mit dem Namen der Dame (63,32; 98,26), Gerichtsverhandlung (40,19; 44,35), Halmorakel (65,33), hintergründiger Paradiesestraum (94,11), Altersmotiv (57,23; 66,21). Im Sprachstil: Publikumsbeherrschung mit allen rhetorischen Mitteln (z. B. 69,1); sangspruchartige Belehrung (z. B. 47,36/25) und delikate erotische Anspielung und Verhüllung (z. B. 53,25; 39,11); hohes ethisches Pathos (z. B. 95,17) und Kritik bis zur Beschimpfung (z. B. 72,31) usw. W. variiert die stollige Strophenform vom Sechs- bis Elfzeiler und schafft Sonderformen (39,1; 75,25; 44,35; 94,11; 88,9) (W.-Arbeitsbuch, S. 49—56), auch Reimkunststücke (75,25; 47,16), vielleicht zahlensymbolische Beziehungen zwischen Versen und Takten (HUISMAN, 1950).

3. 'Walther-Reinmar-Fehde'. — Die ältere Forschung sah sowohl den Lebensgang wie auch das Minnekonzept der beiden Sänger wesentlich durch eine langjährige, in mehreren Phasen verlaufende Auseinandersetzung geprägt (Darstellung und Lit. s. → Reinmar d. A.). Neuere Forschung beurteilt sowohl die biographische Form der Beziehung (s. o.; SCHWEIKLE, 1989) wie auch ihre Folgen für das Minnekonzept (s. u.; RANAWAKE, 1982) zurückhaltender. Direkt greifbar ist eine Auseinandersetzung im 'Schachmattlied' (111,22), in dem W., in einem Ton des Konkurrenten singend (MF 159,1), dessen Mattansage an die übrigen Damen und ihre lobenden Minnesänger zurückweist und die Fehler des Überlobens und Kußraubes rügt (Fortsetzung vielleicht mit 113,31; 53,25). In der Werbung um Wien, die das 'Preislied' (56,14; 1203?) betreibt, könnte Reinmar mitberücksichtigt sein: W. deutet den Makel des Fahrens um in eine überörtliche Erfahrenheit, die (gegen Reinmar MF 165,10?) einen neuartigen Preis (*mære*) ermöglicht, der die *tiuschen vrowen* vor die anderen stellt, die *tiuschen man* einschließt und beider höfische Vorbildlichkeit (nicht nationale Überlegenheit) gegen Schmähungen (des Trobadors Peire Vidal?) zu verteidigen erlaubt; Str. 6 formuliert die Hofwerbung als Wiederaufnahme einer Minnebeziehung.

4. W.s Akzente in Minne und Minnesang. — Die Einteilung der hier zu behandelnden Lieder in (a.) kritisch an die konventionelle Minnedame gerichtete, (b.) 'Mädchenlieder', (c.) Lieder einer 'neuen hohen Minne' geht modifiziert auf v. KRAUS (Untersuchungen, 1935) zurück und meint bereits bei ihm nicht zeitlich abfolgende Phasen. Neuere Kritik hat die Gruppengrenzen, die Einengung auf fortgeführte 'Reinmar-Fehden', das Gewicht der 'Mädchenlieder', dazu den niederen Stand der Partnerin (MCLINTOCK, 1982; BENNEWITZ, 1989; MASSER, 1989) und den besonderen Rang von Liedern mit *herzeliebe*-Terminologie (RANAWAKE, 1982; KASTEN, 1989) in Frage gestellt. Sachgerechter ist die Sicht, daß W. von einer Vielzahl unterschiedlicher Konstellationen und Ansätze aus in probierenden Vorstößen sein Min-

ne- und Minnesangkonzept verdeutlichen wollte, wobei Abweichungen in der überlieferten Strophenzahl und -folge unterschiedliche Pointierungen nach Richtung und Schärfe erkennen lassen, die bereits auf den Autor zurückgehen können. Die Bündelung in drei Gruppen ermöglicht Überblick und Anschluß an die Forschung.

a. Den kritischen Ansatz vertritt zusammenhängend und mit definitorischer Schärfe Lied 69,1: Minne ist Minne, wenn sie als Glück, nicht (wie betont bei Reinmar) als Leid erfahren wird. Sie ist Glück, wenn sie auf Gegenseitigkeit, nicht einseitigem Dienst des Mannes beruht (*minne ist zweier herzen wunne: / teilent sie gelîche, sô ist die minne dâ*). Provozierende Konsequenz: Versagtes Entgegenkommen berechtigt nach befristeter Zeit (*endeclîche*) zum Dienstabbruch (*ein ledic man*). Impliziert ist weiter das Motiv der Unterscheidung (*spehen*) in der Wahl auch der Minnepartnerin, die nicht bereits als höfische Dame, sondern erst in Erfüllung der geforderten Eigenschaften minnewürdig ist. In der Warnung, *daz dich lützel ieman baz geloben kan*, ist die neue Rolle des Lobes angedeutet, das der *vrouwe* nicht bedingungslos Idealität zuspricht, sondern, gewährt oder versagt, zum Mittel der Unterscheidung wird; darüber hinaus ist die Rolle des Sängers als entscheidender Faktor des Minnewesens betont. Die *vrouwe* des Liedes wird als Partnerin vorgeführt, die das gewünschte Minnekonzept nicht erfüllt; das Lied wirbt mit allen rhetorischen Mitteln um Anerkennung durch sie und das Publikum.

Weitere Lieder bestätigen und verstärken diese Akzente. 40,19 macht die mangelnde Gegenseitigkeit zum Gerichtsfall: *frowe Minne*, die Minne selbst, nicht nur das Minnepaar, ist verantwortlich für Gegenseitigkeit als allgemein gültiges Wesensmerkmal und Autoritätsgrund von Minne (vgl. auch 44,35; 90,15 mit einer positiven Gegenfigur). Im spruchnahen Lied 47,36/ 25 ist die Unterscheidung von *übel* und *guot* bei der gegenseitigen Wahl der Minnepartner zur Voraussetzung des gesellschaftlichen Gemeinwohls erklärt (*waz stêt übel, waz stêt wol, / ob man uns niht scheiden sol?*); der allgemeine Geschlechtsbegriff *wîp*, mit den geforderten Eigenschaften angereichert, erhält den Vorrang vor dem Herrschaftstitel *vrowe*, in dem diese nicht garantiert sind: aus dem unbefragten Idealbild wird ein verantwortlich zu verwirklichendes Leitbild. Dienstaufkündigung und die Suche nach neuem, würdigen Minnedienst, eine Konsequenz, in der die Grundlagen der Minne, unabdingbare *triuwe* und lebenslange *stæte*, berührt sind, diskutieren apologetisch die Lieder 100,3; 70,22; 96,29; 52,23. Nicht nur das Motiv der Abkehr von *überhêren*, zum *danken* nicht bereiten *frowen* (47,36/ 25; 100,3) gipfelt im *sumerlatten*-Lied (72,31), das als bezeichnende Strafe empfiehlt, der sich versagend alt gewordenen Dame das Fell mit jungen Zweigen zu gerben; wenn W. in drastischer Zuspitzung formuliert *sterbet si mich* (AC; *stirbe ab ich* E), *sô ist si tôt* (anknüpfend an Reinmar MF 158,1; bes. 158,28), deckt er auf, daß die Figur, die Minne mit allen erotischen und ethischen Implikationen auslöst, literarischer Entwurf des Sängers ist und nur als solcher beansprucht werden kann. Seine Lobfähigkeit und auf Unterscheidung gerichtete Lobpraxis (*Ob tiutschen wîben ieman ie gespræche baz? / wan daz ich scheide / die guoten und die bœsen* 58,34 ff.) hat W. vehement verteidigt (44,35; 58,21).

Was W. von dem Minnepaar und der Minne fordert und im Lob mißt, v. a. Gegenseitigkeit, Unterscheidung, Verwirklichung, fordert er auch für die Beziehung Sänger–Publikum/Gesellschaft und für die Einrichtung Minnesang (117,5 ff.). Minnesang, dargeboten oder verweigert (72,31 f., 91,13 ff.), bestätigend oder kritisch angelegt (*fröiden rîche, unminnichlîche* 48,13.15) oder eingeschränkt auf anerkennungswillige *guote liute* (72,31–36), soll den Zustand der Gesellschaft aufzeigen (*iemer als ez danne stât, / alsô sol man danne singen* 48,16 f.) vom minnegemäßen und höfischen Verhalten bis zu dessen ethischem Fundament (48,12–24; 112,10–16). Die gesellschaftskritische Dimension und Funktion dieses Minnesangs ist schwerlich ohne Einwirkung der Sangspruchdichtung denkbar, die nicht nur einzelne Motive (*laus temporis acti* 48,12 u. öfter), sondern die Grundhaltung kritischer Belehrung durch Lob und Tadel beisteuert.

b. 'Mädchenlieder'. W. hat in einer kleinen Zahl von Liedern (39,11; 74,20; 49,25; 50,19) die übliche *frouwe*-Figur durch eine Partnerin (*maget* in 74,21) oder Partnerinnen ersetzt, durch die mit provokativer Deutlichkeit vorgeführt werden kann, daß in der Minne nicht gesellschaftlicher Rang und Besitz, sondern *wîpheit* (49,1) zählen soll. Wahrscheinlich der *puella-*, *virgo-*Figur vagantischer Dichtung, der man im Freien begegnen kann, oder auch liebesbereiten Frauengestalten der Frühphase des Minnesangs nachgeformt, können sie v. a. das Moment beglückender Gegenseitigkeit vertreten. Der programmatische Anspruch tritt unverhüllt in Lied 49,25 entgegen, in dem W. Mißverständnisse klärt. Den Vorwurf des *zuo/so nider* kehrt er gegen seine Kritiker, deren Minne demnach von Reichtum (*guot*) und darauf gegründeter äußerer Schönheit (*schœne*) gelenkt ist, während für ihn die richtige Rang- und Reihenfolge von innerem Wert (*liep tuot dem herzen baz*, erfahrene Beglückungsbereitschaft, dem *haz* entgegengesetzt) und dessen Ausdrucksform gilt (auf *liebe* basierende *schœne*; der Glasring, als Zeichen der *liebe* dem Wert königlichen Goldes zumindest gleichwertig); die Schlußstrophe stellt unmißverständlich fest, daß in W.s Konzept zur *liebe* unabdingbar die ethischen Grundwerte der *triuwe* und *stætekeit* treten müssen. — Erfüllungsbereitschaft und wertgegründete Bindung treten auch in 74,20 entgegen, reizvoll im Szenischen und Gestischen belassen, wenn der Kranz, der die Partnerin zum Tanz erwählt, die Bedeutung des Diadems als Zeichen höchster Wertschätzung in sich aufnimmt, dazu die Bedeutung eines weiteren Kranzes, zu dem die Blumen gemeinsam auf der Heide gebrochen werden müssen (Deflorationssymbol), und wenn die *maget* in ehrbewußter Verneigung und Erröten zeigt, daß sie beides verstanden hat und annimmt; die Erfüllung enthüllt sich als ein Traum, der 'sie' in der Realität zu suchen zwingt: ein Lied, das wie 49,25 um Akzeptanz dieser Minnevorstellung wirbt. — Das 'Lindenlied' 39,11 ist im verhüllenden Enthüllen eines der reiz- und kunstvollsten erotischen Lieder des deutschen MAs: die Erfüllung ist erinnertes Geschehen, gegen den Willen ausgeplaudert, in Spuren (Blumenbett, roter Mund) abgedrückt. Gerade vor der Folie der romanischen Pastourelle (wie auch 74,20) zeigt dieses Lied, im Munde der Frau, W.s Vorstellung einer gegenseitig achtungsvollen, freiwilligen, das ganze Leben bestimmenden Beziehung (*sælic iemer mê*), in der Hingabe besiegelt. — Mit dem *huote*-Motiv in Hofnähe angesiedelt, wirbt 50,19 gegenüber einer Du-Partnerin, die nicht zu den *bezzer* Gestellten gehört, aber *guot* ist, in sentenzartigen Prägungen (51,7 ff.) ein weiteres Mal um die Gegenseitigkeit in der Minne.

c. In spiegelbildlicher Weise läßt W. in einer wieder nicht scharf umgrenzbaren Zahl von Liedern (wie 92,9; 63,8; 43,9; 62,6) eine *frouwe*-Figur (Figuren?) den Wertgehalt der Minne und die Ehre des Dienstes unbezweifelbar garantieren; 'hohe Minne' auch darin, daß sie im Stadium der Werbung vorgeführt wird; 'neu' aber, weil die Bitte um Erhörung (auch in Wunschphantasien vorweggenommen: Strophenkomplex um 184,1/37) begründete Aussicht hat. — In einer Person, in einem Gewand wünscht der Werbende (63,8) eine Partnerin, die ihm zugleich *friundîn* (*ein süezez wort*) und *vrowe* (*tiuret unz an daz ort*) ist, und bietet Gegenseitigkeit auf beiden Ebenen, in Zuneigung (*friunt*) und Wertbewußtsein (*geselle*, nicht *dienest man* o. ä.); eine solche Minne schützt nicht nur vor Anfeindung (63,14 ff.), sondern nährt die Erwartung besserer Verhältnisse (*guoter dinge* 63,8 ff.). — Im Gesprächslied 43,9 ist dem Mann zugeteilt, die Grundtugend der *stæte* und Gewährung zu fordern, der Frau, auf die W.sche Unterscheidung zu dringen und die Reichweite des Lohnes im Bild des Seidenfadens reizvoll offen zu lassen. — Parallel zu 49,25 bestimmt 92,9 stufend die Minnewürdigkeit der Partnerin: *schœne* als Ausdruck von *liebe*, überhöht durch *rehten muot*; bereits der Werbungsdienst ist dann *süeziu arbeit* und *herzeliebe*, verschafft *werdekeit* und bedeutet hohe ethische Verpflichtung (*schamt sich aller missetât*).

5. Minnebilanz als Lebensbilanz. Unbestritten und vorrangig wichtig im umstrittensten Lied W.s, 46,32, ist sein Anliegen: Er sucht mit Hilfe der allegorischen *frowe Mâze* (Angemessenheit) eine Minne, die imstande ist, eine begründete umfassende Anerkennung (*alle werdekeit*) zu verschaffen statt Verletzung, nicht nur *ze hove*, auch *an der strâze*, unter der Wirkungsbedingung des fahrenden Sängers. Vor diesem Anspruch versagen *nidere* und *hôhe minne*. Auch die *herzeliebe* und damit jede Form von Minne (SCHWEIKLE, 1963)? Oder hat umgekehrt in Liebesdingen die *mâze* nichts zu suchen (u. a. RUH, 1985)? Oder wird nicht doch W.s Konzept einer Minnewürdigkeit, die nicht auf Stand, sondern auf Bewährung gegründet ist, indirekt proklamiert (u. a. ORTMANN, 1981)? – Die Abrechnung ist noch auf Frauenminne und Minnesang beschränkt, allerdings an deren höchsten und letzten Zielen orientiert, der Erziehung zur *höveschheit* und Vermittlung von *fröide*, wenn W. die *ungefüegen dœne* (→ Neidharts, Neidhartscher Art?) aus den Höfen zu den *gebûren* verwiesen wissen möchte (64,31; vgl. in der Sangspruchdichtung 31,33; 32,7; 103,29) und die Verfallserscheinung ins Bild der minnetollen Alten bringt, der nicht länger Dienst zusteht (57,23). – In 59,37 ist die Dienstherrin *Minne* zur ebenso unwürdigen, undankbaren Dienstherrin *Welt*, der Sängerdienst zum fragwürdig gewordenen Dienst an der Gesellschaft verallgemeinert.

Die Grenzen des irdischen Lebens rükken in den Blick, wenn man die Minne an ihren eigenen Ansprüchen mißt wie W. im vielfältig interpretierten 'Alterston' 66,21 (vgl. 41,13). Er vermacht den *reinen wîp* und *werden man* einen Minnesang, der ermöglicht, was er als sein eigenes Lebensprogramm vorstellt: daß das unverdrossene, lebenslange *werben umbe werdekeit* unabhängig vom Stand (*swie nider ich sî*) einen anerkannten Platz unter den *werden* verschaffen sollte. Das Alter aber als Grenzsituation rückt das Lebenswerk in erweiterte Perspektiven: Es unterliegt der allgemeinen Vergänglichkeit (66,8); in der Verantwortung für die Wohlfahrt der Seele erweist sich die *stætekeit* der Frauenminne als unzureichend (67,20); eine mögliche Deutung der *bilde* (67,32) könnte sein, daß die sinnenhafte Erfahrung eines sinnerfüllten Lebens, wie sie die Minne anbietet, den Blick über Verfall und Tod hinaus auf die Auferstehung auch des Leibes lenken kann. Frauenminne ist nicht Minne in vollem Sinn (vgl. →Hartmann von Aue, MF 218,5), aber doch von vorläufiger Bedeutung (CORMEAU, 1985; WACHINGER, 1989; MÜLLER, 1995). Wegen der uneingeschränkten Weltabkehr ist 122,24 für W. bezweifelt worden. – Im Abschiedsgespräch mit *Frô Welt* (100,24), der Wirtin oder Bediensteten eines Gasthauses, dessen Wirt der Teufel ist, ist der letzte Verführungsversuch als Minneangebot formuliert. Doch warnt die abschreckende Rückseite dieser allegorischen Figur, die wahrscheinlich W. in die deutsche Literatur eingeführt hat.

W. hat die gesellschaftliche Reichweite von Minne und Minnesang stärker als andere betont. Es würde diesen Bezug aber einengen, wenn man seinen Minnesang als Selbstbehauptung des 'armen, aber freien Ritters' (KÖHLER, 1968) verstehen würde oder als allegorische Umschreibung der Werbung eines Berufssängers um Hofdienst (MOHR, 1967; NOLTE, 1991), selbst als vordringlich 'advokatorisches' Eintreten für eigene Belange (KIRCHER, 1973). W. konnte daran anknüpfen, daß Minne schon vor ihm Modell und Übungsfeld für allgemeine Ideale und vorbildliche Verhaltensweisen der höfischen Gesellschaft (z. B. *triuwe*, *stæte*, *zuht*, *mâze*) war. Daß er auf deren Verwirklichung besteht, läßt im Modell seiner Frauenminne ein Modell gesellschaftlicher Geltung aufscheinen, in dem 'Tugendadel' seinen angemessenen Platz neben dem (unangetasteten) 'Geburtsadel' finden kann, ein fahrender Sänger neben einem Kaiser (63,26 ff.). Diese erweiterte Gattungsperspektive, die Betonung des fiktionalen Charakters von Minne und der Kunstfertigkeit des Sängers zeigen W.s Minnesang auf dem Weg vom höfischen 'Repräsentationsritual' zur 'Literatur' als eigenständiger gesellschaftlicher Dienstleistung.

B. Sangspruchdichtung.

Wie im Minnesang hat W. auch in seiner Sangspruchdichtung Tradiertes weiterentwickelt und Neuerungen eingeführt. Der Zusammenhang mit lat. und rom. Dichtung ähnlicher Thematik und Gestaltung (z. B. Strophen des → Archipoeta, der → 'Carmina Burana'; Sirventes) bleibt unklar; mit Sicherheit knüpft W. an die dt. Tradition an, die in den Hss. A, C, J unter dem Namen Spervogel überliefert und, nicht unumstritten, in zwei Sangspruchreihen aufgeteilt und zwei Autoren (→ Herger, → Spervogel) zugeordnet wird. Formale Neuerung ist, daß W. seine Sangsprüche in Annäherung an den Minnesang statt in einem in mehreren Tönen einer entwickelten Strophenform vorträgt; inhaltliche Neuerung, daß er den herkömmlichen Bereichen (Fahrendenexistenz und Gönnerbezug, religiöse und allgemeine Lebenslehre) die aktuell-politische Thematik und eine Hoflehre hinzugewinnt, die neben traditionellen Themen verstärkt die der neuen höfisch-ritterlichen Kultur aufgreift. Die reiche Palette der Darstellungsmittel, die seinen Minnesang prägt, ist benützt und erweitert. Kennzeichnend ist v. a. die konkurrenzlose Kunst der Publikumsbeherrschung im rhetorisch geprägten Stil, durch ständige Veranschaulichung in Metapher, Bild, Gleichnis, Personifikation, gestellter Szene und fiktiver Personenrede, durch einprägsame Sentenz und scharfe Pointierung. Hervorzuheben ist, wie sich W. selbst in Szene zu setzen versteht, als positives und negatives Demonstrationsbeispiel, in autoritätsfördernden Rollen des Weisen, Augen- und Ohrenzeugen, Ratgebers und Erziehers, Gottesboten und Klausners (Beispiele s. u.).

1. Die Sangspruchtöne.

Von Einzelstrophen (wie 104,23; 85,25; 104,33) abgesehen, sind uns 13 Töne W.s überliefert. Ist die Verwendung eines einzigen Tones eher Autorsignatur, eröffnet der Gebrauch mehrerer Töne weitere Ausdrucksmöglichkeiten. Simrocks (und Burdachs) Namensgebung zielt v. a. auf die vermutete Auftrags- und Aufführungssituation thematischer Kernstrophen.

1. Reichston (8,4–9,39: 3 Strr.) – 2. Erster Philippston (18,29–20,15: 5 Strr.) – 3. Wiener Hofton (20,16–26,2/10 [+ 148,1]: 15 Strr.) – 4. Zweiter Thüringerton, Erster Atzeton (103,13–104,22: 3 Strr.) – 5. Zweiter Philippston (16,36–18,28/8 a. b.: 5 Strr.) – 6. Leopoldston, Erster Thüringerton, Zweiter Atzeton (82,11–84,13: 6 Strr.) – 7. Ottenton (11,6–13,4: 6 Strr.) – 8. Meißnerton (105,13–106,16: 3 Strr.) 9. Unmutston, Zweiter Ottenton (31,13–36,10: 18 Strr.) – 10. König Friedrichston (26,3–31,12: 11 Strr.) – 11. Bognerton (78,24–82,10: 17 Strr.) – 12. Kaiser Friedrichs- und Engelbrechtston (10,1–11,5; 84,14–85,24: 11 Strr.) – 13. König Heinrichston, Rügeton (101,23–102,28: 3 Strr.).

W. mag für besondere Aufführungsgelegenheiten, die Veranstalter ehrend und sich profilierend, einen eigenen Ton erfunden haben, behielt ihn aber wohl darüber hinaus zusammen mit anderen Tönen eine gewisse Zeit im Repertoire (z. B. den Reichston mindestens 1198–1201 neben dem Ersten Philippston 1198–1203/05). MAURERS Versuch, die Sangspruchtöne durchweg als 'Lieder' zu interpretieren, ist korrigiert. W. hat Strophen eines Tones sowohl zu liedartigen Einheiten wie lockeren Strophenketten, -kreisen, -reihen zusammengestellt wie auch unverbundene Einzelstrophen eingefügt (nach TERVOOREN, 1967). Die unterschiedliche Überlieferung von Strophenzahl und -folge weist mehr noch als im Minnesang auf variablen Gebrauch zu wechselnden Gelegenheiten durch den Autor und Nachsänger hin (umfassend dokumentiert im W.-Arbeitsbuch). Die Themenvielfalt einiger Töne mag aber auch unterschiedlichen Bedürfnissen desselben Publikums gedient haben.

So behandelt der Wiener Hofton (20,16) in der Reihenfolge der Hs. C: 1. Die Wertetrias *guot, êre, gotes hulde*; 2. Bitte an den sich versagenden Wiener Hof; 3. Schelte der bösen Welt; 4. Wächterruf vor dem Jüngsten Gericht; 5. Christliches Verhalten angesichts der Gleichheit aller Menschen vor Gott; 6. Unrechtmäßig erworbenes Gut und Wertetrias; 7. Wertetrias als Jugendlehre; 8. Zeitklage über die immer böser werdende Welt; 9. Rechte Kindererziehung; 10. Unhöfisches Verhalten junger Ritter, dessen Duldung; 11. Morgendlicher Reisesegen; 12. Klage des verfallenden Wiener Hofes; 13. Klage über Geistliche angesichts der Doppelwahl und Konstantinischen Schenkung; 14. Lob des freigebigen Wiener Hofes; 15. Endgericht und Fürbitte Marias. − Der Ton enthält enger Zusammengehöriges (1.6.7.), Richtungsgleiches (3.4.5.8. 9.10.15.), Vereinzeltes (11.13.), Gegensätzliches (2.12.14.).

Auch die Strophenformen (W.-Arbeitsbuch, S. 56−61) nähert W. dem Minnesang und dessen kunstvoller Ausgestaltung an, sucht sie sogar in experimenteller Variation zu übertreffen. Basiert der Reichston (8,4) noch auf Reimpaarreihung, so folgen die übrigen Töne der stolligen Form (Kanzone), der Grundform AAB im König Heinrichston (101,23) und im Tegernseespruch (104,23), sonst der komplexeren Form mit zweigeteiltem Abgesang, dessen Teile völlig (AABB; z. B. Erster Philippston 18,29) oder annähernd identisch sind (AABB'; z. B. Zweiter Philippston 16,36; ähnlich AA'BB' im Unmutston 31,3); in der Gespaltenen Weise des König- und Kaiser Friedrichstones (26,3; 10,1) umrahmen die Stollen den Abgesang; spiegelbildlich angeordnete Sonderform ist das 'Palindrom' (87,1). Daß die Sangspruchstrophen in der Regel mehr und längere Zeilen aufweisen, wird dem Erfordernis gerecht, in der einzelnen Strophe eine Aussageeinheit unterzubringen.

2. Die Themen.
a. Fahrendenexistenz und Gönner.
Die zahlreichen Aussagen W.s über sein Leben konzentrieren sich auf Existenzfragen des fahrenden Sängers, die wesentlich den Bezug zu Gönnern einschließen. Sie zeigen W. in der tradierten Rolle dessen, der um Gelegenheiten seiner Berufsausübung wirbt, mit überbietendem Geschick auch darin (bes. in 28,1; 28,31).

Die Not, die dabei darzulegen ist, schließt auch bei W. Armut (28,2), körperliche Entbehrungen (28,32.35), Unbehaustheit (28,3; 31,29 f.) ein. Hervorgehoben ist jedoch die soziale Demütigung, die *schame* des *gastes*, der anders als der *wirt* nicht über sich selbst und seine Zeit verfügen kann (31,23; 28,8 f.; vgl. MF 26,33; 27,6), der gespensterhaft uneingeordnet lebt (28,36 f.), der *bœse hêrren* anzuflehen gezwungen ist (28,33), der um die Zuverlässigkeit und Beständigkeit auch der freigebigen bangen muß (104,33 f.; 105,27; 106,3; 85,17), der mit Hofschranzen (32,17; 32,27), fragwürdigen Unterhaltungskünstlern (80,27 ff.) und unhöfischen Sängern (31,33; 32,7; 18,1?; vgl. 64,31) um Herrengunst zu werben und diese unterschiedslos mit Haudegen zu teilen hat (20,4). Die Rache am thüringischen Herrn Gerhard Atze, der mit W.s Pferd seine Ehre traf, in zwei boshaft gestellten Szenen (104,7; 82,11) gehört in diesen Umkreis.

In die Bitte an Gönner, in der W. alle Register zieht, auch des Schmeichelns mit Titeln (28,1) und schmückenden Bildern (20,31), hat er neuartig und kennzeichnend für seine künstlerischen Ansprüche den Zusammenhang von Lebenssituation und Dichtung einbezogen, von Armut und *rîcher kunst* (28,2), Armut und scheltendem Singen (29,1 f.), festem Wohnsitz und umweglos auf *frôide* gestimmtem Minnesang (28,3 ff.).

Er hat mit gekonntem, auch differenzierendem Lob nicht gespart, wenn er Erhörung fand, bei Philipp von Schwaben (19,29), Friedrich II. (26,23; 26,33; 28,31), Hermann von Thüringen (35,7), Leopold VI. von Österreich (25,26; *zwîvellop* dagegen 84,14) oder dem Gönnerkreis Leopold, Heinrich von Mödling, Wolfger (34,34); er hat dabei ehrende Gaben besonders hervorgehoben (*diemant* 80,35; schwieriger zu deuten 18,15; 84,30). W. hat aber auch, wieder neuartig, namentliche Schelte von unerhörter Schärfe nach Ton und Inhalt vorgetragen, wenn ihm und anderen die zustehende *milte*, legitimierende Herrscherpflicht, verweigert wurde: Philipp wird an den Heiden Alexander (16,36), den Christenfeind Saladin, den Staufergegner Richard Löwenherz (19,17) und das Schicksal der verschwägerten byzantinischen Verwandtschaft (17,11) gemahnt,

Otto in Schneidermanier gemessen (26,33). Entehrende Behandlung trägt dem Abt von Tegernsee die Titulierung 'der Mönch' ein (104,23).

b. Lebens- und Hoflehre.

Traditionelle allgemeine Lebenslehre, z. T. durch besondere literarische Aufbereitung rezeptions- und belohnungswürdig gemacht, findet sich auch bei W., z. B. über den Wert der Freundschaft (30,29; 79,17; 79,25; 79,33; vgl. MF 24,9 u. ö.), rechte Kindererziehung (87,1 als Palindrom; 23,26; 101,23), Lüge und Falschheit (29,4), Selbstbeherrschung (81,7 mit Rätseleingang), Selbstachtung (81,15) und *mâze* in allen Lebensbereichen (z. B. 29,35; 22,33; 80,19 mit paradoxen Formulierungen; 80,3 als witzige Parabel). Indirekt belehren auch die Verfallsklagen (wie 21,10; 23,11).

Übergangslos und gezielter noch als schon Spervogel bietet W. aktuelle Hoflehre, nicht nur in Einzelfragen (wie 30,9; 35,27; 80,11). Er entfaltet das Grundproblem der höfischen Dichtung, daß *weltlichiu êre* und *gotes hulde* in Einklang zu bringen seien, vom rechten Umgang mit dem *guot* aus (20,16; 22,18; 22,33; 83,27; auch 8,4) und greift das zentrale Thema *frowen* und *minne* auf, als Frauenpreis (27,17; 27,27), als Schelte zuchtloser, unhöfischer junger Ritter und Knappen (24,3), als Mahnung an die Frauen (102,1). W. hat mehrfach die Institution der Beratung am Hof behandelt (28,21; 83,14; 104,15) und die Rolle des Sangspruchdichters als Berater (vgl. Spervogel, MF 20,4; 20,17 u. ö.) bis zum Anspruch gesteigert, er könne die Herren lehren, was guter und schlechter Rat sei: Kriterien sind *vrum, gotes hulde, weltliche êre* und *schade, sünde, schande* (83,27). Dies zusammen mit dem Appell an die Hofherren, nicht nur belohnende *milte* walten zu lassen, sondern verantwortlich für *höveschheit* zu sorgen (24,33; 31,33; 32,7; 80,27; 84,22; 103,13 mit 103,29; vgl. 64,31), kann als Versuch gelten, der Sangspruchdichtung neben dem Minnesang und dem Sangspruchdichter neben dem Minnesänger einen festeren Platz im Prozeß der Kultivierung der Höfe zu bestimmen.

c. Religiöse Thematik.

Sie ist in der Sangspruchdichtung W.s als letzter Horizont (*gotes hulde*) ständig gegenwärtig, aber nicht als eigener Lehrbereich wie bei Herger (MF Neuausg. VII, IV. VI) oder als theologische Spekulation ausgefaltet (betont abgelehnt 10,1), sondern argumentativ anderen Themen zugeordnet (triadische Wertelehre, Kreuzzug, Reich und Rolle des Papstes, des Klerus) und punktuell lebenspraktisch ausgerichtet und ethisch akzentuiert. 24,18 ist Morgen- und Reisesegen. Ein Gottes- und Marienlob (78,24; 78,32) eröffnet wirkungsvoll den Bognerton, in dem unverfälschte Minne als Geleit zum Himmel vorgestellt wird (81,31; 82,3). Angesichts der Schöpfungs- und Todesgleichheit der Menschen (*hêrre, kneht*; sogar *kristen, juden, heiden*/Muslime) ist entscheidend, daß die Zehn Gebote nicht nur aufgesagt, sondern gehalten werden, daß Gott nicht als Vater(unser) angerufen werden kann, wenn der Nächste nicht als Bruder angenommen wird (22,3). Auch hier macht sich W. zum Demonstrationsfall, nicht zuletzt in einem 'Sündenbekenntnis' (26,3: Versagen im Gotteslob, der Nächsten-, zumal Feindesliebe). *Nû wachet* (21,25) ist ein geistlicher Weckruf angesichts der Verfalls- und Drohzeichen des Jüngsten Tages (Sonnenfinsternis 1201?); 148,1/10,XV ruft dafür die Fürbitte Marias an.

d. Politische Thematik.

Wichtigste Neuerung W.s ist, daß er dem Repertoire die aktuelle politische Thematik erschlossen hat, und zwar die zentrale Problematik der Zeit und Folgezeit: den Thronstreit zwischen Staufern und Welfen, die ideologische und machtpolitische Auseinandersetzung zwischen Kaiser- und Papsttum, die Spannung zwischen königlicher Zentralgewalt und fürstlichen Partikularinteressen. Stellungnahme ist dem fahrenden Sangspruchdichter sicher nur im Schutz von Parteimeinungen möglich. Ob W. dabei gezielte Aufträge übernimmt oder von sich aus aktuelle Themen aufgreift und in der Sphäre des Sängerauftritts (zusammen mit anderen Themen) durchspielt, ist im konkreten Fall schwer zu entscheiden. Auffällig ist, daß er v. a. Ereignisse thematisiert, bei denen politische Entscheidungen an eine größere Öffentlichkeit treten (wie Krönung, Festkrönung, Bann, Hoftag, Adventuszeremonie); weiter daß die Beurteilungskriterien, meist Normen religiös-ethischen, ordogemäßen Handelns, sangspruchdichterischer Kompetenz entsprechen oder, als *milte*-Forderung, die Interessen politischer Gruppen ebenso wie die des Sängers decken. W.s Seitenwechsel sind nicht moralisch zu beurteilen; er nutzt, besonders wenn er für sich und andere mit der legitimierenden Herrschertugend der *milte* argumentiert, die Spielregeln feudaler Herrschaftsbildung.

Im Lager der Staufer (19,29) tritt er für die Krönung Philipps (8. 9. 1198) ein. Ziel ist eine gefestigte Reichsmacht; sie ist notwendige Rahmenbedingung für das Wohl und Heil der Menschen (Reichston, 8,4: *Ich saz*, Autorbild des bedrückt nachdenklichen Propheten, Weisen); sie entspricht, dem Tierreich entnehmbar, der Schöpfungsordnung (8,28: *Ich hôrte*); sie ist gegen auftragswidrigen päpstlichen, klerikalen Übergriff zu verteidigen (9,16: *Ich sach*; wohl anläßlich von Philipps Bannung 1201; Gegenstimme des frommen Klausners). Für die Legitimität Philipps, der die echten Kroninsignien besitzt, argumentiert W. mit dem sichtbaren Kronenwunder (Erster Philippston, 18,29) und, im Blick auf eine Festkrönung zum Weihnachtsfest 1199 in Magdeburg, mit der Fülle ihrer beweiskräftigen genealogischen, religiösen, höfischen Symbolik (19,5). Die Abkehr, wohl im Dienst des Thüringers und Meißners (19,15; 18,15), begründet W. mit mangelnder *milte* (19,17; 16,36; 17,11). Philipps Ermordung (1208) bleibt unerwähnt.

Schwerer zu deuten ist die Interessen- und Auftragslage, wenn W. sich in die Begrüßung des gekrönten (1209) und gebannten (1210) Kaisers Otto IV. wahrscheinlich auf dem Reichstag zu Frankfurt März 1212 mit drei *Her keiser*-Strophen im Ottenton einflicht. Er ruft auf zum Erweis kaiserlicher Macht nach innen und nach außen: der Titel verpflichtet zur Durchsetzung des Reichsfriedens (11,30; 12,18f.); für einen Kreuzzug Ottos wirbt W. in der Autoritätsrolle des Engels (*frônebote*) (12,6) und knüpft an die heraldischen Zeichen des Adlers und Löwen (12,16) an. Vertritt W., zumal mit der Kreuzzugsmahnung, Interessen des Kaisers, der anwesenden, der (ehemals) oppositionellen Fürsten (12,1 f.), speziell des Meißners (12,3 ff.), argumentiert er für den Thüringer oder gegen ihn (105,13) (u. a. Nix, 1993)? Die Abkehr vom Welfen, wohl schon 1213/14, ist in scharfer Schelte wieder mit mangelnder *milte* begründet (26,23; 26,33; 31,23?). Die Niederlage bei Bouvines (1214) und sein Tod (1218) bleiben unerwähnt.

Vom Bemühen um Gönnerschaft abgesehen (26,23; 26,33; 84,30; 27,7), das in Lehensbitte und -dank gipfelt (28,1; 28,31), hat W. im Lager Friedrichs II. vor allem die Schwierigkeiten angeprangert, die dessen Kreuzzugsplan ab 1215 (durchgeführt 1228/29) entgegenstanden (29,15; 10,9; 10,17; die Engelschelte 79,1; 79,9), dazu den Bann (1227; 10,33 mit der Klausner-Stimme). Der Dienst am Reich ist Grund für das Lob des Reichsverwesers Erzbischof Engelbert von Köln (85,1) und die heftige Totenklage (85,9). – Der rügende Heinrichston wird meist auf den jungen König Heinrich (VII.) bezogen.

So durchgängig wie sein Eintreten für das Reich als Ordnungsfaktor ist W.s Abweisung päpstlichen Machtanspruchs (Innozenz III. 1198–1216; Honorius III. 1216–1227; Gregor IX. 1227–1241) gegenüber dem Reich, ausgeweitet zur Kritik auftragswidrigen Verhaltens von Papst und Klerus. Gott bestimmt den König (12,30); wie Christus *voget* im Himmel ist, so der Kaiser *voget* auf Erden (12,6), beweisbar im Zinsgroschen-Gleichnis (11,18), pervertiert durch die Konstantinische Schenkung (25,11; 10,25). Das Arsenal der Verdächtigungen und Beschuldigungen, in lat. Kirchenkritik vorgeformt, reicht von Doppelzüngigkeit, Lüge, Betrug, Verrat, Widerspruch von Wort und Werk, Habgier, Simonie bis zur Zauberei (u. a. 9,16; 11,6), gipfelnd in der Innozenzschelte des Unmutstones (33,1; 33,11; 33,21; 34,24 mit der Klausner-Stimme wie 10,33; 9,16); Höhepunkt der Darstellung sind die beiden 'kabarettistischen' Szenen um die päpstlichen Kreuzzugs-Opferstöcke von 1213 mit fingierter Selbstdenunziation (34,4; 34,14). Auf solche Sprüche bezieht sich der Vorwurf → Thomasins von Zerklaere, W. habe *tûsent man betœret* ('Wälscher Gast', 11091 ff.).

C. Weitere Sangverslyrik.

1. Der Leich (3,1).

Er ist auch bei W. eine (musikalisch)-metrisch-reimtechnische Groß- und Prunkform, mit der der Autor sein Können und zugleich den Rang des behandelten Gegenstands erweist. Er ist in C (auch J?) an den Beginn der W.-Sammlung gerückt. Im doppelten Cursus aus zwei zweigeteilten Hauptstücken mit Mittel-, Einleitungs- und Schlußteil gebaut, folgt W.s Leich der lat. Sequenz. Autoritativer lat. und dt. Tradition sind auch die Motive und Bilder dieses religiösen Leichs entnommen, darunter die marianischen Attribute. Gott und besonders Maria werden gepriesen und unter Betonung der Glaubensmysterien (Trinität, Menschwerdung, Jungfräulichkeit) für den sündigen Menschen und die Christenheit zu Hilfe gerufen; Praxisforderung (6,17 ff.; 7,11 ff.) und Romschelte (6,32 ff.) sind die für W. kennzeichnenden Akzente.

2. Die Kreuzzugslieder.

Nicht innerhalb der Minnethematik wie seine Vorgänger ab →Friedrich von Hausen, sondern als eigenes Thema (vgl. den Kreuzleich → Heinrichs von Rugge MF 96,1) mit deutlicher Anlehnung an Motive von Kreuzzugsaufruf und -predigt hat W. den Kreuzzug, außer in politischen Sangsprüchen (s. o.), in drei Liedern abgehandelt. – Das allgemein gehaltene, nicht sicher datierbare (1212–1221) 'Kreuzlied' (76,22) ruft in vier zwanzigversigen Strophen in Wir-Form zu Befreiung des Hl. Landes und Grabes auf. Hilfe wird von Gott erwartet, der einleitend als *vil süeze wære minne*, mit dem Titel des Hl. Geistes und ritterlich-höfischem Losungswort, angerufen wird, sowie von Maria als *küngîn ob allen frouwen*. Motivation ist das Heilswirken Gottes, besonders am Kreuz; der Kreuzzug bietet die besondere Gelegenheit, sich dafür dankbar zu erweisen und es sich anzueignen angesichts von Tod und Gericht. – 'Aufforderung zum Kreuzzug' im Gewand der Klage (*owê*) ist auch das vierstrophige Wir-Lied 13,5/5.5 a (bes. 13,18). Die Kreuzzugsfähigen, die sich unentschieden und sorglos untätig entziehen (sommerlicher Natureingang; Fabel von Grille und Ameise), verspielen, so wieder die publikumsgemäße Drohung, nicht nur ihr Heil als Lohn des *himeleschen* Kaisers, Huld der Engel und ewige *fröide*, sondern auch das irdische Lebensziel, die *êre* für sich und das Land, die Gunst der *frowen*. Auch der Sturm als Endzeitzeichen erlaubt keine sichere Datierung (Eroberung Konstantinopels 1204; Naturkatastrophe 1227?).

Das 'Palästinalied' (14,38) war nach dem Zeugnis der Überlieferung (Melodie; 7 Hss.) eines der bekanntesten Lieder W.s. Es liegt nach Strophenbestand und -folge in unterschiedlichen Fassungen, wohl schon des Autors, vor. Der gedankliche Grundriß: Das Leben Christi in seinen wichtigsten Stationen (Geburt, Taufe, Kreuzestod, Höllenfahrt, Auferstehung, Gericht in A; ergänzt um Himmelfahrt, Geistsendung in C, E, Z; kommentierende Strophen in D, C, E, Z; alle 12 Strophen in Z) bedeutet Heil und Erlösung für die Christen, Verdammnis für die Heiden, Beschämung für die Juden, letztlich das Recht der Christen auf das Hl. Land als Ort des Heilsgeschehens (*dâ got menschlîchen trat* 15,5). Als besonders beweiskräftig betont sind auch hier die Glaubensmysterien (Trinität, Jungfrauengeburt). Ein direkter Kreuzzugsaufruf fehlt: Hinweis auf die vertragliche Regelung Friedrichs II. mit Sultan el-Malik (1229)? Zeigt das *ich* des Liedeingangs, daß W. an diesem Zug oder einer Pilgerfahrt teilgenommen hat, oder artikuliert es die Rolle dessen, der im Hl. Land seine geistliche Lebenserfüllung gefunden hat? Spricht es in der Rolle Friedrichs?

3. Die 'Elegie' (124,1).

Das Lied W.s, das zu seinen bekanntesten gehört, bietet ein Knäuel von Problemen (grundlegend dargestellt von VOLKMANN, 1987). Die überlieferte Fassung, vollständig nur in C (Versgruppen in E, w×), hat zahlreiche Eingriffe veranlaßt. Sie betreffen auch die ungewöhnliche Vers- und Strophenform: 16 paarweise gereimte Verse, am ehesten als Langzeilen zu deuten, wie sie das → 'Nibelungenlied' und der → Kürenberger aufweisen, schließen mit dem Refrain (n)iemer mêr ouwê, der die drei mit owê einsetzenden Strophen zusätzlich verzahnt. Umstritten vom einzelnen Wort bis zur Zielrichtung des Liedes ist auch die inhaltliche Deutung eines Werkes, das auf komplexe Weise neuartig drei Themenbereiche vereint: Altersrückblick, Verfallsklage, Kreuzzugsaufruf. Str. 1 führt die umfassende Vergänglichkeitserfahrung des Gealterten als die eines Menschen vor, der aus dem Schlaf erwacht und dem das vergangene Leben als etwas nur Geträumtes und zugleich die Gegenwart als etwas Fremdgewordenes erscheint, eindringlich verdeutlicht als die unbegreifliche Veränderung, die *liute und lant* der Jugendzeit erfahren haben. Die Deutung auf Österreich als Land der Geburt (124,7 *geborn* CE) oder Ausbildung (*gezogen als Reimgebot; vgl. 32,14) liegt nahe, auch durch die Versform. Das *owê* der 2. Str. gilt zum einen dem Verfall der auf allgemeine Vorbildlichkeit (*kristenman*) verpflichteten höfischen Sitten, der in den Hauptverantwortlichen (*junge liute* [vgl. 42,31; 97,34], *frouwen, stolze ritter*) und ihrem Verhalten (*tanzen, singen,* Kleidung) drastisch vor Augen steht. Oder drückt sich in diesen Symptomen eine allgemeine Trauer über den Zustand des Hl. Landes aus? Die *fröide* aber wird vollends in *trûren* verkehrt, bis zur religiösen Blickwende (*dirre wunne ... jene dort*), durch die politische Situation, *unsenfte brieve her von Rôme*: Bannung Friedrichs II. 1227? Päpstliche Kreuzzugsaufrufe ab 1218? Entsprechend der Datierungsspielraum. Str. 3 expliziert das Motiv der verführerischen, betrügerischen Welt (Galle im Honig; Außen und Innen der [Frau?] Welt) und preist als spezifisch ritterlichen Heilsweg (gegen päpstlichen Anspruch?) den Kreuzzug an (*ritter, ez ist iuwer dinc*). Er bedeutet Erlösung von *grôzer sünde mit swacher buoze*, Belohnung mit ewiger Krone statt mit Land und Gold, mit einem Söldnerspeer zu erringen (wie durch Longinus, den Kriegsknecht unter dem Kreuz?). Formuliert das *ich* dieser Strophe biographische Gegebenheit oder eher eine verstärkende Kontrastrolle gegenüber den aufgerufenen Kreuzzugsfähigen? Das letzte Wort hat der Sänger Walther, der auch hier die Hoffnung nicht aufgegeben hat, daß noch andere als Klagelieder gesungen werden könnten.

V. Rezeption und Wirkung.

Die Auseinandersetzung mit W. setzt in unterschiedlichen Zusammenhängen und Stellungnahmen bereits zu seinen Lebzeiten ein, erreicht im 13. Jh. ihre größte Entfaltung und schrumpft vom 14. bis zum 16. Jh. zu rudimentärer Kenntnis, bis mit Melchior Goldast (1576–1635) und der Wiederentdeckung der Manessischen Liederhs. die gelehrte Rezeption einsetzt. Parallel verläuft die Überlieferung. Für → Gottfried von Straßburg ist W. nach → Reinmars des Alten Tod die Leiterin, Bannerträgerin, Meisterin der 'Nachtigallen', der Minnesänger ('Tristan', v. 4774 ff.). Seinem Lob stehen Wolframs schwer deutbare Anspielungen ('Parzival' 297,24 ff., 'Willehalm' 286,19 ff.) und Thomasins von Zerklaere Kritik (s. o.) gegenüber. Fand sein Minnesang nach der Auseinandersetzung mit Reinmar und Neidhart eher mit einzelnen inhaltlichen und formalen Momenten Nachwirkung bis hin zu → Hadlaub, hat seine Sangspruchdichtung über → Reinmar von Zweter und Bruder → Wernher die Gattungsgeschichte geprägt und macht in Fernwirkung W. zu einem der legitimierenden 'Alten Meister' in Zwölferkatalogen des Meistergesangs, wenn auch ohne Vorzugsstellung. W. ist offensichtlich mit Autoritätsanspruch zitierbar, so durch → Ulrich von Liechtenstein ('Frauendienst'; 56,14), →Rudolf von Ems ('Willehalm von Orlens'; 102,8), im 'Jüngeren Titurel' (8,9 ff.?; → Albrecht); ohne Verfasserbezug in der → 'Moringer'-Ballade (aus 72,31). Er steht im Hintergrund des *wîp-frouwe*-Streites zwischen → Frauenlob, → Regenbogen, → Rumelant. Nach Gottfried führen ihn weitere Dichterkataloge (→ Hugo von Trimberg, 'Renner', v. 1187f.), auch in der besonderen Form der Totenklage (→ Ulrich von Singenberg, → Reinmar von Brennenberg, → Rubin), wobei sich auch Überbietung des Vorbilds anmelden kann (→ Marner, Frauenlob). Im → 'Wartburgkrieg' schließlich ist W. zu einer prominenten Figur im Sängerwettstreit geworden, weitgehend abgelöst von seinem Werk.

VI. Zusammenfassung.

Die literarische Leistung auch eines Walther ist vornehmlich im Rahmen der tradierten Gattungen Minnesang und Sangspruchdichtung zu bestimmen, selbst wenn er, nicht zuletzt aus der Spannung zwischen den unterschiedlichen Autorrollen und Gattungen heraus, deren Grenzen ausgeweitet und mit neuen Themen und Formen überschritten hat. Als gemeinsame Tendenz läßt sich am ehesten feststellen: 1. Seine ethischen Forderungen und Ansprüche, die auf gesellschaftsdienliche konkrete Verwirklichung der Ideale zielen und dem 'Tugendadel' gebührenden Rang im gesellschaftlichen System erstreiten wollen. 2. Sein Anliegen, dem Minnesang über die rituelle Einbindung einer Liebhaberbeschäftigung hinaus und der Sangspruchdichtung über gelegentliche Inanspruchnahme hinaus den Rang und Platz notwendiger, eigenwertiger höfischer Einrichtungen zu erringen, die auf meisterlichem Können beruhen: ihre 'Literarisierung' in diesem Sinne. Walthers oft beschworenes hohes Selbstbewußtsein bezieht sich, soweit es hinter der Selbstdarstellung des fahrenden Sängers, der sich zu empfehlen und zu verteidigen hat, überhaupt sichtbar wird, auf die genannten beiden Felder.

Literatur.
Bibliographie: M. G. Scholz, Bibliogr. zu W. v. d.V., 1969; fortgeführt v. B. Bartels, Bibliogr. zu W. v. d. V., WZUG 30 (1981) 85–90; Halbach, ⁴1983 (s. u.); W.-Arbeitsbuch, 1996 (s. u.).
Übergreifendes, Sammelbände: K. Burdach, W. v. d. V. Philol. u. hist. Unters., Erster Teil, 1900; ders., Reinmar der Alte u. W. v. d. V., ²1928; C. v. Kraus, W. v. d. V. Unters., 1935; S. Beyschlag (Hg.), W. v. d. V. (WdF 112), 1971; T. McFarland / S. Ranawake, W. v. d. V. Twelve Studies, Oxford German Studies 13 (1982); K. H. Halbach, W. v. d. V., 4., durchges. u. ergänzte Aufl. v. M. G. Scholz (Slg. Metzler 40), 1983; G. Hahn, W. v. d. V. Eine Einführung (Artemis-Einführungen 22), ²1989; H.-D. Mück (Hg.), W. v. d. V. Beitr. zu Leben u. Werk, 1989; J.-D. Müller / F. J. Worstbrock (Hgg.), W. v. d. V. Hamburger Kolloquium 1988 z. 65. Geb. v. K.-H. Borck, 1989; Th. Nolte, W. v. d. V. Höf. Idealität u. konkrete Erfahrung, 1991; C. Hall / S. Coleman, W. v. d. V. A Complete Reference Work. Head-word and rhyme-word concordances to his poetry, University Press of Colorado 1995; H. Brunner / G. Hahn / U. Müller / F. V. Spechtler, W. v. d. V. Epoche–Werk–Wirkung, 1996 (zit. W.-Arbeitsbuch).

Zu II. Überlieferung: G. Kornrumpf, Einführung, in: Die Lieder Reinmars u. W.s v. d. V. aus der Würzburger Handschrift 2° Cod. Ms. 731 d. UB München. I. Faksimile, 1972; B. Wachinger, Der Anfang d. Jenaer Liederhs., ZfdA 110 (1981) 299–306; Th. Klein, Zur Verbreitung mhd. Lyrik in Norddeutschland (W., Neidhart, Frauenlob), ZfdPh 106 (1987) 72–112; Th. Bein, Über die sog. 'unechten' Strophen u. Lieder in der 13. Aufl. v. Karl Lachmanns W.-Edition, in: Mittelalterforschung u. Edition. Actes du Colloque Oberhinrichshagen b. Greifswald. 29 et 30 Octobre 1990, Amiens 1991, S. 7–26; I. Bennewitz, Die 'Schrift' des Minnesangs u. der 'Text' d. Editors. Stud. zur Minnesang-Überl. im 'Hausbuch' des Michael de Leone (Minnesang-Hs. E), Habil.-Schrift Salzburg 1993 [im Druck]; F.-J. Holznagel, Wege in die Schriftlichkeit. Unters. u. Materialien zur Überl. der mhd. Lyrik, 1995; W.-Arbeitsbuch, S. 25–37 (s. o.).

Zu III. Leben: H. Heger, Das Lebenszeugnis W. s v. d. V. Die Reiserechnungen d. Passauer Bischofs Wolfger v. Erla, 1970; M. Curschmann, Waltherus cantor, Oxford German Studies 6 (1971/72) 5–18; W. Schröder, Die Lebenszeugnisse W.s v. d. V., in: Studien zur dt. Lit. u. Sprache des MAs (Fs. H. Moser), 1974, S. 88–100; B. U. Hucker, Ein zweites Lebenszeugnis W.s?, in: Mück, 1989, S. 1–30 (s. o.); G. Schweikle, Walther u. Wien, ebd., S. 75–87.

Zu IV. A. Minnesang: J. A. Huismann, Neue Wege z. dichterischen u. musikalischen Technik W.s v. d. V. (Studia Litteraria Rheno-Traiectina 1), Utrecht 1950; E. Wiessner, Berührungen zwischen W.s u. Neidharts Liedern, ZfdA 84 (1953) 241–264; wieder in: Beyschlag, 1971, S. 330–362 (s. o.); W. Mohr, Minnesang als Gesellschaftskunst, DU 6, H. 5 (1954) 83–107; wieder in: Minnesang I (WdF 15), hg. v. Fromm, ⁵1972, S. 197–228, hier S. 224–226; K.-H. Schirmer, Die Strophik W.s v. d. V., 1956; B. Kippenberg, Der Rhythmus im Minnesang (MTU 3), 1962; G. Schweikle, Minne u. Mâze. Zu Aller werdekeit ein füegerinne (W. 46,32), DVjs 37 (1963) 498–528; P. WAPNEWSKI, Der Sänger u. die Dame. Zu W.s Schachlied (111,23), Euph. 60 (1966) 1–29; W. MOHR, Die 'vrouwe' W.s. v. d. V., ZfdPh 86 (1967) 1–10; wieder in: ders., Gesammelte Aufsätze II. Lyrik (GAG 300), 1983, S. 173–184; G. HAHN, W. v. d. V., *Nemt, frowe, disen kranz* (74,20), in: Interpretationen mhd. Lyrik, hg. v. G. JUNGBLUTH, 1969, S. 205–226; E. KÖHLER, Vergleichende soziologische Betrachtungen zum rom. u. zum dt. Minnesang, in: Der Berliner Germanistentag 1968, hg. v. K. H. BORCK u. a., 1970, S. 61–76; F. V. SPECHTLER, Die Stilisierung der Distanz. Zur Rolle des Boten ..., in: Peripherie u. Zentrum (Fs. A. Schmidt), 1971, S. 285–310; A. KIRCHER, Dichter u. Konvention. Zum gesellschaftl. Realitätsproblem der dt. Lyrik um 1200 bei W. v. d. V. u. seinen Zeitgenossen, 1973; G. JUNGBLUTH, Thesen zu einigen Waltherliedern, in: Studien zur dt. Lit. u. Sprache des MAs (Fs. H. Moser), 1974, S. 101–112; R. WISNIEWSKI, *werdekeit* u. Hierarchie. Zur soziologischen Interpretation d. Minnesangs, in: Strukturen u. Interpretationen (Fs. B. Horacek), 1974, S. 340–379; K. H. BORCK, *Den diu minne blendet, wie mac der gesehen?* Zu W.s Lied 69,1, in: Gedenkschr. J. Trier, hg. v. H. BEKKERS / H. SCHWARZ, 1975, S. 309–320; G. KAISER, Zur Funktion des Hofes in der Lyrik W.s v. d. V., Ruperto Carola 54 (1975) 59–66; U. STAMER, Ebene Minne bei W. v. d. V. (GAG 194), 1976; H. HERZMANN, W.s *Under der linden* (39,11) – ein Lied der 'niederen Minne'?, ZfdPh 96 (1977) 348–370; T. EHLERT, Konvention–Variation–Innovation. Ein struktureller Vergleich v. Liedern aus 'Des Minnesangs Frühling' u. von W. v. d. V., 1980; H. KUHN, *Herzeliebez vrouwelîn* (Walther 49,25), zuletzt in: ders., Liebe u. Gesellschaft, hg. v. W. WALLICZEK, 1980, S. 69–79; H. G. MEYER, Die Strophenfolge u. ihre Gesetzmäßigkeiten im Minnelied W.s v. d. V. (Dt. Stud. 35), 1981; CH. ORTMANN, Die Kunst *ebene* zu werben. Zu W.s *Aller werdekeit ein füegerinne* (L. 46, 32), PBB 103 (1981) 238–263; H. KUHN, Minnelieder W.s v. d. V. Ein Kommentar, hg. v. CH. CORMEAU, 1982; D. R. McLINTOCK, W.s Mädchenlieder, in: MCFARLAND/RANAWAKE, 1982, S. 30–43 (s. o.); S. RANAWAKE, Gab es eine Reinmar-Fehde?, ebd., S. 7–35; dies., W.s Lieder der 'herzeliebe' u. die höfische Minnedoktrin, in: Minnesang in Österreich, hg. v. H. BIRKHAN, Wien 1983, S. 109–152; H. WENZEL, Typus u. Individualität. Zur lit. Selbstdeutung W.s v. d. V., Internat. Archiv f. Sozialgesch. der Lit. 8 (1983) 1–34; K. RUH, 'Aller werdekeit ein füegerinne' (Walther 46,32), ZfdA 114 (1985) 188–195; G. SCHWEIKLE, Die Fehde zwischen W. v. d. V. u. Reinmar d. Alten, ZfdA 115 (1986) 235–253; I. BENNEWITZ, 'vrouwe/maget'. Überlegungen z. Interpretation der sog. Mädchenlieder im Kontext v. W.s Minnesang-Konzeption, in: MÜCK, 1989, S. 237–252 (s. o.); C. L. GOTTZMANN, Das Tagelied Heinrichs v. Morungen u. W. s v. d. V., in: *Ist zwîvel herzen nâchgebûr* (Fs. G. Schweikle), 1989, S. 63–81; G. HAHN, Zu den ich-Aussagen in W.s Minnesang, in: MÜLLER/WORSTBROCK, 1989, S. 95–104 (s. o.); I. KASTEN, Das Dialoglied bei W. v. d. V., ebd., S. 81–93; V. MERTENS, Alte Damen u. junge Männer. Spiegelungen von W.s 'sumerlaten-Lied', ebd., S. 197–215; A. MASSER, Zu den sog. 'Mädchenliedern' W.s v. d. V., WW 39 (1989) 3–15; B. WACHINGER, Die Welt, die Minne u. das Ich, in: Entzauberung d. Welt, hg. v. J. F. POAG / T. C. FOX, 1989, S. 107–118; J.-D. MÜLLER, W. v. d. V.: *Ir reinen wîp, ir werden man*, ZfdA 124 (1995) 1–25.

Zu IV. B. Sangspruchdichtung: K. K. KLEIN, Zum dichterischen Spätwerk W.s v. d. V. Der Streit mit Thomasin von Zerclaere, in: German. Abhh., Innsbruck 1959, S. 59–109, wieder in: BEYSCHLAG, 1971, S. 539–583 (s. o.); H. TERVOOREN, Einzelstrophe oder Strophenbindung? Unters. zur Lyrik der Jenaer Hs., Diss. Bonn 1967; P. WAPNEWSKI, Die Weisen aus dem Morgenland auf der Magdeburger Weihnacht. Zu W. v. d. V. 19,5, in: Lebende Antike (Symposion f. R. Sühnel), 1967, S. 74–94; wieder in: ders., *Waz ist minne*, 1975, S. 155–180; A. T. HATTO, W. v. d. V.'s Ottonian poems, Speculum 24 (1949) 542–553, dt. in: BEYSCHLAG, 1971, S. 230–250 (s. o.); F. MAURER, Die politischen Lieder W.s v. d. V., ¹1954, ³1972; M. G. SCHOLZ, Die Strophenfolge des 'Wiener Hoftons', ZfdPh 92 (1973) 1–23; B. WACHINGER, Sängerkrieg (MTU 42), 1973; A. MASSER, Zu W.s Propagandastrophen im ersten Philippston (L 18,29 u. 19,5), in: Studien z. dt. Lit. u. Sprache d. MAs (Fs. H. Moser), 1974, 68–87; U. MÜLLER, Unters., 1974; V. SCHUPP, 'Er hât tûsent man betœret'. Zur öffentlichen Wirkung W.s v. d. V., Poetica 6 (1974) 39–59; H. BRUNNER, Die alten Meister (MTU 54), 1975; B. NILES, Pragmatische Interpretationen zu den Spruchtönen W.s v. d. V. (GAG 274), 1979; C. D. M. COSSAR, The Unity of the 'Wiener Hofton', Neoph. 64 (1980) 534–547; J. ASHCROFT, Die Anfänge v. W.s politischer Lyrik, in: Minnesang in Österreich, hg. v. H. BIRKHAN, Wien 1983, S. 1–24; U. MÜLLER, Zur Überl. u. zum hist. Kontext der Strophen W.s v. d. V. im Reichston, in: Spectrum medii aevi (Fs. G. F. Jones) (GAG 362), 1983, S. 397–408; E. NELLMANN, Spruchdichter oder Minnesänger? Zur Stellung W.s am Hof Philipps v. Schwaben, in: MÜLLER/WORSTBROCK, 1989, S. 37–59 (s. o.); W. SCHRÖDER, Die Sprüche im Bogenerton u. die Anfänge v. W.s Spruchdichtung, ZfdA 118 (1989) 162–175; P. KERN, Der Reichston – das erste polit. Lied W.s v. d. V.?, ZfdPh 111 (1992) 344–362; TH. NOLTE, Sänger d. Reiches oder Lohndichter? W. v. d. V. u. die dt. Könige, Poetica 24 (1992) 317–340; M. NIX, Unters.

zur Funktion der polit. Spruchdichtung W.s v. d. V. (GAG 592), 1993.
Zu IV. C. Weitere Sangverslyrik: H. KUHN, W.s Kreuzzugslied (14,38) u. Preislied (56,14), 1936; W. MOHR, Altersdichtung W.s v. d. V., Sprachkunst 2 (1971) 329–356; W. HAUBRICHS, Grund u. Hintergrund in der Kreuzzugsdichtung. Argumentationsstruktur u. politische Intention in W.s 'Elegie' u. 'Palästinalied', in: Philologie u. Geschichtswiss., hg. v. H. RUPP, 1977, S. 12–62; CH. CORMEAU, Minne u. Alter. Beobachtungen zur pragmatischen Einbettung des Altersmotivs bei W. v. d. V., in: Mittelalterbilder aus neuer Perspektive, hg. v. E. RUHE / R. BEHRENS, 1985, S. 147–165; B. VOLKMANN, Owê war sint verswunden. Die 'Elegie' W.s v. d. V. Unters., Krit. Text, Kommentar (GAG 483), 1987; G. KORNRUMPF, W.s 'Elegie'. Strophenbau u. Überlieferungskontext, in: MÜLLER/WORSTBROCK, 1989, S. 147–158 (s. o.); F. V. SPECHTLER, Der Leich W.s, in: MÜCK, 1989, S. 331–340 (s. o.); M. WEHRLI, Rollenlyrik u. Selbsterfahrung in W.s Weltklageliedern, in: MÜLLER/WORSTBROCK, 1989, S. 105–113 (s. o.).
Zu V. Forschungsgeschichte und Rezeption: A. HEIN, W. v. d. V. im Urteil der Jahrhunderte (bis 1700), Diss. Greifswald 1934; H.-D. CZAPLINSKI, Das Bild W.s v. d. V. in der dt. Forschung v. L. Uhland bis zum Ende des Dritten Reiches. Eine Unters. zum Einfluß polit. Anschauungen auf die Lit.gesch., Diss. Gießen 1969; M. GRADINGER, Die Minnesang- u. Waltherforschung von Bodmer bis Uhland, Diss. München 1970; S. BEYSCHLAG, 1971 (s. o.); HALBACH, ⁴1983 (s. o.); R. RICHTER, Wie W. v. d. V. ein 'Sänger des Reichs' wurde (GAG 484), 1988; W.-Arbeitsbuch 1996, S. 230–250.

(1998) GERHARD HAHN

10/809 **'Weingartner Liederhandschrift'**

Die 'W. L.' (Pergament, I + 157 Bll.; Stuttgart, Württ. LB, HB XIII 1, Sigle B seit LACHMANNS erster Walther-Ausgabe 1827) ist neben der → 'Heidelberger Liederhs. C' die Hauptquelle unserer Kenntnis von 'Des Minnesangs Frühling'. Unter den vier für die Zeit um 1300 bezeugten bebilderten Liederhss. ist B die jüngste und kleinste (Schriftspiegel 12,5 × 8,5 cm, Blattformat ursprünglich mindestens 17 × 12,5 cm). Schrift, Schreibsprache und Stil der Miniaturen machen die Herstellung im 1. Viertel des 14. Jh.s in Konstanz wahrscheinlich; die Arbeit an B wurde später begonnen als die an C und früher abgebrochen. Der Auftraggeber ist unbekannt; → Heinrich von Klingenberg († 1306) kommt allenfalls als Anreger in Betracht.

Schon im 14. Jh. scheint die Hs. beschädigt und repariert worden zu sein (Sicherung der Blattfolge ab p. 60, 86, 160, 232 und angenähte Einzelbll., s. SAUER, 1996); mit Textverlust fehlen 3 Bll. nach p. 122 in den Liedern → Hiltbolts von Schwangau (Nr. 21) und 2–3 Bll. nach p. 160 in den Liedern →Walthers von der Vogelweide (Nr. 25; HOLZNAGEL, 1995, S. 222–224). Aus dem 15. Jh. stammen 10/810 Lektürespuren p. 178 (tagwiß), p. 275–286 (s. I. 2. b.), eine Minnestrophe im Hofton → Reinmars von Brennenberg p. 310 (vgl. → 'Königsteiner Liederbuch' Nr. 1 I 1–8; RSM ¹ReiBr/516b) und ein Eintrag p. III mit Erwähnung von birnow (Birnau am Bodensee?). Im 16. Jh. gehörte B dem Konstanzer Patrizier Markus Schulthaiß (geb. nach 1551, † 1643; p. I) aus einem seit 1398 in der Stadt ansässigen Geschlecht. Von M. Sch. erhielt Kloster Weingarten die Hs. nicht nach 1613 als Geschenk (p. I, p. 1). J. J. Bodmer hat sie 1757, noch vor Erscheinen der 'Minnesinger' 1758/59, eingesehen (WEHRLI, 1936, 1981). 1777 wies sein Schüler MEISTER die Forschung auf B hin. Einen ersten Vergleich mit dem Bestand von C bezeugen in der Hs. selbst u. a. die nachgetragenen Autornamen p. 86, 101; 178; 196, 198; 206, 220 (Tinte; Bodmers Hand?). Nach der Säkularisation kam B mit dem größten Teil der Weingartner Hss. 1810 nach Stuttgart in die Kgl. Hand-, später Hofbibliothek. 1816 veröffentlichte WECKHERLIN die erste wiss. Beschreibung. Vermutlich er hat die Hs. paginiert und die Autornamen p. 13 und 192 ergänzt (Bleistift), bevor sie, spätestens 1816/17, wie andere Stuttgarter Cimelien, von einem Tübinger Buchbinder kostbar neu gebunden wurde (zu diesem HEINZER, 1992). Dem starken Beschnitt fielen u. a. Randeinträge zum Opfer, die Zusammensetzung der beschädigten Lagen wurde verunklärt, und die Entnahme zweier leerer Doppelbll. für Ausbesserungen und Falze zog eine Korrektur der Paginierung nach p. 306 (wohl ebenfalls noch durch WECKHERLIN) nach sich.

I. B umfaßt 30 Strophencorpora auf elf Lagen (857, ehem. ca. 900 Strr.) und auf weiteren drei Lagen zwei Reimpaargedichte (2496 vv.). Die Hs. ist nicht in einem Zuge und nicht unbedingt in einer der heutigen Anordnung entsprechenden zeitlichen Abfolge entstanden.

Die Strophencorpora (Strophen außer in Nr. 29 abgesetzt) sind hauptsächlich von Hand 1 geschrieben (Duktus und Tintenfarbe wechseln gelegentlich abrupt; p. 98 und p. 153 einige Zeilen von fremden Händen): Nr. 1–13 (Lage I-III), Nr. 14–

20 (Lage IV.V), Nr. 21–24 (Lage VI), Nr. 25. 26 (Lage VII.VIII), ferner die erste Hälfte von Nr. 27 (Lage IX) und Nr. 28 (Lage X). Nr. 27 wurde von Hand 2, Nr. 28 von Hand 3 zu Ende geführt. Dieser Schreiber (nach der Schreibsprache ein Auswärtiger) trug auch Nr. 29 in Lage XI ein. Die Texte der drei Hände (p. 2–238) wurden einheitlich mit Fleuronnéeinitialen zu Corpus- und Strophenbeginn geschmückt (wechselnd blau und rot; Strophenfolgen gleichen Tons nicht als solche gekennzeichnet) und zugleich farbig korrigiert (z. B. p. 34, 197). – Eine vierte Hand schrieb in Lage XI noch Nr. 30; hier blieben die Initialen unausgeführt. – Vielleicht schon vorher hat Hand 5 Nr. 31 a/b kopiert (Lage XII–XIV, Verse nicht abgesetzt, reich rubriziert).

Bilder waren zu Nr. 1–28 und 30 geplant (zu Nr. 4 und 6 halbseitig, sonst ganzseitig). Die ersten 25 in den Lagen I–VII wurden ausgeführt, wohl in einer Werkstatt, die aber von Nr. 14 (Lage IV) an mit deutlich reduziertem Aufwand arbeitete; die Walther-Miniatur (Nr. 25) zu Beginn der Lage VII ist größer und weicht in Farbgebung und Malweise ab. Als Vergleichsmaterial für Lokalisierung und Datierung lassen sich hauptsächlich Glas- und Wandmalereien heranziehen; dazu treten die Kanonbilder zweier 1319 und 1322 für Weingarten hergestellter Missalien (SAUER, 1996; dies., 1997, mit Abb.). – Den Corpora Nr. 26–28 und 30 in den Lagen VIII–XI fehlen mit den Bildern (p. 177, 181, 205, 239) auch die Namensüberschriften. Keinerlei Überschrift tragen ferner Nr. 29 und 31 a/b.

1. Die Corpora Nr. 1–25/26 (noch 610 Strr., darunter zehn Unica) stellen eine auf Lieder der hohen Minne und Kreuzlieder konzentrierte, nach dem Namenprinzip geordnete Sammlung dar. Im Unterschied zur → 'Heidelberger Liederhs. A' (nicht nach 1270/80 [!], s. SCHNEIDER, 1987 a) hat neben dem klassischen der frühe und insbesondere der romanisch beeinflußte Minnesang den größten Anteil am Repertoire von B (dreizehn B-Sänger sind in A gar nicht mit Namen vertreten, andere nicht mit ihren daktylischen Liedern). Freilich vermag die in B überkommene Auswahl, indem sie u. a. Leichs, Tagelieder, Sangsprüche, auch wohl allzu Altertümliches ausspart, keinen adäquaten Eindruck von der Vielfalt der Liedkunst vor und neben Walther zu vermitteln.

Übersicht: (Lage I–III) 1. Kaiser → Heinrich, 2. Graf → Rudolf von Fenis-Neuenburg, 3. →Friedrich von Hausen, 4. Burggraf von → Riedenburg, 5. → Meinloh von Sevelingen, 6. → Otto von Botenlauben, 7. → Bligger von Steinach, 8. → Dietmar von Aist, 9. →Hartmann von Aue, 10. → Albrecht von Johannsdorf, 11. → Heinrich von Rugge, 12. →Heinrich von Veldeke, 13. →Reinmar der Alte; (Lage IV.V) 14. → Ulrich von Gutenburg, 15. → Bernger von Horheim, 16. →Heinrich von Morungen (und 'Reinmar b'), 17. → Ulrich von Munegiur, 18. → Hartwig von Raute, 19. → Ulrich von Singenberg, 20. → Wachsmut von Künzingen; (Lage VI) 21. → Hiltbolt von Schwangau, 22. → Wilhelm von Heinzenburg, 23. → Leuthold von Seven, 24. → Rubin; (Lage VII.VIII) 25. → Walther von der Vogelweide; 26. →Wolfram von Eschenbach (Bild mit Name fehlt).

Name und Stand der Autoren sind in das jedem Corpus vorangestellte Bild eingeschrieben (obere Rahmenleiste) und ab Nr. 4 meist ergänzt mit Wappen und Helmzier (oft im oberen Drittel des Bildes separiert). Eine ein- oder zweifigurige Darstellung weist den Urheber und zugleich das Ich der Lieder (vgl. WACHINGER, 1991, S. 13) in vielerlei Variationen vor: als Herrscher, gerüsteten und ungerüsteten Reiter, Sinnenden unterm Frühlingsbaum oder mit dem Schreibdiptychon oder *vf ainem staine*, als Seefahrer, zusammen mit seiner *vrowe* oder mit dem Boten; nie jedoch wird der Sänger beim Vortrag gezeigt. Auf die mündliche Sphäre als genuinen Ort der im Buch versammelten Lieder verweist die häufig beigegebene überdimensionierte leere Schriftrolle (vgl. CURSCHMANN, im Druck).

Dem Kaiser mit Zepter und Rolle (Nr. 1) sind zwei Grafen (Nr. 2, 6) zugesellt, ein Burggraf (Nr. 4), ein Truchseß (Nr. 19), neunzehn *herren* und ein *maister* (Veldeke, Nr. 12; der Titel mag dem 'Eneide'-Dichter gelten).

Zur Mehrzahl der Namen werden zwischen 5 und 48 (durchschnittlich 17) Strr. mitgeteilt, zu Reinmar (Nr. 13) bzw. Morungen (s. u. II. 1.) und zu Walther (Nr. 25) dagegen weit über hundert. Das vielseitige Walther-Corpus sprengte v. a. mit den Sangsprüchen den Rahmen der Minnesang-Anthologie, desgleichen Wolframs Tagelied V und die Tageliedabsage oder -parodie IV (Nr. 26); vielleicht ist dies der Grund für die Position beider Corpora, wenn das Augenmerk nicht hauptsächlich einer dichten Miniaturenfolge in der ersten Hälfte des Codex galt.

2. Die Minnesang-Dokumentation der Lagen I–VIII wird in der Hs. nicht in die Gegenwart fortgeführt, aber mit Lage IX–XI und XII–XIV zweifach erweitert: durch ältere und jüngste Exempel anderer lyrischer Gattungen (vgl. bereits Nr. 25, 26) und durch zwei Vertreter der neu aufkommenden unsanglichen Minnereden. Eine analoge Konstellation trifft man eine Generation später in der verlorenen Konstanzer Liederhs. X an (s. SCHANZE, 1988).

a) Nr. 27 (82 Strr.) vereinigt 12 Lieder → Neidharts und der Neidhart-Tradition, darunter → Konrad von Kirchberg II und → Göli 2a, 1a (SCHIENDORFER, SM, Nr. 20), die älteste Aufzeichnung des obszönen 'Rosenkranzes' und eines Schwanks (des 'Faßschwanks' mit Nennung von *hern nithart* in B 77). Das Corpus mutet wie ein Vorläufer der großen Sammlung c des 15. Jh.s (Berlin, mgf 779) an. Auch eine Gliederung nach Winter- und Sommereingängen zeichnet sich ab; ganz ins Hintertreffen geraten ist in B freilich Neidharts Reihen- gegenüber der Kanzonenform.

Nr. 28 a/b, 29 und 30 sind jeweils in einem Ton abgefaßt: die Lehrgedichte → 'Winsbecke' und 'Winsbeckin' mit 67 und 37 Strr. (RSM ¹Winsb/2/1 c u. 2 b), ein 36str. Marienpreis (C bringt eine andere Fassung unter →Gottfried von Straßburg; vgl. → 'Lobgesang auf Maria', RSM ¹Gotfr/2/1 b, IRTENKAUF, 1988) und 25 Sangsprüche des → Jungen Meißner in seinem Ton I, einer Variante von →Frauenlobs Langem Ton (RSM ¹JungMei/1/1–25).

b) Nr. 31 a/b, die 'Minnelehre' → Johanns von Konstanz (ohne Titel und Autorname bereits mit dem Abschied nach dem ersten nächtlichen Beisammensein schließend), gefolgt von der kleinen → 'Minneklage' I, läßt sich als Antwort auf die strophischen Partien lesen. Der Leitfaden für die *ivngen, wie man nach liebe werben sol*, lateinisch inspiriert und Liebende höfischer und späthöfischer Romane evozierend, legt großes Gewicht auf die vorbereitende Schriftlichkeit, und der Protagonist der exemplarischen Erzählung versteht sich ebenso wie das heimlich umworbene Mädchen ganz selbstverständlich aufs Briefeschreiben und -lesen (die Korrespondenz p. 275–286 hat das besondere Interesse eines mal. B-Lesers gefunden).

II. 1. Die Corpora Nr. 27–30 haben durchweg Gegenstücke in C (Nr. 92, 70/71, 124, 114; den Grundstockphasen 1/2, 2, 3 sowie dem Nachtrag zuzuordnen: SALOWSKY, 1993), ein engerer Zusammenhang besteht jedoch nicht.

Dagegen zeigt die Minnesang-Sammlung Nr. 1–25/26 so viele Gemeinsamkeiten mit C, daß man kaum umhinkommt, eine Vorstufe *BC anzusetzen. Dieser hypothetischen Vorstufe bleibt B in Umfang und Format zweifellos näher als der in jeder Hinsicht ins Große ausgeweitete Manesse-Codex (dessen Redaktoren evtl. über zwei B-ähnliche Vorlagen verfügten, s. HOLZNAGEL, 1995, S. 246 f.). Daß B zudem bei einigen frühen Dichtern Assonanzen an Stellen bewahrt, die in C rein gereimt erscheinen, hat schon WECKHERLIN, 1816, hervorgehoben. Allerdings entsprechen der Bestand an Namen, Bildern und Bildtypen, an Liedern, Strophen, Liedtypen sowie die Reihenfolge in B sicherlich nur partiell *BC; es ist mit Ergänzungen aus Zusatzquellen verschiedenen Typs auf dem Weg von *BC zu B zu rechnen, mit Auslassungen und Umstellungen, ferner mit zufälligen Versetzungen und Verlusten.

So hat *B offenbar irrig Lieder ins Hausen-Corpus eingeschoben (Nr. 3, B 12–23), die C unter Reinmar bzw. dem Markgrafen von → Hohenburg überliefert. Ans Botenlauben-Corpus (Nr. 6) schließen nahtlos zwei Strr. an, die in C die Lieder → Walthers von Mezze einleiten. Vielleicht hängen damit corpusübergreifende (als solche bisher nicht beachtete) Versetzungen in *B zusammen: Das Ende des Morungen-Corpus (Nr. 16) ist ans Ende des Dietmar-Corpus (Nr. 8) geraten, dessen Ende (und Lied VI Walthers von Mezze) zwischen die Abschnitte 1 und 3 des Reinmar-Corpus (Nr. 13), und die Reinmar-Abschnitte 2 und 4 sind namenlos nach dem Morungen-Corpus (Nr. 16) eingefügt (= Nr. 16 a, 'Reinmar b').

Gerade diese Störungen machen eine B-ähnliche Sammlung als Hauptvorlage von B wahrscheinlich (SCHWEIKLE, 1965, mißt kleinen Heften und Blättern mehr Bedeutung bei).

2. Das Konzept, das vornehmste Genre der Liedkunst der Laien als imaginäre Versammlung ihrer vornehmsten Diener mit Name, Standesbezeichnung, Wappen/Helmzier und figürlicher Darstellung vorm zugehörigen Strophencorpus zu kodifizieren, konnte man lange *BC zuschreiben. Die drei 1985 und 1988 publizierten Bll. der unfertigen → 'Budapester Liederhs.' (Nachtragsbd., s. vorerst: Burggraf von Riedenburg; gegen 1300, bair.) führen nun auf eine ältere Stufe *BuBC, die diese Idee bereits verwirklicht haben und im bair.-österr. Südosten beheimatet gewesen sein könnte. Zu fragen bleibt, ob *BC ein vorgefundenes Konzept nur benutzt oder weiterentwickelt hat, wie dies in *C/C und vermutlich auch *B/B im Verhältnis zu *BC geschehen ist. In jedem Fall sind über die früher erwogenen Inspirationsquellen hinaus Urkundensammlungen mit Serien von Ausstellerbildern verstärkt in die Überlegungen einzubeziehen (SPAHR, 1968; VETTER, 1981; CURSCHMANN, im Druck).

Ausgaben. F. PFEIFFER u. F. FELLNER, Die W. L. (StLV 5 a), 1843, Nachdr. 1966 [Transkription u. Nachbildung d. Miniaturen]; K. LÖFFLER, Die W. L. in Nachbildung, 1927; Die W. L., 1969, [I: Vollfaksimile], [II:] Textbd., darin S. 173 ff. Textabdr. v. O. EHRISMANN [Corrigenda: JONES u. a., S. 925–928]. – Sämtliche Miniaturen (farbig): SPAHR, 1968; I. F. WALTHER, Gotische Buchmalerei. Minnesänger, 1978; IRTENKAUF, 1983.

Literatur. Vgl. MF Neuausg. II, 1977, S. 40–42, 47 (Lit.); i. F. wird dort genannte Lit. nur ausnahmsweise angeführt: [L. MEISTER], Beytrage z. Gesch. d. teutschen Sprache u. National-Litteratur, 1. Theil, London 1777, Heidelberg ²1780, S. 94, 102 f. (Walther-Strr. B 25, B 27); [F. WECKHERLIN], Der Weingartner Codex d. alten Minnesinger, Idunna u. Hermode 1816, Lit. Beylagen Nr. 3 u. 4; HMS IV 898 f.; PFEIFFER (s. Ausg.n); H. PAUL, Krit. Beitr. zu d. Minnesingern, PBB 2 (1876) 406–560, bes. S. 487–490; W. WISSER, Das Verhältnis d. Minneliederhss. B u. C zu ihrer gemeinschaftl. Quelle (Progr. Eutin Nr. 628), 1889; H. SCHNEIDER, Eine mhd. Liedersammlung als Kunstwerk, PBB 47 (1923) 225–260; W. WILMANNS, Walther v. d. Vogelweide, hg. u. erklärt, 4., vollständig umgearb. Aufl. bes. v. V. MICHELS, Bd. 2, 1924, S. 17 f., 20–27; LÖFFLER (s. Ausg.n); M. WEHRLI, Johann Jakob Bodmer u. d. Gesch. d. Lit. (Wege z. Dicht. 27), 1936, S. 146–148; H. THOMAS, Unters. z. Überl. d. Spruchdichtung Frauenlobs (Palaestra 217), 1939, S. 148–160, 230; E. JAMMERS, Das Kgl. Ldb. d. dt. Minnesangs, 1965, bes. S. 133–141; G. SCHWEIKLE, Reinmar d. Alte. Grenzen u. Möglichkeiten einer Minnesangphilologie, Habil.schr. [masch.] Tübingen 1965; G. SPAHR, W. L. Ihre Gesch. u. ihre Miniaturen, 1968, bes. S. 72; Die W. L., 1969, [II:] Textbd., S. 7–172: Beitr. v. W. IRTENKAUF, K. H. HALBACH, R. KROOS; M. S. BUHL / L. KURRAS, Die Hss. d. ehem. Hofbibl. Stuttgart, Bd. 4,2, 1969, S. 79; I. GLIER, Artes amandi (MTU 34), 1971, Reg.; H. FRÜHMORGEN-VOSS, Die W. L., in: H. F.-V., Text u. Illustration im MA (MTU 50), 1975, S. 100–105 (zuerst 1972); E. HILLENBRAND, Die Chronik d. Konstanzer Patrizierfamilie Schulthaiß, in: Landesgesch. u. Geistesgesch. Fs. O. Herding (Veröff. d. Komm. f. gesch. Landeskunde in Baden-Württemberg B, 92), 1977, S. 341–360; H. BECKER, Die Neidharte (GAG 255), 1978, S. 24–40, 460 f.; G. F. JONES u. a., Verskonkordanz z. Weingartner-Stuttgarter Lhs. (GAG 230/231), 3 Bde, 1978; H. KUHN, Die Voraussetzungen f. d. Entstehung d. Manesseschen Hs., in: H. K., Liebe u. Ges., 1980, S. 80–105; Codex Manesse, hg. v. W. KOSCHORRECK† u. W. WERNER, 1981, S. 59–62, 68–70 (E. M. VETTER), S. 154 (M. WEHRLI); O. SAYCE, The Medieval German Lyric, Oxford 1982, S. 52–54, 56–58, 63 f.; W. IRTENKAUF, Staufischer Minnesang. Die Konstanz-Weingartner Lhs., 1983; G. SCHWEIKLE, Reinmar, Lieder. Nach d. W. L., 1986, S. 51–58; K. SCHNEIDER, Gotische Schriften in dt. Sprache I, 1987, S. 184–188 [zu A], 274 Anm. 286; dies., Codicologischer u. paläographischer Aspekt d. Ms 302 Vad., in: Rudolf v. Ems, 'Weltchronik' [...], Kommentar, Luzern 1987, S. 19–42, hier bes. S. 33, 35, 36; Codex Manesse, hg. v. E. MITTLER u. W. WERNER, 1988, bes. S. 127–139 (H. DRÖS), S. 234–236 (L. VOETZ), S. 278–283 (E. M. VETTER), S. 314 f., 341–343 (L. E. SAURMA-JELTSCH); W. IRTENKAUF, Einige Beobachtungen z. 'W. L.', in: Litterae medii aevi. Fs. J. Autenrieth, 1988, S. 203–208; G. KORNRUMPF, Die Anfänge d. Manessischen Lhs., in: Hss. 1100–1400, hg. v. V. HONEMANN u. N. F. PALMER, 1988, S. 279–296; F. SCHANZE, Zur Lhs. X, ebd. S. 316–329; B. WACHINGER, Autorschaft u. Überl., in: Autorentypen, hg. v. B. W. u. W. HAUG (Fortuna vitrea 6), 1991, S. 1–27; M. CURSCHMANN, Pictura laicorum litteratura?, in: Pragmatische Schriftlichkeit im MA, hg. v. H. KELLER u. a. (MMS 65), 1992, S. 211–229, bes. S. 221–226; F. HEINZER (Hg.), Der Landgrafenpsalter, [II:] Kommentarbd. (Codices selecti

93*), 1992, S. 1, 9–11; G. Kornrumpf, W. L., in: Literaturlexikon, hg. v. W. Killy, Bd. 12, 1992, S. 205 f.; H. Salowsky, Codex Manesse. Beobachtungen z. zeitlichen Abfolge d. Niederschrift d. Grundstocks, ZfdA 122 (1993) 251–270; RSM 1, 1994, S. 257 f.; M. Bärmann, Herr Göli (QuF 238 [4]), 1995; F.-J. Holznagel, Wege in d. Schriftlichkeit (Bibl. Germ. 32), 1995, bes. S. 66–88, 121–139, 208–250, 332–343; Ch. Sauer, Die gotischen Hss. […], Teil 1: Vom späten 12. bis z. frühen 14. Jh. (Kat. d. illuminierten Hss. d. Württ. LB Stuttgart 3,1), 1996, S. 59–62, vgl. auch S. 26 f., 34, 40 f.; dies., Konstanzer Buchmalerei in Weingarten?, in: Buchmalerei im Bodenseeraum. 13. bis 16. Jh., hg. v. E. Moser, 1997, S. 97–108, 253–258; M. Curschmann, Wort-Schrift-Bild, in: MA u. frühe Neuzeit, hg. v. W. Haug, im Druck; A. Hausmann, Reinmar d. Alte als Autor (Bibl. Germ.), im Druck; G. Kornrumpf, 'Reinmar' in d. Lhss., in Vorber.

(1998) Gisela Kornrumpf

Weißenburg → Otfrid von Weißenburg

Priester Wernher

Verfasser des 1172 wahrscheinlich in Augsburg entstandenen ersten größeren Marienlebens in dt. Sprache. Der Werktitel 'Driu liet von der maget' geht auf die deutlich markierte Gliederung in drei liet 'Bücher' (v. A 4870 f.) zurück.

1. Autor. W. wird zweimal genannt; zuerst im Prolog zum 2. Buch, v. 1296 f.: *der priester (pfaffe D 1242) heizet Wernher / der des liedes began*, und noch einmal im Epilog, hier mit Angabe der Abfassungszeit und der Nennung seines Gönners: *Dô von gotes geburte / tûsent jâr wurten / hundert sibenzec unde zwei, / dô wart ein priester des enein, / Wernher geheizen* (v. 5799–5803); *im was ein ... priester holt, / geheizen was er Manegolt: / der wîste die materje* (v. 5811–13). Manegold war theologischer Berater und beherbergte den Autor, bis das Werk vollendet war (v. 5814–21). Auf Grund der vermuteten Herkunft des autornächsten Textzeugen (F) aus Augsburg wurde W. mit einem urkundlich 1180 im Domkapitel nachweisbaren *Wernherus presbyter* und sein Gönner mit Manegold, dem langjährigen Prior und späteren Abt (1182–84) von St. Ulrich und Afra identifiziert (Greiff, 1862, S. 314 f.; zum Zeugniswert weiterer, von Pretzel, 1938, S. 74–77, beigebrachter Urkunden vgl. Bumke, 1979, S. 364 Anm. 372). Dichter und Gönner dürften jedoch kaum unter den Angehörigen des Benediktinerklosters, sondern unter den Augsburger Weltklerikern zu suchen sein (Hörberg, 1983, S. 245–247).

Für eine Lokalisierung in St. Ulrich und Afra ist auch vorgebracht worden, daß die 'Driu liet' mit dem dort bereits 1171, d. h. früher als sonst eingeführten Fest Mariä Verkündigung in Beziehung stehen (Pretzel, 1938, S. 77; 1953, Sp. 902; Fromm, 1955, S. 43 f., 152) oder daß W. sich mit dem Werk gegen die dort zwischen 1184 und 1187 erfolgte Einführung des Festes Mariä Empfängnis (8. Dez.) wenden wollte (Masser, 1976, S. 91 f., 94). Die Einführung der neuen Marienfeste ist jedoch nur Teil von umfassenderen liturgischen Neuerungen gewesen (Hörberg, S. 247).

W.s Wortschatz enthält mehrere ausschließlich oder vorwiegend bair. Wörter wie *diuwe, dult, heilfuoric, hîwisch, meizen* u. a. sowie die Diminutiva *kindel* und *buochel*, die in den westl. Teil des bair. Sprachgebiets weisen, 'ohne daß aber auch östliches Schwaben völlig ausgeschlossen wäre' (Wesle, gr. Ausg., S. LXXVIII f.).

Die Abfassungszeit wird – wie selten in einem dt. Werk des 12. und 13. Jh.s – ungewöhnlich genau angegeben, und zwar zweimal: außer in der fast urkundenähnlichen Angabe des Jahres 1172 (v. 5799–5801, s. o.) noch in einem zweiten, nur in AD erhaltenen Epilog durch drei relative Bestimmungen (v. A 4851–71, D 5111–26): 13 Jahre nach Beginn des mit der Wahl Alexanders III. (1159–81) erfolgten Schismas und bereits dreier Gegenpäpste, d. h. 1172, ferner: als Kaiser Friedrich I. regierte und Polen in einem Feldzug besiegte (A 4862–65, D 5122–24), d. h. im Sommer 1172, und schließlich: als Friedrich 22 Jahre (richtig 20 Jahre) Kaiser gewesen war (A 4866 f.).

W. empfiehlt in einem längeren Abschnitt zwischen dem zweiten und dritten *liet* (v. 2933–3058, gekürzt in A und D, vgl. auch A 4889–97) sein Werk ausdrücklich einem laikalen Frauenpublikum wie eine heilkräftige Reliquie zur Aufbewahrung, Lektüre und Verbreitung: Wenn eine Frau mit den *driu liet* in der Hand niederkommt, werden die Wehen nicht lange dauern; wo *disiu buochel* (*liet* A) *alliu driu* (v. 3028) aufbewahrt werden, wird Maria die Neugeborenen schützen vor Mißbildungen und ihnen bis zu ihrem Tod beistehen; wenn eine Frau auch nur eins der *driu liet* besitzt, wird Maria sie im Kindbett vor dem Tod bewahren; wenn in einem Hause *diu schrift* liegt, wird der Engel den auf das Buch vertrauenden Bewohnern Freude bereiten (v. 3045–48, fehlt A und D); von Maria und Gott selber ist *allen frumen wîben* aufgetragen, das Werk abzuschreiben und zu verbreiten (v. 3049–58, A 2557–66, fehlt D).

2. Überlieferung. 2 vollst. Hss. u. 6 Frgm.e bezeugen eine Verbreitung vom Anf. d. 13. Jh.s bis zur Mitte d. 14. Jh.s. Die vollst. Hss. A u. D enthalten voneinander unabhängige Bearbeitungen des ursprünglichen Textes; die Frgm.e repräsentieren z. T. verschiedene Fassungen, die dem nur teilweise sicher erschließbaren Autortext unterschiedlich nahe stehen.

a. Frgm.e bzw. als Frgm.e erhaltene Fassungen des Autortextes:

B = München, cgm 5249/2 a, 3 Bll., Bl. 1 und 2 neu: v. 1001–15, 1061–70, 1121–40, 1165–1211, 1224–50, Bl. 3 bisher bekannt: v. 1370–1491, nordostbair., Anf. 14. Jh. (vgl. K. SCHNEIDER, Die Frgm.e mal. dt. Versdichtung d. Bayer. SB München, 1996, S. 15).

C, Disciscus, ca. 2600 Verse (Übersicht bei WESLE, kl. Ausg., S. IX–XII), um die Mitte d. 14. Jh.s, md.-thüring.; vermutlich überlieferte C den Text ohne den Einleitungsteil v. 1–224 (WESLE, gr. Ausg., S. XVII f.): C¹ = Karlsruhe, LB, cod. St. Peter perg. 71 (ehem. Spiegel); C² = Berlin, mgq 1303, Nr. 11, z. Z. Krakau, Bibl. Jagiell.; C³ = München, cgm 5249/2 b; C⁴ = Breslau, UB, Akc 1955 K IV 286.

E, 2 Bll., ostschwäb., Anf. 13. Jh.: E¹ = Nürnberg, Germ. Nationalmus., Hs 18065, v. 3547–3646; E² = Innsbruck, Ferdinandeum, cod. FB 1519/IX, v. 3336–A 2848/D 3236.

F = Augsburg, SB u. StB, Fragm. germ. 9, v. 132–274, 411–694, 856–1017, schwäb., Anf. 3. Viertel d. 13. Jh.s (vgl. K. SCHNEIDER, Gotische Schriften in dt. Sprache I, 1987, S. 186–188 u. passim); ausgelöst aus 2° Cod 354, einer theol. Sammelhs., die nicht aus St. Ulrich u. Afra (s. o. unter 1.) stammt (vgl. GIER/JANOTA, 1991, S. 54). F ist der beste Zeuge für den autornahen Text.

G = München, cgm 5249/2 c, v. 1–27, 42–62, 63–87, 104–123, obd. (bair. Merkmale), Ende 13./Anf. 14. Jh.

W = Wien, Privatbes., v. A 3241/D 3722–C 4142/A 3403/(D vor 3903), obd., 2. Viertel d. 13. Jh.s (vgl. PICHLER/REICHERT, 1996).

b. Bearbeitungen:

A = Wien, cod. 2742*, 9ʳ–74ᵛ, 3. Viertel d. 13. Jh.s, bair.-österr. (Wien?) (vgl. SCHNEIDER, 1987, S. 176). 74ᵛ–101ᵛ schließt sich unmittelbar die 'Kindheit Jesu' → Konrads v. Fußesbrunnen an vom gleichen Schreiber, der auch der Bearbeiter war (FROMM/GRUBMÜLLER, 1973, S. 30 f.; zweifelnd HENKEL, 1996, S. 16) und die beiden Werke so zusammenfügte, daß eine sinnvolle Verbindung beider Erzählkomplexe zu einem einheitlich gestalteten 'Marienbuch' (HENKEL, S. 8) entstand, indem das erste Drittel der 'Kindheit Jesu' mit dem ähnlichen Inhalt wie W.s 'Driu liet' weggelassen wurde.

D = Berlin, mgo 109, z. Z. Krakau, Bibl. Jagiell., mit 86 Illustr., bair., 1. Viertel d. 13. Jh.s, am Schluß fehlen wenige Verse wegen Blattverlust (vgl. SCHNEIDER, 1987, S. 81–84 u. passim); entstanden in Regensburg oder Umgebung (Kloster Scheyern?) um 1220 (vgl. KLEMM, 1987, S. 57 f.); zu den Spruchbändern des Bildzyklus vgl. HENKEL, 1989, S. 9 f.; D ist 'eine der fehlerfreisten aller mhd. Hss.' (PRETZEL, 1938, S. 68).

Die Hss.verhältnisse sind angesichts der Überlieferungslage kaum verläßlich zu ermitteln. Die Bearbeitungen A und D gehen wohl auf voneinander unabhängige Zwischenstufen von W.s Text zurück und dürften daher diesen in der Regel immer dann bieten, wenn sie zusammenstimmen. In den Frgm.en erscheinen der Versbestand kaum und die Reime selten verändert; der besondere textkritische Wert der Frgm.e für die Eruierung von W.s Text ist daher – trotz ihrer unterschiedlichen Zuverlässigkeit in der Bewahrung des Wortlautes – kaum zu bestreiten (vgl. GÄRTNER, 1974, S. 116 f.).

Ausgaben. HOFFMANN, Fundgr. 2, S. 145–212 (D, mit Abdruck der Spruchbändertexte in den Illustrationen) u. S. 213 f. (B); J. FEIFALIK, Des Priester W. *driu liet von der maget* nach einer Wiener Hs. mit Laa. der übrigen, 1860 (A mit Laa. von B, C¹, C² und D); H. DEGERING, Des Priesters W. drei Lieder von der Magd. Nach der Fassung der Hs. der Preuß. SB metrisch übers. u. mit ihren Bildern, [1925] (Übers. von D mit Farbabb. der 86 kolorierten Federzeichnungen); C. WESLE, Priester W.s Maria. Bruchstücke u. Umarbeitungen, 1927 (= große Ausg.; synopt. Druck des aus den Frgm.en hergestellten krit. Textes und der beiden Bearbeitungen A und D); ders., Priester W.s Maria. Bruchstücke u. Umarbeitungen (ATB 26), 1927 (= kleine Ausg., unveränderter Textteil, nur knappe Einl., ohne Glossar u. Reimregister), 2. Aufl., hg. v. H.

FROMM, 1969 (Lit.) (zit.); Abdruck von B (nur Bl. 3), E, F, G bei GÄRTNER, 1974, S. 120–135; Abdruck von W bei PICHLER/REICHERT, 1996, S. 205–210.

Eine Erneuerung der Ausgabe WESLES mit einem vollständigen diplomatischen Abdruck aller Frgm.e synoptisch zu seinem krit. Text, der für die neu aufgefundenen Frgm.e zu ergänzen wäre, ist ein dringendes Desiderat (vgl. PRETZEL, 1938, S. 68; 1953, Sp. 910) und Voraussetzung für die weitere Forschung zu dem Werk, 'das in seiner vollen Bedeutung noch längst nicht genügend gewürdigt ist' (MASSER, 1976, S. 96).

3. Umfang, Inhalt und Aufbau. Der Umfang des nur unvollständig erhaltenen Textes von W. läßt sich auf der Grundlage des Disciscus C auf rund 5900 Verse schätzen (WESLE, gr. Ausg., S. IX), von denen durch die Frgm.e BCEFGW aber nur wenig mehr als die Hälfte (3060 Verse) bezeugt sind; von den Bearbeitungen hat A rund 1000 Verse ausgelassen, es umfaßt 4912 Verse; D kürzt noch stärker, hat aber auch umfangreiche Zusätze, es bietet wenig mehr als 5137 Verse.

Das Werk ist deutlich gegliedert in drei durch Prologe eingeleitete *liet*, 'Bücher', die drei hohen kirchlichen Festen zugeordnet sind: das erste Mariä Geburt (8. Sept.), das zweite Mariä Verkündigung (25. März), das dritte der Geburt Jesu aus Maria (Weihnachten und den unmittelbar anschließenden Festen der Weihnachtszeit bis Lichtmeß). Nach dem Prolog und dem Eingangsgebet an Maria wird im ersten *liet* (v. 77–1284) zunächst über die Quelle berichtet, dann beginnt v. 225 die eigentliche Erzählung mit der Geschichte von den Eltern Marias, Joachim und Anna, ihrer Kinderlosigkeit und Ausweisung aus dem Tempel, der Scham und Flucht Joachims in die Einöde und der Trauer der Anna zuhause. Den Mittelpunkt des ersten Liedes bildet die in mehreren Szenen gestaltete Verkündigung der Geburt Marias an Anna und Joachim durch einen Engel, der Joachim auffordert, zu Anna zurückzukehren, und Anna, ihrem Mann entgegenzugehen. Ausführlich wird das Wiedersehen der beiden an der Porta aurea geschildert.

Nach der Erzählung von der Darbringung der dreijährigen Maria im Tempel und dem Dankgebet Annas erklärt W., warum die vor Christi Geburt lebenden Frommen wie Anna und Joachim und die vorbildlichen Gestalten des Alten Testaments nicht mit einem liturgischen Festtag geehrt werden (v. 1189–1284). Die in dieser Erklärung ausgedrückte Stellungnahme gegen den Annakult (MASSER, 1976, S. 94) spricht für eine kritische Haltung in der Frage der Unbefleckten Empfängnis Marias, ein entsprechendes Fest erwähnt W. nicht (vgl. HOFFMANN, 1994, S. 717; LENGER, 1980, S. 174 f., 178).

Das zweite *liet* (v. 1285–2932 bzw. 3106 [s. o.]) erzählt von Marias Leben im Tempel, das wie in einem Kloster durch eine Regel bestimmt ist, von ihrer Weigerung, einen Mann zu nehmen, weil sie sich Gott versprochen hat, und von dem Gottesurteil (Gertenmirakel), durch das sie dem greisen Joseph zugesprochen wird, der sie in sein Haus aufnimmt zusammen mit fünf Tempeljungfrauen, die ihr dienen und sie behüten sollen. Weiter wird berichtet, wie ihr der Engel Gabriel während einer längeren Abwesenheit Josephs erscheint und ihr die Geburt Jesu verkündet. Die Verkündigung ist die zentrale Szene des Werkes; ihr folgt noch der Besuch Marias bei Elisabeth (Heimsuchung).

Nach dem epilog- bzw. prologähnlichen Abschnitt v. 2933–3106 setzt das dritte *liet* (v. 3107–5378) ein mit dem Bericht über die Rückkehr Josephs und der Schilderung seiner Bestürzung über Marias Schwangerschaft und der Aufklärung darüber durch einen Engel. Ausführlich wird die öffentliche Rechtfertigung Marias und Josephs vor dem Vorwurf des Ehebruchs durch die Wasserprobe (Nm 5,14 ff.) dargestellt, durch die beide ihre Unschuld beweisen. Dann wird vom Zinsgebot des Augustus erzählt, der Reise nach Bethlehem, der Geburt Christi und den sieben Wunderzeichen in der Geburtsnacht. Die Darstellung der aus den Evangelien bekannten Ereignisse von der Beschneidung Jesu bis zum Tod des Herodes und der Rückkehr aus Ägypten schließt den Weihnachten gewidmeten Teil des Werkes.

In einem umfangreichen Schlußteil (v. 5389–A 4912/D 5137), der in C wohl nur fragmentarisch, aber in A vollständig und in D stark gekürzt erhalten ist, wird zunächst ein Ausblick auf das weitere Leben und Wirken Jesu gegeben, auf seine Passion, Höllenfahrt, Auferstehung und Himmelfahrt und schließlich auf das Jüngste Gericht, angesichts dessen der Autor sein Publikum zur Anrufung Marias um Erbarmen und Fürbitte mahnt; es folgen (v. 5799 ff.) noch die unter 1. erwähnten Angaben über Datierung, Autor und Gönner mit der Bitte an die Hörer um Fürbitte bei Maria für beide, über die aktuellen Zeitumstände (eine zweite, relative Datierung) und ein erneuter Hinweis auf die Heilkraft der drei Bücher mit einem kurzen Schlußgebet. Der umfangreiche Schlußteil ist ganz (MASSER, 1976, S. 92) oder teilweise (PRETZEL, 1938, S. 72 Anm. 1; FROMM, 1955, S. 107 Anm. 1) für unecht gehalten und W. abgesprochen worden; für eine solche Annahme bietet die Überlieferung jedoch keine Grundlage.

4. Quellen. Hauptquelle W.s war das apokryphe Pseudo-Matthäus-Evangelium (= Ps.-Mt), dessen Stoff er frei umgestaltete und aus den einschlägigen Lektionen der Evangelien und den liturgischen Teilen der Marien- und Herrenfeste als seinen wichtigsten Nebenquellen ergänzte und in einen heilsgeschichtlichen Zusammenhang brachte. Das im Ps.-Mt meist knapp erzählte Geschehen hat W. in lebendige und anschauliche Situationsschilderungen umgesetzt; auch die seine Personen bewegenden Gefühle wie die Trauer Annas wegen ihrer Kinderlosigkeit oder die Bestürzung Josephs über Marias Schwangerschaft weiß er zu motivieren und darzustellen.

Die Quellenfrage galt für die Hauptquelle seit STEINHÄUSER (1890) lange Zeit als gelöst, die Erforschung der Nebenquellen dagegen nicht (vgl. bes. FROMM, 1955; zuletzt LENGER, 1980, S. 14–19 u. ö.). Doch ist auch die Frage nach dem Aussehen der Hauptquelle nicht abschließend geklärt, wie die neuere Apokryphenforschung gezeigt hat. Bisher wurde angenommen, daß der von TISCHENDORF nach sechs Hss. edierte Text einschließlich der sog. Pars altera (Kap. XXV–XXXXII), einer Appendix mit zahlreichen auf das apokryphe Thomas-Evangelium zurückgehenden Kindheitswundern, W.s Hauptquelle repräsentiere. Nach J. GIJSELS (1981) grundlegenden Untersuchungen zur Textgeschichte des Ps.-Mt ist diese Annahme aber unhaltbar geworden. GIJSEL hat gezeigt, daß die älteste erhaltene Textform des Ps.-Mt, die Textform A, um 800 zuerst bezeugt ist und am Anfang den Briefwechsel der Bischöfe Chromatius und Heliodorus mit Hieronymus enthält, aber noch nicht die Pars altera. Die Textform A wurde durch das ganze MA überliefert, ihr gehört die Hälfte der über 120 von GIJSEL untersuchten Hss. an. Um 800 entstand auch die Textform P, die den vorgeschalteten Briefwechsel nicht hat. Charakteristisch für die weitere Textgeschichte und die im 11. bzw. 12. Jh. entstandenen späteren Textformen ist erstens die stilistische Überarbeitung durch Anpassung an die Vulgata und das Einfügen von Epitheta wie *beata*, *beatissima* für Maria usw. seit dem 12. Jh. im Zuge der zunehmenden Marienverehrung und zweitens die Anreicherung aus weiteren Quellen, besonders aus den Evangelien und der Liturgie, durch die der Akzent von Maria auf Jesus verlagert wird und die Erzählung aufgrund der Reflexion über Marias Rolle im Heilsplan eine chronologische Ausdehnung erfährt. Die Pars altera wird erst Ende des 11. Jh.s zuerst in frz. und engl. Hss. hinzugefügt; die Textformen A und P bzw. eine süddt. Hss.gruppe mit einer Kontamination aus dem vorgeschalteten Briefwechsel nach A und dem Text nach P kommt nach GIJSEL (1978, S. 254) W.s Vorlage am nächsten. Diese hat den Anhang mit den Kindheitswundern also nie gehabt. In der Forschung mehrfach geäußerte Auffassungen wie die, daß W. 'konsequent theologisch nutzlose apokryphe Fabeleien' wie die Kindheitswunder als 'Spreu' vom 'Weizen' geschieden (v. 5804 f.) und bewußt gestrichen habe (so zuletzt LENGER, 1980, S. 32 f.), sind daher unbegründet. Der Text TISCHENDORFS ist aus textgeschichtlich heterogenen Hss. zusammengesetzt und für einen genauen Quellenvergleich mit W.s Werk ungeeignet.

Aufschlußreich für künftige quellenkritische Untersuchungen und für die Entstehungsgeschichte der 'Driu liet' selbst dürften auch die Überlieferungsgemeinschaften sein, in denen der Ps.-Mt anzutreffen ist und auf die bisher nicht geachtet wurde. Die ältesten Textzeugen für die in Süddeutschland verbreitete Textform A finden sich oft in Legendaren, in denen der Ps.-Mt vor allem für das Fest Mariä Geburt vorgesehen ist; die jüngeren Textformen finden sich dagegen meist in Sammelhss. als Teil einer Apokryphensammlung (GIJSEL, 1981, S. 17). Als W.s Quelle ist ein Legendar mit der Textform A (bzw. P) des

Ps.-Mt zu vermuten, das in einen liturgischen Gebrauchszusammenhang eingebettet war. Die Umrahmung der erzählenden Teile von W.s 'Driu liet' durch stilistisch andersartige, den Antiphonen, Responsorien, Hymnen und Gebeten oder auch Predigten verwandte Teile findet in dem liturgischen Ensemble ihr Vorbild und ihre Erklärung (vgl. SCHWIETERING, 1941, S. 82). Insbesondere die Responsorien zu den Lektionen mit marianischen Legendentexten bildeten vermutlich eine wichtige Nebenquelle für W.

Mit der Herauslösung des Ps.-Mt aus der Liturgie und der Dichtung eines eigenen volkssprachlichen Werkes steht W. in der Entwicklung, die in der Textgeschichte des lat. Textes im 12. Jh. unter dem Einfluß der zunehmenden Marienverehrung zu beobachten ist (s. o.) und die zur Fassung D mit ihrer Beseitigung der Hinweise auf die liturgische Verankerung, etwa zur gleichen Zeit aber auch zur Abfassung der → 'Vita beatae virginis Mariae et salvatoris rhythmica' führte, der Quelle für die meisten späteren volkssprachigen Marienleben in Versen. Die Textform des Ps.-Mt, die in der Generation nach W. → Konrad von Fußesbrunnen seiner 'Kindheit Jesu' zugrunde legt, umfaßt neben umfangreichen Einschüben wie der Räuberepisode auch die Pars altera, durch deren Anfügung der rein marianische Charakter des Ps.-Mt der Legendare verloren geht.

5. Sprache, Stil, literaturhistorische Stellung. W. steht der Tradition der Dichtung vor ihm auffallend frei gegenüber. Am stärksten ist er ihr noch verhaftet in seiner Reimtechnik, die noch durchaus frühmhd. ist (vgl. WESLE, gr. Ausg., S. LX–LXIV; PRETZEL, 1953, Sp. 905–907); die metrische Form und der sprachliche Ausdruck dagegen sind gewandt und sicher und machen ihn zu einem Vorläufer der klassischen mhd. Epiker (vgl. WESLE, gr. Ausg., S. LXIV–LXXV; PRETZEL, 1953, Sp. 904f.; FROMM, 1955, S. 102–104, 111–114 u. passim, ferner Einl. zum Nachdr. von WESLES kl. Ausg., S. XV–XVII). Einen vergleichbaren Reichtum an sprachlichen und stilistischen Ausdrucksmitteln gibt es in der Dichtung vor W. nicht: Zahlreich und keineswegs formelhaft sind W.s Umschreibungen für Maria, häufig verwendet er Epitheta und schmückende Relativsätze, um den Gefühlswert von Substantiven zu erhöhen; anders als die frühmhd. Dichtungen vermeidet er Wiederholungen und strebt nach variierenden Ausdrücken; die für die ältere Dichtung charakteristische asyndetische Parataxe setzt er kunstvoll ein, das abwechslungsreiche Nebeneinander von Parataxe und Hypotaxe beherrscht er sicher (vgl. die Zusammenfassung bei SCHWINKOWSKI, 1932, S. 84–86; FROMM, 1955, Reg.).

6. Wirkung. Von der für ein Werk seiner Zeit beachtlichen Wirkung zeugt die Überlieferung. Von den beiden Bearbeitungen ist D eine stilistisch und inhaltlich vor allem im zweiten und dritten Teil eigenständige Dichtung, deren geistes- und stilgeschichtliche Eigenständigkeit gegenüber W. SCHWIETERING und FROMM herausgearbeitet haben.

In D ist der liturgische Hintergrund präsent geblieben, wie aus einem bisher kaum beachteten Detail hervorgeht (Mitteilung von M. Schubert, Köln): Bl. 71^v ist der Text von v. 4095 *Gloria in excelsis deo* von der Hand des Schreibers neumiert. Die in den Neumen ausgedrückte Melodie entspricht einer in Deutschland seit dem 11. Jh. weit verbreiteten Gloria-Version (D. BOSSE, Unters. einstimmiger mal. Melodien zum 'Gloria in excelsis Deo', 1955, S. 92, Melodie Nr. 24 mit 82 dt. Belegen; B. STÄBLEIN, Gloria in excelsis Deo, in: MGG 5, Sp. 302–320, hier Sp. 319). Eine Besonderheit ist die sechste Neume, ein Climacus, dessen Abweichung von der sonst üblichen Form möglicherweise einen Schlüssel zur Lokalisierung von D bilden könnte.

Die Bilder von D bieten den mit Abstand frühesten Illustrationszyklus des Marienlebens in der dt. Kunst; die Miniaturen geben nicht nur den Text getreu wieder, sondern deuten und vertiefen ihn zugleich; in der Bildkomposition sind Spruchbänder integriert, die meistens gereimte Zweizeiler aus dem Munde der dargestellten Personen enthalten. Dieser Miniaturentyp war vermutlich Vorbild für den wenig später entstandenen Bildzyklus in der Berliner Hs. B (mgf 282) der 'Eneit' → Heinrichs von Veldeke, die wohl im gleichen Atelier angefertigt wurde, vermutlich in Scheyern, dem Hauskloster der Wittelsbacher (vgl. HENKEL, 1989, S. 20–24). Wie die Bearbeitung D entstanden auch die durch die Frgm.e bezeugten Fassungen früh, d. h. gleichzeitig mit dem neuen höfischen Roman, sie zeugen von einer aktiven und produktiven Auseinandersetzung mit W.s Werk und von seiner anhaltenden Attraktivität (vgl. HENKEL, 1996, S. 3–5).

Die Bearbeitung A bildet zusammen mit der 'Kindheit Jesu' eine Einheit und steht in der erwähnten Entwicklung zu den umfangreichen Marienleben des 13. Jh.s. Sie bleibt als ein 'Marienbuch' innerhalb des Überlieferungsprofils der 'Driu liet', die als kleinformatiges Einzelbuch verbreitet wurde und wohl auch nur so für den 'amuletthaften Gebrauch' (HENKEL, 1996, S. 5 Anm. 18) durch schwangere Frauen geeignet war (s. o. 1.).

Gewirkt haben W.s 'Driu liet' wohl auf den → 'Oberdeutschen Servatius' und vermutlich auf → Alber, den Dichter des 'Tundalus' (vgl. WESLE, gr. Ausg., S. LXXIX f.); ein in der früheren Forschung angenommener Einfluß auf die 'Kindheit Jesu' ist auszuschließen (MASSER, 1969, S. 89–98). Die Rezeption der 'Driu liet' bleibt im wesentlichen beschränkt auf das 13. Jh. Gegenüber den neuen und vollständigeren, die Himmelfahrt mit einschließenden Marienleben, die auf der 'Vita beatae virginis Mariae' beruhen, hatte das Werk W.s keine Chance mehr.

Literatur. Die ältere Lit. ist vollständig verzeichnet in H. FROMMS Einleitung zum Nachdr. der kl. Ausg. WESLES, 1969. B. GREIFF, Zu Wernher's Marienleben. Augsburger Bruchstücke, Germ. 7 (1862) 305–330; C. DE TISCHENDORF, Evangelia apocrypha, ²1876, Nachdr. 1966; P. STEINHÄUSER, W.s Marienleben in seinem Verhältnisse zum 'Liber de infantia sanctae Mariae et Christi salvatoris' nebst einem metrischen Anhange, Diss. Rostock, 1890; C. WESLE, Überl. u. Textkritik von W.s Maria, ZfdA 62 (1925) 151–179; A. SCHWINKOWSKI, Priester W.s Maria. Eine Stilunters., 1932; U. PRETZEL, Stud. zum Marienleben des Priesters W., ZfdA 75 (1938) 65–82; SCHWIETERING, LG, S. 82–85; U. PRETZEL, W., Pfaffe, in: ¹VL IV, 1953, Sp. 901–910; H. FROMM, Unters. zum Marienleben des Priesters W., Turku 1955; A. MASSER, Bibel, Apokryphen u. Legenden, 1969, S. 87–98 u. passim; K. GÄRTNER, Neues zur Priester W.-Kritik mit einem Abdruck der kleineren Bruchstücke von Priester W.s Maria, in: Stud. zur frühmhd. Lit. Cambridger Colloquium 1971, hg. v. L. P. JOHNSON u. a., 1974, S. 103–135; H. FROMM / K. GRUBMÜLLER (Hgg.), Konrad v. Fußesbrunnen: Die Kindheit Jesu. Krit. Ausg., 1973, S. 9 f., 30 f.; A. MASSER, Bibel- u. Legendenepik des dt. MAs, 1976, S. 91–95; J. GIJSEL, Die Quelle von Priester W.s *Driu liet von der maget*, Herrigs Arch. 215 (1978) 250–255; W. MESSERER, Illustrationen zu W.s 'Drei Liedern von der Magd', in: Dt. Lit. im MA. Kontakte u. Perspektiven. Hugo Kuhn zum Gedenken, hg. v. CH. CORMEAU, 1979, S. 447–472; J. BUMKE, Mäzene im MA, 1979, S. 24, 134 f., 231 f., 364 f.; G. LENGER, Virgo–Mater–Mediatrix. Unters. zu Priester W.s 'Driu liet von der maget' (Europ. Hochschulschr.n 1, 351), 1980; J. GIJSEL, Die unmittelbare Textüberl. des sog. Pseudo-Matthäus (Verhandelingen van de Koninkl. Academie voor Wetenschappen, Letteren en Schone Kunsten van België, Klasse der Letteren Jg. 43, Nr. 96), Brüssel 1981; N. HÖRBERG, Libri Sanctae Afrae. St. Ulrich u. Afra zu Augsburg im 11. u. 12. Jh. nach Zeugnissen der Klosterbibl. (Veröff. des Max-Planck-Inst. für Gesch. 74, Stud. zur Germania Sacra 15), 1983, S. 245–247; E. KLEMM, Die Regensburger Buchmalerei des 12. Jh.s, in: Regensburger Buchmalerei (Bayer. SB, Ausstellungskat. 39), 1987, S. 39–58; K. STACKMANN, Magd u. Königin. Dt. Mariendichtung des MAs, 1988, S. 10 f., 26–28; N. HENKEL, Bildtexte. Die Spruchbänder der Berliner Hs. von Heinrichs v. Veldeke Eneasroman, in: Poesis et Pictura. Fs. f. D. Wuttke z. 60. Geb., hg. v. S. FÜSSEL u. J. KNAPE, 1989, S. 1–47, hier S. 9–12 u. ö.; H. GIER / J. JANOTA (Hgg.), Von der Augsburger Bibelhs. zu Bertolt Brecht, [Ausstellungs-]Katalog, 1991, S. 54 f.; F. G. GENTRY, Bibliographie zur frühmhd. geistl. Dichtung (Bibliographien z. dt. Lit. des MAs 11), 1992, S. 98–105; N. HENKEL, Religiöses Erzählen um 1200 im Kontext höfischer Lit., in: Die Vermittlung geistl. Inhalte im dt. MA, hg. v. T. R. JACKSON u. a., 1996, S. 1–21; G. PICHLER / H. REICHERT, Neue Frgm.e von Priester W.s Maria, ZfdA 125 (1996) 202–210.

(1998) KURT GÄRTNER

Wernher der Gärtner

I. Person. Urkundliche Zeugnisse fehlen. Den Namen des Autors erfahren wir nur aus den Schlußversen der Versnovelle 'Helmbrecht', die das Publikum zum Gebet für den Vortragenden verpflichten, damit Gott ihm *und dem tihtære, Wernher dem Gartenære,* gnädig sei (vv. 1931–1934). Der Name ist als Bezeichnung eines realen Berufs (KEINZ, Ausg.), der Herkunft (aus Garten/Garda [GOUGH, 1925]), als Familienname (SEELBACH) oder als 'Künstlername' gedeutet worden, entweder nach der Tätigkeit des bettelnden Vagabundierens (*garten*, ein Wort, das aber erst ab dem 15. Jh. belegt ist [PFEIFFER]) oder nach dem Bild von der Dichterprofession als Hegen und Pflegen des (aus der antiken Rhetorik bekannten) Blütenschmucks der schönen Rede, der *flores rhetorici* (KNAPP). Ein fahrender Berufsdichter wie der → Stricker dürfte W. allemal gewesen sein, klagt er doch vv. 848–850: *swie vil ich var enwadele, sô bin ich an deheiner stete, dâ man mir tuo als man im* (scil. Helmbrecht) *tete.* Das schließt zu dieser Zeit einige Gelehrsamkeit nicht aus, sondern eher ein, so daß W.s reiche Kenntnisse in der geistlichen (namentlich biblischen) Morallehre, in der Naturallegorese, in der dt. weltlichen Literatur (Minnesang, historische Epik, Heldenepik) und im Landrecht nicht wundernehmen.

II. Werk. Wie anderen pseudonymen Berufsdichtern (z. B. dem → Freudenleeren) können wir auch W. nur ein einziges erhaltenes Werk zuschreiben, die Versnovelle 'Helmbrecht' ('H.').

1. Überlieferung, Lokalisierung, Datierung. Das Werk ist in zwei späten Hss. überliefert, in der Hs. A, dem →'Ambraser Heldenbuch' (Wien, cod. ser. nova 2663, 225rb–229rb), geschrieben 1504–1515 in tirolischer Mundart von Hans Ried für Kaiser → Maximilian, und in der Berliner Hs. B (mgf 470, 229va–240vb), angefertigt im 1. Viertel des 15. Jh.s für den reichen Ritter Leonhard Meurl zu Leonbach im Traungau/Oberösterreich. Die beiden Abschriften weichen nicht nur in der Länge (A: 1932 vv.; B: 1884 vv., d. h. 8 Plusverse und 56 Minusverse), sondern auch im Wortlaut mitunter beträchtlich voneinander ab, was zu mannigfachen, durchaus problematischen Versuchen einer Rekonstruktion der einen oder zweier Autorfassungen (so in der maßgebenden kritischen Ausgabe in der ATB) Anlaß gegeben hat. Nachgerade gewinnt die Überzeugung, daß man sich im wesentlichen der Leiths. A wird anvertrauen müssen (SEELBACH, Kommentar; OKKEN, Rez. d. Ausg. ZIEGELER), immer mehr an Boden. Einer der textlichen Hauptunterschiede liegt in den im Werk genannten Ortsnamen, die freilich nur in Vergleichen mit der Welt des Vortragenden und des Publikums auftauchen, folglich keineswegs das erzählte Geschehen lokalisieren sollen. Für die Ortsnamen der Hs. B (Wels, Traunberg, Leonbach) kann man den Auftraggeber des Codex verantwortlich machen, schwerlich dagegen für die der Hs. A (Hohenstein, Haldenberg, Wanghausen), welche somit alt sein dürften. Einwandfrei identifizieren ließ sich allerdings bisher nur das Dorf Wanghausen (v. 897), das auf der Innviertler Seite des Inns der Burg Burghausen, der zweiten Hauptresidenz des Herzogs von Niederbayern seit der Mitte des 13. Jh.s, gegenüberliegt. Für dessen Hof könnte das Gedicht zunächst verfaßt worden sein (SEELBACH), darüber hinaus aber für das gesamte Adelspublikum der Länder Nieder- und Oberbayern, Österreich, Steier, Passau und Salzburg. Als Eckdaten für die Abfassung der Versnovelle stehen nur der Tod des Lyrikers →Neidhart (v. 217) nach 1237 und vor 1246 (?) und das XV. Gedicht des sog. 'Seifried → Helbling' von 1291/99, das auf den 'H.' anspielt, zur Verfügung. (Anklänge im XIV. Gedicht von 1282/83 lassen sich nur vage vermuten, mit besseren Gründen solche im I. Gedicht, das aber auch erst nach 1291 entstanden ist.) Die Gründe für eine Festlegung auf die Zeit Herzog Albrechts I. sind aber überaus schwach, so daß die Datierung ins Interregnum (bis 1273/78/82) immer noch das meiste für sich hat.

Ausgaben. J. BERGMANN, Von dem Mayr Helmprechte, Anzeige-Blatt für Wiss. u. Kunst der Jahrbücher für Lit. 85 (Wien 1839) 1–27 u. 86 (Wien 1839) 1–39 [Abdruck v. A]; M. HAUPT, H., ZfdA 4 (1844) 318–385; F. KEINZ, H. u. seine Heimat, ²1887; CH. E. GOUGH, Meier H., a Poem by W. d. G., 1942, ⁷1957 [Abdruck von A u. B]; F. PANZER, W. d. Gartenære, H. (ATB 11), 1902,

6. Aufl. (u. folg.), bes. v. K. Ruh, 1960, 10. Aufl. v. H.-J. Ziegeler, 1993 (zit.; dazu vgl. die Rez. v. L. Okken, ABäG 42 [1995] 247–251); H. Brackert / W. Frey / D. Seitz, W. d. G., H. Mhd. Text u. Übertragung (Fischer TB 6024), 1972; F. Hundsnurscher, W. d. G., H. Abbildungen zur gesamten hs.lichen Überl. (Litterae 6), 1972; F. Tschirch, W. d. G., H., mhd. u. nhd. (Reclams UB 9498/50), 1974; L. B. Parshal / U. Seelbach, W. d. G., H. (Garland Library of Medieval Literature A 28), New York–London 1987 [mhd. u. engl.].

2. **Aufbau und Inhalt.** Ein Prolog von 19 vv. und ein Epilog von 14 vv. (immer gezählt nach A) rahmen die Erzählung. Eine breite Exposition (v. 20–652) legt die Ausgangsposition dar: H., der Sohn eines gleichnamigen Meiers, also eines begüterten Bauern, der für den adeligen Grundherrn Verwaltungstätigkeit ausübt, will nicht mehr länger auf Acker und Weide harte Arbeit leisten und sich mit einfacher Kost und Kleidung begnügen, sondern das Ritterhandwerk erlernen, um auf einer Burg in Saus und Braus zu leben. Der Vater stattet ihn – äußerst widerwillig – mit großem Aufwand dafür aus, warnt ihn aber mehrfach, zuletzt mit bösen Träumen, vor seinem Tun. Der folgende Hauptteil gliedert sich in drei große Erzählblöcke von stark fallender Länge und drei knapp erzählte Zwischenstücke (Tschirch, Ausg.). Deren erstes (v. 653–96) berichtet von dem 'Raubritterleben', das ein Jahr dauert. Ein Burgherr nimmt den Bauernburschen in die Schar seiner Berittenen auf, die in unrechter Fehde raubend und sengend durch die Lande ziehen. Der umfangreichste Erzählblock I (v. 697–1455) umfaßt nur etwas mehr als eine Woche, die Zeit der Einkehr H.s im Vaterhaus zur Demonstration seines neuen Status. H. läßt sich weder durch die reiche Bewirtung noch durch die väterlichen Lehren zurückhalten, sondern überredet sogar seine Schwester Gotelind, mit ihm zu kommen und einen seiner Spießgesellen zu heiraten. Nach einem kleinen Zwischenstück (2) bringt der nächste Erzählblock II (v. 1463–1813) die – in der Erzählzeit stark verzögerte – drastische Peripetie des bisher äußerlich aufsteigenden Geschehens: In die ausgelassene Hochzeitsfeier bricht jäh der Scherge mit seinen Gehilfen ein. Die Raubritter sind vor Angst wie gelähmt, werden spielend überwältigt, abgeurteilt und gehenkt, alle zehn bis auf einen, H., der geblendet und verstümmelt, als vogelfreier Krüppel in die Welt hinausgeschickt wird. In wenigen Versen wird das Jahr in der Fremde (entsprechend dem Jahr des Raubritterlebens!) abgetan, ehe der letzte Erzählblock III (v. 1823–1912) die Endkatastrophe bringt: Der Vater, bei dem H. Unterschlupf sucht, weist ihm mit harten Worten die Tür. Bauern, die von ihm einst beraubt und geschunden worden waren, ergreifen ihn und knüpfen ihn auf. Die zeitliche Mitte der Handlung von zwei Jahren und einigen Wochen liegt also im zweiten Zwischenstück, die Mitte der Erzählzeit aber in der väterlichen Lobrede auf die 'alte Ritterherrlichkeit' (v. 913–983).

3. **Stoff, Motive, Erzähltechnik.** Die im Prolog (zur scheinbaren Erfüllung der strengen Forderung der theologisch inspirierten Poetik) als Augenzeugenbericht ausgegebene Erzählung formt aus diversen umgestalteten Versatzstücken der literarischen Tradition ein höchst künstliches, fiktives Gebilde und deutet zudem das geradezu dramatische Geschehen oft nur an, während das Schwergewicht auf den Dialogen und Beschreibungen liegt. Deren wichtigste (vgl. bes. H. Brackert, 1974) stellt den Haupthelden, den jungen H., als modenärrischen Gecken vor, den Mutter und Schwester mit prächtiger, an sich dem Adel vorbehaltener Kleidung ausstatten, insbesondere mit einer wunderbaren Haube (vv. 14–20; 26–103; 1886–88), auf der außer einer höfischen Tanzszene positive und negative moralische Exempla aus Geschichte und Natur abgebildet sind (Paris versus Roland, Aeneas vs. Etzelsöhne, Taube vs. Sittich, Haubenlerche vs. Sperber). Der Möchtegernritter bäuerlichen Standes mit den angemaßten Statussymbolen Haar, Haube und Schwert stammt aus Neidharts Winterliedern (bes. WL 29). Der Weg des Helden vom heimatlichen Hof in die Fremde, seine Zwischen-

einkehr bei den Eltern und die Fortsetzung des Lebens draußen bis zum bittern Ende entsprechen bis zu einem gewissen Grade und in tragischer Verkehrung dem Auszug Erecs und Iweins vom Artushof und ihren Bewährungsabenteuern (RUH, Ausg.; v. REUSNER, 1972), in anderer Hinsicht aber dem Ausritt Parzivals im Narrengewand und seiner Einkehr beim Einsiedleroheim (SOWINSKI, 1971 u. 1993). Das wichtigste (v. a. die Vater-Sohn-Konstellation prägende) Vorbild hat gleichwohl die biblische Parabel vom verlorenen Sohn abgegeben (FISCHER, 1957). Aus dem reuigen ist jedoch ein unbußfertiger Sünder geworden, der der gerechten Strafe verfällt (vgl. Davids aufrührerischen Sohn Absalom, der am Ende mit seinen prachtvollen Haaren im Baumgeäst hängen bleibt und erschlagen wird [SCHINDELE, 1975], aber auch den bei den heidnischen Germanen als Opfer für Wodan gehängten Verbrecher, an den der Traum des Meiers vv. 620–634 zu gemahnen scheint [OETTENGER, 1991/92]), und aus der Parabel, welche das Verhältnis des Menschen zu Gott bildhaft demonstriert, eine Beispielerzählung, die allgemeine ethische Normen an einem konkreten (negativen) Kasus exemplifiziert (KNAPP, 1991). Für die breit ausgeführten Wechselreden von Vater und Sohn griff W. auf die zahlreichen Streit- und Lehrgespräche in der klassischen Epik ('Gregorius', 'Parzival' etc.) und in der didaktischen Dichtung des Strickers ('Die beiden Knappen', 'Der unbelehrbare Zecher', 'Ehescheidungsgespräch') und anderer ('Der → Windsbecke', 'Der → Magezoge' etc.) zurück. Die Verarbeitung der Vorbilder erfolgt als intertextuelles Spiel, das breite Literaturkenntnisse des Publikums voraussetzt. W. erzählt mit alten, vertrauten Mitteln eine neue, moderne Geschichte. Den wohlüberlegten Aufbau (s. o. II.2.) unterstützen mehrere verklammernde Motivresponsionen wie die Haube, die Träume des Vaters und ihre Erfüllung, die zwei Heimkehrszenen u. a. Darüber hinaus hat v. a. TSCHIRCH eine Reihe von Zahlensymbolen und zahlensymmetrisch aufgebaute Partien im Text nachzuweisen versucht.

4. Sprache, Stil und Verskunst. Während die älteste Forschung insbesondere an der regionalen Färbung der Sprache und an volkskundlich relevanten Ausdrücken interessiert war, entdeckte man in der Folge dann immer neue Feinheiten in der Abwandlung der klassischen Sprachtradition durch W., der wie →Hartmann von Aue und →Gottfried von Straßburg den sogenannten leichten Schmuck der Rede, d. h. insbesondere jede Form der (variierenden) Wiederholung, bevorzugt, dies auch in der Reimkunst (Reimresponsionen, Viererreime). Die klassizistische Glätte wird aber durch den mundartlichen Wortgebrauch aufgerauht, wie auch die tragische Handlung schon das Satyrspiel drastischen Spottes (z. B. den hochnäsigen Fremdwortgebrauch H.s, vv. 717 ff., und die bittere Replik des Vaters, vv. 1713 ff.) in sich birgt.

5. Lehrgehalt. Der 'H.' mahnt zur Wahrung überkommener Verhältnisse, der gottgegebenen Ordnung, welche sich in der patriarchalisch geleiteten Familie, in der hierarchisch gestuften Gesellschaft und in dem vom Landesherrn zu gewährleistenden Zustand des Friedens und Rechts manifestiert. Alle drei Ordnungsprinzipien kennen wir aus zeitgenössischen juristischen Texten (wie Landfriedensordnungen), aus Bettelordenspredigten sowie aus Gedichten wie denen des Strickers. Und gegen alle drei verstößt H., der seinen Eltern den Gehorsam verweigert, seinen Geburtsstand leugnet und als 'Ritter' die Schwachen schädigt, statt sie zu beschirmen, und sich damit ins soziale Niemandsland begibt. Die Richtigkeit der Ansicht des Vaters, daß dort kein Überleben möglich ist, sondern nur in der Ausfüllung der von Gott dem Einzelnen zugewiesenen Stelle, wird vom Ausgang der Handlung bestätigt. Der vv. 487–508 eindrucksvoll formulierte Gedanke des Tugendadels, den sich jedermann erwerben kann, begegnet schon in Soziallehren des frühen 11. Jh.s (z. B. bei Adalbero von Laon) und, neu akzentuiert, wieder im 12. und 13. Jh., bei → Walther von der Vogelweide, → Thomasin von Zerklaere u. a. (vgl. BORCK, 1978).

Lob der Vergangenheit (vv. 913–963) und Satire auf die Gegenwart (bes. vv. 964–1036) zielen also nicht ausschließlich, ja wohl nicht einmal vornehmlich auf eine bestimmte historische Situation, die späte Babenbergerzeit bzw. das Interregnum (SCHINDELE, BRACKERT u. a.: sozioökonomischer Umbruch; MENKE, 1993: Rechtsunsicherheit). Es bleibt auch durchaus fraglich, ob nur bäuerliche Parvenüs für die Misere der Gegenwart, an der der vom sozialen Abstieg bedrohte niedere Adel angeblich leidet, verantwortlich gemacht werden. In der Gegenwartshandlung der Versnovelle erscheint nur ein einziger Adeliger, jener anonyme Burgherr, der die Raubritter in Dienst nimmt. Indirekt bestätigt er das vom jungen H. entworfene Zerrbild 'moderner' Ritterschaft. Offen vorgeführt wird freilich nur die moralische Verurteilung des Haupthelden, der wider besseres Wissen (vgl. v. 509!) das ehemals (angeblich) harmonische Miteinander der gesellschaftlichen Kräfte stört.

Folgerichtig ereilt H. bereits im Diesseits das Strafgericht Gottes. In W.s düsterer Weltsicht ersetzt den liebenden Vater aus der Parabel vom verlorenen Sohn der strenge Rächer aus dem Alten Testament, der gemäß Prv 1,24–26 über den Untergang des verstockten Sünders lacht wie der bitter höhnende Vater H. v. 1775 (KÄSTNER, 1978) – *swie im sîn herze krachte.*

6. Wirkungs- und Forschungsgeschichte. Möglicherweise hat man schon im späten MA H. für eine historische Person gehalten und nach ihm einen Bauernhof im Innviertel benannt. Die Reminiszenzen bei jüngeren Dichterkollegen (den Verfassern des 'Seifried Helbling' und des Spiels 'Vom → Streit zwischen Herbst und Mai', → Ottokar von Steiermark, → Rüdeger dem Hinkhofer, eventuell dem → Pleier) verraten allerdings nur die Kenntnis des Werkes und der literarischen Gestalt des Helden. Die Verwendung des Wortes *helmbrecht* als Appellativum für 'Lebemann, Buhler, Liebhaber' in Prag und Wien im 14. Jh. deutet auf eine Verabsolutierung gewisser Eigenschaften H.s in der Versnovelle (SEELBACH). An eine lokale Tradition der Nachbarregion schließt vielleicht die Aufzeichnung im Traungau im 15. Jh. an (s. o. II. 1.). Das 19. Jh. vereinnahmt den Text dann als historisch-sagenhafte 'Dorfgeschichte' aus der jeweils eigenen bayerischen oder oberösterreichischen Heimat. Die tatsächliche oder angebliche Wirklichkeitsnähe, die zugleich kunstvolle und überschaubare poetische Gestalt und der fraglos hohe literarische Wert haben den 'H.' seither zu einem Lieblingsobjekt der Leser, Übersetzer, Bearbeiter und Interpreten innerhalb und außerhalb der Schulen und Hochschulen gemacht, vornehmlich, aber keineswegs ausschließlich des deutschsprachigen Raumes. GROSSE/RAUTENBERG zählen bis 1988 zwanzig Übersetzungen, 17 epische, 22 dramatische und zwei musikalische Bearbeitungen. SEELBACHS Bibliographie von 1981 hat 450 Nummern (der ungedruckte Nachtrag für 1980–90 dann noch weitere 114). Die Qualität hält mit der Quantität aber kaum Schritt. Die produktive Rezeption bleibt weithin heimatkundlichen und didaktischen Interessen verhaftet. Auch eine der wenigen Ausnahmen, die politische Parabel auf das Dritte Reich von Fritz Hochwälder ('Meier Helmbrecht', Schauspiel, 1946), ist mit einigem Recht bereits wieder vergessen. Die 'H.'-Forschung durchläuft alle Ideologien, 'Paradigmen' oder auch Moden der Literaturwissenschaft von der regional oder national orientierten Philologie über Positivismus, Historismus, Nationalsozialismus, Marxismus, werkimmanente Betrachtungsweise oder 'close reading', Formalismus, Strukturalismus bis zur Textsemiotik und Textpragmatik und variiert dabei je länger desto häufiger schon einmal erreichte, wenngleich vielfach unter der Masse der Studien verschüttete Erkenntnisse. Immerhin ist der 'H.' auf diese Weise so gut erschlossen wie kaum ein zweiter Text des deutschen MAs.

Literatur.
Bibliographien v. U. SEELBACH (Bibliogr. z. dt. Lit. d. MAs 8), 1981; H.-J. ZIEGELER (s. Ausg.n), 1993, S. XXIII–XXXI. – S. GROSSE / U. RAUTENBERG, Die Rezeption mal. dt. Dichtung. Eine Bibliographie ihrer Übersetzungen u. Bearbei-

tungen seit der Mitte des 18. Jh.s, 1989, S. 315–323.

Forschungsberichte: J. JANOTA, Neuere Forschungen zur dt. Dichtung des SpätMAs (1230–1500) 1957–1968, DVjs 45 (1971), Sonderheft: Forschungsreferate, S. 1–242, dort S. 161–165; F. P. KNAPP, 'H.' in gegenwärtiger Sicht, Adalbert Stifter Institut des Landes Oberösterreich. Vjs. 28 (1979) 103–121.

Philologische Hilfsmittel: H. SOEJIMA, Lemma Wortindex zum 'H.', Norden. Zs. f. Germanistik u. deren Bezugswissenschaften 25 (Sapporo 1988) 85–147 [non vidi]; U. SEELBACH, Kommentar z. 'H.' v. W. d. G. (GAG 469), 1987.

Studien bis 1991 (Auswahl): F. PFEIFFER, Über Meier H., WSB 41 (1863) 286–312; C. E. GOUGH, The Authorship of the MHG Poem 'M. H.', Proceedings of the Leeds Philosophical and Literary Society, Literary and Historical Section 1 (1925) 51–58; H. FISCHER, Gestaltungsschichten im 'Meier H.', PBB (Tüb.) 79 (1957) 85–109; B. SOWINSKI, W. d. Gartenaere, H. (Interpretationen zum Deutschunterricht 36), 1971; E. v. REUSNER, H., WW 22 (1972) 108–122; H. BAUSINGER, H., in: Fs. f. H. Moser, 1974, S. 200–215; H. BRACKERT, H.s Haube, ZfdA 103 (1974) 166–184; P. GÖHLER, Konflikt u. Figurengestaltung im 'H.' v. W. d. G., Weimarer Beiträge 20, 8 (1974) 93–116; G. SCHINDELE, 'H.' Bäuerlicher Aufstieg u. landesherrliche Gewalt, in: D. RICHTER (Hg.), Lit. im Feudalismus, 1975, S. 131–211; H. KÄSTNER, Mal. Lehrgespräche, 1978, bes. S. 235–243; K. H. BORCK, Adel, Tugend u. Geblüt, PBB (Tüb.) 100 (1978) 423–457, bes. S. 445 f.; U. LEHMANN-LANGHOLZ, Kleiderkritik in mal. Dichtung, 1985, bes. S. 194–225; E. W. B. HESS-LÜTTICH, Das Ende der 'ordenunge', in: ders., Kommunikation als ästhetisches Problem, 1984, S. 184–202; H.-J. ZIEGELER, Erzählen im SpätMA (MTU 87), 1985, bes. S. 448–450; A. SCHWOB, Das mhd. Märe vom 'H.' vor dem Hintergrund der mal. ordo-Lehre, in: D. MCLINTOCK u. a. (Hgg.), Geistl. u. weltl. Epik des MAs in Österreich, 1987, S. 1–17; U. SEELBACH, Späthöf. Dichtung u. ihre Rezeption im späten MA. Stud. zum Publikum des 'H.' von W. dem Gartenaere (Phil. Stud. u. Qu. 115), 1987; ders., '... die werdent ouch Helmbrehtel!' Zu den Prager und Wiener 'Helmbrechten' im SpätMA, PBB 109 (1987) 252–273; E. BRÜGGEN, Kleidung u. Mode in der höf. Epik des 12. u. 13. Jh.s (Beih. z. Euph. 23), 1989, passim; I. STRASSER, Vornovellistisches Erzählen (Philologica Germanica 10), 1989, bes. S. 144, 191; F. P. KNAPP, Mal. Erzählgattungen im Lichte scholastischer Poetik, in: W. HAUG / B. WACHINGER (Hgg.), Exempel und Exempelsammlungen (Fortuna vitrea 2), 1991, S. 1–22, bes. S. 19–21.

Studien 1992–1995: N. OETTINGER, Der Wolf im 'H.', Perspectives on Indo-European Language, Culture and Religion. Studies in honor of E. C. Polomé, McLean, Va. 1991/92, Bd. II, S. 427–443; E. LANGBROEK, Warnung u. Tarnung im 'H.'. Das Gespräch zwischen Vater u. Sohn H. u. die Haube des H., ABäG 36 (1992) 141–168; D. HÜPPER, Familie H. in der Krise. Rechtsnormen u. ihre Kontrafaktur in den Sprachhandlungen des Maere, in: Symbole des Alltags – Alltag der Symbole. Fs. f. H. Kühnel, 1992, S. 641–659; P. MENKE, Recht u. Ordo-Gedanke im 'H.' (German. Arbeiten zu Sprache u. Kulturgesch. 24), 1993; B. SOWINSKI, Parzival u. H.: höfische Kalokagathie u. bäurische Usurpation, in: I. KÜHN / G. LERCHNER (Hgg.), Fs. f. M. Lemmer, 1993, S. 117–127; E. M. JACOBSON, The Reader in 'H.', Colloquia Germanica 26 (1993) 201–210; F. P. KNAPP, Die Lit. des Früh- u. HochMAs in den Bistümern Passau, Salzburg, Brixen und Trient von den Anfängen bis 1273 (Gesch. der Lit. in Österr. 1), Graz 1994, bes. S. 350–356; A. CLASSEN, Dialogics and Loss of Identity. Linguistic Community and Self-destructive Individuation in W. d. G.'s 'H.', ABäG 41 (1995) 143–160; G. DURUSOY, Das Märe von H. Nur Erzählung oder schon Drama?, ABäG 43/44 (1995) = Fs. für A. H. Touber 1995, S. 169–176; P. VON MATT, Verkommene Söhne, mißratene Töchter, 1995, S. 51–79 u. ö.

(1998)   FRITZ PETER KNAPP

'Wessobrunner Gebet'

Aus dem ältesten in dt. Sprache überlieferten Stabreimgedicht (dem 'Wessobrunner Schöpfungshymnus') und der eigentlichen Oration zusammengesetztes Gebet um Weisheit und Kraft zur Vermeidung von Sünden; bair., um oder bald nach 800.

Überlieferung. München, clm 22053, 65^v–66^r, am Schluß eines Faszikels mit lat. Exzerpten elementaren theologischen, geographischen und metrologischen Schulwissens, darunter einigen ahd. Glossen; in sorgfältiger Minuskel, aber mit Textlücken, die zahlreiche Konjekturvorschläge provoziert haben. Die Schreibernennung *ego bonefacius scripsi* in der f. 66^v von gleicher Hand nachgetragenen, auf 800–814 datierbaren Urkunde bezieht sich auf deren Vorlage. – Die in Wessobrunn überlieferte, aber nicht dort geschriebene Sammelhs. enthält f. 1–21 die im Westen damals noch wenig verbreitete Kreuzauffindungslegende mit 18 Miniaturen, deren Stil noch ihrer griechisch-byzantinischen Herkunft verpflichtet ist (K. HOLTER, in: Karl der Große. Lebenswerk u. Nachruhm, Bd. 3, hg. v. W. BRAUNFELS, 1965, S. 120 f.; EDWARDS,

1989, S. 94–107). Die Hs. gehört zu einer Gruppe von vier frühkarolingischen Codices, die in der Augsburger Region entstanden sind, dort jedoch keinem bestimmten Scriptorium zugewiesen werden können; erwogen wurden – nach Regensburg (BAESECKE, 1922) – Benediktbeuern (SCHWAB, 1973), Staffelsee (BAUERREIS, 1946, S. 424–438) und Augsburg selbst (BISCHOFF, zuletzt [1981] mit ausdrücklichem Verzicht auf eine Festlegung). Die v. a. von BAESECKE mit Hinweis auf ags. Einflüsse und mit glossematischen Argumenten verfochtene Fuldaer Provenienz der direkten Vorlage hat sich nicht bestätigt. Man wird eher an mittelfränkische Vermittlung denken (Echternach? METTKE, 1987, S. 507). Die auffällige Besonderheit der (von SCHWAB, 1973, so genannten) 'Sternrune' als Kürzel für ga- (bair. ka-) teilt das 'W. G.' einzig mit einer ebenfalls bair. Canones-Glossierung (London, British Library, Arundel MS. 393, 9. Jh.). Indiz für ags. Einfluß ist sie so wenig wie das ebenfalls benutzte ubiquitäre Kürzel ⁊ (lat. *et/vel*) für *enti*.

Ausgaben. PEZ, Thes. I, 1721, S. 417f. (Erstveröff.); MSD I, S. 1 f. u. II, S. 1–8; STEINMEYER, Sprachdenkm., S. 16–19 (Nr. II); W. HAUG / B. K. VOLLMANN, Frühe dt. Lit. u. lat. Lit. in Deutschland 800–1150, 1991, S. 48 f. u. S. 1063–1068 (mit Übers. u. Komm.); BRAUNE, Leseb., ¹⁷1994, S. 85f. (Nr. XXIX). – Faks. der Hs.: A. VON ECKARDT, Die Hs. des 'W. G', 1922. – Faks. des 'W. G.': E. PETZET / O. GLAUNING, Dt. Schrifttafeln I, 1910, Taf. 1; H. FISCHER, Schrifttafeln zum ahd. Leseb., 1966, Taf. 14; sowie in Ausstellungskatalogen der Bayer. SB München.

Der zweigliedrige Aufbau des 'W. G.' läßt an die Struktur von Zauber- und Segensformeln denken: zunächst wird ein mythischer Präzedenzfall berufen (hier die Beschenkung der Menschen durch den Schöpfer? SCHWAB, 1988/89, S. 389 f.), nach dessen Muster sich das hier und jetzt Erbetene vollziehen soll. Das in frei rhythmisierter Prosa gehaltene eigentliche Gebet in Ich-Form preist in feierlicher Prädikation die Macht und die Freigebigkeit Gottes und bittet im Stil der von Parallelismen und Repetitionen bestimmten lat. Gebetsrhetorik um die Gnadengaben des rechten Glaubens und der Kraft, dem Bösen zu widerstehen. Es verwendet ähnliche Formeln wie die ahd. Beichtgebete (Nachweise zuletzt: SCHWAB, 1988/89, S. 391–393). Dies und eine lat. Nachschrift mit der Mahnung zur Buße legt nahe, daß das 'W. G.' wohl nicht als Schreibergebet (SEIFFERT, 1962, mit Hinweis auf seine Schlußstellung), sondern zur Vorbereitung auf die Beichte gedacht war (SCHWAB, l.c.).

Die Oration ist auf das ihr vorausgehende, ursprünglich wohl selbständige Gedicht hin formuliert, das in neun eindrucksvollen, z. T. allerdings nur lückenhaft erhaltenen Stabreimversen den Anfang einer Kosmogonie enthält. (Zur möglichen zahlensymbolischen Bedeutung der Neunzahl vgl. SCHWAB, 1988/89, S. 398 f.) Der Schöpfungsakt selbst wird – anders als in dem ebenfalls neunversigen *carmen* Caedmons und im Schöpfungslied des 'Beowulf' – nur ex negativo beschrieben. Die ersten fünf Verse erstreben mit der Aufzählung des noch Ungeschaffenen – Erde und Himmel, Baum und Berg, Sonne, Mond und Meer – eine Veranschaulichung des vor der Schöpfung herrschenden Nichts, und die folgenden vier setzen ihm – in missionarischer Wendung gegen germanische Göttervorstellungen? (GOTTZMANN, 1987) – die Existenz Gottes vor allem geschaffenen Sein entgegen. Das syntaktisch isolierte abschließende *cot heilac* bildet die Gelenkstelle zum Gebetsteil. Was und wieviel ihm ursprünglich noch gefolgt sein mag, läßt sich nicht sagen.

Das Gedicht ist in der Sprache altgermanischer mündlicher Epik verfaßt. Die Eingangsworte (*Dat gafregin ih*) nehmen unter Wahrung ihrer nichtbair. Sprachform eine in ags. und as. Dichtungen geläufige Formel auf. Auch im weiteren finden sich Stabformeln aus germanischer, speziell ags. Tradition (*manno miltisto* [gen. obj.], *ero – ufhimil*). Manche Formulierungen berühren sich mit kosmogonischen Vorstellungen östlicher Literaturen. Der Gedanke der Schöpfung aus dem Nichts ist aber genuin christlich (Gn 1,2; Ps 89 [90],2; Prv 8,22–29). Die vermeintlich nah verwandte Darstellung des Weltanfangs in der 'Vǫluspá' (Str. 3–5) zwingt nicht unbedingt zur Annahme einer gemeinsamen Vorlage, da sie einer anderen Vorstellungswelt zugehört (GOTTZMANN).

Das 'W. G.' trägt die Überschrift *De poeta*, was im Hinblick auf ähnliche Titel über anderen Texten der Hs. nur 'Über den

Dichter' und nicht 'Von einem Dichter' meinen kann. In beiden Fällen würde es sich aber nur auf den Eingangsteil des 'W. G.' beziehen. Näher liegt daher die Auffassung von *poeta* als Latinisierung von ποιητής mit der Bedeutung 'Vom Schöpfer' wie im griech. Symbolum; sie kann sich auf weitere Graeca in anderen Teilen der Hs. berufen (PERRETT, 1937/39; HUISMAN, 1987, S. 632 f.). Freilich ist *poeta* in dieser Bedeutung sonst nirgends belegt.

Literatur. Forschungsbericht und Lit. bis 1973: U. SCHWAB, Preghiera di Wessobrunn, in: Dizionario critico della letteratura tedesca, Turin 1976, Bd. 2, S. 910–919. – J. u. W. GRIMM, Die beiden ältesten dt. Gedichte aus dem 8. Jh., Cassel 1812; G. BAESECKE, St. Emmeramer Studien (1922), in: G. B., Kleinere Schr.n zur ahd. Sprache u. Lit., 1966, S. 38–85; H. RHEINFELDER, Zum Stil der lat. Orationen, Jb. f. Liturgiewiss. 11 (1931) 20–34; EHRISMANN, LG I, ²1932, S. 137–147 (mit der älteren Lit.); G. BAESECKE, Der Vocabularius Sti. Galli, 1933, S. 120–124; W. KROGMANN, Die Mundart der Wessobrunner Schöpfung, Zs. f. Ma.forschung 13 (1937) 129–149; W. PERRETT, On the 'W. G.' I. II, London Mediaeval Studies 1 (1937–39) 134–149; BISCHOFF, Schreibschulen I, 1940, S. 18–21, ²1960, S. 18–22; ders., Schreibschulen, Teil II: Die vorwiegend österreichischen Diözesen, 1980, S. 197 f.; R. BAUERREISS, Das frühmal. Bistum Neuburg im Staffelsee, Stud. Mitt. OSB 60 (1946) 375–438; D. R. McLINTOCK, The Negatives of the Wessobrunn Prayer, MLR 52 (1957) 397 f.; L. SEIFFERT, The Metrical Form and Composition of the 'W. G.', Medium Aevum 31 (1962) 1–13; R. A. FOWKES, Eastern Echoes in the 'W. G.'?, Germanic Review 37 (1962) 83–90; R. SCHMITT, Dichtung u. Dichtersprache in idg. Zeit, 1967, S. 204–206; G. MANGANELLA, Il 'caos' del 'W. G.', AION. Annali dell' Istituto Universitario Orientale ⟨Napoli⟩, Sez. Germ. 8 (1968) 285–291; P. GANZ, Die Zeilenaufteilung im 'W. G.', PBB (Tüb.) 95 (1973) Sonderbd., S. 39–51 (mit Abdruck älterer Herstellungsversuche); U. SCHWAB, Die Sternrune im 'W. G.', Amsterdam 1973; G. A. WALDMAN, The Wessobrunn Prayer Manuscript Clm 22053, Ph.Diss. (masch.) Univ. of Pennsylvania 1975 (DAI 36/05 A, S. 2794); N. VOORWINDEN, Das 'W. G.', Neoph. 59 (1975) 390–404; J. K. BOSTOCK, A Handbook of OHG Literature, Oxford ²1976, S. 126–135; G. A. WALDMAN, The German Geographical Glosses of the Wessobrunn Prayer Manuscript, Beitr. z. Namenforschung, NF 13 (1978) 261–305; dies., The Scriptorium of the Wessobrunn Prayer Manuscript, Scriptorium 32 (1978) 249 f.; DE BOOR, LG I, ⁹1979, S. 49 f.; M. WEHRLI, Gesch. d. dt. Lit., 1980, S. 62–64; B. BISCHOFF, 1980 (s. o.); ders., Mal. Stud., Bd. 3, 1981, S. 91 f.; ders., Kalligraphie in Bayern, 1981, S. 24 f.; C. EDWARDS, Tōhuwābōhû. The 'W. G.' and Its Analogues, Medium Aevum 53 (1984) 263–281; C. L. GOTTZMANN, Das 'W. G.', in: Althochdeutsch, hg. v. R. BERGMANN, 1987, Bd. 1, S. 637–654; J. A. HUISMAN, Das 'W. G.' in seinem hs.lichen Kontext, ebd., S. 625–636; H. METTKE, Zum Kasseler Codex theol. 4°24 u. zur Herleitung des Vocabularius Sti. Galli aus Fulda, ebd., S. 500–507; N. WAGNER, Zu den geographischen Glossen der Wessobrunner Hs. Clm 22053, ebd., S. 508–531; W. HAUBRICHS, Die Angelsachsen u. die germ. Stämme des Kontinents im frühen MA, in: Irland u. die Christenheit, hg. v. P. NÍ CHATHÁIN, 1987, S. 387–412, hier S. 405–407; J. JANOTA, Das 'W. G.', in: Hdb. der Lit. in Bayern, hg. v. A. WEBER, 1987, S. 47–57; W. HAUG, Nussknackersuite, in: Fs. I. Reiffenstein, hg. v. P. K. STEIN, 1988, S. 287–308, hier S. 306–308; U. SCHWAB, Einige Beziehungen zwischen as. u. ags. Dichtung, Spoleto 1988, S. 63–69; dies., Zum 'W. G.', Romanobarbarica 10 (1988/89) 383–427; C. EDWARDS, Ego bonefacius scripsi?, in: Mit regulu bithuungan, hg. v. J. L. FLOOD, 1989, S. 94–122; D. KARTSCHOKE, Gesch. d. dt. Lit. im frühen MA, 1990, S. 132–134; H. PÖRNBACHER, Der eino almahtico cot, in: Uf der mâze pfat, hg. v. W. FRITSCH-RÖSSLER, 1991, S. 18–29; M. RIUTORT I RIUTORT, Entorn del 'De poeta', in: Philolog. Forschungen, hg. v. Y. DESPORTES, 1994, S. 155–162; U. SCHWAB, Glossen zu einem neuen mediaevistischen Hdb., Studi Medievali, 3ª ser. 35 (1994) 321–365, hier S. 340–343; W. HAUBRICHS, Die Anfänge (Gesch. d. dt. Lit., hg. v. J. HEINZLE, Bd. I 1), ²1995, S. 243–245.

(1998)   HANS-HUGO STEINHOFF

Wittenwiler, Heinrich

Verfasser des komisch-didaktischen Epos 'Der Ring' (i. F. 'R.').

I. Leben, historisches Umfeld.

Der Autor des 'R.', der seinen Namen in v. 52 nennt, ist – wie die neuere Forschung wahrscheinlich gemacht hat – offenbar identisch mit einem in fünf urkundlichen Belegen bezeugten adligen Advokaten und – wohl späteren – Hofmeister am Bischofshof zu Konstanz. *Maister (magister, her) Heinrich von Wittenwile* begegnet urkundlich 1387, 1389, 1390, 1395; als *hoffmeister* erscheint er in einem undatierten Nekrolog. W. stammt aus einer seit 1282 vielfach nachgewiesenen Familie von

Amtleuten, Ministerialen und Klerikern aus dem Toggenburg und dem St. Galler Gebiet; spätere Konstanzer Wittenwiler waren vermutlich seine Nachkommen. Wie der *magister*-Titel zeigt, hatte W. studiert, vielleicht in Bologna. Der 'R.' ist sein einziges bekanntes literarisches Werk. W.s Leben spielte sich in einer krisenhaften Zeit ab, gerade auch im Bodenseeraum. In Konstanz herrschte ein spannungsvolles Mit- und Gegeneinander zwischen Patriziat und Zünften sowie zwischen den verschiedenen Zünften; einige prominente Zünftler werden im 'R.' offenbar verspottet, vgl. Lutz, S. 173 ff. Außerhalb der Stadt sahen sich die Herzöge von Österreich und der Adel der Opposition der mit der Eidgenossenschaft verbündeten Bauernbünde gegenüber (1403 Schlacht bei Vögelinsegg, 1405 Schlacht am Stoß, 1408 Schlacht bei Bregenz). W.s Sicht der 'Bauern' – Bauer ist, wer unrichtig lebt und sich töricht aufführt – dürfte von der Beurteilung dieser Ereignisse her geprägt sein.

II. 'Der Ring'.

1. Überlieferung. Codex unicus des im MA offenbar nicht weiter bekannten Werkes ist die Perg.hs. 502 des Staatsarchivs Meiningen, Archivaliensammlung des Hennebergischen Altertumsforschenden Vereins, die auf 57 Bll. nur den 'R.' enthält; sie wird datiert auf etwa 1410/20. Das in die Prolog-Initiale hineingemalte Brustbild stellt, wie das darunter stehende Bockswappen der Familie W. bestätigt, den Autor dar. Am Ende des Prologs findet sich eine Federzeichnung des Liebespaares Bertschi und Mätzli. Faksimile der Hs. hg. v. R. Bräuer u. a. (Litterae 106), 1990.

Ausgaben. L. Bechstein, 1851 (editio princeps); E. Wiessner, 1931 (maßgeblich); Kommentar: E. Wiessner, 1936; Wörterbuch: E. Wiessner, hg. v. B. Boesch, 1970; Ausg.n mit nhd. Übers. u. Kommentar: B. Sowinski, 1988; H. Brunner, 1991, ²1999; kommentierte nhd. Übers.n: H. Birkhan, 1983; R. Bräuer, 1983; engl. Übers. mit Kommentar: G. F. Jones, 1956.

2. Struktur, Titel, Handlung, Sprache.

Gegliedert sind die 9699 Reimpaarverse des 'R.', in die einige Prosapartien eingeschoben sind, nach einem Prolog, in dem der Titel und die Einteilung erklärt und Leseanweisungen gegeben werden, in drei Teile: 1. Werbung des Mannes um die Frau mit allem, was dazu gehört; 2. Belehrung, wie man sich in der Welt verhalten soll; 3. das Verhalten in Kriegszeiten. Da, wie der Autor ausführt, die bloße Didaxe meist als langweilig empfunden wird, band er die Lehren in eine mit viel Sprachwitz gestaltete, komisch-schwankhafte Handlung mit äußerst lachhaft-dummen Bauern als Protagonisten ein. Belehrende bzw. unterhaltende Partien werden auf bisweilen verwirrende Weise durch eine rote bzw. grüne Farblinie am Rand auseinander gehalten. Beim Titel, der in v. 8 erscheint, ging der Autor von zwei Assoziationen aus: das Werk wird dem Leser als besondere Kostbarkeit empfohlen, außerdem steht 'Ring' als Metapher für den Weltlauf, lat. *orbis*.

Im Ersten Teil wirbt der Held, der Bauernbursche Bertschi Triefnas aus Lappenhausen, mit viel Aufwand, u. a. mit einem Turnier, um die unsäglich häßliche Mätzli Rüerenzumph. Im Zweiten Teil wird nach zahlreichen Belehrungen Hochzeit gefeiert, wobei das höchst unappetitliche Hochzeitsmahl in ein wildes Tanzvergnügen übergeht. Im Dritten Teil artet der Tanz zunächst in eine Prügelei, schließlich in eine Art Weltkrieg aus, in dem die feindlichen Dörfer Nissingen und Lappenhausen von Zwergen, Riesen, Hexen, Recken, Schweizern und Heiden unterstützt werden. Am Ende steht der durch Verrat herbeigeführte Untergang Lappenhausens und eine für die Sieger, die Nissinger, blamable und verlustreiche Belagerung Bertschis auf einem Heuschober. Schließlich zieht der 'Held' sich als Einsiedler in den Schwarzwald zurück.

Der 'R.' ist in einer Art Kunstsprache auf alemannischer Grundlage aufgezeichnet, die mit bairischen Schreibungen, Lauten, Worten und Formen durchsetzt ist. Dies könnte auf schwäbische Herkunft der Hs. deuten, 'weil eben das Schwäbische als Schriftdialekt durch eine solche Mischung gekennzeichnet ist' (N. R. Wolf, Sprachliches zu u. in H. W.s 'R.', in: Brunner [Hg.], 1994/95, S. 159–170, hier S. 167). Eine inhaltsbezogene Deutung erwägt Lutz, S. 426; vgl. auch Riha, S. 23 ff.

3. Datierung.

Die Frage nach der Datierung des 'R.' ist umstritten. Terminus post quem ist 1360 (Entstehung des von W. als Quelle verwendeten Traktats des Giovanni da Legnano, s. u.), terminus ante quem die Datierung der Hs. (s. o.). Die Datierungsversuche schwanken zwischen 1370/71 (PUCHTA-MÄHL) und der Zeit des Konstanzer Konzils 1414/18 (BIRKHAN), vgl. RIHA, S. 33 ff. Am plausibelsten erscheint die Annahme, der 'R.' sei etwa 1408/10 im Umfeld des Konstanzer Bischofs Albrecht Blarer entstanden. Blarer war enger Verbündeter Österreichs und Gegner des Bauernbundes; er kann als führende Figur der städtischen Oberschichtskultur angesehen werden. Nach LUTZ, S. 153 ff., bringt der 'R.' das unsichere und bedrohte Weltbild zum Ausdruck, das die etablierten Kräfte angesichts der Zeitverhältnisse entwickeln mußten.

4. Die Handlung und ihre Quellen.

Als Vorlage für das Gerüst der Bauernhandlung diente W. der Bauernhochzeitsschwank 'Die → Bauernhochzeit' in der in 'Metzen hochzit' erhaltenen oder einer eng verwandten Fassung. Er enthält die Versammlung der Verwandten bei der Eheschließung, die Trauung, das Hochzeitsessen, die Brautnacht, den Kirchgang, ein erneutes Mahl, Tanz und Rauferei. W. hat dieses Gerüst erheblich ausgeweitet und um viele Einzelzüge bereichert: die Geschichte von Bertschis umständlicher Werbung mit Turnier, Ständchen, den Versuchen, der Geliebten nahezukommen, die Arztszene (Chrippengra), die Liebesbriefe und die damit verbundenen Ereignisse. Die Ehestiftung wird durch die umfangreichen Beratungen und Belehrungen des Zweiten Teils breit ausgeführt, die Rauferei der Hochzeitsgäste setzt sich mit dem Kriegsgeschehen fort bis zum Untergang Lappenhausens. Darüber hinaus verdankt W. dem Bauernhochzeitsschwank auch manche Details, vor allem zahlreiche der in Fülle gebotenen lächerlichen Bauernnamen. Während die 'Bauernhochzeit' die Ereignisse indes in harmlos-unterhaltender Weise darstellt, hat W. die Verachtung, mit der er selbst der erzählten bäuerlichen Welt gegenüberstand und die seine Leser teilen sollten, von Anfang an thematisiert, nicht zuletzt dadurch, daß die Handlungen der Bauern in der Regel kraß von der durch die Belehrungen sichtbar gemachten Richtschnur abweichen.

Auch weitere Traditionen der dt. Literatur fanden Eingang in den 'R.'. W.s Vertrautheit mit der Neidhartliteratur (→ Neidhart und Neidhartianer, → 'Neidhartspiele') erweist sich am persönlichen Auftreten des Bauernfeindes Neidhart im Bauernturnier des Ersten Teils; unter Rückgriff auf ein Neidhartlied, den Beichtschwank, ließ der Autor ihn auch zum Beichtvater der betrogenen Bauern werden. Von Wichtigkeit waren ferner die höfische Lieddichtung (vgl. das rondeauförmige Hoflied v. 1758–65 und das Tagelied v. 7100–07) und populäre unterliterarische Lieder und Spiele (vgl. die Tanzlieder v. 6267–78, 6333–55, 6436–45). Ob diese Texte von W. selbst stammen oder ob es sich um Zitate handelt, ist unbekannt. Schließlich stützt W. sich auf die zu seiner Zeit populäre dt. Heldendichtung. Bereits im Zweiten Teil (v. 5929 f.) wird der Anfang des → 'Eckenliedes' parodiert; Dietrich von Bern, Ecke, Hildebrand, Dietleib, Wolfdietrich, Sige(not), Laurin und seine Zwerge erscheinen dann als handelnde Personen im Kriegsgeschehen des Dritten Teils; auch einige Namen aus den höfischen Romanen werden dort genannt.

Die ebenfalls im Dritten Teil auftretenden Hexen entstammen dem Bereich der alemannischen Fastnacht, die auch sonst von Einfluß auf die Gestaltung des 'R.' war (das Kübelstechen als Vorbild des Bauernturniers, die Eselsohren der Narrenheimer, das orgiastische Gelage, Mätzlis Häßlichkeit usw.). Vor allem ist die irreale Zeitstruktur der Handlung von der Fastnacht abzuleiten: das Turnier findet am Sonntag Exsurge statt, am Venustag, dem Freitag, wird Chrippengras großer Liebesbrief geschrieben, der folgende Sonntag sieht die Hochzeit, der Montag dient den Kriegsvorbereitungen, am *dies Martis*, dem Dienstag, findet die große Schlacht statt, am Aschermittwoch liegt Lappenhausen dann in Trümmern. Alles in allem läßt sich die Bauernhandlung zumindest auch als tolles alemannisches Fastnachtstreiben verstehen.

Vollständig neu hinzugefügt hat W. im Vergleich zur 'Bauernhochzeit' die Lokalisierung des Geschehens. Es ist um Konstanz herum situiert mit dem Schwerpunkt im mittleren Toggenburg. Lappenhausen und Nissingen sind an der Stelle der realen Dörfer Mogelsberg und Nassen gedacht. Weitere Ortsnamen zeigen genaue Kenntnisse vor allem in der Schweiz und in Schwaben, vgl. BOESCH, Die Namenwelt (1981).

5. Die Lehren und ihre Quellen.
Die Anordnung der zahlreichen Lehren, die der 'R.' enthält, folgt weitgehend nicht einer eigenen, sachgerechten Systematik, sondern sie ergibt sich aus dem Verlauf der epischen Handlung, mit der sie verbunden sind. Es handelt sich nicht um eine Sammlung theoretischer Kenntnisse, sondern um pragmatisches Orientierungswissen für den mitten im Leben stehenden Laien, wobei die Lehren auf ganz verschiedenen Ebenen liegen; ein Anspruch auf Vollständigkeit kann dabei nicht erhoben werden (es fehlen etwa die Schöpfungsgeschichte und die Kosmologie, die Darstellung der Heilsgeschichte und eine Ständelehre). Der Leser erfährt im Ersten Teil z. B. etwas über das weibliche Schönheitsideal, über die Ausrichtung eines Turniers, über Taufe und Bußsakrament; er erhält eine Minnelehre und zwei vorzügliche Muster rhetorisch gestalteter Liebesbriefe; er gewinnt Einblick in die ärztliche Arbeitsmethode. Zentrale didaktische Bedeutung hat dann der Zweite Teil: Ehedebatte mit ausführlicher Behandlung der Frage, ob der Mann heiraten solle, positive wie negative Aspekte der Ehe; Vorgehen bei der Brautwerbung; Eigenschaften des Ehemanns; der Wortlaut des Paternoster, des Ave Maria, des Credo, des Confiteor; Schülerspiegel; Laiendoktrinal; Gesundheits-, Tugend-, Haushaltslehre; der förmliche Akt der Eheschließung; Tischzucht. Um die Thematik von Kampf und Krieg geht es im Dritten Teil: Politisches Handeln im Vorfeld des Krieges; Behandlung eines Boten; Beratungen und Verhandlungen vor Kriegsbeginn, Bündnis- und Vermittlungsfragen; Belehrung über die Planetenkinder; die Kriegserklärung; praktische Fragen des Kriegslebens; der detaillierte Ablauf der Schlacht; Verrat; Belagerung. Außerdem werden eine musterhafte Totenklage, ein ausführlicher Städtekatalog und ein Memento mori geboten.

W. hat in diesem Zusammenhang eine Fülle von unterschiedlichen Darstellungsformen aufgeboten. Am häufigsten findet sich der 'frontale' Lehrvortrag, die Rede; ferner gibt es Formen der Disputation mit Rede und Gegenrede und abschließendem Fazit, musterhafte Beschreibungen und Mustertexte, Sprichwörter; auch begegnen Teile der Handlung, die unmittelbar positive Lehren enthalten, ferner solche, die das richtige Verhalten oder die richtige Beurteilung am Negativbeispiel zeigen, exempla e contrario also (vgl. etwa die Beschreibung von Mätzlis 'Schönheit' oder die Tischzucht).

W. zog für die didaktischen Teile zahlreiche, vor allem lat. Vorlagen heran. Namhaft gemacht wurden bislang folgende Werke, von denen einige allerdings nur breitere Traditionen repräsentieren und nicht direkt benutzt sein dürften: die dt. 'Minnelehre' des → Johann von Konstanz (für Chrippengras Liebesbrief), die Bibel, die 'Legenda aurea' (→ Jacobus a Voragine), den in die Ovid-Tradition gehörenden 'Facetus moribus ac vita' (→ 'Facetus'; für Nabelreibers Minnelehre), das 'Didaskalion' → Hugos von St. Viktor (für den Schülerspiegel), Regimina sanitatis (für die Gesundheitslehre), → Thomas von Aquin und das → 'Moralium dogma philosophorum' (Nachtragsbd.; für die Tugendlehre), die pseudo-bernhardische 'Epistola de cura rei familiaris' (→ 'Lehre vom Haushaben'; für die Haushaltslehre), den Traktat des Bologneser Juristen Giovanni da Legnano 'De Bello, de Represaliis et de Duello' (für die Kriegslehren) und anderes.

6. Zur Gattungsfrage.

Der 'R.' mit seiner Vermengung von komisch schwankhafter Handlung und breiter Didaxe erscheint als ein Werk sui generis. Der Text ist freilich aus einer Vielzahl unterschiedlicher Kleinformen zusammengesetzt: sie reicht vom Sprichwort zur lehrhaften Rede, vom volkstümlichen Tanzlied bis zur großen, in Briefform dargebotenen Minneallegorie, vom Städtenamen-Katalog zu katechetischen Texten. Versuche, die Gattung des 'R.' mit Begriffen wie Satire, Groteske, Parodie, Lehrgedicht, Laiendoktrinal, Moralsatire usw. zu erfassen, vgl. RIHA, S. 252 ff., greifen durchweg zu kurz. Das Werk kann indessen verglichen werden mit einigen komplexen Großwerken des 14. Jh.s, die nicht bzw. nicht mehr völlig den ästhetischen Normen des 12./13. Jh.s verpflichtet sind, in erster Linie dem 'Wilhelm von Österreich' des → Johann von Würzburg II und der → 'Minneburg' mit ihrer perspektivischen Vielfalt (lehrhafte Exkurse, Allegorien, Gebete, Liebesbriefe, Gespräche, Wappenschilderungen, Beschreibungen im 'Wilhelm von Österreich'; Verbindung von allegorisch ausgebreiteter Lehre mit subjektiv geprägten Ausführungen des Erzählers über sein eigenes Liebesverhältnis in der 'Minneburg').

7. Zur Interpretation.

Aus der Verbindung von Handlung und Lehren entwirft W. eine umfassende epische Welt. Der 'R.' enthält alle möglichen normalen und außerordentlichen Ereignisse des Menschenlebens. Die dargestellte Welt kann trotz aller anziehenden Buntheit, trotz der überschäumenden Vitalität der Protagonisten und trotz aller weisen Lehren kaum anders denn als vorwiegend negativ bezeichnet werden. In der Bauernhandlung gibt es keine wirklich positive Figur und keine wesentliche positive Tat – selbst Bertschis Rückzug in den Schwarzwald am Ende (v. 9692–95), den manche Interpreten für die einzige vernünftige Handlung des 'Helden' halten, ist durch die grüne Linie als Teil des Torenlebens gekennzeichnet und gilt anderen Interpreten deshalb als Gipfel der Torheit, vgl. RIHA, S. 178 ff. Aber auch die Lehren rücken in das Zwielicht. Die Notwendigkeit der meisten von ihnen ergibt sich aus einem Weltzustand, der durch ein Übermaß an menschlicher Unvollkommenheit, Unordnung, Verstörtheit, Aggressivität, körperlicher und geistiger Hinfälligkeit, Gefährdung, Ungesichertheit und Bedrohtheit zu charakterisieren ist. Der 'R.' zeigt auf geradezu beklemmende Weise die Negativität der irdischen Welt und ihrer sozialen Verhältnisse. In der dt. Dichtung des MAs hat diese umfassende Negativität allenfalls im 'Reinhart Fuchs' → Heinrichs und im → 'Nibelungenlied' ihresgleichen.

Offen bleiben muß wohl – was LUTZ in der bisher bedeutendsten Werkmonographie zum 'R.' nachzuweisen sucht –, ob man diese Sicht aus der allegorischen Tradition der lat. Literatur ableiten kann (die in vielen Details zweifellos von Einfluß war); der 'R.' wäre demnach als allegorisches Exempel für blinde Diesseitsverhaftetheit zu lesen. Eine prononcierte Gegenposition vertreten derzeit v. a. W. RÖCKE und H.-J. BACHORSKI (vgl. etwa ihre Beiträge in BRUNNER [Hg.], 1994/95), die eine radikal dekonstruktivistische Lektüre für angemessen halten: 'Wenn ich mir diesen Autor (...) und sein literarisch-ideologisches Spiel überhaupt irgendwie vorstellen kann, dann erscheint er mir wie ein Kind, das mit großem Ernst höchst konzentriert aus vielen vielen Bausteinen sorgfältig einen großen Turm baut – einzig aus dem Grunde, ihn dann mit ausgelassener Freude umzuhauen. Was ihn umtreibt, ist wohl die Lust am Verbrauch allen greifbaren Materials zur Veranstaltung einer großen Zerstörung (...)' (BACHORSKI, ebd., S. 258).

Literatur. Eine umfassende Bibliographie bis 1988 findet sich bei O. RIHA, Die Forschung zu H. W.s 'R.', 1851–1988 (Würzburger Beitr. zur dt. Phil. 4), 1990. Im folgenden werden nur einige grundlegende ältere Titel sowie eine Auswahl neuerer Arbeiten angegeben. E. MITTLER, Das Recht in H. W.s 'R.' (Forschg.n zur oberrhein. Landesgesch. 20), 1967; H. BIRKHAN, Das Historische im 'R.' H. W.s (WSB 287/2), 1973; H. FUNKE, Die graphischen Hinweise H. W.s für das Verständnis seiner Dichtung 'Der R.', Diss. Münster 1973; B. BOESCH, Bertschis Weltflucht. Zum Schluß von W.s

'R.', in: W. Besch u. a. (Hgg.), Stud. zur dt. Lit. u. Sprache d. MAs, Fs. H. Moser, 1974, S. 228–237; J. Bismark, Adlige Lebensformen in W.s 'R.', 1976; B. Boesch, Die Namenwelt in W.s 'R.' u. seiner Quelle, in: ders., Kl. Schr.n zur Namenforschung 1945–1981 (Beitr. zur Namenforschung NF Beih. 20), 1981, S. 310–342; K. Ruh, H. W.s 'R.', in: ders., Kl. Schr.n, Bd. 1, 1984, S. 185–199; Ch. M. Puchta-Mähl, *Wan es ze ring umb uns beschait*. Stud. zur Narrenterminologie, zum Gattungsproblem u. zur Adressatenschicht in H. W.s 'R.', 1986; E. Schmid, Leben u. Lehre in H. W.s 'R.', Jb. d. Oswald-v.-Wolkenstein-Ges. 4 (1986/87) 273–292; E. C. Lutz, Spiritualis fornicatio. H. W., seine Welt u. sein 'R.' (Konstanzer Geschichts- u. Rechtsquellen 32), 1990; T. Ehlert, *Doch so fülle dich nicht satt!* Gesundheitslehre u. Hochzeitsmahl in W.s 'R.', ZfdPh 109 (1990) 68–85; C. Händl, Hofieren mit Stechen u. Turnieren. Zur Funktion Neidharts beim Bauernturnier in H. W.s 'R.', ebd. 98–112; H. Brunner, *Gunterfai sein bek derschal*. Kommentar zum Musikinstrument des Spielmanns in H. W.s 'R.', in: J. Janota u. a. (Hgg.), Fs. W. Haug u. B. Wachinger, Bd. 2, 1992, S. 625–640; H. Brunner (Hg.), H. W. in Konstanz u. 'Der R.' (Tagung Konstanz 1993), Jb. d. Oswald-v.-Wolkenstein-Ges. 8 (1994/95) 2–286; W. Haug, Von der Idealität des arthurischen Festes zur apokalyptischen Orgie in W.s 'R.', in: ders., Brechungen auf dem Weg zur Individualität, 1995, S. 312–331; Th. Cramer, Nabelreibers Brief, in: H. Wenzel (Hg.), Gespräche—Boten—Briefe (Phil. Stud. u. Quellen 143), 1997, S. 212–225; K. Schmitt, Sexualität als Textualität: Die Inszenierung von Geschlechterdifferenz u. Sexualität in H. W.s 'R.', in: A. M. Haas / I. Kasten (Hgg.), Schwierige Frauen – schwierige Männer in der Lit. des MAs, Bern 1999, S. 129–152; J. Kelber, Vorschule der Sexualität: Die Werbung Bertschis um Mätzli in H. W.s 'R.', ebd., S. 153–174.

(1999)   Horst Brunner

Wolfram von Eschenbach

Inhalt. I. Biographie. 1. Name und Herkunft. Lebensverhältnisse. Auftraggeber. 2. Chronologie. Lit. Beziehungen. – II. Lieder. 1. Überlieferung. Ausgaben. 2. Tagelieder u. Minnelieder. 3. Wirkung. – III. 'Parzival' ('Pz.'). 1. Überlieferung. Ausgaben. Übersetzungen. 2. Inhalt. 3. Aufbau. 4. Thematische Schwerpunkte. 5. Erzählstil u. Poetik. 6. Quellen. 7. Wirkungsgeschichte. – IV. 'Willehalm' ('Wh.'). 1. Überlieferung. Ausgaben. Übersetzungen. 2. Inhalt. 3. Aufbau, Prolog, Schluß. 4. Thematische Schwerpunkte. 5. Quellen. 6. Wirkungsgeschichte. – V. 'Titurel' ('Tit.'). 1. Überlieferung. Ausgaben. Übersetzungen. 2. Inhalt. 3. Strophenform, Aufbau. 4. Thematische Schwerpunkte. 5. Quellen. 6. Wirkungsgeschichte. – Literatur.

I. Biographie.

1. **Name und Herkunft.** W. v. E. hat sich mehrfach selbst genannt: *ich bin Wolfram von Eschenbach* (Pz. 114,12, vgl. Pz. 185,7; 827,13; Wh. 4,19). Der Name ist auch durch zeitgenössische und spätere Autoren bezeugt. W. nannte sich wahrscheinlich nach der mfrk. Stadt Eschenbach (seit 1917 Wolframs-Eschenbach) bei Ansbach. Dort ist seit 1268 eine adlige Familie von Eschenbach bezeugt, die den Dichter offenbar als ihren Vorfahren betrachtete und ihm im 14. Jh. in der Liebfrauenkirche in Eschenbach ein Hochgrab errichten ließ, das mit dem Wappen der Familie und einem Epitaph geschmückt war.

Die einzige Aussage W.s v. E. über seine Herkunft paßt nicht auf das frk. Eschenbach: er nennt sich einen Bayern (*wir Beier* Pz. 121,7). Eschenbach hat vor dem 19. Jh. nicht zu Bayern gehört.

Lebensverhältnisse. Alles, was über das Leben W.s v. E. bekannt ist, entstammt seinen Werken. Es handelt sich um Erzählerbemerkungen, die primär der Ausarbeitung der Erzählerrolle dienen; ihre autobiographische Relevanz ist unsicher. Den Aussagen über zeitgenössische Personen, Örtlichkeiten und Ereignisse ist jedoch ein gewisser hist. Zeugniswert zuzubilligen. Daraus läßt sich ein Erfahrungsraum erschließen, der bis nach Thüringen und Bayern reicht und dessen Zentrum in Franken liegt. Nicht zu verifizieren sind Aussagen über die eigene Person; das gilt auch für die Standes- und Bildungsverhältnisse. W. v. E. war offenbar ein Berufsdichter, der sich ständisch nicht einordnen läßt. Der Vers: *schildes ambet ist mîn art* (Pz. 115,11) wurde häufig als Beweis seiner Ritterbürtigkeit angesehen. Im Zusammenhang der lit. Polemik gegen die bildungsbewußten Dichter ist der biographische Aussagewert jedoch unsicher. W. hat frz. Quellen benutzt und hatte Zugang zu verschiedenen lat. Überlieferungen; er besaß sehr genaue Kenntnisse auf den Gebieten der Medizin, Astronomie und Kosmologie, Geographie, Tier- und Pflanzenkunde, aber auch der Theologie und der Rechtswissenschaft. Es ist nachgewiesen, daß er ganze Namenlisten aus lat. Quellen übernommen hat (s. u. III.6. und IV.5.). W. v. E. selber behauptet, nicht lesen und schreiben zu können (*ine kan decheinen buochstap* Pz. 115,27). Auf welchen Wegen er sein vielfältiges Wissen erworben hat, ist unsicher. Eine formale Schulbildung ist nicht nachweisbar.

Auftraggeber. Ein Auftraggeber ist in keinem Werk sicher bezeugt. In allen drei epischen Werken wird Landgraf Hermann von Thüringen (1190–1217) genannt (Pz. 297,16; Wh. 3,8; 417,22; Tit. 82 a,2), im 'Willehalm' als Vermittler der frz. Quelle (*lantgrâve von Düringen Herman tet mir diz maere von im* [= Willehalm] *bekant* 3,8). Wahrscheinlich war Landgraf Hermann auch der Auftraggeber. Ob auch der 'Titurel' und Teile des 'Parzival' für den Thüringer Hof gedichtet wurden, ist unsicher. Für das erste Drittel des 'Pz.' wird ein frk. Gönnerkreis erwogen. Dazu gehörte vielleicht Graf Poppo von Wertheim (Pz. 184,4; Fassung *D: *mîn hêrre der grâf von Wertheim*; Fassung *G: *grâve Poppe von Wertheim*), außerdem die Freiherren von Durne (nach vorherrschender Meinung bezieht sich die Erwähnung von Wildenberg im 'Pz.' [*hie ze Wildenberc* 230,13] auf die Durnesche Burg Wildenberg im Odenwald). Es ist nicht unwahrscheinlich, daß W. v. E. seine ersten Gönner im engeren Kreis seiner Heimat fand und erst später an einen der großen Höfe gelangte. Die Vermutung, daß auch der Graf von Abenberg und der Graf von Dollnstein zu dem frk. Gönnerkreis gehörten, kann sich nur auf die Nennung der Ortsnamen berufen (*der anger z'Abenberc* 227,13; *diu koufwîp ze Tolenstein* 409,8). Unsicher ist auch die Identität von zwei im 'Pz.' genannten bayer. Personen: der Markgräfin vom Haidstein (403,30 f.), aus der Familie der Markgrafen von Vohburg, und des Herrn Heinrich von Rispach (297,29).

2. Chronologie. Erhalten sind drei epische Werke, 'Pz.' (24810 vv.), 'Wh.' (13988 vv., unvollendet), 'Tit.' (170 Strr., 2 Frgm.e), sowie neun Lieder. Wichtigster Anhaltspunkt für die 'Pz.'-Chronologie ist die Anspielung auf den von Pferden zertrampelten Weinberg bei Erfurt (Pz. 379,18 ff.). Das muß sich auf die Belagerung Erfurts im Jahr 1203 beziehen, als König Philipp von Schwaben von den Verbündeten Hermanns von Thüringen in der Stadt eingeschlossen wurde. Demnach ist das 7. Buch des 'Pz.' nach 1203 gedichtet. Der 'Pz.' dürfte 1200–1210 entstanden sein. Im 'Wh.' wird die Kaiserkrönung Ottos IV., die 1209 stattfand, erwähnt. Die Nennung des Landgrafen Hermann am Schluß des 'Wh.' (417,22) scheint dessen Tod vorauszusetzen. Hermann ist 1217 gestorben. Der 'Wh.' wird meistens 1210–1220 datiert. Im 'Tit.' wird des Landgrafen Hermann als eines Toten gedacht (82 a,2). Daher wird der 'Tit.' nach 1217 angesetzt.

Relative Chronologie: Der 'Wh.' ist nach dem 'Pz.' entstanden (*swaz ich von Parzivâl gesprach* Wh. 4,20). Der 'Tit.' wird parallel zum Schluß des 'Wh.' oder danach angesetzt, weil die beiden Namen *Akharîn* und *Berbester*, die im 'Wh.' (45,16; 303,1 u. ö.) und im 'Tit.' (40,2; 42,2) vorkommen, wahrscheinlich aus der frz. 'Wh.'-Quelle stammen. Anspielungen auf das Lied Nr. III im 'Pz.' (115,5 ff.) könnten darauf deuten, daß die Lieder vor dem 'Pz.' oder parallel dazu entstanden sind.

Literarische Beziehungen. Von zeitgenössischen Dichtern werden erwähnt: → Heinrich von Veldeke (*hêt Heinrich von Veldeke* Pz. 292,18; *von Veldeke der wîse man* Pz. 404,29; *mînen meister [...] von Veldekîn* Wh. 76,24 f.); → Hartmann von Aue (*mîn hêr Hartman von Ouwe* Pz. 143,21); → Walther von der Vogelweide (*hêr Walther* Pz. 297,24; *herre Vogelweide* Wh. 286,19); →Neidhart (*her Nîthart* Wh. 312,12) und Chrétien de Troyes (*von Troys meister Cristjân* Pz. 827,1; *Kristjâns* Wh. 125,20). Für die Chronologie ist die Erwähnung Neidharts am wichtigsten; sie bezeugt, daß Neidharts Lieder bereits um 1220 in Thüringen bekannt waren.

W. v. E. hat die → 'Kaiserchronik' und das 'Rolandslied' des Pfaffen → Konrad gekannt, wahrscheinlich auch den 'Straßburger Alexander' (vgl. Pfaffe → Lambrecht) und den 'Tristrant' von →Eilhart von Oberg. Seine Kenntnis des →'Nibelungenlieds', wahrscheinlich auch der 'Klage', die stets mit dem 'Nibelungenlied' zusammen überliefert ist, ergibt sich aus der Anspielung auf 'Rumolts Rat' im 8. Buch des 'Pz.' (420,26 ff.) und aus wörtlichen Anklängen an die 'Klage'. Anspielungen auf die Dietrichsagen (Pz. 421,23 ff.; Wh. 384,21) und auf die Hildebrandsage (Wh. 439,16 f.) beziehen sich wahrscheinlich auf mündliche Überlieferungen. — Literarische Beziehungen zum 'Tristan' →Gottfrieds von Straßburg sind nicht sicher nachweisbar. Die Annahme einer 'Dichterfehde' zwischen W. v. E. und Gottfried hängt davon ab, ob man Gottfrieds Polemik gegen die *vindaere wilder maere* (Trist. 4663) im 'Literatur-Exkurs' des 'Tristan' auf W. v. E. bezieht. Die wiederholt geäußerte Vermutung, daß W. bereits im 'Pz.' darauf geantwortet habe, läßt sich nicht einwandfrei belegen. Im 'Wh.'-Prolog spricht er davon, daß seine 'Pz.'-Dichtung nicht nur Lob, sondern auch Tadel erfahren habe (4,20 ff.): das könnte eine Antwort auf Gottfrieds Kritik sein.

Unsicher ist, wie umfangreich W.s Kenntnisse der zeitgenössischen frz. Lit. waren. Vieles deutet darauf hin, daß er nicht nur die frz. Vorlagen seiner beiden großen Epen, den 'Conte du Graal' von Chrétien de Troyes und die Chanson de geste 'Aliscans', kannte, sondern eine Reihe weiterer Epen. Nach PANZER, 1940, hat W. für die Gahmuret-Geschichte im 'Pz.' Motive aus dem 'Ipomedon' von Hue de Rotelande und aus dem 'Joufroi de Poitiers' benutzt; NELLMANN, 1996, hat glaubhaft gemacht, daß W. mit drei weiteren Epen von Chrétien ('Erec et Enide', 'Lancelot', 'Cligès') bekannt war und ebenso mit dem 'Brut' von Wace. Vielleicht kannte er auch andere Epen aus dem Wilhelm-Zyklus außer 'Aliscans'.

II. Lieder.

1. Überlieferung. Die 3 großen Minnesang-Sammelhss. (ABC) und die Münchener 'Pz.'-Hs. G. überliefern 34 Strr. in 9 Tönen unter dem Namen W.s v. E. (Zählung der Lieder nach LACHMANN):
→'Heidelberger Liederhs. A' (Heidelberg, cpg 357): 4 Strr. in 1 Ton (= Lied VII); →'Weingartner Liederhs.' (B, Stuttgart, LB, HB XIII 1): 8 Strr. in 3 Tönen (= Lied III–V); →'Heidelberger Liederhs. C' (Heidelberg, cpg 848): 26 Strr. in 7 Tönen (= Lied III–IX); G (München, cgm 19): 8 Strr. in 2 Tönen (= Lied I–II). Die 1. Str. von Lied IX ist in C auch unter dem Namen → Rubin und Rüdeger überliefert, in A unter → Gedrut.

Ausgaben. Die 1. krit. Ausg. der Lieder erschien 1833 in LACHMANNS W. v. E.-Ausg., S. 3–10: Lied I–VIII; Lied IX in der Vorrede, S. XII. — Heute maßgebende Ausgaben: ²KLD I 596–604 (Text); II 646–707 (Komm.); P. WAPNEWSKI, Die Lyrik W.s v. E., 1972 (zit.); MF Neuausg., ³⁸1988, I 436–451 (Text); II 116–119 (Komm.).

Echtheit. LACHMANN hat Nr. VIII und IX für unecht erklärt; die Forschung ist ihm durchweg gefolgt; nur für Str. 1–3 von Lied VIII wurde Echtheit erwogen. MOSER/TERVOOREN (MF Neuausg.) lassen die Frage der Echtheit mit Recht offen.

2. Tagelieder und Minnelieder. 5 der 9 Lieder sind Tagelieder. In allen 5 Liedern tritt ein Wächter auf oder wird genannt; daher Wächtertagelieder. Der Wächter ist als Vertrauter der Liebenden gedacht. Der Liedtypus des höfischen Tagelieds mit der Wächtergestalt stammt aus der provenzal. Trobadorlyrik ('Alba'). Direkte rom. Vorbilder sind jedoch nicht nachweisbar, auch keine Beziehungen zu den älteren dt. Tageliedern von → Dietmar von Aist und → Heinrich von Morungen. W. v. E. scheint das Wächtertagelied in Deutschland eingeführt zu haben (die zeitliche Priorität der Lieder → Ottos von Botenlauben und des Markgrafen von → Hohenburg ist nicht erweislich). 4 Lieder variieren einen gemeinsamen Grundtyp: Morgenanbruch, Weckruf, Trennungsklage, letzte Vereinigung der Liebenden, Abschied. Der Umfang der epischen Partien und die Sprecherrollen wechseln. Das 5. Lied (*Der helnden minne ir klage* Nr. IV) nimmt eine Sonderstellung ein: der Wächter wird aufgefordert, abzutreten; er ist überflüssig, wenn die Liebenden ein Ehepaar sind. Das Lied stellt die konstituierenden Elemente des Tagelieds in Frage.

Die übrigen 4 Lieder sind Minnelieder, Werbungslieder im Stil des hohen Sangs, die sich vor allem durch ihre originelle Bildersprache auszeichnen.

3. Wirkung. Die Tagelieder W.s v. E. hatten einen großen Einfluß auf die Lyrik der folgenden Zeit. Der von W. geschaffene Typ des Wächtertagelieds ist häufig nachgeahmt, variiert und umgebildet worden. Nachwirkungen sind noch in den anonymen Tageliedern des 15. Jh.s ('Liederbuch' der Klara → Hätzlerin) zu finden.

Die Meistersinger zählten W. zu den 12 Begründern ihrer Kunst und verbanden mit seinem Namen mehrere Töne; vgl. Wolf → Rone.

III. 'Parzival'.

1. Überlieferung. Vom 'Pz.' sind mehr als 80 Textzeugen bekannt: 16 (mehr oder weniger) vollst. Hss. (wenn man die Hs. $G^{\delta\delta}$ mitzählt, deren 'Pz.'-Teil verloren ist), 1 Druck (Straßburg 1477) und mindestens 66 Frgm.e. Kurze Beschreibung der Hss. von E. HARTL in der Vorrede zur 7. Ausg. von LACHMANNS W.-Edition, 1952, S. XLIV ff. Sorgfältige Beschreibung der Fragmente von G. BONATH / H. LOMNITZER, in: Stud. zu W. v. E., Fs. W. Schröder, 1989, S. 87–149, mit Hinweis auf 3 weitere Frgm.e. Zuletzt: H. BECKERS, Neues zur Pz.-Überl. aus Westfalen. Zwei Neufunde (F 68, F 45 A) und eine Wiederentdeckung (F 21 B), in: W.-Stud. 14, 1996, S. 391–404.

Die 'Pz.'-Überl. beginnt in der 1. H. des 13. Jh.s (Fr. 14, 23, 26, 55, 65, Zählung nach BONATH / LOMNITZER) und reicht bis in die Zeit um 1500. Von den vollst. Hss. stammen 5 aus dem 13. Jh., 4 aus dem 14. Jh., 7 aus dem 15. Jh. Von den Frgm.en werden die meisten ins 13. Jh. oder in die Zeit um 1300 datiert. Rund ¾ der Textzeugen sind obd., zu gleichen Teilen bair. und alem. (oder aus den bair.-alem. Grenzgebieten), die übrigen md., vom Ripuarischen (G^μ) bis zum Böhmischen (Fr. 40). Mehrere Frgm.e sind von nd. Schreibern geschrieben (Fr. 28, 45, 51, 62). Kein anderes höfisches Epos hat eine so weite Verbreitung gefunden.

6 vollst. Hss. sind mit Bildern geschmückt; darunter 2 Hss. des 13. Jh.s (G: 2 Bildbll. mit 12 Bildern; G^k: 1 Doppelbild; Platz für mehr als 100 Bilder ist ausgespart). 3 Bilder-Hss. stammen aus der Werkstatt Diebold Laubers (15. Jh.) (m, n, o). Das gesamte Bildmaterial ist hg. von B. SCHIROK (Litterae 67), 1985.

Die Überl. teilt sich in 2 Fassungen: *D und *G, benannt nach den Leithss.: D = St. Gallen, Stiftsbibl., cod. 857, S. 5–288 (Sammelhs., enthaltend: 'Pz.', →'Nibelungenlied' und 'Klage', →Strickers 'Karl', W.s v. E. 'Wh.', um oder nach Mitte 13. Jh.); G = München, cgm 19, f. 1–70 (enthaltend: 'Pz.', 'Tit.', Lied I–II, Mitte 13. Jh.). Von D und G gibt es Faksimile-Ausg.n: D [nur der 'Pz.'-Teil], hg. v. B. SCHIROK (Litterae 110), 1989; G, Farbfaks., dazu Begleitbd. mit Transkriptionen v. G. AUGST / O. EHRISMANN / H. ENGELS, 1970. Abb. des Prologs nach allen Hss. v. U. ULZEN (Litterae 34), 1974.

Zur Fassung *D gehören 4 vollst. Hss. (D, m, n, o) und 10 Frgm.e; zur Fassung *G 12 vollst. Hss., der Druck von 1477 und 39 Frgm.e (die übrigen Frgm.e lassen sich nicht sicher einer Fassung zuordnen). Von der *D-Fassung stammen 1 vollst. Hs. (D) und 1 Frgm. (Fr. 14) aus dem 13. Jh., von der *G-Fassung 4 vollst. Hss. (G, G^k, G^m, G^n) und 37 Frgm.e.

Im Mittelteil der Dichtung (Buch VIII–XI) unterscheiden sich die Fassungen *D und *G kaum. Der Grund dafür ist unbekannt.

Das textkrit. Verhältnis der beiden Hauptfassungen zueinander ist verschieden beurteilt worden. LACHMANN hielt *D und *G für gleichwertig. Später glaubte man, die Überlegenheit von *D nachweisen zu können. Heute findet LACHMANNS Ansicht wieder Zustimmung.

Ausgaben. Die grundlegende krit. Ausg. von K. LACHMANN, W. v. E., Berlin 1833, ⁶1926, ⁷1952, bearb. v. E. HARTL, ist bis heute unersetzt. Wegen der Kritik, die HARTLS Textrevision in der 7. Aufl. gefunden hat, wird heute die 6. Aufl. von 1926 nachgedruckt. LACHMANN kannte 7 vollst. Hss., den Druck von 1477 sowie 9 Frgm.e. Als Leiths. wählte er die Hs. D. Im krit. Apparat sind die Abweichungen von D sowie die Laa. von G und der Fragmente E (Fr. 17) und F (Fr. 18) verzeichnet. Die Laa. der übrigen Hss. sind nur mit Gruppensiglen (d, dd, g, gg) angegeben.

Spätere Ausg.n (alle ohne krit. Apparat) von K. BARTSCH (1870–1871, ⁴1927–1932, bes. v. M. MARTI; P. PIPER (1890–1893); E. MARTIN (1900); A. LEITZMANN (1902–1903, ⁶⁻⁷1961–1965). Einen erheblichen Fortschritt brachte E. NELLMANNS Ausg. in der Bibl. dt. Klassiker (1994, ohne krit. Apparat) (zit.): NELLMANN hat LACHMANNS Text an mehr als 300 Stellen revidiert. Seine Besserungen wurden übernommen und durch eigene Korrekturen ergänzt von B. SCHIROK in seinem Nachdruck von LACHMANNS 'Pz.'-Text, 1998. Eine neue krit. Ausg., die die Laa. vor allem der älteren Hss.

ausführlich dokumentiert und die außerdem die Unterschiede zwischen den Fassungen *D und *G deutlich sichtbar macht, ist ein Desiderat.

Übersetzungen. Neuere Versübers.n v. W. Mohr (1977) und D. Kühn (1986, rev. in der Ausg. Nellmanns 1994); neuere Prosaübers.n v. W. Spiewok (1977) und P. Knecht (1993, wieder in der Ausg. Schiroks 1998). Eine gute engl. Übers. stammt von A. T. Hatto (Penguin Classics, 1980).

2. Inhalt. (Gahmuret-Vorgeschichte, Buch I–II): Gahmuret, der jüngere Sohn König Gandins von Anschouwe, zieht in den Orient, bewährt sich im Dienst des Baruc, befreit in Zazamanc die Königin Belakane aus einer militärischen Notlage, heiratet sie und verläßt sie wieder vor der Geburt ihres Sohnes Feirefiz. In Waleis nimmt er an dem Turnier vor der Stadt Kanvoleiz teil, das die Königin des Landes, Herzeloyde, veranstaltet. Gahmuret bleibt Sieger und sieht sich plötzlich zwischen drei Frauen: Herzeloyde beansprucht den Turniersieger als Ehemann; die Königin Ampflise von Frankreich will ihn ebenfalls heiraten, während Gahmuret sehnsüchtig an seine heidnische Ehefrau Belakane denkt. Ein Richterspruch zwingt Gahmuret, Herzeloyde zu heiraten. Die Ehe ist kurz: auf einer erneuten Orientreise fällt Gahmuret im Kampf.

(1. Parzival-Partie, Buch III–VI): Nach der Geburt ihres Sohns Parzival zieht Herzeloyde in die Wildnis von Soltane, wo Parzival ohne Kenntnis seines Namens und seiner Abkunft und ohne ritterliche Erziehung aufwächst. Die zufällige Begegnung mit vier Rittern im Wald weckt seinen Wunsch, selber Ritter zu werden. Die Mutter steckt ihn in Torenkleider in der Hoffnung, daß er, von der Welt verspottet, zu ihr zurückkehrt. Als er aufbricht, fällt Herzeloyde tot um. Auf einer Waldlichtung findet Parzival die Herzogin Jeschute schlafend in einem Zelt und raubt ihr Kuß und Ring, was zur Folge hat, daß Jeschute von ihrem Ehemann des Ehebruchs verdächtigt und schlimmen Erniedrigungen und Entbehrungen ausgesetzt wird. Als nächstes begegnet Parzival seiner Cousine Sigune, die ihren soeben erschlagenen Geliebten in den Armen hält; von ihr erfährt er seinen Namen. Am Artushof tötet er den Roten Ritter Ither und legt dessen Rüstung an. Von Gurnemanz wird er ritterlich erzogen. In Belrapeire heiratet er die Königin Condwiramurs. Nach kurzer Zeit bricht er wieder auf, um seine Mutter wiederzusehen und um Abenteuer zu bestehen. Er kommt nach Munsalvaesche, wo er den wunderbaren Aufzug des Grals erlebt; er versäumt es jedoch, die Frage zu stellen, durch die der kranke Gralkönig hätte erlöst werden können. Anschließend trifft Parzival Sigune wieder, von der er erfährt, was in Munsalvaesche auf dem Spiel stand. Bei der Wiederbegegnung mit Jeschute muß Parzival begreifen, wieviel Leid sein törichtes Verhalten der Herzogin eingebracht hat; er kann sie jedoch mit ihrem Gatten versöhnen. Dann gelangt er zum zweiten Mal zum Artushof und erlebt mit der feierlichen Aufnahme in die Tafelrunde den Höhepunkt seiner Ritterlaufbahn. Wie fragwürdig dieser Triumph ist, wird deutlich, als die Gralbotin Kundrie erscheint, die Parzival öffentlich verflucht, weil er in Munsalvaesche die Erlösungsfrage nicht gestellt hat. Außerdem weist sie die Gralritter auf das Abenteuer von Schastel marveile hin. Anschließend erscheint der Landgraf Kingrimursel, der Gawan einer unehrenhaften Tat beschuldigt und ihn zum Zweikampf nach Schampfanzun einlädt. Parzival und Gawan verlassen den Artushof.

(1. Gawan-Partie, Buch VII–VIII): Auf dem Weg zum Gerichtskampf in Schampfanzun kommt Gawan nach Bearosche, wo Fürst Lippaut gerade von seinem Lehnsherrn, König Meljanz von Liz, angegriffen wird, weil Lippauts Tochter Obie sich der Liebeswerbung des Königs versagt hat. Gawan läßt sich von Obies Schwester Obilot überreden, als ihr Ritter am Kampf teilzunehmen. Er bleibt Sieger; und es gelingt ihm, sowohl den politischen Konflikt als auch den Liebesstreit zu schlichten. – In Schampfanzun beginnt Gawan ein Liebesverhältnis mit Antikonie, König Vergulahts Schwester, wird aber dabei ertappt und muß sich mit einem Schachbrett gegen die aufgebrachte Menge verteidigen. Auch König Vergulaht greift gegen ihn zum

Schwert. Das führt, wie in Bearosche, zu einer Auseinandersetzung zwischen dem König und seinen Fürsten: Landgraf Kingrimursel, der Gawan freies Geleit zum Gerichtskampf zugesichert hatte, stellt sich auf Gawans Seite gegen seinen König. Der Gerichtskampf wird verschoben, und Gawan kann die Stadt unbehindert verlassen.

(2. Parzival-Partie, Buch IX): Parzival hat 5 Jahre lang vergeblich nach dem Gral gesucht. Die dritte Begegnung mit Sigune und das Zusammentreffen mit dem Grauen Ritter, der die Heiligkeit des Karfreitags mit einer Bußfahrt ehrt, kündigen eine Wende zum Guten an. Parzival gelangt zu dem Einsiedler Trevrizent, dem Bruder seiner Mutter, der ihn über Gott belehrt und der Parzivals bisheriges Leben unter religiösen Gesichtspunkten neu bewertet. Parzival hat 'zwei große Sünden' (499,20) begangen: er hat den Tod seiner Mutter verursacht, und er hat in Ither einen Verwandten getötet. Daß er auf der Gralburg die Erlösungsfrage nicht gestellt hat, wird von Trevrizent ebenfalls als 'Sünde' gewertet (501,5). Von Trevrizent erfährt Parzival Genaueres über seine mütterliche Verwandtschaft; und er erfährt, welche religiöse Bedeutung der Gral hat und daß der Gralkönig an einer von Gott verhängten Sündenstrafe leidet. Als innerlich Gewandelter bricht Parzival auf.

(2. Gawan-Partie, Buch X–XIV): In Logroys trifft Gawan die Herzogin Orgeluse und bewirbt sich ritterlich um ihre Gunst. Er besteht das Abenteuer von Schastel marveile, wo König Artus' mütterliche Verwandte von dem Zauberer Clinschor gefangen gehalten wurden. Mit seiner Bereitschaft, gegen König Gramoflanz zu kämpfen, der Orgeluses ersten Mann getötet hat, gewinnt er die Liebe der Herzogin. Der Zweikampf soll bei Joflanze stattfinden; dazu wird auch König Artus eingeladen. Auf dem Hoffest vor Joflanze gelingt es Artus mit Gawans Hilfe, die Feinde zu versöhnen und die Konflikte unblutig zu lösen.

(3. Parzival-Partie, Buch XIV–XVI): Nur einen Tag später als Gawan kehrt Parzival in den Artuskreis zurück, aber an der Freude des Hoffests hat er keinen Anteil. Er bestreitet drei ritterliche Kämpfe, die alle drei auf Mißverständnissen beruhen: erst gegen Gawan, dann gegen Gramoflanz und schließlich gegen seinen Bruder Feirefiz, der hier zum ersten Mal auftritt. Feirefiz ist ein berühmter Minne-Ritter und ein großer König geworden und ist in den Westen gekommen, um seinen Vater zur Rechenschaft zu ziehen. Durch Gottes Eingreifen wird ein Brudermord verhindert. Die Gralbotin Kundrie verkündet Parzivals Berufung nach Munsalvaesche. Parzival wird Gralkönig, Anfortas geheilt. Auch Condwiramurs kommt nach Munsalvaesche. Sigune wird in ihrer Klause tot aufgefunden und neben ihrem Geliebten bestattet. Feirefiz läßt sich taufen, heiratet die Gralträgerin Repanse de Schoye und kehrt mit ihr nach Indien zurück, wo Repanse einen Sohn gebiert, der später *priester Jôhan* (822,25) genannt wird. Die Dichtung endet mit einem Ausblick auf die Geschichte von Parzivals Sohn Loherangrin: er kommt als Gralritter nach Brabant, heiratet dort die Landesherrin, hat Kinder mit ihr, muß sie jedoch wieder verlassen, als er nach seiner Herkunft gefragt wird.

3. Aufbau. LACHMANN hat den 'Pz.' in 16 Bücher eingeteilt, den Groß-Initialen in der Hs. D folgend. Einige Initialen, durch die die szenenreichen Bücher III, V und IX weiter untergliedert werden, hat LACHMANN unberücksichtigt gelassen. Ob die Gliederung in D auf den Dichter zurückgeht, ist unsicher. Die Hss. weichen in der Initialensetzung z. T. erheblich voneinander ab.

In den meisten Hss. begegnen Klein-Initialen, die ab Buch V regelmäßig alle 30 Verse gesetzt sind. In den Büchern I–IV wechseln die Dreißiger mit kürzeren und längeren Abschnitten. Die Dreißiger lassen sich z. T. als kompositorische Einheiten verstehen, z. T. nicht. Ob sie vom Autor stammen oder von einem Redaktor, ist nicht zu entscheiden.

Der Aufbau der Dichtung wird durch den Wechsel der Handlungsträger bestimmt. Der 'Pz.' hat zwei Helden, Parzival und Gawan, deren Geschichten ineinander verschachtelt sind. Der Doppelroman wird eingerahmt von der Geschichte von Parzivals Vater Gahmuret am Anfang und der Geschichte von Parzivals Bruder Feirefiz am Schluß. Durch diesen Rahmen, der inhaltlich durch die Orientmotive gekennzeichnet ist, wird der Aspekt der Familiengeschichte verstärkt. Die drei Parzival-Partien lassen sich als Stationen eines inneren Weges verstehen. In der 1. Partie wird aus dem jungen Toren ein vorbildlicher Ritter; in der 2. Partie wird der Sünder auf den Weg der Buße und Gnade geführt; in der 3. Partie wird der Artusritter zum Gralkönig. Aus der Sicht Trevrizents berichtet die 1. Partie von Parzivals Versündigung und Verfehlung; die 2. Partie handelt von seiner religiösen Umkehr; in der 3. Partie wird erzählt, wie er zur Gnade gelangt.

Weniger deutlich ist der Zusammenhang der Gawan-Partien. Gawan begegnet 3 Frauen: Obilot in Bearosche, Antikonie in Schampfanzun, Orgeluse in Logroys. Dargestellt werden drei extreme Formen der höfischen Liebe. Auf allen drei Stationen ist die Liebesgeschichte in politische Konflikte eingebunden, die die Handlung bestimmen. Dabei geht es immer um das Thema der Konfliktbewältigung; Gegensätze zu überwinden und Feinde zu versöhnen, ist Gawans wichtigste Leistung.

4. Thematische Schwerpunkte.
a. Religiöse Motive. Anders als in den übrigen Artusromanen spielen im 'Pz.' religiöse Motive eine große Rolle. Früher hat man das ganze Werk von der Sündenthematik her interpretiert ('Primat des Religiösen', SCHWIETERING, 1944/46). Heute betont man das Neben- und Miteinander verschiedener thematischer Schwerpunkte. Die Sündendarstellung folgt dem Prinzip der nachträglichen Erhellung. Als Parzival die Mutter verläßt und als er Ither tötet, ist von Sünde nicht die Rede. Erst im 9. Buch erfährt er von Trevrizent, daß dies die 'zwei großen Sünden' (499,20) sind, die auf ihm lasten. Auch das Frageversäumnis in Munsalvaesche wird nachträglich von Kundrie (316,23) und Trevrizent (501,5) als Sünde interpretiert. Es sind unbewußte und ungewollte Sünden, die Parzival an seinen Verwandten begeht. Parzival selber ist sich nur einer Verfehlung bewußt: der Auflehnung gegen Gott, als Reaktion auf die Verfluchung durch Kundrie. Parzival hat 5 Jahre lang keinen Gottesdienst besucht.

Die Bemühungen um eine theologische Interpretation der Sündenthematik haben nicht zu gesicherten Ergebnissen geführt. Besser begreift man die Sündendarstellung im 'Pz.' als Ausdruck laientheologischen Denkens. Daß Parzivals Handlungen erst nachträglich als Sünden interpretiert werden, läßt erkennen, daß die Wahrnehmung der Sünden von der Perspektive abhängt, unter der die Handlung betrachtet wird. Die unterschiedliche Bewertung von Parzivals Verfehlungen durch Sigune, Kundrie und Trevrizent weist in dieselbe Richtung. Bis vor kurzem hat die 'Pz.'-Forschung Trevrizents Perspektive für die verbindliche Autorperspektive gehalten. Heute werden Zweifel laut, die sich u. a. auf Trevrizent selbst berufen: am Schluß bekennt er, in einem wichtigen Punkt seiner theologischen Belehrung 'gelogen' zu haben (*ich louc* 798,6).

b. Der Gral. Im 5. Buch, bei Parzivals erstem Besuch in Munsalvaesche, erscheint der Gral als ein Wunderding mit magischen Kräften. Im Mittelpunkt steht das Speisewunder. Im 9. Buch erklärt Trevrizent die 'Geheimnisse des Grals' (452,30). Danach ist der Gral ein Edelstein, der seine übernatürliche Kraft einer Oblate verdankt, die jedes Jahr am Karfreitag von einer Taube aus dem Himmel gebracht wird. Von Zeit zu Zeit erscheint eine Schrift auf dem Gral, die den Willen Gottes kundtut. Im 16. Buch erfährt man, daß der Gral in einem Tempel aufbewahrt und bei der Taufe von Heiden benutzt wird. Das Gralkönigtum ist in der Titurelfamilie erblich. Da Anfortas kinderlos bleibt, ist Parzival der einzige männliche Erbe. In Munsalvaesche leben Ritter (= Templeisen) und adlige Jungfrauen, denen geschlechtliche Liebe verboten ist, die aber außerhalb von Munsalvaesche heiraten dürfen. Nur der Gralkönig hat in Munsalvaesche eine Ehefrau, die ihm von Gott benannt wird.

c. Liebe und Ehe. Die Liebes- und Ehethematik verbindet die verschiedenen Teile der Dichtung miteinander. Überall begegnen dieselben Konstellationen: Liebe und Tod, Liebe und Haß, Liebe und Krieg, Liebe und Gewalt. Überall gibt es verzerrte und verkehrte Formen der Liebe, die sich zerstörend auf die Menschen und die ganze Gesellschaft auswirken. In mehreren Minne-Exkursen (291,1–292,16; 532,1–534,8; 585,5–587,14) beklagt der Erzähler den zerstörenden Einfluß der Liebe und stellt dagegen eine Liebe, die auf *triuwe* gegründet ist: *reht minne ist wâriu triuwe* (532,10). Was 'rechte Liebe' ist, soll offenbar an der Liebe Gawans zu Orgeluse, an Parzivals Ehe mit Condwiramurs und an dem Liebesbund Sigunes mit dem toten Schionatulander abgelesen werden. Bewahrende eheliche Liebe ist nicht nur Unterpfand persönlichen Glücks, sondern auch Grundlage eines harmonischen gesellschaftlichen Zusammenlebens. Dagegen führt der Ehebruch Clinschors mit der Königin Iblis und die 'unreine' Liebe des Gralkönigs Anfortas zu Orgeluse zu einer Lähmung des gesamten gesellschaftlichen Lebens. Die Reintegration der Gesellschaft von Schastel marveile im 13. Buch läßt erkennen, daß dem Geschlechterverhältnis grundlegende Bedeutung in der höfischen Gesellschaft zukommt.

d. Gesellschaft. Im 'Pz.' sind zwei Gesellschaftskreise dargestellt: die Artusgesellschaft und die Gralgesellschaft, die in einem Parallel-, Ergänzungs- und Kontrastverhältnis zueinander stehen. Der wichtigste Unterschied ist, daß die Gralgesellschaft unter Gottes unmittelbarer Leitung steht und daß ihren Mitgliedern das ewige Heil in Aussicht gestellt ist. Die Gralgesellschaft ähnelt in Einzelheiten den religiösen Ritterorden. Beide Gesellschaftskreise im 'Pz.' sind gestört und erlösungsbedürftig. Die Erlösung der Gralgesellschaft vollbringt Parzival durch die Heilung des Königs; die Erlösung der Artusgesellschaft wird von Gawan und König Artus vollbracht: mit der Rückführung der Gesellschaft von Schastel marveile in den Artuskreis und mit der Überwindung der Konflikte zwischen Orgeluse und Gramoflanz auf dem Friedensfest vor Joflanze.

Die meisten Probleme werden im 'Pz.' auf zwei Ebenen diskutiert: unter religiösen Gesichtspunkten in den Parzival-Büchern, unter weltlich-höfischen in den Gawan-Büchern. Dabei kommt es zu irritierenden Verschiebungen der Perspektive: was in der Artusgesellschaft ein Anzeichen krisenhafter Störung ist – die Tötung der Gegner im Kampf –, ist in der Gralgesellschaft die Regel ('Sie nehmen von niemand *sicherheit* an' 492,8). Noch gravierender ist die unterschiedliche Bewertung der Liebe zwischen Mann und Frau: in Munsalvaesche ist diese Liebe verboten; in der Artusgesellschaft erweist sie sich als Fundament einer dauerhaften Ordnung.

e. Verwandtschaft. Die zwei Gesellschaftskreise werden von zwei Großfamilien repräsentiert: von der Familie der Gralkönige, die bis zu Titurel zurückreicht, und von der Familie von König Artus, die auf den Stammvater Mazadan zurückgeführt wird. Die beiden Großfamilien treffen genealogisch in Parzival zusammen, der väterlicherseits von Mazadan, mütterlicherseits von Titurel abstammt. Das doppelte Erbe bestimmt sein Wesen. Ungewöhnlich ist das Gewicht, das im 'Pz.' der mütterlichen Verwandtschaft zuerkannt wird. Während die patrilineare Generations- und Herrschaftsfolge im 'Pz.' auffällig oft gestört ist, erweist sich das mütterliche Erbe als entscheidend für Parzivals Identität. Mitglieder seiner mütterlichen Familie, vor allem Sigune und Trevrizent, weisen ihm den Weg zur Selbsterkenntnis. Zum mütterlichen Erbe gehören *triuwe* und *diemüete*, aber auch die Anfälligkeit für die Ursünde der Menschheit und ebenso die Gnadenfülle, die Gott den von ihm Erhobenen zuteil werden läßt.

Verwandtschaft ist im 'Pz.' nicht nur Familienverwandtschaft, sondern auch Menschheitsverwandtschaft. Die Abstammung aller Menschen von Adam und Eva wird hauptsächlich unter dem Gesichtspunkt der Sündhaftigkeit gesehen: 'Die Verwandtschaft ist ein Wagen der Sünde' (*diu sippe ist sünden wagen* 465,5), auf dem die Erbschuld von Generation zu Generation weiterbefördert wird. In seiner Interpretation des Sündenfalls stellt Trevrizent nicht die Frucht vom Baum der Erkenntnis in den Mittelpunkt, sondern den Brudermord Kains an Abel. Mit der Tötung seines 'Bruders' Ither (beide gehören zur Mazadan-Familie) hat Parzival die Untat Kains wiederholt: so scheint jedenfalls Trevrizent Parzivals Sünde zu deuten.

K. BERTAU und E. SCHMID haben darauf aufmerksam gemacht, daß die verschiedenen Verwandtschaftsverhältnisse im 'Pz.' auffällig ungleichgewichtig sind. Während das Vater-Sohn-Verhältnis als belastet dargestellt wird (Gahmuret-Feirefiz) oder ganz ausgeblendet ist (Anfortas hat keinen Sohn; König Artus und Gurnemanz haben ihre Söhne früh verloren; Parzival wächst ohne Vater auf), erweist sich das Mutter-Sohn-Verhältnis als lebensbestimmend (Herzeloyde-Parzival). Auch das Vater-Tochter-Verhältnis ist meistens positiv gestaltet (Gurnemanz-Liaze, Lippaut-Obilot). Problematisch sind dagegen alle Geschwisterbeziehungen, besonders das Verhältnis von Brüdern (Galoes-Gahmuret, Parzival-Feirefiz), aber auch das von Schwestern (Obie-Obilot) wie das von Bruder und Schwester (Orilus-Cunneware, Vergulaht-Antikonie, Gawan-Itonje). Neben der Mutter-Sohn-Beziehung ist das Verhältnis zwischen Mutterbruder und Schwestersohn von besonderer Bedeutung (Trevrizent-Parzival, Anfortas-Parzival, Artus-Gawan). Diese verschiedenen Gewichtungen sind wohl nicht nur als ethnologische Konstanten zu verstehen, sondern sie bezeugen auch, daß W. v. E. sich mit den Verwandtschaftsauffassungen seiner Zeit kritisch auseinandergesetzt hat.

5. Erzählstil und Poetik. Poetologische Zwischenbemerkungen und Exkurse (Prolog, 1,1–4,26; Selbstverteidigung, 114,5–116,4; Bogengleichnis, 241,1–30; Aventiuregespräch, 433,1–434,10) erläutern die Erzählform der Dichtung. Die Aussagen sind bildhaft und mehrdeutig. Sie zielen auf ein haken- und bogenschlagendes Erzählen, das nicht dem rhetorischen Ideal der Klarheit und Ebenmäßigkeit verpflichtet ist, sondern mit überraschenden Wendungen, Brüchen, gegensätzlichen Bewegungen und Widersprüchen arbeitet. Neu ist der Begriff der *krümbe* ('Krummheit'), als Gegenprogramm zum Ideal der *ebenen rede* bei den rhetorisch geschulten Epikern. Am Bild der geraden Sehne am krummen Bogen, die zum Winkel angezogen werden muß, wenn damit geschossen werden soll (241,17 ff.), wird in paradoxem Gedankenspiel ein Erzählen erläutert, das Bögen schlägt und trotzdem gerade ist. Der 'krumme' Stil (*mîn tiutsche ist etswâ doch sô krump* Wh. 237,11) verwirklicht sich in einem unruhigen, sprunghaften Erzählen, das den Erzählfluß immer wieder aufbricht, sprachliche Bilder häuft und verschränkt, witzige Bemerkungen einstreut, Fernes und Nahes miteinander verbindet und die Zuhörer durch ausgefallene Wörter und Wendungen überrascht.

Im Prolog nehmen poetologische Fragen und Aussagen über die eigene Dichtung einen wichtigen Platz ein. Im 'Elsterngleichnis' (1,1–14) wird das Programm einer neuen Menschendarstellung entwickelt: es soll nicht um die vollkommen Guten und die ganz Schlechten gehen, sondern um die Elsternfarbenen, in denen sich Gutes und Schlechtes mischt. An Gahmuret und Herzeloyde wird dieses Programm erprobt. An Parzival, der in Sünde fällt und doch der Gnade teilhaftig wird, wird es breit ausgeführt. Im Prolog wird vom Helden gesagt: kühn war er von Anfang an, weise ist er nur allmählich geworden (*er küene, traecliche wîs* 4,18): das weist auf den quälenden Prozeß der Selbstfindung voraus, der den inneren Zusammenhang der Parzivalhandlung bildet. Die meisten Figuren im 'Pz.' sind widersprüchlich angelegt. Dem entspricht die Erzähltechnik. Im Prolog wird mit Bildern aus der Turniersprache umschrieben, wie diese Technik verwirklicht ist: 'Mal flieht sie [die Geschichte], mal stürmt sie nach vorn, sie zieht sich zurück, sie kehrt sich um' (2,10–11) (Übers. P. KNECHT).

Die ganze Dichtung ist mit einem Netz von Anspielungen und Querverweisen überzogen, durch die die verschiedenen

Teile der Handlung miteinander verbunden sind. Dieselben Motive begegnen in verschiedener Gestalt wieder (Verwandtentötung; Gewalt gegen Frauen); dieselben Personen treten wieder auf (zweimal trifft Parzival Jeschute; dreimal kommt er an den Artushof; viermal begegnet er Sigune); die Handlung kehrt an dieselben Orte zurück (zweimal kommt Parzival nach Munsalvaesche; zweimal ist er am Plimizoel; dreimal betritt er Trevrizents Klause). Dabei wird das, was bereits bekannt war, aus einer anderen Perspektive gesehen und rückt dadurch in ein neues Licht. Auf diese Weise werden Zusammenhänge sichtbar gemacht, aus denen sich die Bedeutung des Erzählten ergibt.

Der Regisseur dieses inszenierten Erzählens ist der 'Pz.'-Erzähler, der in der Dichtung auf ungewöhnliche Weise als Persönlichkeit hervortritt. Er erzählt nicht nur die Geschichte, sondern er bewertet und kommentiert sie zugleich aus seiner Sicht. Er sucht den Kontakt zu seinen Zuhörern, macht sie auf die Begrenztheit seiner Erzählperspektive aufmerksam und lädt sie dazu ein, sich selbst ein Bild von dem Erzählten zu machen. Wichtigstes Merkmal dieses persönlichen Erzählstils ist eine Komik, die nicht nur witzig-unterhaltsam ist, sondern häufig unpassend oder geradezu anstößig wirkt und die alles in ein Zwielicht rückt. Sie scheint darauf angelegt zu sein, die Grenze zwischen Sinn und Gegensinn verschwimmen zu lassen.

6. Quellen. Die literarische Vorlage des 'Pz.' war der 'Perceval' ('Le conte du Graal') von Chrétien de Troyes (9234 vv., unvollendet; 15 vollst. Hss., 3 Frgm.e), der um 1180–1190 im Auftrag des Grafen Philipp von Flandern († 1191) gedichtet worden ist. Im 13. Jh. entstanden mehrere Zudichtungen: zwei Prologe und vier Fortsetzungen, die zu einem Textcorpus von 60–70 000 Versen zusammengefügt wurden.

W.s v. E. Abhängigkeit vom 'Conte du Graal' ist durch wörtliche Übereinstimmungen sichergestellt. In der Handlungsführung und im Szenenaufbau ist W. v. E. der Vorlage ziemlich genau gefolgt. Einiges ist gekürzt (Parzivals Begegnung mit den Rittern im Wald), manches ausgeweitet (Parzivals Aufenthalt bei Trevrizent); selten ist eine ganze Szene übergangen (Percevals Schwertleite bei Gornemant). W. hat Figuren benannt, die bei Chrétien namenlos sind (Anfortas, Trevrizent, Herzeloyde, Sigune usw.), hat andere umbenannt (Condwiramurs heißt bei Chrétien Blancheflor); mehrere Personen sind neu eingeführt (Liaze, Liddamus, Bene usw.) oder haben einen anderen Charakter (Ither). Aus der einen Begegnung Percevals mit seiner 'leiblichen Cousine' hat W. seine vier Sigune-Szenen entwickelt, die Wendepunkte der Parzivalhandlung markieren. Die Verdoppelung des Umfangs (den 9234 Versen Chrétiens entsprechen bei W. v. E. ca. 18 000 Verse) erklärt sich nicht nur aus den epischen Anreicherungen, sondern auch aus dem veränderten Erzählstil.

Die wichtigsten Abweichungen von Chrétien finden sich in den Aussagen über den Gral und in der Darstellung der Verwandtschaft. Der Gral ist bei Chrétien eine mit Edelsteinen geschmückte, wunderbar leuchtende Schüssel, die als Hostienbehälter dient. Bei Chrétien gibt es weder die Karfreitagstaube noch die schriftlichen Botschaften auf dem Gral, die Gottes Willen verkünden. Es gibt auch keine besonderen Regeln, nach denen die Gralgesellschaft lebt. Dafür steht der Gral bei Chrétien in engster Verbindung mit der Blutenden Lanze, die zusammen mit dem Gral im 'cortège du graal' feierlich herumgetragen wird. W. v. E. hat den Gral und die Lanze getrennt; die Lanze blutet in der dt. Dichtung nicht, sondern das Blut an der Schneide stammt aus der Wunde des Anfortas. Die Funktion des Grals als magischer Speisespender fehlt bei Chrétien. Der dt. 'Pz.' teilt dieses Motiv mit anderen frz. Gralromanen.

Die mütterliche Verwandtschaft spielt bereits bei Chrétien eine wichtige Rolle. Auch die Verbindung der mütterlichen Familie mit der Sündenthematik hat W. v. E. übernommen. Dagegen wird die väterliche Verwandtschaft erst bei ihm thematisiert. Nur in der dt. Dichtung gibt es zwei große

Familienverbände, die in Parzival zusammen kommen.

Chrétiens Dichtung beginnt mit Percevals Jugend im Wald und bricht in der 2. Gauvain-Partie ab. Dem entsprechen bei W. v. E. die Bücher III—XIII. Wie die Handlung im 'Conte du Graal' weitergeführt werden sollte, ist unsicher. W.s Abschluß der Gawanhandlung weist einige Übereinstimmungen mit der 'Ersten Fortsetzung' des 'Conte du Graal' auf. Der Abschluß der Parzivalhandlung ist jedoch unabhängig von der frz. Überlieferung. Unabhängig von Chrétien ist auch die Gahmuret-Vorgeschichte (Buch I—II) und ihre Fortsetzung in der Feirefizhandlung am Schluß. Ob W. dafür eine frz. Quelle hatte oder ob er einzelne Motive aus verschiedenen frz. Epen übernommen hat, ist unsicher. Anspielungen auf Richard Löwenherz (wie mehrfach vermutet) sind nicht nachweisbar. Aus frz. Überlieferung stammt wahrscheinlich auch die Schwanrittersage, die W. für die Geschichte Loherangrins verwendet hat.

Die Quellenfrage stellt sich auch für die von Chrétien unabhängigen Gralmotive, vor allem für die Steinform des Grals und die Verbindung des Grals mit dem Orient. Es ist nicht unwahrscheinlich, daß W. v. E. dafür orient. Quellenmaterial verarbeitet hat. Es ist jedoch nicht gelungen, eine bestimmte Vorlage nachzuweisen.

Aus lat. Quellen stammen zahlreiche Namen im 'Pz.': die Schlangennamen im 9. Buch (481,8 ff.) aus dem spätantiken 'Herbarium' des Pseudo- → Apuleius (Nachtragsbd.; GROOS, 1995b); die Namen der Edelsteine im 16. Buch (791,1 ff.) aus dem Steinbuch ('De lapidibus') Marbods von Rennes (oder einem verwandten Text; vgl. auch → Volmars 'Steinbuch'; ROETHE, 1901). Aus lat. Überlieferung stammt im 'Pz.' ferner die Sage vom Zauberer Vergil (→ Vergil, F.) und die Kenntnis vom Presbyter Johannes (→ 'Priesterkönig Johannes').

W.s v. E. eigene Quellenangaben ergeben ein anderes Bild. Nach der Aussage des 'Pz.'-Epilogs hat Chrétien de Troyes die Geschichte falsch erzählt (*von Troys meister Cristjân disem maere hât unreht getân* 827,1 f.). Die *rehten maere* (827,4) seien vielmehr dem Provenzalen Kyot zu verdanken, der einen Parzival-Gral-Roman in frz. Sprache verfaßt habe und dem W. wörtlich gefolgt sei. Im Kyot-Exkurs des 9. Buchs (453,1—454,30) wird berichtet, Kyot habe eine Schrift des arab. Naturforschers Flegetanis, die von der Entdeckung des Grals berichtete, in Toledo aufgefunden und ins Lat. übersetzt; für die Familiengeschichte der Mazadan- und der Titurelsippe habe er außerdem lat. Chroniken aus Anjou benutzt. Diese Aussagen wurden von der älteren Forschung wörtlich genommen; heute werden sie meistens für eine Quellenfiktion gehalten, da sich ein Ependichter namens Kyot (Guiot) und ein zweiter frz. Parzival-Roman neben Chrétiens 'Conte du Graal' nicht haben nachweisen lassen. Ein wahrer Kern könnte in dem Hinweis auf Toledo liegen: Toledo war im 12. Jh. ein Zentrum der Übersetzungstätigkeit aus dem Arabischen und der Vermittlung arabischer Naturwissenschaft. Auch Gerhard von Cremona (dem W. v. E. die oriental. Ländernamen im 'Wh.' verdankte) hat in Toledo gearbeitet. Von daher können ferner die arabischen Planetennamen stammen (782,1 ff.), die Kundrie im 15. Buch nennt.

7. Wirkungsgeschichte. Die große Zahl erhaltener Textzeugen spiegelt die breite Wirkung des 'Pz.'. Die frühesten Reaktionen stammen von zwei Zeitgenossen: von → Wirnt von Grafenberg ('Wigalois' 6343 ff.), der für den *wîsen man von Eschenbach* (6344) Worte der Bewunderung gefunden hat (*leien munt nie baz gesprach* 6348), die später öfter zitiert wurden; und von Gottfried von Straßburg ('Tristan' 4636 ff., wenn die Polemik gegen die *vindaere wilder maere* auf W. v. E. gemünzt ist [s. o. I.2.]). Die späteren Artusromane standen alle unter W.s Einfluß. Bereits im 13. Jh. wurde der 'Pz.' weitergedichtet: in → Albrechts 'Jüngerem Titurel' und im → 'Lohengrin', im 14. Jh. in Wisse-Colins 'Nüwem Parzifal' (→ 'Rappoltsteiner Parzival'). Im → 'Wartburgkrieg' wurde W. v. E. selber zur lit. Gestalt. Im 15. Jh. wurde der 'Pz.' von Ulrich → Fue-

trer in Titurelstrophen umgearbeitet und dem 'Buch der Abenteuer' eingefügt. Die hs.liche Tradition hört um 1500 auf. 1753 erschien eine Erneuerung des 'Pz.' von J. J. BODMER; die erste vollst. Ausg. des mhd. Textes stammt von C. H. MYLLER, 1784.

IV. 'Willehalm'.

1. Überlieferung. Mehr als 70 Textzeugen: 12 vollst. Hss., 65 Frgm.e (Zählung von HEINZLE, Ausg. [ATB 108], 1994, S. IX). Jüngste Funde: K. GÄRTNER / K. KLEIN, in: W.-Stud. 14, 1996, S. 430–443; K. SCHNEIDER, in: W.-Stud. 15, 1998, S. 411–416; E. HELLGARDT, ebd., S. 417–425; CH. BERTELSMEIER-KIERST / B. SALZMANN, ebd., S. 426–438. Dazu kommen Exzerpte in der 'Weltchronik' → Heinrichs von München. Beschreibung der Hss. von W. SCHRÖDER / H. SCHANZE, Neues Gesamtverzeichnis der Hss. von W.s v. E. Wh., ZfdA 91 (1961/62) 201–226; B. C. BUSHEY, Nachträge zur Wh.-Überl., in: Stud. zu W. v. E., Fs. W. Schröder, 1989, S. 359–380; W. SCHRÖDER in der Einleitung zu seiner 'Wh.'-Ausg., S. XXI ff.

Die einzige vollst. 'Wh.'-Hs. aus dem 13. Jh. ist G (St. Gallen, Stiftsbibl., cod. 857, S. 561–691), die auch den 'Pz.', →Strickers 'Karl' sowie das → 'Nibelungenlied' u. die 'Klage' enthält (Faks.-Ausg. des 'Wh.'-Teils fehlt). Die übrigen vollst. Hss. stammen aus dem 14. Jh. (7 Hss.) und aus dem 15. Jh. (4 Hss.). Ca. 20 Frgm.e werden ins 13. Jh. datiert. Die älteste Hs. scheint Fr. 13 (München, cgm 193 I), Mitte 13. Jh., zu sein. In 8 der 12 vollst. Hss. ist der 'Wh.' zusammen mit der Vorgeschichte → Ulrichs von dem Türlin ('Arabel') und der Fortsetzung → Ulrichs von Türheim ('Rennewart') überliefert.

Repräsentativ für die 'Wh.'-Überl. sind die reich ausgestatteten, großformatigen, öfter dreispaltig angelegten, bebilderten Hss., die im Auftrag fürstlicher Besteller geschrieben wurden: Ka (Kassel, LB u. Murhardsche Bibl., 2° Ms. poet. et roman. 1): 1334 im Auftrag Landgraf Heinrichs II. von Hessen geschrieben; W (Wien, cod. 2643): 1387 im Auftrag König Wenzels geschrieben. Auch die Hs. V (Wien, cod. 2670), um 1320, ist wahrscheinlich in fürstlichem Auftrag geschrieben worden (Faks.-Ausg. mit Komm. v. H. HEGER, Graz 1974).

Die älteste Bilderhs. des 'Wh.' ist Fr. 17 (München, cgm 193 III; Nürnberg, Germ. Nationalmuseum, Kupferstichkabinett, Kapsel 1607, Hz 1104, 1105), 13. Jh. Dies ist die einzige Hs. eines höfischen Epos, deren Bilder wie in den Bilderhss. des 'Sachsenspiegels' (→Eike von Repgow) angeordnet sind: die Seiten sind vertikal gegliedert, in eine breite Bildleiste, die ca. ⅔ der Seiten füllt, und eine schmalere Textleiste. Der Text wird in vertikaler Folge fast Satz für Satz illustriert. Von Fr. 17 gibt es 2 Faks.-Ausg.n, von K. V. AMIRA (1921) und von U. MONTAG (1985).

LACHMANN hat die 'Wh.'-Überl. in 2 Gruppen geteilt, deren eine nur durch G und Fr. 28 b repräsentiert wird, während die Mehrzahl der Hss. und Frgm.e zur 2. Gruppe gehört. Die Gruppen unterscheiden sich nicht so stark wie die 'Pz.'-Fassungen *D und *G.

Ausgaben. Die krit. 'Wh.'-Ausg. von K. LACHMANN (W. v. E., Berlin 1833) blieb lange Grundlage der Textarbeit. Inzwischen gibt es 2 neue krit. Ausg.n: von W. SCHRÖDER (1978) und von J. HEINZLE (1991, mit Übers. u. Komm., zit.). Dem krit. Text aller 3 Ausg.n liegt die Hs. G zugrunde. SCHRÖDERS und HEINZLES Text unterscheiden sich von LACHMANNS Text durch den engeren Anschluß an G, wobei HEINZLE noch konsequenter verfahren ist als SCHRÖDER. HEINZLES Text ist 1994 auch in der ATB erschienen (ohne Übers. und Kommentar).

Verzeichnis der Eigennamen in W. SCHRÖDERS Ausg., S. 617–663.

Übersetzungen. Die älteren Übers.n sind ersetzt durch 2 gute neuere Übers.n: von D. KARTSCHOKE (1968, in zweisprachiger Ausg. mit LACHMANNS Text u. einem kurzen Kommentar; ²1989, mit SCHRÖDERS Text, ohne Kommentar); von J. HEINZLE (1991, in zweisprachiger Ausg. mit HEINZLES Text u. ausführlichem Kommentar).

2. Inhalt. Ein großes heidnisches Heer unter König Terramer ist in der Provence gelandet. Terramer will den Abfall seiner Tochter Arabel vom heidnischen Glauben an dem Markgrafen Willehalm von Provence rächen. Arabel hat ihren Ehemann, König Tybalt von Arabia, verlassen und ist mit Willehalm geflohen, hat sich auf den Namen Gyburg taufen lassen und hat Willehalm geheiratet. Diese Vorgeschichte wird nur mit wenigen Strichen angedeutet. Es kommt zur Schlacht auf dem Feld von Alischanz, in der das gesamte christliche Heer vernichtet wird. Die Aufmerksamkeit des Erzählers ist besonders auf Willehalms Neffen Vivianz gerichtet, der sich im Kampf vor den anderen auszeichnet, bevor er selber die Todeswunde empfängt und auf dem Schlachtfeld als Märtyrer stirbt. Der Erzengel Cherubim erscheint dem Todgeweihten; als er stirbt, entströmt seinen Wunden der Duft der Heiligkeit. Willehalm entkommt nach Oransche, wo ihn

Gyburg empfängt. Er läßt die Stadt in ihrer Obhut und reitet weiter nach Munleun, um von dem französischen König Loys, der mit Willehalms Schwester verheiratet ist, Hilfe zu erbitten. Er trifft dort seinen Vater, Graf Heimrich von Narbonne, und seine Brüder, die ihm ihre Unterstützung zusagen. Als König Loys seine Hilfe verweigert, kommt es zum Eklat: Willehalm beleidigt den König vor dem ganzen Hof und bedroht seine Schwester, die Königin. Deren Tochter Alize vermag Willehalm zu besänftigen, und schließlich gelingt es, den König zu bewegen, seinen Herrscherpflichten zu genügen. Loys bietet ein Reichsheer auf und überträgt Willehalm den Oberbefehl. Der wichtigste Helfer, den Willehalm in Munleun gewinnt, ist Rennewart, ein junger Heide von riesenhaftem Wuchs, der am Königshof als Küchenknecht Dienst tut. Das Geheimnis seiner Abkunft wird erst später gelüftet (282,19 ff.): Rennewart ist Terramers Sohn, der als Kind entführt und von Kaufleuten dem frz. König geschenkt wurde. Er wurde zunächst in Ehren gehalten und wuchs zusammen mit der Prinzessin Alize auf; weil er sich weigerte, Christ zu werden, wurde er zu Knechtsdiensten gezwungen. Seit den Kindertagen bewahrt Rennewart seine heimliche Liebe zu Alize. Er will gegen seine Verwandten und Glaubensbrüder kämpfen, weil er sich von seiner Familie verraten glaubt. Mit Rennewart kommen zugleich komisch-burleske Motive in die Dichtung: nachdem die Hofgesellschaft ihn ausgeschlossen hat, fühlt er sich am wohlsten in der Küche, wo die Köche mit ihm grobe Späße treiben, die er grausam vergilt. Vor Oransche trifft das Reichsheer mit den Truppenverbänden zusammen, die von Willehalms Vater und seinen Brüdern aufgeboten wurden. Hier begegnet Rennewart seiner Schwester Gyburg, ohne sich ihr zu erkennen zu geben. Beim Anblick der Feinde verweigern die Fürsten des Reichsheers den Kampf und ziehen ab, werden jedoch von Rennewart mit Gewalt gezwungen, auf das Schlachtfeld zurückzukehren. In der zweiten Schlacht auf Alischanz scheinen die Christen wiederum der heidnischen Übermacht zu erliegen, aber dank Gottes Hilfe und Rennewarts Heldenkraft bleiben sie schließlich siegreich. Am nächsten Tag wird Rennewart vermißt; sein Schicksal bleibt offen. Willehalm läßt die gefallenen Heidenkönige mit einer versöhnlichen Botschaft an Terramer überführen. An dieser Stelle bricht die Dichtung ab.

3. Aufbau, Prolog, Schluß. LACHMANN hat den 'Wh.' ebenso wie den 'Pz.' in Bücher und Dreißiger-Abschnitte eingeteilt. Die Bucheinteilung folgt im wesentlichen den Groß-Initialen in der St. Galler Hs. G. Auch für den 'Wh.' hat LACHMANN jedoch nicht alle Initialen der Leiths. berücksichtigt. Außerdem ist der Buchanfang bei v. 269,1 ohne hs.liche Gewähr. Die Einteilung in 9 Bücher kann daher nicht als gesichert gelten.

Die Handlung gliedert sich nach dem Kriegsgeschehen: Erste Schlacht (Buch I–II), Zwischen den Schlachten (Buch III–VI), Zweite Schlacht (Buch VII–IX). Die Partie zwischen den Schlachten ist nach den Handlungsorten Munleun (Buch III–IV) und Oransche (Buch V–VI) untergliedert. Die Buchgrenzen werden mehrmals vom Erzählfluß überspielt.

Der 'Wh.' beginnt mit einem Prolog (1,1 – 5,14), der wichtige Hinweise zum Verständnis der Dichtung gibt. Der Prolog beginnt mit einem Gebet an die Trinität (1,1 – 2,17). Dieser Anfang erinnert an das 'Rolandslied' des Pfaffen → Konrad, das ebenso beginnt. Auf diese Weise wird der 'Wh.' in einen bestimmten literarischen Zusammenhang gestellt, der nicht nur für den Inhalt prägend ist (der Heidenkrieg, von dem der 'Wh.' erzählt, ist eine Fortsetzung des Krieges von Kaiser Karl gegen den heidnischen Großkönig Baligan, von dem das 'Rolandslied' erzählt hatte); auch in der Darstellungsform knüpft der 'Wh.' an das 'Rolandslied' an (Kreuzzugsidee, Legendenmotive, Märtyrergedanke, Heiligkeitsbegriff). Es ist also kein Zufall, daß der 'Wh.' mehrfach im Anschluß an → Strickers 'Karl' (die Neubearbeitung des 'Rolandslieds') überliefert ist. Beim Vergleich wird allerdings deutlich, wie weit W. v. E. sich von der geistlichen Deutung des Kriegsgeschehens durch den Pfaffen Konrad entfernt hat.

Das Eingangsgebet stellt nicht nur einen literarischen Rahmen her, sondern weist auch auf die Erörterung religiöser Fragen im Verlauf der Dichtung (Religionsgespräch, 215,8–221,27; Gyburgs Heidentheologie, 306,29–309,30) voraus.

Von besonderem Gewicht sind die poetologischen Reflexionen, die sich an das Eingangsgebet anschließen (2,18–2,22). Wie schon im 'Pz.' distanziert der Dichter sich von der Buchgelehrsamkeit (2,19 f.) seiner Dichter-Kollegen und bekennt sich zu einer *kunst*, die im *sin* ihren Ursprung hat: *wan hân ich kunst, die gît mir sin* (2,22). F. OHLY hat *sin* als die 'Gnadengabe des inspirierenden Geistes' aufgefaßt (OHLY, 1961/62, S. 20); die neueren Übersetzungen verstehen *sin* als die künstlerische 'Einsicht' des Dichters (HEINZLE, KARTSCHOKE).

Der 'Wh.' ist ein Fragment. Die offenen Fäden der Rennewarthandlung (sein Verschwinden; sein Verhältnis zu seiner Familie, zu Alize und zu Gyburg) verlangen eine Fortsetzung. Wie diese aussehen sollte, ist unsicher. Die Vermutung, daß die Dichtung mit einer Versöhnung zwischen Christen und Heiden enden sollte, ist oft erwogen worden, bleibt jedoch ohne Gewähr. Auffällig ist, daß die Dichtung nicht mitten in einer Erzählfolge abbricht, sondern an einer Stelle, an der ein gewisses Ende erreicht war: der Handlungsbogen, der mit der Landung des heidnischen Heeres in der Provence begann, ist mit der Überführung der toten Heidenkönige zum Abschluß gelangt. Im Hinblick darauf hat E. BERNHARDT von einem 'Notdach' gesprochen.

4. Thematische Schwerpunkte. Der 'Wh.' erzählt vom Krieg zwischen Christen und Heiden. Der Krieg wird doppelt gerechtfertigt: religiös (als Kreuzzug) und politisch (als Reichskrieg). Es wird jedoch deutlich, daß beide Begründungen brüchig sind.

a. Der Kreuzzugsgedanke. W. v. E. übernimmt die traditionelle Kreuzzugsauffassung, wonach die im Kampf gefallenen Christen als Märtyrer in den Himmel kommen, während den Heiden die Hölle bestimmt ist. Priester haben vor der Schlacht Kreuze an die Ritter verteilt. Gott greift in das Schlachtgeschehen ein, indem er in der 2. Schlacht die Steinsarkophage, in denen die Toten der 1. Schlacht unversehrt liegen, auf dem Schlachtfeld verstreut und dadurch den Reiterangriff der Heiden behindert (357,16 ff.). Als Vivianz stirbt, geschieht ein Geruchswunder. Der Kreuzzug wird nirgends explizit in Frage gestellt; aber es gibt im 'Wh.' keine Kreuzzugsbegeisterung wie sonst in der Kreuzzugsdichtung. Im Gegenteil, die Darstellung ist eher geeignet, den Kreuzzugsgedanken in Frage zu stellen, schon dadurch, daß die Heiden im 'Wh.' ebenso aus religiösen Motiven kämpfen wie die Christen. Der Tod des Heidenkönigs Tesereiz (87,30 ff.) wird so geschildert, daß Anklänge an Vivianz' Märtyrertod deutlich sind. Im Widerspruch zum Kreuzzugsgedanken erklärt der Erzähler es am Schluß für eine 'große Sünde', daß die Andersgläubigen 'wie Vieh' erschlagen werden (450,15 ff.).

b. Der Reichsgedanke. Der Angriff der Heiden wird nicht nur als Bedrohung des christlichen Glaubens, sondern auch als ein Angriff auf das Römische Reich interpretiert. Terramers Ziel ist es, das Christentum zu vernichten, Rom zu erobern und selber Römischer Kaiser zu werden (393,30 ff.). Im 'Wh.' wird die hohe Würde des Römischen Kaisertums gefeiert (434,6 ff.); die erzählte Handlung zeigt jedoch ein ganz anderes Bild vom Zustand des Römischen Reichs. Loys ist ein schwacher König, der seinen Herrscherpflichten nicht genügt. Das von ihm aufgebotene Reichsheer erweist sich als unzuverlässig. Die Reichsfahne wird mit Schande bedeckt. Daß die Christen in der zweiten Schlacht siegen, verdanken sie Gottes Hilfe, dem Beistand von Willehalms Familie und vor allem dem Heiden Rennewart. Zur Relativierung des Reichsgedankens trägt auch bei, daß das heidnische Großreich, über das Terramer herrscht, genauso strukturiert ist wie das Römische Kaiserreich (434,1 ff.) und dieses an Größe weit übertrifft.

c. Das Heidenbild. Die Heidendarstellung gewinnt im 'Wh.' eine neue Qualität. Zum ersten Mal wird den Nicht-Christen eine eigene Würde zuerkannt, die sich nicht nur in ritterlicher Tapferkeit und höfischer Vorbildlichkeit bezeugt, sondern auch in der Ernsthaftigkeit ihres Glaubens und ihres Kults. Der Großkönig Terramer wird als erhabener Herrscher dargestellt. Daß er gleichzeitig ein innerlich Zerrissener (zwischen Vaterliebe und politisch-religiöser Verpflichtung) ist, zeigt eine Widersprüchlichkeit des Heidenbildes an; sie ist noch deutlicher an Rennewart zu erkennen, der sich zum Heidentum bekennt (193,19) und dennoch für die Christen den Sieg erkämpft (285,13).

Eine neue Deutung des Heidenproblems gibt Gyburg in ihrer großen Rede im Fürstenrat (306,1 ff.). Mit theologischen Argumenten begründet sie, daß nicht alle Heiden verdammt sind und daß es nicht in Gottes Absicht liegen kann, daß die Andersgläubigen unerlöst bleiben. Christen und Heiden sind Gottes Geschöpfe und in diesem Sinne auch Kinder Gottes. Ob an dieser Stelle direkt von einer Gotteskindschaft der Heiden gesprochen wird, ist in der Forschung strittig; es hängt davon ab, ob mit dem 'Vater' in v. 307,27 Gott gemeint ist oder ein gläubiger Christ. Gyburgs Aufruf zur Schonung der besiegten Feinde (306,28) kann als ein Gegenprogramm zum Krieg, auch zum Glaubenskrieg, verstanden werden.

d. Die menschlichen Bindungen. Angesichts der Schrecken des Krieges und der Fragwürdigkeit seiner religiösen und politischen Begründung stellt sich die Frage, wo der Mensch überhaupt noch Halt finden kann. Alle menschlichen Bindungen werden auf den Prüfstand gestellt; viele erweisen sich als problematisch.

Am wenigsten stabil sind die gesellschaftlichen Bindungen. Der Hof in Munleun lebt in einer Scheinwelt von Luxus und zeremoniellen Höflichkeitsformen, an der Willehalm und Gyburg keinen Anteil mehr haben. Wenn die Fürsten des Reichsheeres mit der Devise vom Schlachtfeld abrücken, sich lieber auf Turnieren und im Frauendienst bewähren zu wollen, als sich den Härten des Heidenkriegs auszusetzen (321,16 ff.; 323,17 ff.), dann geraten wichtige Aspekte des Hoflebens, die sonst im höfischen Roman zur Darstellung höfischer Vorbildlichkeit dienen, ins Zwielicht.

Auch die feudalen Bindungen sind im 'Wh.' gestört. Das wird an dem Konflikt zwischen Willehalm und dem König deutlich. Die Interessen des Reiches werden tatkräftiger von Willehalm und seinen Verwandten wahrgenommen als von dem schwachen König. Die Fürsten sind im 'Wh.' die wichtigsten Repräsentanten politischer Macht. Die Gruppe der Fürsten ist allerdings nicht einheitlich gezeichnet. Auf der einen Seite stehen Willehalm und seine Brüder, die sich durch Tatkraft und Verantwortungsbewußtsein auszeichnen; auf der anderen Seite die Fürsten des Reichsheeres, die sich wie der König der Verantwortung entziehen.

Mehr Halt vermögen die persönlichen Bindungen zu geben: Liebe, Verwandtschaft und Gottvertrauen. Auch die Liebe hat eine fragwürdige Seite, sofern sie Christen und Heiden als Motivation für kriegerisches Handeln dient. Nicht nur die Heiden, deren Anführer als exemplarische Minne-Ritter dargestellt sind, sondern auch die Christen kämpfen *nâch wîbe lôn und umb ir gruoz* (402,25). Eine eindeutig positive Bedeutung gewinnt die Liebe in der ehelichen Gemeinschaft von Willehalm und Gyburg. Ihre Liebe 'entschädigt' sie für die Verluste des Krieges (279,6 ff.) und gibt ihnen Hoffnung auf Erlösung aus den Fesseln des Leids (456,19).

Mit der Gyburggestalt hat W. v. E. das höfische Frauenbild und die Darstellung des Geschlechterverhältnisses um eine bedeutende Variante bereichert. Kennzeichnend ist die Ausweitung von Gyburgs Handlungsspielraum in traditionelle Männerrollen hinein. Gyburg steht als Kämpferin, mit erhobenem Schwert (227,13), auf der Mauer von Oransche und leitet die Verteidigung der Stadt klug und umsichtig. Ebenso ungewöhnlich ist ihr Auftreten im Fürstenrat (306,1 ff.), wo sie über Fragen spricht, die sonst von Theologen behandelt werden. Theologische Kompetenz beweist sie auch in dem Religionsgespräch mit ihrem Vater Terramer (215,10 ff.). Der Erzähler hat Gyburg am Anfang des 9. Buchs als *heilic vrouwe* angerufen (403,1), ein Prädikat, dessen genaue Bedeutung schwer zu fassen ist, das aber offenbar einen Bogen zurückschlägt zum 'heiligen' Willehalm des Prologs.

Neben der Ehe ist die Verwandtschaft die zuverlässigste Bindung. Allerdings gibt es auch in diesem Bereich Spannungen und Gefährdungen, wenn Willehalm gegen seinen Bruder Arnalt kämpft, ohne ihn zu erkennen (117,27 ff.), und noch deutlicher in Munleun, wenn Willehalm mit dem Schwert auf seine Schwester losgeht (147,15 ff.). Es zeigt sich jedoch, daß Willehalm auch in verzweifelter Lage an seinen Verwandten Beistand findet. Das Zusammenstehen der Verwandten in der Not schließt die Gefahr ein, die nächsten Verwandten zu verlieren: zu den Toten der 1. Schlacht gehören Willehalms Schwestersöhne Vivianz und Mile.

Die eheliche Liebe, der Beistand der Familie und das Vertrauen auf Gottes Gnade stützen die Hoffnung auf Erlösung in einer aus den Fugen geratenen Welt, die von den Schrecken des Krieges geprägt ist und in der die religiösen und politischen Begründungszusammenhänge ebenso fragwürdig geworden sind wie die Utopie von höfischer Vollkommenheit.

5. Quellen. Die frz. Vorlage des 'Wh.' war die Chanson de geste 'Aliscans' aus dem Epenzyklus um Guillaume d'Orange. Die frz. Wilhelm-Epik hatte einen historischen Kern: Graf Wilhelm von Toulouse hat unter Karl d. Gr. und Ludwig d. Fr. gegen die Sarazenen gekämpft, hat 793 in der Provence eine Niederlage erlitten, hat später in Spanien gekämpft und ist 812/13 im Kloster Gellone gestorben. In Südfrankreich wurde er als Heiliger verehrt (vgl. die Legende → 'Wilhelm von Aquitanien'). 'Aliscans' ist wahrscheinlich gegen Ende des 12. Jh.s entstanden; erhalten sind 13 Hss. aus dem 13. und 14. Jh. In den meisten Hss. steht 'Aliscans' zwischen anderen Wilhelm-Epen. Die Hss. weichen erheblich voneinander ab. Wie W.s Vorlage aussah, ist im einzelnen unsicher. Daher ist auch das Ausmaß seiner Bearbeitung nicht überall sicher zu bestimmen.

Wie die Überlieferung zeigt, ist 'Aliscans' in Frankreich fast immer im Zusammenhang des Wilhelm-Zyklus gelesen worden. Ob W. v. E. außer 'Aliscans' noch andere frz. Epen aus dem Zyklus gekannt hat, ist strittig. Jedenfalls muß für W. die Herauslösung aus dem Zyklus ein Hauptproblem der Bearbeitung gewesen sein. Im 'Wh.' ist die Vorgeschichte der Schlacht von Alischanz auf wenige Andeutungen reduziert, die sich nicht zu einem geschlossenen Bild runden. Die Handlungsteile, die 'Aliscans' mit den im Zyklus vorausgehenden und nachfolgenden Epen verbinden, sind in der dt. Dichtung drastisch gekürzt. Das betrifft in erster Linie die Vivianzhandlung in der Anfangspartie und die Rennewarthandlung in der Schlußpartie. Dafür ist die Rolle Willehalms stärker herausgearbeitet. Außerdem hat W. v. E. Gyburg mehr Gewicht gegeben. Neu gegenüber der Vorlage sind die beiden ehelichen Liebesszenen im 2. und im 6. Buch, ferner das Religionsgespräch zwischen Terramer und Gyburg im 5. Buch und Gyburgs große Rede im 6. Buch. Neu ist auch die höfische Gesellschaftsdarstellung und die Hofkritik sowie die Begründung des Krieges durch den Kreuzzugsgedanken und den Reichsgedanken. Ganz verändert ist die Heidendarstellung: eigene Würde besitzen die Heiden nur bei W. v. E. Auch die Problematisierung der menschlichen Bindungen hat in 'Aliscans' kein Vorbild.

W. v. E. hat im 'Wh.' auch anderes Quellenmaterial verarbeitet. KUNITZSCH, 1974, hat nachgewiesen, daß 15 oriental. Ländernamen im 2. Buch des 'Wh.' (74,3 ff.) aus der 'Klimatafel' des arab. Astronomen al-Fargani stammen, vermittelt durch die lat. Übers. von Gerhard von Cremona ('Liber de aggregationibus scientie stellarum').

6. Wirkungsgeschichte. Der 'Wh.' wurde bereits wenige Jahrzehnte nach seiner Abfassung von → Ulrich von Türheim fortgesetzt. Ulrichs 'Rennewart' (um oder

nach 1250; 36518 vv.; 42 Hss. und Frgm.e) ist fast immer im Anschluß an den 'Wh.' überliefert. Türheim erzählt nach verschiedenen frz. Epen aus dem Wilhelm-Zyklus die Geschichte von Rennewart weiter und führt die Handlung bis zu Willehalms und Gyburgs Tod im Kloster. Um 1260–70 hat → Ulrich von dem Türlin eine Vorgeschichte dazugedichtet ('Arabel', mehrere Fassungen, knapp 10 000 vv.; 27 Hss. und Frgm.e; vgl. auch die Kurzfassung → 'Leipziger Arabel'), die von Willehalms Jugend, seiner Gefangenschaft bei den Heiden und seiner Flucht mit Arabel-Gyburg erzählt. Im 15. Jh. wurde der dreiteilige Wh.-Zyklus in Prosa umgeschrieben (→ 'Willehalm' [Prosaroman])'.

Der 'Wh.' hat die dt.sprachige Legendenepik stark beeinflußt und ist auch von der späteren Weltchronistik rezipiert worden. Die größte Wirkung ging vom Prolog aus, der vielfach zitiert, nachgeahmt, paraphrasiert und auch ins Lat. übersetzt wurde.

Der lat. Text (60 Hexameter, z. T. gereimt) ist in einer lat. Sammelhs. überliefert (München, clm 12667, 42ᵛ–44ʳ; Mitte 13. Jh.), die aus dem Augustiner-Chorherrenstift Ranshofen (Oberösterreich) stammt. Es handelt sich um eine freie Übertragung des Wh.-Prologs bis v. 3,24. An einigen Stellen ist die Übersetzung für das Verständnis des dt. Textes wichtig. Eine neue Ausg. mit Übers. und eingehender Würdigung bei E. KLEINSCHMIDT, Die lat. Fassung von W.s 'Wh.'-Prolog u. ihr Überlieferungswert, ZfdA 103 (1974) 95–114.

V. Titurel.

1. Überlieferung. Die 'Tit.'-Frgm.e sind in 3 Hss. überliefert: G (München, cgm 19, f. 71–74, im Anschluß an den 'Pz.'): 164 Strr., Mitte 13. Jh.; H (→ 'Ambraser Heldenbuch', Wien, cod. Ser. nova 2663, f. 234–235, zwischen Strickers 'Pfaffen Amis' und einer Übers. des lat. Briefs des Presbyter Johannes): 68 Strr., vom Anfang bis zur Mitte des 1. Frgm.s; Anfang 16. Jh.; M (München, UB, 8° cod. ms. 154, veröff. v. W. GOLTHER, ZfdA 37 [1893] 283–288): 3 beschädigte Perg.bll., 46 Strr., z. T. stark verstümmelt; um 1300.

G und H repräsentieren 2 Fassungen, die im Textbestand und in den Laa. weit auseinandergehen; M steht dazwischen, deutlich näher bei H als bei G. H und M überliefern 11 Strr. mehr als G, von denen LACHMANN (der M noch nicht kannte) die 6 in H (z. T. auch in M) überlieferten in seinen krit. Text aufgenommen hat (sein 'Tit.'-Text zählt daher 170 Strr. gegenüber 164 Strr. in G). Die Echtheit der Plusstrr. in H und M wurde später, ohne durchschlagende Gründe, angezweifelt (vgl. HEINZLE, 1972, passim). Versuche, weitere von W. v. E. gedichtete Strr. aus dem 'Jüngeren Titurel' ('Jg. Tit.') zu erschließen, hatten keinen Erfolg.

Ausgaben. Die maßgebende krit. Ausg. stammt von K. LACHMANN (W. v. E., Berlin 1833), auf der Grundlage der Hs. G. LACHMANN hat auch mehrere Hss. des 'Jg. Tit.' benutzt. Um der metrischen Form zu genügen, ist LACHMANN öfter von der Überlieferung abgewichen. Spätere Ausg.n stammen von K. BARTSCH (1871), P. PIPER (1890), E. MARTIN (1900), A. LEITZMANN (1906), M. MARTI (1932), alle ohne krit. Apparat. Diese Ausg.n brachten keine Lösung der Textprobleme. Wichtiger ist die Ausg. von W. MOHR (1978, mit Übers.), der sich enger als LACHMANN an G anschließt, ebenfalls ohne krit. Apparat. Eine neue Ausg. müßte die Gleichwertigkeit der Fassungen *G und *H sichtbar machen und müßte außerdem die Überlieferung des 'Jg. Tit.' stärker berücksichtigen.

Eine Faksimile-Ausg. der gesamten hs.lichen Überl. stammt von J. HEINZLE (Litterae 26), 1973. In seinem Stellenkommentar zum 'Tit.' (1972) hat HEINZLE einen sorgfältigen Textabdruck aller Hss. gegeben.

Übersetzungen. Die älteren Übers.n von K. SIMROCK (1842) und A. RAPP (1925) haben nur noch hist. Wert. Eine Neubearbeitung der SIMROCKschen Übers. hat W. MOHR (1978) vorgelegt. Eine moderne Übers. fehlt. Eine Nacherzählung stammt von W. J. SCHRÖDER und G. HOLLANDT (W. v. E., Wh., Tit., 1971). Es gibt 2 neuere engl. Übers.n: von C. E. PASSAGE (New York 1984) und von M. E. GIBBS u. S. M. JOHNSON (New York–London 1988).

2. Inhalt. 1. Fragment: Der alte Gralkönig Titurel übergibt die Herrschaft an seinen Sohn Frimutel und trägt seinen Nachkommen auf, *wâre minn mit triwen* (4,4) als Familienerbe zu bewahren. Frimutels Tochter Schoysiane heiratet Herzog Kyot und stirbt im Kindbett. Ihre Tochter Sigune wächst bei Herzeloyde, der Schwester ihrer Mutter, auf. Zwischen Sigune und Gahmurets Knappen Schionatulander entsteht eine Kinderliebe von großer Intensität. Die beiden rätseln über das Wesen der Minne und gestehen sich gegenseitig ihre Zuneigung. Beide leiden unter ihrer Trennung, als Schionatulander Gahmuret

in den Orient begleitet. In dieser Zeit der Trennung bekennt Sigune ihrer Muhme Herzeloyde ihre Liebe zu Schionatulander, während dieser sich Gahmuret offenbart.

2. Fragment: Sigune und Schionatulander haben auf einer Waldlichtung ein Zeltlager aufgeschlagen. Schionatulander fängt den entlaufenen Jagdhund Gardevias ein, auf dessen langem Leitseil die Liebesgeschichte von Clauditte und Ehkunat geschrieben steht. Bevor Sigune die Geschichte zu Ende gelesen hat, entläuft der Hund. Sigune verlangt von Schionatulander, daß er ihr das Hundeseil zurückbringt, und verheißt ihm als Lohn die Erfüllung ihrer Liebe.

3. Strophenform, Aufbau. Der 'Tit.' ist das erste höfische Epos in Strophen. Die Titurelstrophe ähnelt der Nibelungenstrophe (4 zäsurierte Langzeilen), unterscheidet sich von dieser jedoch im Bau der Abverse, in der Hebungszahl und in der metrischen Form des 3. Verses (unzäsurierter Sechsheber). Ein streng durchgeführtes Strophenschema macht viele Textänderungen notwendig. Daher rechnet man heute mit variablen Strophenteilen (wechselnde Zäsuren, wechselnde Kadenzen, unzäsurierte Verse?). Wie im 'Nibelungenlied' steht im 'Tit.' am Ende der Strophe nicht selten eine düstere Vorausdeutung. Andererseits erinnert die Titurelstrophe an die Langzeilenstrophen des frühen Minnesangs. Der 'lyrische' Charakter der Titurelstrophe wird in Sigunes Liebesklage (Str. 116 ff.) besonders deutlich.

Man muß davon ausgehen, daß die Titurelstrophen mit Singstimme vorgetragen wurden. Die erhaltenen Hss. geben keine Hinweise auf die musikalische Form der Strophe. Eine Vorstellung von der Melodie könnte eine mit Noten versehene Strophe auf dem Vorsatzblatt der Wiener Hs. des 'Jüngeren Titurel' (cod. 2675) geben, die in keiner anderen Hs. überliefert ist (V. MERTENS, 1970).

Die zwei inhaltlich nicht zusammenhängenden Frgm.e waren sicherlich als Teile einer größeren Dichtung geplant. Deren Umfang und Inhalt läßt sich jedoch nicht sicher erschließen. Titurels Abschiedsrede könnte den Anfang gebildet haben. Zwischen den beiden Frgm.en fehlt mindestens Schionatulanders Rückkehr aus dem Orient. Unsicher ist, was nach dem 2. Frgm. geplant war. Sollte danach von Schionatulanders Abenteuern auf der Suche nach dem Brackenseil bis zu seinem Tod im Kampf mit Orilus erzählt werden? Und sollten dann die 4 Sigune-Szenen im 'Pz.', die von Sigunes Trauer bis zu ihrem Tod berichten, episch verbunden oder ausgeweitet werden? Sollte die Geschichte von Sigune und Schionatulander zuletzt wieder in die Geschichte der Gralkönige münden? Die ausgearbeiteten Frgm.e sind auffällig handlungsarm. Viel Raum nehmen direkte Reden (im 1. Frgm.) und das Zitat der Brackenseil-Inschrift (im 2. Frgm.) ein. Wo eine Handlung beginnen müßte, bricht das 2. Frgm. ab. Auch die Sigune-Szenen im 'Pz.' sind bewegungslose Momentbilder. Daher hat man vermutet, daß keine zusammenhängende Geschichte mit vielen epischen Details geplant gewesen sei.

Der 'Tit.' ist auf den 'Pz.' hin erzählt: die beiden Frgm.e liefern die Vorgeschichte zu den Sigune-Szenen im 'Pz.'. Dadurch, daß das Ende der Geschichte bekannt war, entsteht der Eindruck des Vorbestimmten und Schicksalhaften. Die Interpretation des 'Tit.' vom 'Pz.' her ist jedoch methodisch nicht unbedenklich.

4. Thematische Schwerpunkte.
a. *wâriu minne mit triuwen*. Titurels Vermächtnis der *wâren minn mit triwen* (4,4) weist auf das Hauptthema der Dichtung hin. In der Liebe zu Schionatulander verwirklicht Titurels Urenkelin Sigune die 'wahre, aufrichtige Liebe' in Gestalt der Kinderminne, deren Kennzeichen die Reinheit ist: 'Die erwuchs so rein, daß nichts von der Unreinheit der Welt darin zu finden war' (36,3−4). Reinheit beweist sich in der kindlichen Naivität der Liebenden, später auch in der sexuellen Enthaltsamkeit: die Liebe Sigunes und Schionatulanders findet nie eine körperliche Erfüllung. Diese reine Liebe ist − wie der Erzähler erläutert − auf Gott ausgerichtet: 'Die Liebe wohnt auf Erden; im Himmel ist sie ein reines Geleit zu Gott' (51,2). Der Weg

zu Gott führt jedoch zugleich in den Tod. Aus dem 'Pz.' ist bekannt, daß Schionatulander im Kampf um das Brackenseil fällt, und daß Sigune auf diesen Verlust mit Weltabkehr und asketischer Trauer reagiert und schließlich dem Geliebten nachstirbt. Der Schatten des Todes liegt von Anfang an über der Liebe der beiden.

b. Die Brackenseil-Inschrift. Das zentrale Motiv des 2. Frgm.s ist die Inschrift auf der Führleine des Jagdhunds Gardevias. Der Text auf der Leine erzählt nicht nur eine Liebesgeschichte, sondern enthält zugleich eine höfische Lebenslehre. Das Kennwort dafür ist der Name des Hundes Gardevias, der auf dem Brackenseil übersetzt (*Hüete der verte!* 143,4) und allegorisch ausgelegt wird: 'Wenn dies auch nur ein Hundename ist, so paßt er doch auf edle Menschen. Männer und Frauen sollen auf den rechten Weg achten; dann erfreuen sie sich im Diesseits der Gunst der Welt, und im Jenseits wird ihnen ewige Seligkeit zum Lohn' (144,2–4). Dieses Programm verwirklicht sich in der Geschichte von Ehkunat und Clauditte. Diese Geschichte scheint jedoch als ein Spiegelbild der Geschichte von Sigune und Schionatulander konzipiert zu sein; dann ist zu erwarten, daß es auch für die beiden um die Mahnung: *Hüete der verte!* gehen sollte. Für Schionatulander konnte sich die Lehre des Brackenseils in seinem ritterlichen Einsatz im Frauendienst erfüllen. Problematisch ist jedoch, wie Sigune dem Appell des Hundenamens genügen sollte. Der 'Tit.'-Text läßt das offen. Was im 'Pz.' von Sigunes Trauer erzählt wird, läßt sich nicht mehr in die Formel 'Ruhm in der Welt und Gnade vor Gott' fassen.

5. Quellen. Eine Quelle des 'Tit.' ist nicht bekannt. Die epischen Motive stammen fast alle aus dem 'Pz.'. Neu ist nur das Liebespaar Clauditte und Ehkunat, deren Geschichte auf dem Brackenseil steht. Für die Genealogie Schionatulanders hat W. v. E. frz. Überlieferungen benutzt: Schionatulander wird *der junge talfîn ûz Grâsvaldân* genannt (92,2). Den Titel *talfîn* (= Dauphin) trugen zur Zeit W.s die Grafen von Vienne, die über das Grasivaudan (östl. von Grenoble) herrschten. Ob diese Einzelheit aus einer frz. Gahmuret-Quelle stammt, ist unsicher.

6. Wirkungsgeschichte. Die geringe Zahl erhaltener 'Tit.'-Hss. ist kein Indiz dafür, daß die Dichtung wenig Verbreitung fand. Die Hss. bezeugen, daß der 'Tit.' bereits als Fragment abgeschrieben und vorgetragen wurde. Das Bedürfnis nach einer Fortsetzung erfüllte → Albrecht um 1260/70 mit dem 'Jüngeren Titurel' (6327 Strr. in der Ausg. von W. WOLF / K. NYHOLM, 1955–1995). Albrecht hat die alten Fragmente wörtlich aufgenommen und metrisch bearbeitet. Er hat im Stil und im Namen W.s v. E. (*Ich, Wolfram* 2867,1) gedichtet. Seit dem 14. Jh. galt der 'Jg. Tit.' als W.s Hauptwerk. Erst A. W. Schlegel hat erkannt, daß W. v. E. nur die 2 Frgm.e gedichtet hat.

Der 'Jg. Tit.' ist sehr reich überliefert (11 vollst. Hss., 45 Frgm.e, 1 Druck von 1477). Die Überl. teilt sich in 2 gleichwertige Fassungen (I und II), die beide unabhängig voneinander auf W.s v. E. Frgm.e zurückgegriffen haben; beide haben die Fassung *HM benutzt. – Der 'Jg. Tit.' hatte einen großen Einfluß auf die spätmal. Literatur, vor allem durch seine Strophenform: Im 'Jg. Tit.' weisen die ersten beiden Langzeilen Zäsurreime auf. Mehr als 20 Dichtungen des SpätMAs sind in der Strophenform des 'Jg. Tit.' verfaßt, darunter die 'Jagd' von → Hadamar von Laber und das 'Buch der Abenteuer' von Ulrich → Fuetrer.

Literatur.
1. Allgemeines.
a. Bibliographien u. Forschungsberichte. U. PRETZEL / W. KROGMANN, Bibliographie zu W. v. E., ²1968; J. BUMKE, Die W. v. E.-Forschung seit 1945, 1970; R. DECKE-CORNILL, W.-Bibliographie, in: W.-Stud. 10 ff., 1988 ff. [fortlaufend].
b. Gesamtdarstellungen. W. SCHRÖDER, W. v. E., in: G. E. GRIMM / F. R. MAX (Hgg.), Dt. Dichter, Bd. 1 (Reclam 8611), 1989, S. 180–216; J. BUMKE, W. v. E. (Slg. Metzler 36), ⁷1997.
c. Lit. Beziehungen. F. PANZER, Gahmuret. Quellenstudien zu W.s Pz. (HSB, 1939/40, 1), 1940; E. NELLMANN, W. u. Kyot als vindaere wilder maere, ZfdA 117 (1988) 31–67; W. SCHRÖDER, W. v. E., das Nibelungenlied u. 'Die Klage' (Ak. d. Wiss. u. d. Lit ⟨Mainz⟩, Abhh. d. geistes- u. sozial-

wiss. Kl., 1989, 5), 1989; C. Wand, W. v. E. u. Hartmann v. Aue, 1989; W. Hoffmann, Die *vindaere wilder maere*, Euph. 89 (1995) 129–150; E. Nellmann, W.s Bildung u. zum Lit.konzept des Pz., Poetica 28 (1996) 327–344.

2. Lieder. P. Wapnewski, W.s Walther-'Parodie' u. die Frage der Reihenfolge seiner Lieder, GRM 39 (1958) 321–332; ders., Wächterfigur u. soziale Problematik in W.s Tageliedern, in: K. H. Borck / R. Henss (Hgg.), Der Berliner Germanistentag, 1970, S. 77–89; ders., Die Lyrik W.s v. E., 1972; V. Mertens, Dienstminne, Tageliederotik u. Eheliebe in den Liedern W.s v. E., Euph. 77 (1983) 233–246; H. Kokott, Zu den Wächter-Tageliedern W.s v. E., Acta Germanica 16 (1983) 25–41.

3. 'Parzival'.
a. Kommentare. E. Martin in seiner 'Pz.'-Ausg., Bd. 2, 1903 (Neudr. 1976); E. Nellmann in seiner 'Pz.'-Ausg., Bd. 2, 1994, S. 443–790. – Zu einzelnen Büchern: von H. Noltze zum 1. Buch, 1995; von D. N. Yeandle zum ersten Teil des 3. Buchs, 1984; von B. Eichholz zum Mittelteil des 3. Buchs, 1987; von G. Zimmermann zum 7. Buch, 1974.
b. Darstellungen u. Untersuchungen. J. Schwietering, Pz.s Schuld, ZfdA 81 (1944/46) 44–68; F. Maurer, Pz.s Sünden, DVjs 24 (1950) 304–346; M. Wehrli, W.s Humor, in: Überl. u. Gestaltung, Fg. T. Spoerri, 1950, S. 9–31; W. Mohr, Pz.s ritterliche Schuld, WW 2 (1951/52) 148–160; M. Wehrli, W. v. E. Erzählstil u. Sinn seines Pz.s, DU 6 (1954), H. 5, 17–40; P. Wapnewski, W.s Pz., 1955, ²1982; W. Mohr, Obie u. Meljanz, in: Gestaltprobleme der Dicht., Fs. G. Müller, 1957, S. 9–20; ders., Pz. u. Gawan, Euph. 52 (1958) 1–22; ders., Landgraf Kingrimursel, in: Philologia dt., Fs. W. Henzen, 1965, S. 21–38; J. Fourquet, W. d'E. et le Conte del Graal (Publications de la Fac. des lettres et sciences humaines de Paris-Sorbonne, Sér. Études et méthodes 17), Paris 1966; M. Curschmann, Das Abenteuer des Erzählens. Über den Erzähler in W.s Pz., DVjs 45 (1971) 627–667; B. Schirok, Der Aufbau von W.s Pz., Diss. Freiburg i. Br. 1972; H. E. Wiegand, Stud. zu Minne u. Ehe in W.s Pz. u. Hartmanns Artusepik (QF NF 49), 1972; E. Nellmann, W.s Erzähltechnik, 1973; P. Kunitzsch, Die Arabica im Pz. W.s v. E., in: W.-Stud. 2, 1974, S. 9–35; J. Heinzle, Gralkonzeption u. Quellenmischung. Forschungskrit. Anmerkungen zur Entstehungsgesch. von W.s Pz. u. Tit., ebd. 3, 1975, S. 28–39; I. Hahn, Pz.s Schönheit, in: Verbum et signum, Fs. F. Ohly, 1975, Bd. 2, S. 203–232; K. Bohnen, W.s Pz.-Prolog. Perspektiven der Forschung, 1835–1975, 1976; K. Bertau, Versuch über tote Witze bei W., Acta Germanica 10 (1977) 87–137; C. Lofmark, Zur Interpretation der Kyotstellen im Pz., in: W.-Stud. 4, 1977, S. 33–70; D. H. Green, The Art of Recognition in W.'s Pz., Cambridge 1982; H. Brall, *Diz vliegende bîspel*. Zu Programmatik u. kommunikativer Funktion des Pz.prologes, Euph. 77 (1983) 1–39; K. Bertau, Versuch über Verhaltenssemantik von Verwandten im Pz., in: K. Bertau, W. v. E., 1983, S. 190–240; P. Kunitzsch, Erneut: Der Orient in W.s Pz., ZfdA 113 (1984) 79–111; M. Wynn, W.'s Pz. On the Genesis of its Poetry (Mikrokosmos 9), 1984; H. Brall, Gralsuche u. Adelsheil. Stud. zu W.s Pz., 1984; U. Ernst, Kyot u. Flegetanis in W.s Pz., WW 35 (1985) 176–195; E. Schmid, Familiengeschichten u. Heilsmythologie (Beih. z. ZfromPh 211), 1986, S. 171–204; W. Haug, Pz. ohne Illusionen, DVjs 64 (1990) 199–217; B. Schirok, *Swer mit disen schanzen allen kan, an dem hât witze wol getân*. Zu den poetologischen Passagen in W.s Pz., in: Architectura poetica, Fs. J. Rathofer (Kölner german. Stud. 30), 1990, S. 119–145; W. Delabar, *Erkantiu sippe unt hoch gesellschaft*. Stud. zur Funktion des Verwandtschaftsverbandes in W.s v. E. Pz. (GAG 518), 1990; W. Haug, Hat W. v. E. Chrétiens Conte du Graal kongenial ergänzt?, in: W. van Hoecke / G. Tournay / W. Verbeke (Hgg.), Arturus Rex, Bd. 2 (Mediaevalia Lovaniensia 1,17), Leuven 1991, S. 236–258; H. Brunner, *Von Munsalvaesche wart gesant / der den der swane brahte*. Überlegungen zur Gestaltung des Schlusses von W.s Pz., GRM NF 41 (1991) 369–384; J. Bumke, Pz. u. Feirefiz – Priester Johannes – Loherangrin. Der offene Schluß des Pz. von W. v. E., DVjs 65 (1991) 236–264; W. Haug, Lit.theorie im dt. MA, ²1992, S. 155–178; B. D. Haage, Stud. zur Heilkunde im Pz. W.s v. E. (GAG 565), 1992; E. Schmid, W. v. E., Pz., in: H. Brunner (Hg.), Mhd. Romane u. Heldenepen (Reclam 8914), 1993, S. 173–195; A. Stein, *wort* und *werc*. Stud. zum narrativen Diskurs in W.s Pz. (Mikrokosmos 31), 1993; U. Draesner, Wege durch erzählte Welten. Intertextuelle Verweise als Mittel der Bedeutungskonstitution in W.s Pz. (Mikrokosmos 36), 1993; D. Buschinger / W. Spiewok (Hgg.), Perceval–Parzival (Wodan 48), 1994; H. Haferland, Pz.s Pfingsten, Euph. 88 (1994) 263–301; ders., Die Geheimnisse des Grals, ZfdPh 113 (1994) 23–51; K. Pratelidis, Tafelrunde u. Gral. Die Artuswelt u. ihr Verhältnis zur Gralswelt im Pz. W.s v. E. (Würzburger Beitr. z. dt. Philologie 12), 1994; A. Groos, Romancing the Grail. Genre, Science, and Quest in W.'s Pz., Ithaca–London 1995; ders., W.s Schlangenliste (Pz. 481) u. Pseudo-Apuleius, in: Licht d. Natur, Fs. G. Keil, 1995, S. 129–148; F. P. Knapp, Von Gottes u. der Menschen Wirklichkeit. W.s fromme Welterzählung Pz., DVjs 70 (1996) 351–368; E. Nellmann, Produktive Mißverständnisse. W. als Übersetzer Chrétiens, in: W.-Stud. 14, 1996, S. 134–148; M. Eikelmann, *Schampfanzun*. Zur Entstehung einer offenen Er-

zählwelt im Pz. W.s v. E., ZfdA 125 (1996) 245–263; I. NEUGART, W., Chrétien u. das Märchen. Erzählstrukturen u. Erzählweisen in der Gawan-Handlung (Europ. Hochschulschr.n 1, 1571), 1996; H. WENZEL, Herzeloyde u. Sigune: Mutter u. Geliebte. Zur Ikonographie der Liebe im Überschneidungsfeld von Text u. Bild, in: H. SCIURIE / H.-J. BACHORSKI (Hgg.), Eros–Macht–Askese. Geschlechterspannungen als Dialogstruktur in Kunst u. Lit., 1996, S. 211–234; F. P. KNAPP, Der Gral zwischen Märchen u. Legende, PBB 118 (1996) 49–68; E. BRÜGGEN, Inszenierte Körperlichkeit. Formen höfischer Interaktion am Beispiel der Joflanze-Handlung in W.s Pz., in: J.-D. MÜLLER (Hg.), Aufführung u. Schrift in MA u. früher Neuzeit (German. Symposien 17), 1996, S. 205–221; A. RAUCHEISEN, Orient u. Abendland. Ethisch-moralische Aspekte in W.s Epen Pz. u. Wh. (Bremer Beitr. zur Lit.- u. Ideengesch. 17), 1997; V. MERTENS, Der dt. Artusroman (Reclam 17609), 1998, S. 101–145; A. BÜCHLER, Psalter u. Zeitrechnung in W.s Pz., ABäG 50 (1998) 95–109; U. ERNST, Liebe u. Gewalt im Pz. W.s v. E., in: Chevaliers errants, demoiselles et l'Autre, Fs. X. v. Ertzdorff, 1998, S. 215–243; K. RIDDER, Autorbilder u. Werkbewußtsein im Pz. W.s v. E., in: W.-Stud. 15, 1998, S. 168–194; M. UNZEITIG-HERZOG, Artus mediator. Zur Konfliktlösung in W.s Pz. Buch XIV, Frühmal. Stud. 32 (1998) 196–217.

c. Überlieferung. E. NELLMANN, Neues zur Pz.-Überl., ZfdPh 85 (1966) 321–345; ders., Zur hs.lichen Überl. des Pz., in: H. KUHN u. a. (Hgg.) Kolloquium über Probleme altgerman. Editionen, 1968, S. 13–21; G. BONATH, Unters. zur Überl. des Pz. W.s v. E., 2 Bde (German. Stud. 238/239), 1970–1971; R. A. HOFMEISTER, The Plus Verses in W.'s Pz., ABäG 11 (1976) 81–111; P. J. BECKER, Hss. u. Frühdrucke mhd. Epen, 1977, S. 77–98; K. SCHNEIDER, Gotische Schriften in dt. Sprache, Bd. 1, 1987, passim; TH. KLEIN, Die Pz.hs. Cgm 19 u. ihr Umkreis, in: W.-Stud. 12, 1992, S. 32–66; L. E. SAURMA-JELTSCH, Zum Wandel der Erzählweise am Beispiel der illustrierten dt. Pz.-Hss., ebd., S. 124–152; B. SCHIROK, Die Pz.darstellungen in (ehemals) Lübeck, Braunschweig u. Konstanz, ebd., S. 172–190.

d. Wirkungsgeschichte. H. RAGOTZKY, Stud. zur W.-Rezeption (Stud. zur Poetik u. Gesch. d. dt. Lit. 20), 1971; B. SCHIROK, Pz.rezeption im MA (Erträge d. Forschung 174), 1982; U. SCHULZE, Stationen der Pz.-Rezeption, in: P. WAPNEWSKI (Hg.), MA-Rezeption (German. Symposien der DFG 6), 1986, S. 555–580.

4. 'Willehalm'.

a. Kommentare. D. KARTSCHOKE in seiner 'Wh.'-Ausg., 1968, S. 266–312; J. HEINZLE in seiner 'Wh.'-Ausg., 1991, Bd. 2, S. 813–1092. – Kommentare zu einzelnen Büchern: von E. HAPP zum 2. Buch, 1966; von R. DECKE-CORNILL zum 3. Buch, 1985; von E.-J. SCHMIDT zum 9. Buch, 1979.

b. Darstellungen u. Untersuchungen. E. BERNHARDT, Zum Wh. W.s v. E., ZfdPh 32 (1900) 36–57; J. BUMKE, W.s Wh., 1959; F. OHLY, W.s Gebet an den hl. Geist im Eingang des Wh., ZfdA 91 (1961/62) 1–37; F. P. KNAPP, Rennewart (Diss. d. Univ. Wien 45), 1970; C. LOFMARK, Rennewart in W.'s Wh. (Anglica Germanica 2), 1972; P. KUNITZSCH, Die orientalischen Ländernamen bei W. (Wh. 74,3 ff.), in: W.-Stud. 2, 1974, S. 152–173; M. CURSCHMANN, The French, the Audience and the Narrator in W.'s Wh., Neoph. 59 (1975) 548–562; M. E. GIBBS, Narrative Art in W.'s Wh. (GAG 159), 1976; U. PÖRKSEN / B. SCHIROK, Der Bauplan von W.s Wh. (Phil. Stud. u. Qu. 83), 1976; F. WIESMANN-WIEDEMANN, Le roman du Wh. de W. v. E. et l'épopée d'Aliscans (GAG 190), 1976; E. SCHMID, Enterbung, Ritterethos, Unrecht. Zu W.s Wh., ZfdA 107 (1978) 259–275; M.-N. MARLY, Traduction et paraphrase dans Wh. de W. d'E. (GAG 342), 2 Bde, 1982; K. BERTAU, Das Recht des Andern. Über den Ursprung der Vorstellung von einer Schonung der Irrgläubigen bei W. v. E., in: K. BERTAU, W. v. E., 1983, S. 241–258; F. P. KNAPP, Heilsgewißheit oder Resignation? Rennewarts Schicksal u. der Schluß des Wh., DVjs 57 (1983) 593–612; W. SCHRÖDER, W. v. E., 2 Bde (Kl. Schr.n 1–2), 1989; CH. KIENING, Reflexion–Narration. Wege zum Wh. (Hermaea NF 63), 1991; J. GREENFIELD, Vivianz (Erlanger Stud. 95), 1991; W. HAUG, Lit.theorie im dt. MA, ²1992, S. 179–196; CH. CORMEAU, *ist mich von Karelen uf erborn / daz ich sus vil han verlorn?* Sinnkonstitution aus dem innerlit. Dialog im Wh. W.s v. E., in: G. HAHN / H. RAGOTZKY (Hgg.), Grundlagen des Verstehens mal. Lit. (Kröners Stud.bibl. 663), 1992, S. 72–85; CH. KIENING, W. v. E., in: H. BRUNNER (Hg.), Mhd. Romane u. Heldenepen (Reclam 8914), 1993, S. 212–232; R. SCHNELL, Die Christen u. die 'Anderen'. Mal. Positionen u. german. Perspektiven, in: O. ENGELS / P. SCHREINER (Hgg.), Die Begegnung des Westens mit dem Osten, 1993, S. 185–202; J. HEINZLE, Die Heiden als Kinder Gottes. Notiz zum Wh., ZfdA 123 (1994) 301–309; K. KIRCHERT, Heidenkrieg u. christl. Schonung des Feindes. Widersprüchliches im Wh. W.s v. E., Herrigs Arch. 231 (1994) 258–270; R.-H. STEINMETZ, Die ungetauften Christenkinder in den Wh.-Versen 397, 26–30, ZfdA 124 (1995) 151–162; B. WACHINGER, Schichten der Ethik in W.s Wh., in: M. S. BATTS (Hg.), Alte Welten–neue Welten, Bd. 1, 1996, S. 49–59; CH. A. KLEPPEL, *vremder bluomen underscheit.* Erzählen von Fremdem in W.s Wh. (Mikrokosmos 45),

1996; U. Liebertz-Grün, Das trauernde Geschlecht. Kriegerische Männlichkeit und Weiblichkeit im Wh. W.s v. E., GRM NF 46 (1996) 383–405; Ch. Fasbender, Wh. als Programmschrift gegen die 'Kreuzzugsideologie' u. 'Dokument der Menschlichkeit', ZfdPh 116 (1997) 16–31; J. Greenfield / L. Miklautsch, Der 'Wh.' W.s v. E. Eine Einführung, 1998.

c. Überlieferung. H. Schanze, Die Überl. von W.s Wh. (Medium Aevum 7), 1966; W. Schröder, Zum gegenwärtigen Stande der W.-Kritik, ZfdA 96 (1967) 1–28; Ch. Gerhardt, Zur Überl.gesch. des Wh. W.s v. E., Studi medievali, 3ª ser., 11 (1970) 369–380; P. J. Becker, Hss. u. Frühdrucke mhd. Epen, 1977, S. 99–120; R. M. Schmidt, Die Hss.illustrationen des Wh. W.s v. E., 1985; W. Schröder, Text u. Bild in der 'Großen Bilderhs.' von W.s Wh., ZfdA 116 (1987) 239–268; J. Heinzle, Editionsprobleme um den Wh., PBB 111 (1989) 226–239; H. Beckers / D. Hüpper, W. v. E., Wh. Zu Text u. Bild der Großen Bilderhs., in: Alles was Recht war, Fs. R. Schmidt-Wiegand, 1995, S. 77–96.

d. Wirkungsgeschichte. E. Kleinschmidt, Lit. Rezeption u. Gesch. Zur Wirkungsgesch. von W.s Wh. im SpätMA, DVjs 48 (1974) 585–649; W. Haug, Lit.theorie im dt. MA, ²1992, S. 316–328.

5. 'Titurel'.

a. Kommentar. J. Heinzle, Stellenkomm. zu W.s Tit. (Hermaea NF 30), 1972; ders., Nachlese zum Tit.-Komm., in: Stud. zu W. v. E., Fs. W. Schröder, 1989, S. 485–500.

b. Darstellungen u. Untersuchungen. V. Mertens, Zu Text und Melodie der Tit.str. *lamer ist mir entsprungen*, in: W.-Stud. 1, 1970, S. 219–239; M. Wehrli, W.s Tit. (Rhein.-Westf. Ak. d. Wiss., Vorträge G 194), 1974; W. Haug, Erzählen vom Tod her. Sprachkrise, gebrochene Handlung u. zerfallende Welt in W.s Tit., in: W.-Stud. 6, 1980, S. 8–24; E. Schmid, *Dâ stuont âventiur geschriben an der strangen*. Zum Verhältnis von Erzählung u. Allegorie in der Brackenseilepisode von W.s u. Albrechts Tit., ZfdA 117 (1988) 79–97; V. Mertens, W. v. E.: Tit., in: H. Brunner (Hg.), Mhd. Romane u. Heldenepen (Reclam 8914), 1993, S. 196–211; H. Brackert, Sinnspuren. Die Brackenseilinschrift in W.s v. E. Tit., in: Erzählungen in Erzählungen, Fs. D. Kartschoke, 1996, S. 155–175; Ch. Kiening / S. Köbele, Wilde Minne. Metapher u. Erzählwelt in W.s Tit., PBB 120 (1998) 234–265.

c. Überlieferung. J. Bumke, Zur Überl. von W.s Tit., ZfdA 100 (1971) 390–431; ders., Tit.überl. u. Tit.forschung, ZfdA 102 (1973) 147–188; W. Mohr, Zur Textgesch. von W.s Tit., in: W.-Stud. 4, 1977, S. 123–151.

(1999) Joachim Bumke

Wolkenstein → Oswald von W.

Würzburg → Konrad von W.

Wyle → Niklas von W.

Zweter → Reinmar von Z.